금강심론
주해 II

金剛心論 註解

금강심론 주해 II

초판 1쇄 | 2018년 3월 29일
편저자 | 배광식
펴낸이 | 강성도
펴낸곳 | 뜨란
편집 | 정선우
디자인 | 포데로사21
주소 | 경기도 고양시 일산동구 중산로 206, 704-704
전화 | 031-918-9873
팩스 | 031-918-9871
이메일 | ttranbook@gmail.com
등록 | 제111호(2000. 1. 6)

ISBN | 978-8990840-42-4 03220

ⓒ 배광식, 2018
이 책은 저작권법에 따라 보호받는 저작물이므로 무단 전재와 무단 복제를 할 수 없습니다.

금강심론 주해

II

금타 대화상이 짓고
청화 큰스님이 풀이한
금강심론 공부하기

金剛心論 註解

배광식 편저

보리방편문을 통한
염불선 공부

보리방편문을 통한 염불선 수행을 지속하며

　1985년 4월 14일 전남 곡성 태안사 해회당! 툇마루를 걸레로 훔치고 계시는 청화 큰스님을 처음 뵈었다. 처음 뵙던 날 『금강심론』(석금타 저, 청화 편)과 『정토삼부경』(청화 역)에 저자서명을 해서 주셨다. 그리고 2003년 11월 12일 열반에 드실 때까지 18년여를 가까이서 때로는 멀리에서 큰스님의 훈수薰修를 입었다.

　큰스님이 편찬한 금타 대화상의 유고집 『금강심론』을 받아온 날부터 읽기 시작하였다. 한문투성이에 토씨만 겨우 한글이 섞인 책은 학문이 얕은 내가 읽기에는 너무 버거웠다. 그래도 큰스님께서 유법제자로서 은사이신 금타 대화상에 대해 보이신 지극하고 절절한 마음에 힘입어, 매일 조금씩이라도 읽어가다 보니 뜻도 차차 알아지고 재미가 붙었다. 『원통불법의 요체』(청화선사 법어집 II)와 『정통선의 향훈』(청화선사 법어집 I)에 여기저기 단편적으로 보이는 큰스님의 『금강심론』 해설에 많은 도움을 받았음은 물론이다.

　큰스님께서 고구정녕하게 말씀하신 '보리방편문을 통한 염불선 수행'의 구체적인 내용과 방법은 『금강심론』 「제1편 일인전에 일인도」 '제2장 보리방편문'의 '제1절 아미타불'에서 '제9절 오륜성신관'까지에 자세하게 나와 있다.

　인터넷 시대를 맞이하여 2002년 '금강金剛 불교입문에서 성불까지(http://

cafe.daum.net/vajra, http://cafe.naver.com/huineng)'를 개설하여, 『금강심론』의 내용과 청화 큰스님의 법문을 게시하고, 카페 회원들과 더불어 매월 철야정진회(2017년 2월 현재 133회)와 매월 강독회(2017년 3월 현재 131회)를 하면서 함께 염불선 수행을 지속하여 왔다. 염불선 천일수행을 3차까지 마치고, 2015년 11월 28일부터 4차 염불선 수행 중이다. 그동안 도반들과 힘을 모아 충남 태안에 수련원인 '묘금륜원玅金輪園'을 지었고, 서울 도량으로 조계사 인근에 '승우당勝友堂'이 마련되었으며, '사단법인 참수레' 법인이 설립되었다.

청화 큰스님 열반 후 추모 다큐멘터리를 제작하면서 방송국 책임PD가 "「수릉엄삼매도」(석금타 작, 석청화 사寫)를 누가 해설할 수 있습니까?"라는 질문을 하였다. "지금은 해설할 분이 없는 것 같지만 나중에 해설할 사람이 있겠죠!"라고 대답하면서 얼굴이 붉어졌다.

청화 큰스님의 출가동기가 되었을 정도로 중요한 수릉엄삼매도를 큰스님 계신 동안 공부할 생각을 안 냈던 것이 너무 죄송하고, 이것저것 여쭙지 못한 것이 후회스러웠다. 마음속으로 이제부터라도 수릉엄삼매도 공부를 시작하리라고 다짐한 후, 지금까지 금강 도반들과 수릉엄삼매도 공부를 두 바퀴 돌고, 세 바퀴째를 시작하였다. 『금강심론』 내의 「수릉엄삼매도결 상편」(하편은 없음)의 많은 도움을 받았지만 아직도 갈 길이 멀다.

『금강심론』에 대하여

온라인과 오프라인을 넘나들며 공부를 이어온 '보리방편문을 통한 염불선 수행'의 근본교재인 『금강심론』은 금타 선사께서 1942년 6월 9일~1947년 6월 1일까지 5년에 걸쳐 집필하신 다수의 역작力作을 청화 큰스님께서 유고를 모아 편찬하신 것이다.

1979년 5월 15일 월출산 상견성암에서 『금강심론』을 펴내신 이후 법보시용 혹은 판매용으로 인쇄를 거듭하였으나 쇄수는 정확히 표기되어 있지 않다. 한때는 청화 큰스님께서 금타 대화상의 원문을 읽기 쉽게 약간 풀어서 출판한 적도 있는데, "그리 오래 된 분도 아닌데 원문 그대로 내는 것이 맞는 것 같다"시며 다시 원문으로 환원해 출판하였다.

올 2월에는 김영동 명예교수와 벽산문도회의 노력에 힘입어, 『금강심론』 인쇄본 뒤에 청화 큰스님께서 보관하셨던 『금강심론』 유고[관음문자(일인전에 일인도); 발송 제366호, 서기 1949년 6월 30일 전주 발행' 석판본, '보리방편문' 석판본, '해탈16지 료간' 석판본, '수릉엄삼매도결 상편' 필사본(이상 중원仲原 스님 자료 제공)]와 2015년 2월 일본 동양대학 도서관 자료를 열람 복사한 '우주의 본질과 형량'(일본어판) 등사본의 영인본을 포함한 『금강심론』(영인본 포함)이 발간되어 금타 대화상의 숨결을 더욱 가까이에서 느끼게 되었다. 이에 앞서 2016년 11월에는 군산 동국사 소장의 '관음문자(일인전에 일인도); 서기 1949년 6월 30일 전주 발행, 발송 제237호' 석판본이 발견된 바도 있다.

『금강심론』은 초기불교에서 대승밀교까지 회통 망라하였고, 각 내용마다 다양하고 자세한 전거가 있으며, 가히 팔만대장경을 요약했다고 할 수 있다. 그리고 이를 태장계 만달라와 금강계 만달라를 겸한 한 장의 도상으로 축약하여 '수릉엄삼매도'라는 만달라로 완성하였다.

청화 큰스님의 '머리말'과 '일러두기'에 『금강심론』의 의의와 각 편에 대한 핵심적인 내용 요약이 담겨 있어 중복을 피하고자 여기서는 그에 대한 언급은 생략한다.

위에 언급한 바와 같이, 『금강심론』 중 일부 내용에 대한 청화 큰스님의 해설이 『원통불법의 요체』와 『정통선의 향훈』에 실려 있으며, 이 부분은 이 책의 해당 장절 말미에 각각 옮겨 실었고, 2003년 입적하시기 전에 『금강심론』의 전체 개요를 광륜사에서 1일, 성륜사에서 1일 동안 설하신 적이 있다.

불교의 초심자부터 전공자까지, 또 미래의 세대들도 쉽게 볼 수 있는 책을 만들려고 노력하였으나, 원문이 워낙 방대하고 심오한 내용을 축약하고 또 축약하여 핵심적인 골간骨幹만을 담고 있어 필자의 능력으로 감당하기에는 역부족力不足임을 절감한다. 혹여 이 책에서 매끄럽지 못하고, 잘못된 부분이 있다면 그것은 모두 편저자의 단견과 부족함에 기인한 것으로, 많은 가르침과 경책이 있기 바란다.

감사의 말씀

금강 도반들과 매월 첫째 셋째 금요일에 함께 『금강심론』 공부를 할 때 만든 자료와 매월 넷째 주말 철야정진에서 수릉엄삼매도 공부를 할 때 만든 자료들이 이 책의 바탕이 되었다. 항상 함께 공부하신 도반님들에게 감사드린다.

청화 큰스님 보관본의 『금강심론』 유고를 빛 보게 하신 중원 스님, 각 페이지마다 일일이 사진 자료를 만들어 제공해 주신 김영동 교수님 덕에 『금강심론』 인쇄본 중 일부 오탈자로 의심되는 부분들이 해소되었고, 큰스님께서 유고에 간혹 메모해 놓은 용어해설의 도움을 받을 수 있었다. 두 분에게 감사드린다.

용어에 대하여 'Digital Dictionary of Buddhism(http://www.buddhism-dict.net/ddb/)'에 의지한 바 컸으며, 용어에 관련된 경론 원문을 볼 수 있게 '대정신수대장경' 사이트와 연동되어 있어 해당 경론 원문도 수월하게 찾아볼 수 있었다. 귀중한 정보를 검색할 수 있게 사이트를 개설, 개방한 찰스 뮐러A. Charles Muller 교수에게도 감사드린다.

원문에는 한자 밑에 한글을 달고, 해설문에는 한글 뒤에 한자를 병기하며, 많은 주注와 도표가 들어가고, 주요용어와 도표의 색인을 다는 등 복잡한 체재의 편집에도 즐거운 마음으로 정성과 애정을 갖고 이 책을 만들어 주신 뜨란출판사의 강성도 대표님과 정선우 편집장님에게 감사드리고, 바쁜 시간을 쪼개어 함께 모여 장시간 교정을 보아준 박원자 작가, 이선희 님, 서재량 님, 권수형 님에게도 감사드린다.

끝으로 이 책이 나오도록 기꺼이 보시를 아끼지 않으신 김재열 사장님에게 감사드린다.

승우당에서
경주 배광식 삼가 쓰다

벽산당碧山堂 금타金陀 대화상大和尙(1898~1948)

무주당無住堂 청화淸華 큰스님(1923~2003)

▬ 금타 대화상의 부도와 탑비(설령산 성륜사)

금타 대화상의 오도송悟道頌

荷團稜尖是眞實
<small>하 단 능 첨 시 진 실</small> 연잎 둥글고 뾰족한 모서리가 바로 진실이며

風吹雨打非幻境
<small>풍 취 우 타 비 환 경</small> 바람 불고 비가 뿌리는 일이 허망한 경계 아니로다.

絮蝶飛處生蓮華
<small>서 접 비 처 생 련 화</small> 버들꽃 날리는 곳에 연꽃이 피고

錐端鏡面放金光
<small>추 단 경 면 방 금 광</small> 송곳 끝과 거울 바닥에서 금빛이 빛나도다.

— 청화 큰스님의 부도와 탑비(설령산 성륜사)

청화 큰스님의 사세게 辭世偈

此世他世間	이 세상 저 세상
去來不相關 거 래 불 상 관	오고감을 상관치 않으나
蒙恩大千界 몽 은 대 천 계	은혜 입은 것이 대천계만큼 큰데
報恩恨細澗 보 은 한 세 간	은혜를 갚는 것은 작은 시내 같음을 한스러워할 뿐이네.

碧山堂 金陀大和尙 塔碑銘

일체만유一切萬有의 근본자성根本自性이 본래청정本來淸淨하여 만덕원구萬德圓具하고 법이자연法爾自然한 진여불성眞如佛性인데 무명중생無明衆生이 자업자득自業自得으로 생사유전生死流轉하여 침륜고해沈淪苦海하나니 우리 인류人類는 개벽이래開闢以來 오랜 방황彷徨 끝에 마지막 냉전冷戰의 대결對決을 지양止揚하고 화해평등和解平等과 전미해탈轉迷解脫의 신기운新氣運이 성숙成熟한 시기時機를 맞이하게 되었도다.

이제 당래當來할 세계일가世界一家의 정불국토淨佛國土 건설建設의 시절인연時節因緣에 당當하여 고故 벽산당금타대화상碧山堂金陀大和尙께서 출현出現하시어 원통정법圓通正法으로 파사현정破邪顯正의 기치旗幟를 선양宣揚하게 되었으니 어찌 일체함령一切含靈이 수희찬탄隨喜讚嘆할 경사慶事가 아니리요.

벽산대화상碧山大和尙께서는 서기西紀 1898년一八九八年 무술戊戌 윤3월 29일閏三月二十九日 전북全北 고창군高敞郡 무장茂長에서 부친父親 김병룡金炳龍 씨氏와 모친母親 밀양密陽 박씨朴氏의 장남長男으로 탄생誕生하셨으니 본향本鄕은 김해金海요 속명俗名은 영대寧大이며 자字는 성일性日이라 하였다.

대화상大和尙께서 승가僧伽에 출가出家한 인연因緣은 기미己未 삼일운동 당시三一運動當時에 고창高敞 문수사文殊寺에 피신중避身中 우연히 금강경金剛經을 득견得見하고 창연愴然히 보리심菩提心을 발發하여 출가出家를 결심決心하고 전남全南 장성군長城郡 백양사白羊寺 송만암宋曼庵 대종사大宗師를 은계사恩戒師로 수계득도受戒得度하셨다.

그 후後 석존釋尊 일대시교一代時教를 이수履修하고 18년十八年동안이나 조주무자화두趙州無字話頭를 참구정진參究精進하였으나 깨치지 못하고 39세三十九歲되는 1936년一九三六年 운문암雲門庵 동안거중冬安居中 다만 원각경圓覺經 삼정관三淨觀의 25청정륜법二十五淸淨輪法으로 용맹정진勇猛精進하시어 정중定中에 보리방편문菩提方便門을 감득感得하고, 그해 11월17일十一月十七日 인시寅時에 견성오도見性悟道하셨으니 참으로 혼돈탁세混沌濁世에 최승희유最勝稀有한 천혜경사天惠慶事가 아닐 수 없다.

대화상大和尙의 법호法號는 벽산碧山이요 법명法名은 상눌尙訥이었으며 삼매중三昧中 금색지면金色紙面에 타陀 일자一字를 득견得見하고 금타金陀로 자작自作하셨다. 그 뒤 대화상大和尙께서는 전북全北 부안扶安 내소사來蘇寺 월명암月明庵에서의 일안거一安居를 제외하고는 정읍井邑 내장사內藏寺 벽련암碧蓮庵과 백양사白羊寺 운문암雲門庵에서 두문불출杜門不出로 불철주야不撤晝夜하여 보림정진保任精進하심이 십수년十數年이었다.

그동안 오로지 상구하화上求下化에 진수盡粹하시다가 1947년一九四七年 정해丁亥 11월17일十一月十七日에 구경성취究竟成就하시고 익년翌年 1월24일一月二十四日 정오경正午頃에 향년享年 51세五十一歲로 반열반般涅槃하셨으니 세연무상世緣無常에 유연불자有緣佛子들의 애절통석지회哀切痛惜之懷가 감읍무량感泣無量하도다.

대화상大和尙께서는 후래수도인後來修道人들을 위爲하여 희유希有한 법은法恩을 끼치셨는데 특特히 견성성불見性成佛의 첩경법문捷徑法門으로서 반야관조般若觀

照의 보리방편문菩提方便門과 구경해탈究竟解脫을 위爲한 수증修證의 위차位次로서 대소경론大小經論의 수증론修證論을 회통會通한 해탈16지解脫十六地의 수릉엄삼매首楞嚴三昧의 묘경妙境에서 일진법계一眞法界의 성상性相을 관조觀照하는 수릉엄삼매도首楞嚴三昧圖와 수릉엄삼매도결 상편등首楞嚴三昧圖訣上篇等 기타其他 찬술撰述에서 석존釋尊께서 성도시成道時와 열반시涅槃時에 친수증시親修證示하신 근본선정根本禪定인 구차제정九次第定과 또한 동서문자東西文字의 통일統一을 염원念願하시고 중생衆生의 음성音聲을 관찰觀察하여 수기제도隨機濟度할 방편方便으로 창제創製한 관음문자觀音文字와 무명중생無明衆生의 전도지견顚倒知見으로 분별分別한 현대우주론現代宇宙論의 오류誤謬를 경책警策하고 물심일여物心一如의 법계 현상法界現象을 태장계胎藏界의 수치數值로 체계화體系化한 우주宇宙의 본질本質과 형량形量 및 세계종교회통世界宗敎會通의 예지叡智에 입각立脚하여 유교儒敎 도교道敎 기독교基督敎 회교回敎 등等 그 교조敎祖의 법력경계法力境界와 불교내佛敎內 주요성자主要聖者들을 화엄경華嚴經의 보살십지菩薩十地를 기준基準으로 그 성위聖位를 획정劃定하는 등等 참으로 미증유未曾有의 독창적獨創的이고 획기적劃期的인 정법체계正法體系를 창저創著하시었도다.

추상追想하옵건데 벽산대화상碧山大和尙의 출현出現하심은 참으로 시기상응時機相應한 감로법우甘露法雨로서 현대과학現代科學과 종교철학宗敎哲學의 모든 의난疑難을 형이상하形而上下의 명확明確한 체계體系로 자증도파自證道破하셨으니 대화상大和尙의 불후不朽한 성덕聖德은 당래當來할 불일재휘佛日再輝의 시절시절時節時節에 더욱 찬연燦然히 빛날 것임을 앙찰仰察하오며 이에 정법수행인正法修行人의 선불도량選佛道場인 차此 설령산雪嶺山 성륜사聖輪寺에 유연불자有緣佛子들의 정성精誠을 모아 탑비塔碑를 세우고 대화상大和尙의 거룩한 위덕偉德을 앙모仰慕하며 여법如法한 가행정진加行精進으로 구경성취究竟成就를 서원誓願하도다.

불기佛紀 2544년二五四四年 경진庚辰 단오절端午節
상좌비구上佐比丘 청화淸華 근찬謹撰
유법제자遺法弟子 법련정수法蓮定修 법능성기法能性起
무주청화無住淸華 보하지죽寶河知竹
연화질緣化秩 시주施主 상정常精 임창욱林昌郁 선행화善行華 이순정李順貞
명정월命淨月 박현주朴賢珠   문도일동門徒一同
손상좌비구孫上佐比丘 혜산惠山 근서謹書

벽산당 금타 대화상 탑비명*

모든 존재의 근본성품이 본래 청정하여 모든 복덕을 원만히 갖추고 본래 모습 그대로인 진여불성眞如佛性인데, 어리석은 중생이 자업자득으로 생사에 헤매어 고해에 빠졌으니 우리 인류는 개벽 이래 오랜 방황 끝에 마지막 냉전의 대결을 지양하고 화해평등과 미혹을 깨고 해탈할 새로운 기운이 성숙한 시기를 맞이하게 되었도다.

이제 미래의 세계 한지붕의 청정한 불국토 건설의 시절인연을 맞아 고 벽산당 금타 대화상大和尙께서 출현하시어 원통정법圓通正法으로 삿된 것을 깨고 바름을 드러내는 기치를 드날리게 되었으니 어찌 일체중생이 수희찬탄隨喜讚嘆할 경사가 아니리오.

벽산 대화상께서는 서기 1898년 무술 윤3월 29일 전북 고창군 무장에서 부친 김병룡 씨와 모친 밀양 박 씨의 장남으로 탄생하셨으니 본향은 김해요, 속명은 영대이며, 자는 성일이라 하였다.

대화상께서 승가에 출가한 인연은 기미년 삼일운동 당시에 고창 문수사에 피신 중 우연히 금강경을 읽고 창연히 보리심菩提心을 발하여 출가를 결심하고, 전남 장성군 백양사 송만암宋曼庵 대종사를 은계사恩戒師로 수계득도受戒得度하셨다.

그 후 석존釋尊 일대시교一代時敎를 이수하고 18년 동안이나 조주趙州 무자화두無字話頭를 참구 정진參究精進하였으나 깨치지 못하고, 39세 되는 1936년 운문암 동안거중 다만 원각경 삼정관三淨觀의 25청정륜법淸淨輪法으로 용맹정진勇猛精

進하시어 삼매 중에 보리방편문菩提方便門을 감득하고, 그해 11월 17일 인시(새벽3시~5시)에 견성오도見性悟道하셨으니 참으로 혼탁한 세상에 매우 수승하고 희유稀有한 천혜의 경사가 아닐 수 없다.

대화상의 법호는 벽산碧山이요, 법명은 상눌尙訥이었으며, 삼매중三昧中 금색지면金色紙面에 타陀 1자를 보고 금타金陀로 스스로 지으셨다. 그 뒤 대화상께서는 전북 부안 내소사 월명암에서의 1안거를 제하고는 정읍 내장사 벽련암과 백양사 운문암에서 두문불출杜門不出로 불철주야하여 보림정진保任精進하심이 십수 년이었다.

그동안 오로지 상구보리上求菩提 하화중생下化衆生에 매진하시다가 1947년 정해 11월 17일에 구경 성취究竟成就하시고 이듬해 1월 24일 정오경에 항년 51세로 반열반般涅槃하셨으니, 세상의 인연이 무상함에 인연 있는 불자佛子들이 애석해 하며 목메어 울 뿐이로다.

대화상께서는 앞으로 올 수도인들을 위하여 희유한 법의 은혜를 끼치셨는데, 특히 견성성불見性成佛의 지름길이 되는 법문으로서 반야관조般若觀照의 보리방편문菩提方便門과 구경해탈究竟解脫을 위한 수증修證의 위차位次로서 대소경론大小經論의 수증론修證論을 회통會通한 해탈 16지解脫十六地의 수릉엄삼매首楞嚴三昧의 오묘한 경계에서 일진법계一眞法界의 성상性相을 관조觀照하는 수릉엄삼매도首楞嚴三昧圖와 수릉엄삼매도결首楞嚴三昧圖訣 상편上篇 등 기타 찬술撰述에서 석존께서 성도시와 열반시에 친히 수증修證하여 보이신 근본선정根本禪定인 9

차제정九次第定과 또한 동서문자의 통일을 념원하시고 중생의 음성을 관찰하여 근기에 따라 제도할 방편으로 창제한 관음문자觀音文字와 무명중생無明衆生의 전도된 견해로 분별한 현대우주론의 오류를 경책하고, 물심일여物心一如의 법계현상法界現象을 태장계胎藏界의 수치로 체계화한 우주의 본질本質과 형량形量 및 세계종교世界宗敎 회통會通의 예지叡智에 입각하여 유교, 도교, 기독교, 회교 등 그 교조의 법력 경계法力境界와 불교내 주요 성자들을 화엄경의 보살10지菩薩十地를 기준으로 그 성위聖位를 획정劃定하는 등 참으로 미증유未曾有의 독창적이고 획기적인 정법체계正法體系를 독창적으로 저술하셨도다.

추상追想하옵건데 벽산 대화상의 출현하심은 참으로 시기상응時機相應한 감로법우甘露法雨로서 현대과학과 종교철학의 모든 의심과 어려움을 형이상形而上과 형이하形而下의 명확한 체계로 스스로 증명하고 도파道破하셨으니 대화상의 불후不朽한 성덕聖德은 앞으로 올 불성광명佛性光明이 다시 빛날 시절에 더욱 찬연히 빛날 것임을 우러러 살피오며 이에 정법수행인正法修行人의 선불도량選佛道場인 이 설령산雪嶺山 성륜사聖輪寺에 인연 있는 불자들의 정성을 모아 탑비를 세우고 대화상의 거룩한 위덕偉德을 우러르고 흠모하며 법다운 가행정진加行精進으로 구경성취를 서원하도다.

불기佛紀 2544년二五四四年 경진庚辰 단오절端午節
상좌비구上佐比丘 청화淸華 근찬謹撰

유법제자遺法弟子 법련정수法蓮定修 법능성기法能性起
무주청화無住淸華 보하지죽寶河知竹
연화질연化秩 시주施主 상정常精 임창욱林昌郁 선행화善行華 이순정李順貞
명정월命淨月 박현주朴賢珠   문도일동門徒一同
손상좌비구孫上佐比丘 혜산惠山 근서謹書

* 청화 큰스님이 쓰신 금타 대화상의 탑비명을 편저자가 풀어 옮겼다.

차례

- 공부를 시작하며   4
- 벽산당 금타 대화상 탑비명   12
- 『금강심론』 저술 시기   27
- 편저자 일러두기   28
- 『금강심론』 머리말   30
- 『금강심론』 일러두기   46

•제3편• 수릉엄삼매도결首楞嚴三昧圖訣 상편上編   55

제1장 수릉엄首楞嚴   61
  제1절 일행一行과 일상一相   73
  제2절 삼매三昧   94

제2장 반야바라밀般若波羅蜜   111
  제1절 반야般若   116
  제2절 바라밀波羅蜜   122
  제3절 십바라밀十波羅蜜과 보살십지菩薩十地   127
  제4절 십지十地의 폐립廢立   138
  제5절 삼독三毒 육적六賊   142

제3장 사제四諦　149

　제1절 팔정도八正道　159

　제2절 십이인연법十二因緣法　202

　제3절 육취(도)六趣(途)　240

제4장 금강삼매金剛三昧　245

　제1절 사자후삼매獅子吼三昧　276

　제2절 사륜四輪　279

　제3절 석공관析空觀　286

　제4절 사상四相　303

　제5절 금강계金剛界 오부五部　314

　제6절 오불좌五佛座　321

　제7절 오지五智　327

제5장 불성佛性　345

　제1절 삼인불성三因佛性과 오불성五佛性　352

　제2절 불성계佛性戒　355

제6장 삼신三身**과 사토**四土　361

　제1절 법신法身의 체성體性　374

　제2절 사종四種의 오법신五法身　381

　제3절 법신法身의 무상無相과 유상有相　388

　제4절 법신法身 설법說法　394

제7장 본적이문本迹二門　401

　제1절 적문迹門 십묘十妙　414

　제2절 경境　423

제3절 본문本門 십묘十妙　432

제4절 본적本迹 상섭相攝　440

제8장 십불이문十不二門　445

제1절 십무애十無碍　453

제2절 십무진장十無盡藏　462

제3절 지장십륜地藏十輪　474

제4절 십현문十玄門　478

제5절 현문무애십인玄門無碍十因　489

제6절 십무이十無二　497

제7절 십무의행十無依行　503

제9장 법계法界　509

제1절 사종법계四種法界와 입법계入法界의 삼관三觀　510

제2절 십법계十法界와 구계九界　520

제10장 십신十身　531

제11장 진여眞如　547

제1절 삼진여三眞如와 칠진여七眞如　560

제2절 보살십지菩薩十地 소득所得의 십진여十眞如　568

제12장 인忍　575

제1절 삼인三忍과 사인四忍　583

제2절 오인五忍과 십삼관문十三觀門　589

제3절 십인十忍과 십사인十四忍　601

제13장 오십육위五十六位와 사만성불四滿成佛 607

제1절 가행加行의 사선근四善根 622
제2절 십신十信 630
제3절 십주十住 635
제4절 십행十行 641
제5절 십지심十地心 647
제6절 십회향十廻向과 등묘等妙 652

제14장 삼계三界 661

제1절 사선정四禪定 687
제2절 멸진정滅盡定 698
제3절 도솔내원兜率內院 708

제15장 수미산須彌山 713

제1절 수미사층급須彌四層級 722
제2절 지옥地獄 725
제3절 사주지옥四洲地獄 730
제4절 전법륜轉法輪의 윤왕만다라輪王曼茶羅 사륜四輪 732

제16장 만다라曼茶羅 737

·· 참고 문헌 750
·· 표 목록 751
·· 주요 용어 찾아보기 756

『금강심론 주해』 I

•제1편• 일인전一人傳에 일인도一人度

제1장 반야바라밀다심경般若波羅蜜多心經의 독해讀解

반야바라밀다심경의 약해略解

제2장 보리방편문菩提方便門

    제1절 아미타불; 우주의 총대명사 아미타불

    제2절 인원과만; 원만한 닦음으로 원만한 불과佛果 맺기

    제3절 삼신요별; 법신, 보신, 화신의 3신을 각각 이해하되 3신이 한 부처님

    제4절 오지여래; 다섯 가지 지혜에 따른 여래

    제5절 묘유현상; 참으로 빈 가운데 묘한 존재

    제6절 석공관; 공을 분석해 보기

    제7절 색즉시공 공즉시색

    제8절 아누보리의 실상해; 아누보리의 실상 풀이

    제9절 오륜성신관

    제10절 금강삼매송

    제11절 삼륜단공송

    제12절 관음자륜송

제3장 관음문자觀音文字

    제1절 관음문자 공포 취지문

    제2절 부화음게 모애음게

    제3절 관음자륜; 관음글자

    제4절 기수묘게; 수의 묘리에 관한 게송

    제5절 문서래왕; 문서가 오고감

婆娑蓮華三昧頌 普門塵數諸三昧 遠離因果法然具 歸命本覺心法身 常住妙法心蓮臺 本來具足三身德 三十七尊住心城

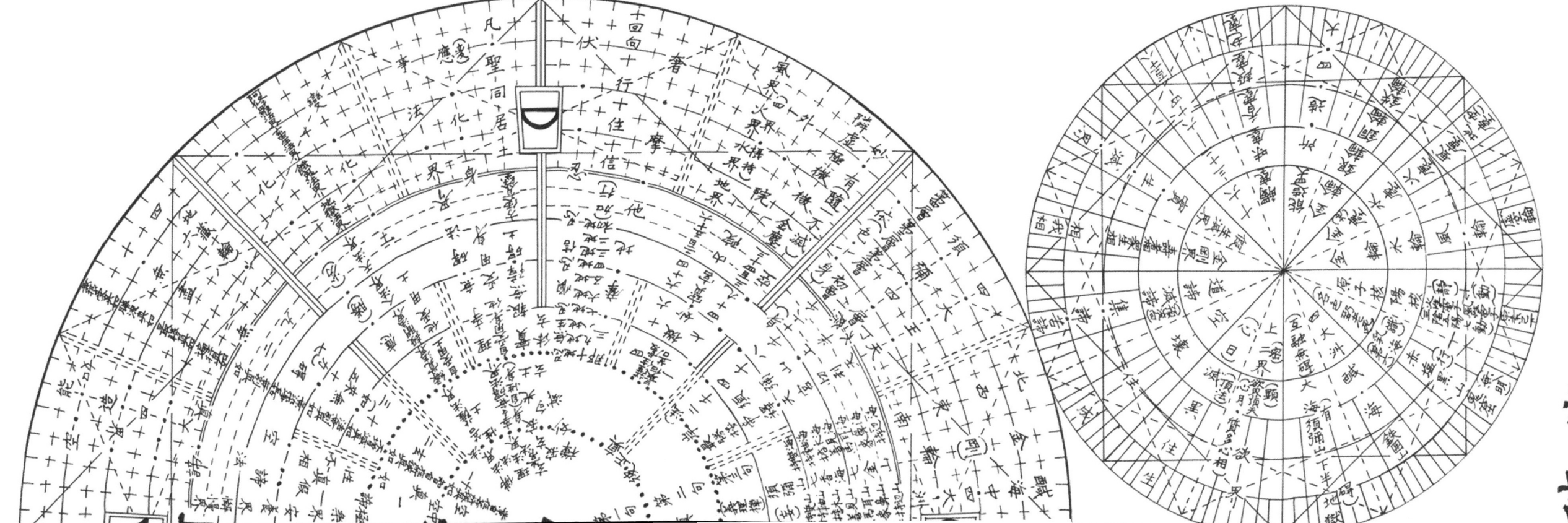

三昧圖

陀作筆瀉

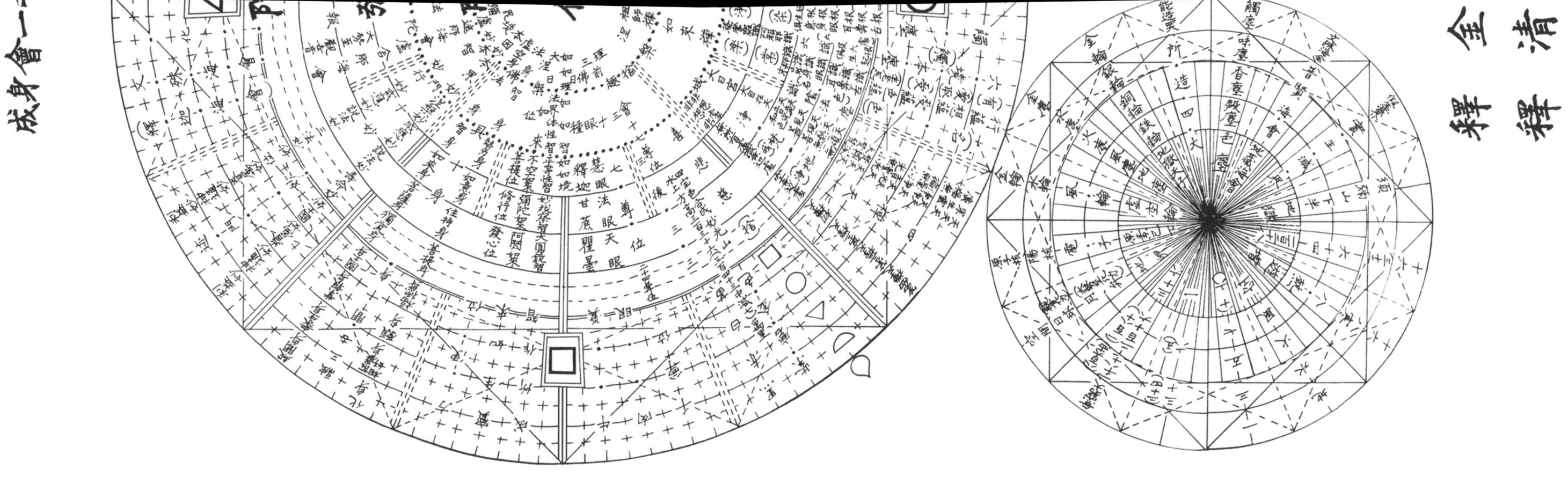

제4장 석존일대釋尊一代의 경개梗槪
    제1절 룸비니원에서 탄생하심; 룸비니 동산에서 태어나심
    제2절 도를 구하사 선림에 입하심; 진리를 찾아 선림仙林에 들다
    제3절 정각을 대성함; 크고 바른 깨달음을 이룸
    제4절 50년 교화의 행각; 50년 교화의 여정
    제5절 추상; 지난 일을 돌아봄

제5장 호법단 4차 성명서護法團四次聲明書

제6장 현기懸記

제7장 만덕송卍德頌과 십여시十如是

•제2편• 해탈십육지解脫十六地

    초. 삼귀지三歸地
    2. 신원지信願地
    3. 습인지習忍地
    4. 가행지加行地
    5. 금강지金剛地
    6. 희락지喜樂地
    7. 이구지離垢地
    8. 발광지發光地
    9. 정진지精進地

10. 선정지禪定地
11. 현전지現前地
12. 나한지羅漢地
13. 지불지支佛地
14. 보살지菩薩地
15. 유여지有餘地
16. 무여지無餘地

『금강심론 주해』 III

• 제4편 • 우주宇宙의 본질本質과 형량形量

제1 열요列曜의 형태形態와 비량比量
제2 지진세계地塵世界와 지구地球
제3 수진세계水塵世界와 일구日球
제4 화진세계火塵世界와 월요月曜
제5 풍진세계風塵世界와 목성木星
제6 금진세계金塵世界와 금성金星

『금강심론』 저술 시기(1942~1947)

제목	저술 날짜	저술 순서	
제1편 일인전에 일인도			
제1장 반야바라밀다심경의 독해(찬)	갑신 춘	1944년 봄	3
제2장 제9절까지(찬)	계미 동	1943년 겨울	2
제2장 제10절 금강삼매송(작)	정해 원단	1947년 설날 아침	8
제2장 제11절 삼륜단공송(작)	정해 인일	1947년 정월 7일	9
제2장 제12절 관음자륜송(작)	정해 상원	1947년 정월 보름	10
제3장 제1절 관음문자 공포 취지문	정해 2월 8일	1947년 2월 8일	12
제3장 서~제4절	정해 중춘 상완	1947년 2월 초순	13
제3장 제5절 1. 조선어학회의 편지	4280년 4월 10일	1947년 4월 10일	14
제3장 제5절 2. 금타 대화상의 답장	정해 양 6월 1일	1947년 6월 1일	15
제4장 석존 일대의 경개	병술 승납일	1946년 7월 15일	7
제5장 호법단 4차성명서	을유 9월 19일	1945년 9월 19일	5
제6장 현기	정해 정월 념일	1947년 정월 20일	11
제7장 만덕송과 십여시			
제2편 해탈십육지	갑신 하	1944년 여름	4
제3편 수릉엄삼매도결 상편	병술 춘	1946년 봄	6
제4편 우주의 본질과 형량	임오 6월 9일	1942년 6월 9일	1

【일러두기】

1. 『금강심론 주해』는 청화 큰스님이 펴내신 금타 대화상의 저작 『금강심론』의
   전체 내용에 주를 달고 해설한 책이다. 그 중 「머리말」, 「일러두기」, 「제1편 1인전에 1인도」,
   「제2편 해탈16지」를 모아 1권에 싣고, 「제3편 수릉엄삼매도결 상편」을 2권에,
   「제4편 우주의 본질과 형량」을 3권에 각각 나누어 시차를 두고 펴냈다.
   「제4편 우주의 본질과 형량」의 주해는 편저자와 소광섭 교수님 등 5인이 1년에 걸쳐
   강독한 내용을 '금강金剛 불교입문에서 성불까지'(http://cafe.daum.net/vajra)에
   게시하였던 것을 옮긴 것임을 밝혀둔다.
2. 좌우 2단으로 나누어 왼쪽에는 원문을 배치하고, 오른쪽에는 편저자의 해설을 배치해
   쉽게 원문과 해설을 대조하며 읽을 수 있도록 하였다. (단, 《반야심경》의 본문과 현토 등
   해설이 필요하지 않은 경우는 원문만을 1단으로 배치하였다.) 좌우 대조의 편의상
   원문의 문단보다 더 세밀하게 문단이 나뉘는 경우도 많았다.
3. 청화 큰스님의 해설이 있는 장절의 경우는 해당 절의 말미에 '청화 큰스님 해설'이라
   표기하여 해설을 첨부하였으며, 직접 해설이 아닌 관련 법문의 경우는
   '청화 큰스님 법문'이라 표기하여 첨부하였다. (원문, 청화 큰스님 해설, 편저자 해설을
   좌중우로 3단 배치하는 것도 고려하였으나, 청화 큰스님 해설이 없는 경우도 많고,
   각 단의 폭이 좁아져 너무 번잡할 것 같아 2단 편집 및 말미 첨부의 틀을 채택하였다.)
4. 각 절 끝에 해당 내용의 요약과 표를 넣어 전체가 조망되도록 하였다.
5. 불교의 초보자도 다른 불서를 참고하지 않고 이해할 수 있도록, 쉬운 불교용어라도
   가능하면 주를 달았다. 또한 용어가 반복적으로 나오는 경우에도 가능하면 주를 달아,
   앞쪽의 참조 내용을 찾아다니는 번거로움을 피하도록 하였다. 동일한 용어라도 약간씩
   주가 다른 경우도 있으며, 이를 통해 용어의 입체적인 이해가 가능하도록 하였다.
6. 편저자의 해설은 해설이라기보다는 한문과 한자에 익숙하지 않은 현대인들이
   쉽게 읽을 수 있는 글로 바꾸고자 노력한 측면이 크다.
7. 독자의 편의를 위해 책 말미에 '주요 용어 찾아보기'와 '표 목록'을 추가했다.
8. 경전은 《 》, 경전의 권이나 품은 〈 〉, 책은 『 』, 책의 편 등은 「 」로 구분했다.
9. 산스크리트어는 Skt.로, 팔리어는 Pali로 표기했다.

金剛心論

阿彌陀佛

• 머리말[1]

東洋文化를 代表하는 佛敎가 있어 온 지
二千五百餘年의 星霜[2]을 두고,
直接的으로는 東洋民族의 無知를 啓蒙하고,
間接的으로는 西歐文化의 底流[3]에
不滅의 光芒[4]을 끼쳐 왔음은
어느 누구도 否認하지 못할 것이다.
그래서, 現代에 이르러
모든 東西文化를 融合한 普遍的이고
窮極的인 文化를 이룩함은 佛敎敎理의
當爲[5]일 뿐 아니라,
人類文化 自體의 必然的인
歷史的 歸趨[6]라고 하지 않을 수 없다.
그러나, 그 實現에는 어디까지나,

• 머리말

동양문화를 대표하는 불교가 있어 온 지
이천오백여 년의 세월을 두고,
직접적으로는 동양민족의 무지를 계몽하고,
간접적으로는 서구문화의 밑바탕 흐름에
불멸의 빛과 같은 영향을 끼쳐 왔음은
어느 누구도 부인否認하지 못할 것이다.
그래서, 현대에 이르러
모든 동서문화를 융합한 보편적이고
궁극적인 문화를 이룩함은 불교교리敎理의
마땅한 일일 뿐 아니라,
인류문화 자체의 필연적인
역사적 귀결이라고 하지 않을 수 없다.
그러나, 그 실현에는 어디까지나,

---

1 청화 큰스님의 머리말.
2 1. 별은 일 년에 한 바퀴를 돌고 서리는 매해 추우면 내린다는 뜻으로, 한 해 동안의 세월이라는 뜻을 나타내는 말. 2. (수량을 나타내는 말 뒤에 쓰여) 햇수를 비유적으로 나타내는 단위.
3 1. 강이나 바다의 바닥을 흐르는 물결. 2. 겉으로는 드러나지 아니하고 깊은 곳에서 일고 있는 움직임을 비유적으로 이르는 말.
4 비치는 빛살. 광선光線의 끝. 빛. 빛살 끝.
5 1. 마땅히 그렇게 하거나 되어야 하는 것. 2. 마땅히 있어야 하는 것. 또는 마땅히 행하여야 하는 것.
6 일이 되어 가는 형편. 사람의 마음이나 사물事物의 돌아가는 형편.

人間存在(인간존재)의 宿命的(숙명적) 制約(제약)인 時間(시간)·空間(공간)과
因果律(인과율)[7]의 사슬을 벗어난 無限絶對(무한절대)의
眞如(진여)[8] 自性(자성)[9]에서 提示(제시)되는 指導原理(지도원리)에
依(의)해서만 可能(가능)한 것이다.
그런데, 佛敎(불교)의 尨大(방대)[10]하고 玄妙(현묘)[11]한 敎理(교리)가,
宇宙(우주)의 實相(실상)[12]인 佛性(불성)[13]을 自覺(자각)한
覺者(각자)의 境界(경계)에서는 直截簡明(직절간명)[14]한
하나의 妙理(묘리)[15]로 還元(환원)될 것이지만,

인간존재의 숙명적 제약인 시간·공간과
인과因果 법칙의 사슬을 벗어난 무한절대의
진여자성眞如自性에서 제시되는 지도원리에
의해서만 가능한 것이다.
그런데, 불교의 방대하고 현묘한 교리가,
우주의 본모습인 불성佛性을 자각自覺한
깨달은 이의 경계에서는 간단명료한
하나의 묘한 도리로 환원될 것이지만,

7   모든 일은 원인에서 발생한 결과이며, 원인 없이는 아무것도 생기지 아니한다는 법칙. 원인과 결과의 관계에 대한 자연의 법칙.
8   Skt. tathatā. 1. 모든 현상의 있는 그대로의 참모습. 차별을 떠난, 있는 그대로의 참모습. 2. 있는 그대로의 본성, 상태. 3. 궁극적인 진리. 변하지 않는 진리. 진리의 세계. 4. 모든 분별과 대립이 소멸된 마음 상태. 깨달음의 지혜. 부처의 성품. 5. 우주 그 자체. 6. 중생이 본디 갖추고 있는 청정한 성품.
9   1. Skt. svabhāva. 변하지 않는 본성이나 실체. 어떤 현상의 고유한 성질. 사물 그 자체의 본성. 사물의 본체. 사물 그 자체. 본성. 2. 본래부터 저절로 갖추고 있는 부처의 성품. 태어날 때부터 갖추고 있는 청정한 성품. 3. Skt. svabhāva. 저절로 존재하는 현상. 4. 인명因明에서, 주장 명제인 종宗의 주어를 말함. 예를 들면, '말은 무상하다'에서 '말'. 이에 반해, 종宗의 술어, 곧 '무상'은 차별差別이라 함. 5. Skt. prakṛti. 상캬 학파에서 설하는 이십오제二十五諦의 하나로, 물질의 근원을 말함. 이 자성이 순수 정신인 신아神我(Skt. puruṣa)의 영향을 받으면 평형 상태가 깨어져 현상 세계가 전개된다고 함.
10 규모나 양이 매우 크거나 많음.
11 도리道理나 이치理致가 깊고 미묘微妙함.
12 1. 모든 현상의 있는 그대로의 참모습. 대립이나 차별을 떠난, 있는 그대로의 참모습. 2. 모든 현상의 본성. 3. 궁극적인 진리. 변하지 않는 진리. 4. 집착을 떠난 청정한 성품.
13 Skt. buddha-gotra, Skt. buddha-dhātu. 1. 불교에서 말하는 부처의 성품으로 모든 인간의 본마음이라고 봄. 2. 모든 중생이 본디 갖추고 있는 부처의 성품. 부처가 될 수 있는 소질, 가능성. 3. 부처 그 자체. 깨달음 그 자체.
14 간단 명료. 표현이 완곡하지 않고 솔직함.
15 묘한 이치理致 또는 그 도리道理.

諸大[16] 先覺者들의 _{제대 선각자}	모든 위대한 선각자들의
各其 歷史的 時代에 있어서 _{각기 역사적 시대}	각각 그 역사적 시대에 있어서
그들 自覺內容의 深淺[17]과, 이른바 _{자각내용 심천}	그들 자각내용의 깊고 얕음과, 이른바
應病施藥[18]하는 對人的인 _{응병시약 대인적}	병에 알맞은 약을 주는 각 사람마다에 맞는
善巧[19]의 妙[20]에 緣由[21]하여 _{선교 묘 연유}	방편의 묘妙에 말미암아
大乘[22]과 小乘[23], 顯敎[24]와 密敎[25], _{대승 소승 현교 밀교}	대승大乘과 소승小乘, 현교顯敎와 밀교密敎,

---

16   모든 큰.
17   깊음과 얕음.
18   병에 따라 알맞은 약을 줌.
19   중생을 교화하는 수단과 방법이 아주 빼어남. 부처가 사람을 제도濟度할 때, 교묘巧妙한 방법으로 사람에게 이익을 줌.
20   1. 최상. 최고. 2. 뛰어남. 우수함. 3. 오묘함. 심오함.
21   1. 말미암아 옴. 까닭. 2. 어떤 의사 표시를 하게 되는 동기.
22   Skt. mahā-yāna. 승승은 중생을 깨달음으로 인도하는 부처의 가르침이나 수행법을 뜻함. 1. 기원 전후에 일어난 불교 개혁파들이 스스로를 일컬은 말. 이에 반해, 그들은 전통의 보수파들을 낮추어 소승小乘이라 함. 2. 자신도 깨달음을 구하고 남도 깨달음으로 인도하는 수행자, 또는 그를 위한 가르침. 깨달음을 구하면서 중생을 교화하는 보살을 위한 부처의 가르침. 자신의 구제에 앞서 남을 먼저 구제하는 보살의 수행법. 3. 부처의 가르침에 대한 존칭. 위대한 가르침.
23   Skt. hīna-yāna. 승승은 중생을 깨달음으로 인도하는 부처의 가르침이나 수행법을 뜻함. 1. 기원 전후에 일어난 불교 개혁파들이 스스로를 대승大乘이라 하고, 전통의 보수파들을 낮추어 일컬은 말. 2. 기원전 5세기에서 기원전 2세기 사이에 분열된 불교 교단의 여러 부파, 곧 부파불교部派佛敎를 말함. 3. 자신의 깨달음만을 구하는 수행자, 또는 그를 위한 부처의 가르침. 자신의 해탈만을 목표로 하는 성문聲聞·연각緣覺, 또는 그들에 대한 부처의 가르침. 4. 열등한 능력이나 소질을 갖춘 자를 위한 부처의 가르침.
24   언어로 드러낸 가르침. 흔히 밀교密敎 이외의 가르침을 뜻함. 석가모니가 때와 장소에 따라 알기 쉽게 설명한 설법을 따르는 종파. 천태종, 화엄종, 정토종 따위이다.
25   대일여래大日如來의 비밀스런 가르침이라는 뜻으로, 중관中觀·유식唯識·여래장如來藏의 사상을 계승하여 발전시키면서 힌두교와 민간신앙까지 폭넓게 수용하여 7세기경에 성립된 대승불교의 한 파. 대일여래의 보리심菩提心과 대비大悲와 방편方便을 드러낸《대일경大日經》과 그 여래의 지혜를 드러낸《금강정경金剛頂經》에 의거하여 수행자가 신체로는 인계印契를 맺고, 입으로는 진언眞言을 외우고, 마음으로는 대일여래를 깊이 주시하여, 여래의 불가사의한 신身·구口·의意와 수행자의 신身·구口·의意가 수행자의 체험 속에서 서로 합일됨으로써 현재의 이 육신이 그대로 부처가 되는 즉신성불卽身成佛을 목표로 함.

權敎[26]와 實敎[27], 禪宗[28]과 敎宗[29] 등이 發生하게 되었음은 正히[30] 必然한 結果라고 하지 않을 수 없다. 따라서, 佛性에 未了[31]한 凡夫衆生[32]에게는, 八萬四千[33]을 헤아리는 汪洋[34]한 佛敎敎理가 至極히

권교權敎와 실교實敎, 선종禪宗과 교종敎宗 등이 발생하게 되었음은 바로 필연한 결과라고 하지 않을 수 없다. 따라서, 불성佛性을 드러내지 못한 깨닫지 못한 중생에게는, 팔만사천八萬四千을 헤아리는 가없이 넓은 불교교리가 지극히

---

26 깨달음에 이르게 하기 위해 중생의 소질에 따라 일시적인 방편으로 설한 가르침.

27 깨달음을 그대로 설한 진실한 가르침.

28 문자에 의존하지 않고, 오로지 좌선을 닦아 자신이 본래 갖추고 있는 부처의 성품을 체득하는 깨달음에 이르려는 종파. 6세기 초에 인도에서 중국에 온 보리달마菩提達摩를 초조初祖로 함. 그는 마음을 집중함으로써 번뇌가 들어오지 못하도록 벽壁과 같이 하여, 여러 망상을 쉬고 심신心身을 탈락시켜 자신의 청정한 본심을 보는 안심安心을 가르침. 달마는 2조 혜가慧可(487~593)에게 4권《능가경楞伽經》을 주면서 그의 법法을 전하니, 그 경經을 근본으로 하여 모든 현상은 오직 마음의 작용임을 깨닫게 하려는 능가종楞伽宗이 성립됨. 혜가는 그의 법을 3조 승찬僧璨(?~606)에게 전하였고, 승찬은 4조 도신道信(580~651)에게, 도신은 5조 홍인弘忍(601~674)에게 그의 법을 전하였는데, 도신과 홍인의 선법禪法을 동산법문東山法門이라 함. 도신의 선법은 좌선하여 오로지 자신이 본래 갖추고 있는 청정한 본성을 주시하는 일행삼매一行三昧와 하나를 응시하면서 마음을 가다듬어 움직이지 않는 수일불이守一不移로 요약될 수 있고, 홍인의 선법은 자신이 본래 갖추고 있는 청정한 불성佛性을 확인하여 잘 지키는 수심守心에 있음. 곧 홍인은 도신의 '수일불이'를 계승하여 각자의 본래의 진심을 지키는 '수본진심守本眞心'을 제시하였다.

29 불교의 한 종파로 일반적으로 참선을 위주로 하는 선종에 대하여 경전을 중시하고 특정 경전을 토대로 하여 교리를 체계화시킨 종파라는 의미로 쓰여지는 말.

30 바로. 정확히.

31 아직 끝나지 않다. 아직 마치지 못하다. 아직 종결하지 못하다. 아직 완결하지 못하다. 아직 해결하지 못하다. 아직 풀지 못하다.

32 깨닫지 못한 모든 살아 있는 무리.

33 인도에서 많은 수를 말할 때 흔히 사용하는 말. 줄여서 팔만이라고도 한다. 번뇌가 많은 것을 팔만사천 번뇌, 이 번뇌를 물리치기 위한 부처님의 법문을 팔만사천법문이라 한다. 팔만사천법문이 실린 경전을 팔만대장경, 사찰의 수효가 많다는 의미로 팔만사천 암자라고 표현한다.

34 1. 바다가 가없이 넓음. 2. 미루어 헤아리기 어렵게 광대廣大함.

煩瑣[35]하고 難解[36]하게 여겨짐은 事實이며, 그래서, 現代에 이르러 佛法의 全貌를 達觀[37]하지 못하고, 抽象的으로 어느 一方만을 確執[38]하여 分裂 沈滯하고, 危機에 直面한 現代社會에 보다 積極的이고 斬新한 救濟의 所任[39]을 다하지 못하게 된 것이다. 그러나, 普遍的인 指導原理를 懇求[40]하는 時代的 要請은, 多幸히도 우리 韓國佛敎界에서 故 碧山堂 金陀[41]和尙[42]의 崛起[43]로 말미암아 佛敎自體 內의

번거롭고 어렵게 여겨짐은 사실이며, 그래서, 현대에 이르러 불법佛法의 전체 모습을 달관하지 못하고, 추상적으로 어느 한쪽만을 확신하고 고집하여 분열 침체하고, 위기에 직면한 현대사회에 보다 적극적이고 참신한 구제救濟의 책임을 다하지 못하게 된 것이다. 그러나, 보편적인 지도원리를 간절히 구하는 시대적 요청은, 다행히도 우리 한국 불교계에서 고故 벽산당碧山堂 금타화상金陀和尙의 훌륭한 업적으로 말미암아 불교 자체自體 내의

---

35 1. 너저분하고 자질구레함. 2. [같은 말] 번거로움(일의 갈피가 어수선하고 복잡한 데가 있음).
36 1. 뜻을 이해하기 어려움. 2. 풀거나 해결하기 어려움.
37 1. 사소한 사물이나 일에 얽매이지 않고 세속을 벗어난 활달한 식견이나 인생관에 이름. 또는 그 식견이나 인생관. 2. 사물에 통달한 식견이나 관찰.
38 자기의 의견을 굳이 고집하여 양보하지 아니함.
39 1. 맡은 바 직책이나 임무. 2. 아래 등급의 임원.
40 간절히 바람.
41 만암曼庵(중앙불교전문학교(현 동국대학교)를 설립하여 인재를 양성하고 한국불교 정체성을 확립하는 데 노력하였으며 조계종 초대종정을 지냄)의 상좌上佐(맏제자). 청화淸華 큰스님의 은사恩師.
42 1. 수행修行을 많이 한 승려僧侶. 2. 승려의 높임말.
43 1. 산 따위가 불쑥 솟음. 2. 벌떡 일어섬. 3. 기울어 가는 집안에 훌륭한 인물이 남을 비유적으로 이르는 말.

紛紜[44]한 論義와,

文化史上의 形而上[45]과

形而下[46], 唯物[47]과 唯心[48] 等,

兩極의 熾烈한 爭論들이

法爾道理[49]에 立脚한 徹底한

辨證으로써, 紅爐點雪[50]의

解決을 보게 됨은 非但[51] 佛敎界의

貢獻에만 그칠 뿐 아니라, 當來[52]할

얽히고 어지러운 논의論義와,

문화사상文化史上의 형이상形而上과

형이하形而下, 유물唯物과 유심唯心 등,

양극의 치열한 쟁론爭論들이

본성本性의 이치에 입각한 철저한

변증으로써, 화롯불 위에 한 점 눈이 녹듯이

해결을 보게 됨은 다만 불교계의

공헌에만 그칠 뿐 아니라, 앞으로 올

---

44 여러 사람의 의논이 일치하지 아니하고 이러니 저러니 하여 시끄럽고 떠들썩함. 세상이 떠들썩하여 복잡하고 어지러움.

45 이성적 사유 또는 직관에 의해서만 포착되는 초경험적이며 근원적인 영역. 형체形體가 없어 감각感覺으로는 그 존재를 파악할 수 없는 것으로서 시간이나 공간을 초월한 관념적인 것을 이르는 말.

46 형체를 갖추어 나타나 있는 물질의 영역. 갖추어 감각으로 알 수 있는 것으로서 시간이나 공간 속에 형체를 가지고 나타나는 자연현상이나 사회현상을 이르는 말.

47 물질적인 것을 실재하는 것 또는 중심적인 것이라고 보며, 마음은 물질의 작용에 지나지 아니한다고 생각하는 입장.

48 1. 마음은 만물의 본체로서 오직 단 하나의 실재實在라는 《화엄경》의 중심 사상. 모든 존재는 마음에서 비롯한 것으로, 마음을 떠나서는 아무것도 존재하지 않는다고 본다. 2. 마음이나 정신적인 것이 만물의 근원이며 실재하는 중심적인 것이라는 생각. 일체一切의 제법은 그 본성本性으로 말하면 성性의 표현이고, 심성心性만이 이체의 근원, 최고의 실재라는 설. 오직 정신만이 존재함.

49 사종도리四種道理의 하나. 불이 있으면 열이 있고 물이 있으면 습기가 있듯이, 모든 현상에 갖추어져 있는 본성의 이치를 있는 그대로 사유함. ▶사종도리四種道理; 모든 현상에 통하는 이치에 대한 네 가지 사유 방법. 1) 관대도리觀待道理. 모든 현상의 이치를 상대적으로 사유함. 2) 작용도리作用道理. 모든 현상을 원인과 결과의 작용으로 사유함. 3) 증성도리證成道理. 어떠한 현상의 이치가 증거에 의해 성립되었는지를 사유함. 4) 법이도리法爾道理. 불이 있으면 열이 있고 물이 있으면 습기가 있듯이, 모든 현상에 갖추어져 있는 본성의 이치를 있는 그대로 사유함.

50 1. 빨갛게 달아오른 화로 위에 한 송이의 눈을 뿌리면 순식간에 녹아 없어지는 데에서, 도를 깨달아 의혹이 일시에 없어짐을 비유적으로 이르는 말. 2. 사욕私慾이나 의혹疑惑이 일시에 꺼져 없어짐을 비유적으로 이르는 말. 3. 크나큰 일에 작은 힘이 조금도 보람이 없음을 가리키는 말.

51 부정否定의 뜻을 가진 문맥 속에서 '다만', '오직'의 뜻을 나타냄. [비슷한말] 겨우, 단지, 다만.

52 1. 다음에 곧 올 세상. 내세. 2. 틀림없이 닥쳐옴.

人類의 福祉를 爲하여 高貴한

金字塔[53]이 되지 않을 수 없을 것이다.

그러나, 이렇듯 不朽[54]의 價値가 있는

和尙의 珍貴한 力作들이,

現下佛敎界의 混沌[55] 不毛[56]한

雰圍氣 속에서 敷衍[57]

宣揚[58]되지 못하고, 다만 山僧과 같은

淺學[59] 非才[60]한 後學에 依해서,

간신히 그 原稿만 保存되어 왔다는 것은

참으로 遺憾된 일이 아닐 수 없다.

金陀和尙께서는 일찍이 十數年의

坐禪을 敢行하여

인류의 복지福祉를 위하여 고귀한

금자탑金字塔이 되지 않을 수 없을 것이다.

그러나, 이렇듯 영원한 가치가 있는

화상和尙의 진귀한 역작力作들이,

지금 불교계의 혼란하고 척박한

분위기 속에서 자세히 풀어

널리 알려지지 못하고, 다만 산승山僧과 같은

학문이 얕고 재능이 없는 후학後學에 의해서,

간신히 그 원고만 보존되어 왔다는 것은

참으로 유감된 일이 아닐 수 없다.

금타화상金陀和尙께서는 일찍이 십여 년의

좌선을 과감하게 실행하여

---

53 1. 이집트의 피라미드pyramid를 번역한 말. 그 모양이 금자金字와 비슷한 데서 온 말임. 2. 영원히 전해질 만한 가치 있는 불멸의 위대한 업적을 비유하여 이르는 말.

54 1. 썩지 아니함이라는 뜻으로, 영원토록 변하거나 없어지지 아니함을 비유적으로 이르는 말. 2. 또는 어떤 것의 가치나 의의가 언제까지나 길이 전하여 없어지지 않음. 3. 길이 생생함. [비슷한말] 불멸, 불마, 영원 불멸.

55 1. 마구 뒤섞여 있어 갈피를 잡을 수 없음. 또는 그런 상태. 2. 하늘과 땅이 아직 나누어지기 전의 상태.

56 1. 땅이 거칠고 메말라 식물이 나거나 자라지 아니함. 2. 아무런 발전이나 결실이 없는 상태를 비유적으로 이르는 말.

57 1. 이해하기 쉽도록 설명을 덧붙여 자세히 말함. 2. 늘려서 널리 폄.

58 명성이나 권위 따위를 널리 떨치게 함.

59 학식이 얕음. 또는 그런 사람.

60 1. 재주가 없음. 2. 변변치 못한 재능이라는 뜻으로, 자기 재능을 겸손하게 이르는 말.

本分 自性의 實相을 廓徹[61]히
證悟[62]하고, 釋尊[63] 이후 가장 昭詳히
形而上的 境界를 闡明[64]하였으며,
또한 그 實相을 見證[65]하는
方法階梯[66]를 實證科學과 對比하여
體系化하는 等 形而上下[67]를
止揚[68]綜合한 點에 이르러서는
참으로 文化史上 稀有한
一大盛事[69]라 하지 않을 수 없을 것이다.

본분本分 자성自性의 참모습을 밝게 꿰뚫어 깨닫고, 석가모니 부처님 이후 가장 소상히 형이상적形而上的 경계를 밝혔으며, 또한 그 참모습을 깨닫는 방법과 단계를 실증과학과 대비하여 체계화하는 등 형이상하形而上下를 넘어서서 종합한 점에 이르러서는 참으로 문화사상文化史上 희유하고 매우 훌륭한 업적이라 하지 않을 수 없을 것이다.

---

61 널리 바르게 꿰뚫음.
62 깨달음. 수행으로 진리를 체득하여 깨달음.
63 석가세존('석가모니'를 높여 이르는 말).
64 진리나 사실, 입장 따위를 드러내어 밝힘. [비슷한말] 구명, 명언, 언명.
65 보아서 증명함.
66 계제階梯; 1. 계단階段과 사닥다리. 2. 일이 사닥다리 밟듯이 차차 진행되는 순서. 3. 벼슬이 차차 올라가는 순서. 4. 일이 잘되어 가거나, 어떤 일을 행할 수 있게 된 알맞은 형편이나 좋은 기회. 5. 기계체조에서, 앞으로 비스듬히 세운 사닥다리.
67 형이상과 형이하를 아울러 이르는 말.
68 1. 더 높은 단계로 오르기 위하여 어떠한 것을 하지 아니함. 피함, 하지 않음. 2. 〈철학〉변증법의 중요한 개념으로, 어떤 것을 그 자체로는 부정하면서 오히려 한층 더 높은 단계에서 이것을 긍정하는 일. 모순 대립하는 것을 고차적으로 통일하여 해결하면서 현재의 상태보다 더욱 진보하는 것이다. 벗어남, 삼감. [비슷한말] 양기揚棄.
69 아주 굉장한 성대한 사업, 행사.

또한, 和尙⁷⁰은 元曉, 普照, 西山 等 　　　화상　　　원효　보조　서산　등	또한, 금타 화상은 원효, 보조, 서산대사 등
諸大 先覺者들이 한결같이 제대　선각자	모든 위대한 선각자들이 한결같이
唱導⁷¹宣揚한 바, 창도　선양	앞장서 이끌고 선양宣揚한 바,
韓國佛敎의 正統인 通佛敎⁷²의 한국불교　정통　통불교	한국불교의 정통인 통불교通佛敎의
提唱⁷³에 그칠 뿐만 아니라, 제창	제창提唱에 그칠 뿐만 아니라,
正法을 護持⁷⁴하는 意味의 정법　호지　　　의미	바른 법을 호지하고 지키는 의미의
護法團⁷⁵을 組織하여, 宗敎一般의 호법단　　조직　　종교일반	호법단護法團을 조직하여, 종교 일반一般의
一元化⁷⁶를 圖謀⁷⁷한 雄志⁷⁸는 일원화　　도모　　웅지	일원화를 꾀한 웅대한 뜻은
참으로 宗敎中興의 黎明⁷⁹을 밝히는 　　　종교중흥　　여명	참으로 종교 중흥中興의 새벽을 밝히는
燦然⁸⁰한 瑞光⁸¹이 아닐 수 없다. 찬연　　서광	찬란하고 상서로운 빛이 아닐 수 없다.

70　1. 수행을 많이 한 승려. 2. 승려의 높임말.
71　1. 어떤 일을 앞장서서 주장하고 부르짖어 사람들을 이끌어 나감. 앞장서 부름, 앞장서 외침.
　　2. 교법敎法을 먼저 주창하여 사람들을 가르치고 지도함.
72　한 종파에 국한하지 아니하고 불교 전체에 통하는 교리.
73　1. 선원에서, 종지宗旨의 큰 줄기를 들어서 그 뜻을 풀이함. 2. 경전, 어록 따위를 들어서 말함. 3. 어떤 일을
　　처음 내놓아 주장함.
74　보호하여 지님.
75　바른 법을 보호하여 지니는 단체.
76　1. 하나로 됨. 2. 하나로 만듦.
77　어떤 일을 이루기 위하여 대책과 방법을 세움.
78　1. 웅장雄壯한 뜻. 2. 큰 뜻.
79　1. 희미하게 날이 밝아 오는 빛. 또는 그런 무렵. 2. 희망의 빛.
80　반짝반짝 빛나는 모양. 빛이 밝음.
81　1. 상서祥瑞로운 빛. 2. 일의 길한 조짐. 상광祥光.

그리고, 和尙은 우리 한글의 補完에도
恪別한 硏究를 하였으며, 科學的 分野에
대해서도 깊은 造詣를 表明하였으니,
特히 「宇宙의 本質과 形量」이라는
著述에서 和尙은 말하기를
"陽核[82]은 水大[83]
곧 引力[84]이며, 電子는 火大[85]
곧 斥力[86]이고, 그 動力은
風大, 中性塵[87]은
地大이다.
이와 같이 佛說의 이른바
所造[88]四大(物質)는 科學에 의하여
解剖되었다고 할 수 있다.

그리고, 화상은 우리 한글의 보완에도
각별한 연구를 하였으며, 과학적 분야에
대해서도 깊은 조예를 드러냈으니,
특히 「우주宇宙의 본질本質과 형량形量」이라는
저술에서 화상은 말하기를
"양핵陽核은 (사대四大 중) 수대水大
곧 인력引力이며, 전자는 화대火大
곧 척력斥力이고, 그 (운運)동력動力은
풍대風大, 중성진中性塵(중성자中性子)은
지대地大이다.
이와 같이 부처님이 말씀하신 이른바
소조사대所造四大(물질物質)는 과학에 의하여
해부되었다고 할 수 있다.

---

82   양전기를 띤 핵이라는 뜻으로, '원자핵'을 이르는 말.
83   사대四大의 하나. ▶사대四大; 대상의 특성을 형성하는 네 가지 요소. 1) 지대地大. 견고한 성질. 2) 수대水大. 축축한 성질. 3) 화대火大. 따뜻한 성질. 4) 풍대風大. 움직이는 성질.
84   물리적, 공간적으로 떨어져 있는 물체가 서로를 끌어당기는 힘.
85   사대四大의 하나. ▶사대四大; 대상의 특성을 형성하는 네 가지 요소. 1) 지대地大. 견고한 성질. 2) 수대水大. 축축한 성질. 3) 화대火大. 따뜻한 성질. 4) 풍대風大. 움직이는 성질.
86   같은 종류의 전기나 자기를 가진 두 물체가 서로 밀어내는 힘.
87   중성자中性子. 1. 양성자와 함께 수소를 제외한 모든 원자핵을 구성하는 소립자素粒子. 2. 전하를 갖고 있지 않으며, 전자 질량의 약 1,840배이다. 3. 핵에 속해 있지 않고 자유로운 상태에 있는 것은 베타 붕괴라고 하는 방사성 붕괴를 하여 양성자 1개, 전자 1개, 반중성미자反中性微子 1개로 분리된다.
88   1. 지地·수水·화火·풍風의 사대四大로 이루어진 대상. 이에 반해, 사대四大는 능조能造라고 함. 2. 여기에서는 물질인 지地·수水·화火·풍風의 사대四大.

그리고, 今後의 問題는
能造⁸⁹四大(心)를 哲學을
통하여 究明하고, 眞俗⁹⁰을
打破⁹¹케 할지니, 衆生으로 하여금
먼저 乾慧地⁹²에 오르게 하여
大悟⁹³의 基礎를 쌓게 할 必要가 있다.
그리고 科學의 範疇를
擴大하지 않으면, 現代에 있어서
求하는 바 原子核의 本質은
發見하기 어렵다. 그것은 佛說의
金塵에 該當하며, 天眼⁹⁴에 依해서만
비로소 發見될 수 있기 때문이다.

그리고, 앞으로의 문제는
능조사대能造四大(심심; 마음)를 철학哲學을
통하여 구명究明하고, 참됨과 속됨의
분별을 깨부술 것이니, 중생으로 하여금 먼
저 간혜지乾慧地에 오르게 하여
큰 깨달음의 기초를 쌓게 할 필요가 있다.
그리고 과학의 범주範疇(category)를
확대하지 않으면, 현대에 있어서
구하는 바 원자핵의 본질本質은
발견하기 어렵다. 그것은 부처님 말씀의
금진金塵에 해당하며, 천안天眼에 의해서만
비로소 발견될 수 있기 때문이다.

---

89 1. 지地·수水·화火·풍風의 사대四大를 말함. 이에 반해, 사대四大로 이루어진 대상은 소조所造라고 함.
    2. 여기에서는 유심唯心의 입장에서 물질인 지地·수水·화火·풍風의 사대四大를 만드는 마음(심심)을 말함.
90 1. 참된 것과 속된 것. 2. 출세간出世間과 세간世間. 3. 부처의 가르침과 세속의 사상.
91 잘못되거나 낡은 관습, 제도 따위를 깨뜨려 버림.
92 삼승공십지三乘共十地의 첫 번째 단계. 지혜는 있지만 아직 선정禪定의 물이 스며들어 있지 않음.
93 1. 크게 깨달음. 2. 번뇌에서 벗어나 진리를 크게 깨달음.
94 1. 천안통天眼通의 준말. 2. 오안五眼의 하나. 겉모습만 보고 그 본성은 보지 못하는, 욕계·색계의 천인天人이 갖추고 있는 눈. 천도에 나거나 선을 닦아서 얻은, 아주 작은 사물도 멀리 또는 널리 볼 수 있는 눈. 중생들의 미래도 능히 볼 수 있다고 한다.

이 金塵을 零點으로 하고,
그 이상을 形而上,
이하를 形而下라고 하면,
色卽是空 空卽是色이 如實히 證明되어
元來 둘이 아닌 事實이 明白해진다…"고
喝破[95]하였다.

그런데, 이러한 貴重한 獨創的인
著述들이 主로 自證[96]된
眞如緣起[97]의 境界를
簡潔하게 提示한 壓縮된 文章일 뿐 아니라,
宗敎와 哲學과 科學을 渾然[98]히
網羅[99]한 雄篇[100]이기 때문에
後學人[101]에 있어서도

이 금진을 영점(zero point)으로 하고,

그 이상을 형이상形而上,

이하를 형이하形而下라고 하면,

'현상에는 실체가 없다. 실체가 없기

때문에 현상일 수 있다.'는 것이 실답게

증명되어 원래 둘이 아닌 사실事實이

명백해진다…."고 밝혔다.

그런데, 이러한 귀중한 독창적인

저술들이 주로 스스로 깨달은

진여연기眞如緣起의 경계를

간결하게 제시한 압축된 문장일 뿐 아니라,

종교와 철학과 과학을 원만하게

포함한 뛰어난 저술이기 때문에

후배에 있어서도

---

95 1. 큰소리로 꾸짖어 기세를 눌러 버림. 2. 정당한 논리로 그릇된 주장을 깨뜨리고 진리를 밝힘.
96 1. 자기 스스로 증명함. 2. 진리를 스스로 깨달아 얻음. 부처의 깨달음은 남이 깨닫게 하여 줄 수 없음을 이르는 말이다.
97 우주의 만유는 모두 진여로 말미암아 생김.
98 1. 다른 것이 조금도 섞이지 아니한 모양. 2. 차별이나 구별이 없는 모양. 3. 모나지도 아니하고 결점도 없는 원만한 모양.
99 물고기나 새를 잡는 그물이라는 뜻으로, 일정한 범위 안에 널려 있는 것들을 모두 모아서 포함시킴을 이르는 말.
100 뛰어나게 좋은 글이나 작품.
101 1. 학문에서의 후배. 2. 학자가 자기를 낮추어 이르는 말. 3. 앞날에 도움이 될 학문이나 지식.

이를 吟味(음미)하기 위해서는	이를 음미하기 위해서는
반드시 眞摯(진지)한 求道人(구도인)의 立場(입장)에서	반드시 진지眞摯한 구도인의 입장에서
三昧[102]를 통한 直觀[103]實證[104]의	삼매를 통한 직관적인 실증實證의
研鑽[105]이 있어야 할 것이다.	깊은 연구가 있어야 할 것이다.
바야흐로 不信(불신)과 不安(불안)과 破滅(파멸)의	바야흐로 불신不信과 불안과 파멸의
歷史的(역사적) 危機(위기)에 處(처)한 現代的(현대적) 狀況(상황)에 있어서	역사적 위기에 처한 현대적 상황에 있어서
幸(행)히 和尙(화상)의 著述(저술)이 人類(인류)의 無明[106]과	다행히 화상의 저술이 인류의 어리석음과
反目[107]을 超克[108]하여,	미움을 넘어서서,
常樂我淨[109]한	항상하고 즐겁고 자재롭고 깨끗한
새 世代(세대) 建設(건설)의 드높은 里程標(이정표)가 되고,	새 세대 건설의 드높은 이정표가 되고,

102 불교에서, 마음을 한 가지 일에 집중시키는 일심불란一心不亂의 경지境地나 사물事物에 열중함을 이르는 말.
103 1. 바로 눈에 보임. 2. 일반적으로, 판단判斷·추리推理 따위의 작용에 의하지 않고, 사물의 본질이나 또는 알고자 하는 대상 등을 직접 파악하는 일, 또는 그 작용. 직각直覺.
104 1. 확실한 증거. 확증確證. 2. 또는 확실한 증거가 있는 사물. 3. 사실에 의하여 증명함. 실험實驗.
105 학문이나 사물의 도리를 깊이 연구하고 닦음.
106 산스크리트어 아비드야avidyā의 의역으로 불교의 근본진리에 통달하지 못한 마음의 상태. 진리를 깨치지 못해 지혜가 어두운 것. 경계를 대할 때마다 마음이 요란해지고, 어리석어지고, 그르게 되어 무명이 생기고 온갖 악업을 짓게 된다. 모든 번뇌의 근원이 되고 사견邪見·망집妄執·미혹迷惑으로 고·집·멸·도 사제四諦의 근본 뜻을 통달하지 못한 어두운 마음이다. 십이인연의 첫 번째로 무명에 의하여 십이인연이 일어나고 육도윤회를 하게 된다.
107 서로 미워함.
108 어려움 따위를 넘어 극복해냄.
109 1. 열반에 갖추어져 있는 네 가지 성질·특성. 영원히 변하지 않는 상常, 괴로움이 없고 평온한 낙樂, 대아大我·진아眞我의 경지로서 집착을 떠나 자유자재하여 걸림이 없는 아我, 번뇌의 더러움이 없는 정淨. 2. 범부가 일으키는 네 가지 잘못된 견해. 무상을 상常, 괴로움을 낙樂, 무아를 아我, 더러움을 정淨이라고 사유하는 견해.

夢寐¹¹⁰에도 사무친 祖國의 平和統一을 위한

眞正한 指導原理가 될 수 있다면,

어찌 다만 佛敎人의 修道¹¹¹法門¹¹²에만

그치고 말 것인가?

그리고, 和尙의 著作¹¹³ 또는 撰述¹¹⁴들이

모두 한결같이 金剛三昧¹¹⁵에 立脚한

金口¹¹⁶ 敍述¹¹⁷임을 因緣하여,

和尙의 遺稿¹¹⁸를 한데 모아

金剛心論이라 表題¹¹⁹하여

上梓¹²⁰하기로 하였으며,

本文에 보이는 難解한 文章이나

佛敎述語를 보다 平易하게 註解¹²¹하여

꿈속에도 사무친 조국의 평화통일을 위한

진정한 지도원리가 될 수 있다면,

어찌 다만 불교인의 수도를 위한 법문에만

그치고 말 것인가?

그리고, 화상의 저작 또는 찬술撰述들이

모두 한결같이 금강삼매金剛三昧에 입각한

부처님 가르침의 서술임을 인연하여,

화상和尙의 유고遺稿를 한데 모아

『금강심론金剛心論』이라 책 제목을 붙여

출판하기로 하였으며,

본문에 보이는 어려운 문장이나

불교 술어를 보다 쉽게 주를 달고 풀이하여

---

110 잠을 자면서 꿈을 꿈. 또는 그 꿈.
111 Skt. bhāvanā-mārga. 1. 견도見道에서 사제四諦를 명료하게 주시하여 견혹見惑을 끊은 후, 다시 수행을 되풀이하여 수혹修惑을 끊는 단계. 예류과預流果 · 일래향一來向 · 일래과一來果 · 불환향不還向 · 불환과不還果 · 아라한향阿羅漢向에 해당함. 2. 불도를 수행함.
112 중생을 열반에 들게 하는 문이라는 뜻으로, 부처의 교법을 이르는 말.
113 1. 예술이나 학문에 관한 책 · 작품 따위를 지음. 또는 그 책이나 작품.
114 (학문이나 문예 등에 관한) 책이나 글을 씀.
115 1. 온갖 분별과 번뇌를 깨뜨려 버리는 삼매. 2. 모든 현상을 꿰뚫어 환히 아는 삼매.
116 1. 남의 말을 높여 이르는 말. 2. 부처의 입. 3. 부처의 설법.
117 어떤 내용을 차례대로 말하거나 적음.
118 고인故人이 생전에 써서 남긴 원고.
119 1. 서책의 겉에 쓰는 그 책의 이름. 2. 연설이나 담화 따위의 제목. 3. 연극 따위의 제목.
120 책 따위를 출판하기 위하여 인쇄에 부침.
121 1. 본문의 뜻을 알기 쉽게 주를 달아 풀이함. 2. 또는 그 글, 주석注釋.

編述[122]하려 하였으나,
원저原著의 본뜻을 손상시킬까 염려하여

原著의 本義를 이아칠까[123] 저어하여[124]
다음날로 미루고, 우선 원문 그대로

後日로 미루고, 于先 原文 그대로
내는 것을 원칙으로 하였다.

내는 것을 원칙으로 하였다.

끝으로, 이번 刊行佛事[125]에
끝으로, 이번 간행하는 일에

同參하여 주신 여러 佛子님께
함께 참여하여 주신 여러 불자佛子님들께

衷心으로 感謝의 合掌[126]을 드리는 바이다.
충심으로 감사의 합장을 드리는 바이다.

南無阿彌陀佛[127]
나무아미타불南無阿彌陀佛

南無觀世音菩薩[128]
나무관세음보살南無觀世音菩薩

佛紀 二五三六年 壬申 二月 望日[129]
불기 2536년(서기 1992년) 2월 보름날

---

122 엮어서 지음. 문서를 모아 엮음.
123 이아치다; 1. 자연의 힘이 미치어 손해를 입다. 또는 그렇게 하다. 2. 거치적거려 방해가 되거나 손실을 입다. 또는 그렇게 하다.
124 저어하다; 염려하거나 두려워하다. [비슷한말] 겁나다, 겁내다, 두려워하다.
125 불사佛事; 1. 부처가 중생을 교화하는 일. 2. 불가佛家에서 행하는 모든 일. 3. 여러 행사나 사업 따위.
126 불가佛家에서 인사할 때나 절할 때 두 팔을 가슴께로 들어 올려 두 손바닥을 합合함.
127 1. 아미타불에 돌아가 의지함을 이르는 말. 2. 공들인 일이 헛일이 됨을 이르는 말[감탄사]. 3. 아미타불에 돌아가 의지한다는 뜻으로, 염불할 때 외는 소리.
128 관세음보살에 돌아가 의지함을 이르는 말. 또는 이런 뜻으로 염불할 때 외는 소리. ▶관세음보살觀世音菩薩; 관세음觀世音은 Skt. avalokiteśvara의 번역, 보살菩薩은 Skt. bodhi-sattva의 음사인 보리살타菩提薩埵의 준말. 세간의 중생이 갖가지 괴로움을 받을 때, 그의 이름을 부르면 그 음성을 듣고 대비와 지혜로써 자유자재로 중생을 괴로움에서 벗어나게 해 준다는 보살. 약어 관음觀音, 관음보살觀音菩薩.
129 음력 보름날.

桐裏山[130] 泰安寺[131] 金剛禪院에서
동리산   금강선원

後學[132] 淸華 合掌[133]
후학   청화 합장

동리산 태안사 금강선원에서

후학後學 청화淸華 합장

130 전라남도 곡성군의 남동쪽에 위치한 산이다(고도 754m). 죽곡면과 순천시 황전면의 경계를 이룬다. 지형도에는 봉두산이라 표기되어 있지만, 이 산에 있는 태안사 일주문 현액에는 '동리산桐裏山 태안사泰安寺'라고 되어 있다. 산 이름이 언제 바뀌었는지는 알 수 없어도 두 이름에 연관성이 전혀 없는 것은 아니다. 봉황이 서식하는 나무가 오동나무이고 태안사가 자리 잡은 곳을 둘러싼 주변 산세가 오동나무 줄기 속처럼 아늑해서 동리산이라 불렀으며, 둘러싼 주변 산세의 최고점을 봉황의 머리, 즉 봉두산이라 명명했을 가능성이 있다. 조선시대에는 동리산으로 불렸던 것으로 보인다. 그러나 이 지명의 한자 표기는 지도와 문헌에 따라 다르게 기재되어 있다. 동리산桐裏山이 『신증동국여지승람』, 『여지도서』, 『호남읍지』 등에 일반적으로 가장 많이 쓰이고 있지만, 『동국여지지』에는 동리산洞裡山, 『청구도』, 『동여도』, 『대동여지도』에는 동리산桐裡山, 『대동방여전도』에는 동리산洞裏山으로 표기되어 있다.

131 전남 곡성군 죽곡면 원달리 20. 동리산(봉두산) 남서쪽 기슭에 있는 절. 대한불교조계종 제19교구 본사 화엄사華嚴寺의 말사. 태안사가 처음 창건된 때는 신라 경덕왕 1년(742), 세 명의 승려에 의해서라고 하나 고증하기 어렵다. 그로부터 100여 년 후 신라 문성왕 9년(847) 적인선사寂忍禪師 혜철慧徹(785~861)이 동리산문桐裏山門을 개산하여 대안사大安寺라 하고 선풍禪風을 일으킴으로써 동리산문桐裏山門이 형성됨. 개산조開山祖인 혜철국사慧徹國師가 이 절에서 법회法會를 열어 선문구산禪門九山의 하나인 동리산파桐裏山派의 중심 사찰이 되었고, 태안사는 한때 송광사와 화엄사를 말사로 거느릴 정도로 큰 세력을 떨쳤다. 919년에 광자대사廣慈大師 윤다允多가 중축하고, 고려 중기 송광사가 수선결사로 크게 사세를 키우면서 태안사는 위축되었고, 조선 초기 억불정책에 밀려 쇠락했다. 태안사는 숙종 28년(1702)까지 대안사大安寺로 불리었다. 1683년에 정심定心이 중축하였다. 한국전쟁 때 대웅전을 비롯해 15채의 건물이 불탔으며, 이때 소실된 대웅전은 1968년 청화 큰스님께서 봉서암을 옮겨 다시 건립하였다. 1985년부터 청화선사가 주석하여 3년 결사를 결행하면서, 3간 대웅전을 5간 대웅전으로 복원하는 등 태안사를 크게 중창하였다. 문화재로는 적인선사조륜청정탑寂忍禪師照輪淸淨塔 · 광자대사탑廣慈大師塔 · 광자대사비廣慈大師碑 · 대바라大鈸鑼 · 천순명동종天順銘銅鐘 · 능파각凌波閣 · 일주문一柱門이 있다.

132 1. 학문에서의 후배. 2. 학자가 자기를 낮추어 이르는 말. 3. 앞날에 도움이 될 학문이나 지식. [비슷한말] 내학, 학자.

133 이상은 현재 유통되는 『금강심론』의 머리말이며, 이전본의 머리말 끝부분은 '끝으로, 이번 불사佛事를 전담全擔하여 많은 시주施主를 베풀어 주신 서병교徐丙敎님과, 이 책册이 나오기까지 수고하여 주신 조연助緣 여러분께 충심衷心으로 감사의 합장合掌을 올리는 바이다. 나무아미타불南無阿彌陀佛! 나무관세음보살南無觀世音菩薩! 1979년年 기미己未 5월五月 망일望日 월출산月出山 상견성암上見性庵에서 후학後學 청화淸華 합장合掌'으로 끝을 맺고 있다.

• 일러두기[1]

一.

第一篇「一人傳에 一人度」는
제일편 일인전 일인도

文字 그대로 이 法門[2]을
문자 법문

傳하고[3] 받는 사람마다 반드시
전

濟度[4]한다는 著者의 大確信과
제도 저자 대확신

誓願[5]이 넘쳐 흐르고 있음을
서원

感得[6]하고 남음이 있다.
감득

第一章에서, 般若心經의
제일장 반야심경

獨特한 解說로써 먼저
독특 해설

諸法[7]皆空[8]의 理를 力說하여
제법 개공 리 역설

• 일러두기

1.

제1편「일인전一人傳에 일인도一人度」는

문자 그대로 이 법문을

전하고 받는 사람마다 반드시

제도한다는 저자의 큰 확신確信과

서원이 넘쳐 흐르고 있음을

깊이 느낄 수 있다.

제1장에서, 반야심경의

독특한 해설로써 먼저

'모든 존재는 여러 조건에 의하여

임시적으로 발생하는 것으로

일정한 실체가 없다'는 이치를 역설하여

---

1 청화 큰스님의 일러두기.
2 부처의 교법을 '중생을 열반에 들어가게 하는 문'에 비유하여 이르는 말.
3 전하다; 1. (어떤 사람이 다른 사람에게 소식이나 안부 따위를) 알려 주다. 2. (어떤 사람이 다른 사람에게 물건 따위를) 옮기어 건네다. 3. (사람이 자손이나 후손에게 어떤 물건이나 풍속 따위를) 남기어 물려주다.
4 1. 고해苦海에서 모든 중생을 구제하여 열반의 언덕으로 건너게 함. 2. 비유적인 표현으로 교화를 의미함.
5 1. 자기가 하고자 하는 일을 신불神佛에게 맹세하고 그것이 이루어지기를 기원함. 2. 부처나 보살이 중생을 제도하려는 소원이 이루어지도록 기원하는 일.
6 1. 느끼어 앎. 2. 영감으로 깨달아 앎.
7 1. 모든 현상. 인식된 모든 현상. 의식에 형성된 모든 현상. 2. 유위법有爲法을 말함. 온갖 분별에 의해 인식 주관에 형성된 모든 현상. 분별을 잇달아 일으키는 의식 작용에 의해 인식 주관에 드러난 모든 차별 현상. 인식 주관의 망념으로 조작한 모든 차별 현상. 3. 무위법無爲法을 말함. 모든 분별이 끊어진 상태에서 주관에 명료하게 드러나는 모든 현상. 분별하지 않고, 있는 그대로 파악된 모든 현상. 분별과 망상이 일어나지 않는 주관에 드러나는, 대상의 있는 그대로의 참모습. 4. 모든 가르침.
8 제법개공; 모든 존재는 여러 조건에 의하여 임시적으로 발생하는 것으로 일정한 실체가 없다는 의미.

先悟後修의 (선오후수)	'먼저 깨닫고 뒤에 닦는'
正見을 闡明[9]하고, (정견) (천명)	바른 견해를 드러내 밝히고,
第二章 一節의「阿彌陀佛」[10]에서는 (제이장 일절) (아미타불)	제2장 제1절의「아미타불阿彌陀佛」에서는
「菩提方便門」[11]의 (보리방편문)	「보리방편문菩提方便門」의
實相念佛禪[12]으로써, (실상염불선)	실상염불선實相念佛禪으로써,
定慧[13]均等[14]과 自力[15] (정혜) (균등) (자력)	선정과 지혜가 균등하고 스스로의 힘과
他力[16] 兼修의 (타력) (겸수)	불보살의 도움을 통해 아울러 닦는
念佛禪을 提唱[17]하여 (염불선) (제창)	염불선念佛禪을 제시 주장하여
이 修法이 바로 成佛의 彼岸[18]에 이르는 (수법) (성불) (피안)	이 수행법이 바로 성불의 피안에 이르는

9   의지나 각오 따위를 드러내어 밝힘.
10   1. 서방정토에 있는 부처. 대승불교 정토교의 중심을 이루는 부처로, 수행 중에 모든 중생을 제도하겠다는 대원大願을 품고 성불하여 극락에서 교화하고 있으며, 이 부처를 염송하면 죽은 뒤에 극락에 간다고 한다. [비슷한말] 미타彌陀·미타불·아미타·아미타여래·안양교주·일불一佛·타불陀佛. 2. 여기에서는 삼신일불三身一佛인 우주 총대명사로서의 '아미타불阿彌陀佛'이며, 288자의 보리방편문菩提方便門 내용을 더욱 압축하면 '아미타불' 네 글자로 축약된다.
11   금타 대화상께서 삼매 중에 용수보살의 보리심론의 내용을 288자로 요약한 묘결妙訣.
12   마음을 우주의 실상實相인 일불一佛, 곧 삼신일불三身一佛의 총대명사인 아미타불 일불一佛에 매는(繫繫) 일상삼매一相三昧와 념념상속念念相續의 일행삼매一行三昧를 닦아가면, 가행공덕加行功德으로 가관假觀의 일상삼매와 념수念修의 일행삼매에서 견성見性의 실상삼매實相三昧와 증도證道의 보현삼매普賢三昧로, 곧 관념觀念에서 실증實證에로 증오證悟해 가는 염불선念佛禪. 보리방편문을 통한 염불선. 실상염불實相念佛로서의 염불선.
13   마음을 한곳에 머물게 하는 선정禪定과 현상 및 본체를 관조하는 지혜를 아울러 이르는 말.
14   1. 어느 한쪽으로 더하거나 덜함이 없이 고르고 가지런함. 2. 〈논리〉개념이나 명제가 의미는 다르나 실제의 뜻이나 진릿값은 똑같음.
15   부처나 보살 등에 의지하지 않고, 자신의 힘으로 깨달음에 이르려고 함.
16   불·보살의 힘, 특히 아미타불에게 빌어서 깨달음을 얻고자 함.
17   1. 어떤 일을 제시하여 주장하는 것. 2. 선종禪宗에서, 가르침의 근본을 제시하여 설법하는 것.
18   1. 진리를 깨닫고 도달할 수 있는 이상적 경지를 나타내는 말. 2. 생사해生死海를 초월하여 열반안涅槃岸에 도달하는 정토淨土. 3. 강의 건너편 기슭.

捷徑임을 强調하였으며	지름길임을 강조하였으며
四節의「五智[19]如來[20]」에서는	제4절의「오지여래五智如來」에서는
佛性[21]의 體性[22]을 徹底히	불성佛性의 본래 성품을 철저히
究明[23]하였는데	연구하여 밝혔는데
其他 各節마다 時代性에 相應[24]한	그 밖에 각 절마다 시대에 걸맞는
著者의 獨創的인 敎說[25]은	저자의 독창적인 가르침은
다른 佛書에서는 찾아볼 수 없는	다른 불교서적에서는 찾아볼 수 없는
珍貴한 法門임을 否認할 수 없다.	진귀한 법문임을 인정하지 않을 수 없다.

19 대일여래大日如來가 갖추고 있는 다섯 가지 지혜. 1) 법계체성지法界體性智. 있는 그대로의 본성을 아는 지혜. 2) 대원경지大圓鏡智. 모든 것을 있는 그대로 비추어 내는 크고 맑은 거울처럼 청정한 지혜. 3) 평등성지平等性智. 자타自他의 평등을 깨달아 대자비심을 일으키는 지혜. 4) 묘관찰지妙觀察智. 모든 현상을 잘 관찰하여 자유자재로 가르침을 설하고 중생의 의심을 끊어주는 지혜. 5) 성소작지成所作智. 중생을 구제하기 위해 해야 할 것을 모두 성취하는 지혜.

20 오지여래五智如來; 오지五智를 나타내는 여래. 법신인 대일여래의 원만한 지智를 열어 5지로 하고, 그 하나하나가 5부부 5방의 부처에 의해서 표현된다고 한 것으로서, 법계체성지法界體性智―대일여래(불부佛部, 중앙), 대원경지大圓鏡智―아축阿閦여래(금강부, 동방), 성소작지成所作智―보생寶生여래(보부, 남방), 묘관찰지妙觀察智―아미타여래(연화부, 서방), 평등성지平等性智―불공성취여래(갈마부, 북방) 등이다(이상은 상전문上轉門. 하전문인 경우는 성소작지와 평등성지가 남북에서 북남으로 상호 교환된 위치에 있음).

21 Skt. buddha-gotra, Skt. buddha-dhātu의 번역. 1. 모든 중생이 본디 갖추고 있는 부처의 성품. 부처가 될 수 있는 소질, 가능성. 2. 진리를 깨달은 부처의 본성本性. 부처 그 자체. 깨달음 그 자체.

22 1. 변하지 않는 본성이나 실체. 2. 본래 갖추고 있는 성품.

23 사물의 본질, 원인 따위를 깊이 연구하여 밝힘.

24 1. 서로 응하거나 어울림. 2. 서로 기맥이 통함. 3. 주관·객관의 모든 사물이 서로 응하여 융합하는 일. [비슷한말] 적합, 대응, 상당.

25 가르치며 설명함.

二.

第二篇「解脫²⁶十六地」는 佛祖²⁷의

經論²⁸에서 밝히신 바

成佛의 階梯²⁹를 菩薩十地³⁰를

根幹³¹으로 하여 對比會通³²한

修行過程의 體系로서,

무릇 修行의 方法·階梯도 모르고

暗中摸索³³하는 暗證禪³⁴이나,

또는 實修를 疎忽히 하고

2.

제2편「해탈십육지解脫十六地」는 부처님의

경전과 조사의 논論에서 밝히신 바

성불의 단계를 보살 10지를

바탕으로 대비 회통한

수행과정의 체계로서,

무릇 수행의 방법과 단계도 모르고

어림짐작으로 찾아 헤매는 암중선이나,

또는 실제의 닦음을 소홀히 하고

---

26   Skt. vimokṣa, Skt. vimukti. 1. 모든 번뇌의 속박에서 벗어난 자유자재한 경지. 모든 미혹의 굴레에서 벗어난 상태. 속세의 모든 굴레에서 벗어난 상태. 2. 모든 번뇌를 남김없이 소멸한 열반의 상태. 3. 깨달음. 4. 마음을 고요히 가라앉히고 한곳에 집중하여 산란하지 않는 선정의 상태.

27   1. 불교의 개조開祖인 석가모니. 2. 부처와 조사祖師를 아울러 이르는 말.

28   삼장三藏 가운데 경장과 논장을 아울러 이르는 말. 부처가 친히 한 말들을 기록한 경經과 이것들을 해석한 논論.

29   1. 사다리라는 뜻으로, 일이 되어 가는 순서나 절차를 비유적으로 이르는 말. 2. 어떤 일을 할 수 있게 된 형편이나 기회.

30   보살이 수행 과정에서 거치는 열 가지 단계. 1) 환희지歡喜地. 선근과 공덕을 원만히 쌓아 비로소 성자의 경지에 이르러 기쁨에 넘침. 2) 이구지離垢地. 계율을 잘 지켜 마음의 때를 벗음. 3) 발광지發光地. 점점 지혜의 광명이 나타남. 4) 염혜지焰慧地. 지혜의 광명이 번뇌를 태움. 5) 난승지難勝地. 끊기 어려운 미세한 번뇌를 소멸시킴. 6) 현전지現前地. 연기緣起에 대한 지혜가 바로 눈앞에 나타남. 7) 원행지遠行地. 미혹한 세계에서 멀리 떠남. 8) 부동지不動地. 모든 것에 집착하지 않는 지혜가 끊임없이 일어나 결코 번뇌에 동요하지 않음. 9) 선혜지善慧地. 걸림 없는 지혜로써 두루 가르침을 설함. 10) 법운지法雲地. 지혜의 구름이 널리 진리의 비를 내림. 구름이 비를 내리듯, 부처의 가르침을 널리 중생들에게 설함.

31   1. 뿌리와 줄기를 아울러 이르는 말. 2. 사물의 바탕이나 중심이 되는 중요한 것.

32   1. 서로 모순처럼 보이는 몇 가지의 교리를 자세히 대조하여, 실제로는 서로 모순이 없음을 밝힘. 2. 여러 사실의 핵심을 명료하게 꿰뚫음.

33   '어둠 속에서 손을 더듬어 찾는다'라는 뜻으로, 어림짐작으로 사물을 알아내려 함을 이르는 말.

34   참선의 방법과 단계도 모르고 무턱대고 닦는 선.

經論(경론)의 文字(문자)만을 涉獵(섭렵)³⁵하여
悟得(오득)³⁶然하는 文字禪(문자선)³⁷이나,
혹은 未證(미증)을 證(증)으로 하고 未悟(미오)를 悟(오)로 하는
野狐禪(야호선)³⁸의 增上慢(증상만)³⁹ 等을 물리치고,
스스로 法師(법사)⁴⁰가 되어
究竟(구경)⁴¹ 成就(성취)할 수 있는
現代 科學時代(현대 과학시대)에 時期適應(시기적응)한
頓悟(돈오)⁴²漸修(점수)⁴³,⁴⁴의 敎說(교설)이다.

경론의 문자만을 많이 읽고
깨달은 체하는 문자선이나,
혹은 깨닫지 못하고 깨달은 체하는
야호선野狐禪의 증상만增上慢 등을 물리치고,
스스로 법사가 되어
지극한 깨달음을 성취할 수 있는
현대 과학시대에 꼭 맞는
돈오점수頓悟漸修의 가르침이다.

35　물을 건너 찾아다닌다는 뜻으로, 많은 책을 널리 읽거나 여기저기 찾아다니며 경험함을 이르는 말.
36　깨달아 진리를 알게 됨.
37　말과 이치의 길을 통해 사사와 이리, 유유와 무무, 현상現象과 실재의 관계를 능히 변별하지만, 아직도 심묘心妙의 체험에 도달하지 못한 구두선口頭禪·의리선義理禪의 경지.
38　1. 제대로 알지 못하면서 아는 것처럼 여겨 자기만족을 하는 사람. 2. 선禪을 수행하는 자가 아직 깨닫지 못했으면서도 이미 깨달은 체하며 사람을 속이는 것을 여우에 비유하여 이르는 말.
39　사만四慢의 하나. 최상의 교법과 깨달음을 얻지 못하고서 이미 얻은 것처럼 교만하게 우쭐대는 마음을 이른다. ▶사만四慢; 4가지 교만한 마음. 1)증상만增上慢: 최상의 교법과 깨달음을 얻지 못하고서 이미 얻은 것처럼 교만하게 우쭐대는 일. 2)비하만卑下慢: 남보다 훨씬 못한 것을 자기는 조금 못하다고 생각하는 일. 3)아만我慢: 스스로를 높여서 잘난 체하고, 남을 업신여기는 마음. 4)사만邪慢: 덕이 없는 사람이 덕이 있다고 생각하는 것.
40　1. 설법하는 승려. 2. 심법心法을 전하여 준 승려. 3. 불법에 통달하고 언제나 청정한 수행을 닦아 남의 스승이 되어 사람을 교화하는 승려.
41　1. 마지막에 이르는 것. 2. 가장 지극한 깨달음.
42　돈오頓悟; 1. 단박에 깨침. 미혹과 망념을 평정하여 단박 깨침. 수행의 단계를 거치지 않고 홀연히 깨침. 일정한 차례를 거치지 않고 단번에 깨침. 2. 자신의 마음이 곧 부처라고 자각함.
43　점수漸修; 얕고 깊은 순서에 따라 점진적으로 수행함. 일정한 단계를 거치는 수행.
44　돈오점수頓悟漸修; 불교에서 돈오頓悟, 즉 문득 깨달음에 이르는 경지에 이르기까지에는 반드시 점진적 수행단계가 따른다는 말. 이에는 그 이전에 점수 과정이 있어야 한다는 주장과, 돈오 후에 점수한다(선오후수先悟後修)는 주장이 있다. 당나라 신회神會의 남종선南宗禪 계통은 후자를 강력히 주장하여 이후의 선종은 주로 '선오후수先悟後修'의 입장을 취하였다. 고려시대 지눌知訥의 '돈오점수론'도 그의 영향을 받았는데, 그는 '오悟'를 햇빛과 같이 갑자기 만법이 밝아지는 것이고, '수修'는 거울을 닦는 것과 같이 점차 밝아지

三.

第三篇「首楞嚴三昧[45]圖訣」은
제삼편   수릉 엄 삼 매

佛性의 象徵圖인 首楞嚴三昧圖를
불성   상징도   수릉 엄 삼 매 도

了解[46]케 하기 위하여
요해

佛祖의 名句文[47]을 原文
불조   명구문   원문

또는 撰文으로서 引證[48]解說하였는데
찬문   인증 해설

各 節마다 그 末尾에는
각 절   말 미

著者 特有한 斬釘截鐵[49]의
저자 특유   참정절철

簡潔한 會通의 結語[50]가
간결   회통   결어

빛나고 있음을 看過할 수가 없다.
간 과

特히 釋尊께서 成道時와
특   석존   성도시

3.

제3편「수릉엄삼매도결首楞嚴三昧圖訣」은

불성의 상징도象徵圖인 수릉엄삼매도를

깨달아 납득하게 하기 위하여

부처님과 조사의 글 내용을 원문 그대로

또는 지은 글로써 인용하고 해설하였는데

각 절마다 그 끝부분에는

저자 특유의 결정적이고

간결한 회통의 결어結語가

빛나고 있음을 눈여겨보게 된다.

특히 석가모니께서 깨달으실 때와

는 것과 같다는 비유를 들면서, 만일 깨우치지 못하고 수행만 한다면 그것은 참된 수행이 아니라 하여 선오후수의 입장을 강조하였다.

45 Skt. śūraṃgama-samādhi의 음사. 건행정健行定・용건정勇健定이라 번역. 다부지고 굳세어 번뇌를 부수어 버리는 부처의 삼매.

46 (형편・사정 따위를) 마음속에 깨달아서 자세히 납득함.

47 단어와 구와 문장.

48 인용하여 증거로 삼음. 또는 그 증거.

49 움직일 수 없이 견고하고 결정적임(견정불이堅定不移의 비유). 선종에서 망상을 단호히 끊음(절단망상截斷妄想을 비유함). 못을 부러뜨리고 쇠를 자른다는 뜻으로, 과감하게 일을 처리함을 이르는 말. 결단성 있고 단호함.

50 끝맺는 말. 마무리. 결론.

涅槃[51]時에 몸소 體現[52]하시고,	반열반하실 때에 몸소 몸으로 실현하시고,
또한 三乘[53]聖者가	또한 성문, 연각, 보살들께서
다 한결같이 共修한다는,	다 한결같이 함께 닦는다는,
根本禪인 四禪定[54]과	근본선인 사선四禪·사정四定과
滅盡定[55]의 必修를	멸진정滅盡定을 반드시 닦아야 함을
力說함은, 現下[56] 佛敎界가	역설하는 것은, 오늘날 불교계가
解悟[57]만을 能事[58]로 하는	이치로 깨닫는 것만을 위주로 하는

---

51 Skt. nirvāṇa, Pali nibbāna의 음사. 멸멸·멸도滅度·적멸寂滅·적정寂靜·적寂·안온安穩이라 번역. 불어서 끈 상태라는 뜻. 1. 불어서 불을 끄듯, 탐욕(탐貪)과 노여움(진瞋)과 어리석음(치癡)이 소멸된 심리 상태. 모든 번뇌의 불꽃이 꺼진 심리 상태. 사제四諦에서 집集, 곧 괴로움의 원인인 갈애渴愛가 소멸된 상태. 모든 번뇌를 남김없이 소멸하여 평온하게 된 상태. 모든 미혹의 속박에서 벗어난 깨달음의 경지. 번뇌를 소멸하여 깨달음의 지혜를 완성한 경지. 2. 석가나 승려의 죽음. 반열반般涅槃.

52 1. 형태로써 나타냄. 2. 몸으로 실현함.

53 중생을 열반에 이르게 하는 세 가지 교법. 성문승, 독각승, 보살승이다.

54 1. 색계의 네 선정. 사선四禪과 같음. 1) 초선初禪. 모든 탐욕과 악을 여의고, 개괄적으로 사유하는 마음 작용(각覺)과 세밀하게 고찰하는 마음 작용(관觀)이 있고, 욕계를 떠난 기쁨과 즐거움이 있는 선정. 2) 제2선第二禪. 개괄적으로 사유하는 마음 작용과 세밀하게 고찰하는 마음 작용이 소멸되고, 마음이 청정하여 기쁨과 즐거움을 느끼는 선정. 3) 제3선第三禪. 기쁨을 소멸하여 마음이 평온하고, 몸으로 즐거움을 느끼는 선정. 4) 제4선第四禪. 즐거움과 괴로움이 소멸되어 괴롭지도 즐겁지도 않으며, 마음이 평온하여 생각이 청정한 선정.
2. 색계의 사선四禪과 무색계의 사정四定. ▶사무색정四無色定; 1) 공무변처정空無邊處定. 허공은 무한하다고 주시하는 선정. 2) 식무변처정識無邊處定. 마음의 작용은 무한하다고 주시하는 선정. 3) 무소유처정無所有處定. 존재하는 것은 없다고 주시하는 선정. 4) 비상비비상처정非想非非想處定. 생각이 있는 것도 아니고 생각이 없는 것도 아닌 경지의 선정. 욕계·색계의 거친 생각은 없지만 미세한 생각이 없지 않은 경지의 선정.

55 1. 모든 마음 작용이 소멸된 선정禪定. 멸정滅定·멸진등지滅盡等至·멸진삼매滅盡三昧·상수멸정受想滅定 또는 멸수상정滅受想定이라고도 함. 2. 무소유처無所有處의 경지에 이른 성자가 모든 마음 작용을 소멸시켜 비상비비상처非想非非想處의 경지에 이르기 위해 닦는 선정.

56 현재의 형편 아래. 주로 연설문 따위에서 쓴다. [비슷한말] 오늘날, 지금, 현재.

57 이치를 깨달음. 자각함.

58 1. 자기에게 알맞아 잘해낼 수 있는 일. 2. 잘하는 일.

無氣力한 風土임을 감안할 때
定解脫[59]을 위한 不可缺[60]한
修道 法門임을 切感케 한다.
그리고, 和尙께서 上篇만을
脫稿[61]하고 入寂[62]하심은 참으로
遺憾[63]된 일이 아닐 수 없다.

무기력한 풍토임을 감안할 때
선정해탈禪定解脫을 위한 필수적인
수도법문임을 절감하게 한다.
그리고, 화상和尙께서 상편上篇
원고만을 마치고 입적하심은 참으로
유감된 일이 아닐 수 없다.

四.

第四篇「宇宙의 本質과 形量」[64]은
日本語로 된 原文을,
山僧[65]이 編譯하여
單行本으로 發刊한 바도 있었는데,
이제 和尙의 遺稿를
『金剛心論』으로써 網羅[66]하는

4.

제4편「우주宇宙의 본질本質과 형량形量」은
일본어로 된 원문을,
산승山僧이 번역하여 엮어서
단행본으로 발간한 바도 있었는데,
이제 화상의 유고遺稿를
『금강심론金剛心論』에 모두 싣는

---

59   해탈解脫에는 지혜해탈(혜해탈慧解脫)과 선정해탈(정해탈定解脫)이 있음. 지혜해탈, 곧 혜해탈은 견혹見惑을 타파하는 것으로 일체제법이 본래 청정하고 평등일미하여 일체 공덕을 구족함을 깨닫는 견도見道이고, 선정해탈, 곧 정해탈은 견도 후 선정을 통해 사혹思惑 또는 수혹修惑을 여의는 것.
60   없어서는 아니 됨.
61   원고 쓰기를 마침.
62   1. 승려의 죽음. 2. 생사의 번뇌를 벗어나 열반에 듦.
63   1. 마음에 남는 섭섭함. 2. 생각한 대로 되지 않아 아쉽거나 한스러운 것. 3. 언짢게 여기는 마음.
64   宇宙(우주)의 本質(본질)과 形量(형량); 우주의 본체本體와 현상現象.
65   1. 산속의 절에 사는 승려. 2. 승려가 자기를 낮추어 일컫는 말.
66   물고기나 새를 잡는 그물이라는 뜻으로, 널리 받아들여 모두 포함함을 이르는 말.

계제에 한데 收錄하기로 하였으며,
序文 또는 本篇의 머리말에서
若干의 解題[67]를 곁들였기에
여기에는 省略하기로 한다.

계제에 한데 싣기로 하였으며,
서문 또는 본편本篇의 머리말에서
약간의 해제解題를 곁들였기에
여기에는 생략하기로 한다.

---

[67] 1. 책의 저자·내용·체재·출판 연월일 따위에 대해 대략적으로 설명함. 또는 그런 설명. 2. 문제를 풂.

제3편

수릉엄삼매도결
首楞嚴三昧圖訣

상편
上編

本訣¹은 心으로 爲宗²일새 이 비결은 마음으로 종지宗旨를 삼고,
본결   심   위종

空³으로 爲體⁴요 공空으로 체體를 삼으며
공   위체

性相⁵으로 爲用⁶이라 성상性相으로 용用을 삼아,
성상   위용

1 　결訣; 1. 이별하다. 2. 결정하다. 3. 사별하다. 4. 끊다. 5. 비결祕訣.
2 　종宗; 1. 주된 요지. 근본 요지. 2. 부처의 여러 가르침 가운데 제각기 중요하게 여기는 취지. 모든 교법의 귀취歸趣로서, 그 인생관·세계관을 체계있게 주장하는 근본 요지. 각각의 경론經論에서 설하는 가르침의 요지. 3. Skt. siddhānta. 스스로 체득한 궁극적인 진리. 언어로 표현할 수 없는, 스스로 체득한 깨달음 그 자체. 4. Skt. pakśa. 인도의 논리학인 인명因明에서 삼단 논법과 비슷한 삼지작법三支作法을 세우는데, 그 처음에 내세우는 입론자立論者의 주장主張·단안斷案(명제·판단). 예를 들면 다음과 같음. '말은 무상하다〈종宗〉', '지어낸 것이기 때문이다〈인因〉', '지어낸 모든 것은 무상하다. 예를 들면, 병瓶과 같다〈유喩〉'. 5. 종파. 학파. 부처의 여러 가르침 가운데 제각기 내세우는 요지·해석·의식·수행 방법 등의 차이에서 나누어진 갈래. 각자의 특수한 역사를 가지고 있으며, 스승과 제자가 서로 이어받아 전해 가는 것. 6. 종지宗旨. ▶종지宗旨; 1. 한 종宗에서 내세우는 가르침의 요지. 한 종교나 종파의 중심이 되는 가르침. 한 경전에서 말하여 나타내는 뜻. 종치宗致·종교宗敎·종체宗體 등과 같음. 2. 주장되는 요지나 근본이 되는 중요한 뜻. 3. 각각의 경론經論에서 설하는 가르침의 요지.
3 　공空; Skt. śūnya. 순야舜若라 음사. 1. 유有가 아니란 뜻. 고유한 실체가 없고 자성自性이 없는 것. 항상 독자적으로 존속하는 실체가 없음. 고정된 경계나 틀이 없음. 불교에서 말하는 공의 종류는 매우 많으나 이를 크게 나누면, 실답지 않은 자아自我에 실재實在라고 인정하는 미집迷執을 부정하도록 가르치는 아공我空과, 나와 세계를 구성하는 요소에 대하여 항상 있는 것이라고 인정하는 미집을 부정하도록 가르치는 법공法空의 두 가지가 있음. 2. 차별과 분별로써 인식된 대상은 관념일 뿐 실재하지 않는다는 뜻. 가치나 감정이 부여된 인식 대상은 인식 주관이 조작한 허구일 뿐 존재하지 않는다는 뜻. 분별에 의해 인식 주관에 드러난 대상은 허구라는 뜻. 3. 잇달아 일어나는 분별과 망상이 끊어진 상태. 번뇌와 분별이 소멸된 상태. 분별과 차별을 일으키는 마음 작용이 소멸된 상태. 4. Skt. ākāśa. 허공. 물건이 없는 곳. 보통 말하는 공간·공허·공무空無의 뜻. ▶공문空門; 불교를 말함. 불교는 공空의 사상으로서, 그 전체를 꿰뚫는 근본 뜻을 삼는 것이므로 공문이라 함.
4 　체體; Skt. sva-bhāva. Pāli sabhāva. 1. 신체. 2. 사물 그 자체. 3. 본질. 본성. 본체. 법의 본질. 만물의 일정불변一定不變하는 본모양. 일체 차별 현상의 근본. 곧 본체. 4. 체득함. 이치를 통달함. 체신體信·체달體達·체회體會 등의 숙어가 됨. 5. 상태.
5 　성상性相; 본질과 현상. 근본적인 성질과 나타난 모습. 성성은 나면서부터 가진 본연의 성품이고, 상상은 외계外界에 나타나 마음의 상상想像이 되는 사물의 모양임. essential nature and characteristic.
6 　용用; 1. 진리의 작용. 진리와 사물을 체와 용의 두 측면으로 나누어 각각의 의미와 상호 연관성 속에서 사물을 이해하는 사고방식을 체용론體用論이라 한다. 그 가운데 용用이란 사물의 작용 또는 현상, 파생적인 것을 가리키는 개념으로 사용된다. 2. 공능功能·공용功用의 의미. 심신의 작용을 따라 나타난 결과. 3. 이용·용도 등 쓰임.

此에 基하야 圖示한
首楞嚴三昧의 境界圖[7]를
了解케 함인져

이에 기초하여 그림으로 표시한
수릉엄삼매首楞嚴三昧의 경계도境界圖를
분명하게 깨달아 알게 하기 위한 것이다.

序分[8]의 名句文[9]

서분의 명구문

「諸行[10]」二字는 名이오

「제행諸行」두 글자는 명名이요

---

7 수릉엄삼매首楞嚴三昧의 경계도境界圖; 수릉엄삼매도首楞嚴三昧圖, 1. 수릉엄삼매首楞嚴三昧의 경계境界를 나타낸 그림(도圖). 수릉엄삼매에 들어서 우주를 관찰할 때 우주의 모든 일진법계一眞法界 현상을 도시圖示한 것. 팔만사천 부처님 법문 가운데 중요한 법문들이 발췌되어 도식화圖式化된 것. 한 가운데에 있는 아미타불은 바로 대일여래大日如來로서 법신, 보신, 화신의 삼신일불三身一佛이요, 자성미타自性彌陀라고 하는 자성自性의 명호名號. 자성이 바로 아미타불이고 우주의 실상이 바로 극락이므로 부처와 중생과 제법이 본래 다르지 않은 불성佛性(자성自性)임. 수릉엄삼매도를 간략히 말하면 불성도佛性圖 또는 자성도自性圖. 삼매도의 한가운데 불위佛位로 향해서 닦아 올라감. 본래는 심천深淺 상하上下도 없지만 중생 경계에서 중생을 성불로 유도하는 면에서 바깥의 낮은 데에서부터 차근차근 깊이 닦아 들어가는 법의 심천 한계를 표시. 2. 포함내용 ; 불교우주관. 1) 3계三界 28천二十八天. 2) 지 · 수 · 화 · 풍 · 공 5대五大(물리학적인 표현). 3) 이것을 생명적으로, 인격적으로 표현하면 오지여래五智如來. 4) 네모(□)는 지地를 의미하고 원(○)은 수水를, 삼각(△)은 화火를, 반원(◠)은 풍風을, 그리고 가운데 향공상(◊)은 또 점(·)으로서 공空을 상징. 3. 도상의 구성; 1) 아래쪽은 현대 물리학과 불교의 분석적인 법상과 대비해서 표시한 것. 2) 직선은 지혜(지智: 금강계金剛界)를 의미하고 점선은 이치(이理: 태장계胎藏界)를 의미. 이理는 그 공덕으로 말하면 우주 만법을 섭인攝引하는 인력引力이요, 자비慈悲. 자비와 지혜는 본원적으로 우주에 갖추고 있음. 이理와 지智가 서로 서로 상즉상입相卽相入하는 원융무애한 관계를 이지불이理智不二라 함.

8 서분序分; 경전經典 따위의 내용을 세 부분으로 나누었을 때, 서론에 해당하는 부분.

9 명구문名句文; 명구문신名句文身. 명구문은 모두 소리 위에 존재해서 이 힘으로 언어를 조직하며 사상思想을 표시하며 사리事理를 나타내고 설명한다. 전체詮體를 명名, 현의顯義를 구句, 이 명구名句가 의지하는 음성굴곡音聲屈曲과 자형字形을 문文이라 함. ▶문文; 음운굴곡音韻屈曲해서 언어를 조직하는 단위로서 가나다라 등과 같은 단음單音. 2문文=문신文身. 3문文 이상=다문신多文身.(여기에서는 주어 술어가 갖추어진 문장을 말함.) ▶명名; 文이 모여서 이루어지는 간단한 명사, 동사 혹은 형용사 등을 말함. (예; 소나무, 대나무, 하늘, 구름 등의 낱말.) 2명=명신, 3名 이상=다명신. ▶구句; 두 개 이상의 명名이 연결되어서 일종의 의미를 나타내는 언어를 말한 것(즉 '산에 오른다' '냇물을 건넌다' '꽃을 본다' 등과 같은 것). 2구句=구신句身. 3구 이상=다구신多句身.

10 제행諸行; 1. 무명無明으로 일으키는, 의도意圖하고 지향하는 모든 의식 작용. 무명에 의한 모든 의지력 · 충

「諸行無常[11]」四字는 句며 「제행무상諸行無常」 네 글자는 구句며
제행무상   사자 구

[11] 제행무상諸行無常; 삼법인三法印의 하나. ▶삼법인三法印; 불교의 근본교리를 이루는 세 가지 진리. 법인法印은 '법의 표지標識' 또는 '불법의 특징'을 뜻한다. 이 법인사상은 석가모니의 정각正覺을 단적으로 나타낸 것으로, 어느 불경이든 법인사상에 합치되면 이를 부처님의 진설眞說이라 인정하고, 만약 법인사상에 어긋나면 이를 바른 불설佛說이 아니라고 판정하였다. 법인으로 들 수 있는 것은 3종 또는 4종이 있는데, 이를 삼법인 또는 사법인이라 한다. 삼법인은 1) 제행무상諸行無常, 2) 제법무아諸法無我, 3) 열반적정涅槃寂靜이며, 이 세 가지에 일체개고一切皆苦를 더하면 사법인이 된다. 대부분의 경전에서 사법인을 무상·고·무아·열반의 순으로 열거하고 있다. 원시경전에는 일반적으로 삼법인 또는 사법인을 체계화시킨 설은 없지만, 무상·고·무아에 관해서는 많은 경전에서 설하고 있다. 이를 유위有爲의 삼상三相이라고 하였다. 이 유위를 벗어남으로써 열반을 얻을 수 있기 때문에, 이상 네 가지로 사법인의 교설이 성립되게 된 것이다. 원시불교 이래 대승불교에 걸쳐 가장 중요한 게偈로서 무상게無常偈가 있다. 이를 범어梵語 원본대로 번역하면 "제행은 무상하여 생과 멸의 법이 있으며, 생하여 끝나서는 멸한다. 이들 제행의 적멸은 낙이다(제행무상諸行無常 시생멸법是生滅法 생멸멸이生滅滅已 적멸위락寂滅爲樂)."이며, 이것은 제행무상과 열반적정의 법인을 설한 것으로, 불교를 대표하는 사상으로 되어 있다. 중국 천태종 등의 일부 종파에서는 삼법인이 소승불교의 설이므로 '제법실상諸法實相'이라는 일실상인一實相印으로써 법인을 삼는다고 주장하였으며, 제법실상을 십여시十如是로 설명하기도 하였다. 그러나 우리나라에서는 삼법인과 십여시에 의한 제법실상은 실질적으로 다른 것이 아니라 하여 삼법인설이 보편적으로 유통되었다. 삼법인 각각을 살펴보면 다음과 같다. 1) 제행무상諸行無常:제행이란 생멸변화하는 일체의 형상법을 가리키며, 유위有爲와 같은 뜻이다. 모든 현상은 잠시도 정지하지 않고 생멸변화하므로 제행무상이라 한다. 제행이 무상하다는 것은 눈 앞의 사실로서 경험하고 있는 것이며, 특별한 증명을 필요로 하지 않는 것이기 때문에, 법인 중에는 제행무상을 가장 앞에 두게 된 것이다. '무상을 설하는 의의는 이론적으로는 무상하기 때문에 고이다.'라든가 '무상하기 때문에 무아이다.'라고 하는 것처럼 고와 무아의 이유로서 무상이 설해졌다. 전통적으로 무상이라는 말에는 노老·병病·사死 등과 같이, 사태가 나쁘게 변화한다는 비극적인 뜻으로 연상되는 경우가 많지만, 무상이란 사태가 나쁘게 변화하는 것뿐 아니라, 좋게 전개되는 것까지 포함하고 있다. 무상하기 때문에 슬픈 일도 생기지만, 무상하기 때문에 불행을 행복으로 돌릴 수도 있다. 고뇌를 해소하고 불완전한 것을 완전한 것으로 이끄는 종교의 가르침이 설해지는 것도 제행무상이라는 기본적인 진리가 인정되기 때문이다. 이 무상의 체득을 위한 실천행법을 불교에서는 무상관無常觀이라고 한다. 무상관이 설해지는 의의는, 다음과 같다. 첫째, 부모 형제나 이웃의 죽음에 의해 세상의 무상함을 느끼고 종교심을 일으키게 된다. 부족함이 있을 때 자기반성을 하게 되고, 그 반성에 의해 지금까지 알지 못했던 바른 눈이 트이며, 자기와 세상과의 결합관계를 알게 됨으로써 종교심이 움트는 것이다. 둘째, 무상을 생각함으로써 집착이나 교만심을 버리게 된다. 셋째, 무상관에 의해 시간을 아끼고 정진 노력하게 된다. 2) 제법무아諸法無我:제법의 법은 무아성無我性의 것을 뜻하며, 이 제법은 제행과 마찬가지로 현상으로서의 일체법을 뜻한다. 무아는 '아가 없다.', '아가 아니다.'는 뜻이며, 아我란 생멸변화를 벗어난 영원불멸의 존재인 실체 또는 본체를 뜻한다. 이와 같은 실체와 본체는 경험으로 인식할 수 있는 것이 아니기 때문에, 그것이 존재하는지 아닌지가 분명하지 않은 무기無記라 하여, 불교에서는 이를 문제삼는 것을 금지하였다. 이러한 뜻에서 제법무아는 모든 것이 '아가 아니다.'라는 뜻으로 사용되고 있다. 그러나 제행무상이란 누구에게나 쉽게 받아들여질 수 있는 것이지만, 제법무아

동력·의욕. 2. 분별하고 차별하는 모든 의식 작용. 3. 모든 행위·동작·작용·활동.

「諸行無常 是生滅法
　제행무상　시생멸법
生滅滅已 寂滅爲樂¹²」
생멸멸이　적멸위락
十六字는 文일새 自性¹³의 體를
십 육 자　문　　자 성　체

「제행무상諸行無常 시생멸법是生滅法

생멸멸이生滅滅已 적멸위락寂滅爲樂」

16자는 문文이니 자성自性의 체體를

는 불교 이외의 종교에서는 인정되지 않는 불교 특유의 교설이다. 석가모니 당시의 인도 종교들은 모두 불생불멸不生不滅의 영원한 존재로서의 본체를 인정하였다. 우주적인 실체를 범梵(brahman)이라 하고, 개인적인 실체를 아我(atman)라고 하였다. 불교에서는 이를 인식할 수도 없고, 그 존재를 증명할 수도 없다고 하여 무기無記라 설하고, 또 그러한 본체와 실체는 현상계와는 관계가 없는 것으로서, 수행이나 해탈에는 도움이 되지 않기 때문에 문제로 삼아서는 안 된다고 하였다. 3) 열반적정涅槃寂靜: 열반은 '불어 끄는 것' 또는 '불어서 꺼져 있는 상태'라는 뜻으로, 번뇌의 불을 불어서 끄는 것이다. 불교의 이상理想은 곧 열반적정이다. 석가모니가 인생의 고품를 불가피한 것으로 우선 단정하고 그것을 극복하는 종교적 안심安心의 세계가 엄연히 존재한다는 것을 가리키고 있는 것이다. 이상의 삼법인과 합하여져서 사법인을 이루는 일체개고는 일체고행一切苦行, 또는 제행개고諸行皆苦라고도 한다. 이 법인은 일체의 현상법이 '고'임을 알아야 한다는 가르침이다. 즉, 모든 현상법이 무상하기 때문에 '고'라고 한 것이다. 제행무상과 제법무아의 명제는 부정할 수 없는 진리로 받아들여졌지만, 일체개고의 명제는 무조건 받아들여지지 않았다. 현상계는 고뿐만 아니라 낙도 있고 불고불락不苦不樂도 있기 때문이다. 따라서, 고고苦苦·괴고壞苦·행고行苦의 3고 가운데 일체개고에 해당하는 것은 행고뿐이라고 보았다. 행고란 현상의 법을 고라고 한 것으로, 현상의 법을 반드시 고라고 할 수는 없지만, 불교적인 사고방식에 의하면 삼계육도三界六道의 윤회輪廻와 미혹의 생활 자체가 고일 수밖에 없다고 보았기 때문이다. 따라서, 일체개고는 미혹한 범부에게만 해당되며, 미혹이 잔존하는 이상은 일체의 현상이 고라고 보고 있다. 그리고 일체개고를 법인으로 설정한 까닭은 현실의 고와 무상과 부정 등을 관찰하여 현실의 고뇌를 벗어나서 안락한 이상의 경지를 얻게 하기 위한 것이다.

12 제행무상 시생멸법 생멸멸이 적멸위락諸行無常是生滅法生滅滅已寂滅爲樂;《열반경涅槃經》〈무상게無常偈〉.《대반열반경大般涅槃經》(T0374 담무참역曇無讖譯) 권제14卷第十四와《대반열반경大般涅槃經》(T0007 석법현역釋法顯譯) 권하卷下에 나오는 4구게四句偈. All things are impermanent(제행무상諸行無常) this is the law of arising and passing away. (시생멸법是生滅法) When arising and passing away are extinguished, (생멸멸이生滅滅已) that extinction is ease. (적멸위락寂滅爲樂). 처음의 2구句는 생사법生死法을 설說한 것이고, 뒤의 2구는 열반법涅槃法을 설한 것이다. 적멸寂滅은 열반涅槃과 같은 말이고, 생사生死의 고苦와 열반涅槃의 락樂이 대구對句를 이루고 있다.《대반열반경大般涅槃經》(T0374 담무참역曇無讖譯) 권제14에 의하면, 부처님께서 과거세에 설산동자雪山童子로 보살행을 닦으실 때 나찰에게 몸을 보시하신 적이 있다. 이는 오로지 제행무상 시생멸법 생멸멸이 적멸위락(諸行無常 是生滅法 生滅滅已 寂滅爲樂)이라는 사구게四句偈의 게송 중 이미 알게 된 미완성인 앞의 2구(전반게前半偈)를 완성해줄 뒤의 2구(후반게 後半偈)를 듣기 위함이었다. 이때 나찰은 부처님께 더운 피와 살을 요구했는데, 부처님께서는 기꺼이 몸을 보시하여 그때 이 게송을 들으셨다는 것이다.

13 자성自性; 1. Skt. svabhāva. 변하지 않는 본성이나 실체. 어떤 현상의 고유한 성질. 사물 그 자체의 본성. 사물의 본체. 사물 그 자체. 본성. 2. 본래부터 저절로 갖추고 있는 부처의 성품. 태어날 때부터 갖추고 있는 청정한 성품. 3. Skt. svabhāva. 저절로 존재하는 현상. 4. 인명因明에서, 주장 명제인 종宗의 주어를 말함. 예

제3편 수릉엄삼매도결 상편 | 59

詮¹⁴함이 名이오 전　　　명	표현함이 명名이요
義를 顯함이 句며 의　현　　구	뜻을 드러내는 것이 구句며
體用¹⁵齊示의 체용　제시	체언體言과 용언用言을 함께 나타내는
文字가 文이니 本編은 문자　문　　본편	문자文字가 문文이니 본편本編은
首楞嚴三昧圖에 수릉엄삼매도	수릉엄삼매도首楞嚴三昧圖에
擧示한 佛祖¹⁶의 거시　불조	구체적으로 예를 들어보인 부처님의
若干 名句를 原文 或은 약간 명구　원문 혹	다소 명구名句를 원문原文 또는
纂¹⁷文으로써 引證¹⁸하야 찬　문　　　인증	풀이한 글로써 인용하여 증거로 삼아
本訣의 序分에 代함이니라 본결　서분　대	본결本訣의 서분序分에 대신함이니라

를 들면, '말은 무상하다'에서 '말'. 이에 반해, 종宗의 술어, 곧 '무상'은 차별差別이라 함. 5. Skt. prakṛti. 상캬학파에서 설하는 이십오제二十五諦의 하나로, 물질의 근원을 말함. 이 자성이 순수 정신인 신아神我(Skt. puruṣa)의 영향을 받으면 평형 상태가 깨어져 현상 세계가 전개된다고 함.

14　전詮; (설명說明할 전) 1. 설명하다. 해석하다. 2. 헤아려보다. 3. 저울질하다. 4. 골라 뽑다. 5. 낮다, 하찮다. 6. 법法. 7. 규율規律. 8. 도리道理. 9. 길. 10. 사리事理. 진리眞理.

15　체용體用; 1. 본체와 그것의 작용. 2. 체언體言과 용언用言. ▶체언; 명사·대명사·수사 등을 총칭하는 문법상 분류의 하나. 문장에서 조사의 도움을 받아 문장의 주어로 쓰이며 활용을 하지 않음. 임자씨. ▶용언; 동사·형용사 등 서술하는 기능을 가진 단어로, 어미가 활용하는 말. 대상의 동작과 상태의 성질을 나타내며 문장에서 서술하는 기능을 수행하는 단어들의 큰 부류.

16　불조佛祖; 1. 불교를 처음 세운 석가모니를 일컬음. 2. 부처와 조사祖師. 3. 부처의 경지에 이른 선승禪僧.

17　찬纂; 1. 모으다. 2. 잇다. 3. 만들어내다. 4. 편집編輯하다. 5. 편찬編纂하다. 6. 적당히 꾸미다. 7. 붉은 끈. 8. 상투(장가든 남자가 머리털을 끌어 올려 정수리 위에 틀어 감아 맨 것).

18　인증引證; 인용하여 증거로 삼음. 또는 그 증거.

제1장

수릉엄
首楞嚴

《首楞嚴三昧經[1]》中에
수릉엄삼매경 중

「菩薩이 得 首楞嚴三昧[2]하면
보살 득 수릉엄삼매

能以三千大千世界[3]로
능이삼천대천세계

《수릉엄삼매경首楞嚴三昧經》중에

「보살菩薩이 수릉엄삼매(Skt. śūraṃgama-samādhi)를 얻으면

능히 삼천대천세계三千大千世界로

1　수릉엄삼매경首楞嚴三昧經; 수릉엄경首楞嚴經. 2권. 요진姚秦의 구마라집鳩摩羅什 번역. 부처가 견의보살堅意菩薩의 청에 따라 수릉엄삼매를 얻는 방법과 그 삼매의 불가사의한 힘에 대해 설한 경. "The Surangama Samadhi Sutra"; The Surangama Samadhi Sutra is an exquisite religious scripture. One of the most profound of all Mahayana texts, it depicts a vision of Buddhism that is thoroughly transcendent and at the same time uniquely humanistic. Here the Buddha Shakyamuni is no mere historical personage, but the one eternal cosmic Buddha who is the source of all other Buddhas. The Dharma Shakyamuni teaches is the Surangama Samadhi, the meditative concentration of the "heroic march" to Buddhahood, which is presented in overwhelmingly lavish terms as the very key to the enlightenment of the Buddhas and all of their awesome spiritual power. And the prize that awaits those who practice and achieve mastery of this incredible samadhi is not merely enlightenment in individual terms, but the unsurpassable and perfect enlightenment of Buddhahood itself.

2　수릉엄삼매首楞嚴三昧; Skt. śūraṃgama-samādhi. 수릉가마삼마제首楞伽摩三摩提. 수릉엄마지首楞嚴三摩地. 능엄삼매楞嚴三昧. 수릉엄정首楞嚴定. 건상삼매健相三昧・견고삼매堅固三昧・건행정健行定・용건정勇健定・용복정勇伏定・대근본정大根本定이라 뜻번역. 다부지고 굳세어 번뇌를 부수어버리는 부처의 삼매. 제불諸佛 및 10지보살十地菩薩 소득所得의 선정禪定. 대개 10지의 보살을 건사健士로 하고서, 그들이 닦는 정이란 뜻. 이 정은 장군이 군대를 이끌어 적을 무찔러 항복받는 것처럼 번뇌의 마군을 파멸破滅하는 것이라 함. 108삼매 가운데 최고의 삼매. 요즈음 표현으로 Well-being(복지・안녕・행복; 육체적・정신적 건강의 조화를 통해 행복한 삶을 추구하는 삶의 유형이나 문화)이나 LOHAS(Lifestyles of health and sustainability; 건강과 지속성의 삶, 곧 건상健相과 건행健行)와 뜻이 통한다고 할 수 있다. Śūraṃgama means 'firmly maintaining all dharmas.' Bodhisattvas who abide in this state of concentration are able, in all states of concentration, no matter how shallow or deep, to fully analyze all things. There are no afflictions that cannot be overcome by this samadhi. 『대지도론』제47권에, "운하명수릉엄삼매云何名首楞嚴三昧? 지제삼매행처知諸三昧行處, 시명수릉엄삼매是名首楞嚴三昧.(무엇을 수릉엄首楞嚴삼매라 하느냐? 모든 삼매를 다 꿰뚫어 아나니, 이것을 수릉엄삼매라 하느니라.)"라고 되어 있고, 또 "수릉엄삼매자首楞嚴三昧者, 진언건상秦言健相, 분별지제삼매행상다소심천分別諸三昧行相多少深淺, 여대장지제병력다소如大將知諸兵力多少. 부차復次, 보살득시삼매菩薩得是三昧, 제번뇌마급마인무능괴자諸煩惱魔及魔人無能壞者; 비여전륜성왕주병보장譬如轉輪聖王主兵寶將, 소왕지처무불항복所住至處無不降伏.(수릉엄首楞嚴삼매란, 중국 말로 "강건한 모습(건상健相)"이라고 한다. 모든 삼매의 행상行相의 많고 적고 깊고 얕은 것을 분별하여 아는 것이 마치 큰 장수가 병사들의 힘이 많고 적음을 아는 것과 같다. 또한 보살이 이 삼매를 얻으면 모든 번뇌마와 마의 백성이 능히 파괴할 수 없나니, 비유컨대 마치 전륜성왕의 주력부대의 장수가 가는 곳마다 항복하지 않는 자가 없는 것과 같다.)"라고 되어 있다.

3　삼천대천세계三千大千世界; Skt. Trisāhasramahāsāhasro locadhātu. 대천세계・삼천세계로도 약칭한다. 고대

入芥子中하야
　입 개 자 중

令諸山河日月星宿로
영 제 산 하 일 월 성 수

悉現케 하되 如故而不迫⁴迮⁵⁶하야
실 현　　　여 고 이 불 박 책

示諸衆生하나니 首楞嚴三昧의
시 제 중 생　　　수 릉 엄 삼 매

不可思議⁷勢力이 如是라」시고
불 가 사 의　세 력　여 시

『智度論⁸』四十七에
　지 도 론　사 십 칠

겨자씨 속에 들게 하여

모든 산과 강 및 해와 달과 별들을 모두

드러나게 하되 이와 같이 전혀 비좁지 않게

모든 중생들에게 보이나니 수릉엄삼매의

불가사의한 힘이 이와 같도다」하시고

용수보살(Skt. Nāgârjuna)이 지은『지도론』47에

인도인의 세계관에서 전 우주를 가리키는 말. 소승불교의 논서인『구사론俱舍論』에 따르면 우주는 원반형의 풍륜風輪・수륜水輪・금륜金輪이 겹쳐서 공중에 떠 있고, 그 금륜 표면의 중앙에 수면에서의 높이가 8만 유순由旬(약 56만 km)이나 되는 수미산須彌山이 있다. 그 수미산을 일곱 겹의 산맥이 각각 바다를 사이에 두고 에워싸고 있으며, 그 바깥에 네 개의 대륙(사대주四大洲: 그중 남쪽의 섬부주贍部洲, 또는 염부제閻浮提에 인간이 살고 있다.)이 있고, 그 가장 바깥을 철위산鐵圍山이 둘러싸고 있다. 또한 수미산의 중턱에 사천왕四天王(동의 지국천持國天, 남의 증장천增長天, 서의 광목천廣目天, 북의 다문천多聞天)이 살고 있고, 그 정상에는 제석천帝釋天을 비롯한 33의 천신天神이 살고 있는데, 이곳을 삼십삼천三十三天, 또는 도리천忉利天이라고 한다. 또 수미산 상공에는 야마천夜摩天・도솔천兜率天・낙변화천樂變化天・타화자재천他化自在天이 있는데, 이 여섯 천궁은 아직 도덕적으로도 불완전하며 욕망을 완전히 버리지 못하였으므로 육욕천六欲天이라고 한다. 다시 그 위에 선禪으로 형상(색色)을 갖추고는 있으나 욕망을 완전히 떠난 색계色界의 천들이 있다. 이 색계의 천은 초선初禪・이선二禪・삼선三禪・사선四禪의 단계로 나누어져 있는데, 그 초선에 대범천大梵天과 그 권속들이 살고 있다. 물론 수행의 최고 단계로서 정定을 이루어 형상마저 벗어난 무색계無色界의 단계를 설정하고 있지만, 앞에 말한 바와 같은 풍륜에서 대범천에 이르는 범위의 세계를 하나의 세계로 구성한다. 이 세계에는 하나의 태양, 하나의 달이 있다고 한다. 그러므로 현대적인 의미에서는 태양계에 해당된다고 하겠다. 이 세계가 1,000개 모인 것이 소천세계小千世界인데, 현대과학으로는 은하계에 해당한다고 하겠소. 소천세계가 1,000개 모인 것이 중천세계, 그리고 중천세계가 다시 1,000개 모인 것이 대천세계大千世界인데, 이를 삼천대천세계, 또는 삼천세계라고 한다. 후에 삼천은 3,000을 의미하는 것으로 사용되기도 하였으나 그것은 그릇된 것이며, 1,000³으로 보는 것이 마땅하다. 말하자면 대천세계란 1,000의 3제곱으로 10억 개의 세계이다. 결국 이는 우주 전체를 가리킨다.

4 　박迫; 1. 핍박하다(逼迫—). 2. 닥치다. 3. 줄어들다. 4. 가까이하다. 5. 궁하다(窮—: 가난하고 어렵다). 6. 좁다. 7. 몰다. 8. 다가오다. 9. 다급하다(多急—). 10. 허둥거리다. 11. 다그치다.

5 　책迮; 1. 닥치다. 2. 좁혀오다. 3. 오그라들다. 4. 줄다. 5. 갑자기.

6 　박책迫迮; 좁히고 줄어들다.

7 　불가사의不可思議; Skt. Acintya. 마음으로 헤아릴 수 없는 오묘한 이치. 본래 불교에서 말로 표현하거나 마음으로 생각할 수 없는 오묘한 이치, 또는 가르침을 뜻하며, 언어로 표현할 수 없는 놀라운 상태를 일컫기도 한다.

8 　지도론智度論; 대지도론大智度論. 인도 대승불교의 논서로『대론』,『석론』이라고 약칭한다. 산스크리트 원

「首楞嚴三昧者는
　수 릉 엄 삼 매 자
秦⁹言 健相¹⁰이니
　진 언　건 상
分別知諸三昧行相多少淺深함이
　분 별 지 제 삼 매 행 상 다 소 천 심
如大將知諸兵力多少라」하고
　여 대 장 지 제 병 력 다 소

「復次 菩薩이 得此三昧하면
　부 차　보 살　　득 차 삼 매
諸煩惱魔¹¹及魔人이
　제 번 뇌 마　급 마 인
無能壞者하나니 譬如
　무 능 괴 자　　　비 여
轉輪聖王¹²主兵寶將의 所往至處에
　전 륜 성 왕　주 병 보 장　　소 왕 지 처

「수릉엄삼매首楞嚴三昧라는 것은

한자(중국어)로 건상健相(Wellbeing)이니

모든 종류의 삼매를 다 꿰뚫어 아는 것이

마치 대장군이 병력을 속속들이 알고

있음과 같도다」라 하고

「또한 보살이 이 삼매를 얻으면

모든 번뇌의 도적들이

감히 침범치 못하나니 비유하건대

전륜성왕의 군대와 장수가 이르름에

전은 없으며, 쿠마라지바 역의 한역만이 현존한다. 저자는 용수龍樹라고 하는데, 의문점도 제시되고 있다. 《대품반야경大品般若經》의 주석으로, 전100권의 방대한 것인데 원서는 그 10배나 되며, 쿠마라지바는 최초의 34품만 전역하고 이하는 초역했다고 하는 주석서인데, 오히려 대승불교의 백과전서라고도 할 수 있는 것으로 매우 광범위한 문제를 포함하고 있다. 또한 원시불전을 비롯해 부파불교의 논서에서 초기 대승경전까지 폭넓게 인용하고, 불교사의 연구상에서도 중요하다. 한편『중론中論』등의 용수의 논서가 대부분 '공空'의 입장에 선 것에 대해서, 본서는 '제법실상'의 긍정면을 중시하고 보살의 실천을 주장하고 있다. 이 점에서 중국, 일본의 불교에 큰 영향을 미쳤으며, 천태, 화엄, 정토, 선 등 모두 본서에서 큰 기준을 구하고 있다.

9 　진秦; 1. 중국 최초의 통일 왕조(BC 221~BC 206). 2. 중국 오호五胡 십육국十六國의 하나(384~417). 3. 기원전 4세기 이후 급속히 발전하여 시황제始皇帝 때인 기원전 221년 중국을 통일하였으나, 3대 15년 만에 한漢나라 고조高祖에게 망하였다.

10 　건상健相; 능엄이란 수首능엄을 말하고, 건상健相・건행健行・일체사경一切事竟으로 번역된다. 즉 불보살佛菩薩의 소득인 삼매三昧의 이름이다. 건상은 당기幢旗의 견고堅固함에 비유되어 그 불덕佛德의 견고함을 여러 마귀魔鬼가 능히 깨뜨리지 못함을 견준 것이고, 일체사경이란 불덕의 구경究竟을 이름이다.

11 　번뇌마煩惱魔; 사마四魔의 하나. 탐貪・진瞋・치癡 등은 몸과 마음을 어지럽히고 수행에 장애가 되므로 마魔라고 함.

12 　전륜성왕轉輪聖王; 고대 인도의 전기상의 이상적 제왕. 단순히 전륜왕 또는 윤왕이라고도 한다. 이 왕이 세상에 나타났을 때에는 하늘의 차륜이 출현하고, 왕은 이 선도하에 무력을 이용하지 않고 전 세계를 평정한다고 해서 이 이름이 붙었다. 산스크리트의 차크라바르틴Cakravartin, 또는 차크라바르티라쟈Cakravartirāja의 역어. 불전에서 이 왕은 윤보輪寶, 백상보白象寶, 감마보紺馬寶 등의 칠보를 가지며, 불과 마찬가지로 '32상'(32의 신체적 특징)을 갖추고 있다고 하며, 속세 세계의 주인으로서 진리계의 제왕인 불에 비유되는 지위를 부여받았다. 실제, 석존이 그 탄생시에 출가하면 불이 되고, 속세에 있으면 전륜성왕이 된

無能壞伏」이랐으며
무능괴복

『玄應音義[13]』二十三에「首楞伽摩는
현응음의 이십삼 수릉가마

此云健行定[14]이오
차운건행정

亦言 健相인 바
역언 건상

舊云首楞嚴也」랐고
구운수릉엄야

《涅槃經[15]》二十七에「首楞嚴者는
열반경 이십칠 수릉엄자

名一切事竟이니
명일체사경

嚴者는 名堅이라
엄자   명견

一切畢竟而得堅固함을
일체필경이득견고

감히 이길 자 없음과 같도다」라고 했으며,

『현응음의玄應音義』23에「수릉가마는

이것을 일컬어 건행정健行定이요

또한 이르기를 건상健相이라고도 하는 바

옛 번역의 수릉엄이라」하였고,

《열반경涅槃經》27에「수릉엄이라는 것은

이름하여 일체 모든 일의 구경(일체사경

一切事竟)이니

엄嚴이란 이름하여 견고함(견堅)이라

일체 모든 것의 근원에 돌아가 흔들림 없음

(일체필경이득견고一切畢竟而得堅固)을

다는 예언을 받았다는 것은 잘 알려진 전설이다.

13 현응음의玄應音義; 일체경음의一切經音義 중 1.을 말함. 1. 25권. 당唐의 현응玄應 편찬. 458종의 경經·율律·논론論에 나오는 어려운 낱말과 명칭들을 풀이한 책. 2. 100권. 당唐의 혜림慧琳 편찬. 1,225종의 경經·율律·논론論에 나오는 어려운 낱말과 명칭들을 풀이한 책. 혜림이 새로 풀이한 것은 735종이고, 335종은 현응玄應의 일체경음의를 그대로 옮겨 실은 것이며, 풀이는 하지 않고 이름만 열거해 놓은 것이 145종, 나머지는 혜원慧苑·운공雲公·현응玄應 등의 음의音義를 그대로 옮기거나 수정·보완한 것임.

14 건행정健行定; 수릉엄삼매首楞嚴三昧(śūraṃgama-samādhi)의 뜻번역. 건행정健行定·용건정勇健定이라 번역. 다부지고 굳세어 번뇌를 부수어 버리는 부처의 삼매.

15 열반경涅槃經; 대반열반경大般涅槃經의 약칭. 석존의 입멸入滅에 대해서 말한 경전. 여기에는 남방과 북방의 두 가지 《열반경》이 있다. 남방의 《열반경》은 주로 역사적으로 기록한 것으로서, 입멸 전후에 걸쳐 유행遊行·발병發病·순타純陀의 공양·최후의 유훈遺訓·사리의 분배 등을 그 주요한 것으로 한다. 《불반니원경》2권, 《대반열반경》3권, 《반니원경》2권, 《장아함경》제2분「유행경」및 Mahāparinibbāna sutta(팔리경전) 등이 있다. 북방 대승의 《열반경》은 법신法身이 상주常住한다는 근저에서 열반을 상락아정常樂我淨이라 기술한다. 《방등반니원경》2권, 《대반니원경》6권, 《대반열반경》40권, 《사동자삼매경》3권, 《대비경》5권, 《대반열반경후분》2권, 남송南宋 때에 혜관慧觀·혜엄慧嚴 등이 담무참 번역을 법현法顯 번역과 대조 수정한 《대반열반경》36권 등이다.

名首楞嚴일새 以是故로	이름하여 수릉엄이라 하니 그러한 까닭에
言首楞嚴定이며	일컬어 수릉엄삼매(수릉엄정首楞嚴定)이며
名爲佛性이니	이름하여 부처성품(불성佛性)이니
首楞嚴三昧者ㅣ 有五種名하야	수릉엄삼매에 다섯 가지 이름이 있어
一者 首楞嚴三昧요	첫째, 수릉엄삼매요
二者 般若[16]波羅密[17]이오	둘째, 반야바라밀般若波羅密이요
三者 金剛三昧[18]요	셋째, 금강삼매金剛三昧요

---

[16] 반야般若; 반야班若·바야波若·발야鉢若·반라야般羅若·발랄야鉢剌若·발라지양鉢羅枳孃 등이라고도 쓰며, 혜慧·명明·지혜智慧 등이라 한역한다. 법의 참다운 이치에 계합한 최상의 지혜를 의미하며, 이 반야를 얻어야만 성불하며, 반야를 얻은 이는 부처님이므로 반야는 모든 부처님의 스승 또는 어머니라 일컬으며, 또 이는 법의 여실한 이치에 계합한 평등·절대·무념無念·무분별일 뿐만 아니라 반드시 상대적 차별을 관조하여 중생을 교화하는 힘을 가지고 있는 것이 특색이다. 이를 보통 2종·3종·5종 등으로 나눈다.

[17] 바라밀波羅密; 도피안到彼岸. 피안에 이른다는 말로, 완성을 뜻하는 불교 용어. Skt. Paramita를 음사하여 바라밀波羅密 또는 바라밀다波羅密多라고도 한다. 이 말은 최고를 뜻하는 파라마에서 파생된 말이며, 이에 근거해서 바라밀을 완성 또는 완전으로 번역하고 바라밀을 한역한 것이 바로 도피안이다. 여기서 피안은 깨달음의 세계이고, 미혹의 세계인 차안此岸과 상대되는 말이다. 곧 도피안은 깨달음의 세계에 도달한 것을 말한다. 불교 경전에 따르면 피안은 이 세상에서 동떨어진 곳이 아니다. 따라서 다른 종교에서 말하는 천국이나 이데아와는 다르다. 즉 피안은 자신 속에 내재하며 자신이 변화된 차원으로 이해할 수 있다. 비슷한 용어로 열반·해탈·무위·적정·감로·안온 등이 있다. 모두 번뇌가 소멸된 상태를 뜻하며 어느 것에도 집착하지 않는 마음이 바로 피안이라 할 수 있다. 바라밀에는 육바라밀이 잘 알려져 있는데, 이는 보시布施·지계持戒·인욕忍辱·정진精進·선정禪定·지혜智慧 등을 완성하는 것을 말한다. 육바라밀을 이루기 위해서는 자아에 대한 집착에서 벗어나야 하고, 자신의 공덕에 대한 집착이나 의식에서 벗어나야 하며, 목적의식에서도 벗어나야 한다. 또한 무엇인가를 완성했다거나 어느 경지에 이르렀다는 생각조차 없는 상태가 되어야 한다.

[18] 금강삼매金剛三昧; 1. 온갖 분별과 번뇌를 깨뜨려 버리는 삼매. 2. 모든 현상을 꿰뚫어 환히 아는 삼매. 금강정金剛定·금강유정金剛喩定·금강심金剛心·정삼매頂三昧 등이라고 한다. 금강이 견고하여 다른 것을 깨뜨리는 것과 같이 모든 번뇌를 끊어 없애는 선정을 말한다. 이 정정은 성문·보살들이 수행을 마치고 맨 마지막 번뇌를 끊을 때에 드는 것이다. 소승은 아라한과를 얻기 전에 유정지有頂地의 제9품 혹惑을 끊는 선정을 말하고, 대승은 제10지 보살이 마지막으로 조금 남은 구생소지장俱生所知障과 저절로 일어나는 번뇌장 종자를 한꺼번에 끊고 불지佛地에 들어가기 위하여 드는 선정을 말한다. 천태종에서는 등각等覺 보살이 원품무명元品無明을 끊고 묘각妙覺을 증득(증證)하기 위하여 드는 선정을 말한다.

四者 獅子吼三昧요
사자 사자후삼매

五者 佛性[19]이라 隨其所作處處에
오자 불성　　　수 기 소 작 처 처

得名이라」시니
득 명

首楞嚴이란 新云
수 릉 엄　　신 운

首楞伽摩로서 健相이라 健行이라
수 릉 가 마　　　건 상　　　건 행

一切事竟이라 譯한
일 체 사 경　　 역

佛所得의 三昧名인 바
불 소 득　　삼 매 명

健相이란 佛德[20]이
건 상　　불 덕

堅固하사 諸魔가
견 고　　　제 마

能壞치 못함일새요
능 괴

健行이란 諸佛修行이
건 행　　제 불 수 행

如金剛[21]般若行임으로써요
여 금 강　반 야 행

一切事竟이란
일 체 사 경

佛德의 究竟을 云함이니
불 덕　구 경　운

換言하면 一實相[22]인
환 언　　일 실 상

넷째, 사자후삼매獅子吼三昧요

다섯째, 불성佛性이라 그 지은 바 곳에 따라

다른 이름을 얻음이라」시니,

수릉엄이란 새로운 소리번역으로

수릉가마로서 건상健相이라 건행健行이라

일체사경一切事竟이라 뜻번역한

부처님이 얻은 삼매의 이름인 바,

건상健相이란 부처님의 공덕이

견고堅固하사 모든 마구니가

능히 파괴하지 못하는 까닭이요,

건행健行이란 모든 부처님의 수행이

금강같이 견고한 반야행般若行임으로써요,

일체사경一切事竟이란

깨달은(부처님) 공덕의 궁극을 말함이니,

바꾸어 말하면 한 실상實相인

19　불성佛性; Skt. buddhadhatu, 불타佛陀의 본래의 성질, 즉 불타의 각성覺性, 또는 일체중생이 부처가 될 가능성. 여래성如來性이라고도 하며 여래장如來藏·각성으로도 번역된다. 초기 불교에서 불보살 이외의 자가 성불成佛할 수 있다는 설은 없었으나, 뒤에 이르러 일반 중생도 후천적으로 수행에 의하여 불성이 얻어진다고 하였고, 다시 일체중생은 불성을 지니고 있으나 미망迷妄에 가려 나타나지 않을 뿐 그것을 떨쳐버리면 불성이 나타난다고 하였다. 《열반경涅槃經》의 "일체중생 실유불성一切衆生悉有佛性(모든 중생은 모두 불성을 지니고 있다.)"은 위의 진리를 설한 것으로 유명하다.

20　불덕佛德; 부처의 공덕.

21　금강金剛; Skt. vajra. 1. 가장 견고함. 가장 단단함. 가장 뛰어남. 2. 견고하므로 번뇌나 장애를 부수어 소멸시키는 것을 비유함. 3. 금강저金剛杵의 준말. 4. 금강역사金剛力士의 준말. 5. 다이아몬드.

22　실상實相; 1. 모든 현상의 있는 그대로의 참모습. 대립이나 차별을 떠난 있는 그대로의 참모습. 2. 모든 현상

一相²³이오 一相인 健相일새 　　　　　일상一相이요 일상一相인 건상健相이니
곧 首楞嚴이란 먼저 觀念的 　　　　　곧 수릉엄이란 먼저 관념적觀念的
一相三昧²⁴로써 健相인 實相을 　　　　일상삼매一相三昧로써 건상健相인 실상實相을
見證하고 健行인 　　　　　　　　　　견증見證하고 건행健行인 실상의 지혜를
般若²⁵一行²⁶으로써 　　　　　　　　　오롯이함(반야일행般若一行)으로써
理事²⁷를 契合²⁸하되 如金剛의 　　　　이치와 현상을 계합하되 금강金剛 같이
堅固를 得하야 卽理卽事인 　　　　　　견고함을 얻어 이치가 곧 현상(즉리즉사卽理
一切事에 　　　　　　　　　　　　　　卽事)인 모든 일(일체사一切事)에 모자람 없이
通達究竟²⁹함이니라 　　　　　　　　　궁극까지 통달(통달구경通達究竟)함이니라

의 본성. 3. 궁극적인 진리. 변하지 않는 진리. 4. 집착을 떠난 청정한 성품.

23　일상一相; 모든 현상의 있는 그대로의 평등한 모습. 차별도 대립도 없는 평등한 모습. 무이無二의 상相을 말함. 곧 차별差別이 없는 제상諸相은 평등일미平等一味이다.《법화경法華經》〈비유품譬喩品〉에 "이는 모두 일상一相 일종一種이며 성聖이 칭탄稱歎하는 것이다." 하였고,《유마경維摩經》〈제자품弟子品〉에 "불괴어신不壞於身 이수일상而隨一相(이 몸을 그대로 두고 일상一相, 곧 하나의 실상을 따른다.) 하고, 주註에 조조肇가 말하기를 "만물제지萬物齊旨 시비동관일상야是非同觀一相也. 연즉신즉일상然則身卽一相 기대괴신멸체연후위지일상호豈待壞身滅體然後謂之一相乎(만물萬物이 한맛이라, 시비동관是非同觀이 일상一相이다. 그렇다면 신身은 곧 일상一相이다. 어찌 괴신멸체壞身滅體한 뒤에 일상一相을 말하겠는가?) 하였음.

24　일상삼매一相三昧; 모든 현상은 평등하여 하나의 모습임을 주시하는 삼매. 선정禪定의 하나.《육조단경六祖坛经》에 이르기를 '약우일체처若于一切處 이부주상而不住相 우피상중于彼相中 불생증애不生憎愛 역무취사亦無取捨 불념이익성괴등사不念利益成壞等事 안한념정安閒恬静 허융담박虛融澹泊 차명일상삼매此名一相三昧(만약 일체처에 머무르지 않고, 그 상相 가운데 증애憎愛를 일으키지 않으며, 취하고 버림이 없으며, 이익과 성괴成壞 등의 일을 생각하지 않고, 편안하고 고요하며, 허융담박虛融澹泊한 것을 일상삼매라 한다.)' 하였음.

25　반야般若; 대승불교에서, 만물의 참다운 실상을 깨닫고 불법을 꿰뚫는 지혜. 온갖 분별과 망상에서 벗어나 존재의 참모습을 앎으로써 성불에 이르게 되는 마음의 작용을 이른다.

26　일행一行; 1. 하나의 행위行爲, 또 일정一定한 방식方式. 2. 한 동아리, 여행 등에 있어 함께 가는 사람, 또는 함께 가는 사람. 전체全體. 3. 문서文書의 한 줄

27　이사理事; 1. 깨달음의 진리와 차별 현상. 2. 본체와 차별 현상.

28　계합契合; 사물이나 현상이 서로 꼭 들어맞음.

29　구경究竟; 최상. 그 위에 더 없음. 궁극에 도달함. 최고의 경지.

〈표1〉 수릉엄삼매도결首楞嚴三昧圖訣의 종체용宗體用

종宗	심心
체體	공空
용用	성상性相

이에 기초하여 도시한 수릉엄삼매의 경계도를 요해케 함인져
圖示 首楞嚴三昧 境界圖 了解

❖ 수릉엄삼매도首楞嚴三昧圖;
▶ 수릉엄삼매首楞嚴三昧의 경계境界를 나타낸 그림(도圖).
▶ 수릉엄삼매에 들어서 우주를 관찰할 때 우주의 모든 일진법계一眞法界 현상을 도시圖示한 것.
▶ 팔만사천 부처님 법문 가운데 중요한 법문들이 발췌되어 도식화圖式化된 것.
▶ 한 가운데에 있는 아미타불은 바로 대일여래大日如來로서 법신, 보신, 화신의 삼신일불三身一佛이요, 바로 자성미타自性彌陀라고 하는 자성自性의 명호名號.
▶ 자성이 바로 아미타불이고 우주의 실상이 바로 극락이므로 부처와 중생과 제법이 본래 다르지 않은 불성佛性(자성自性)이고, 수릉엄삼매도를 간략히 말하면 불성도佛性圖 또는 자성도自性圖.
▶ 삼매도의 한가운데 불위佛位로 향해서 닦아 올라감.
▶ 본래는 심천深淺 상하上下도 없지만 중생 경계에서 중생을 성불로 유도하는 면에서 바깥의 낮은데에서부터 차근차근 깊이 닦아 들어가는 법의 심천 한계를 표시.
▶ 불교우주관 포함;
  1. 3계三界 28천二十八天
  2. 지·수·화·풍·공 5대五大(물리학적인 표현)
  3. 이것을 생명적으로, 인격적으로 표현하면 오지여래五智如來.
  4. 네모(□)는 지地를 의미하고 원(○)은 수水를, 삼각(△)은 화火를, 반원(◠)은 풍風을, 그리고 가운데 향공상(◊)은 또 점(•)으로서 공空을 상징.
▶ 아래쪽은 현대 물리학과 불교의 분석적인 법상과 대비해서 표시한 것.
▶ 직선은 지혜(지智: 금강계金剛界)를 의미하고 점선은 이치(이理: 태장계胎藏界)를 의미.
▶ 이理는 그 공덕으로 말하면 우주 만법을 섭인攝引하는 인력引力이요, 자비慈悲.

- ▶ 자비와 지혜는 본원적으로 우주에 갖추어져 있음.
- ▶ 이리와 지지가 서로 서로 상즉상입相卽相入하는 원융무애한 관계를 이지불이理智不二라 함.

❖ 수릉엄삼매首楞嚴三昧; Skt. śūraṃgama-samādhi.
- ▶ 한자로 **건상健相**(불덕佛德이 견고하여 모든 마구니가 능히 부수지 못함), 건행健行(모든 부처님의 수행이 금강반야행임), **건행정健行定**(건행삼매健行三昧), 일체사경一切事竟(불덕佛德의 구경究竟)
- ▶ 즉 일실상一實相=일상一相=**건상健相**

    관념적 일상삼매一相三昧로써 건상인 실상을 견증見證하고, 건행인 반야일행般若一行으로써 이사理事를 계합하되, 금강과 같이 견고하게 즉리즉사卽理卽事인 일체사一切事에 궁극적으로 통달함.
- ▶ 무량삼매 또는 108삼매 중 최고의 삼매.
- ▶ 일체번뇌를 모두 없애는 멸진정을 성취해야 얻을 수 있음.
- ▶ 문자 뜻; 견고堅固한 또는 당당한 삼매로 모든 장애를 넘어서서 생멸生滅이 없는 곳에 머물고, 보살도菩薩道에서 불퇴전의 경지를 말함. Literally the 'resolute' or 'heroic' Samādhi, that Samādhi that overcomes all obstacles and always remains without appearing or disappearing. The unretreating stage of spiritual progress on the Bodhisattva path.

❖ 수릉엄삼매의 5종 이름;

1. 수릉엄삼매**首楞嚴三昧**,
2. 반야바라밀般若波羅蜜,
3. 금강삼매金剛三昧; 어떤 번뇌로도 파괴되지 않음. 우주만유의 근본성품인 금강불성을 훤히 깨달아 일체종지一切種智를 다 얻는 삼매,
4. 사자후삼매獅子吼三昧; 사자의 포효가 뭇짐승들을 조복 받듯이, 모든 삼매의 으뜸.
5. 불성佛性; 불성자리를 흠절없이 투철히 깨닫는 삼매.

又次, 善男子啊! 佛性卽是首楞嚴三昧. 其性有如醍醐, 卽是一切諸佛之母. 由於首楞嚴三昧之力之故, 令諸佛常樂我淨. 一切眾生悉有首楞嚴三昧, 惟由於不修行之故, 不能得見, 是故不得成就阿耨多羅三藐三菩提(우차, 선남자아! 불성즉시수릉엄삼매. 기성유여제호, 즉시일체제불지모. 유어수릉엄삼매지력지고, 령제불상락아정. 일체중생실유수릉엄삼매, 유유어불수행지고, 불능득견, 시고부득성취아누다라삼막삼보리).

善男子啊! 首楞嚴三昧有五種名. 第一為首楞嚴三昧, 第二為般若波羅蜜, 第三為金剛三昧, 第四為獅子吼三昧, 第五為佛性. 都隨著所作, 而處處可以得著其名. 善男子啊! 如一三昧得種種之名一樣. 如禪名叫四禪, 根名定根, 力名定力, 覺名定覺, 正名正定, 八大人覺名為定覺, 首楞嚴定, 也是如此(선남자아 ! 수릉엄삼매유오종명. 제일위수릉엄삼매, 제이위반야바라밀, 제삼위금강삼매, 제사위사자후삼매, 제오위불성. 도수착소작, 이처처가이득착기명. 선남자아! 여일삼매득종종지명일양. 여선명규사선, 근명정근, 력명정력, 각명정각, 정명정정, 팔대인각명위정각, 수릉엄정, 야시여차).

또 선남자여! 불성은 곧 수릉엄삼매이니 그 성품이 제호醍醐 같으며, 일체제불一切諸佛의 어머니이니, 수릉엄삼매력으로써 부처님들로 하여금 상락아정常樂我淨케 하느니라. 일체중생이 다 수릉엄삼매가 있건만, 수행하지 않아 볼 수 없으며, 아뇩다라삼먁삼보리를 성취하지 못하니라.

선남자여! 수릉엄삼매에 5종의 이름이 있으니, 1. 수릉엄삼매, 2. 반야바라밀, 3. 금강삼매, 4. 사자후삼매, 5. 불성이다. 그 짓는 바에 따라 곳곳에서 이름을 얻느니라. 선남자여! 한 삼매가 종종의 이름을 얻으나 한 모양이니, 마치 선禪을 4선四禪으로 부르는 것과 같고, 근根을 정근定根이라 부르고, 력力을 정력定力이라 부르고, 각覺을 정각定覺이라 부르고, 정正을 정정正定이라 부르고, 8대인각八大人覺을 정각定覺이라 부르는 것과 같이, 수릉엄정首楞嚴定도 그와 같으니라.]

《대반열반경大般涅槃經》 권제25卷第二十五, 〈사자후보살품獅子吼菩薩品〉 제23의1第二十三之一)

▶ 수릉엄삼매에 들 때는 삼천대천세계를 손바닥 안에 놓고 소상히 볼 수 있는 부사의한 지혜를 성취함.

〈표2〉 수릉엄삼매首楞嚴三昧

Skt.	śuraṃgama-samādhi.	
English	the 'resolute' or 'heroic' Samādhi. 'Samādhi of the Heroic March.' Powerful samādhi.	
음사 音寫	수릉엄삼마지. 능엄삼매. 수릉엄정. 首楞嚴三摩地 楞嚴三昧 首楞嚴定	
	신역; 수릉가마. 구역; 수릉엄 首楞伽摩 首楞嚴	
뜻번역	건상 健相	부처님의 공덕이 견고하사 모든 마구니가 능히 파괴하지 못함. 堅固	『현응음의』23 玄應音義
	건행정 健行定	모든 부처님의 수행이 금강같이 견고한 반야행임 般若行	
	견고삼매. 용건정. 용복정. 대근본정. 堅固三昧 勇健定 勇伏定 大根本定	

뜻번역	일체사경 一切事竟	엄이란 견고함(견)이라 일체 모든 것의 근원에 돌아가 흔들림 없음 嚴　　　堅 (일체필경이득견고)을 이름하여 수릉엄 一切畢竟而得堅固 그러므로 수릉엄삼매(수릉엄정)이며 부처성품(불성) 　　　　　　　　　定　　　　　佛性	《열반경》27 涅槃經
		불덕의 구경을 말함. 바꾸어 말하면 1실상 = 일상 = 건상 佛德　究竟　　　　　　　　　一實相　一相　健相	
수릉엄삼매의 5종명 五種名		1. 수릉엄삼매 2. 반야바라밀 3. 금강삼매 4. 사자후삼매 5. 불성 首楞嚴三昧　般若波羅密　金剛三昧　獅子吼三昧　佛性 (그 지은 바 곳에 따라 다른 이름을 얻음)	
수증 修證		관념적 일상삼매로써 건상인 실상을 견중하고 건행인 반야일행으로써 觀念的 一相三昧　健相　實相　見證　健行　般若一行 이사를 계합하되 여금강의 견고를 얻어 즉리즉사인 일체사에 통달구경함 理事　契合　　如金剛　堅固　　即理即事　一切事　通達究竟	금타대화상
공덕 功德		삼천대천세계를 겨자씨 속에 넣어 모든 산과 강 및 해와 달과 별들을 三千大千世界 모두 드러나게 하되, 전혀 비좁지 않게 모든 중생들에게 보임	《수릉엄삼매경》 首楞嚴三昧經
		모든 종류의 삼매를 다 꿰뚫어 아는 것이 마치 대장군이 병력을 속속들이 알고 있음과 같음	『지도론』47
		보살이 이 삼매를 얻으면 모든 번뇌의 도적들(번뇌마 및 마인)이 감히 침범치 못하나니 비유하건대 전륜성왕의 군대와 장수가 이르름에 감히 이길 자 없음과 같음	

第一節 一行과 一相

제1절 일행과 일상

『三藏法數』[1]四에

「一行三昧[2]者는

惟專一行[3]하야

修習正定[4]也」랐고

『삼장법수三藏法數』4에

「일행삼매一行三昧라는 것은

생각이 오로지 일행一行하여

정정正定을 닦아 익힘이라」했고

---

1 삼장법수三藏法數; 대명삼장법수大明三藏法數. 대명법수大明法數, 50권. 명명의 일여一如 등 엮음. 대장경에 있는 법수法數를 모아 숫자의 순서대로 배열하고 각 항목을 간략히 해설한 책. 일심一心에서 시작하여 마지막 팔만사천법문八萬四千法門에 이르는, 1,500항목이 수록되어 있음. ▶법수法數; 수數로 분류·정리되어 있는 교리. 예를 들면, 일승一乘·삼계三界·사제四諦·오온五蘊·십이연기十二緣起 등.

2 일행삼매一行三昧; 1. 좌선하여 오로지 부처만을 끊임없이 떠올리는 삼매. 2. 평소에 본성대로 행동하는 그 자체. 3. 차별도 대립도 없는, 한결같이 평등한 있는 그대로의 모습을 주시하는 삼매. 산란한 마음을 가라앉히고 지혜로써 모든 현상의 있는 그대로의 평등한 모습을 주시하는 삼매. 모든 현상은 평등하여 하나의 모습임을 주시하는 삼매. 4. 자신이 본래 갖추고 있는 청정한 본성을 주시하는 삼매. 5. 우주의 근원에 마음을 집중하는 삼매. [일행삼매一行三昧; 진여삼매眞如三昧. 일상삼매一相三昧. 마음을 일행一行에 정定하여 닦는 삼매三昧. 삼장법수三藏法數 4에 "일행삼매一行三昧는 오직 전일행專一行으로 수습修習하는 삼매 三昧다."하였음. 이것에 사事와 이理의 2종이 있다. 이리理의 일행삼매一行三昧는 마음을 정定하여 진여眞如의 일리一理를 관관觀하는 것. 《문수반야경文殊般若經》하下에 "법계法界는 일상一相이니 법계法界에 연緣으로 묶는 것을 일행삼매一行三昧라 한다. …… 일행삼매一行三昧에 들어가는 이는 항사恒沙의 모든 불법계佛法界가 차별상差別相이 없음을 진지盡知한다." 하였고, 『기신론起信論』에 "이 삼매三昧에 의依하기 때문에 법계法界 일상法界一相을 안다. 일체一切의 제불법신諸佛法身과 중생신衆生身이 평등무이平等無二함을 말하며 곧 일행삼매一行三昧라 하여 진여眞如가 삼매三昧의 근본根本임을 알게 된다." 하였으며, 《육조단경六祖壇經》에 "만약 일체처一切處의 행주와行住坐臥에 순일純一한 직심直心으로 도량道場에서 움직이지 않고 곧 정토淨土를 이루는 것을 일행삼매一行三昧라 한다." 하였음. 사事 의 일행삼매一行三昧는 곧 염불삼매念佛三昧의 다른 이름으로 일심염불一心念佛하는 것. 《문수반야경》하에 "선남자善男子와 선여인善女人이 일행삼매一行三昧에 들어가고자 하면, 응당 한적한 곳에서 모든 어지러운 생각을 버리고, 모양에 집착하지 않으며, 부처님을 향해 단정히 앉아 마음을 일불一佛에 계합하여 오로지 부처님 명호를 외우고, 능히 일불一佛을 넘 염상속념念相續하면 곧 이 염念 가운데 능히 과거過去 미래未來 현재現在의 제불諸佛을 본다." 하였음.]

3 일행一行; 1. 일사一事(한가지 일)를 전행專行(오로지 행함)하는 것. 선도善導의 『관경소觀經疏』1에 "성불成佛하는 법은 만행萬行이 원만圓滿하여 극성剋成함을 요要한다. 어찌 염불일행 念佛一行으로 곧 성취를 바라겠는가?"함. 2. 하나의 행업行業. 3. 대혜大慧 선사(?~727)의 이름. 보적普寂에게 출가. 금강지金剛智 삼장에게 밀교를 배우고, 선무외善無畏와 함께 《대일경》을 번역. 당나라 개원 15년 입적.

4 정정正定; Skt. samyak-samādhi. Pali sammā-samādhi. Right concentration / correct determination. Right

《文殊般若經⁵》下에   《문수반야경文殊般若經》하下에

meditation. One of the parts of the Eightfold Correct Path. The maintenance of focused mindfulness in formal meditation. 1. 8정도八正道의 하나. 산란한 생각을 여의고 마음이 바르고 안정된 것. 바른 집중. 마음을 하나의 대상에 집중·통일시킴으로써 마음을 가라앉힘. 2. 정정취正定聚의 준말. [동의어] 제정諦定, 등정等定.

5   문수반야경文殊般若經; Skt. Saptaśatikā-prajñāpāramitā sūtra.《문수사리소설마하반야바라밀경文殊師利所說摩訶般若波羅蜜經》. 줄여서《문수반야바라밀경文殊般若波羅蜜經》·《문수사리반야바라밀경文殊師利般若波羅蜜經》·《문수사리설반야바라밀경文殊師利說般若波羅蜜經》·《문수설마하반야경文殊說摩訶般若經》·《문수설반야경文殊說般若經》이라고 한다. 2권. K-10, T-232. 양梁의 만다라선曼陀羅仙(Skt. Mandrasena)이 503년에 번역. 차별하지 않고 집착하지 않는 반야바라밀과 우주의 근원에 마음을 집중하는 일행삼매一行三昧를 설한 경. 상권에서는 무상無相의 반야바라밀다에 대해 설하면서 관불觀佛이 강조되고 있고, 하권에서는 무상의 일행삼매一行三昧를 염불念佛삼매와 관련하여 설한다. 이 경전은 일행삼매라고 하는 하나의 구체적인 수행법을 제시한다는 점에서 다른 반야부의 경전들과는 다른 특징을 지닌다. 일행삼매는 중국의 선불교에도 큰 영향을 미쳤으며, 도신道信과 홍인弘忍을 거쳐 북종선北宗禪의 신수에게 전해졌고, 신수는 일행삼매를 소의所依의 수행법으로 삼았다. 이른바 문수반야라 하는데, 승가바라僧伽婆羅가 번역한《문수사리소설반야바라밀경》과 동본으로 먼저 번역된 것이다. 이역본으로 당唐 현장玄奘 번역의《대반야바라밀다경》의 제7회〈만수실리분曼殊室利分〉2권二卷이 있다. ▶문수사리소설반야바라밀경文殊師利所說般若波羅蜜經; 1권. K-11, T-233. 양梁나라 때 승가바라僧伽婆羅(Skt. Saṃghabhara)가 506년에서 520년 사이에 낙양洛陽의 정관사正觀寺에서 번역. 줄여서《문수반야》·《문수설반야경》이라 한다.

「法界⁶는 一相⁷이니
   법계   일상

「법계법계는 일상일상이니

6 법계법계; Skt. dharma-dhātu의 번역. 달마타도達摩駄都라 음사. 1. 법경法境. 십팔계의 하나. 의식意識의 대상인 모든 사물을 말함.『구사론俱舍論』권1에는 수受・상想・행행行의 삼온三蘊과 무표색無表色과 무위법無爲法을 법계라 한다. 십이처에서는 법처라고 하고, 다만 십팔계에서는 다른 십칠계도 법이라고 이름하므로 널리 유위有爲・무위無爲의 모든 제법諸法을 법계법계라고 하기도 한다. 말이 쓰이는 경우를 따라 계界는 종족생본種族生本, 곧 하나의 산 가운데 금은 등 종종의 광맥鑛脈이 있는 것처럼 일신一身 가운데 안眼 등의 제법이 있어서 각각 같은 종류가 상속相續해서 나온다는 뜻. 혹은 종류각별種類各別, 곧 제법이 각각 다른 자성自性을 가지고 있음을 가리킨다. 2. 화엄종에서는,『화엄경탐현기華嚴經探玄記』권 18에, 1) 계界는 인因이란 뜻, 법法은 성법聖法이니, 성법을 내는 원인이 되는 것. 곧 진여眞如. 2) 계는 성성이란 뜻. 법은 일체 모든 법이니, 만유 제법의 체성이 되는 것. 곧 진여. 3) 계는 분제分齊란 뜻. 법은 모든 법이니, 제법은 각각의 분제分齊를 보유해서 그 형상은 구별된다는 뜻. 이상의 세 뜻을 들어 진여眞如 또는 일체제법을 말하고 있다. 또 보현普賢의 행원行願에 의해서 들어가는 법계에 유위법계有爲法界・무위법계無爲法界・역유위역무위법계亦有爲亦無爲法界・비유위비무위법계非有爲非無爲法界・무장애법계無障碍法界 등의 오문五門의 뜻이 있다 한다. 또 법법계法法界・인법계人法界・인법구융법계人法俱融法界・인법구민법계人法俱泯法界・무장애법계無障碍法界의 오중五重의 구별을 주장한다. 그러나 법계의 종류가 아무리 많아도 모두 일진법계一眞法界에 함섭含攝되며 그것은 또 제불중생諸佛衆生의 본원本源인 청정심淸淨心이라고 하고, 일심법계一心法界・일진무애법계一眞無礙法界라고도 한다. 그리고 앞에 있는 법계의 당상當相에 대해 일체법이 서로 일체화(一體化, 상즉상즉相卽)하고 그 기능이 서로 화입和入하여(상입相入), 사사무애事事無礙 중중무진重重無盡의 연기緣起라고 설하는 것을 법계연기法界緣起라 하며, 이러한 법계법계의 구조構造를 관하는 것을 법계관法界觀이라 한다. 3. 밀교密教에서는 육대를 법계의 체성이라 하여 이것을 대일여래大日如來의 삼매야신三昧耶身이라 하고 그 궁전을 법계궁法界宮, 그 정립을 법계정 法界定, 인을 법계인法界印, 가지력加持力을 법계가지法界加持라고 이름하고, 또 오지오불五智五佛을 설해서, 대일여래大日如來는 법계체성지法界體性智를 나타낸다고 한다. 또 만법萬法은 모두 다 갖추어져 있는 것을 다법계多法界, 차별적인 만법도 이평등理平等의 입장에서 보면 무상전일無相全一로 계합契合되는 것을 일법계라 하며 합해서 일다법계一多法界라 한다. 이를 양부兩部에 배치하면 금강계金剛界는 지차별智差別의 다법계多法界, 태장계胎藏戒는 이평등理平等의 일법계一法界이다. 수행으로 보면 수행을 해서 깨달음에 이르는 상전문上轉門은 다법계, 깨달음의 극과極果를 가지고 중생을 교화하여 인도하는 기능을 나타내는 하전문下轉門은 일법계라고 한다. 양부의 대경大經(《대일경大日經》과《금강정경金剛頂經》)은 본래 상하 양전兩轉을 갖추고 있어 일다법계를 겸하고 있지만 금강정경계金剛頂經系의 금강지金剛智(671년~741년)는 다법계多法界를 표방하고, 대일경계大日經系의 선무외善無畏(637~735)는 일법계를 표방했다고 한다. 양부는 용지龍智를 사사師事하여 같은 일다법계一多法界를 전승傳承하였으므로 내증内證은 같다고 한다. 4. 천태종에서는 지옥・아귀・축생・아수라阿修羅・인人・천天・성문聲聞・연각緣覺・보살菩薩・불타佛陀의 십계를 십법계十法界라고 하지만, 이것은 각각의 상相이 차별이 있는 분제分齊의 뜻으로 말한 것이다.

7 일상一相; 모든 현상의 있는 그대로의 평등한 모습. 차별도 대립도 없는 평등한 모습. 무이無二의 상相을 말함. 곧 차별差別이 없는 제상諸相은 평등일미平等一味다.《법화경法華經》〈비유품譬喩品〉에 "이는 모두 일상一相 일종一種이며 성聖이 칭탄稱歎하는 것이다." 하였고,《유마경維摩經》〈제자품弟子品〉에 "불괴어신不壞於身 이수일상而隨一相(이 몸을 그대로 두고 일상一相 곧 하나의 실상을 따른다.)이라 하고, 주注에 조

繫緣法界함이 _{계 연 법 계}	법계에 잡아매는 것이
是名一行三昧라」시고 _{시 명 일 행 삼 매}	이름하여 일행삼매一行三昧라」하시고
「入一行三昧者는 _{입 일 행 삼 매 자}	「일행삼매에 들면
盡知恒沙諸佛法界 無差別相이라」하사 _{진 지 항 사 제 불 법 계 무 차 별 상}	갠지스강의 모래수만큼 많은 모든
	부처님의 법계法界의 차별없는 모습을
	남김없이 모두 다 아느니라」하시니
「善男子 善如人이 _{선 남 자 선 여 인}	「불제자佛弟子들이
欲入一行三昧인댄 _{욕 입 일 행 삼 매}	일행삼매一行三昧에 들어가고자 하면
應處空閑[8]하야 _{응 처 공 한}	마땅히 조용하고 한가한 곳에서
捨諸亂意하고 _{사 제 란 의}	모든 어지러운 생각들을 버리고
不取相貌[9]하며 _{불 취 상 모}	형상과 모양을 떠나
繫心一佛하야 _{계 심 일 불}	마음을 전적으로 부처님께 잡아매어
專稱名字하면서 _{전 칭 명 자}	오로지 부처님 명호만 부르면서,
隨佛方所하야 _{수 불 방 소}	부처님 계신 곳을 따라
端身[10]正向하되 _{단 신 정 향}	몸을 단정히 하고 바로 향하여,
能於一佛이 _{능 어 일 불}	능히 부처님 생각이

肇가 말하기를 "만물제지萬物齊旨 시비동관일상야是非同觀一相也 연즉신즉일상연則身即一相 기대괴신멸체연후위지일상호豈待壞身滅體然後謂之一相乎(만물萬物이 한맛이라, 시비동관是非同觀이 일상一相이다. 그렇다면 신身은 곧 일상一相이다. 어찌 괴신멸체壞身滅體한 뒤에 일상一相을 말하겠는가?") 하였음.

8   공한공간空閑空間; 공한空閑. 하는 일이 없어 한가閑暇함. ▶공한처空閑處; 공한처空閑處. 임자 없는 빈터.
9   상모相貌; 얼굴의 생김새. 모습. 양상. 용모. 생김새.
10   단신端身; 몸을 단정히 함.

念念相續[11]하면   끊이지 않고 서로 이어지면,

卽時 念中에   즉시 일념중에

能見過去未來現在諸佛[12]이라」시니   능히 3세의 모든 부처님을 보느니라」하시니

『起信論[13]』에「依是三昧故로   『기신론起信論』에「이 삼매에 의하여

則知法界一相[14]일새   법계法界의 한모습(일상一相)을 알게되고,

謂一切諸佛의   모든 부처님의

---

11   염념상속念念相續; Moment-to-moment continuity. Constantly thinking of something without an instant's gap. 수행자가 일으키는 심념心念을 한데 묶어 두어 흩어지지 아니하고, 후념後念이 전념前念을 이어서 중간에 다른 생각이 섞이지 아니하게 하는 일. [비슷한 말] 염상속念相續.

12   과거미래현재제불過去未來現在諸佛; 삼세제불三世諸佛.

13   기신론起信論; Skt. Mahāyāna-śraddhôtpāda śāstra. 『대승기신론大乘起信論』의 약어. 마명馬鳴 지음. 다섯 부분으로 구성되어 있는데, 제1 인연분因緣分에서는 이 논을 짓게 된 이유를 말하고, 제2 입의분立義分에서는 일심一心, 진여문眞如門과 생멸문生滅門의 이문二門, 체體·상相·용用의 삼대三大를 제시하고, 제3 해석분解釋分에서는 일심을 진여문과 생멸문으로 나누고, 진여문에서는 마음의 청정한 면을 묘사하고 생멸문에서는 아뢰야식阿賴耶識의 각覺과 불각不覺, 훈습熏習 등을 서술하여 마음의 염정染淨을 밝힌 다음, 그릇된 집착을 소멸시키는 방법과 발심發心에 대하여 논함. 제4 수행신심분修行信心分에서는 사신四信·오행五行·타력염불他力念佛을 설하고, 제5 권수이익분勸修利益分에서는 이 논을 믿고 수행하기를 권함. 이 논서는 화엄종·천태종·선종·정토종·진언종 등에 커다란 영향을 미쳤다. 주요 주석서로는 혜원慧遠의 『의소義疏』4권·원효元曉의 『소疏』2권과 『별기別記』2권·법장法藏의 『의기義記』5권 등이 있다. 이 역본으로 실차난타가 번역한 『대승기신론』(K-623)이 있다. 두 가지 번역이 있음. 1) 1권. 양梁의 진제眞諦(Skt. Paramārtha)가 553년에 형주衡州의 건흥사建興寺에서 번역하였다. 2) 2권. K-623, T-1667. 인도의 마명보살 지음. 당唐나라의 실차난타實叉難陀(Skt. Śikānanda)가 695년에서 700년 사이에 서경西京의 청선사淸禪寺에서 번역하였거나, 또는 동도東都의 수기사授記寺에서 번역하였다. 별칭으로 『당역기신론唐譯起信論』·『신역기신론新譯起信論』이라고도 한다.

14   법계일상法界一相; 각覺을 허공에 비유한 것은 대상화하여 규정할 수 없고, 지혜광명이 법계에 두루 비추어 평등함을 나타낸 것이다. 법계일상이란 이 평등성平等性과 무분별지無分別智를 가리킨 것이다. 대승기신론에 "망념을 여읜 상相이란 허공계와 같아서 두루하지 않는 바가 없어 법계일상法界一相이며…"

法身[15]與衆生身[16]이
법신 여중생신

平等[17]無二[18]라 卽名一行三昧니
평등 무이 즉명일행삼매

當知하라 眞如ㅣ
당지 진여

是三昧根本」이랐고
시삼매근본

《六祖壇經》에「若於一切處의
육조단경 약어일체처

行住坐臥[19]에
행주좌와

純一[20]直心[21][22]이
순일 직심

법신法身과 중생의 몸(중생신衆生身)이

평등하여 둘이 아님이 일행삼매一行三昧니

마땅히 진여眞如가

이 삼매의 근본임을 알라」하였고

《육조단경六祖壇經》에「만약 모든 곳에서

가고 머물고 앉고 눕는 등 모든 행동에

순일하고 곧은 마음으로

---

15 법신法身; Skt. dharma-kāya. 1. 3신의 하나. 진리 그 자체, 또는 진리를 있는 그대로 드러낸 우주 그 자체. 비로자나불과 대일여래가 여기에 해당함. 법은 진여, 법계의 이치와 일치한 부처님의 진신眞身. 빛깔도 형상도 없는 본체신本體身. 현실로 인간에 출현한 부처님 이상以上으로 영원한 불佛의 본체. 부처님이 말씀하신 교법, 혹은 부처님이 얻은 계戒·정定·혜慧·해탈解脫·해탈지견解脫知見을 법신이라 하기도 하나, 일반으로 대승에서는 본체론적으로 우주의 본체인 진여 실상 등의 법法. 또는 그와 일치한 불신을 법신이라 말한다. 2. 해경解境 10불의 하나. 지혜로 인하여 증득한 법성의 이치. ⇒법성신法性身·자성신自性身. 3. 부처가 설한 여러 가지 가르침. 4. 부처가 갖추고 있는 십력十力·사무외四無畏 등의 여러 가지 뛰어난 능력. 5. 부처의 성품을 유지하는 주체. 모든 분별이 끊어진 지혜를 체득한 주체. 있는 그대로 대상을 직관하는 주체. 6. 있는 그대로의 진실한 모습. 7. 중생이 본래 갖추고 있는 청정한 성품.

16 중생신衆生身; 화엄종 해경解境 10불佛의 하나. 온갖 중생은 다 그대로 부처라는 말.

17 평등平等; 1. 높고 낮고 깊고 얕은 차별이 없이 한결같은 것. 만법의 근본이 되는 원리나, 이체理體의 본체 등을 평등하다고 함. 차별差別 없이 동등同等한 등급等級. 2. 치우침이 없이 고르고 한결같음. 두루 미쳐 차별差別이 없음. ↔차별差別.

18 무이無二; 모든 대립이나 차별을 떠난 경지.

19 행주좌와行住坐臥; 1. 다니는 것, 머무는 것, 앉는 것, 눕는 것. 곧 우리가 날마다 하는 동작. 가고, 머무르고, 앉고, 눕는 일상의 네 가지 동작. 4위의威儀라 함. 2. (원뜻과 달라져서) 평소, 평상시의 뜻으로 쓰임.

20 순일純一; 다른 것이 섞이지 않고 한 가지로만 되어 있음. 다른 것이 섞이지 않고 순수함.

21 직심直心; 거짓이 섞이지 않은 정직한 마음.

22 순일직심純一直心; 순일하고 곧은 마음.

不動²³道場²⁴ ²⁵하면 부동 도량	닦는 자리에 움직임이 없고
直成淨土니 직성정토	곧바로 정토를 이룬다면
此名一行三昧」랐고 차명일행삼매	이를 일러 일행삼매一行三昧라」했고
「若於一切處하되 而不住相하고 약어일체처 이부주상	「모든 일에 있어 현상(상相)에 집착하지 않고
於彼相中하되 어피상중	현상(상相) 중에 있되
不生憎愛하며 불생증애	싫고 좋은 마음(증애憎愛)을 내지 않으며
亦無取捨²⁶하고 역무취사	또한 취하고 버리지(취사取捨) 않고,
不念利益成壞等事하야 불념이익성괴등사	이익이나 이루고 쇠퇴하는 등의 일에 집착하지 않아 마음이 편안하고 한가롭고
安閒²⁷恬靜²⁸ ²⁹하면 안한 염정	고요(안한염정安閒恬靜)하면

---

23   부동不動; 1. 물건이나 몸이 움직이지 아니함. 붙박이. 2. 생각이나 의지가 흔들리지 아니함. 3. 부동명왕(팔대 명왕의 하나).

24   도량道場; 1. Skt. bodhi-maṇḍa. 또는 보리도량菩提道場. 모든 불·보살이 성도聖道를 얻거나 또는 얻으려고 수행하는 곳. 붓다가 깨달음을 이룬 곳, 곧 중인도 마가다국 우루벨라uruvelā 마을의 네란자라nerañjarā 강 변에 있는 붓다가야buddha gayā의 보리수菩提樹 아래는 석존의 도량. 2. 불교를 말하거나 또는 불도佛道를 닦는 일정한 구역. 수행하는 곳. 3. 사찰. 중국에서는 613년(수隋의 대업 9) 양제煬帝의 조칙에 따라 사원寺院을 도량이라 불렀다. 우리나라에서는 절의 기지 전부를 도량이라 부른다. 4. 부처나 보살에게 예배·공양하거나 수계·참회 등을 행하는 의식, 나라나 개인의 안녕과 번영을 기원하거나 장수·명복 등을 비는 의식, 또는 그것을 행하는 곳. 밀교에서는 기도수법祈禱修法을 짓는 장소. ▶道場; 리변理邊의 도량이고 사변事邊의 도장임. [『금강심론』(영인본 포함. 2017.2.20. 석금타 저. 석청화 편저. 성륜불교문화재단 벽산문도회 발행)의 479페이지는 「증보정음 관음문자」(1949.6.30. 벽산한인(석금타) 저. 석금일 발행)의 영인본 26페이지에 해당하는데, 이곳에서는 금타대화상이 저술한 '금강삼매송金剛三昧頌' 내용 중에 나오는 '道場'의 술어설명이 글자상 우측 밖에 '道場=리변理邊의 도량이고 사변事邊의 도장임.'이라고 적혀 있다. 이를 쉽게 말하면 道場이 '깨달음을 이룬 곳'이란 뜻이면 '도량'으로 읽고, '사찰, 수행처' 등의 뜻이면 '도장'으로 읽게 된다고 할 수 있다.]

25   부동도량不動道場; 닦는 자리에 움직임이 없음.

26   취사取捨; 쓸 것은 쓰고 버릴 것은 버림. [유의어] 발췌, 선택, 취사선택.

27   안한安閒; 안한安閑. 안한하다(평안하고 한가롭다)의 어근.

28   염정恬靜; 염정하다(편안하고 고요하다)의 어근.

29   안한염정安閒恬靜; 편안하고 한가하고 고요한 것.

虛融³⁰澹泊³¹일새	텅 비어 거리낌 없이 마음이 깨끗하게 맑아지는 것(허융담박虛融澹泊)이니
此ㅣ「一相三昧」랐으며	이것이 「일상삼매一相三昧」라 했으며
《維摩經³²》〈弟子品〉에	《유마경維摩經》〈제자품弟子品〉에
「不壞於身하고 而隨一相」이라심의	「이 몸 이대로 일상一相을 따를지라」라고 하심의
註에 肇曰	주註에 승조僧肇(374?~414)대사께서 이르기를
「萬物이 齊旨³³라	「만물萬物이 한 뜻(제지齊旨)이라
是非³⁴同觀이	옳고 그름 없이 바로 보면(시비동관是非同觀)
一相也니라	일상一相이니라
然則 身卽一相이어니	그러한즉 이몸 이대로 일상一相이어니

30 허융虛融; 텅 비어 거리낌 없음.
31 담박澹泊; '담박(淡泊/澹泊)하다'의 어근. ▶담박(淡泊/澹泊)하다; 1. [같은 말] 담백하다(욕심이 없고 마음이 깨끗하다.). 2. [같은 말] 담백하다(아무 맛이 없이 싱겁다.). 3. [같은 말] 담백하다(음식이 느끼하지 않고 산뜻하다.). [유의어] 담박하다, 아담하다.
32 유마경維摩經; 세존이 십대제자와 보살들에게 유마維摩의 병문안을 가도록 권하나 이들은 지난날 유마에게 훈계 받은 경험을 말하면서 문병을 사양하는데, 마지막으로 문수보살이 세존의 청을 받들어 병문안을 가서 유마의 설법을 듣는 형식으로 전개됨. 유마는 중생을 위한 방편, 집착 없고 걸림 없는 보살의 중생 제도, 보살이 중생을 관찰하는 법, 진정한 불도佛道와 그것을 성취하는 방법에 대해 설함. 그리고 여러 보살들이 대립과 차별을 떠난 절대 평등의 경지에 대해 자신의 견해를 밝히지만 유마는 침묵으로 그 경지를 보여줌. 마지막으로 세존이 진정한 보살행, 여래如來를 바르게 보는 법, 법공양에 대해 설함. 세 가지 번역이 있음. 1)《유마힐경維摩詰經》《불설유마힐경佛說維摩詰經》). 2권 14품. 3세기 초 오吳에서 월지국의 학승 지겸支謙 번역. 재가불자인 유마힐이 비구들보다도 대승교리를 더 잘 알고 있다는 것을 이야기하고 있다. 2)《유마힐소설경維摩詰所說經》. 3권 14품. 5세기 초 요진姚秦에서 구자국 출신의 학승 구마라집鳩摩羅什 번역. 3)《설무구칭경說無垢稱經》. 6권 14품. 7세기 중엽 당唐의 학승 현장玄奘 번역.
33 제지齊旨; 질서정연함.
34 시비是非; 1. 옳음과 그름. 2. 옳고 그름을 따지는 말다툼. [유의어] 공과. 시시비비. 왈가왈부.

豈待壞身滅體而後에
기 대 괴 신 멸 체 이 후

謂之一相乎아」하였고
위 지 일 상 호

《法華經³⁵》〈譬喩品〉에
　법 화 경　　　　비 유 품

어찌 이 몸이 없어진 연후를 기다려

일상一相을 얻는다 하리오」하였고

《법화경法華經》〈비유품譬喩品〉에

35　법화경法華經; Skt. Saddharma-puṇḍarīka-sūtra.《묘법연화경》의 약칭. 대승경전의 대표. 7권 28품. 일불승一佛乘)·회삼귀일會三歸一·제법실상諸法實相을 말한 경전. 조선 세조 때 간경도감에서 번역 출판. 천태지자는《법화경》을 불교의 중심사상으로 하다. 천태종·법상종의 소의所依경전. ▶《묘법연화경妙法蓮華經》; 7권. K-116, T-262. 후진後秦시대에 구마라집鳩摩羅什이 406년에 대사大寺에서 번역하였거나, 또는 405년에 장안長安의 소요원逍遙園에서 번역하였다. 줄여서《묘법화妙法華》·《묘법화경妙法華經》·《법화경》이라고 하며, 별칭으로《신법화경新法華經》이라고도 한다.《법화경》은 가장 널리 읽히는 대승경전 가운데 하나이며,《반야경般若經》·《유마경維摩經》·《화엄경華嚴經》, 그리고 정토淨土 계통의 경전들과 함께 초기 대승불교 경전 가운데 대표적인 경전으로 꼽힌다.《법화경法華經》의 범어 경명을 직역하면 '무엇보다도 바른 백련白蓮과 같은 가르침'이란 뜻인데, 이것을 한역할 때 서진西晉시대의 축법호竺法護는 이 본래의 뜻에 따라《정법화경正法華經》이라고 하였고, 요진姚秦시대의 구마라집鳩摩羅什은 '바른[정정]'을 '묘妙'라고 해석하여《묘법연화경妙法蓮華經》이라고 번역하였다. 그런데 세친世親은 그가 지은《법화경》주석서인『묘법연화경우바제사妙法蓮華經優波提舍』(일명『법화경론法華經論』) 상권에서《법화경》의 이명異名을 17가지로 들어《법화경》의 내용이 우수함을 설명하고 있는데, 그 17가지 다른 이름들은《무량의경無量義經》·《최승수다라最勝修多羅》·《대방광경大方廣經》·《교보살법敎菩薩法》·《불소호념佛所護念》·《일체제불비밀법一切諸佛秘密法》·《일체제불지장一切諸佛之藏》·《일체제불비밀처一切諸佛秘密處》·《능생일체제불경能生一切佛經》·《일체제불지도량一切諸佛之道場》·《일체제불소전법륜一切諸佛所轉法輪》·《일체제불견고사리一切諸佛堅固舍利》·《일체제불대교방편경一切佛大巧方便經》·《설일승경說一乘經》·《제일의주第一義住》·《묘법연화경妙法蓮華經》·《최상법문最上法門》이다. 이러한《법화경》이란 경명에는 이 경의 내용과 사상이 담겨있는데, 경명에서 들고 있는 연꽃 또는 흰 연꽃이 이 경이 사상적으로나 가치 면에서 다른 어떤 경전보다 뛰어남을 단적으로 말해주는 것이다. 이 경의 이름이 나타내는 의미에 대해 세친은 연꽃이 진흙 속에서 싹터 나왔음에도 청정하고 무구無垢한 꽃을 피우는 것과 같이, 최승最勝의 법, 즉 불승佛乘은 소승小乘의 진흙 속에서 나왔으되 그 진흙과 진흙으로 인하여 흐려진 물을 떠난다. 그와 같이 성문聲聞도《법화경》을 지님으로써 그들이 처한 진흙에서 떠나 성불할 수 있다고 한다. 또 연꽃이 꽃과 열매를 동시에 갖추고 있는 것과 같이 믿음이 어려운 사람에게《법화경》은 부처의 실체實體, 즉 법신을 열어 보여 신심을 일으키게 한다고 한다. 그리고 중국의 지의智顗는,《법화경》의 1승乘의 가르침은 가장 뛰어난 교법이며 말로 직접 표현할 수가 없으므로 세간에 있는 것 중에서 가장 아름다운 미의 극치라고 할 연꽃, 그 중에서도 가장 빼어난 흰 연꽃을 들어 비유함으로써 그 우위성優位性을 표방하였다고 한다.《법화경》의 성립 배경은 앞의 성립 연대의 추정에서 본 바와 같이 대승불교의 시작으로부터 초기 융성기隆盛期에 걸쳐 있다. 따라서 이 기간 동안의 대승불교 신봉자들, 즉 대승불교 집단을《법화경》의 작자로 볼 수 있다. 오늘날 학자들의 설에 의하면, 대승불교 교단은 부처님의 사리탑을 중심으로 불교를 신앙하는 재가보살在家菩薩 집단과 이들을 지지하는 출가보살出家菩薩들이 모여 성립되고 발전하였으며《법화경》은 이들에 의해 지어졌다고 보는 것이 정설이다.《법화경》은 서북 인도 지역에서 성립하여 중앙아시아를 거쳐 중국에 전해졌다. 그리고 중국에 전해진《법화경》은 전후 여섯 번에 걸쳐 한역되었는데, 이 가

운데 현존하는 것은 축법호竺法護가 286년에 번역한 《정법화경正法華經》· 406년에 구마라집鳩摩羅什이 번역한 《묘법연화경妙法蓮華經》· 601년에 사나굴다闍那崛多와 달마급다達摩笈多가 함께 번역한 《첨품묘법연화경添品妙法蓮華經》이다. 그리고 252년에 정무외正無畏가 번역한 《법화삼매경法華三昧經》· 225년에 지도근支道根이 번역한 《방등법화경方等法華經》· 축법호竺法護가 번역한 《살담분타리경薩曇芬陀利經》은 지금 남아 있지 않다. 현존하는 《법화경》을 살펴보면, 《첨품묘법연화경》의 서문은 축법호竺法護 역과 구마라집鳩摩羅什의 역을 검토한 결과 원전이 같지 않음을 알 수 있고, 축법호竺法護 역은 다라수多羅樹의 잎에다 쓴 사본을 기초로 하고 있고, 구마라집鳩摩羅什의 번역은 구자국龜玆國에 전하는 사본을 바탕으로 하고 있다. 《첨품묘법연화경》은 구마라집鳩摩羅什의 《묘법연화경》에 바탕을 두면서 인도에서 전해진 다라수 잎에 쓰인 사본에 따라 구마라집鳩摩羅什의 《묘법연화경》을 보충하기 위해 번역한다고 말하고 있다. 현존하는 《법화경》의 범본梵本을 5세기 이후라고 추정하고 있고, 《첨품묘법연화경》의 서문에서 말하는 다라수 잎의 사본이 이 범본을 가리키지만, 오늘날 《법화경》이라고 하면 구마라집鳩摩羅什 역의 《묘법연화경》을 가리킬 만큼 그의 번역은 가치를 인정받고 있다. 《법화경》은 전체 28품으로 이루어져 있다. 제1 〈서품序品〉에는 설법의 배경이 나타나 있고, 제2〈방편품方便品〉에서는 성문승·연각승·보살승의 삼승은 방편에 불과하며 부처님의 본래 뜻은 모든 중생들을 성불시키는 일불승一佛乘의 가르침에 있다는 회삼귀일會三歸一에 대해 설한다. 제3〈비유품譬喩品〉에서는 화택火宅의 비유를 들어 삼계의 중생들을 구제하기 위한 방편의 가르침과 실제로 모든 중생들을 성불로 이끄는 일승의 가르침을 대비하여 설한다. 제4〈신해품信解品〉에서는 수보리·마하가섭·마하가전연·마하목건련 등의 4대 성문이 깨닫게 된 기연機緣으로서 궁자窮子의 비유를 들고 있다. 제5〈약초유품藥草喩品〉에서는 부처님의 자비가 일체중생에게 평등하다는 것을 3초草 2목木의 비유를 들어 설명한다. 제6〈수기품授記品〉에서는 수보리 등 4대 성문들에게 장차 부처가 되리라는 수기를 주신다. 제7〈화성유품化城喩品〉에서는 화성化城의 비유를 통해 삼승의 가르침이 방편에 불과하다는 것을 설한다. 제8〈오백제자수기품五百弟子授記品〉에서는 16왕자의 과거 인연담을 들은 부루나와 교진여 등 5백 비구들이 본원本願을 깨닫고 부처님에게서 수기를 받는다. 제9〈수학무학인기품授學無學人記品〉에서는 아난과 나후라 등 2천 명의 성문들이 장차 깨달음을 얻어 부처가 되리라는 수기를 받는다. 제10〈법사품法師品〉에서는 법화경 한 구절만 듣고서도 기뻐하는 사람은 누구나 반드시 성불하게 되리라고 수기한다. 제11〈견보탑품見寶塔品〉에서는 땅에서 솟아오른 다보여래의 거대한 보탑이 공중에 머무는데, 그 속에서 음성이 울려 퍼져 석가불이 설하는 《법화경》의 가르침이 진실이라고 증명한다. 제12〈제바달다품提婆達多品〉에서는 부처님을 배반한 제바달다가 《법화경》의 공덕으로 성불한다는 것을 설한다. 이 품은 구마라집鳩摩羅什이 최초로 번역했던 당시에는 없었던 부분이며, 나중에 증보된 것이라 한다. 제13〈권지품勸持品〉에서는 약왕藥王보살 등 수많은 보살들이 《법화경》을 널리 펴겠다고 다짐한다. 제14〈안락행품安樂行品〉에서는 부처님께서 악세惡世에 《법화경》을 홍포하는 방법으로 4안락행을 설하신다. 제15〈종지용출품從地涌出品〉에서 부처님께서는 석가족의 왕궁에 태어나기 훨씬 이전부터 존재해 온 구원久遠의 석가불임을 설하신다. 제16〈여래수량품如來壽量品〉에서는 부처님께서 오로지 중생들을 가르치기 위해 방편으로 입멸하실 뿐이며, 이미 오래 전부터 무한한 수명으로 상주불멸하신다는 구원久遠 성불에 대해 설한다. 제17〈분별공덕품分別功德品〉에서는 부처님의 수명이 한량없이 길다는 것을 듣고 나서 이 말을 믿고 이해하는 사람이 얻는 공덕에 대해 설하고, 제18〈수희공덕품隨喜功德品〉에서는 부처님의 수명이 한량없다는 것을 듣고서 기뻐하는 공덕을 설한다. 제19〈법사공덕품法師功德品〉에서는 법화경을 수지독송하고 서사하는 공덕에 대해 설한다. 제20〈상불경보살품常不輕菩薩品〉에서는 자신에게

「是皆一相인 一種³⁶임을
聖所稱嘆이라」시고
『文句³⁷』七上에

「이 모두가 일상一相인 일종一種임을
성인이 칭찬하고 감탄하는 바라」 하시고
『문구文句』7상七上에

해를 가하는 이에게도 공경의 마음으로 예배하는 상불경보살에 대해 설한다. 제21〈여래신력품如來神力品〉에서는 여래께서 보살 대중들에게 큰 신력神力을 보이시고《법화경》을 수지독송할 것을 당부하신다. 제22〈촉루품囑累品〉에서는 부처님께서 보살들에게 법화경을 널리 유포할 것을 부탁하신다. 제23〈약왕보살본사품藥王菩薩本事品〉에서는 수왕화宿王華보살에게 약왕보살이 이 세상에 나타나게 된 인연을 밝히고, 여러 보살들이《법화경》의 정신을 체득하고 중생을 구제할 것을 설한다. 제24〈묘음보살품妙音菩薩品〉에서는 묘음보살의 인연공덕을 밝히고 여러 보살들에게《법화경》을 체득하고 중생을 구제할 것을 설한다. 제25〈관세음보살보문품觀世音菩薩普門品〉에서는 관음보살이 가지가지 모습과 신통력으로 수많은 중생들을 구제하는 것에 대해 설한다. 이 품의 게송 부분은 구마라집鳩摩羅什이 최초로 번역했던 당시에는 들어 있지 않았으며, 나중에 증보된 것이라 한다. 제26〈다라니품陀羅尼品〉에서는 다라니를 통해서 여러 보살들이《법화경》을 옹호하는 중생들을 구제하는 것에 대해 설한다. 제27〈묘장엄왕본사품妙莊嚴王本事品〉에서는 묘장엄왕의 인연 공덕과 중생 구제에 대해 설한다. 제28〈보현보살권발품普賢菩薩勸發品〉에서는 여래께서 입멸하신 뒤에는 보현보살이 흰 코끼리를 타고 대보살들과 함께 나타나서《법화경》을 수지하는 이들을 보호할 것이라고 설한다. 이렇게 삼승을 이끌어 일승으로 돌아가게 하는 것을 강조하는《법화경》을 3단으로 나누면, 제1〈서품〉은 서분序分에 해당하고, 제2품부터 제17품까지는 정종분正宗分에, 그리고 제18품부터 제28품까지는 유통분流通分에 해당한다. 또《법화경》을 적문迹門과 본문本門으로 나누어 설명하기도 한다. 적문迹門은《법화경》28품 중 전반前半의 14품으로서, 이는 현세에 모습을 나타낸 부처님은 그 근원불根源佛이 중생을 제도하기 위하여 본지本地로부터 흔적을 드리운 것이라는 뜻이다. 본문本門은 후반後半의 14품으로서, 이는 진실한 부처님은 구원久遠의 옛날에 성도成道하셨으며, 이 부처님의 본지本地와 근원과 본체를 밝히는 부문이라는 뜻이다. 따라서 이 본적本迹은 무시무종無始無終하며 상주常住하여 멸하지 않는 존재인 법신불法身佛이 중생을 구제하기 위하여 응신불應身佛인 석존釋尊이 되어 이 세상에 출현하여 법을 설한 것을 구별하는 것으로서, 적문은 응신불로서의 석존의 교설을 가리키며, 본문에서는 응신불의 본체인 구원의 근본불根本佛을 설한다. 이것은 석가모니불이 구원의 부처임을 나타내는 것이다. 이역본으로는《법화삼매경》6권(지강량접 번역),《정법화경》10권(축법호 번역),《방등법화경》6권(지도근 번역),《첨품묘법연화경添品妙法蓮華經》7권(사나굴다・달마급다 공역)이 있으며, 대표적인 주석서로는 천태지의天台智顗가 저술한『법화문구法華文句』가 있고, 이외에『소疏』2권(도생),『현의玄義』20권(지의),『문구文句』20권(지의),『요해要解』7권(계환) 등이 있다.

36 일종一種; 1. 한 종류. 또는 한 가지. 2. 어떤 것을 명시적으로 밝히지 않고 '어떤, 어떤 종류의'의 뜻을 나타내는 말.

37 문구文句; 법화문구法華文句. 본 이름은 묘법연화경문구妙法蓮華經文句. 10권. 수隋의 지의智顗 강설, 관정灌頂 기록.《법화경》의 해설서로,《법화경》28품을 세 부분으로 나누어 서품序品을 서분序分, 방편품方便品에서 분별공덕품分別功德品의 반을 정설분正說分, 이하를 유통분流通分이라 하고, 또 앞 14품을 적문迹門, 뒤 14품을 본문本門으로 하여 방편과 진실한 가르침을 드러내고, 적문・본문을 또 각각 서분・정설

「一相者는 衆生之心이라
同一眞如[38]相일새 是一地也요
一味[39]者는 一乘之法이니

「일상一相이라는 것은 중생의 본마음이라
진여상眞如相과 동일하니 이 모두 한가지요
일미一味라는 것은 일승一乘의 진리이니

분・유통분으로 나누어 법화경을 상세하게 해설함. ▶법화현의法華玄義; 20권. 수나라 지의智顗 지음. 구족하게는『묘법연화경현의』. 줄여서『법화경현의』・『현의』・『묘현』이라고도 한다. 지의의《법화경》에 대한 독특한 견해를 털어놓은 것이며, 동시에 일대一代 불교에 대한 법화의 위치와 자기가 파악한 것을 널리 드날린 것. 593년수나라 개황 13에 지의가 강설한 것을 관정灌頂이 기록한 것. 내용은 칠번공해七番共解・오중각설五重各說의 2종. 칠번공해는 석명釋名・변체辨體・명종明宗・논용論用・판교判教의 5중 중을, 표장標章・인증引證・생기生起・개합開合・요간料簡・관심觀心・회의會意의 7번번으로 공해공해한 것이요, 오중각설은 위의 5중중에 낱낱이 해설한 것이다. 오중각설 가운데 제1 석명단에는《묘법연화경》의 다섯 자를 해석, 제2 변체단에는 경체經體를 밝히고, 제3 명종단에는 일경一經의 종종宗을 밝히고, 제4 논용단에는 용용用을 밝히고, 제5 판교단에는 5시時 8교교教의 교판敎判을 밝힘. 주석서註釋書 : 잠연의『석첨釋籤』20권.

38 진여眞如; Skt. Tathātā. 1. 사물이 망념[허망분별식虛妄分別識]에 의해 왜곡되지 않고 있는 그대로의 모습을 가리킨다. 불교는 그것을 떠나 달리 초월적 진리를 세우지 않으므로 궁극적 진리라는 의미도 갖는다. 제법이 다 참되다는 것은 참되지 않은 것에 대해서 참되다는 것이 아니라, 무명번뇌에 의한 망분별妄分別만 떠나면 산하대지가 다 그대로 진리의 드러남이라는 의미에서 참되다는 것이며, 일체 제법이 다 같다는 것은 차별상으로 드러나되 그 성품은 본래 평등함을 말하는 것이다. 2. 궁극적으로 추구해야 할 대승 불교의 이상. 우주 만유에 보편한 상주 불변하는 본체. 이것은 우리의 생각이나 개념으로 미칠 수 없는 진실한 경계. 오직 성품을 증득한 사람만이 알 수 있는 것이며, 거짓이 아닌 진실이란 뜻과 변천하지 않는 여상如常하다는 뜻으로 진여라 함. 진여에 대한 학설에도 여러 가지가 있다. 1) 지론종에서는 아뢰야식과 진여는 같은 것이라 하고, 2) 섭론종에서는 제8 아뢰야식밖에 제9 암마라식을 따로 세워 진여를 설명하고, 3) 유식종에서는 만유가 전개되는 모양을 설명할 때에 제8 아뢰야식을 세워서 진여는 그 실성이며, 생멸 변화가 없는 응적 잠연凝寂湛然한 것이라 하고, 4)『대승기신론』에서는 진여란 잠연 적정한 무활동체無活動體가 아니고, 이것이 무명의 연을 만나면 진여의 체가 온통 그대로 일어나 생멸 변화하는 만유가 되는데 그렇다해도 진여의 자체는 조금도 달라지거나 변하는 것이 아니라 하여, 이것을 물과 파도에 비유하여 그 두 가지 사이의 소식을 설명하고 있음. 또 이것을 7진여・10진여・6무위 등으로 나눈다. 이것은 진여의 자체가 절대적 실재라고 인정하는 것은 같으나, 그 공덕상과 그것을 증득하는 과정에 따라 구별. 또 경・논에는 진여의 다른 이름으로 법계法界・법성法性・평등성平等性・실제實際・허공계虛空界・부사의계不思議界・무상無相・승의勝義・실상묘유實相妙有・여여如如・불성佛性・여래장如來藏・중도中道・제일의제第一義諦 등을 말함. 3. 모든 분별과 대립이 소멸된 마음 상태. 깨달음의 지혜. 부처의 성품. 4. 우주 그 자체. 5. 중생이 본디 갖추고 있는 청정한 성품.

39 일미一味; 1. 첫째가는 좋은 맛. 일당一黨. 2. 부처에 관한 설설은 여러 가지이나 그 본지本旨는 동일同一하다는 뜻. 절대絶對의 입장에서는 모든 것은 동일하고 평등하며 차별이 없다는 뜻. 3. 한약종漢藥種의 일품.

同詮一理라	일리一理를 표현한 것이라
是一雨也」랐고	이 모두 한가지라」했고
『法華經義疏』八에	『법화경의소法華經義疏』8에
「一相이란 謂一實相이라	「일상一相이란 일실상一實相을 이름이라
合一地也요 一味란	일지一地에 합하고 일미一味란
謂一智의 味미라	일지一智의 미味라
合上一雨也」랐고	위의 일우一雨에 합하느니라」했고
『智度論』二十七에	『지도론智度論』27에
「一相이란 所謂	「일상一相이란 이른바
無相[40]」이랐으니	형상없음(무상無相)」이라 했으니
換言하면 一相이란 觀的이요	바꾸어 말하면 일상一相이란 관적觀的이요
一行[41]이란 念的이다	일행一行이란 념적念的이다
假令 無邊虛空에	예를 들어 끝도 가도 없는 허공虛空에
淨水가 充滿한데	맑은 물(정수淨水)이 충만充滿한데
一切는 泡沫이라 觀[42]함은	일체一切는 물거품이라 관觀함은

---

40 무상無相; 1. Skt. animitta. 고유한 형체나 모양이 없음. 불변하는 실체나 형상이 없음. 고유한 실체가 없는 공空의 상태. 2. Skt. animitta. 대립적인 차별이나 분별이 없음. 대상에 가치나 감정을 부여하지 않음. 형상을 떠남. 집착이나 속박에서 벗어남. 3. Skt. alakṣaṇa. 특징이 없음. 4. 684~762. 신라 출신의 승려. 성姓은 김金. 728년에 당唐에 가서 처적處寂(665~732)에게 사사師事하여 그의 법을 이어받음. 사천성四川省 정중사淨衆寺에 머물면서 전파한 무상의 선법禪法을 정중종淨衆宗이라 함. 정중사에서 입적함.

41 일행一行; 일사一事(한 가지 일)를 전행專行(오로지 행함)하는 것. 선도善導의 『관경소觀經疏』1에 "성불成佛하는 법은 만행萬行이 원만圓滿하여 극성剋成함을 요要한다. 어찌 염불일행念佛一行으로 곧 성취를 바라겠는가?" 함.

42 관觀; 1. Skt. vipaśyana. Pali vipassanā. 비발사나毘鉢舍那·비파사나毘波奢那·비바사나毘婆舍那라 음사. 능견能見·정견正見·관찰觀察·관觀이라 번역. 선정에 들어 지혜로써 상대되는 경계를 자세히 식별

一相三昧요
念함은 一行三昧며
無數衆生의
無常諸行을 彌陀[43]의
一大行相[44][45][46]이라 觀함은
一相三昧요
念함은 一行三昧다 그리하야

일상삼매一相三昧요
념念함은 일행삼매一行三昧며
헤아릴 수 없이 많은 중생衆生의
덧없는 행동들을 미타彌陀의
한 위대한 행동모습이라 관觀함은
일상삼매一相三昧요
념念함은 일행삼매一行三昧다. 그리하여

識別하는 것. 자세히 관찰하여 잘못됨이 없게 하는 것. 몸과 마음은 무상·고·무아라고 통찰함. 지혜로써 대상을 있는 그대로 자세히 주시함. 마음을 한 곳에 집중하여 산란을 멈추고 평온하게 된 상태에서 대상을 있는 그대로 응시함. 통찰하는 수행. 어떤 현상이나 진리를 마음속으로 떠올려 그것을 자세히 주시함. 마음을 한 가지 대상에 집중하여 평화를 얻기보다는 여러 현상들을 관조함으로써 통찰력을 얻는 수행법을 말한다. 석가모니가 가르친 수행법으로서 석가모니 이전의 인도 수행자들은 주로 하나의 대상에 의식을 집중함으로써 내적 황홀경이나 평화·고요를 체험하는 사마타 수행법을 따랐다. 기존의 사마타로는 궁극적인 경지에 오를 수 없다고 여긴 석가모니가 비파사나라는 새로운 양식의 수행법을 개발한 것이다. ↔ 지止(사마타奢摩他). 2. Skt. vicāra. 세밀하게 고찰하는 마음 작용. 사伺와 같음. ▶사마타奢摩他; Skt. śamatha의 음사. 지止·적정寂靜이라 번역. 마음을 한 곳에 집중하여 산란을 멈추고 평온하게 된 상태. 선정禪定 7명의 하나. 섭심攝心이 연緣에 머물러 산란散亂을 여의는 것. 산란한 마음을 멈추어 마음을 한 대상에 경주傾注하는 고요한 마음의 상태. 지심止心. 외계의 대상에 향하는 감관을 제어하여 마음의 작용을 진정鎭靜하는 것. 또는 그 수행. 정정의 다른 이름. (집이문론集異門論·구사론俱舍論·유가론瑜伽論·성유식론成唯識論).『대승의장大乘義章』13; "사마타는 번역하여 지止·섭심攝心에 머무는 연緣으로 목이 그치는 것이다."『원각약소圓覺略疏』3; "사마타는 정정의 다른 이름이며 적정寂靜의 뜻이다. 염정染淨 등의 경심경心에 망동妄動하지 않음을 연緣하기 때문이다. 만약 열반경석涅槃經釋에 준准하면 곧 능멸能滅·능조能調·적정寂靜·원리遠離."

43 미타彌陀; 1. 아미타불의 약칭(준말). 2. 금타대화상의 보리방편문菩提方便門에 의하면, 아미타阿彌陀는 아阿(화化)미彌(보報)타陀(법法)로 법신·보신·화신 삼신일불三身一佛인 아미타로서, 미타는 삼신불三身佛 중 보신·법신을 말함. 여기에서는 2.의 뜻.

44 행상行相; 1. 소승 불교에서, 객관의 사물이 주관의 마음 위에 비친 영상을 이르는 말. 2. 대승 불교에서, 마음에 비친 객관의 영상을 인식하는 주관의 작용을 이르는 말.

45 일대행상一大行相; 삼신三身 중 화신化身을 말함. 곧 아阿(화化)미彌(보報)타陀(법法)에서 아阿(화化)에 해당.

46 미타彌陀의 일대행상一大行相; 미타彌陀의 아阿. 곧 보신·법신의 화신.

一相三昧와 一行三昧의
根本은 一이오 根本을 求索하는
方法은 限이 없다
一切를 水銀의 散珠[47]로,
形形의 氷塊로,
色色의 畵幅으로,
幻師의 幻術로,
鍮物의 飯床器[48]로,
鉢盂內의 白飯[49]으로, 虛空의 浮雲으로,
鐵物의 酸銹으로, 陽炎으로,
水月로 又는 其他의
種種千萬에서
오직 合法的임을
隨緣[50]決擇[51]하고

일상삼매一相三昧와 일행삼매一行三昧의

근본根本은 하나요 근본根本을 구하고 찾는

방법은 무궁무진하다.

일체一切를 수은水銀의 흩어진 구슬로,

갖은 형상의 얼음덩어리들로,

갖은 색깔의 화폭畵幅으로,

마술사의 마술로,

놋쇠(구리+아연 합금)의 한 벌 그릇으로,

바루에 담긴 쌀밥으로, 허공의 뜬구름으로,

쇠의 녹으로, 아지랑이(여기에서는 태양을

바라볼 때 태양 주위의 빛의 일렁임)로,

물속의 달로 또는 기타의

갖가지 모든 것들에서

오직 하나의 진리임을

자기의 인연과 그릇에 따라 결정 선택하고

---

47   수은水銀의 산주散珠; 수은은 모으면 하나의 구슬이 되지만, 흩으면 각각의 구슬이 되는 것이 법신에서 화신을 나투는 것과 같음.

48   유물鍮物의 반상기飯床器; 한 벌의 그릇들 모두가 놋쇠를 재료로 하지만 그 모양이 각각 다름이 동일한 법신에서 여러 모양의 화신을 나툼과 같음을 비유한 것.

49   발우내鉢盂內의 백반白飯; 바루는 삼라만상을 담은 법신, 그 안의 쌀밥의 각각의 쌀 알갱이는 동일 법신에서 연유한 삼라만상과 같음을 비유한 것.

50   수연隨緣; Skt. pratyaya-pratītya. To act according to the reality of dependent arising, to accord with conditions. 1. 인연에 따라 나타남. 인연에 따라 변화함. 물이 바람이란 연緣을 따라 물결이 일어남과 같이, 다른 영향을 받아 동작함. 2. 인연에 따라 드러나는 청정한 본래의 성품.

51   결택決擇; Skt. nairvedhika. Decision and selection, ascertainment, determination, firm decision. 1. 결단하고

그 話頭의 一境에 화두 일경	그 말머리(화두話頭)의 한 경계(일경一境)에
心을 住하야써 觀而念之하면 심 주 관 이 염 지	마음(심心)을 머물러서 관觀하고 염念하면
假觀的 一相三昧가 因이 되야 가 관 적 일 상 삼 매 인	그림의 일상삼매一相三昧가 씨앗이 되어
果의 實相을 見하고 과 실상 견	열매의 실상實相을 깨닫고
念修的 一行三昧가 념 수 적 일 행 삼 매	념념상속으로 닦는 일행삼매一行三昧가
因이 되야 인	씨앗이 되어
果의 普賢境⁵²을 證하니라 과 보 현 경 증	열매의 보현경普賢境을 깨닫느니라

      가려서 사유한다는 뜻. 의심을 결단하여 이치를 분별하는 것. 번뇌가 없는 지혜로써 모든 의심을 끊고 사제
      四諦를 사유하는 성자의 경지를 말함. 2. 논쟁에서 어느 것이 바른 말인가를 확정함. 3. 가장 뛰어난 것을 선
      택함.
52   보현경普賢境; 보현경계普賢境界. 널리 원융한 교教를 신수信受하는 이가 깨닫는 경지.

❖ 일행삼매一行三昧와 일상삼매一相三昧

▶ 일행삼매一行三昧; 오로지 전심으로 일행一行하여 정정正定을 닦음.『삼장법수』4

▶ 일행삼매一行三昧; 법계는 일상一相이니 법계에 잡아매는 것(계연법계繫緣法界). 일행삼매에 들면 무수한 부처님 세계가 차별이 없음을 다 알게 됨. 일행삼매에 들고자 하면 한적한 곳에서 어지러운 생각을 버리고, 모양을 취하지 않으며, 일불一佛에 마음을 묶어 부처님을 향해 부처님 명호를 부르되, 생각 생각 끊이지 않으면 곧 과거 미래 현재의 모든 부처님을 보게 됨.《문수반야경》

▶ 일행삼매에 의지하여 법계가 일상임을 알아 모든 부처님의 법신과 중생신이 평등무이하니 진여眞如가 일상삼매의 근본임.『기신론』

▶ 행주좌와에 순일직심純一直心이 곧 정토淨土를 이루니 이것이 일행삼매. 일상생활에서 상相에 머물지 않고, 미움과 애착하는 마음을 내지 않고, 취하고 버리지 않으며, 이익에 매이지 않고, 평안하고 한가롭고 고요하면 일상삼매一相三昧.『육조단경』

▶ 시비하지 않는 것이 일상一相이니 이 몸을 떠나지 않고 그대로 일상.『유마경』〈제자품〉

▶ 일상은 중생심으로 진여상과 동일.《법화경》〈비유품〉

▶ 일상은 무상無相.『지도론』27

▶ 일상은 관觀적, 일행은 념念적. 일체는 무변허공에 충만한 정수의 일체포말이라 관(일상삼매)하고 념(일행삼매)함. 무수중생의 무상제행이 미타의 일대행상이라 관(일상삼매)하고 념(일행삼매)함. 일상삼매와 일행삼매의 근본은 하나[1(一)]이고, 그 근본의 탐구방법은 한이 없음. [예; 일체를 수은의 흩어진 방울, 갖가지 모양의 얼음조각, 갖가지 색의 그림, 마술사의 마술, 유기 반상기, 바루 속의 흰 쌀밥, 허공의 뜬구름, 쇠붙이의 녹, 아지랑이(태양을 바라볼 때 태양 주위의 일렁임; 양염), 물속의 달, 기타 등등의 방법으로 인연따라 도리의 옳고 그름을 판단하여 결정하고, 그 화두의 일경一境에 마음을 머물러서 관觀하고 념念하면, 가관적假觀的 일상삼매가 원인이 되어 결과의 실상實相을 견見하고, 념수적念修的 일행삼매가 원인이 되어 결과인 보현경普賢境을 증證함.]

⟨표3⟩ 일상 一相

뜻	몸이 허물어지지 않고 일상을 따름 一相 (불괴어신하고 이수일상) 不壞於身　而隨一相		유마경 제자품 維摩經 弟子品
	만물이 제지라 시비동관이 일상야니라 연즉 신즉일상이어니 萬物　齊旨　是非同觀　一相也　然則 身卽一相 기대괴신멸체이후에 위지일상호아 豈待壞身滅體而後　謂之一相乎		유마경주 維摩經註
	일상자는 중생지심이라 동일진여상일새 시일지야요 一相者　衆生之心　同一眞如相　是一地也 일미자는 일승지법이니 동전일리라 시일우야 一味者　一乘之法　同詮一理　是一雨也		문구7 상 文句 上
	일상이란 위일실상이라 합일지야요 일미란 위일지의 미라 합상일우야 一相　謂一實相　合一地也　一味　謂一智　味　合上一雨也		법화경의소 8 法華經義疏
	일상이란 소위 무상이라 一相　　所謂無相		지도론 27 智度論
공덕 功德	시개일상인 일종임을 성소칭탄이라 是皆一相　一種　聖所稱嘆		법화경 비유품 法華經 譬喩品

⟨표4⟩ 일상삼매 一相三昧

수증법 修證法	만약 일체처에서 상에 머물지 않고, 그 상중에 있되 증애를 불생하며, 　　　　　　　相　　　　　　相中　　　憎愛　不生 또한 취사하지 않고 이익과 성괴 등의 일을 불념하여 마음이 편안하고 　　取捨　　　　利益　成壞　　　　不念 한가롭고 고요(안한염정)하면 텅 비어 거리낌 없이 마음이 깨끗하게 　　　　　　　安閒恬靜 맑아지는 것(허융담박)이니 이를 이름하여 일상삼매라 함 　　　　　虛融澹泊　　　　　　　　　一相三昧	육조단경 六祖壇經

⟨표5⟩ 일행一行

뜻	일사(한 가지 일)를 전행(오로지 행함)하는 것 一事　　　　專行
	하나의 행업 行業

⟨표6⟩ 일행삼매一行三昧

뜻	생각이 오로지 일행하여 정정을 닦아 익힘 一行　　正定 (유전일행 수습정정야) 惟專一行 修習正定也	삼장법수 4 三藏法數
	법계(일상)에 계합하는 것 法界 一相 (법계 일상 계연법계) 法界 一相 繫緣法界	문수반야경 하 文殊般若經 下
	법계일상임을 알아, 일체제불의 법신과 중생신이 평등무이임 法界一相　　一切諸佛　法身　衆生身　平等無二 (진여가 삼매근본) 眞如　三昧根本	기신론 起信論
수증법 修證法	마땅히 공한처에서 모든 번뇌를 여의고 모습을 취하지 않고, 空閒處 일불에 마음을 매어 오로지 칭명하면서, 一佛　　　　　　　稱名 단정하게 부처님 계신 곳을 향해 능히 일불이 염념상속하면 一佛　念念相續 즉시 염중에 능히 과거 미래 현재 제불을 봄[능견과거미래현재제불] 念中　　　　　　　　　　　能見過去未來現在諸佛	문수반야경 하 文殊般若經 下
	만약 일체처에서 행주좌와에 순일직심이 부동도량하면 직성정토 行住坐臥　純一直心　不動道場　直成淨土	육조단경 六祖壇經
일행삼매에 一行三昧 들어간 공덕	갠지스강 모래수 같은 제불법계가 다 차별상이 없음을 앎 諸佛法界　　　　差別相	문수반야경 하 文殊般若經 下

⟨표7⟩ 관념觀念(일상삼매一相三昧와 일행삼매一行三昧)에서 견증見證(실상삼매와 보현삼매)으로

수인 修因	상행 相行	일상 一相		일행 一行	금타대화상
	관념 觀念	관적 觀的		념적 念的	
	일상삼매 일행삼매	무변허공에 정수가 충만한데 일체는 포말이라 無邊虛空 淨水 充滿 一切 泡沫			
		관함은 일상삼매 觀 一相三昧		념함은 일행삼매 念 一行三昧	
		무수중생의 무상제행을 미타의 일대행상이라 無數衆生 無常諸行 彌陀 一大行相			
		관함은 일상삼매 觀 一相三昧		념함은 일행삼매 念 一行三昧	
	근본 根本	일상삼매와 일행삼매의 一相三昧 一行三昧 근본은 일이오 根本 一			
	다양한 근본 多樣 根本 구색방법 求索方法	일체를 수은의 산주로, 一切 水銀 散珠			
		형형의 빙괴로, 形形 氷塊			
		색색의 화폭으로, 色色 畵幅			
		환사의 환술로, 幻師 幻術			
		유물의 반상기로, 鍮物 飯床器			
		발우내의 백반으로, 鉢盂內 白飯			
		허공의 부운으로, 虛空 浮雲			
		철물의 산청으로, 鐵物 酸錆			
		양염으로, 陽炎			

수인 修因	다양한 근본 多樣 根本 구색방법 求索方法	수월로 水 月	금타대화상
		또는 기타의 종종천만에서 種種千萬 오직 합법적임을 수연결택하고 合法的 隨緣決擇	
		그 화두의 일경에 심을 주하야써 話頭 一境 心 住 관이염지하면 觀而念之	
수인 修因	가관적 일상삼매가 인이 되어 假觀的 一相三昧 因	념수적 일행삼매가 인이 되어 念修的 一行三昧 因	
증과 證果	과의 실상을 견하고 果 實相 見	과의 보현경을 증하니라 果 普賢境 證	

<표8> 관념觀念(가관념수假觀念修)에서 실증實證(견성증도見性證道)으로

	관 觀	념 念	관념 觀念	
수인 修因	가관적 일상삼매 假觀的 一相	념수적 일행삼매 念修的 一行	가관념수 假觀念修	금타대화상
증과 證果	견 見	증 證	견증(실증) 見證 實證	
	견성적 실상삼매 見性的 實相 [견실상] 見實相	증도적 보현삼매 證道的 普賢 [증보현경] 證普賢境	견성증도 見性證道	

第二節 三昧
제 2 절 삼매

三昧¹란 三摩提²
  삼매   삼마제
또는 三摩帝라고도 云하고
    삼마제   운
心을 一處에 住하야
심   일처   주
不動함일새 定이라,
 부동   정
所觀의 法을
소관   법

제2절 삼매

삼매三昧란 삼마제三摩提

또는 삼마제三摩帝라고도 말하고

마음을 한 곳(일처一處)에 머물러서

움직이지 않음(부동不動)이므로 정定이라,

관觀하는 바의 진리를

---

1   삼매三昧; Skt. samādhi. 신칭新稱 삼마지三摩地, 번역 정정定·등지等持·심일경성心一境性·정수正受·조 직정調直定·정심행처正心行處·식려응심息慮凝心·현법락주現法樂住·등념等念 등. 심념心念이 정지定止하므로 정정이라 하고, 도거掉擧를 여의므로 등등이라 하며 심심이 산란散亂치 않으므로 지持라 함. 정심定心과 산심散心에 통하고 다만 유심有心으로 평등보지平等保持함. 대론운大論云 선심일체처善心一切處에 주하하여 부동不動함을 시명是名 삼매三昧라 함.(대론에 이르기를 선심일체처에 머물러 부동함을 이름하여 삼매라 함.) (대론大論은 지도론智度論). The term in Sanskrit means 'putting together', 'composing the mind', 'intent contemplation', 'perfect absorption'. A high level of meditative concentration; mental training through meditation; the skillful unification of mind and object; the mental equanimity conducive to and derived from attention perfectly focused on its object. Translated into Chinese as 정정; as 정정正定, the mind fixed and undisturbed; by 정수正受 correct sensation of the object contemplated; by 조직정調直定 ordering and fixing the mind; by 정심행처正心行處 the condition when the motions of the mind are steadied and harmonized with the object; by 식려응심息慮凝心 the cessation of distraction and the fixation of the mind; by 등지等持 the mind held in equilibrium.

2   삼마제三摩提(삼매三昧, 삼마지三摩地, 삼마제三摩帝, 삼매지三昧地, 삼마저三摩底; 등지等持, Skt. samādhi; Pali samādhi); meditative absorption, putting together, skillful unification of mind and object, 정정(심心을 일처一處에 주住하여 부동不動함, 심념心念이 정지定止함), 정정正定, 정수正受(소관所觀의 법法을 정수正受함), 조직정調直定(폭심爆心을 조복調伏하고 곡심曲心을 조직調直해 산심散心을 조정調定함), 정심행처正心行處 (심행心行을 정법正法에 합合하는 의처依處), 식려응심息慮凝心(연려緣慮를 식지息止하고 심념心念을 응결凝結함), 등지等持(심심을 평등보지平等保持함, 도거掉擧를 여의므로 등등이라 하며 심심이 산란散亂치 않으므로 지持라 함.), 심일경성心一境性, 현법락주現法樂住(정중定中에 법락法樂을 현현現現함), 등념等念(불보살이 유정계에 들어서 평등호념平等護念함.), 대론운大論云 선심일체처善心一切處에 주하하여 부동不動함을 시명是名 삼매三昧라 함. (대론大論은 지도론智度論) ▶ 정삼매正三昧; 합법적合法的인 일화두一話頭를 성심誠心으로 사유관찰하되 근속부절勤續不絶함.

正受³함일새 正受라,
정수 　　　정수

暴心을
폭심

調伏⁴하고
조복

曲心을 調直하야써
곡심 　조직

散心⁵을
산심

調定함일새 調直定이라,
조정 　　　조직정

心行⁶을
심행

正法⁷에 合하는 依處일새
정법 　합 　　의처

正心行處라
정심행처

緣慮⁸를 息止⁹하고
연려 　식지

바르게 받아들임이니 정수正受라,

거칠고 사나운 마음(폭심暴心)을

항복받아 고르고

굽은 마음(곡심曲心)을 곧게 펴서

흩어진 마음(산심散心)을

고르게 평정(조정調定)함이니 조직정調直定이라,

마음의 움직임(심행心行)을

바른 진리(정법正法)에 계합하는 의지처이므로

정심행처正心行處라

마음속으로 생각하는 것(제6식이 대상을

생각하는 것)을 쉬고,

---

3   정수正受; 대경對境을 관하는 마음과 관할 바 대경이 일치되어, 바른 마음으로 대경을 섭입攝入하는 마음의 상태.
4   조복調伏; 1. Skt. nigraha. Skt. vinaya. 몸과 마음을 조절하여 온갖 악행을 다스림. 2. Skt. vinaya. 출가자가 지켜야 할 규정, 곧 율律을 말함. 3. 온갖 장애를 굴복시킴.
5   산심散心; 한 곳에 집중되지 않은 산란한 마음.
6   심행心行; 1. 심의心意의 작용. 마음의 움직임. 마음 작용. 마음 상태. 2. 마음의 대상. 3. 하고자 하는 마음. 원하고 바라는 마음. 의지. 성향. 4. 수행. 5. 마음에 일어나는 분별이나 망상. 6. 정토교계淨土敎系에서 말하는 안심安心·기행起行.
7   정법正法; 1. Skt. sad-dharma. Pāli sad-dhamma. true dharma. 바른 가르침. 진실한 가르침. 부처의 가르침. 2. 삼시三時의 하나. 불법佛法이 바르게 행해져 가르침과 수행자와 깨달음을 이루는 자가 있는 시기. 그 기간에 대해서는 여러 설이 있는데 흔히 500년이라 함.
8   연려緣慮; 인연이 갖추어져 마주하게 된 대상에 대해 생각함. ▶연려심緣慮心; 외계의 사물을 보고 생각하는 마음. 총 8식을 말함.
9   식지息止; 중지하다. 정지하다. 멈추다. 그치다.

心念¹⁰을 凝結¹¹함일새	마음(심념心念)을 엉기게 하여
息慮凝心이라,	맺음(응결凝結)이니 식려응심息慮凝心이라,
心을 平等¹²保持¹³함일새 等持라,	마음을 차별없이 고르게 지니므로 등지等持라,
定中에 法樂¹⁴을 現함일새	정定 가운데에 법락法樂을 나타냄이므로
現法樂住라,	현법락주現法樂住라,
또 利他的으로 보아 諸佛諸菩薩이	또 자비의 면에서 보아 모든 부처님과 보살이
有情界에 入하사	중생계에 들어와 모든 중생을
平等護念¹⁵하심일새	평등하게 보호하고 살피시므로
等念이라고도 譯하는 바	등념等念이라고도 번역하는 바
要컨대 正三昧란	요약하면 바른 삼매란
合法的¹⁶인 一話頭를	법에 맞는 한 화두話頭를
誠心으로써 思惟觀察하되	정성스러운 마음으로써 사유관찰思惟觀察하되
勤續不絶이 必要하니라	부지런히 계속하여 끊이지 않음(근속부절勤續不絶)이 필요하니라

10 심념心念; 내심內心으로 생각함.
11 응결凝結; 1. 한데 엉기어 뭉침. 2. 포화 중기의 온도 저하 또는 압축에 의하여 중기의 일부가 액체로 변하는 현상. [비슷한 말] 엉겨굳기. 3. 엉김(액체 또는 기체 중에 분산되어 있는 솔Sol의 콜로이드 입자들이 큰 입자로 뭉쳐져서 가라앉는 현상). [유의어] 응집, 응고, 응축.
12 평등平等; 1. 차별差別이 없이 동등同等한 등급等級. 2. 치우침이 없이 고르고 한결같음. 두루 미쳐 차별差別이 없음. 권리, 의무, 자격 등이 차별 없이 고르고 한결같음. [유의어] 균일, 대등, 동등.
13 보지保持; 간직하고 있음. 온전하게 잘 지켜 지탱해 나감.
14 법락法樂; 1. 부처의 가르침을 듣거나 배우는 즐거움. 2. 진리를 깨닫고, 그것을 되새길 때 잔잔히 사무치는 즐거움.
15 호념護念; 불보살이 선행을 닦는 중생을 늘 잊지 않고 보살펴 주는 일. 늘 부처나 보살菩薩을 마음에 잊지 않고 선행善行을 닦으면, 부처·보살菩薩이 여러 가지 장해障害로부터 중생衆生을 보살펴 준다는 말.
16 합법적合法的; 1. 진리에 맞음. 2. 법령이나 규범에 맞는. 또는 그런 것.

<표9> 삼매三昧

Skt.	samādhi. (Pali samādhi)
English	'putting together', 'composing the mind', 'intent contemplation', 'perfect absorption'.
음사 音寫	구역; 삼매 舊譯 三昧 신역; 삼마제, 삼마제, 삼마지, 삼매지, 삼마저 新譯 三摩提 三摩帝 三摩地 三昧地 三摩底
뜻번역	<table><tr><td>정 定</td><td>마음을 한곳에 머물러 부동함 不動 the mind fixed and undisturbed</td></tr><tr><td>정수 正受</td><td>관하는 바 법을 바르게 받아들임 觀 法 correct sensation of the object contemplated</td></tr><tr><td>조직정 調直定</td><td>사나운 마음을 고르게 하여 굴복시키고(폭심조복), 굽은 마음을 곧게 펴며 暴心調伏 (곡심조직), 산란한 마음을 모아 고요하게 함(산심조정) 曲心調直　　　　　　　　　　　　散心調定 ordering and fixing the mind</td></tr><tr><td>정심행처 正心行處</td><td>마음을 바른 진리에 맞추는 의지처 the condition when the motions of the mind are steadied and harmonized with the objec</td></tr><tr><td>식려응심 息慮凝心</td><td>외계의 사물을 보고 생각하는 마음을 쉬고, 마음(심념)을 엉기게 함(응결시킴) 心念 the cessation of distraction and the fixation of the mind.</td></tr><tr><td>등지 等持</td><td>마음을 평등하게 지킴. the mind held in equilibrium.</td></tr><tr><td>현법락주 現法樂住</td><td>정 가운데 법락을 드러냄 定　　　法樂 to abide comfortably in the manifest world</td></tr><tr><td>등념 等念</td><td>모든 불보살이 뭇생명의 세계에 들어가 평등하게 보호하고 살펴줌 to complete settled recollection.</td></tr></table>

요컨대 바른 삼매란 진리에 맞는 한 화두(일화두)를 정성스러운 마음으로 사유관찰하되
　　　　　　　　　　　　一話頭　　　　　　　　　　　思惟觀察
부지런히 지속하여 끊이지 않도록 해야 함

삼매도결三昧圖訣

　금타 스님께서는 수릉엄삼매도결을 상편만 저술하시고 오십 세에 세연世
緣을 마쳤습니다. 그래서 하편은 후래인들이 수릉엄삼매를 성취하여 내도록
해야 할 것입니다.

首楞嚴三昧圖訣 上篇

**本訣은 心으로 爲宗일새 空으로 爲體요 性相으로 爲用이라 此에 基하야
圖示한 首楞嚴三昧의 境界圖를 了解케 함인져.**

　본결本訣은 마음으로 종宗을 삼을새 공空으로 체體를 삼고 성상性相으로 용
用을 삼는데 이에 근거하여 도시圖示한 수릉엄삼매의 경계도를 깨달아 알게
하기 위한다는 의미입니다.
　수릉엄삼매에 들어서 우주를 관찰할 때 우주의 모든 일진법계一眞法界 현상
을 이렇게 도시圖示한 것입니다. 따라서 수릉엄삼매도를 보려면 이 수릉엄삼
매도결을 참고하기 바랍니다. 수릉엄삼매도에는 팔만사천 부처님 법문 가운
데 중요한 법문들이 발췌되어 도식화圖式化되어 있습니다. 그래서 한 가운데

에 있는 아미타불은 바로 대일여래大日如來로서 법신, 보신, 화신의 삼신일불三身一佛이요, 바로 자성미타自性彌陀라고 하는 자성自性의 명호名號입니다. 극락세계 교주인 아미타불이란 뜻만은 아닙니다.

그러나 자성이 바로 아미타불이고 우주의 실상이 바로 극락이므로 부처와 중생과 제법이 본래 다르지 않습니다. 그래서 수릉엄삼매도를 간략히 말하면 불성도佛性圖 자성도自性圖인 것입니다. 삼매도의 한가운데 불위佛位로 향해서 닦아 올라가는 것입니다. 본래는 심천深淺 상하上下도 없지만 중생 경계에서 중생을 성불로 유도하는 면에서 바깥의 낮은 데에서부터 차근차근 깊이 닦아 들어가는 법의 심천 한계를 표시하였습니다.

3계三界 28천二十八天이라든가 또는 지·수·화·풍·공 등 불교 우주관이 다 들어 있습니다. 이른바 물리학적인 표현을 구태여 쓴다면 지·수·화·풍·공 5대五大라고 할 수가 있는 것이고 이것을 생명적으로, 인격적으로 표현하면 오지여래五智如來라고 말합니다.

여기에 있는 네모(□)는 지地를 의미하고 원(○)은 수水를, 삼각(△)은 화火를, 반원(◠)은 풍風을, 그리고 가운데 향공상(◊)은 또 점(•)으로서 공空을 상징합니다.

불교의 체계는 모두가 정밀하고 엄정한 체계입니다. 헛되고 모호한 것이 없습니다. 다 아는 바와 같이 사제四諦법문도 얼마나 철학적이고 논리적입니까. 12인연법도 호리毫釐도 군더더기가 없는 바로 우주의 도리로 천지 우주의 운행運行과 윤회輪廻하는 법도를 밝히고 있는 것입니다.

그리고 아래쪽은 현대 물리학과 불교의 분석적인 법상과 대비해서 표시한 것입니다. 적어도 석존釋尊 이후에 물리학과 불교의 해석학적인 교리와 대비해서 말씀한 분은 금타 스님이 처음이라고 생각합니다.

그리고 모든 것이 점선과 직선으로 연결되어 있는데 직선은 지혜(지智: 금강계金剛界)를 의미하고 점선은 리(이理: 태장계胎藏界)를 의미합니다. 따라서 앞서 말씀드린 바와 같이 정定이나 혜慧나, 지혜智慧나 리理나, 지止나 관觀이나 모두가 다 심심미묘한 공덕으로서 본래 우주 본체에 갖추어 있는 것입니다.

리理는 그 공덕으로 말하면 우주 만법을 섭인攝引하는 인력引力이요, 자비慈悲입니다. 자비와 지혜는 본원적으로 우주에 갖추고 있습니다. 그렇기 때문에 우리가 자비심을 못 낸다든가 반야 지혜가 없다면 공부가 안되겠지요. 따라서 리理와 지智가 이렇게 서로서로 상즉상입相卽相入하는 원융무애한 관계를 리지불이理智不二라 합니다. 여러 가지로 구분하는 것은 우리 중생들이 알기 쉽게 하기 위해서 분별 지혜로 구분한 것이지 원융무애인 경계이기 때문에 리理 따로 있고 지智 따로 있는 것이 아니요, 리와 지가 원래 둘이 아니라는 뜻입니다.

이런 도리는 자세히 설명하기도 어렵고 너무 번쇄하게 설명하게 되면 분별 갈등이 되기 쉽습니다.

다음은 불조佛祖의 명구문名句文을 해설하도록 하겠습니다.

上編序分의 名句文

「諸行」二字는 名이오「諸行無常」四字는 句며「諸行無常 是生滅法 生滅滅已 寂滅爲樂」十六字는 文일새 自性의 體를 詮함이 名이오 義를 顯함이 句며 體用齋示의 文字가 文이니 本編은 首楞嚴三昧圖에 擧示한 佛祖의 若干 名句를 原文 或은 纂文으로써 引證하야 本訣의 序分에 代함이니라.

상편 서분의 명구문이라,

명구문名句文이란 것은 불경의 술어로서 명名과 구句와 문文으로 구성된 문장으로서 요즈음 말하는 문학적, 문법적으로 구성되어 있는 경문經文을 말합니다.

제행諸行 두 글자는 명名이요, 제행무상 네 글자는 구句며 제행무상 시생멸법 생명멸이 적멸위락 16자는 문文으로서 자성自性의 체體를 전전하여 나타냄이 명名이요, 뜻을 나타냄이 구句며, 체와 용을 아울러서 보이는 문장이 문文이니, 본편은 수릉엄삼매도에 거시擧示한 불조佛祖의 약간 명구를 원문 혹은

찬문 곧 약간 풀이한 말씀으로써 인증引證하여 본결의 서분에 대함이니라,

따라서 『금강심론』에 있는 법문들은 불조의 경론經論에서 많은 인용을 한 것입니다.

首楞嚴

『首楞嚴三昧經』中에 『菩薩이 得 首楞嚴三昧하면 能以三千大千世界로 入芥子中하야 令諸山河日月星宿로 悉現케 하되 如故而不迫迮하야 示諸衆生하나니 首楞嚴三昧의 不可思議勢力이 如是라』시고 『智度論』 四十七에 『首楞嚴三昧者는 秦言 健相이니 分別知諸三昧行相多少淺深함이 如大將知諸兵力多少라』 하고 『復次 菩薩이 得此三昧하면 諸煩惱魔及魔人이 無能壞者하나니 譬如 轉輪聖王主兵寶將의 所往至處에 無熊壞伏』이랐으며 『玄應音義』 二十三에 『首楞伽摩는 此云健行定이오 亦言 健相인 바 舊云首楞嚴也』 랐고 『涅槃經』 二十七에 『首楞嚴者는 名一切事竟이니 嚴者는 名堅이라 一切畢竟而得堅固함을 名首楞嚴일새 以是故로 言首楞嚴定이며 名爲佛性이니 首楞嚴三昧者ㅣ 有五種名하야 一者 首楞嚴三昧요 二者 般若波羅蜜이오 三者 金剛三昧요 四者 獅子吼三昧요 五者 佛性이라 隨其所作處處에 得名이라』 시니 首楞嚴이란 新云 首楞伽摩로서 健相이라 健行이라 一切事竟이라 譯한 佛所得의 三昧名인 바 健相이란 佛德이 堅固하사 諸魔가 能壞치 못함일새요 健行이란 諸佛修行이 如金剛般若行임으로써요 一切事竟이란 佛德의 究竟을 云함이니

換言하면 一實相인 一相이오 一相인 健相일새 곧 首楞嚴이란 먼저 觀念的 一相三昧로써 健相인 實相을 見證하고 健行인 般若一行으로써 理事를 契合하되 如金剛의 堅固를 得하야 卽理卽事인 一切事에 通達究竟함이니라

《수릉엄삼매경》에 '보살이 수릉엄삼매를 얻으면 능히 삼천대천세계가 개자芥子씨 가운데에 들어가서 모든 산하 일월성수로 다 나타나게 한다' 함은 한

도 끝도 없이 넓은 삼천대천세계가 개자씨 가운데 들어가서 산이나 내나 해나 달이나 별이나 모두를 다 나타낸다는 말입니다. '여고이불박책如故而不迫迮이라' 이전에 있는 산이나 시냇물이나 또는 무엇이나 조금도 좁혀지지 않고서 '모든 중생에게 보이나니' 작은 것, 큰 것이 따로 있다고 생각하는 중생의 차별 견해에서는 이해할 수가 없는 문제입니다. 이렇게 삼천대천세계를 아주 작다고 할 수 있는 개자씨 안에 들어가게 해서 능히 해나 달을 이전과 조금도 차이 없이, 줄이지 않고서 모든 중생에게 보이나니 '수릉엄삼매의 불가사의 세력이 이와 같도다' 하였습니다.

생명의 실상인 진여불성은 대소大小나 높낮이의 차이나 또는 있다 없다는 상이나 모든 상을 다 떠났기에 들어가고 안 들어가고 또는 많다 적다 크다 작다 하는 구분을 할 수가 없는 것입니다.

『지도론智度論』47에 '수릉엄삼매자는 진언秦言으로 건상建相이니' 건상이란 다시 파괴할 수 없는 상이란 뜻으로 상을 떠난 실상을 말한 셈입니다. '모든 삼매의 행상을 알고 많고 적음과 깊고 옅은 것을 분별해서 다 아는 것이 마치 대장이 병력의 수를 아는 것과 같다'고 하였고 '또한 보살이 이 삼매를 얻으면 모든 번뇌마라든가 마군이가 능히 파괴할 수 없나니 마치 전륜성왕이' 전륜성왕은 마군이를 척파하고 선법을 지키는 왕으로 왕 가운데 가장 신성한 왕을 말합니다. '모든 병졸이나 장군들이 이르는 곳에, 마군이나 또는 번뇌가 덤빌 수가 없듯이 수릉엄삼매를 얻는다면 모든 마장이 능히 파괴할 수가 없다'고 하였습니다.

『현응음의玄應音義』23에 '수릉가마首楞伽摩(Skt. śūraṃgama)는 건행정健行定이라, 이것도 역시 파괴할 수 없는 정定이요, 삼매며 다시 말하기를 건상建相인 바, 파괴할 수 없는 실상인 바 이전 경에서 말한 것은 수릉엄이니라' 하였고 또는 《열반경》27에 '수릉엄자는 명일체사경名一切事竟이니' 모두를 다 할 수 있는 일체종지를 성취한다는 말입니다. '엄嚴이란 이름하여 견堅이라, 일체필경이라 모두를 다 마쳐서 견고부동함을 수릉엄이라고 이름할새 이런 고로 수릉엄정이라 말하며' 수릉엄은 가장 참된 건상 건행이란 뜻입니다. 파괴 없음을 의미하는 동시에 파괴할 수 없는 가장 깊고 견고한 삼매라는 말입니다. '또 바로 불성이라 이름하는 것이니 수릉엄삼매는 다섯 종류의 이름이 있어서 하나는 수릉엄삼매요, 둘은 반야바라밀이요, 셋에는 금강삼매요, 넷에는 사자후삼매요, 사자가 백수의 왕이므로 삼매 가운데 왕이라는 뜻입니다. 다섯에는 불성이라, 그때그때 경우에 따라서 이름을 붙였다' 하였으니,

수릉엄이란 수릉가마로서 건상이라, 바로 실상이라 건행이라, 여법한 삼매요 행위라 일체사경이라, 모든 일체 종지를 다 성취했다, 이렇게 번역하는데 부처님께서 얻는 삼매명인 바, 건상이란 불덕佛德이 견고하여 제마諸魔가 능히 파괴치 못함일새요, 건행이란 제불諸佛의 수행이 금강반야행임과 같음으로써요, 파괴할 수 없는 반야행이라는 말입니다. 반야는 제법공의 지혜인데 파괴하려야 어떻게 파괴할 수 있겠습니까.

일체사경이란 불덕佛德의 구경究竟을 말함이니, (여기까지는 각 경론을 의지했고 다음은 저자의 말이 됩니다.) 바꾸어서 말하면 일실상一實相인 일상一相이요 (실상이 둘이나 셋이나 있을 수가 없지 않겠습니까. 물론 일상이란 것도 단순한 하나의 상相이 아니라 상대를 여읜 절대적絶對的인 실상입니다) 일상은 건상일새(여법한 상일새) 곧 수릉엄이란 먼저 관념적 일상삼매一相三昧로써 (우리가 아직 범부지凡夫知인지라 처음에는 관념적이지 않을 수가 없습니다. 존재의 실상을 깨닫고 우리의 마음이 불성과 온전히 결합되었다면 모르거니와 아직 그렇지 못한 중생 경계에서는 우선 관념적으로 부처님 말씀에 의지하지 않을 수가 없습니다) 건상인 실상을 견증見證하고 또는 건행인 반야일행般若一行으로써 (건상과 건행인 여법한 수행은 바로 반야일행입니다. 제법공도리를 놓치지 않는 수행이 이른바 반야일행이라는 말입니다.) 이와 같이 리사理事를 계합하되 여금강如金剛의 견고를 득하여(금강의 견고함과 같음을 얻어서) 즉리즉사卽理卽事라 (리가 바로 사인) 일체사에 통달구경함이니라. (일체 만사에 원만히 통달해야 한다는 뜻입니다.)

(『圓通佛法의 要諦』, 聖輪閣, 1993, 385~391)

수릉엄삼매首楞嚴三昧

1) 삼매도三昧圖

이 『금강심론』은 제가 허두에도 말씀드렸습니다마는 굉장히 중요한 논서論書입니다. 나중에 참고해서 보시기 바랍니다. 이 가운데에 해탈십육지解脫十六地도 있고 또는 수릉엄삼매도가 있습니다. 이 그림을 보면 무엇이 무엇인지 어리둥절하겠지요.

저는 처음에 백양사白羊寺 운문암雲門庵으로 출가를 했습니다. 운문암에 가서 보니까 큰방에 이 삼매도가 부착되어 있는데 불교입문 정도는 알고서 출가를 했지만 무엇인지 알 수가 없었습니다. 그러나 알 수는 없지마는 과거 숙세宿世의 인연이었던지 그것이 아주 귀중한 보배처럼 생각되었습니다.

그러나 그 부착한 것을 제가 뗄 수는 없고 또 그때는 대중이 다 분산되어 버려서 누구한테 물어볼 수도 없었습니다. 그때는 6·25사변 훨씬 전이기 때문에 산중에는 빨치산이 있어서 국군하고 싸우기도 하고 참 험악한 때입니다. 깊은 산중이라 먹을 것도 부족하고 또 조금만 의심쩍으면 끌려가서 문초를 받기도 하기 때문에 스님네가 오래 살지 않았습니다.

또한 운문암 가풍은 참선만 시키지, 밤에는 절대로 불을 못 켭니다. 그때,

그런 깊은 산중 절에는 초도 없고 석유 호롱불 밖에 없었는데 더러 초가 있을 때는 부처님 앞에만 간단히 잠시간만 밝힙니다. 또 사시巳時마지를 올리고서 하루 한 때만 먹기 때문에 사시에 부처님한테 마지 올릴 때만 촛불을 좀 켜고 조석예불은 어두운 법당에서 죽비로 딱딱 치고 예불을 모십니다.

그런 때에 저는 거기서 공양주도 지내고 부목負木도 하려니까 너무나 고되기도 해서 '안되겠구나. 다른 데에 가서 공부를 해야겠구나.' 하는 마음이 생겨서 다른 데로 가려고 마음먹었는데 이 수릉엄삼매도가 욕심나서 갈 수가 있습니까?

그래서 떼어갈 수는 없고 할 수 없이, 아직 행자인지라 협착하고 누추한 뒷방에서 밤에 호롱불을 켜놓고서, 그것도 밖에 비치면은 어른 스님들한테 꾸중을 들으니까 해어진 모포로 창을 가리고서 삼매도를 베꼈습니다.

나중에는 금타 스님께서 직접 그려서 복사한 수릉엄삼매도 3장을 가지고 나오기도 했습니다마는 저에게는 아주 인연 깊은 수릉엄삼매도입니다.

삼매는 무량삼매이지만 보통 108삼매로 구분합니다. 백팔삼매 가운데서 가장 최고의 삼매가 수릉엄삼매입니다.

이 수릉엄삼매는 바로 일체 번뇌를 모조리 없애는 멸진정滅盡定을 성취해야 얻을 수 있는 삼매인 것입니다. 수릉엄삼매는 다른 이름으로 반야바라밀般若波羅蜜이라, 또는 금강삼매金剛三昧 곧 어떤 번뇌로도 파괴될 수가 없고 우주 만유의 근본 성품인 금강불성을 훤히 깨달아 일체종지一切種智를 다 얻는 삼매이며, 또는 사자후삼매獅子吼三昧라, 사자의 포효가 뭇 짐승들을 조복 받듯이 이보다도 더 깊은 삼매는 없다는 말입니다. 또는 바로 불성佛性이라, 수릉엄삼매란 바로 불성을 말합니다. 불성자리를 조금도 흠절이 없이 훤히 투철하게 깨닫는 삼매가 수릉엄삼매인 것입니다.

우리는 금생에 꼭 수릉엄삼매에 들어야 하겠습니다. 불경에 보면 수릉엄삼매에 들 때는 마치 삼천대천세계를 자기 손바닥 안에 놓고 소상히 볼 수 있는 부사의한 지혜가 성취된다고 합니다. 우리에게는 그런 지혜가 분명히 본래로 갖추어져 있는 것입니다.

(『圓通佛法의 要諦』, 聖輪閣, 1993, 381~383)

삼매三昧의 뜻

- 三摩地(Samadhi) 舊稱 三昧 新稱 三摩地, 定·等持·心一境性·正受·調直定·正心行處·息慮凝心·現法樂住 等. 心念이 定止하므로 定이라 하고, 掉擧를 여의므로 等이라 하며 心이 散亂치 않으므로 持라 함. 定心과 散心에 通하고 다만 有心으로 平等保持함. 大論云 善心一切處에 住하여 不動함을 是名 三昧라 함. (大論은 智度論)
- 三摩鉢底(Samapatti) 定의 一名 等至라 譯, 等은 定力에 依하여 惛沈의 煩惱를 여의고 心을 平靜安和의 境地에 이르게 하므로 至라 함. 有心과 無心에 通하고 다만 定에 在하며 散心과 不通함.
- 三摩呬多(samahita) 定의 一名 等引이라 譯, 等은 惛沈과 散亂을 여의고 心을 平等하게 함이요, 이 境界에서 모든 功德을 일으키므로 引이라 함. 有心과 無心과 有漏와 無漏의 五蘊의 功德을 그 體로함. 散心과 不通함.

(智度論·唯識論·瑜伽師地論·俱舍論)

　삼매三昧에 대해서 계속해서 더 말씀을 하겠습니다.
　삼매는 삼마지나 같은 뜻입니다. 삼마지(Samadhi)라는 인도 말을 한문으로 할 때에 줄여서 삼매라고 했습니다. 전에는 삼매라 하고 새로 말할 때는 삼마지라 합니다. 뜻으로는 정定, 등지等持, 심일경성心一境性 또는 정수正受, 조직정조직정直定, 정심행처正心行處, 식려응심息慮凝心, 현법락주現法樂住로, 다 같은 뜻이며 이름마다 다 각기 그에 따른 공덕이 들어 있습니다. 이런 이름은 우리가 닦는 모양새라든가 또는 마음의 자세라든가 또는 얻어지는 공덕이라든가에 따라서 이름이 붙었습니다.

등지等持란 평등보지平等保持라는 말의 준말입니다. 조금도 차별이 없이 우리 마음을 평등하게 지니게 하는 것이므로 등지라고 하는 것입니다.

심일경성心一境性은 우리 마음이 진여불성자리 곧 하나의 본래 자리에 그대로 머무르는 경계이기 때문에 심일경성이라 합니다.

정수正受는 우리가 정正다웁게 올바로 받아들인다는 말입니다. 우리 범부들은 모든 것을 올바르게 받아들이지를 못합니다. 올바르게 받아들이면 결국은 다 부처로 보여야 하는데 중생들은 업장대로 보는 것이니까 밉기도 하고 좋기도 합니다. 따라서 삼매는, 마음의 번뇌가 가시고 마치 파도가 자면 모두가 제대로 비치듯이, 때묻지 않은 거울 모양이나 같은 것이 정수입니다.

조직정調直定이란, 범부 중생의 마음은 조화가 잘 안되어서 더러는 정定이 많기도 하고 지혜가 많기도 하고 의혹이 심하기도 할 때는 마음이 항시 산란스러운 것입니다. 마치 정情과 지知와 또는 의意가 조화되어야 하듯이 정정과 혜慧가 균등히 되어서 조화가 되면 마음이 곧게 됩니다. 그래서 조직정이란 마음이 조화롭고 곧은 선정이라는 뜻입니다.

정심행처正心行處는 우리 마음의 자세나 사념思念이 항시 바른 곳에 머물러 있다는 말입니다. 식려응심息慮凝心이란 분별시비하는 마음을 쉬고 본래 불심佛心에다 우리 마음을 집중시킨다는 말입니다.

현법락주現法樂住는 삼매 공덕에서 나오는 기쁨을 말합니다. 세속적인 오욕락五欲樂이 아니라 청정 불멸한 안락, 무량의 법락法樂에 안주한다는 뜻입니다. 현대가 너무나 물질이 풍요한 사회인지라 우리는 육감적이고 감각적인 것을 너무 많이 추구합니다. 이런 속락俗樂은 우리한테 업業만 더 증장을 시킵니다. 몸에나 마음에나 좋은 것이 못됩니다. 몸이 비대하기 때문에 주체 못하는 것 보십시오. 마땅히 법락만이 우리 마음에나 몸에나 가장 숭고한 행복인 것입니다.

　삼매三昧란, 심념心念이 정지定止하므로 정定이라 하고, 우리 마음이 흔들려서 분별시비하는 도거掉擧를 여의므로 마음이 가지런하게 평등하게 되어서 등等이라 하며, 마음이 산란치 않으므로 지持라 합니다. 중생 마음은 산란스러운 산심散心인 것이고 수행이 되어서 삼매에 들면 안정된 정심定心이라 합니다. 그런데 산심과 정심에 통하고 다만 유심有心으로 평등보지平等保持함을 삼마지三摩地 곧 등지等持라 합니다. 지금 말씀드리는 것이 번쇄하게 느끼실 것입니다. 그러나 요즈음 삼매의 문제를 잘못 해석하는 분도 있고 책도 있어서 정확한 개념을 알아두면 참고가 되겠기에 번쇄함을 무릅쓰고 말씀을 드립니다.

　포괄적으로는 삼매 가운데 삼마지·삼마발저·삼마희타 등이 다 들어 있으나, 구체적으로는 삼마지·삼마발저·삼마희타로 구분하는 것입니다. 그런데 삼마지는 정심定心과 산심散心에 통하고 다만 유심有心으로 평등보지平等保持하는 것입니다.

　삼매에도 유심삼매有心三昧와 무심삼매無心三昧가 있습니다. 아직 정도가 낮은 때는 분별하는 마음이 남아있는 유심有心삼매고 정도가 깊어지면 분별심이 스러진 무심삼매입니다. 그래서 삼마지는 아직은 무심삼매가 못되어 유심삼매有心三昧입니다. 그리고 우리 중생의 산심散心에도 삼마지 법이 있고 또 정심定心에도 있는데 산심散心에 있는 삼마지는 그 정도가 낮은 삼매이고 정심定心에 있는 삼마지는 고도한 삼매가 됩니다.

　지도론에서는 '선심일체처善心一切處에 주住하여 부동不動함을 삼매라 한다'고 되어 있습니다. 불교에서 선심善心이란 유루법有漏法이 아닌 무루법無漏法에서 말할 때는 바로 불심佛心을 말하는 것입니다. 삼매라 하면 진리에 머물러 있는 마음이 삼매가 되는 것입니다.

　다음에 삼마발저(Samapatti)가 있습니다. 이것도 역시 삼매의 일종입니다. 정定의 뜻으로서 삼매의 일종이라 등지等至라고 합니다. 앞에 삼마지도 등지等持로서 음音은 같으나 가질 지持자요 삼마발저는 이를 지至자를 씁니다. 등等

은 정력定力에 의하여 혼침과 산란의 번뇌를 여의고 마음이 평정平靜하고 평화스러운 경계를 의미하고 이러한 경지에 이르게 하므로 이를 지至자를 쓰는 것입니다. 등지等至는 유심有心과 무심無心에 통하고 오직 정심定心에만 있으며 산심散心에는 없는 것입니다.

　삼마지 곧 등지等持는 산란스러운 산심散心에도 있는 정도의 것이었지마는 삼마발저는 삼매가 보다 더 깊이 되어서 산심은 벌써 사라지고 정심定心만 있으나 마음까지 무심無心이 된 것은 아닙니다. 더러는 유심有心도 되고 더러는 무심無心도 된다는 것입니다. 산심이 없을 때 비로소 정심定心이라 합니다. 산심이 있는 사람들은 아직은 정에 든다는 말을 못 쓰는 것입니다. 산심이 사라져야 정에 든다고 할 수가 있습니다.

　그 다음에 삼마희타(Samahita)는 역시 삼매의 다른 이름의 하나로서, 삼마희타를 등인等引이라 번역하는데 등等은 혼침과 산란을 여의고 마음을 평등케 함이요 이 경계에서 모든 공덕을 일으키므로 인引이라 합니다. 유심有心과 무심無心과 또는 유루有漏와 무루의 5온의 공덕을 그 체體로 하며 산심散心과는 안통한다는 것입니다. 그러나 다만 앞에의 삼마지나 삼마발저와 다른 것은 삼매에 깊이 들므로 해서 삼명 육통이라든가, 여러 가지 많은 공덕을 얻는 자리인 것입니다. 다시 말하면 등인等引이란 삼매로 해서 공덕을 이끌어 온다는 뜻입니다.

　지도론이나 유식론이나 유가사지론이나 구사론이나 이런데에 이렇게 번쇄하게 나오니까 마음 닦는 공부하는 분들은 혼동을 느끼게 됩니다. 그런데서 불립문자不立文字 교외별전敎外別傳이나 조사 스님들의 간결한 법어가 있는 것이니까 이런 삼매 풀이는 참고로만 하시길 바랍니다.

(『圓通佛法의 要諦』, 聖輪閣, 1993, 264~268)

제2장

반야바라밀
般若波羅密

般若波羅密¹이란
반 야 바 라 밀

六波羅密²이나 十波羅密³ 中
육 바 라 밀   십 바 라 밀 중

第六의 共稱으로서
제 육   공 칭

諸波羅密 中 最爲第一일새
제 바 라 밀 중 최 위 제 일

반야바라밀般若波羅密이란

6바라밀六波羅密이나 10바라밀十波羅密 가운데

여섯 번째의 공통된 이름으로서

모든 바라밀 가운데 제일이니

---

1 반야바라밀般若波羅密; Skt. prajñā-pāramitā의 음사. 분별과 집착이 끊어진 완전한 지혜를 성취함. 분별과 집착을 떠난 지혜의 완성. 지혜바라밀智慧波羅蜜과 같음.

2 육바라밀六波羅蜜; 육도六度. 육도무극六度無極. 육도피안六到彼岸. 바라밀波羅蜜은 Skt. pāramitā의 음사로, 도피안到彼岸·도度·도무극度無極이라 번역. 깨달음의 저 언덕으로 건너감, 완전한 성취, 완성, 수행의 완성, 최상을 뜻함. 보살이 이루어야 할 여섯 가지 완전한 성취.
   1) 보시바라밀布施波羅蜜. 보시를 완전하게 성취함. 보시의 완성.
   2) 지계바라밀持戒波羅蜜. 계율을 완전하게 지킴. 지계의 완성.
   3) 인욕바라밀忍辱波羅蜜. 인욕을 완전하게 성취함. 인욕의 완성.
   4) 정진바라밀精進波羅蜜. 완전한 정진. 정진의 완성.
   5) 선정바라밀禪定波羅蜜. 완전한 선정. 선정의 완성.
   6) 지혜바라밀智慧波羅蜜. 분별과 집착이 끊어진 완전한 지혜를 성취함. 분별과 집착을 떠난 지혜의 완성.

3 십바라밀十波羅蜜; 1. 6바라밀에 방편方便·원願·력力·지智의 네 가지 바라밀을 더한 것.
   7) 방편바라밀方便波羅蜜. 중생을 구제하기 위한 완전한 방편을 성취함. 방편의 완성.
   8) 원바라밀願波羅蜜. 중생을 구제하려는 완전한 원願을 성취함. 원願의 완성.
   9) 력바라밀力波羅蜜. 바르게 판단하고 수행하는 완전한 힘을 성취함.
   10) 지바라밀智波羅蜜. 중생을 깨달음으로 인도하는 완전한 지혜를 성취함.
   또는 2. 1) 보시·2) 지계·3) 출리·4) 지혜·5) 정진·6) 인욕·7) 진실·8) 결의·9) 자애·10) 평온.

六波羅密이란 곧 六根⁴ · 六境⁵ · 六識⁶의
육바라밀   육근   육경   육식

諸法이 本空한
제법   본공

그의 實相⁷智로써
    실상 지

到彼岸⁸함이오
도피안

十波羅密이란 곧 十은
십바라밀   십

6바라밀이란 곧 6근根 · 6경境 · 6식識의

18계界가 본래 공空한

그의 실상의 지혜(실상지實相智)로써

해탈의 저 언덕에 이르름이오.

10바라밀이란 곧 10은

---

4   육근六根; Skt. ṣaḍ-indriya. 근근은 기관 · 기능을 뜻함. 대상을 감각하거나 의식하는 여섯 가지 기관 · 기능.
    1) 안근眼根. 모양이나 빛깔을 보는 시각 기관인 눈.
    2) 이근耳根. 소리를 듣는 청각 기관인 귀.
    3) 비근鼻根. 향기를 맡는 후각 기관인 코.
    4) 설근舌根. 맛을 느끼는 미각 기관인 혀.
    5) 신근身根. 추위나 아픔 등을 느끼는 촉각 기관인 몸.
    6) 의근意根. 의식 기능. 인식 기능.

5   육경六境; Skt. ṣaḍ-viṣaya. 경경은 대상을 뜻함. 육근六根의 대상인 색色 · 성聲 · 향香 · 미味 · 촉觸 · 법法을 말함.
    1) 색경色境. 눈으로 볼 수 있는 대상인 모양이나 빛깔.
    2) 성경聲境. 귀로 들을 수 있는 대상인 소리.
    3) 향경香境. 코로 맡을 수 있는 대상인 향기.
    4) 미경味境. 혀로 느낄 수 있는 대상인 맛.
    5) 촉경觸境. 몸으로 느낄 수 있는 대상인 추위나 촉감 등.
    6) 법경法境. 의식 내용. 관념.

6   육식六識; 육식신六識身. 산스크리트어 Skt. ṣaḍ-vijñāna. 안眼 · 이耳 · 비鼻 · 설舌 · 신身 · 의意의 육근六根으로 각각 색色 · 성聲 · 향香 · 미味 · 촉觸 · 법法의 육경六境을 식별하는 안식眼識 · 이식耳識 · 비식鼻識 · 설식舌識 · 신식身識 · 의식意識의 여섯 가지 마음 작용.
    1) 안식眼識. 시각 기관(안眼)으로 시각 대상(색色)을 식별하는 마음 작용.
    2) 이식耳識. 청각 기관(이耳)으로 청각 대상(성聲)을 식별하는 마음 작용.
    3) 비식鼻識. 후각 기관(비鼻)으로 후각 대상(향香)을 식별하는 마음 작용.
    4) 설식舌識. 미각 기관(설舌)으로 미각 대상(미味)을 식별하는 마음 작용.
    5) 신식身識. 촉각 기관(신身)으로 촉각 대상(촉觸)을 식별하는 마음 작용.
    6) 의식意識. 의식 기능(의意)으로 의식 내용(법法)을 식별 · 인식하는 마음 작용.

7   실상實相; 1. 모든 현상의 있는 그대로의 참모습. 대립이나 차별을 떠나 있는 그대로의 참모습. 2. 모든 현상의 본성. 3. 궁극적인 진리. 변하지 않는 진리. 4. 집착을 떠난 청정한 성품.

8   도피안到彼岸; Skt. pāramitā. 바라밀波羅蜜. 도도 · 도무극度無極. 깨달음의 저 언덕으로 건너감. 완전한 성취. 완성. 수행의 완성. 최상. 최고.

滿數⁹라	온전하게 충만한 숫자(만수滿數)라
彼 實相智의	저 실상의 지혜(실상지實相智)의
般若¹⁰行이	반야행般若行이
成滿¹¹하여야	완성되고 충만(성만成滿)하여야
事究竟¹²함이니	최상의 경지에 이르름(사구경事究竟)이니
各其 次第를 觀示하야써	각각 저마다 차례를 보임으로써
般若의 用을 大別함이니라	반야般若의 작용을 크게 분류함이니라

9 만수滿數; 정한 수효에 가득 참.
10 반야般若; Skt. prajñā. 불교의 근본교리 중의 하나. 지혜를 뜻함. 인간이 진실한 생명을 깨달았을 때 나타나는 근원적인 지혜를 말한다. 보통 말하는 판단능력인 분별지分別智(vijnana)와 구별짓기 위하여 반야라는 음역을 그대로 사용한 것이며, 달리 무분별지無分別智라고도 한다. 이 반야의 사상은 대승불교에서 확립된 것이다. 대승의 반야는 법法(진리)에 대한 새로운 자각에서부터 비롯된다. 소승불교가 가졌던 법에 대한 객관적 해석과 이론적 분석태도를 지양하고, 스스로의 체험과 실천을 통하여 주체적으로 법의 있는 그대로를 체득하는 자각[반야般若]이 강조되었던 것이다. 법이란 대상으로 보기보다는 선정禪定의 체험을 통하여 자각되어야만 하는 것이다. 이 반야의 자각을 통하여 인생의 근본 의혹이 해소되는 것이고, 인간과 만물의 진실을 꿰뚫어볼 수 있다.
11 성만成滿; 일체를 완성·성취成就함.
12 구경究竟; Skt. atyanta. 최상最上·필경畢竟·구극究極의 뜻. 그 위에 더 없음. 궁극에 도달함. 최고의 경지. 사리事理의 마지막. 지상至上의 오悟, 곧 부처님의 각오覺悟를 구경각究竟覺이라 하고, 성자聖者의 가장 높은 지위를 구경위究竟位라 함.

▶ 반야바라밀般若波羅密; 모든 바라밀 가운데 제일.

▶ 6바라밀; 18계계界가 본래 공한 실상지實相智로 도피안到彼岸함.

▶ 10바라밀; 실상지實相智의 반야행般若行이 성만成滿해 사구경事究竟함. 반야의 작용을 차례로 분류함.

第一節 般若
제 1 절 반야

제1절 반야

般若를 班若, 波若, 鉢若,
반야　반야　바야　발야

般羅若, 鉢刺若, 鉢羅枳孃,
반라야　발라야　발라기양

般賴若, 鉢腎孃,
반뢰야　발신양

波羅孃이라고도 云하고
바라양　　　　　운

慧라, 智慧라, 明이라 譯하는 바
혜　지혜　명　역

一切 虛妄相을 離한
일체 허망상　이

般若의 實性[1]
반야　실성

곧 衆生에게 本具한
　중생　본구

所證의 理體를
소증　리체

實相般若[2]라 하고 實相[3]을
실상반야　　　　실상

반야般若를 반야班若, 바야波若, 발야鉢若,

반라야般羅若, 발라야鉢刺若, 발라기양鉢羅枳孃,

반뢰야般賴若, 발신양鉢腎孃,

바라양波羅孃이라고도 일컫고

혜慧라, 지혜智慧라, 명明이라 번역하는 바

모든 허망한 모습을 떠난 있는

그대로의 반야般若의 실제 성품(실성實性)

곧 중생衆生에게 본래 갖추어진

증명되어지는 바 진리의 본체(이체理體)를

실상반야實相般若라 하고 실상實相을

---

[1] 실성實性; 1. 있는 그대로의 본성·상태. 2. 모든 현상의 있는 그대로의 참모습.

[2] 실상반야實相般若; 반야般若는 Skt. prajñā의 음사, 혜慧·지혜智慧라 번역. 대립이나 차별을 떠나, 있는 그대로의 참모습을 직관하는 지혜. 실상반야實相般若는 관조반야觀照般若·문자반야文字般若와 함께 삼종반야의 하나이다. 실상반야는 반야의 이체理體로서 본래 중생에게 갖추어져 있는 본질적인 것, 즉 모든 허망한 상相을 떠난 반야의 참된 성품을 말한다. 관조반야는 실상實相을 관조하는 참된 지혜이며, 문자반야는 그 실상을 설명하는 글자로 된 반야를 뜻한다. 문자반야를 방편반야方便般若라고도 한다. 혜원慧遠의 『대승의장大乘義章』「삼종반야의三種般若義」에 의하면 삼종반야는 『대품반야경大品般若經』의 주석서인 『대지도론大智度論』에 처음 나오는 용어로서 Skt. prajñā의 소리를 따라 만든 용어 '반야'를 세 가지 측면으로 나누어 이해하려는 시도에서 비롯되었다. 이후 실상반야는 단독으로 이해되기보다는 관조반야·문자반야와 더불어 삼종반야로 묶어서 이해되는 것이 일반적이었다. 천태종에서는 삼종반야를 공空·가假·중中과 연결시켜 해설하였다. 즉 공은 관조반야로서 일체지一切智와 같고, 가는 방편반야로서 도종지道種智와 같고, 중은 실상반야로서 일체종지一切種智와 같다고 하였다. 이와 같은 삼종반야는 법상종法相宗에 이르면 경계반야境界般若와 권속반야眷屬般若를 추가하여 오종반야로 이해되기도 하였다.

[3] 실상實相; 당상當相. Skt. tattvasya-lakṣaṇam. True form of things as they are. True original nature. Reality; real aspect. The unchanging, equal reality-principle. 1. 모든 현상의 있는 그대로의 참모습. 대립이나 차별을

觀照⁴하는 實智⁵를	비추어 보는(관조觀照) 실다운 지혜(실지實智)를
觀照般若⁶라 하며	관조반야觀照般若라 하며
諸法⁷을 分別하는	모든 것을 분별分別하는
權智⁸를 方便般若⁹	방편의 지혜(권지權智)를 방편반야方便般若
또는 文字般若라 하야	또는 문자반야文字般若라 하여 이들
已上을 三般若¹⁰라 하고	실상, 관조, 방편반야를 3반야三般若라 하고
般若의 眞智¹¹는	반야般若의 참지혜(진지眞智)는

떠난 있는 그대로의 참모습. 2. 모든 현상의 본성. 3. 궁극적인 진리. 변하지 않는 진리. 4. 집착을 떠난 청정한 성품.

4 　관조觀照; 지혜로써 대상을 있는 그대로 응시함.
5 　실지實智; 모든 분별이 끊어진 진실한 지혜. 분별하지 않는 깨달음의 지혜. 분별이나 추리에 의하지 않고, 있는 그대로 직관하는 지혜. 진리를 달관達觀하는 진실한 지혜. ↔ 권지權智. ▶권지權智; 중생의 차별상을 알고 그 소질에 따라 일시적인 방편으로 교화하는 지혜.
6 　관조반야觀照般若; 반야般若는 Skt. prajñā의 음사, 혜慧·지혜智慧라 번역. 모든 현상의 있는 그대로의 참모습을 관조하여 명료하게 아는 지혜. 실상實相을 관조하는 참된 지혜.
7 　제법諸法; 만법萬法. Skt. sarva-vastūni, sarva-dharma, sarvabhāva. 1. 모든 현상. 인식된 모든 현상. 의식에 형성된 모든 현상. 2. 유위법有爲法을 말함. 온갖 분별에 의해 인식 주관에 형성된 모든 현상. 분별을 잇달아 일으키는 의식 작용에 의해 인식 주관에 드러난 모든 차별 현상. 인식 주관의 망념으로 조작한 모든 차별 현상. 3. 무위법無爲法을 말함. 모든 분별이 끊어진 상태에서 주관에 명료하게 드러나는 모든 현상. 분별하지 않고, 있는 그대로 파악된 모든 현상. 분별과 망상이 일어나지 않는 주관에 드러나는, 대상의 있는 그대로의 참모습. 4. 모든 가르침. All dharmas. All phenomena; all the factors that comprise an individual. All things.
8 　권지權智; 중생의 차별상을 알고 그 소질에 따라 일시적인 방편으로 교화하는 지혜.
9 　방편반야方便般若; 3반야의 하나. 문자반야文字般若. 실상을 설명하는 글자로 된 반야를 뜻한다. 문자는 반야를 나타내는 방편일지언정 직접 반야는 아니나, 문자로 말미암아 반야가 생기므로 이같이 말함.
10 　삼반야三般若; 반야에 문자반야文字般若·관조반야觀照般若·실상반야實相般若를 세우는 것. 1) 문자반야文字般若. 문자로 나타낸『반야경』의 반야의 지혜는 아니나, 반야를 전현詮顯하는 방편이므로 이렇게 이름. 2) 관조반야觀照般若. 모든 법의 실상을 관조함이 반야 지혜의 작용이고, 관조하는 체體인 지혜는 반야이므로 이렇게 이름. 3) 실상반야實相般若. 모든 법의 실상·무상無相·공적空寂은 반야가 아니나, 반야의 지혜를 내는 것이므로 이렇게 이름.
11 　진지眞智; 3지의 하나. 무차별 평등한 진리를 관조하는 지혜. ▶삼지三智; Skt. tri-jñāna. three kinds of cognition. 지혜를 세 가지로 나눈 것. 1. 1) 일체지一切智. 모든 현상을 두루 아는 성문聲聞·연각緣覺의 지

所緣인
소연

一體諸法이
일 체 제 법

境界가 됨일새 四에 境界般若,[12]
경 계   사   경 계 반 야

五에 煖·頂·忍·
오   난   정   인

世第一法[13] 等의 諸智 及
세 제 일 법   등   제 지 급

戒·定·慧·解脫·
계   정   혜   해 탈

解脫知見[14] 等이
해 탈 지 견   등

인연되는 바(소연所緣)인

모든 대상(일체제법一體諸法)이

경계境界가 되므로 넷째 경계반야境界般若,

다섯째 난煖·정頂·인忍·

세제일법世第一法 등 사선근의 모든 지혜 및

계戒·정定·혜慧·해탈解脫·

해탈지견解脫知見 등 오분법신五分法身이

혜. 2) 도종지道種智. 깨달음에 이르게 하는 모든 수행을 두루 아는 보살의 지혜. 3) 일체종지一切種智. 모든 현상의 전체와 낱낱을 아는 부처의 지혜. 2. 1) 세간지世間智. 세속의 일을 아는 지혜. 2) 출세간지出世間智. 모든 현상을 분별하는 성문聲聞·연각緣覺의 지혜. 3) 출세간상상지出世間上上智. 모든 현상의 참모습을 관조하여 분별을 떠난 부처와 보살의 지혜. 3. 1) 외지外智. 바깥으로 물질적 현상계를 대상으로 하여 관찰하는 지혜. 2) 내지內智. 안으로 번뇌를 대상으로 하여 이를 끊고, 해탈경에 이르는 지혜. 3) 진지眞智. 열반 적정의 경지에 이르러 나타나는 지혜.

12   경계반야境界般若; 반야般若는 Skt. prajñā의 음사, 혜慧·지혜智慧라 번역. 있는 그대로 파악하는 지혜의 대상이 되는 모든 현상.

13   세제일법世第一法; 사선근의 하나. ▶사선근四善根; Skt. catuṣ-kuśala-mūla, catvāri kuśala-mūlāni. four wholesome roots.
1. 구사론에서, 성자의 경지인 견도見道에 이르기 위해 닦는 네 가지 수행 단계.
1) 난위煖位. 견도를 불에 비유하여, 따뜻하므로 그 경지에 가까운 단계라는 뜻. 범부의 지혜로써 사제四諦를 분석적으로 관찰하는 단계.
2) 정위頂位. 범부의 지혜로써 사제를 분석적으로 관찰하는 최상의 단계.
3) 인위忍位. 범부의 지혜로써 사제의 이치를 확실하게 이해하고 인정하는 단계.
4) 세제일법위世第一法位. 가장 뛰어난 범부의 지혜에 이른 단계로, 이 다음 단계가 성자의 경지인 견도見道임.
2. 유식설에서, 오위五位 가운데 제2 가행위加行位에서 닦는 네 가지 수행 단계.
1) 난위煖位. 객관 대상은 허구라고 주시하는 단계.
2) 정위頂位. 객관 대상은 허구라고 가장 뛰어나게 주시하는 단계.
3) 인위忍位. 객관 대상은 허구라고 확실하게 인정하고, 나아가 인식 주관도 허구라고 주시하는 단계.
4) 세제일법위世第一法位. 객관 대상뿐만 아니라 인식 주관도 허구라고 확실하게 인정하는 단계.

14   해탈지견解脫知見; 오분법신의 하나. ▶오분법신五分法身; 부처와 아라한이 갖추고 있는 다섯 가지 공덕.
1) 계신戒身. 행동과 말이 청정함.
2) 정신定身. 모든 현상은 인연 따라 생기므로 거기에 불변하는 실체가 없다고 관조하는 공삼매空三昧와 대

觀照般若인 同時에	관조반야觀照般若인 동시에
慧性의 眷屬이 됨일새	지혜의 성품(혜성慧性)의 권속眷屬이 되므로
此를 眷屬般若[15]라 하야	이들을 권속반야眷屬般若라 하여
都合 五種般若라	모두 합하여 다섯가지 종류의 반야(오종반야
稱하는 바	五種般若)라 일컫는 바
體는 一이오	본체는 하나요
用[16]은 無數니라	그 작용(쓰임)은 수없이 많으니라

립적인 차별은 없다고 관조하는 무상삼매無相三昧와 원하고 구할 것은 없다고 관조하는 무원삼매無願三昧를 성취함.
3) 혜신慧身. 바르게 보고 바르게 앎.
4) 해탈신解脫身. 사제四諦를 명료하게 이해하는 지혜를 갖추어 무지에서 벗어남.
5) 해탈지견신解脫知見身. 자신은 이미 사제四諦를 체득했다고 아는 진지盡智와 자신은 이미 사제를 체득했기 때문에 다시 체득할 필요가 없다고 아는 무생지無生智를 갖춤.

15 권속반야眷屬般若; 반야般若는 Skt. prajñā의 음사, 혜慧・지혜智慧라 번역. 5종 반야의 하나. 난煖・정頂・인忍・세제일법世第一法 등의 모든 지혜나, 계戒・정定・혜慧・해탈解脫・해탈지견解脫知見 등을 말함. 이들은 모두 온갖 법을 관조觀照하는 지혜의 권속이므로 권속반야라 함. 모든 현상의 있는 그대로의 모습을 직관하고 관조하는 지혜에 이르게 하는 온갖 수행.
16 체용體用; 1. 사물의 본체와 작용. 실체와 응용. 2. 체언과 용언.

- 반야般若의 여러 이름; 반야班若, 바야波若, 발야鉢若, 반라야般羅若, 발라야鉢剌若, 발라기양鉢羅枳孃, 반뢰야般賴若, 발신양鉢腎孃, 바라양波羅孃.
- 반야般若의 뜻번역; 혜慧, 지혜智慧, 명명.
- 오종반야五種般若; 실상반야實相般若, 관조반야觀照般若, 방편반야方便般若 또는 문자반야文字般若, 경계반야境界般若, 권속반야眷屬般若.
  - 실상반야實相般若; 일체 허망상虛妄相을 떠난 반야般若의 실성實性, 곧 중생에게 본래 갖추어진 소증所證의 리체理體.
  - 관조반야觀照般若; 실상實相을 관조觀照하는 실지實智.
  - 방편반야方便般若 또는 문자반야文字般若; 제법諸法을 분별하는 권지權智.
  - 경계반야境界般若; 반야般若의 진지眞智는 소연所緣인 일체제법一體諸法이 경계境界가 됨.
  - 권속반야眷屬般若; 난煖·정頂·인忍·세제일법世第一法 등 4선근의 모든 지혜 및 계戒·정定·혜慧·해탈解脫·해탈지견解脫知見 등 오분법신五分法身이 관조반야觀照般若인 동시에 혜성慧性의 권속眷屬이 됨.
- 오종반야五種般若; 체體는 1이오 용用은 무수無數.

〈표10〉 반야般若(Wisdom)

	반야 般若
Skt.	prajñā (Pali paññā)
prajñā의 음사 音寫	반야, 반야, 바야, 발야, 반라야, 발라야, 般若 班若 波若 鉢若 般羅若 鉢剌若 발라기양, 반뢰야, 발신양, 바라양 鉢羅枳孃 般賴若 鉢腎孃 波羅孃
반야의 般若 뜻번역	혜, 지혜, 명 慧 智慧 明
5	5종반야 Five kinds of wisdom 種般若

	3	3반야 般若			
반야 般若	실상반야 實相般若 the wisdom discerning the marks of reality	관조반야 觀照般若 the wisdom of contemplative illumination	방편반야 方便般若 또는 문자반야 文字般若 wisdom in regard to writings	경계반야 境界般若 wisdom in regard to the objective realm	권속반야 眷屬般若 wisdom in regard to included practices
풀이	일체 허망상을 虛妄相 떠난 반야의 실성 般若 實性 곧 중생에게 본래 갖추어진 소증의 리체 所證 理體 to discard all false reality, realizing that all things are empty in nature.	실상을 實相 관조하는 실지 觀照 實智 to observe things with insight in order to understand that things do not possess any definite appearance or shape, and are all empty.	제법을 諸法 분별하는 권지 權智 to recognize that the Chinese characters are things which contain prajñā, whose nature is empty.	반야의 진지는 般若 眞智 소연인 일체제법이 所緣 一體諸法 경계가 됨 境界 to comprehend that objects do not have any definite characteristics, and that it is subjectivity which creates the characteristics of objects.	난·정·인·세제일법 등 煖 頂 忍 世第一法 4선근의 모든 지혜 및 계· 戒 정·혜·해탈·해탈지견 등 定 慧 解脫 解脫知見 오분법신이 관조반야인 동시에 五分法身 觀照般若 혜성의 권속이 됨 慧性 眷屬 this refers to the all the practices included within the six perfections
체용 體用	체 體	용 用			
	체는 1이오 용은 무수 體 用 無數				

第二節 波羅密 / 제2절 바라밀

波羅蜜[1]은 波羅蜜多 又는
播囉弭多라고도 云하는
菩薩大行의
名稱이니 有住相의 善行보다
無住[2]相의
大行임으로 써라
菩薩의 大行은 能히 一切
自行化他[3]의
事에 究竟[4]함일새
事究竟[5]인져
此 大行을 乘하고 能히

바라밀波羅蜜은 바라밀다波羅蜜多 또는
파라미다播囉弭多라고도 일컫는
보살의 위대한 행동(보살대행菩薩大行)의
이름이니 모양에 머무는 착한 일보다
모양에 머물지 않는
위대한 행동(대행大行)이기 때문이라
보살菩薩의 대행大行은 능히 일체
위로는 스스로 수행하여 보리를 구하며
아래로는 중생을 제도(자행화타自行化他)하는
일에 위없는 경지에 도달함이니
실천행의 완성(사구경사究竟)이라
이러한 보살의 대행大行의 배를 타고 능히

---

1 바라밀波羅蜜; Skt. pāramitā의 음사. 바라밀다波羅蜜多·파라미다播囉弭多라고도 쓰고, 도피안到彼岸·도무극도無極·사구경사究竟·도도라 번역. 깨달음의 저 언덕으로 건너감. 완전한 성취. 완성. 수행의 완성. 최상. 최고. 피안彼岸은 곧 이상理想의 경지에 이르고자 하는 보살 수행의 총칭. 이것을 6종·10종으로 나누어 6바라밀·10바라밀이라 하며, 또는 6도度·10도度라고도 한다.
2 무주無住; 자성自性을 가지지 않고 아무것에도 주착하지 아니하며, 연緣을 따라 일어남. 무주는 만유의 근본. 1. 의지할 데가 없음. 기반이 없음. 2. 고정적인 상태가 없음. 불변하는 실체가 없음. 3. 집착하지 않음. 얽매이지 않음. 4. 계속 존재하지 않음. 5. 절에 주지가 없는 것.
3 자행화타自行化他; 자기가 먼저 수행하고, 또 그 법으로 다른 이를 교화 함. 자리이타와 같음.
4 구경究竟; 최상. 그 위에 더 없음. 궁극에 도달함. 최고의 경지.
5 사구경사究竟; 위로는 스스로 수행하여 보리를 구하며 아래로는 중생을 제도하는 일에 위없는 경지에 도달함이니 실천행의 완성.

生死의 此岸[6]에서	생사生死를 겪는 사바의 언덕에서
涅槃의 彼岸에 到함일새	열반涅槃의 저 언덕에 도달함이므로
到彼岸[7]이라	도피안到彼岸이라
此 大行을 因하야 能히	이러한 대행大行을 원인으로 하여 능히
諸法의 廣遠[8]을 度함일새	일체 모든 것의 넓고 먼 바다를 건넘이므로
度無極[9] 또는 度라 譯하야	도무극度無極 또는 도도라 뜻번역하여
財施·	재물로 베푸는 재시財施·
無畏施·	두려움을 없애고 편안함을 주는 무외시無畏施·
法施[10]의 大行을	진리를 깨우쳐주는 법시法施의 대행大行을
布施 又는 檀波羅密이라 하고	보시布施 또는 단바라밀檀波羅密이라 하고
在家·出家·小乘·大乘의 一切 戒律을	4부대중·소승·대승의 일체 계율을
能持하는 大行을 持戒 또는	능히 지키는 대행大行을 지계持戒 또는
尸波羅密이라 하고	시바라밀尸波羅密이라 하고
一切 有情의 罵辱[11]·	일체 감정이 있는 중생의 욕지거리·

---

6   차안此岸; 1. 미혹한 중생의 세계나 생존. 2. 육근六根을 말함.
7   도피안到彼岸; 깨달음의 저 언덕으로 건너감. 완전한 성취. 완성. 수행의 완성. 최상. 최고.
8   광원廣遠; 한없이 멀고 넓음.
9   도무극도무극度無極; Skt. pāramitā의 뜻번역. to save without limit. 도도(저 언덕으로 건너; cross over)와 무극無極 (최상; unexcelled, limitless)의 합성어로, pāramitā의 어원을 pāram(to cross over)으로 보는 견해와 parama, (excellent, supreme)로 보는 견해 모두를 수용한 뜻번역.
10 삼시三施; 또는 삼단三檀. 세 가지 보시布施. 1. 남에게 재물을 베푸는 재시財施, 남에게 부처의 가르침을 베푸는 법시法施, 남을 여러 가지 두려움에서 벗어나게 해 주는 무외시無畏施. 2. 1) 음식시飮食施. 굶주린 이에게 먹을 것을 줌. 2) 진보시珍寶施. 가난한 이에게 재물을 줌. 3) 신명시身命施. 굶주린 이에게 살을 떼어 주거나, 또는 온 몸을 다 주는 것.
11 매욕罵辱; 후욕詬辱. 꾸짖어서 욕함.

擊打[12] 等 又는 非情의
격타　　등　또　비정

寒·熱·飢·渴[13] 等을 能히
한 열 기 갈 등　　능

忍受[14]하는 大行을 忍辱
인수　　　　대행　　인욕

又는 羼提波羅密이라 하고
또　찬제바라밀

身心을 精勵하야 前後의 五波羅密을
신심　　정려　　　전후　　오바라밀

進修하는 大行을 精進
진수　　　대행　　정진

又는 毘梨耶波羅密이라 하고
또　　비리야바라밀

眞理를 思惟하야써 證前엔
진리　　사유　　　　증전

散亂心을 定止하는
산란심　　정지

要法이 되고 證後엔
요법　　　　증후

入定의 大行이 될새 此를
입정　　대행　　　　차

禪定 또는 禪波羅密이라 하고
선정　　　　선바라밀

비로소 斷惑證理[15]하면
　　　　단혹증리

入道요 入道後 諸法에 通達하면
입도　입도후 제법　　통달

大行일새 此를 智慧 又는
대행　　　차　　지혜　또

般若波羅密이라 하니
반야바라밀

此 六大行을 兼具한 菩薩이
차 육대행　　겸구　　보살

구타 등 또는 감정 없는 자연현상으로 인한

추위, 더위, 배고픔, 목마름 등을 능히

참고 받는 보살행을 인욕忍辱

또는 찬제바라밀羼提波羅密이라 하고

몸과 마음으로 힘써서 앞뒤의 다섯가지

바라밀을 닦아가는 대행大行을 정진精進

또는 비리야바라밀毘梨耶波羅密이라 하고

진리를 사유思惟함으로써 깨닫기 전에는

산란심散亂心을 정지하는

중요한 방법이 되고 깨달은 후에는

입정入定의 대행大行이 되므로 이를

선정禪定 또는 선바라밀禪波羅密이라 하고

비로소 미혹을 끊고 진리를 깨치면

견성이요 견성 후 모든 법法에 통달하면

대행大行이니 이를 지혜智慧 또는

반야바라밀般若波羅密이라 하니

이 6바라밀행을 모두 겸해 갖춘 보살이

12　　격타擊打; 치고 때림.
13　　한열기갈寒熱飢渴; 춥고 덥고 배고프고 목마름.
14　　인수忍受; 치욕恥辱을 참고 받음.
15　　단혹증리斷惑證理; 모든 미혹을 끊고 진리를 증득함.

自利利他[16]를 　　　　스스로 상구보리하고, 아래로 하화중생을

成滿하야 涅槃岸에 到하나니 　　원만히 이루어 열반의 언덕에 이르나니

名이 究竟[17]이니라 　　　　　그 이름이 구경究竟이니라

---

16 자리이타自利利他; 자기 자신도 이롭게 하면서 남도 이롭게 하는 것. 대승의 보살이 닦는 수행태도로서, 오직 자신의 제도만을 위하는 성문聲聞·연각緣覺의 소승적 자리自利의 행과 구별됨. 자리란 자기를 위해 자신의 수행을 주로 하는 것이고, 이타利他란 다른 이의 이익을 위해 행동하는 것을 말한다. 자리이타를 원만하고 완전하게 수행한 이를 부처라 한다.

17 구경究竟; 최상. 그 위에 더 없음. 궁극에 도달함. 최고의 경지.

<표11> 바라밀 波羅密

Skt.	pāramitā(Pali pāramitā, pāramī)
pāramitā의 음사 音寫	**바라밀**, 바라밀다, 파라미다, 파라미다 波羅密 波羅密多 播囉弭多 波囉弭多
바라밀의 뜻번역	도피안(reaching the other shore), 도무극(to save without limit) 또는 도(to cross over, to save) 到彼岸 度無極 度
바라밀의 뜻	보살대행의 명칭, 유주상의 선행보다 **무주상의 대행**, 有住相 善行 無住相 大行 **사구경**(the ultimate in phenomena); 보살의 대행은 능히 일체 **자행화타의 일에 구경**함 事究竟 自行化他 究竟 **도피안**(reaching the other shore); 이 사구경의 대행을 승하고 능히 **생사의 차안**에서 到彼岸 大行 乘 **열반의 피안에 도함**, 到 **도무극**(to save without limit) 또는 **도**(to cross over, to save); 이 대행을 인하여 능히 度無極 度 因 제법의 광원을 도도함, 廣遠 pāram(to cross over), parama(excellent, supreme)

	보시 布施	지계 持戒	인욕 忍辱	정진 精進	선정 禪定	지혜 智慧
6바라밀	**단바라밀** 檀波羅密 dāna pāramitā	**시바라밀** 尸波羅密 śīla pāramitā	**찬제바라밀** 羼提波羅密 kṣānti pāramitā	**비리야바라밀** 毘梨耶波羅密 vīrya pāramitā	**선바라밀** 禪波羅密 dhyāna pāramitā	**반야바라밀** 般若波羅密 prajñā pāramitā
	giving	morality	forbearance	vigor	meditation	wisdom
각 바라밀의 뜻	재시, 무외시, 財施 無畏施 법시의 대행 法施	재가, 출가, 소승, 대승의 일체 **계율을** **능지**하는 대행 能持	일체 유정의 매욕, 有情 罵辱 격타 등 또는 擊打 비정의 한, 열, 기, 非情 寒熱飢 갈 등을 능히 渴 인수하는 대행 忍受	몸과 마음을 정려하야 精勵 **전후의 5바라밀을** **진수**하는 대행 進修	진리를 사유해서 思惟 **증전엔 산란심을** 證前 **정지**하는 요법이 定止 要法 되고 증후엔 證後 **입정**의 대행 入定	비로소 **단혹증리**하면 斷惑證理 **입도요** 入道 입도 후 **제법에** 諸法 **통달**하면 대행

이 6대행을 겸해서 갖춘 보살이 자리이타를 성만하여 열반언덕에 도달하니 그 이름이 구경이니라
自利利他 成滿   究竟

giving (dāna), morality (śīla), forbearance (kṣānti), vigor (vīrya), meditation (dhyāna), and wisdom (prajñā)

第三節 十波羅密[1]과 菩薩十地[2]
제3절 십바라밀과 보살십지

初엔 菩薩이 이미
貪心[3] 三分二를 除하고

보살 10지 중 처음인 초지보살이 이미
탐심貪心의 $\frac{2}{3}$를 없애고

---

1 십바라밀十波羅蜜; Skt. daśa-pāramitā. 십도十度. 바라밀은 도피안到彼岸·도도·도무극도無極이라 번역. 보살이 이루어야 할 열 가지 완전한 성취. 보살은 이를 수행하여 중생을 제도하여 생사의 미해迷海를 벗어나고 열반의 언덕에 이르게 함. 열반의 오경悟境에 이르는 보살 수행의 총칭. 1) 보시布施(단나바라밀檀那波羅蜜 Skt. dāna-pāramitā). 2) 지계持戒(시라바라밀尸羅波羅蜜 Skt. śīla-pāramitā). 3) 인욕忍辱(찬제바라밀羼提波羅蜜 Skt. kṣānti-pāramitā). 4) 정진精進(비리야바라밀毘梨耶波羅蜜 Skt. vīrya-pāramitā). 5) 선정禪定(선나바라밀禪那波羅蜜 Skt. dhyāna-pāramitā). 6) 지혜智慧(반야바라밀般若波羅蜜 Skt. prajñā-pāramitā). 7) 방편方便(오파야바라밀烏波野羅波羅蜜 Skt. upāya-pāramitā). 8) 원원(바라니타나바라밀波羅尼陀那波羅蜜 Skt. praṇidhāna-pāramitā). 9) 력力(바라바라밀波羅波羅蜜 Skt. bala-pāramitā). 10) 지智(야양낭바라밀惹孃曩波羅蜜 Skt. jñāna-pāramitā).

2 보살십지菩薩十地; 보살이 수행하는 계위階位인 52위位 중, 제41위로부터 제50위까지. 이 10위는 불지佛智를 생성生成하고, 능히 주지住持하여 움직이지 아니하며, 온갖 중생을 짊어지고 교화 이익케 하는 것이, 마치 대지大地가 만물을 싣고 이를 윤익潤益함과 같으므로 지라 이름. 1) 환희지歡喜地. 선근과 공덕을 원만히 쌓아 비로소 성자의 경지에 이르러 기쁨에 넘침. 처음으로 참다운 중도지中道智를 내어 불성佛性의 이치를 보고, 견혹見惑을 끊으며 능히 자리이타自利利他하여 진실한 희열喜悅에 가득 찬 지위. 2) 이구지離垢地. 계율을 잘 지켜 마음의 때를 벗음. 수혹修惑을 끊고 범계犯戒의 더러움을 제하여 몸을 깨끗하게 하는 지위. 3) 발광지發光地. 점점 지혜의 광명이 나타남. 수혹을 끊어 지혜의 광명이 나타나는 지위. 4) 염혜지焰慧地. 지혜의 광명이 번뇌를 태움. 수혹을 끊어 지혜가 더욱 치성하는 지위. 5) 난승지難勝地. 끊기 어려운 미세한 번뇌를 소멸시킴. 수혹을 끊고 진지眞智·속지俗智를 조화하는 지위. 6) 현전지現前智. 연기緣起에 대한 지혜가 바로 눈앞에 나타남. 수혹을 끊고 최승지最勝智를 내어 무위진여無爲眞如의 모양이 나타나는 지위. 7) 원행지遠行地. 미혹한 세계에서 멀리 떠남. 수혹을 끊고 대비심을 일으켜, 2승의 오悟를 초월하여 광대무변한 진리 세계에 이르는 지위. 8) 부동지不動地. 모든 것에 집착하지 않는 지혜가 끊임없이 일어나 결코 번뇌에 동요하지 않음. 수혹을 끊고 이미 전진여全眞如을 얻었으므로, 다시 동요되지 않는 지위. 9) 선혜지善慧地. 걸림 없는 지혜로써 두루 가르침을 설함. 수혹을 끊어 부처님의 10력力을 얻고, 기류機類에 대하여 교화의 가부可否를 알아 공교하게 설법하는 지위. 10) 법운지法雲地. 혜의 구름이 널리 진리의 비를 내림. 구름이 비를 내리듯, 부처의 가르침을 널리 중생들에게 설함. 수혹을 끊고 끝없는 공덕을 구비하고서 사람에 대하여 이익되는 일을 행하여 대자운大慈雲이 되는 지위. 또 이것을 보시·지계·인욕·정진·선정·지혜·방편·원·력·지智의 10바라밀에 배대하기도 함. 그런데 보살 수행의 기간인 3대 아승기겁 중, 처음 환희지까지에 1대 아승기겁, 제7지까지의 수행에 제2대 아승기겁을 요한다 함.

3 탐심貪心; 탐貪·탐애貪愛·탐착貪着·탐욕貪欲. 3독, 6번뇌의 하나. 심소心所의 이름. 자기의 뜻에 잘 맞는 사물에 대하여 마음으로 애착케 하는 정신 작용. 자기의 뜻에 맞는 일이나 물건을 애착하여 탐내고 만족할 줄을 모르는 것. 곧 세간의 색욕·재물 등을 탐내어 그칠 줄 모르는 욕심. 삼독三毒; 열반에 이르는 데 장애가

見惑⁴을 破할새	신, 변, 사, 견취, 계금취견 등 견해에 따른
견 혹 파	미혹(견혹見惑)을 깨뜨리므로
비로소 聖性을 得하야	비로소 성인의 성품(성성聖性)을 얻어서
성 성 득	
我・法	나(아我)와 나를 구성한 요소(법法)
아 법	
二空⁵의 理를	두 가지 모두가 공(이공二空)한 도리를
이 공 리	
證하고 大歡喜를 生하니	증거하고 대환희大歡喜가 생기니
증 대 환 희 생	
歡喜地요 同時에 一切를	환희지歡喜地요 동시에 일체를
환 희 지 동 시 일 체	
救護하야써	구원하고 보호함으로써
구 호	
無住相의	모양에 집착하지 않고(무주상無住相)
무 주 상	
布施를 行하고 此에 基하야	널리 베풀고(보시布施) 이를 토대로
보 시 행 차 기	

되는 가장 근본적인 세 가지 번뇌. 탐욕貪欲과 진에瞋恚와 우치愚癡. 줄여서 탐貪・진瞋・치癡라고 함. 곧, 탐내어 그칠 줄 모르는 욕심과 노여움과 어리석음. 독이라 한 것은『대승의장』에 "3독이 모두 3계의 온갖 번뇌를 포섭하고, 온갖 번뇌가 중생을 해치는 것이 마치 독사나 독룡毒龍과 같다" 하고,『법계차제』에는 "독은 짐독鴆毒으로 뜻을 삼고, 내지 출세의 선심善心을 무너뜨리는 까닭이라"고 함. ▶짐鴆; (짐새 짐) 1. 짐鴆새. 광동성에 사는 독조毒鳥. 그 깃을 담근 술을 마시면 죽게 됨.

4 견혹見惑; 견번뇌見煩惱・견장見障・견도소단見道所斷. 1. 견도見道에서 끊는 번뇌라는 뜻. 사제四諦를 명료하게 주시하지 못함으로써 일어나는 번뇌. 이 번뇌에는 유신견有身見・변집견邊執見・사견邪見・견취견見取見・계금취견戒禁取見・탐貪・진瞋・치癡・만慢・의疑의 10종이 있음. 그러나 3계界에서 각기 4제諦를 관찰하여 끊는 번뇌는 각제各諦에서 제각기 다르므로 모두 88사使의 견혹이 된다. 욕계에는 고제苦諦 아래 10사使, 집제集諦・멸제滅諦 아래 각 7사使, 도제道諦 아래 8사, 도합 32사가 있고, 색계・무색계에는 각기 욕계의 32사에서 4사를 제하고 28사, 도합 56사가 있으므로 앞에 32사와 합하여 88사가 된다. 2. 유식설에서, 후천적으로 습득한 그릇된 지식에 의해 일어나는 번뇌. 곧 분별기分別起를 말함.

5 이공二空; 1. 1) 아공我空. 인간은 오온五蘊의 일시적인 화합에 지나지 않으므로 거기에 불변하는 자아自我라는 실체가 없음. 2) 법공法空. 5온의 자성自性도 공하다는 것. 모든 현상은 여러 인연의 일시적인 화합에 지나지 않으므로 거기에 불변하는 실체가 없음. 2. 1) 아공我空. 분별하는 인식 주관의 작용이 끊어진 상태. 2) 법공法空. 인식 주관에 형성된 현상에 대한 분별이 끊어진 상태. 3. 단공但空과 부단공不但空. 4. 성공性空과 상공相空.

涅槃岸[6]에 到할새	열반안涅槃岸에 도달하므로
檀波羅密을 成就함이오	보시바라밀(단바라밀檀波羅密)을 성취함이요
二엔 殘餘	2지인 이구지엔 남아 있는
一分의 貪心을 除함에 따라	탐심貪心 $\frac{1}{3}$을 없앰에 따라
일직히 見惑에 基하였든	일찍이 견혹見惑에 바탕하였든
思惑[7]을 除하는 同時에	'탐진치만의'의 사혹思惑을 없애는 동시에
戒波羅密을 成就할새	지계바라밀持戒波羅密을 성취하므로
毁犯의 垢를 離한 身으로 하야금	헐고 범하는 잘못을 떠난 몸으로 하여금
思念이 淸淨하니 離垢地요	사념思念이 청정淸淨하니 이구지離垢地요
三엔 嗔心[8]을 抑制하고	3지보살은 분노심(진심嗔心)을 억제하고
忍辱波羅密을 成就하야써	인욕바라밀忍辱波羅密을 성취함으로써
諦察法忍[9]을 得하니	불생불멸의 진리에 안주하게 되니

---

6   열반안涅槃岸; 피안彼岸. 생사를 벗어난 이상경理想境. ▶피안彼岸; 1. 깨달음의 세계. 열반의 경지. 2. Skt. pāramitā. 도피안到彼岸. 모든 번뇌에 얽매인 고통의 세계인 생사 고해를 건너서, 이상경理想境인 열반의 저 언덕에 도달하는 것. 완전한 성취. 완성. 수행의 완성. 최상. 최고. 3. 육경六境을 말함.

7   사혹思惑; 사혹事惑(만유 제법의 사상사상에 미迷하여 일어나는 번뇌). 수혹修惑. 2혹의 하나. 세간 사물의 진상을 알지 못하는 데서 생기는 번뇌. 1. 수도修道에서 끊는 번뇌라는 뜻. 대상에 집착함으로써 일어나는 번뇌. 이 번뇌는 욕계에 탐貪 · 진瞋 · 치癡 · 만慢, 색계와 무색계에 각각 탐 · 치 · 만의 열 가지가 있음. 2. 유식설에서, 선천적으로 타고난 번뇌, 곧 구생기俱生起를 말함.

8   진심嗔心; Skt. dveṣa. 진瞋 · 진에瞋恚. 탐진치貪瞋癡 삼독三毒의 하나. 화를 냄. 성냄. 노여움. 분노. 증오.

9   체찰법인諦察法忍; 3인三忍의 하나. 모든 현상은 불생불멸不生不滅이라는 진리를 확실하게 인정하고 거기에 안주하여 마음을 움직이지 않음. 제법의 본체가 생멸하지 않는 이치를 자세히 관찰, 그 진실함을 잘 이해하고 마음이 조금도 흔들리지 않는 것. ▶삼인三忍; 내원해인耐怨害忍 · 안수고인安受苦忍 · 제찰법인諦察法忍. 인욕忍辱 바라밀의 3종. 모든 좋고 나쁜 대경에 향하여 마음이 움직이지 않음을 인忍이라 함. 1) 내원해인. 원수나 대적의 해침을 받고도 복수할 마음을 내지 않는 것. 2) 안수고인. 질병 · 수재 · 화재 · 도장刀杖의 고통을 달게 받는 것. 3) 제찰법인. 줄여서 찰법인察法忍이라 함. 진리를 자세히 관찰하여 불생불멸하는 이치에 마음을 안주安住하는 것.

智慧ㅣ顯發할새 發光地요
四엔 精進波羅密을
成就하니 慧性으로 하야금
熾盛케 할새 燄慧地요
五엔 嗔心의 根本이
除去되는 同時에 禪定波羅密을
成就하고 理事를 契合하야써
眞俗二智[10]의
相應을 成功함에 따라
塵沙惑[11]을
除하게 되니 極難勝地요
六엔 何等의 貪嗔 二心이
已盡함에 따라 慧波羅密을

지혜智慧가 드러나므로 발광지發光地요
보살4지는 정진바라밀精進波羅密을
성취하니 지혜의 성품을
치성熾盛하게 하므로 염혜지燄慧地요
보살5지는 분노심(진심嗔心)의 근본이
제거되는 동시에 선정바라밀禪定波羅密을
성취하고 본성과 현상을 계합契合함으로써
무분별지와 후득지(진속이지眞俗二智)의
상응을 이룸에 따라
현상들에 대한 미혹(진사혹塵沙惑)을
없애게 되니 극난승지極難勝地요
보살6지인 현전지는 어떠한 탐심과 진심도
모두 다함에 따라 혜바라밀慧波羅密을

10 진속이지眞俗二智; 진지眞智·속지俗智의 이지二智. ▶진지眞智; 모든 분별을 끊고 대상을 있는 그대로 직관하는 진실한 지혜. 차별이나 분별을 떠난 깨달음의 지혜. ▶속지俗智; 1. 세속의 일을 아는 지혜. 2. 모든 현상의 차별상을 아는 지혜.

11 진사혹塵沙惑.; 삼혹三惑의 하나. ▶삼혹三惑; 천태종에서 설하는 세 가지 번뇌. 견사혹見思惑·진사혹塵沙惑·무명혹無明惑. 삼장三障이라고도 함. 1) 견사혹見思惑. 견도見道와 수도修道에서 끊는 견혹見惑·수혹修惑. 견혹은 우주의 진리를 알지 못하여서 일어나는 번뇌. 수혹은 낱낱 사물의 진상을 알지 못하여서 일어나는 번뇌. 2) 진사혹塵沙惑. 진사는 많음을 비유함. 한량없는 차별 현상을 알지 못하여 중생을 구제하는 데 장애가 되는 번뇌. 다만 혹체惑體가 수없다는 뜻만이 아니고, 알지 못하는 법문이 많다는 뜻으로 이름한 것이니, 체體는 한 열혜劣慧. 3) 무명혹無明惑. 모든 번뇌의 근본으로서, 차별을 떠난 본성을 알지 못하여 일어나는 지극히 미세한 번뇌. 이 가운데 견사혹은 성문·연각·보살이 함께 끊는 번뇌이므로 통혹通惑, 진사혹과 무명혹은 오직 보살만이 끊는 번뇌이므로 별혹別惑이라 함. 또 앞에 하나는 3계 안의 이리·사사를 미혹하여 3계의 생사를 받으므로 계내혹界內惑이라 하고, 뒤에 둘은 3계 안의 사람은 물론이고, 3계 밖에도 있는 번뇌이므로 계외혹界外惑이라 함.

成就하니 最勝智를	성취하니 가장 뛰어난 지혜(최승지最勝智)를
성취 최승지	
發하야 染淨이 無한	발하여 더럽고 깨끗함이 없는
발 염정 무	
一眞法界¹²의 行相이	일진법계一眞法界의 행동모습(행상行相)이
일진법계 행상	
現前할새 現前地요	앞에 나타남으로 현전지現前地요
현전 현전지	
七엔	보살7지인 원행지는
칠	
貪嗔已盡에 따라	탐심과 진심이 이미 다함에 따라
탐진이진	
一分의 痴心¹³이 除去되니	일분一分의 무명심(치심痴心)이 제거되니
일분 치심 제거	
大悲心을 發하야	대비심大悲心을 발發하여
대비심 발	
方便波羅密을 成就하고	방편바라밀方便波羅密을 성취하고
방편바라밀 성취	
二乘의	성문과 연각 이승二乘의
이승	
自度를 遠離할새	스스로만의 깨달음(자도自度)을 멀리 떠나
자도 원리	

12 일진법계一眞法界; 진여법계眞如法界. 화엄종의 '이리', 천태종의 '실상實相', 유식종唯識宗의 '승의勝義(가장 심오한 도리)'. 화엄종에서 쓰는 극리極理를 말하는 것으로 천태종에서 쓰는 제법실상諸法實相을 말함과 같음. 유식론 9에 "승의勝義의 승의勝義는 일진법계一眞法界를 말한다." 하였고, 화엄대소華嚴大疏에 "왕복往復함에 가이 없고 동정動靜의 한 말이 중묘衆妙를 포함하여도 남음이 있고, 언사言思를 초월超越하여 회출廻出하는 것은 그 오직 법계法界뿐이다." 하였으며, 대소초大疏鈔 1에 "일진법계一眞法界로 현묘체玄妙體를 삼는다" 하였음. 사사事事와 물물物物과 일미一微와 일진一塵이 모두 족足히 일진법계一眞法界가 된다. 그 체體가 절대絶對이므로 1이라 하고, 진실하므로 진眞이라 하며 일체만법一切萬法을 융섭융섭하였으므로 법계法界라 한다는 화엄경 일부一部의 주의主意다. 삼장법수三藏法數 4에 "둘이 아닌 것(무이無二)을 일一이라 하고, 허망하지 않음을 진眞이라 하고, 서로 통하고 화합포섭함을 법계法界라 하니 곧 이는 제불평등법신諸佛平等法身이며, 본래로 생멸이 없고, 공도 아니고 유도 아니며, 명상(이름과 모양)을 떠나 있고, 안팎이 없으며, 오직 하나의 진실이고, 불가사의함을 이름하여 일진법계라 한다. [무이왈일無二曰一, 불망명진不妄名眞, 교철융섭交徹融攝, 고왈법계故曰法界, 즉시제불평등법신即是諸佛平等法身. 종본이래불생불멸從本以來不生不滅, 비공비유非空非有, 이명이상離名離相, 무내무외無內無外, 유일진실惟一眞實, 불가사의不可思議, 시명일진법계是名一眞法界]" 하였음.

13 치심痴心; 치癡·우치愚癡. Skt. moha. 모하慕何. 어리석음. 3독毒의 하나. 6근본번뇌根本煩惱의 하나. 현상과 이치에 대하여 마음이 어두운 것. 현상을 바로 알지 못하는 어리석음. 불교에서는 인생의 고통받는 근원과 모든 번뇌의 근본을 치라 하며, 사물의 진상을 밝게 알시 못하므로 미迷가 있다고 함. 무명無明과 같음.

遠行地_{원행지}요

八엔 이미 二乘_{이승}을
遠離_{원리}하고 菩薩_{보살}의 大願_{대원}을
發_발한지라 此地_{차지}에서 願波羅密_{원바라밀}을
成就_{성취}하고 無相_{무상}[14]觀_관[15]을 作_작하야

任運無功用_{임운무공용}[16]을

상구보리하화중생의 보살이므로

원행지遠行地요

보살8지인 부동지는 이미 성문, 연각을

멀리 떠나 보살菩薩의 대원大願을

발發한지라 여기에서 원바라밀願波羅密을

성취하고 성상性相이 공空함과

아공법공我空法空의 이공二空을 관관觀하여

자연스럽고 조작이 없이

---

14 무상無相; 1. Skt. animitta. 고유한 형체나 모양이 없음. 불변하는 실체나 형상이 없음. 고유한 실체가 없는 공空의 상태. 2. Skt. animitta. 대립적인 차별이나 분별이 없음. 대상에 가치나 감정을 부여하지 않음. 형상을 떠남. 집착이나 속박에서 벗어남. 3. Skt. alakṣaṇa. 특징이 없음. 모든 사물에는 고정적(모습) · 실체적(모양) 특질이 없다는 의미. 상相은 특징을 말한다. 유상有相의 반대어. 무상은 공空의 사상을 근본으로 한다. 모든 사물은 공이며 자성自性이 없다. 그러므로 무상이며, 무상이기 때문에 청정淸淨하게 된다. 또한 무상은 차별 · 대립의 모습[상相]을 초월한 무차별의 상태를 말하기도 하는데, 그 수행을 무상관無相觀, 무상삼매無相三昧라고 한다. 또한 불교 수행의 최고경지인 삼해탈문(三解脫門: 空 · 無相 · 無願)의 무상은 일체의 집착을 떠난 경지를 말한다. 따라서 무상은 열반涅槃의 이명異名으로 사용되기도 하였다. 4. 684~762. 신라 출신의 승려. 성姓은 김金. 728년에 당唐에 가서 처적處寂(665~732)에게 사사師事하여 그의 법을 이어받음. 사천성四川省 정중사淨衆寺에 머물면서 전파한 무상의 선법禪法을 정중종淨衆宗이라 함. 정중사에서 입적함.

15 무상관無相觀; 일체의 사물은 실체가 없어 공하며, 따라서 분별되는 모습이 없다. 이것이 "모든 법의 상이 공하다."는 무상의 의미이다. 모든 형상은 무명에 싸인 중생이 그 분별망식에 의해 사물을 실체화해서 집착하는 것에 불과하다. 마치 눈병에 걸린 사람이 허공에 어지러운 헛꽃을 보는 것과 같다. 눈병이 있어 헛꽃이 나타나므로 헛꽃은 연기적 현상이요, 실제로 존재하는 것은 아니다. 눈병이 나으면 헛꽃이 사라지듯이 중생의 무명이 걷히면 모든 상이 사라지고 진실법계가 현현하는 것이다. 중생의 무명과 무명으로 인한 윤회전생은 실로 무상을 체득하지 못하기 때문이다. 따라서 관행의 첫머리에 상을 깨뜨리는 무상관법을 제시하였다. 무상관은 밖으로 상이 본래 없음을 관하는 것이고, 밖으로 상이 없음을 알면 안으로 일어나는 마음도 없으므로 따로 무생행無生行을 세울 필요도 없는 것이지만 없는 마음이 없지도 않으므로 따로 설한 것이다. 무상관을 총괄하면 상이 있다는 견해에 머물지 말라는 것이나 또한 없음에도 머물지 말라는 것이고, 머물지 않음에도 머물지 않아서 끝내 취착함이 없는 것이다.

16 임운무공용任運無功用; 자기의 힘으로 조작造作하지 아니하고, 일이 저절로 운행되는 것을 말함. ▶임운任運; 아무런 조작이나 인위적인 힘을 첨가하지 않고, 법이法爾, 여연如然, 자연自然, 으레히라는 뜻. ▶무공

| 相續할 뿐이니 不動地요
| 상속   부동지

| 九엔 力波羅密을
| 구   역바라밀

| 成就하고 十力[17]을 具足하야써
| 성취   십력   구족

| 一切處에서 可度와 不可度를 知하야
| 일체처   가도   불가도   지

서로 이어질 뿐이니 부동지不動地요

보살9지인 선혜지는 수습력修習力과 사택력思擇力의 2종 력바라밀力波羅密(Balaparamita)을 성취하고 여래의 십력十力을 구족함으로써

청황적백은 지수화풍에 의거하고,

지수화풍은 공空에 의거하고,

공은 식識에 의거하며, 만법유식임을 알고

제도할 수 있고 없음을 알아

| 能히 說法할새 善彗地요
| 능   설법   선혜지

| 十엔
| 십

| 障道無明의
| 장도무명

| 根本을 斷盡하고
| 근본   단진

능히 설법說法함으로 선혜지善彗地요

보살10지인 법운지는

수도를 방해하는 무명(장도무명障道無明)의

근본을 모두 끊어 없애고

용無功用; 일을 하려고 미리 마음속에서 계획하고 분별하는 일이 없이 자연에 맡기는 것.

17 십력十力; 1. 부처만이 갖추고 있는 열 가지 지혜의 능력. 1) 처비처지력處非處智力. 이치에 맞는 것과 맞지 않는 것을 분명히 구별하는 능력. 2) 업이숙지력業異熟智力. 선악의 행위와 그 과보를 아는 능력. 3) 정려해탈등지등지력靜慮解脫等持等至智力. 모든 선정禪定에 능숙함. 4) 근상하지력根上下智力. 중생의 능력이나 소질의 우열을 아는 능력. 5) 종종승해지력種種勝解智力. 중생의 여러 가지 뛰어난 판단을 아는 능력. 6) 종종계지력種種界智力. 중생의 여러 가지 근성을 아는 능력. 7) 변취행지력遍趣行智力. 어떠한 수행으로 어떠한 상태에 이르게 되는지를 아는 능력. 8) 숙주수념지력宿住隨念智力. 중생의 전생을 기억하는 능력. 9) 사생지력死生智力. 중생이 죽어 어디에 태어나는지를 아는 능력. 10) 누진지력漏盡智力. 번뇌를 모두 소멸시키는 능력. 2. 보살이 갖추고 있는 열 가지 능력. 1) 직심력直心力. 모든 현상에 물들지 않는 능력. 2) 심심력深心力. 부처의 가르침을 깨뜨리지 않는 능력. 3) 방편력方便力. 중생을 구제하기 위해 그 소질에 따라 모든 수단과 방법을 행하는 능력. 4) 지혜력智慧力. 중생의 마음과 행위를 아는 능력. 5) 원력願力. 중생의 소원을 이루게 해 주는 능력. 6) 행력行力. 끊임없이 실천하는 능력. 7) 승력乘力. 중생에게 가르침을 설하여 깨달음에 이르게 하는 능력. 8) 유희신통력遊戲神通力. 자유 자재로 중생을 구제하는 능력. 9) 보리력菩提力. 깨달을 수 있는 능력. 10) 진법륜력轉法輪力. 번뇌를 부수는 가르침을 설할 수 있는 능력.

受用法樂智[18]와	스스로 묘지妙智의 공덕을 향수하는 지혜
수용법락지	(수용법락지受用法樂智)와
成熟有情智[19]로써	유정有情을 이익하여 성숙하게 하는 지혜
성숙유정지	(성숙유정지成熟有情智)로써
智波羅密을 成就할새	지바라밀智波羅密을 성취함으로
지 바 라 밀 성 취	
無邊의 功德을	광대하고 가이 없는 공덕功德을
무 변 공 덕	
具足하야 無邊의 功德水를	두루 갖추어 무변無邊의 8공덕수功德水를
구 족 무 변 공 덕 수	
出生함이 大雲이 淸淨의	냄이 큰구름(대운大雲)이 청정한
출 생 대 운 청 정	
重水를 生함과 如함일새	많은 물(중수重水)을 냄과 같으므로
중 수 생 여	
法雲地니 後의	법운지法雲地니 6바라밀 이후의
법 운 지 후	
四波羅密이란	방편, 원, 력, 지의 사바라밀四波羅密이란
사 바 라 밀	
第六을 開하야	여섯째 지혜바라밀을 더욱 세분하여
제 육 개	
十地에 配對한 者니라	보살의 십지十地에 맞춘 것이니라
십 지 배 대 자	

18 수용법락지受容法樂智; 6바라밀에 말미암아 성립하는 묘지妙智로 법락法樂을 수용受容하는 지혜.
19 성숙유정지成熟有情智; 수용법락지受容法樂智에 의거해 일체유정一切有情을 성숙成熟시키고, 대요익大饒益을 획득하도록 하는 지혜.

<표12> 보살십지와 십바라밀

지 地	명 名	제혹 득지 除惑 得智	명의 유래 名	10바라밀 성취
초	환희지 歡喜地	탐심의 $\frac{2}{3}$를 없앰 貪心 견혹을 깨뜨림 見惑 (일체를 구호해 무주상 보시를 행함)	아법 이공의 도리를 증하고 대환희 생 我法 二空　證　大歡喜生	보시바라밀 布施波羅密
2	이구지 離垢地	남아 있는 탐심 $\frac{1}{3}$을 없앰. 貪心 사혹을 없앰 思惑	훼범의 구를 떠난 몸으로 하여금 毁犯 垢 사념이 청정 思念　淸淨	지계바라밀 持戒波羅密
3	발광지 發光地	진심을 억제하고 嗔心	불생불멸의 진리에 안주(체찰법인)하게 되니 지혜가 드러남 諦察法忍　　智慧	인욕바라밀 忍辱波羅密
4	염혜지 焰慧地		혜성이 치성케 함 慧性　熾盛	정진바라밀 精進波羅密
5	극난승지 極難勝地	진심의 근본 제거 嗔心 진사혹을 제 塵沙惑　除	이사 계합해 理事 契合 진속이지 상응 성공 眞俗二智 相應 成功	선정바라밀 禪定波羅密
6	현전지 現前地	하등의 탐진 이심이 이진함 何等　貪嗔 二心　已盡	최승지 발해 염정이 없는 最勝智發　染淨 일진법계의 행상이 현전 一眞法界　行相　現前	지혜바라밀 智慧波羅密
7	원행지 遠行地	탐진이진에 따라 일분의 치심 제 貪嗔已盡　　　一分　癡心除	대비심 발해 이승자도를 원리 大悲心發　二乘自度　遠離	방편바라밀 方便波羅密
8	부동지 不動地		이승을 원리하고 보살 대원을 발 二乘　遠離　菩薩大願 發 무상관을 지어 임운무공용 상속 無相觀　　任運無功用 相續	원바라밀 願波羅密
9	선혜지 善彗地		십력을 구족해 일체처에서 十力 具足　一切處 가도와 불가도를 알아 능히 설법 可度　不可度　　　說法	력바라밀 力波羅密
10	법운지 法雲地	장도무명의 근본을 단진 障道無明　　　　斷盡 수용법락지와 성숙유정지를 갖춤 受用法樂智　成熟有情智	무변의 공덕을 구족해 무변의 공덕수를 출생함 無邊 功德　　　　無邊 功德水 出生 이 대운이 청정의 중수를 생함과 같음 大雲　淸淨　重水　生	지바라밀 智波羅密

<표13> 10바라밀十波羅蜜, 보살10지菩薩十地, 5인忍(14인忍)과 삼독三毒

보살10지	10바라밀 성취		시각	14인忍	5인忍	제3독 除三毒	보살10지 명칭의 뜻
(묘각)				상			
10법운지 十法雲地	지바라밀 智波羅蜜		구경각	적멸인 寂滅忍			무변의 공덕수를 출생함이 功德水 出生 큰구름이 청정의 중수를 重水 생함과 같음 生
				하			
9선혜지 九善慧地	력바라밀 力波羅蜜	혜바라밀 慧波羅蜜		상			십력구족해 일체처에서 十力 가도와 불가도를 알아 可度 不可度 능히 설법함
8부동지 八不動地	원바라밀 願波羅蜜			중	무생인 無生忍	치혹 痴惑	무상관을 작하여 無相觀 作 임운무공용을 상속할 뿐 任運無功用 相續
7원행지 七遠行地	방편바라밀 方便波羅蜜			하			일분 치심제거 一分	2승의 자도를 원리 乘 自度 遠離
6현전지 六現前地	혜바라밀 慧波羅蜜		수분각	상			탐진2심이 이진 已盡	발최승지, 무염정, 發最勝智 無染淨 일진법계의 행상이 현전 一眞法界 行相 現前
5난승지 五難勝地	선정바라밀 禪定波羅蜜			중	순인 順忍	진혹 嗔惑	진심의 근본제거 嗔	리사계합, 理事契合 진속이지상응, 眞俗二智相應 제진사혹 除塵沙惑
4염혜지 四焰慧地	정진바라밀 精進波羅蜜	6바라밀 六波羅蜜		하				혜성 치성 慧性 熾盛
3발광지 三發光地	인욕바라밀 忍辱波羅蜜			상			진심 억제 嗔	득체찰법인, 지혜현발 得諦察法忍 顯發
2이구지 二離垢地	계바라밀 戒波羅蜜			중			탐심 $\frac{1}{3}$ 貪	제사혹 사념청정 除思惑 思念淸淨
초환희지 初歡喜地	단(보시)바라밀 檀(布施)波羅蜜			하	신인 信忍	탐혹 貪惑	탐심 $\frac{2}{3}$ 貪	파견혹 破見惑 득성성 得聖性 증공리 證空理 (아법2공) 我法 空

무간정 인순정			상사각	도종 道 種	복인 伏 忍	번뇌의 종자를 억제
명증정 명득정				성인 性 忍		
				습인 習 忍		
			불각			

第四節 十地의 廢立 / 제4절 십지의 폐립

歡喜地 等의 十地에
廢・立의 二門이 有하니
그의 廢門엔 三劫外에 十地를 不立하고
三劫¹의 妄執²을 斷하야
十地를 究竟함일새
『秘藏記³』 等의 所說이오
立門엔 『大日經疏⁴』에
三劫의 三妄執⁵을 斷盡한 後의
十地를 立하야

환희지歡喜地 등의 보살10지十地에
폐廢・립立의 두 가지가 있으니
폐문廢門엔 3겁 밖에 십지를 세우지 않고
3겁의 허망한 집착(망집妄執)을 끊어
10지를 도달함이니
『비장기秘藏記』 등의 소설所說이오
입문立門엔 『대일경소大日經疏』에
3겁의 3망집三妄執을 끊어 없앤 후의
10지十地를 세워서

---

1 삼겁三劫; 1. 3아승지겁, 3무량수겁, 보살이 수행하는 년한. 2. 진언종에서 세운 3망집의 다른 이름. 3. 과거 장엄겁, 현재 현겁, 미래 성수겁
2 망집妄執; 1. 망령된 고집. 2. 망상망상을 버리지 못하고 집착함.
3 비장기秘藏記; 2권二卷. 밀교의 요의要義를 해설한 책. 진언종에서 중요시함. 저자에 관해서는 1) 혜과惠果 구술을 공해空海가 기술記述. 2) 불공삼장不空三藏 구술을 혜과惠果가 기술記述. 3) 당唐의 의조義操의 제자문비술弟子文祕述, 등의 여러 설이 있다. 광략広略 2본二本이 있다. 약본略本은 1권一卷.
4 대일경소大日經疏; 당나라의 승려 대혜선사大慧禪師 일행一行(683~727)이 선무외善無畏로부터 밀교를 전수받고 그를 도와《대일경大日經》을 번역하였다. 또, 선무외의 지도를 받으면서『대일경소大日經疏』(20권)를 완성시켰다.
5 삼망집三妄執; 밀가密家에서 탐진치만의貪瞋痴慢疑의 사혹思惑에서 벌어지는 160심心을 망집妄執이라 하며, 이를 추麤망집(실아實我를 잡는 것), 세細망집(실법實法을 잡는 것), 극세極細망집(중도中道를 막는 무명無明)의 3망집으로 분류하고, 각각을 없애는데 1아승지겁씩 3아승지겁이 필요하다고 함. ▶삼망심三妄心; 삼망집三妄執의 마음.

開發金剛寶藏⁶位⁷랐으니	개발금강보장위開發金剛寶藏位라 하였으니
此의 廢·立 二門이 有한	이렇게 폐廢·립立 2문이 있는
所以는 十地에	까닭은 10지十地에
淺深이 有함으로 써라	얕고 깊음(천심淺深)이 있기 때문이라
『大日經疏』二에	『대일경소大日經疏』2에
一者 淺略釋이오	첫째 가벼운 해석(천략석淺略釋)이오
二者 深秘釋이라 云云하야	둘째 깊은 해석(심비석深秘釋)이라 표현하여
此의 淺深十地에	이들 천심십지淺深十地에
開合 兩門을	세분하고 합하는(개합開合) 두 개의 문을
立하였으니	세웠으니
一엔 淺略의	첫째 천략석淺略釋은 천략淺略의
十地를 合하야 地前에 置하고	10지十地를 합하여 보살지 앞에 두고
深秘의 十地를 開하야	심비深秘의 10지十地를 열어
開發金剛寶藏位람이오	개발금강보장위開發金剛寶藏位라 함이오
二엔 深秘의 十地를 合하야	이二엔 심비深秘의 십지十地를 합합하여
佛果로 하고 淺略의 十地를	불과佛果로 하고 천략淺略의 십지十地를
開하야 三妄心의 斷位람이니	개開하야 삼망심三妄心의 단위斷位라 함이니

---

6 금강보장金剛寶藏; 금강보물의 창고. 대열반과 중생심지衆生心地의 정보리심淨菩提心을 모두 금강처럼 단단한 보장寶藏(보물창고)에 비유한 말.《대열반경》후분 상, 『대일경소』1, 2

7 개발금강보장위開發金剛寶藏位;《대일경大日經》에 삼망집三妄執을 끊는 것을 지전地前에 붙이고 이 위에 다시 십지十地를 세우는 것을 개발금강보장위開發金剛寶藏位라 함. 이것은 개발대일금강보장開發大日金剛寶藏의 행위行位가 되기 때문임.

《大日經》所說의	《대일경大日經》에 설해진 바의
三劫十地란	삼겁십지三劫十地란
此의 二意를 包含함일새	이들 두 가지 뜻을 포함함이니
淺略의 十地를	천략淺略의 10지十地를
地前에 合置하고	보살지 앞(지전地前)에 합하여 놓고(합치合置)
深秘의 十地를	심비深秘의 10지十地를
地上에 開立함은	보살지 위(지상地上)에 벌려 세움(개립開立)은
諸疏家의 許多	많은 주석가(諸疏家제소가)의 허다한
合從說이오	공통된 주장(합종설合從說)이오
三劫十地의 建立이	삼겁십지三劫十地를 세움이
多少 不同하나 惑을 約하야	여러 설이 있으나, 3망심(혹惑)을
三劫으로 하고 位를 約하야	3겁三劫으로 하고 금강보장위金剛寶藏位를
十地로 함은 오직	10지十地로 함은 오직
『秘藏記』의 所說이니라	『비장기秘藏記』에만 나오는 것이니라
그리고 達磨大師의 『觀心論』에도	그리고 달마대사의 『관심론觀心論』에도
三劫을 三惑에 約하고	3겁三劫을 3혹三惑에 비유하고
六波羅密을 六處에 約함이 有하나	6바라밀六波羅密을 6처六處에 비유함이 있으나
密證顯釋이	밀교의 증명과 현교의 해석(밀증현석密證顯釋)이
同時에 竝行하니라	동시에 병행竝行하니라

⟨표14⟩ 십지十地의 폐립立廢

폐·립 廢 立	내용	요약	출처
폐 廢	3겁외에 10지를 不立하고 3겁의 망집을 단하여 10지를 구경함 三劫外 十地 불립 三劫 妄執 斷 十地 究竟	단3망집=10지(천략) 斷三妄執 十地 → 불과 佛果	비장기 秘藏記
립 立	3겁의 3망집을 단진한 후의 10지를 세워 개발금강보장위라 함 三劫 三妄執 斷盡 十地 開發 金剛寶藏位 [제소가의 허다 합종설] 諸疏家 許多 合從說	단3망집 후 斷三妄執 → 개발금강보장위 10지 開發金剛寶藏位	대일경소 大日經疏

* 심비의 10지를 기준으로
　　深秘　十地
* 개발금강보장위에 (심비의) 10지를 세우는 것이 입
　　　　　深秘　　　　　　　　　　　　　　　　　立
* (심비의) 10지를 합하여 불과로 하는 것이 폐
　　深秘　十地　合　佛果　　　　　　　廢

---

* 첫째 천략의 10지를 합하여 지전에 두고 심비의 10지를 열어 개발금강보장위라 함
　　淺略　十地　合　　地前　　深秘　十地　　開發金剛寶藏位
둘째 심비의 10지를 합하여 불과로 하고 천략의 10지를 열어 3망심의 단위라 함 ─『대일경소』
　　深秘　十地　合　佛果　　淺略　十地　　三妄心　斷位　　　　　大日經疏

第五節 三毒 六賊
제 5 절 삼독 육적

제5절 삼독 육적

『觀心論[1]』에「又問曰 上說
眞如[2]佛性[3]의 一切功德은

『관심론觀心論』에「또 아뢰기를 위에 말한 진여불성眞如佛性의 일체공덕一切功德은

---

[1] 관심론觀心論; 1. 전유론煎乳論. 1권. 수隋의 지의智顗 지음. 관심觀心을 중심으로 하는 사종삼매四種三昧의 수행을 권한 저술. 2. 파상론破相論. 1권. 당唐의 신수神秀 지음(달마대사관심론達磨大師觀心論이라는 설도 있음). 마음은 일체의 근본이며, 일체는 오직 마음의 발현이므로 마음을 깨달으면 일체를 갖추게 되며, 관심觀心으로 청정한 자신의 본래 성품을 자각하면 무명無明이 제거되어 해탈에 이른다고 설함. 돈황 장경굴에서 발견된 사본 가운데 보이며, 고려시대에 수용된 이래 한국불교 선종의 사상적 이념을 제공하였던 문헌으로 주목되었다.

[2] 진여眞如; Skt. tathatā. 진실여상眞實如常. 거짓이 아닌 진실이란 뜻과 변천하지 않는 여상如常하다는 뜻으로 진여라 함. 1. 모든 현상의 있는 그대로의 참모습. 차별을 떠난, 있는 그대로의 참모습. 2. 있는 그대로의 본성·상태. 3. 궁극적인 진리. 변하지 않는 진리. 진리의 세계. 4. 모든 분별과 대립이 소멸된 마음 상태. 깨달음의 지혜. 부처의 성품. 5. 우주 그 자체. 6. 중생이 본디 갖추고 있는 청정한 성품. 진여에 대한 학설에도 여러 가지가 있다. 1) 지론종에서는 아뢰야식과 진여는 같은 것이라 하고, 2) 섭론종에서는 제8 아뢰야식 밖에 제9 암마라식을 따로 세워 진여를 설명하고, 3) 유식종에서는 만유가 전개되는 모양을 설명할 때에 제8 아뢰야식을 세워서 진여는 그 실성이며, 생멸 변화가 없는 응적잠연凝寂湛然한 것이라 하고, 4) 『대승기신론』에서는 진여란 잠연 적정한 무활동체無活動體가 아니고, 이것이 무명의 연을 만나면 진여의 체가 온통 그대로 일어나 생멸 변화하는 만유가 되는데 그렇다 해도 진여의 자체는 조금도 달라지거나 변하는 것이 아니라 하여, 이것을 물과 파도에 비유하여 그 두가지 사이의 소식을 설명하고 있음. 또 이것을 7진여·10진여·6무위 등으로 나눈다. 이것은 진여의 자체가 절대적 실재라고 인정하는 것은 같으나, 그 공덕상과 그것을 증득하는 과정에 따라 구별. 또 경·논에는 진여의 다른 이름으로 법계法界·법성法性·평등성平等性·실제實際·허공계虛空界·부사의계不思議界·무상無相·승의勝義·실상묘유實相妙有·여여如如·불성佛性·여래장如來藏·중도中道·제일의제第一義諦 등을 말함.

[3] 불성佛性; Skt. buddhatva. Pali buddhatta. 1. 모든 중생이 본디 가지고 있는, 부처가 될 수 있는 성질. 부처를 이룰 근본 성품. 미迷·오悟에 의하여 변하는 일이 없이, 본래 중생에게 갖추어진 부처될 성품. 곧 중생이 성불할 가능성. 일반으로 대승불교는 성불을 주로 하므로 소승불교보다는 불성을 중요하게 본다. 그러나 어떤 종류의 사람이 성불할 수 있느냐 하는 것은 원시불교 때부터 문제가 되었음. 특히 대승에서는 불성이 온갖 중생에게 보변普遍하였는가, 아닌가의 두 가지 처지에서 중요한 의논을 일으킴. 유식종에서는 5성性이 각각 다르다고 말하여, 원칙적으로 본래 부처가 될 종성種性과, 되지 못할 것과의 구별이 있다고 주장한다. 이 불성理佛性으로는 아무라도 법성法性의 이리를 본체로 한 것이므로 모두 불성을 갖추었으나, 행불성行佛性으로는 불성을 갖춘 것과 갖추지 못한 것이 있다고 함. 이에 대하여 일성개성설一性皆成說은 어떠한 기류機類라도 불성을 갖추지 않은 것이 없다고 하는 불성의 본구보변本具普遍을 주장하여 천제闡提도 성불한다고 함. 불성이 보변한 것이라면 그 불성의 개발은 필연이냐, 우연이냐 하는 문제가 일어나게 되니, 그 설명으로서 3불성·3인불성·5불성 등을 세움. 2.진리를 깨달은, 부처의 본성. 3.곧 깨달은 마음을 말한다.

因覺爲根이라시니 인 각 위 근	깨달음을 근본으로 한다 하시니
未審⁴커이다 미 심	미심未審하나이다.
無明⁵之心의 무 명 지 심	무명지심無明之心의
一切諸惡은 일 체 제 악	일체 모든 악(일체제악一切諸惡)은
以何爲根잇고 이 하 위 근	그 근본이 무엇입니까?
答曰 無明之心 답 왈 무 명 지 심	답하시기를 무명지심無明之心에
雖有八萬四千煩惱인 情欲⁶정욕의 수 유 팔 만 사 천 번 뇌	비록 8만4천번뇌인 정욕情欲의
恒沙衆惡이 無量無邊이나 항 사 중 악 무 량 무 변	헤아릴 수 없는 많은 악惡이 있으나
取要言之컨대 취 요 언 지	간추려 말하면
皆因三毒⁷하야 以爲根本하나니 개 인 삼 독 이 위 근 본	모두 3독심을 근본으로 하니,

---

4 미심未審; 1. 마음에 거리끼도록 분명하거나 명확하지 못하다. 2. 어떤 일이 확실하지 않아 항상 마음이 놓이지 않음.

5 무명無明; Skt. avidyā. Pali avijjā. 1) 불교의 진리인 사제四諦에 대한 무지로서, 모든 괴로움을 일으키는 근본번뇌. 모든 현상의 본성을 깨닫지 못하는 근본 번뇌. 본디 청정한 마음의 본성을 가리고 있는 원초적 번뇌. 있는 그대로의 평등한 참모습을 직관하지 못하고 차별을 일으키는 번뇌. 2) 심소心所의 이름. 치번뇌癡煩惱를 말한다. 구사종俱舍宗에서는 대번뇌지법大煩惱地法의 하나, 유식종唯識宗에서는 근본번뇌의 하나. 모든 사事(현상)와 이理(본체)에 어두워서 명료하지 못한 것. 3) 12인연의 하나. 구사종에서는 지난 세상의 번뇌를 말하고, 유식종에서는 제6식과 서로 응하는 우치愚癡와 무치無癡의 치번뇌를 말한다. 4)『기신론』에서는 불각不覺과 같다고 한다. 진여에 대하여 무자각한 것. 진여가 한결같이 평등한 것을 알지 못하고 현상의 차별적인 여러 모양에 집착하여 현실세계의 온갖 번뇌와 망상의 근본이 되는 것을 말한다. 이 무명이 진여에 훈부熏付하여 아뢰야식을 내고, 아뢰야식에 의하여 모든 만법이 생긴다. 5) 천태종에서는 3혹惑의 하나. 모든 생사의 근본인 미세한 번뇌로서 일법계의 뜻을 알지 못하고 법성의 장애가 되는 혹惑. 이 무명의 혹은 보살만이 끊는 것이므로 별혹別惑이라 하고, 또는 계외界外의 생사를 받는 번뇌이므로 계외혹界外惑이라고도 한다. 그리하여 화법化法의 4교 중 별교別敎·원교圓敎의 보살만이 끊을 수 있다. 무명을 나누어 42품으로 하고 별교에서는 단무명위斷無明位를 초지 이상으로 하므로, 지지 이후 묘각까지에 앞 12품을 끊고, 원교에서는 단무명위를 초주初住 이상으로 하므로, 10주住 이후 묘각까지 42품 전부를 끊는다.

6 정욕情欲; 마음속에 일어나는 여러 가지 욕구.

7 삼독三毒; 열반에 이르는 데 장애가 되는 가장 근본적인 세 가지 번뇌. 탐욕貪欲과 진에瞋恚와 우치愚癡. 줄여서 탐貪·진瞋·치癡라고 함. 곧, 탐내어 그칠 줄 모르는 욕심과 노여움과 어리석음. 독이라 한 것은『대승

其 三毒者는 卽 貪嗔痴也라
기 삼독자   즉 탐진치 야

此三毒心이 自然 本來 具有하야
차삼독심   자연 본래 구유

一體諸惡의 猶如大樹根일새
일체제악   유여대수근

雖是一이나 所生枝葉이
수시일   소생지엽

其數 無邊하야
기수 무변

彼 三毒根인 一一根中에
피 삼독근   일일근중

生諸惡業함이
생제악업

百千萬倍라도 過於前하야 不可爲喩니라」
백천만배   과어전   불가위유

「如是三毒이 於一本體하야
 여시삼독   어일본체

自爲三毒하고
자위삼독

若應現六根할새
약응현육근

亦名六賊이니
역명육적

六賊[8]者는 卽 六識[9]也라
육적자   즉 육식 야

그 3독이란 곧 탐진치貪嗔痴니라

이 3독심이 자연히 본래 갖추어 있어서

일체 모든 악의 큰 나무의 뿌리가 되니,

비록 뿌리는 하나이나 여기에서 발생하는

가지와 잎이 무량무변하여

저 3독三毒의 각 뿌리마다

모든 악업이 생기는 것이

비유로도 헤아릴 수 없느니라」

「이와 같이 3독三毒이 하나의 본체에서

스스로 3독이 되고,

6근六根과 작용하여 나타나는 것이

6적六賊이라고도 하며

6적이란 곧 6식六識이라

의장』에 "3독이 모두 3계의 온갖 번뇌를 포섭하고, 온갖 번뇌가 중생을 해치는 것이 마치 독사나 독룡毒龍과 같다" 하고, 『법계차제』에는 "독은 짐독鴆毒으로 뜻을 삼고, 내지 출세의 선심善心을 무너뜨리는 까닭이라"고 함. ▶ 짐鴆(짐새 짐); 1. 짐새. 광동성에 사는 독조毒鳥. 그 깃을 담근 술을 마시면 죽게 됨.

8 육적六賊; 1. 번뇌를 일으키는 근원이 되는 안眼·이耳·비鼻·설舌·신身·의意의 육근六根을 도둑에 비유한 말. 2. 6경境을 말함. 6경은 안眼 등의 6근根을 매개媒介로 하고, 중생의 증과證果에 이를 수 있는 공덕을 빼앗고, 번뇌를 일으키므로 도적에 비유. 3. 여기에서는 육식六識을 말함.

9 육식六識; 육식신六識身. 산스크리트어 Skt. ṣaḍ-vijñāna 1. 안眼·이耳·비鼻·설舌·신身·의意의 육근六根으로 각각 색色·성聲·향香·미味·촉觸·법法의 육경六境을 식별하는 안식眼識·이식耳識·비식鼻識·설식舌識·신식身識·의식意識의 여섯 가지 마음 작용.
  1) 안식眼識. 시각 기관 (안眼)으로 시각 대상 (색色)을 식별하는 마음 작용.
  2) 이식耳識. 청각 기관 (이耳)으로 청각 대상 (성聲)을 식별하는 마음 작용.
  3) 비식鼻識. 후각 기관 (비鼻)으로 후각 대상 (향香)을 식별하는 마음 작용.
  4) 설식舌識. 미각 기관 (설舌)으로 미각 대상 (미味)을 식별하는 마음 작용.

由此六識이 出入諸根하야
유 차 육 식　　출 입 제 근

貪着萬境然하고
탐 착 만 경 연

成惡業하야 障眞如體故로
성 악 업　　　장 진 여 체 고

名六賊이니
명 육 적

由此三毒及以六賊하야
유 차 삼 독 급 이 육 적

惑亂身心할새
혹 란 신 심

沈淪[10]生死하고 輪廻[11]六趣[12]하야
침 륜　　생 사　　　윤 회　육 취

受諸苦惱함이
수 제 고 뇌

猶如江河로다
유 여 강 하

因小泉原의 涓流[13]不絶하야
인 소 천 원　　연 류　부 절

이들 6식六識이 6근六根을 드나듦으로

말미암아 만 가지 경계에 탐착貪着하고

악업을 지어 진여체眞如體를 가림으로

이름하여 6적六賊이니

3독 6적三毒六賊으로 말미암아,

몸과 마음을 미혹되게 하고 어지럽게 하니,

생사生死에 빠져 6도를 윤회輪廻하여

모든 고뇌苦惱를 받는 것이

수많은 강과 하천 같이 갈래가 많다.

작은 샘이 흘러흘러 넘치고

5) 신식身識. 촉각 기관 (신身)으로 촉각 대상 (촉觸)을 식별하는 마음 작용.
6) 의식意識. 의식 기능 (의意)으로 의식 내용 (법法)을 식별 · 인식하는 마음 작용.
2. 제6 의식意識의 준말.

10　침륜沈淪; 1. 침몰. 물속에 가라앉음. 2. 재산이나 권세가 없어지고 보잘것없이 됨.
11　윤회輪廻; Skt. saṃsāra. 사람이 죽었다가 나고 났다가 죽어 몇 번이고 이렇게 반복함을 말함. 불교에서 말하는 3계界 6도道에 미迷의 생사를 거듭하는 것.
12　육취六趣; 육도六途. 육도六道. 도道는 상태 · 세계를 뜻함. 중생이 저지른 행위에 따라 받는다고 하는 생존 상태, 또는 미혹한 중생의 심리 상태를 여섯 가지로 나누어 형상화한 것. 중생이 생각에 따라 머물게 되는 여섯 가지 세계. 중생의 업인業因에 따라 윤회하는 길을 6으로 나눈 것. 지옥도地獄道 · 아귀도餓鬼道 · 축생도畜生道 · 아수라도阿修羅道 · 인간도人間道 · 천상도天上道. 1) 지옥도地獄道. 수미산의 사방에 있는 네 대륙의 하나인 남쪽의 섬부주瞻部洲 밑에 있다고 하며, 뜨거운 불길로 형벌을 받는 팔열지옥八熱地獄과 혹독한 추위로 형벌을 받는 팔한지옥八寒地獄으로 크게 나뉨. 2) 아귀도餓鬼道. 재물에 인색하거나 음식에 욕심이 많거나 남을 시기 · 질투하는 자가 죽어서 가게 된다는 곳으로, 늘 굶주림과 목마름으로 괴로움을 겪는다고 함. 섬부주瞻部洲 밑과 인도人道와 천도天道에 있다고 함. 3) 축생도畜生道. 온갖 동물들의 세계. 4) 아수라도阿修羅道. 인간과 축생의 중간에 위치한 세계로, 수미산과 지쌍산 사이의 바다 밑에 있다고 함. 5) 인도人道. 수미산 동쪽에 있는 승신주勝身洲, 남쪽에 있는 섬부주瞻部洲, 서쪽에 있는 우화주牛貨洲, 북쪽에 있는 구로주俱盧洲의 네 대륙을 말함. 6) 천도天道. 신神들의 세계라는 뜻으로, 수미산 중턱에 있는 사왕천四王天에서 무색계의 유정천有頂天까지를 말함.
13　연류涓流; 1. 작은 시내. 2. 또는, 사물事物의 미세微細함을 비유(比喩 · 譬喩)한 말.

乃能彌漫하고 波濤萬里하나니	파도가 만리에 이르나니,
若復有人이 斷其根源하면	근원을 끊으면 곧
則衆流ㅣ 皆息일새	모든 강물이 모두 마르니
求解脫者도 能轉三毒하야	해탈을 구하는 수행자도 3독三毒을 궁글려
爲三聚淨戒¹⁴하고	3취정계三聚淨戒로 전환하고
能轉六賊하야 爲六波羅密하면	6적六賊을 궁글려 6바라밀六波羅密로 전환하면
自然永離 一切諸苦하리라」시니라	자연히 모든 고통을 벗어나느니라」하시니라

---

14 삼취정계三聚淨戒; 섭율의계攝律儀戒·섭선법계攝善法戒·섭중생계攝衆生戒. 대승소승大乘小乘의 온갖 계법戒法이 다 이 가운데 포섭包攝되며 그 계법戒法이 본래 청정淸淨하므로 정계淨戒라 함. 5五·8八·10十·구등具等의 별해탈계別解脫戒는 삼취정계중三聚淨戒中의 섭율의계攝律義戒의 일부분一部分임.

〈표15〉 삼독육적 三毒六賊

	일본체 一本體	삼독 탐진치 三毒 貪嗔痴	육적(육식) 六賊 六識	각 覺
	근본 根本	자연 본래 구유 自然 本來 具有 팔만사천번뇌의 근본 八萬四千煩惱 根本		진여불성의 眞如佛性 일체공덕의 근본 一切功德 根本
유전연기 流轉	육근에 응현 六根 應現	육적(육식) 六賊 六識	육식이 제근을 출입하여 六識 諸根 出入 만경에 탐착하고 악업을 지어 萬境 貪着 惡業 진여체를 장애함 眞如體 障碍	
	신심을 혹란 身心 惑亂	생사에 침륜하고 육취에 윤회하여 일체 고뇌를 받음이 강하와 같음 生死 沈淪 六趣 輪廻 苦惱 江河		
환멸연기 還滅	그 근원을 끊음 根源	번뇌의 중류가 모두 쉼 衆流		진여체가 드러남 眞如體
	삼독을 능전 三毒 能轉	삼취정계가 되고 三聚淨戒		자연히 일체제고를 自然 一切諸苦 영리함 永離
	육적을 능전 六賊 能轉		육바라밀이 됨 六波羅密	

제3장

사제
四 諦

四諦¹를
사제

四眞諦 또는
사진제

사성제라고도 云하니
四聖諦　　　　운

聖者所見의 眞理임으로써라
성자소견　　진리

一에 苦諦란
일　　고제

三界²六趣³의
삼계 육취

네 가지 진리(사제四諦)를

네 가지 참진리(사진제四眞諦) 또는

네 가지 성스러운 진리(사성제四聖諦)라고도

말하니 성자가 보는 바의 진리이기 때문이라

첫째 고의 진리(고제苦諦)란

욕계, 색계, 무색계 3계의 천, 인, 아수라,

축생, 아귀, 지옥 등의 6도윤회 중생

(삼계육취三界六趣)의

---

1 사제四諦; 제諦는 Skt. satya, Pali sacca의 번역으로 진리를 뜻함. 괴로움을 소멸시켜 열반에 이르는 네 가지 진리. 1) 고제苦諦. 괴로움이라는 진리. 태어나고 늙고 병들고 죽는 괴로움과, 사랑하는 사람과 헤어져야 하는 괴로움, 미워하는 사람과 만나거나 살아야 하는 괴로움, 구하여도 얻지 못하는 괴로움, 오온五蘊에 탐욕과 집착이 있으므로 괴로움. 2) 집제集諦. 괴로움의 원인이라는 진리. 괴로움이 일어나는 원인은 몹시 탐내어 집착하는 갈애渴愛라는 진리. 집集은 Skt./Pali samudaya의 번역으로 집기集起・기인起因・원인을 뜻함. 3) 멸제滅諦. 괴로움의 소멸이라는 진리. 갈애를 남김없이 소멸하면 괴로움이 소멸되어 열반에 이른다는 진리. 4) 도제道諦. 괴로움의 소멸에 이르는 길이라는 진리. 팔정도八正道는 갈애를 소멸시키는 수행법이라는 진리. 동의어; 사성제四聖諦, 사진四眞, 사진제四眞諦, 성제聖諦, 고집멸도苦集滅道.

2 삼계三界; 중생의 마음과 생존 상태를 세 단계로 나눈 것. 1) 욕계欲界. 탐욕이 들끓는 세계로, 지옥・아귀・축생・아수라・인간・육욕천六欲天을 통틀어 일컬음. 2) 색계色界. 탐욕에서는 벗어났으나 아직 형상에 얽매여 있는 세계로, 여기에 십팔천十八天이 있음. 3) 무색계無色界. 형상의 속박에서 완전히 벗어난 순수한 선정禪定의 세계로, 공무변처천空無邊處天・식무변처천識無邊處天・무소유처천無所有處天・비상비비상처천非想非非想處天을 말함.

3 육취六趣; 육도六道. 도道는 상태・세계를 뜻함. 중생이 저지른 행위에 따라 받는다고 하는 생존 상태, 또는 미혹한 중생의 심리 상태를 여섯 가지로 나누어 형상화한 것. 중생이 생각에 따라 머물게 되는 여섯 가지 세계. 1) 지옥도地獄道. 수미산의 사방에 있는 네 대륙의 하나인 남쪽의 섬부주瞻部洲 밑에 있다고 하며, 뜨거운 불길로 형벌을 받는 팔열지옥八熱地獄과 혹독한 추위로 형벌을 받는 팔한지옥八寒地獄으로 크게 나뉨. 2) 아귀도餓鬼道. 재물에 인색하거나 음식에 욕심이 많거나 남을 시기・질투하는 자가 죽어서 가게 된다는 곳으로, 늘 굶주림과 목마름으로 괴로움을 겪는다고 함. 섬부주瞻部洲 밑과 인도人道와 천도天道에 있다고 함. 3) 축생도畜生道. 온갖 동물들의 세계. 4) 아수라도阿修羅道. 인간과 축생의 중간에 위치한 세계로, 수미산과 지쌍산 사이의 바다 밑에 있다고 함. 5) 인도人道. 수미산 동쪽에 있는 승신주勝身洲, 남쪽에 있는 섬부주瞻部洲, 서쪽에 있는 우화주牛貨洲, 북쪽에 있는 구로주俱盧洲의 네 대륙을 말함. 6) 천도天道. 신神들의 세계라는 뜻으로, 수미산 중턱에 있는 사왕천四王天에서 무색계의 유정천有頂天까지를 말함. ▶유정천有頂天; 1. 색계 18천天 가운데 가장 위에 있는 색구경천色究竟天을 말함. 형상에 얽매여 있는 경지의 가장 위라는 뜻. 2. 무색계 4천天 가운데 가장 위에 있는 비상비비상천非想非非想天을 말함. 삼계三界의 가장 위라는 뜻.

苦報⁴니 고 보	고를 받음(고보苦報)이니
迷⁵의 果⁶요 미 과	어리석음(미迷)의 결과(과果)요
二에 集諦란 이 집 제	둘째 고통의 원인(집集)의 진리(집제集諦)란
貪,⁷ 嗔⁸ 等의 煩惱⁹와 탐 진 등 번뇌	욕심과 성냄 등의 번뇌煩惱와
善惡¹⁰의 諸業¹¹으로서 선 악 제 업	착함과 악함의 모든 행위로서
此二가 能히 차 이 능	이 둘(번뇌와 행위)이 능히
三界六趣의 삼 계 육 취	3계에 윤회하는 6도중생의
苦報를 集起¹²함으로 고 보 집 기	고보苦報를 모아 일으킴으로
迷의 因¹³이오 미 인	어리석음(미迷)의 원인(인因)이요

4   고보苦報; 괴로운 과보. 범부가 스스로를 알지 못해 업을 지어 고통을 받는 것. 악도惡道에 떨어지는 것이 큰 고보이고, 불여의不如意의 보報를 받는 것이 작은 고보이다.

5   미迷; 미혹迷惑・미망迷妄・미집迷執의 준말. 무명번뇌로 인하여 사리를 밝게 깨치지 못하고 전도몽상하는 것.

6   과果; Skt. phala. 1. 원인으로 말미암아 생긴 결과. 2. 과보. 3. 경지. 깨달음의 경지. 부처의 경지.

7   탐貪; Skt. rāga. 삼독三毒의 하나. 탐내어 그칠 줄 모르는 욕심. 탐내는 마음.

8   진嗔; Skt. dveṣa. 삼독三毒의 하나. 화내다. 성내다.

9   번뇌煩惱; Skt. kleśa. Pali kilesa. 중생이 일으키는 모든 생각. 중생을 괴롭히고 산란하게 하는 마음 작용. 중생을 어지럽히고 미혹하게 하는 마음 작용.

10 선악善惡; 착한 것과 악한 것을 아울러 이르는 말.

11 제업諸業; 일체업一切業(Skt. sarva-karman). Skt. karma-traya. ▶업業; Skt. karman. Pali kamma. 1. 행위. 몸과 입과 마음으로 짓는 행위와 말과 생각. 2. 행위와 말과 생각이 남기는 잠재력. 과보를 초래하는 잠재력. 3. 선악의 행위에 따라 받는 고락의 과보. 4. 좋지 않은 결과의 원인이 되는 악한 행위. 무명無明으로 일으키는 행위. 5. 어떠한 결과를 일으키는 원인이나 조건이 되는 작용. 과거에서 미래로 존속하는 세력. 6. 바이셰시카 학파에서 설하는 육구의六句義의 하나. 사물의 본질을 이루고 있는 실체의 운동. 7. 고려 때, 종파나 학파의 뜻으로 쓰인 말.

12 집기集起; 집集은 Skt./Pali samudaya의 번역으로 집기集起・기인起因・원인을 뜻함.

13 인因; Skt. hetu. 1. 어떤 결과를 일으키는 직접 원인이나 내적 원인. 넓은 뜻으로는 간접 원인이나 외적 원인 또는 조건을 뜻하는 연緣도 포함함. 2. 과거의 행위와 경험과 학습 등에 의해 아뢰야식阿賴耶識에 새겨진 인상印象・잠재력, 곧 종자種子를 밀함. 3. 인명因明에서, 주정 명제인 종宗을 내세우게 된 이유. 예를 들면

三에 滅諦란 곧 涅槃[14]으로서

涅槃이란 惑業[15]을

滅하고 生死의 苦를 離한

眞空[16]寂滅[17]의 境界[18]니

悟[19]의 果요

四에 道諦란 곧

八正道[20]로서

셋째 멸의 진리(멸제滅諦)란 곧 열반涅槃으로서

열반이란 미혹과 모든 행위(혹업惑業)를

소멸하고 나고 죽는 고통을 떠난,

참으로 비고 고요한(진공적멸眞空寂滅) 경계이니

깨달음(오悟)의 결과(과果)요

넷째 도의 진리(도제道諦)란 곧

8겹의 바른 길(팔정도八正道)로서

다음과 같음. '말은 무상하다(종宗)', '지어낸 것이기 때문이다(인因)'.

14 열반涅槃; Skt. nirvāṇa. Pali nibbāna의 음사. 멸滅·멸도滅度·적멸寂滅·적정적정寂靜·적寂·안온安穩이라 번역. 불어서 끈 상태라는 뜻. 1. 불어서 불을 끄듯, 탐욕(탐貪)과 노여움(진瞋)과 어리석음(치癡)이 소멸된 심리 상태. 모든 번뇌의 불꽃이 꺼진 심리 상태. 사제四諦에서 집集, 곧 괴로움의 원인인 갈애渴愛가 소멸된 상태. 모든 번뇌를 남김없이 소멸하여 평온하게 된 상태. 모든 미혹의 속박에서 벗어난 깨달음의 경지. 번뇌를 소멸하여 깨달음의 지혜를 완성한 경지. 2. 석가나 승려의 죽음.

15 혹업惑業; 미혹과 모든 행위. 미혹으로 인한 모든 행위.

16 진공眞空; 1. 모든 현상에는 불변하는 실체가 없다는 공空의 관념도 또한 공空이라는 뜻. 2. 공空에 치우치지 않고, 여러 인연의 일시적인 화합으로 존재하는 현상을 긍정하는 진실한 공空. 3. 모든 차별을 떠난 있는 그대로의 모습. 4. 모든 분별이 끊어진 마음 상태. 부처의 성품. 5. 충담忠湛의 시호.

17 적멸寂滅; 1. 자연自然히 없어져 버림. 2. 불교佛教에서, 번뇌煩惱의 경지境地를 벗어나 생사生死의 괴로움을 끊음, 죽음, 입적入寂, 열반涅槃.

18 경계境界; 1. Skt. viṣaya. 대상. 인식 대상. 2. Skt. viṣaya. 경지. 3. 상태. 4. 범위. 영역. 5. 일. 사건.

19 오悟; 1. 깨달음. 진리를 체득하여 깨달음. 우주의 근원을 깨달음. 2. 이해함.

20 팔정도八正道; Skt. āryāṣṭāṅgika-mārga. Pali ariya-aṭṭhaṅgika-magga. 팔정도분八正道分, 팔도선八道船, 팔정문八正門, 팔유행八由行, 팔유행八游行, 팔성도지八聖道支, 팔도행八道行, 팔직행八直行, 팔직도八直道. 괴로움의 소멸에 이르는 여덟 가지 바른 길. 1) 정견正見. 바른 견해. 연기緣起와 사제四諦에 대한 지혜. 2) 정사유正思惟. 바른 생각. 곧, 번뇌에서 벗어난 생각, 노여움이 없는 생각, 남에게 해를 끼치지 않는 생각 등. 3) 정어正語. 바른 말. 거짓말, 남을 헐뜯는 말, 거친 말, 쓸데없는 잡담 등을 삼감. 4) 정업正業. 바른 행위. 살생이나 도둑질 등 문란한 행위를 하지 않음. 5) 정명正命. 바른 생활. 정당한 방법으로 적당한 의식주를 구하는 생활. 6) 정정진正精進. 바른 노력. 이미 생긴 악은 없애려고 노력하고, 아직 생기지 않은 악은 미리 방지하고, 아직 생기지 않은 선은 생기도록 노력하고, 이미 생긴 선은 더욱 커지도록 노력함. 7) 정념正念. 바른 마음챙김. 신체, 느낌이나 감정, 마음, 모든 현상을 있는 그대로 통찰하는 마음챙김. 8) 정정正定. 바른 집중. 마음을 하나의 대상에 집중·통일시킴으로써 마음을 가라앉힘.

能히 涅槃에 通하는 道이니	능히 열반에 이르는 길이니
悟의 因이니라	깨달음(오悟)의 원인(인因)이니라
此中 初二는 流轉[21]의	이들 중 앞의 둘(고집苦集)은 윤회(유전流轉)의
因果[22]이니 곧 世間[23]의 因果요	인과因果이니 곧 세속(세간世間)의 인과요
後二는	뒤의 둘(멸도滅道)은
還滅[24]의 因果니	깨달음의 세계에 듦(환멸還滅)의 인과니
곧 出世間[25]의 因果로서	곧 세속을 떠난(출세간出世間) 인과로서
四를 모두 諦라 함은	넷을 모두 진리(제諦)라 함은
그 眞理가 實[26]至極[27]함으로써요	그 진리가 실답고 지극하기 때문이요
二者 共히	(유전인과와 환멸인과) 양쪽 모두
果位[28]를 앞세우고	결과(과위果位)를 앞세우고
因位[29]를 뒤에 둠은	원인(인위因位)을 뒤에 둠은

---

21 유전流轉; 번뇌 때문에 괴로운 생존을 되풀이하면서 떠돎.
22 인과因果; 1. 원인原因과 결과結果. 2. 먼저 한 일의 갚음.
23 세간世間; Skt. loka. 세世는 파괴·변화, 간間은 가운데·간격을 뜻함. 1. 변하면서 흘러가는 현상계. 2. 생물들의 세계. 3. 생물들이 거주하는 자연 환경, 곧 산하대지. 4. 세상. 이 세상. 세속. 5. Skt. saṃsāra. 미혹한 세계. 6. 육내입처六內入處, 또는 십이처十二處를 말함.
24 환멸還滅; 번뇌를 소멸하여 괴로운 생존에서 열반으로 나아감.
25 출세간出世間; 1. 세속의 번뇌를 떠나 깨달음의 경지에 이름. 번뇌의 더러움에 물들지 않은 청정한 깨달음의 경지. 번뇌를 소멸시킨 깨달음의 심리 상태. 2. 깨달음의 결과와 원인인 멸제滅諦와 도제道諦. 사제四諦를 명료하게 주시하여 견혹見惑을 끊는 견도見道 이상의 경지.
26 실實; 1. Skt. satya. 진실. 진리. 2. Skt. bhūta. 존재함. 3. Skt. dravya. 불변하는 실체. 4. Skt. dravya. 바이세시카 학파에서 설하는 육구의六句義의 하나. 사물의 본질을 이루고 있는 지地·수水·화火·풍風·공空 등의 실체.
27 지극至極; 어떠한 정도程度나 상태狀態 따위가 극도極度에 이르러 더할 나위 없음.
28 과위果位; 수행한 공덕으로 깨달음을 얻은 지위.
29 인위因位; 1. 불과佛果를 얻기 위하여 수행하는 지위. 2. 불법의 수행이 아직 성불에 이르지 아니한 보살

果는 보기가 쉽고	결과(果果)는 보기가 쉽고
과	
因은 알기 어려우므로	원인(因因)은 알기 어려우므로
인	
苦果를 먼저 보여 이를	고과苦果를 먼저 보여 이를
고 과	
厭離[30]케 한 후 其 因을	싫어하여 멀리 떠나게 한 후 그 원인(因因)을
염 리　　　　기 인	
斷滅[31]케 하며 또는	끊어 소멸(斷滅단멸)하게 하며 또는
단 멸	
涅槃의 妙果[32]를 먼저 들어	열반涅槃의 묘한 결과(妙果묘과)를 먼저 들어
열 반　　묘 과	
願樂[33]케 한 후	원하고 좋아(願樂원요)하게 한 후
원 요	
其 道를 修行케 하심이니	그 8겹의 바른 길(道도)을 수행하게 하심이니
기 도　수 행	
佛께서 菩提樹[34]下를	부처님께서 보리수 아래에서
불　　보 리 수　하	
起하사 鹿野苑[35]에 到하시고	성도 후 일어나시어 녹야원에 이르시고
기　　녹 야 원　 도	
五比丘[36]를 爲하야 이 法을	교진여 등 다섯 비구를 위하여 이 4제법을
오 비 구　위　　　법	

　　의 지위.
30　염리厭離; 사바의 더러움을 싫어하며 떠나는 일.
31　단멸斷滅; 끊어져 멸망함. 끊어 없앰.
32　묘과妙果; 보리, 열반과 같은 아주 뛰어나고 훌륭한 결과.
33　원요願樂; 원하고 좋아함.
34　보리수菩提樹; Skt. bodhi-vṛkṣa 원래 이름은 아설타阿說他(Skt. aśvattha)이며, 그 열매를 필발라畢鉢羅(Skt. pippala)라고 하는 데서 이 나무를 필발라수畢鉢羅樹라고도 하고, 붓다가 이 나무 아래에서 깨달음을 성취하였으므로 보리수라고 함. 상록 교목으로, 잎은 심장 모양이며 끝이 뾰족함.
35　녹야원鹿野苑; Skt. mṛgadāva. Pali migadāya. 붓다가 처음으로 설법한 곳. 갠지스 강 중류, 지금의 바라나시(Varanasi)에서 북동쪽 약 7km 지점에 있는 동산. 붓다가 깨달음을 이룬 우루벨라uruvelā 마을의 붓다가야buddhagayā에서 녹야원까지는 약 250km(직선 거리로 약 200km)됨.
36　오비구五比丘; 붓다가 깨달음을 성취한 후, 처음으로 교화한 다섯 비구. 이들은 우루벨라uruvelā에서 싯다르타와 함께 고행했으나 그가 네란자라nerañjarā 강에서 목욕하고 또 우유죽을 얻어 마시는 것을 보고 타락했다고 하여, 그곳을 떠나 녹야원鹿野苑에서 고행하고 있었는데, 깨달음을 성취한 붓다가 그들을 찾아가 설한 사제四諦의 가르침을 듣고 최초의 제자가 됨. 1) 아야교진여阿若憍陳如. Pali aññā-koṇḍañña의 음사. 요본제了本際·지본제知本際라고 번역. 아야阿若는 이름, 교진여憍陳如는 성姓. 2) 아설시阿說示. Pali assaji의 음사. 마사馬師·마승馬勝이라 번역. 3) 마하남摩訶男. Pali mahānāma의 음사. 대명大名·대호大號라

如說하셨음으로 여 설	이와같이 말씀하셨으므로
佛轉法輪[37]의 初라 불 전법륜 초	부처님께서 처음으로 법륜을 굴렸다고
謂하나니 修者는 위 수 자	이르나니 수행자는
依此修道하야 의 차 수 도	이에 의거하여 도를 닦아서
隨宜[38]證滅[39]할지니라 수 의 증 멸	마땅히 고苦가 멸滅함을 증명할지니라

고 번역. 4) 바제바제婆提. Pali bhaddiya의 음사. 인현仁賢·소현小賢·현선賢善이라 번역. 5) 바부婆敷. Pali vappa의 음사. 기식氣息·장기長氣라고 번역.

37　전법륜轉法輪; 1. 삼법륜의 하나. 석가모니가 성도한 뒤에 사제四諦, 팔정도 따위를 설법하여 중생을 널리 제도하는 것을 이른다. 2. 교법을 설함. [비슷한 말] 전묘법륜. ▶삼법륜三法輪; 삼륜三輪. 진제眞諦와 현장玄奘이 세존의 가르침을 세 단계로 나눈 것. 1) 전법륜轉法輪. 녹야원鹿野苑에서 처음으로 설한 사제四諦의 가르침. 2) 조법륜照法輪. 분별과 망상이 끊어진 상태에서 현상을 응시하는 공空에 대한 가르침. 3) 지법륜持法輪. 성문聲聞·연각緣覺·보살菩薩이 모두 지녀야 하는, 모든 현상의 있는 그대로의 참모습에 대한 가르침.

38　수의隨宜; 마땅함을 좇다. 적절히.

39　증멸證滅; 열반을 얻음. 멸제를 증명함.

<표16> 사제법四諦法(사성제四聖諦)

사제법四諦法 사진제四眞諦 사성제四聖諦	뜻	십육행상 十六行相 [구사종의 사제관] 俱舍宗 四諦觀	인과율因果律 연기법緣起法 인연법因緣法
고; 苦 고보 苦報 미과 迷果	삼계육도의 생로병사를 주한 **고**의 과보 三界六道 生老病死 主 苦 果報	제법은 생멸하니 **무상**, **고**, **공**, **무아**임을 관함 無常 苦 空 無我 觀	유전인과 流轉因果 세간인과 世間因果
집; 集 집인 集因 미인 迷因	탐진치 삼독 등의 번뇌(**혹**)와 선악의 행위(**업**)로서 貪嗔痴 三毒 煩惱惑 善惡 行爲 業 일체고의 원인 一切苦 原因	혹업은 고과를 낳는 **인**, 고과를 나타나도록 惑業 苦果 因 苦果 하는 **집**, 고과를 상속시키는 **생**, 고과를 성립 集 生 시키는 **연**임을 관함. 緣 觀	
멸; 滅 멸과 滅果 오과 悟果	상락아정한 영생(열반)으로서 진공적멸(해탈)의 과 常樂我淨 永生涅槃 眞空寂滅 解脫 果	멸제는 육체적 계박이 다한 **멸**, 번뇌가 요란 滅諦 繫縛 滅 하지 않은 **정**, 일체의 과환이 없는 **묘**, 모든 靜 過患 妙 액난에서 벗어난 **이**임을 관함. 離 觀	환멸인과 還滅因果 출세간인과 出世間因果
도; 道 도인 道因 오인 悟因	계정혜의 삼학도 또는 팔정도로서 영생해탈의 인 戒定慧 三學道 八正道 永生解脫 因	도제는 멸로 들어가는 **도**, 정리에 들어맞는 道諦 道 正理 **여**, 열반으로 향하게 하는 **행**, 생사를 초월케 如 行 하는 **출**임을 관함. 出 觀	

▶ 사제법四諦法=사진제四眞諦=사성제四聖諦; 성자소견聖者所見의 진리眞理

▶ 체諦; 진리가 실지극實至極함

▶ 과인과인果因; 과과는 보기 쉽고, 인因은 알기 어려우므로, 고과苦果를 먼저 보여 이를 염리厭離케 한 후 그 인因을 단멸斷滅케 하며, 또는 열반의 묘과妙果를 먼저 들어 원요願樂케 한 후 그 도道를 수행케 함.

▶ 열반涅槃; 혹업惑業을 멸멸하고 생사生死의 고苦를 이리離한 진공적멸眞空寂滅의 경계境界니 오悟의 과果.

▶ 초전법륜初轉法輪; 부처님께서 보리수하에서 깨달은 후 녹야원에 이르러 5비구를 위해 사제법을 설함.

▶ 수자修者는 의차수도依此修道하야 수의증멸隨宜證滅할지니라

<표17> 사제법; 3전 12상

The three aspects and twelve insight of the four noble truths

3전12상 轉 相	시전 示 轉	권전 勸 轉	증전 證 轉
3전 영어	The 1st aspect The statement 서술	The 2nd aspect The practice 수행	The 3rd aspect The result of practice 증명(체득)
3전 팔리어	Pariyatti	Patipatti	Pativedha
고제 Skt. duḥkha-satya 苦諦	고가 있다	고를 알아야	고임을 철저히 알았다
고집제 Skt. samudaya-satya 苦集諦	고의 원인은 갈애	갈애를 벗어나야	갈애를 벗어났다
고멸제 Skt. nirodha-satya 苦滅諦	고의 소멸이 있다	고멸이 실현돼야	고멸이 실현되었다
고멸도제 Skt. Mārga-satya 苦滅道諦	고 소멸의 길, 8정도가 있다	8정도를 닦아야	8정도가 완성되었다

<표18> 사성제와 의학의 대비

사성제 四聖諦	내용	연기 緣起		의학대비 醫學對比
고제 苦諦	4고8고 등 四苦八苦	과 果	유전연기 流轉緣起	질병 Disease(진단 Diagnosis)
고집제 苦集諦	갈애(욕, 유, 무유애)	인 因		원인 Etiology
고멸제 苦滅諦	열반(고의 소멸)	과 果	환멸연기 還滅緣起	건강 Health(예후 Prognosis)
고멸도제 苦滅道諦	8정도 八正道	인 因		치료법 Treatment plan
대의왕(부처님)(great king of doctors) 大醫王				의사 醫師
중생 衆生				환자 患者
넘(Skt. smṛti; Pali sati; Mindfullness, Awareness) 念				MBSR; Mindfullness Based Stress Reduction

▶ 부처님은 대의왕大醫王; Great Lord of healing, an epithet of buddhas and bodhisattvas. (Skt. mahā-vaidya-rāja, vaidya-rāja, vadyôttama) 《번역명의집翻譯名義集, 잡아함경雜阿含經》

<표19> 사종사제 四種四諦*

	사제 四諦	화법사교 化法四敎
생멸사제 生滅四諦	미오의 인과에 **진실한 생멸**이 있다고 말하는 것. 迷悟　因果	**장교**; 아함경을 비롯한 초기의 가르침. 藏敎
무생사제 無生四諦	미오의 인과는 모두 **환화하는 법이라 실제로 생멸하지 않는** 迷悟　因果　　　　幻化 **것**이며 생멸이 곧 무생멸이 되므로 무생사제라 함.	**통교**; 성문·연각·보살에게 공통되는 가르침. 通敎
무량사제 無量四諦	진여가 무명의 훈습에 의하여 한량없이 **미오 인과의 모든** 眞如　無明　熏習 **현상을 드러내므로** 사제도 한량없는 모양이 있다고 함. 　　　　　　　　四諦	**별교**; 보살만을 위한 가르침. 別敎
무작사제 無作四諦	번뇌즉보리이므로 **단집수도**의 조작이 필요없고, 煩惱卽菩提　　　斷集修道 생사즉열반이므로 **멸고증멸의 조작이 없어**, 이와같이 生死卽涅槃　　　滅苦證滅 단증소작 사제를 여의므로 무작사제 斷證所作 四諦	**원교**; 세존이 체득한 깨달음을 그대로 설한, 圓敎 가장 완전한 가르침. 법화경이 여기에 해당함.

* four interpretations of Four Noble Truths. 천태종에서 《열반경涅槃經》〈성행품聖行品〉의 설說함에 따라, 4종의 사제를 안립安立하여, 장통별원藏通別圓의 4교에 배분함.

第一節　八正道[1]
제 1 절　팔정도

一에 正見[2]이란 苦·集·滅·道
四諦의 理를 見하야 分明할새
無漏[3]의 慧[4]를 體로 하니
이것이 八正道의 本體요
二에 正思惟[5]란 四諦의 理를

제1절 팔정도

첫째 정견正見이란 고苦·집集·멸滅·도道
4제四諦의 이치를 보아 분명하여
번뇌 없는 지혜(무루無漏의 혜慧)를 몸으로 하니
이것이 팔정도八正道의 본체本體요
둘째 정사유正思惟란 사제四諦의 이치를

---

1 팔정도八正道; Skt. āryāṣṭāṅgika-mārga, Pali ariya-aṭṭhaṅgika-magga. 팔정도분八正道分, 팔도선八道船, 팔정문八正門, 팔유행八由行, 팔유행八游行, 팔성도지八聖道支, 팔도행八道行, 팔직행八直行, 팔직도八直道. 괴로움의 소멸에 이르는 여덟 가지 바른 길. 1) 정견正見. 바른 견해. 연기緣起와 사제四諦에 대한 지혜. 2) 정사유正思惟. 바른 생각. 곧, 번뇌에서 벗어난 생각, 노여움이 없는 생각, 남에게 해를 끼치지 않는 생각 등. 3) 정어正語. 바른 말. 거짓말, 남을 헐뜯는 말, 거친 말, 쓸데없는 잡담 등을 삼감. 4) 정업正業. 바른 행위. 살생이나 도둑질 등 문란한 행위를 하지 않음. 5) 정명正命. 바른 생활. 정당한 방법으로 적당한 의식주를 구하는 생활. 6) 정정진正精進. 바른 노력. 이미 생긴 악은 없애려고 노력하고, 아직 생기지 않은 악은 미리 방지하고, 아직 생기지 않은 선은 생기도록 노력하고, 이미 생긴 선은 더욱 커지도록 노력함. 7) 정념正念. 바른 마음챙김. 신체, 느낌이나 감정, 마음, 모든 현상을 있는 그대로 통찰하는 마음챙김. 8) 정정正定. 바른 집중. 마음을 하나의 대상에 집중·통일시킴으로써 마음을 가라앉힘.

2 정견正見; 1. Skt. samyag-dṛṣṭi. Pāli sammā-diṭṭhi. 정직견正直見. 제견諦見. 팔정도八正道의 하나. 바른 견해. 유·무의 편견을 여읜 정중正中의 견해. 불교의 바른 이치인 연기緣起와 사제四諦에 대한 지혜. 2. 있는 그대로 봄. 3. 바르게 자신의 참모습을 앎.

3 무루無漏; Skt. anāsrava, nirāsrava. Pāli anāsava. untainted. 누漏는 마음에서 더러움이 새어 나온다는 뜻으로, 번뇌를 말함. 번뇌가 없음. 번뇌의 더러움에 물들지 않은 마음 상태, 또는 그러한 세계. 번뇌와 망상이 소멸된 상태. 분별을 일으키지 않는 마음 상태.

4 혜慧; Skt. prajñā. Pali paññā. 1. 모든 현상의 이치와 선악 등을 명료하게 판단하고 추리하는 마음 작용. 2. 분별하지 않고 대상을 있는 그대로 직관하는 마음 작용. 미혹을 끊고 모든 현상을 있는 그대로 주시하는 마음 작용. 분별과 집착이 끊어진 마음 상태. 모든 분별이 끊어져 집착하지 않는 마음 상태. 모든 분별을 떠난 경지에서 온갖 차별을 명료하게 아는 마음 작용.

5 정사유正思惟; Skt. samyak-saṃkalpa. Pāli sammā-saṃkappa. 정지正志. 정직치正直治. 등치等治. 직치直治. 8정도正道의 하나. 바른 생각. 곧, 번뇌에서 벗어난 생각, 노여움이 없는 생각, 남에게 해를 끼치지 않는 생각 등. 무루의 지혜로 4제의 이치를 깊이 사유하여 관觀이 더욱 향상하게 하는 것.

既見하고 오히려 思惟籌量⁶하야	이미 알고 오히려 사유하고 주량하여
기견 　　　　사유주량	
眞理增長함이니 無漏心의	진리를 더욱 증장시킴인 무번뇌심의
진리증장　　　무루심	
心所⁷[心王⁸ 所有의 別作用法]로써	대상(심왕이 갖춘 별작용법)으로써
심소　심왕 소유　별작용법	
體를 삼음이오	몸을 삼음이오
체	
三에 正語⁹란 眞智¹⁰로써	셋째 정어正語란 참지혜로써
삼　정어　　진지	
口業을 닦아서 一切非理의	구업口業을 닦아서 일체 이치에 어긋난
구업　　　　일체비리	
말을 짓지 않음이니 無漏의 戒로써	말을 짓지 않음이니 무번뇌의 계戒로써
무루　계	
體를 삼음이오	몸을 삼음이오
체	
四에 正業¹¹이란 眞智로써	넷째 정업正業이란 참지혜로써
사　정업　　　진지	

6　주량籌量; 꾀하고 셈하고 헤아림.

7　심소心所; Skt. caitta, caitasika. Pāli cetasika. 심상응행心相應行. 오위五位의 하나. 심소유법心所有法의 준말. 대상의 전체를 주체적으로 인식하는 심왕心王에 부수적으로 일어나 대상의 부분을 구체적으로 인식하는 마음 작용. 구사종에서는 46법, 유식종에서는 51법을 세움.

8　심왕心王; Skt. citta, citta-rājan. 의식작용의 본체. 대상의 전체를 주체적으로 인식하는 마음 작용으로, 육식六識 또는 팔식八識으로 분류함.

9　정어正語; 1. Skt. samyag-vāc, samyag-vadamāna. Pāli sammā-vācā. 정직어正直語. 제어諦語. 등어等語. 직어直語. 팔정도八正道의 하나. 바른 말. 정견正見·정사유正思惟에 의하여 거짓말, 남을 헐뜯는 말, 거친 말, 쓸데없는 잡담 등을 삼감. 2. 석존이 성도한 뒤에 처음으로 교화를 받은 5비구의 한 사람인 바부婆敷를 가리킴.

10　진지眞智; Skt. bhūta-jñāna. 3지의 하나. 무차별 평등한 진리를 관조하는 지혜. ▶삼지三智; Skt. tri-jñāna. three kinds of cognition. 지혜를 세 가지로 나눈 것. 1. 1) 일체지一切智. 모든 현상을 두루 아는 성문聲聞·연각緣覺의 지혜. 2) 도종지道種智. 깨달음에 이르게 하는 모든 수행을 두루 아는 보살의 지혜. 3) 일체종지一切種智. 모든 현상의 전체와 낱낱을 아는 부처의 지혜. 2. 1) 세간지世間智. 세속의 일을 아는 지혜. 2) 출세간지出世間智. 모든 현상을 분별하는 성문聲聞·연각緣覺의 지혜. 3) 출세간상상지出世間上上智. 모든 현상의 참모습을 관조하여 분별을 떠난 부처와 보살의 지혜. 3. 1) 외지外智. 바깥으로 물질적 현상계를 대상으로 하여 관찰하는 지혜. 2) 내지內智. 안으로 번뇌를 대상으로 하여 이를 끊고, 해탈경에 이르는 지혜. 3) 진지眞智. 열반 적정의 경지에 이르러 나타나는 지혜.

11　정업正業; 1. Skt. samyak-karmaanta. Pāli sammā-kammanta. 정직행正直行. 제행諦行. 등업等業. 직행直行. 팔정도八正道의 하나. 바른 행위. 정견正見·정사유正思惟에 따라서 바르게 행동하는 것. 살생이나 도둑질 등 문란한 행위를 하지 않음. 2. 5정행正行인 독송·관찰·예배·칭명·찬탄공양 가운데서 네 번째인 칭명

身의 一切邪業을 除하야	몸의 일체 잘못된 행동을 제거하여
淸淨의 身業에 住함이니	청정淸淨한 신업身業에 머무름이니
無漏의 戒로써 體를 삼음이오	완벽한 계戒로써 몸을 삼음이오
五에 正命¹²이란 身·口·意의	다섯째 정명正命이란 신身·구口·의意의
三業¹³을 淸淨히 하되 正法에 順하야	삼업三業을 맑게 하되 정법正法에 맞도록
活命하고 五邪命¹⁴	직업을 가지고 다섯 가지 바르지 못한 직업

을 정토에 왕생하는 정행업이라 하고, 앞의 세 가지와 뒤의 하나는 정행을 도와주는 행업이라 하여 조업이라 함.

12 정명正命; Skt. samyag-ājiva. Pāli sammā-ājiva. 정직업正直業. 제수諦受. 직업直業. 팔정도八正道의 하나. 바른 생활. 정당한 방법으로 적당한 의식주를 구하는 생활. 행동·말·생각으로 악업을 짓지 않고, 정당한 생활을 하여, 5사명邪命을 여의는 것.

13 삼업三業; Skt. trīni-karmāṇi. Pali tīi kammāni. 1. 몸과 입과 마음으로 짓는 행위와 말과 생각. 1) 신업身業. 몸으로 짓는 동작·행위. 2) 구업口業. 말을 잘못하여 짓는 업. 3) 의업意業. 무엇을 하려는 생각·뜻·의지·마음 작용. 2. 고苦·락樂·불고불락不苦不樂의 과보를 받을 세 가지 업業. 1) 순고수업順苦受業. 괴로움의 과보를 받을 욕계의 모든 악업惡業. 2) 순락수업順樂受業. 즐거움의 과보를 받을 욕계에서 색계 제삼선천第三禪天까지의 선업善業. 3) 순불고불락수업順不苦不樂受業. 괴로움과 즐거움의 과보를 받지 않을 색계 제사선천第四禪天 이상의 선업善業. 3. 삼시업三時業이라고도 함. 현생에서 지은 선악의 행위를 장차 받을 과보의 시기에 따라 세 가지로 나눈 것. 1) 순현업順現業(순현법수업順現法受業). 현생에서 지은 선악의 행위에 대한 과보를 현생에서 받는 것. 2) 순생업順生業(순차생수업順次生受業). 현생에서 지은 선악의 행위에 대한 과보를 다음 생生에서 받는 것. 3) 순후업順後業(순후차수업順後次受業). 현생에서 지은 선악의 행위에 대한 과보를 다음 생生 이후에서 받는 것. 4. 1) 선업善業. 안온安穩하게 자기의 뜻에 알맞는 결과를 받을 업. 2) 악업惡業. 자기의 뜻에 맞지 않는 결과를 받을 업. 3. 무기업無記業. 선악에 치우치지 아니하며, 또 선악의 어떤 결과도 받지 아니할 중간 성성의 업. 여기에는 수행을 방해하는 것, 곧 아집我執의 근본인 제7식과 같은 유부무기有覆無記와 방해하지 않는 것, 곧 자연계나 제8 아뢰야식과 같은 무부무기無覆無記가 있다. 5. 과보에 따라 나눈 세 가지 업業. 1) 복업福業. 행복한 과보를 받을 욕계의 선업善業. 2) 비복업非福業. 불행한 과보를 받을 욕계의 악업惡業. 3) 부동업不動業. 선정禪定의 단계에 따라 반드시 그 단계의 과보를 받을 색계·무색계의 선업善業. 6. 일어나는 원인에 따라 나눈 세 가지 업業. 1) 곡업曲業. 아첨에서 일어나는 행위와 말과 생각. 2) 예업穢業. 노여움에서 일어나는 행위와 말과 생각. 3) 탁업濁業. 탐욕에서 일어나는 행위와 말과 생각.

14 오사명五邪命; Five kinds of evil livelihood. 비구로서 할 수 없는 일을 하여 생활하는 것을 사명邪命이라 함. 5종이 있음. 1. 1) 사현이상邪現異相. 세속의 사람을 속이고, 괴상한 형상을 나타내어 이양利養을 구함. 2) 자설공능自說功能. 자기의 공덕을 말하여 이양을 구함. 3) 점상길흉占相吉凶. 점술을 배워 사람의 길흉을

[天文·地理·四柱·相·占]을
  천문 지리 사주 상 점

遠離함이니 無漏의 戒로써
 원리   무루   계

體를 삼음이오
 체

六에 正精進¹⁵이란 眞智를
 육   정정진   진지

發用하야 涅槃의 道를
 발용   열반   도

强修함이니 無漏의 勤으로써
 강수   무루   근

體를 삼음이오
 체

七에 正念¹⁶이란 眞理로써 正道를
 칠   정념   진리   정도

憶念할 뿐으로써
 억념

邪念이 無함이니 無漏의 念으로써
 사념   무   무루 념

體를 삼음이오
 체

八에 正定¹⁷이란 眞智로써
 팔   정정   진지

[점성술(천문天文)·풍수지리(지리地理)·
사주四柱·관상(상相)·점占]을

멀리함이니 완벽한 계戒로써

몸을 삼음이오

여섯째 정정진正精進이란 참지혜를

발發하고 활용하여 열반涅槃의 도道를

힘써 닦음이니 완벽한 부지런함으로써

몸을 삼음이오

일곱째 정념正念이란 진리眞理로써 정도正道를

기억하고 생각(억념憶念)할 뿐으로써

삿된 생각이 없음이니 완벽한 념念으로써

몸을 삼음이오

여덟째 정정正定이란 참지혜로써

말하여 이양을 구함. 4) 고성현위高聲現威. 호언장담으로 위세를 가장하여 이양을 구함. 5) 설소득리이동인 심說所得利以動人心. 저곳에서 이양을 얻으면 이곳에서 칭찬하고, 이곳에서 이양을 얻고는 저곳에서 칭찬하여 이양을 구함. 2. 천문天文·지리地理·사주四柱·상相·점占.

15   정정진正精進; Skt. ∗ samyag-vīrya, samyag-vyāyāma. Pāli sammā-vāyāma. 정방편正方便. 정직방편正直方便. 등방편等方便. 직방편直方便. 팔정도八正道의 하나. 바른 노력. 이미 생긴 악은 없애려고 노력하고, 아직 생기지 않은 악은 미리 방지하고, 아직 생기지 않은 선은 생기도록 노력하고, 이미 생긴 선은 더욱 커지도록 노력함.

16   정념正念; Skt. samyak-smṛti. Pāli sammā-sati. 제의諦意. 직념直念. 직정념直正念. 팔정도八正道의 하나. 바른 마음챙김(right mindfulness). 신체, 느낌이나 감정, 마음, 모든 현상을 있는 그대로 통찰하여 마음챙김. 바른 알아차림(right awareness). 그릇된 생각을 버리고, 항상 수행하기에 정신을 집중하는 것.

17   정정正定; Skt. samyak-samādhi. Pali sammā-samādhi. Right concentration / correct determination. Right meditation. One of the parts of the Eightfold Correct Path. The maintenance of focused mindfulness in formal meditation. 1. 8정도八正道의 하나. 산란한 생각을 여의고 마음이 바르고 안정된 것. 바른 집중. 마음을 하나

無漏淸淨한 禪定에 入함을 말함이니	번뇌없이 청정한 선정禪定에 들음을 말함이니
無漏의 定으로써 體를 삼으니라	완벽한 정定으로써 몸을 삼으니라
此 八法이 邪非를 다 떠나므로	이 여덟 가지 도가 그릇 삿됨을 다 떠나므로
正이라 하고 能히 涅槃岸에	바름(정正)이라 하고 능히 열반안涅槃岸에
이르는 通路이므로 道라 하느니라	이르는 통로通路이므로 도道라 하느니라
모두 有漏[18]가 아닌 無漏로서 見道位의	모두 오염을 떠난 견도위見道位의
行法인 바 正見의 一은 八正道 中	수행법인 바 정견正見은 팔정도八正道 중
主體이므로 道요 나머지 七은	주체主體이므로 도道요 나머지 일곱은
道分이요 道支니라	도분道分이요 도의 가지(도지道支)니라

18 의 대상에 집중·통일시킴으로써 마음을 가라앉힘. 2. 정정취正定聚의 준말. [동의어] 제정諦定, 등정等定.
유루有漏; Skt. sāsrava, āsrava. Pali sassava. 1. 누漏는 마음에서 더러움이 새어 나온다는 뜻으로 번뇌를 말함. 우리들의 6문門으로 누설하는 것. 곧 고제苦諦·집제集諦를 유루라 함. 번뇌의 더러움에 물든 마음 상태, 또는 그러한 세계. 온갖 번뇌와 망상을 일으키는 마음 작용. 차별이나 분별을 일으키는 마음 작용. 2. 생존에 집착하는 번뇌. 3. 삼루三漏의 하나. 색계·무색계에서, 무명을 제외한 모든 번뇌.

청화 큰스님 해설

사성제四聖諦 팔정도八正道[1]

　부처님 가르침에는 깊고 얕은 심천深淺이 있습니다. 초기 법문은 일반 중생의 근기根機에 맞추어서, '선악善惡도 있고 천상天上도 있다.'는 유교有敎의 입장에서 말씀하셨습니다. 나중에 중생의 근기가 익은 다음에는 '이러한 것은 모두 몽환포영夢幻泡影이고, 여환즉공如幻卽空이다.', 곧 일반 중생이 보는 것은 마치 허깨비 같이 텅 비어있다 하는 그런 말씀으로 해서 공교空敎로 인도引導했습니다.

　허나 부처님의 진의眞義는 '그냥 다 비어 있다'는 허무虛無가 아니라 심심미묘甚深微妙한 무량지혜無量智慧와 무량공덕無量功德을 갖추고 있는 중도中道, 곧 참다운 진리眞理는 중도中道란 말입니다. 이와 같이 부처님 교시敎示는 초기에는 있다 없다하는 중생 근기에 맞추어서 하는 유교有敎, 그 다음에 중생이 보는 여러 가지 현상계現象界는 허망무상虛妄無常하다는 공교空敎, 허나 다만 공이 아니고 중도실상中道實相이라 하는 중도교中道敎로 전개됩니다.

---

[1] 이 법문은 김영동 교수님이 제공한 '청화 큰스님의 1987년 3월 6일 태안사 법문 녹취본'을 경주가 재정리한 것입니다.

따라서 우리가 무슨 법문을 대할 때는, 이것이 유교인가? 공교인가? 중도교인가? 판단할 수 있어야 오류誤謬를 범하지 않습니다. 왜냐하면 수많은 경전들은 부처님께서, 현대와 같이 과학적인 지식을 일반 대중에게 가르치기 위해서 짐짓 애써 교안을 짜가지고 하신 것이 아니라, 그때그때 대상의 근기에 따라 말씀하신 법문을 나중에 주워 모아 한 책을 만들었기 때문에, 원래 경전에서 하신 말씀이 처음과 끝이 똑같지가 않습니다. 어떤 경우는 공사상을 말했다가 어떤 대목에서는 유교를 말했다가 어떤 때는 중도를 말했다가 그와 같이 했기 때문에 3가지 견해, 공이라는 개념, 또는 중생 근기에 맞추어서 있다는 개념, 또는 다만 있는 것도 아니고 다만 빈 것도 아닌 실상에는 여러 가지 공덕을 갖추고 있다는 중도의 개념, 이런 3개념을 놓고서 봐야지 그렇지 않으면 오류를 범하게 됩니다.

불법은 아무리 쉬운 법문이라 하더라도 항시 부처님의 진리가 거기에 담겨 있어서 함부로 말할 수가 없는 것입니다. 초심문初心文(계초심학인문誡初心學人文) 같은 것도 원래는 깨달은 사람이 강의 해야만 바른 강의를 할 수 있습니다. 우리가 깨닫기 전에는 다 미혹한 것이니까, 불법승佛法僧 삼보를 안다고 하지만 알듯말듯하는 것이지 참답게 아는 것이 아닙니다. 그런 점에서 사제법문四諦法門이나 삼보三寶 법문은 언제 들어도 새로운 것입니다. 부처님 법문은 수십 번 들은 것도 역시 누가 말하나 어린애가 말하나 항시 새로운 것입니다. 그렇기 때문에 이런 점을 염두에 두고 불경佛經을 들을 때는 해태심懈怠心 없이 잘 들어야 하는 것입니다.

삼보三寶는 아시다시피 불보佛寶·법보法寶·승보僧寶 아닙니까. 하여튼 이 세상에서 가장 보배가 삼보인데 그 가운데 법보에 대해 얘기를 하겠습니다. 법보는 사제四諦, 팔정도八正道, 12인연법十二因緣法, 육바라밀六波羅蜜을 주로 해서 일체 경전의 법문을 망라해 있습니다. 이를 줄여서 얘기하면 사제, 팔정도, 12인연법, 육바라밀, 이와 같은 법문입니다. 따라서 우리 불교인들은 비록 어려운 것은 좀 모른다 하더라도, 물론 쉬운 것 가운데도 어려운 것이 들어 있지만, 우선 사제, 팔정도, 12인연법 등은 정확히 알아야 합니다.

지금 불교 책 나온 것을 보면, 사제팔정도 풀이만 본다 하더라도 무책임한 풀이가 많습니다. 사제법문에서 훌륭한 강사들이 번역한 것을 비롯해 여러 가지 보았는데, 사제법문의 고집멸도 가운데 멸이라는 풀이에서 굉장히 큰 오류를 범했단 말입니다. 나중에 지적을 하겠습니다만 사제 이것은 넉 사四자, 진실할 체諦자인데 '체'자 그대로 해서 '사체' 그렇게 발음하기도 합니다만 음편 따라서 '사제'라 하고, 어느 것이 옳다 그르다할 필요는 없고, 일반적으로 '사제'라 하는 것입니다.

I. 사성제四聖諦

[사제四諦; 사성제四聖諦 또는 사진제四眞諦라고도 운云하며, 성자聖者 소견所見의 진리眞理이다.]

말이 어색한 부분도 있지만 여러 학인學人들한테 한문자를 습득시키기 위해 짐짓 한문자가 많이 들어있는 글을 그대로 인용합니다. '사제四諦를 사성제四聖諦 사진제四眞諦라고도 운云하며', 이를 운云자, '무엇 무엇이라 말한다', '사제를 사성제 또는 사진제라고도 말하며', '성자聖者 소견所見의 진리眞理이다.' 바 소所자, 성자가 보는 바의 진리가 사제란 말입니다. 일반 범부는 진리를 볼 수 없습니다. 외도外道와 정도正道는 어떻게 구분하는 것인가? 여러 가지 구분법이 많이 있으나 외도는 사진제 풀이를 못하고, 정도인 우리 부처님 가르침만이 사성제를 그대로 진리라고 칭하는 것입니다. 따라서 사성제를 모르면 불교인이라고 할 수가 없지요.

인생고人生苦가 무엇인가? 사회고社會苦가 무엇인가? 예를 들어 굉장히 큰 사회 혼란이 야기되었을 때, 어느 경제인이 여러 가지 사회적 모순의 원인을 해부할 때 함부로 잘못 말하기도 합니다. 자기 개인적인 인생고나 사회고나 또는 세계적으로 이 지구상에서 이루어지는 모든 모순되는 문제들의 원인이 어디에 있는 것인가?

그 원인은 무어라 해도 불교에서 말하는 이 사성제 가운데 고苦의 원인인 집集에 있는 것입니다. 사성제는 여기 있는 바와 같이 고제苦諦, 집제集諦, 멸제滅諦, 도제道諦입니다.

```
◎四諦⋯ 四聖諦 또는 四眞諦라고도 云하며 聖者所見의 眞理이라.
一. 苦諦⋯ 三界六趣(六途)의 苦報 로서 迷의 果이라.
二. 集諦⋯ 貪嗔癡等의 煩惱 및 善惡의 諸業으로서 此二가 能히 三界 六趣의 苦報를 集起함을 集諦라 함.
三. 滅諦⋯ 涅槃을 말함이라. 이는 惑業을 滅하고 生死苦를 出離하여 眞空 寂滅함을 滅이라 하며, 悟의 果이라.
四. 道諦⋯ 八正道이라. 因은 能히 涅槃에 通하므로 道라 名하며, 바로 悟의 因이라.

※此中 初二는 流轉의 因果라고 말하며, 後二는 還滅의 因果라고도 말하며, 世俗 에서 出世間의 因果라고도 云함. 이로서 五比丘를 爲하여 菩提樹下를 떠나 鹿野苑에 이르러 처음으로 此法을 說하였으므로 三轉法輪이라 한다.
 - 阿含經-

※我昔與汝等 不見四眞諦 是故久流轉生死大苦海 若能見四諦 則得斷生死
 - 涅槃經 十五 -
```

1. 고제苦諦

[1.고제苦諦; 삼계三界 육취六趣(육도六途)의 고보苦報로서 미迷의 과果이다.]

육취六趣나 육도六途나 똑 같습니다. 삼계육도, 삼계육취의 고보苦報라. 고보는 고의 결과로 받는 과보果報인데, 미혹迷惑으로 인해 하나의 보답으로 받는 과보란 말입니다. 진리를 모르는 미혹의 결과란 말입니다.

중생고衆生苦의 원인은 무엇인가? 이것은 그다음의 집제集諦란 말입니다.

아무튼 우리 중생을 어떻게 볼 것인가? 중생은 안락스러운 것인가? 우리 중생은 어떻게 해부해 보나 결국은 다 고공苦空이라, 고苦뿐입니다. 중생의 낙樂은 사실은 흔적도 없는 것입니다. 어째서 그러한가? 생로병사生老病死 곧 날 때 고통, 살려는 고통, 또는 늙어서 고통, 병들어 고통, 결국은 수명이 다 해서 죽는 고통의 사고四苦, 그 외에도 사랑하는 사람과 헤어지는 고통, 미운사람과 만나는 고통, 또는 구해서 얻지 못하는 고통, 이 몸뚱아리 원수가 장기臟器가 갖추어 있기 때문에 완전히 조화로운 상태는 없는 등 팔고八苦를 겪는 것입니다.

불교용어로 사사일협四蛇一篋이라, 우리 몸이 네 마리 독사가 한 상자에 모여 있는 것과 같다는 말입니다. 지地와 수水와 화火와 풍風, 곧. 바람기운 물 기운 불기운 또는 땅기운 이런 것들이 한꺼번에 모여서 잠시간 조화를 이루었기 때문에 완전무결한 때는 없는 것입니다. 음식을 더 먹으면 더 먹은 대로 덜 먹으면 덜먹은 대로 추우면 추운대로 말입니다. 이와 같이 우리 몸은 우리 업業 따라서 업이 각 원소를 긁어모아서 잠시간 합해있는지라 우리 몸이 완전무결할 때는 없단 말입니다. 따라서 몸 자체로 보아도 이것이 모두가 괴로움뿐이란 말입니다.

생각은 무엇인가? 우리 범부凡夫의 생각은 모든 것을 확실히 알 수 없습니다. 바로 보지 못하니까 바로 생각도 못합니다. 바로 생각도 못하고 바로 보지도 못하는 사람의 마음이 안심입명安心立命이라, 마음이 편안할 수가 있습니까. 몸도 편안하지 못하고 맘도 편안하지 못하고, 끝내 한계상황限界狀況에서 오는 여러 가지 핍박逼迫만 있는 것입니다.

생각을 깊이 못한 사람들이 인생은 안락이라고 취생몽사醉生夢死하다가 죽고 마는 것이지, 바로 보면 인생은 고苦뿐입니다. 따라서 고를 피하고 이기기 위해서 불교가 있는 것입니다. 다른 종교도 마찬가지이겠지만, 그러나 다른 종교는 고의 원인을 확실히 모릅니다. 우리의 인생이라는 것이 일체개고一切皆苦라. 인생고해人生苦海라, 그러니까 인생은 고생 바다란 말입니다.

성자가 깨달아서 우주宇宙를 다 통달해서 항시 불성佛性을 보는 경지 같으면 모르거니와 그렇지 않는 한에는 우리 중생의 견해에서는 아무리 따져 봐도 고뿐인 것입니다. 고를 분명히 느껴야만 참다운 수행자修行者입니다. 고를 느끼기 때문에 여러분들은 이와 같이 출가 수행자가 된 것입니다.

삼계三界는 욕계欲界, 색계色界, 무색계無色界로, 중생이 생사윤회生死輪廻해서 왔다 갔다 개미 쳇바퀴 돌듯이 하는 것이 삼계윤회란 말입니다.

욕계라, 욕심을 미처 못 떠난 경계, 음욕淫慾, 식욕食慾, 잠욕, 또는 가지가지의 욕심慾心을 못 떠난 경계가 욕계고, 우리는 지금 욕계에 있는 것입니다. 인간人間은 만물의 영장이라, 이와 같이 탐심을 내고 함부로 아만심我慢心을 냅니다만, 인간이라는 것은 만물의 영장이 못 됩니다. 다만 욕계의 저 밑 남섬부주南瞻部洲에 있는 것에 불과한 것이지 욕계 내에도 사람 보다 더 훌륭한 욕계천欲界天이 있습니다. 욕계천 위로 올라가면 또 색계가 있고 무색계가 있는 것인데 어떻게 우리 인간이 만물의 영장이 되겠습니까.

따라서 인간은 보다 겸허해야 합니다. 욕계도 꼭대기가 아니라 욕계내의 저 밑에 인간이 존재합니다. 물론 보다 저 밑에는 지옥도 있기는 하지만 인간은 어정쩡한 존재이기 때문에 인간은 만물의 영장은 못 되는 것입니다. 우리는 지금 욕계에 있다는 것을 분명히 알아야 하고, 중생이 윤회하는 곳은 욕계 보다 더 높은 색계도 있고 무색계도 있습니다. 이것이 삼계이고, 욕계내의 지옥地獄, 아귀餓鬼, 축생畜生, 수라修羅, 인간人間, 천상天上 등 여섯 갈래가 육도六途입니다. 육도 중 나쁜 갈래인 지옥, 아귀, 축생을 삼악도三惡道라 하고, 육도 가운데 좋은 갈래인 아수라, 인간, 천상은 삼선도三善道라 합니다. 이와 같이 삼계육도에서 받는 그런 괴로운 과보가 고제입니다. 이 고품는 진리를 모르는 미혹迷惑의 결과란 말입니다.

우리가 진리를 알았다면 욕계에 태어날 리가 만무합니다. 진리를 모르기 때문에 얽혀가지고, 업에 칭칭 묶여가지고 이렇게 욕계에 옵니다. 업장業障이 가벼워서 천상이나 극락에 가버리면 사람으로 올 수가 없습니다. 우리가 날 때 어정쩡하게 헤매다가 부모님 연 만나서 이렇게 욕계로 덜컥 온단 말입니다. 이것이 욕계 중생입니다.

2. 집제集諦

[2. 집제集諦; 탐貪 · 진瞋 · 치痴 등等의 번뇌煩惱와 선악善惡의 제업諸業으로서 차이此二가 능能히 삼계육취三界六趣의 고보苦報를 집기集起함으로 미迷의 인因이다.]

번뇌라는 것은 무량무수의 번뇌이지만 간추리면 탐심貪心, 진심瞋心, 치심癡心의 3독심입니다. 이러한 3독심 등의 번뇌와 선악의 제업으로서, 업업이라는 것은 우리가 생각할 때에 악업惡業도 있지만 선업善業도 있습니다. 남한테 보시도 하고, 잘되기 바라고 또 중생을 위해서 애도 쓰는 것이 선업입니다. 업의 종류는 3가지로 구분합니다. 자기와 남을 해롭게 하는 악업惡業, 자기와 남을 이롭게 하는 선업善業, 자기라는 상, 남이라는 상 등의 상을 떠나서 참다운 해탈에 이르는 도업道業의 3업이 있습니다. 따라서 우리 불교인들은 해탈의 원인인 도업을 지어야 합니다. 탐심이나 진심이나 치심 등의 번뇌가 있고, 이런 번뇌가 우리 신구의身口意, 곧 몸이나 입이나 뜻으로 발동發動할 때는 그것이 업이 되어 버린단 말입니다.

'차이此二가', 번뇌煩惱와 제업諸業의 이 두 가지가 능히 삼계육취에, 아까 말한바와 같이 삼계는 욕계, 색계, 무색계, 육취는 지옥, 아귀, 축생, 수라, 인간, 천상인데, 이러한 삼계육취의 고보苦報 즉 괴로운 과보를 모아 일으키는 집기集起라, 모아서 일으키므로 결국은 집기란 미혹의 인因이 된단 말입니다.

인생고의 원인은 역시 집기集起입니다. 즉 탐진치 삼독심에서 우러나온 여러 가지 선악의 업 이것이 인간의 고생의 원인입니다. 사회나 가정이나 개인이나 모두가 따지고 보면 결국은 이와 같이 3독심이나 거기에서 우러난 선악의 행위의 과보입니다. 이와 같이 우리는 분명히 느껴야 합니다. 역시 인간 번뇌, 인생고, 사회혼란은 그 원인이 무엇인가? 가장 근원은 결국은 삼독심입니다.

따라서 사회 정화나 자기 개인 마음의 안정을 얻으려면 먼저 3독심을 맑혀야 합니다. 그런데 이것을 떠나서 겉만 들어 사회운동을 하려고 하면 사회 정화도 못되고 오히려 더 더럽히고 업을 짓고 마는 것입니다. 마땅히 우리 불교인들은 일체 인간의 여러 가지 모순, 인간의 고생 등은 모두 삼독심에서 온다는 근원적인 문제를 알고 해결해야 합니다. 삼독심을 제거하는 가장 효과적인 방법이 참선參禪, 염불念佛 아닙니까. 어느 산중에서 가만히 있다 하더라도 역시 참선,염불을 하고 있으면 삼독심을 제거해 악의 뿌리를 뽑는 것입니다.

이것은 자기가 속해있는 좁은 범위 내에서 악의 뿌리를 뽑는 데만 그치지 않고, 나중에 다시 설명을 하겠습니다만 우리 인간의 마음이라는 것은 우주에 상통합니다. 가사 여기서 얼른 한 생각을 일으키면 생각의 형상은 없어진다 하더라도 염파念波는 소멸 되지 않고, 천지 우주의 불성에 바로 파동波動을 일으키는 것입니다.

따라서 도인道人들은 여기서 한 생각을 일으키면 저 미국에서 그냥 직통으로 느낀단 말입니다. 전파電波 이상으로 빠른 것입니다. 한번 생각을 일으키고 한번 행동하고 그런 것이 모두가 다 천지 우주에 영향을 미칩니다. 그렇기 때문에 우리가 사회참여를 않고 데모도 않고, 이와 같이 앉아만 있다 하더라도 공부를 바로하고 마음을 맑히면 내 스스로의 마음을 맑힘과 동시에 그 주변도 맑히고, 또한 동시에 우주의 그런 성력聖力 즉 말하자면 우주의 성스러운 힘에 더 플러스plus하는 위대한 영향을 주는 것입니다.

우리의 생각 자체가 그대로 그치는 것이 아니라, 바로 내 마음 정화 우리 주변 정화 또한 동시에 우주 정화를 이룬단 말입니다. 그러므로 꼭 현상적인 사회참여만을 권고할 필요가 없는 것입니다.

3. 멸제滅諦

[3. 멸제滅諦; 열반涅槃을 말한다. 이는 혹업惑業을 멸멸하고 생사고生死苦를 출리出離하여 진공적멸眞空寂滅이라 하며, 오悟의 과果이다.]

멸제滅諦는 열반涅槃을 말합니다. 멸제나 열반이나 같은 뜻으로 쓰입니다. 열반 이것은 바로 풀이하면 영생永生한다는 것입니다. 멸滅을 단순히 번뇌를 멸한다는 정도로만 생각해서는 너무나 소극적입니다. 따라서 사제四諦를 풀이할 때에 앞서 지적했듯이 멸제를 그냥 번뇌만 멸한다는 정도로 그치는 것이 아니라, 일체공덕一切功德을 갖춘 영생의 지혜智慧, 영생의 생명, 이것이 열반이고 멸제입니다. 앞서 언급했듯이 일반 외도外道는 결국 멸을 모르고, 정도正道만이 멸을 아는 것입니다. 따라서 우리가 가사 산중山中에 가서 공부한다 하더라도 멸멸을 구하고 멸을 목적으로 해야지 멸을 목적으로 하지 않고 어정쩡한 것을 목적으로 하면 그냥 상相에 걸리고 맙니다. 구경究竟 목적, 일체 번뇌를 멸하고서 영생하는 불생불멸不生不滅하고 불구부정不垢不淨한 구경적인 끄트머리 목적인 멸을 구해야만 참다운 공부입니다. 나중에 공부를 하겠지만 사선정법四禪定法을 닦는다 하더라도 멸을 안 구하면 외도에 그친 것이고, 멸을 구하면 정도인 것입니다.

우리가 똑 같은 보시布施를 하더라도 멸멸을 구하면 도업道業인 것이고, 멸을 구하지 않고 칭찬의 말이나 듣고 보답이나 받고자 하는 선업善業에만 그쳐서는 멸 즉 해탈解脫과는 관계가 없습니다. 같은 행行도 멸 곧 해탈을 구하면 정도인 것이고, 해탈을 안 구하고 유위적有爲的인 상대유한적相對有限的인 공리功利를 구하면 정도가 못 됩니다. 우리는 이런 구분을 분명히 해야 합니다.

기독교에서는 순교를 많이 합니다만, 순교殉敎를 해도 해탈을 구하고 해야 정도란 말입니다. 해탈을 못 구하고 다만 '인류人類를 위해서 한다.' 이것은 속인들이 하는, 범부의 제한된 것밖에는 못 되는 것입니다.

'이는 혹업惑業을 멸멸하고'에서, 혹혹은 탐진치貪瞋痴가 혹혹으로서 번뇌煩惱하고 똑 같은 뜻입니다. 또 중생이 번뇌煩惱에 따라서 행동行動하는 선악善惡의 제업諸業이 업業인 것이고, 따라서 탐진치貪瞋痴와 선악善惡의 제업諸業을 한꺼번에 말할 때 혹업惑業 그래요. 혹업을 멸멸한다는 것은, 혹업을 없앤다는 것으로 번뇌와 여러 가지 업을 멸하고서, 낳았다 죽었다 하는 삼계윤회三界輪廻하는 생사고生死苦를 출리出離, 곧 여의고 떠나서 진공적멸眞空寂滅의, 우리는 진공眞空과 단공但空과 구분해서 알아야 합니다. 불교는 굉장히 심오深奧하기 때문에 자칫 개념이나 술어를 잘 모르면 오류를 범합니다. 일반 공空 즉 다 비었다 하는 허무虛無의 공은 단공但空(다만 공)이라 하고, 다만 비지 않고서 공 가운데에 신비神秘 불가사의不可思議하고 무량무변無量無邊의 공덕功德이 충만充滿해 있는 것이 진공眞空입니다.

소승小乘은 단공을 말하고 진공은 모릅니다. 진공은 반드시 묘유妙有와 같이 있어야 하는 것인데, 일반 소승은 단공만 생각하기 때문에 허무에 빠져가지고 중생 제도濟度는 못하고 자기만 편안하고 맙니다.

'진공적멸'에서, 적멸寂滅도 아무것도 없는 것이 아니라 번뇌가 발동發動하지 않고 영원히 안락安樂스러운 경계境界, 이것이 적멸입니다. 멸 이것은 말하자면 번뇌를 멸해 버려서 영원히 안락스럽고 영원히 안온安穩한 경계를 말하기 때문에 바로 영생永生입니다. 따라서 영생永生, 열반涅槃, 적멸寂滅, 멸滅은 다 똑 같은 뜻입니다. 다만 표현만 달리 했을 뿐입니다.

멸滅이란 오悟의 과果, 깨달음의 결과란 말입니다. 여기서 보아 온 바와 같이 부처님 가르침은 굉장히 체계적이고 조금도 합리적인 뜻에 어긋남이 없습니다. 먼저 중생경계衆生境界에서 우리 중생이 받는 것은 고苦 아닙니까. 고苦 아님이 없단 말입니다. 다른 고苦는 그만 두고라도 인간의 한계상황限界狀況인 생로병사生老病死, 업이 있으면 결국은 태어나야 하는 것이고, 태어나면 늙어야 하는 것이고, 아파야 하는 것이고, 결국은 죽어야 하는 한계상황이 있는 것입니다.

이와 같이 인간에는 고가 있는 것인데, 그 고의 원인은 무엇인가? 그 이외도 고가 많이 있지만 고의 일체 원인은 번뇌와 번뇌에 따라서 행동하는 행行(업業)이란 말입니다. 즉 말하자면 집集이란 말입니다.

고제라 인생고가 있고, 집제라 인생고의 원인인 집集이 있습니다. 허나 우리 인생이라는 것이 인생고만 있고 또 고의 원인인 번뇌만 있다고 하면 뭐 살 필요가 없겠지요. 우리 인생이 고와 집밖에 없다면 자살할 수밖에 없는 것입니다. 여기에 어디 갈 곳도 없고 우리가 나아갈 필요도 없으니까 말입니다.

지금 노이로제neurosis라든가 사회적인 여러 가지 번뇌 때문에 이상스러운 사람들이 많이 있습니다만 제법 그래도 판단은 하기 때문에 인생고는 봅니다. 인생고는 보고 또 인생고의 원인인 집도 대강은 봅니다. 대강은 보지만 인생고의 원인인 집集을 떠날 길이 없단 말입니다. 불교 아니면 결국은 떠날 수가 없는 것입니다. 불교가 되어야 인생고人生苦를 떠나서 영생永生의 안락세계安樂世界로 갈 수 있습니다. 따라서 멸滅이 있어야만 비로소 우리 숨통이 트인단 말입니다. 멸이 없으면 숨통이 못 트이는 것입니다.

우리가 고의 원인을 지어서 고를 받는 것이고, 이와 같이 윤회輪廻 가운데 고를 짓고 받고 또 고를 짓고, 또 윤회하고 뱅뱅 개미 쳇바퀴 돌듯이 돌고만 있단 말입니다. 다행히 석가모니 가르침 또는 성인들의 가르침에 의해 집集을 벗어버리고 고를 떠나 해탈의 멸이 있다는 것이 굉장히 중요합니다. 다른 것은 모른다 하더라도 우리가 가야할 해탈의 길, 해방되어서 갈 길을 안다는 것만도 굉장히 중요하고 우리한테는 큰 도움인 것입니다.

이와 같이 고의 원인을 지어서 우리가 고를 받는 것이고, 허나 그 반대의 해탈 즉 영생의 멸이 있고, 또 멸에 이르려면 그냥 무조건無條件 가는 것이 아니라, 또 고苦, 집集을 없애는 도道가 있어야 합니다. 우리가 집集을 지어서 고苦를 받으니까 우리가 멸滅에 가려면 마땅히 순리順理로 볼 때 고와 집을 멸해야겠지요.

고와 집을 멸하는 방법이 다음에 말할 도道, 곧 도제라, 팔정도란 말입니다. 물론 여러 가지 수행법이 많이 있지만 간추리면 여덟 겹의 바른 길입니다.

4. 도제道諦

[4. 도제道諦; 팔정도八正道이다. 이는 능能히 열반涅槃에 통통通通하므로 도道라 명名하며, 바로 오悟의 인因이다.]

이(도道)는 능히 열반에 통하므로 도라 이름하며 바로 깨달음(오悟)의 원인이다. 우리 현대인들은 고의 원인은 좀 안다 하더라도 확실히는 모르고, 고의 원인을 제거하는 팔정도를 제대로 지키지를 못합니다. 그러니까 팔정도에서 오는 멸제 곧 해탈解脫의 행복幸福을 얻을 수가 없습니다.

사제법문四諦法門은 불교의 대大·소小 또는 현顯·밀密, 곧 대승大乘, 소승小乘, 현교顯敎, 밀교密敎 등 모든 불교를 관통貫通해 있는 하나의 대진리眞理입니다. 어떤 가르침이든 불교 가운데 사제법문이 안 들어 있는 데는 없습니다. 어디에 역점을 두는가 그런 차이는 있다 하더라도 사성제의 진리로 해서 일괄一括되어 있단 말입니다. 따라서 사성제가 들어 있으면 불법佛法의 참다운 정도인 것이고, 안 들어 있으면 참다운 불법이 못 됩니다.

초전법륜初轉法輪

[차중此中 초이初二는 유전流轉의 인과因果로서 세간世間의 인과因果라고도 말하며, 후이後二는 환멸還滅의 인과因果로서 출세간出世間의 인과因果라고도 운云함. 사四를 모두 체제라 함은 그 진리眞理가 실지극實至極함으로써요. 이자二者 공共히 과위果位를 앞세우고 인위因位를 뒤에 둠은 과果는 보기가 쉽고 인因은 알기 어려우므로 고과苦果를 먼저 보여 이를 염리厭離케 한 후 기其 인因을 단멸斷滅케 하며 우又는 열반涅槃의 묘과妙果를 먼저 들어 원요願樂케 한 후 기其 도道를 수행修行케 하심이니 세존世尊께서 보리수하菩提樹下를 떠나서 녹야원鹿野苑에 이르러 오비구五比丘를 위爲하여 처음으로 이 법法을 설說하였으므로 초전법륜初轉法輪이라 한다. 수자修者는 의차수도依此修道하야 수의증멸隨宜證滅할지니라.]

이 가운데 초이初二(고제와 집제) 곧 맨 앞에 둘은, 우리가 탐貪·진嗔·치痴나 또는 선악의 업에 따라서 집제를 범하고 그 과보로 삼계육취의 생사고 곧 고의 보를 받는 것입니다. 이것은 해탈이 아니라 유전流轉의 인과로서, 욕계나 색계나 무색계의 삼계를 헤맨단 말입니다. 이런 삼계육도에서 유랑流浪하는 즉 헤매는 인과로서, 세간의 인과 곧 세간을 못 떠난 범부의 인과라고도 말합니다. 후이後二(멸제와 도제) 곧 뒤의 멸제와 도제는 환멸還滅의 인과 즉 멸, 영생에 돌아오는 인과因果입니다. 앞에 말한 것은 우리가 삼계육도에서 헤매는 유전流轉의 방황彷徨하는 인과因果이고, 후이後二는 그것을 떠나서 멸에 가는, 해탈로 가는, 극락으로 가는 인과로서, 즉 세간을 초월한, 세간을 떠난 출세간出世間의 인과라고 말합니다.

불교는 아무리 난해하고 심수오묘心髓奧妙한 교리가 있다 하더라도, 유전하는 인과, 삼계육도에서 헤매는 유랑하는 인과, 또는 삼계육도를 떠나서 참다운 해탈로 가는 출세간의 인과, 이것으로 해서 불교는 다 시작되는 것입니다. 따라서 이 사제법문의 개념에 관해서는 명확히 명심을 해야 합니다.

세존世尊께서 무상대각無上大覺을 성취한 후 보리수하菩提樹下를 떠나서, 부처님과 함께 공부했던 다섯 비구가 있는 녹야원鹿野苑으로 가셨습니다.

부처님께서 6년 고행苦行을 하실 때 여러분들을 많이 찾아가 법을 물었지만 대체로 가장 중요한 분이 세 분입니다. 맨 처음 분은 발가바跋伽婆 Bhārgava 선인仙人으로, 이분은 고행을 주로 한 고행 외도外道입니다. 하루에 한 끼도 먹을둥말둥 하고 며칠 굶기도 하고 또는 자기 몸을 아주 괴롭히고, 이와 같이 고행으로 인간의 욕심을 없애고자 합니다. 보통 외도는 안락하고 청정한 범천梵天에 나는 것이 목적이기 때문에, 욕계를 못 떠나면 범천에 못 나는 것입니다. 그러기 때문에 자기 몸뚱이나 생각에 따르는 욕망을 떠나기 위해 고행을 하는데, 보통 우리가 생각하는 고행이 아니라, 굉장히 엄격하고 지나친 고행을 합니다.

따라서 부처님께서 발가바 선인한테 가서 그렇게 고행을 하면서 당신이 고행하는 목적이 무엇입니까? 그러니까 발가바 선인이 욕계를 떠나서 범천에 나기 위해서라고 합니다. 그러면 범천에 나서 다시 후퇴後退가 없습니까? 이렇게 물으니까. 비록 범천에 나더라도 오랜 세월이 흐르면 다시 후퇴한다고 말합니다.

범천이 비록 안락스럽고 좋다 하더라도 영생永生의 처소는 못되고, 해탈解

脫의 경계는 아니라는 말입니다. 그래서 부처님께서 내가 바라는 것은 해탈인데 나는 범천에 머물 수가 없다. 그래서 부처님께서도 발가바 선인과 같이 고행으로 삼매三昧에 들어 범천에 올라가는 법은 벌써 다 터득했으나, 발가바 선인은 그 이상은 못 가는지라, 즉 해탈의 법이 아닌지라, 거기서 떠났습니다.

그 후 아라라가람阿羅邏迦藍 Ālāra-kalāma이란 성자를 찾아 가서 당신이 공부하는 법은 어떤 것입니까? 하니까, 내가 공부하는 법은 무소유처無所有處까지 올라가는 법이라 했습니다. 무소유처는 욕계 색계를 떠나서 무색계의 셋째 하늘입니다. 무색계無色界는 공무변처空無邊處, 식무변처識無邊處, 무소유처無所有處, 비상비비상처非想非非想處의 네 가지 하늘이 있고 그 중 셋째 하늘이 무소유처인데, 아라라가람이 하는 말이 내가 공부하는 것은 우리 번뇌를 다 없애고서 욕계나 색계를 넘어서 무색계의 무소유처에 올라가는 법이라고 말했습니다. 그러니까 부처님께서 무소유처無所有處까지 올라가면 다시는 후퇴가 없냐고 물어보았습니다. 이것도 역시 좋은 곳이기는 한데 오랜 세월 장수長壽는 하지만 나중에 복력福力이 다하면 즉 복분福分, 지은 복이 다하면 다시 추락墜落한다고 했습니다.

그러니까 부처님께서는 내가 바라는 것은 해탈解脫인데 여기서 머물 수가 없다, 그러면서 떠난단 말입니다. 떠나면서, 어디로 가야 당신보다 더 수승한 스승한테 갈 수 있느냐고 물어 보니까, 아라라가람이 하는 말이 우다카 Udraka가 나보다 공부가 더 수승하다고 말했습니다. 그래서 우다카한테 가서 당신이 공부하는 것은 어떤 것이냐 하니까 우다카가 '내가 공부하는 것은 삼계의 가장 꼭대기 하늘인 비상비비상처까지 가는 공부'라고 말했습니다. 우리 중생이 윤회하는 욕계, 색계, 무색계 가운데 제일 꼭대기, 좋은 하늘이 비상비비상처입니다. 부처님께서 그 공부가 이루어지면 다시 후퇴가 없고 다시 생사生死가 없느냐고 물어 보니까, 비록 이것이 수승殊勝하고 좋은 데이기는 하지만 팔만대겁八萬大劫 동안 살면 다시 생사生死가 있어서 후퇴가 있다고 말합니다.

부처님께서는 삼매에 들어서 우다카가 올라간 정도는 올라갔지만 또 환멸幻滅을 느껴 가지고 내가 바라는 것은 해탈이기 때문에 여기 머물 수 없다고 하고 떠났습니다.

그래서 내가 삼매법三昧法은 대략 공부했으니까, 이제는 더 이상 스승이 필요 없고, 스스로 해탈解脫의 공부를 해야겠구나 생각하고 마지막으로 보리수하菩提樹下로 가셨습니다. 우주는 본래 모든 공능功能을 갖춘 부처님이기 때문에 우리가 정말로 맑으면 삼세제불三世諸佛 부처님이 감응感應하시는 것입니다. 비록 스승은 없었지만 그런 삼매기운三昧氣運 즉 영생永生을 구하는 맑은 영식靈識으로 삼세三世부처님 즉 우주의 본래本來 부처님 하고 감응感應이 되어, 삼세三世부처님의 가르침을 받고 보리수하菩提樹下에서 무상대각無上大覺을 성취成就했습니다.

이와 같은 것이 부처님 성도기에 나와 있습니다. 부처님은 이렇게 대도大道를 성취한 후, 이런 무상대도를 누구한테 말할 것인가? 생각했습니다. 그래서 자기가 가르침을 받은 우다카, 아라라가람, 발가바 선인 이분들을 찾아 가려고 생각하고, 당신이 대각을 성취한 뒤에 천안통天眼通으로 보시니까 벌써 옛 스승인 발가바 선인이나 아라라가람, 우다카는 세상을 떠나고 없었습니다. 이 분들이 있다면 한 마디에 알 것인데 벌써 세상을 다 떠났습니다. 그래서 할 수 없이 차선책으로 먼저 같이 공부한 도반인 다섯 비구를 천안으로 관觀해보니 다섯 비구가 녹야원에 있으므로 녹야원으로 가셨던 것입니다.

5비구는 싯달타와 같이 공부할 때, 부처님께서 고행을 폐지하고 자기 몸을 보양하는 것을 보고 환멸을 느끼고, '저 사람과 우리는 도반道伴이 아니다' 하고 싯달타를 떠나 버렸습니다. 따라서 다섯 비구는 부처님에 대해 별로 좋게 생각하지 않아서, 부처님께서 녹야원으로 오는 것을 보고도 마중하지 않기로 서로 의논을 해서 정했습니다. 허나 통달무애通達无礙한 세존世尊이 되신 장엄한 모습을 정작 뵐 때는 자기들도 모르게 부처님 앞에 가서 오체투지五體投地를 하고 경배敬拜를 안 할 수 없었습니다.

그때 부처님께서는 '그대들은 귀가 있으면 들으라, 내가 이제 불사不死의 길, 죽지 않는 길을 말하리라.', 부처님의 최초最初 설법說法이 그것입니다. 불교는 불사의 길입니다. 생사生死를 떠나는 길입니다.

그때 하신 법문이 여기 있는 사제법문四諦法門입니다. 불교佛敎는 불사不死의 길입니다. 번뇌煩惱를 멸멸하고 삼계윤회三界輪廻하는 여러 가지 인생고人生苦를 멸하고, 해탈解脫의 길, 영생永生의 길, 생사生死를 떠나는 길을 가르치는 것이 불교입니다.

녹야원에 이르러 5비구를 위하여 처음으로 사제법문을 설하였으므로 이것을 초전법륜初轉法輪이라, 맨 처음 진리의 바퀴를 굴렸단 말입니다. 진리를 가리켜서 법, 법륜法輪이라 합니다. 다섯 비구를 위해서 처음으로 법륜을 굴려서 불사의 길 불사의 법문을 하셨던 것입니다.

이것은 아함경阿含經, 아함경은 네 가지가 있습니다만 중아함경中阿含經의 분별성제품分別聖諦品에 있습니다. 여러분들이 나중에 강원講院에 가실 분도 있을 것이지만 보통은 지금 강원이나 일반 승가僧家에서는 부처님 시초 설법인 아함경을 무시합니다. 허나 아함경은 부처님께서 최초로 설법하신 것을 담은 것이라, 부처님의 육성肉聲과 같은 경입니다. 하기 때문에 간단명료하고 불교의 요체要諦를 다 포함하고 있습니다. 따라서 누구한테 안 배운다 하더라도 아함경은 여러분들이 꼭 섭렵涉獵을 해야 합니다. 그래야 부처님의 간명하고도 그 심수오묘心髓奧妙한 법문을 알 수가 있습니다.

[아석여여등我昔與汝等 불견사진제不見四眞諦 시고是故 구류전생사대고해久流轉生死大苦海 약능견사진제若能見四眞諦 즉득단생사則得斷生死]

'아석여여등我昔與汝等 불견사진체不見四眞諦 시고是故 구류전생사대고해久流轉生死大苦海'라, '내가 옛적에 일찍이 그대들과 더불어서, 네 가지 진제眞諦(곧 고집멸도苦集滅道 4진제)를 볼 수 없었다. 이 때문에, 오랫동안 생사대고해生死大苦海(죽고 살고 하는 인생고해人生苦海)에 유전流轉(방황彷徨)하였다.'

'약능견사진제若能見四眞諦 즉득단생사則得斷生死'라, '만약 능히 이렇게 사제

법문四諦法門을 보게 되니, 곧 생사(고苦)를 다 끊어 버렸다.'

이와 같이 사제법문은 중요한 것입니다. 다른 것은 통 모르고 이것만 안다 하더라도 신심만 있으면 성불한단 말입니다. 방법상의 문제가 여러 가지로 많이 있지만, 불교는 이런 몇 마디 깨달아버리면 별로 할 것이 없는 것입니다.

이것은 《열반경涅槃經》15에 있습니다. 《열반경》은 부처님께서 열반涅槃에 들 때 하신 법문입니다.

II. 사종사제 四種四諦

열반涅槃

열반涅槃이라는 글자를 여러분들이 외우셔야 합니다. 수백 번 수천 번 나올 것이기 때문입니다. 열반涅槃은 원래는 산스크리트어 nirvāṇa의 음사音寫입니다만 한자로 보면, 이것은 그냥 일반적으로는 앙금흙 날涅자, 우리가 흐리를 가만히 두면 앙금이 가라앉겠지요. 허나 불교에서 통용할 때는 죽을 열涅, 극락갈 열涅자입니다. 뒤에 있으면 한글 법칙으로 해서 '널' 그러겠지요. 본음은 '널'자입니다. 죽을 널涅, 극락갈 널涅자입니다. 열반이라 할 때는 앙금흙 날涅자의 뜻이 아니라 극락갈 널涅자로 풀이해야겠지요.

그 다음에 열반이라는 반槃자 이것은 쟁반 반槃, 소반 반槃자, 이것은 일반적인 표현이고, 열반이라 할 때는 밑에 있는 것으로 즐거울 반槃자, 극락 가서 즐거울 것이니까 그때는 영생永生이 되겠지요. 열반이라는 것이 영생이 되겠지요.

열반이란 뜻으로 쓸 때는 밑에 뜻 즉 즐길 반槃자로 쓰입니다. 원래는 음을 차용한 것이었지만, 오래 사용되는 동안 새롭게 열반의 뜻에 맞게 글자의 뜻이 부가되었을 것으로 사료됩니다.

※ 涅ᄫᅡᆫ: 멸ᄀᆞᆨ, 불생, 불멸, 樂ᄅᆞᆨ, 안ᄅᆞᆨ, 극락

◎ 四種四諦: 四諦法은 처음에는 聲聞等 小乘淺近의 機類에 對한 法門이나, 其理는 大小乘一切佛法에 通한다. 따라서 天台大師는 涅槃經聖行品의 所說에 依하여 四種四諦를 安立하고 此를 藏·通·別·圓의 四敎에 配當했다.

一. 生滅四諦: 凡夫智의 實生實滅의 위에 立한 四諦이라. 是는 小乘敎 即 三藏敎의 所說이라.

二. 無生四諦: 苦集滅道의 因果當體가 即空임을 了解하고 生滅을 不見하는 四諦로서 通敎의 所說이라.

三. 無量四諦: 苦諦에 있어서 無量의 相이 있는, 乃至 道諦에 있어서 無量의 差別이 있는, 大菩薩이 修하는 바로 別敎의 說임.

四. 無作四諦: 煩惱 即 菩提오 生死 即 涅槃의 道理에 立하여 斷證의 造作을 雖한 四諦임을 無作四諦라 하며, 이는 圓敎의 四諦이라.

[사종사제四種四諦; 사제법四諦法은 처음에는 성문승聲聞乘 등등 소승천근小乘淺近의 기류機類에 대對한 법문法門이나, 기其 리理는 대소승大小乘 일체불법一切佛法에 통통한다. 따라서 천태대사天台大師는 열반경涅槃經 성행품聖行品의 소설所說에 의의依하여 사종사제四種四諦를 안립安立하고 차此를 장藏·통通·별別·원圓의 사교四敎에 배당配當했다.]

사종사제四種四諦라,

불교가 어려운 것이 무엇인가 하면, 그냥 단조單調롭지 않고 여러 가지 중생衆生의 근기根機에 따라 낮은 법문 높은 법문이 섞여있기 때문에 어려운 것입니다. 따라서 그런 갈래를 알기 위해 사제법문도 가르침의 깊고 얕은 정도 따라서 네 가지로 구분해서 말씀했습니다.

사제법은, 처음에는 성문聲聞, 연각緣覺, 보살菩薩의 3승 중 성문승 등의 얕

은 근기에 대한 법문으로 설해졌지만, 그 이치는 대소승 일체불법에 다 통합니다. 사제법문은 어느 불법에나 안 통하는 곳이 없습니다. 사제법문의 뜻이 안 들어가면 불법이 아닙니다.

따라서 불교 철학의 체계를 가장 잘 세우신 분인 천태대사께서 열반경 성행품 가운데 설하는 바에 의하여 네 가지 차원의 사제를 안립하고, 즉 규정하고, 규정規定이나 또는 하나의 체계를 세워서 하나의 논론으로 해서 작정作定하는 것을 안립安立이라 합니다. 안립이란 말은 불교 외에는 잘 안 씁니다. 규정이나 그런 것으로 딱 성립을 시킨단 말입니다. 이것을 장·통·별·원의 사교에 배당했습니다. 여러분들 가운데는 앞으로 강원에 안 갈 분도 있기 때문에 그런 점을 감안해서 좀 복잡하지만 상식적인 의미에서 필요한 것은 그때그때 말을 합니다.

부처님의 가르침은 심천深淺(깊고 얕음)에 따라서 장교藏教, 통교通教, 별교別教, 원교圓教의 사교로 구별합니다.

간단히 말하면 생멸사제는 장교, 소승교입니다. 아함경과 같이 우리 중생의 보는 경계에서 있다 없다 하는, 선善도 있고 악惡도 있고 시是도 있고 비非도 있고 그와 같이 선악시비善惡是非를 논하는 즉 상대유한적相對有限的인 중생 차원에 맞추어서 말씀한 가르침이 장교입니다. 삼장교三藏教라고도 합니다. 경經과 논론과 율律 즉 경장·율장·논장 이렇게 3장이 겸해 있는 일반 중생 차원에 맞춘 가르침 이것이 장교란 말입니다. 우리가 계행戒行을 지키고, 무어라고 시비是非하고 하는 것은 보통은 장교에 해당합니다.

허나 조금 더 중생 그릇이 익은 다음에는 그런 것은 다 허망하다고, 허망무상虛妄無常한 것을 말씀한 가르침이 통교입니다. 따라서 반야심경般若心經이나 금강경金剛經 등 공사상空思想을 주로 말씀한 가르침은 통교通教에 해당합니다. 오온五蘊이 개공皆空이라, 일체만법一切萬法은 다 비어 있다. 나도 비어 있고 사제법문도 비어 있고, 곧 아공我空·법공法空이란 가르침에 의지해서 가르친 법문이 통교입니다.

그 다음에는 별교別教라, 장교, 통교는, 비록 통교가 장교보다 약간 높다 하더라도 모두 삼계를 벗어난 법문이 아니라 삼계 내에서 한 법문입니다. 그러나 별교는 삼계를 초월해서 일체만법의 본체를 들어서 하신 법문입니다.

그 다음 원교圓敎는 일체만법이, 장교나 별교나 통교나 원래 둘이 아니다. 모두를 합해서 원융무애圓融無礙하고, 원만무결圓滿無缺한 법문 이것이 원교입니다.

따라서 부처님 가르침은 이와 같이 장교, 통교, 별교, 원교 네 가지 범주로 구분해서 이야기 할 수 있습니다. 그러기 때문에 우리가 풀이할 적에 역시 어떤 범주에서 하는 것인가? 어떤 규범에서 하는 것인가? 규범 따라서 풀이가 달라집니다. 따라서 부처님의 소중한 사제법문도 장교에서 보는 견해, 또는 통교에서 보는 견해, 이와 같이 각기 교敎에서 보는 견해에 따라서 차이가 있습니다. 같은 법문이지만 우리는 기왕이면 원교에서 보는 견해를 우리 것으로 삼아야 합니다.

이것이 생멸사제라, 또 무생사제라, 무량사제라, 무작사제라, 좀 어려우나 이것은 중요한 것이니까 여기에 인용을 했습니다. 여러분들이 나중에 경을 볼 때 판단의 기준을 정확히 두기 위해서 또는 남이 말한 법문을 정확히 알기 위해서 필요한 것이기 때문에 어렵지만 이렇게 인용한 것입니다.

우리가 가장 참고할 것은 역시 맨 나중에 있는 무작사제 즉 범부의 헤아림이 없다는 것입니다. 무작이라, 범부凡夫가, 범부라 헤아려서 범부의 번뇌煩惱를 짓는 것이 아닌, 부처님 진리眞理의 원융무애圓融無礙한 도리道理 그대로 한 사제가 무작사제입니다.

따라서 무작사제가 부처님께서 말씀하고자 하신 참다운 사제입니다. 다만 중생이 어두우니까 여기 있는 바와 같이 생멸生滅, 무생無生, 무량無量 이렇게 말씀했지 결국 목적은 무량사제를 초월해서 무작사제, 범부의 조작을 떠난 범부의 헤아림을 떠난 이와같이 하나의 상이 없는 사제, 이것이 무작사제인데 이것이 부처님께서 말씀하시고자 하신 사제의 근본 목적인 것입니다.

1. 생멸사제生滅四諦

[1.생멸사제生滅四諦; 범부지凡夫智의 실생실멸實生實滅의 위에 입立한 사제四諦이다. 이것은 소승교小乘敎 즉 삼장교三藏敎의 소설所說이다.]

5비구한테 말씀하신 네 가지 진리인 사제가 있는데, 여기에 사종의 사제가 있습니다.

첫째 삼장교는 앞서도 말했지만 경률론, 경과 율과 논이 한꺼번에 모두가 원융무이圓融無異한 것이 아니라, 이와 같이 뿔뿔이 있는 경·율·논을 구분해서 가르친 법문, 이것이 삼장교입니다.

사종사제四種四諦 이 법문이 굉장히 중요한 의미가 있습니다. 앞으로 여러분들이 두고두고 음미를 해보시면 압니다. 지금은 잘 모르지만 우리가 보통은 어제 배운 생멸사제生滅四諦(앞의 'I. 사성제'의 내용을 말함)만 압니다. 보통은 다, 고苦가 있고, 고의 원인으로 해서 집集이 있고, 그 반대로 해서 인간의 근본 목적지인 멸滅이 있고, 또는 멸에 이르기 위한 방법적인 도道가 있고, 보통 이렇게만 아는 삼장교三藏敎, 삼장교는 소승교小乘敎를 말하는 것인데, 소승교의 차원에서만 보통은 사제법문을 해석합니다. 그렇게 되면 사제법문의 보다 심오深奧한 뜻을 제대로 알 수가 없습니다. 그러기 때문에 생멸사제生滅四諦의 시각을 더 넓혀서, 제법공諸法空이라는 입장에서 생사를 떠난 무생사제無生四諦가 있습니다. 허나 보통 무생사제까지는, 욕계, 색계, 무색계, 삼계三界 내에 해당합니다.

우리 법문을 보면 보통 계내界內 계외界外라, 계내는 삼계 내에 있는 법문, 계외는 삼계 밖이란 말입니다.

사제법문만 우리가 뚜렷이 안다 하더라도 불교의 한 체계는 세웠다고 볼 수가 있습니다.

2. 무생사제無生四諦

[무생사제無生四諦; 고집멸도苦集滅道의 인과당체因果當體가 즉공卽空임을 료해了解하여 생멸生滅을 불견不見하는 사제四諦로서 통교通敎의 소설所說이다.]

무생사제無生四諦라, 불생불멸不生不滅의 경계에서 말한 사제입니다. 우리가 불생불멸의 경계에 선다고 생각하면 새삼스럽게 닦네 안닦네 또는 선이네 악이네 그와 같이 구분할 필요가 없는 것입니다.

일체만법一切萬法이 원래元來 안 낳아버리는 불생不生인데, 생사를 떠나버린 경계에서 닦네 안닦네 그런 말을 할 필요가 없단 말입니다. 사제법문은 생멸사제의 보통차원에서 닦음이 있고 무엇이 있고 하는 것이지 불생불멸의 경계에 선다면 그런 것이 없습니다.

고집멸도苦集滅道에서 고는 인생고, 집은 인생고의 원인, 도는 인생고를 떠나 열반에 이르기 위한 방법인데, 불생불멸의 경계에서는 고집멸도가 바로 공입니다. 고집멸도 당체當體가 바로 공空입니다. 또한 동시에 멸도 역시, 멸은 본래 공이라 새삼스럽게 공이라 말할 필요도 없이 바로 공입니다. 고집도苦集道도 바로 공이요, 멸도 공이니까 다 공이지만 현상적인 의미에서는 당연히 고苦가 있고 낙樂이 있습니다. 따라서 무생사제無生四諦는 우리가 사제법문을 닦는다 하더라도 그냥 빡빡하니 고苦가 분명히 있고, 고의 원인은 무엇이고, 그런 헤아림을 떠나서 우리가 수행을 한다 하더라도 그냥 제법공이다, 당체공이다, 공을 느끼고서 자유스런 마음에서 닦는 그런 차이가 있는 것입니다.

공을 알 때와 공을 모를 때와는 수행이 굉장한 차이가 있습니다. 공을 모를 때는 그냥 빡빡하고 또 파계破戒를 조금이라도 하면 그 때문에 고가 되고 짐이 되어서 인생 살기가 싫을 때가 있는 것이고, 자결도 하는 것이고 말입니다. 자살을 하는 사람들은 공을 안다면 절대로 자살을 못하는 것입니다.

당체즉공當體卽空이라, 인생고 모두가 바로 공이고, 또 인생고를 일으킨 집集 즉 탐진치貪嗔痴 3독심이나 3독심三毒心에서 우러나온 선악의 행위 모두가 당체 공인지라, 우리가 집착할 필요가 없습니다.

그러나 아까 말한 바와 같이 공은 공이로되 현상계에서는 분명히 나가 있고 네가 있으니까. 선악도 현상의 차원에서는 있는 것입니다. 상대유한에서는 선악이 있는 것이니까, 닦기는 애쓰고 닦는단 말입니다. 최선을 다 하고 닦되 집착執着이 없습니다. 이것이 무생사제입니다.

3. 무량사제無量四諦

[무량사제無量四諦;, 고제苦諦에 있어서 무량無量의 상相이 있고 내지乃至 도제道諦에 있어서 무진無盡의 차별差別이 있는, 대보살大菩薩이 수修하는 바로 별교別敎의 설설說이다.]

무량사제無量四諦 이것은 '고제苦諦에 있어서 무량無量의 상相이 있고 내지 도제道諦에 있어서 무진無盡의 차별差別이 있는 대보살大菩薩이 수修하는 바로 별교別敎의 설설입니다.'

무생사제無生四諦는 공空에만 너무 치우쳐서 현상적인 우리 수행을 무시한 것이지만 무량사제無量四諦는 비록 공이라고 할망정 삼계는 분명히 우리 중생 견해에서는 있으니까, 삼계에도 역시 우리가 닦는데 있어서 여러 가지 현상이 많이 있으니까, 우리 닦는 수법修法도 역시 무량無量의 상相이 있단 말입니다.

사성제가 있고, 12인연법이 있고, 육바라밀이 있고, 기타 계행도 오직이 많이 있습니까? 그와 같이 본래 당체는 공이로되 현상적인 상대유한적인 경계에서는 상이 많아서 무량의 상이 있단 말입니다.

또한 무량의 상이 있으니까 닦는 도제道諦, 즉 번뇌인 집제集諦 이것은 상이 아닙니까. 집제는 고의 원인이니까. 도제道諦는 닦는 수행의 상인 것이고, 번뇌의 집제도 역시 따지고 보면 그와 같이 무량의 상입니다.

탐진치貪嗔痴, 108번뇌, 팔만사천 번뇌라, 번뇌가 오직 많습니까. 그와 같이 번뇌가 많은지라, 따라서 번뇌를 단진斷盡하는, 떼어버리는 차별差別도 역시 많습니다. 번뇌에 따라 번뇌를 없애기 위한 수법修法이 있기 때문에 수법도 한도 끝도 없이 많아 무진의 차별이 있습니다. 따라서 이런 것은 대보살이 수修하는, 대보살은 이와 같은 것을 다 닦는 것입니다.

일반 소원 중생은 그냥 조금 닦고, 공에 착한 사람들은 허무만 있고 계행도 필요 없다. 자칫하면 무생사제의 범주 내에서는 자기 행동을 아무렇게나 '아, 무어 당체가 공인데 무엇이 필요가 있으랴' 이와 같이 하기가 쉽습니다. 그러나 공은 공이로되 아까 말마따나 우리 번뇌도 역시 끝도 갓도 없이 무량의 상이 있고, 또한 번뇌를 녹이는 것이 수행이기 때문에 수행인 도제 역시 무진의 차별이 있습니다.

다 공이지만 닦아야 한단 말입니다. 내내야 못 닦으면 우리한테 있는 소중한 무량공덕無量功德을 갖추고 있는 불성佛性을 우리가 계발啓發을 못 하니까 말입니다. 아무리 많은 금광석金鑛石이 있다 하더라도 제련製鍊을 못하면 순금純金이 못나오듯이 불성이 소중하지만 못 닦으면 우리가 불성계발을 못하게 됩니다.

그러기 때문에 마땅히 공은 공이지만 우리가 아직 공을 본 것도 아니고, 도인이 공이라 하니까 그런가보다 하는 것이지 우리가 공을 지금 느낍니까? 못 느끼기 때문에 역시 참답게 공을 느끼고서 체험體驗하려면 여기 있는 바와 같이 무량의 수행을 필요로 합니다. 우리는 이러한 분명한 구분이 있어야 합니다.

4. 무작사제無作四諦

[무작사제無作四諦; 번뇌즉보리煩惱卽菩提요 생사즉열반生死卽涅槃의 도리道理에 입각立脚하여 단증斷證의 조작造作을 리離한 사제四諦이므로 무작사제無作四諦라 하며, 이는 원교圓敎의 사제四諦이다.]

도인들은 법이자연法爾自然이라, 제대로 조금도 조작 없이, 지음 없이 바로 행하지만, 일반 범부는 내가 해야겠구나 하고 억지로 행합니다. 마음으로 상相이 있게 하는 것은 조작인 것이고 마음으로 상이 없이 하는 행동은 무상無相의 무위법無爲法입니다.

번뇌가 즉 보리라, 이런 것도 우리가 좀 알기 어렵지요. 우리가 소중한 것은 보리 곧 참다운 진리이고, 참다운 진리가 우리가 닦고 성취할 목적인데, 번뇌가 바로 보리다, 그래버리면 너무나 허망한 감이 있습니다.

따라서 우리는 이런 때에 해석을 잘해야 합니다. 현상적 의미에서 본다면 분명히 번뇌와 보리가 이렇게 둘이 있습니다. 그러니까 우리가 번뇌를 버리고 보리를 닦지요. 그러나 영원적인 근원에서 볼 때는, 상相에서 안 보고 체體에서 볼 때는 번뇌나 보리나 선이나 악이나 둘이 아닙니다. 항시 말한 바와 같이 일미평등一味平等한 불성佛性뿐인 것입니다.

일체만상一切萬象을 근본에서 바로 보는 안목眼目에서 볼 때는 일미평등한 불성인지라, 불성 가운데서 무슨 보리가 있고 또는 번뇌가 있고 두 가지 세 가지가 있을 까닭이 없습니다. 현상적인 상대유한의 중생차원에서 보니까 보리가 있고 도가 있고 그러는 것이지, 모두가 다 부처라는, 모두가 다 부처로 볼 수 있는 청정한 안목에서는 번뇌가 어디 흔적도 없지요. 무작사제는 체에서 근본 근원에서 보는 것입니다. 중생 경계에서 안 보고 말입니다.

그와 같이 불타佛陀의 청정미묘淸淨微妙한 부처의 눈에서 볼 때는 번뇌가 즉 보리요 생사가 즉 열반입니다.

열반涅槃은 영생永生을 말하는 것이고 생사生死는 죽고 살고 하는 중생경계衆生境界를 말합니다. 그런데 이러한 것들이 근원에서 보면 번뇌가 바로 가장 순수한 진리인 보리요, 또는 죽고 살고 하는 생로병사生老病死나 인간세상의 상대유한의 그런 것이 바로 고생 바다가 아니라 청정미묘한 행복幸福을 맛보는 극락세계極樂世界입니다. 열반이라는 것은 극락이나 불타나 같은 뜻입니다.

따라서 우리가 공부할 때는 있다 없다 좋다 궂다 하는 관념을 두면 같은 공부를 해도 마음이 괴롭고 그때는 유위법有爲法이라, 자꾸만 걸려버립니다.

우리가 행行은 하지만 우리 마음자리는 역시 깨달아 버린 도인의 마음을 내 마음으로 한단 말입니다. 다시 말하면 근본 체體를 안 떠난단 말입니다.

우리 불교 수행자는 근본 체를 안 떠나야 합니다. 상에 얽매이지 않고 말입니다. 상에 얽매이면 결국은 마음이 괴롭고 몸도 거북하고 그런 것입니다. 몸과 마음이 원래 둘이 아닙니다. 여러분 이런 것은 굉장히 중요한 것입니다. 지금 사람들은 제아무리 말을 해도 몸과 마음을 둘로만 생각하니까 문제가 큽니다. 몸과 마음은 절대 둘이 아닙니다.

몸과 마음은 둘이 아닌데 마음의 당체는 마음의 본질은 부처 아닙니까. 부처라는 것은 모든 공덕功德이 다 들어 있습니다. 부처는 물질이 아니고, 순수純粹한 정신精神인 것입니다. 순수한 정신이 어떻게 운동하는 것인가? 순수한 정신이 운동하는 법칙이나 상황 따라서 물질이 보인단 말입니다. 우리 중생이 물질이 보이는 것이지 원래 물질이 있는 것이 아닙니다.

점차로 분자로 분석하고 원자로 분석하고 원자를 다시 소립자로 분석하고 들어가서 가령 중성미자中性微子나, 물질의 가장 미세한 것은 이제 중성미자라는 것이 있는데 이것은 질량質量도 열량熱量도 없습니다. 질량 열량이 다 제로zero입니다. 그것은 물질이 아니라는 뜻입니다. 물질이 아닌 순수한 에너지energy만 우주에 충만한 것입니다. 물질이 아닌 에너지가 어떻게 모아지는가? 어떻게 운동하는가? 거기에 따라서 원자가 생기고 무엇이 생기고 한다 합니다.

물리학物理學을 공부한 사람들은 물질의 끄트머리가 텅 빈 것을 알고 있습니다. 단지 텅 비었지만 그것이 무엇인가? 그것만 모르는 것이지 비었다는 것은 아는 것입니다. 분석하면 제로가 되니까 말입니다.

순수 에너지 장場만, 순수 에너지인 전자기장電磁氣場만 우주에 가득차 있는 것입니다. 그 장場(field)의 실체가 불교에서 말하는 불성이란 말입니다.

따라서 순수에너지의 장인 순수에너지 그 당체가 불성인지라 불성은 우주에 충만한 것입니다.

따라서 우리 범부라 하더라도 거기에 입각해서 사물을 봐야 한단 말입니다. 가장 근원에서 사물을 본단 말입니다. 그렇게 볼 때는 물질은 없습니다.

내 몸도 역시 물질이 아닌 순수한 불성 기운이 이렇게 저렇게 뭉쳐서 운동하고 빙빙 돌아서 내 몸이 되었단 말입니다.

따라서 염파念波라, 식識의 파동波動, 마음의 파동이 결국은 물질이 되었습니다. 이런 말들은 여러분들이 잘 새기고 나중에 물리학을 다시 보면서 음미해 보십시오. 생각의 파동, 마음 파동이 이렇게 저렇게 되어서 무엇 되고 무엇 되고 한 것입니다.

이런 몸의 당체는 없습니다. 따라서 병病도 없습니다. 병도 분명히 없는 것입니다. 콜레라의 병균 자체도 역시 불성입니다. 지금 저 에이즈(AIDS; 후천성면역결핍증)란 무서운 병도 그 바이러스virus를 구성한 것은 순수한 불성입니다.

불성으로 그런 무서운 바이러스가 되었거니 우리 생각만 불성에다 안주시키면 그런 바이러스를 소멸시키는 것입니다. 그러기에 위대한 도인들은 신통神通을 다 합니다. 위대한 도인들은 하늘로 올라가고 별별 신통을 다 하거니 그런 바이러스나 병균은 문제가 아닌 것입니다.

사람들은 다 무엇인가를 삿되게 믿습니다. 물질이 있다, 내 몸이 있다 하는 고정관념固定觀念이 딱 박혀 놓으니까 이제 정신精神의 힘을 못 쓴단 말입니다. 정신의 힘은 강해서 물질인 팔이 하나 어긋나고 다리가 어긋나는 정도 가지고는 우리 마음을 움직이지 못 하는 것입니다. 원칙은 말입니다.

저번에 신문을 보니까 어느 목사 한 분이 양팔과 양다리가 없었습니다. 양팔과 양다리가 없는데 공부해서 목사가 되었습니다. 이렇듯 물질은 없는 것입니다.

이른 감이 있으나 여러분들 가운데 보리방편문菩提方便門이나 실상관實相觀이나 그런 관법觀法은 이와 같이 보리와 번뇌가 둘이 아니고, 생사와 열반이 둘이 아닌 그 자리, 천지우주가 일미평등一味平等한 불성자리를 안 놓치고 공부하는 것입니다.

그 자리에 마음을 두어서 그 자리를 조금도 벗어나지 않는 것이 공부인 것이지 놓쳐버리고 벌써 둘로 구분하고 셋으로 구분하면 그것은 체를 떠난 공부입니다. 체를 안 떠나야 참선參禪인 동시에 참다운 공부입니다.

참선은 무엇인가? 참선이라는 것은 선시불심禪是佛心이요 교시불어敎是佛語라, 선은 바로 부처의 마음이라 하듯이 우리 마음이 그러한 일미평등一味平等한 불심佛心에서 안 떠나야 선禪인 것입니다.

'이뭣고'나 '무無'자나 제아무리 외운다 하더라도 우리 마음이 불심에서 떠나 버리면 그것이 선이 못되는 것입니다. 아미타불阿彌陀佛을 부르고 무엇을 부른다하더라도 역시 우리 마음이 불심을 떠나버리면 그때는 선도 못 되고 참다운 염불念佛도 못 된다 말입니다. 순간 찰나도 우리가 불심에서 안 떠나야 합니다.

번뇌가 즉 보리요, 생사 즉 열반이라는 즉 구분이 없는 하나의 진리, 중생의 그릇 따라서 저 지옥중생地獄衆生은 하나의 진리를 제일 모르는 중생이고, 차근차근 올라와서 아귀餓鬼는 더 알고, 축생畜生은 더 알고, 사람은 좀 더 알고, 천상天上은 더욱 더 알고, 극락極樂 가버리면 천지우주가 불성임을 확연히 다 알아버립니다.

그와 같이 일미평등一味平等한 우주가 청정미묘淸淨微妙한 불타佛陀뿐인데 그 불타를 어떻게 아느냐에 따라서 구분이 생긴다 말입니다.

다 알아버리면 그때는 천지우주가 내가 되고 내가 천지우주가 되는 것을 짐작할 수가 있겠지요.

번뇌가 즉 보리요 생사가 즉 열반이라는 이러한 도리道理에 입각立脚해야 참다운 수법修法입니다.

여러분들이 아까 말한 생멸사제나 무생사제를 안다 하더라도 그것은 일차 아는 것이지 우리는 역시 마지막 판에 있는 무작사제無作四諦 즉 범부의 헤아림이 없는 사제란 말입니다. 이런 자리에 입각을 해야 합니다. 그런데 지금 보통 나와 있는 사제법문 풀이를 보면 제일 밑에 있는 생멸사제生滅四諦만 겨우 해가지고 이런 가장 소중한 끄트머리 부처님의 참 뜻인 무량사제無量四諦나 무작사제無作四諦를 안 해버리면 곤란스럽단 말입니다.

그것은 근원根源과 줄거리는 모르고서 이파리만 집착執着하는 격이란 말입니다.

입각立脚하여 단증斷證의, 끊고(단단) 증證하는 조작造作을 떠나버린단 말입니다. 번뇌가 원래 없거니 어디서 무엇을 끊으며 생사가 본래 없거니 무얼 떠나서 우리가 열반으로 간단 말입니까?

그러나 우리 범부지凡夫智에서는 역시 습기習氣가 있는지라 있다 없다 나다 너다 하는 나쁜 버릇 때문에 습기를 안 떼어내면 우리가 본래 있는 공덕功德을 여실히 발휘發揮를 못하고 본래 있는 공덕을 우리가 수용해서 쓰지 못합니다.

그러나 그렇다 하더라도 상相을 내면 공부가 잘 안 통한단 말입니다. 항시 그때는 상에 머물러버리기 때문에 애쓰고 계행을 지키고 참선을 한다 하더라도 '내가 범부다' '내가 죄가 있다'는 마음을 아예 내지 말아야 합니다.

어떤 경우에 참회懺悔할 때는 '짐짓 상을 내서 내가 정말로 죄를 많이 지었구나' 이와 같이 한다 하더라도 역시 우리 공부하는 분상에서는 탕탕무애無礙란 말입니다. '다 비어서 천지우주가 오직 불성뿐이다' 하는 거기다 마음을 딱 두어 버려야 공부가 빠릅니다.

'내가 죄가 있다'고 하면서 참회하고 눈물을 흘리는 것도 필요는 하지만 그것은 일차적으로 생멸사제 정도에서 하는 것이기 때문에 참회해도 상을 두는 참회인 것입니다.

번뇌가 즉 보리요, 생사가 즉 열반이라는 불타의 체에 입각해서 우리가 참회를 해야만 참다운 참회입니다. 그래야만 죄의 근원이 끊어집니다.

고집멸도 사제 가운데서 중요한 것은 무어라 해도 도제道諦, 즉 도道 이것이 멸滅에 이르는 길 아닙니까.

본래 생사가 없다 하더라도 역시 우리는 번뇌의 습기習氣가 있는지라 마땅히 도를 닦아야만 비로소 열반에 이르게 됩니다. 닦되 상을 두지 않고 닦는 이른바 무위법無爲法으로 닦는단 말입니다. 우리가 상을 두어 놓으면 무위법이라고 말할 수가 없습니다.

같은 계행戒行을 지킨다 하더라도 역시 상을 두면 그것은 유위법有爲法인 것이고, 상을 안 두면 무위법이란 말입니다. 물론 우리는 저절로 상이 안 나올 수 없습니다만 상이 없다는 확신을 자꾸만 가져야 합니다.

III. 팔정도八正道

[팔정도八正道; '정正은 성聖이다. 기도편사其道偏邪를 리離하므로 정도正道라 운云하고, 또한 성자聖者의 도道이므로 성도聖道라 한다.]

정正이나 성聖은 같은 뜻입니다. 성스럽다 하는 것도 역시 발라야 성스럽겠지요. 그러니까 정도正道나 성도聖道는 같은 뜻입니다. 도道에는 두 가지 뜻이 있어서, 1) 진리 자체, 2) (진리에 가는) 길입니다. 그와 같이 바로 당체를 도라고 하지만 거기에 가는 길도 역시 도라고 말합니다. 여기에서 '기도其道'는 그 닦는 길입니다. 치우치고 삿됨(편사偏邪)을 떠나므로 정도라 말(운云)하고, 그 길이 치우친다거나 삿되면 정도라 할 수가 없겠지요. 또한 성자聖者의 도道이므로 성도聖道라 하는데, 여기에 여덟 가지 법문이 있습니다.

◎ 八正道…正을 聖이라. 其道偏邪를 離하므로 正道라 云하고, 또한 聖者의 道이므로 聖道라 한다.

一. 正見…苦集滅道 四諦의 理를 分明히 見함을 云하며, 八正道의 主體이다.

二. 正思惟…이미 四諦의 理를 見하고 又 思惟等을 하여 眞智를 增長함을 云하니라.

三. 正語…眞智로써 口業을 修하여 非理의 語를 作하지 않음을 云함.

四. 正業…眞智로써 身의 一切邪業을 除하고 清淨의 身業에 住함을 云함.

五. 正命…身口意三業을 清淨히 하여 正法에 따라 活命하며 五種의 邪活命을 離함을 云함. ※ 五邪命…(天文·地理·相·占 等)의 邪活命을 依하여 强헌함.

六. 正精進…真智를 發用하여 涅槃의 道를 修함을 云함.

七. 正念…真智로써 正道를 憶念하고 邪念이 無함을 云함.

八. 正定…真智로써 無漏 清淨한 禪定에 入함을 云함.

※八正道 中. 正語·正業·正命의 三支는 戒요, 正念·正定의 二支는 定이요, 正見·正思惟·正精進의 三支는 慧라.

1. 정견正見

[1. 정견正見; 고집멸도苦集滅道 사제四諦의 리理를 분명分明히 견見함을 운云하며, 팔정도八正道의 주체主體이다.]

여러분들이 몇 번씩 다 배워서 알겠습니다만 부처님 법문은 누가 말하나 항시 새로운 것입니다.

'고집멸도苦集滅道 사제四諦의 리理를 분명分明히 견見함을 운云하며,' 고집멸도 사제의 이치理致를 분명히 못 보면 정견正見이라 할 수 없습니다. 우리는 정견을 꼭 세워야 합니다. 정견을 못 세우니까 함부로 우리가 망동妄動을 합니다. 바른 견해見解 · 바른 인생관人生觀 · 바른 가치관價値觀이 정견인데, 그러면 바른 인생관은 무엇인가? 역시 인생은 고苦다, 라고 분명히 느껴야 합니다. 물론 근원적인 의미에서는 고苦나 집集이나 멸滅을 다 떠나 버렸지만 현상적으로 볼 때는 인생은 고苦입니다.

그래서 우리 수행자修行者는 항시 현상적現象的인 것(고苦 · 공空 · 무상無常 · 무아無我)을 몽환포영夢幻泡影으로 보고, 실상적實相的인 것을 생사生死와 번뇌煩惱가 없는 실상(상常 · 락樂 · 아我 · 정淨)을 참으로 봐야 하는 것입니다. 그와 같이 항시 대비對比해서 봐야 합니다.

정견은 고집멸도 사제의 이치를 분명히 봄을 말하며 팔정도八正道의 주체主體이다.

다음에 정사유正思惟 · 정어正語 등 많이 있지만 바른 가치관, 정견이 항시 주체입니다. 생활도 마찬가지로 바른 가치관이 있어야 바른 생활을 할 수가 있듯이 수행도 역시 바른 정견이 앞섭니다.

즉 인생고는 여러 가지 생로병사나 그런 고에 해당하고, 고의 원인은 탐진치貪嗔痴 삼독심三毒心에서 일어나는 선악의 행위를 말하고, 그런 것을 다 떠나버린 참다운 행복의 경계는 멸이고 멸에 이르기 위한 길은 팔정도라 하는 사제법문의 도리를 분명히 아는 것이 바른 견해입니다.

2. 정사유正思惟

[2. 정사유正思惟; 이미 사제四諦의 리理를 견見하고 더욱 사유주량思惟籌量하여 진지眞智를 증장增長함을 운云함.]

사유思惟는 생각하는 것을 말합니다. 먼저 사제의 이치를 분명히 알고, 더욱 사유주량하여 진지, 즉 참다운 지혜를, 증장增長(폭幅으로나 상하上下로나 곧 길이나 폭이나 다 늘이는 것)하는 것입니다.[2]

3. 정어正語

[3. 정어正語; 진지眞智로써 구업口業을 수修하여 일체一切 비리非理의 어語를 작作하지 않음을 운云함.]

참다운 지혜(진지眞智)로서 입으로 짓는 업(구업口業)을 닦아서, 일체 이치에 어긋나는, 이치가 아닌(비리非理) 말을 짓지 않음을 말합니다.

이런 때도 앞서 든 그러한 생멸사제나 그런 관념도 필요하지만 역시 근원은 언제든지 무량사제 또는 무작사제 등의 상이 없는 사제를 근본에다 딱 두고 우리가 말을 해야 한단 말입니다.

구업은 아시는 바와 같이 거짓말(망어妄語), 나쁜 욕설辱說 또는 거친 말(악구惡口), 이간하는 말(양설兩舌), 꾸며서 하는 말(기어綺語)입니다.

---

2 정사유의 세 가지; 번뇌에서 벗어난 생각(출리사유出離思惟 Skt. nekkhamma-saṅkappa; 무욕사유無欲思惟), 노여움이 없는 생각(무에사유無恚思惟, 무진사유無瞋思惟 Skt. abyāpāda-saṅkappa), 남에게 해를 끼치지 않는 생각(무해사유無害思惟 Skt. avihiṃsā-saṅkappa) 등.

4. 정업正業

[4. 정업正業; 진지眞智로써 신身의 일체一切 사업邪業을 제除하고 청정淸淨의 신업身業에 주住함을 운云함.]

바른 지혜(진지眞智)로써 몸의 일체 삿된 업(사업邪業)을 다 없애고 청정한 신업에 머무름을 말합니다.

이런 것은 우리가 다 아는 문제 아닙니까. 하여튼 살생 말고, 또는 훔치지 말고, 삿된 음행하지 말고, 술 먹지 말고 등등, 이것이 청정한 몸의 업(신업身業)입니다. 그런 몸으로 청정 계율을 지키는 것, 몸으로 나쁜 점을 떠나는 것입니다.

5. 정명正命

[5. 정명正命; 신구의身口意 삼업三業을 청정淸淨히 하여 정법正法에 따라 활명活命하며, 오종五種의 사활명邪活命을 리離함을 운云함. (*오사명五邪命; 천문天文, 지리地理, 사주四柱, 상相, 점占 등等)]

몸과 입과 뜻으로 짓는 신구의身口意 삼업三業을 청정히 하여, 부처님의 참다운 진리(정법正法)에 따라서 생활(활명活命)하며, 다섯 종류의 삿된 생활(사활명邪活命)을 떠남을 말합니다.

오사五邪는 무엇인가 하면 이것은 천문天文이라, 곧 하늘의 별이나 보고 점을 치고 사는 것이 천문 아니겠습니까. 지리地理라, 풍수지리학風水地理學을 보고 도참설圖讖說로 해서 이상한 말을 하는 것이고, 사주四柱라, 그 사람의 운명을 감정해서, 사주라는 것은 생년生年·월月·일日·시時가 사주입니다. 그걸 따져서 그 사람의 운명을 감정해서 뭐라고 헛된 말을 한단 말입니다. 또 상相을 보고서 점占을 하고 이런 등등의 것이 사명邪命입니다. 지금 사람들은 이런 것도 더러 출가出家한 분들도 한다 말입니다. 이런 것은 모두가 삿되게 생활하는 것입니다.

삿된 생활을 떠나서 청정한 신구의身口意로 우리가 생활 한단 말입니다.

따라서 직업도 바른 직업을 가져야 한단 말입니다. 바른 생활 바른 직업을 갖는 것이 정명입니다.

6. 정정진正精進

[6. 정정진正精進; 진지眞智를 발용發用하여 강인强靭하게 열반涅槃의 도道를 수修함을 운云함.]

참다운 지혜(진지眞智)를 일으켜서 강인하게 조금도 어떤 경우든 거기에 꺾이지 않고 열반의 길, 영생해탈永生解脫 길을 닦음을 말합니다.

비록 이런 것을 다 안다 하더라도 게으름을 부리면 갈 수가 없습니다. 쉬지 않고 해야 합니다.

정정진이라, 참다운 지혜를 일으켜서 강인하게 꿋꿋하게 열반의 영생의 길을 닦는단 말입니다.

7. 정념正念

[7. 정념正念; 진지眞智로써 정도正道를 억념憶念하고 사념邪念이 무無함을 운云함.]

불교에서 말하는 문사수聞思修라, 그냥 귀로 들어서 아, 그렇구나, 이렇게 알 정도는 정견正見이지만 정사유正思惟는 생각을 더 깊이 하고, 정념正念은 더 깊이 해서 확신을 딱 가지는 것입니다. 따라서 정견, 정사유, 정념은 그러한 정도의 차이입니다. 정견을 보다 더 깊이 정사유 하고, 보다 더 깊이 하면 정념이고 말입니다. 마음으로 기억해서 잃지 않는 것이 정념입니다.

정념이란 참다운 지혜로써 정도를 마음 깊이 생각(억념憶念)하여, 기억해서 잃지 않아 삿된 생각(사념邪念)이 없는 것을 말합니다.

8. 정정正定

[8. 정정正定; 진지眞智로써 무루청정無漏淸淨한 선정禪定에 입사함을 운云함.]

참다운 지혜로써 무루청정한 선정에 들어감을 말합니다. 무루청정無漏淸淨은 무엇인가? 루漏자 이것은 '샐 루漏자' 번뇌煩惱를 말합니다. 물이 새는 것을 말합니다. 따라서 번뇌가 있는 법은 유루법有漏法이고, 번뇌가 없는 법은 무루법無漏法입니다. 마음이 쓸데없는 곳으로 새버려서 온전치 못한 것이 루漏를 의미한 것이니까, 번뇌가 있으면 마음이 쓸데없는 곳으로 새버리면 유루有漏고, 번뇌가 없으면 무루無漏입니다.

무루청정無漏淸淨한 수행修行은 어떤 것인가? 앞서도 말한 바와 같이 원래 번뇌가 없고 본래 무번뇌無煩惱라, 본래무일물本來無一物이란 말입니다. 물질이 본래 아무것도 없고, 오직 부처님만 계시고, 오직 마음만 있는 것이 무루청정한 수행인 것입니다. 우리는 꼭 무루청정한 수행을 해야 합니다.

기독교와 불교와의 여러 가지 차이점을 많이 거론하지만 기독교는 하나님 따로 있고, 나 따로입니다. 하나님과 나를 하나로 보는 기독교 교리는 별로 없습니다. 물론 마태복음서나 요한복음서의 어느 수승한 대목에 가서 우리가 깊이 생각하면 그렇게 합리화 시킬 수는 있다 하더라도 우선 표현 된 것으로 보면 기독교는 하나님 따로 나 따로 입니다.

어떤 종교나 불교와 같이 '부처님과 나와 둘이 아니다', '천지우주는 부처님뿐이다' 하는 그런 수승한 진리는 없습니다. 그런 진리가 되어야만 참다운 우리 마음의 해방解放이 있는 것입니다. 참다운 자유自由가 있는 것이고 말입니다.

하나님한테 창조를 당해서 내가 얽매여 있다면 우리한테 자유가 없단 말입니다. 따라서 참다운 자유와 참다운 인간의 존엄성은 불교 밖에는 없는 것입니다. 우리가 억지로 말하는 것이 아니라 사실이 그렇게 될 수밖에 없어요.

불교는 바로 내 마음이 가장 수승한 것이니까 말입니다. 또한 일체중생이 그런 마음이 다 들어 있는 것이니까 다 평등한 것이고, 참다운 평등, 참다운 자유, 참다운 존엄은 불교 밖에는 없습니다.

무루청정無漏淸淨한, 오직 천지우주가 청정미묘淸淨微妙한 불성佛性뿐이란 말입니다. 청정 미묘한 불성뿐이라는 그러한 참 지혜에 입각해서 참선參禪도 하고 염불念佛도 해야만 참다운 선정입니다.

억지로 싫은 것을 의심疑心하고 따지는 것은 무루청정無漏淸淨한 참선이 못 되는 것입니다. 다 떠나서 세상에 그야말로 더러운 것은 아무것도 없고 의심할 것도 없고 이러한 모두가 청정미묘淸淨微妙한 불성에 입각한 수행이 되어야만 무루청정無漏淸淨한 참선이고 염불인 것입니다.

염불念佛도 그래야 되고 우리가 불공佛供을 모신다 하더라도 또는 영가靈駕를 천도遷度한다 하더라도 이와 같이 무루 청정한 마음에 입각立脚하면 훨씬 더 천도가 빠른 것입니다.

[팔정도八正道 중中, 정어正語 정업正業 정명正命의 삼지三支는 계품戒品, 정념正念 정정正定의 이지二支는 정품定品, 정견正見 정사유正思惟 정정진正精進의 삼지三支는 혜품慧品.]

팔정도 가운데, 정어 이것은 참다운 말을 이릅니다. 사제의 진리를 다 알고서 참다운 진지에 입각해서 말을 한단 말입니다. 정업이라, 이것도 역시 참다운 지혜로 해서 우리 신업身業, 즉 몸으로 하는 행동을 말합니다. 또는 정명이라, 참다운 진지眞智, 곧 참다운 진리가 앞서지 않으면 정명도 못 되는 것입니다.

꼭 참다운 진지, 참다운 지혜, 참다운 가치관이 앞서야만 바른 말, 바른 업, 바른 생활입니다.

같은 말도 알쏭달쏭하니 억지로 하면 위선僞善에 불과합니다. 역시 도리를 억념해 도리에 입각해서 우리가 바른 말을 하고, 바른 업을 짓고, 바른 생활을 해야만이 무루청정한 삼업三業입니다.

팔정도 가운데 정어, 정업, 정명, 이 세 가지는 계품, 계율에 해당하고, 또 정념과 정정은 정품定品, 선정에 해당하고, 또 정견과 정사유, 정정진은 혜품에 해당합니다.

말하자면 부처님의 여러 가지 수행법修行法을 간추리면 계戒와 정定과 혜慧 아닙니까. 즉 삼학도三學道라, 석 삼三자, 배울 학學자, 길 도道자, 삼학도 이것이 가장 간추린 수행 방법인데 좀 부연하면 이와 같이 팔정도八正道이고 말입니다. 더 부연하면 무량의 수행법이 있겠지요.

우리는 우선 이와 같이 팔정도만으로 짐작하고 팔정도를 더욱 줄이면 방금 말한 바와 같이 정어, 정업, 정명은 계품인 것이고, 정념, 정정은 정품인 선정에 해당한 것이고, 정견, 정사유, 정정진은 혜품인 지혜에 해당합니다. 이와 같이 요는 계정혜戒定慧 삼학도三學道를 말한 것입니다.

오늘은 여기서 마치겠습니다.

나무아미타불! 나무아미타불! 나무본사아미타불!

⟨표20⟩ 팔정도 八正道

	8정도	뜻	체體	8정도의
1	정견 正見	고·집·멸·도 **사제의 리를 견**하야 분명할새 苦 集 滅 道 四諦 理 見　　　分明	무루의 **혜** 無漏　　慧	본체 本體 주체 主體 도 道
2	정사유 正思惟	사제의 리를 기견하고 오히려 **사유주량**하야 **진리증장**함이니 四諦 理 旣見　　　　　思惟籌量　　　眞理增長	무루심의 **심소** 無漏心　　心所 [심왕 소유의 별작용법] 心王所有　別作用法	도분 道分 도지 道支
3	정어 正語	진지로써 **구업을 닦아서 일체비리의 말을 짓지 않음**이니 眞智　　　口業　　　　一切非理	무루의 **계** 無漏　　戒	
4	정업 正業	진지로써 **신의 일체사업을 제하야 청정의 신업에 주**함이니 眞智　　身　一切邪業　除　淸淨　身業　住		
5	정명 正命	신·구·의의 **삼업을 청정히 하되 정법에 순하야 활명**하고 身 口 意　三業　淸淨　　　正法 順　活命 **오사명**[천문·지리·사주·상·점]을 **원리**함이니 五邪命　天文 地理 四柱 相 占　　遠離		
6	정정진 正精進	진지를 발용하야 **열반의 도를 강수**함이니 眞智 發用　　涅槃 道 强修	무루의 **근** 無漏　　勤	
7	정념 正念	진리로써 **정도를 억념**할 뿐으로써 사념이 무함이니 眞理　　　正道 憶念　　　　邪念 無	무루의 **념** 無漏　　念	
8	정정 正定	진지로써 **무루청정한 선정에 입**함을 말함이니 眞智　　　無漏淸淨　　禪定 入	무루의 **정** 無漏　　定	

이 8법; **사비를 다 떠나**므로 **정**
　八法　邪非　　　　　　　正
　　능히 **열반안에 이르는 통로**이므로 도
　　能　涅槃岸　　　　　通路　　道
　　모두 유루가 아닌 **무루로서 견도위의 행법**
　　　　有漏　　　　無漏　　見道位 行法

第二節 十二因緣法

十二因緣[1]은 辟支佛의
觀法으로서 新譯으로는
十二緣起요 舊譯으로는
十二因緣이며 또는 因緣觀이라
支佛觀이라고도 하니라
이는 衆生이 三世에 涉하야
六途[2]에 輪廻하는 次第緣起를

제2절 십이인연법

12인연十二因緣은 연각(벽지불辟支佛)의
관법觀法으로서 신역新譯으로는
12연기十二緣起요 구역舊譯으로는
12인연十二因緣이며 또는 인연관因緣觀이라
지불관支佛觀이라고도 하니라
이는 중생이 과거 현재 미래 3세에 걸쳐
6도六途에 윤회하는 연기緣起의 순서를

---

1 십이인연十二因緣; 속수법俗數法. 십이견련十二牽連. 십이연법十二緣法. 십이연생十二緣生. 십이유지十二有支. 십이지十二支. 십이지연기十二支緣起. 십이연기十二緣起. 괴로움이 일어나는 열두 과정. 1) 무명無明. Skt. avidyā. 사제四諦에 대한 무지. 2) 행行. Skt. saṃskāra. 무명으로 일으키는, 의도意圖하고 지향하는 의식 작용. 무명에 의한 의지력·충동력·의욕. 3) 식識. Skt. vijñāna 식별하고 판단하는 의식 작용. 인식 작용. 4) 명색名色. Skt. nāma-rūpa. 명名은 수受·상想·행行·식識의 작용, 색色은 분별과 관념으로 대상에 채색하는 의식 작용. 곧, 오온五蘊의 작용. 5) 육입六入. Skt. ṣaḍ-āyatana. 대상을 감각하거나 의식하는 안眼·이耳·비鼻·설舌·신身·의意의 작용. 6) 촉觸. Skt. sparśa. 육근六根과 육경六境과 육식六識의 화합으로 일어나는 마음 작용. 7) 수受. Skt. vedanā. 괴로움이나 즐거움 등을 느끼는 감수 작용. 8) 애愛. Skt. tṛṣṇā. 갈애渴愛. 애욕. 탐욕. 9) 취取. Skt. upādāna. 탐욕에 의한 집착. 10) 유有. Skt. bhava. 욕계·색계·무색계의 생존 상태. 11) 생生. Skt. jāti. 태어난다는 의식. 12) 노사老死. Skt. jarā-maraṇa 늙고 죽는다는 의식.

2 육도六途; Skt. *ṣaḍ-gati, ṣaḍ-jagati. Pāli cha-gatiyo. 육취六趣. 육도六道. 도道는 상태·세계를 뜻함. 중생이 저지른 행위에 따라 받는다고 하는 생존 상태, 또는 미혹한 중생의 심리 상태를 여섯 가지로 나누어 형상화한 것. 중생이 생각에 따라 머물게 되는 여섯 가지 세계. 중생의 업인業因에 따라 윤회하는 길을 6으로 나눈 것. 지옥도地獄道·아귀도餓鬼道·축생도畜生道·아수라도阿修羅道·인간도人間道·천상도天上道. 1) 지옥도地獄道. Skt. naraka-gati. hell. 수미산의 사방에 있는 네 대륙의 하나인 남쪽의 섬부주贍部洲 밑에 있다고 하며, 뜨거운 불길로 형벌을 받는 팔열지옥八熱地獄과 혹독한 추위로 형벌을 받는 팔한지옥八寒地獄으로 크게 나뉨. 2) 아귀도餓鬼道. Skt. preta-gati. hungry ghost. 재물에 인색하거나 음식에 욕심이 많거나 남을 시기·질투하는 자가 죽어서 가게 된다는 곳으로, 늘 굶주림과 목마름으로 괴로움을 겪는다고 함. 섬부주贍部洲 밑과 인도人道와 천도天道에 있다고 함. 3) 축생도畜生道. Skt. tiryagyoni-gati. animal. 온갖 동물들의 세계. 4) 아수라도阿修羅道. Skt. asura-gati. asura. 인간과 축생의 중간에 위치한 세계로, 수미산과 지쌍산 사이의 바다 밑에 있다고 함. 5) 인도人道. Skt. manuṣya-gati. human. 수미산 동쪽에 있는 승신주勝身洲, 남쪽에

說한 것으로서   말씀한 것으로서 첫째 무명無明이란

一에 無明³이란 過去世의 無始煩惱요   과거세過去世의 시작이 없는(무시無始) 번뇌煩惱요

二에 行⁴이란 過去世의 煩惱에   둘째 행行이란 과거세過去世의 번뇌煩惱에

依하야 지은 善惡의 行業⁵이오   의하여 지은 선악善惡의 행위이요

있는 섬부주贍部洲, 서쪽에 있는 우화주牛貨洲, 북쪽에 있는 구로주俱盧洲의 네 대륙을 말함. 6) 천도天道. Skt. deva-gati. god. 신神들의 세계라는 뜻으로, 수미산 중턱에 있는 사왕천四王天에서 무색계의 유정천有頂天까지를 말함.

3   무명無明; Skt. avidyā. Pali avijjā. 1) 불교의 진리인 사제四諦에 대한 무지로서, 모든 괴로움을 일으키는 근본 번뇌. 모든 현상의 본성을 깨닫지 못하는 근본 번뇌. 본디 청정한 마음의 본성을 가리고 있는 원초적 번뇌. 있는 그대로의 평등한 참모습을 직관하지 못하고 차별을 일으키는 번뇌. 2) 심소心所의 이름. 치번뇌癡煩惱를 말한다. 구사종俱舍宗에서는 대번뇌지법大煩惱地法의 하나, 유식종唯識宗에서는 근본번뇌의 하나. 모든 사事(현상)와 이理(본체)에 어두워서 명료치 못한 것. 3) 12인연의 하나. 구사종에서는 지난 세상의 번뇌를 말하고, 유식종에서는 제6식과 서로 응하는 우치愚癡와 무치無癡의 치번뇌를 말한다. 4) 『기신론』에서는 불각不覺과 같다고 한다. 진여에 대하여 무자각한 것. 진여가 한결같이 평등한 것을 알지 못하고 현상의 차별적인 여러 모양에 집착하여 현실세계의 온갖 번뇌와 망상의 근본이 되는 것을 말한다. 이 무명이 진여에 훈부熏付하여 아뢰야식을 내고, 아뢰야식에 의하여 모든 만법이 생긴다. 5) 천태종에서는 3혹惑의 하나. 모든 생사의 근본인 미세한 번뇌로서 일법계의 뜻을 알지 못하고 법성의 장애가 되는 혹惑. 이 무명의 혹은 보살만이 끊는 것이므로 별혹別惑이라 하고, 또는 계외界外의 생사를 받는 번뇌이므로 계외혹界外惑이라고도 한다. 그리하여 화법化法의 4교 중 별교別教·원교圓教의 보살만이 끊을 수 있다. 무명을 나누어 42품으로 하고 별교에서는 단무명위斷無明位를 초지 이상으로 하므로, 지지 이후 묘각까지에 앞 12품을 끊고, 원교에서는 단무명위를 초주初住 이상으로 하므로, 10주住 이후 묘각까지 42품 전부를 끊는다.

4   행行; 1. Skt. saṃskāra. Pāli saṅkhāra. 무명無明으로 일으키는, 의도意圖하고 지향하는 의식 작용. 무명에 의한 의지력·충동력·의욕. 분별하고 차별하는 의식 작용. 조작造作의 뜻. 일체의 유위법을 말함. 유위법은 연을 따라서 모여 일어나고, 만들어진다는 뜻. 또는 이것이 항상 변화하여 생멸하는 것이므로 천류遷流의 뜻으로 해석. 모든 현상을 움직이게 하는 힘. 1) 5온蘊의 하나. 행온行蘊의 준 이름. 2) 12연기緣起의 하나. 무명無明을 근원으로 하고, 감각感覺 등 여러 가지를 발생하는 신·구·의 3업. 3) 제행무상諸行無常에서의 행은 변화하는 모든 현상을 가리킴. 2. Skt. caryā. Pāli cariyā. 동작. 행위. 실천. 수행. 동작 또는 행위의 뜻. 몸소 실천해 나아가는 행. 1) 명행족明行足의 행은, 부처님이 지혜와 함께 행의 체험자임을 의미함. 2) 원행願行의 행은, 간절히 바라는 이상적인 경지에 이르기 위한 수행. 3) 교행教行의 행은, 부처님의 가르침에 대한 실행. 4) 심행心行의 행은 정토문에서 안심安心의 대對, 안심에서 일어나는 행. 5) 육도만행六度萬行의 행은, 번뇌를 대치對治하는 것. 번뇌가 많은 까닭에 행의 수도 많으므로 만행이라 함. 6) 이밖에 4안락행安樂行·5행·10행·난행難行·이행易行·정행正行·잡행雜行 등의 행은 모두 행위·수행 등의 행. 3. Skt. gamana. 걸어감. 나아감. 행보내왕行步來往하는 뜻. 4위의威儀의 하나. 비구가 걸어가는 거동을 말함.

5   행업行業; Skt. karman, karma-abhisaṃskāra. 고락의 과보를 받을 선악의 행위. 몸·입·뜻으로 나타내는 동

三에 識⁶이란 過去世의 業⁷에
삼   식   과거세   업

依하야 受한 現在
의   수   현재

受胎의 一念이오
수태   일념

四에 名色⁸이란 胎中에서
사   명색   태중

心身이 發育하는 位를 말함이니
심신   발육   위

名이란 곧 心法⁹으로서 心法이란
명   심법   심법

셋째 식식識識이란 과거세過去世의 행위에

의하여 받은 현재 부모의 복중에

태태胎를 받은 일념一念이오

넷째 명색名色이란 태중胎中에서

마음과 몸이 발육하는 자리를 말함이니

명名이란 곧 심법心法으로서 심법心法이란

작·언어·생각.

6 식識; Skt. vijñāna. Pāli viññāṇa. 비사나毘闍那라 음사. 원래 의미는 '나누어(vi-) 안다'(jñā)는 것으로 '분별'分別, 즉 분석적으로 아는 것을 그 특징으로 한다. 식별하고 판단하는 마음 작용. 인식 작용. 인식 주관. 요별了別하는 뜻. 경계를 대하여 인식하는 마음의 작용. 심왕心王에만 말하고, 심소심소는 별개別個로 함. 이에 6식識·8식·9식의 구별이 있음. 원시 불교에서는 우리의 인식은 근근(감관感官)과 경경(대상對象)이 식식과 결합할 때 성립한다고 하지만, 이 경우의 '식識'은 인식 주체 또는 주관의 의미에 가깝다. 그러나 식식은 똑같이 안다(jñā)를 어근으로 하는 지지(jñāna)나 혜혜(prajñā)와는 달리 미혹을 낳고 고뇌를 일으키는 마음의 상태를 말한다. 생각한다(cit)를 원뜻으로 하는 '심'心(citta)이나 '사'思(man)를 원래의 의미로 하는 '의'意(manas)도 '식'識과 마찬가지로 마음의 여러 가지 측면을 나타내는 것으로서 본래는 동의어였다. 2. 마음의 작용을 심심·의의·식식으로 나누어 말하기도 함. 3. 12인연의 제3. 소승에서는 과거세의 혹혹·업업에 의하여 심식心識이 처음 모태母胎에 들어가는 1찰나의 지위, 대승에서는 미래에 3계에 태어날 몸의 주체인 제8식을 낼 이숙무기異熟無記의 종자를 말함. 4. vijñapti. 구체적으로 인식된 내용.

7 업업; Skt. karma. Pāli kamma. 갈마羯磨라 음사. 몸·입·뜻으로 짓는 말과 동작과 생각하는 것과 그 세력을 말함. 업은 짓는다는 의미로서 정신으로 생각하는 작용, 곧 의념意念이며, 이것이 뜻을 결정하고 선악을 짓게 하여 업이 생김. 업은 또 사업思業과 사이업思已業으로 나눔. 사업은 뜻으로 활동하는 정신 내부의 의업意業. 사이업은 한번 뜻을 결정한 후에 외부에 표현되는 신업身業·구업口業. 곧 신·구·의 3업이라 함. 또 몸과 입으로 외부에 표현되는 표업表業에 의하여 그 표업이 끝난 후에도 밖으로는 표현되지 않아도, 그 선업이나 악업을 상속하는 것은 무표업無表業임. 또 업은 선업·악업으로 나눔. 선업 중 주요한 것은 10선업, 그 반대는 10악업. 이 밖에도 업의 분류에 여러 가지 있음. 그러나 악업만을 단순히 업이라 하기도 함.

8 명색名色; Skt./Pāli nāma-rūpa. 명상名像. 명상名相. 12인연의 하나. 구사종俱舍宗에서는 명명은 심법心法을 가리킨다. 심왕心王·심소심소는 크고 작은 모양새가 없고, 단지 이름으로만 부르는 것이므로 명이라 한다. 색색은 색법色法을 말한다. 크고 작은 모양새는 있으나 아직 6근根이 구족되지 못하여 단지 몸과 뜻만 있는 것을 말한다. 이를 5온蘊으로 말하면, 색온色蘊 이외의 나머지 4온 곧 수受·상想·행行·식식의 작용은 명, 색온은 색에 해당. 곧 명색은 탁태托胎 제2 찰나 이후 6근을 갖추기까지의 5온을 이름한 것.

9 심법心法; Skt. citta, vijñāna, citta-dharma, citta-dharmatā, citta-caitta. Pāli citta, citta-dhamma. 1. 온갖 마음 작용. 2. 오위五位의 하나. 대상의 전체를 주체적으로 인식하는 마음 작용, 곧 팔식八識을 말함. 우주 만유를

體로써 現示하기 어렵고	체體로써 나타내보이기 어렵고
다만 名으로써	다만 이름(명名)으로써
詮義[10]할 바이므로 名이라 하고	표현할 바이므로 명名이라 하고
色이란 곧 眼 等의 身이오	색色이란 곧 눈(안眼) 등의 몸이오
五에 六處[11]란 六根이니	다섯째 육처六處란 육근六根이니
六根이 具足하야 將次	육근六根이 구족具足하여 장차將次
出胎하고자 하는 位요	태어나고자 하는 자리(위位)요
六에 觸[12]이란 二~三歲之間에서	여섯째 촉觸이란 2~3살에
事物에 對하야 아직 苦樂을	사물事物에 대하여 아직 고락苦樂을
識別할 수는 없고 다만 物에	식별識別할 수는 없고 다만 사물에
觸하고자 하는 位요	접촉하고자 하는 자리(위位)요
七에 受[13]란 六~七歲 이후에	일곱째 수受란 6~7살 이후에

색色·심心의 둘로 분류할 때는 심왕心王·심소心所를 말하고, 5위로 분류할 때는 심왕만을 말함.

10 　전의詮義; 뜻을 설명함. 뜻을 헤아림.
11 　육처六處; Skt. ṣaḍ-āyatana. 육입처六入處. 대상을 감각하거나 의식하는 안眼·이耳·비鼻·설舌·신身·의意의 육근六根, 또는 그 작용. 육입六入과 같음. 눈·귀·코·혀·몸·뜻의 6근根과 빛깔·소리·냄새·맛·닿임·법法의 6경境을 구역에서는 6입, 신역에서는 6처處라 함. 이 6근·6경을 합하여 12입 또는 12처라 함. 그 중에서 6경을 외육입外六入, 6근을 내육입內六入. 12인연 중의 6입은 내육입. 입入은 거두어 들이는 뜻. 6근·6경은 서로 거두어들여 6식識을 내는 것이므로 6입이라 하고, 처處는 소의所依, 6근·6경은 6식을 내는 소의가 되므로 6처라 함. 12인연의 하나. 중생의 눈·귀·코·혀·몸·뜻의 6근을 구족하고 모태母胎에서 나오는 위位를 말함.
12 　촉觸; 1. Skt. sparśa. Pāli phassa. 세활細滑. 재栽. 경락更樂. 접촉. 부딪침. 육근六根과 육경六境과 육식六識의 화합으로 일어나는 마음 작용. 2. Skt. spraṣṭavya. 몸으로 느낄 수 있는 대상인 추위나 촉감 등.
13 　수受; Skt. vedanā. 1. 괴로움이나 즐거움 등을 느끼는 감수 작용. 오온五蘊의 하나. 이에 고수苦受·낙수樂受·사수捨受가 있다. 구사구사俱舍에서는 10대지법大地法의 하나. 유식唯識에서는 5변행遍行의 하나. 12연기의 하나. 수지受支를 말함. 2. Skt. upādāna 취取의 구역舊譯. 집착. 번뇌.

事物에 對하야 苦樂을 식별하고
此를 感受하는 位요
八에 愛¹⁴란 十四~五歲 이후에 種種의
强盛한 愛慾을 生하는 位요
九에 取¹⁵란 成人 이후에 愛慾이
尤盛함에 따라 諸境에 馳驅¹⁶하야
所欲을 取求하는 位요
十에 有란 愛取의
煩惱에 依하야 種種의 業을 지어
當來의 果를 定하는 位니
十一에 生¹⁷이란 現在의 業에 依하야
未來의 生을 받는 位요
十二에 老死¹⁸란 來世에서

사물에 대하여 고락苦樂을 식별하고
이를 느끼는(감수感受) 자리(위位)요
여덟째 애愛란 14~5살 이후에 여러 가지의
강성强盛한 애욕愛慾이 생기는 자리(위位)요
아홉째 취取란 어른이 된 이후에 애욕愛慾이
더욱 치성함에 따라 모든 경계에 치달려서
욕망하는 바를 취하고 구하는 자리(위位)요
열째 유有란 애욕으로 취하고 구하는(애취愛取)
번뇌煩惱에 의하여 가지가지의 업業을 지어
앞으로 올 과果를 정定하는 자리(위位)이니
열한째 생生이란 현재의 업業에 의하여
미래의 생生을 받는 자리(위位)요
열두째 노사老死란 다음 세상에서

14　애애; Skt. tṛṣṇā. Pāli taṇhā. 갈애渴愛. 애욕. 탐욕. 12연기의 하나. 애지愛支.『구사론』에서는 남녀 16~17세 이후에 애욕이 생기기 시작하나 아직 음욕을 만족함에 이르지 못한 때,『성유식론成唯識論』에서는 다음 생을 받을 인연이 될 탐번뇌貪煩惱라 함. 모두 임종시에 일어나는 탐애貪愛. 2. 남녀의 성욕에 근거하여 서로 사랑하는 연애·처자애妻子愛·명리애名利愛 등. 좋지 못한 마음에서 일어나는 것이므로 염오애染汚愛라 함. 3. 자비. 불·보살 등이 중생을 구제하려는 것 같이 아무 데도 치우치지 아니한 대자비심으로서 순전한 정에서 일어나는 사랑. 이것은 불염오애不染汚愛.

15　취取; Skt. upādāna. 탐욕에 의한 집착. 번뇌. 12연기의 하나. 애애를 연하여 일어나는 집착執着. 또 애애의 다른 이름. 번뇌의 총칭. 2. Skt. grāhya. 인식함. 이해함.

16　치구馳驅; 1. 말이나 수레를 타고 달림. 2. 몹시 바빠 돌아다님.

17　생생; Skt. jāti. 생겨남. 일어남. 여러 요소들의 모임. 여러 인연이 모여 어떤 현상이 나타남. 태어남. 생존. 태어난다는 의식. 12연기의 하나. 생지生支.

18　노사老死; Skt. jarā-maraṇa. 늙고 죽는다는 의식. 12연기의 하나. 늙어서 목숨이 다함을 말함.

老死하는 位니 이 中에서

「無明과 行」의 二는 곧

惑·業의 二로서 過去世의

因에 屬하고

「識·名色·六處·觸·受」의

五는 過去 惑業[19]의 因에

緣하야 받은 現在의 果에 屬할새

이는 過現一重因果이며

또한 「愛·取」의 二는

現在의 惑이요 「有」란 現在의 業이라

이 惑業의 現在因에 緣하야

未來의 生과 老死의 果를 感할새

이는 現未一重因果라 하나니

此 兩重의 因果[20]에 依하야 輪廻가

늙고 죽는 자리(위位)이니 이 중에서

「무명無明과 행行」의 두 가지는 곧

혹惑·업業의 둘로서 과거세過去世의

인因에 속屬하고

「식識·명색名色·육처六處·촉觸·수受」의

다섯 가지는 과거 혹업惑業의 원인에

연緣하여 받은 현재의 고과苦果에 속하니

이는 3세양중인과 중 과현일중인과過現一重因果(과거의 인과 현재의 과)이며

또한 「애愛·취取」의 두 가지는

현재의 혹惑이요 「유有」란 현재의 업業이라

이 혹업惑業의 현재인現在因에 연緣하여

미래未來의 생生과 노사老死의 과果를 받으니

이는 현미일중인과現未一重因果라 하나니

이 양중兩重의 인과因果에 의하여 윤회輪廻가

---

19 혹업고惑業苦; 미迷의 인과因果를 나타내는 말. 탐·진·치 등의 번뇌는 혹, 이 혹에 의하여 선악의 행위를 짓는 것은 업, 이 업에 의하여 받게 되는 생사는 고과苦果. 이것을 3도道라고 함. 1) 혹도. 또는 번뇌도煩惱道. 우주의 진리를 알지 못하는 것과 낱낱 사물의 진상을 알지 못하는 데서 일어나는 망심妄心. 2) 업도. 망심으로 일어나는 몸·입·뜻으로 짓는 업. 3) 고도. 3계 6도의 과보를 받는 것. 이리하여 도道에 윤전輪轉의 뜻이 있다 함은 혹惑·업業·고苦의 셋이 바퀴 돌 듯하여 끊임이 없는 것을 나타낸 것. 능통能通의 뜻이 있다 함은 혹에서 업을, 업에서 고를 불러내어 전전 상통하여 생사를 되풀이한다는 뜻.

20 삼세양중인과三世兩重因果; 십이연기十二緣起를 태생학적으로 해석한 것으로, 열두 가지 가운데 무명無明·행行이 과거세의 2인因이 되어 식識·명색名色·육처六處·촉觸·수受라는 현재세의 5과果를 초래하고, 다시 애愛·취取·유有가 현재세의 3인因이 되어 생生·노사老死라는 미래세의 2과果를 초래하여 괴로운 생존을 되풀이한다는 견해. 이는 삼세三世에 걸쳐 인과因果가 겹침으로 삼세양중인과三世兩重因果

無窮함을 알지니라
현재의 惑[愛·取] 業[有]이 이미
現在의 苦果[識·名色·六處·
觸·受]에서 生하였음을 볼진대
過去의 惑業도 역시 過去의 苦果에서
生하였음을 알 것이며
이미 現在의 苦果[識 내지 受]가

現在의 業[有]을 生함을 볼진대 역시
未來의 苦果[生·老死]가 未來의
業을 生할 것임을 알지니라
그러므로 이를 推究하면 過去의
惑業은 過去의 苦果에서 來하고
未來의 苦果는 未來의 惑業을 生하야
過去에 始가 無하고 未來에 終이 無하니
이를 無始無終의 生死輪廻라
하는 바 辟支佛은 이를 觀하야

무궁無窮함을 알지니라
현재의 혹惑[애愛·취取] 업業[유有]이 이미
현재의 고과苦果[식識·명색名色·육처六處·
촉觸·수受]에서 초래하였음을 볼진대
과거의 혹업惑業도 역시 과거의 고과苦果에서
초래하였음을 알 것이며
이미 현재의 고과苦果[식識·명색名色·
육처六處·촉觸·수受]가

현재의 업業[유有]을 초래함을 볼진대 역시
미래의 고과苦果[생生·노사老死]가 미래의
업業을 초래할 것임을 알지니라
그러므로 이를 추구推究하면 과거過去의
혹업惑業은 과거過去의 고과苦果에서 오고
미래의 고과苦果는 미래의 혹업惑業을 발생시켜
과거에 시작이 없고 미래에 끝이 없으니
이를 무시무종無始無終의 생사윤회生死輪廻라
하는 바 연각(벽지불辟支佛)은 이를 관觀하여

라고 함. 이 열두 가지 가운데 무명無明과 행行은 과거세의 번뇌와 선악의 행위, 식識은 수태受胎하는 찰나, 명색名色은 수태 후 약 1개월 사이, 육처六處는 태내胎內에서 눈·귀·코 등의 기관이 완성되는 단계, 촉觸은 출생하여 단순한 감각 작용을 일으키는 단계, 수受는 단순한 괴로움이나 즐거움을 느끼는 단계, 애愛는 재물이나 애욕에 집착하기 시작하는 단계, 취取는 집착이 증대하는 단계, 유有는 집착으로 그릇된 행위를 일으키는 단계, 생生은 미래세에 태어나는 단계, 노사老死는 미래세에 태어난 후 죽음에 이르기까지로 해석함.

一은 生死를 싫어하고							한편으로는 생사를 싫어하고

一은 常實의							다른 한편으로는 항상하고 실다운(상실常實)

我體가 없음을 知함으로써 드디어							아체我體가 없음을 앎으로써 드디어

惑業을 끊고 涅槃을 證하나니							혹업惑業을 끊고 열반涅槃을 증명하나니

이 中에서 因과 緣을 分別하면							이 중에서 인因과 연緣을 분별分別하면

行과 有와의 二支는 因이오							행行 · 유有의 두 가지는 인因이오

無明 · 愛 · 取의 三支는 緣이며							무명無明 · 애愛 · 취取의 세 가지는 연緣이며

餘의 七支는 果이나 果는							나머지의 일곱 가지는 과果이나 과果는

도리어 惑業의 因을 일으키는							도리어 혹업惑業의 인因을 일으키는

緣이 됨으로 이를 緣中에 攝하고							연緣이 되므로 이를 연중緣中에 포함시키고

別로 果의 名을 두지 않고							따로이 과果의 이름을 두지 않고

因緣觀이라 單稱하느니라							인연관因緣觀이라 부르느니라

청화 큰스님 해설

I. 십이인연법十二因緣法[1]

　십이인연十二因緣은 벽지불辟支佛의 관법觀法으로서 신역新譯으로는 십이연기十二緣起요 구역舊譯으로는 십이인연十二因緣이며 또는 인연관因緣觀이라 지불관支佛觀이라고도 하니라

　이는 중생衆生이 삼세三世에 섭섭하야 육도六途에 윤회輪廻하는 차제연기次第緣起를 설설한 것으로서

　일一에 무명無明이란 과거세過去世의 무시번뇌無始煩惱요

　이二에 행行이란 과거세過去世의 번뇌煩惱에 의依하야 지은 선악善惡의 행업行業이오

　삼三에 식識이란 과거세過去世의 업업에 의依하야 수受한 현재現在 수태受胎의 일념一念이오

　사四에 명색名色이란 태중胎中에서 심신心身이 발육發育하는 위位를 말함이

---

[1] 이 법문은 큰스님께서 태안사 3년 결사 중 1987년 3월 8일 행자스님들을 위해 태안사 해회당에서 설법하신 내용입니다. 김영동 교수님이 제공한 녹취분을 경주가 재정리하였습니다.

니 명名이란 곧 심법心法으로서 심법心法이란 체體로써 현시現示하기 어렵고 다만 명名으로써 전의詮義할 바이므로 명名이라 하고 색色이란 곧 안眼 등등의 신身이오

오五에 육처六處란 육근六根이니 육근六根이 구족具足하야 장차將次 출태出胎하고자 하는 위位요

육六에 촉觸이란 이二~삼세지간三歲之間에서 사물事物에 대對하야 아직 고락苦樂을 식별識別할 수는 없고 다만 물물에 촉촉觸하고자 하는 위位요

칠七에 수受란 육六~칠세七歲 이후에 사물事物에 대對하야 고락苦樂을 식별識別하고 차此를 감수感受하는 위位요

팔八에 애愛란 십사十四~오세五歲 이후에 종종種種의 강성强盛한 애욕愛慾을 생生하는 위位요

구九에 취取란 성인成人 이후에 애욕愛慾이 우성尤盛함에 따라 제경諸境에 치구馳驅하야 소욕所欲을 취구取求하는 위位요

십十에 유有란 애취愛取의 번뇌煩惱에 의依하야 종종種種의 업業을 지어 당래當來의 과果를 정정定하는 위位니

십일十一에 생生이란 현재現在의 업業에 의依하야 미래未來의 생生을 받는 위位요

십이十二에 노사老死란 내세來世에서 노사老死하는 위位니

이 중中에서 「무명無明과 행行」의 이二는 곧 혹惑·업業의 이二로서 과거세過去世의 인因에 속屬하고

「식識·명색名色·육처六處·촉觸·수受」의 오五는 과거過去 혹업惑業의 인因에 연緣하야 받은 현재現在의 과果에 속屬할새 이는 과현일중인과過現一重因果이며

또한 「애愛·취取」의 이二는 현재現在의 혹惑이요 「유有」란 현재現在의 업業이라

이 혹업惑業의 현재인現在因에 연緣하야 미래未來의 생生과 노사老死의 과果를 감感할새 이는 현미일중인과現未一重因果라 하나니 차此 양중兩重의 인과因果에

의依하야 윤회輪廻가 무궁無窮함을 알지니라

현재現在의 혹惑[애애愛·취取] 업業[유有]이 이미 현재現在의 고과苦果[식識·명색名色·육처六處·촉觸·수受]에서 생生하였음을 볼진대

과거過去의 혹업惑業도 역시 과거過去의 고과苦果에서 생生하였음을 알 것이며 이미 현재現在의 고과苦果[식識 내지 수受]가 현재現在의 업業[유有]을 생生함을 볼진대 역시 미래未來의 고과苦果[생生·노사老死]가 미래未來의 업業을 생生할 것임을 알지니라

그러므로 이를 추구推究하면 과거過去의 혹업惑業은 과거過去의 고과苦果에서 래來하고 미래未來의 고과苦果는 미래未來의 혹업惑業을 생生하야 과거過去에 시始가 무無하고 미래未來에 종終이 무無하니 이를 무시무종無始無終의 생사윤회生死輪廻라 하는 바 벽지불辟支佛은 이를 관觀하야 일一은 생사生死를 싫어하고 일一은 상실常實의 아체我體가 없음을 지知함으로써 드디어 혹업惑業을 끊고 열반涅槃을 증證하나니

이 중中에서 인因과 연緣을 분별分別하면 행行과 유有와의 이지二支는 인因이오 무명無明·애愛·취取의 삼지三支는 연緣이며

여餘의 칠지七支는 과果이나 과果는 도리어 혹업惑業의 인因을 일으키는 연緣이 됨으로 이를 연중緣中에 섭攝하고 별別로 과果의 명名을 두지 않고 인연관因緣觀이라 단칭單稱하느니라

부처님께서 말씀하신 수행법修行法이 많이 있으나 세 차원次元으로 나누어서 말씀드릴 수 있습니다.

한 가지는 부처님의 법문을 듣고 깨닫는 성문승聲聞乘에 대해서 하는 법문인 사제법문四諦法門인 것이고, 그 다음에는 근기로 봐서는 조금 더 나아져서 부처님 말씀이나 또는 다른 성자聖者의 말씀을 안 듣는다 하더라도 스스로 사색思索도 하고 판단해서 이치理致를 아는 연각승緣覺乘이 하는 수행법인 십이인연법十二因緣法입니다. 그리고 보다 더 수승한 보살菩薩들이 수행하는 육바라밀六波羅蜜이 있습니다.

보살승은 스스로 사색도 하지만 또한 모든 중생衆生을 제도하겠다는 서원誓願이 있습니다. 반면에 성문승聲聞乘이나 또는 십이인연법十二因緣法을 연구하는 연각승緣覺乘들은 모든 중생을 제도하겠다는 넓은 서원은 별로 없습니다.

부처님 경론經論의 일대시교一代時敎를 한마디로 말하면 부처님이나 선지식善知識들의 말씀을 듣고 공부하는 성문승, 성문승은 우리가 배운 고집멸도苦集滅道의 사제법문으로 공부를 하는 것입니다. 연각승은 누구한테 별로 말도 안 듣지만 과거전생過去前生의 선근善根으로 스스로 사색하고 참구參究해서 깨닫는 근기인데, 연각승이 닦는 법이 십이인연법입니다. 그리고 보살이 닦는 법이 육바라밀입니다.

사제법문四諦法門, 십이인연법十二因緣法, 육바라밀六波羅蜜, 이것이 부처님 일대시교의 세 가지 공부하는 법의 대요大要입니다. 그러므로 우리가 이런 기초법문을 몇 가지만 외워 버리면 무슨 경經을 본다 하더라도 별로 막힘이 없는 것입니다.

그런데 기초를 우리가 안 들어놓으면, 무슨 말이 나오면 불교佛敎 술어 때문에 자꾸만 막힙니다. 그러기 때문에 불교佛敎공부는 먼저 기본적인 불교술어를 알아야 합니다.

특히 십이인연법이 중요한 이유는 부처님께서 깨달으실 때에 몸소 하신 수행법修行法이기 때문입니다. 과연 내 생명生命이 무엇인가? 부처님이 자기 생명의 근원根源을 탐구探究한 법이 십이인연법입니다. 내가 지금 존재存在하지만 과거過去에 나는 무엇이었나? 그와 같이 거슬러 올라가서 자기 생명의 근원을 탐구했단 말입니다. 또한 죽어서는 어떻게 될 것인가 하는 자기 미래를 사색하고, 그와 같이 과거過去, 현재現在, 미래未來를 사색하면서 내 생명은 대체로 근원이 무엇인가 하는 생명의 소재를 탐구한 법이기 때문에 중요합니다.

부처님께서 보리수하에서 성불成佛하실 때 다른 공부도 물론 탐구를 하셨지만 특히 십이인엽법을 탐구해서 깨달으셨습니다.

그리고 학인學人들이 한문漢文실력이 없으니까 말이 좀 어색하지만 한문자를 많이 넣었습니다.

　십이인연十二因緣은 벽지불辟支佛의 관법觀法으로서 신역新譯으로는 십이연기十二緣起요 구역舊譯으로는 십이인연十二因緣이며 또는 인연관因緣觀이라 지불관支佛觀이라고도 하나니라
　이는 중생衆生이 삼세三世에 섭섭涉하야 육도六途에 윤회輪廻하는 차제연기次第緣起를 설설한 것으로서

　'십이인연十二因緣'에서, '인因'은 원인 인자, 그리고 인연 연緣자입니다. '벽지불辟支佛의 관법觀法'에서 치우칠 벽辟, 또는 물리칠 벽辟자, 지탱할 지支, 부처 불佛, 볼 관觀, 법 법法입니다. '연기緣起'는 인연 연緣, 일어날 기起. '섭涉'은 건널 섭涉자, 간섭干涉한다고 할 때에 이 자를 씁니다. 또는 섭렵涉獵이라, 책이나 모든 학문學問도 많이 공부하고 경험經驗도 하는 것을 섭렵이라고 합니다.
　'길 도途'는 '길 도道'자와 같이 쓰입니다. 같이 쓰이나 진리眞理라고 말할 때는 '도道'자를 쓰고, 진리 외에 무슨 방도나 방법을 뜻할 때는 '도途'자를 쓰는 것입니다.
　같은 '길 도'이지만 보리菩提나 진리眞理를 말할 때는 '도道'를 쓰는 것이고, 그 외에 육도윤회六途輪廻, 지옥地獄·아귀餓鬼·축생畜生·수라修羅·인간人間·천상天上을 육도윤회한다고 할 때는 '도途'자를 쓰는 것입니다.
　바퀴 륜輪, 돌 회廻, 윤회輪廻는 빙빙 돈단 말입니다. 즉 끝도 가도 없이 개미 쳇바퀴 모양으로 빙빙 돈단 말입니다.
　버금 차次, 차례 제第, 인연 연緣, 일어날 기起.
　'십이인연법은 무엇인가 하면 벽지불의 관법觀法으로서', 여기서 벽지불에 대해 살펴보겠습니다.
　불교佛敎에서 부처를 제외한 성자聖者 곧 성인聖人을 보살菩薩, 연각緣覺, 성문聲聞의 세 차원次元으로 구분합니다. 부처와 합치면 성자를 네 가지 속성으로 구분하지만 부처님을 떼어 놓으면 성인들을 세 차원으로 구분합니다. 즉 가장 높은 성자가 보살, 그다음이 벽지불, 그다음이 성문승입니다. 도道가 얼마나 높은가에 따라서 구분해서 말하는 것입니다. 성문승은 나한羅漢(아라한阿羅漢)이라고도 합니다. 그리고 연각을 벽지불이라고도 합니다.

즉 도道를 성취成就해서 일반중생과 더불어 중생衆生을 제도하는 정도는 보살인 것이고, 자기만 닦아서 겨우 자기 생명의 근원을 아는 정도가 벽지불이란 말입니다.

또한 남의 말을 듣고 깨달은 이, 즉 아라한이 성문법에 해당하는 셈입니다. 이와 같이 벽지불과 아라한, 그리고 그 위에 있는 보살을 합해서 3성인이라고 합니다. 부처와 합치면 그때는 4성인이 되겠지요.

그런데 사제법, 십이인연법, 육바라밀의 불교법문이 세 차원에 다 통용通用이 됩니다. 통용이 되나 특별히 어떤 성품性品은 어떤 공부를 한다, 그런 특별한 것이 없잖아 있습니다. 근기가 낮은 사람들은 사제법문四諦法門으로 공부하고 말입니다. 그러나 사제법문이 꼭 성문승만 하는 것이 아니라 일체불교 차원에 다 통해있단 말입니다. 여기 있는 십이인연법, 이것도 역시 주로 벽지불, 즉 자기만 탐구하는 그런 분들이 주로 공부하지만 한편 불교를 전부다 통관하는 법문인 것입니다.

부처님 법문은 아무리 쉬운 법문도 근원을 꿰뚫어 있으니까, 어렵다면 어려운 것입니다. 불교 자체가 원래 인생人生과 우주宇宙의 근본원리根本原理를 탐구探究하는 가장 고도한 철학哲學이기 때문에, 아무리 쉽게 접근해도 하다 보면 어렵지 않을 수가 없는 것입니다. 우주를 통관하니까 말입니다.

인간은 무엇인가? 우리가 먹고살고 경제經濟문제와 정치政治문제 그런 것만 생각하면 쉽습니다만 인간人間생명의 근본根本을 생각할 때는 어렵단 말입니다.

인류역사人類歷史는 개벽開闢이래 몇백만 년이고 또는 역사시대歷史時代만 두고 보더라도 벌써 몇천 년입니다. 그런 동안에 사람이 무엇인가? 인간성이 무엇인가? 그 문제를 탐구해 봤지만 불교 이외의 다른 것으로는 확연히 해답을 못 내린단 말입니다. 오랜 동안에 인류人類가 탐구하고 탐구해서 해답을 못 내린 그런 문제이기 때문에 지금 풀기 어려운 것입니다.

그러기 때문에 학인들도 역시 그런 것을 감안해서 공부를 해야지 까다롭다 그래 버리면 불교佛敎는 공부할 수가 없지요.

이처럼 불교라는 것이 어려운 것이고 교리만 따지고 있으면 자기 평생을 다해도 할 수가 없는 것입니다. 그러나 불교는 우리 마음을 깨닫는 하나의 방편方便에 불과하기 때문에 불립문자不立文字라, 문자文字를 떠나서 오직 마음만 닦으면 된다는 것이 참선參禪입니다. 그래서 염불念佛이나 참선參禪이 있는 셈 아닙니까.

교리를 아무것도 안 배운다 하더라도 내 마음이 부처인 것을 믿고 닦으면 되는 것입니다. 그러나 현대란 사회가 하도 복잡하고 갈래가 많고 불교도 여러 가지 복잡해서 어느 정도 체계가 안 서면 확신確信이 안 선단 말입니다. 체계가 딱 서야만 다른 삿된 것하고 구분해서 아는 것이고 확신이 섭니다.

같은 불교佛敎도 18종파가 있어, 종파들마다 자기 종파가 옳다고 합니다. 그런 때에 우리가 체계가 서지 않으면 과연 어느 것이 좋은가, 어느 것이 그른가 한계를 모른단 말입니다.

그러기 때문에 불교 교리가 어렵지만, 여러분들은 대체로 고등학교 이상은 나와서 충분히 인생철학人生哲學을 공부할 수 있는 시기時期인 것이니까, 부처님 당시에 말씀하신 고집멸도苦集滅道의 사제법문四諦法門과 십이인연법, 앞으로 배울 보살의 육바라밀법, 이런 정도는 명확히 명념銘念을 해야 합니다.

사제법은 앞에서 말씀드렸지만, 인생고人生苦, 인생고의 원인인 집集, 인생고를 떠나서 참다운 영생永生 행복인 멸滅, 또는 영생의 행복에 이르는 방법인 도道, 도道는 저번에 말한 팔정도八正道입니다.

'이는 벽지불의 관법觀法으로서', 자기만 주로 공부하는 벽지불 근기의 관조觀照하는 법으로서. 불교의 수행법修行法은 모두가 다 관법觀法입니다. 관조觀照한단 말입니다.

중생衆生이 네가 있다 내가 있다 이렇게 눈에 보이는 것 밖에는 못 보는 것인지라 우리는 바로 못 보는 것입니다. 그러기 때문에 부처님께서 말씀하신 그런 정법正法, 바른 식견識見을 보기 위해서는 우리가 오랫동안 관조觀照·관찰觀察함으로 해서 번뇌煩惱를 맑히고 진리眞理를 본단 말입니다.

그러기 때문에 부처님의 수행법修行法은 모두가 한마디로 관법觀法이지요. 모두가 다, 어떻게 관觀하라, 어떻게 관조觀照하라 말입니다. 중생 업業으로 진리眞理가 안보이지만 결국은 진리를 관조함으로 해서 차근차근 진리하고 하나가 되어간단 말입니다.

관법으로서 '신역新譯으로는', 불교가 복잡한 것이, 중국中國에서 주로 인도印度말 번역에도 신역과 구역이 있기 때문이기도 합니다.

구역舊譯은 구마라집鳩摩羅什이란 분이 한 번역이 구역이고, 보다 연대年代가 위이지요. 신역新譯은 현장법사玄奘法師, 현장법사는 여러분들이 잘 아시듯이 손오공孫悟空 데리고 인도印度에 가서 법法을 구한 현장법사, 현장법사 이후에 번역飜譯한 것이 신역입니다. 즉 연대가 좀 새로운 번역이란 말입니다. 그러나 신역이고 구역이고 하는 것도 역시 그 당시에 말 한 것이고, 사실은 현장법사도 벌써 지나간 지가 천년세월이 넘습니다.

'신역新譯으로는 십이연기十二緣起요, 구역舊譯으로 십이인연十二因緣이며' 그러니까 열두 가지 속성으로 해서 인생人生의 나고 죽는 문제를 풀이했단 말입니다. 인생의 나고 죽는 문제가 십이인연법에 다 포함되어 있기 때문에 굉장히 중요한 것입니다. 석가모니釋迦牟尼께서 내가 무엇인가 하는 문제를 사색思索해서, 이와 같은 관법觀法으로 공부했단 말입니다.

'또는 인연관因緣觀이라', 불교에서 말하는 인연법因緣法이라는 것도 역시 이런 데에 근원根源을 둡니다.

모두가 인연이라, 좋으나 궂으나 인연이다. 그와 같이 쉽게 말 하지만 인연이라는 것이 따지고 보면 불교佛敎 전부를 다 포섭한 심심미묘深深微妙한 법문法門인 것입니다.

인因(원인原因)이 있으면 연緣이 있고, 연緣이 있으면 과果가 있고, 인과因果라 할 때는 인因·연緣·과果 가운데 연緣을 빼버리고 간단히 인과因果라고 하지요. 그러나 보다 구체적으로 말하면 인연과因緣果라 해야 합니다. 인因과 연緣

과 과果말입니다.

원래 종자인種子因, 가령 우리가 종자를 둔다고 하면 종자는 인因에 해당하고, 종자를 움트게 하는 땅이나 일광日光이나 수분水分이나 비료나 이런 것은 연緣에 해당하고, 종자가 성장해서 열매를 맺는 것은 과果에 해당하지 않겠습니까. 그와 같이 모든 것은 인연과因緣果로 해서 생성生成 소멸消滅합니다.

인연관因緣觀이나 '지불관이라고도 한다.' '벽지불'을 '벽'자를 빼버리고 '지불'이라고도 간단히 말합니다. 지불관이라고도 한다.

'이는 중생衆生이 삼세三世에' 삼세 이것은 과거過去, 현재現在, 미래未來입니다.

우리 중생衆生이 과거, 현재, 미래를 통해서 육도六途에 생사윤회生死輪廻하는, 중생이 죽고살고 갔다 왔다 하는 경계境界가 육도六途 아니겠습니까. 나쁜 갈래는 지옥地獄, 아귀餓鬼, 축생畜生의 세 가지 악도惡道라, 삼악도三惡道이지요.

그 외에 수라修羅(아수라阿修羅), 인간人間, 천상天上, 아수라阿修羅도 역시 우리 인간의 눈에는 안 보이는 것입니다. 안 보이는 아수라도 역시 아주 힘이 굳센 귀신鬼神입니다.

따라서 우리가 공부하는 방식도 모르고 산에 가서 공부를 하면 더러는 아수라阿修羅가 씌워가지고 굉장히 힘도 내고 아는 척도 많이 하는 것입니다.

인간의 눈에는 안 보이지만 깊은 산중이나 바다 가운데 존재하는 대력신大力神, 큰 힘을 가진 신神이 아수라 신인데 아수라와 인간, 천상은 좋은 데라고 해서, 물론 극락極樂 같은 곳은 못 되겠지만, 하여튼 악도에 비해서는 좋다고 해서 착할 선善자, 삼선도三善道라고 합니다. 지옥, 아귀, 축생 삼악도三惡道와 아수라, 인간, 천상 삼선도三善道를 합해서 육도六途란 말입니다.

이와 같이 우리 중생은 육도에 갔다 왔다 합니다. 다 아시는 바와 같이 우리가 업業을 지으면 그때는 인간보다 못하게 태어납니다. 가령 금생今生에 요새 사람들 모양으로 잘 싸우면 죽어서 아수라阿修羅로 태어나 싸움을 좋아하고, 함부로 남을 많이 죽이면 지옥地獄으로 가는 것입니다.

그러나 십선업十善業을 닦아서 말을 조심하고 행동을 주의하고 항시 맑은 마음을 가지면 천상天上에 태어납니다. 또는 죄악의 씨앗을 다 없애고 완전무결하면 그때는 극락極樂에 가서 태어나는 것입니다.

그와 같이 우리가 태어나는 것인데, 극락極樂은 성자聖者만 가는 곳인지라, 일반 중생한테는 삼악도三惡道, 삼선도三善道의 육도六途란 말입니다. 지옥, 아귀, 축생 삼악도와 싸움을 좋아하는 아수라와 또 인간과 천상이란 말입니다. 이런 '육도六途에 윤회輪廻하는' 뱅뱅 돈단 말입니다. 뱅뱅 도는 '차제연기次第緣起를' 인과가 차례로 일어나고 없어지고 하는 것을 말씀한 것이 십이인연법十二因緣法이란 말입니다.

따라서 이것은 우리 생명生命에 가장 접근된 가장 밀접한 법문인 것입니다. 과연 내가 어떻게 해서 나왔는가? 왕자고 누구고 아무리 잘났다 하더라도 결국은 십이인연법의 범주範疇내에서 윤회輪廻하는 가운데 인간으로 잠깐 나왔을 뿐입니다.

죽으면 어디로 갈 것인지 알 수가 없는 것입니다. 다만 업業, 즉 자기가 지은 행위行爲에 따라 내세來世에 가서 과보果報를 받을 뿐입니다. 그런데 우리 중생은 내세가 안 보이니까 알 수가 없단 말입니다.

그렇게 생각할 때 우리 중생은 그야말로 참 캄캄한 것입니다. 내가 과거過去에 어디서 왔는가, 또한 죽으면 어디로 갈 것인가 말입니다.

여러분들이 지금 재를 모실 때에 항시 듣는 '생종하처래生從何處來하고 사향하처거死向何處去라', 우리 생生이란 대체 어디서 왔는가? 죽으면 어디로 갈 것인가?

천박淺薄한 사람들은 이런 문제를 그냥 보아 넘깁니다만 깊은 사람들은 생명生命의 본질本質문제를 그냥 보아 넘길 수가 없는 것입니다. 또는 나이가 많아지면 죽음이 임박하니까 자연적自然的으로 그런 문제를 생각 안할 수가 없단 말입니다.

1. 무명無明

일一에 무명無明이란 과거세過去世의 무시번뇌無始煩惱요

'무명無明은 무지無智나 같습니다. 진리眞理를 모른단 말입니다. 명明은 진리와 같은 뜻입니다. 무명은 진리에 어둡단 말입니다. 그래서 무지무명無智無明이라, 이와 같이 겹쳐 말해도 무지無智나 같습니다.

무명은 무엇인가? '과거세過去世의 무시번뇌無始煩惱'라, 과거세의 처음이 없는 번뇌煩惱란 말입니다. 우리가 과거에 한 생生만 있는 것이 아니라 몇 만생, 몇 천생 되풀이해서 온 것이기 때문에, 번뇌煩惱 역시 한도 끝도 없단 말입니다. 즉 몇 만생 내 생명이 지나갔는가 알 수가 없습니다.

그런데 그 원인은 무엇인가 하면 결국은 번뇌, 번뇌나 무명은 같은 뜻입니다. 즉 진리를 모르니까 번뇌가 나오는 것이고 또 바로 그것이 무명무지 아닙니까.

무명이 무엇인가 하면 다시 풀이하면 내 본질本質과 우주宇宙의 본질을 모른단 말입니다. 이와 같이 가령 김 아무개 같으면 김 아무개다. 이것만 아는 것이지 내 생명의 본질을 모른단 말입니다. 이것도 역시 바로 무명 아닙니까.

하나의 전기가 있으면 전기의 원인이 무엇인가? 그 본질을 알 수가 없단 말입니다. 그것이 무명입니다. 이와 같이 중생衆生은 현상적現象的인 것만 좀 알 뿐이지 근원根源을 전혀 모릅니다. 따라서 제아무리 학식學識이 많다고 해도 무명無明을 못 벗어나지요.

무명이 있기 때문에 결국 우리가 무명으로 해서 몸을 받는단 말입니다. 우리가 죽으면 육체肉體는 화장火葬하면 재가 되는 것이고 땅에 파묻으면 흙 되어 버리지요. 버러지가 다 먹어버리는 것이고 말입니다. 그때는 아무것도 안 남습니다.

아무리 잘났더라도 죽으면 이 몸이라는 것은 흔적도 없는 것입니다. 다시 이런 몸으로 태어날 수도 없는 것입니다. 이 몸으로 해서는 결국은 한번 살다

갈 뿐이란 말입니다.

그런데 죽으면 그와 같이 몸을 버리되, 우리 생명은 죽지가 않기 때문에 생명은 금생今生에 지은 업業이 거기에 묻어서 업의 기운氣運 때문에 업業 따라서 간단 말입니다.

가령 살생殺生을 많이 하면 살생이라는 업, 죽였다는 업 때문에 업이 우리 마음에 묻어서, 업의 무게 때문에 지옥地獄으로 스스로 들어가는 것입니다. 누가 잡아당기지 않아도 말입니다. 그런 것이 마치 저승사자使者가 끌고 간 것 같은 기분이기 때문에 사자가 데려간다고 하는 것이지 사실은 자기 업의 기운 때문에 끌려가는 것입니다.

또한 탐욕貪慾이 많아서, 애욕愛慾도 많고 욕심慾心 많으면 아귀餓鬼입니다. 보통 우리가 속가에서 허천아귀라, 걸신乞神들렸다고 하듯이 먹어도 먹어도 조금도 양도 안 차고 말입니다.

욕심이 끝도 갓도 없고, 식욕食慾뿐만 아니라, 애욕愛慾이나 명예욕名譽慾이나, 그런 욕심, 이른바 오욕五慾이 재財·색色·명名·식食·수睡라, 재물財物 또는 이름, 애욕愛慾, 또는 식욕食慾, 잠욕 이와 같은 것이 끝도 갓도 없는 욕심인데 욕심이 더욱 많은 존재가 주릴 아餓자, 귀신 귀鬼자, 아귀餓鬼 아닙니까. 항시 욕심이 많아서 채워짐이 없단 말입니다.

분수를 알고 만족해야 채워지는 것이지 만족을 못 하면 한도 끝도 없습니다. 그러기에 거기에서는 수미산, 히말라야 산 덩어리 같은 금덩이가 있다고 하더라도 만족을 못 채웁니다.

전생도 더 올라가 보면 끝도 가도 없는 것이고, 이러한 끝도 가도 없는 과거전생過去前生이 있다면, 이와 같이 무시無始, 끝도 가도 없는 번뇌煩惱가 무명無明입니다.

우리가 죽을 때 번뇌를 벗어버리고 업業이 없어지면 모르지만 업이 있는 한에는 업을 따라 가게 되어 있습니다.

살생殺生도 좀 덜하고 오계五戒만 지키면 사람으로 인도환생人道還生하는 것이고, 조금 더 낫게 십선업十善業을 지키면 천상天上 가는 것이고 말입니다. 수행修行을 많이 해서 마음이 청정淸淨해 업장業障이 없으면 죽자마자 바로 극락極樂으로 올라갑니다.

그러나 업業이 많으면, 무명無明이 있으면 죽은 뒤에 다시 무명 따라서, 즉 업 따라서 지옥, 아귀, 축생, 수라, 인간, 천상의 육도六道로 간단 말입니다. 업장이 없어야만 극락으로 가는 것이고 업장이 있는 한에는 육도 가운데서 항시 뱅뱅 윤회를 하게 됩니다.

2. 행行

이二에 행行이란 과거세過去世의 번뇌煩惱에 의依하야 지은 선악善惡의 행업行業이오

행行이라, '과거세過去世의 번뇌煩惱에 의依하여 작작作作한 선악善惡의 행업行業' 즉 업業이란 말입니다.

업에는 선善도 있고 악惡도 있는 것 아닙니까. 악업惡業만 업이라고 하지 않습니다. 선업善業도 업이라고 합니다. 우리가 죽어서 몸은 사라지고 영혼靈魂이 헤매다가 부모의 연緣을 만나는 것입니다. 부모란 남녀간도 업장業障이 없으면 결합結合이 안 되는 것인데, 그 남녀간도 따지고 보면 아무리 화목和睦한 부부라 하더라도 역시 깊은 의미에서는 하나의 업장 때문에 또는 애욕愛慾 때문에 같이 뭉치는 것입니다. 애욕이 없으면 그때는 남녀간에 결합이 안 되는 것입니다. 무명 때문에 남녀 역시 결합이 됩니다.

헤매는 영혼이 결합되는 그 기운氣運을 본단 말입니다. 내외간 결합된 기운과 영혼의 염파念波가, 파동波動이 딱 들어맞으면 그 영혼이 거기 가서 딱 들어붙는 것입니다. 자기 어머니 태胎에 탁태托胎하게 됩니다.

지금 공간 내, 분위기 내에는 영령들이 굉장히 많이 있는 것입니다. 영혼들이, 영혼靈魂의 하나의 파동波動이 부모의 연緣을 만나서, 영혼의 힘과 내외간 결합하는 힘이 같은 쪽에, 같은 범위에 있을 때에 영혼이 딱 들어선단 말입니다.

보다 세밀한 설명은 생략하고, 아무튼 이와같이 자기 부모의 연을 만나서, 태중胎中에서 자란 뒤에 나중에 태어납니다.

그와같은 경로로 십이인연법十二因緣法으로 설명이 되었는데, 우리가 죽어서 헤매는 무명無明영혼때, 무지를 못벗어난 업장業障이 묻은 영혼靈魂때, 그것이 무명無明에 해당하고 말입니다.

우리도 역시 무명으로 있다가, 즉 업장이 묻어 있는, 업장에 속박되어 있는 영혼으로 있다가 부모父母 연緣을 만나서 온 것입니다. 금생今生에 어떤 위대한 분이나 모두가 다 무지무명의 업으로 있다가, 업業의 하나의 영靈으로 있다가 부모의 연緣을 만나서 태어났단 말입니다.

즉 '과거세의 번뇌 즉 무명에 의하여 지은 선악善惡의 업業' 그러니까 내외간內外間이 같이 지내는 것도 업 아니겠습니까. 또한 내외간이 결합했다고 하더라도 그 영혼이 업이 없으면 거기에 붙어 안 올 것인데, 동의同意의 업業때문에 결국은 그 부모한테 온단 말입니다. 가령 부모하고 결합할 힘이 5라면 영혼의 힘이 5일 때 같이 상합되어서 온단 말입니다.

3. 식識

삼三에 식識이란 과거세過去世의 업業에 의依하야 수受한 현재現在 수태受胎의 일념一念이오

식識이라, 알 식識자 말입니다. 과거세過去世의 업業에 의依하여 받은 바(수受한) 현재現在 수태受胎의 일념一念이라. 내가 지금 엄마 뱃속에 탁태托胎했다, 내가 엄마한테 들어왔다 하는, 즉 말하자면 영혼이 부모님 연을 만나 어머니 태에 딱 들어붙는 그때의 이것이 식識입니다. 그때는 몸뚱아리는 없이 식뿐이란 말입니다.

과거세에 몸뚱아리가 있다가 금생에 나오는 것이 아니라 다만 영혼이라는 마음으로 존재하다가, 영혼에 맞는 부모님을 만나서 어머니의 태안에 딱 들어왔단 말입니다. 그때는 식뿐인 것입니다. 물질物質이 있는 것이 아니라 마음뿐이란 말입니다.

수태일념受胎一念이라, 태에 들어가는 한 생각, 내가 지금 어머니 태안에 들어왔구나. 이와 같이 한 생각이 나올 때란 말입니다. 그러나 딱 들어앉아서 커지면, 물질이 커져버려서, 물질에 가려서 그런 생각은 사라지고 마는 것입니다.

4. 명색名色

사四에 명색名色이란 태중胎中에서 심신心身이 발육發育하는 위位를 말함이니 명名이란 곧 심법心法으로서 심법心法이란 체體로써 현시現示하기 어렵고 다만 명名으로써 전의詮義할 바이므로 명名이라 하고 색色이란 곧 안眼 등等의 신身이오

넷째 번에 명색名色이라, '명색名色은 태중胎中에서 심신心身이 발육發育하는 위位를 운云함이니' 이것은 우리 생명生命이 태어날 때, 하나의 위상인데 엄마 태안에서 마음과 몸이 발육發育하는 자리를 말하는 것이니, '명名이란 곧 심법心法으로서' 마음 법으로서, '심법心法이란 체體로서 표시表示하기 어렵고 다만 명名으로써 표현表現할 수 있으므로 명名이라 하고' 심법이란 몸으로 표시할 수가 없기 때문에 어렵고 다만 이름으로서만 표현할 수 있기 때문에 명이라 이름하고 말입니다.

'색色이란 곧 안眼 등等의 신身임', 색色이란 눈이나 코나 입이나 그와 같이 우리 몸을 말한 것이지요. 하기 때문에 우리 몸이 아직은 완전히 다 발육은 못 되어 있다 하더라도 하여튼 마음은 그 안에 식인 것이고 말입니다. 식 따라서 이루어진 우리 몸뚱아리, 우리는 태어나기 전 어느 정도 인간적인 몸뚱아리가 생겨난단 말입니다. 눈이나 코나 입이나 그런 것이 '안眼 등等이' 몸이란 말입니다.

5. 육처六處

오五에 육처六處란 육근六根이니 육근六根이 구족具足하야 장차將次 출태出胎하고자 하는 위位요

'육처六處는 바로 육근六根이니, 육근六根이 구족具足하여 장차將次 출태出胎코자 하는 위位를 운云함.'

앞서 명색名色은 무엇인가 하면 엄마의 배 안에서 몸과 마음이 구분되어서 말입니다. 물론 하나로 합해있지만 그와 같이 차별이 생겨가지고 커나가는 때란 말입니다.

그러나 육처 이것은 보다 더 성장이 되어서 바로 육근六根, 즉 안眼 · 이耳 · 비鼻 · 설舌 · 신身 · 의意, 즉 말하자면 눈 또는 귀 말입니다. 또는 코, 입, 모두 그와 같이 우리 몸의 사대육신四大六身이 어느 정도 갖추어져 있는 때가 육처입니다.

육근이 안 · 이 · 비 · 설 · 신 · 의, 눈 · 귀 · 코 · 혀 · 몸 · 뜻 등의 육신이 갖출 때란 말입니다. 육신이 갖추어질 때의 이것이 육근이니, 육근이 다 갖추어져서 장차 앞으로 얼마 안 가서 출태出胎, 태에서 나온단 말입니다. 즉 어머니한테서 출산出産해서 곧 나올 때란 말입니다. 어머니 배에서 만삭이 되어서 나올 때가 이것이 육처六處입니다.

누구나 이런 과정을 거치지 않고서 나온 사람은 한사람도 없다는 것을 우리가 다 아는 셈 아닙니까.

6. 촉觸

육六에 촉觸이란 이二~삼세지간三歲之間에서 사물事物에 대對하야 아직 고락

苦樂을 식별識別할 수는 없고 다만 물물에 촉촉觸하고자 하는 위位요

'촉촉觸이라, 이二, 삼세三歲 때 사물事物에 대하여 아직 고락苦樂을 식별識別할 수는 없고 다만 사물事物에 접촉接觸하고자 하는 위位임.

접촉할 촉觸자, 2~3세, 여기서는 이미 출산되어서 사람 몸을 받았지요. 2~3세 때가 되어서 사물事物에 대하여 자기가 주위에 있는 모든 물건에 대해서 아직 고락苦樂의 괴롭고 즐거운 것을 식별識別할 수 없단 말입니다. 어린애가 어떻게 괴롭다, 좋다, 그렇게 알 수가 있겠습니까. 그렇게 할 수는 없다 하더라도 다만 사물에 대하여 그때는 접촉接觸을 하고 싶단 말입니다.

어린애가 이것저것 만지고 싶고 그렇게 하는 것이 하나의 자기가 성장하고자 하는 몸부림 아닙니까. 이때는 아직은 분별分別도 못하고, 괴롭고 즐거운 고락을 모른단 말입니다.

이와 같은 때가 십이연기十二緣起 가운데 여섯 번째 촉에 해당합니다. 즉 접촉만 하고 싶을 때, 어려서 물정物情을 모르면서 말입니다.

7. 수受

칠七에 수受란 육六~칠세七歲 이후에 사물事物에 대對하야 고락苦樂을 식별하고 차此를 감수感受하는 위位요

'수受라, 6~7세 이후以後에 사물事物에 대對하여 고락苦樂을 식별識別하고 차此를 감수感受하는 위位임'

받을 수受자, 6~7세 이후에 그때는 더 성장해서 자기 주변에 있는 여러 가지 사물에 대하여서 고락을 식별해서 괴롭고 즐거움을 좀 안단 말입니다.

어린애가 처음에는 불이 있어도 불인지를 모르고 가지만 나중에는 경험해 보니까 불은 '뜨겁다' 하고 싫어하는 것과 같이 말입니다. 좋아하고 싫어하는 것을 조금 알 때가 육칠 세 이후란 말입니다. 이후에 사물에 대하여 고락을 식별하고 이것을 감수感受하여 좋고 나쁘고를 안단 말입니다. 따라서 좋은 것은 더 취하려하고 그른 것은 피하려 하는 것이 육칠 세 이후의 어린아이들 심리心理현상 아닙니까.

8. 애愛

팔八에 애애愛란 십사十四~오세五歲 이후에 종종種種의 강성强盛한 애욕愛慾을 생生하는 위位요

'애애愛란, 십사오세十四五歲 이후以後에 종종種種의 강성强盛한 애욕愛慾을 생生하는 위位를 말함.'

사랑 애愛자, 십사오 세 이후에 그때는 더 성장해서 종종 가지가지의 강성한, 강强하고 성盛한 애욕愛慾을 생하는 그런 때란 말입니다.

춘기春氣가 발동해서 벌써 그때는 사춘기思春期가 되어서 말입니다. 누구나 십사오세 이후에는 강성한 이성異姓에 대해서 애욕을 느낀단 말입니다.

9. 취取

구九에 취取란 성인成人 이후에 애욕愛慾이 우성尤盛함에 따라 제경諸境에 치구馳驅하야 소욕所欲을 취구取求하는 위位요

'취取란, 성인成人 이후以後에 애욕愛慾이 우성尤盛함에 따라 제경諸境에 치구馳驅하여 소욕所欲을 취구取求하는 위位를 말함.'

성인기 이후에 십사오세 도 넘어가서 그때는 어른스러운 때가 되어가는 셈 아닙니까. 십사오세 이후에 성인 이후에 애욕이 더욱 성함에 따라 모든 경계境界에 왔다 갔다 싸다니고 말입니다. 그렇게 분별없이 싸다니는 것을 달릴 치馳, 몰 구驅자, 치구라고 합니다.

물정物情을 잘 모르고 선악善惡 분별을 잘 모르는 것이니까 그때는 그야말로 참 애욕만 생겨서 턱없이 모든 경계에서 갔다 왔다 하면서 함부로 날뛴단 말입니다.

그렇게 실패도 많이 하고 여러 가지로 유혹도 받고 하는 셈 아닙니까. 하여튼 하고자 하는 바(소욕所欲)를 다만 구하려고 애쓰는 그런 때가 취란 말입니다.

여기에서 '욕'자는 마음 심心이 없으면 '하고자할 욕欲'자이고 마음 심心이 있으면 '욕심 욕慾'자입니다.

취取 이것은 아까 말한 바와 같이 어른스럽게 즉 성인이 되어서 애욕이 더욱더 성해져서, 성하면 따라서 그것을 취하려고 하니까 여러 경계에 왔다갔다 그와 같이 자기 스스로 싸다니고, 덤벙대고 하겠지요.

여러 가지 경계(제경諸境)에 싸대면서 하고자 하는 바를 취하려 한단 말입니다.

10. 유有

십十에 유有란 애취愛取의 번뇌煩惱에 의依하야 종종種種의 업業을 지어 당래當來의 과果를 정定하는 위位니

'유有란, 애취愛取의 번뇌煩惱에 의依하여 종종種種의 업業을 지어 당래當來의 과果를 정定하는 위位니 유有란 곧 업業으로서, 업業이 능能히 당래當來의 과果를 함유含有하므로 유有라 명名함.'

여덟 번째 애와 아홉 번째 취, 애취愛取의 번뇌煩惱, 갖고자 하는 욕심慾心을 부리는 것도 한 가지 번뇌가 되지 않겠습니까.

무엇을 모르는 것도 번뇌이지만 가지려고 애쓰고 욕망慾望을 내는 것도 역시 번뇌에 해당합니다. 애·취의 그런 번뇌에 의하여 사랑도 번뇌요, 미움도 번뇌입니다.

'애취의 번뇌에 의하여 종종種種의 업業을 지어' 역시 미워하고 사랑하고 또 여러 가지 욕구가 있는 것이니까 반드시 거기에 따른 행동이 있겠지요. 그와 같이 번뇌에 의해서 가지가지 업을 짓는단 말입니다. 나쁜 행동, 좋은 행동의 행위를 짓는단 말입니다. 과거過去에 행위를 지어 놓으면 또 금생에 받듯이 금생에 행위를 지으면 또 미래未來에 받는단 말입니다. 장차 돌아오는 미래의 과果를 정하는 위位란 말입니다. 금생에 우리가 애욕을 내고 또는 욕구를 내서 그러한 애취에 의해서 행동하면 그것이 업이 되어서 장차 우리가 받는단 말입니다. 장차 오는 미래의 결과를 우리가 받는단 말입니다. 그러한 업이 능히 장차 미래(당래當來)의 과를, 결과를 포함해 있으므로 유有라고 말하는 것입니다.

어째서 십十을 유有라고 말하는가 하면 금생에 해놓은 모든 행동이 과거의 업의 결과이지만 또한 동시에 미래의 결과를 포함해 있기 때문에 유라고 말합니다.

11. 생生

십일十一에 생生이란 현재現在의 업業에 의依하야 미래未來의 생生을 받는 위位요

'생生은 현재現在의 업業[유有]에 의依하여 미래未來의 생生을 수受하는 위位를 말함.'

생生이란, 낳는다는 말입니다. 현재의 업 즉 말하자면 유有란 말입니다. 현재의 업에 의하여 미래의 생을 받는 그런 위를 말합니다. 금생에 업이 없으면 그때는 사람으로 안 태어납니다. 우리가 사람으로 태어난 자체가, 사람으로 태어날 정도로 업을 가지고 있단 말입니다.

업이 더 가벼우면 천상으로 올라가는 것이고, 업이 없으면 극락으로 갈 것인데, 극락으로 갈만큼 업장이 없는 정도가 못 되고, 또 천상으로 갈만큼 가벼운 업도 못 되기 때문에, 사람만큼 밖에는 안 되어서 우리가 사람으로 된 것입니다.

그러기 때문에 불교를 아시는 분들은 섣불리 우리 인간을 만물萬物의 영장靈長이라고 하지 못하는 것입니다. 어째서 그런가 하면 인간보다 훨씬 더 높은 단계의 것이 많이 있기 때문이지요. 인간은 어정쩡한 것밖에 못 되는 것인데 인간이 어떻게 만물의 영장이 될 것인가? 하기 때문에 불교에서는 인간을 만물의 영장이라고 못하는 것입니다.

밑에도 많이 있지만, 또 천상이나 극락도 있는 것인지라, 그와 같이 인간은 아직은 업이 인간이 될 만큼, 불교적으로 말하면 오계五戒, 살생殺生하지 않고, 투도偸盜하지 않고, 사음邪淫하지 않고, 또는 거짓말, 욕설辱說, 이간離間하는 말을 하지 않고, 술을 먹지 않고 이런 등등의 오계를 지켜야만 사람도 되는 것이지 그렇지 않으면 인도환생人道還生은 못 하는 것입니다. 물론 오계도 정도의 차이가 있습니다만 이와 같이 현재에 지은 여러 가지 번뇌나 업에 의해서 내세來世에 생을 받는단 말입니다.

12. 노사老死

십이十二에 노사老死란 내세來世에서 노사老死하는 위位니

'노사老死는 내세來歲에서 노사老死하는 위位임.'

노사老死라, 늙어서 죽는단 말입니다. 내세에 역시 또 우리가 태어나면 그때는 반드시 늙고 병들고 또 죽어야 하겠지요. 이와 같이 열두 가지의 속성으로 해서 과거過去에 무명無明을 지어서 내지 노사老死를 받는 단 말입니다.

조금 복잡하나 사제법문四諦法問, 십이인연법十二因緣法, 육바라밀六波羅蜜 등은 우리가 몇십 번 보아서 외워두는 것이 꼭 필요합니다. 그래야 다른 경전經典을 볼 때에 그때그때 '아, 그렇구나.' 하고 납득이 잘 갑니다. 이런 개념을 모르면 그때그때 막혀서 참 곤란스러운 것입니다.

II. 삼세양중인과三世兩重因果

이 중中에서 「무명無明과 행行」의 이二는 곧 혹惑・업業의 이二로서 과거세過去世의 인因에 속屬하고

「식識・명색名色・육처六處・촉觸・수受」의 오五는 과거過去 혹업惑業의 인因에 연緣하야 받은 현재現在의 과果에 속屬할새 이는 과현일중인과過現一重因果이며

또한 「애愛・취取」의 이二는 현재現在의 혹惑이요 「유有」란 현재現在의 업業이라

이 혹업惑業의 현재인現在因에 연緣하야 미래未來의 생生과 노사老死의 과果를 감感할새 이는 현미일중인과現未一重因果라 하나니 차此 양중兩重의 인과因果에 의依하야 윤회輪廻가 무궁無窮함을 알지니라

현재現在의 혹惑[애愛・취取] 업業[유有]이 이미 현재現在의 고과苦果[식識・명색名色・육처六處・촉觸・수受]에서 생生하였음을 볼진대

과거過去의 혹업惑業도 역시 과거過去의 고과苦果에서 생生하였음을 알 것이며 이미 현재現在의 고과苦果[식識 내지 수受]가 현재現在의 업業[유有]을 생生함을 볼진대 역시 미래未來의 고과苦果[생生・노사老死]가 미래未來의 업業을 생生할 것임을 알지니라

그러므로 이를 추구推究하면 과거過去의 혹업惑業은 과거過去의 고과苦果에서 래來하고 미래未來의 고과苦果는 미래未來의 혹업惑業을 생生하야 과거過去에 시始가 무無하고 미래未來에 종終이 무無하니 이를 무시무종無始無終의 생사윤회生死輪廻라 하는 바 벽지불辟支佛은 이를 관觀하야 일一은 생사生死를 싫어하고 일一은 상실常實의 아체我體가 없음을 지知함으로써 드디어 혹업惑業을 끊고 열반涅槃을 증證하나니

이 중中에서 인因과 연緣을 분별分別하면 행行과 유有와의 이지二支는 인因이오 무명無明·애愛·취取의 삼지三支는 연緣이며

여餘의 칠지七支는 과果이나 과果는 도리어 혹업惑業의 인因을 일으키는 연緣이 됨으로 이를 연중緣中에 섭攝하고 별別로 과果의 명名을 두지 않고 인연관因緣觀이라 단칭單稱하느니라

우리 중생이 과거부터 현재를 통해서 미래까지 나아가는 생사윤회生死輪廻를 간단히 풀이하는 것이 여기 있는 바와 같이 십이인연법입니다. 이 가운데 무명은 과거세에 헤매는 영혼일 때에 있던 우리 번뇌가 무명입니다. 물론 지금의 번뇌도 무명이라고 할 수 있지만 십이인연법에서 말하는 무명은 과거세의 영혼일 때 우리가 가지는 무명입니다.

이런 무명 때문에 부부간에도 결합하는 행동을 할 수가 있는 것이고, 그 영혼도 역시 그런 부모한테 딱 들어섭니다. 무명이 없으면 부모의 연이 있더라도 영혼이 태에 안 들어옵니다. 그때는 사람으로 태어날 필요가 없지요. 천상이나 극락으로 가버려서 사람으로 올 필요가 없는 것입니다.

그러나 무명의 무게 때문에 거기에 알맞은 부모를 만납니다. 무명 때문에 부모 만나서 그때는 행行이라, 내가 부모한테 태어나야 하겠구나 하는 것이 행이고, 식識은 어머님의 태 안에 막 들어올 때의 한 생각입니다. 수태일념受胎一念이라, 태에 들어가는 한 생각이 식입니다.

그러기 때문에 무명과 행까지는 과거過去에 해당합니다.

식識, 명색名色, 육처六處, 촉觸, 수受 다섯은 현재現在에 해당합니다. 금생에 받은 일념一念이 식識이고, 또한 태 안에서 몸과 마음이 자라는 즉 겨우 몸과 마음을 구분하는 것이 명색名色이고 말입니다. 또한 몸과 마음이 더욱 자라서 안眼·이耳·비鼻·설舌·신身·의意 즉 눈, 코, 입이 다 붙어서 제대로 사람 몸을 갖춘 태아胎兒일 때가 육처六處입니다. 막 낳아 두세 살일 때 접촉接觸하는, 사물에 멋모르고 접촉하는 때가 촉觸입니다. 또 한 가지 육칠 세 이후에 사물事物에 대하여 고락苦樂을 느낄 때가 수受입니다.

하기 때문에 과거過去는, 과거 영혼靈魂일 때는 무명無明과 행行 둘에 해당하고, 현재에 식識을 받아서, 마음 받아서 엄마의 태胎를 통해서 태어날 때가 즉 말하자면 식, 또는 태 안에 자라는 마음과 몸, 또 마음과 몸이 자라서 눈과 코가 다 생겨서 육신肉身이 제대로 갖추어지는 것이 육처六處, 금생今生에 나와서 처음에 어릴 때에 사물에 접촉하는 그때가 촉觸, 또는 더 커서 육칠 세 이후에 사물에 대하여 고락苦樂을 느끼는 때가 수受이기 때문에 이와 같이 식識, 명색名色, 육처六處, 촉觸, 수受 이것은 현재現在에 해당합니다. 현재에 우리가 마음과 몸에 발해 있는 몸이란 말입니다.

그러고서 애욕愛慾을 느끼고 또 갖고 싶어서 우리가 욕구하는 취取 말입니다. 즉 이것은 현재의 번뇌에 해당합니다. 있을 유有자, 유는 현재 짓는 우리 업業에 해당합니다. 이런 업에 따라서 미래에도 역시 다시 태어나는 생生과 미래에 죽는 노사老死가 있습니다.

이와 같이 십이인연법十二因緣法은 과거過去나 현재現在나 미래未來를 통틀어서 우리 중생의 태어나는 여러 가지 관계를 말씀했단 말입니다.

이상 십이인연 중에서 '무명無明과 행行의 이二는' 저 무명과 행 둘은 곧 혹업惑業, 혹惑은 번뇌煩惱와 똑같습니다. 미혹할 혹惑자, 번뇌란 말이나 혹이란 말이나 똑 같은 뜻입니다. 맨 처음에 있는 무명과 행의 둘은 혹업, 즉 번뇌나 업의 둘로서, 무명은 번뇌고 행行은 업입니다.

둘은 '곧 혹惑업業의 이二로서' 즉 번뇌와 업의 둘로서 '과거세過去世의 원인(인因)에 속하고'. 또는 엄마의 태 안에 막 붙어서 들어오는 식識과 엄마의 태 안에서 몸과 마음이 갈라져서 말입니다. 몸과 마음이 우선 그렇게 구분 될 수 있는 그때가 명색名色이요. 명색과 육처六處 눈, 코, 입 또는 그와 같이 육신이 구분 지을 때 말입니다. 육신이 구분될 만큼 클 때가 육처고, 촉觸 이것은 태어나서 2~3세 동안에 사물에 대하여 접촉하는 때가 촉이고, 수受는 보다 더 커가서 육칠 세 이후에 사물에 대해서 고락苦樂을 느낄 때란 말입니다.

이와 같이 '식識 · 명색名色 · 육처六處 · 촉觸 · 수受의 5五는 과거過去의 혹惑 ·

업業에' 과거의 번뇌煩惱와 업業에 '인因에 연緣하여 수受한 (금생수생에 받은) 현재現在의 과果에 속屬하니' '차此는 과현일중인과過現一重因果'란 말입니다. 과거와 현재와 일중의 즉 말하자면 한 가닥의 인과에 속한단 말입니다.

'또한 애愛·취取의 이二는 현재現在의 혹惑이요' 이것이 애취란 말입니다. 십사오 세 이후에 강성한 애욕을 청하는 애와 또 보다 성인이 된 후에 그때는 보다 더 애욕이 성해서, 제경에 (여러 가지 경계에) 치구해서 꼭 내가 이제 취해야겠구나 하는, 즉 말하자면 그와 같은 강성한 때, 이런 애취는 현재現在의 번뇌煩惱 즉 혹惑이요.

'유有란 현재의 업이며', 여기 있는 유有란 말입니다. 애취 번뇌에 의해서 종종의 업을 지어서 당래當來의 과果를 정하는 위이니 유有란 곧 업으로서 현재의 업입니다. 현재의 우리가 애욕과 여러 가지 하찮은 욕구 때문에 업을 짓는단 말입니다.

'혹업惑業의 현재現在 인因에 연緣하여 미래未來의 생生과' 또 미래에서 추구하는 '노사老死의 과果를 감感할새' 노사의 과果를 느낄새 말입니다. '차는 현미일중인과現未一重因果이다.' 이것은 현재現在와 미래未來의 한 가닥 일중의 인과因果이다.

'위의 과현일중過現一重과 현미일중現未一重을 합칭合稱하여 삼세양중인과三世兩重因果라 하는데,' 위의 과果, 현現 과거過去와 현재의 한 가닥의 인과因果와 또 현재와 미래의 한 가닥의 인과를 합칭해서 삼세양중인과三世兩重因果란 말입니다. 과거와 현재의 인과와 현재와 미래의 인과를 이와 같이 양인과를 합하면 이것이 삼세양중의 인과란 말입니다.

'차此 양중兩重의 인과因果에 의依하여 윤회輪廻가 무궁無窮함을 알 수 있다.'

이와 같은 삼세양중인과三世兩重因果에 의하여 윤회輪廻가 지옥地獄, 아귀餓鬼, 축생畜生, 수라修羅, 인간人間, 천상天上의 육도六途에 뱅뱅 도는 윤회가 무궁함을 (다함이 없음을) 알 수가 있단 말입니다. 따라서 우리가 무명無明 즉 번뇌煩惱를 못 끊으면 우리 생명生命은 몇 천생, 몇 만생도 윤회하고 마는 것입니다.

시초에 내가 나올 때도 역시 무명 때문에, 무지 때문에 있습니다. 무지는 무엇인가? 내 생명의 본바탕을 모른단 말입니다. 즉 우주의 본질을 모릅니다.

나라는 것은 사실은 원래 없는 것인데, 단지 진리眞理를 모르기 때문에 나라고 고집하는 것입니다. 진리를 모르기 때문에 나라고 고집하는 것이지 사실 나는 없는 것입니다.

그러한 나를 고집하는 무명, 천지우주天地宇宙의 본바탕을 모르는 무명 때문에 행行이 있어서 부모님 연緣 만나서 우리가 사람으로 태어난단 말입니다.

따라서 우리가 무명을 못 끊어버리면 죽은 후에도 역시 다시 똑같은 업業을 지어서 뱅뱅 돈단 말입니다. 몇만 생이 되어도 역시 무지를, 무명을 못 끊으면 인간의 윤회는 끊을 수가 없습니다.

요는 무명과 무지를 끊는 것이 우리가 수행하는 문제인 것이고, 이와 같이 생사生死를 거듭하는 몇 만생 동안 그저 죽고살고 또한 전쟁 등 여러 가지 참화를 겪고 말입니다. 인간의 역사歷史만 본다고 하더라도 그런 유구한 동안에 겪은 인생의 고난苦難은 모두가 무지를 못 끊고 윤회하는 데서 발생한단 말입니다.

열반涅槃은 무엇인가?

무명無明을 끊어서 영생永生의 자리에 들어갈 때가 열반입니다. 성불도 마찬가지입니다. 그러니까 성자聖者란 것은, 이와 같이 인생고人生苦의 원인이 무명임을 확실히 알고 그것을 끊고 열반에 든 사람을 말합니다.

끝부분 일부(아래 원문에 대한 해설) 녹음 결손

벽지불辟支佛은 이를 관觀하야 일一은 생사生死를 싫어하고 일一은 상실常實의 아체我體가 없음을 지知함으로써 드디어 혹업惑業을 끊고 열반涅槃을 증證하나니

이 중中에서 인因과 연緣을 분별分別하면 행行과 유有와의 이지二支는 인因이오 무명無明·애愛·취取의 삼지三支는 연緣이며

여餘의 칠지七支는 과果이나 과果는 도리어 혹업惑業의 인因을 일으키는 연緣이 됨으로 이를 연중緣中에 섭섭攝하고 별別로 과果의 명名을 두지 않고 인연관因緣觀이라 단칭單稱하느니라

[경주 번역; 연각승은 이를 관觀하여 생사윤회生死輪廻를 싫어하는 한편, 항상하고 실다운 나라는 본체가 없음을 앎으로써 드디어 무명(혹혹)과 모든 업업(행行)을 끊고 열반을 증득하니,

12지 중 2. 행行·10. 유有의 두 가지는 인因(곧 혹업고惑業苦 가운데 업업)이오, 1. 무명無明·8. 애애愛·9. 취取의 세가지는 연緣(곧 혹업고惑業苦 가운데 혹혹)이며, 나머지 3. 식識·4. 명색名色·5. 육입六入·6. 촉觸·7. 수受(이상 현재의 과果)와 11. 생生·12. 노사老死(이상 미래의 과果)의 일곱 가지는 과果이나 과果는 도리어 혹업惑業의 인因을 일으키는 연緣이 됨으로 이를 연緣 속에 포함하여 별도로 과果의 이름을 두지 않으니 인연과관因緣果觀이라 하지 않고, 과를 뺀 인연관因緣觀이라 줄여 말하느니라.]

❖ 12연기緣起(Skt. dvādaśaṅgapratītyasamudpāda. **12 links of interdependent co-arising/ pratityasamutpada**)

십이인연十二因緣=인연관因緣觀=지불관支佛觀; 벽지불辟支佛의 관법觀法.
(신역新譯; 십이연기十二緣起. 구역舊譯; 십이인연十二因緣.)
중생이 삼세三世에 섭섭하야 육도六途에 윤회輪廻하는 차제연기次第緣起를 설설한 것.

<표21> 12연기緣起

12연기	뜻
1. 무명 Skt. avidyā. 無明	과거세의 무시번뇌. 過去世 無始煩惱
2. 행 Skt. saṃskāra. 行	과거세의 번뇌에 의하여 지은 선악의 행업. 過去世 煩惱 依 善惡 行業
3. 식 Skt. vijñāna. 識	과거세의 업에 의하여 수한 현재 수태의 일념. 過去世 業 依 受 現在受胎 一念
4. 명색 Skt. nāma-rūpa. 名色	태중에서 심신이 발육하는 위. 胎中 心身 發育 位 명/名: 심법. 체로써 현시하기 어렵고 다만 명으로써 전의. 心法體 現示 名 詮義 색/色: 안 등의 신. 眼 等 身
5. 육처 Skt. ṣaḍ-āyatana. 六處	육근. 육근이 구족하여 장차 출태하고자 하는 위. 六根 六根 具足 將次 出胎 位
6. 촉 Skt. sparśa. 觸	2~3세간에서 사물에 대하여 아직 고락을 식별할 수는 없고 다만 물에 촉고자 하는 위. 事物 苦樂 識別 物觸 位
7. 수; Skt. vedanā. 受	6~7세 이후에 사물에 대해 고락을 식별하고 이를 감수하는 위. 事物 苦樂 識別 感受 位
8. 애 Skt. tṛṣṇā. 愛	14~5세 이후에 종종의 강성한 애욕을 생하는 위. 種種 強盛 愛慾 生 位
9. 취 Skt. upādāna. 取	성인 이후에 애욕이 우성함에 따라 제경에 치구하야 소욕을 취구하는 위. 成人 愛慾 尤盛 諸境 馳驅 所欲 取求 位
10. 유 Skt. bhava. 有	애취의 번뇌에 의하여 종종의 업을 지어 당래의 과를 정하는 위이니 유란 곧 업으로서 愛取 煩惱 依 種種業 當來 果 定 位 有 業 업이 능히 당래의 과를 함유함으로 유라 이름함. 業 能 當來 果 含有 有
11. 생 Skt. jāti. 生	현재의 업에 의하여 미래의 생을 받는 위. 現在 業 依 未來 生 位
12. 노사 Skt. jarā-maraṇa. 老死	내세에서 노사하는 위. 來世 老死 位

▶ 무시무종無始無終의 생사윤회生死輪廻

벽지불辟支佛은 이를 관관하여 첫째 생사生死를 싫어하고 둘째 상실常實의 아체我體가 없음을 앎으로써 드디어 혹업惑業을 끊고 열반涅槃을 증증證함.

▶ 과과는 도리어 혹업惑業의 인因을 일으키는 연연緣이 됨으로 이를 연중緣中에 섭섭하고 별별로 과과의 명名을 두지 않고 인연관因緣觀이라 단칭單稱함.

〈표22〉 삼세양중인과와 유전연기 및 환멸연기

3세양중인과 三世兩重因果			12 links of interdependent co-arising 12연기 緣起		비고
			Deluded mind 미심 / 망심 迷心 妄心 유전연기 流轉緣起	True mind 오심 / 각심 悟心 覺心 환멸연기 還滅緣起	
과현1중 過現一重	과2인 過二因	defilements 연, 혹 緣 惑 Klesa vatta	Ignorance 무명 無明 avidya/avijja	Clear understanding 명, 정견 明 正見 vidya/vijja	
		action 인, 업 因 業 Kamma vatta	Volitional action/ Mental formation 행 行 Samskara/Sankhara	Mind of Awakening/ Great aspiration 보리심 / 원력 菩提心 願力 Bodhicitta	desire to act with love and compassion
	현5과 現五果	resultants 과, 고 果 苦 Vipaaka vatta	Consciousness 식 識 Vinnana	Four wisdom 4지 四智	the Great Mirror Wisdom
			Mind/Body, Mind/Matter 명색 名色 Namarupa	Transformation body 화신 化身 Nirmanakaya	
			Six senses 6입 / 6처 六入 六處 Salayatana	Result body 보신 報身 Sambhogakaya	

과현1중 過現 一重	현5과 現五果	resultants 과, 고 果 苦 Vipaaka vatta	Contact 촉 觸 Phassa	Mindfulness of contact	are clear and calm.
			Feeling 수 受 Vedana	Mindfulness of feeling	
현미1중 現未一重	현3인 現三因	defilements 연, 혹 緣 惑 Klesa vatta	Craving 애 愛 Tanha	4 immesurable minds 4무량심 四無量心	love, compassion, joy and equanimity.
			Grasping. Attachment 取 / Upadana 취	Freedom	Aimlessness
		action 인, 업 因 業 Kamma vatta	Coming to be. Becoming 유 有 Kamma bhava	Wondrous being	Is beyond being and non-being
	미2과 未二果	resultants 과, 고 果 苦 Vipaaka vatta	Birth 생 / Jati 生	Wisdom of no-birth	
			Old age and death 노사 老 死 Jaramarana	Wisdom of no-death	

第三節 六趣(途)
제3절 육취도

迷한 衆生이 業因¹의 差別에
미   중생   업인   차별
依하야 趣向²하는 바
의   취향
六處가 있어 六趣라
육처   육취
或은 六途³라 말하니
혹   육도

제3절 육취(도)

어리석은 중생衆生이 업인業因의 차별差別에

의依하여 좋아서 향(취향趣向)하는 바

육처六處가 있어 육취六趣라

혹或은 육도六途라 말하니

1　업인業因; 인업因業. 고락苦樂의 과보를 받을 원인인 선악의 행위. 선악의 업을 지으면, 그것에 의해서 그에 상응한 고락의 갚음(과보果報·이숙異熟)이 생긴다. 이것을 업인業因에 의해서 업과業果가 생긴다고 한다. 비선비악非善非惡의 무기업無記業은 과과를 끄는 힘이 없다. 이 업인業因과 업과業果의 관계를, 유부有部에서는 다음과 같이 생각한다. 업業 그것은 삼세三世에 실재實在하는 것으로서, 업이 현재에 있을 때 이것이 인因이 되어서 어떠한 미래未來의 과과를 끌 것인가가 결정되고(이것을 취과取果라고 한다), 업이 지나가 버림으로부터 과과에 힘을 주어서 과과를 현재에 이끌어 낸다(이것을 여과與果라고 함). 또한 경량부經量部에서는, 업業은 순간에 없어져 버리는데, 그 업業은 과과를 생하는 종자를 식識 위에 심어 주어, 그 종자가 과과를 끌어 일으킨다고 한다. 이 종자의 사상思想은 유부有部의 무표업설無表業說과 같은 것이다.

2　취향趣向; 지취志趣. 의취意趣. 취미趣味. 하고 싶은 마음이 생기는 방향. 또는 그런 경향.

3　육도六途; Skt. *ṣad-gati, ṣaḍ-jagati. Pāli cha-gatiyo. 육취六趣. 육도六道. 도道는 상태·세계를 뜻함. 중생이 저지른 행위에 따라 받는다고 하는 생존 상태, 또는 미혹한 중생의 심리 상태를 여섯 가지로 나누어 형상화한 것. 중생이 생각에 따라 머물게 되는 여섯 가지 세계. 중생의 업인業因에 따라 윤회하는 길을 여섯 가지로 나눈 것. 지옥도地獄道·아귀도餓鬼道·축생도畜生道·아수라도阿修羅道·인간도人間道·천상도天上道. 1) 지옥도地獄道. Skt. naraka-gati. hell. 수미산의 사방에 있는 네 대륙의 하나인 남쪽의 섬부주瞻部洲 밑에 있다고 하며, 뜨거운 불길로 형벌을 받는 팔열지옥八熱地獄과 혹독한 추위로 형벌을 받는 팔한지옥八寒地獄으로 크게 나뉨. 2) 아귀도餓鬼道. Skt. preta-gati. hungry ghost. 재물에 인색하거나 음식에 욕심이 많거나 남을 시기·질투하는 자가 죽어서 가게 된다는 곳으로, 늘 굶주림과 목마름으로 괴로움을 겪는다고 함. 섬부주瞻部洲 밑과 인도人道와 천도天道에 있다고 함. 3) 축생도畜生道. Skt. tiryagyoni-gati. animal. 온갖 동물들의 세계. 4) 아수라도阿修羅道. Skt. asura-gati. asura. 인간과 축생의 중간에 위치한 세계로, 수미산과 지쌍산 사이의 바다 밑에 있다고 함. 5) 인도人道. Skt. manuṣya-gati. human. 수미산 동쪽에 있는 승신주勝身洲, 남쪽에 있는 섬부주瞻部洲, 서쪽에 있는 우화주牛貨洲, 북쪽에 있는 구로주俱盧洲의 네 대륙을 말함. 6) 천도天道. Skt. deva-gati. god. 신神들의 세계라는 뜻으로, 수미산 중턱에 있는 사왕천四王天에서 무색계의 유정천有頂天까지를 말함.

一에 地獄趣란 八寒,[4] 八熱[5] 等의
苦處로서 地下에 있으므로

첫째 지옥취地獄趣란 팔한八寒, 팔열八熱 등의

고통스러운 곳으로서 지하에 있으므로

[4] 팔한지옥八寒地獄; Skt. aṣṭauśītanarakāḥ. 팔한빙지옥八寒冰地獄. 팔한내락가八寒㮈落迦. 심한 추위로 고통을 받는 여덟 지옥. 염부제閻浮提 밑의 5백 유순由旬되는 곳에 있다고 함. 1) 알부타지옥頞部陀地獄. Skt. arbuda의 음사. 포皰라고 번역. 심한 추위로 몸이 부르튼다는 지옥. 2) 니랄부타지옥尼剌部陀地獄. Skt. nirarbuda의 음사. 포열皰裂이라 번역. 심한 추위로 몸이 부르터서 터진다는 지옥. 3) 알찰타지옥頞晣吒地獄. Skt. aṭaṭa의 음사. 심한 추위의 고통을 감당하지 못하고 내는 소리에 의한 이름. 4) 확확파지옥臛臛婆地獄. 확확파臛臛婆는 Skt. hahava의 음사. 심한 추위로 혀가 굳어져 괴로워하는 소리에 의한 이름. 5) 호호파지옥虎虎婆地獄. Skt. huhuva의 음사. 심한 추위로 입을 열지 못하여 괴로워하는 소리에 의한 이름. 6) 올발라지옥嗢鉢羅地獄. Skt. utpala의 음사, 수련睡蓮을 말함. 심한 추위로 몸이 푸르게 변하고, 굽고 터져 수련의 푸른 꽃과 같이 된다는 지옥. 7) 발특마지옥鉢特摩地獄. 발특마鉢特摩는 Skt. padma의 음사, 홍련화紅蓮華라고 번역. 심한 추위로 몸이 얼어서 터져 붉은 연꽃같이 된다는 지옥. 8) 마하발특마지옥摩訶鉢特摩地獄. Skt. mahā-padma의 음사, 대홍련화大紅蓮華라고 번역. 심한 추위로 몸이 몹시 얼어서 터져 큰 붉은 연꽃같이 된다는 지옥.

[5] 팔열지옥八熱地獄; Skt. aṣṭa-uṣaṇa-narakāḥ. 팔대지옥八大地獄. 뜨거운 열로 고통을 받는 여덟 지옥. 1) 등활지옥等活地獄. Skt. saṃjīva-naraka. 살생한 죄인이 죽어서 가게 된다는 지옥으로, 뜨거운 불길로 고통을 받다가 숨이 끊어지려면 찬 바람이 불어와 깨어나서 다시 고통을 받는다고 함. 2) 흑승지옥黑繩地獄. Skt. kāla-sūtra-naraka. 살생하고 도둑질한 죄인이 죽어서 가게 된다는 지옥으로, 뜨거운 쇠사슬에 묶여 톱으로 잘리는 고통을 받는다고 함. 3) 중합지옥衆合地獄. Skt. saṃghāta-naraka. 선합지옥線合地獄. 퇴압지옥堆壓地獄. 살생하고 도둑질하고 음란한 짓을 한 죄인이 죽어서 가게 된다는 지옥으로, 두 개의 떨어지는 바위 사이에 끼어 으깨어지는 고통을 받는다고 함. 4) 규환지옥叫喚地獄. Skt. raurava-naraka. 호규지옥號叫地獄. 호호지옥呼呼地獄. 살생하고 도둑질하고 음란한 짓을 하고 술을 마신 죄인이 죽어서 가게 된다는 지옥으로, 끓는 가마솥이나 불 속에서 고통을 받는다고 함. 5) 대규환지옥大叫喚地獄. Skt. mahāraurava-naraka. 대규지옥大叫地獄. 대호규지옥大號叫地獄. 대호지옥大呼地獄. 오계五戒를 깨뜨린 자, 곧 살생하고 도둑질하고 음란한 짓을 하고 술을 마시고 거짓말한 죄인이 죽어서 가게 된다는 지옥으로, 뜨거운 칼로 혀가 잘리는 고통을 받는다고 함. 6) 초열지옥焦熱地獄. Skt. tāpana-naraka. 염열지옥炎熱地獄. 소자지옥燒炙地獄. 오계五戒를 깨뜨리고 그릇된 견해를 일으킨 죄인이 죽어서 가게 된다는 지옥으로, 뜨거운 철판 위에 누워서 뜨거운 쇠방망이로 두들겨 맞는 고통을 받는다고 함. 7) 대초열지옥大焦熱地獄. Skt. pratāpana-naraka. 대열지옥大熱地獄. 오계五戒를 깨뜨리고 그릇된 견해를 일으키고 비구니를 범한 죄인이 죽어서 가게 된다는 지옥으로, 뜨거운 쇠로 된 방에서 살가죽이 타는 고통을 받는다고 함. 8) 아비지옥阿鼻地獄. Skt. avīci-naraka. 아비지阿鼻旨. 아비지阿鼻脂. 아비지阿鼻至. 아비옥阿鼻獄. 무결대지옥無缺大地獄. 아비阿鼻는 산스크리트어 avīci의 음사로, 고통의 '간격이 없다'는 뜻. 따라서 무간지옥無間地獄이라 함. 아버지를 죽인 자, 어머니를 죽인 자, 아라한을 죽인 자, 승가의 화합을 깨뜨린 자, 부처의 몸에 피를 나게 한 자 등, 지극히 무거운 죄를 지은 자가 죽어서 가게 된다는 지옥. 살가죽을 벗겨 불 속에 집어넣거나 쇠매(철응鐵鷹)가 눈을 파먹는 따위의 고통을 끊임없이 받는다고 함.

地獄이라 名하며
지옥   명

二에 餓鬼趣란 飯食⁶를
이   아 귀 취   반사

恒求하는 鬼類의 生處니
항구   귀류   생처

人趣와 雜處하나
인취   잡처

不可見이며
불 가 견

三에 畜生趣란 傍生趣라고도
삼   축생취   방생취

이르는 바 禽獸의
            금수

生處로서 人界와
생처   인계

依處가 許多히 同一하야
의처   허다   동일

眼前可見이며
안 전 가 견

四에 阿修羅趣란
사   아 수 라 취

恒常 嗔心을 품고
항상 진심

戰鬪를 좋아하는 大力神⁷의
전투   대 력 신

生處로서
생처

深山幽谷을
심 산 유 곡

依處로 하야
의처

人과 隔離하며
인   격리

五에 人趣란 人類의
오   인취   인류

지옥地獄이라 이름하며

둘째 아귀취餓鬼趣란 밥(반사飯食)을

계속 구하는 귀신 종류의 태어나는 곳이니

인취人趣와 같은 곳에 태어나나

눈에 보이지는 않으며

셋째 축생취畜生趣란 방생취傍生趣라고도

이르는 바 날짐승과 길짐승(금수禽獸)의

태어나는 곳으로서 흔히 인계人界와

사는 곳(의처依處)이 동일하여

눈앞에서 볼 수 있으며(안전가견眼前可見)

넷째 아수라취阿修羅趣란

항상 성내는 마음진심嗔心을 품고

싸움을 좋아하는 대력신大力神의

태어나는 곳으로서

깊은 산골짜기심산유곡深山幽谷를

사는 곳의처依處으로 하여

사람과 격리隔離하며

다섯째 인취人趣란 인류人類의

---

6   반사飯食; 밥. 끼니로 먹는 음식飮食.
7   대력신大力神; Skt. nagna. 낙건나諾健那라 음사. 불교의 신들 중의 하나로, 육도 가운데 인간도에 거주하는 큰 힘을 가진 신.

生處로서 閻浮提[8] 等의	태어나는 곳으로서 염부제閻浮提 등의
四大洲에 分하야 報에 따라	사대주四大洲에 나누어 보報에 따라
依處를 區別하고 오직	사는 곳의처依處을 구별하고 오직
通力[9]으로써 相通하며	통력通力으로써 서로 통하며
六에 天趣란 몸에 光明이 있고	여섯째 천취天趣란 몸에 광명光明이 있고
또한 자연히 快樂을 받는 衆生을	또한 자연히 쾌락快樂을 받는 중생衆生을
天이라 名하는 바 欲界에	천天이라 이름하는 바 욕계欲界에
六處가 있어 六欲天이라 하며	육처六處가 있어 육욕천六欲天이라 하며
또한 色界와 無色界가	또한 색계色界와 무색계無色界가
다 其의 生處니라	다 그의 태어나는 곳이니라

---

8 염부제閻浮提; Skt. Jambudvīpa. 염부閻浮. 염부제비파閻浮提鞞波. jambu는 나무 이름. dvīpa는 주洲. 수미산의 남쪽에 있으며 7금산과 대철위산 중간, 짠물 바다에 있는 대주洲 이름. 여기에는 잠부jambu 나무가 많으며, 우리 인간들이 사는 곳이라 함. 예주穢洲·예수성穢樹城이라 번역함은 염부나무가 번성한 나라란 뜻. 승금주勝金洲·호금토好金土라 함은 염부단금閻浮檀金을 산출하는 나라란 뜻. 여러 부처가 나타나는 곳은 사주四洲 가운데 이곳뿐이라 함. 남섬부주南瞻部洲와 같음.

9 통력通力; 신통력神通力의 준말. 또는 신력神力. 헤아릴 수 없는 역용力用으로 온갖 일에 통달하여 불가사의하고 자유자재하게 작용할 수 있는 힘. 불·보살·신선 등에게 이러한 힘이 있다.

❖ 육취六趣(도途) [Skt. ṣaḍ-gati, ṣaḍ-jagati. Pāli cha-gatiyo. 미迷한 중생衆生이 업인業因의 차별差別에 의해 취향趣向하는 바 육처六處.]

〈표23〉 육취六趣(도途)

육취(도) 六趣 途	뜻
1. 지옥취 地獄趣 Skt. naraka-gati. hell.	8한, 8열 등의 고처로 지하에 있으므로 지옥이라 명 八寒 八熱 苦處 地下 地獄 名
2. 아귀취 餓鬼趣 Skt. preta-gati. hungry ghost.	반사를 항구하는 귀류의 생처, 인취와 잡처하나 불가견 飯食 恒求 鬼類 生處 人趣 雜處 不可見
3. 축생취 畜生趣 방생취 傍生趣 Skt. tiryagyoni-gati. animal.	금수의 생처, 인계와 의처가 허다히 동일하여 안전가견 禽獸 生處 人界 依處 許多 眼前可見
4. 아수라취 阿修羅趣 Skt. asura-gati. asura.	항상 진심을 품고 전투를 좋아하는 대력신의 생처, 戰鬪 大力神 生處 심산유곡을 의처로 하여 인과 격리 深山幽谷 依處 人 隔離
5. 인취 人趣 Skt. manuṣya-gati. human.	인류의 생처, 염부제 등의 사대주에 분하여 보에 따라 의처를 구별하고 人類 生處 閻浮提 四大洲 分 報 依處 오직 통력으로써 상통 通力 相通
6. 천취 天趣 Skt. deva-gati. god.	몸에 광명이 있고 또한 자연히 쾌락을 받는 중생을 천이라 명하는 바 욕계에 光明 快樂 衆生 天 名 欲界 육처가 있어 육욕천이라 하며 또한 색계 18천과 무색계 4천이 모두 그의 생처 六處 六欲天 色界 天 無色界 天 生處

제4장

금강삼매
金 剛 三 昧

三乘¹의 行人이　　　　　　　　　　성문, 연각, 보살 삼승三乘의 수행인이
　삼승　　행인

最後에 一切의 煩惱를 斷하고　　　최후에 일체의 번뇌煩惱를 끊고
최후　일체　　번뇌　단

各其 究竟의 果를 得하는 三昧를　각각 그 구경究竟의 과果를 얻는 삼매三昧를
각기 구경　과　득　　삼매

金剛三昧²라, 如金剛三昧³라,　　　금강삼매金剛三昧라, 여금강삼매如金剛三昧라,
금강삼매　　　여금강삼매

金剛喩定⁴이라, 金剛定이라,　　　금강유정金剛喩定이라, 금강정金剛定이라,
금강유정　　　　금강정

---

1 삼승三乘; Skt. tri-yāna. 승乘은 중생을 깨달음으로 인도하는 부처의 가르침이나 수행법을 뜻함. 부처가 중생의 능력이나 소질에 따라 설한 세 가지 가르침. 1. 성문·연각·보살에 대한 세 가지 교법教法. 1) 성문승聲聞乘. 성문을 깨달음에 이르게 하는 부처의 가르침. 성문의 목표인 아라한阿羅漢의 경지에 이르게 하는 부처의 가르침. 성문의 수행법. 4제諦의 법문이니, 부처님이 말씀하는 소리를 듣고, 이를 관하여 해탈을 얻음. 2) 연각승緣覺乘. 연기緣起의 이치를 주시하여 깨달은 연각에 대한 부처의 가르침. 연각의 경지에 이르게 하는 부처의 가르침. 연각에 이르는 수행법. 12인연의 법문이니, 스승에게 가지 않고, 스스로 잎이 피고, 꽃이 지는 따위의 이치를 관하여 깨닫는 것. 3) 보살승菩薩乘. 깨달음을 구하면서 중생을 교화하는 수행으로 미래에 성불成佛할 보살을 위한 부처의 가르침. 자신도 깨달음을 구하고 남도 깨달음으로 인도하는 자리自利와 이타利他를 행하는 보살을 위한 부처의 가르침. 6바라밀의 법문이니, 보살은 이 법문에 의하여 스스로 해탈하고, 남을 해탈케 하여 부처를 이룸. 2. 1) 소승小乘. 자신의 깨달음만을 구하는 수행자를 위한 부처의 가르침. 자신의 해탈만을 목표로 하는 성문聲聞·연각緣覺에 대한 부처의 가르침. 2) 대승大乘. 자신도 깨달음을 구하고 남도 깨달음으로 인도하는 수행자를 위한 부처의 가르침. 깨달음을 구하면서 중생을 교화하는 보살에 대한 부처의 가르침. 3) 일승一乘. 깨달음에 이르게 하는 오직 하나의 궁극적인 부처의 가르침. 3. 1) 천승天乘. 색계色界의 네 선정禪定, 곧 사선四禪에 대한 가르침. 2) 범승梵乘. 자慈·비悲·희喜·사捨의 사무량심四無量心에 대한 가르침. 3) 성승聖乘. 팔정도八正道에 대한 가르침.

2 금강삼매金剛三昧; Skt. vajra-samādhi. 금강삼마제金剛三摩提·금강정金剛定·금강유정金剛喩定·금강심金剛心·정삼매頂三昧. 온갖 분별과 번뇌를 깨뜨려 버리는 삼매. 모든 현상을 꿰뚫어 환히 아는 삼매. 금강이 견고하여 다른 것을 깨뜨리는 것과 같이 모든 번뇌를 끊어 없애는 선정을 말한다. 이 정定은 성문·보살들이 수행을 마치고 맨 마지막 번뇌를 끊을 때에 드는 것이다. 소승은 아라한과를 얻기 전에 유정지有頂地의 제9품 혹惑을 끊는 선정을 말하고, 대승은 제10지 보살이 마지막으로 조금 남은 구생소지장俱生所知障과 저절로 일어나는 번뇌장 종자를 한꺼번에 끊고 불지佛地에 들어가기 위하여 드는 선정을 말한다. 천태종에서는 등각等覺 보살이 원품무명元品無明을 끊고 묘각妙覺을 증득(증證)하기 위하여 드는 선정을 말한다. 108삼매 가운데 언급되는 순서로 제10번째 삼매이다. 제9번째 삼매는 필당상삼매畢幢相三昧이고 제11번째 삼매는 입법인삼매入法印三昧이다.

3 여금강삼매如金剛三昧; 108삼매의 48번째 삼매. 이 삼매에 머물러 능히 제법諸法을 꿰뚫어 통달(관달貫達)하고, 통달하지 못하는 것이 없음(주시삼매능관달제법주시三昧能貫達諸法, 역불견달亦不見達).

4 금강유정金剛喩定; '금강'의 견고하고 예리한 성질에 비유하여 모든 번뇌를 끊을 수 있는 법을 가진 선정禪定. 금강삼매金剛三昧·금강심金剛心·금강정金剛定이라고도 한다. 소승불교에서는 이것을 아라한향阿羅漢向의 최후에 이르는 상태라 하며, 대승불교에서는 등각위等覺位에 다다르는 선정이라고 한다.

云하고 또 金剛三昧를 三種에
差別하야 初에 金剛三昧를
聖聞菩提라 中에
金剛輪三昧[5]를 辟支佛菩提라
後에 如金剛三昧를
佛無上菩提라 論함도 有하니
金剛이 能히 一切에 無碍함과
如히 能히 一切諸法[6]에 通達함으로써라

일컫고 또 금강삼매金剛三昧를 3종三種으로 분류하여 첫째 금강삼매金剛三昧를 성문보리聖聞菩提라, 그 다음에 금강륜삼매金剛輪三昧를 벽지불보리辟支佛菩提라, 나중에 여금강삼매如金剛三昧를 불무상보리佛無上菩提라 논論하기도 하니 금강金剛이 능히 일체에 걸림없음(무애無碍)과 같이 능히 일체제법一切諸法에 통달함으로써라

---

5 금강륜삼매金剛輪三昧; 1. 모든 삼매를 유지하는 삼매로 일체법 중에 지극히 자유롭고, 금강륜 내에서도 자유로이 왕래하는 정도로 장애가 없음.(능지제삼매能持諸三昧, 어일체법중소지무애於一切法中所至無礙; 유여금강륜猶如金剛輪, 소왕지처무유장애所住之處無有障礙) 2. 108삼매 중 23번째 삼매. 이 삼매에 머물러 능히 모든 삼매들을 지님.(주시삼매능지제삼매분住是三昧能持諸三昧分) 3. 5륜삼매五輪三昧의 하나. 선정에 들어 번뇌의 침해를 받지 않고, 모든 번뇌를 끊어 없앤 뒤 무학과無學果를 증證하는 선정. 이 선정은 무엇으로도 움직이지 못하고 온갖 번뇌를 끊어 없앰이 금강과 같으므로 이같이 말함. ▶오륜삼매五輪三昧; 오륜선五輪禪. 선정禪定을 닦아서 얻은 5종의 공덕. 선정禪定의 깊고 옅음을 구별하여, 초선정初禪定을 이루는 것을 지륜삼매地輪三昧, 2선정을 이루는 것을 수륜삼매水輪三昧, 3선정을 이루는 것을 풍륜삼매風輪三昧, 4선정을 이루는 것을 금사륜삼매金沙輪三昧, 모든 번뇌를 끊고 무학과無學果를 이루는 금강륜삼매金剛輪三昧로 분류된다.

6 일체제법一切諸法; 1. 모든 현상. 인식된 모든 현상. 의식에 형성된 모든 현상. 2. 유위법有爲法을 말함. 온갖 분별에 의해 인식 주관에 형성된 모든 현상. 분별을 잇달아 일으키는 의식 작용에 의해 인식 주관에 드러난 모든 차별 현상. 인식 주관의 망념으로 조작한 모든 차별 현상. 3. 무위법無爲法을 말함. 모든 분별이 끊어진 상태에서 주관에 명료하게 드러나는 모든 현상. 분별하지 않고, 있는 그대로 파악된 모든 현상. 분별과 망상이 일어나지 않는 주관에 드러나는, 대상의 있는 그대로의 참모습. 4. 모든 가르침.

《涅槃經》[7] 二十四에 「菩薩摩訶薩[8]이
修大涅槃하야 得金剛三昧하고
安住此中하야
悉能破散 一切諸法이라」시고

『智度論』[9] 四十七에
「金剛三昧者는 譬如
金剛이 無物不陷일새
此三昧도
亦復如是하야 於諸法에
無不通達하고

《열반경涅槃經》24에 「보살마하살菩薩摩訶薩이
대열반大涅槃을 닦아 금강삼매金剛三昧를 얻고
이 가운데에 안주安住하여
모든 현상과 형상을 부수고 흩뜨리니라
(실능파산悉能破散 일체제법一切諸法)」 하시고

『지도론智度論』47에
「금강삼매金剛三昧라는 것은 비유하건대
마치 금강金剛이 어떤 물건도 꿰뚫지 못함이
없으니(무물불함無物不陷) 이 삼매三昧도
이와 같이 모든 일(제법諸法)에
통달通達하지 못함이 없고

---

7 열반경涅槃經;《대반열반경大般涅槃經》의 약어. 1. 40권. 북량北涼의 담무참曇無讖 번역.《북본열반경北本涅槃經》이라 일컬음. 부처가 쿠시나가라kuśinagara의 사라쌍수娑羅雙樹에서 열반에 들 때에 대중에게 행한 설법으로, 열반의 특성과 법신法身의 상주常住, 일체중생실유불성一切衆生悉有佛性, 일천제一闡提의 성불 등에 대해 설함. 2. 36권. 송宋의 혜엄慧嚴 번역.《남본열반경南本涅槃經》이라 일컬음. 법현法顯이 번역한《대반니원경大般泥洹經》을 참조하여《북본열반경》의 번역에서 모호하고 잘못된 부분을 고치고 재편집한 것으로, 내용은《북본열반경》과 같음. 3. 3권. 동진東晉의 법현法顯 번역. 붓다가 80세 되던 해, 왕사성을 출발하여 입멸한 장소인 쿠시나가라에 이르기까지의 과정과 그곳에서의 마지막 설법, 입멸 후의 화장, 유골의 분배 등을 자세히 기록한 경.

8 보살마하살菩薩摩訶薩; Skt. bodhisattva mahāsattva. 마하살摩訶薩은 Skt. mahā-sattva의 음사로, 위대한 존재·중생·사람이라는 뜻. 보살을 높여 일컫는 말. 자세히는 보리살타마하살타菩提薩埵摩訶薩埵라 음사. 보리살타는 도중생道衆生·각유정覺有情이라 번역. 마하살타는 대중생大衆生·대유정大有情이라 번역. 도과道果를 구하는 이를 도중생이라 하니, 도과를 구하는 이는 성문·연각에 통하므로 이들과 구별하기 위하여 다시 대중생이라 한 것. 또 보살에는 많은 계위階位가 있으므로 그중에 10지地 이상의 보살을 표시하기 위하여 다시 마하살이라 함.

9 지도론智度論;『대지도론大智度論』의 약어. 100권. 용수龍樹 지음, 요진姚秦의 구마라집鳩摩羅什 번역.《대품반야경大品般若經》의 주석서로, 그 경의 제1 서품序品은 상세하게 해설하여 제1권에서 제34권까지이고, 제2 보응품報應品 이하는 간략하게 해설함.

令諸三昧로
영 제 삼 매

各得其用이라」며
각 득 기 용

또「如金剛三昧[10]者는
　　여 금 강 삼 매　　자

能破一切諸煩惱結使[11]하야
능 파 일 체 제 번 뇌 결 사

無有遺餘니 譬如釋帝桓因[12]이
무 유 유 여　　비 여 석 제 환 인

手執金剛하고 破阿修羅軍인달하야
수 집 금 강　　　파 아 수 라 군

卽是 學人 末後[13]의 心[14]일새
즉 시 학 인 말 후　　심

從是心의
종 시 심

次第三種菩提니
차 제 삼 종 보 리

聲聞菩提와 辟支佛菩提와
성 문 보 리　　벽 지 불 보 리

佛無上菩提」랐고
불 무 상 보 리

《首楞嚴經》[15]六에
　수 능 엄 경　　육

모든 삼매로 하여금

각각 그 쓰임을 얻도록 함이라」며

또「여금강삼매如金剛三昧라는 것은

능히 일체 모든 번뇌를 부수어

남은 번뇌가 없으니 마치 인드라신이

금강저를 잡고 아수라군을 부수는 것과 같이

곧 수행자의 말후심이니

이 말후심을 좇아

순차적으로 3종보리三種菩提가 있으니

성문보리聲聞菩提와 연각보리(벽지불보리

辟支佛菩提)와 불무상보리佛無上菩提」라 했고

《수능엄경首楞嚴經》6에

---

10 여금강삼매如金剛三昧; Skt. vajrôpama. 108삼매 중 48번째. 능히 일체 모든 번뇌를 부수어 남은 번뇌가 없으니 마치 금강이 능히 모든 물건을 남김없이 깨뜨려 없애는 것과 같다. (능파일체번뇌결사能破一切煩惱結使, 무유유여無有遺餘; 유여금강猶如金剛, 능파제물능파諸物, 멸진무여滅盡無餘)

11 결사結使; Skt. saṃyojana (to tether, bind) or anuśaya (habit, tendency). 번뇌를 뜻함. 번뇌는 중생을 결박하여 미혹에서 벗어나지 못하게 하므로 결結, 중생의 마음을 마구 부려 산란하게 하므로 사使라고 함.

12 석제환인釋帝桓因; 제석천왕의 이름.

13 말후末後; 구경究竟·필경畢竟·구극究極·지극至極의 뜻.

14 말후심末後心; 말후末後는 구경究竟·필경畢竟·구극究極·지극至極의 뜻. 대오大悟 철저한 극치에 이르른 지극한 마음.

15 수능엄경首楞嚴經; 1. Skt. śūraṃgama-sūtra. 10권. 당나라 반랄밀제般剌蜜帝 번역. 갖춘 이름은 『대불정여래밀인수증요의제보살만행수능엄경大佛頂如來密因修證了義諸菩薩萬行首楞嚴經』. 줄여서는 『대불정수능엄경大佛頂首楞嚴經』,『능엄경楞嚴經』. 수선修禪·이근원통耳根圓通·오음마경五陰魔境에 대하여 선법禪法의 요의要義를 말한 경. 2. Skt. śūraṃgama-samādhi-sūtra. 『수능엄삼매경首楞嚴三昧經』2권. 후진後秦 구마라집 번역. 부처님께서 견의보살이 보리菩提를 빨리 얻을 수 있는 삼매를 물음에 대하여 이 삼매를 말씀하고, 사리불이 마경魔境 여의는 것을 물음에 대하여, 마경을 나타내어 물리치고 이를 증명한 것을 말함.

「是諸大衆이
　시 제 대 중

得未曾有¹⁶하야
　득 미 증 유

一切로 普獲金剛三昧라」시고
일 체　보 획 금 강 삼 매

『智度論』三十四에
　지 도 론　삼 십 사

「地란 皆是衆生虛誑業의
　지　개 시 중 생 허 광 업

因緣報라 故로 有할새 是故로
인 연 보　　고　유　　　시 고

不能擧菩薩이니라
불 능 거 보 살

欲成佛時에 實相¹⁷智慧身이
욕 성 불 시　　실 상　지 혜 신

是時坐處ㅣ 變位金剛하나니
시 시 좌 처　변 위 금 강

有人言하되
유 인 언

土在金輪上하고
토 재 금 륜 상

金輪¹⁸은 在金剛上하야
금 륜　　　재 금 강 상

「이에 모든 대중大衆이

아직까지 있어본 적이 없는 것을 얻어

일체一切로 널리 금강삼매金剛三昧를

얻음이라」하시고

『지도론智度論』34에

「지地란 모두 중생의 허망한 업業의

인연보因緣報로 있게 되니 이런 까닭에

보살菩薩의 일이 아니니라

성불하고자 할 때에 실상지혜신實相智慧身의

앉은 자리(좌처坐處)가 금강위金剛位로

변하나니 어떤 사람이 말하되

토土가 금륜金輪 위에 있고,

금륜金輪은 금강金剛 위에 있어

16 　미증유未曾有; '일찍이 있지 않았던 일'이라는 뜻으로, 처음 벌어진 일이라 유례를 찾을 수 없는 놀라운 사건이나 일을 묘사하는 데 사용되는 고사성어이다. 《능엄경》등의 불교 경전에서 유래하였다.

17 　실상實相; 당상當相. Skt. tattvasya-lakṣaṇam. True form of things as they are. True original nature. Reality; real aspect. The unchanging, equal reality-principle. 1. 모든 현상의 있는 그대로의 참모습. 대립이나 차별을 떠난 있는 그대로의 참모습. 2. 모든 현상의 본성. 3. 궁극적인 진리. 변하지 않는 진리. 4. 집착을 떠난 청정한 성품.

18 　금륜金輪; Skt. kāñcana-maṇḍala. Gold wheel. 금성지륜金性地輪이라고도 한다. 4륜輪의 하나. 수륜 위에 있어 세계를 받들었다는 한 지층地層. 수륜이 엉기어 맺혀서 이룬 금의 윤위륜圍輪을 말함. 두께 3억 2만 유순, 직경 12억 3, 450유순, 둘레 36억 10,350 유순. 이 금륜 위에 수미산 등 9산山 8해海 4주洲를 실었다 한다. 금륜의 맨 밑을 금륜제金輪際라 한다.

從金剛際[19]로 出如蓮花臺[20]하야 　　　금강金剛을 좇아 연화대蓮花臺처럼 나타나

直上持菩薩坐處라 　　　　　　　　　그 위에 보살좌처菩薩坐處를 떠받쳐

令不陷沒일새 以是故로 　　　　　　　함몰陷沒될 수 없음이니 이런 까닭에

此道場坐處ㅣ 　　　　　　　　　　　이 도량좌처道場坐處를

名爲金剛」이랐고 　　　　　　　　　금강金剛이라 이름한다」이라 했고

『西域記[21]』八에 　　　　　　　　　『서역기西域記』 8에

「菩提樹垣[22]正中에 　　　　　　　　「보리수원정중菩提樹垣正中에

有金剛座[23]하니 昔賢劫初에 　　　　금강좌金剛座가 있으니 옛날 현겁초賢劫初에

與天地로 俱起하야 　　　　　　　　　천지天地와 더불어 함께 생겨

據三千大千世界[24]之中하되 　　　　삼천대천세계三千大千世界 가운데 의거하되

19　제際; (즈음 제, 가 제) 1. 즈음. 2. 가, 끝. 3. 변두리. 4. 사이. 5. 때. 6. 닿다. 7. 만나다. 8. 사귀다.

20　연화대蓮花臺; 부처상과 보살상을 앉히는 자리.

21　서역기西域記; 12권. 갖춘 이름은 『대당서역기大唐西域記』. 629년(당나라 정관 3) 현장玄奘이 장안을 떠나 인도에 갔다가 645년(정관 19)에 돌아와, 태종의 명으로 문인 변기辯機와 함께 지어서 다음 해에 궁궐에 바친 여행기. 아기니국阿耆尼國에서 구살단나국瞿薩旦那國에 이르는 서역 및 인도 138국의 풍속·문화·국정·풍토·불적佛蹟 등의 여러 사실을 적은 것. 당시 그 지방의 형편, 특히 불교의 정세를 아는 데 꼭 필요한 책.

22　보리수원菩提樹垣; 부처님 성도지인 보드가야 보리수원.

23　금강좌金剛座; 붓다가 깨달음을 이룬 때의 자리, 곧 우루벨라uruvelā 마을의 네란자라nerañjarā 강변에 있는 붓다가야buddha gayā의 보리수菩提樹 아래를 말한다.

24　삼천대천세계三千大千世界; 삼천세계三千世界. 대천세계大千世界. 일대삼천세계一大三千世界. Skt. trisāhasra-mahāsāhasra-loka-dhātu. Pāli ti-sahassī-mahā-sahassīloka-dhātavo. 고대 인도인의 세계관에서 전 우주를 가리키는 말. 소승불교의 논서인 『구사론俱舍論』에 따르면 우주는 원반형의 풍륜風輪·수륜水輪·금륜金輪이 겹쳐서 공중에 떠 있고, 그 금륜 표면의 중앙에 수면에서의 높이가 8만 유순由旬(약 56만km)이나 되는 수미산須彌山이 있다. 그 수미산을 일곱 겹의 산맥이 각각 바다를 사이에 두고 에워싸고 있으며, 그 바깥에 네 개의 대륙(4대주四大洲: 그중 남쪽의 섬부주贍部洲 또는 염부제閻浮提에 인간이 살고 있다.)이 있고, 그 가장 바깥을 철위산鐵圍山이 둘러싸고 있다. 또한 수미산의 중턱에 사천왕四天王(동의 지국천持國天, 남의 증장천增長天, 서의 광목천廣目天, 북의 다문천多聞天)이 살고 있고, 그 정상에는 제석천帝釋天을 비롯한 33의 천신天神이 살고 있는데, 이곳을 삼십삼천三十三天 또는 도리천忉利天이라고 한다. 또

下極金輪하고 上侵地際하야
하극금륜　　상침지제

金剛所成이오
금강소성

周百餘步라 賢劫千佛[25]이
주백여보　　현겁천불

座之而入金剛定[26]일새
좌지이입금강정

故曰金剛座焉하나니
고왈금강좌언

證聖道所를
증성도소

아래로 금륜金輪에 이르고 위로 지제地際에 이르러 금강金剛이 이루어진 바

주위 백여보百餘步라 현겁천불賢劫千佛이 자리하여 금강정에 들어가니(좌지이입금강정座之而入金剛定)

그러므로 금강좌金剛座라 하나니

성도를 증명하는 곳(증성도소證聖道所)을

수미산 상공에는 야마천夜摩天·도솔천兜率天·낙변화천樂變化天·타화자재천他化自在天이 있는데, 이 여섯 천궁은 아직 도덕적으로도 불완전하며 욕망을 완전히 버리지 못하였으므로 육욕천六欲天이라고 한다. 다시 그 위에 선禪으로 형상[색色]을 갖추고는 있으나 욕망을 완전히 떠난 색계色界의 천들이 있다. 이 색계의 천은 초선初禪·이선二禪·삼선三禪·사선四禪의 단계로 나누어져 있는데, 그 초선에 대범천大梵天과 그 권속들이 살고 있다. 물론 수행의 최고 단계로서 정정을 이루어 형상마저 벗어난 무색계無色界의 단계를 설정하고 있지만, 앞에 말한 바와 같은 풍륜에서 대범천에 이르는 범위의 세계를 하나의 세계로 구성한다. 이 세계에는 하나의 태양, 하나의 달이 있다고 한다. 그러므로 현대적인 의미에서는 태양계에 해당된다고 하겠다. 이 세계가 1,000개 모인 것이 소천세계小千世界인데, 현대과학으로는 은하계에 해당한다고 하겠다. 소천세계가 1,000개 모인 것이 중천세계, 그리고 중천세계가 다시 1,000개 모인 것이 대천세계大千世界인데, 이를 삼천대천세계 또는 삼천세계라고 한다. 후에 삼천은 3,000을 의미하는 것으로 사용되기도 하였으나 그것은 그릇된 것이며, $1,000^3$으로 보는 것이 마땅하다. 말하자면 대천세계란 1,000의 3제곱으로 10억 개의 세계이다. 결국 이는 우주 전체를 가리킨다.

25　현겁천불賢劫千佛; 현겁賢劫은 현재의 1대겁大劫으로, 이 기간에 수많은 현인賢人들이 나타나 중생을 구제한다고 하여 이와 같이 일컬음. 세계가 성립되는 지극히 긴 기간을 성겁成劫, 머무르는 기간을 주겁住劫, 파괴되어 가는 기간을 괴겁壞劫, 파괴되어 아무것도 없는 상태로 지속되는 기간을 공겁空劫이라 하고, 이 네 중겁中劫을 1대겁이라 함. 네 중겁은 각각 20소겁小劫이므로 1대겁은 80소겁이 됨. 소겁은 인간 수명 8만 세에서 100년에 한 살씩 줄어 10세에 이르고 다시 10세에서 100년에 한 살씩 늘어 8만 세에 이르는 시간을 말함. 불경에 따르면 이 기간 중 구류손불·구나함모니불·가섭불·석가모니불 등 모두 1천 부처가 출현한다고 한다.

26　금강정金剛定; 금강유정金剛喩定·금강유삼매金剛喩三昧·금강삼매金剛三昧·금강심金剛心·정삼매정頂三昧. 금강에 비유되는 선정禪定이라는 뜻. 온갖 분별과 번뇌를 깨뜨려 버리는 선정. 이 정정은 성문·보살들이 수행을 마치고 맨 마지막 번뇌를 끊을 때에 드는 것. 소승은 아라한과를 얻기 전에 유정지有頂地의 제9품 혹惑을 끊는 정을 말하고, 대승은 제10지 보살이 마지막으로 조금 남은 구생소지장俱生所知障과 저절로 일어나는 번뇌장 종자를 한꺼번에 끊고 불지佛地에 들어가기 위하여 드는 선정을 말함. 천태종에서는 등각等覺 보살이 원품무명元品無明을 끊고 묘각妙覺을 증證하기 위하여 드는 선정을 말함.

亦曰道場」이랐고 _{역 왈 도 량}	또는 도량道場이라 한다」이라 했고
『俱舍論²⁷』十一엔 _{구 사 론 십 일}	『구사론俱舍論』11엔
「唯此洲中에 有金剛座하니 _{유 차 주 중 유 금 강 좌}	「오직 이 주洲 가운데에 금강좌金剛座가 있으니
上窮地際하고 _{상 궁 지 제}	위로는 지제地際에 이르고
下據金輪이라 _{하 거 금 륜}	아래로는 금륜金輪에 근거함이라
一切菩薩이 _{일 체 보 살}	일체보살一切菩薩이
將登正覺²⁸할새 _{장 등 정 각}	장차 정각正覺에 오를 때에
皆坐此座上하야 _{개 좌 차 좌 상}	모두 이 금강좌에 앉아
起金剛喩定」이랐으니 _{기 금 강 유 정}	금강유정金剛喩定을 일으킴」이라 했으니
金剛三昧란 먼저 金輪을 見하야 _{금 강 삼 매 금 륜 견}	금강삼매金剛三昧란 먼저 금륜金輪을 보아
本格的 肉眼을 得한 後 _{본 격 적 육 안 득 후}	수행자의 본격적인 육안肉眼을 얻은 후

---

27   구사론俱舍論; Skt. Abhidharmakośaśāstra. 정식 이름은 『아비달마구사론阿毘達磨俱舍論』이고 별칭으로 『대법장론』·『신역구사』라고도 한다. 소승불교 교리의 대성서인 『대비바사론大毘婆沙論』의 강요서綱要書. 30권. 인도의 세친보살世親菩薩의 저작이며, 당唐나라 현장玄奘이 번역했다. 이 논은 소승 여러 부파 중 설일체유부說一切有部의 아비달마 논서 가운데 가장 핵심적인 것이다. 내용은 계품界品·근품根品·세간품世間品·업품業品·수면품隨眠品·현성품賢聖品·지품智品·정품定品·파계품破戒品의 9품으로 나누어, 전팔품前八品은 유루有漏·무루無漏의 법을 밝히고 후일품後一品은 무아無我의 도리를 설명했다. 유부종有部宗의 교리를 비판한 법상종法相宗의 기본 교학서이다.

28   정각正覺; 1. Skt. samyak-saṃbodhi / samyak-saṃbuddha. Pāli sammā-sambodhi. 삼먁삼불타三藐三佛陀라 음사. 여래 10호號의 하나. 등정각等正覺의 준말. 바르고 원만한 깨달음, 또는 그 깨달음을 성취한 사람. 부처님은 무루정지無漏正智를 얻어 만유의 실상實相을 깨달았으므로 정각이라 불림.

金剛界[29]의 天眼과 金剛輪[30]의
法眼과 金剛智의 慧眼을
內證하야써 大寂室三昧[31]로써
最後의 佛眼[32]을 成就할지니라

금강계金剛界의 천안天眼과 금강륜金剛輪의
법안法眼과 금강지金剛智의 혜안慧眼을
안으로 증명하고 대적실삼매大寂室三昧로써
최후의 불안佛眼을 성취할지니라

29 금강계金剛界; Skt. vajra-dhātu. 금강정경金剛頂經에 의거하여 대일여래大日如來의 지덕智德을 열어 보인 부문으로, 불佛·금강金剛·보寶·연화蓮華·갈마羯磨의 5부로 되어 있다. 여래께서 내증內證한 지덕은 그 체體가 견고하여 생사 중에 빠져도 괴멸하지 않고, 도리어 능히 모든 번뇌를 깨뜨리는 좋은 작용이 있으므로 비유하여 금강이라 한다. 계界는 체성體性이란 뜻으로 모든 유정有情은 선천적으로 여래의 지성智性을 갖추고 있음을 가리킨 것. ↔ 태장계胎藏界.

30 금강륜金剛輪; Skt. vajra-maṇḍala, cakra-vāda, cakra. diamond wheel. 1. 땅 밑으로 160만 유순을 지나서 수륜水輪 위에 있는 세계를 받든다는, 기器세계의 한 지층인 금륜金輪.《대일경大日經》2. 금강좌金剛座. 석존께서 성도할 때에 앉았던 금강좌. 이는 금강륜이 땅 위로 나타난 것이므로 이같이 말함. 3. 금강의 법륜法輪이란 뜻. 진언 밀교를 말함. 밀교를 금강승金剛乘이라 하는 데서 이름.

31 대적실삼매大寂室三昧; 1. 대적정大寂定. 대적정묘삼마지大寂靜妙三摩地. 여래가 드는 바의 선정. 일체의 산란한 흔들림을 여의고 구경적정究竟寂靜함. 여래가 이 삼매에 들어 여래행如來行을 함. 보살십지菩薩十地 후에 대적실삼매大寂室三昧에 들어감. 2. 사라쌍수 아래의 대반열반大般涅槃.

32 불안佛眼; 오안五眼의 하나. ▶오안五眼; Skt. pañca-cakṣūṃṣi. Pāli pañca-cakkhūni. 모든 법의 사사·이리를 관조하는 5종의 눈. 곧 육안肉眼·천안天眼·혜안慧眼·법안法眼·불안佛眼. 1. 수행의 정도에 따라 갖추게 되는 다섯 가지 눈. 1) 육안肉眼. Skt. māṃsa-cakṣus. 가려져 있는 것은 보지 못하는, 범부의 육신에 갖추어져 있는 눈. 2) 천안天眼. Skt. divya-cakṣus. 욕계·색계의 천인天人 또는 사선정四禪定에 든 사람이 갖추고 있는 눈. 원근遠近, 과거미래過去未來, 내외內外, 세밀한 인과因果를 봄. 3) 혜안慧眼. Skt. prajñā-cakṣus. 현상의 이치는 보지만 중생을 구제하는 방법을 알지 못하는 성문聲聞·연각緣覺의 눈. 4) 법안法眼. Skt. prajñā-cakṣus. 모든 현상의 참모습과 중생을 구제하는 방법을 두루 아는 보살의 눈. 5) 불안佛眼. Skt. buddha-cakṣus. 모든 것을 꿰뚫어 보는 부처의 눈. 2. 수행하여 성도成道함에 이르는 5안목眼目의 차례. 곧 육안肉眼, 천안天眼, 법안法眼, 혜안慧眼, 불안佛眼임.《무량수경無量壽經》여기에서는《무량수경》의 차례에 따름.

〈표24〉 금강삼매 金剛三昧

Skt.	vajra-samādhi	
동의어	여금강삼매=금강유정=금강정 如金剛三昧　金剛喩定　金剛定	
뜻	3승의 행인이 최후에 일체의 번뇌를 끊고 각기 구경의 과를 얻는 삼매 三乘　行人　最後　一切　煩惱　　　各其究竟　果　　三昧	
	금강이 능히 일체에 무애함과 같이 능히 일체제법에 통달함 金剛　　　　　　無礙　　　　一切諸法　通達	
각 경론에 보이는 금강삼매	보살마하살이 대열반을 닦아 금강삼매를 얻고 이 가운데에 안주하여 菩薩摩訶薩　大涅槃　　金剛三昧　　　　　　　　安住 모든 현상과 형상을 부수고 흩뜨리니라(실능파산 일체제법) 　　　　　　　　　　　悉能破散　一切諸法	《열반경》24 涅槃經
	금강삼매라는 것은 비유하건대 마치 금강이 어떤 물건도 꿰뚫지 못함이 金剛三昧　　　　　　　　　　　　金剛 없으니(무물불함) 이 삼매도 이와 같이 모든 일(제법)에 통달하지 못함이 없고 　　無物不陷　三昧　　　　　　　　　　諸法　　通達 모든 삼매로 하여금 각각 그 쓰임을 얻도록 함(영제삼매로 각득기용)이라 　　　　　　　　　　　　　　　　　令諸三昧　各得其用	『지도론』47 智度論
	여금강삼매라는 것은 능히 일체 모든 번뇌를 부수어 남은 번뇌가 없으니 如金剛三昧 마치 인드라신이 금강저를 잡고 아수라군을 부수는 것과 같이 곧 수행자의 말후심이니 이 말후심을 좇아 순차적으로 3종보리가 있으니 성문보리와 末後心　　　　　　　　　　　　　　三種菩提　　　　聲聞菩提 연각보리(벽지불보리)와 불무상보리라 　　　辟支佛菩提　　佛無上菩提	
	무엇을 금강삼매라 하느냐 하면, 이 삼매에 머무르면 모든 삼매를 깨뜨릴 수 　　　　金剛 있나니, 이것을 금강삼매라 하느니라 (운하명금강삼매? 주시삼매능파제삼매, 시명금강삼매) 云何名金剛三昧　住是三昧能破諸三昧　是名金剛三昧	
	이에 모든 대중이 아직까지 있어본 적이 없는 것을 얻어(득미증유) 　　　　大衆　　　　　　　　　　　　　　　　　　得未曾有 일체로 널리 금강삼매를 얻음이라 一切　　　　金剛三昧	《수능엄경》6 首楞嚴經

각 경론에 보이는 금강삼매	지란 모두 중생의 허망한 업(허광업)의 인연보로 있는 것이니 이런 까닭에 地　　　　　　　業 虛誑業　因緣報 보살을 받들 수 없느니라. 성불하고자 할 때에 실상지혜신의 앉은 자리(좌처)가 菩薩　　　　　　　　　　　　實相智慧身　　　　坐處 금강위로 변하나니 어떤 사람이 말하되 토가 금륜 위에 있고, 금륜은 금강 金剛位　　　　　　　　　　　　土　金輪　　　　金輪　金剛 위에 있어 금강을 좇아 연화대처럼 나타나 그 위에 보살좌처를 떠받쳐 金剛　　蓮花臺　　　　　　　菩薩坐處 함몰될 수 없음이니 이런 까닭에 이 도량좌처를 금강이라 이름한다 陷沒　　　　　　　　　　道場坐處　金剛	『지도론』34 智度論
	보리수원정중에 금강좌가 있으니 옛날 현겁초에 천지와 더불어 함께 생겨 菩提樹垣正中　　金剛座　　　　　　賢劫初　天地 삼천대천세계 가운데 의거하되 아래로 금륜에 이르고 위로 지제에 이르러 三千大千世界　　　　　　　　金輪　　　　　　地際 금강이 이루어진 바 주위 백여보라 현겁천불이 이 금강좌에 앉아 금강정에 金剛　　　　　百餘步　賢劫千佛　　　　　　　　金剛定 들었으므로 금강좌라 하나니 성도를 깨달은 자리를 또한 도량이라 한다 金剛座　　聖道　　　　　道場	『서역기』8 西域記
	오직 이 주 가운데에 금강좌가 있으니 위로는 지제에 이르고 아래로는 洲　　　　金剛座　　　　　　　地際 금륜에 근거함이라 일체보살이 장차 정각에 오를 때에 모두 이 금강좌에 앉아 金輪　　　　一切菩薩　　　正覺 금강유정을 일으킴 金剛喩定	『구사론』11 俱舍論
	금강삼매란 먼저 금륜을 보아 수행자의 본격적인 육안을 얻은 후 금강계의 金剛三昧　　　金輪　　　　　　　　　　　　肉眼　　　　金剛界 천안과 금강륜의 법안과 금강지의 혜안을 안으로 증명하고 대적실삼매로써 天眼　金剛輪　法眼　金剛智　慧眼　　　　　　　　大寂室三昧 최후의 불안을 성취할지니라 佛眼	금타대화상님

〈표25〉 **3종 차별의 금강삼매** 金剛三昧

	3종의 금강삼매 金剛三昧	3승 배대 三乘 配對	비고
1	금강삼매 金剛三昧	성문보리 聖聞菩提	
2	금강륜삼매 金剛輪三昧 Skt. vajra-wheel samādhi	벽지불보리 辟支佛菩提	
3	여금강삼매 如金剛三昧	불무상보리 佛無上菩提	무유유여번뇌 無有有餘煩惱

▶ 금강金剛이 능히 일체에 무애無碍함과 같이 능히 일체제법一切諸法에 통달通達함으로써라.

〈표26〉 금강삼매金剛三昧와 5안五眼 (금타대화상님)

대상 또는 경계		5안	견내증성취
금륜 金輪	금진(핵의 본질) 金塵 核 本質	수행자 육안 肉眼	견 見
금강계 金剛界	미(식립) 微 識 粒	천안 天眼	내증 內證
금강륜 金剛輪	극미(색구경) 極微 色究竟	법안 法眼	
금강지 金剛智	인허(염심근) 隣虛 染心根	혜안 慧眼	
대적실삼매 大寂室三昧	진공원명 眞空圓明	불안 佛眼	성취 成就

- 금륜金輪; 일체중생一切衆生의 신근身根. 사대색신四大色身의 실상實相. 보현색신삼매普賢色身三昧의 근본. 금강륜삼매金剛輪三昧의 대상.
- 금강계金剛界; 대일여래大日如來 내증內證의 지덕智德을 나타낸 부문部門. 여래의 지덕은 그 체體가 견고하여 일체 번뇌煩惱 최파摧破의 수승한 작용이 있음.

〈표27〉 각 경전에 나타난 삼매

경전	삼매
능엄경 楞嚴經	수능엄삼매 首楞嚴三昧
화엄경 華嚴經	화엄삼매, 해인삼매, 사자분신삼매 華嚴三昧 海印三昧 師子奮迅三昧
반야경 般若經	108삼매 百八三昧
법화경 法華經	무량의처삼매, 법화삼매 無量義處三昧 法華三昧
금강경 金剛經	무쟁삼매 無諍三昧
열반경 涅槃經	25삼매 二十五三昧
대승기신론 大乘起信論	일행삼매, 진여삼매 一行三昧 眞如三昧

⟨표28⟩ 천태종의 4종삼매

삼매 三昧	뜻
상좌삼매 常坐三昧	90일 동안 앉은 채로 마음을 가라앉히고, 오직 하나의 부처님 이름만을 부르면서 실상을 관한다. 이렇게 항상 앉아서 일행만을 닦기 때문에 일행삼매라고도 한다. 一行
상행삼매 常行三昧	90일 동안 도량 안의 불상 주위를 돌면서 아미타불의 이름을 생각하고 부르는 것. 道場 이 삼매를 닦으면 시방의 여러 부처님이 수도자의 앞에 와서 서 있는 것을 볼 수 있기 十方 때문에 불립삼매라고도 한다. 佛立三昧
반행반좌삼매 半行半坐三昧	방등경에 따르는 방등삼매와 법화경에 따르는 법화삼매의 두 가지. 방등삼매는 7일, 方等經 법화삼매는 21일을 기한으로 하여 불상의 주위를 도는 한편 좌선도 겸하여 행하며, 그 사이에 예불·참회·송경 등도 행한다. 禮佛 懺悔 誦經
비행비좌삼매 非行非坐三昧	신체적인 행동 가운데 행주좌와 어디에도 구애됨이 없이 선악과 무기를 관찰하는 것. 行住坐臥 無記

⟨표29⟩ 선정禪定의 심천深淺에 따른 5륜삼매五輪三昧
(『석선바라밀차제법문釋禪波羅蜜次第法門』 권3 상)

5륜삼매 五輪三昧	내용
지륜삼매 地輪三昧	초선정을 이루는 것 初禪定
수륜삼매 水輪三昧	2선정을 이루는 것 二禪定
풍륜삼매 風輪三昧	3선정을 이루는 것 三禪定
금사륜삼매 金沙輪三昧	4선정을 이루는 것 四禪定
금강륜삼매 金剛輪三昧	모든 번뇌를 끊고 무학과를 이루는 것 無學果

⟨표30⟩ 108삼매 百八三昧

(『대지도론大智度論』「석마하연품釋摩訶衍品」제18 권47)

1	수릉엄삼매=건행삼매 首楞嚴三昧 健行三昧 Skt. śūraṃgama	운하명수릉엄삼매(무엇을 '수릉엄삼매'라 부르는가)? 云何名首楞嚴三昧 지제삼매행처(모든 삼매의 행처를 앎), 知諸三昧行處 시명수릉엄삼매(이것을 이름하여 수릉엄삼매라 한다). 是名首楞嚴三昧
2	보인삼매 寶印三昧 Skt. ratna-mudra	운하명보인삼매? 云何名寶印三昧 주시삼매능인제삼매(이 삼매에 머물러 능히 모든 삼매에 부합함), 住是三昧能印諸三昧 시명보인삼매. 是名寶印三昧
3	사자유희삼매 師子遊戲三昧 Skt. siṃha-vikrīḍita	운하명사자유희삼매? 云何名師子遊戲三昧 주시삼매능유희제삼매중여사자(이 삼매에 머물러 능히 모든 삼매 가운데 사자와 住是三昧能遊戲諸三昧中如師子 같이 유희함), 시명사자유희삼매. 是名師子遊戲三昧
4	묘월삼매 妙月三昧 Skt. su-candra	운하명묘월삼매? 云何名妙月三昧 주시삼매능조제삼매여정월(이 삼매에 머물러 능히 모든 삼매를 맑은 달과 같이 비춤), 住是三昧能照諸三昧如淨月 시명묘월삼매. 是名妙月三昧
5	월당상삼매 月幢相三昧 Skt. candra-dhvaja-ketu	운하명월당상삼매? 云何名月幢相三昧 주시삼매능지제삼매상(이 삼매에 머물러 능히 모든 삼매의 모습을 지님), 住是三昧能持諸三昧相 시명월당상삼매. 是名月幢相三昧
6	출제법삼매 出諸法三昧 Skt. sarva-dharmodgata	운하명출제법삼매? 云何名出諸法三昧 주시삼매능출생제삼매(이 삼매에 머물러 능히 모든 삼매를 출생함), 住是三昧能出生諸三昧 시명출제법삼매. 是名出諸法三昧

7	관정삼매 觀頂三昧 Skt. vilokita-mūrdha	운하명관정삼매? 云何名觀頂三昧 주시삼매능관제삼매정(이 삼매에 머물러 능히 모든 삼매의 정상을 관함), 住是三昧能觀諸三昧頂 시명관정삼매. 是名觀頂三昧.
8	필법성삼매 畢法性三昧 Skt. dharma-dhātu-niyata	운하명필법성삼매? 云何名畢法性三昧 주시삼매결정지법성(이 삼매에 머물러 결정코 법성을 앎), 住是三昧決定知法性 시명필법성삼매. 是名畢法性三昧.
9	필당상삼매 畢幢相三昧 Skt. niyata-dhvaja-ketu	운하명필당상삼매? 云何名畢幢相三昧 주시삼매능지제삼매당(이 삼매에 머물러 능히 모든 삼매의 깃대를 지님), 住是三昧能持諸三昧幢 시명필당상삼매. 是名畢幢相三昧.
10	**금강삼매** 金剛三昧 Skt. vajra	운하명금강삼매? 云何名金剛三昧 주시삼매능파제삼매(이 삼매에 머물러 능히 모든 삼매를 부숨), 住是三昧能破諸三昧 시명금강삼매. 是名金剛三昧.
11	입법인삼매 入法印三昧 Skt. sarva-dharma-praveśa-mudrā	운하명입법인삼매? 云何名入法印三昧 주시삼매입제법인(이 삼매에 머물러 능히 모든 법인에 듦), 住是三昧入諸法印 시명입법인삼매. 是名入法印三昧.
12	삼매왕안립삼매 三昧王安立三昧 Skt. samādhi-rājā-supratiṣṭhita	운하명삼매왕안립삼매? 云何名三昧王安立三昧 주시삼매일체제삼매중안립주여왕(이 삼매에 머물러 능히 모든 삼매 가운데 왕과 같이 안립함), 住是三昧一切諸三昧中安立住如王 시명삼매왕안립삼매. 是名三昧王安立三昧.
13	방광삼매 放光三昧 Skt. raśmi-pramukta	운하명방광삼매? 云何名放光三昧 주시삼매능방광조제삼매(이 삼매에 머물러 능히 빛을 놓아 모든 삼매를 비춤), 住是三昧能放光照諸三昧 시명방광삼매. 是名放光三昧.

14	력진삼매 力進三昧 Skt. bala-vyūha	운하명력진삼매? 云何名力進三昧 주시삼매어제삼매능작력세(이 삼매에 머물러 모든 삼매에 능히 힘을 불어 넣음), 住是三昧於諸三昧能作力勢 시명력진삼매 是名力進三昧
15	고출삼매 高出三昧 Skt. samudgata	운하명고출삼매? 云何名高出三昧 주시삼매능증장제삼매(이 삼매에 머물러 능히 모든 삼매를 증장시킴), 住是三昧能增長諸三昧 시명고출삼매 是名高出三昧
16	필입변재삼매 必入辯才三昧 Skt. nirukti-niyata-praveśa	운하명필입변재삼매? 云何名必入辯才三昧 주시삼매능변설제삼매(이 삼매에 머물러 능히 모든 삼매를 변설할 수 있게 됨), 住是三昧能辯說諸三昧 시명필입변재삼매. 是名必入辯才三昧
17	석명자삼매 釋名字三昧 Skt. adhivacana-praveśa	운하명석명자삼매? 云何名釋名字三昧 주시삼매능석제삼매명자(이 삼매에 머물러 능히 모든 삼매의 이름을 풀이할 수 있게 됨), 住是三昧能釋諸三昧名字 시명석명자삼매 是名釋名字三昧
18	관방삼매 觀方三昧 Skt. dig-vilokita	운하명관방삼매? 云何名觀方三昧 주시삼매능관제삼매방(이 삼매에 머물러 능히 시방의 모든 삼매를 관함), 住是三昧能觀諸三昧方 十方 시명관방삼매. 是名觀方三昧
19	다라니인삼매 陀羅尼印三昧 Skt. ādhāraṇa-mudra	운하명다라니인삼매? 云何名陀羅尼印三昧 주시삼매지제삼매인(이 삼매에 머물러 능히 모든 삼매의 인을 지님), 住是三昧持諸三昧印 印 시명다라니인삼매. 是名陀羅尼印三昧
20	무광삼매 無誑三昧 Skt. asaṃpramoṣa	운하명무광삼매? 云何名無誑三昧 주시삼매어제삼매불기광(이 삼매에 머물러 모든 삼매에 거짓이 없음), 住是三昧於諸三昧不欺誑 시명무광삼매. 是名無誑三昧

21	섭제법해삼매 攝諸法海三昧 Skt. sarva-dharma- samavasaraṇa-sāgara-mudra	운하명섭제법해삼매? 云何名攝諸法海三昧 주시삼매능섭제삼매여대해수(이 삼매에 머물러 큰 바닷물 같은 모든 삼매를 住是三昧能攝諸三昧如大海水 능히 포섭함), 시명섭제법해삼매. 是名攝諸法海三昧
22	변부허공삼매 遍覆虛空三昧 Skt. ākāśa-spharaṇa	운하명변부허공삼매? 云何名遍覆虛空三昧 주시삼매변부제삼매여허공(이 삼매에 머물러 마치 허공과 같이 모든 삼매를 덮음), 住是三昧遍覆諸三昧如虛空 시명변부허공삼매. 是名遍覆虛空三昧
23	**금강륜삼매** 金剛輪三昧 Skt. vajra-maṇḍala	운하명금강륜삼매? 云何名金剛輪三昧 주시삼매능지제삼매분(이 삼매에 머물러 능히 모든 삼매들을 일정 부분 받아 지님), 住是三昧能持諸三昧分 시명금강륜삼매. 是名金剛輪三昧
24	단보삼매 斷寶三昧 Skt. raṇaṃ-jaha	운하명단보삼매? 云何名斷寶三昧 주시삼매단제삼매번뇌구(이 삼매에 머물러 모든 삼매의 번뇌의 때를 끊어버림), 住是三昧斷諸三昧煩惱垢 시명단보삼매. 是名斷寶三昧
25	능조삼매 能照三昧 Skt. vairocana	운하명능조삼매? 云何名能照三昧 주시삼매능이광명현조제삼매(이 삼매에 머물러 능히 광명을 비추어 모든 삼매를 住是三昧能以光明顯照諸三昧 드러나게 함), 시명능조삼매. 是名能照三昧
26	불구삼매 不求三昧 Skt. animiṣa	운하명불구삼매? 云何名不求三昧 주시삼매무법가구(이 삼매에 머물러 가히 구할 바 법이 없음), 住是三昧無法可求 시명불구삼매. 是名不求三昧
27	무주삼매 無住三昧 Skt. aniketa-sthita	운하명무주삼매? 云何名無住三昧 주시삼매일체삼매중불견법주(이 삼매에 머물러 일체삼매 중에 세간에 머물 만한 住是三昧一切三昧中不見法住 법이 없음을 앎), 시명무주삼매. 是名無住三昧

28	무심삼매 無心三昧 Skt. niścinta	운하명무심삼매? 云何名無心三昧 주시삼매심심수법불행(이 삼매에 머물러 마음[심]과 심의 작용[심수법]이 住是三昧心心數法不行　　　　　　　心　　　　　　　　心數法 업을 짓지 않음), 시명무심삼매. 是名無心三昧
29	정등삼매 淨燈三昧 Skt. vimala-pradīpa	운하명정등삼매? 云何名淨燈三昧 주시삼매어제삼매중작명여등(이 삼매에 머물러 모든 삼매 중에 등불과 같이 밝힘), 住是三昧於諸三昧中作明如燈 시명정등삼매. 是名淨燈三昧
30	무변명삼매 無邊明三昧 Skt. ananta-prabha	운하명무변명삼매? 云何名無邊明三昧 주시삼매여제삼매작무변명(이 삼매에 머물러 모든 삼매와 더불어 가없는 住是三昧與諸三昧作無邊明 밝음을 지음), 시명무변명삼매. 是名無邊明三昧
31	능작명삼매 能作明三昧 Skt. prabhā-kara	운하명능작명삼매? 云何名能作明三昧 주시삼매즉시능위제삼매작명(이 삼매에 머물러 즉시 모든 삼매를 능히 밝힘), 住是三昧即時能爲諸三昧作明 시명능작명삼매. 是名能作明三昧
32	보조명삼매 普照明三昧 Skt. spharaṇa-prabha	운하명보조명삼매? 云何名普照明三昧 주시삼매즉능조제삼매문(이 삼매에 머물러 곧 능히 모든 삼매의 문을 비춤), 住是三昧即能照諸三昧門 시명보조명삼매. 是名普照明三昧
33	견정제삼매삼매 堅淨諸三昧三昧 Skt. śuddha-sāra	운하명견정제삼매삼매? 云何名堅淨諸三昧三昧 주시삼매능견정제삼매상(이 삼매에 머물러 능히 모든 삼매의 모습을 군건히 하고 住是三昧能堅淨諸三昧相 깨끗이 함), 시명견정제삼매삼매. 是名堅淨諸三昧三昧
34	무구명삼매 無垢明三昧 Skt. vimala-prabha	운하명무구명삼매? 云何名無垢明三昧 주시삼매능제제삼매구, 역능조일체삼매, (이 삼매에 머물러 능히 모든 삼매의 住是三昧能除諸三昧垢　亦能照一切三昧 때(번뇌)를 없애고, 또한 능히 일체삼매를 비춤), 시명무구명삼매. 是名無垢明三昧

35	환희삼매 歡喜三昧 Skt. rati-kara	운하명환희삼매? 云何名歡喜三昧 주시삼매능수제삼매희(이 삼매에 머물러 능히 모든 삼매의 환희를 즐김), 住是三昧能受諸三昧喜 시명환희삼매. 是名歡喜三昧
36	전광삼매 電光三昧 Skt. vidyut-pradīpa	운하명전광삼매? 云何名電光三昧 주시삼매조제삼매여전광(이 삼매에 머물러 번개의 빛처럼 모든 삼매를 비춤), 住是三昧照諸三昧如電光 시명전광삼매. 是名電光三昧
37	무진삼매 無盡三昧 Skt. akṣaya	운하명무진삼매? 云何名無盡三昧 주시삼매어제삼매불견진(이 삼매에 머물러 무진법(무위법)을 알고, 住是三昧於諸三昧不見盡　　　　　　無盡法 無爲法 불생불멸에 들어감), 不生不滅 시명무진삼매. 是名無盡三昧
38	위덕삼매 威德三昧 Skt. tejovatī	운하명위덕삼매? 云何名威德三昧 주시삼매어제삼매위덕조연(이 삼매에 머물러 모든 삼매의 위신력과 공덕을 住是三昧於諸三昧威德照然 자연스레 비추어줌), 시명위덕삼매. 是名威德三昧
39	이진삼매 離盡三昧 Skt. kṣayāpagata	운하명이진삼매? 云何名離盡三昧 주시삼매불견제삼매진(이 삼매에 머물러 일체단멸견을 멀리 떠남), 住是三昧不見諸三昧盡　　　　　　一切斷滅見 시명이진삼매. 是名離盡三昧
40	부동삼매 不動三昧 Skt. aniñjya	운하명부동삼매? 云何名不動三昧 주시삼매령제삼매부동불희(이 삼매에 머물러 제법실상을 알아 공적하고, 住是三昧令諸三昧不動戲　　　　　　　　　　　空寂 일체법에 희론이 없음), 戲論 시명부동삼매. 是名不動三昧

41	불퇴삼매 不退三昧 Skt. avivarta	운하명불퇴삼매? 云何名不退三昧 주시삼매능불견제삼매퇴(이 삼매에 머물러 능히 모든 삼매의 후퇴가 없음), 住是三昧能不見諸三昧退 시명불퇴삼매. 是名不退三昧
42	일등삼매 日燈三昧 Skt. sūrya-pradīpa	운하명일등삼매? 云何名日燈三昧 주시삼매방광조제삼매문(이 삼매에 머물러 빛을 놓아 모든 삼매의 문을 비춤), 住是三昧放光照諸三昧門 시명일등삼매. 是名日燈三昧
43	월정삼매 月淨三昧 Skt. candra-vimala	운하명월정삼매? 云何名月淨三昧 주시삼매능제제삼매암(이 삼매에 머물러 능히 모든 삼매의 어둠을 제거함), 住是三昧能除諸三昧闇 시명월정삼매. 是名月淨三昧
44	정명삼매 淨明三昧 Skt. śuddha-prabhāsa	운하명정명삼매? 云何名淨明三昧 주시삼매어제삼매득사무애지(이 삼매에 머물러 모든 삼매에서 4무애지를 얻음), 住是三昧於諸三昧得四無礙智 시명정명삼매. 是名淨明三昧
45	능작명삼매 能作明三昧 Skt. āloka-kara	운하명능작명삼매? 云何名能作明三昧 주시삼매어제삼매문능작명(이 삼매에 머물러 모든 삼매문을 능히 밝힘), 住是三昧於諸三昧門能作明 시명능작명삼매. 是名能作明三昧
46	작행삼매 作行三昧 Skt. kārākāra	운하명작행삼매? 云何名作行三昧 주시삼매능령제삼매각유소작(이 삼매에 머물러 능히 모든 삼매가 이루어지게 함), 住是三昧能令諸三昧各有所作 시명작행삼매. 是名作行三昧
47	지상삼매 知相三昧 Skt. jñāna-ketu	운하명지상삼매? 云何名知相三昧 주시삼매견제삼매지상(이 삼매에 머물러 모든 삼매의 진실지혜의 모습을 봄), 住是三昧見諸三昧知相 시명지상삼매. 是名知相三昧

48	**여금강삼매** 如金剛三昧 Skt. vajropama	운하명여금강삼매? 云何名如金剛三昧 주시삼매능관달제법, 역불견달(이 삼매에 머물러 능히 제법을 꿰뚫어 통달(관달)하고 住是三昧能貫達諸法 亦不見達　　　　　諸法　　　　貫達 통달하지 못하는 것이 없음), 시명여금강삼매. 是名如金剛三昧
49	심주삼매 心住三昧 Skt. citta-sthiti	운하명심주삼매? 云何名心住三昧 주시삼매심부동부전불뇌, 역불념유시심(이 삼매에 머물러 능히 모든 산란을 쉬고, 住是三昧心不動不轉不惱 亦不念有是心 　　　　　不動轉 마음이 부동전함), 시명심주삼매. 是名心住三昧
50	보명삼매 普明三昧 Skt. samantāloka	운하명보명삼매? 云何名普明三昧 주시삼매보견제삼매명(이 삼매에 머물러 모든 삼매의 밝음을 널리 봄), 住是三昧普見諸三昧明 시명보명삼매. 是名普明三昧
51	안립삼매 安立三昧 Skt. supratiṣṭhita	운하명안립삼매? 云何名安立三昧 주시삼매어제삼매안립부동(이 삼매에 머물러 모든 삼매에 안립하여 흔들림 없음), 住是三昧於諸三昧安立不動 시명안립삼매. 是名安立三昧
52	보취삼매 寶聚三昧 Skt. ratna-koṭi	운하명보취삼매? 云何名寶聚三昧 주시삼매보견제삼매여견보취(이 삼매에 머물러 모든 삼매를 보물덩어리 보듯 함), 住是三昧普見諸三昧如見寶聚 시명보취삼매. 是名寶聚三昧
53	묘법인삼매 妙法印三昧 Skt. vara-dharma-mudra	운하명묘법인삼매? 云何名妙法印三昧 주시삼매능인제삼매, 이무인인고(이 삼매에 머물러 보살의 깊은 공덕지혜의 住是三昧能印諸三昧 以無印故 법인제삼매를 얻되 얻은 바 없음), 시명묘법인삼매. 是名妙法印三昧

54	법등삼매 法等三昧 Skt. sarva-dharma-samatā	운하명법등삼매? 云何名法等三昧 주시삼매관제법등, 무법부등(이 삼매에 머물러 일체법이 평등하여 평등치 않음이 住是三昧觀諸法等 無法不等 없음을 관함), 시명법등삼매. 是名法等三昧
55	단희삼매 斷喜三昧 Skt. rati-jaha	운하명단희삼매? 云何名斷喜三昧 주시삼매단일체법중희(이 삼매에 머물러 고·공·무상·무아를 능히 관해 住是三昧斷一切法中喜　　　　　　　苦　空　無常　無我 일체세간심이 생기는 것을 싫어해 즐거움에 집착함을 버림), 시명단희삼매. 是名斷喜三昧
56	도법정삼매 到法頂三昧 Skt. dharmôdgata	운하명도법정삼매? 云何名到法頂三昧 주시삼매멸제법암, 역재제삼매상(이 삼매에 머물러 반야방편으로 법의 산정에 住是三昧滅諸法闇　亦在諸三昧上　　　　　　　　　　山頂 도달함), 시명도법정삼매. 是名到法頂三昧
57	능산삼매 能散三昧 Skt. vikiraṇa	운하명능산삼매? 云何名能散三昧 주시삼매중능파산제법(이 삼매에 머물러 능히 모든 법을 부셔 흩어지게 함), 住是三昧中能破散諸法 시명능산삼매. 是名能散三昧
58	분별제법구삼매 分別諸法句三昧 Skt. sarva-dharma-pada-prabheda	운하명분별제법구삼매? 云何名分別諸法句三昧 주시삼매능분별제삼매제법구(이 삼매에 머물러 모든 삼매의 모든 법구를 住是三昧能分別諸三昧諸法句　　　　　　　　　　　　法句 능히 분별함), 시명분별제법구삼매. 是名分別諸法句三昧
59	자등상삼매 字等相三昧 Skt. samākṣarāvakāra	운하명자등상삼매? 云何名字等相三昧 주시삼매득제삼매자등(이 삼매에 머물러 모든 삼매의 자 등을 얻음), 住是三昧得諸三昧字等　　　　　　　　　　　　　　字 시명자등상삼매. 是名字等相三昧

60	이자삼매 離字三昧 Skt. akṣarâpagata	운하명이자삼매? 云何名離字三昧 주시삼매제삼매중내지불견일자(이 삼매에 머물러 진여에 통달하고 문자를 여읨), 住是三昧諸三昧中乃至不見一字 시명이자삼매. 是名離字三昧
61	단연삼매 斷緣三昧 Skt. ārambaṇa-cchedana	운하명단연삼매? 云何名斷緣三昧 주시삼매단제삼매연(이 삼매에 머물러 고락사 3수에 대해 집착을 끊음), 住是三昧斷諸三昧緣　　　　　苦樂捨三受 시명단연삼매. 是名斷緣三昧
62	불괴삼매 不壞三昧 Skt. avikāra	운하명불괴삼매? 云何名不壞三昧 주시삼매부득제법변이(이 삼매에 머물러 법성이 필경 공적하여 변이가 없음을 얻음), 住是三昧不得諸法變異 시명불괴삼매. 是名不壞三昧
63	무종상삼매 無種相三昧 Skt. aprakāra	운하명무종상삼매? 云何名無種相三昧 주시삼매불견제법종종(이 삼매에 머물러 제법이 무상임을 알아 住是三昧不見諸法種種　　　　無相 제법의 분별을 하지 않음), 시명무종상삼매. 是名無種相三昧
64	무처행삼매 無處行三昧 Skt. aniketa-cārin	운하명무처행삼매? 云何名無處行三昧 주시삼매불견제삼매처(이 삼매에 머물러 삼계는 삼독심이 치성하므로 의지하지 住是三昧不見三昧處　　　　三界　三毒心 않고, 열반은 필경공이므로 의지하지 않음), 　　　　畢竟空 시명무처행삼매. 是名無處行三昧
65	이몽매삼매 離矇昧三昧 Skt. timirāpagata	운하명이몽매삼매? 云何名離矇昧三昧 주시삼매이제삼매미암(이 삼매에 머물러 모든 삼매의 미세한 무명을 떠남), 住是三昧離諸三昧微闇 시명이몽매삼매. 是名離矇昧三昧
66	무거삼매 無去三昧 Skt. cāritravatī	운하명무거삼매? 云何名無去三昧 주시삼매불견일체삼매거상(이 삼매에 머물러 일체법의 거래상을 보지 않음), 住是三昧不見一切三昧去相　　　　　去來相 시명무거삼매. 是名無去三昧

67	불변이삼매 不變異三昧 Skt. acala	운하명불변이삼매? 云何名不變異三昧 주시삼매불견제삼매변이상(이 삼매에 머물러 변이상을 보지 않음), 住是三昧不見諸三昧變異相　　　　　　　變異相 시명불변이삼매. 是名不變異三昧
68	도연삼매 度緣三昧 Skt. viṣaya-tīrṇa	운하명도연삼매? 云何名度緣三昧 주시삼매도일체삼매연경계(이 삼매에 머물러 6진의 모든 번뇌연을 모두 멸진함), 住是三昧度一切三昧緣境界　　　　　六塵　　煩惱緣 시명도연삼매. 是名度緣三昧
69	집제공덕삼매 集諸功德三昧 Skt. sarva-guṇa-saṃcaya-gata	운하명집제공덕삼매? 云何名集諸功德三昧 주시삼매집제삼매공덕(이 삼매에 머물러 일체 선근공덕을 쌓음), 住是三昧集諸三昧功德 시명집제공덕삼매. 是名集諸功德三昧
70	주무심삼매 住無心三昧 Skt. sthita-niścitta	운하명주무심삼매? 云何名住無心三昧 주시삼매어제삼매심불입(이 삼매에 머물러 번뇌심을 떠나 제법실상지에 머묾), 住是三昧於諸三昧心不入 시명주무심삼매. 是名住無心三昧
71	정묘화삼매 淨妙華三昧 Skt. śubha-puṣpita-śuddhi	운하명정묘화삼매? 云何名淨妙華三昧 주시삼매령제삼매득정묘여화(이 삼매에 머물러 공덕화를 꽃피워 장엄함), 住是三昧令諸三昧得淨妙如華　　　　　功德花 시명정묘화삼매. 是名淨妙華三昧
72	각의삼매 覺意三昧 Skt. bodhy-aṅgavatī	운하명각의삼매? 云何名覺意三昧 주시삼매제삼매중득칠각분(이 삼매에 머물러 모든 삼매를 무루로 변성하여 住是三昧諸三昧中得七覺分　　　　　　　無漏　變成 칠각지와 상응함), 七覺支 시명각의삼매. 是名覺意三昧
73	무량변삼매 無量辯三昧 Skt. ananta-pratibhāna	운하명무량변삼매? 云何名無量辯三昧 주시삼매어제법중득무량변(이 삼매에 머물러 무량변재를 얻어 일구를 요설함), 住是三昧於諸法中得無量辯　　　　　無量辯才　　一句　樂說 시명무량변삼매. 是名無量辯三昧

74	무등등삼매 無等等三昧 Skt. asama-sama	운하명무등등삼매? 云何名無等等三昧 주시삼매제삼매중득무등등상(이 삼매에 머물러 일체중생을 부처와 같이 보고 住是三昧諸三昧中得無等等相 무등등의 반야와 상응함), 시명무등등삼매. 是名無等等三昧
75	도제법삼매 度諸法三昧 Skt. sarva-dharmātikramaṇa	운하명도제법삼매? 云何名度諸法三昧 주시삼매도일체삼매(이 삼매에 머물러 일체중생을 제도함), 住是三昧度一切三昧 시명도제법삼매. 是名度諸法三昧
76	분별제법삼매 分別諸法三昧 Skt. pariccheda-dara	운하명분별제법삼매? 云何名分別諸法三昧 주시삼매제삼매급제법분별견(이 삼매에 머물러 제법의 선, 불선, 유위, 住是三昧諸三昧及諸法分別見　　　　善 不善 有爲 무위 등을 분별함), 無爲 시명분별제법삼매. 是名分別諸法三昧
77	산의삼매 散疑三昧 Skt. vimati-vikiraṇa	운하명산의삼매? 云何名散疑三昧 주시삼매득산제법의(이 삼매에 머물러 일체법 중의 의망을 모두 끊고, 住是三昧得散諸法疑　　　　　　　　　疑網 제법실상을 깨달음), 시명산의삼매. 是名散疑三昧
78	무주처삼매 無住處三昧 Skt. niradhiṣṭhāna	운하명무주처삼매? 云何名無住處三昧 주시삼매불견제법주처(이 삼매에 머물러 제법에 통달하고, 일일이 집착하지 않음), 住是三昧不見諸法住處 시명무주처삼매. 是名無住處三昧
79	일장엄삼매 一莊嚴三昧 Skt. eka-vyūha	운하명일장엄삼매? 云何名一莊嚴三昧 주시삼매종불견제법이상(이 삼매에 머물러 일체즉일의 이치를 모두 앎), 住是三昧終不見諸法二相　　　　一切卽一 시명일장엄삼매. 是名一莊嚴三昧

80	생행삼매 生行三昧 Skt. ākārābhīnirhāra	운하명생행삼매? 云何名生行三昧 주시삼매불견제행생(이 삼매에 머물러 종종 행상이 모두 공함을 관함), 住是三昧不見諸行生　　　　　　　行相　　空 시명생행삼매. 是名生行三昧
81	**일행삼매** 一行三昧 Skt. ekâkāra	운하명일행삼매? 云何名一行三昧 주시삼매불견제삼매차안(이 삼매에 머물러 필경공과 상응해 나머지 행의 住是三昧不見諸三昧此岸　　　　　　　　　　　　行 차제가 없음), 次第 시명일행삼매. 是名一行三昧
82	불일행삼매 不一行三昧 Skt. ākārānavakāra	운하명불일행삼매? 云何名不一行三昧 주시삼매불견제삼매일상(이 삼매에 머물러 모든 삼매의 단일상을 떠나 住是三昧不見諸三昧一相　　　　　　　　　　單一相 각종 관행을 겸함), 시명불일행삼매. 是名不一行三昧
83	묘행삼매 妙行三昧 Skt. su-cārin	운하명묘행삼매? 云何名妙行三昧 주시삼매불견제삼매이상(이 삼매에 머물러 모든 삼매가 이상을 가지지 않음을 봄), 住是三昧不見諸三昧二相　　　　　　　　　　　　　　　二相 시명묘행삼매. 是名妙行三昧
84	달일체유저산삼매 達一切有底散三昧 Skt. nairvedhika-sarva- bhava-talopagata	운하명달일체유저산삼매? 云何名達一切有底散三昧 주시삼매입일체유일체삼매, 지혜통달역무소달(이 삼매에 머물러 무루지혜로 住是三昧入一切有一切三昧　智慧通達亦無所達　　　　　　無漏智慧 삼유와 비유상비무상의 밑바닥까지 통달해 일체를 흩뜨리고 부숨), 三有　非有想非無想 시명달일체유저산삼매. 是名達一切有底散三昧
85	입명어삼매 入名語三昧 Skt. saṃketa-ruta-praveśa	운하명입명어삼매? 云何名入名語三昧 주시삼매입일체삼매명어(이 삼매에 머물러 일체법의 어언을 통달함), 住是三昧入一切三昧名語　　　　　　　　　　語言 시명입명어삼매. 是名入名語三昧

86	이음성자어삼매 離音聲字語三昧 Skt. nirghoṣākṣara-vimukta	운하명이음성자어삼매? 云何名離音聲字語三昧 주시삼매불견제삼매음성자어(이 삼매에 머물러 일체법이 언어를 떠난 住是三昧不見諸三昧音聲字語 상적멸상임을 관함), 常寂滅相 시명이음성자어삼매. 是名離音聲字語三昧
87	연거삼매 然炬三昧 Skt. jvalanolka	운하명연거삼매? 云何名然炬三昧 주시삼매위덕조명여거(이 삼매에 머물러 일체법을 비추어 밝힘), 住是三昧威德照明如炬 시명연거삼매. 是名然炬三昧
88	정상삼매 淨相三昧 Skt. lakṣaṇa-pariśodhana	운하명정상삼매? 云何名淨相三昧 주시삼매정제삼매상(이 삼매에 머물러 제법이 무상청정함을 관함), 住是三昧淨諸三昧相　　　　　　　無相淸淨 시명정상삼매. 是名淨相三昧
89	파상삼매 破相三昧 Skt. anabhilakṣita	운하명파상삼매? 云何名破相三昧 주시삼매불견제삼매상(이 삼매에 머물러 제상이 비상임을 봄), 住是三昧不見諸三昧相　　　　諸相　非相 시명파상삼매. 是名破相三昧
90	일체종묘족삼매 一切種妙足三昧 Skt. sarvâkāra-varopeta	운하명일체종묘족삼매? 云何名一切種妙足三昧 주시삼매일체제삼매종개구족(이 삼매에 머물러 모든 공덕장엄선정이 住是三昧一切諸三昧種皆具足　　　　　　功德莊嚴禪定 청정구족 일체묘상이 되게 함), 淸淨具足　一切妙相 시명일체종묘족삼매. 是名一切種妙足三昧
91	불희고락삼매 不喜苦樂三昧 Skt. sarva-sukha-duḥkha- nirabhinandī	운하명불희고락삼매? 云何名不喜苦樂三昧 주시삼매불견제삼매고락(이 삼매에 머물러 세간락이 많은 과환을 가져오는 住是三昧不見諸三昧苦樂　　　　世間樂　　　過患 전도몽상이므로 애락할 바가 아님을 관함), 　　　　　　　　愛樂 시명불희고락삼매. 是名不喜苦樂三昧

92	무진상삼매 無盡相三昧 Skt. akṣaya-karaṇḍa	운하명무진상삼매? 云何名無盡相三昧 주시삼매불견제삼매진(이 삼매에 머물러 일체법에 단상과 괴진이 없음을 관함), 住是三昧不見諸三昧盡　　　　　　　　　斷常　壞盡 시명무진상삼매. 是名無盡相三昧
93	다라니삼매 陀羅尼三昧 Skt. dhāraṇīmat	운하명다라니삼매? 云何名陀羅尼三昧 주시삼매능지제삼매(이 삼매에 머물러 다라니를 자연히 얻게 됨), 住是三昧能持諸三昧 시명다라니삼매. 是名陀羅尼三昧
94	섭제사정상삼매 攝諸邪正相三昧 Skt. samyaktva-mithyātva- sarva-saṃgrahaṇa	운하명섭제사정상삼매? 云何名攝諸邪正相三昧 주시삼매어제삼매불견사정상(이 삼매에 머물러 일체 정사를 항복받아 住是三昧於諸三昧不見邪正相　　　　　　　正邪 삼정취 모두를 포섭함), 三定聚 시명섭제사정상삼매. 是名攝諸邪正相三昧
95	멸증애삼매 滅憎愛三昧 Skt. anurodhāpratirodha	운하명멸증애삼매? 云何名滅憎愛三昧 주시삼매불견제삼매증애(이 삼매에 머물러 능히 증애를 멸함), 住是三昧不見諸三昧憎愛　　　　　　　　　憎愛 시명멸증애삼매. 是名滅憎愛三昧
96	역순삼매 逆順三昧 Skt. sarva-rodha-virodha- sampraśamana	운하명역순삼매? 云何名逆順三昧 주시삼매불견제법제삼매역순(이 삼매에 머물러 일체 역순에 자재함), 住是三昧不見諸法諸三昧逆順　　　　　　　逆順 시명역순삼매. 是名逆順三昧
97	정광삼매 淨光三昧 Skt. vimala-prabha	운하명정광삼매? 云何名淨光三昧 주시삼매부득제삼매명구(이 삼매에 머물러 광명이 청정해 번뇌를 여읨), 住是三昧不得諸三昧明垢 시명정광삼매. 是名淨光三昧
98	견고삼매 堅固三昧 Skt. sāravat	운하명견고삼매? 云何名堅固三昧 주시삼매부득제삼매불견고(이 삼매에 머물러 제법실상과 지혜가 견고하게 상응함), 住是三昧不得諸三昧不堅固 시명견고삼매. 是名堅固三昧

99	만월정광삼매 滿月淨光三昧 Skt. paripūrṇa-candra-vimala-prabha	운하명만월정광삼매? 云何名滿月淨光三昧 주시삼매제삼매만족여월십오일(이 삼매에 머물러 정지광명이 구족해 住是三昧諸三昧滿足如月十五日　　　　　　淨智光明 탐진치를 멸하고 중생을 이익되게 함), 시명만월정광삼매. 是名滿月淨光三昧
100	대장엄삼매 大莊嚴三昧 Skt. mahā-vyūha	운하명대장엄삼매? 云何名大莊嚴三昧 주시삼매대장엄성취제삼매(이 삼매에 머물러 대장엄을 성취하여 시방제불을 住是三昧大莊嚴成就諸三昧 공양함), 시명대장엄삼매. 是名大莊嚴三昧
101	능조일체세삼매 能照一切世三昧 Skt. sarvâkāra-prabhā-kara	운하명능조일체삼매? 云何名能照一切三昧 주시삼매제삼매급일체법능조(이 삼매에 머물러 능히 일체중생 세간을 비춤), 住是三昧諸三昧及一切法能照 시명능조일체세삼매. 是名能照一切世三昧
102	삼매등삼매 三昧等三昧 Skt. samādhi-samatā	운하명삼매등삼매? 云何名三昧等三昧 주시삼매어제삼매부득정란상(이 삼매에 머물러 제삼매를 평등하게 관해 住是三昧於諸三昧不得定亂相 심천고저의 차별을 두지 않음), 深淺高低 시명삼매등삼매. 是名三昧等三昧
103	섭일체유쟁무쟁삼매 攝一切有諍無諍三昧 Skt. araṇa-saraṇa-sarva-samavasaraṇa	운하명섭일체유쟁무쟁삼매? 云何名攝一切有諍無諍三昧 주시삼매능사제삼매불분별유쟁무쟁(이 삼매에 머물러 일체법에 住是三昧能使諸三昧不分別有諍無諍 통달무애하여 여시상과 불여시상을 보지 않음), 　　　　　　 如是相　不如是相 시명섭일체유쟁무쟁삼매. 是名攝一切有諍無諍三昧
104	불락일체주처삼매 不樂一切住處三昧 Skt. anilambha-niketa-nirata	운하명불락일체주처삼매? 云何名不樂一切住處三昧 주시삼매불견제삼매의처(이 삼매에 머물러 무상한 세간에도 집착하지 않고 住是三昧不見諸三昧依處　　　　　　　無常 비세간의 공에도 집착하지 않음), 　　　　空 시명불락일체주처삼매. 是名不樂一切住處三昧

105	여주정삼매 如住定三昧 Skt. tathatā-sthita-niścita	운하명여주정삼매? 云何名如住定三昧 주시삼매불과제삼매여상(이 삼매에 머물러 일체법의 여실상을 알고 住是三昧不過諸三昧如相　　　　　　　　如實相 이를 초월한 법도 없음을 앎), 시명여주정삼매. 是名如住定三昧
106	괴신쇠삼매 壞身衰三昧 Skt. kāya-kali-saṃpramathana	운하명괴신쇠삼매? 云何名壞身衰三昧 주시삼매부득신상(이 삼매에 머물러 지혜력으로 색신이 부서지고 노쇠함을 봄), 住是三昧不得身相 시명괴신쇠삼매. 是名壞身衰三昧
107	괴어여허공삼매 壞語如虛空三昧 Skt. vāk-kali-vidhvaṃsana-gagana-kalpa	운하명괴어여허공삼매? 云何名壞語如虛空三昧 주시삼매불견제삼매어업여허공(이 삼매에 머물러 모든 삼매의 어언이 환화 같고 住是三昧不見諸三昧語業如虛空　　　　　　　　　　　語言　幻化 허공 같음을 알아 증애를 내지 않음), 　　　　　　　　憎愛 시명괴어여허공삼매. 是名壞語如虛空三昧
108	이착허공불염삼매 離著虛空不染三昧 Skt. ākāśāsaṅga-vimukti-nirupalepa	운하명이저허공불염삼매? 云何名離著虛空不染三昧 주시삼매견제법여허공무애역불염(이 삼매에 머물러 반야바라밀로 제법이 住是三昧見諸法如虛空無礙亦不染 필경공이어서, 생멸이 없고 허공 같아 염착함이 없음), 　　　　　　　生滅　　　　　染著 시명이저허공불염삼매. 是名離著虛空不染三昧

「수보리! 시명보살마하살마하연.(수보리야! 이것이 이름하여 보살마하살의 마하연(대승)이니라.)」
　須菩提　是名菩薩摩訶薩摩訶衍　　　　　　　　　　　　　　　　　　　　大乘

第一節 獅子吼三昧

제1절 사자후삼매

金輪¹ 以上을 金剛界²라 하니
大日如來³의 智德⁴을 開示⁵한
部門으로서 如來 內證의 智德은
其 體가 堅固하야 一切의 煩惱를

금륜金輪 이상을 금강계金剛界라 하니

대일여래大日如來의 지덕智德을 열어보인

부문部門으로서 여래 내증內證의 지덕智德은

그 체體가 견고하여 일체의 번뇌煩惱를

---

1   금륜金輪; Skt. kāñcana-maṇḍala. Gold wheel. 금성지륜金性地輪이라고도 한다. 4륜輪의 하나. 수륜 위에 있어 세계를 받들었다는 한 지층地層. 수륜이 엉기어 맺혀서 이룬 금의 윤위輪圍를 말한다. 두께 3억 2만 유순, 직경 12억 3,450유순, 둘레 36억 10,350유순. 이 금륜 위에 수미산 등 9산山 8해海 4주洲를 실었다 한다. 금륜의 맨 밑을 금륜제金輪際라 한다.

2   금강계金剛界; Skt. vajra-dhātu. 《금강정경金剛頂經》에 의거하여 대일여래大日如來의 지덕智德을 열어 보인 부문으로, 불佛·금강金剛·보寶·연화蓮華·갈마羯磨의 5부로 되어 있다. 여래께서 내증內證한 지덕은 그 체體가 견고하여 생사 중에 빠져도 괴멸하지 않고, 도리어 능히 모든 번뇌를 깨뜨리는 좋은 작용이 있으므로 비유하여 금강이라 한다. 계界는 체성體性이란 뜻으로 모든 유정有情은 선천적으로 여래의 지성智性을 갖추고 있음을 가리킨 것. ↔ 태장계胎藏界.

3   대일여래大日如來; Skt. mahāvairocana-tathāgata. 마하비로자나摩訶毘盧遮那라 음사. 대비로자나大毘盧遮那. vairocana는 변조遍照라고도 번역하고, 비로자나毘盧遮那라고 음사함. 우주의 참모습과 진리와 활동을 의인화한 밀교密敎의 부처. 예전부터 학자들이 마하비로자나를 대일이라 번역한 것은, 세 가지 이유에서이다. 1) 제암변명除暗遍明. 어둠을 제거하고 두루 밝힘. 2) 능성중무能成衆務. 능히 모든 일을 이룩함. 3) 광무생멸光無生滅. 빛은 생멸이 없음의 뜻. 이것은 태양이 가진 세 가지 큰 속성을 나타낸 것이나, 지금 이 여래의 덕성이 태양과 비슷하므로 여기에 대大자를 더하여 대일이라 한다. 모든 부처와 보살은 대일여래의 화신이며, 우주 그 자체가 그의 법문이라고 함. 금강계만다라金剛界曼荼羅에서는 지권인智拳印을 맺고 있고, 태장계만다라胎藏界曼荼羅에서는 법계정인法界定印을 맺고 있음.

4   지덕智德; 삼덕三德의 하나. 여래가 평등한 지혜로써 모든 것을 있는 그대로 꿰뚫어 보는 공덕. ▶삼덕三德; 1. 지덕智德·단덕斷德·은덕恩德. 불과佛果의 공덕을 나눈 것. 1) 지덕. 부처님이 평등한 지혜로 일체 것을 다 아시는 덕. 2) 단덕. 부처님이 온갖 번뇌를 다 끊어 남김이 없는 덕. 3) 은덕. 부처님이 중생을 구제하려는 서원으로 말미암아 중생을 구하여 해탈케 하는 덕. 2. 법신덕法身德·반야덕般若德·해탈덕解脫德. 열반을 얻은 이에게 갖춘 덕을 나눈 것. 1) 법신덕. 부처님의 본체니, 미계迷界의 고과苦果를 벗어나서 얻은 상주 불멸하는 과체果體. 2) 반야덕. 지혜智慧라 번역하니, 만유의 실상實相을 아는 진실한 지혜. 3) 해탈덕. 지혜에 의하여 참다운 자유를 얻은 것. 《열반경》에 삼덕비장三德秘藏이라 한 것은 이를 가리킴. 부처님의 4덕은 이 3덕에 갖추어 있다 함. 또 천태종에서는 이 3덕이 서로 고립孤立한 것이 아니고, 혼연 융합하여 평등이 곧 차별인 묘한 작용이 있는 것을 부종불횡不縱不橫, 비삼비일非三非一의 3덕이라 함.

5   개시開示; 1. 열어서 보임. 2. 가르쳐 타이름. 3. 분명히 나타냄.

摧破⁶하는 勝用⁷이 有함으로써라	꺾고 부수는 뛰어난 작용이 있음으로써라
金輪이란 娑婆世界⁸	금륜金輪이란 사바세계娑婆世界
一切衆生의	일체중생一切衆生의 몸을 구성하는
身根인 同時에 有情⁹ 無情¹⁰의	근본(신근身根)인 동시에 생물과 무생물의
四大色身의	지수화풍으로 구성된 물질(사대색신四大色身)의
實相이라	실상實相이라
普賢色身三昧¹¹의 根本이오	보현색신삼매普賢色身三昧의 근본이요

---

6   최파摧破; 부수어 깨짐. 또는 부수어 깸.

7   승용勝用; 수승한 작용.

8   사바세계娑婆世界; Skt. sahā-loka-dhātu. 사바娑婆·사바娑嚩·사하沙訶·사하娑訶·사계娑界·사하沙訶·삭가索訶라 음사. 감인토堪忍土·인토忍土·부생浮生이라 뜻번역. 괴로움이 많은 인간 세계. 석가모니 부처님이 교화하는 경토境土를 말한다. 따라서 부처님이 섭화하는 경토인 삼천대천세계가 모두 사바세계이다. 우리가 살고 있는 이 세계는 탐貪·진瞋·치癡 삼독三毒의 번뇌를 겪어내야 하고, 오온五蘊으로 비롯되는 고통을 참고 살아야 한다. 그러면서도 이 국토에서 벗어나려는 생각이 없으므로 자연히 중생들 사이에서 참고 살아야 한다. 그래서 이렇게 부른다. 인내를 강요당하는 세간, 인내를 하지 않으면 안되는 세계라는 말이다. 보살의 입장에서는 중생을 교화하기 위하여 수고를 참고 견디어 내야 하는 세계가 된다. 이렇게 일체가 생각대로 되지 않기 때문에 인내하면서 살지 않으면 안되는 세계가 사바세계이다.

9   유정有情; Skt. sattva. 살타薩埵라 음사. 정情. 중생衆生과 같음. 정식情識이 있는 생물. 감정이 있는 모든 생물. 번뇌와 아무런 생각이 없는 멍한 상태를 끝없이 되풀이하는 모든 존재. 번뇌에 얽매여 미혹한 모든 존재. ↔비정非情·무정無情.

10   무정無情; Skt. insentient. 감정이 없는 초목·산하·대지 등을 말함.

11   보현색신삼매普賢色身三昧; 신구의를 정화淨化하여 보현신普賢身을 얻는 삼매. 《법화경》〈묘음보살품〉에 따르면 과거세의 운뇌음왕불雲雷音王佛 때에 묘장엄왕妙莊嚴王의 왕후 정덕淨德 부인이 여래에게 10만 가지의 악기로 1만 2천 년 동안 음악공양을 올리고 8만 4천의 칠보 바리때에 향기로운 음식을 담아 공양한 공덕으로 정화수왕지淨華宿王智여래의 나라에 태어나 현일체색신삼매現一切色身三昧를 얻었다. 이 삼매를 보현색신삼매普現色身三昧라고 하는데 여러 중생들의 처지에 맞게 몸을 변화시켜 나타난다. 34가지 중생신의 모습에 4가지의 성인, 즉 성문聲聞·연각緣覺·보살·부처의 모습을 나타내어 중생을 위하여 설법한다. ▶보현신普賢身; 보현여래普賢如來. 보현법신普賢法身. 금강계金剛界에서 과상과果上의 대일여래大日如來를 말하거나, 인위因位의 보현보살普賢菩薩을 말한다. 대일이라 이름하는 것은 대일에 의거해 보현이 착한 원행願行을 증성證成한다는 뜻이다. 37존三十七尊의 총칭을 보현普賢이라고도 한다. 약출경略出經 4에「보현법신은 일체에 두루하고, 시종始終이 없고, 생멸生滅이 없다. (보현법신普賢法身.변일체무시무종무생멸編一切無始無終無生滅.)」고 하였다. 보리심론菩提心論에「그 원명圓明이 곧 보현신普賢身이고, 또

金剛輪三昧[12]의 對象이라	금강륜삼매金剛輪三昧의 대상이라
金毛數와 等한	금색 털의 수(금모수金毛數)와 같은
一切衆生의 實色이오	일체중생一切衆生의 실다운 모습(실색實色)이요
法身인 獅子本身일새	법신法身인 사자본신獅子本身이니
金毛獅子요	금색털을 가진 사자요
獅子一吼에	사자가 한번 포효함에
百獸死息格으로 一切가	모든 짐승이 숨을 죽이는 것처럼 일체一切가
實相에 歸하고 衆生의 假相이	실상實相에 돌아가고 중생衆生의 가상假相이
隱沒할새 獅子吼三昧니라	숨고 잠기니 사자후삼매獅子吼三昧니라

한 보현심普賢心이다.(其圓明則普賢身也, 亦是普賢心也, 與十方諸佛同之.)」고 했다.

12   금강륜삼매金剛輪三昧; 1. 모든 삼매를 유지하는 삼매로 일체법 중에 지극히 자유롭고, 금강륜 내에서도 자유로이 왕래하는 정도로 장애가 없음.(능지제삼매能持諸三昧, 어일체법중소지무애於一切法中所至無礙, 유여금강륜猶如金剛輪, 소왕지처무유장애所往之處無有障礙.) 2. 108삼매 중 23번째 삼매. 이 삼매에 머물러 능히 모든 삼매들을 지님.(주시삼매능지제삼매분住是三昧能持諸三昧分) 3. 5륜삼매五輪三昧의 하나. 선정에 들어 번뇌의 침해를 받지 않고, 모든 번뇌를 끊어 없앤 뒤 무학과無學果를 증證하는 선정. 이 선정은 무엇으로도 움직이지 못하고 온갖 번뇌를 끊어 없앰이 금강과 같으므로 이같이 말함. ▶오륜삼매五輪三昧; 오륜선五輪禪. 선정禪定을 닦아서 얻은 5종의 공덕. 선정禪定의 깊고 옅음을 구별하여, 초선정初禪定을 이루는 것을 지륜삼매地輪三昧, 2선정을 이루는 것을 수륜삼매水輪三昧, 3선정을 이루는 것을 풍륜삼매風輪三昧, 4선정을 이루는 것을 금사륜삼매金沙輪三昧, 모든 번뇌를 끊고 무학과無學果를 이루는 금강륜삼매金剛輪三昧로 분류된다.

第二節 四輪

有情¹의 業力으로써 最下의
虛空輪에 依止하야 風輪²을
生하니 其廣이 無數요
厚가 十六億踰繕那³라 如是히
風輪의 體가 緊密하니
復是何物고
此가 大地四輪⁴中의 風輪이오

제2절 사륜

유정有情의 업력業力으로써 제일 아래의
허공륜虛空輪에 의지하여 풍륜風輪을
생성하니 그 넓이가 헤아릴 수 없고
두께가 16억 요자나이라 이와 같이
풍륜風輪의 체體가 긴밀하니
이것이 또 무슨 물건인가
이것이 대지사륜大地四輪 중의 풍륜風輪이요

---

1   유정有情; Skt. sattva. 살타薩埵라 음사. 정정. 중생衆生과 같음. 정식情識이 있는 생물. 감정이 있는 모든 생물. 번뇌와 아무런 생각이 없는 멍한 상태를 끝없이 되풀이하는 모든 존재. 번뇌에 얽매어 미혹한 모든 존재. ↔ 비정非情 · 무정無情.

2   풍륜風輪; 1. Skt. vāyu-maṇḍala. Wind Wheel. 수미산 둘레에 있는 구산팔해九山八海와 사주四洲 밑에는 그것들을 떠받치고 있는 거대한 세 원통형의 층層이 있는데, 위층을 금륜金輪, 중간층을 수륜水輪, 아래층을 풍륜風輪이라 함. 넓이는 무수無數. 두텁기는 16억 유순由旬. 이 풍륜의 밑은 허공, 이것을 공륜空輪이라 하니, 모두 합하여 4륜임. 2. 집게손가락을 일컬음.

3   유선나踰繕那; Skt. yojana. 유순由旬. 유연由延. 유사나踰闍那. 인도 이수里數의 단위. 성왕聖王의 하루 동안 행정行程. 40리(혹 30리)에 해당, 또 대유순은 80리, 중유순은 60리, 소유순은 40리라고 함. 1리도 시대를 따라 그 장단이 같지 않음. 1리를 360보步, 1,800척이라 하면, 1유순은 6마일의 22분의 3에 해당.

4   대지사륜大地四輪; 불교 우주론에서 하나의 우주 즉 하나의 3천대천세계三千大千世界를 구성하는 기본 단위인 1수미세계一須彌世界의 기저에 있는 풍륜風輪 · 수륜水輪 · 금륜金輪의 3륜三輪과 이들이 존재하는 공간으로서의 허공 즉 허공륜虛空輪을 합한 4륜四輪. 이들 허공륜 · 풍륜 · 수륜 · 금륜의 4륜을 각각 순서대로 허공[공空] · 바람[풍風] · 물[수水] · 땅[지地]이라고도 하며 각각 허공 바퀴(공륜空輪, Skt. ākāśa-mandala) · 바람 바퀴(풍륜風輪, Skt. vāyu-mandala) · 물 바퀴(수륜水輪, Skt. jala-mandala) · 땅 바퀴(금륜金輪, Skt. kāñcana-mandala)이다. 금륜은 금성지륜金性地輪(쇠처럼 단단한 성질의 땅 바퀴) · 지륜地輪(땅 바퀴) 또는 지계地界(땅의 계, 땅의 종족 또는 무리)라고도 불린다. 또는, 공륜 · 풍륜 · 수륜 · 금륜의 4륜을 더미 · 무더기를 뜻하는 취聚를 써서 공취空聚 · 풍취空聚 · 수취水聚 · 지취地聚라고도 하며, 번역하여 허공 더미 · 바람 더미 · 물 더미 · 땅 더미라고도 한다. 또는 대大를 써서 대공大空 · 대풍大風 · 대수大水 · 대지大地라고도 한다. 특히, 금륜을 가리키는 대지大地라는 낱말은 불교 우주론을 설명하는 경전과 논서들에서 자주 등장하는데, 이것은 금륜 위에 또는 금륜을 의지하여 구체적인 기세간, 즉 3계의 유정들이 거주하는 물

又한 有情의 業力으로 우　유정　업력	또한 유정有情의 업력業力으로
大雲雨를 起하야 風物上에 대운우　기　풍물상	큰 구름과 비를 일으켜 풍물風物 위에
注하니 積水輪을 주　　적수륜	뿌리니 물이 쌓여 바퀴(적수륜積水輪)가
成하는지라 此가 水輪⁵이오 성　　　　차　수륜	이루어지는지라 이것이 수륜水輪이요
有情의 業力으로 유정　업력	유정有情의 업력業力으로
別風을 起하야 此 水를 별풍　기　　차 수	또다시 바람(풍風)을 일으켜 이 수水를
搏擊⁶할새 上結하야 박격　　상결	때리고 치니 수륜의 윗부분이 결정으로 맺혀
金을 成하니 此가 金輪⁷이라 금　성　차　금륜	금金을 이루니 이것이 금륜金輪이라
此는 佛說의 차　불설	이는 부처님께서 말씀하신
虛空輪⁸上에 風輪이 有하고 허공륜　상　풍륜　유	허공륜虛空輪 위에 풍륜風輪이 있고

　　 질적·비물질적 처소들, 즉 수미산須彌山을 포함한 9산8해九山八海·4대주四大洲·지거천地居天·공거천空居天 등이 형성되기 때문이다.

5　 수륜水輪; 1. Skt. ap-maṇḍala, jala-maṇḍala. 수미산 둘레에 있는 구산팔해九山八海와 사주四洲 밑에는 그것들을 떠받치고 있는 거대한 세 원통형의 층층層層이 있는데, 위층을 금륜金輪, 중간층을 수륜水輪, 아래층을 풍륜風輪이라 함. 수륜의 깊이 11억2만 유순, 넓이 지름 12억3천4백5십 유순, 둘레 36억1만3백5십 유순이라 함. 2. 약손가락을 일컬음.

6　 박격搏擊; 몹시 힘을 주어 후려침.

7　 금륜金輪; 1. Skt. kāñcana-maṇḍala. Gold wheel. 금성지륜金性地輪이라고도 한다. 4륜輪의 하나. 세계世界의 지층地層 이름. 수륜 위에 있어 세계를 받들었다는 한 지층地層. 맨 아래에 풍륜風輪이 있고, 그 위에 수륜水輪이 있고, 그 위에 금륜金輪이 있으며, 이것이 지륜地輪, 즉 대지大地를 이룬다고 함. 수륜이 엉기어 맺혀서 이룬 금의 윤위輪圍를 말함. 두께 3억 2만 유순, 직경 12억 3,450유순, 둘레 36억 10,350유순. 이 금륜 위에 수미산 등 9산山 8해海 4주洲를 실었다 한다. 금륜의 맨 밑을 금륜제金輪際라 한다. 2. Skt. kāñcana-cakra. 또는 금륜보金輪寶·윤보輪寶·윤輪. 전륜왕 7보寶의 하나. 전륜왕이 즉위할 때에, 동방에 나타나 광명을 놓으면서 왕에게 와서 그 다스림을 돕는다는 하늘의 금강륜보를 말한다. 3. 불교에서 말하는 전륜성왕轉輪聖王의 하나인 금륜성왕金輪聖王의 줄임말. 수미산須彌山의 사주四洲를 통치한다는 제왕帝王. 금륜성왕金輪聖王. 금륜왕金輪王. 4. 황금으로 꾸민 수레. 전륜왕이 갖는 사륜四輪, 즉 금·은·동·철의 네 가지 윤보륜寶 가운데 하나.

8　 공륜空輪; 1.4륜輪의 하나. 이 세계의 가장 밑에 있는 허공. 2. 5륜의 하나. 공대空大를 말함. 3. 9륜 혹은 상륜相輪이라고도 함. 탑의 꼭대기에 장식하는 윤상輪相. 흔히는 아홉 개의 윤륜으로 되었으므로 9륜이라 이

風輪上에 水輪이 有하고	풍륜風輪 위에 수륜水輪이 있고
水輪上에 金輪이 有하고	수륜水輪 위에 금륜金輪이 있고
金輪上에 九山八海[9]가 有하다신	금륜金輪 위에 구산팔해九山八海가 있다고 하신
初의 四輪에 對한	처음의 사륜四輪에 대한
俱舍論[10]世間品의 所說이니	구사론俱舍論 세간품世間品의 설說한 바이니
參酌할지어다	참작參酌할지어다
要컨대 天地日月星宿와	요컨대 하늘과 땅, 해와 달과 별(천지일월성수天地日月星宿)과
山河大地의	산, 강과 대지(산하대지山河大地)의
森羅萬象[11]과 蠢動[12]含靈[13]의	삼라만상森羅萬象과 꿈틀거리고 뜻이 있는 (준동함령蠢動含靈)

름. 4. 엄지손가락을 일컬음.

9 구산팔해九山八海; 수미산須彌山과 그 주위를 둘러싸고 있는 여덟 개의 산, 그리고 그 산과 산 사이에 있는 여덟 개의 바다. 이것은 인도의 세계 구성설構成說에 나타난 산과 바다의 총수. 수미산須彌山(Sumeru)을 중심으로 그 둘레에 길제라佉提羅(카제라Khadiraka)산, 또 그 둘레에 이사타라伊沙陀羅(Īṣādhara)산·유건타라遊乾陀羅(Yugaṃdhara)산·소달리사나蘇達梨舍那(Sudarśana)산·안습박갈나安濕縛竭拏(Aśvakarṇa)산·니민타라尼民陀羅(Nemiṃdhara)산·비나다가毘那多迦(Vinataka)산·작가라斫迦羅(Cakravāḍa)산이 차례로 둘러 있고, 산과 산 사이에는 각기 한바다가 있으므로 모두 9산 8해.

10 구사론俱舍論; Skt. Abhidharmakośaśāstra. 정식 이름은 『아비달마구사론阿毘達磨俱舍論』이고 별칭으로 『대법장론』·『신역구사』라고도 한다. 소승불교 교리의 대성서인 『대비바사론大毘婆沙論』의 강요서綱要書. 30권. 인도의 세친보살世親菩薩의 저작이며, 당唐나라 현장玄奘이 번역했다. 이 논은 소승 여러 부파 중 설일체유부說一切有部의 아비달마 논서 가운데 가장 핵심적인 것이다. 내용은 계품界品·근품根品·세간품世間品·업품業品·수면품隨眠品·현성품賢聖品·지품智品·정품定品·파계품破戒品의 9품으로 나누어, 전팔품前八品은 유루有漏·무루無漏의 법을 밝히고 후일품後一品은 무아無我의 도리를 설명했다. 유부종有部宗의 교리를 비판한 법상종法相宗의 기본 교학서이다.

11 삼라만상森羅萬象; 우주에 있는 온갖 사물과 현상. [유의어] 만상, 삼라, 만물.

12 준동蠢動; 벌레 따위가 꿈적거린다는 뜻으로, 불순한 세력이나 보잘것없는 무리가 법석을 부림을 이르는 말. [유의어] 연동, 움직임.

13 함령含靈; 심령心靈을 가지고 있다는 뜻으로, '중생'을 달리 이르는 말.

一切衆生身인
일체중생신

地性을 먼저 分析하자
지성　　　　분석

科學者는 말하되 一切의 物體란
과학자　　　　일체　물체

成分의 集積이라 하야
성분　집적

成分이란 分子의 微合이오
성분　　분자　미합

分子란 各元素의 因緣體라 한다
분자　각원소　인연체

그리하야 다시 元素를 破壞할새
　　　　　　원소　파괴

形跡도 없어지는 同時에
형적　　　　　동시

電子와 陽核이란 原子만 發見될 뿐이다
전자　양핵　　원자　발견

또 原子의 核體는
　원자　핵체

무엇이냐 하야

假稱의 原子核을
가칭　원자핵

求하나 未發見이다
구　　　미발견

보라 이미 釋尊께서 이를 밝히시고
　　　　　석존

諸菩薩이 敷演한 바다
제보살　부연

諸法從緣生이오 亦從因緣滅[14]이라신
제법종연생　　역종인연멸

일체중생一切衆生의 몸인

지성地性을 먼저 분석하자

과학자는 말하되 일체의 물체란

성분成分의 집적集積이라 하여

성분成分이란 분자의 미합微合이요

분자란 각 원소元素의 인연체因緣體라 한다

그리하여 다시 원소元素를 파괴하니

형적形跡도 없어지는 동시에

전자電子와 양핵陽核이 발견될 뿐이다

또 전자와 양핵(원자핵)의 본질(원자의 핵체

核體)은 무엇이냐 하여

가칭의 원자핵原子核(지금의 중성자, 양자,

소립자 등)을 구하나 발견되지 않고 있다

보라 이미 석가세존께서 이를 밝히시고

모든 보살菩薩이 부연敷演한 바이다

모든 현상과 만물은 인연 따라 생기고

멸한다(제법종연생諸法從緣生이요 역종인연멸

亦從因緣滅)라고 하신

14　법신게法身偈; 제법종연생諸法從緣生 모든 법은 인연 따라 생기고, 역종인연멸亦縱因緣滅 또한 인연 따라 없어진다. 아사대성주我師大聖主 나의 스승이신 대성주님께서, 위(시)아여시설爲(是)我如是設 나를 위하여 이와같이 설하셨다.

因緣法의 媒介體가 곧 元素였다
인연법   매개체   원소

科學者는 一切가
과학자   일체

歸空함을 立證했다
귀공   입증

그러나 아직 正道는 모른다
              정도

그리하야 有情[15] 無情의
            유정   무정

一切衆生所依의
일체중생소의

顯界 이대로 虛空輪이오
현계   허공륜

虛空輪上의 風輪이란
허공륜상   풍륜

곧 電子요 風輪上의 水輪이란
    전자   풍륜상   수륜

곧 陽核이니라
    양핵

그리고 水輪上의 金輪이란
          수륜상   금륜

곧 求하는 바의
    구

原子核이다
원자핵

原子核인 金輪은
원자핵   금륜

오직 肉眼의 實性을
        육안   실성

回復하여야 見證한다
회복   견증

天下衆生의 肉眼[16]이란 假性이니만큼
천하중생   육안   가성

인연법因緣法의 매개체媒介體가 곧 원소元素였다

과학자는 일체一切가

공으로 돌아감(귀공歸空)을 입증立證했다

그러나 아직 바른 길(정도正道)은 모른다

그리하여 생물, 무생물의

일체중생一切衆生이 의지하는 바의

이승(현계顯界) 이대로 허공륜虛空輪이요

허공륜虛空輪 상上의 풍륜風輪이란

곧 전자電子요 풍륜風輪 상上의 수륜水輪이란

곧 양핵陽核이니라

그리고 수륜水輪 상上의 금륜金輪이란

곧 구求하는 바의

원자핵原子核(원자핵의 본질)이다

원자핵原子核(원자핵의 본질)인 금륜金輪은

오직 육안肉眼의 참성질(실성實性)을

회복하여야 견증見證한다

모든 중생의 육안肉眼이란 가성假性이니만큼

---

15   유정有情; Skt. sattva. 살타薩埵라 음사. 정情. 중생衆生과 같음. 정식情識이 있는 생물. 감정이 있는 모든 생물. 번뇌와 아무런 생각이 없는 멍한 상태를 끝없이 되풀이하는 모든 존재. 번뇌에 얽매여 미혹한 모든 존재. ↔ 비정非情·무정無情.

16   육안肉眼; Skt. māṃsa-cakṣus. Pāli maṃsa-cakkhu. 오안五眼의 하나. 가려져 있는 것은 보지 못하는, 범부의 육신에 갖추어져 있는 눈. ▶ 오안五眼; Skt. pañca-cakṣūṃṣi. Pāli pañca-cakkhūni. 모든 법의 사사·이리를 관조하는 5종의 눈. 곧 육안肉眼·천안天眼·혜안慧眼·법안法眼·불안佛眼. 1. 수행의 정도에 따라 갖

그의 實性을 求하는 것이	그의 실성實性을 구하는 것이
실 성　구	
先決問題니라	먼저 해결할 문제이니라
선 결 문 제	

추게 되는 다섯 가지 눈. 1) 육안肉眼. Skt. māṃsa-cakṣus. 가려져 있는 것은 보지 못하는, 범부의 육신에 갖추어져 있는 눈. 2) 천안天眼. Skt. divya-cakṣus. 욕계·색계의 천인天人 또는 사선정四禪定에 든 사람이 갖추고 있는 눈. 원근遠近, 과거미래過去未來, 내외內外, 세밀한 인과因果를 봄. 3) 혜안慧眼. Skt. prajñā-cakṣus. 현상의 이치는 보지만 중생을 구제하는 방법을 알지 못하는 성문聲聞·연각緣覺의 눈. 4) 법안法眼. Skt. prajñā-cakṣus. 모든 현상의 참모습과 중생을 구제하는 방법을 두루 아는 보살의 눈. 5) 불안佛眼. Skt. buddha-cakṣus. 모든 것을 꿰뚫어 보는 부처의 눈. 2. 수행하여 성도成道함에 이르는 5안목眼目의 차례. 곧 육안肉眼, 천안天眼, 법안法眼, 혜안慧眼, 불안佛眼 임.《무량수경無量壽經》

<표31> 대지사륜 大地四輪

대지사륜 大地四輪	유정의 업력으로 有情 業力	일체중생신인 지성을 분석 一切衆生身 地性 分析	비고
금륜	또다시 풍을 일으켜 수륜의 風 水輪 이 수를 때리고 치니 水 윗부분이 결정으로 맺혀	원자핵(원자핵의 본질) 原子核	육안의 실성을 회복해야 견증 肉眼 實性 回復 見證 직경; 12억 3,450요자나 두께; 3억 2만 요자나 둘레; 36억 10,350요자나
수륜	큰 구름과 비를 일으켜 풍물 위에 뿌리니 風物	양핵 陽核	직경; 12억 3,450요자나 깊이; 11억 2만 요자나 둘레; 36억 10,350요자나
풍륜	허공륜에 의지해 생성 虛空輪	전자 電子	넓이; 헤아릴 수 없음 두께; 16억 요자나
허공륜		현계 이대로 顯界	

▶ 금륜金輪 위에 구산팔해九山八海

▶ 인연법因緣法의 매개체媒介體가 곧 원소元素

第三節 析空觀 (제3절 석공관)

제3절 석공관

地(지)·水(수)·火(화)·風(풍) 四大的(사대적)의
其性(기성)은 空大(공대)와 合(합)하되
其相(기상)은 地性的(지성적)으로
幻化(환화)¹하야 衆生(중생)의
心體(심체)를 陰蔽(음폐)²하고
水性的(수성적) 貪心(탐심)³과 火性的(화성적)
嗔心(진심)⁴이 아울너 地性的(지성적)
痴心(치심)⁵이 되야 風性的(풍성적)으로 顯現(현현)하니
要(요)는 먼저 地性(지성)을 分析(분석)하야써

지地·수水·화火·풍風 4대四大의
성질(성性)은 공대空大와 합하되
그 모양(상相)은 지성地性적으로
환화幻化하여 중생의
마음의 본체(심체心體)를 보이지 않게 덮고
수성水性을 띤 탐심貪心과 화성火性을 띤
진심嗔心이 아울러 지성地性을 띤
치심痴心이 되어 풍성風性에 의해 나타나니
요점은 먼저 지성地性을 분석하여서

---

1 환화幻化; 우주宇宙 만물萬物이 환상과 같이 변화變化하는 일.
2 음폐陰蔽; 보이지 않게 덮어서 숨김.
3 탐심貪心; Skt. rāga. 탐탐貪 · 탐애貪愛 · 탐착貪着 · 탐욕貪欲. 3독, 6번뇌의 하나. 심소心所의 이름. 자기의 뜻에 잘 맞는 사물에 대하여 마음으로 애착케 하는 정신 작용. 자기의 뜻에 맞는 일이나 물건을 애착하여 탐내고 만족할 줄을 모르는 것. 곧 세간의 색욕 · 재물 등을 탐내어 그칠 줄 모르는 욕심. ▶삼독三毒; Skt. tri-viṣa, tri-doṣa. 열반에 이르는 데 장애가 되는 가장 근본적인 세 가지 번뇌. 탐욕貪欲과 진에瞋恚와 우치愚癡. 줄여서 탐貪 · 진瞋 · 치癡(Skt. rāga-dveṣa-moha)라고 함. 곧, 탐내어 그칠 줄 모르는 욕심과 노여움과 어리석음. 독이라 한 것은『대승의장』에 "3독이 모두 3계의 온갖 번뇌를 포섭하고, 온갖 번뇌가 중생을 해치는 것이 마치 독사나 독룡毒龍과 같다" 하고,『법계차제』에는 "독은 짐독鴆毒으로 뜻을 삼고, 내지 출세의 선심善心을 무너뜨리는 까닭이라"고 함. ▶짐鴆; (짐새 짐) 1. 짐鴆새. 광동성에 사는 독조毒鳥. 그 깃을 담근 술을 마시면 죽게 됨.
4 진심嗔心; Skt. dveṣa. 진瞋 · 진에瞋恚. 탐진치貪瞋癡 삼독三毒의 하나. 화를 냄. 성냄. 노여움. 분노. 증오. ▶탐진치貪瞋癡; 욕심 · 성냄 · 어리석음. 이 셋이 수행인을 해롭게 하는 것이 가장 심하므로 3독毒이라 함.
5 치심癡心; Skt. moha. 치癡 · 우치愚癡. 모하慕何라 음사. 어리석음. 3독毒의 하나. 6근본번뇌根本煩惱의 하나. 현상과 이치에 대하여 마음이 어두운 것. 현상을 바로 알지 못하는 어리석음. 불교에서는 인생의 고통받는 근원과 모든 번뇌의 근본을 치癡라 하며, 사물의 진상을 밝히 알지 못하므로 미迷가 있다고 함. 무명無明과 같음.

四大相을 破하고
사 대 상 파

空性에 住함이 入道⁶의 初步일새
공 성 주 입 도 초 보

天地日月星宿와
천 지 일 월 성 수

山河大地의
산 하 대 지

森羅萬象과
삼 라 만 상

人畜 乃至
인 축 내 지

蠢動含靈과의
준 동 함 령

一切衆生身을 餘地 없이 破壞하야
일 체 중 생 신 여 지 파 괴

隙遊塵⁷ 程度의 成分化하고
극 유 진 정 도 성 분 화

그의 七分一인 牛毛塵⁸의 分子化하고
칠 분 일 우 모 진 분 자 화

그 七分一인 羊毛塵⁹의 元素化하고
칠 분 일 양 모 진 원 소 화

다시 그의 七分一인 兎毛塵¹⁰의
칠 분 일 토 모 진

電子化하고
전 자 화

지수화풍 4대四大의 상相을 타파하고

공성空性에 머무름이 입도入道의 초보이니

하늘과 땅, 해와 달, 그리고 별(천지일월성수天地日月星宿)과 산, 강, 대지(산하대지山河大地)의

온갖 사물과 현상(삼라만상森羅萬象)과

사람, 축생 내지

꿈틀거리는 뜻이 있는 중생과의

모든 중생의 몸을 남김없이 파괴破壞하여

극유진隙遊塵 정도의 성분成分으로 만들고

그의 $\frac{1}{7}$인 우모진牛毛塵의 분자화分子化하고

그 $\frac{1}{7}$인 양모진羊毛塵의 원소화元素化하고

다시 그 $\frac{1}{7}$인 토모진兎毛塵의

전자화電子化하고

6 　입도入道; 불도로 들어가는 것, 출가出家·삭발削髮하는 것을 말하며, 삭발해서 불도에 들어간 사람을 말한다. 본래 입도는 출가와 동일한 의미이며, 또한 출가 후, 선정禪定에 들어가거나, 아라한阿羅漢의 경지에 이르는 경우를 가리키기도 하였는데, 일본에서는 특히 황족이나 삼위 이상의 귀족 등, 고귀한 사람이 불문에 들어가는 것, 또한 그런 사람에 대한 경칭으로서 입도라는 말이 이용되었다.

7 　극유진隙遊塵; Skt. vātâyana-cchidra-rajas. 향유진向遊塵·일광진日光塵. 틈새로 들어오는 햇빛에 떠다니는 먼지 정도의 미세한 대상. 공중에 날아 흩어져 겨우 눈으로 알아볼 만한 정도의 티끌. 극미極微의 823,543배, 1지절指節의 2,401분의 1에 해당.

8 　우모진牛毛塵; Skt. go-rajas. 소의 털끝 정도의 미세한 대상. 소털 끝에 붙을 수 있는 아주 작은 티끌. 극미極微의 117,649곱. 양모진羊毛塵의 7배.

9 　양모진羊毛塵; Skt. avi-rajas. 양의 털끝 정도의 미세한 대상. 양모羊毛의 끝에 머물 수 있을 정도의 극히 작은 미진微塵. 토모진兎毛塵의 7배. 극미極微의 16,807배.

10 　토모진兎毛塵; Skt. śaśa-rajas. 토끼의 털끝 정도의 미세한 대상. 토끼의 털끝에도 앉을 수 있을 만큼 작은 체적體積을 말함. 양모진羊毛塵의 7분의 1. 극미極微의 1,401배.

그 七分一인 水塵[11]의 陽核化하야	그 $\frac{1}{7}$인 수진水塵의 양핵화陽核化하여
顯界인 欲界塵을	드러난 세계(현계顯界)인 욕계진欲界塵을
獅子奮迅[12]格으로	사자가 분기하여 날래게 달리듯이
脫落하고	(사자분신격獅子奮迅格) 떨쳐버리고(탈락脫落)
그 七分一인 金塵[13]의	그 $\frac{1}{7}$인 금진金塵의
原子核化하고	원자핵의 본질화(원자핵화原子核化)하고
그 七分一인 微[14]의	그 $\frac{1}{7}$인 미微의
識粒化하고	식의 알갱이화(식립화識粒化)하고
그 七分一인 極微[15]의 色究竟[16]化하고	그 $\frac{1}{7}$인 극미極微 곧 궁극의 물질화(색구경화色究竟化)하고

---

11 수진水塵; Skt. ab-rajas. 물 속을 자유로 통행할 수 있을 만큼 작은 티끌. 금진金塵의 7배. 극미진極微塵의 343배.

12 사자분신獅子奮迅; Skt. siṃha-vijṛmbhita. 사자獅子가 세찬 기세氣勢로 돌진突進한다는 뜻으로, 사물事物에 대對해서 맹렬猛烈한 기세氣勢로 있는 힘을 다해 싸움. 기세 좋게 떨쳐 일어나는 것.

13 금진金塵; Skt. loha-rajas. 동진銅塵・철진鐵塵・투금진透金塵. 금 속의 틈을 통과할 정도로 아주 미세한 대상. 인도에서 쓰던 수량의 단위. 금의 가장 작은 가루로 자유롭게 몸속을 지나갈 만큼의 크기를 말함. 극미極微의 49배, 미微의 7배, 지절指節의 40,354,307분의 1에 해당.

14 미微; Skt. aṇu-rāja. 미진微塵. 아주 작은 티끌이나 먼지. 색법色法의 극히 작은 것을 극미極微라 하고, 극미를 7배 한 것을 미微라 한다. 극미는 단지 한 개만으로는 존재할 수 없고, 반드시 7개의 극미가 1단이 되어야 존재하므로 이것을 1미라 한다.

15 극미極微; Skt. paramāṇu. 파라마나波羅摩拏라 음사. 최극미세最極微細란 뜻. 색법色法, 곧 물질을 가장 작게 분석한 것으로 지금 과학에서 말하는 분자分子와 같은 것. 극유진隙遊塵의 823,543분의 1에 해당. 견堅・습濕・난煖・동動의 4성질을 가짐. 구사종俱舍宗에서는 모든 색법色法은 모두 이 극미가 모여서 이루어진 것이라 한다. 7극미를 미진微塵이라 하고, 7미진을 금진金塵, 7금진을 수진水塵, 7수진을 토모진兎毛塵, 7토모진을 양모진羊毛塵, 7양모진을 우모진牛毛塵, 7우모진을 극유진隙遊塵이라 함. 금진金塵・수진水塵은 금이나 물 속의 틈을 통과할 정도로 미세하다는 뜻, 토모진兎毛塵・양모진羊毛塵・우모진牛毛塵은 토끼와 양과 소의 털끝 정도의 크기라는 뜻, 극유진隙遊塵은 틈새로 들어오는 햇빛에 떠다니는 먼지 정도의 크기라는 뜻.

16 색구경色究竟; Skt. Akaniṣṭha. 이타貳吒라 음사. 물질의 궁극.

그 七分一인 隣虛[17]의	그 $\frac{1}{7}$인 인허隣虛의
染心[18]根化하야	오염된 마음의 근원화(염심근화染心根化)하여
色界塵과	색계진色界塵인 금진(미, 극미)과
無色界의 染分을	무색계(無色界)의 오염된 부분(염분染分)인
淨化하고	인허(극미, 미)를 정화淨化하고
오히려 進一步하야	오히려 한걸음 더 내디디어(진일보進一步)
眞空界에 轉入한 後	진공계眞空界에 전입轉入한 후
다시금 三界의 實相을	다시금 3계三界의 참모습(실상實相)을
正觀하야	바로 관찰(정관正觀)하여
그의 妙有를 觀察할새	그의 묘유妙有를 관찰觀察하니
果의 眞空妙有[19]觀이오	과果의 진공묘유관眞空妙有觀이요
因의 析空觀[20]이니라	인因의 석공관析空觀이니라

---

17 인허隣虛; 인허진隣虛塵. 색법色法 가운데 가장 작은 물질로 허공에 이웃한 색법의 근본.

18 염심染心; Skt. kliṣṭa-citta. 염오심染汚心의 준말. 악惡·유부무기有覆無記에 의하여 더럽혀진 마음. 곧 악심·유부무기심의 총칭.

19 진공묘유眞空妙有; 1. 불변하는 실체가 없기 때문에 성립하는 현상. 불변하는 실체 없이 여러 인연의 일시적인 화합으로 존재하는 현상. 공空을 근원으로 하여 존재하는 현상. 2. 모든 분별이 끊어진 부처의 성품을 나타내는 말. 3. 유식에서 말하는 3성性의 하나인 원성실성圓成實性에 갖추어져 있는 공과 유의 두 가지 뜻. 원성실성인 진여는 소승에서 말하는 유에 대한 상대적 공이 아니고, 아집·법집을 여읜 곳에 나타나는 묘리 妙理이므로 진공, 또 그 체는 생멸 변화가 없는 항상 불변하는 실재이므로 묘유.

20 석공관析空觀; 갖춘 이름은 석색입공관析色入空觀. 또 석법관析法觀·생멸관生滅觀·졸도관拙度觀이라고도 함. 모든 현상을 분석하여 거기에 불변하는 실체가 없으므로 공空이라고 주시함. 천태종에서 말하는 4교教의 처음인 장교藏教의 관법으로서 물物·심心 모든 현상이 생멸하는 것을 관하고, 이를 분석하여 공空이라 관달觀達하는 것.

색色(물질物質)의 근본구조根本構造

불교의 교리에서 나온 물질의 구조를 알아보겠습니다. 현대 물리학에서 물질의 가장 미세한 소립자인 광량자光量子의 본질이 불교에서 물질의 근본으로 삼는 금진金塵이라고 생각하면 되겠습니다.

金塵의 構造

宇宙의 本質인 物心一如의 心體에는 本來로 地·水·火·風 四大의 四性과 四相이 갖추어 있는데 그 四性과 四相이 和融하여 一極微를 이루어 서로 分離할 수 없으므로 八事俱生하여 隨一不滅이라 稱한다.

이 極微를 四方·上下의 六方과 中心의 七徵가 合成되어 처음으로 天眼所見의 阿耨色이 되는데 바로 金塵이다.

이 金塵은 天眼과 輪王眼과 佛果를 得한 菩薩眼에만 見得할 수 있다. 金塵 곧 一阿耨色은 金中에서 往來하여도 無障 無碍하며 百四十의 事體功德을 갖추고 있다. 또한 圓常하여 다시 生滅이 없고 空劫 時에는 離散하여 空中에 浮遊하나 體法은 恒有하며 그 作用에 있어서 生滅 無常하다. (大日經疏一·俱舍論光記·勝論)

우주의 본질인 물심일여物心一如의 심체心體에는 지地・수水・화火・풍風 4대大의 네 가지 성품과 사상四相이 본래로 갖추어 있습니다. 우리는 우주의 본체에 있는 근본적인 본성품을 생각해야 합니다. 근본 성품에는 지수화풍 4대를 비롯한 일체 만덕이 본래로 원만히 갖추어 있습니다. 그 성품은 인연 따라서 상相으로 나오는데 지수화풍 4대의 4성性과 4상相이 서로 원융무애하여, 거리낌없이 섞이어서 일극미一極微를 이루어 서로 분리할 수 없으므로 팔사구생八事俱生한다는 것입니다.

팔사구생이란 구사론 등에 나오는 말로 여덟 가지 기운이 한번에 화융和融하게 뭉쳐서 나온다는 말입니다. 팔사구생의 여덟 가지란 앞에 든 지수화풍 4대의 네 가지 성품과 4대의 상인 네 가지 상이 함께 어울려서 나오므로 팔사구생입니다. 그래서 수일불멸隨一不滅이라, 뭉쳐진 그 하나가 멸하지 않는다고 하는 것입니다.

사방四方과 상하上下의 육방六方과 가운데 중심中心을 합하면 일곱 군데인데 불교에서는 일체가 역동적인 생명력이므로 사방과 상하 그리고 중심의 7이란 수치를 생명 활동의 중요한 수치로 중요시하는 것입니다.

일극미一極微인, 물질도 아닌 하나의 기운, 에너지가 사방 상하 중심의 칠미七微 합성이 되어 처음으로 천안소견天眼所見이라, 중생의 오욕의 때묻은 눈으로 볼 수 있는 것이 아니라 천안통으로 볼 수 있는 아누(Anu 阿耨)색이 되는데 이것이 바로 금진金塵이라고 합니다.

아누다라삼먁삼보리에서도 나오는 그런 개념 하나 하나가 모두가 다 의미 심중합니다. 우리 인간이 알고 있는 원자핵이나 그런 물질적인 존재가 아니라 그보다 더 훨씬 더 저편에 있는 즉 생명 에너지의 근본 구성체라고 할 수 있는 것이 바로 금진인 것입니다.

이 금진은 천안天眼과 전륜성왕轉輪聖王의 안목과 또는 견성오도見性悟道해서 삼매에 들어가 불과佛果를 얻은 보살의 눈에만 견득見得이라, 보아서 얻을 수가 있다는 것입니다. 따라서 벌써 견성오도를 확실히 했다면 금진인 한량없는 금색광명을 훤히 현관現觀이라, 현전現前하게 체험하게 되겠습니다.

금진 곧 일아누색一阿耨色은 금金 가운데서 왕래하여도 무장무애하여 거리낌이 없으며 140의 사체공덕事體功德을 갖추고 있다 합니다. 불성공덕佛性功德은 무량공덕이나 편의에 따라서 법수로서 140의 공덕으로 구분하여 일일이 말씀한 법문이 불경에 나와 있습니다. 티끌만도 못하고 원자핵보다 한결 근원적인 미세한 에너지로 응집된 그 가운데에 벌써 140의 부처님의 무량공덕을 다 갖추고 있다는 말입니다. 그렇기 때문에 일미진중함시방一微塵中含十方이라는 말씀이 성립되지 않겠습니까.

또한 원만하고 항상하여 다시 생멸이 없고 공겁空劫시에도 금진은 존재하는 것입니다. 공중에 흩어져 있기는 하지만 체體는 소멸이 안되어 체법體法은 항유恒有하며 그 작용에 있어서는 생멸무상生滅無常입니다.

또는 유식론唯識論에는 일체 현상을 아뢰야식阿賴耶識 종자의 변현變現이라고 합니다. 모두가 다 유식唯識이라, 만법이 유식이요, 일체가 유심조唯心造라는 사상에서 본다면 물질은 체體가 있는 것이 아니며 금진도 또한 마음의 묘유妙有 현상이니 물질의 체성體性이 있는 것이 아니라는 말입니다.

금진은 금강金剛 또는 금륜金輪이라고도 하며 묘유妙有의 본질이라는 말입니다.

(『圓通佛法의 要諦』, 聖輪閣, 1993, 431~434)

물질의 분석(석공관析空觀)

```
물체物體ㅡㅡㅡㅡㅡㅡㅡㅡㅡㅡㅡㅡㅡㅡ┐
극유진隙遊塵(성분成分)ㅡㅡㅡㅡㅡㅡ┤
우모진牛毛塵(분자分子)ㅡㅡㅡㅡㅡㅡ┤
양모진羊毛塵(원소元素)ㅡㅡㅡㅡㅡㅡ├ 욕계진欲界塵
토모진兎毛塵(전자電子)ㅡㅡㅡㅡㅡㅡ┤
수진水塵(양핵陽核)ㅡㅡㅡㅡㅡㅡㅡㅡ┘
금진金塵(핵核의 본질本質)ㅡㅡㅡㅡㅡ 색계진色界塵
미微(식립識粒)ㅡㅡㅡㅡㅡㅡㅡㅡㅡㅡ┐
극미極微(색구경色究竟)ㅡㅡㅡㅡㅡㅡ├ 무색계진無色界塵
인허隣虛(염심근染心根)ㅡㅡㅡㅡㅡㅡ┘
```

불교에서 『구사론』 등 근본 논장論藏 가운데 석공관析空觀이 있습니다. 우리 중생들이 공空을 느끼기가 어려운 것이니까 색(물질)을 분석하는 방편을 써서 공을 느끼게 하는 것입니다.

물체를 분석하여 우선 극유진隙遊塵이라 하는데, 날씨가 좋을 때 문틈으로 태양 광선이 비춰오는 것을 보면 그 광선 속에 헤아릴 수 없는 티끌이 떠 놀고 있어 보이지 않습니까. 그런 정도의 작은 것을 말합니다. 현대적인 말로 표현한다면 물질의 성분成分이라고 할 수 있습니다.

보다 더 미세한 것이 우모진牛毛塵입니다. 마치 소터럭 끄트머리 같은 그 정도로 작다는 말입니다. 이런 말은 그와 꼭 같다는 것이 아니고 옛날 사람이 비유로 표현한 것입니다. 현대적인 술어로는 분자分子 정도가 되고 더 작은 것은 양모진羊毛塵으로 양털 끄트머리 정도로 눈에 안 보이는 원소元素 정도입니다. 그 다음에 토모진兎毛塵으로 토끼털 끄트머리 정도로 전자電子 정도에 비유됩니다. 그 다음은 수진水塵으로 양성자陽性子, 중성자中性子 정도이고, 앞에서 말한 금진金塵은 원자핵原子核의 본질本質을 의미합니다.

이런 불교적인 분석은 옛날에 도인들이 중생들이 물질에 대해서 너무 집착을 하니까 '분석하면 모든 존재들이 다 허망하게 비어버린다'고 하기 위한 법문을 시설하여 이른바 석공관析空觀이라, 물질을 분석해서 공으로 돌아가는 관법觀法을 제시하였던 것입니다. 그래서 금진金塵은 미미로 구성되고, 미미極微는 극미極微로 구성되고, 극미極微는 인허隣虛라는 공간성이 있는지 없는지 잘 모르는 기운으로 구성되었다고 분석을 했습니다.

따라서 금진金塵은 핵의 본질이지요. 미미는 식의 알갱이(식립識粒)요, 또는 극미極微는 색구경色究竟, 즉 색色의 가장 끄트머리고 인허隣虛는 염심근染心根이라, 우리 마음이 오염되어 있는 가장 시초인 것입니다.

물체에서 수진水塵까지는 욕계에 있는 티끌, 욕계진欲界塵이라 하고, 또 금진은 광명체 즉 광명이 본질이기 때문에 이것은 색계진色界塵이라 하고, 또 우리 의식의 헤아림의 흔적들은 무색계진無色界塵이니까 내나 우리의 식식도 물질화될 수가 있고 물질도 결국은 식이고 마음이라는 것입니다.

지수화풍地水火風 4대四大의 구조構造

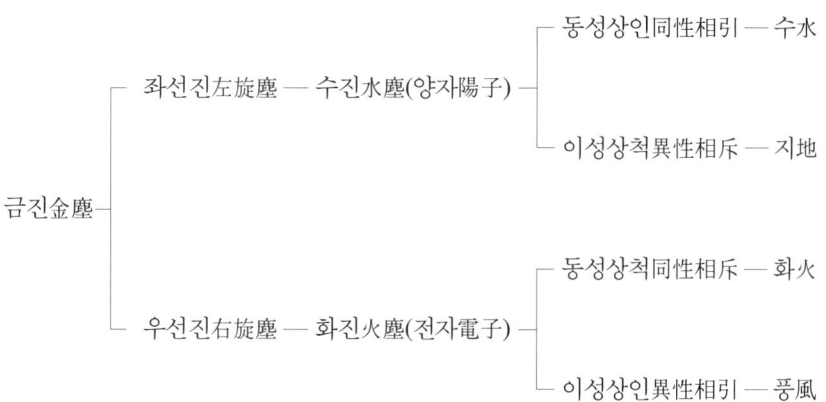

앞에서 물질의 구조 같은 것은 대강 살펴본 셈입니다만 불교에서 말하는 '지수화풍 4대四大가 어떻게 구성이 되었는가?' 하는 문제입니다.

순수한 우주의 기운인 금진金塵이 좌선左旋 곧 좌편으로 진동하면 수진水塵이 되고 우편으로 진동하면 화진火塵이 된다는 것입니다. 화진은 현대적으로 대비해서 말하면 전자電子고 수진은 이른바 양자陽子가 되는 것입니다. 원자핵, 즉 양성자·중성자는 불교에서 말하면 수진이라는 것입니다.

따라서 전자라든가 또는 이 양성자·중성자가 어떻게 나왔는가 하는 원리를 현대 물리학자들은 거의 비슷하게 말을 합니다. 가사 라듐radium을 분석하면 전자의 흐름은 오른쪽으로 구부러지고 양성자의 흐름은 왼쪽으로 굽어지고 또는 감마gamma선은 구부러지지 않는다는 것입니다. 이와 같이 어렴풋이나마 현대 물리학에서도 좌선左旋과 우선右旋의 도리를 말합니다.

불교 가르침 가운데서 금진이란 말은 원래 있으나 좌선진, 우선진이나 수진은 양자와 같고 화진은 전자와 같다는 이런 말씀을 한 것은 금타 스님이 처음입니다. 현대에 태어난 분이기 때문에 현대 물리학과 대비 회통會通을 시킨다는 의미에서 필수적으로 밝혀야겠지요.

아무튼, 우리 마음의 싫어하는 기운은 금진을 오른쪽으로 돌려서 전자를 창조한다고 할 수 있고, 또 좋아하는 마음은 그 반대로 금진을 왼쪽으로 돌려서 양성자 등을 창조하는 것입니다. 이렇듯 우주에너지인 금진金塵은 우리 심리 여하에 따라서 전자화電子化되고 양자화陽子化되어 형상화되는 것입니다.

저명한 의학자들 말도 성을 내면 몸에 해로운 요소인 아드레날린adrenalin이 더 증가되고, 웃고 기분 좋으면 우리를 건강하게 해주는 엔도르핀endorphin이 생긴다고 합니다. 그런 것이 모두가 다 부처님 원리에서 본다면 수긍이 가는 것입니다.

앞서 말씀드린 바와 같이 성겁成劫 초기初期에 광음천光音天이라든가 더 위의 무색계無色界에 있는 중생들이 좋다 궂다 하는 분별이 시초 동력動力이 되는 이른바 중생들의 공업력共業力이 쌓이고 모이니까 전자가 되고 양자가 되어 우주를 구성하게 되는 것입니다.

또한, 모든 것들이 생명이니까 의당 역동성力動性이 있어야겠지요. 따라서 양자인 수진은 같은 성질끼리는 서로 이끌고 또 다른 성질과는 서로 배척하는데, 수진 즉 양자에 있어서 같은 성질끼리 이끈 것은 수水라고 하고 다른 성질을 배척한 것은 지地라고 합니다. 가사, 중성자와 양성자가 서로 어우러져서 원자핵이 되는 것도 서로 이끌어서 된 것입니다. 또 우편으로 도는 금진인 화진火塵, 즉 전자는 성질이 수진水塵과는 반대로 동성끼리는 서로 배척하고 또는 이성끼리는 서로 이끄는데 동성끼리 서로 배척하는 것은 화火라고 하고 이성끼리 이끄는 것은 풍風이라고 합니다.

지수화풍 사대四大가 이렇게 하여 이루어지는 것입니다. '지수화풍 사대가 어디서 나왔는가?' 하는 것도 역시 금타 스님이 처음으로 발설을 했습니다. 옛날에야 이렇게 할 필요가 없었겠지요.

물질이란 그 근본이 어떻게 나왔는가 하는 문제는 우리 불교인들이 꼭 풀어야 할 문제입니다. 세속인인 물리학자들이 푸는 우주의 근본 문제를 풀지 못하면 그마만치 불교를 불신하는 것입니다. 마땅히 그들이 아는 것보다도 훨씬 더 앞서서 이끌어야 할 과제가 현대 불교가 당면한 문제이기도 합니다.

또한 물질의 근원이 본래 공空하다는 도리를 분별 지혜인 간혜乾慧로라도 알고 있으면 우리들의 상相을 여의는 데도 크게 조도助道가 될 것입니다.

(『圓通圓通佛法의 要諦』, 聖輪閣, 1993, 434~438)

⟨표32⟩ 육대六大의 성상性相

6대		상相	성性	
지대	4대	지성적으로 地性的	공대와 합 空大	진공묘유의 6대, 법계체성지
수대		환화해 幻化		
화대		중생의 衆生		
풍대		심체를 음폐 心體 陰蔽		
공대			색온이 본공한 실상 色蘊 本空 實相	
식대			색온에 근거한 수상행식 4온의 염구도 역공한 染垢 亦空 실상지인 정심의 식대 實相智 淨心 識大	

▶ 수성水性을 띤 탐심貪心과 화성火性을 띤 진심嗔心이 아울러 지성地性을 띤 치심痴心이 되어 풍성風性에 의해 나타남.

▶ 지성地性을 분석分析해 지수화풍 4대四大의 상相을 타파하고 공성空性에 머무름이 입도入道의 초보初步.

▶ 일체중생신一切衆生身을 파괴破壞해 극유진극遊塵 정도程度의 성분화成分化.

⟨표33⟩ 물질物質의 분석分析 (석공관析空觀)

삼계진 三界塵	묘유현상 妙有現象	과학대비	5안소대 五眼所對	아누타라	석공관 析空觀	기세계관 4륜설 四輪說	
	물체 物體	물체 物體					
	극유진 隙遊塵 일광진 日光塵 Skt. vātâyana-cchidra-rajas	성분 成分	범부육안소대 凡夫肉眼所對 [수진(양핵) 이하 水塵 陽核 현계] 顯界	공안의 空眼 묘목정 妙目精 [묘유의 妙有 일체법에 一切法 원통] 圓通	토우 土雨 홍진세계 紅塵 직관 直觀	허공륜 虛空輪	
욕계진 欲界塵	우모진 牛毛塵 Skt. go-rajas	분자 分子			황혼천지 黃昏天地 몽상 夢想		
	양모진 羊毛塵 Skt. avi-rajas	원소 元素			칠색현전 七色現前		
	토모진 兎毛塵 Skt. śaśa-rajas	전자 電子			월색식광발현 月色識光發現 (난법) 煖法	풍륜 風輪	명득정 明得定
	수진 水塵 Skt. ab-rajas	양핵 陽核			심월독로 心月獨露 (정법) 頂法 (인법) 忍法	수륜 水輪	명증정 明增定 인순정 印順定
색계진 色界塵	금진 金塵 Skt. loha-rajas	핵의 본질 核 本質	수행인육안소대 修行人肉眼所對		일륜(금강륜)현로 日輪 現露 (세제일법) 世第一法	금륜 金輪	장등정각의 전조인 금강좌 무간정 無間定
무색계진 無色界塵	미 微 Skt. aṇu-rājas (식립) 識粒		천안소대 天眼所對		지광발현 智光		아누색 직견 直見

제3편 제4장 금강삼매 | 299

무색계진無色界塵	극미極微 Skt. paramāṇu (색구경)色究竟		법안소대法眼所對	공안의空眼 묘목정妙目精	양염현전陽焰 (불가향인설)		뢰야제법賴耶諸法 묘관찰妙觀察
	인허隣虛 (염심근)染心根		혜안소대慧眼所對	[묘유의妙有 일체법에一切法 원통]圓通			대계통관大界通觀
삼계해탈	진공원명眞空圓明		불안소대佛眼所對				일보전진一步前進

- ❖ 팔사八事; 지수화풍地水火風의 4대四大와 6경六境 중 색향미촉色香味觸의 4경.

- ❖ 팔사구생八事俱生 수일불멸隨一不滅; 어떤 원자原子에도 4대와 4경의 8사가 모두 존재하여 하나도 멸하는 일이 없다.

- ❖ 색色의 실체實體; 구경究竟이 공상空相=원성실圓成實의 일상一相
    색色이란 곧 실상實相의 음적陰的 묘유현상妙有現象.

- ❖ **석공관; 유무정 일체중생을 부수어 일광진화하고, 나아가 인허의 백척간두에서도 진일보해 진공원명의 경계에 도달**

- ❖ 지수화풍地水火風 4대四大의 구조構造

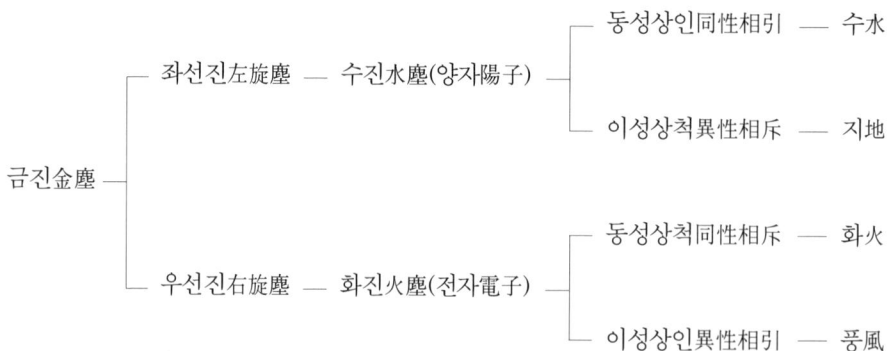

좌선수진左旋水塵 인동척이引同斥異 우선화진右旋火塵 인이척동引異斥同
　　　　수水지地　　　　　　　풍風화火

❖ 물질物質의 분석分析(석공관석空觀)

```
물체物體
극유진극遊塵＝일광진日光塵(성분成分) ─┐
우모진牛毛塵(분자分子) ─────────┤
양모진羊毛塵(원소元素) ─────────┤ 욕계진欲界塵    범부육안소대凡夫肉眼所對
토모진兎毛塵(전자電子) ─────────┤
수진水塵(양핵陽核) ───────────┘

금진金塵(핵核의 본질本質) ─────── 색계진色界塵   수행인육안소대修行人肉眼所對

미微(식립識粒) ─────────────┐                천안소대天眼所對
극미極微(색구경색究竟) ─────────┤ 무색계진無色界塵  법안소대法眼所對
인허隣虛(염심근染心根) ─────────┘                혜안소대慧眼所對

진공원명(眞空圓明) ──────────────────── 불안소대佛眼所對
```

▶ 묘유妙有의 일체법一切法에 원통圓通; 공안空眼의 묘목정妙目精=아누타라

▶ 인허隣虛; 묘유妙有의 극치極致. 색色의 체용體用이 있는 것이 아니고, 5안 중 혜안慧眼으로서 볼 수 있음.

▶ 극유진극遊塵＝일광진日光塵(성분成分)＝극미極微×823,543(7^7); 문틈에 빛이 들어올 때 보이는 먼지크기.

▶ 미微와 극미極微는 색계진色界塵에 포함하는 경우도 있다.

❖ 물질物質의 분석分析(석공관析空觀)

```
물체物體 ─────────────────┐
극유진隙遊塵＝일광진日光塵(성분成分) ┐
우모진牛毛塵(분자分子) ──────┤
양모진羊毛塵(원소元素) ──────┼─ 욕계진欲界塵
토모진兎毛塵(전자電子) ──────┤
수진水塵(양핵陽核) ────────┘
금진金塵(핵核의 본질本質) ──── 색계진色界塵
미微(식립識粒) ──────────┐
극미極微(색구경色究竟) ──────┼─ 무색계진無色界塵
인허隣虛(염심근染心根) ──────┘
```

```
토우土雨(홍진세계) ────────┐
황혼천지몽상 ──────────┼─ 허공륜
칠색현전 ────────────┘
식광발현(난법煖法) ──────── 풍륜
심월독로(정법頂法) ──────── 수륜
일륜日輪(금강륜)현로 ─────── 금륜
지광智光발현
양염陽焰현전
```

⟨표34⟩ 석공관과 진공묘유관

과 果	인 因
진공묘유관 眞空妙有觀	석공관 析空觀
3계의 실상을 정관하여 그의 묘유를 관찰 三界 實相 正觀 妙有 觀察	유무정 일체중생을 부수어 일광진화하고, 나아가 인허의 백척간두에서도 진일보해 진공원명의 경계에 도달

第四節 四相
제 4 절 사상

《金剛般若波羅密經[1]》에
금 강 반 야 바 라 밀 경

「何以故[2]오 須菩提야 若菩薩이
하 이 고   수 보 리   약 보 살

有我相人相衆生相壽者相[3]이면
유 아 상 인 상 중 생 상 수 자 상

卽非菩薩이라」시고
즉 비 보 살

또「須菩提야 於意云何오
    수 보 리   어 의 운 하

可以身相으로 見如來不아
가 이 신 상   견 여 래 부

不也니이다 世尊하,
불 야   세 존

제4절 사상

《금강반야바라밀경金剛般若波羅密經》에

「어쩐 까닭이냐? 수보리야! 만약 보살이

아상인상중생상수자상我相人相衆生相壽者相이

있다면 이는 보살이 아니니라」시고

또「수보리야! 네 뜻에 어떠하냐?

몸(신상身相)으로써 여래를 볼 수 있느냐?

그렇지 않나이다, 세존이시여.

---

1 금강반야바라밀경金剛般若波羅密經; Skt. Vajracchedikāprajñāpāramitāsūtra.《금강반야경金剛般若經》.《금강경金剛經》. 관념에 집착 없이 마음을 일으키고 실천하는 지혜의 완성을 설한 경. 부처님께서 수보리 등을 위하여 처음에 경계가 공空함을 말하고 다음에 혜慧가 공함을 보인 뒤에 보살공菩薩空을 밝힌 것으로, 일체법 무아의 이치를 설하고 있다. 이 경전은 대승불교 최초기의 사상을 담고 있는 경전으로 평가되는데, 공空사상을 말하고 있으면서도 '공空'이라는 용어를 사용하지 않았으며, 대승과 소승의 대립의식 또한 강하게 드러나 있지 않다. 여러 사람의 번역본 중에서 구마라집이 번역한 것이 널리 읽혀졌으며, 선종禪宗에서 중시하였다. 여섯 가지 번역이 있음. 1)《금강반야바라밀경金剛般若波羅密經》. 1권. K-13, T-235. 요진姚秦의 구마라집鳩摩羅什(Kumārajīva)이 401년에 장안長安의 소요원逍遙園에서 번역. 전체 32부분으로 나누어져 있다. 2)《금강반야바라밀경金剛般若波羅密經》. 1권. K-14, T-236. 북위北魏의 보리류지菩提流支 번역. 3)《금강반야바라밀경金剛般若波羅密經》. 1권. K-15, 진陳의 진제眞諦 번역. 4)《금강능단반야바라밀경金剛能斷般若波羅密經》. 1권. 수隋의 급다笈多 번역. 5) 당唐의 현장玄奘이 번역한 대반야바라밀다경大般若波羅蜜多經 600권 중 제577권의 능단금강분能斷金剛分. 6)《능단금강반야바라밀다경能斷金剛般若波羅蜜多經》. 1권. 당唐의 의정義淨 번역.

2 수보리須菩提; Skt. Subhūti. 선길善吉·선현善現·선업善業·공생空生이라 번역. 십대제자十大弟子의 하나. 사위국舍衛國의 바라문 출신으로, 공空의 이치에 밝아 해공제일解空第一이라 일컬음. 그래서 공空을 설하는 경經에 자주 등장하여 설법함. 순야다舜若多라고도 하는데 그가 탄생할 때, 창고·상자·기구器具 등이 텅 비었다는 데서 유래.《증일아함경增壹阿含經》에 전기가 있음.

3 사상四相; 아인사상我人四相. 1) 아상我相. 5온蘊이 화합하여 생긴 몸과 마음에 실재의 아我가 있다고 하고, 또 아我의 소유所有라고 집착하는 소견. 2) 인상人相. 아我는 인간이어서 축생취畜生趣 등과 다르다고 집착하는 소견. 3) 중생상衆生相. 아我는 5온법으로 말미암아 생긴 것이라고 집착하는 소견. 4) 수자상壽者相. 아我는 일정한 기간의 목숨이 있다고 집착하는 소견.

不可以身相으로 得見如來니
불 가 이 신 상　　득 견 여 래

何以故오 如來所說身相은
하 이 고　　여 래 소 설 신 상

卽非身相이니이다
즉 비 신 상

佛告須菩提하사대
불 고 수 보 리

凡所有相이 皆是虛妄[4]이니
범 소 유 상　　개 시 허 망

若見諸相非相이면
약 견 제 상 비 상

卽見如來[5]니라」심의
즉 견 여 래

「六祖」解曰
　육 조　　해 왈

衆生과 佛性이 本無有異언만
중 생　　불 성　　본 무 유 이

緣有四相하야
연 유 사 상

不入無餘涅槃[6]하나니
불 입 무 여 열 반

有四相하면 卽是衆生이오
유 사 상　　　즉 시 중 생

無四相하면 卽是佛이라
무 사 상　　　즉 시 불

몸(신상身相)으로써 여래를 볼 수 없습니다.

왜냐하면 여래가 말씀하신 몸(신상身相)은

곧 몸의 실상實相이 아닙니다.

부처님께서 수보리에게 말씀하시기를,

무릇 모습 있는 것은 모두 허망하니,

만약 모든 현상과 모습이 실상實相이 아님을

알면 곧 여래를 보는 것이니라」심의

6조六祖 혜능 스님의 풀이를 보면,

중생衆生과 불성佛性이 본래 다르지 않건만

4상四相이 있으므로 인연하여

궁극의 열반涅槃에 들지 못하나니

4상四相이 있으면 곧 중생衆生이요

4상四相이 없으면 곧 부처이라

4　허망虛妄; 1. 거짓되어 망령妄靈됨. 2. 어이없고 허무虛無함. 3. 거짓이 많고 근거根據가 없음.

5　범소유상凡所有相 개시허망皆是虛妄 약견제상비상若見諸相非相 즉견여래卽見如來; 무릇 존재하는 바 모든 현상(상相)은 이것이 다 허망하니 만약 모든 현상이 진실상이 아닌(비상非相) 줄을 안다면 곧 여래(부처)를 보느니라. —《금강경》사구게

6　무여열반無餘涅槃; Skt. anupadhi-śeṣa-nirvāṇa. 무여의열반無餘依涅槃. 4종 열반의 하나. 생사의 괴로움을 여읜 진여眞如. 번뇌장을 끊고 얻는 것. 이숙異熟의 고과苦果인 현재의 신체까지 멸해 없어진 곳에 나타나는 것이므로 이같이 이름. ▶4종열반四種涅槃; 네 가지 열반. 1) 본래자성청정열반本來自性淸淨涅槃. 중생이 본래 갖추고 있는 청정한 부처의 성품을 뜻함. 2) 유여의열반有餘依涅槃. 번뇌는 완전히 소멸되었지만 아직 미세한 괴로움이 남아 있는 상태. 3) 무여의열반無餘依涅槃. 번뇌와 괴로움이 완전히 소멸된 상태. 4) 무주처열반無住處涅槃. 번뇌를 소멸하고 청정한 지혜를 얻어, 생사生死에도 열반에도 집착하지 않고 중생에게 자비를 베푸는 상태.

迷하면 卽佛이 是衆生이오	미혹하면 곧 부처가 중생이요
悟하면 卽衆生이 是佛이니라	깨달으면 곧 중생이 부처이니라
迷人은 恃有財寶學問族姓하야	어리석은 이는 재물, 학문, 가문을 믿고
輕慢一切人이	다른 이를 가벼이 업신여김이
名我相이오	이름하여 아상我相이요
雖行仁義禮智信이나	비록 인의예지신仁義禮智信을 행하나
而意高自負하야 不行普敬하고	자부심이 강하여 널리 공경하지 않고
言我解行仁義禮智信이니	내가 인의예지신仁義禮智信을 알고 행합네 하고 말을 앞세우니
不合敬爾라함이	남을 공경함에 맞지 않음이
名人相이오	이름하여 인상人相이요
好事는 歸己하고	좋은 것은 내가 취하고
惡事는 施人함이	나쁜 것은 남에게 돌리는 것이
名衆生相이오	이름하여 중생상衆生相이요
對境하야 取捨分別함이	경계에 당하여 취하고 버리고 분별함이
名壽者相이니	이름하여 수자상壽者相이니
是謂凡夫四相이오	이것은 이른바 범부의 사상四相이요.
修行人도 亦有四相할새	수행인修行人도 또한 사상四相이 있으니
心有能所[7]하야	마음에 능소能所가 있어

---

7 능소能所; 1. 능능과 소소. 능은 능동能動으로서 동작하는 것. 소는 소동所動으로서 동작을 받는 것. 곧 어떤 행위의 주체와 그 행위의 목표가 되는 객체. 2. 인식 주관과 객관.

輕慢⁸중생이 _{경 만 중 생}	중생을 가벼이 보는 아만심을 가짐이
名我相이오 _{명 아 상}	이름하여 아상我相이요
自恃持戒하야 _{자 시 지 계}	스스로 계를 지킴을 믿어
輕破戒⁹者ㅣ _{경 파 계 자}	계를 어긴 자를 가벼이 봄이
名人相이오 _{명 인 상}	이름하여 인상人相이요
厭三途¹⁰苦하야 _{염 삼 도 고}	지옥, 아귀, 축생의 괴로움을 싫어하여
願生諸天이 _{원 생 제 천}	천상에 태어나기를 원하는 것이
是衆生相이오 _{시 중 생 상}	중생상衆生相이요
心愛長年而勤修福業하야 _{심 애 장 년 이 근 수 복 업}	마음에 오래 살기를 바라고 복업을
諸執不忘이 _{제 집 불 망}	부지런히 닦아, 모든 집착을 여의지 않음이
是壽者相이니 _{시 수 자 상}	수자상壽者相이니
有四相하면 卽是衆生이오 _{유 사 상 즉 시 중 생}	4상四相이 있으면 곧 중생衆生이요
無四相하면 卽是佛」이랐고 _{무 사 상 즉 시 불}	4상四相이 없으면 곧 부처(불佛)」라 했고
又「色身¹¹은 卽有相¹²이오 _{우 색 신 즉 유 상}	또「색신色身은 곧 모습이 있음이요

---

8 경만輕慢; 업신여김. 교만한 마음에서 남을 하찮게 여김.
9 파계破戒; 계율戒律을 깨뜨리어 지키지 아니함.
10 삼도三塗; 1. 악한 일을 저지른 중생이 그 과보로 받는다고 하는 세 가지 미혹한 생존. 1) 화도火塗. 지옥의 생존. 2) 도도刀塗. 아귀의 생존. 3) 혈도血塗. 축생의 생존. 2. 삼악도三惡道. 삼악三惡. 삼악취三惡趣. 악한 일을 저지른 중생이 그 과보로 받는다고 하는 지옥·아귀·축생의 생존.
11 색신色身; Skt. rūpa-kāya. 1. 빛깔과 형상을 갖춘 몸, 곧 육신. 2. 불·보살의 상호신相好身. 빛깔도 형상도 없는 진리 그 자체를 뜻하는 법신法身에 대하여, 빛깔과 형상을 볼 수 있는 부처의 육신(신상身相). 3. 대상을 차별하고 분별하는 인식 주체. 인식 주관에 분별된 대상이 형성되어 있는 주체.
12 유상有相; 1. 생성 변화하는 차별 현상. 2. 고유한 형체나 모양을 지니고 있음. 특징이 있음. 3. 집착함. 얽매임.

法身은 卽無相[13]이니	법신法身은 곧 모습이 없음이니
色身者는	색신色身이라는 것은
四大和合하야	지수화풍 4대四大가 화합和合하여
父母所生이라	부모가 낳은 바이라
肉眼所見이어니와	육안肉眼으로 볼 수 있거니와
法身者는 無有形段[14]하야	법신法身이라는 것은 형상구분이 없어
非有靑黃赤白일새	푸르고 누렇고 붉고 흼이 없으니
無一切相貌[15]하야	일체의 생김새(모습과 모양)가 없어
非肉眼能見이오	육안으로 볼 수 없고
慧眼으로 乃能見之니	혜안慧眼으로만 볼 수 있으니
凡夫는 但見色身如來[16]하고	범부凡夫는 다만 색신여래色身如來만 보고,

---

13   무상無相; 1. Skt. animitta. 고유한 형체나 모양이 없음. 불변하는 실체나 형상이 없음. 고유한 실체가 없는 공空의 상태. 2. Skt. animitta. 대립적인 차별이나 분별이 없음. 대상에 가치나 감정을 부여하지 않음. 형상을 떠남. 집착이나 속박에서 벗어남. 3. Skt. alakṣaṇa. 특징이 없음. 모든 사물에는 고정적(모습)·실체적(모양) 특질이 없다는 의미. 상相은 특징을 말한다. 유상有相의 반대어. 무상은 공空의 사상을 근본으로 한다. 모든 사물은 공이며 자성自性이 없다. 그러므로 무상이며, 무상이기 때문에 청정淸淨하게 된다. 또한 무상은 차별·대립의 모습(상相)을 초월한 무차별의 상태를 말하기도 하는데, 그 수행을 무상관無相觀, 무상삼매無相三昧라고 한다. 또한 불교 수행의 최고경지인 삼해탈문三解脫門(공空·무상無相·무원無願)의 무상은 일체의 집착을 떠난 경지를 말한다. 따라서 무상은 열반涅槃의 이명異名으로 사용되기도 하였다.

14   형단形段; 모양 구분區分.

15   상모相貌; 용모. 얼굴의 생김새. 생김새.

16   색신여래色身如來; 1. 부처님의 몸. 부처님의 마음을 법신여래, 부처님의 몸을 색신여래라 한다. 2. 모든 사람들의 육신, 시방삼세를 통해서 본다면 사람은 누구나 언제인가는 부처가 될 수 있으므로 사람의 육신은 곧 색신여래이다. 또한 공즉시색空卽是色이므로 사람의 육신 그대로가 색신여래이다. 우리가 공부와 사업을 잘하기로 하려면 만사만리의 근본인 이 몸, 곧 색신여래를 잘 관리해야 한다. 색신이 죽으면 법신도 볼 수 없으므로 색신여래 관리에 소홀해서는 안 된다. 법신여래와 색신여래 관리를 다 같이 잘하려면 마음에 타는 불을 끄고 진리의 눈을 뜨고 생활할 때 과욕을 부리지 말고 중심中心·중도中道·중화中和를 잘해야 한다.

不見法身如來[17]하나니	법신여래法身如來는 보지 못하나니
法身[18]은 量等虛空이라	법신法身은 허공虛空같이 무량無量함이라
是故로 佛ㅣ	그러므로 금강경에 부처님께서
問須菩提하사대	수보리에게 묻기를,
可以身相으로 見如來不아 하시니	"신상身相으로 여래를 볼 수 있느냐?" 하시니,
須菩提ㅣ 知凡夫의	수보리가 범부凡夫는
但見色身如來하고	다만 색신여래色身如來를 볼 뿐
不見法身如來인 故로	법신여래法身如來를 보지 못하는 까닭에
言不也니이다 世尊하	아뢰기를, "그렇지 않습니다. 세존이시여!
不可以身相으로 得見如來니이다 하니	신상身相으로 여래를 볼 수 없습니다." 하니
色身은 是相이오	색신色身은 곧 모습이요
法身은 是性이라	법신法身은 곧 성품性品이라
一切善惡이	모든 선善과 악惡이 모두 다
盡由法身이오	법신法身에서 비롯된 것이요

---

17 법신여래法身如來; 법신불을 달리 부르는 말. ▶법신불法身佛; 3신불의 하나. 법의 성품인 만유 제법의 본체를 법신이라 하고, 법성에 각지覺知하는 덕德이 있으므로 불佛이라 함.

18 법신法身; Skt. dharma-kāya. 1. 3신의 하나. 진리 그 자체, 또는 진리를 있는 그대로 드러낸 우주 그 자체. 비로자나불과 대일여래가 여기에 해당함. 법은 진여, 법계의 이리와 일치한 부처님의 진신眞身. 빛깔도 형상도 없는 본체신本體身. 현실로 인간에 출현한 부처님 이상以上으로 영원한 불佛의 본체. 부처님이 말씀하신 교법, 혹은 부처님이 얻은 계戒·정定·혜慧·해탈解脫·해탈지견解脫知見을 법신이라 하기도 하나, 일반으로 대승에서는 본체론적으로 우주의 본체인 진여 실상 등의 법법, 또는 그와 일치한 불신을 법신이라 말한다. 2. 해경解境 10불의 하나. 지혜로 인하여 증득한 법성의 이치. ⇒법성신法性身·자성신自性身. 3. 부처가 설한 여러 가지 가르침. 4. 부처가 갖추고 있는 십력十力·사무외四無畏 등의 여러 가지 뛰어난 능력. 5. 부처의 성품을 유지하는 주체. 모든 분별이 끊어진 지혜를 체득한 주체. 있는 그대로 대상을 직관하는 주체. 6. 있는 그대로의 진실한 모습. 7. 중생이 본래 갖추고 있는 청정한 성품.

不由色身이니	색신色身으로 말미암은 것이 아니니
法身이 若作惡하면	만약 법신法身이 악한 일을 하면,
色身이 不生善處요	색신色身이 좋은 곳에 나지 못함이요,
法身이 作善하면	법신法身이 착한 일을 하면
色身이 不墮惡處니	색신色身이 나쁜 곳에 떨어지니 않으니
凡夫는 唯見色身하고	범부凡夫는 오직 색신色身만을 보고
不見法身일새	법신法身은 보지 못하니
不能行無住相布施[19]며	무주상보시無住相布施를 행하지 못하며
不能於一切處에 行平等行하며	일체처一切處에 평등행平等行을 행하지 못하며
不能普敬一切衆生이어니와	일체중생一切衆生을 널리 공경하지 못하거니와
見法身者는	법신法身을 보는 사람은
卽能行無住相布施하며	곧 능히 무주상보시無住相布施를 행하며
卽能普敬一切衆生하며	일체중생一切衆生을 널리 공경하며
卽能修般若波羅密하야	능히 반야바라밀般若波羅密을 닦아

---

[19] 무주상보시無住相布施; 대승불교도들의 실천덕목 중 하나. 집착 없이 베푸는 보시를 의미한다. 보시는 불교의 육바라밀六波羅蜜의 하나로서 남에게 베풀어주는 일을 말한다. 이 무주상보시는 《금강경》에 의해서 천명된 것으로서, 원래의 뜻은 법법에 머무르지 않는 보시로 표현되었다. 이 보시는 '내가' '무엇을' '누구에게 베풀었다.'라는 자만심 없이 온전한 자비심으로 베풀어주는 것을 뜻한다. '내가 남을 위하여 베풀었다.'는 생각이 있는 보시는 진정한 보시라고 볼 수 없다. 내가 베풀었다는 의식은 집착만을 남기게 되고 궁극적으로 깨달음의 상태에까지 이끌 수 있는 보시가 될 수 없는 것이므로, 허공처럼 맑은 마음으로 보시하는 무주상보시를 강조하게 된 것이다. 우리 나라에서는 고려 중기의 보조국사普照國師가 《금강경》을 중요시한 뒤부터 이 무주상보시가 일반화되었다. 그리고 조선 중기의 휴정休靜은 나와 남이 둘이 아닌 한몸이라고 보는 데서부터 무주상보시가 이루어져야 하고, 이 보시를 위해서는 맨손으로 왔다가 맨손으로 가는 것이 우리 인생의 살림살이라는 것을 알아야 한다고 전제하였다. 그리고 가난한 이에게는 분수대로 나누어주고, 진리의 말로써 마음이 빈곤한 자에게 용기와 올바른 길을 제시해주며, 모든 중생들이 마음의 평안을 누릴 수 있게끔 하는 것이 참된 보시라고 보았다.

方信一切衆生의
방 신 일 체 중 생

同一眞性이
동 일 진 성

本來淸淨하야 無有垢穢[20]할새
본 래 청 정   무 유 구 예

具足恒沙妙用[21]하나니라
구 족 항 사 묘 용

如來 欲顯法身故로
여 래 욕 현 법 신 고

說一切諸相이 皆是虛妄이니
설 일 체 제 상   개 시 허 망

若悟一切諸相이
약 오 일 체 제 상

虛妄不實하면
허 망 부 실

卽見如來無相之理也라」하시니라
즉 견 여 래 무 상 지 리 야

바야흐로 일체중생一切衆生의

동일同一한 참성품(진성眞性)이

본래 깨끗하여 때가 탈 수 없음이니

갠지스강의 모래알만큼이나 많은 묘한

작용을 이미 모두 갖추고 있음을 믿느니라

여래如來께서 법신法身을 드러내고자 하셔서,

일체제상一切諸相이 모두 허망虛妄하다 하시니,

만약 일체제상一切諸相이 모두 허망하여

실답지 못함을 깨달으면

곧 여래의 무상無相의 이치를 보느니라」

하시니라

---

20 구예垢穢; 때가 묻어 더러움.
21 묘용妙用; 1. 묘하게 사용함. 또는 묘한 용법. 2. 신묘한 작용.

〈표35〉 사상四相

사상 四相	6조 혜능의 풀이		참고 Skt.
	범부의 사상	수행인의 사상	
아상 我相	어리석은 이는 재물, 학문, 가문을 믿고 다른 이를 가벼이 업신여김	마음에 능소가 있어 중생을 能所 가벼이 보는 아만심을 가짐	ātman, puruṣa
인상 人相	비록 인의예지신을 행하나 仁義禮智信 자부심이 강하여 널리 공경하지 않고 내가 인의예지신을 알고 행합네 하고 仁義禮智信 말을 앞세우니 남을 공경함에 맞지 않음	스스로 계를 지킴을 믿어 계를 어긴 자를 가벼이 봄	manuṣya(인간), pudgala
중생상 衆生相	좋은 것은 내가 취하고 나쁜 것은 남에게 돌리는 것	지옥, 아귀, 축생의 괴로움을 싫어하여 천상에 태어나기를 원하는 것	sattva
수자상 壽者相	경계에 당하여 취하고 버리고 분별함	마음에 오래 살기를 바라고 복업을 부지런히 닦아, 모든 집착을 여의지 않음	jīva

* 아我; 변하지 않고 소멸하지 않는 자아自我. 1. Skt. aham. 나. 2. Skt. ātman 호흡. 생명. 3. Skt. ātman 자아. 자기. 신체. 개체. 주체. 인식 주관. 4. Skt. ātman 변하지 않는 실체·본체. 변하지 않고 항상 독자적으로 존속하는 실체·본체. 변하지 않는 고유한 본질. 변하지 않고 소멸하지 않는 자아自我. 5. Skt. ātma-grāha 자아에 대한 집착. 6. Skt. ahaṃkāra 자의식. 아만我慢.

* 수론학파數論學派(Sāṃkhya; 상캬)에서 세계의 원리로서 정신적 원리와 물질적 원리의 두 가지를 세워서 이원론의 철학을 전개한다. 그 출발점은 인간의 존재를 고통으로 보는 점에 있으며, 이 철학설의 목적은 인간존재를 둘러싼 고통에서 어떻게 탈각하는가에 있다. 정신적 원리는 **순수 정신인 푸루샤(puruṣa, 신아神我)**라고 하며, 순수정신으로서 지知를 본질로 하며, 개아個我이고 원자의 크기를 가지는데, 무수히 존재하지만 그것은 영원의 실체로서 본래 윤회나 해탈과 관계없다. 활동하지 않고 그 작용은 단지 물질적 원리를 관찰할 뿐이다. 또한 물질적 원리는 프라크리티(prakṛti) 또는 프라다나(자성自性)라고 하며, 유일한 실체로서 영원하며 활동성을 가지고 비정신적인 질량인質量因이다. 물질적 원리는 세 가지의 구성요소인 트리구나(triguṇa, 삼덕三德)로 이루어졌다. 그 세 가지라는 것은 희喜를 본질로 하는 사트바(sattva, 순질純質), 우憂를 본질로 하는 라자스(rajas, 격질激質), 암闇을 본질로 하는 타마스(tamas,

옹질甕質)로 각각 관계해서 존재한다. 자성自性이 신아神我의 영향을 받으면 평형 상태가 깨어져 전개를 시작해 스물다섯 가지 원리가 생김.

- 보특가라補特伽羅; Skt. pudgala. 부특가라富特伽羅·복가라福伽羅·보가라補伽羅·불가라弗伽羅·부특가야富特伽耶라고도 쓰며, 삭취취數取趣라 번역. 독자부犢子部가 윤회의 주체로 설정. 유정有情 또는 중생의 아我를 말함. 중생은 번뇌와 업의 인연으로 자주 6취에 왕래하므로 삭취취라고 함.

- sattva; 감정이 있는 모든 생물. 번뇌에 얽매여 미혹한 모든 존재.

- 자이나교에서 '순수한 영혼'으로 설정. 자이나교(Jainism)에서 정신과 물질의 이원론二元論을 주창한다. 즉 생명(jiva)과 비생명(ajiva)으로 이루어져 있고, 비생명은 다시 공(空; 운동의 원리)·비공(非空; 정지의 원리)·물질재료·허공·시간으로 구성되어 있다고 본다.

〈표36〉 색신色身과 법신法身

색법 色法	색신 色身	법신 法身	
상 相	유상 有相	무상 無相	
형색 形色	유형색 有形色 4대 화합 四大 和合 부모가 낳은 바	무유형색 無有形色	
소견 所見	육안소견 肉眼所見	혜안소견 慧眼所見	
범부 凡夫	견색신여래 見色身如來	불견법신여래 不見法身如來	불능행무주상보시 不能行無住相布施
현성 賢聖	견색신여래 見色身如來	견법신여래 見法身如來	능행무주상보시 能行無住相布施 구족항사묘용 具足恒沙妙用
성상 性相	상 相	성 性	
일체선악 一切善惡	불유색신 不由色身	유법신 由法身	

<표37> 범소유상凡所有相

범소유상이 개시허망이니 凡所有相 皆是虛妄	약견제상비상이면 즉견여래니라 若見諸相非相 卽見如來
[여래 욕현법신고로 설] 如來 欲顯法身故 說 일체제상이 개시허망이니 一切諸相 皆是虛妄	약오일체제상이 허망부실하면 若悟一切諸相 虛妄不實 즉견여래무상지리야라 卽見如來無相之理也

第五節 金剛界 五部
제 5 절 금강계 오부

제5절 금강계 오부

金剛界¹란
금강계

始覺²上轉³의 法門으로서
시각 상전 법문

在迷의 九識⁴을 轉하야
재미 구식 전

五種의 果智⁵를
오종 과지

태장계,금강계 양계 만다라 중 금강계金剛界란

시각始覺 향상(상전上轉)의 법문으로서

어리석음에 처한 전오식,6식,7식,8식,9식

九識을 궁글려

다섯 가지의 과성果成의 지혜智慧를

---

1 금강계金剛界; Skt. vajra-dhātu.《금강정경金剛頂經》에 의거하여 대일여래大日如來의 지덕智德을 열어 보인 부문으로, 불佛・금강金剛・보寶・연화蓮華・갈마羯磨의 5부로 되어 있다. 여래께서 내증內證한 지덕은 그 체體가 견고하여 생사 중에 빠져도 괴멸하지 않고, 도리어 능히 모든 번뇌를 깨뜨리는 좋은 작용이 있으므로 비유하여 금강이라 한다. 계界는 체성體性이란 뜻으로 모든 유정有情은 선천적으로 여래의 지성智性을 갖추고 있음을 가리킨 것. ↔ 태장계胎藏界.

2 시각始覺; 기신론에서, 청정한 마음의 근원을 가리고 있던 번뇌를 점점 부수어 깨닫기 시작함. 번뇌에 가려 드러나지 않던 청정한 깨달음의 성품이 서서히 활동함. 본각, 곧 일체 유정有情・비정非情에 통하여 그 자성 본체로서 갖추어 있는 여래장진여如來藏眞如에 대하여, 도로 그 본각이 수행의 공功을 가자假藉하여 각증覺證한 각覺을 시각이라 함. 그러므로 본각과 시각의 각체覺體는 다르지 않으나, 다만 지위가 같지 않으므로 본각・시각의 이름을 붙인 것. 예를 들면 땅 속에 묻힌 금덩이를 본각이라 하면, 노력하여 파낸 금덩이는 시각. 그 자체는 동일한 금덩이. ↔ 본각本覺.

3 상전上轉; 발심하여 깨달음으로 나아감.

4 구식九識; 성종性宗의 학설. 유식설唯識說에서 분류한 팔식八識에 아마라식阿摩羅識을 더한 것. 1) 안식眼識. 빛을 분별하는 것. 2) 이식耳識. 소리를 분별하는 것. 3) 비식鼻識. 냄새를 분별하는 것. 4) 설식舌識. 맛을 분별하는 것. 5) 신식身識. 감촉을 분별하는 것. 6) 의식意識. 모든 법진을 분별하여 아는 것. 7) 말나식末那識. 아뢰야식을 분별하여 실아實我로 삼는 것. 8) 아뢰야식阿賴耶識. 종자와 5근根과 기계器界의 3경境을 분별하여 이를 생기게 하는 것. 9) 암마라식菴摩羅識. 무구식無垢識이라고도 하며, 진여(본체)를 식으로 인정하여 만유의 근원이라고 하는 것.

5 과지果智; 소지장所知障 즉 법집法執을 끊은 상태인 보리 즉 아뇩다라삼먁삼보리阿耨多羅三藐三菩提를 아집我執을 끊은 상태인 자단子斷과 과단果斷보다 더 뛰어난 성불의 경지인 무주처열반인 것으로 보는데 보리를 자단子斷・과단果斷과 구분하여 별도로 과지果智라고 한다. ▶ 과단果斷; 과보를 끊는 것은《북본열반경北本涅槃經》제29권에 나오는 자단子斷・과단果斷의 2종해탈二種解脫 가운데 하나이다. 자단子斷의 문자 그대로의 뜻은 '종자를 끊음'으로, 생사윤회를 일으키는 종자 즉 원인로서의 번뇌가 모두 끊어져서 번뇌에 의한 속박이 사라진 상태를 말한다. 과단果斷의 문자 그대로의 뜻은 '과보를 끊음'으로, 자단子斷이 이미 성취되었을 뿐만 아니라 과거의 업에 의해 현재 받고 있는 고과苦果(괴로운 과보)의 속박도 끊고 떠난 상태를 말

成就함일새 五部에 分類하니　　　　　성취하므로 5부五部로 분류하니
一에 蓮華部⁶란 衆生의 心中에　　　　첫째 연화부蓮華部란 중생의 마음 가운데에
本有인 淨菩提⁷心淸淨의　　　　　　　본래 갖추어진 깨끗한 보리심
理가 有하야　　　　　　　　　　　　(정보리심淨菩提心)의 청정한 이치가 있어
六途⁸生死의 泥中에 在하되　　　　　육도六途에 나고 죽는 고통 속에 있되

한다. 자단子斷은 유여열반有餘涅槃에, 과단果斷은 무여열반無餘涅槃에 해당한다. 부파불교에서는 열반에 유여열반有餘涅槃과 무여열반無餘涅槃의 2가지 구분이 있다고 보는데 이를 2종열반二種涅槃이라 한다. 이에 비해 대승불교의 유식유가행파에서는 열반에 본래자성청정열반本來自性淸淨涅槃·유여의열반有餘依涅槃·무여의열반無餘依涅槃·무주처열반無住處涅槃의 4가지 구분이 있다고 보아 이를 4종열반四種涅槃이라고 한다. 4종열반 중 유여의열반은 부파불교의 유여열반에, 무여의열반은 무여열반에 해당한다. 한편, 유식유가행파에서는 열반涅槃 또는 해탈解脫과 보리菩提를 서로 다른 경지로 구분하는데, 번뇌장煩惱障 즉 아집我執을 끊은 상태인 열반 또는 해탈이 자단子斷과 과단果斷으로 나뉜다고 본다. 즉 4종열반 중 유여열반과 무여열반의 2가지 열반으로 나뉜다고 본다.

6　연화부蓮華部; 금강계만다라金剛界曼茶羅와 태장계만다라胎藏界曼茶羅에서, 부처의 대비大悲를 나타낸 부분.

7　보리菩提; Skt./Pali bodhi, enlightenment. 구역; 도道. 신역; 각覺. 깨달은 지혜의 기능으로 무명이 사라진 경계. 있는 그대로 보는 지혜. 1. 불교 최고의 이상이상理想인 불타 정각의 지혜. 곧 불과佛果. 2. 불타 정각의 지혜를 얻기 위하여 닦는 도道. 곧 불과에 이르는 길을 말함.

8　육도六途; Skt. *ṣaḍ-gati, ṣaḍ-jagati. Pāli cha-gatiyo. 육취六趣. 육도六道. 도道는 상태·세계를 뜻함. 중생이 저지른 행위에 따라 받는다고 하는 생존 상태, 또는 미혹한 중생의 심리 상태를 여섯 가지로 나누어 형상화한 것. 중생이 생각에 따라 머물게 되는 여섯 가지 세계. 중생의 업인業因에 따라 윤회하는 길을 6으로 나눈 것. 지옥도地獄道·아귀도餓鬼道·축생도畜生道·아수라도阿修羅道·인간도人間道·천상도天上道. 1) 지옥도地獄道. Skt. naraka-gati. hell. 수미산의 사방에 있는 네 대륙의 하나인 남쪽의 섬부주贍部洲 밑에 있다고 하며, 뜨거운 불길로 형벌을 받는 팔열지옥八熱地獄과 혹독한 추위로 형벌을 받는 팔한지옥八寒地獄으로 크게 나뉨. 2) 아귀도餓鬼道. Skt. preta-gati. hungry ghost. 재물에 인색하거나 음식에 욕심이 많거나 남을 시기·질투하는 자가 죽어서 가게 된다는 곳으로, 늘 굶주림과 목마름으로 괴로움을 겪는다고 함. 섬부주贍部洲 밑과 인도人道와 천도天道에 있다고 함. 3) 축생도畜生道. Skt. tiryagyoni-gati. animal. 온갖 동물들의 세계. 4) 아수라도阿修羅道. Skt. asura-gati. asura. 인간과 축생의 중간에 위치한 세계로, 수미산과 지쌍산 사이의 바다 밑에 있다고 함. 5) 인도人道. Skt. manuṣya-gati. human. 수미산 동쪽에 있는 승신주勝身洲, 남쪽에 있는 섬부주贍部洲, 서쪽에 있는 우화주牛貨洲, 북쪽에 있는 구로주俱盧洲의 네 대륙을 말함. 6) 천도天道. Skt. deva-gati. god. 신神들의 세계라는 뜻으로, 수미산 중턱에 있는 사왕천四王天에서 무색계의 유정천有頂天까지를 말함.

不染不垢⁹함이 蓮華가 泥中에 處하되
불염불구   연화   이중   처

不染不垢함과 如할새요
불염불구   여

二에 金剛部¹⁰란 衆生自心의
이   금강부   중생자심

理所에 또 本有의 智가 有하야
리소   본유   지   유

生死의 泥中에 無數劫¹¹을 經하되
생사   이중   무수겁   경

不朽¹² 不壞함이
불후   불괴

金剛이 長久히 泥中에 埋沒하되
금강   장구   이중   매몰

不朽不壞함과
불후불괴

如할새요
여

三에 佛部¹³란 已上의
삼   불부   이상

理智가 本有하나
리지   본유

凡夫位에선 不顯하고
범부위   불현

果位¹⁴에 入하야사 理智가
과위   입   리지

顯現하야 覺道가
현현   각도

오염되지 않는 것이 연꽃이 진흙속에 있되

오염되지 않는 것과 같기 때문이요

둘째 금강부金剛部란 중생 스스로 마음의

이치에 또 본래 갖춘 지智가 있어서

나고 죽는 고통 속에 한없는 세월을 지내되

영겁토록 변하거나 없어지지 아니함이

금강金剛이 오랜 동안 진흙 속에 묻혀 있되

영겁토록 변하거나 없어지지 아니함과

같기 때문이요

셋째 불부佛部란 이상의

이치와 지혜(이지理智)가 본래 갖추어졌으나

범부위凡夫位에선 나타나지 않고

과위果位에 들어가서 이치와 지혜(이지理智)가

드러나서 진리를 깨달음(각도覺道)이

---

9   염구染垢; 물들고 때탐.
10   금강부金剛部; 금강계 5부의 하나. 태장계 3부의 하나. 금강에 속한 부문이란 뜻으로, 중생의 마음 가운데 본래부터 갖추어 있는 견고한 지혜는 생사 속에서 영겁永劫을 지나도 썩지 않고 무너지지도 않으며, 능히 번뇌를 깨뜨림이 금강과 같으므로 금강부라 함.
11   무수겁無數劫; 아승기겁阿僧祇劫의 번역. 한량없는 겁. 아주 오랜 시간을 가리킨다.
12   불후不朽; 1. 썩어 없어지지 않음. 2. 또는 어떤 것의 가치價値나 의의意義가 언제까지나 길이 전傳하여 없어지지 않음. 3. 길이 생생함.
13   불부佛部; 금강계 만다라 5부部의 하나. 태장계 만다라 3부의 하나. 5불佛 중의 중앙에 있는 대일여래에 해당. 이치와 지혜를 구비하고, 수도를 완성하여 원만함을 말함. 5지智에는 법계체성지法界體性智에 해당. 3밀密 중에는 신밀身密을 표시.
14   과위果位; 과지果地와 같음. 인행因行이 성취되어 증득하는 불과佛果의 자리. 깨달은 지위. ↔ 인위因位.

圓滿함으로써요	원만圓滿하기 때문이요
四에 寶部[15]란 佛의	넷째 보부寶部란 부처의
自證部로서 萬德이	자증부自證部(스스로 증명함)로서 만덕萬德이
圓滿하야 福德이	원만하여 복과 덕(복덕福德)이
無邊함으로써요	한량없기 때문이요
五에 羯磨部[16]란 佛의	다섯째 갈마부羯磨部란 부처님의
化他部로서	중생을 제도하는 화타부化他部로서
羯磨[17]란 作業이라 譯하니	갈마羯磨(Karma)란 작업作業이라 번역하니
佛이 衆生을 爲하사	부처님께서 중생을 위하셔서
悲愍[18]을 垂하시고 一切의	슬픔과 근심(비민悲愍)을 드리우시고 일체의
事業을 辨成하심으로써니	사업事業을 분별하여 이루심(변성辨成)이기 때문이니

---

15 보부寶部; 5부의 하나. 밀교에서 부처님의 자리自利가 원만하여 한없는 복과 덕을 갖춘 방면을 말함. 5불 가운데는 남방 보생불에 해당. 5지로는 평등성지平等性智에 해당. 부주部主는 보생 여래, 부모部母는 보바라밀寶波羅蜜.

16 갈마부羯磨部; 금강계 5부의 하나. 작업作業의 부문이란 뜻.

17 갈마羯磨; 1. Skt. karma. Pāli kamma. 또는 검모劍暮. 번역하여 업業. 단지 갈마라고만 음사하는 경우에는 업을 의미하는 일이 거의 없음. 2. 보통으로 수계受戒 또는 참회할 때의 작법. 소작所作・판사辦事・작사作事라 번역. 3. 밀교에서 갈마금강을 가리킴. 세 가닥 금강저三鈷杵를 십자十字 모양으로 조합한 것. 여래의 작업作業을 표시한 윤보輪寶. 4. 1권. K-915, T-1433. 조위曹魏시대에 담제曇諦(Dharmasatya)가 254년에 낙양洛陽의 백마사白馬寺에서 번역하였다. 별칭으로『담무덕갈마』・『사분갈마』라고도 한다. 이역본으로는『담무덕율부잡갈마』가 있다. 사분율, 즉 담무덕부율에서 설한 비구 및 비구니의 갈마문을 뽑아 9항목으로 분류해서 싣고 있다.

18 비민悲愍; 긍민矜愍. 가엾게 여김.

初二는
초 이

佛部中에 在纏[19]의
불 부 중　　재 전

因德이오
인 덕

第三은 理智가 具足한
제 삼　　리 지　　구 족

出纏의 果位며
출 전　　과 위

後二는
후 이

佛部中에서 二利圓滿을
불 부 중　　이 리 원 만

別開함이니라
별 개

첫째 연화부와 둘째 금강부의 2부는

불부佛部 중에 번뇌중생에 갖추어진

이理와 지智의 씨앗이오

셋째 불부는 이지理智가 구족한

모든 부처님의 열매이며

넷째 보부와 다섯째 갈마부의 2부는

불부佛部 중에서 자리이타自利利他가 원만함을

각각 나누어 보여준 것이니라

19　　재전在纏; 전纏은 번뇌. 번뇌는 중생을 속박하여 미혹한 세계에서 벗어나지 못하게 하는데 재전은 곧 번뇌 속에 있다는 말. 그 반대로 번뇌의 속박에서 벗어나 깨달은 경계에 이르는 것을 출전이라 함. ↔출전出纏.

〈표38〉 금강계오부金剛界五部; 시각상전始覺上轉의 법문法門, 전식득지轉識得智

		1. 연화부 蓮華部 (미타, 서)		2. 금강부 金剛部 (아축, 동)
범부위 凡夫位 중생심 衆生心	인위 / 생사윤회 因位 / 生死輪廻 (재전 在纏)	이; 불현 理 不現		지; 불현 智 不現
		정보리심 청정의 이 淨菩提心 淸淨 理		자심이소의 自心理所 본유 지 本有 智
		생사니중 生死泥中 불염불구 不染不垢		생사니중 生死泥中 불후불괴 不朽不壞
불위 佛位 불심 佛心	과위 果位 (출전 出纏)		3. 불부 佛部	
			이지; 현현 理智 顯現	
			과위에 입 果位 入	
			각도원만 覺道圓滿	
	공덕 功德 이리원만 二利圓滿	4. 보부 寶部 (보생, 남)		5. 갈마부 羯磨部 (불공, 북)
		복덕 福德		비민 悲愍
		자증 自證		화타 化他
		원만무량 圓滿無量		사업변성 事業辨成

제3편 제4장 금강삼매

〈표39〉 열반의 종류와 과지果智

자단 · 과단 · 과지	단(끊기) 斷		열반의 종류		성취
			부파불교의 2종 열반	유식유가행파의 4종열반	
				본래자성청정열반 本來自性淸淨涅槃	열반 또는 해탈
자단 子斷	번뇌장 (아집)	종자를 끊음	유여열반 有餘涅槃	유여의열반 有餘依涅槃	
과단 果斷		과보를 끊음	무여열반 無餘涅槃	무여의열반 無餘依涅槃	
과지 果智 (보리) 菩提	소지장(법집)을 끊음			무주처열반 無住處涅槃	아뇩다라삼먁삼보리 阿耨多羅三藐三菩提

第六節 五佛座
제6절 오불좌

제6절 오불좌

一에 大日¹의 獅子座²니 獅子가
첫째 대일여래의 사자좌獅子座니 사자가

諸獸의 王으로서 諸獸 中에서
모든 짐승의 왕으로서 모든 짐승 중에서

遊行³하되 無畏함이
순회巡回하되 태연자약함이

毘盧遮那佛⁴이 諸法의 王으로서
비로자나불毘盧遮那佛이 삼라만상의 왕으로서

諸法의 中에서
삼라만상의 가운데에서

無碍自在하심으로써
걸림없이 자재로우심과 같아

獅子를 座로 하심이오
사자를 좌座로 하심이요

---

1   대일大日; 진언종의 본존. 마하비로자나摩訶毘盧遮那라 음사. 대비로자나大毘盧遮那. 마하는 대大, 비로자나는 일日의 별명이므로 대일이라 한다. 예전부터 학자들이 마하비로자나를 대일이라 번역한 것은, 세 가지 이유에서이다. 1. 제암변명除暗遍明. 2. 능성중무能成衆務. 3. 광무생멸光無生滅의 뜻. 이것은 태양이 가진 세 가지 큰 속성을 나타낸 것이나, 지금 이 여래의 덕성이 태양과 비슷하므로 여기에 대大자를 더하여 대일이라 한다. ▶대일여래大日如來; Skt. mahāvairocana-tathāgata. vairocana는 변조遍照라고도 번역하고, 비로자나毘盧遮那라고 음사함. 우주의 참모습과 진리와 활동을 의인화한 밀교密敎의 부처. 모든 부처와 보살은 대일여래의 화신이며, 우주 그 자체가 그의 법문이라고 함. 금강계만다라金剛界曼茶羅에서는 지권인智拳印을 맺고 있고, 태장계만다라胎藏界曼茶羅에서는 법계정인法界定印을 맺고 있음.
2   사자좌師子座; 1. 부처가 앉는 자리. 2. 불상을 모셔 두는 자리. 3. 법회 때, 고승이 앉는 자리.
3   유행遊行; 유람차 각처各處로 다님. 승려僧侶가 각처各處로 돌아다니며 포교布敎함.
4   비로자나불毘盧遮那佛. Skt. Vairocana. vairocana는 변조遍照라고도 번역하고, 비로자나毘盧遮那라고 음사함. 석가의 진신眞身을 높여 부르는 칭호. 비로사나불毘盧舍那佛·노사나불·자나불이라고도 한다. 산스크리트로 '태양'이라는 뜻인데, 불지佛智의 광대무변함을 상징하는 화엄종華嚴宗의 본존불本尊佛이다. 무량겁해無量劫海에 공덕을 쌓아 정각正覺을 성취하고, 연화장蓮華藏세계에 살면서 대광명을 발하여 법계法界를 두루 비춘다고 한다. 비로자나불毘盧遮那佛·노사나불盧舍那佛·석가불釋迦佛을 3신불三身佛이라 하는데, 법상종法相宗에서는 노사나불盧舍那佛·석가불釋迦佛을 수용신受用身·변화신變化身으로 쓰고, 비로자나불은 자성신自性身이라 한다. 또 천태종天台宗에서는 비로자나불·노사나불·석가불을 법신法身·보신報身·응신應身에 배치하여 설명하고 있으며, 밀교密敎에서는 《대일경大日經》의 설을 계승하여 대일여래大日如來와 동체라고 한다. 우주의 참모습과 진리와 활동을 의인화한 밀교密敎의 부처. 모든 부처와 보살은 대일여래의 화신이며, 우주 그 자체가 그의 법문이라고 함. 금강계만다라金剛界曼茶羅에서는 지권인智拳印을 맺고 있고, 태장계만다라胎藏界曼茶羅에서는 법계정인法界定印을 맺고 있음.

二에 阿閦[5]의 象座니 義訣[6]에
云하되 象의 力用은 諸獸 中 此에
過한 者ㅣ 無할새
그 堅力無碍를 表幟함이라
兎·馬·象의 三獸가 河水를
渡함에 象王이 獨히 其底를 極하야
諸獸 中에 其力의 最大함이
金剛部 摧破의
德用에 相應함이오
三에 寶生[7]의 馬座니 義訣에
云하되 世間에 尊貴吉祥[8]한 者ㅣ
馬보다 先함이 無하고 또 馬에
慧用이 有하야 世間에서 寶로 할새

둘째 아축阿閦의 상좌象座니 의결義訣에
일컫되 모든 짐승 중 코끼리의 힘을
능가하는 것이 없으니
그 비할 바 없이 강한 힘을 나타냄이라
토끼·말·코끼리의 세 짐승이 강물을
건넘에 코끼리가 홀로 그 바닥에 닿아
뭇짐승 중에 그 힘이 제일 강대함이
금강부金剛部 생사윤회번뇌조복의
덕德에 상응相應함이오
셋째 보생寶生여래의 마좌馬座니 의결義訣에
일컫되 세간에 존귀길상尊貴吉祥한 것이
말보다 앞서는 것이 없고 또 말에
지혜가 있어 세간에서 보배로이 여기니

---

5 아축阿閦; Skt. Akṣobhya. 아축비阿閦鞞·아추축阿蒭閦·아촉파阿閦婆·아추비야阿蒭鞞耶·악걸추비야噁乞蒭毘也·아축여래阿閦如來. 무동無動·부동不動·무진에無瞋恚·무노불無怒佛이라고 번역. 옛날 한 비구가 동쪽으로 1천 불국토를 지나 있는 아비라제국阿比羅提國(Skt. abhirati)의 대일여래에게 부동과 무진에를 발원하고 수행하여 성불, 아축불이 되어 그곳에서 설법하고 있다 함. 그 국토를 선쾌善快·묘락妙樂·묘희妙喜라고 함은 Skt. abhirati의 번역.

6 의결義訣; 불공不空 찬撰의 『금강정대유가비밀심지법문의결金剛頂大瑜伽祕密心地法門義訣』. 약해서 『금강정의결金剛頂義訣』.

7 보생寶生; Skt. Ratna-saṃbhava. 라달낭삼바박囉怛囊三婆縛·라담낭삼바박라檐曩三婆縛이라 음사. 보생여래寶生如來. 보생불寶生佛. 금강계만다라金剛界曼茶羅에서 대일여래大日如來 곁에 있는 부처로, (하전문에서) 자타自他의 평등을 깨달아 대자비심을 일으키는 평등성지平等性智를 나타냄. 상전문에서는 성소작지成所作智를 나타냄.

8 길상吉祥; Skt. śrī. 좋음. 좋은 일이 있을 조짐. 경사스러움. 축하할 만함. 순조로움.

寶生佛보생불의 灌頂관정⁹法王법왕이
此차로써 座좌로 함이오
四사에 阿彌陀아미타¹⁰의 孔雀座공작좌니

보생불寶生佛의 관정법왕灌頂法王이
이로써 좌座로 함이오
넷째 아미타阿彌陀의 공작좌孔雀座니

9　관정灌頂; Skt. abhiṣeka. 1. 아비전좌阿鼻詮左라 음사. 물을 정수리에 붓는다는 뜻. 본래 인도에서 임금의 즉위식이나 입태자식을 할 때 바닷물을 정수리에 붓는 의식. 2. 여러 부처님이 대자비의 물로써 보살의 정수리에 붓는 것. 등각等覺 보살이 묘각위妙覺位에 오를 때에 부처님이 그에게 관정하여 불과佛果를 증득케 함. 여기에는 여러 부처님이 정수리를 만져 수기하는 마정관정摩頂灌頂, 말로 수기하는 수기관정授記灌頂, 광명을 놓아 이롭게 하는 방광관정放光灌頂의 3종이 있다. 또 내용에 따른 관정의 종류에는, 불연佛緣을 맺는 결연관정結緣灌頂, 진언眞言의 수행자를 위한 학법관정學法灌頂, 그리고 대일여래大日如來의 심오한 비법을 전하는 전법관정傳法灌頂 등이 일반적이다. 3. (561~632) 천태종 스님. 중국 임해臨海의 장안章安 사람. 성 오吳. 자는 법운法雲. 7세에 장안 섭정사攝靜寺 혜증慧拯에게 출가. 20세에 비구계를 받고, 25세 때 천태天台 지자대사智者大師를 뵙고 모시기를 13년. 『법화문구法華文句』・『법화현의法華玄義』 등을 듣고, 이를 편찬하여 1백여 권에 달한다. 천태종의 종지宗旨에 대한 지자智者의 논설이 후세에 전하게 된 것은 그의 공적이다. 지자가 죽은 뒤에는 국청사國淸寺・칭심정사稱心精舍 등에서 강설. 가상사嘉祥寺의 길장吉藏도 그의 가르침을 받았다. 632년(당나라 정관 6) 8월 국청사에서 나이 72세로 입적함. 세상에서 일컫기를 장안대사章安大師・장안존자라 함. 오월왕吳越王은 총지존자總持尊者라 시호. 후세에 다시 높이어 동토東土 천태종의 제5조라 함. 저서는 『열반현의涅槃玄義』 2권・『열반경소』 20권・『관심론소』 2권・『국청백록國淸百錄』 5권 등 10여 부가 있다.

10　아미타阿彌陀; Skt. Amitābha Buddha(무량광불無量光佛): Amitāyus Buddha(무량수불無量壽佛). 미타彌陀. 아미타파阿彌陀婆. 아미타불阿彌陀佛. 아미타여래阿彌陀如來. 극락정토에서 중생을 구제한다는 불. 미타彌陀라고도 생략된다. 《무량수경無量壽經》에 의하면 과거 세상에 법장 비구가 세자재왕여래世自在王如來 밑에서 48가지의 서약을 하고, 장기간의 수행을 해서 현재에는 아미타불이 되었고, 극락정토의 주인이 되어서 그 정토에 왕생을 기원하는 중생을 구제한다고 한다. 48가지의 서약 중 제18원은 아미타불을 외우면 극락왕생할 수 있다는 것으로, 후세의 중국, 일본에서는 칭명염불稱名念佛의 근거가 되었다. 이 불佛은 산스크리트 문헌에서는 Amitabha(무량광), Amitāyus(무량수)로서 나타나는데, 아미타는 아마 이 전반부 amita(무한)의 방언일 것이다(그외에도 설이 있다). 아미타불은 대승불교의 불로서 쿠샨 시대의 초기(1~2세기)에 등장한 것 같은데, 그 기원에 관해서는 이란 사상의 영향을 받았다고 한다. 1977년 7월에 인도의 마툴라 박물관이 입수한 발만을 남긴 불의 대좌에 이 상이 아미타(Amitābha)라는 것을 나타내는 문자가 있었다. 대좌臺座가 봉헌된 시대는 후비슈카왕의 28년으로 기록되어 있다. 《무량수경》이 중국에서 번역된 것은 252년이었는데, 그에 앞서 안세고安世高나 지루가참支婁迦讖(모두 2세기)이 같은 계의 경을 번역했다고 전해지고 있다. 쿠샨 시대에는 북서 인도에 쿠샨의 왕들이 신봉하는 조로아스터교계의 신앙이 퍼졌다고 보여지는데, 쿠샨의 화폐에는 태양신 미이로가 표현되며, 또한 신이나 왕의 자세에는 광선이나 불꽃이 더해져 있어서, 〈무량의 빛〉을 속성으로 하는 불의 신앙을 낳은 배경은 충분하였다. 또한 오리엔트(이란을 포함)의 메시아 사상도 무시할 수 없다. 아미타불은 중생을 구제하는 불로서, 종래의 자력불교의 전통 중에 타력불교라는 새로운 요소를 가져왔다. 자력불교에서는 아미타불은 관상의 대상으로서의 의미를 가지며, 수행자

義訣에 云하되 世間에서 孔雀을	의결義訣에 일컫되 세간에서 공작孔雀을
瑞禽이라 云하니	상서로운 새라 일컬으니
此 禽의 麗狀[11]에 種種의 色을 具하고	이 새의 고운 모습이 갖가지 빛깔을 갖추고
明慧가 有하야 時宜[12]에	밝은 지혜(명혜明慧)가 있어 시의적절하게
善應할새 阿彌陀의	때를 잘 맞추니 아미타阿彌陀의
轉法輪王이 此로써 座로 함이오	전법륜왕轉法輪王이 이로써 좌座로 함이오
五에 不空成就[13]의	다섯째 불공성취不空成就여래의
迦樓羅[14]座니 義訣에 云하되	가루다좌(금시조좌)니 의결義訣에 일컫되
此 鳥의 威力이 能히 諸龍을 降伏하야	이 새의 위력이 능히 모든 용을 항복받아
諸龍 所居의 四大海[15] 中	모든 용이 머무는 4대해四大海 가운데
迦樓羅所向의 處에 龍이 곧 降伏할새	가루라가 가면 용이 곧 항복하니

의 성불의 의지를 격려하였다. 밀교에서는 절대자의 현현의 하나로서 그 판테온에 들어갔다. 삼신설에서는 보신報身으로 간주된다.

11   여상麗狀; 고운 모습.
12   시의時宜; 어떤 때의 사정에 알맞음.
13   불공성취不空成就; Skt. Amogha-siddhiḥ, Amogha. 금강계金剛界 5불의 하나. 아목카실지阿目佉悉地라 음사. 금강계 만다라 북방월륜北方月輪의 주존主尊. 이 부처님은 성소작지成所作智로 이룬 것(이상 하전문)으로 자리自利・이타利他의 행을 성취하므로 불공성취라 이름함. 상전문에서는 평등성지平等性智를 이룬 것.
14   가루라迦樓羅; Skt. garuḍa. 가류라迦留羅・아로나誐嚕拏・계로다揭路荼・가로다加嚕荼. 항영項瘿・대소항大嗉項・식토비고성食吐悲苦聲이라 번역. 또는 소발랄니(蘇鉢剌尼, suparin ; supara)라 하고, 금시조金翅鳥・묘시조妙翅鳥라 번역. 용을 잡아먹는다는 조류鳥類의 왕. 독수리같이 사나운 새. 8부중部衆의 하나. 실재로 있는 동물이 아니고 신화神話속의 새. 고대 인도 사람은 새의 괴수로서 이러한 큰 새의 존재를 상상하고, 대승경전 같은 데에 8부중의 하나로 자주 인용. 밀교에서는 이 새를 대범천大梵天・대자재천大自在天 등이 중생을 구제하기 위하여 화현한 것이라 하고, 혹은 문수보살의 화신이라고도 함. 태장계 외금강부 중에 들어 있음.
15   사대해四大海; 불교 천문학에서 수미산의 사방에 있다는 큰 바다. 바다 가운데 4대주大洲가 있고, 그 주위를 철위산이 둘러쌌다 함.

不空佛(불공불)의 羯磨王(갈마왕)이 此(차)로써
座(좌)로 함이니 一切(일체) 人天(인천)의
諸龍(제룡)을 攝引(섭인)하야써 菩提(보리)의
彼岸(피안)에 到(도)케 함이니라

불공여래의 갈마왕羯磨王이 이로써

좌座로 함이니 일체 인간계 및 천상계의

모든 용龍을 포섭하여서 보리菩提의

저 언덕에 도달케 함이니라

⟨표40⟩ 5불좌 요약

번호	3	2	4	5	1
오대 五大	지 地	수 水	화 火	풍 風	공 空
오지여래 五智如來	보생 寶生	아촉 阿閦	아미타 阿彌陀	불공성취 不空成就	대일 大日
	관정법왕 灌頂法王	상왕 象王	전법륜왕 轉法輪王	갈마왕 羯磨王	비로자나불 毘盧遮那佛
오불좌 五佛座	마좌 馬座	상좌 象座	공작좌 孔雀座	가루라좌 迦樓羅座	사자좌 獅子座
	혜용지보 慧用之寶	견력무애 堅力無碍	시의선응 時宜善應	인천섭인 人天攝引	무애자재 無碍自在
방위	남	동	서	북	중앙
금강계5부	보부	금강부	연화부	갈마부	불부

第七節 五智 / 제7절 오지

顯敎[1]에선 八識[2]을 轉하야

四智[3]를 成한

究竟의 報身如來[4]를 立하고

현교顯敎에선 전오식前五識, 제6 의식, 제7 말라식, 제8아뢰야식(팔식八識)을 궁글려(전轉)

네가지 지혜(4지四智)를 이룩한

궁극(구경究竟)의 보신여래報身如來를 세우고

1　현교顯敎; 언어로 드러낸 가르침. 흔히 밀교密敎 이외의 가르침을 뜻함.
2　팔식八識; Skt. aṣṭa-vijñānān. 유식설唯識說에서 분류한 여덟 가지 마음 작용. 곧, 안식眼識·이식耳識·비식鼻識·설식舌識·신식身識·의식意識·말나식末那識·아뢰야식阿賴耶識. 8식 중에서 앞의 5가지 식, 즉 안식·이식·비식·설식·신식을 전5식前五識 또는 5식五識이라 하며, 뒤의 3가지 식, 즉 의식·말나식·아뢰야식을 후3식後三識이라 한다. 전5식은 색(물질)을 인식대상으로 하는 식識으로, 그 인식대상들을 각각 색경(색깔, 모양, 크기)·성경(소리)·향경(냄새)·미경(맛)·촉경(감촉)이라 하며 이들을 5경五境이라 한다. 후3식 중 의식意識은 5경五境에 법경法境을 더한 6경六境을 인식대상으로 하는 식으로 제6의식이라고도 불리는데, 제7식인 말나식末那識에 근거하여 생겨나는 식이며, 다시 말나식은 제8식인 아뢰야식阿賴耶識을 근거하여 생겨나는 식이다.
3　사지四智; 1. 번뇌에 오염된 팔식八識을 질적으로 변혁하여 얻은 네 가지 청정한 지혜. 1) 대원경지大圓鏡智. 오염된 아뢰야식阿賴耶識을 질적으로 변혁하여 얻은 청정한 지혜. 이 지혜는 마치 모든 것을 있는 그대로 비추어 내는 크고 맑은 거울처럼, 아뢰야식에서 오염이 완전히 제거된 상태이므로 이와 같이 말함. 불과佛果에서 처음으로 얻는 지혜. 2) 평등성지平等性智. 오염된 말나식末那識을 질적으로 변혁하여 얻은 청정한 지혜. 이 지혜는 자아에 대한 집착을 떠나 자타自他의 평등을 깨달아 대자비심을 일으킴으로 이와 같이 말함. 통달위通達位에서 그 일부분을 증득하고, 불과佛果에 이르러 그 전체를 증득한다. 3) 묘관찰지妙觀察智. 오염된 제육식第六識을 질적으로 변혁하여 얻은 청정한 지혜. 이 지혜는 모든 현상을 잘 관찰하여 자유자재로 가르침을 설하고 중생의 의심을 끊어줌으로 이와 같이 말함. 5불佛 중에서는 아미타불에 해당한다. 4) 성소작지成所作智. 불과佛果에 이르러 유루有漏의 전오식前五識과 그 상응심품相應心品을 전사轉捨하고 얻은 지혜. 10지 이전의 보살·2승·범부 등을 이락利樂케 하기 위하여 시방十方에서 3업으로 여러 가지 변화하는 일을 보여 각기 이락을 얻게 하는 지혜. 이 지혜는 중생을 구제하기 위해 해야 할 것을 모두 성취함으로 이와 같이 말함. 2. 유식무경唯識無境의 경지에 이르는 네 가지 지혜. 1) 상위식상지相違識相智. 인식 주관의 작용에 따라 같은 대상도 갖가지로 인식됨을 아는 지혜. 2) 무소연식지無所緣識智. 실재하지 않는 것을 객관 대상으로 인식하는 경우가 있음을 아는 지혜. 3) 자응무도지自應無倒智. 분별하지 않고 대상을 있는 그대로 파악하면 저절로 어긋나지 않은 진실에 이른다는 것을 아는 지혜. 4) 수삼지전지隨三智轉智. 마음이 자재로운 자의 지혜와 세밀하게 관찰하는 자의 지혜에 따라 대상이 다르게 인식되고, 무분별의 지혜에서는 모든 분별이 끊어져 대상을 있는 그대로 파악함을 아는 지혜.
4　보신여래報身如來; Skt. saṃbhogakāya. 보신報身. 보신불報身佛. 삼신三身의 하나. 인위因位에서 중생을 위

密敎[5]에서는 四智에
밀교   사지

第九識[6] 所轉의
제구식 소전

法界體性智를 加하야
법계체성지   가

五智[7]로 하고
오지

金剛界 智法身[8]의
금강계 지법신

大日如來를 立하니
대일여래   립

一에 法界體性智[9]란
일   법계체성지

밀교密敎에서는 네가지 지혜(4지四智)에

제9식인 암마라식을 궁글러 얻은

법계체성지法界體性智를 더해서

다섯가지 지혜(오지五智)로 하고

금강계金剛界 지법신智法身의

대일여래大日如來를 세우니

첫째 법계체성지法界體性智란

해 서원을 세우고 거듭 수행한 결과 과보로 나타난 만덕이 원만한 불신, 보통 2종으로 나누어 자기만이 중득한 법열法悅을 느끼고, 다른 이와 함께 하지 않는 자수용보신自受用報身과, 다른 이도 같이 이 법열을 받을 수 있는 몸을 나타내어 중생을 제도하는 타수용보신他受用報身으로 함. 깨달음을 성취한 부처. 아미타불과 약사여래가 여기에 해당함.

5   밀교密敎; 대일여래大日如來의 비밀스런 가르침이라는 뜻으로, 중관中觀・유식唯識・여래장如來藏의 사상을 계승하여 발전시키면서 힌두교와 민간 신앙까지 폭넓게 수용하여 7세기경에 성립된 대승 불교의 한 파. 대일여래의 보리심菩提心과 대비大悲와 방편方便을 드러낸 대일경大日經과 그 여래의 지혜를 드러낸 금강정경金剛頂經에 의거하여 수행자가 신체로는 인계印契를 맺고, 입으로는 진언眞言을 외우고, 마음으로는 대일여래를 깊이 주시하여, 여래의 불가사의한 신身・구口・의意와 수행자의 신身・구口・의意가 수행자의 체험 속에서 서로 합일됨으로써 현재의 이 육신이 그대로 부처가 되는 즉신성불卽身成佛을 목표로 함.

6   제구식第九識; Skt. amalavijñāna. 아마라식阿摩羅識・아말라식阿末羅識・암마라식菴摩羅識. 아마라阿摩羅는 Skt. amala의 음사로 청정하다는 뜻, 식識은 Skt. vijñāna의 번역. 곧, 무구식無垢識・청정식淸淨識・진식眞識. 현장玄奘 계통의 법상종法相宗에서는 제8 아뢰야식阿賴耶識의 청정한 부분으로 간주하지만 진제眞諦 계통의 섭론종攝論宗에서는 제9식으로 상정함.

7   오지五智; Skt. pañca-jñānāni. Five kinds of cognition. 대일여래大日如來가 갖추고 있는 다섯 가지 지혜. 9식識을 궁글려서 얻은 5종의 지혜. 1) 법계체성지法界體性智. 있는 그대로의 본성을 아는 지혜. 제9 아마라식阿摩羅識을 뒤쳐 얻음. 2) 대원경지大圓鏡智. 모든 것을 있는 그대로 비추어 내는 크고 맑은 거울처럼 청정한 지혜. 제8식을 궁글려 얻음. 3) 평등성지平等性智. 자타自他의 평등을 깨달아 대자비심을 일으키는 지혜. 제7식을 궁글려 얻음. 4) 묘관찰지妙觀察智. 모든 현상을 잘 관찰하여 자유 자재로 가르침을 설하고 중생의 의심을 끊어주는 지혜. 제6식을 궁글려 얻음. 5) 성소작지成所作智. 중생을 구제하기 위해 해야 할 것을 모두 성취하는 지혜. 전5식을 궁글려 얻음.

8   지법신智法身; 2법신의 하나. 3법신의 하나. 수행에 의하여 시각始覺의 지혜가 끝까지 이르러 본각本覺의 이치에 계합하고, 이리와 지智가 서로 융통하여 색과 심이 둘이 아닌 지혜가 나타나는 것. ▶이법신理法身; 3종 법신法身의 하나. 진여의 이치를 법신이라고 이름한 것.

9   법계체성지法界體性智; 오지五智의 하나. 있는 그대로의 본성을 아는 지혜. 모든 분별이 끊어진 상태에서,

菴摩羅識¹⁰을 轉한 바로서	제9식인 암마라식菴摩羅識을 궁글린 바로서
암마라식 전	
法界란 淨識差別의 義일새	법계法界란 정식淨識 차별의 뜻이니
법계 정식차별 의	
諸法을 差別한 其數 無量의	만물이 각기 그 특성을 갖는 그 수 무량의
제법 차별 기수 무량	
法界體性이	법계法界의 근본성품(체성體性)이
법계체성	
곧 六大¹¹라	곧 지수화풍공식의 6대六大라
육대	
六大法界의	지수화풍공식이 이루는 세계(육대법계
육대법계	
三昧에 住함을	六大法界)의 삼매에 머무르는 것을
삼매 주	
法界體性智라	법계의 근본성품 지혜(법계체성지法界體性智)라
법계체성지	
名하고 方便究竟의	이름하고 방편方便 궁극(구경究竟)의
명 방편구경	
德을 主하며	공덕(덕德)을 주재하며
덕 주	
二에 大圓鏡智¹²란	둘째 대원경지大圓鏡智란
이 대원경지	
阿賴耶識¹³을 轉한 바로서	제 8식인 아뢰야식阿賴耶識을 궁글린 바로서
아뢰야식 전	

있는 그대로의 본성을 아는 지혜. 만유 제법의 체성인 보통 지체智體. 제9식識을 굴려 얻은 지혜로서 6대大 가운데 공대空大에 해당하며, 5불佛에 배대하면, 중앙의 대일여래大日如來를 말함.

10 암마라식唵摩羅識; Skt. amalavijñāna. 아마라식阿摩羅識. 아말라식阿末羅識. 무구식無垢識・백정식白淨識・청정식淸淨識이라 번역. 진제眞諦계열의 섭론종이 세운 제9식으로서 청정淸淨한 의식이다. 제8식 알라야식 가운데 청정무구한 부분, 혹은 청정하게 변이된 의식을 가리킨다.

11 육대六大; 모든 현상을 구성하고 있는 여섯 가지 요소. 1) 지대地大. 견고한 성질. 2) 수대水大. 축축한 성질. 3) 화대火大. 따뜻한 성질. 4) 풍대風大. 움직이는 성질. 5) 공대空大. 공간, 허공, 빈 성질. 6) 식대識大. 분별하는 마음 작용. 분별 작용. 인식 작용.

12 대원경지大圓鏡智; 경지鏡智. 사지四智의 하나. 번뇌에 오염된 아뢰야식阿賴耶識을 질적으로 변혁하여 얻은 청정한 지혜. 이 지혜는 마치 모든 것을 있는 그대로 비추어 내는 크고 맑은 거울처럼, 아뢰야식에서 오염이 완전히 제거된 상태이므로 이와 같이 말함. 불과佛果에서 처음으로 얻는 지혜.

13 아뢰야식阿賴耶識; Skt. ālayavijñāna. 뇌야賴耶. 뇌야식賴耶識. 거주지・저장・집착을 뜻함. 식識은 산스크리트어 vijñāna의 번역. 불교 유심론의 하나인 뢰야연기賴耶緣起의 근본 되는 식. 아뢰야阿賴耶를 진제眞諦는 a(무無)+haya(몰沒)로 보아 무몰식無沒識, 현장玄奘은 ālaya로 보아 장식藏識이라 번역. 과거의 인식・행위・경험・학습 등에 의해 형성된 인상印象・잠재력, 곧 종자種子를 저장하고, 육근六根의 지각 작용을

法界의 萬象을 顯現함이
大圓鏡과 如한 智며
三에 平等性智[14]란 末那識[15]을
轉한 바로서 諸法平等의 作用을
成한 智며
四에 妙觀察智[16]란 意識을

법계法界의 만상萬象을 나타냄이
크고 둥근 거울(대원경大圓鏡)과 같은 지혜(지智)며
셋째 평등성지平等性智란 제7 말나식末那識을
궁글린 바로서 만물 평등의 작용을
이룩한 지혜며
넷째 묘관찰지妙觀察智란 제6 의식意識을

가능하게 하는 가장 근원적인 심층 의식. 『성유식론』 제2에 의하면, '장'에 세 가지 뜻을 들었으니, 1) 능장能藏. 만유를 내는 친인親因은 종자를 갚아 두는 식이란 뜻. 2) 소장所藏. 8식 중 다른 7식에 의하여 염법染法의 종자를 훈습하여 갚은 식이란 뜻. 3) 집장執藏. 제8식은 오랜 때부터 없어지지 않고 상주하므로 자아自我인 듯이 제7식에게 집착되는 식이란 뜻. 그러나 이 가운데서 주로 집장의 의미로 장식이라 하므로 아애집我愛執이 일어나지 않을 때에 이르면 아뢰야란 이름이 없어짐. 또 다른 이름으로 법상종에서는 불도 수행의 도정을 3분하여, 아뢰야阿賴耶·비파가毘播迦·아다나阿陀那의 이름을 붙임. 아뢰야는 제7 말나末那가 제8식을 자아의 존재처럼 집착하는 자리에서의 제8식의 이름. 비파가는 이숙異熟이라 번역하니 선악의 업으로 인하여 받은 자리에서의 제8식의 이름. 아다나는 부처님 지위에서의 제8식의 이름. 이미 자아의 집착이 없어지고 또 업으로 받은 것도 아니고 물질과 마음의 여러 법을 발현케 하는 종자와 5근根을 집지상속執持相續하는 자리의 제8식이므로 아타나(집지執持)라 함. 이 식은 종자(이 식 속에 갚은 깨끗하거나 더러운 세계를 발현할 수 있는 세력) 5근·기세간器世間을 소연所緣으로 하기 때문에 각자의 아뢰야로써 우주 만유를 전개하는 근본이라 하고, 현상인 실재를 말하는 진여연기론에 대하여, 진여를 본체로 하고 진여에 즉하지 아니한 가유假有의 현상을 인정하여 뢰야연기론을 이루게 된 것임. 동의어 아려야식阿黎耶識, 아리야식阿梨耶識, 연식緣識, 소장所藏, 소지의所知依, 장식藏識, 제팔식第八識, 중생심衆生心, 화합식和合識, 진이숙眞異熟, 집기심集起心, 비파가毘播迦(vipāka).

14   평등성지平等性智; 평등지平等智. 사지四智의 하나. 번뇌에 오염된 말나식末那識을 질적으로 변혁하여 얻은 청정한 지혜. 이 지혜는 자아에 대한 집착을 떠나 자타自他의 평등을 깨달아 대자비심을 일으킴으로 이와 같이 말함. 통달위通達位에서 그 일부분을 증득하고, 불과佛果에 이르러 그 전체를 증득한다.

15   말나식末那識; Skt. manas. 말나末那. 의意라고 번역. 식識은 산스크리트어 vijñāna의 번역. 8식이 모두 사량思量하는 작용이 있으나, 이 식은 특별히 항恒과 심審의 두 가지 뜻을 함께 가지고 있어, 다른 7식보다 나은 것이므로 말나(의意)라 한다. 아뢰야식阿賴耶識을 끊임없이 자아自我라고 오인하여 집착하고, 아뢰야식과 육식六識 사이에서 매개 역할을 하여 끊임없이 육식이 일어나게 하는 마음 작용으로, 항상 아치我痴·아견我見·아만我慢·아애我愛의 네 번뇌와 함께 일어남. 아뢰야식에 저장된 종자種子를 이끌어 내어 인식이 이루어지도록 하고, 생각과 생각이 끊임없이 일어나게 하는 마음 작용. 5변행遍行·별경別境의 혜慧·대수혹大隨惑도 7식과 상응한다.

16   묘관찰지妙觀察智; 관지觀智. 사지四智의 하나. 번뇌에 오염된 제육식第六識을 질적으로 변혁하여 얻은 청정한 지혜. 이 지혜는 모든 현상을 잘 관찰하여 자유자재로 가르침을 설하고 중생의 의심을 끊어 주므로 이

轉한 者로서 諸法을 妙分別하야	궁글린 바로서 모든 현상을 오묘하게 분별하여
衆機를 觀察하고	중생의 그릇(중기衆機)을 살펴서
說法斷疑하는 智며	진리를 설하고 의심을 끊게 하는 지혜며
五에 成所作智[17]란	다섯째 성소작지成所作智란
眼識 等의	안식眼識을 비롯한 이.비.설.신식 등의
五識을 轉한 바로서	전오식前五識을 궁글린 바로서
自利利他의	스스로와 중생을 이롭게(자리이타自利利他)하는
妙業을 成就한 者라	묘한 일을 성취한 바라
此 五智는	법계체성지, 대원경지, 평등성지, 묘관찰지, 성소작지의 이 다섯 지혜(오지五智)는
一身所具의	한 몸에 모두 갖추어진(일신소구一身所具)
智德이지만 衆生을	지혜공덕(지덕智德)이지만 중생을
引攝코자 本體에서	이끌어 제도하고자 본체에서
四方의 四智	사방의 4가지 지혜(사지四智)와
四佛을 出生할새	4 부처님(사불四佛)을 출현시키니
法界體性智는 本位에	법계체성지法界體性智는 근본자리(본위本位)에
住한 中央의 大日如來라 하고	머무는 중앙의 대일여래大日如來라 하고

와 같이 말함. 5불佛 중에서는 아미타불에 해당한다.

17 성소작지成所作智; 작사지作事智. 사지四智의 하나. 번뇌에 오염된 전오식前五識을 질적으로 변혁하여 얻은 청정한 지혜. 이 지혜는 중생을 구제하기 위해 해야 할 것을 모두 성취함으로 이와 같이 말함. 불과佛果에 이르러 유루有漏의 전오식前五識과 그 상응심품相應心品을 전사轉捨하고 얻은 지혜. 10지 이전의 보살·2승·범부 등을 이락利樂케 하기 위하여 시방十方에서 3업으로 여러 가지 변화하는 일을 보여 각기 이락을 얻게 하는 지혜.

大圓鏡智에 由한	대원경지大圓鏡智에 말미암은
東方의 阿閦如來는	동방의 아촉여래阿閦如來는
發菩提心의	보리심을 발생하는(발보리심發菩提心)
德을 主하며	공덕(덕德)을 주재하며
平等性智에 由한	평등성지平等性智에 말미암은
南方의 寶生如來는	남방南方의 보생여래寶生如來는
修行의 德을 主하며	수행修行의 공덕(덕德)을 주재하며
妙觀察智에 由한	묘관찰지妙觀察智에 말미암은
西方의 阿彌陀如來는	서방의 아미타여래阿彌陀如來는
成菩提의	보리를 이루는(성보리成菩提)
德을 主하며	공덕을 주재하며
成所作智에 由한	성소작지成所作智에 말미암은
北方의 不空成就如來는	북방北方의 불공성취여래不空成就如來는
入涅槃의 德을 主한다 하나	열반에 들어가는 공덕을 주재한다 하나
此는 一種의	이것은 일종의 진리에서 현상으로 나투는
下轉法門에 屬하고	하전법문下轉法門에 속하고
上轉할 時엔	현상에서 진리로 이르는(상전上轉) 때엔
中央이 涅槃位요	중앙이 열반의 자리(열반위涅槃位)요
北方이 菩提位요 西方이	북방이 보리위菩提位요 서방이
修行位요 東方이 發心位요	수행위修行位요 동방이 발심위發心位요
南方이 方便位니	남방이 방편위方便位니
四方이란 顯界를 指함이 않이오	사방이란 현상계(현계顯界)를 가리킴이 아니오

密界를 指함이라	밀계密界를 가리킴이라
北南은 上下요	북쪽과 남쪽은 위아래요
西東은 左右일새	서쪽과 동쪽은 왼쪽과 오른쪽이니
東勝身洲[18]에서 發心하고	4대주 중 동승신주東勝身洲에서 발심하고
西牛貨洲[19]에서 修行하고	서쪽의 우화주(서우화주西牛貨洲)에서 수행하고
北單越洲[20]에서	북쪽의 단월주(북단월주北單越洲)에서
成菩提하고	무상정각을 이루고
中央의 涅槃位에 住하야	중앙의 열반위(涅槃位)에 머물러
南贍部洲[21]의 衆生을	남쪽 염부제(남섬부주南贍部洲)의 중생을

---

18 동승신주東勝身洲; Skt. Pūrvavideha. 불우태弗于逮·불바제弗婆提·비제하毘提訶·불우바비제하弗于婆鼻提賀·포리바비제하逋利婆提賀·포아간미지갈哺兒幹微的葛. 사주四洲의 하나. 수미산 동쪽으로 7금산金山과 철위산鐵圍山 사이 짠물바다 가운데 있는 사람들이 사는 세계. 이 땅 사람들은 몸이 매우 훌륭하므로 승신주勝身洲라 한다. 땅 모양은 동쪽이 좁고 서쪽이 넓어서 세로와 넓이가 9천 유순, 반달 모양. 수명은 250세. 키는 8주肘.

19 서우화주西牛貨洲; Skt. Apara-godānīyo dvīpaḥ. 西瞿耶尼洲사구야니주. 사주四洲의 하나. 수미산의 서쪽에 있는 대주大洲. 서西는 한문, 구야니는 범어. 범어와 한문을 아울러 일컫는 말. 구야니俱耶尼·구다니瞿陀尼·구가니瞿伽尼·구다니야瞿嚩抳夜·과박니過嚩抳라 음사. 우화牛貨라 번역. 여기서는 소가 많으므로 시장에서 금전과 같이 쓴다고 함.

20 북단월주北單越洲; Skt. Uttarakuru. 북구로주北俱盧洲. 울다라구루鬱多羅拘搜·올달라구로嗢怛羅句嚧·욱다라구류郁多羅究瑠·울단월鬱單越·북주北洲. 사주四洲의 하나. 구로俱盧는 Skt. kuru의 음사로, 종족 이름. 수미산의 북방 제칠금산第七金山과 대철위산大鐵圍山 사이에 큰 바다가 있고, 바다 가운데 있는 인취人趣 등이 사는 곳. 모양은 방좌方座와 같고, 지반地盤은 다른 3주洲보다 높으며, 사람의 키는 32주肘, 목숨은 1000세, 중간에 조사早死하지 아니하고 쾌락이 끝이 없어 4주 중에서 중생·처소·재물·물품들이 모두 수승하다고 함. 사주四洲 가운데 가장 살기 좋은 곳이라 하여 북승처北勝處·북승생北勝生·북고상北高上이라 번역.

21 남섬부주南贍部洲; Skt. Jambudvīpa. 염부제비파閻浮提鞞波·남염부제南閻浮提·염부제閻浮提·남주南洲. 사주四洲의 하나. 잠부jambu 나무가 많다고 하여 이와 같이 일컬음. 수미산의 남쪽에 있으며 7금산과 대철위산 중간, 짠물 바다에 있는 대주洲 이름. 예주穢洲·예수성穢樹城이라 번역함은 염부나무가 번성한 나라란 뜻. 승금주勝金洲·호금토好金土라 함은 염부단금閻浮檀金을 산출하는 나라란 뜻. 우리 인간들이 사는 곳이라 함. 여러 부처가 나타나는 곳은 사주四洲 가운데 이곳뿐이라 함.

方便으로써 救濟할지니
방편 구제

法界體性智의 大日이 中央에 位함은
법계체성지 대일 중앙 위

前과 同一하되 四方의 配當은 異하니라
전 동일 사방 배당 이

平等性智의 不空如來니
평등성지 불공여래

北上에,
북상

成所作智의 寶生如來니
성소작지 보생여래

南下에,
남하

大圓鏡智의 阿閦如來니
대원경지 아촉여래

右東에,
우동

妙觀察智의 阿彌陀如來니
묘관찰지 아미타여래

左西에, 位하고
좌서 위

胎藏界의 五大[22]를 此에
태장계 오대 차

配하면 中央에 空大, 北方에 風大,
배 중앙 공대 북방 풍대

西方에 火大, 東方에 水大,
서방 화대 동방 수대

南方에 地大가 當하니라
남방 지대 당

방편으로써 구제할지니

법계체성지의 대일여래가 중앙에 자리함은

전과 동일하되 사방의 배당配當은 다르니라

평등성지平等性智의 불공여래不空如來니

북쪽인 위에,

성소작지成所作智의 보생여래寶生如來니

남쪽 아래에,

대원경지大圓鏡智의 아촉여래阿閦如來니

동쪽인 오른쪽에,

묘관찰지妙觀察智의 아미타여래阿彌陀如來니

왼쪽인 서쪽에, 자리하고

태장계胎藏界의 5대요소(오대五大)를 여기에

배당하면 중앙에 공대空大, 북방에 풍대風大,

서방에 화대火大, 동방에 수대水大,

남방에 지대地大가 해당하니라

---

22 오대五大; Skt. pañca-mahā-bhūtāni. 1. 체성體性이 넓고 커서 능히 만유를 만들어 내는 것에 5종이 있음. 곧 지대地大(Skt. Kha, 카佉)·수대水大(Skt. ha, 하訶)·화대火大(Skt. ra, 라囉)·풍대風大(Skt. va, 바嚩)·공대空大(Skt. a, 아阿). Skt. Kha ha ra va a [:카 하 °라 °바 아]이 다섯 글자는 5대大의 종자. 2. 수론數論 25제諦의 1과科. 공대·풍대·화대·수대·지대를 말함. 이는 차례로 성聲·촉觸·색色·미味·향香의 5유唯로부터 난다고 함. ▶대大; Skt. mahā. 1. 마하摩訶라 음사. 자체관광自體寬廣·주변포함周遍包含·다多·승勝·묘妙·불가사의不可思議 등의 뜻이 있다. ⇒삼대三大·사대四大·오대五大·육대六大. 2. 수론파數論派의 술어로 각覺의 딴 이름. 이 대大는 mahat ; mahān의 번역된 말로, 자성自性에서 처음으로 생긴 까닭. 또 대大는 대종大種(mahābhūta)의 준말. 또는 원소元素(mahābhūta)의 준말, 또는 원소元素(bhūta)의 일명으로 쓴다. 이 경우는 지地·수水·화火·풍風·공空의 원소를 가리키는 것이므로 5대大라 한다.

然則 五智란 곧 地·水·火·
風·空의 五輪觀으로써

먼저 自在를 得한 後
前四大의 色蘊이
本空한 實相에
立脚하고 色蘊에 根據한
受·想·行·識 四蘊의
染垢도 亦空한
實相智인 淨心의
識大와 아울너
眞空妙有[23]의
六大로써
法界體性智를 成就하고
凡夫의 八識을
轉하야 菩薩의

그러한 즉 5지五智란 곧 지地·수水·화火·
풍風·공空의 5륜을 관찰하는 것(오륜관五輪觀)으로써

먼저 본성자리에 이른 후

지수화풍 4대四大를 이루는 물질이

본래 비어 있는(본공本空) 실상實相에

근거를 두고 물질에 근거한 정신작용인

수受·상想·행行·식識 사온四蘊의

오염된 때(염구染垢)도 역시 비어있는

실상의 지혜(실상지實相智)인 청정심(정심淨心)의

식대識大와 아울러 참으로 빈 가운데

묘한 작용(진공묘유眞空妙有)의

지수화풍공식 6대六大로써

법계체성지法界體性智를 성취하고

범부凡夫의 전5식과 의식, 말라식, 아뢰야식의

8식八識을 궁글려 보살菩薩의

---

23 진공묘유眞空妙有; 1. 불변하는 실체가 없기 때문에 성립하는 현상. 불변하는 실체 없이 여러 인연의 일시적인 화합으로 존재하는 현상. 공空을 근원으로 하여 존재하는 현상. 2. 모든 분별이 끊어진 부처의 성품을 나타내는 말. 3. 유식에서 말하는 3성性의 하나인 원성실성圓成實性에 갖추어져 있는 공과 유의 두가지 뜻. 원성실성인 진여는 소승에서 말하는 유에 대한 상대적 공이 아니고, 아집 법집을 여읜 곳에 나타나는 묘리妙理이므로 진공, 또 그 체는 생멸 변화가 없는 항상 불변하는 실재이므로 묘유.

四智사지를 成성할새

五智如來오지여래라 稱칭하나니라

성소작지, 묘관찰지, 평등성지와 대원경지의 4지四智를 이룩하니

오지여래五智如來라 일컫느니라

오지여래 五智如來

우리가 '불성佛性이 어떻다, 불성은 무한공덕을 갖추고 있다, 우리 자성은 심심미묘하다' 이렇게 말을 보통은 합니다마는 정말로 체계적으로 어떤 공덕이 있는가, 그런 것은 잘 모르고 넘어가지 않습니까? 그러나 밀교密敎 등 경전에 소상히 설명이 되어 있습니다. 그래서 순수밀교에 있는 법문으로 법성공덕法性功德 진여불성공덕眞如佛性功德을 체계적으로 다섯 공덕으로 구분한 것이 5지여래五智如來 법문입니다.

지수화풍의 4대四大와 거기에 공空을 더하여 5대五大라고 합니다. 우리가 물리적인 상징으로서 표현할 때는 지수화풍공 5대라고 하는 것이고, 물질이 그대로 물질인 것이 아니라 바로 불성이요, 성품으로서는 바로 생명이니까 5지여래五智如來라고 말합니다. 또 5지여래에 따른 각기 지혜가 있어서 5지五智라고 합니다. 그러나 5지智나 5대大가 각기 뿔뿔이 존재하는 것이 아니라 원융무애한 일미평등一味平等의 불성佛性인데, 그 별덕別德을 5대·5지여래如來라 하는 것입니다.

아까 말씀드린 바와 같이 물리적 상징으로 본다면 땅 기운 같은 이른바 물질적인 질료가 되는 것은 지地요, 수분은 수水요, 또 불 기운 온도는 화火요, 동력은 풍風이요, 지수화풍 4대가 의지할 공간은 공空입니다. 이와 같이 질적으로 보아서는 그렇지만 그것이 바로 생명이기 때문에 오지여래五智如來라 하고 각기 여래마다 특징적인 지혜인 5지五智가 있는 것입니다.

비로자나불의 비로자나毘盧遮那는 인도말 범음梵音을 딴 것인데, 뜻으로는 광명변조光明遍照라, 부처님의 청정미묘한 정광淨光 적광寂光이 우주 삼천대천 세계에 끝도 가도 없이 충만해 있다는 뜻입니다. 광명이 두루 비춘다는 말입니다. 비로자나불은 이른바 법신불입니다.

보신인 노사나불의 노사나盧舍那는 정만淨滿, 즉 법성, 불성이 충만해 있다는 말입니다. 법신이 그냥 그대로만 있는 것이 아니라 법신의 체에 불성이 충만해 있는 것입니다.

그리고 석가모니는 능인적묵각能仁寂黙覺이라는 뜻인데 모든 무주상無住相의 지혜와 자비를 신·구·의 삼업三業으로 원만히 갖춤과 동시에 우리 마음의 산란을 여의고 깨달은 각覺, 곧 깨달은 부처라는 말입니다.

환언하면 무주상의 자비와 지혜를 갖춘 능인能仁의 양심을 가지고 고요한 곳에 처하여, 마땅히 수행자가 공부할 때는 자기 혼자만의 성취를 위하는 식의 마음 갖고는 공부가 안 되는 것입니다. 내 몸뚱이를 언제나 모든 중생한테 바쳐야겠다는 능인의 양심을 가지고 있어야 공부가 성취되는 것입니다. 본래 공부 자체가 자타를 떠난 우주적인, 우주와 둘이 아닌 자리의 공부이기 때문에 차별심을 가지고 공부하면 공부가 안 되는 것입니다. 따라서 무주상의 자비와 지혜라 할 수 있는 능인의 양심을 가지고 고요한 곳에 처해서 신·구·의를 삼함三緘이라, 봉한다, 닫아 버린다는 뜻이지요. 몸으로 허튼 행동 않고 입으로 허튼 말 않고, 또는 뜻으로 부질없는 생각을 않을 뿐만 아니라 가급적이면 일체 활동을 삼가해야 되는 것입니다.

우리가 행주좌와行住坐臥에 그렁저렁 공부하는 식으로 나가려면 모르겠지만 '꼭 내가 불성을 증명한다, 한사코 견성한다'고 할 때에는 자기 목숨을 걸어야 합니다. 대사일번大死一番 대활현전大活現前이라, 한번 크게 죽어야 크게 산다는 말입니다. 기독교에서도 거듭나지 않으면 하나님을 볼 수 없는 것이라고 하지 않습니까? 진정으로 우리는 거듭나야 하는 것입니다. 신·구·의 삼함이라, 몸으로 활동을 될수록 적게 합니다. 구참 수행자들은 산책이나 활동을 않더라도 공부 자체로 해서 몸을 조절할 수 있습니다.

이렇게 나간다면 본래 부처이기 때문에 필연적으로 정만淨滿의 성해性海, 즉 불성 자리를 깨닫고 증명하게 되는 것입니다. 그래서 구경각을 성취함일 새 자신이 곧 대일大日이라, 비로자나불이란 말입니다.

마음이 허공과 같아서 마음의 체성體性이 무장무애하므로 비로자나불에 상응되는 지혜가 법계체성지法界體性智입니다. 법계의 모든 것을 다 알고 또는 법계체성에 계합된 지혜라는 말입니다.

또 법계체성지의 거리낌없는 광명이 마치 해와 같이 두루 비추므로 부처 이름을 대일여래大日如來, 곧 비로자나불이라 말하는 바,

태양계의 태양은 태양계 한 세계를 비추고 밝게 하되 유장유애有障有碍라, 거리낌이 있고 장애가 있습니다. 그래서 깜깜한 암실이나 물질을 뚫고 들어갈 수가 없습니다.

그러나 마음 달(심월心月)은 삼천대천세계를 다 두루 비추되 무장무애라, 조금도 거리낌이 없는 것입니다. 쇳덩이 속에나 바위 속에나 문제가 아닙니다. 왜냐하면 돌이나 쇠나 다 본래 공空하여 불성으로 되었기 때문에 무장무애입니다. 무장무애하므로 이른바 보통 태양이 아니라 대일大日이라 칭하는 것입니다.

마음이 허공과 같되 다만 공이 아니요, 풍성적風性的인 기운이 등량평만等量平滿하므로 평등성지平等性智라 하고 부처의 이름을 불공여래不空如來라고 말합니다. 5지여래 가운데 두 번째가 되겠지요.

일기一氣, 곧 우주 에너지, 에너지나 정기精氣라고 하면 우리가 알기가 쉽지 않겠습니까. 우주의 정기가 평등하고 가득찬 허공같은 마음세계에 화성적火性的 지혜의 불꽃, 곧 그런 지혜 광명은 조금도 흠이 없이 원만하게 빛나고 충만해서 본래 꺼짐이 없으되 능히 일어났다 멸했다 하는 것을 보이는 사바세

계의 차별상을 통하여 진여의 수연불변성隨緣不變性, 곧 인연에 따르되 변치 않는 성품인데, 진여불성이 인연에 따른다 하더라도 진여는 변치가 않는 것입니다. 진여가 나무가 되면 나무로 변하는 것이 아니라 가상假相이 그렇게 보일 뿐인 것이지 진여의 성품은 변치 않는 것입니다. 이러한 진여의 수연불변성을 관찰함을 신묘하게 관찰하는 지혜인 묘관찰지妙觀察智라 말하고, 불호佛號를 미타여래彌陀如來라 합니다.

무변무량의 허공같은 마음세계에 일월을 초월한 금색광명, 곧 순수한 불성광명佛性光明을 말한 것입니다. 태양광선이나 그런 가시적可視的인 눈부신 광명은 물리적인 광명이지만 순수한 불성 광명은 그런 물리적인 광명이 아닌 것입니다. 금색광명을 띠고 있는 수성적水性的인 성품의 물 에너지가 청정하게 충만함으로 모든 것을 원만하게 비추는 지혜를 대원경지大圓鏡智라고 말합니다. 마치 큰 거울이 형상을 비추듯이 우주를 비추는 지혜입니다. 그리고 불호는 아촉여래阿閦如來라 합니다.

청정한 광명인 지성적地性的 금색에, 금색도 역시 사바세계에 있는 물질적 금색이 아닌 청정광명 금색에 주로 사보색四寶色을 띠었으니 적체寂體인 법신의 몸에는 풍성적風性的 흑금색黑金色과 화성적 적금색과 수성적 백금색과 지성적 황금색이 순일 혼화混和하여, 뿔뿔이 있는 것이 아니라 원융하니 혼화하여 그 색이 자마금색紫磨金色이라, 자마금색은 순수세계의 광명입니다. 도인들이 견성할 때도 자마금색의 원광圓光을 증득證得하고 열반에 들 때도 자마금색의 광명 구름이 떠오르는 가운데 열반하는 경우도 있습니다.

자마금색의 순수 광명이 상주부동하게 항시 머물러 있습니다. 법성경계 불성경계는 영원히 불생불멸한 자마금색의 광명이 항시 그대로 있는 것입니다. 그런 광명이 인연 따라서 산이 되고, 또는 지구가 되고, 또는 태양이 되더라도 역시 그런 광명은 변치가 않는 것입니다. 다만 우리 인간의 눈에 태양으로 보이고 무엇으로 보이고 할 뿐인 것입니다. 상주부동하되, 곧 항상 변함 없이 머물러 있으나 비추는 용用에는 그런 사보색 광명이 각기 성능의 무량공덕이 있습니다. 가사, 흑금색은 흑금색의 공덕이 있고 또는 황금색은 황금색의 무량공덕을 발휘하여 그런 공덕이나 빛이 서로 피차 어우러져서 빛나고 있는 것입니다. 마치 한없이 찬란한 보배인 마니보주는 밤에도 빛나는 것이지마는 더구나 대낮에 정오에 태양이 빛나고 있을 때는 얼마나 휘황찬란히 빛나겠습니까. 마니보주가 휘황찬란하여 헤아릴 수 없는 보배 광명이 한량없이 빛남과 같으므로 성소작지成所作智라 말하고, 부처 이름을 보생여래寶生如來라 말합니다.

　제1 지혜인 법계체성지는 법신 비로자나불의 총지總智요, 기타는 별지別智입니다. 제2, 제3, 제4의 삼지三智는 보신의 능지能智요, 제5지는 화신의 소지所智인 바 별칭하여 5지여래라 하고 총칭하여 아미타불이라고 말하니 제불중諸佛中 수반首班이요,

　미타의 묘관찰지인 삼각형(△)이 일체 여래지인如來智印의 원형입니다.

　아미타의 아阿자는 무無의 뜻으로서 화신, 미彌자는 원만하다는 의미로 해서 보신, 타陀자는 법의 뜻으로서 법신을 의미하여 본래 삼신三身을 다 갖추어 있는 아미타불에 모두 다 해당할새, 법계체성지인 한 법신에 평등성으로 묘관찰하는 대원경적 능지能智보신과, 또는 성소작의 소지所智화신을 겸하고 4지에 만덕을 갖추어 있는 5지여래가 바로 우리의 자성공덕自性功德입니다. 그리고 법신, 보신, 화신의 삼신일불三身一佛인 아미타불이 바로 우리의 참자아(진아眞我)요, 본래면목입니다.

(『圓通圓通佛法의 要諦』, 聖輪閣, 1993, 299~305)

❖ 오지五智

<표41> 육대우주법계 六大宇宙法界

육대 六大	식대(정신적원리) 識大 精神的 原理	오대(물리적원리) 五大 物理的 原理
이지 理智	지 智	이 理
만다라 曼茶羅	금강계만다라 金剛界曼茶羅	태장계만다라 胎藏界曼茶羅
불이 不二	금태이지불이 金胎理智不二	

〈표42〉 오지五智

총별 總別	총지 總智	별지 別智			
불 佛 3신배대 三身配對	타 陀		미 彌		아 阿
	법 法		만 滿		무 無
	공 空		성 性		상 相
	비로자나 (광명변조)		노사나 (정만)		석가모니 (능인적묵각)
	법계체성인 1법신	평등성으로 묘관찰하는 대원경적 능지보신			성소작의 소지화신
	법신총지 法身總智	보신능지 報身能智			화신소지 化身所智
오지 五智	법계체성지 法界體性智 the Wisdom of the embodied nature of the dharma realm	평등성지 平等性智 the Wisdom whose Nature is Equality	묘관찰지 妙觀察智 the Wisdom of Wonderful Contemplation	대원경지 大圓鏡智 the Great Perfect Mirror Wisdom	성소작지 成所作智 the Wisdom of Sucessful Performance
특성 特性	무장무애 無障無碍	등량평만 等量平滿	등량형만 等量炯滿	정만 淨滿	무변혁요 無邊爀曜
오지여래 五智如來	대일여래 大日如來	불공여래 不空如來	미타여래 彌陀如來	아축여래 阿閦如來	보생여래 寶生如來
지 智	방편구경의 덕 주 主	제법평등작용 성 成	제법묘분별 설법단의	법계만상현현	자리이타 묘업성취
하전 下轉		입열반의 덕 주 主	성보리의 덕 주 主	발보리심의 덕 주 主	수행의 덕 주 主
상전 上轉	열반위	보리위	수행위	발심위	방편위
오대 五大 (태장계)	공 ◯ 空	풍 ◡ 風	화 △ 火	수 ○ 水	지 □ 地
10식배대 十識配對	9암마라식 菴摩羅識	7말나식 末那識	6의식 意識	8아뢰야식 阿賴耶識	전오식 前五識

열반사덕 涅槃四德	총덕 總德	락덕 樂德	상덕 常德	아덕 我德	정덕 淨德
방위 方位 사대주	중앙 中央	북 北 단월주	서 西 우화주	동 東 승신주	남 南 섬부주
색 色	청 靑	흑 黑	적 赤	백 白	황 黃
4보색광명	자마금색	흑금색	적금색	백금색	황금색
륜 輪		갈마륜 羯磨輪	법륜 法輪	금강륜 金剛輪	보륜 寶輪
왕 王	비로자나불 毘盧遮那佛	갈마왕 羯磨王	전법륜왕 轉法輪王	상왕 象王	관정법왕 灌頂法王
오불좌 五佛座	사자좌 獅子座	가루라좌 迦樓羅座	공작좌 孔雀座	상좌 象座	마좌 馬座
	무애자재 無碍自在	인천섭인 人天攝引	시의선응 時宜善應	견력무애 堅力無碍	혜용지보 慧用之寶

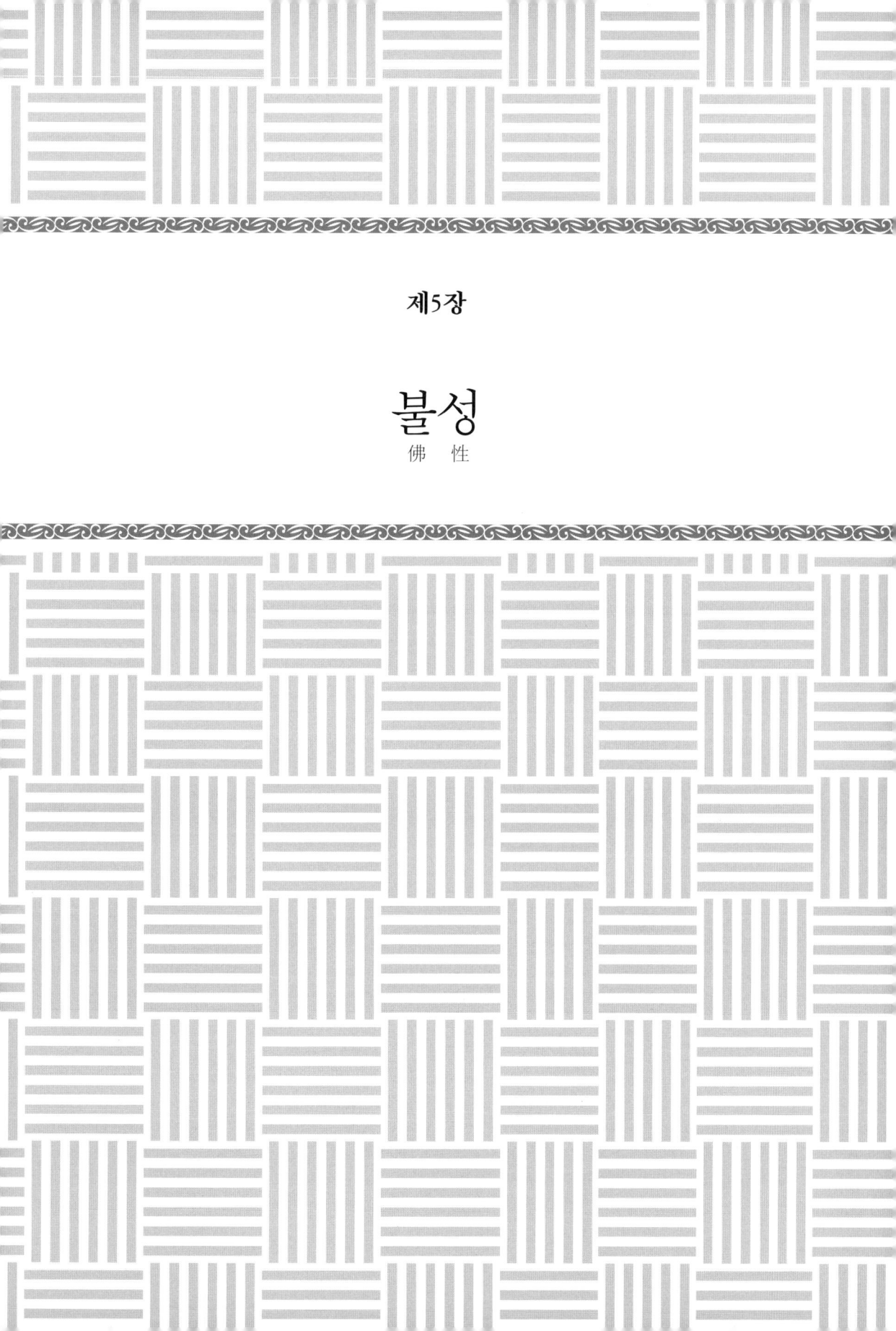

제5장

불성
佛 性

不生不滅¹인	생멸이 없는(불생불멸不生不滅)
불 생 불 멸	
法性²의 妙理³를	진리의 성품(법성法性)의 묘한 이치를
법 성 묘 리	
理佛性⁴이라 名하고	이불성理佛性이라 이름하고
리 불 성 명	
大圓鏡智 等 四智⁵의	대원경지大圓鏡智 등 4지四智의
대 원 경 지 등 사 지	
種子⁶를	종자種子(씨앗, 잠재적인 가능성)를
종 자	
行佛性⁷이라 名하는 바	행불성行佛性이라 이름하는 바
행 불 성 명	

1 불생불멸不生不滅; 1. 모든 현상은 변화하는 여러 요소들이 인연에 따라 일시적으로 모였다가 흩어지고 나타났다가 사라지는 데 불과할 뿐 생기는 것도 아니고 소멸하는 것도 아니라는 뜻. 2. 모든 분별이 끊어진 마음 상태.

2 법성法性; Skt. dharmatā. dharma nature. 1. 있는 그대로의 본성·상태. 2. 모든 현상의 있는 그대로의 참모습. 3. 변하지 않는 진실·진리.

3 묘리妙理; 묘한 이치理致 또는 그 도리道理.

4 이불성二佛性; 2불성은 법상종法相宗의 분류방법으로 이불성理佛性과 행불성行佛性으로 나누어진다. 이불성은 중생이 본래 갖추고 있는 불성의 체體에 해당하는 진여법성眞如法性의 묘리를 말한다. 행불성은 이불성을 개발하는 행업行業으로서, 모든 중생에게 이불성이 다 갖추어져 있는 것과는 달리 행불성은 성성과 불성불성의 구분이 뒤따른다.

5 사지四智; 번뇌에 오염된 팔식八識을 질적으로 변혁하여 얻은 네 가지 청정한 지혜. 1) 대원경지大圓鏡智. 오염된 아뢰야식阿賴耶識을 질적으로 변혁하여 얻은 청정한 지혜. 이 지혜는 마치 모든 것을 있는 그대로 비추어 내는 크고 맑은 거울처럼, 아뢰야식에서 오염이 완전히 제거된 상태이므로 이와 같이 말함. 불과佛果에서 처음으로 얻는 지혜. 2) 평등성지平等性智. 오염된 말나식末那識을 질적으로 변혁하여 얻은 청정한 지혜. 이 지혜는 자아에 대한 집착을 떠나 자타自他의 평등을 깨달아 대자비심을 일으킴으로 이와 같이 말함. 통달위通達位에서 그 일부분을 증득하고, 불과佛果에 이르러 그 전체를 증득한다. 3) 묘관찰지妙觀察智. 오염된 제육식第六識을 질적으로 변혁하여 얻은 청정한 지혜. 이 지혜는 모든 현상을 잘 관찰하여 자유 자재로 가르침을 설하고 중생의 의심을 끊어 주므로 이와 같이 말함. 5불佛 중에서는 아미타불에 해당한다. 4) 성소작지成所作智. 불과佛果에 이르러 유루有漏의 전오식前五識과 그 상응심품相應心品을 전사轉捨하고 얻은 지혜. 10지 이전의 보살·2승·범부 등을 이락利樂케 하기 위하여 시방十方에서 3업으로 여러 가지 변화하는 일을 보여 각기 이락을 얻게 하는 지혜. 이 지혜는 중생을 구제하기 위해 해야 할 것을 모두 성취함으로 이와 같이 말함.

6 종자種子; Skt. bīja, bījaka. seed, 모든 존재와 현상을 낳게 하는 원인의 씨앗.

7 행불성行佛性; 2불성의 하나. 법상종에서 모든 사람의 제8식 속에는 부처가 될만한 무루종자無漏種子가 본래부터 간직되어 있으며 이러한 불성佛性을 개발하는 행업行業을 말함. 다만 법상종에서는 다섯 부류의 중생의 성품 가운데 보살정성菩薩定性과 부정성不定性 중의 보살부정성菩薩不定性만이 성불할 수 있다고 함.

此 中에 理佛性은 一切 有情이
皆具로되 行佛性은 具와
不具의 別이 有하니 不具는
永不成佛함이오
佛性[8]을 三[9]에 分하야 論함도 有하니
一에 自性住佛性이란

이불성理佛性은 모든 생명체가
두루 갖추었으되 행불성行佛性은 갖춤과
못갖춤의 차별이 있으니 갖추지 못한 경우는
영구히 성불하지 못함이오
불성佛性을 셋으로 나누어 논하기도 하니
첫째 자성주불성自性住佛性이란

▶오성五性; 오성각별五性各別, 오종성五種性, 오종승성五種乘性, 오종종성五種種性. 법상종法相宗에서, 선천적으로 정해져 있는 중생의 소질을 보살정성菩薩定性·연각정성緣覺定性·성문정성聲聞定性·삼승부정성三乘不定性·무성유정無性有情의 다섯 가지로 차별한 것. 1) 보살정성菩薩定性. 보살의 소질을 지니고 있는 자. 본래부터 부처가 될 무루 종자를 갖춘 이. 2) 연각정성緣覺定性. 연각의 소질을 지니고 있는 자. 벽지불이 될 무루 종자를 갖춘 이. 3) 성문정성聲聞定性. 성문의 소질을 지니고 있는 자. 아라한이 될 무루 종자를 갖춘 이. 4) 삼승부정성三乘不定性(부정성不定性). 보살·연각·성문 가운데 어떤 소질인지 정해지지 않은 자. 두 가지 종자나 세 가지 종자를 갖춘 이. (여기에 4종이 있음. 부처가 될 수 있는 종자와 아라한 될 수 있는 종자를 갖춘 이는 보살·성문 부정성, 부처가 될 종자와 벽지불이 될 종자를 갖춘 이는 보살·연각 부정성, 아라한이 될 종자와 벽지불이 될 종자를 갖춘 이는 성문·연각 부정성, 아라한이 될 종자와 벽지불이 될 종자와 부처가 될 종자를 갖춘 이는 성문·연각·보살 부정성). 5) 무성無性. 청정한 성품으로 될 가능성이 전혀 없는 자. 성문·연각·보살의 무루 종자는 없고, 다만 인승人乘이나 천승天乘이 될 유루 종자만을 갖춘 이.

8 불성佛性; Skt. buddhatva. Pali buddhatta. 1. 모든 중생이 본디 가지고 있는, 부처가 될 수 있는 성질. 부처를 이룰 근본 성품. 미迷·오悟에 의하여 변하는 일이 없이, 본래 중생에게 갖추어진 부처될 성품. 곧 중생이 성불할 가능성. 일반으로 대승불교는 성불을 주로 하므로 소승불교 보다는 불성을 중요하게 본다. 그러나 어떤 종류의 사람이 성불할 수 있느냐 하는 것은 원시불교 때부터 문제가 되었음. 특히 대승에서는 불성이 온갖 중생에게 보변普遍하였는가, 아닌가의 두 가지 처지에서 중요한 의논을 일으킴. 유식종에서는 5성性이 각각 다르다고 말하여, 원칙적으로 본래 부처가 될 종성種性과, 되지 못할 것과의 구별이 있다고 주장한다. 이불성理佛性으로는 아무라도 법성法性의 이理를 본체로 한 것이므로 모두 불성을 갖추었으나, 행불성行佛性으로는 불성을 갖춘 것과 갖추지 못한 것이 있다고 함. 이에 대하여 일성개성설一性皆成說은 어떠한 기류機類라도 불성을 갖지 않은 것이 없다고 하는 불성의 본구보변本具普遍을 주장하여 천제闡提도 성불한다고 함. 불성이 보변한 것이라면 그 불성의 개발은 필연이냐, 우연이냐 하는 문제가 일어나게 되니, 그 설명으로써 3불성·3인불성·5불성 등을 세움. 2. 진리를 깨달은, 부처의 본성. 3. 곧 깨달은 마음을 말한다.

9 삼불성三佛性; 불성의 개발됨이 필연이냐 우연이냐에 대하여 셋으로 나눈 것. 1) 자성주불성自性住佛性. 중생에게 본래 갖추어 있는 불성. 2) 인출불성引出佛性. 본래 갖추어 있는 불성을 학습하고 수양한 결과로 끌어내는 것. 3) 지득과불성至得果佛性(지덕과불성至德果佛性). 수행을 완료하여 본래 갖추어 있는 불성을 개발하여 마치는 것.

一切衆生이 本具한 眞如[10] ㅣ
일체중생   본구   진여

自性[11]에 常住하야 不變不改함이오
자성   상주   불변불개

二에 引出佛性이란 衆生이
이   인출불성   중생

禪定을 修習하야써 本具 智慧의
선정   수습   본구 지혜

佛性을 引出함이오
불성   인출

三에 至德果佛性이란
삼   지덕과불성

修因이 滿足하야
수인   만족

果位에 至할 時에
과위   지 시

本有의 佛性이
본유   불성

일체중생이 본래로 갖춘 진여眞如가

자성自性에 항상 머물러 변하지 않음이오

둘째 인출불성引出佛性이란 중생이

선정禪定을 닦아서 본래로 갖춘 지혜의

불성佛性을 이끌어냄이오

셋째 지덕과불성至德果佛性이란

수행의 원인(수인修因)이 충실히 익어서

열매(과위果位)를 맺을 때에

본래로 갖춘(본유本有) 불성이

10　　진여眞如; Skt. tathatā. 진실여상眞實如常. 거짓이 아닌 진실이란 뜻과 변천하지 않는 여상如常하다는 뜻으로 진여라 함. 1. 모든 현상의 있는 그대로의 참모습. 차별을 떠난, 있는 그대로의 참모습. 2. 있는 그대로의 본성·상태. 3. 궁극적인 진리. 변하지 않는 진리. 진리의 세계. 4. 모든 분별과 대립이 소멸된 마음 상태. 깨달음의 지혜. 부처의 성품. 5. 우주 그 자체. 6. 중생이 본디 갖추고 있는 청정한 성품. 진여에 대한 학설에도 여러 가지가 있다. 1) 지론종에서는 아뢰야식과 진여는 같은 것이라 하고, 2) 섭론종에서는 제8 아뢰야식밖에 제9 암마라식을 따로 세워 진여를 설명하고, 3) 유식종에서는 만유가 전개되는 모양을 설명할 때에 제8 아뢰야식을 세워서 진여는 그 실성이며, 생멸 변화가 없는 응적잠연凝寂湛然한 것이라 하고, 4) 『대승기신론』에서는 진여란 잠연 적정한 무활동체無活動體가 아니고, 이것이 무명의 연을 만나면 진여의 체가 온통 그대로 일어나 생멸 변화하는 만유가 되는데 그렇다 해도 진여의 자체는 조금도 달라지거나 변하는 것이 아니라 하여, 이것을 물과 파도에 비유하여 그 두가지 사이의 소식을 설명하고 있음. 또 이것을 7진여·10진여·6무위 등으로 나눈다. 이것은 진여의 자체가 절대적 실재라고 인정하는 것은 같으나, 그 공덕상과 그것을 증득하는 과정에 따라 구별. 또 경·논에는 진여의 다른 이름으로 법계法界·법성法性·평등성平等性·실제實際·허공계虛空界·부사의계不思議界·무상無相·승의勝義·실상묘유實相妙有·여여如如·불성佛性·여래장如來藏·중도中道·제일의제第一義諦 등을 말함.

11　　자성自性; 1. Skt. svabhāva. 변하지 않는 본성이나 실체. 어떤 현상의 고유한 성질. 사물 그 자체의 본성. 사물의 본체. 사물 그 자체. 본성. 2. 본래부터 저절로 갖추고 있는 부처의 성품. 태어날 때부터 갖추고 있는 청정한 성품. 3. Skt. svabhāva. 저절로 존재하는 현상. 4. 인명因明에서, 주장 명제인 종宗의 주어를 말함. 예를 들면, '말은 무상하다'에서 '말'. 이에 반해, 종宗의 술어, 곧 '무상'은 차별差別이라 함. 5. Skt. prakṛti. 상캬 학파에서 설하는 이십오제二十五諦의 하나로, 물질의 근원을 말함. 이 자성이 순수 정신인 신아神我 (Skt. puruṣa)의 영향을 받으면 평형 상태가 깨어져 현상 세계가 전개된다고 함.

了了¹²顯現¹³함일새
요료 현현

佛이란 覺悟¹⁴의 義로서
불 각오 의

一切衆生이 悉有 覺性이라
일체중생 실유 각성

名하니 性이란 不改의
명 성 불개

義로서 因果를 通하야
의 인과 통

自性의 不改함이라
자성 불개

因麥과 果麥의 其 性이 不改함과
인맥 과맥 기성 불개

如하니 性에 對하야 佛性이오
여 성 대 불성

相에 對하야 如來니라
상 대 여래

뚜렷이 드러남이니

부처란 깨달음(각오覺悟)의 뜻으로서

일체중생이 모두 깨달음의 성품이 있다고

이름하니 성품(성性)이란 바뀌지 않는다는

뜻으로서 인과(因果)를 통해서

자성自性의 불변함이라

보리씨와 보리열매의 그 성품이 불변함과

같으니 성품(성性)으로 불성佛性이오

상相으로 여래如來니라

12 요료了了; 1. 병이 나은 것. 2. 기분이 좋은 것. 3. 뚜렷이 보이는 것. 4. 똑똑하고 약다.
13 현현顯現; 1. Skt. pratibhāsa, ābhāsa. 물에 비친 달이나 거울 속의 모습 같이, 마음이 대상과 닮은 형상을 본 뜨는 작용. 일시적으로 마음에 비추어진 형상. 마음에 형성된 대상의 모습이나 특징. 마음에 떠오르는 대상의 모습. 2. 나타냄. 드러냄. 3. 확실히 앎.
14 각오覺悟; 깨달음. 온갖 번뇌와 분별이 끊어진 마음 상태. 거룩한 지혜가 한번 일어날 때에 잠을 깨는 것과 같이, 훤하게 진리를 깨닫는 것.

❖ 불성[佛性 buddha-nature]
일체중생一切衆生 실유각성悉有覺性
▶ 성性; 인과因果를 통해 자성自性이 불개不改함(예;보리씨와 보리열매가 그 성품이 변하지 않음)

〈표43〉 불성佛性

불佛=각오覺悟	성性=불개不改	불성佛性	2분 二分		3분 三分		
			이불성 理佛性	행불성 行佛性	자성주불성 自性住佛性	인출불성 引出佛性	지덕과불성 至德果佛性
			불생불멸인 不生不滅 법성의 묘리 法性 妙理	4지의 종자 四智 種子	일체중생이 본래 갖춘 **진여가** 眞如 **자성에 상주하여** 自性 常住 변하거나 바뀌지 않음	중생이 선정을 닦아 본래 갖춘 **지혜의 불성을** 佛性 **끌어냄**	충분히 닦아 과위에 도달할 果位 본래 있는 **불성이** 佛性 **명료하게 드러남**
			일체유정이 모두 갖춤	구具	불구; 不具 영불성불 永不成佛			
	상相		여래 如來				

❖ 종자육의[種子六義 six characteristics of seeds]
모든 마음 작용을 일으키는 근원인 종자가 지니고 있는 여섯 가지 성질.

1) 찰나멸刹那滅. 순간순간 일어나고 소멸함. Momentariness. Seeds pass out of existence each instant, and produce corresponding new seeds which endure for one instant and then pass out of existence, producing corresponding new seeds, and so on. Seeds must be momentary because that which is eternal is incapable of producing.

2) 과구유果俱有. 일어난 결과인 마음 작용과 함께 함. Seeds must be simultaneous with their manifestations.

3) 항수전恒隨轉. 마음 작용이 일어날 때, 종자도 늘 따라 일어남. Seeds must function in tandem with their appropriate consciousness. [*in tandem with 동시에]

4) 성결정性決定. 종자의 성질에 따라 그 종자에 의해 일어나는 마음 작용의 성질이 결정되어 있음. Seeds must have the same moral nature as their manifestations.

5) 대중연待衆緣. 여러 인연이 화합함으로써 비로소 종자가 마음 작용을 일으킴. Seeds can produce their manifestations only after the necessary associated causes are present.

6) 인자과引自果. 종자는 반드시 그 성질과 같은 과보를 이끌어 냄. Each seed must produce its own peculiar manifestation and no other. These are defined in the Commentary to the Summary of the Great Vehicle. (『섭대승론석攝大乘論釋』「유가론략찬瑜伽論略纂」)

第一節 三因佛性과 五佛性
제1절 삼인불성 오불성

《涅槃經》의 所說이니
열반경   소설

一切의 邪非를 離한
일체   사비   이

中正¹의
중정

眞如에 依하야 法身의 果德을
진여   의   법신   과덕

成就할새 正因佛性²이라 名하고
성취   정인불성   명

眞如의 理를 照了하는
진여   리   조료

智慧에 依하야 般若의 果德을 成就할새
지혜   의   반야   과덕   성취

了因佛性³이라 名하고
요인불성   명

了因⁴을
요인

緣助하야써 正因⁵을
연조   정인

開發케 하는 一切의
개발   일체

善根功德에 依하야
선근공덕   의

解脫⁶의 德을 成就할새
해탈   덕   성취

제1절 삼인불성과 오불성

《열반경涅槃經》에 설한 바이니

일체의 삿되고 그른 것(사비邪非)을 떠난

치우치지 않고 바른(중정中正)

진여眞如에 의하여 법신法身의 과덕果德을

성취하니 정인불성正因佛性이라 이름하고

진여眞如의 이치를 관조하여 마치는(조료照了)

지혜에 의해서 반야의 과덕果德을 성취하니

요인불성了因佛性이라 이름하고

조료照了의 원인(요인了因)을 돕는

조건(연조緣助)으로서 바른 원인(정인正因)을

개발케 하는 일체의

선근공덕善根功德에 의해서

해탈의 덕德을 성취하니

---

1   중정中正; 어느 한쪽으로 지나치거나 모자람이 없이 곧고 올바름. 또는 그런 모양.
2   정인불성正因佛性; 3인因 불성의 하나. 모든 중생이 다 가지고 있고, 일체의 삿된 것을 여읜 중정中正의 진여眞如. 이것이 바로 부처가 될 본성임.
3   요인불성了因佛性; 3인불성因佛性의 하나. 진여眞如의 이치를 요달하고 깨닫는 지혜.
4   요인了因; 2인因의 하나. 보조적으로 사물의 생성生成을 도와 주는 인연. 마치 등으로 사물을 비추어 숨은 것을 나타나게 함과 같음.
5   정인正因; 1. 물·심 제법을 곧바로 내는 원인. 2. 왕생 또는 성불하는 결과를 얻기 위한 정당한 원인.
6   해탈解脫; Skt. mukta, mokṣa, vipramukta, vimokṣa, vimukti. Pali vimokkha, vimutta, vimutti. 1. 모든 번뇌의 속박에서 벗어난 자유 자재한 경지. 모든 미혹의 굴레에서 벗어난 상태. 속세의 모든 굴레에서 벗어난 상태.

緣因佛性[7]이라 名하야	연인불성緣因佛性이라 이름하여
已上을	이상 정인, 요인, 연인불성을
三因佛性[8]이라 云하며	3인불성三因佛性이라 일컬으며
後二를 加하야	뒤에 논할 2가지를 더해
五佛性[9]이라 謂함도 有하니	5불성五佛性이라 일컫기도 하니
四에 果佛性이란 菩提[10]의 果로서	넷째 과불성果佛性이란 보리菩提의 과果로서
正覺의 智를 菩提라	정각正覺의 지혜(지智)를 보리菩提라
云함일새요	일컬음이요
五에 果果佛性이란 大涅槃[11]으로서	다섯째 과과불성果果佛性이란 대열반으로서
菩提의 智로써	보리菩提의 지혜로써
涅槃[12]의 理를 顯함일새니라	열반의 이치를 나타냄이니라

2. 모든 번뇌를 남김없이 소멸한 열반의 상태. 3. 깨달음. 4. 마음을 고요히 가라앉히고 한곳에 집중하여 산란하지 않는 선정禪定의 상태.

7 연인불성緣因佛性; 3인불성因佛性의 하나. 천태종에서 부처될 인에 3종을 말하는 가운데 지혜로 하여금 더욱 밝게 하는 6도度 등의 행.

8 삼인불성三因佛性; 삼신불성三身佛性. 불성을 3종 인因으로 구분한 것. 1) 정인불성正因佛性. 본연의 진여 이치. 2) 요인불성了因佛性. 진여의 이치를 비추는 지혜. 3) 연인불성緣因佛性. 지혜를 도와 정인正因을 개발하는 6바라밀의 수행.

9 오불성五佛性; 불성을 5종으로 분류한 것. 1) 정인불성正因佛性. 중생이 본래 갖추어 있는 진여의 이치. 2) 요인불성了因佛性. 진여의 이치를 보는 지혜. 3) 연인불성緣因佛性. 요인을 도와 정인을 개발하는 6도 등의 행. 4) 과불성果佛性. 수행한 결과로 얻는 보리의 지덕. 5) 과과불성果果佛性. 온갖 번뇌를 모두 끊고, 대자재를 얻는 열반의 덕.

10 보리菩提; Skt. Bodhi. 도道·지智·각覺이라 번역. 2종이 있다. 1) 불교 최고의 이상理想인 불타 정각의 지혜. 곧 불과佛果. 2) 불타 정각의 지혜를 얻기 위하여 닦는 도道. 곧 불과에 이르는 길을 말함.

11 대열반大涅槃; 대반열반大般涅槃. 반열반般涅槃. Skt. mahā-parinirvāṇa. Pāli mahā-parinibbāna. 반열반般涅槃은 Skt. parinirvāṇa Pali parinibbāna의 음사로, 대입멸식大入滅息·대멸도大滅度·대원적입大圓寂入이라 번역한다. 1. 열반과 같음. 2. 석가의 위대한 죽음.

12 열반涅槃; Skt. nirvāṇa, Pali nibbāna의 음사. 멸멸滅滅·멸도滅度·적멸寂滅·적정寂靜·적寂·안온安穩이라

<표44> 5불성 五佛性

불성 佛性	5불성 五佛性		인 因	과 果	과과 果果
	3인불성 三因佛性	2과불성 二果佛性			
인불성 因佛性	정인불성 正因佛性		중정진여 中正眞如	법신성취 法身成就	
	요인불성 了因佛性		진리조료지혜 眞理照了智慧	반야성취 般若成就	
	연인불성 緣因佛性		선근공덕 善根功德	해탈성취 解脫成就	
과불성 果佛性		과불성 果佛性	3인불성 三因佛性	보리(정각지)과 菩提(正覺智)果	
		과과불성 果果佛性		보리지(정각지) 菩提智(正覺智)	대열반 大涅槃

- 정인불성; 진여.
- 요인불성; 진여의 이치를 비추는 지혜
- 연인불성; 일체의 선근공덕
- 과불성; 보리
- 과과불성; 열반

번역. 불어서 끈 상태라는 뜻. 1. 불어서 불을 끄듯, 탐욕(탐貪)과 노여움(진瞋)과 어리석음(치癡)이 소멸된 심리 상태. 모든 번뇌의 불꽃이 꺼진 심리 상태. 사제四諦에서 집제, 곧 괴로움의 원인인 갈애渴愛가 소멸된 상태. 모든 번뇌를 남김없이 소멸하여 평온하게 된 상태. 모든 미혹의 속박에서 벗어난 깨달음의 경지. 번뇌를 소멸하여 깨달음의 지혜를 완성한 경지. 2. 석가나 승려의 죽음.

第二節 佛性戒 (제2절 불성계)

제2절 불성계

《梵網經¹》所說의 大乘戒²로서
佛性戒³를 佛戒라,
佛乘戒라고도 云하니
一切衆生의 本具한 佛性이
淸淨無垢하야
一切의 諸過를 離할새
此 佛性을 體하야써
佛果에 至함으로써요
諸佛이 住하는 一實相⁴의
淨戒임으로써니 大乘戒의
都名이니라

《범망경梵網經》에 설한 바 대승계大乘戒로서
불성계佛性戒를 불계佛戒라,
불승계佛乘戒라고도 일컫나니
일체중생이 본래로 갖춘 불성佛性이
깨끗하고 오염되지 않아(청정무구淸淨無垢)
일체의 모든 허물을 떠나니
이러한 불성佛性을 본체로 하여
불과佛果에 도달하기 때문이요
모든 부처님이 머무는 한 실상(일실상一實相)의
깨끗한 계이기 때문이니 대승계大乘戒의
총칭(도명都名)이니라

---

1. 범망경梵網經; Skt. brahmajāla. 1. 본이름은 범망경노사나불설보살심지계품제십梵網經盧舍那佛說菩薩心地戒品第十. 2권. 요진姚秦의 구마라집鳩摩羅什 번역. 상권에서는 노사나불盧舍那佛이 십발취심十發趣心·십장양심十長養心·십금강심十金剛心·십지十地를 설하고, 하권에서는 보살이 지켜야 할 십중금계十重禁戒와 사십팔경계四十八輕戒를 설함. 2. 범망육십이견경梵網六十二見經의 준말.

2. 대승계大乘戒; 보살이 지켜야 할 계율. 보살계菩薩戒라고도 함. 『범망경』에 말한 10중계重戒·48경계輕戒. 『선계경善戒經』에 말한 3취정계聚淨戒 등. 그 이름은 종파에 따라 다르다. 천태종에서는 원돈계圓頓戒, 진언종에서는 삼매야계三昧耶戒, 선종에서는 무상심지계無相心地戒라 한다. ▶삼취정계三聚淨戒; Skt. śīla-trividha. 대승 보살의 계법戒法. 섭률의계攝律儀戒·섭선법계攝善法戒·섭중생계攝衆生戒. 대승·소승의 온갖 계법이 다 이 가운데 소속되지 않은 것이 없으므로 섭攝이라 하고, 그 계법이 본래 청정하므로 정淨이라 함.

3. 불성계佛性戒; 또는 불승계佛乘戒·불계佛戒. 『범망경』에 말한 대승계. 이 계를 받아 지니면 중생의 본래 갖추어 있는 불성을 개발開發하여 불과佛果에 이르는 것이므로 이같이 이름.

4. 일실상一實相; Skt. dhārmatā, ekasya tattvasya lakṣaṇam. 차별差別을 떠난 불변不變의 진여眞如. 모든 허망한 상(虛妄之相)을 떠난 무이무별無二無別의 진여眞如의 이치(이리).

《梵網經》下에「一切衆生이
皆有佛性이니 一切의 意와
識과 色과 心의 是情 是心이
皆入佛性戒中이라」시고
또「一切의 有心者ㅣ
皆應攝佛戒니
衆生이 受佛戒하면
卽入諸佛位라」시며
『大日經疏』⁵ 十七에「佛은
離一切相하고 而住淨戒하실새
所謂 離諸相의 一相一味라
若能如是의 離一切相코
而住於戒하면 此戒가 卽是佛戒라」하니라

《범망경梵網經》하下에「모든 중생이
불성佛性을 가지고 있으니 일체의 의意와
식識과 색色과 심心의 이런 것들이
모두 불성계佛性戒 속에 들어 있느니라」시고
또「일체一切의 마음을 지닌 것들이
모두 불계佛戒에 응하게 되니
중생이 불계佛戒를 받으면
곧 모든 부처님의 지위에 드는 것이라」시며
『대일경소大日經疏』17에「불佛은
일체상一切相을 떠나고 청정계에 머무니
이른바 모든 상을 떠난 일상일미一相一味라
만약 능히 이와같이 일체상一切相을 떠나고
계戒에 머물면 이 계가 곧 불계佛戒라」하니라

---

5 대일경소大日經疏: 원명은 대비로자나성불경소大毘盧遮那成佛經疏. 대일경본소大日經本疏, 대일경대소大日經大疏, 대일경무외소大日經無畏疏 등의 다른 이름이 있다. 당나라의 승려 대혜선사大慧禪師 일행一行(683~727)이 선무외善無畏로부터 밀교를 전수받고 그를 도와《대일경大日經》을 번역하였다. 또, 선무외의 지도를 받으면서『대일경소大日經疏』(20권)를 완성시켰다.

> 청화 큰스님 해설

불성계佛性戒

佛性戒

梵網經所說의 大乘戒로서 佛戒 또는 佛乘戒라고도 함. 一切衆生이 本具한 佛性이 清淨無垢하여 一切의 허물을 떠났으며 이 佛性을 體로 하여 佛果에 이르기 때문이다. 이는 諸佛이 住하는 一實相의 淨戒이니 一切大乘戒의 都名임.

'一切衆生皆有佛性이니, 一切意識色是情是心이 皆入佛性戒中이므로 一切有心者는 皆應攝 佛性戒할지니 衆生受佛性戒하면 即入諸佛位하느니라'(梵網經下)

'佛離 一切相하야 而住於戒하니 所謂離諸相인 一相一味라. 若能如是 離一切相하여 而住於戒하면 此戒即是佛性戒라'(大日經十七)

그 다음 불성계佛性戒는 대승계를 말하는 것입니다. 물론 소승계는 그 가운데에 자동적으로 포함이 되어야 하겠지요. 범망경梵網經 소설의 대승계인 십중금사십팔경계十重禁四十八輕戒는 불성계입니다.

불성계는 불계佛戒 또는 불승계佛乘戒라고도 합니다. 불성계의 불성이라는 말은 일불승一佛乘으로서 성문이나 연각이나 또는 보살이나 있지만 사실은 모두가 일불승뿐입니다. 일불승 가운데 다 들어 있습니다. 일체 만유가 일미 평등한 진여불성인지라 본래에서 본다면 모두가 다 하나의 불승이라는 말입니다. 그런 때문에 불승이라 합니다. 법화경에 유유일승법唯有一乘法이요, 오직 한 불승만 있고 무이역무삼無二亦無三이라, 역시 성문, 연각, 보살로 구분한 것은 중생차원에서 얼마만큼 부처님에게 가까워 있는가? 하는 것으로 구분한 것이지 부처님 차원의 불안佛眼으로 본다면 성문승도 연각승緣覺乘도 중생도 모두가 다 부처라는 말입니다. 따라서 오직 일불승만 존재하고 다른 것은 모두가 다 가상假相이요. 실상은 일불승 뿐입니다.

일체 중생이 본래 갖춘 불성이 청정무구하여 일체의 허물을 떠났으며 이 불성을 체로하여 불과佛果에 이르기 때문에 불성계라고 한다는 말입니다. 이는 모든 부처님이 머무는 일실상一實相의 일미평등한 진여실상의 청정계율이니 따라서 진여불성, 이것은 바로 우주의 실상이기 때문에 우주의 실상은 그 우주에 따르는 규범規範이 있습니다. 봄이 되다가 봄이 안되고 겨울로 되돌아가겠습니까? 이와 똑같이 우주는 우주에 따르는 섭리攝理가 있는 것입니다. 다른 생물을 죽이는 것은 벌써 우주의 섭리를 어기는 것입니다. 훔치는 것도 우주의 섭리를 어기는 것이고, 도인이 아니면서 도인인 체 해도 우주의 섭리를 어기는 것입니다. 음행도 마찬가지입니다.

불성계는 일체 대승계의 도명都名, 즉 모두 한번에 포괄한 계의 이름인 것입니다. 범망경에 '일체중생 개유불성一切衆生皆有佛性이니, 모든 중생이 다 불성이 있는 것이니 일체의 뜻(의意)과 분별하는 식識과 또는 물질적인 색色과 또는 우리 망정妄情이나 인정人情이나 우리 마음(심心)이 모두 불성계 가운데 들어간다'고 하였습니다.

우리 인정도 역시 불쌍한 사람, 가엾은 사람을 보고서 가엾이 생각하는 것을 유교儒敎 정도로는 측은지심惻隱之心이라고 좋게 봅니다마는 부처님께서 본다면 한가지 속정俗情으로 바로 망정의 범주에 들어갑니다. 특수한 사람에게 특별히 생각하는 인정이나, 또는 우리가 쓰고 있는 중생심이라든가 모두가 다 불성 가운데 있는 것입니다. 불성 가운데 들어가면 모두가 다 불성이 되어 버립니다. 불안佛眼으로 통찰하면 일체 만유가 바로 진여불성眞如佛性입니다.

'모두 다 불성계 가운데 들어가므로 일체 인간이나 기타 유정인 자는 모두 마땅히 불성계를 수受할지니 중생이 이 불성계를 받으면 바로 제불의 자리에 들어간다'고 하였습니다. 따라서 불성계를 받고 맹세를 한다면 이미 우리는 불성자리에 들어갔다는 말입니다.

대일경大日經에 '불은 이일체상離一切相하고, 모든 상을 여의고 정계淨戒에 상주하니 이른바 모든 상을 여읜 일상일미一相一味라, 만약 이와 같이 일체상을 여의고 계에 머물면 이 계가 바로 불성계니라'고 말씀하였습니다. 여기에 있는 우리 출가사문들은 다 불성계를 받으신 분들이니까 사실은 모두 불성계 중에 지금 있는 것입니다. 따라서 일체가 모두가 다 청정합니다. 그러므로 청정한만치 청정 불성에 수순隨順해야 하겠지요.

(『圓通佛法의 要諦』, 聖輪閣, 1993, 334~336)

- **불성계**[佛性戒 buddha-nature precepts]=불계佛戒=불승계佛乘戒=대승계大乘戒=보살계菩薩戒

  일체중생一切衆生이 본래 갖춘 불성佛性이 청정무구淸淨無垢하여 일체 모든 과過를 여의고, 이 불성을 체體로 하여 불과佛果에 이름.

  모든 부처님이 머무는 일실상一實相의 정계淨戒.

  대승계大乘戒의 총칭.

- **삼취정계**[三聚淨戒]=삼취청정계三聚淸淨戒=삼취계三聚戒 ; 대승보살이 지녀야 할 계법.대승불교 보살菩薩의 계법戒法에 대한 총칭.

〈표45〉 **삼취정계** 三聚淨戒

	자리 自利		이타 利他
	지악문 止惡門	수선문 修善門	권선문 勸善門
	파악 破惡	행선 行善	섭수 攝受
이름	섭률의계• 攝律儀戒	섭선법계• 攝善法戒	섭중생계• 攝衆生戒
다른 이름	율의계 律儀戒	접선계 接善戒	요익중생계 饒益衆生戒 접생계 接生戒
예	십중계, 十重戒 48경계 四十八輕戒		
덕목 德目	단 斷	지 智	은 恩

- 섭률의계攝律儀戒; 5계・10계・250계 등 일정하게 제정된 여러 규율위의(規律威儀) 등을 통한 윤리기준.
- 섭선법계攝善法戒; 선한 것이라면 무엇이든지 총섭하는 선량한 마음을 기준으로 하는 윤리원칙.
- 섭중생계攝衆生戒; 일체의 중생을 제도한다는 대원칙에 따르는 윤리기준.

제6장

삼신과 사토
三 身　四 土

三身¹이란 佛의 三身을 云함이니 　　　　3신三身이란 부처의 세 몸을 일컬음이니

法·報·應 三身은 　　　　　　　　　　　법신, 보신, 응신(法法·報報·應應)의 3신은

其名을 『法華論²』에서 取한 　　　　　　그 이름을 『법화론法華論』에서 취한

台家所立으로써 眞³을 開하고 　　　　　천태가에서 세운 것으로 진眞을 열고

應을 合한 三身일새 　　　　　　　　　　응應을 합한 3신이니

일에 法身⁴이란 　　　　　　　　　　　　첫째 법신法身이란 본래로 갖춘

中道⁵本有⁶의 理體요 　　　　　　　　　중도中道의 진리체(이체理體)요

1　삼신三身; Skt. trikāya. 부처의 세 가지 유형. 1. 1) 법신法身. 진리 그 자체, 또는 진리를 있는 그대로 드러낸 우주 그 자체. 비로자나불과 대일여래가 여기에 해당함. 2) 보신報身. 중생을 위해 서원을 세우고 거듭 수행한 결과, 깨달음을 성취한 부처. 아미타불과 약사여래가 여기에 해당함. 3) 응신應身. 때와 장소와, 중생의 능력이나 소질에 따라 나타나 그들을 구제하는 부처. 석가모니불을 포함한 과거불과 미륵불이 여기에 해당함. 2. 1) 자성신自性身. 저절로 존재하는 진리 그 자체, 또는 그 진리를 있는 그대로 드러낸 우주 그 자체. 2) 수용신受用身. 깨달음의 경지를 되새기면서 스스로 즐기고, 또 그 경지를 중생들에게 설하여 그들을 즐겁게 하는 부처. 3) 변화신變化身. 중생을 구제하기 위해 변화하여 나타나는 부처. 이 삼신三身의 명칭과 분류, 각각의 해석에 대해서는 경론經論에 여러 가지 설이 있어 일정하지 않음.

2　법화론法華論; 법화경法華輕의 주역서註譯書. 세친이 〈묘법연화경우파제사妙法蓮華輕優波提舍〉약칭하여 법화론法華論 2권을 저술하였고 이것은 인도에 있어서의 현존하는 석론釋論으로서는 최고最古의 것이면서 가장 권위있는 것이라고 한다.

3　진眞; 진리 그 자체, 또는 진리를 있는 그대로 드러낸 우주 그 자체를 뜻함.

4　법신法身; Skt. dharma-kāya. 1. 삼신三身의 하나. 진리 그 자체, 또는 진리를 있는 그대로 드러낸 우주 그 자체. 비로자나불과 대일여래가 여기에 해당함. 2. 부처가 설한 여러 가지 가르침. 3. 부처가 갖추고 있는 십력十力·사무외四無畏 등의 여러 가지 뛰어난 능력. 4. 부처의 성품을 유지하는 주체. 모든 분별이 끊어진 지혜를 체득한 주체. 있는 그대로 대상을 직관하는 주체. 5. 있는 그대로의 진실한 모습. 6. 중생이 본래 갖추고 있는 청정한 성품.

5　중도中道; Skt. madhyamā-pratipad. 1. 쾌락과 고행의 양 극단을 떠난 바른 수행, 곧 팔정도八正道를 말함. 2. 십이연기十二緣起를 바르게 주시하는 수행. 3. 여러 인연의 일시적인 화합으로 일어나므로 불변하는 실체가 없고 이름뿐인 현상을 뜻함. 4. 서로 대립·의존하고 있는 개념을 부정으로써 드러나는 진리를 나타내는 말. 5. 마음 작용이 소멸된 상태. 집착과 분별이 끊어진 마음 상태. 유유有와 무무無의 극단을 떠나 현상을 있는 그대로 직관하는 마음 상태.

6　본유本有; 1. 본디부터 있음. 선천적으로 지니고 있음. 중생이 본래 갖추고 있는 깨달음의 성품. 2. 사유四有의 하나. 어떤 생이 결정된 후부터 죽을 때까지.

二에 報身[7]이란 因行[8]功德[9]의	둘째 보신報身이란 인행공덕因行功德의
報로써 顯發한 佛의 實智[10]라	과보로써 나타나는 부처의 실다운 지혜라
此를 二分하야 內證의	이를 둘로 나누어 안으로 증명한(내증內證)
法樂[11]을 受用하는 身을	법락法樂을 받아 쓰는(수용受用) 몸을
自受用報身이라 名하고	자수용보신自受用報身이라 이름하고
初地 已上의 菩薩에	보살초지初地인 환희지 이상의 보살에
應現되는 報身을	응해 나타나는(응현應現) 보신報身을
他受用報身이라 名하니	타수용보신他受用報身이라 이름하니
此는 次의 勝應身[12]과	이는 아래에 나오는 승응신勝應身과

---

7 보신報身; Skt. saṃbhoga-kāya. 삼신三身의 하나. 중생을 위해 서원을 세우고 거듭 수행한 결과, 깨달음을 성취한 부처. 아미타불과 약사여래가 여기에 해당함.

8 인행因行; 수행에 방해가 되는 외부의 요인에 흔들리지 아니하고 오롯이 수행 정진하는 것. 보살이 인행因行을 닦아서 깨달음의 과보果報를 얻는 것을 수인감과修因感果라고 한다.

9 공덕功德; 1. 복. 복덕. 2. 좋은 과보를 받을 선행善行. 장차 좋은 과보를 얻기 위해 쌓는 선행. Skt. Guṇa를 번역한 말로, 연기緣起와 윤회를 근본으로 하는 불교에서 가장 중시하는 행위의 하나이다. 종류는 냇물에 징검다리를 놓아 다른 사람들이 쉽게 건널 수 있게 하는 월천공덕越川功德, 가난한 사람에게 옷과 음식을 주는 구난공덕救難功德·걸립공덕乞粒功德, 병든 사람에게 약을 주는 활인공덕活人功德 등 매우 많으며, 선한 마음으로 남을 위해 베푸는 모든 행위와 마음 씀씀이가 모두 공덕이 된다. 그러나 무엇보다 가장 큰 공덕은 불법에 귀의하여 깨달음을 닦는 것(수행공덕修行功德)이고 이러한 사람을 보고 함께 기뻐하는 것(수희공덕隨喜功德)도 큰 공덕이 된다. 이러한 공덕은 끝이 없어서 수천 사람이 횃불 하나에서 저마다 홰를 가지고 와서 불을 붙여 가더라도 원래의 횃불은 사그러들지 않는 것과 같은 이치이다. 절과 탑을 세우고, 경전을 옮기며, 불상을 모시는 행위가 모두 공덕을 쌓는 것이고, 명절이나 절기·재일에 남을 돕고 액막이를 하며 방생하는 풍속도 여기에서 비롯된 것이다. 이러한 공덕은 결과보다 그것을 쌓고 닦아 가는 과정이 더 중요하다. 3. 뛰어난 능력. 4. 특질. 특성.

10 실지實智; 모든 분별이 끊어진 진실한 지혜. 분별하지 않는 깨달음의 지혜. 분별이나 추리에 의하지 않고, 있는 그대로 직관하는 지혜. 진리를 달관達觀하는 진실한 지혜. ↔ 권지權智. ▶권지權智; 중생의 차별상을 알고 그 소질에 따라 일시적인 방편으로 교화하는 지혜.

11 법락法樂; 1. 부처의 가르침을 듣거나 배우는 즐거움. 2. 진리를 깨닫고, 그것을 되새길 때 잔잔히 사무치는 즐거움.

12 승응신勝應身; 때와 장소와, 중생의 능력이나 소질에 따라 나타나 초지初地 이상의 보살들을 위해 가르침을

同體異名이오	같으며 이름만 다를 뿐(동체이명同體異名)이오
三에 應身[13]이란 應化身이라고도	셋째 응신應身이란 응화신應化身이라고도
云하니 理智不二[14]의	일컬으니 이치와 지혜가 둘이 아닌(이지불이理智不二)
妙體로부터 衆生을	묘체妙體로부터 중생을
化導[15]하기 위하야 種種으로	교화(화도化導)하기 위하야 가지가지로
應現하는 身이라 此 亦 二分하야	응현應現하는 몸이라 이 역시 둘로 나누어
初地 已上에 應現됨을 勝應身이라	초환희지 이상에 응현됨을 승응신勝應身이라
名하니 卽上의 他受用報身이오	이름하니 곧 위의 타수용보신他受用報身이오
地前의 二乘 及 凡夫에	보살초지 이전의 성문, 연각 및 범부에
應現됨을 劣應身[16]이라 名하니	응현應現됨을 열응신劣應身이라 이름하니
釋迦如來의 丈六[17]身이 卽是라	석가여래의 16척 육신이 즉 이것이라
此의 三身 中 法身如來를	이 3신三身 중 법신여래法身如來를
毘盧遮那[18]라 名하니	비로자나毘盧遮那라 이름하니

　　　　설하는 부처.
13　　응신應身; Skt. nirmāṇa-kāya 삼신三身의 하나. 때와 장소와, 중생의 능력이나 소질에 따라 나타나 그들을 구제하는 부처. 석가모니불을 포함한 과거불과 미륵불이 여기에 해당함. 1. 중생을 교화하기 위하여 때에 따라 여러 가지 모습으로 이 세상에 나타난다는 부처의 삼신三身의 하나. 2. 삼신三身의 하나. 3. 석가여래 불 역시 이의 하나이다.
14　　이지불이理智不二; 본체의 세계와 지혜로운 작용의 세계가 둘이 아님.
15　　화도化導; 교화하여 부처의 가르침으로 인도함.
16　　열응신劣應身; 때와 장소와, 중생의 능력이나 소질에 따라 나타나 십지十地 이전의 보살과 성문·연각과 범부들을 구제하기 위해 가르침을 설하는 부처.
17　　장육丈六; 1장 6척으로 현재의 미터법으로 환산하면 대략 4.85m가 된다.
18　　비로자나毘盧遮那; Skt. mahāvairocana-tathāgata vairocana는 변조변조遍照라고도 번역하고, 비로자나毘盧遮那 라고 음사함. 우주의 참모습과 진리와 활동을 의인화한 밀교密敎의 부처. 모든 부처와 보살은 대일여래의 화신이며, 우주 그 자체가 그의 법문이라고 함. 금강계만다라金剛界曼茶羅에서는 지권인智拳印을 맺고 있

遍一切處[19]라 변역하고 報身如來를 盧舍那[20]라 名하니 淨滿[21] 또는 光明遍照[22]라 譯하고 應身如來를 釋迦牟尼佛이라 名하니, 能仁寂黙覺[23]

又는 度沃焦[24]라 譯하고

변일체처遍一切處(일체 모든 곳에 두루함)라 번역하고 보신여래報身如來를 노사나盧舍那라 이름하니 정만淨滿(깨끗함이 충만함) 또는 광명변조光明遍照(광명이 두루비침)라 번역하고 응신여래應身如來를 석가모니불釋迦牟尼佛이라 이름하니, 능인적묵각能仁寂黙覺(석가모니불의 뜻 번역, 능인은 석가의 번역, 적묵은 모니의 번역)

또는 도옥초度沃焦(옥초는 만류를 흡입하는 바위산으로 곧 욕심이 한이 없는 중생을 비유하고, 이를 초월하여 건넌 도옥초는 부처님의 이름임)라 번역하고

고, 태장계만다라胎藏界曼茶羅에서는 법계정인法界定印을 맺고 있음.

19 변일체처遍一切處; 일체 모든 곳에 두루함.
20 노사나盧舍那;《범망경》에는 노사나盧舍那 부처님이 천 잎으로 된 연화대에 앉았는데, 그 천 잎이 각각 한 세계이고 노사나 부처님으로부터 화현化現한 천 석가가 그 천 세계에 있으며, 한 세계마다 백억 나라가 있고 한 나라에 한 석가가 있어 보리수 아래 앉았다. 보리수 아래에서 이 석가들이 일시에 불도를 이루니 이 모든 천백억 부처님이 모두 노사나 부처님의 분신이다. 이 천백억 석가 부처님이 중생을 각각 이끌고 노사나 부처님 처소에 이르어 가르침을 청하여 들으면 모든 중생에게 해탈의 문이 열린다고 한다.
21 정만淨滿; 제악을 모두 없애므로 정淨이라 하고, 덕스러움에 있어서 모두 원만함으로 만滿이라고 한다.
22 광명변조光明遍照; 모든 곳에 두루 비침.
23 능인적묵각能仁寂黙覺; 불교佛敎의 개조開祖 석가모니釋迦牟尼를 일컬음.
24 도옥초度沃焦; saver from the burning rock. 부처님의 다른 이름으로, 연옥 위 바다 속의 불타는 바위와 같이 욕망에 불타는 중생을 제도한다는 의미. 옥초는 만류를 흡입하는 바위산으로 곧 욕심이 한이 없는 중생을 비유하고, 이를 초월하여 건넌 도옥초는 부처님의 이름임. "An epithet of Buddha who rescues all the living from being consumed by their desires, which resemble the burning rock in the ocean above purgatory."『번역명의집翻譯名義集』

此 三身을 彼宗所立의 四土[25]에	저 종파(천태종)에서 세운 사토四土에
配分하면 法身은 寂光土에,	배분하면 법신法身은 적광토寂光土(상적광토 常寂光土의 약칭, 적정상주寂靜常住인 진리의 지혜에 의해 비추어 보이는 세계)에,
報身은 實報土에,	보신報身은 실보토實報土(실보무장애토 實報無障碍土의 약칭, 중도의 이치를 증득한 자가 가서 나는 정토)에,
勝應身은 方便土에,	승응신勝應身은 방편토方便土(방편유여토方便有 餘土의 약칭)에,
劣應身은 同居土에	열응신劣應身은 동거토同居土(범성동거토凡聖同 居土의 약칭)에 사느니라
處하니라	
自性・受用・變化	자성신自性身・수용신受用身・변화신變化身의
三身은 其 名을 『佛地論[26]』에서	3신은 그 이름을 『불지론佛地論』과
取한 法相宗의	『유식론唯識論』에서 취한 법상종法相宗에서

---

25 사토四土; 범부와 성자의 네 가지 세계. 1) 범성동거토凡聖同居土. 범부와 성자가 함께 사는 세계. 2) 방편유여토方便有餘土. 모든 현상에는 불변하는 실체가 없다고 주시하는 공관空觀과 모든 현상은 여러 인연의 일시적인 화합으로 존재한다고 주시하는 가관假觀을 닦아 이치와 현상에 대한 모든 번뇌를 끊었으나 아직 무명의 번뇌가 남아 있는 성문聲聞・연각緣覺・보살菩薩들의 세계. 3) 실보무장애토實報無障礙土. 공空이나, 여러 인연의 일시적인 화합으로 존재하는 현상의 어느 한쪽에 치우치지 않는 진리를 주시하는 중관中觀을 닦아 무명을 끊음으로써 진실한 과보를 받아 걸림 없는 보살들의 세계. 4) 상적광토常寂光土. 청정한 지혜의 광명을 있는 그대로 드러내는 진리 그 자체, 우주 그 자체를 부처의 세계로 간주한 말. 곧, 법신불法身佛의 세계.

26 불지론佛地論; Skt. Buddhabhūmy-upadeśa, Buddhabhūmisūtra-śāstra, Buddhabhūmi-śāstra. Treatise on the Buddha-bhūmi-sūtra. 불지경론佛地經論. . Seven fasc.; by Bandhuprabha 친광親光 et al. Translated by Xuanzang 현장玄奘 in 650. 동아시아 불교의 유식학 완성에 매우 중요한 경론. 오성각별五性各別, 사지四智, 삼성三性, 이장二障 등이 자세히 나와 있음.

所立으로서 此亦 眞을 開하고　　　　　　세운 것으로서 이 역시 진眞을 세분하고

應을 合한 三身이니　　　　　　　　　　응應을 합合한 3신이니

一에 自性身[27]이란 곧　　　　　　　　첫째 자성신自性身이란 곧

上의 法身이오　　　　　　　　　　　　위에서 말하는 법신法身이오

二에 受用身[28]이란 二分하야　　　　　둘째 수용신受用身이란 다시 둘로 나누어

唯佛與佛의 境界로서　　　　　　　　　오직 부처만이 부처와 더불은 경계로서

佛自身만이 受用하는 法樂의 佛身을　　부처만이 받아쓰는 법락法樂의 부처몸을

自受用身[29]이라 名하니　　　　　　　자수용신自受用身이라 이름하니

此는 大圓鏡智[30]의 所變이오　　　　　이는 대원경지大圓鏡智의 변화한 바이오

또 初地 已上의 菩薩로 하야금　　　　　또 초환희지(초지初地) 이상의 보살로 하여

感見受用[31]하는　　　　　　　　　　　금 느끼고 보고 수용(감견수용感見受用)하는

法樂[32]의 佛身을 他受用身[33]이라　　법락法樂의 부처몸을 타수용신他受用身이라

名하니 上의 勝應身인 同時에　　　　　이름하니 위의 승응신勝應身인 동시에

27　자성신自性身; Skt. svabhāva-kāya 삼신三身의 하나. 저절로 존재하는 진리 그 자체, 또는 그 진리를 있는 그대로 드러낸 우주 그 자체를 뜻함.

28　수용신受用身; Skt. saṃbhoga-kāya 삼신三身의 하나. 깨달음의 경지를 되새기면서 스스로 즐기고, 또 그 경지를 중생들에게 설하여 그들을 즐겁게 하는 부처. 보신報身과 같음.

29　자수용신自受用身; 깨달음의 경지를 되새기면서 스스로 즐기는 부처. 수행의 결과로서 얻어진 불과佛果와 자내증自內證의 법문을 스스로 수용하고 즐기는 부처.

30　대원경지大圓鏡智; 사지四智의 하나. 번뇌에 오염된 아뢰야식阿賴耶識을 질적으로 변혁하여 얻은 청정한 지혜. 이 지혜는 마치 모든 것을 있는 그대로 비추어 내는 크고 맑은 거울처럼, 아뢰야식에서 오염이 완전히 제거된 상태이므로 이와 같이 말함.

31　감견수용感見受用; 1. 즐기고 음미함. 2. 받아 지니고 활용함.

32　법락法樂; 1. 부처의 가르침을 듣거나 배우는 즐거움. 2. 진리를 깨닫고, 그것을 되새길 때 잔잔히 사무치는 즐거움.

33　타수용신他受用身; 깨달음의 경지를 중생들에게 설하여 그들을 즐겁게 하는 부처.

平等性智^{34}의 所現이오	평등성지平等性智의 나타난 바이오
三에 變化身^{35}이란	셋째 변화신變化身이란
初地 已前의 菩薩 또는	미처 보살 초환희지에 이르지 못하였거나
二乘 凡夫 及 諸聚의 衆生에	또는 성문, 연각 범부 및 6도윤회 중생에
對하야 感見케 하는 種種의	대하여 느끼고 보게 하는 가지가지의
變化身인 同時에 成所作智^{36}의	변화신變化身인 동시에 성소작지成所作智의
所現이오 上의 劣應身이니라	나타난 바이오 위의 열응신劣應身이니라
法·應·化 三身은	법신 응신 화신의 3신은
「最勝王經」所說로서	「최승왕경最勝王經」에 설한 바로서
眞을 合하고 應을 開한 三山이니	진眞을 합하고 응應을 세분한 3신이니
自性身과 自受用身^{37}을 合하야	자성신自性身과 자수용신自受用身을 합하여
法身이라 云하고 應化身을	법신法身이라 일컫고 응화신應化身을
開하야 他受用身^{38}을 應身,	세분하여 타수용신他受用身을 응신應身,
變化身을 化身이라 謂하나라	변화신變化身을 화신化身이라 이르느니라
그리고 法·報·化 三身은	그리고 법신 보신 화신의 3신은

---

34 평등성지平等性智; 사지四智의 하나. 번뇌에 오염된 말나식末那識을 질적으로 변혁하여 얻은 청정한 지혜. 이 지혜는 자아에 대한 집착을 떠나 자타自他의 평등을 깨달아 대자비심을 일으킴으로 이와 같이 말함.

35 변화신變化身; Skt. nirmāṇa-kāya. 1. 삼신三身의 하나. 중생을 구제하기 위해 변화하여 나타나는 부처. 2. 부처가 중생을 구제하기 위해 범천梵天·제석帝釋·범부凡夫·마왕魔王·축생畜生 등 여러 가지 모습으로 변화하여 나타나는 것.

36 성소작지成所作智; 사지四智의 하나. 번뇌에 오염된 전오식前五識을 질적으로 변혁하여 얻은 청정한 지혜. 이 지혜는 중생을 구제하기 위해 해야 할 것을 모두 성취함으로 이와 같이 말함.

37 자수용신自受用身; 깨달음의 경지를 되새기면서 스스로 즐기는 부처. 수행의 결과로서 얻어진 불과佛果와 자내증自內證의 법문을 스스로 수용하고 즐기는 부처

38 타수용신他受用身; 깨달음의 경지를 중생들에게 설하여 그들을 즐겁게 하는 부처.

大小乘이 通用하나 　　　대승과 소승이 함께 쓰는 용어이나
대 소 승　　통 용

其 名은 通하고 其 義는 別하야 　　그 이름은 함께 쓰되 그 뜻은 달라
기 명　통　　　기 의　별

大乘은 已上 諸義를 攝하되 　　　대승은 이상 모든 뜻을 포함하되
대 승　이 상 제 의　섭

小乘은 戒・定・慧・解脫・ 　　　소승은 계戒・정定・혜慧・해탈解脫・
소 승　계　정　혜　해 탈

解脫知見 五品의 功德을 　　　해탈지견解脫知見 5품品의 공덕을
해 탈 지 견 오 품　공 덕

法身이라 하고 王宮所生인 　　　법신이라 하고 왕궁에서 태어난
법 신　　　　왕 궁 소 생

相好의 形을 報身이라 하며 　　　32상 80종호의 모습을 보신이라 하며
상 호　형　보 신

獼猴[39] 等으로 化現함을 　　　원숭이 등으로 화현化現함을
미 후　등　　　화 현

化身이라 云하나니라 　　　화신이라 일컫느니라
화 신　　　운

39　　미후獼猴; 원숭이.

⟨표46⟩ 3신4토 三身四土

삼신 三身							사토 四土
법화론 法華論			불지론 佛地論 유식론 唯識論	최승왕경 最勝王經			
천태종			법상종		소승 小乘		천태종
개진합응; 開眞合應 진을 개하고 응을 합 眞 開 應 合			개진합응; 開眞合應 진을 개하고 응을 합 眞 開 應 合	합진개응; 合眞開應 진을 합하고 응을 개 眞 合 應 開			
법신 法身		비로자나 毘盧遮那	자성신 自性身	법신 法身	오품(계·정·혜· 五品 戒 定 慧 해탈·해탈지견)의 解脫 解脫知見 공덕 功德	법신 法身	적광토 寂光土
보신 報身	자수용보신 自受用報身	노사나 盧舍那	자수용신 自受用身 대원경지의 大圓鏡智 소변 所變		싯달타태자의 상호의 형 相好 形	보신 報身	실보토 實報土
응신 應身	타수용보신 他受用報身 승응신 勝應身	석가모니 釋迦牟尼	수용신 受用身				
			타수용신 他受用身 평등성지의 平等性智 소현 所現	응신 應身	원숭이 등으로 화현 化現	화신 化身	방편토 方便土
	열응신 劣應身		변화신 變化身 성소작지의 소현 成所作智 所現	화신 化身			동거토 同居土

❖ **법法 · 보報 · 응應 삼신三身**; 기명其名을 『법화론法華論』에서 취취한 태가소립台家所立으로써 진진眞을 개개開하고 응응應을 합합한 삼신三身

<표47> 법法 · 보報 · 응應 삼신三身

3신	세분	뜻	동의어
법신 法身		중도본유의 이체 中道本有 理體	법신여래=비로자나=변일체처 法身如來 毘盧遮那 遍一切處 (일체 모든 곳에 두루함)
보신 報身		인행공덕의 보로써 현발한 불의 실지 因行功德 報 顯發 佛 實智	보신여래= 노사나=정만(깨끗함이 충만함) 報身如來 盧舍那 淨滿 또는 광명변조(광명이 두루비침) 光明遍照
	자수용보신 自受用報身	내증의 법락을 수용하는 신 內證 法樂 受用 身	
	타수용보신 他受用報身	초지 이상의 보살에 응현되는 보신 初地 已上 菩薩 應現 報身	
응신 應身 응화신 應化身	승응신 勝應身	초지 이상에 응현됨 初地 已上 應現	응신여래= 석가모니불=능인적묵각(석가모니불의 뜻 번역, 應身如來 釋迦牟尼佛 能仁寂覺 능인은 석가의 번역, 적묵은 모니의 번역) 또는 도옥초(옥초는 度沃焦 만류를 흡입하는 바위산으로 곧 욕심이 한이 없는 중생을 비유하고, 이를 초월하여 건넌 도옥초는 부처님의 이름임)
	열응신 劣應身	지전의 이승 및 범부에 응현됨 地前 二乘 凡夫 應現	
		이지불이의 묘체로부터 중생을 화도하기 위하야 理智不二 妙體 衆生 化導 종종으로 응현하는 신(예; 석가여래의 장육신) 種種 應現 身 釋迦如來 丈六身	

❖ **자성自性 · 수용受用 · 변화變化 삼신三身**；『불지론佛地論』과『유식론唯識論』에서 취取한 법상종法相宗의 소립所立, 진眞을 개開하고 응應을 합合한 삼신三身

〈표48〉 자성自性 · 수용受用 · 변화變化 삼신三身

3신		뜻	4지 四智
자성신 自性身		위 표의 법신 法身	
수용신 受用身	자수용신 自受用身	유불여불의 경계로서 불자신만이 수용하는 법락의 불신 唯佛與佛　　　　　佛自身　　　法樂　佛身	대원경지의 소변 大圓鏡智　所變
	타수용신 他受用身	초지 이상의 보살로 하여금 감견수용하는 법락의 불신. 初地 已上　菩薩　　　感見受用　　法樂　佛身 위 표의 승응신. 勝應身	평등성지의 소현 平等性智　所現
변화신 變化身		초지 이전의 보살, 또는 2승 범부 및 6도중생에 대하여 初地　　菩薩　　　二乘 凡夫 감견하는 여러종류의 변화신. 感見　　　　　變化身 위 표의 열응신. 劣應身	성소작지의 소현 成所作智　所現

❖ **법法 · 응應 · 화化 삼신三身**；《최승왕경最勝王經》소설所說로서 진眞을 합合하고 응應을 개開한 삼신三身

〈표49〉 법法 · 응應 · 화化 삼신三身

3신		대비	
법신 法身		자성신 自性身	
		자수용신 自受用身	
응신 應身		타수용신 他受用身	응화신 應化身
화신 化身		변화신 變化身	

* **법法 · 보報 · 화化 삼신三身**; 대소승大小乘이 통용通用하나 그 이름은 통통하고 그 뜻은 달라

    대승大乘; 이상已上 제의諸義를 섭섭攝함.

    소승小乘; 법신法身; 계계戒 · 정정定 · 혜혜慧 · 해탈解脫 · 해탈지견解脫知見 5품五品의 공덕功德.

    보신報身; 왕궁소생王宮所生인 상호相好의 형형.

    화신化身; 미후獼猴 등으로 화현化現함.

〈표50〉 4토四土 (four lands)

천태종에서 분류한 범부와 성자의 네 가지 세계. The four buddha-kṣetras, or realms, of Tiantai

4토 四土	뜻	영어설명
범성동거토	범부와 성자가 함께 사는 세계.	Lands where enlightened ones live together with unenlightened ones. The realm where all classes dwell– men, devas, buddhas, disciples, nondisciples; it has two divisions, the impure, e. g. this world, and the pure, e. g. the 'Western' Pure Land.
방편유여토 方便有餘土	모든 현상에는 불변하는 실체가 없다고 주시하는 공관空觀과 모든 현상은 여러 인연의 일시적인 화합으로 존재한다고 주시하는 가관假觀을 닦아 이치와 현상에 대한 모든 번뇌를 끊었으나 아직 무명의 번뇌가 남아 있는 성문聲聞 · 연각緣覺 · 보살菩薩들의 세계.	Land of skillful means with remainder, where the occupants have got rid of the evils of 견사見思 unenlightened views and thoughts, but still have to be reborn; where śrāvakas and pratyekabuddhas live.
실보무장애토 實報無障礙土	공空이나, 여러 인연의 일시적인 화합으로 존재하는 현상의 어느 한쪽에 치우지 않는 진리를 주시하는 중관中觀을 닦아 무명을 끊음으로써 진실한 과보를 받아 걸림 없는 보살들의 세계.	The realm of permanent reward and freedom, for those who have newly attained bodhisattva rank.
상적광토 常寂光土	청정한 지혜의 광명을 있는 그대로 드러내는 진리 그 자체, 우주 그 자체를 부처의 세계로 간주한 말. 곧, 법신불法身佛의 세계.	Realms of the eternally tranquil light of the dharmakāya; but it is also said that in reality all the others are included in this, and are only separated for pedagogical purposes. "We are originally in the four kinds of lands, so we live in the same land as the Buddha."

第一節 法身의 體性
제1절 법신의 체성

法身의 體性[1]을 論함에
諸家가 不同하니 小乘은 理性을
不論하고 다만 戒·定·慧·
解脫·解脫知見 五品의
功德으로써 法身이라 하고
此를 五分法身[2]이라 稱하며
大乘의 諸家인 三論宗[3]은

법신의 본체성품(체성體性)을 논함에
각 종파가 같지 않으니 소승은 이성理性을
논하지 않고 다만 계戒·정定·혜慧·
해탈解脫·해탈지견解脫知見 오품五品의
공덕功德으로써 법신이라 하고
이를 5분법신分法身이라 칭하며
대승의 각 종파 중에서 삼론종三論宗은

---

1 체성體性; 1. 변하지 않는 본성이나 실체. 2. 본래 갖추고 있는 성품.
2 오분법신五分法身; Skt. pañca-dharma-skandhāḥ. Pāli pañca-dhamma-kkhandhā. five-part Dharma body. 부처와 아라한이 갖추고 있는 다섯 가지 공덕. · The five attributes of the spiritual body of the tathāgata, attained either at the stage of no more learning 무학위無學位, or at Buddhahood. The meaning of this term is that the body naturally contains the following five virtuous aspects: 1) 계신戒身; morality body. 행동과 말이 청정함. 2) 정신定身; concentration body. 모든 현상은 인연 따라 생기므로 거기에 불변하는 실체가 없다고 관조하는 공삼매空三昧와 대립적인 차별은 없다고 관조하는 무상삼매無相三昧와 원하고 구할 것은 없다고 관조하는 무원삼매無願三昧를 성취함. 3) 혜신慧身; wisdom body. 바르게 보고 바르게 앎. 4) 해탈신解脫身; liberation body. 사제四諦를 명료하게 이해하는 지혜를 갖추어 무지에서 벗어남. 5) 해탈지견신解脫知見身; body with full awareness of the state of liberation. 자신은 이미 사제四諦를 체득했다고 아는 진지盡智와 자신은 이미 사제를 체득했기 때문에 다시 체득할 필요가 없다고 아는 무생지無生智를 갖춤.《열반경涅槃經》Eitel interprets this by exemption from all materiality (rūpa); all sensations (vedanā); all consciousness (saṃjñā); all moral activity (karman); all knowledge (vijñāna). The esoteric school has its own group. See also 오종법신五種法身.
3 삼론종三論宗; 용수龍樹의 중론中論과 십이문론十二門論, 제바提婆의 백론百論에 의거하여 성립된 학파. 구마라집鳩摩羅什 문하의 승조僧肇·승도僧導 등이 삼론에 정통하였고, 이 학파의 계통은 승랑僧朗 — 승전僧詮 — 법랑法朗 — 길장吉藏으로 계승됨. 승랑은 고구려의 승려로, 5세기 말에 중국으로 가서 삼론을 연구하여 그 체계를 세움. 양梁의 무제武帝는 천감天監 11년(512)에 학승 10명을 뽑아 섭산攝山에 머물고 있던 승랑에게 보내 수학하게 하였는데, 그중에서 승전이 뛰어나 그의 법을 이음. 법랑은 제자가 25명이었는데, 그의 법을 계승한 길장이 삼론학을 대성하였으나 당대唐代에 쇠퇴함.

實相_{실상}으로써 法身_{법신}이라 하니 實相_{실상}이란 실상實相을 법신이라 하니 실상實相이란

諸法空_{제법공}의 모든 것이 비어있다는(제법공諸法空)

空理_{공리}로서 공도리(공리空理)로서 참으로 비어 모양이

眞空⁴_{진공} 無相⁵_{무상}이 없는 것(진공무상眞空無相)이

法身_{법신}의 體性_{체성}일새 無邊_{무변}의 법신의 본체성품이니 가없는

身相_{신상}을 現_현한다 함이오 몸모습(신상身相)을 나타낸다 함이오

法相宗⁶_{법상종}은 法身_{법신}을 二種_{이종}에 分_분하야 법상종法相宗은 법신을 두가지로 나누어

一_일은 三身總具_{삼신총구}의 하나는 3신을 모두 갖춘(삼신총구三身總具)

---

4   진공眞空; Skt. ākāśa; śūnyatā. 1. 모든 현상에는 불변하는 실체가 없다는 공空의 관념도 또한 공空이라는 뜻. 2. 공空에 치우치지 않고, 여러 인연의 일시적인 화합으로 존재하는 현상을 긍정하는 진실한 공空. 유有 아닌 유를 묘유妙有라 함에 대하여, 공 아닌 공을 진공이라 하니, 대승의 지극한 진공을 말함. 3. 모든 차별을 떠난 있는 그대로의 모습. 4. 모든 분별이 끊어진 마음 상태. 부처의 성품. 진여의 이성理性은 일체 미혹한 생각으로 보는 상相을 여의었으므로 진공. 곧 『기신론』에서 말한 공진여空眞如, 『유식론』에서 말한 이공진여二空眞如, 『화엄경』에서 말한 3관 중의 진공관眞空觀. 5. 소승의 열반. 거짓이 아니므로 진, 상相을 여의었으므로 공. 아무것도 없는 편진단공偏眞單空. 6. 충담忠湛의 시호.

5   무상無相; 1. Skt. animitta. 고유한 형체나 모양이 없음. 불변하는 실체나 형상이 없음. 고유한 실체가 없는 공空의 상태. 2. Skt. animitta. 대립적인 차별이나 분별이 없음. 대상에 가치나 감정을 부여하지 않음. 형상을 떠남. 집착이나 속박에서 벗어남. 3. Skt. alakṣaṇa. 특징이 없음. 모든 사물에는 고정적(모습)·실체적(모양) 특질이 없다는 의미. 상相은 특징을 말한다. 유상有相의 반대어. 무상은 공空의 사상을 근본으로 한다. 모든 사물은 공이며 자성自性이 없다. 그러므로 무상이며, 무상이기 때문에 청정淸淨하게 된다. 또한 무상은 차별·대립의 모습[상相]을 초월한 무차별의 상태를 말하기도 하는데, 그 수행을 무상관無相觀, 무상삼매無相三昧라고 한다. 또한 불교 수행의 최고경지인 삼해탈문三解脫門(공空·무상無相·무원無願)의 무상은 일체의 집착을 떠난 경지를 말한다. 따라서 무상은 열반涅槃의 이명異名으로 사용되기도 하였다. 4. 684~762. 신라 출신의 승려. 성姓은 김金. 728년에 당唐에 가서 처적處寂(665~732)에게 사사師事하여 그의 법을 이어받음. 사천성四川省 정중사淨衆寺에 머물면서 전파한 무상의 선법禪法을 정중종淨衆宗이라 함. 정중사에서 입적함.

6   법상종法相宗; 중국 당나라 승려 자은대사(613-682) 규기窺基가 종조이다. 유식사상唯識思想과 미륵신앙彌勒信仰을 기반으로 하여 성립되었다. 법상종의 교의敎義가 되는 유식사상은 중관파中觀派와 함께 인도 대승불교의 2대 학파를 이루는 유가행파瑜伽行派의 교학敎學으로 중국에서는 현장玄奘이 소개하고 그의 제자 규기窺基가 하나의 종파로 성립시켰다. 이 종파는 인식의 대상이 되는 일체법의 사상事相에 대한 고찰과 분류 해명을 연구의 중심으로 삼는다고 하여 법상종이라 하였는데, 규기가 자은사慈恩寺를 중심으로 활동했기 때문에 자은종慈恩宗이라고도 한다.

法身이오 一은 三身 中의 法身이라
법신　　일　　삼신중　　법신

總相의 法身이란
총상　　　법신

淸淨法界의 眞如와 有爲·
청정법계　　진여　　유위

無爲에 대한 四智[7] 等의
무위　　　　사지　등

五法을 法身이라 함이오
오법　　법신

別相의 法身이란 오직
별상　　법신

無爲의 眞如를 法身이라 함이니
무위　진여　　법신

前에 云함과 如하며
전　　운　　　여

華嚴·天台 等의 一乘[8]宗은 法身에
화엄　천태 등　일승　종　　법신

법신이오 또 하나는 3신 중 법신이라

3신을 모두 갖춘 총상總相의 법신이란

청정법계淸淨法界의 진여와 유위有爲·

무위無爲에 대한 네가지 지혜(사지四智) 등等의

5법法을 법신이라 함이오

3신 중 법신인 별상別相의 법신이란 오직

무위無爲의 진여眞如를 법신이라 함이니

앞에 언급한 바와 같으며

화엄종, 천태종 등의 1승乘종은 법신에

7　사지四智; 1. 번뇌에 오염된 팔식八識을 질적으로 변혁하여 얻은 네 가지 청정한 지혜. 1) 대원경지大圓鏡智. 오염된 아뢰야식阿賴耶識을 질적으로 변혁하여 얻은 청정한 지혜. 이 지혜는 마치 모든 것을 있는 그대로 비추어 내는 크고 맑은 거울처럼, 아뢰야식에서 오염이 완전히 제거된 상태이므로 이와 같이 말함. 불과佛果에서 처음으로 얻는 지혜. 2) 평등성지平等性智. 오염된 말나식末那識을 질적으로 변혁하여 얻은 청정한 지혜. 이 지혜는 자아에 대한 집착을 떠나 자타自他의 평등을 깨달아 대자비심을 일으킴으로 이와 같이 말함. 통달위通達位에서 그 일부분을 증득하고, 불과佛果에 이르러 그 전체를 증득한다. 3) 묘관찰지妙觀察智. 오염된 제육식第六識을 질적으로 변혁하여 얻은 청정한 지혜. 이 지혜는 모든 현상을 잘 관찰하여 자유 자재로 가르침을 설하고 중생의 의심을 끊어 주므로 이와 같이 말함. 5불佛 중에서는 아미타불에 해당한다. 4) 성소작지成所作智. 불과佛果에 이르러 유루有漏의 전오식前五識과 그 상응심품相應心品을 전사轉捨하고 얻은 지혜. 10지 이전의 보살·2승·범부 등을 이락利樂케 하기 위하여 시방十方에서 3업으로 여러 가지 변화하는 일을 보여 각기 이락을 얻게 하는 지혜. 이 지혜는 중생을 구제하기 위해 해야 할 것을 모두 성취함으로 이와 같이 말함.

8　일승一乘; Skt. eka-yāna. 1. 승乘은 타는 것, 곧 수레나 배(선船)를 말하며, 중생을 깨달음으로 인도하는 부처의 가르침을 뜻함. 즉 부처님의 교법敎法을 가르킴. 교법에는 소승·대승·3승·5승의 구별이 있는데, 일체 중생이 모두 성불한다는 견지에서 그 구제하는 교법이 하나 뿐이고, 또 절대 진실한 것이라고 주장하는 것이 1승.《법화경》을 일승경 또는 일승의 묘전妙典이라 하며, 이 경을 소의경전으로 삼는 천태종天台宗을 원종圓宗이라 함은 이 뜻임. 깨달음에 이르게 하는 오직 하나의 궁극적인 부처의 가르침. 부처가 중생의 능력이나 소질에 따라 여러 가지로 가르침을 설하였지만, 그것은 결국 하나의 가르침으로 귀착한다는 뜻. 2. 고구려 스님. 보장왕 때의 고승 보덕普德의 제자. 심정·대원 등과 함께 대원사를 창건.

| 該攝⁹과 | 모든 차별적인 것을 하나의 절대로 |
| 해섭 | |

타성일편하는 곧 3승이 1승에 포섭되는

해섭該攝과

分相의	3승과 1승을 차별하는 분상分相의
분상	
二門을 立한 것이나	2문門을 세운 것이나
이 문 립	
分相門¹⁰의 三身 中에서	분상문의 삼신 중에서
분상문 삼신 중	
所證의 理를	증명의 대상(소증所證)이 되는 이치(리理)를
소증 리	
法身이라 하고 能證의	법신이라 하고 증명의 주체(능증能證)인
법신 능증	
智를 報身이라 함이 法相宗과	지혜(지智)를 보신이라 함이 법상종과
지 보신 법상종	
同一하나 其 理論에 있어 法相宗과	동일하나 그 이론理論에 있어 법상종과
동일 기 이론 법상종	
如히 凝然¹¹眞常¹²의	같이 불변의 항상한(응연진상凝然眞常)
여 응연 진상	
眞如가 않이오	진여眞如가 아니오
진여	
華嚴의「萬有를 總該¹³한	화엄의「만유萬有를 모두 갖춘
화엄 만유 총해	
一眞法界¹⁴」람과	하나의 참법계(일진법계一眞法界)」라는 것과
일진법계	

---

9 해섭該攝; 갖추어 몰아잡음. ▶해섭문該攝門; 화엄학에서, 삼승三乘은 일승一乘에 포함되므로 그 둘은 구별이 없다는 방면. 이에 반해, 삼승三乘과 전혀 다른 일승一乘이 있다는 방면은 분상문分相門이라 함.

10 분상문分相門; 1. 차별하여 갈라놓은 방면. 2. 화엄학에서, 삼승三乘과 전혀 다른 일승一乘이 있다는 방면. 이에 반해, 삼승三乘은 일승一乘에 포함되므로 그 둘은 구별이 없다는 방면은 해섭문該攝門이라 함.

11 응연凝然; 불변하는 모양. 아무런 작용을 하지 않고 가만히 있는 것.

12 진상眞常; 환망幻妄이 아니고 참되고 항상한 것.

13 총해總該; 총괄, 모두 포함. 다 갖춤.

14 일진법계一眞法界; one true realm of reality. 진여법계眞如法界. 화엄종의 '이리理', 천태종의 '실상實相', 유식종唯識宗의 '승의勝義(가장 심오한 도리)'. 화엄종에서 쓰는 극리極理를 말하는 것으로 천태종에서 쓰는 제법실상諸法實相을 말함과 같음. 유식론 9에 "승의勝義의 승의勝義는 일진법계一眞法界를 말한다."하였고, 화엄대소華嚴大疏에 "왕복往復함에 가이 없고 동정動靜의 한 말이 중묘衆妙를 포함하여도 남음이 있고, 언

天台의「諸法을 圓融한	천태의「모두(제법諸法)를 원만히 융합(원융圓
諸法實相」이람은	融)한 만물즉실상(제법실상諸法實相)」이라 함은
空理인	모든 법은 실체가 없고 공(공리空理)하다는
三論家의 云謂하는 實相이 않이오	삼론가三論家에서 말하는 실상實相이 아니오
또 法相宗과 如히 法身의 理는	또 법상종과 같이 법신의 이치는
無爲요 報身의 智는 有爲라 하야	무위無爲요 보신의 지혜는 유위有爲라 하여
無爲·有爲의 性相이	무위·유위의 본성과 모양(성상性相)이
各別하다고 云謂함이 않이라	각각 다르다고 말함이 아니라
眞如의 法이 隨緣하야 萬德의	진여의 진리가 인연 따라 만덕萬德의
智相을 現함일새	지혜모습(지상智相)을 나타냄이니
理智가	본체의 이치와 현상의 지혜(이지理智)가
本 不二요	본래 둘이 아니오
法性의 體에 스사로 能照의	법성의 본체에 스스로 능히 비추는
智用을 兼具함일새	지혜의 작용을 함께 갖추었으므로
理·智가 本 一體라	이치와 지혜(이리·지智)가 본래 한 몸이라

사언사思를 초월超越하여 회출廻出하는 것은 그 오직 법계法界뿐이다." 하였으며, 대소초大疏鈔 1에 "일진법계一眞法界로 현묘체玄妙體를 삼는다" 하였음. 사사事事와 물물物物과 일미一微와 일진一塵이 모두 족히 일진법계一眞法界가 된다. 그 체體가 절대絶對이므로 1이라 하고, 진실하므로 진眞이라 하며 일체만법一切萬法을 융섭융섭하였으므로 법계法界라 한다는 화엄경 일부一部의 주의主意다. 삼장법수三藏法數 4에 "둘이 아닌 것(무이無二)을 일一이라 하고, 허망하지 않음을 진眞이라 하고, 서로 통하고 화합포섭함을 법계法界라 하니 곧 이는 제불평등법신諸佛平等法身이며, 본래로 생멸이 없고, 공도 아니고 유도 아니며, 명상(이름과 모양)을 떠나 있고, 안팎이 없으며, 오직 하나의 진실이고, 불가사의함을 이름하여 일진법계라 한다. [무이왈일無二曰一, 불망명진不妄名眞, 교철융섭交徹融攝, 고왈법계故曰法界, 즉시제불평등법신即是諸佛平等法身. 종본이래불생불멸從本以來不生不滅, 비공비유非空非有, 이명이상離名離相, 무내무외無內無外, 유일진실惟一眞實, 불가사의不可思議, 시명일진법계是名一眞法界]"라 하였음.

理리・智지가 共공히	이치와 지혜(이리・지智)가 모두
無무爲위常상住주의	인연생멸을 떠나 상주하는 자연이오
法법爾이요 無무作작이나 能능照조・所소照조와	조작이 없으나 주관과 객관,
能능緣연[15]・所소緣연[16]의 義의相상에 의하야	조건과 조건지워진 것이라는 뜻에 의하여
法법・報보의 二이身신을 分분할 뿐이라며	법신과 보신의 두 몸으로 나눌 뿐이라며,
眞진言언宗종은 地지・水수・火화・風풍・	진언종眞言宗은 지地・수水・화火・풍風
空공・識식의 六육大대를	4대원소에 공空・식識의 2대를 더해 6대六大를
法법身신이라 云운하고 此차 六육大대는	법신이라 말하고 이 6대六大는
事사法법이니만큼	현상계의 일(사법事法)이니만큼
法법身신에 本본來래 色색相상을 具구하고	법신에 본래 물질모습을 갖추고
人인格격을 有유함이 顯현敎교의	인격人格을 갖춤이 현교顯敎의
報보化화佛불과 如여하야 六육大대는	보신불, 화신불과 같아 6대六大는
無무碍애涉섭入입할새	각각 장애없이 서로 넘나드니(무애섭입無碍涉入)
差차別별하기 難난하나	차별하기 어려우나
前전 五오大대를 自자性성身신인	지수화풍공의 전5대前五大를 자성신自性身인
理리法법身신 곧 胎태藏장界계의 大대日일이라 하고	이법신理法身 곧 태장계의 대일大日이라 하고
第제六육의 識식大대를 自자受수用용身신인	제6의 식대識大를 자수용신自受用身인
智지法법身신 곧 金금剛강界계의	지법신智法身 곧 금강계의
大대日일이라 하나니라	대일大日이라 하느니라

---

15   능연能緣; Skt. ālamba. 대상을 인식하는 주관.

16   소연所緣; Skt. ālambana. 인식 대상.

〈표51〉 법신法身의 체성體性

제가 諸家		이성 理性	법신 法身	법신의 내용	비고
소승 小乘		불론 不論	오분법신 五分法身	계·정·혜·해탈·해탈지견 戒 定 慧 解脫 解脫知見 오품의 공덕 五品 功德	
대승 大乘	삼론종 三論宗	제법공의 공리 諸法空 空理	실상 實相	진공무상이 법신의 체성으로; 眞空無相 무변의 신상을 현 無邊 身相 現	
	법상종 法相宗	법신의 이는 무위 法身 理 無爲	총상의 법신 總相	삼신총구의 법신, 三身總具 오법[청정법계진여+사지] 五法 眞如 四智	보신의 지는 유위 報身 智 有爲
			별상의 법신 別相	삼신중의 법신, 三身中 무위의 진여 無爲 眞如	
일승종 一乘宗	화엄종 華嚴宗	소증의 이 所證 理	일진법계 一眞法界	만유를 총해 萬有 總該	능증의 지=보신 能證 智 報身
	천태종 天台宗	소증의 이 所證 理	제법실상 諸法實相	제법을 원융 諸法 圓融	능증의 지=보신 能證 智 報身
진언종 眞言宗			육대 六大	전5대; 자성신인 이법신, 태장계 대일 식대; 자수용신인 지법신, 금강계의 대일	육대 사법이 보화불 六大 事法 報化佛

380 | 금강심론 주해

第二節 四種의 五法身[1]
제2절 네 종류의 5법신

一은《菩薩瓔珞經》[2]의
所說일새 其 一엔
如如智[3]法身이니 如如[4]의
理를 證한 實智[5]요

네 종류 중 첫째는《보살영락경菩薩瓔珞經》에서 설해진 것으로 5법신 중 그 첫째는 여여지법신如如智法身이니 여여如如한 이치를 증명한 참지혜요

---

[1] 오종법신五種法身; 1. 보살영락경菩薩瓔珞經의 5종법신. 1) 여여지법신如如智法身. the spiritual body of thusness-wisdom. 여여지의 법신. 2) 공덕법신功德法身. the spiritual body of all virtuous achievement. 공덕의 법신. 3) 자법신自法身. the spiritual body of incarnation in the world. 세계 자체가 법신. 4) 변화법신變化法身. the spiritual body of unlimited powers of transformation. 무량변회의 법신. 5) 허공법신虛空法身. the spiritual body of unlimited space. 무변허공의 법신. the first and second are defined as saṃbhogakāya, 여여지법신과 공덕법신은 보신, the third and fourth as nirmāṇakāya, 자법신과 변화법신은 화신, and the fifth as the dharmakāya, but all are included under dharmakāya as it possesses all the others. 허공법신은 법신. 2. 화엄종華嚴宗의 5종법신. 1)법성생신法性生身. 법신은 만유의 본체인 진여 법성에서 난 몸. 2) 공덕법신功德法身. 법신은 여러 공덕을 이루는 것이란 뜻. 3) 변화법신變化法身. 법신은 시기에 응하여 변현한다는 뜻. 4) 실상법신實相法身. 법신은 허망함을 여의어 진여眞如 자체이며, 나지도 않고 멸하지도 않는 것이란 뜻. 5) 허공법신虛空法身. 법신은 허공에 가득하여 만유를 포함하였다는 뜻. 여기서, 법성법신과 공덕법신은 보신, 변화법신과 실상법신은 응신, 허공법신은 법신에 해당한다. [법신法身이 곧 허공虛空이요 허공이 곧 법신이다. 그런데 보통 사람들은 법신이 허공이라는 장소에 두루 퍼져있으며 허공 속에 법신이 품어져 있다고 말하니, 법신이 바로 허공이고 허공이 바로 법신임을 알지 못한 것이다.(『전심법요』)]

[2] 보살영락경菩薩瓔珞經; 4세기 말 중국의 학승 축불념이 번역하였다. 총 14권 45품으로 구성된 이 경은 세상 만물을 있는 그대로 '공'으로 보는 공관불교와 세상의 모든 것을 의식의 산물로 보는 유식불교의 2대 대승교의를 중심으로 설법한 것으로서 공관에 기초하여 마음을 깨끗이 닦아야 한다는 보살수행의 기초를 밝히고 있다.

[3] 여여지如如智; 있는 그대로의 참모습을 체득한 지혜.

[4] 여여如如; Skt. tathatā. 1. 분별이 끊어져 마음 작용이 일어나지 않는 상태. 분별이 끊어져, 있는 그대로 대상이 파악되는 마음 상태. 2. 그렇게 있음. 차별을 떠난, 있는 그대로의 모습. 3. 모든 현상의 본성. 4. 5법법의 하나. 정지正智에 계합하는 이체理體, 곧 진여. 만유제법萬有諸法의 이체는 동일 평등하므로 여如. 한 여에 일법계만차一法界萬差의 제법을 갖추어 어느 것이든지 체體로 말하면 여如, 여의 뜻이 하나만이 아니므로 여여如如라 함. 여하고 여하다는 뜻.

[5] 실지實智; 모든 분별이 끊어진 진실한 지혜. 분별하지 않는 깨달음의 지혜. 분별이나 추리에 의하지 않고, 있는 그대로 직관하는 지혜. 진리를 달관達觀하는 진실한 지혜. ↔ 권지權智. ▶권지權智; 중생의 차별상을 알고 그 소질에 따라 일시적인 방편으로 교화하는 지혜.

二엔 功德法身이니 十力[6]·
四無畏[7] 等 一切의 功德이오
三엔 自法身이니
地上菩薩[8]에 應現[9]하는
應身으로서 天台[10]의 勝應身이오
法相[11]의 報身 中 他受用身이며
四엔 變化法身이니 台家의
劣應身이오 法相家의 變化身이며

둘째는 공덕법신功德法身이니 십력十力·
사무외四無畏 등 일체의 공덕功德이오
셋째 자법신自法身이니
보살지(지상보살地上菩薩)로 응현應現하는
응신應身으로서 천태종의 승응신勝應身이오
법상종의 보신報身 중 타수용신他受用身이며
넷째 변화법신變化法身이니 천태종의
열응신劣應身이오 법상종의 변화신變化身이며

6   십력十力; 1. 부처만이 갖추고 있는 열 가지 지혜의 능력. 1) 처비처지력處非處智力. 이치에 맞는 것과 맞지 않는 것을 분명히 구별하는 능력. 2) 업이숙지력業異熟智力. 선악의 행위와 그 과보를 아는 능력. 3) 정려해탈등지등지지력靜慮解脫等持等至智力. 모든 선정禪定에 능숙함. 4) 근상하지력根上下智力. 중생의 능력이나 소질의 우열을 아는 능력. 5) 종종승해지력種種勝解智力. 중생의 여러 가지 뛰어난 판단을 아는 능력. 6) 종종계지력種種界智力. 중생의 여러 가지 근성을 아는 능력. 7) 변취행지력遍趣行智力. 어떠한 수행으로 어떠한 상태에 이르게 되는지를 아는 능력. 8) 숙주수념지력宿住隨念智力. 중생의 전생을 기억하는 능력. 9) 사생지력死生智力. 중생이 죽어 어디에 태어나는지를 아는 능력. 10) 누진지력漏盡智力. 번뇌를 모두 소멸시키는 능력. 2. 보살이 갖추고 있는 열 가지 능력. 1) 직심력直心力. 모든 현상에 물들지 않는 능력. 2) 심심력深心力. 부처의 가르침을 깨뜨리지 않는 능력. 3) 방편력方便力. 중생을 구제하기 위해 그 소질에 따라 모든 수단과 방법을 행하는 능력. 4) 지혜력智慧力. 중생의 마음과 행위를 아는 능력. 5) 원력願力. 중생의 소원을 이루게 해 주는 능력. 6) 행력行力. 끊임없이 실천하는 능력. 7) 승력乘力. 중생에게 가르침을 설하여 깨달음에 이르게 하는 능력. 8) 유희신통력遊戲神通力. 자유 자재로 중생을 구제하는 능력. 9) 보리력菩提力. 깨달을 수 있는 능력. 10) 전법륜력轉法輪力. 번뇌를 부수는 가르침을 설할 수 있는 능력.

7   사무외四無畏; 부처가 가르침을 설할 때, 확신하고 있기 때문에 누구에게도 두려움이 없는 네 가지. 1) 정등각무외正等覺無畏. 바르고 원만한 깨달음을 이루었으므로 두려움이 없음. 2) 누영진무외漏永盡無畏. 모든 번뇌를 끊었으므로 두려움이 없음. 3) 설장법무외說障法無畏. 끊어야 할 번뇌에 대해 설하므로 두려움이 없음. 4) 설출도무외說出道無畏. 미혹을 떠나는 수행 방법에 대해 설하므로 두려움이 없음.

8   지상보살地上菩薩; 보살 수행의 계단인 52위 중, 초지初地 이상의 지위에 있는 보살.

9   응현應現; 응화應化. 부처나 보살이 중생을 구제하기 위해 중생의 능력이나 소질에 따라 여러 가지 모습으로 변화하여 나타나는 것.

10   천태天台; 1. 천태종의 준말. 2. 천태 대사를 말함.

11   법상法相; 법상종.

五엔 虛空法身이니	다섯째 허공법신虛空法身이니
諸相을 離한	모든 모습과 현상(제상諸相)을 떠난
如如의 理라	있는 그대로(여여如如)의 진리라
此 中 如如智法身과	이 중 여여지법신如如智法身과
功德法身이란 報身으로서	공덕법신功德法身이란 보신報身으로서
報德을 智慧와 功德의	보신의 덕(보덕報德)을 지혜智慧와 공덕功德의
二에 分함이오 自法身과	둘로 나눔이오 자법신自法身과
變化法身이란 應身으로서	변화법신變化法身이란 응신應身으로서
應德을 地上과	응신의 덕(응덕應德)을 보살지와
地前[12]의 勝劣에 分함이오	보살지 이전의 승열勝劣로 나눔이오
虛空法身이란 곧 法身인 바	허공법신虛空法身이란 곧 법신法身인 바
總히 法身이라 名함은 皆是	모두 법신法身이라 이름함은 이 모두가
法身의 德相[13]임으로써라	법신이 갖춘 덕의 모습(덕상德相)임으로써라
二는「分別聖位經[14]偈」에	네 종류의 5법신 중 둘째는「분별성위경게分別聖位經偈」에 자성自性 및 수용受用과
自性 及 受用과	
變化 並 等流의	변화變化와 아울러 이런 종류의
佛德이 三十六이오	부처님 공덕(불덕佛德)이 36가지요

12 지전地前; 지전보살地前菩薩. 보살 수행의 계위인 52위에서 10지地 이전의 10회향廻向 · 10행行 · 10주住 · 10신信 등을 말함.

13 덕상德相; excellent characteristics. The virtuous characteristics of the Buddha. 부처님의 수승한 특징.

14 분별성위경分別聖位經; 금강정분별성위경金剛頂分別聖位經. 금강정유가분별성위수증법문경金剛頂瑜伽分別聖位修證法門經의 약칭.

皆同自性身하야	모두 자성신自性身과 같고
並法界身故로	아울러 법계신法界身인 까닭에 이를 더하면
成三十七也라심과 『禮懺經』[15]에	37이라심과 『예참경禮懺經』에
自性身 外에 法界身을	자성신自性身 외에 법계신法界身을
別立하심의 證文에	별도로 세우심을 증명하는 글(증문證文)에
의하야 四身의 外에 法界身[16]이	의하여 4신四身의 외에 법계신法界身이
有함을 知하고 此를 解釋한	있음을 알고 이를 해석한
「五輪九字明秘釋」[17]에 의한	「오륜구자명비석五輪九字明秘釋」에 의한
密敎의 所立일새	밀교密敎에서 세운 바이니
一엔 自性法身이니	첫째 자성법신自性法身이니
理智를 具足한	이치와 지혜(이지理智)를 두루 갖춘
諸佛 眞身이오	모든 부처님의 참몸(진신眞身)이요
二엔 受用身이니 自受用과	둘째 수용신受用身이니 자수용自受用과
他受用을 兼한 法身이오	타수용他受用을 겸한 법신法身이요

15 예참경禮懺經; 금강정경금강계대도량비로자나여래자수용신내증지권속법신이명불최상승비밀삼마지예참문金剛頂經金剛界大道場毘盧遮那如來自受用身內證智眷屬法身異名佛最上乘秘密三摩地禮懺文. 1권. K-1332, T-878. 당唐나라 때 금강지金剛智(Vajrabodhi)와 함께 720년에 낙양洛陽에 와서 774년에 입적한 불공不空(Amoghavajra)이 번역하였다. 별칭으로 『금강계대도량비로자나여래자수용신내증지권속법신이명불최상비밀삼마지장문』·『금강정유가삼십칠존례』·『삼십칠존예참문』이라고도 한다. 금강정 유가 37존의 예참법이다. 금강계 대만다라의 37존 및 자신의 죄를 참회하는 법을 설명한다.

16 법계신法界身; 1. 법신法身. 우주에 두루 가득하였으되 빛도 형체도 없는 이불理佛. 2. 법계의 중생을 교화하는 불신佛身. 중생의 심계心界에 가득 차 있어 장애 없이 이익을 베풀 수 있는 사불事佛을 말함.

17 오륜구자명비석五輪九字明秘釋; 오륜비석五輪秘釋. 오륜구자비석五輪九字秘釋. 오륜구자명비밀五輪九字明祕密釋. 오륜구자명비밀의석五輪九字明秘密義釋. 돈오왕생비관頓悟往生秘觀. 밀엄제비석密嚴諸秘釋. 일본 헤이안시대 말기 승려 각번覺鑁 지음. 밀교의 입장에서 아미타불관과 정토관을 밝힘. 아미타여래와 대일여래가 동체라 함.

三엔 變化法身[18]이니 法爾[19]의
劣應身이오
四엔 等流法身[20]이니
法爾의 暫現速隱[21]과 九界[22]隨類의
等流身[23]이오

五엔 法界身이니 곧
虛空法身[24]이며
三은「華嚴宗」의
所立일새
一엔 法性生身이니

셋째 변화법신變化法身이니 법에 따르는
열응신劣應身이요
넷째 등류법신等流法身이니 응당 수시로 나
타났다 사라지는 6도 및 성문, 연각, 보살의
등류신等流身(부처가 여러종류의 유정으로
변화하여 나타남)이요

다섯째 법계신法界身이니 곧
허공법신虛空法身이며
4종의 5법신 중 셋째는「화엄종華嚴宗」에서
말하는 5법신으로,
첫째 법성생신法性生身이니

---

18 변화법신變化法身. 5종 법신의 하나. 법신은 시기에 응하여 변현한다는 뜻. 여래의 법신은 기류機類의 감감하는대로 여러 가지 모양으로 변하여 나타나므로 이렇게 부름.
19 법이法爾; 법의 자이自爾란 뜻. 법이란 것이 다른 조작을 가하지 않고, 스스로 본디부터 그러한 것. 다른 힘을 빌리지 않고 제 스스로 그렇게 되는 것. 법연法然·천연天然·자연自然·자연법이自然法爾·법이자연法爾自然이라고도 함.
20 등류법신等流法身; 등류신.
21 잠현속은暫現速隱; 수시로 나타났다 없어짐.
22 구계九界; 10계 중에서 사리事理에 명철 원만한 지혜를 갖춘 불과佛果를 제하고, 그밖에 무명無明의 망집妄執을 벗어나지 못하는 지옥계·아귀계·축생계·아수라계·인간계·천상계·성문계·연각계·보살계 등.
23 등류신等流身; 4종 법신의 하나. 자세히는 등류법신等流法身. 부처님의 몸이 변화하여 사람·하늘·귀신·짐승과 같은 모양을 나타내는 것을 말함. 만다라 외금강부의 사람·하늘·귀신·짐승은 모두 대일여래의 등류신이라 한다.《법화경》〈보문품〉에 말한 33신은 관세음보살의 등류신이다.
24 허공법신虛空法身; immaterial reality-body. The dharmakāya as being like space which enfolds all things, omniscient and pure. One of the five kinds of dharmakāya 오종법신五種法身의 하나. 법신은 허공에 가득하여 만유를 포함하였다는 뜻. (『유가론瑜伽論』)

其 生을 論컨대 如來의 身은
法性에서 出生함일새요
二엔 功德法身이니 其 德目을
推察컨대 如來所成의
萬德²⁵일새요
三엔 變化法身이니 其 機에 對한
應變을 論하건대
感而不形者ㅣ 無하고
機而不應者ㅣ 無할새요
四엔 實相法身²⁶이니 其 妙를
言컨대 不可思議일새요
五엔 虛空法身이니
其 大를 稱컨대 虛空에 彌滿하야
萬有를 包括할새라
四는「小乘」의
所立일새 곧
五種法身²⁷이 是니라

그 출생을 말하자면 여래如來의 몸은

법성法性에서 출생하기 때문이요

둘째 공덕법신功德法身이니 그 덕목德目을

미루어 살피컨대 여래가 이룬 바

만덕萬德이기 때문이요

셋째 변화법신變化法身이니 그 근기에 대한

마땅한 변화(응변應變)을 논하건대

중생에 감응하여 못나투는 형상이 없고

중생의 근기가 부처님의 뜻에 응하지 못하는 자 없기 때문이요.

넷째 실상법신實相法身이니 그 오묘함이

불가사의不可思議하기 때문이요

다섯째 허공법신虛空法身이니

그 크기가 허공虛空에 두루 꽉 차서

만유萬有를 싸안기(포괄包括)때문이니라

4종 5법신중 넷째는「소승小乘」에서

말하는 것으로 곧

계戒·정定·혜慧·해탈解脫·해탈지견解脫知見의 오종법신五種法身이 이것이니라

---

25   만덕萬德; 많은 덕행德行이나 선행善行.
26   실상법신實相法身; 만유萬有의 근본이 되는 진리 그 자체, 또는 진리를 있는 그대로 드러낸 우주 그 자체를 말함. 비로자나불과 대일여래가 여기에 해당함.
27   오분법신五分法身; Skt. pañca-dharma-skandhāḥ. Pāli pañca-dhamma-khandhā. five-part Dharma body. 오

⟨표52⟩ 4종 5법신

원전	보살영락경 菩薩瓔珞經		오륜구자명비석 五輪九字明祕釋		화엄종 華嚴宗	소승 小乘
1	여여지법신 如如智法身	보신 報身	자성법신 自性法身	이지구족 제불진신 理智具足 諸佛眞身	보신 報身	법성생신 法性生身	계·정·혜· 戒 定 慧 해탈·해탈지견의 解脫 解脫知見 오분법신 五分法身
2	공덕법신 功德法身		수용신 受用身	자수용과 自受用 타수용 他受用		공덕법신 功德法身	
3	자법신 自法身	응신 應身	변화법신 變化法身	열응신 劣應身	응신 應身	변화법신 變化法身	
4	변화법신 變化法身		등류법신 等流法身	구계수류의 등류신 九界隨類 等流身		실상법신 實相法身	
5	허공법신 虛空法身	법신 法身	법계신 法界身	법신 法身		허공법신 虛空法身	

❖ 수인감과修因感果; 보살의 인행因行을 닦아서 깨달음의 과보果報를 얻음.

종법신五種法身. 부처와 아라한이 갖추고 있는 다섯 가지 공덕. · The five attributes of the spiritual body of the tathāgata, attained either at the stage of no more learning 무학위無學位, or at Buddhahood. The meaning of this term is that the body naturally contains the following five virtuous aspects: 1) 계신戒身; morality body. 행동과 말이 청정함, 2) 정신定身; concentration body. 모든 현상은 인연 따라 생기므로 거기에 불변하는 실체가 없다고 관조하는 공삼매空三昧와 대립적인 차별은 없다고 관조하는 무상삼매無相三昧와 원하고 구할 것은 없다고 관조하는 무원삼매無願三昧를 성취함, 3) 혜신慧身; wisdom body. 바르게 보고 바르게 앎, 4) 해탈신解脫身; liberation body. 사제四諦를 명료하게 이해하는 지혜를 갖추어 무지에서 벗어남, 5) 해탈지견신解脫知見身; body with full awareness of the state of liberation. 자신은 이미 사제四諦를 체득했다고 아는 진지盡智와 자신은 이미 사제를 체득했기 때문에 다시 체득할 필요가 없다고 아는 무생지無生智를 갖춤.《열반경涅槃經》Eitel interprets this by exemption from all materiality (rūpa); all sensations (vedanā); all consciousness (saṃjñā); all moral activity (karman); all knowledge (vijñāna). The esoteric school has its own group 색수상행식色受想行識의 오온五蘊을 벗어난 것을 말함.

第三節 法身의 無相과 有相

《涅槃經》三十一에「是故로 涅槃은
無相¹이니 善男子야
無十相故라
何等爲十고 所謂
色相・聲相・香相・味相・
觸相・生・住・壞相・男相・
女相이 是名 十相²이라」시니
곧 娑婆世界³의

제3절 법신의 무상과 유상

《열반경涅槃經》31에「그러므로 열반은
모양이 없으니(무상無相) 선남자야
10가지 모양이 없기 때문이라
10가지가 무엇인가 하면, 이른바
색상色相・성상聲相・향상香相・미상味相・
촉상觸相・생生・주住・괴상壞相・남상男相・
여상女相이 10가지 모습이라」시니
곧 사바세계의

---

1 무상無相; 1. Skt. animitta. 고유한 형체나 모양이 없음. 불변하는 실체나 형상이 없음. 고유한 실체가 없는 공空의 상태. 2. Skt. animitta. 대립적인 차별이나 분별이 없음. 대상에 가치나 감정을 부여하지 않음. 형상을 떠남. 집착이나 속박에서 벗어남. 3. Skt. alakṣaṇa. 특징이 없음. 모든 사물에는 고정적(모습)・실체적(모양) 특질이 없다는 의미. 상相은 특징을 말한다. 유상有相의 반대어. 무상은 공空의 사상을 근본으로 한다. 모든 사물은 공이며 자성自性이 없다. 그러므로 무상이며, 무상이기 때문에 청정淸淨하게 된다. 또한 무상은 차별・대립의 모습[상相]을 초월한 무차별의 상태를 말하기도 하는데, 그 수행을 무상관無相觀, 무상삼매無相三昧라고 한다. 또한 불교 수행의 최고경지인 삼해탈문三解脫門(공空・무상無相・무원無願)의 무상은 일체의 집착을 떠난 경지를 말한다. 따라서 무상은 열반涅槃의 이명異名으로 사용되기도 하였다. 4. 684-762. 신라 출신의 승려. 성姓은 김金. 728년에 당唐에 가서 처적處寂(665-732)에게 사사師事하여 그의 법을 이어받음. 사천성四川省 정중사淨衆寺에 머물면서 전파한 무상의 선법禪法을 정중종淨衆宗이라 함. 정중사에서 입적함.

2 십상十相; The ten marks of existence listed in the Nirvana Sutra: form 색상色相, sound 성상聲相, odor 향상香相, taste 미상味相, touch 촉상觸相, arising 생상生相, abiding 주상住相, ceasing 멸상滅相, male 남상男相, and female 여상女相. 곧 색성향미촉 5경과 생기고 머물고 사라지는 모습과 남녀의 모습.《열반경涅槃經》

3 사바세계娑婆世界; Skt. sahā-loka-dhātu. 사바娑婆・사바娑媻・사하沙訶・사하娑訶・사계娑界・사하沙訶・삭가색訶라 음사. 감인토堪忍土・인토忍土・부생浮生이라 뜻번역. 괴로움이 많은 인간 세계. 석가모니 부처님이 교화하는 경토境土를 말한다. 따라서 부처님이 섭화하는 경토인 삼천대천세계가 모두 사바세계이다. 우리가 살고 있는 이 세계는 탐貪・진嗔・치痴 삼독三毒의 번뇌를 겪어내야 하고, 오온五蘊으로 비롯되는 고통을 참고 살아야 한다. 그러면서도 이 국토에서 벗어나려는 생각이 없으므로 자연히 중생들 사이에서

一切 虛妄相을	일체 허망한 모습(허망상虛妄相)을
離한 諸法空⁴의 一實相을	떠난 제법공諸法空의 1실상一實相을
云하심에 依하야 法身은	말씀하심에 의하여 법신은
無色 無形이라 하고	색깔과 모습이 없다 하고
色相 莊嚴이 無하다 하나	모습(색상色相) 장엄莊嚴이 없다 하나
台家는 이를 別敎⁵ 已下의 說이라	천태종에서는 이를 별교別敎 이하의 설說이라
貶하고 圓敎의 極意에 依하면	폄하고 원교圓敎의 지극한 뜻에 의하면
法身이 결코 無相이 않이요	법신法身이 결코 모습없음이 아니요
法性의 體理에 依·正·色·	법성法性의 본이치에 의依·정正·색色·
心⁶을 具한지라 眞空無相의	심心을 갖춘지라 진공무상眞空無相의
法性이 않일새 三惑을	법성이 아니므로 탐진치 삼혹三惑이
究竟한 淸淨의 本性에	다한 청정淸淨한 본성本性에
常住의 色心이 顯現하야	항상한 몸과 마음(색심色心)이 나타나
依·正⁷의 二法도	세간과 몸마음(의정依正)의 두 가지도

참고 살아야 한다. 그래서 이렇게 부른다. 인내를 강요당하는 세간, 인내를 하지 않으면 안되는 세계라는 말이다. 보살의 입장에서는 중생을 교화하기 위하여 수고를 참고 견디어 내야 하는 세계가 된다. 이렇게 일체가 생각대로 되지 않기 때문에 인내하면서 살지 않으면 안되는 세계가 사바세계이다.

4   제법공諸法空; 십팔공十八空의 하나. 모든 현상에 대한 분별이 끊어진 상태. 물물·심심의 제법諸法이 유한有限하므로 실체는 공이라는 것.

5   화법사교化法四敎; 천태종의 교판敎判에서, 세존의 가르침을 내용에 따라 네 가지로 분류한 것. 장교·통교·별교·원교. 1) 장교藏敎. 아함경을 비롯한 초기의 가르침. 2) 통교通敎. 성문·연각·보살에게 공통되는 가르침. 3) 별교別敎. 보살만을 위한 가르침. 4) 원교圓敎. 세존이 체득한 깨달음을 그대로 설한, 가장 완전한 가르침. 법화경이 여기에 해당함. ↔ 화의사교化儀四敎.

6   색심色心; 물질과 정신. 모든 법에 있어서는 색심, 중생에 있어서는 심신心身이라 함.

7   의정依正; 의정이보依正二報. 의보依報와 정보正報. 부처나 중생의 몸이 의지하고 있는 국토와 의식주 등을

究竟이 淸淨하다 云하고	궁극에는 청정淸淨하다 이르고
《法華經》〈方便品〉에「是法이	《법화경法華經》〈방편품〉에「이것이
住法位[8]일새	진여에 머무름(주법위住法位)이니
世間相이 常住[9]라」심과	세간의 모습이 항상함이라」심과
同提婆品에	법화경 제바품提婆品에
「微妙의 淨法身에	「미묘微妙하고 깨끗한 법신法身에
具相三十二라」심과	32덕상을 갖추었느니라」심과
《涅槃經》〈憍陳如品〉에	《열반경涅槃經》〈교진여품憍陳如品〉에
「色是無相이나	「물질이 본래 모습이 없으나
因滅是色하야	이 물질을 소멸함으로 인해
獲得解脫의 常住色이라」심과	해탈의 항상함(상주색常住色)을 얻느니라」심과
《仁王經》[10]〈觀空品〉에	《인왕경仁王經》〈관공품觀空品〉에

    의보依報, 과거에 지은 행위의 과보로 받은 부처나 중생의 몸 곧 5온蘊이 화합하여 이룬 신체를 정보正報라고 함.

8   법위法位; 1. 진여의 딴 이름. 진여는 만유 제법의 안주安住하는 위位이므로 법위라 함. (2) 승위僧位와 같음.

9   상주常住; 물건으로써 생멸 변화가 없는 것. 항상 머물러 있음.

10   인왕경仁王經; 2본本이 있음. 구본舊本은 『불설인왕반야바라밀경佛說仁王般若波羅蜜經』2권. 구마라집 번역. 신본新本은 『인왕호국반야바라밀다경仁王護國般若波羅密多經』2권. 당나라 불공不空 번역. 부처님이 16국왕으로 하여금 각각 그 나라를 호호하고, 편안케 하기 위해서는 반야바라밀을 수지受持하여야 한다고 말한 경. 제목은 왕들에게 부처가 되는 지혜에 대하여 설교한다는 뜻이다. 만물은 본성이 허무하다는 이치를 밝히고, 이에 기초하여 부처의 도를 닦는 법과 나라를 호호하는 방도에 대하여 설교하는 내용으로 이루어져 있다. 경전의 이름이나 내용상 반야계 경전이나 다른 《반야경》과는 달리 《대반야경大般若經》 600권에는 포함되지 않지만, 예로부터 《대반야경》의 결정판이라는 평가를 받아왔다. 옛부터 특히 호국에 관련된 내용이 많아 천태종에서는 『법화경法華經』·『금광명경金光明經』과 함께 호국삼부경護國三部經을 이루었고, 신라시대에서 고려시대까지 성행한 인왕백고좌회의 근거가 되었다. 인왕백고좌회란 100명의 승려와 신도들이 100개의 불상과 100개의 보살상을 모셔놓고 100명의 법사를 초청하여 반야바라밀을 강의하는 법회를 말한다.

「法性법성의 五陰오음인 受수・想상・行행・識식이 常상・樂락・我아・淨정이라」심을

「법성法性의 오음五陰인 수受・상想・행行・식識이 상常・락樂・아我・정淨이라(오온 이대로 열반이라는 뜻)」하심을

引證인증하였으며

인용하여 증명하였으며

四明尊者사명존자[11]도「妙宗鈔묘종초[12]」의 中중에

사명존자四明尊者도「묘종초妙種鈔」가운데

此等차등의 文문을 引인하야

이들 문장을 인용하여

寂光적광[13]有相유상의 旨지를 顯현한바

법신유상(적광유상寂光有相)의 뜻을 나타낸 바

一家일가의 妙旨묘지에

불교(일가一家)의 묘한 뜻(묘지妙旨)에

深符심부하는 同時동시에

깊이 부합하는 동시에

「萬一만일 祖書조서[14] 中중에 理性이성을

「만일 조서祖書 중에 이치적 성품(이성理性)을

指지하야 無相寂滅무상적멸이라 云운함이

가리켜 무상적멸無相寂滅이라 이르는 것은

---

11 사명존자四明尊者; 북송北宋의 승려 지례知禮(960~1028). 절강성浙江省 사명四明 출신. 어려서 출가하여 15세에 구족계具足戒를 받고, 20세에 의통義通(927~988)에게 천태학天台學을 배움. 사명산四明山 보은원保恩院에서 천태학을 전파함. 법지존자・사명존자・사명대법사. 천태종天台宗의 제17조祖. 당나라 말기 이후 쇠퇴해 있던 천태종의 중흥에 힘썼음. 저서: 금광명경문구기金光明經文句記・관무량수불경소묘종초觀無量壽佛經疏妙宗鈔・십불이문지요초十不二門指要鈔 등 다수.

12 묘종초妙宗鈔; 관경소묘종초觀經疏妙宗鈔. 관무량수불경소묘종초觀無量壽佛經疏妙宗鈔. 송宋, 사명사문 지례술四明沙門知禮述. 당唐의 선도善導(613년~681년)가 지은 관무량수불경소觀無量壽佛經疏의 해설서. ▶선도善導; (613년~681년), 당唐의 승려. 산동성山東省 임치臨淄에서 출생. 어려서 산동성 밀주密州의 명승明勝에게 출가하여 20세에 구족계具足戒를 받고 십육관十六觀을 닦음. 산서성山西省 서하西河 현중사玄中寺의 도작道綽(562-645)에게 가서 관무량수경觀無量壽經을 배우면서 염불삼매念佛三昧를 닦음. 종남산終南山 오진사悟眞寺와 장안長安 광명사光明寺 등에 머물면서 구칭염불口稱念佛을 전파하고 정토종淨土宗을 크게 일으킴. 저서: 관무량수불경소觀無量壽佛經疏・전경행도원왕생정토법사찬轉經行道願往生淨土法事讚・왕생예찬게往生禮讚偈・의관경등명반주삼매행도왕생찬依觀經等明般舟三昧行道往生讚・관념아미타불상해삼매공덕법문觀念阿彌陀佛相海三昧功德法門 등.

13 적광寂光; 1. 모든 번뇌를 남김없이 소멸한 상태에서 드러나는 청정한 지혜의 광명 곧 적정寂靜한 자리에서 발하는 진지광명眞智光明. 2. 상적광토常寂光土의 준말.

14 조서祖書; 조사祖師가 저술한 책.

有함은 理性엔 染碍의 相이
無할새 此 情相을
遮하는 遮情門의 一端이니

染碍의 情相이 旣亡함에 따라
性具의 妙相이 彌顯¹⁵됨을
當知」하랐으니
要컨대 無相說은
「凡所有相皆是虛妄이라」심에

依한 諸法空에 偏하고 有相說은
「若見諸相非相卽見如來라」심에 依한

實相에 偏함이 不無하니
修者는 自證摘發¹⁶할지어다

이성理性엔 오염과 장애(염애染碍)의 모습이 없어서 이러한 번뇌의 망녕된 모습 (정상情相)을 차단하는 차정문遮情門의 일단一端이니

염애染碍의 정상情相이 이미 없음에 따라 성품에 갖춘(성구性具) 묘상妙相이 두루 나타남을 마땅히 알라」하였으니 요컨대 무상설無相說은 「무릇 모든 모양있는 바는 모두 허망한 것 (범소유상개시허망凡所有相皆是虛妄)이라」심에 의한 제법공諸法空에 치우치고 유상설有相說은 「모든 모습이 모습 아님을 보면 곧 여래를 보는 것이니(약견제상비상즉견여래若見諸相非相卽見如來)라」심에 의한 실상實相에 치우친 바 없지 않으니 수행자는 스스로 증명하여 숨은 뜻을 드러낼지어다

15   미현彌顯; 두루 나타남.
16   적발摘發; 숨겨진 물건物件을 들추어 냄.

〈표53〉 법신法身의 유상有相과 무상無相

전거 典據	유상 有相	무상 無相
열반은 무상이니 선남자야 무십상고라 涅槃 無相 善男子 無十相故 《열반경》31		법신은 무색 무형 無色無形 (천태종; 별교 이하의 설이라 함)
	상주의 색심 현현 / 법신이 결코 무상이 아님. 常住 色心 法身 無相 (천태종; 원교 극의에 의함)	
시법이 주법위일새 세간상이 상주라 是法 住法位 世間相 常住 《법화경》〈방편품〉	○	
미묘의 정법신에 구상삼십이라 微妙 淨法身 具相三十二 《법화경》〈제바품〉	○	
색시무상이나 인멸시색하야 色是無相 因滅是色 획득해탈의 상주색이라 獲得解脫 常住色 《열반경》〈교진여품〉	○	
법성의 오음인 수·상·행·식이 法性 五陰 受想行識 상·락·아·정이라 常樂我淨 《인왕경》〈관공품〉	오온 이대로 열반이라는 뜻	
적광유상의 지를 현, 성구의 묘상이 미현 寂光有相 旨 顯 性具 妙相 彌顯 사명존자『묘종초』	○	
범소유상개시허망이라 凡所有相皆是虛妄 《금강경》		제법공 諸法空
약견제상비상즉견여래라 若見諸相非相卽見如來 《금강경》	실상 實相	

第四節 法身 說法
제 4 절 　법 신 　설 법

제4절 법신 설법

法身¹說法은
법 신 　설 법

密敎의 常談이오
밀 교 　　상 담

法身無說은
법 신 무 설

법신이 진리를 설한다 함(법신설법法身說法)은

밀교密敎에서 늘상 하는 말이요

법신은 진리를 설하지 않고(법신무설法身無說),

보신과 화신이 진리를 설한다 함(보화유설

報化有說)은

顯敎의 通途²로 하는 바
현 교 　통 도

오직 台家에서
　　　태 가

法身有說을
법 신 유 설

主張하야「法身如來ㅣ 一切의
주 장 　　법 신 여 래 　　일 체

德을 具한지라 엇지 說法의 義가
덕 　구 　　　　　　설 법 　의

無하랴」云하고
무 　　　운

法身說法으로써
법 신 설 법

一宗의 眉目³으로 하야
일 종 　미 목

현교顯敎의 공통되는 교의(통도通途)로 하는 바

오직 천태종(태가台家)에서

법신이 진리를 설한다(법신유설法身有說)는

주장을 하야「법신여래法身如來가 일체의

덕德을 갖춘지라 어찌 설법說法의 뜻이

없으랴」이르고

법신설법法身說法으로써

불교의 중요한 핵심으로 삼아

1 　법신法身; Skt. dharma-kāya. 1. 삼신三身의 하나. 진리 그 자체, 또는 진리를 있는 그대로 드러낸 우주 그 자체. 비로자나불과 대일여래가 여기에 해당함. 2. 부처가 설한 여러 가지 가르침. 3. 부처가 갖추고 있는 십력十力·사무외四無畏 등의 여러 가지 뛰어난 능력. 4. 부처의 성품을 유지하는 주체. 모든 분별이 끊어진 지혜를 체득한 주체. 있는 그대로 대상을 직관하는 주체. 5. 있는 그대로의 진실한 모습. 6. 중생이 본래 갖추고 있는 청정한 성품.
2 　통도通途; 일반적으로 통용되는 교리敎理.
3 　미목眉目; 1. 눈썹과 눈. 2. 용모. 생김새. 겉모습. 외모. 3. (문장의) 조리. 순서. 단계. 맥락. 두서. 강목綱目 (사물의 대략적인 줄거리와 자세한 조목).

顯密[4]이 分敎하였으니
　현밀　분교

佛의 三身[5] 中 法身이
　불　삼신　중 법신

佛의 眞身[6]이오
　불　진신

報·應 二身은
　보 응 이신

爲他現身[7]이라
　위 타 현 신

衆生의 機緣[8]에 應한 隨他意의 法일새
　중생　기연　응　수타의　법

爲他現의
　위 타 현

報·應 二身이 法을 說하고
　보 응 이신　법 설

法身이란 眞如法性[9]의
　법신　　진여법성

理體[10]라 寂滅[11]無相[12]일 뿐이오
　리체　　적멸　무상

현교와 밀교를 갈랐으니

불佛 세몸(삼신三身) 중 법신法身이

불佛의 참몸(진신眞身)이오

보신과 응신(보報·응應 이신二身)은

중생을 위해 몸을 나툼(위타현신爲他現身)이라

중생의 근기와 인연에 따른 법法이니

중생을 위해 드러낸(위타현爲他現)

보신과 응신의 2신이 법法을 설說하고

법신이란 진여법성眞如法性의 이치인

본체(이체理體)라 적멸무상寂滅無相일 뿐이요

4　현밀顯密; 현교와 밀교를 아울러 이르는 말.
5　삼신三身; Skt. trikāya. 부처의 세 가지 유형. 1. 1) 법신法身. 진리 그 자체, 또는 진리를 있는 그대로 드러낸 우주 그 자체. 비로자나불과 대일여래가 여기에 해당함. 2) 보신報身. 중생을 위해 서원을 세우고 거듭 수행한 결과, 깨달음을 성취한 부처. 아미타불과 약사여래가 여기에 해당함. 3) 응신應身. 때와 장소와, 중생의 능력이나 소질에 따라 나타나 그들을 구제하는 부처. 석가모니불을 포함한 과거불과 미륵불이 여기에 해당함. 2. 1) 자성신自性身. 저절로 존재하는 진리 그 자체, 또는 그 진리를 있는 그대로 드러낸 우주 그 자체. 2) 수용신受用身. 깨달음의 경지를 되새기면서 스스로 즐기고, 또 그 경지를 중생들에게 설하여 그들을 즐겁게 하는 부처. 3) 변화신變化身. 중생을 구제하기 위해 변화하여 나타나는 부처. 이 삼신三身의 명칭과 분류, 각각의 해석에 대해서는 경론經論에 여러 가지 설이 있어 일정하지 않음.
6　진신眞身; 1. 진리의 몸이라는 뜻으로, 형상을 가지고 있는 응신應身이나 화신化身에 대하여 보신報身과 법신法身을 아울러 이르는 말. 2. 깨달음을 구하여 중생을 교화하려는 사람.
7　현신現身; 부처가 여러 가지 모습으로 그 몸을 나타냄.
8　기연機緣; 부처의 가르침을 받을 만한 인연.
9　진여법성眞如法性; 바뀌지 않는 일체만유一切萬有의 본체本體. 한결같아 변하지 않는 참된 진리의 모습.
10　이체理體; 현상의 근본체로서 감성이 아닌 이성理性으로 포착되는 대상.
11　적멸寂滅; 1. 번뇌의 세상을 완전히 벗어난 높은 경지. 2. '사라져 없어짐'의 뜻으로, 승려의 죽음을 이르는 말.
12　무상無相; 1. Skt. animitta. 고유한 형체나 모양이 없음. 불변하는 실체나 형상이 없음. 고유한 실체가 없는 공空의 상태. 2. Skt. animitta. 대립적인 차별이나 분별이 없음. 대상에 가치나 감정을 부여하지 않음. 형상을 떠남. 집착이나 속박에서 벗어남. 3. Skt. alakṣaṇa. 특징이 없음. 모든 사물에는 고정적(모습)·실체적(모양) 특

說法의 義가 無하다 함은 顯敎의 主張이오
설법의 뜻이 없다 함은 현교顯敎의 주장이오

密敎의 主張은「諸法[13]을 具한
밀교密敎의 주장은「모두(제법諸法)를 갖춘

性・相[14]이
성품과 모습(성性・상相)이

常爾[15]라 人・法[16]이
항상한 바(상이常爾)라 인人・법法이

不二[17]일새 엇지 法身의 自說을
둘이 아니니 어찌 법신法身의 자설自說을

妨[18]하랴 他機에 投하는
방해하랴 다른 근기에 따라 설하는

隨他意의 敎門[19]이 않이오
수타의隨他意의 가르침(교문敎門)이 아니요

自性身[20]의 自說일새
자성신自性身의 자설自說이니

질이 없다는 의미. 상相은 특징을 말한다. 유상有相의 반대어. 무상은 공空의 사상을 근본으로 한다. 모든 사물은 공이며 자성自性이 없다. 그러므로 무상이며, 무상이기 때문에 청정淸淨하게 된다. 또한 무상은 차별・대립의 모습[상相]을 초월한 무차별의 상태를 말하기도 하는데, 그 수행을 무상관無相觀, 무상삼매無相三昧라고 한다. 또한 불교 수행의 최고경지인 삼해탈문三解脫門(공空・무상無相・무원無願)의 무상은 일체의 집착을 떠난 경지를 말한다. 따라서 무상은 열반涅槃의 이명異名으로 사용되기도 하였다.

13   제법諸法; 만법萬法. Skt. sarva-vastūni, sarva-dharma, sarvabhāva. 1. 모든 현상. 인식된 모든 현상. 의식에 형성된 모든 현상. 2. 유위법有爲法을 말함. 온갖 분별에 의해 인식 주관에 형성된 모든 현상. 분별을 잇달아 일으키는 의식 작용에 의해 인식 주관에 드러난 모든 차별 현상. 인식 주관의 망념으로 조작한 모든 차별 현상. 3. 무위법無爲法을 말함. 모든 분별이 끊어진 상태에서 주관에 명료하게 드러나는 모든 현상. 분별하지 않고, 있는 그대로 파악된 모든 현상. 분별과 망상이 일어나지 않는 주관에 드러나는, 대상의 있는 그대로의 참모습. 4. 모든 가르침. All dharmas. All phenomena; all the factors that comprise an individual. All things.
14   성상性相;사물의 본성과 현상.
15   이爾; 1. 너. 2. 이러하다. 3. 그것. 4. 형용사에 붙어 '地' '然'과 같이 상태를 나타냄. 5. 그대.
16   인법人法; 1. 개인존재와 그것을 구성하고 있는 여러 가지의 법法. 2. 중생과 불법.
17   불이不二; 1. 다르지 않는 것. 2. 차별이 없는 것. 3. 현상적으로 대립하는 두 가지가 근본적으로는 일체一体인 것. 4. 대승불교大乘仏教에서 주장된다. 5. 즉即.
18   방妨; 1. 방해하다. 2. 손상하다. 3. 장애. 4. 거리낌.
19   교문敎門; 1. 부처의 가르침은 괴로움을 벗어나 열반에 이르는 문門이라는 뜻. 부처의 가르침. 2. 부처가 설한 가르침을 분석하고 정리하여 체계를 세우는 이론적 방면.
20   자성신自性身; Skt. svabhāva-kāya. 삼신三身의 하나. 저절로 존재하는 진리 그 자체, 또는 그 진리를 있는 그대로 드러낸 우주 그 자체를 뜻함.

十界²¹가
십계

悉皆²² 自性²³에 住하는 位인지라
실개 자성   주 위

誰가 能化²⁴며 所化²⁵뇨
수   능화   소화

各者 內證²⁶의 法門을 演함으로써
각자 내증   법문 연

說法이라 云함이니 오직
설법   운

自證²⁷說法과
자증 설법

加持²⁸說法이 有할 뿐이라」 하니라
가지 설법   유

4성 6범(성문, 연각, 보살, 불, / 인, 천, 수라, 축생, 아귀, 지옥)의 10계十界가

모두 자성自性에 머무는 자리인지라

누가 능히 교화를 하고 교화를 받는가

각자 내증內證의 법문을 펼침으로써

설법說法이라 일컬음이니 오직

스스로를 증명하는 설법(자증설법自證說法)과

가피와 신심에 응하는 설법(가지설법加持說法)이 있을 뿐이라」 하니라

---

21 십계十界; 1. 십법계十法界라고도 한다. 미한 세계로서는 지옥地獄·아귀餓鬼·축생畜生·아수라阿修羅·인간人間·천상계天上界의 6종을 상정하고, 깨달음의 세계로서는 성문聲聞·연각緣覺·보살菩薩·불계佛界를 상정하고 있다. 2. 안眼·이耳·비鼻·설舌·신身의 다섯 가지 감각 기관과 그 대상인 색色·성聲·향香·미味·촉觸.

22 실개悉皆; 1. 모든 것에 두루 통하는 성질. 2. 전체, 또는 그 모습. 3. 육상六相의 하나(총상總相). 여러 특성을 포함하고 있는 전체.

23 자성自性; 1. Skt. svabhāva. 변하지 않는 본성이나 실체. 어떤 현상의 고유한 성질. 사물 그 자체의 본성. 사물의 본체. 사물 그 자체. 본성. 2. 본래부터 저절로 갖추고 있는 부처의 성품. 태어날 때부터 갖추고 있는 청정한 성품. 3. Skt. svabhāva. 저절로 존재하는 현상. 4. 인명因明에서, 주장 명제인 종宗의 주어를 말함. 예를 들면, '말은 무상하다'에서 '말'. 이에 반해, 종宗의 술어, 곧 '무상'은 차별差別이라 함. 5. Skt. prakṛti. 상캬 학파에서 설하는 이십오제二十五諦의 하나로, 물질의 근원을 말함. 이 자성이 순수 정신인 신아神我(Skt. puruṣa)의 영향을 받으면 평형 상태가 깨어져 현상 세계가 전개된다고 함.

24 능화能化; 중생을 능히 교화할 수 있는 사람. 부처와 보살菩薩. 교화를 받는 중생은 '소화所化'라고 함. 불시능화지인佛是能化之人(부처님은 이곧 능화인이니라.)『법원주림法苑珠林』

25 소화所化; 교화를 받는 중생.

26 내증內證; 자신의 마음을 깨달음. 직접 체득한 내면의 깨달음.

27 자증自證; 자신이 직접 체득한 깨달음. 스스로 체득한 깨달음.

28 가지加持; 본래는 서는 것, 주처住處 등의 의미였으며 상응相應하여 관계하는 것으로 호념護念·가호加護라고도 한다. 1. 불·보살이 불가사의한 힘을 가지고 중생을 돌보아주는 신변가지神變加持. 2. 밀교密教에서는 불타가 대비大悲와 대지大智로 중생에게 응應하는 것이 가피이고, 중생이 그것을 받아서 가지는 것을 지지라고 한다. 요컨대, 불타와 중생이 상응相應하여 일치하는 것을 말한다. 이 경우 불佛의 삼밀三密과 중생의 삼밀三密이 상호 상응상교相應相交하고, 남을 거두어 보존하여 주고, 마침내 갖가지 호과好果를 성취하게 되므로, 그것을 삼밀가지三密加持라고 한다. 3. 삼밀가지三密加持에는 2종류가 있는데 그 하나는 손

修者는 오직 『淨名疏[29]』에	수행자는 오직 『정명소淨名疏』에
「法身이 無緣[30]에도	「법신이 인연없는 곳(무연無緣)에도
冥資[31]하야 一切를	깊이 도움을 주어(명자冥資) 일체를
無說而說이시니	말없는 가운데 말씀(무설이설無說而說)하시니
卽是法身說法」이람과	이것이 곧 법신설법」이라 함과
『四明敎行錄』[32]四에	『사명교행록四明敎行錄』4에
「當知하라 刹刹塵塵[33]이	「마땅히 알라 무수한 국토의 무수한
	유정무정(찰찰진진刹刹塵塵)이

으로는 수행자가 밀인密印을 맺고 입으로는 진언을 외우며 마음은 삼마지三摩地에 머무는 자행가지自行加持가 그것이고, 또 하나는 만다라아사리에 대한 갈마를 구족하여, 보현삼마지普賢三摩地로써 금강살수를 이미 몸 가운데 이끌어 들이는 아사리가지가 그것이다. 이 두 종의 삼밀가지三密加持에 의해서 현신現身으로 보리菩提를 증득證得할 수 있다고 한다. 4. 변하여 주금呪禁의 작법作法도 가지加持라고 한다. 예컨대, 오처가지五處加持란 행자자신行者自身이 과거의 죄업罪業을 소멸하고, 본래 구족하고 있는 오지五智의 공덕을 나타내기 위한 육신의 오처五處[액額·양견兩肩·심心·정頂 혹은 후喉]에 인계印契 또는 저령杵鈴 등의 법기法器로써 가지加持하는 것을 말하며, 가지향수加持香水란 마음의 향수香水를 청정하게 한다고 생각하고 명주明呪를 외우면서 인계印契를 지니어 가지加持하는 것을 말한다. 그밖에 가지공물加持供物·가지염주加持念珠도 한 가지로 공물供物이나 염주念珠를 청정하게 하는 금주禁呪의 법이다. 이때에 사용되는 인계印契와 명주明呪를 가지인명加持印明이라고 한다. 5. 가지加持를 기도와 같은 뜻으로 사용하는 경우가 있는데 예컨대, 우황가지牛黃加持[우옥가지牛玉加持라고도 쓰고 순산順産을 하기 위해 우황향수牛黃香水를 가지고 산문産門에 가지加持하는 것], 대가지帶加持[순산順産을 위해서 띠를 가지加持하는 것], 토사가지土砂加持[병을 고치거나 망자亡者의 죄를 소멸하기 위해 묘墓 또는 사해死骸 위에 뿌리는 토사土砂를 광명진언光明眞言으로 가지加持하는 것], 도가지刀加持[악귀 등을 제거하기 위해 칼을 부동명왕不動明王의 표시인 이검利劍으로 관觀하는 가지加持]가 있다.

29 정명소淨名疏; 2권 1책. 정명경집해관중소淨名經集解關中疏. 유마경소維摩經疏. 관중소關中疏. 《정명경淨名經》을 주석한 책. 관중소는 당나라 승려 도액道液이 승조僧肇의 《주유마경注維摩經》에 근거하여 엮은 것.

30 무연無緣; 1. 아무 인연이나 연고가 없음. 2. 전생에서 부처나 보살과 인연을 맺은 일이 없음. 3. 죽은 이를 조상할 연고자가 없음.

31 명자冥資; 그윽하게 도움이 되다.

32 사명교행록四明敎行錄; 사명존자교행록四明尊者敎行錄. 송宋의 종효宗曉 편編.

33 찰찰진진刹刹塵塵; 무수한 국토의 무수한 유정무정.

俱說俱聽하야
구 설 구 청

說聽을 同時하니
설 청 　 동 시

妙哉라 此境이여
묘 재 　 차 경

不可以言想으로 求며
불 가 이 언 상 　 　 구

不可以凡情[34]으로 測이랴
불 가 이 범 정 　 　 　 측

是大總相[35]法門으로서
시 대 총 상 　 법 문

寂而常照[36]의
적 이 상 조

法身 冥資之境也」람을
법 신 　 명 자 지 경 야

再吟味할진져
재 음 미

함께 설하고 또한 함께 들어(구설구청俱說俱聽)

진리를 설하고 들음(설청說聽)을 동시에 하니

묘하도다! 이 오묘한 경계여!

말과 생각으로 구할 수 없고

범부의 소견으로 헤아릴 수 없나니

이는 대총상법문大總相法門으로서

고요한 가운데 항상 비추는(적이상조寂而常照)

법신法身의 그윽한 경지니라(명자지경야

冥資之境也」라고 함을

다시 음미吟味해보라

34　범정凡情; 범인의 감정.

35　총상總相; 1. 모든 것에 두루 통하는 성질. 일체 유위법에는 총상과 별상이 있음. 무상無常·무아無我와 같이, 일체에 통하는 것을 총상. 땅의 굳은 것, 물의 젖는 것 같은 것은 별상. 2. 전체, 또는 그 모습. 3. 화엄종 육상六相의 하나. 여러 특성을 포함하고 있는 전체. 만유 제법이 저마다 다른 일체 만유를 포함한 것. ▶육상六相; 모든 현상의 여섯 가지 상태. 1) 총상總相. 여러 특성을 포함하고 있는 전체. 2) 별상別相. 전체를 구성하고 있는 각각의 특성. 3) 동상同相. 여러 모습이 서로 어울려 이루어진 전체의 모습. 4) 이상異相. 여러 모습이 서로 어울려 전체를 이루면서도 잃지 않고 있는 각각의 모습. 5) 성상成相. 여러 역할이 모여 이루어진 전체의 역할. 6) 괴상壞相. 여러 역할이 모여 전체를 이루면서도 유지되고 있는 각각의 역할. 예를 들어, 얼굴의 특성을 총상이라 한다면 눈·귀·코·입 등의 특성은 별상, 눈·귀·코·입 등이 서로 어울려 얼굴 모습을 하고 있는 것을 동상이라 한다면 눈·귀·코·입 등이 각각 다른 모습을 하고 있는 것은 이상, 눈·귀·코·입 등의 역할이 서로 의존하여 얼굴의 역할을 하고 있는 것을 성상이라 한다면 눈·귀·코·입 등이 각각 다른 역할을 하고 있는 것은 괴상이라 할 수 있음. 이 여섯 가지는 하나가 다른 다섯을 포함하면서도 또한 여섯이 그 나름의 상태를 잃지 않고, 서로 걸림 없이 원만하게 융합되어 있다고 하여 육상원융六相圓融이라 함.

36　적이상조寂而常照; 고요하면서 항상 비춤.

제7장

본적이문
本迹二門

初地[1] 已上의
초지 이상

法身菩薩[2]이나 佛[3]이 自己의
법신보살   불   자기

實身[4]에서 許多[5]의
실신   허다

應化[6]를 變作[7]하야써
응화   변작

衆生[8]을 化導[9]하는 妙德[10]을 具한
중생   화도   묘덕   구

그 實身을 本地[11]라 云하고 化身[12]을
  실신   본지   운   화신

보살 10지 중 초지初地 이상의

법신보살이나 부처(불佛)가 자기의

실다운 몸(실신實身)에서 무수히 많은

응신과 화신(응화應化)을 나툼으로써

중생을 교화 제도하는 묘덕妙德을 갖춘

그 실다운 몸을 본지本地라 하고 화신을

1 초지初地; 십지十地의 제1, 곧 환희지歡喜地를 말함. 선근과 공덕을 원만히 쌓아 비로소 성자의 경지에 이르러 기쁨에 넘치는 단계.
2 법신보살法身菩薩; 보살이 거듭 수행하여 깨달음에 이르는 과정인 오십이위五十二位 가운데 초지初地에서 십지十地까지의 보살을 말함.
3 불佛; Skt./Pāli buddha의 음사. 각자覺者·각覺이라 번역. 1. 궁극적인 진리를 깨달은 사람. 우주의 본성이나 참모습을 깨달은 사람. 모든 번뇌를 소멸한 사람. 청정한 성품을 깨달은 주체. 2. 진리 그 자체. 우주 그 자체. 3. 석가모니.
4 실신實身; 실다운 몸.
5 허다許多; 매우 많음.
6 응화應化; 부처나 보살이 중생을 구제하기 위해 중생의 능력이나 소질에 따라 여러 가지 모습으로 변화하여 나타나는 것.
7 변작變作; 변조變造. 이미 이루어진 물체 따위를 다른 모양이나 다른 물건으로 바꾸어 만듦.
8 중생衆生; 1. 많은 사람. 2. 모든 살아 있는 무리. [유의어] 계군, 군생, 백성.
9 화도化導; 교화하여 부처의 가르침으로 인도함.
10 묘덕妙德; 신비하게 뛰어난 덕德. 또는 매우 뛰어난 덕.
11 본지本地; 부처나 보살이 중생을 구제하기 위해 여러 가지 다른 모습으로 변화하여 그 자취를 드리우는 것을 수적垂迹, 변화하지 않은 본래의 부처나 보살을 본지本地라고 함.
12 화신化身; 1. 어떤 추상적인 특질이 구체화 또는 유형화된 것. 2. 부처가 중생을 교화하기 위하여 여러 모습으로 변화하는 일. 또는 그 불신佛身. 석가가 중생을 구제하기 위해서 여러 모습으로 이 세상에 나타난 일. Skt. nirmāna-kaya. 응신應身이라고도 한다. 니르마나nirmāna는 변신을 뜻하며, 카야kaya는 신체를 의미한다. 불교사상의 발전과 더불어, 특히 대승불교에서는 육신으로서의 석가에 대해 영원한 법칙을 바탕으로 하여 법신法身을 생각했고, 더 나아가 그것이 중생 구제를 위하여 여러 가지 모습으로 변신해서 나타나는 이른바 화신을 생각하게 되었다. 그리스도교에서 신의 아들인 예수 그리스도가 인간의 몸으로 태어났다는 사상도 이와 흡사하다.

垂跡¹³이라 謂하니	수적垂跡이라 이르나니
地란 能生¹⁴의 義로서	지地란 능히 출생함(능생能生)의 뜻으로서
利物¹⁵하기 爲하야	만물을 이롭게 하기 위하여
本身¹⁶에서	본래의 몸(본신本身)에서
萬化¹⁷를 垂¹⁸함일새	천만가지 변화(만화萬化)를 드리움이니
能現¹⁹의 本을 本地라 하고	능히 나투는 근본을 본지本地라 하고
所現²⁰의 末을 垂跡이라	나투어짐의 말단(말末)을 수적垂跡이라
名하는 바 本에서	이름하는 바 근본본성(본本)에서
迹에 由하야 本을 知하는	자취(적迹)에 말미암아 근본을 아는
一佛²¹과 十菩薩의 妙德²²이니라	1불(일불一佛)과 10보살菩薩의 묘한 공덕이니라
그런데 此 本迹²³에 就하야 台家²⁴는	그런데 이 본적本迹에 따라서 천태종에서는

---

13   수적垂跡; 부처나 보살이 중생을 구제하기 위해 여러 가지 다른 모습으로 변화하여 그 자취를 드리우는 것을 수적垂迹, 변화하지 않은 본래의 부처나 보살을 본지本地라고 함.
14   능생能生; 생기게 하는 것.
15   이물利物; 만물을 이롭게 함.
16   본신本身; 본래의 몸.
17   만화萬化; 천변만화(끝없이 변화함). 천만가지로 한없이 화함.
18   수垂; 드리우다. 늘어뜨리다. 가사袈裟 따위를 걸쳐 입다.
19   능현能現; 능히 드러냄.
20   소현所現; 드러난 바.
21   일불一佛; 일체一體의 불佛. 1. 한 몸의 부처. 2. 아미타불. 서방 정토에 있는 부처.
22   묘덕妙德; 신비하게 뛰어난 덕德. 또는 매우 뛰어난 덕.
23   본적本迹; 1. 불보살의 진실한 본지신本地身과 중생을 교화하기 위하여 진신으로부터 변화한 신명神明의 신신인 수적신을 아울러 이르는 말. 2. 본적이문. 법화경 28품을 해설할 때에, 뒤의 14품 본문本門과 앞의 14품 적문迹門을 아울러 이르는 말.
24   태가台家; 천태종天台宗·천태법화종天台法華宗·천태법화원종天台法華圓宗·태종台宗이라고도 한다. 중국 수나라 때 절강성 천태산에서 지의智顗가 창립한 종파이다. 《법화경》과 용수의 사상을 기본으로 한다. 지의의 선구자로서 북제의 혜문慧文과 진의 혜사慧思가 있었다. 이들을 합하여 지의를 천태종 제3조로

本高迹下[25]·　　　　　　　　　본지가 높고 수적이 낮음(본고적하本高迹下)·
本下迹高[26]·　　　　　　　　　본지가 낮고 수적이 높음(본하적고本下迹高)·
本迹俱高[27]·　　　　　　　　　본지와 수적 모두가 높음(본적구고本迹俱高)·
本迹俱下[28]의　　　　　　　　본지와 수적 모두가 낮음(본적구하本迹俱下)의
四句로써 高下를 分別하니　　　4구四句로써 높낮이를 분별하니
初地菩薩이 二地의 身을　　　　초지보살初地菩薩이 보살 2지의 몸을
現하거나 或은 八相成道[29]의 相을　나투거나 혹은 팔상성도八相成道의 모습을
示함과 如함은 本下迹高이며 佛이　보이는 등은 본하적고本下迹高이며 불佛이
法身에서 化身을 垂하고 觀音菩薩[30]이　법신에서 화신을 드리우고 관음보살이

하기도 한다. 지의의《법화경》을 중심으로 하여 조직적으로 불교를 통일하고 적극적으로『제법실상론諸法實相論』을 주창하며 불교철학의 심오한 체계를 세워『법화문구法華文句』·『법화현의法華玄義』·『마하지관摩詞止觀』을 지어 한 종을 이룩하고 그 뒤에 장안章安, 담연湛然 등이 계승했다.

25　본고적하本高迹下; 예례로 부처가 보살로 나툼. the originally great manifesting itself as something lesser. The higher (Buddha) manifesting himself in lower form, e.g., as a bodhisattva.
26　본하적고本下迹高; 예례로 보살이 부처로 나툼.
27　본적구고本迹俱高; 예례로 부처가 부처로 나툼.
28　본적구하本迹俱下; 예례로 초지보살이 초지보살로 나툼.
29　팔상성도八相成道; 석가모니 부처님의 생애를 여덟 기간으로 나누어 보는 전통적인 방식을 팔상성도八相成道라 한다. 또는 팔상시현示現, 팔상작불作佛, 석가팔상 등으로도 말한다. 1) 도솔래의상兜率來儀相. 도솔천兜率天에서 이 세상에 내려오는 모습. 2) 비람강생상毘藍降生相. 룸비니 동산에서 탄생하는 모습. 3) 사문유관상四門遊觀相. 네 성문으로 나가 세상을 관찰하는 모습. 4) 유성출가상踰城出家相. 성을 넘어 출가하는 모습. 5) 설산수도상雪山修道相. 설산에서 수도하는 모습. 6) 수하항마상樹下降魔相. 보리수菩提樹 아래에서 악마의 항복을 받는 모습. 7) 녹원전법상鹿苑轉法相. 녹야원에서 최초로 설법하는 모습. 8) 쌍림열반상雙林涅槃相. 사라쌍수沙羅雙樹 아래에서 열반에 드는 모습. 팔상八相은 경론經論에 따라 여러 설이 있음.
30　관음보살觀音菩薩; 관세음보살觀世音菩薩의 준말. 광세음보살光世音菩薩·관자재觀自在·관세자재觀世自在·관세음자재보살 등으로도 불리며, 대자대비大慈大悲를 서원으로 하는 보살임. 아미타불의 왼편에서 교화를 돕는 보살. 사보살의 하나이다. 세상의 소리를 들어 알 수 있는 보살이므로 중생이 고통 가운데 열심히 이 이름을 외면 도움을 받게 된다. 자비와 절복折伏의 신앙 대상으로 대승 불교의 여러 경전에서 그 모습을 널리 보임.《화엄경華嚴經》·《법화경法華經》·《아미타경阿彌陀經》·《능엄경楞嚴經》등의 경전

三十三身[31]을 現함과 如함이 本高迹下일새
此를 通途하고 法華經을 釋함에
本地門과 垂迹門의 二門으로써
大判하나니 一經 二十八品 中 前 十四品은
迹門[32]의 序[33]·正[34]·流通[35]의 三分[36]이오
後 十四品은 本門[37]의 三分인 바

33신身을 나툼이 본고적하本高迹下이니
이를 통상으로 하여 법화경을 해석함에
본지문本地門과 수적문垂迹門의 2문門으로써
크게 나누니 법화경 28품 중 앞의 14품은
적문迹門의 서분, 정종분, 유통분의 3분分이요
뒤의 14품은 본문本門의 3분分인 바

을 중심으로 관음보살에 대한 신앙이 전개되었는데, 우리 나라 명산 대천의 대부분에 관음의 연기緣起와 영험담이 전해질 정도로 널리 성행하였다. 삼국시대에 전래된 관음 신앙은 백제와 신라에서 그 모습을 살펴볼 수 있는데, 특히 신라에서는 자장慈藏·의상義湘에 의해 확산되었음.

31 삼십삼신三十三身; 관세음보살觀世音菩薩이 중생衆生을 구제하려고 변신變身해서 보이는 서른 세 가지의 화신化身. 관세음보살이 33가지 다른 모양으로 몸을 나타내어 중생을 제도하는 것을 말한다. 1) 부처님, 2) 벽지불, 3) 성문, 4) 대범왕, 5) 제석천, 6) 자재천, 7) 대자재천, 8) 하늘장군, 9) 비사문, 10) 작은 왕, 11) 장자, 12) 거사, 13) 재상, 14) 바라문, 15) 비구, 16) 비구니, 17) 남자 신도, 18) 여자 신도, 19) 장자부인, 20) 거사부인, 21) 재상부인, 22) 바라문부인, 23) 남자아이, 24) 여자아이, 25) 하늘, 26) 용, 27) 야차, 28) 건달바, 29) 아수라, 30) 가루라, 31) 긴나라, 32) 마후라가, 33) 집금강신.

32 적문迹門; 석가모니불이 나타나기 이전, 아득히 먼 과거에 성불한 본불本佛이 중생을 구제하기 위해 석가모니불로 그 자취를 드러낸 부분. 법화경 28품 가운데 앞의 14품은 적문, 뒤의 14품은 본문本門에 해당함.

33 서분序分; 삼분三分의 하나. 경전經典의 글 가운데, 본론에 들어가기 전에 말한 서론. 곧 그 경전을 설하게 되는 유서由序 인연을 말한 부분. 여기에 통서通序와 별서別序가 있음.

34 정종분正宗分; 삼분三分의 하나. 그 경전經典의 요점要點을 말한 부분. 정종正宗·정설분正說分이라고도 함.

35 유통분流通分; 삼분三分의 하나. 정종분正宗分 다음에 설한 교법敎法을 후세에 유전하기 위하여 제자에게 위촉하는 부분, 곧 그 경의 결론에 해당함.

36 삼분三分; 한 경전經典의 글을 셋으로 나눈 것. 곧 서분序分·정종분正宗分·유통분流通分. 첫째 서분은 경전의 글 가운데 본론에 들어가기 전에 말한 서론 부분이며, 둘째 정종분은 그 경전 일부의 요점要點을 말한 부분이고, 셋째 유통분은 정종분 다음에 설한 교법敎法을 후세에 유전하기 위하여 제자에게 위촉하는 부분으로 곧 그 경의 결론에 해당함. [예: 묘법연화경 스물여덟 품을 셋에 나누어 서분이 한 품이고, 정종분이 열아홉 품이고, 유통분이 여덟 품이다. 삼주三周는 세 가지 일이 족한 것이니, 법설주法說周와 유설주喩說周와 인연설주因緣說周이다. 법설주는 상근을 입히시니 방편품이고, 유설주는 중근을 입히시니 비유품이고, 인연설주는 하근을 입히시니 화성품이다. 근이야 비록 셋에 벌였으나 가르치심은 통하게 입히시는 것이다]

37 본문本門; 석가모니불이 나타나기 이전, 아득히 먼 과거에 성불한 본불本佛을 드러낸 부분. 법화경 28품 가운데 앞의 14품은 적문迹門, 뒤의 14품은 본문에 해당함.

迹門의 法華는 釋迦如來께서

成道後 法華會座에

至하기까지 四十餘年間에

있어 諸經[38]의 說法에 就하야

「三乘法[39]은 方便[40]이오 一乘法[41]은

眞實이라」云하사

所說의 教理上에 開權顯實[42]하심이오

本門의 法華는 釋迦의 身에 就하야

王宮에 生하고 伽耶[43]에 成道하야

적문의 법화法華는 석가여래께서

도업을 이루신 후 법화경 설법자리

(법화회좌法華會座)에 이르기까지 40여 년간에

있어 모든 경의 설법에 따라

「3승법乘法은 방편이요 1승법乘法은

참으로 실다움(진실眞實)이라」 말씀하셔

가르침의 이치에 방편으로 참을 드러냄

(개권현실開權顯實)이오

본문의 법화는 석가의 몸으로

왕궁에 태어나고 보드가야에서 성도成道하여

---

38 제경諸經; 불가의 모든 경전經典.

39 삼승법三乘法; 성문聲聞・연각緣覺・보살菩薩에 대한 세 가지 교법教法.

40 방편方便; Skt. upāya. 1. 교묘한 수단과 방법. 중생을 구제하기 위해 그 소질에 따라 임시로 행하는 편의적인 수단과 방법. 상황에 따른 일시적인 수단과 방법. 중생을 깨달음으로 인도하기 위해 일시적인 수단으로 설한 가르침. 2. 힘써 수행함.

41 일승법一乘法; 일승一乘이란 말은, 법화경 방편품方便品에는,〈유유일승법무이역무삼唯有一乘法無二亦無三〉이라고 말하여, 이승이라든가 삼승이라고 하는 것은 일승으로 인도하기 위한 수단에 지나지 않는다고 하고, 화엄경 명난품明難品이나 승만경 일승장에도 불타는 일승을 설說하고, 일승에 의해서 불타가 되는 것을 설함. 일승은 불승佛乘・일불승一佛乘・일승교一乘教・일승구경교一乘究竟教・일승법一乘法・일도一道 등이라고 하고, 일승의 교를 설하는 경을 일승의 묘전妙典, 일승一乘의 교教를 믿는 이를 일승의 기機, 그 깊고 넓은 것을 바다에 비유해서 일승해一乘海 등으로 일컫고, 일승은 대승大乘의 최고의 교이기 때문에 일승극창一乘極唱이라고 한다.

42 개권현실開權顯實; 권權은 방편을 뜻함. 방편임을 밝히고 진실을 드러냄. 지의智顗가 법화현의法華玄義에서 법화경 28품 가운데 앞 14품의 요지로서 제시한 말. 세존이 성문・연각・보살의 삼승三乘에 대한 여러 가지 가르침을 설하였지만, 그것은 모두 일승一乘으로 이끌기 위한 방편에 지나지 않는다는 뜻. 세존이 법화경을 설하기 이전에는 방편을 진실인 듯이 설하고 방편을 방편이라고 밝히지 않았으나, 법화경에서 삼승은 일시적인 방편이고 일승이 진실한 가르침이라는 것을 드러냈다는 뜻.

43 가야伽耶; 붓다가 깨달음을 이룬 붓다가야(Skt. buddhagayā)의 북쪽 약 10km 지점에 있던 도시인 가야성.

于今⁴⁴에 至하기까지의 此身은 我의
實身이 않이라 我는
久遠實成⁴⁵의 法身으로서
衆生을 濟度하기 爲하야 一時
垂迹⁴⁶하고 伽倻成道한
應身을 現하였을 뿐이라 하사
自己의 身相에 있어
開迹顯本⁴⁷하신지라
以此見之컨대 法華 已前부터 法華上
開權顯實의 說法에 至하기까지
悉皆⁴⁸ 垂迹身⁴⁹의 垂迹說⁵⁰이시오
後半이 本門 法華일새
此 本迹의 義는 佛身上의

지금까지의 이 몸은 나의
실다운 몸이 아니라 나는
구원실성久遠實成의 법신으로서
중생을 제도하기 위하여 한때
모습을 드리워(수적垂迹) 보드가야에서
성도한 응신應身을 나투었을 뿐이라 하서
스스로의 신상身相에 있어 적문을 열어
본문을 드러내신지라(개적현본開迹顯本)
이로 보아서 법화 이전부터 법화상法華上
개권현실開權顯實의 설법에 이르기까지
모두 적신迹身을 드리운 수적垂迹의 말씀이시오
후반後半이 본문本門 법화이니
이 본문과 적문의 뜻은 부처 몸의

---

44 우금于今; 지금에 이르기까지.
45 구원실성久遠實成; 세존은 보리수 아래에서 깨달음을 성취하였지만 그것은 중생을 구제하기 위한 일시적인 방편이고, 사실은 아득히 먼 과거에 성불하였다는 뜻.
46 수적垂迹; 부처나 보살이 중생을 구제하기 위해 여러 가지 다른 모습으로 변화하여 그 자취를 드리움.
47 개적현본開迹顯本; 법화경 28품 가운데 뒤 14품의 요지로서 제시된 말로, 석가모니불은 본불本佛의 자취임을 밝히고 아득히 먼 과거에 성불한 본불을 드러냈다는 뜻. 석가모니불은 보리수 아래에서 처음으로 성불한 것이 아니라 아득히 먼 과거에 이미 성불한 본불의 자취이며 그 본불을 드러냈다는 뜻.
48 실개悉皆; 1. 모두. 2. 전혀.
49 수적신垂迹身; 부처나 보살이 중생을 구제하기 위해 여러 가지 다른 모습으로 변화하여 그 자취를 드리운 몸.
50 수적설垂迹說; 부처나 보살이 중생을 구제하기 위해 여러 가지 다른 모습으로 변화하여 그 자취를 드리우며 설법함.

眞·應 二身[51] 곧	진신(眞)·응신(應)의 2신身 곧
法[52]·應[53] 二身의 關係로서	법신(法)·응신(應)의 2신身의 관계로서
法華 已前에도	묘법연화경을 설하기 이전에도
諸 大乘經에 此 義ㅣ	모든 대승경전에 이러한 뜻이
彌滿[54]하나 다만 大乘菩薩에 限한	널리 설해졌으나 다만 대승보살만을 위한
對說 뿐이오 아직 二乘[55]·凡夫[56]에 對하신	법문일 뿐이오, 아직 2승乘·범부에 대하신
說明은 않이였으나 二乘·凡夫에	설명은 아니었으나, 2승乘·범부에
對해서도 開說 證明하심은	대해서도 말씀하시고 증명하심은

51 이신二身; 진신眞身과 응신應身. ▶진신眞身; 1. 부처의 진실한 몸. 부처의 법신法身을 이른다. 2. 보살菩薩. 위로 보리를 구하고 아래로 중생을 제도하는, 대승 불교의 이상적 수행자상. ▶응신應身; 1. 중생을 제도하기 위하여 중생의 기근機根에 맞는 모습으로 나타난 부처. 2. 삼신三身의 하나. 과거세에 행한 수행의 과보果報로 얻은 몸을 이른다.

52 법신法身; Skt. Dharmakāya의 번역어로 문자 그대로의 뜻은 진리의 몸(truth body) 또는 실재의 몸(reality body)이다.

53 응신應身; 화신 또는 응화신應化身이라고도 한다. 그러나 엄밀한 의미에서는 응신과 화신이 구별된다. 화신은 상호를 구비하지 않고 일정한 형식을 떠난 여러 가지 다양한 모습을 취하여 중생을 구제하는 불신인데 비하여, 응신은 특정한 시대와 특정한 지역에서 특정한 중생을 구제하기 위하여 출현하는 부처이다. 인도에서 출현한 석가모니불은 응신이며, 과거의 7불을 비롯한 많은 부처와 미래의 미륵불도 모두 응신에 속한다. 이 응신들은 상대방에 따라 그를 화도化導(중생을 제도함)하는 데 편리한 모습으로 나타나 설법하는 부처로, 32상相(부처의 아주 독특한 생김새)과 80종호種好(부처의 생김새 중 일반적인 것)라는 특별한 모습을 갖추고 있다.

54 미만彌滿; 가득함. 충일充溢.

55 이승二乘; 승乘은 중생을 깨달음으로 인도하는 부처의 가르침을 뜻함. 중생을 깨달음으로 인도하는 부처의 두 가지 가르침. 1. 1) 소승小乘. 자신의 깨달음만을 구하는 수행자를 위한 부처의 가르침. 자신의 해탈만을 목표로 하는 성문聲聞·연각緣覺에 대한 부처의 가르침. 2) 대승大乘. 자신도 깨달음을 구하고 남도 깨달음으로 인도하는 수행자를 위한 부처의 가르침. 깨달음을 구하면서 중생을 교화하는 보살을 위한 부처의 가르침. 2. 1) 성문승聲聞乘. 성문을 깨달음에 이르게 하는 부처의 가르침. 성문의 목표인 아라한阿羅漢의 경지에 이르게 하는 부처의 가르침. 2) 연각승緣覺乘. 연기緣起의 이치를 주시하여 깨달은 연각에 대한 부처의 가르침. 연각의 경지에 이르게 하는 부처의 가르침.

56 범부凡夫; Skt. prthag-jana 1. 어리석고 미혹한 자. 번뇌에 얽매어 있는 자. 2. 견도見道에 이르지 못한 자.

本門⁵⁷法華의 所說뿐이니라	본문법화本門法華의 말씀뿐이니라
菩薩의 授記⁵⁸ 作佛⁵⁹은	보살에게 부처가 되리라는 수기授記를
已前의 諸經에도 不少하였으나	주는 것은 이전의 많은 경전에도 적지 않게
聲聞의 授記는	등장하였으나, 성문聲聞의 수기授記는
迹門法華가	법화경의 적문(적문법화迹門法華)이
根本이 될지나 三昧 境界가	근본이 될지나 삼매 경계가
多少 差異할 뿐이오	다소 차이가 있을 뿐이오
諸經이 同一說이니라	모든 경전이 같은 말씀이니라
그러나 一相⁶⁰ 一行⁶¹인	그러나 둘이 아닌 모습과 행[일상一相 일행
一說의 實相⁶²이란	一行]인 (일관된) 한말씀(일설一說)의 실상이란
不可思議⁶³로서 無量의 說法을 要하나	불가사의로서 무량의 설법을 필요로 하나

57　본문本門; 석가모니불이 나타나기 이전, 아득히 먼 과거에 성불한 본불本佛을 드러낸 부분. 법화경 28품 가운데 앞의 14품은 적문迹門, 뒤의 14품은 본문에 해당함.

58　수기授記; Skt. vyākaraṇa. 1. 부처가 제자에게 미래에 성불할 것이라고 예언함. 2. 경전의 서술 내용에서, 부처가 제자에게 미래에 성불할 것이라고 예언한 부분.

59　작불作佛; 부처가 됨. 모든 번뇌를 소멸하여 부처가 됨. 진리를 깨달아 부처가 됨.

60　일상一相; 모든 현상의 있는 그대로의 평등한 모습. 차별도 대립도 없는 평등한 모습.

61　일행一行; 1. 일사一事(한가지 일)를 전행專行(오로지 행함)하는 것. 선도善導의 관경소觀經疏 1에 "성불成佛하는 법은 만행萬行이 원만圓滿하여 극성剋成함을 요要한다. 어찌 염불일행 念佛一行으로 곧 성취를 바라겠는가?" 함. 2. 하나의 행업行業. 3. 대혜大慧 선사(?~727)의 이름. 보적普寂에게 출가. 금강지金剛智 삼장에게 밀교를 배우고, 선무외善無畏와 함께《대일경》을 번역. 당나라 개원 15년 입적.

62　실상實相; 1. 모든 현상의 있는 그대로의 참모습. 대립이나 차별을 떠난 있는 그대로의 참모습. 2. 모든 현상의 본성. 3. 궁극적인 진리. 변하지 않는 진리. 4. 집착을 떠난 청정한 성품.

63　불가사의不可思議; 1. 보통 사람의 생각으로는 도저히 미루어 헤아릴 수 없을 만큼 이상야릇함. 2. 십진급 수의 한 단위. 3. 또는 그러한 현상.

因果⁶⁴ 自他⁶⁵를 總論⁶⁶함에
인과 자타 총론

本・迹의 二種이 有하야 各其
본 적 이종 유 각기

十不可思議 곧 十妙⁶⁷를 具하니라
십불가사의 십묘 구

인과因果 자타自他를 총론總論함에

본本・적迹의 2종種이 있어 각기

10불가사의 곧 10묘妙를 갖추었느니라

---

64 인과因果; Skt. hetu-phala. 1. 원인과 결과. 현상을 생성시키는 것과 생성된 현상. 2. 원인이 있으면 반드시 결과가 있고, 결과가 있으면 반드시 그 원인이 있다는 이치. 3. 선악의 행위에는 반드시 그 과보가 있다는 도리.

65 자타自他; 1. 자기와 남을 아울러 이르는 말. 2. 자력自力과 타력他力.

66 총론總論; 1. 어떤 분야의 일반적 이론 따위를 총괄하여 서술한 이론. 2. 어떤 일에 대한 전체적인 견해를 비유적으로 이르는 말. 3.논문이나 저서 따위의 대강大綱의 줄거리.

67 십묘十妙; ten marvels; ten wonders. 지의智顗가 법화현의法華玄義에서 묘법연화경妙法蓮華經의 묘妙자에 열 가지 오묘함이 함축되어 있다 하고, 적문십묘迹門十妙・본문십묘本門十妙・관심십묘觀心十妙로 나누어 해설함. 1. 적문십묘迹門十妙. 적문迹門은 석가모니불이 나타나기 이전, 아득히 먼 과거에 성불한 본불本佛이 중생을 구제하기 위해 석가모니불로 그 자취를 드러낸 부분으로, 법화경 28품 가운데 앞의 14품에 해당함. 1) 경묘境妙. 지혜의 대상이 오묘함. 2) 지묘智妙. 관조하는 지혜가 오묘함. 3) 행묘行妙. 수행이 오묘함. 4) 위묘位妙. 수행의 단계가 오묘함. 5) 삼법묘三法妙. 거짓 없고 변하지 않는 본성[진성眞性]과 본성을 응시하는 지혜의 작용[관조觀照]과 지혜의 작용을 도우는 수행[자성資成]이 서로 오묘함. 6) 감응묘感應妙. 가르침을 받아들이는 중생의 소질이나 능력과 그에 대한 부처의 반응이 서로 오묘함. 7) 신통묘神通妙. 부처의 자유 자재한 능력이 오묘함. 8) 설법묘說法妙. 부처의 설법이 오묘함. 9) 권속묘眷屬妙. 부처를 따르는 권속들의 능력이 오묘함. 10) 이익묘利益妙. 부처가 주는 이익이 오묘함. 2. 본문십묘本門十妙. 본문本門은 석가모니불이 나타나기 이전, 아득히 먼 과거에 성불한 본불本佛을 드러낸 부분으로, 법화경 28품 가운데 뒤의 14품에 해당함. 1) 본인묘本因妙. 본불本佛이 수행하게 된 원인이 오묘함. 2) 본과묘本果妙. 본불이 수행하여 얻은 결과가 오묘함. 3) 본국토묘本國土妙. 본불이 머무는 국토가 오묘함. 4) 본감응묘本感應妙. 가르침을 받아들이는 중생의 소질이나 능력과 그에 대한 본불의 반응이 서로 오묘함. 5) 본신통묘本神通妙. 본불이 중생을 구제하기 위해 나타내는 자유 자재한 능력이 오묘함. 6) 본설법묘本說法妙. 본불의 설법이 오묘함. 7) 본권속묘本眷屬妙. 본불의 권속들이 오묘함. 8) 본열반묘本涅槃妙. 본불은 영원하므로 그 열반이 오묘함. 9) 본수명묘本壽命妙. 본불은 수명이 자유 자재하므로 그 수명이 오묘함. 10) 본이익묘本利益妙. 본불이 중생에게 주는 이익이 오묘함. 3. 관심십묘觀心十妙. 적문迹門과 본문本門에서 설한 진리를 관조하는 수행에 대한 열 가지 오묘함이지만 법화현의法華玄義에는 자세하게 서술되어 있지 않음.

〈표54〉 묘법연화경妙法蓮華經 28품; 본적本迹 2문二門, 3분三分, 2처二處 3회三會

	품品	본적3분	전체3분	본적本迹	2처(의미)	3회 대지大旨
1	서품 序品	서분 序分	서분 序分	적문 迹門	영취산 靈鷲山 (현실에 입각한 가르침)	1회 지혜의 가르침 智慧
2	방편품 方便品	정종분 正宗分				
3	비유품 譬喩品					
4	신해품 信解品					
5	약초유품 藥草喩品					
6	수기품 授記品					
7	화성유품 化城喩品					
8	오백제자수기품 五百弟子授記品					
9	수학무학인기품 授學無學人記品					
10	법사품 法師品	유통분 流通分	정종분 正宗分			
11	견보탑품 見寶塔品					
12	제바달다품 提婆達多品					
13	권지품 勸持品					
14	안락행품 安樂行品					
15	종지용출품(전반) 從地湧出品 前半	서분 序分			허공중 다보탑 虛空中 多寶塔 (이상적인 부처의 모습을 보임)	2회 자비의 가르침 慈悲
15	종지용출품(후반) 從地湧出品 後半	정종분 正宗分		본문 本門		
16	여래수량품 如來壽量品					
17	분별공덕품(전반) 分別功德品 前半					

17	분별공덕품 (후반) 分別功德品 後半					
18	수희공덕품 隨喜功德品				허공중 다보탑 虛空中 多寶塔 (이상적인 부처의 모습을 보임)	2회 자비의 가르침 慈悲
19	법사공덕품 法師功德品					
20	상불경보살품 常不輕菩薩品					
21	여래신력품 如來神力品					
22	촉루품 囑累品	유통분 流通分	유통분 流通分	본문 本門		
23	약왕보살본사품 藥王菩薩本事品					
24	묘음보살품 妙音菩薩品					
25	관세음보살보문품 觀世音菩薩普門品				영취산 靈鷲山 (현실에서의 자비의 실행)	3회 비지 겸비의 가르침 悲智 兼備
26	다라니품 多羅尼品					
27	묘장엄왕본사품 妙莊嚴王本事品					
28	보현보살권발품 普賢菩薩勸發品					

<표55> 십묘 十妙 (ten marvels; ten wonders)

본적 本跡	본지 本地		수적 垂跡
신 身	실신 實身		화신 化身
본말 本末	능현의 본 能現本		소현의 말 所現末
천태종 고하구분	고 高	법신 法身	하 下	화신 化身
		관음보살		33신
	하 下	초지보살	고 高	2지 보살
	고 高	부처	고 高	부처
	하 下	초지보살	하 下	초지보살

인과 자타를 총론함에 본·적의 두 가지; 각각 십불가사의 곧 십묘를 갖춤
因果 自他 總論 本 跡   十 不 可 思 議   十 妙

지의가 법화현의에서 묘법연화경의 묘자에 열 가지 오묘함이 함축되어 있다 하고,
智顗 法華玄義   妙法蓮華經 妙

적문십묘·본문십묘·관심십묘로 나누어 해설함
迹門十妙 本門十妙 觀心十妙

▶ 지지=능생能生; 모두를 이롭게 하기 위해 본신本身에서 만화萬化를 드리움.

第一節 迹門 十妙[1]
제 1 절 적문 십묘

제1절 적문 십묘

一에 境妙[2]란
일   경묘

即 理境으로서
즉 리경

十如[3]等의
십여 등

境[4]이니
경

心佛及衆生 是三無差別의
심불급중생 시삼무차별

不可思議라 經에
불가사의   경

「唯佛與佛乃能窮盡諸法實相이라」시는
유불여불내능궁진제법실상

적문10묘 중 첫째의 경묘境妙란

곧 진리의 대경對境(이경理境)으로서

10여시등十如是等(상·성·체·력·작·인·연·

과·보·본말구경등)의 경경이니

마음, 부처와 중생이 차별이 없음(심불급중생

心佛及衆生 시삼무차별是三無差別; 마음과 부처와

중생, 이 셋은 차별이 없다)의

불가사의라 경經에

「오직 부처만이 부처와 더불어 제법실상

---

1   적문십묘迹門十妙; 적문迹門은 석가모니불이 나타나기 이전, 아득히 먼 과거에 성불한 본불本佛이 중생을 구제하기 위해 석가모니불로 그 자취를 드러낸 부분으로, 법화경 28품 가운데 앞의 14품에 해당함. 십묘十妙는 지의智顗가 법화현의法華玄義에서 밝힌 내용으로, 묘법연화경妙法蓮華經의 묘妙자에 함축되어 있다는 열 가지 오묘함. 1) 경묘境妙. 지혜의 대상이 오묘함. 2) 지묘智妙. 관조하는 지혜가 오묘함. 3) 행묘行妙. 수행이 오묘함. 4) 위묘位妙. 수행의 단계가 오묘함. 5) 삼법묘三法妙. 거짓 없고 변하지 않는 본성[진성眞性]과 본성을 응시하는 지혜의 작용[관조觀照]과 지혜의 작용을 돕는 수행[자성資成]이 서로 오묘함. 6) 감응묘感應妙. 가르침을 받아들이는 중생의 소질이나 능력과 그에 대한 부처의 반응이 서로 오묘함. 7) 신통묘神通妙. 부처의 자유 자재한 능력이 오묘함. 8) 설법묘說法妙. 부처의 설법이 오묘함. 9) 권속묘眷屬妙. 부처를 따르는 권속들의 능력이 오묘함. 10) 이익묘利益妙. 부처가 주는 이익이 오묘함.

2   경묘境妙; 적문십묘迹門十妙의 하나. 지혜의 대상이 오묘함. 육경六境. 1) 십여十如의 경경, 2) 십이인연十二因緣의 경경, 3) 사제四諦의 경경, 4) 이제二諦의 경경, 5) 삼제三諦의 경경, 6) 일제一諦의 경경.

3   십여十如; 십여시十如是. 모든 현상의 있는 그대로의 참모습에 갖추어져 있는 열 가지 성질. 여시상如是相·여시성如是性·여시체如是體·여시력如是力·여시작如是作·여시인如是因·여시연如是緣·여시과如是果·여시보如是報·여시본말구경등如是本末究竟等. 상相은 형상, 성性은 특성, 체體는 본질, 역力은 잠재해 있는 힘, 작作은 작용, 인因은 원인, 연緣은 조건, 과果는 결과, 보報는 과보, 본말구경등本末究竟等은 상相에서 보報까지 모두 평등하다는 뜻.

4   경경; Skt. viṣaya. 1. 대상. 인식 대상. 2. 경지.

同時에「所謂 諸法인 如是相 　　동시　　소위 제법　여시상	諸法實相의 궁극의 뜻을 알아 마치느니라」시는 동시에「이른바 모든 법인 여시상如是相
如是性 等이라」云하심이 是니라 여시성 등　　　운　　　시	여시성如是性 등이라」이르심이 이것이니라
此에 六境이 亦有하니 차　육경　 역유	이 경묘에 또한 6경境이 있으니
一에 十如의 境, 일　십여　경	첫째 10여시如是의 경境,
二에 十二因緣⁵의 境, 이　십이인연　　경	둘째 12인연因緣의 경境,
三에 四諦⁶의 境, 삼　사제　경	셋째 4제諦(고집멸도苦集滅道)의 경境,

5 십이인연十二因緣; 십이연기十二緣起. 괴로움이 일어나는 열두 과정. 1) 무명無明. Skt. avidyā. 사제四諦에 대한 무지. 2) 행行. Skt. saṃskāra. 무명으로 일으키는, 의도意圖하고 지향하는 의식 작용. 무명에 의한 의지력·충동력·의욕. 3) 식識. Skt. vijñāna. 식별하고 판단하는 의식 작용. 인식 작용. 4) 명색名色. Skt. nāma-rūpa. 명名은 수受·상想·행行·식識의 작용, 색色은 분별과 관념으로 대상에 채색하는 의식 작용. 곧, 오온五蘊의 작용. 5) 육입六入. Skt. ṣaḍ-āyatana. 대상을 감각하거나 의식하는 안眼·이耳·비鼻·설舌·신身·의意의 작용. 6) 촉觸. Skt. sparśa. 육근六根과 육경六境과 육식六識의 화합으로 일어나는 마음 작용. 7) 수受. Skt. vedanā. 괴로움이나 즐거움 등을 느끼는 감수 작용. 8) 애愛. Skt. tṛṣṇā. 갈애渴愛. 애욕. 탐욕. 9) 취取. Skt. upādāna. 탐욕에 의한 집착. 10) 유有. Skt. bhava. 욕계·색계·무색계의 생존 상태. 11) 생생. Skt. jāti. 태어난다는 의식. 12) 노사老死. Skt. jarā-maraṇa. 늙고 죽는다는 의식.

6 사제四諦; Skt. catvāri-āryasatyāni. Pali cattāri-āriyasaccāni. 사성제四聖諦라고도 함. 제諦는 Skt. satya, Pali sacca의 번역으로 불변여실不變如實의 진상眞相, 곧 진리를 뜻함. 고苦·집集·멸滅·도道. 불교의 강격綱格을 나타낸 전형典型으로서 유력有力한 것. 괴로움을 소멸시켜 열반에 이르는 네 가지 진리. 1) 고제苦諦. 현실의 상相을 나타낸 것이니, 괴로움이라는 진리. 태어나고 늙고 병들고 죽는 괴로움과, 사랑하는 사람과 헤어져야 하는 괴로움, 미워하는 사람과 만나거나 살아야 하는 괴로움, 구하여도 얻지 못하는 괴로움, 오온五蘊에 탐욕과 집착이 있으므로 괴로움. 2) 집제集諦. 고苦의 이유근거理由根據 혹은 원인原因이라고도 하니, 괴로움의 원인이라는 진리. 괴로움이 일어나는 원인은 몹시 탐내어 집착하는 갈애渴愛라는 진리. 집集은 산스크리트어, 팔리어 samudaya의 번역으로 집기集起·기인起因·원인을 뜻함. 위의 1), 2)의 2제는 유전流轉하는 인과. 3) 멸제滅諦. 깨달을 목표. 곧 이상理想의 열반. 괴로움의 소멸이라는 진리. 갈애를 남김없이 소멸하면 괴로움이 소멸되어 열반에 이른다는 진리. 4) 도제道諦. 열반에 이르는 방법. 곧 실천하는 수단. 괴로움의 소멸에 이르는 길이라는 진리. 팔정도八正道는 갈애를 소멸시키는 수행법이라는 진리. 위의 3), 4)의 2제는 오悟의 인과. 이 사제설四諦說 자신에는 아무런 적극적인 내용이 들어 있지 않지만, 후대에 이르면서 매우 중요시하게 된 데는 여러 가지 체계를 포괄包括하여 조직적으로 취급한 것이 있다. 고제는 무상無常·고苦·무아無我·5온蘊 설說을, 집제·멸제는 연기설緣起說을, 도제는 8성도聖道 설을 표하는 것. 그리고 고제·집제는 12인연의 순관順觀에, 멸제·도제는 역관逆觀에 각각 해당함.

四에 二諦7의 境, (사 이제 경)	넷째 2제諦(진속眞俗)의 경境,
五에 三諦8의 境, (오 삼제 경)	다섯째 3제諦(공가중空假中)의 경境,
六에 一諦의 境이오 (육 일제 경)	여섯째 1제諦(일실제一實諦)의 경境이오
二에 智妙9란 (이 지묘)	적문10묘중 둘째의 지묘智妙란
智는 卽 境을 全知10하야 起하는 (지 즉 경 전지 기)	지智는 곧 경境을 모두 알아서 일어나는
智로서 境妙로써일새 (지 경묘)	지혜(지智)로서 경묘境妙와 다른 것이 아니고
智亦隨라 (지 역 수)	지혜 역시 경묘를 따름(지역수智亦隨)이라
函蓋相應11의 (함 개 상 응)	상자와 뚜껑이 서로 꼭 맞는(함개상응函蓋相應)
不可思議니 經에 (불 가 사 의 경)	불가사의니 경經에
「我所得智慧 微妙最第一이라」 (아 소 득 지혜 미묘 최 제 일)	「나의 지혜가 미묘하며 최상 제일이라」
云하심이 是요 (운 시)	일컬으심이 이것이요

---

7 이제二諦; 진속이제眞俗二諦. 진제眞諦와 속제俗諦. 제諦는 진리를 뜻함. 1) 진제眞諦. 분별이 끊어진 상태에서, 있는 그대로 파악된 진리. 분별이 끊어진 후에 확연히 드러나는 진리. 직관으로 체득한 진리. 2) 속제俗諦. 분별과 차별로써 인식한 진리. 허망한 분별을 일으키는 인식 작용으로 알게 된 진리. 대상을 분별하여 언어로 표현한 진리. 세속의 일반적인 진리. 세속에서 상식적으로 알려져 있는 진리. 세속의 중생들이 알고 있는 진리. 이제二諦 각각의 내용에 대해서는 경론經論에 따라 여러 설이 있음.

8 삼제三諦; 공제空諦・가제假諦・중제中諦. 제는 진실한 뜻, 허망치 않은 뜻. 모든 현상에 대한 세 가지 진리. 1) 공제空諦. 모든 현상에는 불변하는 실체가 없다는 진리. 2) 가제假諦. 모든 현상은 여러 인연의 일시적인 화합으로 존재한다는 진리. 3) 중제中諦. 공空이나 가假의 어느 한쪽에 치우치지 않은 진리. 공空과 가假는 둘이 아니라는 진리.

9 지묘智妙; 적문십묘迹門十妙의 하나. 관조하는 지혜가 오묘함.

10 전지全知; 사물과 현상의 모든 것을 다 앎.

11 함개상응函蓋相應; 상자箱子와 그 뚜껑이 잘 맞는다는 뜻으로, 양자兩者가 잘 맞아서 동일체同一體가 됨을 비유比喩・譬喩해 이르는 말.

三에 行妙¹²란 行은
곧 所修의 行으로서 妙智의 行을
引導할새 亦隨하는 行不可思議니
經에「行此諸道已 道場得成果라」
云하심이 是요
四에 位妙¹³란 位는 곧 諸行所歷의
位次라 十住 乃至
十地가 是로서 行妙로써일새
所證의 位 亦隨인 位不可思議니 經에
「乘是實乘遊於四方이라」云하심이 是요

五에 三法妙¹⁴란 三法은 곧
眞性¹⁵·觀照¹⁶·資成의 三法으로서
眞性은 是 理요 觀照는
是 慧며 資成은

셋째 행묘行妙란 행行은
곧 닦음(수행修行)으로서 묘지妙智의 행行을
인도하니 지묘에 따르는 행行불가사의라
경經에「이 모든 도道를 행하니 도량에서
과果를 이루었도다」이르심이 이것이요
넷째 위묘位妙란 위位는 곧 모든 행의
위차位次라 10주住·10행行·10회향廻向·
10지地가 이것으로서 행묘行妙에 따르는
소증의 위位불가사의니 경經에
「이 실승實乘을 타고 사방에 노닌다(승시실
승유어사방乘是實乘遊於四方)이라」일컬으심이
이것이요

다섯째 3법묘法妙란 3법法은 곧
진성眞性·관조觀照·자성資成의 3법法으로서
진성眞性은 곧 소증所證의 이理요 관조觀照는
곧 능증能證의 혜慧며 자성資成은

12　행묘行妙; 적문십묘迹門十妙의 하나. 수행이 오묘함.
13　위묘位妙; 적문십묘迹門十妙의 하나. 수행의 단계가 오묘함.
14　삼법묘三法妙; 적문십묘迹門十妙의 하나. 거짓 없고 변하지 않는 본성[진성眞性]과 본성을 응시하는 지혜의 작용[관조觀照]과 지혜의 작용을 돕는 수행[자성資成]이 서로 오묘함.
15　진성眞性; 1. 있는 그대로의 본성·상태. 2. 모든 현상의 있는 그대로의 참모습. 3. 집착이 없는 청정한 성품.
16　관조觀照; 지혜로써 대상을 있는 그대로 응시함.

是 定¹⁷이니 此 三法은 곧 삼매三昧이니 이 3법法은
시 정   차 삼법

佛의 所證이라 妙不可思議요 부처님의 증명한 바이라 묘불가사의요
불 소증   묘불가사 의

六에 感應妙¹⁸란 感은 衆生이오 여섯째 감응묘感應妙란 중생은 느끼고
육 감응묘   감 중생

應은 佛이라 불佛은 중생의 근기에 따라 응應함이라
응 불

衆生이 能히 圓機¹⁹로써 중생이 능히 원만한 기틀(원기圓機)로써
중생 능 원기

佛을 感하고 佛은 곧 妙應으로써 應할새 불佛을 느끼고 불佛은 곧 오묘한 나툼
불 감 불 묘응 응

(묘응妙應)으로써 응應하니

水가 上昇하지 않고 月이 下降치 않은 물이 상승하지 않고 달이 하강치 않은
수 상승   월 하강

그대로 一月이 衆水에 그대로 하나의 달이 뭇 강물에
일월 중수

普賢함과 如한 妙不可思議니 經에 널리 나툼과 같은 묘불가사의니 경經에
보현   여 묘불가사 의 경

「一切衆生 皆是吾子라」 「모든 중생이 모두 나의 아들이라」
일체중생 개시오자

云하심이 是요 일컬으심이 이것이요
운   시

七에 神通妙²⁰란 일곱째 신통묘神通妙란
칠 신통묘

如來無謨²¹의 應이 여래는 응應함을 꾀(도모圖謨)함이 없지만
여래무모   응

善權²²인 方便인지라 선권방편善權方便에
선권   방편

17   정定; 1. Skt./Pāli samādhi. 삼매三昧라고 음사. 마음을 한곳에 집중하여 산란하지 않는 상태. 마음이 들뜨거나 침울하지 않고 한결같이 평온한 상태. 마음을 집중·통일시키는 수행, 또는 그 수행으로 이르게 된 평온한 마음 상태. 2. Skt. dhyāna. 마음을 가라앉히고 고요히 생각함.
18   감응묘感應妙; 적문십묘迹門十妙의 하나. 가르침을 받아들이는 중생의 소질이나 능력과 그에 대한 부처의 반응이 서로 오묘함.
19   원기圓機; 원만한 기틀.
20   신통묘神通妙; 적문십묘迹門十妙의 하나. 부처의 자유 자재한 능력이 오묘함.
21   무모無謨; 꾀함이 없음.
22   선권善權; 중생을 인도하는 수단으로서 세간에 작용하는 지혜 즉 방편지의 작용을 선교방편善巧方便(upaya

機宜²³에 稱適²⁴하야
기 의   칭 적
變現²⁵이 自在²⁶하니
변 현   자 재
是이 妙不可思議라 經에
시   묘 불 가 사 의   경
「今佛世尊 入于三昧
 금 불 세 존 입 우 삼 매
是不可思議 現希有事라」하심이 是요
시 불 가 사 의 현 회 유 사   시

八에 說法妙²⁷란 大·小乘의
팔   설 법 묘   대 소 승
偏·圓의 法을 說하사
편 원   법   설
咸皆²⁸ 衆生으로 하야금
함 개   중 생
佛의 知見에
불   지 견
悟入케 하심이 妙不可思議라
오 입   묘 불 가 사 의
經에「如來能種種分別巧說諸法
경   여 래 능 종 종 분 별 교 설 제 법
言辭柔軟 悅可衆心이라」심이 是요
언 사 유 연 열 가 중 심   시

九에 眷屬妙²⁹란 佛의
구   권 속 묘   불

마땅히 알맞게 들어맞으며

변화현신함(변현變現)이 자유자재하니

이것이 묘불가사의라 경經에

「지금 세존이 삼매에 들어가시자

불가사의한 희유한 일을 나타내신다」

하심이 이것이요

여덟째 설법묘說法妙란 대·소승의

치우치거나 두루한(편偏·원圓) 법을 설하셔서

모든 중생으로 하여금

부처님의 지혜(불지견佛知見)에

깨달아 들어오게 하심이 묘불가사의라

경經에「부처님이 갖가지로 교묘하게 모든

법을 설하사 말씀이 유연하여 중생들의

마음을 기쁘게 한다」하심이 이것이요

아홉째 권속묘眷屬妙란 부처님이

 – kausalya)이라 하며, 4지四智 중에서는 성소작지를 체로 삼으며 방편선교·선권善權방편·선방편·교방편·권방편·승방편·선교·선권·교편 등이라고도 한다.

23 기의機宜; 상대의 마음 상태에 따라 적절하게 행동함. 기틀에 맞게 행동함.
24 칭적稱適; 걸맞음.
25 변현變現; 달라진 형상을 나타냄.
26 자재自在; 1. 저절로 있음. 2. 속박이나 장애가 없이 마음대로임.
27 설법묘說法妙; 적문십묘迹門十妙의 하나. 부처의 설법이 오묘함.
28 함개咸皆; 모두.
29 권속묘眷屬妙; 적문십묘迹門十妙의 하나. 부처를 따르는 권속들의 능력이 오묘함.

出世에 따라 十方의	세상에 출현하심에 따라 시방十方의
諸大菩薩이 皆來贊輔30함이라	모든 보살이 모두 와서 찬탄하고 보필함이라
或은 神通으로써 來生하고 或은	혹은 신통神通으로써 세상에 오고 혹은
宿願31으로써 來生하며 或은	숙원宿願으로써 세상에 오며 혹은
應現32으로써 來生하야	응현應現으로써 세상에 와서
皆名眷屬하니 妙不可思議요	모두 권속이 되니 묘불가사의요
十에 利益妙33란 佛이 法을	열째 이익묘利益妙란 부처님이 법을
說하사 一切衆生으로 하야금 咸皆	설說하셔서 일체중생으로 하여금 모두
本性을 開悟케 하야써	근본성품(본성本性)을 깨달아 알게 하여서
佛의 知見에 入케 하심이	부처님의 보신 바 지혜에 들게 하심이
時雨가 普洽34하야 大地가 利益을	때맞춘 비가 널리 적시어 대지가 이익을
蒙35함과 같으니 是가 妙不可思議니라	입음과 같으니 이것이 묘불가사의니라

30 찬보贊輔; 찬탄하고 보필함.
31 숙원宿願; 오래전부터 품어 온 염원이나 소망.
32 응현應現; 응화應化. 부처나 보살이 중생을 구제하기 위하여 여러 가지 모습으로 이 세상에 나타나는 일.
33 이익묘利益妙; 적문십묘迹門十妙의 하나. 부처가 주는 이익이 오묘함.
34 보흡普洽; 1.두루 미침. 2.또는 널리 퍼짐.
35 몽蒙; 몽하다(은혜나 도움 따위를 입다)의 어근.

❖ 적문십묘迹門十妙; 적문迹門은 석가모니불이 나타나기 이전, 아득히 먼 과거에 성불한 본불本佛이 중생을 구제하기 위해 석가모니불로 그 자취를 드러낸 부분으로, 법화경 28품 가운데 앞의 14품에 해당함.
Ten manifest wonders 적문십묘迹門十妙 are the wonders of:

<표56> 적문십묘 迹門十妙

묘 妙 subtlety of	내용	경문 經文
1. 경묘 (이경) 境妙 理境 objects,	지혜의 대상이 오묘함. 십여의 경, 심불급중생 十如 心佛及衆生 시삼무차별의 불가사의 是三無差別 不可思議 the universe, sphere, or whole, embracing mind, Buddha, and all things as a unity. 십이인연의 경, 사제의 경 등 6경(6경표 참조) 十二因緣 境 四諦 境	「유불여불내능궁진제법실상이라」 唯佛與佛乃能窮盡諸法實相 「소위 제법인 여시상 여시성 등이라」 所謂諸法 如是相 如是性 等
2. 지묘 智妙 wisdom,	관조하는 지혜가 오묘함. 경을 다 알아서 일어나는 지 境 智 a Buddha's all-embracing knowledge arising from such universe.	「아소득지혜 미묘최제일이라」 我所得智慧 微妙最第一
3. 행묘 行妙 practice,	수행이 오묘함. 묘지의 행을 인도하는 수행 妙智 行 引導 his deeds, expressive of his wisdom.	「행차제도이 도량득성과라」 行此諸道已 道場得成果
4. 위묘 位妙 stages,	수행의 단계가 오묘함. 수행의 위차 位次 his attainment of all the various Buddha stages, i.e. 10주 · 10행 · 10회향 · 10지 住 行 廻向 十地	「승시실승유어사방이라」 乘是實乘遊於四方
5. 삼법묘 三法妙 threefold dharmas,	진성(거짓 없고 변하지 않는 본성)과 관조(본성을 응시하는 眞性 觀照 지혜의 작용)와 자성(지혜의 작용을 돕는 수행)이 서로 資成 오묘함. 부처가 증명하는 바 진성=이 · 관조=혜 · 자성= 眞性 理 觀照 慧 資成 정의 삼법 定 三法 his three laws of truth, wisdom(vision), and samadhi.	

6. 감응묘 感應妙 empathy and response,	가르침을 받아들이는 중생의 소질이나 능력과 그에 대한 부처의 반응이 서로 오묘함. 중생이 능히 원기로써 불을 감하고 불은 곧 묘응으로써 응함. 한 개의 달이 일천강에 비침 感 佛 妙 應 圓機 佛 his response to appeal, i.e. his (spiritual) response or relation to humanity, for "all beings are my children"	「일체중생 개시오자라」 一切衆生 皆是吾子
7. 신통묘 神通妙 supranormal powers,	부처의 자유 자재한 능력이 오묘함. 방편으로 변현자재함 his supernatural powers.	「금불세존 입우삼매 시불가사의 今佛世尊 入于三昧 是不可思議 현희유사라」 現希有事
8. 설법묘 說法妙 preaching the dharma,	부처의 설법이 오묘함. 설법으로 불지견을 깨달아 들어오게 함(개시오입) 開示悟入 his preaching.	「여래능종종분별교설제법 언사유연 如來能種種分別巧說諸法 言辭柔軟 열가중심이라」 悅可衆心
9. 권속묘 眷屬妙 retinue,	부처를 따르는 권속들의 능력이 오묘함. 부처님이 출세할 때 시방의 모든 보살이 나툼(신통 또는 숙원, 또는 응현으로써 내생함) 十方　　　　　　　神通　宿願　　應現 來生 his supernatural retinue.	
10. 이익묘 利益妙 benefits.	부처가 주는 이익이 오묘함. 때 맞춘 비에 대지가 이익을 취하듯, 우보익생만허공 중생수기득이익 雨寶益生滿虛空 衆生隨器得利益 the blessings derived through universal elevation into Buddhahood.	

第二節 境[1]
제 2 절 경

《金光明經[2]》에 「唯有如如[3] 如如智[4]
금광명경   유유여여 여여지

是名法身이라」심의
시명법신

如如란 理요 곧 境이라
여여 이   경

그리하야 如如의 理法身[5]이
         여여 이법신

胎藏界[6]의 大日如來[7]요 如如의
태장계   대일여래   여여

智法身[8]이 金剛界[9]의 大日如來라
지법신   금강계   대일여래

제2절 경

《금광명경》에 「오직 여여한 여여지如如智가

있어 이 이름이 법신이라」하신

여여如如란 이치요 곧 경境이라

그리하여 여여如如의 이법신理法身이

태장계의 대일여래요 여여如如의

지법신智法身이 금강계의 대일여래라

1　경境; Skt. viṣaya. 1. 대상. 인식 대상. 2. 경지.
2　금광명경金光明經; 4권. 북량北涼의 담무참曇無讖 번역. 참회하는 법, 업장業障의 소멸, 사천왕四天王에 의한 국가의 보호, 불법佛法을 보호하는 국왕의 공덕, 이 경을 설하고 독송하는 이의 공덕에 대해 설한 경.
3　여여如如: 변함이 없음. 1. 불변이다. 2. 형용사 뒤에 붙어서 상태를 나타냄. 3. 서로 따르다. 4. 변함이 없다. 5. 상호 관련되다.
4　여여지如如智; 있는 그대로의 참모습을 체득한 지혜.
5　이법신理法身; 진여眞如의 이체理體 그대로가 법신法身.
6　태장계胎藏界; Skt. garbha-dhātu. 대일경大日經에 의거하여 보리심菩提心과 대비大悲와 방편方便을 드러낸 부문. 모태母胎가 태아胎兒를 보살피듯, 대비에 의해 깨달음의 성품이 드러난다는 뜻에서 태장胎藏이라 함.
7　대일여래大日如來; 밀교密敎 진언종眞言宗의 본존·교주敎主. Skt. Mahāvairocana Tathāgata. 마하비로자나摩訶毘盧遮那·비로자나 등으로 음역하는데, 마하는 대大, 비로자나는 일日(해)의 별명으로서 '대일'은 즉 '위대한 광휘[대변조大遍照]'를 뜻한다. 따라서 변조여래遍照如來·변조존尊·광명光明변조 등으로 옮긴다. 밀교 이전의 대승경전인 《범망경梵網經》과 《화엄경華嚴經》등에서는 비로자나를 연화장세계蓮華藏世界의 중심을 이루는 광대한 세계관의 주체라고 말한다. 이러한 불타관의 형성은 법신法身 사상의 발전과 밀접한 관계가 있다. 이는 역사상 실재했던 불타인 석가모니불과는 달리 우주적 통일원리의 인격화를 불타로 보는 것이며, 따라서 대일여래의 기본적인 성격은 절대적인 원리의 인격화이다. 또한 불교의 법法(Skt. dharma)이라는 용어가 법칙과 사물의 두 가지를 의미하고 있는 것과 같이, 대일여래는 그 원리의 무한한 구상화具象化이기도 하다. 그러므로 대일여래는 지혜 그 자체일 뿐 아니라 그것의 무한한 활동이기도 하다.
8　지법신智法身; 수행修行에 의해서 지혜智慧가 완성된 때에 나타나는 법신法身.
9　금강계金剛界; Skt. vajra-dhātu. 《금강정경金剛頂經》에 의거하여 대일여래大日如來의 지혜를 드러낸 부문으로, 그 지혜가 견고하여 모든 번뇌를 깨뜨리므로 금강金剛이라 함.

그리고 枝末無明[10]인 色·聲· 　　　　지말무명　　색　성 香·味·觸·法의 六境[11]과 향　미　촉　법　　육경 根本無明[12]인 眼·耳·鼻· 근본무명　　안　이　비 舌·身·意의 六根[13]과 설　신　의　　육근 此의 地·水·火·風 차　　지　수　화　풍 四大[14]假合[15]인 色蘊[16]에 根據한 사대　가합　　색온　　근거 彼 六識[17]인 受·想·行·識 피 육식　　수　상　행　식	그리고 지말무명枝末無明인 색色·성聲· 향香·미味·촉觸·법法의 6경境과 근본무명根本無明인 안眼·이耳·비鼻· 설舌·신身·의意의 6근根과 이의 지地·수水·화火·풍風 4대大 가화합假和合인 색온色蘊에 근거한 저 6식六識인 수受·상想·행行·식識

10　지말무명枝末無明; 있는 그대로의 참모습을 깨닫지 못하여 홀연히 차별을 일으킨 원초적 번뇌인 근본무명根本無明에 부수적으로 일어나는 미세한 번뇌.

11　육경六境; Skt. ṣaḍ-viṣaya. 경境은 대상을 뜻함. 육근六根의 대상인 색色·성聲·향香·미味·촉觸·법法을 말함. 1) 색경色境. 눈으로 볼 수 있는 대상인 모양이나 빛깔. 2) 성경聲境. 귀로 들을 수 있는 대상인 소리. 3) 향경香境. 코로 맡을 수 있는 대상인 향기. 4) 미경味境. 혀로 느낄 수 있는 대상인 맛. 5) 촉경觸境. 몸으로 느낄 수 있는 대상인 추위나 촉감 등. 6) 법경法境. 의식 내용. 관념.

12　근본무명根本無明; 있는 그대로의 참모습을 깨닫지 못하여 홀연히 차별을 일으키는 원초적 번뇌.

13　육근六根; Skt. ṣaḍ-indriya. 근根은 기관·기능을 뜻함. 대상을 감각하거나 의식하는 여섯 가지 기관·기능. 1) 안근眼根. 모양이나 빛깔을 보는 시각 기관인 눈. 2) 이근耳根. 소리를 듣는 청각 기관인 귀. 3) 비근鼻根. 향기를 맡는 후각 기관인 코. 4) 설근舌根. 맛을 느끼는 미각 기관인 혀. 5) 신근身根. 추위나 아픔 등을 느끼는 촉각 기관인 몸. 6) 의근意根. 의식 기능. 인식 기능.

14　사대四大; 대상의 특성을 형성하는 네 가지 요소. 1) 지대地大. 견고한 성질. 2) 수대水大. 축축한 성질. 3) 화대火大. 따뜻한 성질. 4) 풍대風大. 움직이는 성질.

15　가합假合; 가화합假和合. 여러 인연의 일시적인 모임.

16　색온色蘊; 오온의 하나. ▶오온五蘊; Skt. pañca-skandha. Pāli pañca-khandha. 5취온取蘊·5음陰·5중衆·5취聚. 온蘊은 모임·집합·더미를 뜻함. 중생의 다섯 가지 의식 작용. 1) 색온色蘊. Skt. rūpa-skandha. 분별과 관념으로 대상에 채색하는 의식 작용. 인식 주관의 망념으로 조작한 대상의 차별성. 가치나 감정을 부여하여 차별한 대상의 특색. 2) 수온受蘊. Skt. vedanā-skandha. 괴로움이나 즐거움 등을 느끼는 감수 작용. 3) 상온想蘊. Skt. saṃjñā-skandha 대상에 이름을 부여하고, 다양한 개념을 지어내는 의식 작용. 4) 행온行蘊. Skt. saṃskāra-skandha. 의도意圖하고 지향하는 의식 작용. 의지력. 충동력. 의욕. 5) 식온識蘊. Skt. vijñāna-skandha. 식별하고 판단하는 의식 작용. 인식 작용.

17　육식六識; Skt. ṣaḍ-vijñāna. 안眼·이耳·비鼻·설舌·신身·의意의 육근六根으로 각각 색色·성聲·향香·미味·촉觸·법法의 육경六境을 식별하는 안식眼識·이식耳識·비식鼻識·설식舌識·신식身識·의식意識의 여섯 가지 마음 작용. 1) 안식眼識. 시각 기관(안眼)으로 시각 대상(색色)을 식별하는 마음 작

四蘊은 實相¹⁸의 空華¹⁹인 同時에
그대로 如如의 境이오 相²⁰일새
그의 本因²¹인 如如²²의
性理²³를 推究하고
또 實證²⁴해야 한다
蓋²⁵ 如是相・如是性・
如是體・如是力・如是作・
如是因・如是緣・如是果・
如是報・本末究竟等
法華經 所說이신 十如²⁶의

4온蘊은 실상의 헛꽃(공화空華)인 동시에
그대로 여여如如의 경境이오 모습(상相)이니
그의 본래 원인(본인本因)인 여여如如의
성품과 이치(성리性理)를 추구하고
또 실증해야 한다
생각컨대 여시상如是相・여시성如是性・
여시체如是體・여시력如是力・여시작如是作・
여시인如是因・여시연如是緣・여시과如是果・
여시보如是報・여시본말구경평등如是本末究竟
平等의 법화경에서 설하신 10여시如是의

용. 2) 이식耳識. 청각 기관(이耳)으로 청각 대상(성聲)을 식별하는 마음 작용. 3) 비식鼻識. 후각 기관(비鼻)으로 후각 대상(향香)을 식별하는 마음 작용. 4) 설식舌識. 미각 기관(설舌)으로 미각 대상(미味)을 식별하는 마음 작용. 5) 신식身識. 촉각 기관(신身)으로 촉각 대상(촉觸)을 식별하는 마음 작용. 6) 의식意識. 의식 기능(의意)으로 의식 내용(법法)을 식별・인식하는 마음 작용.

18 실상實相; 1. 모든 현상의 있는 그대로의 참모습. 대립이나 차별을 떠난 있는 그대로의 참모습. 2. 모든 현상의 본성. 3. 궁극적인 진리. 변하지 않는 진리. 4. 집착을 떠난 청정한 성품.
19 공화空華; 번뇌로 생기는 온갖 망상. 본래 실체가 없는 현상 세계를 그릇된 견해에 사로잡혀 실체가 있는 것처럼 착각하는 것을, 눈병을 앓고 있는 사람이 때로는 아무것도 없는 허공에 마치 꽃이 있는 것처럼 잘못 보는 일에 비유한 것이다. [비슷한 말] 허공화.
20 여여상如如相; 있는 그대로의 모습.
21 본인本因; 근본원인.
22 여여如如; 변함이 없음. 있는 그대로.
23 성리性理; 1. 인간의 성품과 자연의 이치를 아울러 이르는 말. 2. 주자학에서, 인간의 본성 또는 존재 원리를 이르는 말. 곧 인간이 가져야 할 도리를 이른다.
24 실증實證; 1. 확실確實한 증거證據. 확증確證. 2. 또는, 확실한 증거가 있는 사물事物. 3. 사실事實에 의依하여 증명證明함. 실험實驗.
25 개蓋; 대개大蓋. 일의 큰 원칙으로 말하건대.
26 십여十如; 십여시十如是. 모든 현상의 있는 그대로의 참모습에 갖추어져 있는 열 가지 성질. 여시상如是相・여시성如是性・여시체如是體・여시력如是力・여시작如是作・여시인如是因・여시연如是緣・여시

境은 實證後 悟의 境²⁷이오 경境은 실증한 후 깨달음의 경境이오

無明·行·識·名色· 무명無明·행行·식識·명색名色·

六處·觸·受·愛·取·有· 육처六處·촉觸·수受·애愛·취取·유有·

生·老死 等 十二因緣支²⁸란 衆生의 생生·노사老死 등 12연기緣起란 중생의

三世²⁹에 涉³⁰한 과거·현재·미래 3세世에 걸친

六途輪廻³¹의 6도윤회六途輪廻의 차례에 따른

次第緣起³²인 바 此를 觀察하야 연기(차제연기次第緣起)인 바 이를 관찰하여

과如是果·여시보如是報·여시본말구경등如是本末究竟等. 상相은 형상, 성性은 특성, 체體는 본질, 역力은 잠재해 있는 힘, 작作은 작용, 인因은 원인, 연緣은 조건, 과果는 결과, 보報는 과보, 본말구경등本末究竟等은 상相에서 보報까지 모두 평등하다는 뜻.

27 오경悟境; 깨달은 경계. 깨달음.

28 십이인연지十二因緣支; Skt. dvādaśāṅgapratītyasamudpāda. 십이연기十二緣起·십이인연十二因緣·속수법俗數法·십이견련十二牽連·십이연법十二緣法·십이연생十二緣生·십이유지十二有支·십이지十二支·십이지연기十二支緣起·십이연기十二緣起. 괴로움이 일어나는 열두 과정. 1) 무명無明. Skt. avidyā. 사제四諦에 대한 무지. 2) 행行. Skt. saṃskāra. 무명으로 일으키는, 의도意圖하고 지향하는 의식 작용. 무명에 의한 의지력·충동력·의욕. 3) 식識. Skt. vijñāna. 식별하고 판단하는 의식 작용. 인식 작용. 4) 명색名色. Skt. nāma-rūpa. 명名은 수受·상想·행行·식識의 작용, 색色은 분별과 관념으로 대상에 채색하는 의식 작용. 곧, 오온五蘊의 작용. 5) 육입六入. Skt. ṣaḍ-āyatana. 대상을 감각하거나 의식하는 안眼·이耳·비鼻·설舌·신身·의意의 작용. 6) 촉觸. Skt. sparśa. 육근六根과 육경六境과 육식六識의 화합으로 일어나는 마음 작용. 7) 수受. Skt. vedanā. 괴로움이나 즐거움 등을 느끼는 감수 작용. 8) 애愛. Skt. tṛṣṇā. 갈애渴愛. 애욕. 탐욕. 9) 취取. Skt. upādāna. 탐욕에 의한 집착. 10) 유有. Skt. bhava. 욕계·색계·무색계의 생존 상태. 11) 생生. Skt. jāti. 태어난다는 의식. 12) 노사老死. Skt. jarā-maraṇa. 늙고 죽는다는 의식.

29 삼세三世; 과거過去, 현재現在, 미래未來의 총칭總稱. 전세前世, 현세現世, 내세來世의 삼계三界. 삼제三際.

30 섭섭涉; 1. 건너다 2. 지나다, 거치다 3. 겪다 4. 거닐다 5. (걸어서)돌아다니다 6. (길을)떠나다 7. 이르다(어떤 정도나 범위에 미치다), 미치다(영향이나 작용 따위가 대상에 가하여지다) 8. 간섭干涉하다, 관계關係하다. 9. 섭렵涉獵하다. 10. 넓다. 11. 나루.

31 육도윤회六途輪廻; 선악善惡의 응보應報에 의依해 육도六道를 유전流轉하는 일. ▶육도六道; 일체一切 중생衆生이 선악善惡의 업인業因에 의依해, 필연必然的으로 이르는 여섯 가지의 미계迷界. 곧, 지옥地獄, 아귀餓鬼, 축생畜生, 수라修羅, 인간人間, 천상天上. 육계六界.

32 차제연기次第緣起; 연기하는 순서.

入涅槃을 求하는 緣覺[33]의 境이오

衆生의 生·老·病·死 四苦를

主로 한 諸苦果[34][35]의 集因[36]을 斷하고

修道[37]

證滅[38]하는 苦·集·滅·道

四諦[39]란 此의 觀法[40]을 修하야

열반에 들기를 구하는 연각의 경계이오

중생의 생生·로老·병病·사死 4고苦를

주로 한 모든 고과苦果의 집인集因을 끊고

도를 닦아(수도修道) 열반(고멸苦滅)을

증명(증멸證滅)하는 고苦·집集·멸滅·도道

4제諦란 이의 관법觀法을 닦아

---

33 연각緣覺; 1. 부처의 가르침에 기대지 않고 스스로 도를 깨달은 성자聖者. 그 지위는 보살의 아래, 성문聲聞의 위이다. 스승 없이 홀로 수행하여 깨달은 자. 가르침에 의하지 않고 독자적으로 깨달은 자. 자신의 깨달음만을 위해 홀로 수행하는 자. 독각獨覺·벽지불辟支佛이라고도 함. 2. 연각승緣覺乘의 준말.

34 제고과諸苦果; 불교의 관점에서 보면 인생은 자연적으로 경험하는 생로병사의 사고四苦의 연속이다. 사성제의 고성제苦聖諦에서는 사고를 포함하여 팔고八苦를 말한다.

35 고과苦果; 괴로움의 과보. 그릇된 행위의 과보로 받는 괴로움.

36 집인集因; Skt./Pāli samudaya. 1. 모여서 일어남. 일어나는 원인. 2. 번뇌의 더러움에 물든 상태.

37 수도修道; Skt. bhāvanā-mārga. 1. 견도見道에서 사제四諦를 명료하게 주시하여 견혹見惑을 끊은 후, 다시 수행을 되풀이하여 수혹修惑을 끊는 단계. 예류과預流果·일래향一來向·일래과一來果·불환향不還向·불환과不還果·아라한향阿羅漢向에 해당함. 2. 불도를 수행함.

38 증멸證滅; 멸滅을 증득함. ▶멸滅; 1. 사라져 없어짐. 흩어짐. 여러 인연이 모여 생겼다가 그 인연이 흩어져 없어짐. 2. 불어서 불을 끄듯, 탐욕[貪慾]과 노여움[瞋恚]과 어리석음[癡]이 소멸된 열반의 상태. 괴로움의 원인인 갈애渴愛가 남김없이 소멸된 열반의 경지. 모든 번뇌의 불꽃이 꺼진 상태. 모든 번뇌를 남김없이 소멸하여 평온하게 된 상태. 3. 계율戒律, 곧 Skt. vinaya의 번역. 계율은 모든 악을 소멸시키므로 이와 같이 번역함. 4. 죽음.

39 사제四諦; 제諦는 Skt. satya. Pāli sacca의 번역으로 진리를 뜻함. 괴로움을 소멸시켜 열반에 이르는 네 가지 진리. 1) 고제苦諦. 괴로움이라는 진리. 태어나고 늙고 병들고 죽는 괴로움과, 사랑하는 사람과 헤어져야 하는 괴로움, 미워하는 사람과 만나거나 살아야 하는 괴로움, 구하여도 얻지 못하는 괴로움, 오온五蘊에 탐욕과 집착이 있으므로 괴로움. 2) 집제集諦. 괴로움의 원인이라는 진리. 괴로움이 일어나는 원인은 몹시 탐내어 집착하는 갈애渴愛라는 진리. 집集은 Skt./Pāli samudaya의 번역으로 집기集起·기인起因·원인을 뜻함. 3) 멸제滅諦. 괴로움의 소멸이라는 진리. 갈애를 남김없이 소멸하면 괴로움이 소멸되어 열반에 이른다는 진리. 4) 도제道諦. 괴로움의 소멸에 이르는 길이라는 진리. 팔정도八正道는 갈애를 소멸시키는 수행법이라는 진리.

40 관법觀法; 마음으로 진리를 주시하는 수행. 지혜로써 대상을 있는 그대로 자세히 주시하는 수행. 마음의 본성을 자세히 살피는 수행. 어떤 현상이나 진리를 마음 속으로 떠올려 그것을 자세히 살피는 수행. 한 생각만 주시하여 한결같이 그것을 잊지 않는 수행.

諸法⁴¹空⁴²을 證하는 聲聞⁴³의 境이오
　제법　공　　　　증　　성문　　경

色法⁴⁴이 空일새 心法⁴⁵도
색법　　　공　　　심법

假라 幻相⁴⁶ · 假名⁴⁷을 離한
가　환상　　　가명　　　이

諸法實相⁴⁸의 中道⁴⁹에 安住함은
제법실상　　　중도　　안주

제법공諸法空을 증명하는 성문의 경境이오

물질(색법色法)이 공空이니 마음(심법心法)도

허상(가假)이라 허망한 모습과 실답지 못한

개념(환상幻相 · 가명假名)을 떠난

제법실상의 중도에 안주함은

41　제법諸法; 1. 모든 현상. 인식된 모든 현상. 의식에 형성된 모든 현상. 2. 유위법有爲法을 말함. 온갖 분별에 의해 인식 주관에 형성된 모든 현상. 분별을 잇달아 일으키는 의식 작용에 의해 인식 주관에 드러난 모든 차별 현상. 인식 주관의 망념으로 조작한 모든 차별 현상. 3. 무위법無爲法을 말함. 모든 분별이 끊어진 상태에서 주관에 명료하게 드러나는 모든 현상. 분별하지 않고, 있는 그대로 파악된 모든 현상. 분별과 망상이 일어나지 않는 주관에 드러나는, 대상의 있는 그대로의 참모습. 4. 모든 가르침.

42　공空; 영零 · 무無 등을 뜻하는 Skt. śūnya의 한역어漢譯語. 순야舜若 · 순야다舜若多 등으로 음사音寫되는데, 3가지 의미로 쓰인다. 첫째, 인도 수학에서 수냐śūnya는 영零을 의미하는 말로, 없는 것, 비어 있는 것, 결핍되어 있는 것을 가리킨다. 둘째, 불교 특히 대승불교大乘佛敎에서 반야사상般若思想 계통의 중심사상이 된 말이다. 즉, 모든 존재는 인연因緣에 의하여 생겨난 것이므로, 고정된 실체實體는 없으며, 연기緣起에 의하여 존재하는 연기적 존재에 불과하다는 것을 뜻한다. 셋째, 부정사否定詞로서 없다(무無)는 의미로 사용될 때 이것은 존재 자체의 부정을 나타내는 것이 아니고, 존재하는 것은 자체自體 · 실체 · 아체我體 · 본체本體라고 할 만한 것이 없음을 나타낸다. 즉, 아我나 세계를 구성하는 것의 영구적 항존성을 인정하는 견해를 잘못된 것으로 부정한다. 말하자면 고정적 실체의 부정이다. 이러한 공空의 사상은 원시불교에서부터 있었으나 대승불교, 특히 용수龍樹(Skt. Nāgārjuna)의 반야사상에서 핵심이 되었다.

43　성문聲聞; 1. Skt. śrāvaka. Pāli sāvaka. 부처의 가르침을 듣고 깨달음을 구하는 수행자. 부처의 가르침을 듣고 아라한阿羅漢의 경지에 이르기 위해 수행하는 자. 자신의 깨달음만을 위해 부처의 가르침에 따라 수행하는 자. 2. 성문승聲聞乘의 준말.

44　색법色法; 오위五位의 하나. 감각 기관과 그 대상, 그리고 형상도 없고 감각되지도 않는 작용 · 힘 · 잠재력.

45　심법心法; 1. 온갖 마음 작용. 2. 오위五位의 하나. 대상의 전체를 주체적으로 인식하는 마음 작용, 곧 팔식八識을 말함.

46　환상幻相; 실체가 없는 무상한 형상.

47　가명假名; Pseudonym 1. 임시로 붙인 이름. 2. 모든 현상은 여러 인연의 일시적인 화합에 지나지 않으므로 거기에 불변하는 실체가 없고 이름뿐이라는 뜻. 3. 본디 이름이 없는 현상에 일시적으로 이름을 붙임. 4. 모든 현상에는 본디 차별이 없지만 경계를 지어 임시로 각각 이름을 붙여 차별하는 모든 차별 현상을 말함.

48　제법실상諸法實相; 1. 모든 현상의 있는 그대로의 참모습. 대립이나 차별을 떠난 있는 그대로의 참모습. 2. 모든 현상의 본성. 3. 자신이 본디부터 지니고 있는, 천연 그대로의 심성心性.

49　중도中道; Skt. madhyamā-pratipad. 1. 쾌락과 고행의 두 극단을 떠난 바른 수행, 곧 팔정도八正道를 말함. 2. 십이연기十二緣起를 바르게 주시하는 수행. 3. 여러 인연의 일시적인 화합으로 일어나므로 불변하는 실

空·假·中 三諦[50]의 境이오
공 가 중 삼제 경

衆生의 業力[51]으로 空에 依하야 有라
중생 업력 공 의 유

執着하는 俗諦[52]를 離脫하고
집착 속제 이탈

中道實相[53]의 眞諦[54]에 着眼[55]함은
중도실상 진제 착안

眞·俗 二諦[56]의 境이오
진 속 이제 경

一諦의 境이란 眞諦의 一境으로서
일체 경 진제 일경

以上 五境은 實相을 目的한 迷의
이상 오경 실상 목적 미

境이니라 그러나 迷悟[57]의
경 미오

差가 有할 뿐이오
차 유

공空·가假·중中 3제諦의 경境이요

중생의 업력業力으로 공空한 것을 유有라

집착하는 세속의 진리(속제俗諦)를 벗어나고

중도실상의 진제眞諦를 눈여겨봄은

진眞·속俗 2제諦의 경境이요

1제諦의 경境이란 진제眞諦의 1경境으로서

이상 5경境은 실상을 목적한 미迷의

경境이니라 그러나 어리석음과 깨달음

(미오迷悟)의 차이가 있을 뿐이오

체가 없고 이름뿐인 현상을 뜻함. 4. 서로 대립·의존하고 있는 개념을 부정함으로써 드러나는 진리를 나타내는 말. 5. 마음 작용이 소멸된 상태. 집착과 분별이 끊어진 마음 상태. 유有와 무無의 극단을 떠나 현상을 있는 그대로 직관하는 마음 상태.

50 삼제三諦; 모든 현상에 대한 세 가지 진리. 1) 공제空諦. 모든 현상에는 불변하는 실체가 없다는 진리. 2) 가제假諦. 모든 현상은 여러 인연의 일시적인 화합으로 존재한다는 진리. 3) 중제中諦. 공空이나 가假 어느 한쪽에 치우치지 않은 진리. 공空과 가假는 둘이 아니라는 진리.

51 업력業力; 선악의 행위가 남기는 잠재력. 고락의 과보를 초래하는 잠재력.

52 속제俗諦; Skt. saṃvṛti-satya 제諦는 진리를 뜻함. 분별과 차별로써 인식한 진리. 허망한 분별을 일으키는 인식 작용으로 알게 된 진리. 대상을 분별하여 언어로 표현한 진리. 세속의 일반적인 진리. 세속에서 상식적으로 알려져 있는 진리. 세속의 중생들이 알고 있는 진리.

53 실상實相; 1. 모든 현상의 있는 그대로의 참모습. 대립이나 차별을 떠난 있는 그대로의 참모습. 2. 모든 현상의 본성. 3. 궁극적인 진리. 변하지 않는 진리. 4. 집착을 떠난 청정한 성품.

54 진제眞諦; 제일의제第一義諦. 진실眞實하여 잘못이 없음. 평등平等 무차별無差別의 이치理致. 출세간出世間의 법법.

55 착안着眼; 어떤 일을 주의하여 봄. 또는 어떤 문제를 해결하기 위한 실마리를 잡음. '눈여겨봄', '실마리를 얻음'.

56 진속이제眞俗二諦; 제諦는 진리를 뜻함. 1) 진제眞諦. 분별이 끊어진 상태에서, 있는 그대로 파악된 진리. 분별이 끊어진 후에 확연히 드러나는 진리. 직관으로 체득한 진리. 2) 속제俗諦. 분별과 차별로써 인식한 진리. 허망한 분별을 일으키는 인식 작용으로 알게 된 진리. 대상을 분별하여 언어로 표현한 진리. 세속의 일반적인 진리. 세속에서 상식적으로 알려져 있는 진리. 세속의 중생들이 알고 있는 진리. 이제二諦 각각의 내용에 대해서는 경론經論에 따라 여러 설이 있음. 제일의제第一義諦와 세제世諦.

57 미오迷悟; 미혹됨과 깨달음을 아울러 이르는 말.

境의 異함이 않일새	경境이 다른 것이 아니니
경　이	
境의 如如理를 證하고	경境의 여여한 이치(여여리如如理)를 증명하고
경　여여리　증	
悟의 如如智[58]가 生하면	오悟의 여여한 지혜(여여지如如智)가 생기면
오　여여지　　생	
本迹의 全妙를	본적本迹 전체의 오묘함(전묘全妙)을
본적　전묘	
把握할지니라	파악할지니라
파악	

---

[58] 여여지如如智; 있는 그대로의 참모습을 체득한 지혜.

⟨표57⟩ 6종六種의 경묘境妙(subtlety of objects)

미오의 경	6종 경묘	내용	비고
오의 경 悟 境 [실증후] 實證後	십여의 경 十 如 境	여시상·여시성·여시체·여시력· 如是相 如是性 如是體 如是力 여시작·여시인·여시연·여시과· 如是作 如是因 如是緣 如是果 여시보·본말구경등 如是報 本末究竟 等	실증후 實證後 오의 경 悟 境 [법화경 소설] 法華經 所說
미의 경 迷 境 [실상을 목적한] 實相	연각의 경 緣覺境 [12인연지] 因緣支	무명·행·식·명색·육처·촉·수·애· 無明 行 識 名色 六處 觸 受 愛 취·유·생·노사 取 有 生 老死	중생의 3세에 걸친 육도윤회의 世 六途輪廻 차제연기를 관찰하여 입열반을 구함 次第緣起 入涅槃
	성문의 경 聲聞境 [4제] 諦	고·집·멸·도 苦 集 滅 道 [중생의 생·로·병·사 4고를 주로 한 제고과의 生 老 病 死 四苦 諸苦果 집인을 끊고 수도증멸] 集因 修道證滅	이의 관법을 닦아 觀 法 제법공을 증함 諸法空證
	3제의 경 諦 境	공·가·중 空 假 中 [색법이 공이니 심법도 가라 色法 空 心法 假 환상·가명을 떠난 제법실상의 중도에 안주함] 幻相 假名 諸法實相 中道 安住	
	2제의 경 諦 境	진·속 眞 俗 [중생의 업력으로 공에 의하여 유라 집착하는 空 有 속제를 벗어나고 중도실상의 진제에 착안함] 俗諦 中道實相 眞諦 着眼	
	1제의 경 諦 境	진제의 1경 眞諦 境	

第三節 本門 十妙 / 제3절 본문 십묘

一에 本因[1]이란 本初[2]에 菩提心[3]을 發하고 菩薩道[4]를 修한 所修의 因이오 또 本具의 因으로서 經에 「我本行菩薩道時 所成壽命今猶不盡이라」심이 是요

첫째 본인묘란 근본 시초에 깨닫고자 하는 마음을 발發하고 보살도를 닦은 바의 인因이요 또 본래로 갖춘 인因으로서 경經에 「내가 본래 보살도를 행할 때에 성취한 바 수명을 아직도 다하지 못했느니라」심이 이것이요

二에 本果[5]란 本初所行圓妙[6]의 因 그대로 契得하야 常・樂・我・淨[7]을

둘째 본과묘本果妙란 본초에 행한 바 원만하고 오묘한 원인(인因)으로 인하여 그대로 계합되게 얻어 상常・락樂・아我・정淨의 열반4덕涅槃四德을

---

1 본인本因; 본인묘本因妙. 본문십묘本門十妙의 하나. 본불本佛이 수행하게 된 원인이 오묘함.
2 본초本初; 1. 시초. 근본. 근원. 2. 차별을 떠난 있는 그대로의 참모습.
3 보리심菩提心; Skt. bodhi-citta의 음역. 1. 깨달음을 구하려는 마음. 깨달음의 경지에 이르려는 마음. 깨달음의 지혜를 갖추려는 마음. 부처가 되려는 마음. 2. 깨달은 마음 상태. 모든 분별과 집착이 끊어진 깨달음의 마음 상태.
4 보살도菩薩道; 1. 보살이 닦는 수행. 위로는 깨달음을 구하고, 아래로는 중생을 교화하는 보살의 수행. 2. 대승의 가르침.
5 본과本果; 본과묘本果妙. 본문십묘本門十妙의 하나. 본불本佛이 행하여 얻은 결과가 오묘함.
6 원묘圓妙; 1. 삼제三諦가 원융圓融하여 불가사의함. 또는 그런 일. 2. 참된 마음이 두루 이르고 원만하여 막힘이 없음. 3. 대단히 명민明敏함.
7 상락아정常樂我淨; 1. 열반에 갖추어져 있는 네 가지 성질・특성. 영원히 변하지 않는 상常, 괴로움이 없고 평온한 낙樂, 대아大我・진아眞我의 경지로서 집착을 떠나 자유 자재하여 걸림이 없는 아我, 번뇌의 더러움이 없는 정淨. 2. 범부가 일으키는 네 가지 잘못된 견해. 무상을 상常, 괴로움을 낙樂, 무아를 아我, 더러움을 정淨이라고 사유하는 견해.

究竟⁸할새니 乃是本具⁹의	궁극적으로 이룸이니 곧 본래 갖춘
果로서 經에「我成佛已來甚大¹⁰	과보(果)로서 경經에「내가 성불한 이래
久遠¹¹이라」심이 是요	시공時空에 매이지 않음(몹시 크고 영원함)이라」심이 이것이요
三에 國土¹²란	셋째 본국토묘本國土妙란 인내를 요하는
娑婆¹³卽寂光土¹⁴라	이 땅(사바娑婆)이 곧 열반의 땅(적광토寂光土)이라
本因 本果를 本具한	본인本因 본과本果를 본래로 갖춘
寂光土일새 經에「自從是來	상적광토常寂光土이니, 경經에「옛날부터
我常在 此娑婆世界	나는 항상 이 사바세계에 머물며
說法敎化라」심이 是요	설법하고 교화하였노라」심이 이것이요
四에 感應¹⁵이란	넷째 본감응묘本感應妙란
能感·所應의	중생이 능히 느끼고 불佛이 응한 바의

8　구경究竟; 최상. 그 위에 더 없음. 궁극에 도달함. 최고의 경지.
9　본구本具; 1. 본디부터 갖추고 있음. 2. 근본으로 갖춤.
10　심대甚大; 매우 큼.
11　구원久遠; 1. 아득하게 멀고 오래됨. 2. 영원하고 무궁함.
12　본국토묘本國土妙; 본문십묘本門十妙의 하나. 본불本佛이 머무는 국토가 오묘함.
13　사바娑婆; 1. 괴로움이 많은 인간 세계. 석가모니불이 교화하는 세계를 이른다. 2. 군대·감옥·유곽 따위에서, 바깥의 자유로운 세계를 속되게 이르는 말. [유의어] 마향, 속세, 세상.
14　적광토寂光土; 상적광토常寂光土. 적광寂光, 사토四土의 하나. 청정한 지혜의 광명을 있는 그대로 드러내는 진리 그 자체, 우주 그 자체를 부처의 세계로 간주한 말. 곧, 법신불法身佛의 세계.
15　감응感應; 1. 어떤 느낌을 받아 마음이 따라 움직임. 2. 믿거나 비는 정성이 신령에게 통함. 3. 전기장이나 자기장 속에 있는 물체가 그 전기장이나 자기장, 즉 전기·방사선·빛·열 따위의 영향을 받아 전기나 자기를 띠는 것. 또는 그 작용. 4. 중생의 감감과 부처님의 응應이 서로 통하여, 불심이 중생의 마음 가운데 들어가고 중생이 이를 느껴 서로 사귀는 것. [유의어] 감동, 느낌, 반응. 꾐·유도誘導.

寂體照用[16]이
적 체 조 용

本具하야 如鏡對物일새
본 구　여 경 대 물

經에「若有衆生 來至我所
경　　약 유 중 생 래 지 아 소

我以佛眼 觀其信等 諸根利鈍이라」심이 是요
아 이 불 안　관 기 신 등　제 근 이 둔　　　　시

五에 神通[17]이란 이미 諸根을
오　신 통　　　　　　제 근

觀察할새 本具의 慈悲 그대로
관 찰　　본 구　자 비

可度의 衆生에 通하야
가 도　중 생　통

그로 하야금 神秘의 境에 入케 하실새
　　　　　　신 비　경　입

經에「如來秘密神通力이라」심과
경　　여 래 비 밀 신 통 력

「示己身他身 示己事他事라」심이 是요
시 기 신 타 신　시 기 사 타 사　　　시

고요한 진리의 본체(적체寂體)의 비추는

참지혜(진지眞智) 작용(조용照用)이

본래 갖추어져 거울이 사물을 비추는 것과

같으니, 경經에「만약 중생이 나 있는 곳에

오면 내가 불안佛眼으로써 그 믿음과 모든

근기의 수승함과 둔함을 보느니라」심이

이것이요

다섯째 본신통묘란 이미 모든 근기를

관찰하므로, 본래 갖춘 자비 그대로

가히 제도할 수 있는 중생에게 통하여,

그로 하여금 신비의 경계에 들게 하시니,

경經에「여래의 비밀신통력이라」심과

「자기 몸과 변화된 몸을 드러내 보이며,

자기 일과 화신化身의 일을 드러내

보임이라」심이 이것이요

16　적체조용寂體照用; 적조寂照. 진리의 체體를 적적이라 하고, 진지眞智의 용用을 조照라 함. 《능가경》6에 '정정淨淨이 극극極極하면 광명光明이 통달通達하고 적조寂照는 허공을 포함한다.' 하였고,『정진론정진론正進論正陣論』에 '진여眞如가 비추면서도 항상 고요한 것이 법성法性이 되고, 고요하면서도 항상 비추는 것이 법신法身이다. 의의義는 비록 두 개의 이름이지만 적적·조조寂·照는 또한 둘이 아니다' 하였음. 1. 산란한 마음을 가라앉히고 지혜로써 모든 현상의 모습을 있는 그대로 응시함. 2. 모든 번뇌를 남김없이 소멸한 상태에서 청정한 지혜의 광명을 드러냄.

17　신통神通; Skt. abhijñā. 수행으로 갖추게 되는 불가사의하고 자유 자재한 능력. ▶육신통六神通; 불보살이 가지고 있는 초인적인 능력. 신족통神足通, 천안통天眼通, 천이통天耳通, 타심통他心通, 숙명통宿命通, 누진통漏盡通.

六에 說法이란 佛은
常住¹⁸道場¹⁹하시고
常轉法輪²⁰하실새 四辯²¹[法·義·辭·
樂說無碍辯]을

本具하사 其 機에
照應할새 衆生이 各得其所라
經에「此等我所化令發大道心하고
今皆住不退라」심이 是요

여섯째 본설법묘란 부처님은

항상 깨달음의 자리(도량道場)에 머무시고

항상 설법하시니 4무애변[법法무애(온갖

교법에 통달한 것)·의義무애(온갖 교법의 뜻을

아는 것)·사辭무애(여러 가지 말을 알아 통달한

것)·요설무애변樂說無礙辯(각 근기가 듣기 좋아

하는 것을 알아 자유롭게 말함)]을

본래 갖추셔서 그 근기를

비추어 응하니 중생이 각각 얻는 바가 커서,

경經에「나의 교화로 대도심大道心을 발하여

지금 모두 불퇴전의 자리에

머무느니라」심이 이것이요

---

18   상주常住; 1. 어떤 지역에 항상 머물러 있거나 생활함. 2. 생멸生滅이 없고 변함이 없이 늘 그대로 있음. 영원히 변하지 않음. 변하지 않고 항상 존속함. 생성하지도 않고 소멸하지도 않음. 3. 사종四種 승물僧物의 하나로서 절에 소속된 동산, 부동산을 통틀어 이르는 말.
19   도량道場; 1. Skt. bodhi-maṇḍa. 붓다가 깨달음을 이룬 곳, 곧 우루벨라(Skt. uruvelā) 마을의 네란자라(Skt. nerañjarā) 강변에 있는 붓다가야(Skt. buddhagayā)의 보리수菩提樹 아래를 말함. 2. 불도佛道를 닦는 일정한 구역. 수행하는 곳. 3. 사찰. 4. 부처나 보살에게 예배·공양하거나 수계·참회 등을 행하는 의식. 나라나 개인의 안녕과 번영을 기원하거나 장수·명복 등을 비는 의식, 또는 그것을 행하는 곳.
20   법륜法輪; 부처의 가르침을, 세계를 교화하는 전륜성왕轉輪聖王의 수레 바퀴에 비유하여 이르는 말.
21   사변四辯; 사무애해四無礙解. 사무애四無礙. 사무애변四無礙辯. 사무애지四無礙智. 막힘없이 명료하게 이해하고 말하는 네 가지 능력. 1) 법무애해法無礙解. 온갖 교법에 통달한 것. 가르침을 표현한 글귀나 문장을 막힘없이 명료하게 이해하고 말함. 2) 의무애해義無礙解. 온갖 교법의 요의를 아는 것. 글귀나 문장으로 표현된 가르침의 의미를 막힘없이 명료하게 이해하고 말함. 3) 사무애해詞(辭)無礙解. 여러 가지 말을 알아 통달치 못함이 없는 것. 여러 가지 언어를 막힘없이 명료하게 이해하고 말함. 4) 변무애해辯無礙解(요설무애樂說無礙). 온갖 교법을 알아 기류가 듣기 좋아하는 것을 말하는 데 자재한 것. 바른 이치에 따라 막힘없이 가르침을 설함.

七에 眷屬이란 本地는
一切衆生의 廻向處요 歸依處일새
九界²²의

衆生이란 곧 其子요
眷屬이라 經에
「此諸菩薩下方空中住
此等是我子我則其父라」심이 是요

八에 涅槃이란 水的實我와
波的應化일새
有緣旣度에
皆取入滅이라
經에「然今 非實滅度
而便唱言
當取滅度라」심이 是요
九에 壽命이란 入滅에
伴한 壽命長短이나
化佛 그대로 本佛의 權現일새 經에

일곱째 본권속묘란 본지本地는
일체중생의 회향처요 귀의처이니
9계(10계 중 불계佛界를 제외한 지옥·아귀·축생·
수라修羅·인간·천상·성문·연각·보살)의
중생이란 곧 그 아들이요
권속이라 경經에
「이 모든 보살은 하방의 공중에 머물며
이들은 나의 아들이고 나는 그의
아버지이라」심이 이것이요

여덟째 본열반묘란 물과 같은 참나(수적실아
水的實我)와 파도 같은 응신과 화신(파적응화
波的應化)이니 인연 있어 이미 제도함(유연기도
有緣旣度)에 모두 열반에 들게 됨(개취입멸
皆取入滅)이라 경經에「그러나 지금 참으로
멸도함이 아니요, 짐짓 편의상 말하기를
마땅히 멸도를 취함이라」심이 이것이요
아홉째 본수명묘本壽命妙란 열반에 드는데
수반한 수명의 길고 짧음이나
화신불 그대로 법신불의 나툼이니 경經에

---

22 구계九界; 십계十界 중에서 불계佛界를 제외한, 지옥·아귀·축생·수라修羅·인간·천상·성문·연각·보살의 아홉 세계.

「處處有說 名字不同 年紀²³大小라」심이 是오
　처처유설　명자부동　연기　대소　　　　시

十에 利益이란 本願이 通應하야
십　　이익　　　본원　통응

有緣眷屬을 饒益할새 經에
유연권속　　요익　　　경

「皆令得歡喜라」심인져
　개령득환희

「곳에 따라 설한 바 이름이 다르고 나이의 많고 적음이 있음이라」심이 이것이요

열째 본이익묘란 근본서원이 통하고 응하여 인연 있는 권속眷屬을 이익케 하니 경經에 「모두로 하여금 환희歡喜를 얻도록 함이라」심인져

23　　연기年紀; 1. 대강의 나이. 2. 자세하게 적은 연보年譜.

- ❖ 본문십묘本門十妙; Ten fundamental wonders. 본문本門은 석가모니불이 나타나기 이전, 아득히 먼 과거에 성불한 본불本佛을 드러낸 부분으로, 법화경 28품 가운데 뒤의 14품에 해당함.

<표58> 본문십묘本門十妙

묘妙	내용	경론經論
1. 본인묘本因妙	본불本佛이 수행하게 된 원인이 오묘함. 보리심을 발하고 보살도를 닦는 수인修因이 본래 있음. the initial impulse or causative stage of Buddhahood	아본행보살도시 소성수명금유부진 我本行菩薩道時 所成壽命今猶不盡
2. 본과묘本果妙	본불이 수행하여 얻은 결과가 오묘함. 본인本因 그대로 계합하여 본래 갖춘 상락아정을 구경함. its fruit or result in eternity, joy, and purity	아성불이래심대구원 我成佛已來甚大久遠
3. 본국토묘本國土妙	본불이 머무는 국토가 오묘함. 사바娑婆가 곧 본인 본과를 본래 갖춘 적광토寂光土. his (Buddha) realm	자종시래 아상재 차사바세계 自從是來 我常在 此娑婆世界 설법교화 說法敎化
4. 본감응묘本感應妙	가르침을 받아들이는 중생의 소질이나 능력과 그에 대한 본불의 반응이 서로 오묘함. 능감·소응能感 所應의 적체조용寂體照用이 본래 갖추어져 마치 거울에 사물이 비치듯. his response (to human needs)	약유중생 래지아소 아이불안 若有衆生 來至我所 我以佛眼 관기신등 제근이둔 觀其信等 諸根利鈍
5. 본신통묘本神通妙	본불이 중생을 구제하기 위해 나타내는 자유 자재한 능력이 오묘함. his supernatural powers	여래비밀신통력 如來秘密神通力 시기신타신 시기사타사 示己身他身 示己事他事
6. 본설법묘本說法妙	본불의 설법이 오묘함. 상주도량常住道場하여 상전법륜常轉法輪하니 사변[법·의·사·요설무애변辭樂說無碍辯]을 본구本具. his preaching	차등아소화령발대도심고 此等我所化令發大道心 금개주불퇴 今皆住不退
7. 본권속묘本眷屬妙	본불의 권속들이 오묘함. 본지本地는 일체중생의 회향처廻向處요 귀의처歸依處이니 구계九界의 중생은 그 자식이요 권속眷屬. his supernatural retinue	차제보살하방공중주 此諸菩薩下方空中住 차등시아자아즉기부 此等是我子我則其父
8. 본열반묘本涅槃妙	본불은 영원하므로 그 열반이 오묘함. 수적실아水的實我와 파적응화波的應化. his nirvāṇa	연금 비실멸도 이변창언 당취멸도 然今 非實滅度 而便唱言 當取滅度

9. 본수명묘 本壽命妙	본불은 수명이 자유 자재하므로 그 수명이 오묘함. 입멸(入滅)에 따른 수명장단(壽命長短)이나 화불(化佛) 그대로 본불(本佛)의 권현(權現). his (eternal) life	처처유설 명자부동 연기대소 處處有說 名字不同 年紀大小
10. 본이익묘 本利益妙	본불이 중생에게 주는 이익이 오묘함. 본원(本願)이 통하고 응해서 인연 있는 권속(眷屬)을 널리 이익되게 함. his blessings as above.	개령득환희 皆令得歡喜

❖ 관심십묘觀心十妙; 적문迹門과 본문本門에서 설한 진리를 관조하는 수행에 대한 열 가지 오묘함이지만 『법화현의法華玄義』에는 자세하게 서술되어 있지 않음.

第四節 本迹 相攝[1]
제 4 절 본적 상섭

迹中엔 因을 開하고
적중 인 개

果를 合하니 곧 習果[2]와 報果[3]를
과 합 습과 보과

合하야 三法妙[4]라 하고 本中엔
합 삼법묘 본중

因을 合하야 果를 開하니
인 합 과 개

곧 習果를 開하야 報果를 出하니
습과 개 보과 출

國土妙[5]가 是라
국토묘 시

또 迹中엔 境·智·行·位를
적중 경 지 행 위

明示하였으나 本中엔 此를 通하야
명시 본중 차 통

因妙라 하고 果妙는
인묘 과묘

곧 迹中의 三法妙며 感應·
적중 삼법묘 감응

神通·說法·眷屬의
신통 설법 권속

四妙는 本·迹이
사묘 본 적

相同하니라
상동

제4절 본적 상섭

적문迹門 중엔 인因을 자세히 구분하고

과果를 통합하니 곧 습과習果와 보과報果를

통합하여 3법묘法妙라 하고 본문本門 중엔

인因을 통합하여 과果를 세분하니

곧 습과習果를 열어 보과報果를 나타내니

국토묘國土妙가 이것이라

또 수적垂迹 중엔 경境·지智·행行·위位를

명시하였으나 본지本地 중엔 이를 통틀어

본인묘本因妙라 하고 본지의 본과묘本果妙는

곧 수적垂迹중의 3법묘三法妙며 감응感應·

신통神通·설법說法·권속眷屬의

네 가지 묘妙는 본지本地·수적垂迹이

서로 같으니라

---

1 상섭相攝; 서로 포함包含되는 것.
2 습과習果; 수행을 통해 증득한 것을 습과라 한다. 지의의 『마하지관』에 '수행은 습행習行이라고 하고 증득은 발득發得이라고 한다. 또 수행은 습인習因이라고도 하고 증득은 습과習果라고도 한다.'라고 되어 있음.
3 보과報果; 어떤 일의 보답으로 돌아오는 결과나 보람.
4 삼법묘三法妙; 적문십묘迹門十妙의 하나. 거짓 없고 변하지 않는 본성[진성眞性]과 본성을 응시하는 지혜의 작용[관조觀照]과 지혜의 작용을 돕는 수행[자성資成]이 서로 오묘함.
5 국토묘國土妙; 본불이 머무는 국토가 오묘함.

그리고 本中에 涅槃·壽命의 　　　　본중　열반　수명	그리고 본문本門 중에 열반涅槃·수명壽命의
二妙를 開함은 釋迦佛⁶이 法華會⁷에 이묘　개　　석가불　　법화회	2묘妙를 여는 것은 석가모니불이 법화회에
在하사 入滅⁸을 未遂⁹하셨으나 재　　입멸　　미수	계실 때 열반에 들지 않으셨으나
久遠¹⁰의 諸佛이신 迦葉¹¹· 구원　　제불　　　가섭	구원久遠의 모든 부처님이신 가섭불·
燈明佛¹² 等이 皆旣法華會에서 등명불　등　개기법화회	등명불 등이 모두 이미 법화회에서

6　석가불釋迦佛; 석가모니불釋迦牟尼佛. 석가모니란, 산스크리트의 발음을 따서 중국어로 옮긴 음역인데, 그 뜻은 능인能仁·능적能寂 등으로서 불타佛陀, 즉 석존釋尊을 가리킨다. 탄생불誕生佛·사유상思惟像·고행상苦行像·출산상出山像·항마상降魔像·설법상說法像·열반상涅槃像 등 여러 종류의 형상이 있다.

7　법화회法華會; 법화경을 강설하는 법회.

8　입멸入滅; 입적入寂. 1. 승려僧侶의 죽음. 여기서는 석가불의 죽음.　2. 생사生死의 번뇌煩惱를 벗어나 열반涅槃에 듦.

9　미수未遂; 1. 목적한 바를 시도하였으나 이루지 못함. 2. 범죄를 실행하려다 그 목적을 달성하지 못한 일. 행위자의 의사에 의한 중지 미수, 외부의 방해에 의한 장애 미수, 불능 미수가 있다.

10　구원久遠; 1. 아득하게 멀고 오래됨. 2. 영원하고 무궁함.

11　가섭불迦葉佛; Skt. kāśyapa-buddha의 음사. 과거칠불過去七佛의 하나. 현겁賢劫 중에 출현하여 이구류수尼拘類樹 아래에서 성불하였다고 함. ▶과거칠불過去七佛; 석가모니불과 그 이전에 출현하였다는 여섯 부처. 1) 비바시불毘婆尸佛. Skt. vipaśyin-buddha의 음사. 장엄겁莊嚴劫 중에 출현하여 파파라수波波羅樹 아래에서 성불하였다고 함. 2) 시기불尸棄佛. Skt. śikhin-buddha의 음사. 장엄겁 중에 출현하여 분다리수分陀利樹 아래에서 성불하였다고 함. 3) 비사부불毘舍浮佛. Skt. viśvabhū-buddha의 음사. 장엄겁 중에 출현하여 사라수娑羅樹 아래에서 성불하였다고 함. 4) 구루손불拘樓孫佛. Skt. krakucchanda-buddha의 음사. 현겁賢劫 중에 출현하여 시리사수尸利沙樹 아래에서 성불하였다고 함. 5) 구나함불拘那含佛. Skt. kanakamuni-buddha의 음사. 현겁 중에 출현하여 오잠바라수烏暫婆羅樹 아래에서 성불하였다고 함. 6) 가섭불迦葉佛. Skt. kāśyapa-buddha의 음사. 현겁 중에 출현하여 이구류수尼拘類樹 아래에서 성불하였다고 함. 7) 석가모니불釋迦牟尼佛. Skt. śākyamuni-buddha의 음사. 기원전 7세기경에 인도 북부 카필라kapila 성에서 태어나 35세에 보리수菩提樹 아래에서 성불함.

12　등명불燈明佛; 과거세에 출현하여 현세의 석가모니불과 같이 육서상六瑞相을 나타내며《법화경》을 설한 부처. Skt. Candra-Surya-Pradipa이며, 일월등명불日月燈明佛이라고도 한다. 부처의 광명이 하늘에서는 해와 달 같고, 땅에서는 등불과 같아 온누리 중생을 비춘다는 뜻이다. 과거세에 2만의 일월등명불이 있었는데, 똑같은 이름으로 계속해서 세상에 나타나《법화경》을 설하였다고 한다. 문수보살은 그 마지막 부처의 상수제자였다.《법화경法華經》〈서품〉에 다음과 같은 이야기가 있다. 어느 날 석가모니가《법화경》을 설하려 하자 설법서說法瑞·입정서入定瑞·우화서雨華瑞·지동서地動瑞·중희서衆喜瑞·방광서放光瑞 등 최상의 진리를 설할 때 나타나는 여섯 가지 상서로운 모습이 보였다. 이를 본 미륵불이 깜짝 놀라 그 이유를 묻자 옆에 있던 문수보살이 이렇게 답하였다. "내가 일찍이 등명불 처소에 있을 때 이러한 서상을 본 적

| 入滅을 說破하셨을새 | 부처님의 열반을 말씀하셨으니 |
| 입멸 설파 | |

本佛도 必是 入滅하심을
본불 필시 입멸

前提로 하야 開出함이오
전제 개출

迹中에 此 義가 無함은
적중 차 의 무

釋迦佛이 비록 入滅을 唱言하시고
석가불 입멸 창언

未遂하셨음으로써이나
미수

最後의 利益妙와 彼此 相同하니라
최후 이익묘 피차 상동

석가불도 반드시 열반에 드심을

전제로 하여 열어보임이요

적문迹門 중에 이러한 뜻이 없음은

석가모니불이 비록 열반을 말씀하셨으나

아직 열반에 들지 아니하셨음으로써이나

최후의 이익묘利益妙와 피차 서로 같으니라

이 있습니다. 등명불께서 《법화경》을 설하려 하자, 하늘에서 꽃비가 내리고 땅이 흔들리며, 빛이 사방으로 퍼지고 대중들이 기쁨에 젖어드는 등 상서로운 일들이 일어났습니다. 짐작하건대 이제 석가모니께서 《법화경》을 설하실 것이 틀림없습니다." 이 부처에게는 출가하기 전에 8명의 왕자가 있었다. 이들은 모두 통솔력과 덕을 갖추어 4천하를 다스렸고, 아버지가 출가하여 성도하여 부처가 되자 임금의 자리를 버리고 모두 출가하였다. 평소에 《무량의경無量義經》을 설하여 무량의처삼매無量義處三昧에 들었다고 한다.

〈표59〉 본문십묘 本門十妙 와 적문십묘 迹門十妙

	적문십묘 迹門十妙	본문십묘 本門十妙
인 因	1. 경묘 境妙	1. 본인묘 本因妙
	2. 지묘 智妙	
	3. 행묘 行妙	
	4. 위묘 位妙	
과 果	5. 삼법묘 三法妙 (진성, 관조, 자성) 眞性 觀照 資成 (습과+보과) 習果 報果	2. 본과묘(습과) 本果妙 習果
		3. 국토묘(보과) 國土妙 報果
	6. 감응묘 感應妙	4. 감응묘 感應妙
	7. 신통묘 神通妙	5. 신통묘 神通妙
	8. 설법묘 說法妙	6. 설법묘 說法妙
	9. 권속묘 眷屬妙	7. 권속묘 眷屬妙
입멸* 入滅	5. **삼법묘** 三法妙 **(습과+보과)** 習果 報果	8. 열반묘 涅槃妙
		9. 수명묘 壽命妙
	10. 이익묘 利益妙	10. 이익묘 利益妙

- 입멸入滅; 적문의 석가는 열반미수, 법화회의 가섭, 연등불 입멸.

제8장

십불이문
十 不 二 門

荊溪 湛然尊者[1]의 所明인
형계 잠연존자   소명
『法華玄義[2]』에 本迹十妙[3]를
법화현의   본적십묘
釋하야 十種의 不二門을
석   십종   불이문
立하고 此를 一念의 心에
립   차   일념 심
歸結하야써 觀法[4]의 大綱을 示하고
귀결   관법   대강 시

형계荊溪 잠연존자湛然尊者가 밝힌 바인

『법화현의法華玄義』에 본적십묘本迹十妙를

해석하여 10종十種의 불이문不二門을

세우고 이를 한마음(일심一心)에

귀결歸結하여 관법觀法의 대강을 보이고

---

1. 담연湛然; (711년~782년) 당唐의 승려. 속성 척戚. 강소성江蘇省 형계荊溪 출신. 형계존자荊溪尊者・묘락대사妙樂大師・원통존자圓通尊者라 불린다. 유가儒家에서 태어났으나, 20세에 현랑玄朗(673-754)에게 천태학을 배우고, 38세에 출가하여 삭발한 후 저술에 몰두하면서 천태종을 부흥시킴. 율律・선禪・화엄華嚴・유식사상唯識思想 등을 깊이 공부하고 강남江南에서 천태의 저술을 연구, 그 선양에 힘썼다. 만년에는 천태산 국청사國淸寺로 돌아갔다. 저서:『법화현의석첨法華玄義釋籤』・『법화문구기法華文句記』・『지관보행전홍결止觀輔行傳弘決』.
2. 법화현의法華玄義; 20권. 수나라 지의智顗 지음. 구족하게는『묘법연화경현의』. 줄여서『법화경현의』・『현의』・『묘현』이라고도 한다. 지의의《법화경》에 대한 독특한 견해를 털어놓은 것이며, 동시에 일대一代 불교에 대한 법화의 위치와 자기가 파악한 것을 널리 드날린 것. 593년수나라 개황 13에 지의가 강설한 것을 관정灌頂이 기록한 것. 내용은 칠번공해七番共解・오중각설五重各說의 2종. 칠번공해는 석명釋名・변체辨體・명종明宗・논용論用・판교判敎의 5중을, 표장標章・인증引證・생기生起・개합開合・요간料簡・관심觀心・회의會意의 7번번으로 공해共解한 것이요, 오중각설은 위의 5중중에 낱낱이 해설한 것이다. 오중각설 가운데 제1 석명단에는《묘법연화경》의 다섯 자를 해석, 제2 변체단에는 경체經體를 밝히고, 제3 명종단에는 일경一經의 종宗을 밝히고, 제4 논용단에는 용用을 밝히고, 제5 판교단에는 5시時 8교敎의 교관判敎을 밝힘. 주석서註釋書: 잠연의『석첨釋籤』20권.
3. 십묘十妙; ten marvels; ten wonders. 천태天台 지의智顗 대사가『법화현의法華玄義』에서《법화경法華經》의 제목《묘법연화경妙法蓮華經》의 묘妙자에 열 가지 오묘함이 함축되어 있다 하고, 적문십묘迹門十妙・본문십묘本門十妙・관심십묘觀心十妙로 나누어 해설. 1) 적문의 10묘는《법화경》의 앞에 14품에 나타난 석존에 나아가, 그 성도成道의 인과因果・자행화타自行化他에 대하여 10묘을 세운 것. 경묘境妙・지묘智妙・행묘行妙・위묘位妙・3법묘三法妙・감응묘感應妙・신통묘神通妙・설법묘說法妙・권속묘眷屬妙・이익묘利益妙. 2) 본문의 10묘는《법화경法華經》뒤의 14품의 구원실성久遠實成의 불佛에 나아가, 자행自行의 인과・화타化他의 능화能化・소화所化에 대하여 묘부사의妙不思議을 말한 것. 본인묘本因妙・본과묘本果妙・본국토묘本國土妙・본열반묘本涅槃妙・본수명묘本壽命妙・본감응묘本感應妙・본신통묘本神通妙・본설법묘本說法妙・본권속묘本眷屬妙・본이익묘本利益妙.
4. 관법觀法; 관觀. Skt. vipaśyanā, Pali vipassanā의 뜻번역. 1. 법을 관함, 곧 마음으로 진리를 관념(주시)하는 수행. 마음을 한곳에 집중하여 산란을 멈추고 평온하게 된 상태에서 지혜로써 대상을 있는 그대로 자세히 주시하는 수행. 마음의 본성을 자세히 살피는 수행. 어떤 현상이나 진리를 마음 속으로 떠올려 그것을 자세히 살피는 수행 곧 마음으로 진리를 관념하는 것. 통찰하는 수행. 한 생각만 주시하여 한결같이 그것을 잊지 않는 수행. 불교에 대한 실천 수행을 가리키는 말. 관심觀心은 주관인 마음을 관하는 것, 관법觀法은 객관 대상을

그 深意를 發하였으니 그의
本迹 十妙와 十不二門[5]의
相攝[6]을 對照圖示하면
左와 如하니라

그 깊은 뜻을 드러냈으니 그의
본문10묘, 적문10묘와 10불이문十不二門의
상호작용을 대조도시對照圖示하면
왼쪽(여기서는 아래)과 같으니라

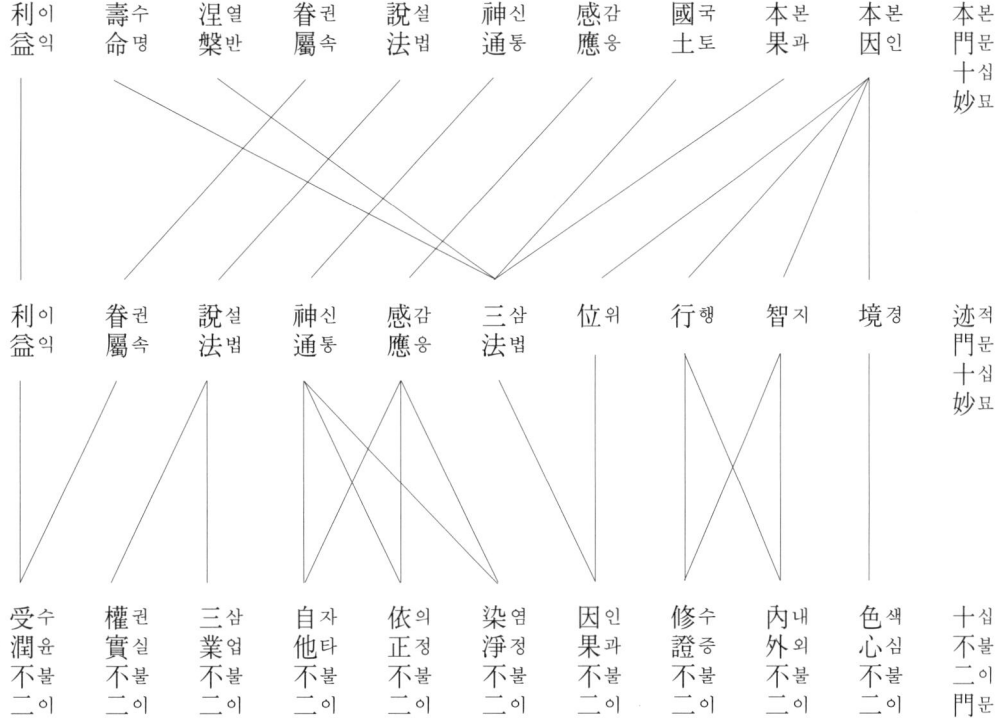

관하는 것으로, 불교 관념론 철학에서는 주관과 객관이 서로 융통融通하고 상즉相卽하므로 관법이 관심과 같다. 2. 관심을 수행하는 방법이란 뜻.

5   십불이문十不二門; ten approaches to nonduality. 1. 천태종 형계荊溪가 지은 『법화현의석첨法華玄義釋籤』에, 『법화현의法華玄義』의 10묘석妙釋 요령을 뽑아, 관심觀心의 방면을 상세하게 이해하기 쉽고 수행하기 쉽게 하기 위하여 10문을 나누고, 문마다 일념 3천에 결귀結歸하며, 『마하지관摩訶止觀』의 광문廣文을 보지 않고, 가까이 범부 일념의 마음에 3천 제법을 갖추었다고 관하여 수행케 하는 것. 1) 색심불이色心不二. 2) 내외불이內外不二. 3) 수증불이修證不二. 4) 인과불이因果不二. 5) 염정불이染淨不二. 6) 의정불이依正不二. 7) 자타불이自他不二. 8) 삼업불이三業不二. 9) 권실불이權實不二. 10) 수윤불이受潤不二. 2. 1권. 당나라 형계잠연荊溪湛然 지음. 『법화현의석첨』 중의 10불이문의 묘지妙旨를 말한 1절절을 별본別本으로 한 것.

6   상섭相攝; 서로 간여하여 거들거나 추스름.

一에 色心이란 色은
유형질애법
첫째 색심色心이란 색色은

有形⁷質碍의 法으로서
형태가 있고 물질적인 걸림이 있는 존재로서

知覺⁸의 用이 無하나
지각 용 무
알아채는 작용이 없으나

心은 形質⁹이 無하되
심 형질 무
마음은 형태와 물질이 없으되

知覺緣慮¹⁰의 用이 有한 者요
지각연려 용 유 자
알아채고 생각하는 작용이 있는 것이요

二에 內外란 外는 衆生이나
이 내외 외 중생
둘째 내외內外란 밖은 중생이나

諸佛의 依報¹¹며 內는
제불 의보 내
모든 부처님의 의보依報며 안은

오직 自己의 心法이오
자기 심법
오직 자기의 심법心法이요

三에 修證이란 修는
삼 수증 수
셋째 수증修證이란 수修(닦음)는 닦아 다스리

修治¹²造作¹³의 功이며
수치 조작 공
는 조작(수치조작修治造作)의 공공이며

證은 本有¹⁴不改의
증 본유 불개
증證(증득)은 본래로 갖추어 변하지 않는

---

7   유형有形; 형상이나 형체가 있음.
8   지각知覺; 1. 알아서 깨달음. 또는 그런 능력. 2. 사물의 이치나 도리를 분별하는 능력. 3. 감각 기관을 통하여 대상을 인식함. 또는 그런 작용. 그 작용의 결과로 지각체가 형성된다. [유의어] 각성, 깨달음, 느낌.
9   형질形質; 1. 사물의 생긴 모양과 성질. 2. 동식물의 모양, 크기, 성질 따위의 고유한 특징. 유전하는 것과 유전하지 않는 것이 있다.
10 연려緣慮; 인연이 갖추어져 마주하게 된 대상에 대해 생각함. 사유와 정서의 능력, 생각하고 느끼는 능력. 요별了別(사고 능력, 사유 능력)과 집수執受(정서 능력, 감수 능력) ▶연려심緣慮心; 외계의 사물을 보고 생각하는 마음. 총 8식을 말함.
11 의보依報; 우리들의 심신에 따라 존재한 국토·가옥·의복·식물 등.
12 수치修治; 1. 수리하다. 고치다. 정비하다. 손질하다. 수선하다. 보수하다. 2. 법제法製. (한약재 등을) 가공하다. 정제하다. 약의 성질을 그 쓰는 경우에 따라 알맞게 바꾸기 위하여 정해진 방법대로 가공 처리 하는 일.
13 조작造作; 1. 물건物件을 지어서 만듦. 2. 일부러 무엇과 비슷하게 만듦. 진짜를 본떠서 가짜를 만듦. 또는 그렇게 만든 물건. 3. 일을 꾸미어 만듦. 어떤 일을 사실인 듯이 꾸며 만듦. [유의어] 왜곡, 제작, 허구.
14 본유本有; 1. 본래부터 갖추어 있다는 뜻. 선천적으로 지니고 있음. 중생이 본래 갖추고 있는 깨달음의 성품. 아무런 수양을 하지 않고도, 선천적으로 본래 있는 성덕性德. 2. 4유의 하나. 나서부터 죽을 때까지의 몸. 이것을 업業을 짓는 근본이므로 이렇게 이름.

體性[15]을 證함이오

四에 因果란 因은 能生의

行이며 果는 所生의 德이오

五에 染淨이란 染은 無明의

用이며 淨은 法性의 用이오

六에 依正이란 二報의

依正이니 依報는 衆生

所依의 國土와 資具 等이며

正報는 能依의

心身이오

七에 自他란 三法에 就하야 論컨대

他는 自己에 對한 佛法과

衆生法이며 自는 二法에

對한 心法이오

八에 三業[16]이란 身業은 身의 發動이며

口業은 口의 發動이며

意業은 意의 發動이오

체성體性을 증명함이요

넷째 인과因果란 인因은 능동(능생能生)의

행行이며 과果는 생겨나는 덕德이요

다섯째 염정染淨이란 염染은 무명無明의

작용이며 정淨은 법성法性의 작용이요

여섯째 의정依正이란 두 가지 과보果報의

의정依正이니 의보依報는 중생이

의지하는 바의 국토國土와 의식주 등이며

정보正報는 능히 의지하는 주체의

몸과 마음이요

일곱째 자타自他란 3법三法에 따라 논하건대

타他는 자기에 대한 불법佛法과

중생법衆生法이며 자自는 2법(불법·중생법)에

대한 심법心法이요

여덟째 3업三業이란 신업身業은 몸의 행동이며

구업口業은 입으로 짓는 업이며

의업意業은 생각으로 짓는 업이요

---

15 체성體性; 물건의 본질을 체라 하고, 체가 변하여 고쳐지지 않는 것을 성이라 하니, 체가 곧 성. 1. 변하지 않는 본성이나 실체. 2. 본래 갖추고 있는 성품.

16 삼업三業; Skt. trīṇi-karmāṇi. Pali tīi kammāni. 몸과 입과 마음으로 짓는 행위와 말과 생각. 1) 신업身業. 몸으로 짓는 동작·행위. 2) 구업口業. 말을 잘못하여 짓는 업. 3) 의업意業. 무엇을 하려는 생각·뜻·의지·마음 작용.

九에 權實[17]이란 權은
　구　권실　　　권
九界[18]와
　구계
七方便[19]의 法이며
　칠방편　　　법

實은 佛界圓實[20]의
　실　불계원실
法이오
　법
十에 受潤이란 譬喩의 名으로서
　십　수윤　　　비유　명
受는 領納의 義니
　수　영납　의
五乘[21]差別的 能受의 根機며
　오승　차별적 능수　근기
潤은 沾潤[22]의 義니 如來
　윤　첨윤　　의　여래

아홉째 권실權實이란 권權은

보살계에서 지옥계까지의 9계九界와

인·천·성문·연각승과 장·통·별교의

보살승의 7방편七方便의 법法이며

실實은 불계佛界의 원만하고 실다운(원실圓實)

법法이요

열째 수윤受潤이란 비유의 명칭으로서

수受는 받아들인다는 뜻이니

5승의 차별에 따른 능히 받는 그릇 크기이며

윤潤은 윤택하게 한다는 뜻이니 여래如來가

17　권실權實; 일시적인 방편과 영원히 변하지 않는 진실. 그때 근기에 알맞도록 가설假設한 방편을 권이라 하고, 수단이 아니고 가설이 아닌, 구경 불변하는 진실을 실이라 함. 이 둘은 상대되는 개념으로 사용되어 권교權敎·실교實敎, 권지權智·실지實智, 권경權境·실경實境 등이라 한다. 권실權實이라고만 하면 흔히 권교·실교의 약칭이다.

18　구계九界; 10계 중에서 사리事理에 명철 원만한 지혜를 갖춘 불과佛果를 제하고, 그밖에 무명無明의 망집 망집을 벗어나지 못하는 지옥계·아귀계·축생계·아수라계·인간계·천상계·성문계·연각계·보살계 등.

19　칠방편七方便; 1. 천태종에서 『법화경』「약초유품藥草喩品」에 있는 3초草 2목木의 뜻으로 말하는 것. 인승人乘·천승天乘·성문승聲聞乘·연각승緣覺乘·장교藏敎·통교通敎·별교別敎의 보살승들. 2. 소승의 7현위賢位. 견도見道의 성위聖位에 들어갈 준비 단계이므로 칠방편. 오정심관五停心觀·별상염주別相念住·총상염주總相念住의 3현三賢과 난법煖法·정법頂法·인법忍法·세제일법世第一法의 4선근四善根.

20　원실圓實; Skt. pariniṣpatti. Perfect reality. 완전한 실재. 천태종에서는 즉시 성불할 수 있는 완전한 교리.

21　오승五乘; Skt. pañca-yāna, pañca-yānāni. 승乘은 싣는다는 뜻. 일반으로 과위果位. 특히 해탈의 지경에 도달케 하는 부처님의 교법을 승이라 함. 이를 5종으로 나눈 것을 5승이라 함. 1. 인승人乘·천승天乘·성문승聲聞乘·연각승緣覺乘·보살승菩薩乘. 2. 보살승·연각승·성문승·종종성승種種性乘·인천승. 3. 일승·보살승·연각승·성문승·소승. 4. 불승·보살승·연각승·성문승·소승(인천승). 5. 불승·연각승·성문승·천승·범승梵乘. 6. 인승·천승·이승二乘·보살승·불승. 7. 성문승·독각승獨覺乘·무상승無上乘·종종승種種乘·인천승.

22　첨윤沾潤; 점윤霑潤. 1. 비나 이슬 따위에 젖어서 불음. 2. 땀이나 물기가 배어 번짐.

所說이신 能潤의 法雨[23]라 　　　설하신 바 능히 적시는 진리의 비라
此의 十皆 不二[24]라 名함은 　　　이의 열 가지를 모두 불이不二라 이름함은
法華 已前은 　　　　　　　　　　법화法華경을 설하기 이전은
色·心 等에 對하신 　　　　　　　물질과 마음(색色·심心) 등에 대한
說法이 一一히 隔異함으로 　　　　설법說法이 일일히 막히고 다르므로 2二라
二라 名하나 法華에 至하야 　　　이름하나 법화法華경을 설할 때에 이르러서는
一一 隔異的偏權[25]의 法 　　　　각각의 막히고 다른 치우친 방편의 법法
그대로 實相의 理를 　　　　　　　그대로가 실상實相의 이치임을
開顯하신지라 諸法實相[26]은 　　열어 보이신지라 제법실상諸法實相은
平等[27]一如[28]의 一法으로서 　　평등일여平等一如의 1법一法으로서
隔然不融의 法이 無할새 　　　　　막혀 융통하지 않는 법法이 없으니
總히 不二이라 名하나니라 　　　　모두 불이不二라 이름하나니라

23　법우法雨; Skt. dharma-varṣa. Dharma rain. 부처의 가르침을 비에 비유한 말. 비가 초목들을 적시어 잘 자라나 꽃이 피고 열매를 맺게 하는 것처럼, 불법도 미혹한 중생으로 하여금 증오證悟(깨달음)의 화과花果(열매)를 얻게 하므로 이렇게 이름.

24　불이不二; Skt. advaita. nonduality. 1. 다르지 않는 것. 2. 차별이 없는 것. 3. 현상적으로 대립하는 두 가지가 근본적으로는 일체一体인 것. 4. 대승불교大乘佛敎에서 주장된다. 5. 즉即.

25　편권偏權; 공空이나 유有의 어느 한편에만 치우쳐서 진실하지 못한 방편.

26　제법실상諸法實相; 1. 모든 현상의 있는 그대로의 참모습. 대립이나 차별을 떠난 있는 그대로의 참모습. 2. 모든 현상의 본성. 3. 자신이 본디부터 지니고 있는, 천연그대로의 심성心性.

27　평등平等; 높고 낮고 깊고 얕은 차별이 없이 한결같은 것. 만법의 근본이 되는 원리나, 이체理體의 본체 등을 평등하다고 함.

28　일여一如; 일은 절대유일絶對唯一, 여如는 꼭 같다는 뜻. 차별없이 평등한 것.

<표60> 본문십묘 本門十妙와 적문십묘 迹門十妙와 십불이문 十不二門

	적문십묘 迹門十妙	본문십묘 本門十妙	십불이문 十不二門
인 因	1. 경묘 境妙	1. 본인묘 本因妙	1. 색심불이 色心不二
	2. 지묘 智妙		2. 내외불이 內外不二
	3. 행묘 行妙		3. 수증불이 修證不二
	4. 위묘 位妙		
과 果	5. 삼법묘 三法妙 (진성, 관조, 자성) 眞性 觀照 資成 (습과+보과) 習果 報果	2. 본과묘(습과) 本果妙 習果	4. 인과불이 因果不二
		3. 국토묘(보과) 國土妙 報果	
	6. 감응묘 感應妙	4. 감응묘 感應妙	5. 염정불이 染淨不二
			6. 의정불이 依正不二
	7. 신통묘 神通妙	5. 신통묘 神通妙	7. 자타불이 自他不二
	8. 설법묘 說法妙	6. 설법묘 說法妙	8. 삼업불이 三業不二
			9. 권실불이 權實不二
	9. 권속묘 眷屬妙	7. 권속묘 眷屬妙	10. 수윤불이 受潤不二
입멸* 入滅	**5. 삼법묘** 三法妙 **(습과+보과)** 習果 報果	8. 열반묘 涅槃妙	**4. 인과불이** 因果不二
		9. 수명묘 壽命妙	
	10. 이익묘 利益妙	10. 이익묘 利益妙	**10. 수윤불이** 受潤不二

• 입멸入滅 ; 적문의 석가는 열반미수, 법화회의 가섭, 연등불 입멸.

第一節 十無碍[1]
제 1 절 십무애

一에 用周無碍[2]란 佛이
일   용주무애   불

刹塵[3] 等의 處에서 法界身[4]雲을
찰진   등 처   법계신 운

現하야
현

無邊의 業用[5]을 起함이오
무변   업용   기

二에 相遍無碍란 佛이
이   상변무애   불

十方[6]一切世界 無量의
시방 일체세계   무량

佛刹[7]에서 種種히 神變[8]하야
불찰   종종   신변

皆是如來 示現[9]受生의
개시여래 시현   수생

相이 有하되 相을 現함에
상   유   상   현

隨하야 衆相이 皆具할새
수   중상   개구

제1절 십무애

첫째 용주무애用周無碍란 불佛이

수많은 국토(찰진刹塵)에서 법계신의 구름(법계신운法界身雲)을 나타내어

무변無邊의 작용을 일으킴이요

둘째 상변무애相遍無碍란 불佛이

시방일체세계十方一切世界 무량의

불국토에서 가지가지로 신통변화하여

여래가 나타내 보이는 모든 몸은

모습이 있어 무릇 온갖 모습을

나타낼 수 있으니

---

1   십무애十無碍; 비로자나불신에 구족한 10종의 무애無碍. 『화엄경수소연의華嚴經隨疏演義』에 나옴.
2   무애無碍; 무애無导/無碍. 막히거나 거치는 것이 없음.
3   찰진刹塵; 티끌수와 같이 수많은 국토. lands like dust-motes. Lands, countless as the dust.
4   법계신法界身; 1. 모든 중생이 갖추고 있는 부처의 청정한 성품. 2. 있는 그대로의 진실한 모습.
5   업용業用; function. Activity, action. Karmic activity. Skt. kriyā, karma-kriyā, karman. 作用作用. 업업의 작용.
6   시방十方; 사방四方(동東·서西·남南·북北)·사우四隅(동남東南·서남西南·동북東北·서북西北)·상上·하下 등의 10개의 방위. 온갖 방향. 모든 방향.
7   불찰佛刹; Skt. buddha-kṣetra. 1. 불토佛土, 불국佛國. 2. 절. 사찰(승려가 불상을 모시고 불도佛道를 닦으며 교법을 펴는 집)
8   신변神變; 사람의 지혜로는 도저히 알 수 없는 신비로운 변화.
9   시현示現/示顯; 1. 나타내 보임. 2. 신불神佛이 영험을 나타냄. 3. 부처나 보살이 중생을 교화하기 위하여 여러 가지 모습으로 몸을 변화하여 나타냄.

萬德¹⁰이 斯圓¹¹함이오
만덕　　사원

三에 寂用無碍란 佛은
삼　적용무애　　불

三昧에 常住하사
삼매　　상주

爲寂不妨이실새
위적불방

利物¹²化用¹³이시라
이물　화용

卽定卽用에 無碍自在함이오
즉정즉용　　무애자재

四에 依起無碍란 佛은
사　의기무애　　불

寂用에 無心¹⁴하시되
적용　무심

能히 海印三昧¹⁵의 力에 依하사
능　해인삼매　　력　의

無碍의 用을 起하심이오
무애　용　기

五에 眞應無碍란 眞은 곧
오　진응무애　　진

만덕萬德이 두루 원만함이요

셋째 적용무애寂用無碍란 부처님은

삼매三昧에 항상 머무셔

적정寂靜에 방해를 받지 아니하고

중생을 위해 화신을 나투시니

적정과 작용에 걸림없이 자재自在함이요

넷째 의기무애依起無碍란 부처님은

적寂에서 작용을 드러냄에 마음씀이 없되

능히 해인삼매海印三昧의 힘에 의하시어

무애無碍의 작용作用을 일으키심이요

다섯째 진응무애眞應無碍란 진眞은 곧

10　만덕萬德: 많은 선행이나 덕행. 무량한 공덕.
11　사원斯圓: 두루 원만함. 모두 원만함.
12　이물利物: Skt. sattva-hitâśaya. 이생利生·이익중생利益衆生. 이利는 이익. 물物은 중생. 곧 중생을 구제하여 이익케 함.
13　화용化用: transformative workings. 불보살이 모습을 변화하여 중생을 이끎.
14　無心무심: 1. 생각하는 마음이 없음. 2. 물욕物慾에 팔리는 마음이 없고, 또 옳고 그른 것이나, 좋고 나쁜 것에 간섭干涉이 떨어진 경계境界. 3. 모든 마음 작용이 소멸된 상태. 모든 분별이 끊어져 집착하지 않는 마음 상태. 모든 번뇌와 망상이 소멸된 상태. 4. 무심필無心筆의 준말.
15　해인삼매海印三昧: 고요한 바다에 온갖 형상이 비치고, 온갖 물이 모두 바다로 흘러가고, 온갖 것이 바다에 갈무리되어 있듯, 일체의 안팎을 두루 명료하게 파악하는 부처의 삼매.

遮那^{16}眞身^{17}이오 應은 곧
應身^{18}釋迦라 眞身은 是體요
應身은 是用이니 體全而起用이라
用卽是體일새

비로자나 진신眞身이요 응應은 곧
응신應身인 석가모니라 진신은 곧 본체요
응신은 곧 작용이니 온전한 본체에서 작용을
일으켜 용用이 곧 체體이니

16   자나遮那; Skt. Vairocana. 비로자나불毘盧遮那佛. 석가의 진신眞身을 높여 부르는 칭호. 비로사나불毘盧舍那佛·노사나불·자나불이라고도 한다. 산스크리트로 '태양'이라는 뜻인데, 불지佛智의 광대무변함을 상징하는 화엄종華嚴宗의 본존불本尊佛이다. 무량겁해無量劫海에 공덕을 쌓아 정각正覺을 성취하고, 연화장蓮華藏세계에 살면서 대광명을 발하여 법계法界를 두루 비춘다고 한다. 비로자나불毘盧遮那佛·노사나불盧舍那佛·석가불釋迦佛을 3신불三身佛이라 하는데, 법상종法相宗에서는 노사나불盧舍那佛·석가불釋迦佛을 수용신受用身·변화신變化身으로 쓰고, 비로자나불은 자성신自性身이라 한다. 또 천태종天台宗에서는 비로자나불·노사나불·석가불을 법신法身·보신報身·응신應身에 배치하여 설명하고 있고, 밀교密敎에서는《대일경大日經》의 설을 계승하여 대일여래大日如來와 동체라고 한다. ▶대일여래大日如來. Skt. mahāvairocana-tathāgata. vairocana는 변조遍照라고도 번역하고, 비로자나毘盧遮那라고 음사함. 우주의 참모습과 진리와 활동을 의인화한 밀교密敎의 부처. 모든 부처와 보살은 대일여래의 화신이며, 우주 그 자체가 그의 법문이라고 함. 금강계만다라金剛界曼茶羅에서는 지권인智拳印을 맺고 있고, 태장계만다라胎藏界曼茶羅에서는 법계정인法界定印을 맺고 있음.

17   진신眞身; 진리 그 자체, 또는 진리를 있는 그대로 드러낸 우주 그 자체를 뜻함.

18   응신應身; 불교에서 부처를 세 가지의 불신佛身으로 표현한 것 중의 하나. 화신化身 또는 응화신應化身이라고도 한다. 그러나 엄밀한 의미에서는 응신과 화신이 구별된다. 화신은 상호를 구비하지 않고 일정한 형식을 떠난 여러 가지 다양한 모습을 취하여 중생을 구제하는 불신인 데 비하여, 응신은 특정한 시대와 특정한 지역에서 특정한 중생을 구제하기 위하여 출현하는 부처이다.
    인도에서 출현한 석가모니불은 응신이며, 과거의 7불을 비롯한 많은 부처와 미래의 미륵불도 모두 응신에 속한다. 이 응신들은 상대방에 따라 그를 화도化導(중생을 제도함)하는 데 편리한 모습으로 나타나 설법하는 부처로, 32상相(부처의 아주 독특한 생김새)과 80종호種好(부처의 생김새중 일반적인 것)라는 특별한 모습을 갖추고 있다. 보통 이 응신은 승응신勝應身과 열응신劣應身의 두 종류로 대별되는데, 승응신은 초지初地 이상의 보살을 위하여 법을 설하는 부처이고, 열응신은 범부와 이승二乘과 지전보살地前菩薩을 위하여 법을 설하는 부처이다. 이 경우 승응신은 실제로는 보신과 다르지 않기 때문에, 응신으로서는 오히려 열응신만을 뜻하는 경우가 많다. 그러나 원효元曉는『대승기신론소大乘起信論疏』에서 이 응신을 객관적인 불신으로 파악하지 않고 있다. 응신은 분별사식分別事識에 의하여 범부와 이승이 보는 바이며, 생각의 정도에 따라 달라지는 특징이 있다. 마음의 변화에 따라 달리 나타나는 응신은 각자의 마음속 전식轉識이 동하여 나타나게 되는 것이지만, 이것이 마치 밖에서부터 온 것처럼 생각하고 나타난 대상에 형태와 물질적인 요소가 있다고 생각하는 것은 철저히 잘못된 것이라고 지적하였다. 또한, 응신은 이 세상의 중생이 겪어가는 여러 가지 생활양식에 순응하여 매번 똑같은 형태로 나타나는 것이 아니며, 범부의 거칠어진 마음을 순화하기 위하여 나타나는 본각本覺의 다른 모습이라고 보았다.

釋迦와 遮那가 圓融自在하야	석가모니와 비로자나가 원융자재圓融自在하여
本無二體함이오	본래 2체가 아님(본무이체本無二體)이요
六에 分圓無碍란 分은	여섯째 분원무애分圓無碍란 분分은
곧 支分이오 圓은 곧 全身이라	곧 부분이요 원圓은 곧 전신全身이라
支分이 全身을 不碍하고	부분이 전신을 장애하지 않고
全身이 支分을 不碍할새	전신이 부분을 장애하지 않으니
遮那 一一의 身分인	비로자나 법신의 각 부분인
手足眼耳乃至 一毛라도	손·발·눈·귀 내지 한 터럭이라도
皆是 遮那의 全身임으로써요	모두가 비로자나의 전신全身임으로써요
七에 因果無碍란 佛은	일곱째 인과무애因果無碍란 부처님은
昔에 菩薩의 行을 修하실새	과거에 보살의 행行을 닦을 때
波羅密[19]의 因을 修하야	바라밀波羅密의 인因을 닦아
波羅密의 果를 證하신지라	바라밀의 과果를 증명하신지라,
所受의 報身[20]과 所成의 事業도	받은 바의 보신報身과 이룬 바의 사업事業도

19　바라밀波羅密; Skt. Paramita의 음사. 바라밀波羅密 또는 바라밀다波羅密多라고도 한다. 이 말은 최고를 뜻하는 파라마에서 파생한 말이며, 이에 근거해서 바라밀을 완성 또는 완전으로 번역하고 바라밀을 한역한 것이 바로 도피안到彼岸이다. 여기서 피안은 깨달음의 세계이고, 미혹의 세계인 차안此岸과 상대되는 말이다. 곧 도피안은 깨달음의 세계에 도달한 것을 말한다. 불교 경전에 따르면 피안은 이 세상에서 동떨어진 곳이 아니다. 따라서 다른 종교에서 말하는 천국이나 이데아와는 다르다. 즉 피안은 자신 속에 내재하며 자신이 변화된 차원으로 이해할 수 있다. 비슷한 용어로 열반·해탈·무위·적정·감로·안온 등이 있다. 모두 번뇌가 소멸된 상태를 뜻하며 어느 것에도 집착하지 않는 마음이 바로 피안이라 할 수 있다. 바라밀에는 육바라밀이 잘 알려져 있는데, 이는 보시布施·지계持戒·인욕忍辱·정진精進·선정禪定·지혜智慧 등을 완성하는 것을 말한다. 육바라밀을 이루기 위해서는 자아에 대한 집착에서 벗어나야 하고, 자신의 공덕에 대한 집착이나 의식에서 벗어나야 하며, 목적의식에서도 벗어나야 한다. 또한 무엇인가를 완성했다거나 어느 경지에 이르렀다는 생각조차 없는 상태가 되어야 한다.

20　보신報身; Skt. saṃbhoga-kāya 삼신三身의 하나. 1. 중생을 위해 서원을 세우고 거듭 수행한 결과, 깨달음을

亦是 十方一切의 菩薩身靈을	역시 시방일체十方一切의 보살신령菩薩身靈을
現함이 自在無碍함이오	나타냄이 자재自在하여 걸림이 없음이요
八에 依正無碍란 依는 依報라	여덟째 의정무애依正無碍란 의依는 의보依報라
곧 佛所依의 國土요	곧 부처님이 의지하는 바의 국토요
正은 正報니 곧 佛能依의	정正은 정보正報니 곧 부처님이 능히
色身일새 依正이	의지하는 몸(색신色身)이니 의정依正이
相入²¹하야 二智無碍함이오	서로 어울려 2지무애二智無碍함이요
九에 潛入無碍란 佛智가	아홉째 잠입무애潛入無碍란 부처님의 지혜가
衆生의 心內에 潛入함이	중생의 마음에 스며드는 것이
如來藏²²이라 衆生을 作하되	여래장如來藏이라 중생을 지어내되
自性²³을 不失함이 大海의	자성自性을 잃지 않음이 큰 바다의

성취한 부처. 아미타불과 약사여래가 여기에 해당함. 2. 법신法身의 무량공덕無量功德.

21 상입相入; 서로 걸림이 없이 융합함. 피차사물彼此事物이 서로 걸림이 없이 융합融合하는 것을 말한다. 등불이 여러개 있으면 그 빛이 융합融合하는 것과 같다. 용用의 방면에서 하나. ▶상즉相卽; 두 가지 사물이 그 본체에서는 서로 하나인 관계에 있는 일. 파도는 물이며, 물은 파도라고 하는 것과 같은 관계를 이른다. 피차彼此가 호폐互廢하면 타他와 같다. 색色은 곧 공空이요, 공空은 곧 색色이다. 이것은 모두 상즉相卽된 것. 두 거울이 상조相照하여 상입相入하는 것은 상즉相卽이 아니라 함. 體의 방면에서 하나.

22 여래장如來藏; Skt. tathāgatagarbha. 대승불교의 중요한 개념중의 하나이다. 여래가 될 가능성으로서 태胎라는 뜻도 있고, 여래의 태를 담고 있는 자궁의 의미로도 쓰인다. 중생들에게 붓다가 될수 있는 가능성을 가지고 있다는 것을 보여주는 개념이다. 원효元曉는 그의 『금강삼매경론』에서 이것을 다음과 같이 말하고 있다. 곡식의 싹이 이삭이 될 때 들어가는 주체도 없고 들어가는 곳도 없는 것과 같이 여래장에 들어가는 것도 그와 같다. 여래장에 들어가는 네 가지 지혜는 유식철학에서 말하는 사지四智이다. 정지定智는 평등성지平等性智로서 정관에 있으면서 방편을 짓지 않기 때문에 정지이며, 말나식의 아집我執과 아소집我所執을 대치하여 평등함을 관찰한다. 부정지不定智는 묘관찰지妙觀察智로서 제육식에서 방편으로 나아가 취하면서 상相을 깨뜨리므로 부정지라고 한다. 열반지涅槃智는 성소작지成所作智이다. 팔상을 나타내어 불사를 지음에 최후의 상을 든 것으로서 전오식前五識을 없애어 지혜를 얻는다. 구경지究竟智는 대원경지大圓鏡智로서 구경위에서 이 지혜를 얻어 모든 경계에 걸림이 없이 하나의 여실함에 들어간다고 한다.

23 자성自性; 1. Skt. svabhāva. 변하지 않는 본성이나 실체. 어떤 현상의 고유한 성질. 사물 그 자체의 본성. 사

水가 風에 依하야 波를 作하되
濕性을 不失함과 如함이오

十에 圓通無碍란

佛은 大法界²⁴를 融通하야

물이 바람에 의해 파도를 일으키되
젖는 성질을 잃지 않음과 같음이요

열째 원통무애圓通無碍란

부처는 대법계大法界를 융통融通하여

물의 본체. 사물 그 자체. 본성. 2. 본래부터 저절로 갖추고 있는 부처의 성품. 태어날 때부터 갖추고 있는 청정한 성품. 3. Skt. svabhāva. 저절로 존재하는 현상. 4. 인명因明에서, 주장 명제인 종宗의 주어를 말함. 예를 들면, '말은 무상하다'에서 '말'. 이에 반해, 종宗의 술어, 곧 '무상'은 차별差別이라 함. 5. Skt. prakṛti. 상캬학파에서 설하는 이십오제二十五諦의 하나로, 물질의 근원을 말함. 이 자성이 순수 정신인 신아(神我 Skt. puruṣa)의 영향을 받으면 평형 상태가 깨어져 현상 세계가 전개된다고 함.

24　법계法界; Skt. dharma-dhātu의 번역. 달마타도達摩駄都라 음사. 1. 십팔계의 하나. 의식의 대상인 모든 사물을 말함.『구사론俱舍論』권1에는 수受・상想・행行의 삼온三蘊과 무표색無表色과 무위법爲法을 법계라 한다. 십이처에서는 법처라고 하고, 다만 십팔계에서는 다른 십칠계도 법이라고 이름하므로 널리 유위有爲・무위無爲의 모든 제법諸法을 법계法界라고 하기도 한다. 말 쓰이는 경우를 따라 계는 종족생본種族生本, 곧 하나의 산 가운데 금-은 등 종종의 광맥鑛脈이 있는 것처럼 일신一身 가운데 안眼 등의 제법이 있어서 각각 같은 종류가 상속相續해서 나온다는 뜻. 혹은 종류각별種類各別, 곧 제법이 각각 다른 자성自性을 가지고 있음을 가리킨다. 2. 화엄종에서는『화엄경탐현기華嚴經探玄記』권 18에, '1)성법聖法을 낳는 인因, 2)제법의 진실한 체성體性,3)제법은 각각의 분제分齊를 보유해서 그 형상은 구별된다'는 이상의 세 뜻을 들어 진여眞如 또는 일체제법을 말하고 있다. 그러나 법계의 종류가 아무리 많아도 모두 일진법계一眞法界에 함섭含攝되며 그것은 또 제불중생諸佛衆生의 본원本源인 청정심淸淨心이라고 하고, 일심법계一心法界・일진원융법계라고도 한다. 그리고 앞에 있는 법계의 당상當相에 대해 일체법이 서로 일체화一體化(상즉相即)이고 그 기능이 서로 화입和入하여(상입相入), 사사무애事事無礙 중중무진重重無盡의 연기緣起라고 설하는 것을 법계연기法界緣起라 하며, 이러한 법계法界의 구조構造를 관하는 것을 법계관法界觀이라 한다. 3. 밀교密敎에서는 육대를 법계의 체성이라 하여 이것을 대일여래大日如來의 삼마야신三摩耶身이라 하고 그 궁전을 법계궁法界宮, 그 정립을 법계정, 인을 법계인, 가지력加持力을 법계가지法界加持라고 이름하고, 또 오지五智・오불五佛을 설해서, 대일여래大日如來는 법계체성지法界體性智를 나타낸다고 한다. 4. 천태종에서는 지옥・아귀・축생・아수라阿修羅・인人・천天・성문聲聞・연각緣覺・보살菩薩・불타佛陀의 십계를 십법계라고 하지만, 이것은 각각의 상相이 차별이 있는 분제分齊의 뜻으로 말한 것이다. ▶삼매야三昧耶; Skt. samaya의 음사. 1. 가시假時라고 번역. 막연한 어느 때를 말함. 2. 모임. 집회. 3. 가르침의 근본 취지. 4. 부처와 중생은 본디 차별이 없다는 평등을 뜻함. 5. 부처・보살・천天・명왕明王 등의 서원. ▶삼매야신三昧耶身;與三昧耶形同. 但從佛身謂爲身. 法報應之三. 密敎如其次第謂爲種子,三昧耶,尊形之三身. 塔婆,寶,珠,蓮華,五鈷等爲大日之三昧耶身. 當於顯敎之報身. 依通門,則一切之事物,盡爲大日之三昧耶身,依別門,則以塔婆爲大日之三昧耶身,乃至以蓮華爲彌陀之三昧耶身等,各有別個之標幟. 雜談集九曰:「密敎之意, 佛有三身:種子,三昧耶,尊形也. 如次第爲法報應三身.」(삼매야신三昧耶形과 같음. 불신佛身에 법보응法報應의 3신三身이 있고, 밀교에서는 이를 종자種子,삼매야三昧耶,존형尊形의 3신三身이라고 함. 탑파塔婆, 보寶,주珠,연화蓮華,오고五鈷 등은 대일大日의 삼매야신三昧耶身이고, 별문別門에 의하면, 탑파塔婆는 대

其 身을 作하되 理론 不具함이 無하고
事²⁵론 不攝함이 無할새
一多, 依正,
人法, 因果가
彼此 無碍함이니
『華嚴演義鈔²⁶』三의 所說이니라

그 몸을 짓되 이치로는 모두 갖추고
일로는 서로 상섭하니
하나와 모두(일다一多), 국토와 몸(의정依正),
사람과 만물(인법人法), 원인과 결과(인과因果)가
피차 서로 걸림이 없으니
『화엄연의초華嚴演義鈔』3에 설해진 바이니라

일대一大日의 삼매야신三昧耶身이고, 내지 연화蓮華는 미타彌陀의 삼매야신三昧耶身 등이 된다. 각각 별개別個의 표치標幟가 있다. 『잡담집雜談集』9에 이르기를:「밀교에서 불佛의 삼신三身이 있는데, 종자種子, 삼매야三昧耶, 존형尊形이다. 이는 차례로 법보응法報應 삼신三身과 같다.」)

25 이사理事; 1. 깨달음의 진리와 차별 현상. 2. 본체와 차별 현상.
26 화엄연의초華嚴演義鈔; 본이름은 『대방광불화엄경수소연의초大方廣佛華嚴經隨疏演義鈔』. 90권. 당唐의 징관澄觀 지음. 80권 화엄경을 풀이한 『화엄경소華嚴經疏』를 다시 상세히 풀이한 저술. 『화엄경소초華嚴經疏鈔』·『화엄경수소연의초華嚴經隨疏演義鈔』·『화엄경수소연의華嚴經隨疏演義』 등의 약어로도 불림. ▶화엄경소華嚴經疏; 본이름은 『대방광불화엄경소大方廣佛華嚴經疏』. 60권. 당唐의 징관澄觀 지음. 80권 화엄경을 십문十門으로 나누어 상세히 풀이한 저술. ▶징관澄觀(738년~839년); 당唐의 승려. 절강성浙江省 월주越州 출신. 11세에 출가하여 여러 지역을 편력하면서 율律·삼론三論·화엄학華嚴學·천태학天台學·선禪 등을 두루 배움. 776년에 오대산五臺山에 가서 여러 사찰을 순례하고 대화엄사大華嚴寺에서 화엄경을 강의하면서 그 경의 주석서를 지음. 796년에 장안長安에 가서 40권《화엄경》의 번역에 참여하고 그 경의 주석서를 지음. 덕종이 청량법사清涼法師라는 호를 내리고, 헌종이 다시 승통청량국사僧統清涼國師라는 호를 내림. 저서 : 『화엄경소華嚴經疏』·『화엄경수소연의초華嚴經隨疏演義鈔』·『정원신역화엄경소貞元新譯華嚴經疏』·『삼성원융관문三性圓融觀門』 등. 동의어 청량징관清涼澄觀, 청량법사清涼法師, 승통청량국사僧統清涼國師.

⟨표61⟩ 십무애 十無礙 (ten kinds of non-obstruction)

	십무애 十無礙	뜻(출처; 화엄연의초 3) 華嚴演義鈔	주요어
1	용주무애 用周無碍	불이 수많은 국토(찰진)에서 **법계신의 구름(법계신운)**을 나타내어 佛　　　利塵　　　　　法界身雲 무변의 작용을 일으킴 無邊	법계신운 法界身雲
2	상변무애 相遍無碍	불이 시방일체세계 무량의 불국토에서 **가지가지로 신통변화하여** 佛　十方一切世界 **무릇 온갖 모습을 나타낼** 수 있으니 만덕이 두루 원만함 　　　　　　　　　　　　　　　　萬德	종종신변 種種神變
3	적용무애 寂用無碍	부처님은 삼매에 항상 머무셔 적정에 방해를 받지 아니하고 화신을 　　　　　三昧 나투고 사용하시니 **적정과 작용에 무애자재함** 　　　　　　　　　　　　　　無碍自在	즉정즉용 卽定卽用
4	의기무애 依起無碍	부처님은 적체에서 작용을 드러냄에 **마음씀이 없어** 능히 해인삼매의 　　　　　寂體　　　　　　　　　　　　　　　　海印三昧 힘에 의하시어 **무애의 용을 일으키심** 　　　　　　　無碍　用	의삼매력기용 依三昧力起用
5	진응무애 眞應無碍	진[진신인 비로자나]=본체, 응[응신인 석가모니]=작용. **온전한 본체에서** 眞　眞身　　　　　　　應　應身 **작용을 일으켜 용이 곧 체**이니 석가모니와 비로자나가 원융자재해 　　　　用　　　　體　　　　　　　　　　　　　　圓融自在 본래 2체가 아님	체전이기용 體全而起用
6	분원무애 分圓無碍	분=부분, 원=전신. **부분이 전신을 장애하지 않고 전신이 부분을 장애하지** 分　　　圓　全身　　全身　　　　　　　　　全身 **않음**. 비로자나 법신의 각 부분인 손,발,눈,귀 내지 한 터럭이라도 모두가 비로자나의 전신임 　　　　　　　　　全身	수족안이일모 手足眼耳一毛 개시자나전신 皆是遮那全身
7	인과무애 因果無碍	부처님은 지난 세상에 **보살**의 행을 닦으시니 **바라밀의 인을 닦아** 　　　　　　　　　菩薩　行　　　波羅密因 **바라밀의 과를 증명**하신지라 받은 바 보신과 이룬 바 사업도 역시 波羅密　果　　　　　　　報身　　　　事業 시방일체의 보살신령을 나타냄이 자재무애함 十方一切　菩薩身靈　　　　　自在無碍	바라밀 수인증과 波羅密 修因證果
8	의정무애 依正無碍	의=의보=부처님이 의지하는 바의 국토, 정=정보=부처님이 依　依報　　　　　　　　　　　　　　正　正報 능히 의지하는 몸(색신). **의정이 서로 어울려 2지무애함** 　　　　　　　色身　依正　　　　　　二智無碍	국토색신상입 國土色身相入

9	잠입무애 潛入無碍	여래장=부처님의 지혜가 중생의 마음에 스며드는 것. 중생을 지어내되 如來藏 **자성을 잃지 않음.** 큰 **바다물**이 바람에 의해 파도를 일으키되 **젖는 성질을** 自性 잃지 않음과 같음	불지중생심내잠입 佛智衆生心內潛入 =여래장 如來藏
10	원통무애 圓通無碍	부처는 대법계를 융통해 그 몸을 짓되 **이치로는 모두 갖추고** 大法界 融通 **일로는 서로 상섭**하니 하나와 모두(일다), 국토와 몸(의정), 一多 依正 사람과 만물(인법), 원인과 결과(인과)가 피차 서로 걸림 없음. 人法 因果	이무불구 사무불섭 理無不具 事無不攝

❖ 화엄칠조華嚴七祖

　인도의 마명馬鳴과 용수龍樹, 중국의 두순杜順→지엄智儼→법장法藏→징관澄觀→종밀宗密

第二節 十無盡藏[1][2]
제 2 절 십무진장

제2절 십무진장

一에 信藏이란 菩薩의 淨信[3]이

첫째 신장信藏이란 보살의 맑은 믿음이

1. 무진장無盡藏; Skt. akṣayâkara. inexhaustible storehouse. The inexhaustible storehouse of the bodhisattva's merit and compassion 엄청나게 많아 다함이 없는 상태. 양적 질적으로 엄청나게 많다는 것을 나타내는 말이다. 불교에서는 덕이 광대하여 다함이 없음을 나타내는 말로 쓰인다. 직역하면 '무진無盡'은 다함이 없다는 뜻이고 '장藏'은 창고이므로 '다함이 없는 창고'라는 뜻이 된다. 무진은 또한 잘 융화되어 서로 방해함이 없는 상태를 설명하는 말로, 원융무애圓融無碍와 같은 의미로도 쓰인다. 《유마경》〈불도품〉에서는 빈궁한 중생을 돕는 것은 무진장을 실천하는 것이며, 보살은 가난하고 궁한 자들에게 무진장을 나타내 보리심을 생기게 한다고 하였다. 불교에서는 이와 같이 다함이 없는 덕을 지니고 있음을 비유해 무진장이라 한다. 중국의 사원에는 무진장이라는 금융기관이 있었다. 남북조 시대부터 사찰에서 신자들이 희사한 보시금을 자본금으로 하여 서민들에게 낮은 이자로 돈을 대출해주는 일을 하였는데, 당나라 때부터는 교단 차원에서 이를 운영하였다고 한다. 당대에 장안에 있었던 삼계교三階敎의 화도사에 놓여진 무진장원은 유명하다. 후세에는 장생고長生庫, 해고解庫 등으로 불려서 더 한층 성행하고, 그 수익은 사원의 중요한 재원이었다. 한국에서도 예로부터 고리대금에 시달리는 서민을 돕기 위해 사찰에서 무진재無盡財 혹은 무진장원無盡藏院이라는 금고를 운영하였다는 기록이 있다. 중국과 마찬가지로 기금은 신도들이 시주한 금액으로 마련하였다. 기록에 따르면 조선시대 초기까지도 무진장원의 운영은 꽤 활발하게 이루어졌다. 일제강점기에 상호부조의 목적으로 설치된 서민금융기관 무진회사無盡會社도 여기에서 유래한 것이다.

2. 십무진장十無盡藏; 보살의 열 가지 무진장. 신장信藏(faith)・계장戒藏(morality)・참장慚藏(conscience;shame of past misdeeds)・괴장愧藏(shame; blushing over the misdeeds of others)・문장聞藏(learning)・시장施藏(generosity)・혜장慧藏(wisdom)・염장念藏(memory)・지장持藏(memorizing the sutras; keeping and guarding the sūtras)・변장辯藏(eloquence in expounding them; powers of expounding them). 1)신장~7)혜장까지는 칠성재七聖財(Skt. saptāryadhāna. the seven holy assets)와 동일. 화엄종에서 석존 일대의 교법을 분류하는 명목으로 열 가지가 모두 다함 없는 덕을 함장含藏하였다는 뜻으로 무진장이라 함. 10장의 차례는, 신장은 불법에 들어가는 처음에 수행하는 터전이 되므로 이를 들고, 다음에 행行을 시작하려면 먼저 허물을 여의어야 하므로 계장을 말하고, 만일 계를 범하면 참괴慚愧해야 할 것이므로 참장・괴장을 밝히고, 다음에 선善에 나아가려면 널리 들어야 하므로 문장을 말하고, 또 말씀한 대로 수행하여 보시施・지혜慧를 쌍으로 닦아 정념正念으로 하여금 더욱 밝게 하여야 하므로 염장을 밝히고, 정념이 밝으면 반드시 억지憶持해야 할 것이므로 지장을 세우고, 그리하여 남을 교화해야 하므로 변장을 세워서, 자리自利・이타利他의 수행을 완수하게 하였음. ▶칠성재七聖財; Skt. sapta-dhanāni. 칠재七財・칠덕재七德財. Skt. sapta-dhanāni. 성과聖果를 얻기 위한 일곱 가지 법재法財. 신재信財・계재戒財・참재慚財・괴재愧財・문재聞財・사재捨財・혜재慧財.

3. 정신淨信; Skt. prasāda. 청정한 믿음. ▶신행信行의 발전단계; 1)믿음과 신념의 단계를 거쳐 확신하는 문신聞信(śraddhā), 2)의심이 없는 청정한 믿음의 정신淨信(prasāda), 3)모든 번뇌와 집착을 놓아버린 믿음의 신해信解(adhimukti)

堅固하야 諸法空⁴을 解하는 心이
견고   제법공   해 심

退轉치 않을새
퇴전

如來家⁵에 生하야
여래가   생

견고하여 제법공諸法空을 이해하는

마음이 물러나지 않으니

부처님 법(여래가如來家)을 만나

4　제법공諸法空; 십팔공十八空의 하나. 모든 현상에 대한 분별이 끊어진 상태. 물물・심심의 제법諸法이 유한有限하므로 실체는 공이라는 것. ▶십팔공十八空; Skt. Aṣṭādaśaśūnyatā. 공空을 열여덟 가지로 나눈 것(공空의 본체와 작용을 18가지로 분류・관찰한 것).《대품반야경大品般若經》제3권 및《대집경大集經》제54권에 나오는 말이다. 1) 내공內空. 육내입처六內入處, 곧 안眼・이耳・비鼻・설舌・신身・의意의 분별 작용이 끊어진 상태. 2) 외공外空. 육외입처六外入處, 곧 색色・성聲・향香・미味・촉觸・법法에 대한 분별이 끊어진 상태. 3) 내외공內外空. 육내입처六內入處의 분별 작용도 끊어지고, 육외입처六外入處에 대한 분별도 끊어진 상태. 4) 공공空空. 공空에 대한 분별이나 집착이 끊어진 상태. 5) 대공大空. 시방세계十方世界에 대한 분별이 끊어진 상태. 6) 제일의공第一義空. 분별을 끊고, 대상을 있는 그대로 파악하는 상태. 7) 유위공有爲空. 여러 인연으로 모이고 흩어지는 현상에 대한 분별이 끊어진 상태. 8) 무위공無爲空. 온갖 분별과 번뇌가 끊어진 열반의 상태. 분별과 망상이 소멸된 열반의 상태. 9) 필경공畢竟空. 모든 현상에 대한 분별이 완전히 끊어진 상태. 10) 무시공無始空. 시작을 알 수 없는 아주 먼 과거부터 존재하는 현상에 대한 분별이 끊어진 상태. 11) 산공散空. 일시적으로 모였다가 흩어져 파괴되는 현상에 대한 분별이 끊어진 상태. 12) 성공性空. 모든 현상의 본성에 대한 분별이 끊어진 상태. 13) 자상공自相空. 대상의 고유한 특성에 대한 분별이 끊어진 상태. 14) 제법공諸法空. 모든 현상에 대한 분별이 끊어진 상태. 15) 불가득공不可得空. 인식 작용이 끊어진 상태. 16) 무법공無法空. 과거와 미래의 현상에 대한 분별이 끊어진 상태. 17) 유법공有法空. 현재의 현상에 대한 분별이 끊어진 상태. 18) 무법유법공無法有法空. 과거와 미래와 현재의 모든 현상에 대한 분별이 끊어진 상태.

5　여래가如來家; Skt. tathāgata-kula, jina-kula, tathāgata-vaṃśa, buddha-kula. 1. 여래의 깨달음의 성품종자를 가진 자. family of the Tathāgata. Those who possess the seeds, or proclivities for attaining enlightenment. 2. 여래가 머무는 곳. Abode of the Tathāgata; home of the Tathāgata.『유가론瑜伽論』▶여래如來; Skt. tathāgata. 1. tathāgata는 tathā(그처럼; 여시如是 또는 여실如實)와 āgata(다가오는 자)의 합성어. 인도인은 진리는 모든 언어적 표현을 초월한다고 생각, 진리를 가리키는 최소한의 표현으로서, '그것(tat)'이라는 말을 이용하였다. '그처럼'도 이런 종류의 표현으로, 중국인은 '여如'라고 번역했다. 따라서 '여래'라는 것은 '진리 그 자체로서 다가오는 자'라는 뜻이 된다. 단지 tathāgata를 tathā와 gata(사라지는 자)로 분해해서 '그대로 사라지는 자; 여거如去〉라고 해석하는 설도 있다. 2. 1) 과거의 제불諸佛과 같은 동일한 길을 걸어 열반의 피안으로 가는 사람(tathā+gata), 2) 진리에 도달한 사람(tathā+āgata), 3) 과거의 제불과 같은 진리에 도달한 사람(tathā+āgata), 4) 과거의 제불과 동일한 길을 걸어 현세에 오는 사람[tathā(여시如是 또는 여실如實)+āgata], 5) 진리에서 현세에 오는 사람[tatha(진실眞實)+āgata]의 5종류인데, 한역漢譯은 4), 5)를 기초로 한 것이다. 여래라는 말은 원래 성도成道 후의 불타를 자칭한 것이고, 불제자 사이에서 불타를 칭하는 호칭이었다. 3. 부처의 열 가지 이름(여래십호如來十號) 가운데 하나. thus-come. 1. Interpreted as 'thus-come' (tathā + āgata). This is one of the ten epithets 십호十號 of the Buddha, with the implication that the Buddha's achievement of enlightenment has come through a path of practice that other sentient beings can follow. It is also interpreted as 여거如去,

信解[6]를 增長하는지라
신해　　증장

믿음과 이해(신해信解)를 키워가는지라

as in the Madhyamâgama, as he who so goes, or 'thus gone' (tathā+gata)—his coming and going being both according to the Buddha-norm. cf. Madhyamâgama 133 at T 26.1.632c5. It is the most exalted of a buddha's titles. Also transliterated as 다타아가타多他阿伽陀, 다타아가타야多他阿伽陀耶, 다타아가태多他阿伽馱, 다타아가도多他阿伽度, 다아갈多阿竭, 달달아갈怛闥阿竭, 달살아갈怛薩阿竭, 달타얼다怛他蘖多. 2. The Buddha in his nirmāṇakāya, i. e. his 'transformation' or corporeal manifestation descended on earth. The two kinds of Tathāgata are 1) 재전在纏 the Tathāgata in bonds, i. e. limited and subject to the delusions and sufferings of life, and 2) 출전出纏 unlimited and free from them. There are numerous sūtras and śāstras bearing this title of 여래如來. 3. A special reference to Amitâbha Tathāgata 아미타阿彌陀. ▶여래십호[如來十號 ten epithets of the Tathāgata, ten epithets of the Buddha]=십호十號; 부처의 열 가지 칭호. 1) 여래如來 (tathāgata), 'Thus-Come'; 진리에서 온 자. 진리에 이른 자. 진리에 머무는 자. 2) 응공應供 (arhat) 'Worthy of Respect'; 마땅히 공양 받아야 할 자. 3) 정변지正遍知(samyak-saṃbuddha)정등각자(正等覺者)=무상정등각자(無上正等覺者:anuttara samyaksaṃbuddha)=정각자(正覺者:saṃbuddha), 'Correctly Enlightened'; 바르고 원만하게 깨달았다는 뜻. = 4) 명행족明行足 (vidyā-caraṇa-saṃpanna) 'Perfected in Wisdom and Action'; 지혜와 수행을 완성하였다는 뜻. 지혜와 행이 구족하다는 뜻. 5) 선서善逝 (sugata) 'Well-Gone'; 깨달음에 잘 이르렀다는 뜻. 6) 세간해世間解 (lokavid) 'Knower of the Secular World'; 세간을 모두 잘 안다는 뜻. 7) 무상사無上士 (anuttarā) 'Unsurpassed'; 그 위에 더 없는, 최상의 사람. 8) 조어장부調御丈夫 (puruṣadamya-sārathā) 'Tamer'; 모든 사람을 잘 다루어 깨달음에 들게 한다는 뜻. 9) 천인사天人師 (śāstādevamanuṣyānām) 'Teacher of Gods and Men'; 신(神)과 인간의 스승. 즉 사람과 하늘의 대도사(大導師). 10) 불세존佛世尊 or 박가범蒲伽梵 (bhagavān) 'World Honored One.'; 불(佛;깨달은 사람.) 세존(世尊;모든 복덕을 갖추고 있어서 세상 사람들의 존경을 받는 자. 세간에서 가장 존귀한 자.). 열한 가지이지만 불과 세존을 하나로 하여 열 가지로 함.(『변중변론술기辯中邊論述記』)《범망경梵網經》이상의 십호 이외에도 부처는 대사大師·도사導師·무니牟尼·대선大仙·일체지一切智(sarvajñā: 全知者)·복전福田(puṇya-kṣetra: 행복을 기르는 밭) 등으로 불리고, 또 태양太陽·목우牧牛·사자獅子 등에 비유될 때도 있다.

6　신해信解; 1. 명료하게 이해하여 확신함. 확실하게 이해하여 굳게 믿음. 2. 남에게 부처의 가르침을 듣고 믿어, 그것에 따라 수행하여 수도修道의 단계에 이른 성자. ▶십팔유학十八有學; 아직 번뇌가 남아 있어, 아라한阿羅漢의 경지에 이르기 위해서는 더 수행해야 하는 견도見道·수도修道의 성자聖者를 열여덟 가지로 나눈 것. 1) 수신행隨信行. 남에게 부처의 가르침을 듣고 믿어, 그것에 따라 수행하여 견도에 이른 성자. 2) 수법행隨法行. 스스로 부처의 가르침에 따라 수행하여 견도에 이른 성자. 3) 신해信解. 남에게 부처의 가르침을 듣고 믿어, 그것에 따라 수행하여 수도에 이른 성자. 4) 견지見至. 스스로 부처의 가르침에 따라 수행하여 수도에 이른 성자. 5) 신증身證. 마음 작용을 소멸시켜 몸으로 고요한 즐거움을 체득하여 수도에 이른 성자. 6) 가가家家. 집에서 집에 이른다는 뜻으로, 인간계에서 천상의 경지에 이르고 천상의 경지에서 인간계에 이르는 것을 의미함. 욕계의 수혹修惑을 조금 끊은 일래향一來向의 성자. 이 성자는 수혹을 완전히 끊지 못했기 때문에 한번 천상의 경지에 이르렀다가 다시 인간계에 이른다고 함. 7) 일간一間. 욕계의 수혹修惑을 대부분 끊었으나 아직 수혹이 남아 있어 욕계에서 다시 미혹한 생존을 한다는 불환향不還向의 성자. 8) 예류향預流向. 욕계·색계·무색계의 견혹見惑을 끊기 위해 수행하는 성자. 9) 예류과預流果. 욕계·색계·무색계의 견혹見惑을 끊은 성자. 10) 일래향一來向. 욕계의 수혹修惑을 끊기 위해 수행하는 성자. 11) 일래과一來果.

一切의 佛法을 聞持하고
일체 불법   문지

衆生을 爲하야 所聞을
중생   위   소문

悉皆히 信解케 함으로써요
실개   신해

二에 戒藏이란 菩薩이
이 계장   보살

三世諸佛의
삼세제불

無盡[7] 淨戒를 奉持하야
무진   정계   봉지

具足[8] 圓滿[9]할새 毁犯이 無한지라
구족 원만   훼범   무

衆生이 顚倒하야 破戒[10]함을
중생 전도   파계

念慮하고 菩提[11]를 成就하야써
염려   보리   성취

일체의 불법佛法을 듣고 지녀

중생을 위하여 들은 바를

모두 믿고 이해하게 함으로써요

둘째 계장戒藏이란 보살이

과거·현재·미래 모든 부처님의

한없이 맑은 계(정계淨戒)를 받들어 지녀

두루 원만히 갖추니 훼손하고 어김이 없는지라

중생이 본말이 뒤바뀌어 파계함을

염려하고 보리菩提를 성취하여서

욕계의 수혹修惑을 대부분 끊은 성자. 12) 불환향不還向. 욕계의 수혹修惑을 완전히 끊기 위해 수행하는 성자. 13) 불환과不還果. 욕계의 수혹修惑을 완전히 끊은 성자. 14) 중반中般. 욕계에서 색계에 이르는 도중에 완전한 열반을 이루는 불환과不還果의 성자. 15) 생반生般. 색계에서 곧바로 완전한 열반을 이루는 불환과不還果의 성자. 16) 유행반有行般. 색계에서 오랫동안 수행하여 완전한 열반을 이루는 불환과不還果의 성자. 17) 무행반無行般. 색계에서 수행하지 않아도 오랜 시간이 지나면 저절로 완전한 열반을 이루는 불환과不還果의 성자. 18) 상류반上流般. 색계의 맨 밑에 있는 범중천梵衆天에서 색계의 맨 위에 있는 색구경천色究竟天이나 무색계의 맨 위에 있는 유정천有頂天에 이르러 완전한 열반을 이루는 불환과不還果의 성자.

7 무진無盡; 다함이 없을 만큼 매우. [유의어] 무진히, 무진장.
8 구족具足; 잘 갖추고 있음. 필요한 것을 모두 갖추고 있음. 부족함이나 흠이 없음. 온전함.
9 원만圓滿; 1. 충분充分히 가득 참. 2. 일이 되어감이 순조順調로움. 3. 조금도 결함缺陷이나 부족不足함이 없음. 4. 규각圭角이 없이 온화溫和함. 5. 성격性格이나 행동行動이 모나지 않고 두루 너그러움. 6. 서로 의가 좋음. 사이가 구순함. 7. 공덕功德이 그득 차는 일. 8. 소원所願이 충족充足되는 일.
10 파계破戒; 계戒를 받은 사람이 그 계율을 어기고 지키지 아니함.
11 보리菩提; Skt. Bodhi의 음사. 불교에서 수행 결과 얻어지는 깨달음의 지혜 또는 그 지혜를 얻기 위한 수도 과정을 이르는 말. 의역하면 각覺·지智·지知·도道라 한다. 불교의 이상인 불타정각佛陀正覺의 지혜를 가리키기도 하고, 대승의 길을 걷는 보살과 소승의 길을 걷는 성문聲聞·연각緣覺이 수행하여 얻는 불과佛果를 가리키기도 한다. 불과를 얻기 위해 애쓰는 과정을 말하기도 하는데, 소림사에서 벽을 바라보며 수행한 달마대사를 보리달마라고 하는 이유도 여기에 있다. 보리심을 얻기 위해서는 뜻을 바로세워 법에 의지하고 여래와 성인을 가까이 섬기며 어떤 고난을 당하더라도 그 마음을 잃지 않아야 한다. 성문·연각의 보리보다 보살의 보리가 최고의 궁극적인 것이고, 이를 따로 아뇩다라삼먁삼보리라 하는 것은 보리에도 구분이 있기 때문이다. 『대지도론』에서는 부처의 보리를 발심보리發心菩提·복심보리伏心菩提·명심보리明心

眞實의 法을 說함에 따라 一切의
顚倒를 遠離케 하야 此의 淨戒를
同護共持케 하리람으로써요
三에 慚藏이란 菩薩이 過去를
憶念할새 慚天愧地를 不知하고
諸眷屬에 對하야 衆惡을 造한바
今에야 諸佛이 知하심을
覺得함에 따라 慚心이 生하는지라
此를 發露懺悔[12]하고

진실의 법法을 설설說함에 따라 일체의
뒤바뀜을 바로잡게 하여 이 정계淨戒를
함께 보호하고 지니게 하기 위함으로써요
셋째 참장慚藏이란 보살이 과거를
돌아볼 때 천지에 부끄러움을 모르고
모든 권속眷屬에 대하여 뭇 악을 지은 바
이제야 모든 부처님이 알고계심을
깨달음에 따라 부끄러운 마음이 생기는지라
이를 드러내어 참회하고

菩提·출도보리出到菩提·무상보리無上菩提로 나눈다. 발심보리란, 보살이 깨달음을 얻기 위해 내는 마음 그 자체가 보리에 이르는 원인이라는 뜻이고, 복심보리란 번뇌를 이겨내고 모든 바라밀을 수행하는 것을 말한다. 명심보리란 모든 법의 실상을 깨우친 반야바라밀의 모습이고, 출도보리란 반야바라밀에 사로잡히지 않고 번뇌를 끊어 일체지一切智에 이르는 것을 말한다. 무상보리란 불타정각의 지혜를 말하는데 보리살타菩提薩陀의 준말인 보살은 바로 이 무상보리를 구하는 사람을 뜻한다. 흔히 삼보리三菩提라 하는 것은 실상의 이법을 깨닫는 진성보리眞性菩提, 지혜의 깨침인 실지보리實智菩提, 자유자재로 중생 교화의 방편을 깨치는 방편보리方便菩提를 말하며, 천태종의 반야·법신·해탈과 같다. 정토종에서는 중생의 괴로움을 없애고 깨달음으로 인도해 영원한 즐거움을 주는 세 가지 청정심을 가리켜 삼원리심三遠離心 또는 삼종리보리장三種離菩提障이라 한다.

12 참회懺悔; 1. 자기의 잘못에 대하여 깨닫고 깊이 뉘우침. 2. 과거의 죄를 뉘우치고 부처, 보살, 사장師長, 대중 앞에 고백하여 용서를 구함. 3. 신이나 부처 앞에서 자기의 죄를 회개하고 용서를 빎. 4. 참懺은 Skt. kṣamā의 음사로 '인忍'을 의미한다. 타인에게 자기 죄의 용서를 비는 것을 뜻하는 말로서, 엄밀히 따지면 실수를 뉘우치는 '회悔'와는 의미가 약간 다르지만, 점차로 '참'과 '회'가 동일시되어서 '참회'라는 말이 쓰여지게 되었다. 불교에서는 이미 석가 당시부터 잘못을 뉘우치는 법이 중요시되어, 포살布薩 및 자자自恣라고 불리는 참회법이 행해졌다. 포살은 보름에 한번 계본戒本을 외워 죄과의 수를 세고, 자기가 범한 죄가 있으면 모든 사람들 앞에서 참회하고, 연장의 승려로부터 용서를 받는다. 자자는 안거安居 동안의 마지막 날에 승려들 서로가 서로를 비판하며, 각자 참회·고백하는 방법이다. 이 밖에 참회의 종별로는, 예컨대 사참事懺과 이참理懺이 있다. 사참은 통상적인 참회와 똑같은 의미와 내용으로서, 과거와 현재의 죄업罪業을 참회하는 일, 이참은 일체의 망상을 씻어버리고 자신의 마음속 본성의 공적空寂을 깨닫는 일로서, 모든 죄업도 역시 실상實相이 아닌 것임을 깨닫고 죄를 소멸하는 참회이다. 참회에 있어서는 마음속으로부터 그 죄를 뉘우치는 일과, 자기의 죄를 조금도 감추지 않는 마음가짐을 중요시하였다. 상위의 참회일 때에는 숨구멍이나 눈

梵行을 修行하야 菩提를 證得하고	청정한 수행을 하여 보리菩提를 증득證得하고
衆生을 爲하야 眞實의 法을 說하야	중생을 위하여 진실한 진리를 설설說하여
慚을 修케 함으로써요	참회를 닦게 함으로써요
四에 愧藏이란 菩薩이 往昔을	넷째 괴장愧藏이란 보살이 옛일을
自愧하야써 五欲[13]을 爲하야	스스로 부끄러워하여 오욕五欲을 위해
衆生에게 惡法[14]을 敢行한	중생에게 악법惡法을 감행敢行한
垢穢[15]의 身임을 感하는 同時에	오염의 몸임을 느끼는 동시에
諸佛이 知하심을 覺得함에 따라	제불諸佛이 알고 계심을 깨달음에 따라
愧心[16]이 生하는지라	부끄러운 마음을 내는지라
이를 發露懺悔하고 梵行을 修行하야	이를 드러내어 참회하고 청정한 수행을 하여
速히 菩提를 證得하고 衆生에게	속히 보리菩提를 증득하고 중생에게
眞實의 法을 說하야 各自의	진실의 법法을 설설說하여 각자의
愧心이 亦生케 함으로써요	부끄러운 마음이 또한 생기게 함으로써요
五에 聞藏이란 菩薩이 世間 出世間의	다섯째 문장聞藏이란 보살이 세간 출세간의

에서 피가 나온다. 중위의 참회일 때에는 숨구멍에서 땀이 흐르고 눈에서는 피가 나온다. 하위 참회일 경우에도 전신에 미열이 나고, 눈에서는 눈물이 나온다고 한다. 대승불교에서는 불상 앞에서 자기 죄를 참회하고 죄를 멸하는 수행을 하게 되는데, 이것을 '참회멸죄懺悔滅罪' 또는 '회과悔過'라 칭하고, 아미타불阿彌陀佛에게 회과하는 '아미타 회과', 미륵불彌勒佛에 회과하는 '미륵 회과', 《법화경法華經》에 의거 참회하는 '법화참법法華懺法' 등이 행해진다.

13   오욕五欲; 1. 색색色色·성성聲聲·향향香香·미미味味·촉촉觸觸에 집착하여 일으키는 색욕色欲·성욕聲欲·향욕香欲·미욕味欲·촉욕觸欲. 또는 욕망의 대상인 색·성·향·미·촉. 2. 재물財物·색색色色(성성)·음식飮食·명예名譽·수면睡眠 등 다섯 가지에 대한 욕심.
14   악법惡法; 1. 청정하지 못한 일. 진리에 따르지 않고 자신과 남에게 해가 되는 일. 2. 그릇된 가르침.
15   구예垢穢; 때가 묻어 더러움.
16   괴심愧心; 부끄러워하는 마음.

一切諸法[17]을 聞하고 諸佛·
일체제법　문　　제불

菩薩·緣覺·聲聞의 出現과 入滅을
보살　연각　성문　출현　입멸

悉皆 能知하는지라 衆生은 多聞이
실개　능지　　　중생　다문

無하야 此의 一切法을 不知할새
무　　차　일체법　부지

此를 念慮하고 맛당히 多聞藏[18]을 持하야
차　염려　　　　다문장　　지

菩提를 證得하고 衆生을 爲하야
보리　증득　　중생　위

眞實의 法을 說하리람으로써요
진실　법　설

六에 施藏이란 菩薩의 稟性이 仁慈하야
육　시장　　보살　품성　인자

一切 布施를 常行할새
일체 보시　상행

一念의 悔恨心[19]이 無한지라
일념　회한심　　무

果報의 勝劣[20]을 不求하고
과보　승열　　불구

다만 法界衆生을 利益케 할 뿐일새요
　　 법계중생　 이익

七에 慧藏이란 菩薩이 智慧를 具足하야
칠　혜장　　보살　지혜　구족

世間·出世間의 一切諸法을 知하는지라
세간　출세간　일체제법　지

業報[21]에 從하야 造하는 바의 諸法은
업보　　종　　조　　　　제법

일체제법一切諸法을 듣고 모든 부처님·

보살·연각·성문의 출현과 열반을

모두 능히 아는지라 중생은 들음이

부족하여 이 모든 것을 알지 못하니

이를 염려하고 마땅히 다문장多聞藏을 지녀

보리菩提를 증득證得하고 중생을 위하여

진실眞實의 법法을 설설하려 함이요

여섯째 시장施藏이란 보살의 품성이 인자하여

일체 보시布施를 항상 실행하니

터럭만큼의 회한심悔恨心이 없는지라

과보報의 우열優劣을 구하지 아니하고

다만 법계法界중생을 이익케 할 뿐이요

일곱째 혜장慧藏이란 보살이 지혜를 갖추어

세간·출세간의 모든 것을 아는지라

업보業報에 따라 짓는 바의 모든 현상은

17　제법諸法=일체법一切法; 1. 모든 현상. 인식된 모든 현상. 의식에 형성된 모든 현상. 2. 유위법有爲法을 말함. 온갖 분별에 의해 인식 주관에 형성된 모든 현상. 분별을 잇달아 일으키는 의식 작용에 의해 인식 주관에 드러난 모든 차별 현상. 인식 주관의 망념으로 조작한 모든 차별 현상. 3. 무위법無爲法을 말함. 모든 분별이 끊어진 상태에서 주관에 명료하게 드러나는 모든 현상. 분별하지 않고, 있는 그대로 파악된 모든 현상. 분별과 망상이 일어나지 않는 주관에 드러나는, 대상의 있는 그대로의 참모습. 4. 모든 가르침.

18　다문장多聞藏; 다문多聞의 창고.《열반경涅槃經》40 왈曰: "그런 까닭에 내가 아난을 다문장이라 부르느니라.(시고아칭아난위다문장是故我稱阿難爲多聞藏.)"

19　회한심悔恨心; 뼈저리게 뉘우치고 후회하는 마음.

20　승렬勝劣; 우열優劣. 나음과 못함.

21　업보業報; 1. 선악의 행위에 따라 받는 고락의 과보. 2. 과거에 저지른 악한 행위로 말미암아 현재에 받는 괴

悉皆히 虛僞요 堅固가 않이라 衆生으로 하야금	모두 허위요 무상하므로 중생으로 하여금
그 實性을 知케 하고자	그 실다운 성품(실성實性)을 알게 하고자
廣爲演說할 智慧를 含藏함일새요	널리 연설演說할 지혜智慧를 지님이요
八에 念藏이란 菩薩은	여덟째 염장念藏이란 보살은
痴惑[22]을 捨離한 淨念을	어리석음(치혹痴惑)을 여읜 맑은 생각(정념淨
具足한지라 能히 一生 乃至	念)을 구족한지라 능히 일생 내지
百千生의 成住壞空인 一劫[24]	백천생百千生의 성주괴공成住壞空인 일겁一劫
乃至 無數劫에 있어 一切諸佛이	내지 무수겁無數劫에 있어 모든 부처님이
出世하심을 憶知할새	세상에 나심(출세出世)을 기억하여
諸佛의 名號[25]와 授記[26]와	모든 부처님의 명호名號와 수기授記와

로움의 과보.

22 치혹癡惑=치독癡毒; 삼독三毒의 하나. 현상을 바로 알지 못하는 어리석음. 무지. 미혹.

23 성주괴공成住壞空; 세계가 성립되는 극히 긴 기간인 성겁成劫, 머무르는 기간인 주겁住劫, 파괴되어 가는 기간인 괴겁壞劫, 파괴되어 아무 것도 없는 상태로 지속되는 기간인 공겁空劫을 말함. ▶사겁四劫; 세계가 성립되어 머무르고 파괴되어 아무것도 없는 상태로 되는 네 기간. 1) 성겁成劫. 세계가 성립되는 극히 긴 기간. 2) 주겁住劫. 세계가 성립되어 머무르는 극히 긴 기간. 3) 괴겁壞劫. 세계가 파괴되어 가는 극히 긴 기간. 4) 공겁空劫. 세계가 파괴되어 아무 것도 없는 상태로 지속되는 극히 긴 기간. 인간 수명이 8만 세에서 100년에 한 살씩 줄어 10세에 이르고 다시 10세에서 100년에 한 살씩 늘어 8만 세에 이르는 긴 시간을 소겁小劫이라 하는데, 네 겁은 각각 20소겁에 해당함.

24 겁劫; Skt. kalpa의 음사. 대시大時·장시長時·분별시분分別時分이라 번역. 인도에서의 가장 긴 시간 단위. 극히 긴 시간. 무한히 긴 시간. 이 무한한 시간을 개자겁芥子劫((Skt. sarṣapôpama-kalpa)·반석겁盤石劫(Skt. parvatôpama-kalpa)으로 비유하는데, 곧 가로·세로·높이가 각각 40리인 성 안에 가득한 겨자 씨를 100년에 한 알씩 집어내어 겨자 씨가 다 없어진다 해도 1겁이 끝나지 않는다 하고, 또 가로·세로·높이가 각각 40리인 큰 반석을 솜털로 짠 베로 100년에 한 번씩 쓸어 반석이 다 닳아 없어진다 해도 1겁이 끝나지 않는다고 함.

25 명호名號; 부처나 보살의 이름.

26 수기授記; Skt. vyākaraṇa. 1. 부처가 제자에게 미래에 성불할 것이라고 예언함. 2. 경전의 서술 내용에서, 부처가 제자에게 미래에 성불할 것이라고 예언한 부분.

修多羅[27] 等의 十二部經을 說하고
또 衆會의 根性을 悉
能히 憶念함일새요
九에 持藏이란 菩薩이 大威力을
具할새 諸佛所說의 修多羅法인
文句와 義理를
一生에 受持할 뿐 않이라
乃至 無數生에 受持하되 諸佛의
名號와 劫數와 授記와
修多羅 等 無盡無量의 諸法門을
悉皆 受持함일새요
十에 辯藏이란 菩薩이 大辯才[28]를
具한지라 衆生을 爲하야 諸法을
廣爲演說하고
一文一句라도 그 義理의
無盡을 廣開하야써 衆生의 根機에 따라
滿足을 與함일새니《華嚴經》二十에
詳說하시니라

경전 등의 십이부경十二部經을 설하고
또 모인 대중의 근기와 성품(근성根性)을 모두
능히 기억하여 염두에 두는 것(억념憶念)이요
아홉째 지장持藏이란 보살이 대위력을
갖추어 모든 부처님께서 설한 경전(수다라법修多羅法)의 문구文句와 뜻과 이치를
일생一生에 받아 지닐 뿐 아니라
무수생無數生에 받아 지니되 모든 부처님의
명호名號와 세월(겁수劫數)과 수기授記와
경전 등 다함없는 무량한 법문을
모두 받아지니는 것이요
열째 변장辯藏이란 보살이 대변재大辯才를
갖춘지라 중생을 위하여 모든 진리를
널리 연설(광위연설廣爲演說)하고
한 문장 한 구절이라도 그 뜻과 이치의
다함없음을 널리 열어서 중생의 근기에 따라
만족을 주니《화엄경華嚴經》20에
상세히 설하시니라

---

27 수다라修多羅; 약어 다라多羅. Skt. sūtra, Pali sutta의 음사. 經經·계경契經이라 번역. 1. 십이부경十二部經의 하나. 경전의 서술 형식이 산문체로 된 것. 2. 경經·율律·논論의 삼장三藏 가운데 경經. 3. 대승 경전.
28 변재辯才; 막힘없이 자유 자재로 가르침을 설하는 재능이나 지혜.

<표62> 십무진장十無盡藏(ten boundless stores)

	십무진장 十無盡藏	뜻(출처; 화엄경 20) 華嚴經 보살이 스스로, 중생에게	
1	신장 信藏	제법공 신해 諸法空 信解	공도리를 믿고 이해함
2	계장 戒藏	무진정계 봉지 無盡淨戒 奉持	깨끗한 계를 받들어 지님
3	참장 慚藏	중악 발로참회 衆惡 發露懺悔	지난 악을 드러내 참회
4	괴장 愧藏	악법 발로참회 惡法 發露懺悔	남의 악을 부끄러워 함
5	문장 聞藏	다문장 지 多聞藏 持	모든 성속의 진리를 들음
6	시장 施藏	보시 상행 布施 常行	보시를 항상 행함
7	혜장 慧藏	제법실성 지혜함장 諸法實性 智慧含藏	모든 법의 참성품에 대한 지혜를 갖춤
8	염장 念藏	제불명호 중회근성 억념 諸佛名號 衆會根性 憶念	부처님과 중생의 근기 성품을 억념
9	지장 持藏	제불법문 수지 諸佛法門 受持	부처님 진리를 받아 지님
10	변장 辯藏	대변재 구, 광위연설 大辯才 具 廣爲演說	표현이 자재로움

❖ 종경록宗鏡錄; 오대五代~북송北宋에 걸친 선승禪僧 영명연수永明延壽(904~975)의 저작, 100권. 영명연수는 선종5가禪宗五家의 일파인 법안종法眼宗. 천태天台・화엄華嚴・법상法相 등의 교종教宗과 선종禪宗을 융화회통融和會通케 하려는 교선일치教禪一致 주장. 폭넓은 인용으로 백과전서적인 역할. 당송 시대의 불교 연구에 귀중한 자료 제공.

종경宗鏡; 종宗=일심一心, 일심이 만법萬法을 비추는 것이 거울 같다하여 경鏡.

제1부; 제1권의 대부분을 차지하는 총론에 해당.

제2부; 제93권까지, 마음에 관한 교선제종教禪諸宗의 이동異同을 경론인용 상술.

제3부; 제94권~100권, 제2부 논술의 구체적 설명 위해 300이 넘는 인용문 게재.

❖ 십이부경十二部經(십이분경十二分經·십이분교十二分敎. twelve divisions of the Buddhist canon; Skt. dvādaśa-anga) : 부처님의 일대교설敎說을 그 경문의 내용과 형식으로 구분하여 12로 나눈 것.

<표63> 십이부경十二部經

종류	번역	설명	비고
1) 수다라 修多羅 Skt. sūtra	계경·경 契經 經 법본 法本	산문체의 경전 the Buddha's discourses	형식
2) 기야 祇夜 Skt. geya	중송 重頌 응송 應頌	산문체 경문의 뒤에, 그 내용을 운문으로 노래한 것 韻文 verses	형식
3) 가타 伽陀 gāthā	풍송 諷頌 고기송 孤起頌	4언글·5언글 또는 7언의 운문 韻文 verse part of a discourse	
4) 니다나 尼陀那 Skt. nidāna	연기·인연 緣起 因緣	경 중에서 부처님을 만나 법을 들은 인연 등을 말한 것 historical narratives	내용
5) 이제왈다가 伊帝曰多伽 Skt. itivṛttaka	본사 本事	부처님이나 제자들의 지난 세상 인연을 말한 곳 사타가는 제함 activities of Buddha or his disciples in past lives	내용
6) 사타가 闍陀伽 사다가 闍多伽 Skt. jātaka	본생 本生	부처님 자신의 지난 세상에 행하던 보살행을 말한 곳 Buddha's past life stories	내용
7) 아부타달마 阿浮陀達摩 아부달마 阿浮達磨 Skt. adbhuta-dharma	미증유법·희유법 未曾有法 希有法	부처님이 여러 가지 신통력부사의를 나타내는 것을 말한 것 神通力不思議 Buddha's miraculous acts	내용
8) 아바타나 阿波陀那 Skt. avadāna	비유 譬喩	경전 중에서 비유로써 은밀한 교리를 명백하게 한 곳 隱密 legends, a figure of speech, a simile, a metaphor	내용

9) 우바제사 優波提舍 Skt. upadeśa	논의 論議	교법의 의리를 논의 문답한 경문을 말함 didactic lessons	
10) 우다나 優陀那 Skt. udāna	무문자설 無問自說	남이 묻지 않는데 부처님이 스스로 말씀한 경 《아미타경》등 　　　　　　　　　　　　　　　　　　　　　阿彌陀經 teachings offered by the Buddha without prompting	
11) 비불략 毘佛略 Skt. vaipulya	방광 · 방등 方廣　方等	방정 · 광대한 진리를 말한 곳 方正 expanded teachings	내용
12) 화가라 和伽羅 화가라나 和迦羅那 Skt. vyākaraṇa	수기 授記	경 중에 말한 뜻을 문답 해석하고, 또는 제자의 다음 세상에 날 곳을 예언한 것 guarantees of future attainment	

第三節 地藏十輪
제 3 절 지장십륜

제3절 지장십륜

地藏十輪[1]이란 곧 如來의
지장십륜   여래

十力[2]인 바
십력

《地藏十輪經[3]》〈十輪品〉의
 지장십륜경   십륜품

지장십륜地藏十輪이란 곧 여래의

열 가지 지력智力(십력十力)인 바

《지장십륜경地藏十輪經》〈십륜품十輪品〉의

---

1 지장십륜地藏十輪; 여래의 열가지 지력智力(십력十力), 명구名句 그대로 풀이하여 지성地性 안에 함장含藏한 십륜十輪을 증득證得하라심.《지장십륜경地藏十輪經》〈십륜품十輪品〉.

2 십력十力; 부처만이 갖추고 있는 열 가지 지혜의 능력. 1) 처비처지력處非處智力. 이치에 맞는 것과 맞지 않는 것을 분명히 구별하는 능력. 2) 업이숙지력業異熟智力. 선악의 행위와 그 과보를 아는 능력. 3) 정려해탈등지등지지력靜慮解脫等持等至智力. 모든 선정禪定에 능숙함. 4) 근상하지력根上下智力. 중생의 능력이나 소질의 우열을 아는 능력. 5) 종종승해지력種種勝解智力. 중생의 여러 가지 뛰어난 판단을 아는 능력. 6) 종종계지력種種界智力. 중생의 여러 가지 근성을 아는 능력. 7) 변취행지력遍趣行智力. 어떠한 수행으로 어떠한 상태에 이르게 되는지를 아는 능력. 8) 숙주수념지력宿住隨念智力. 중생의 전생을 기억하는 능력. 9) 사생지력死生智力. 중생이 죽어 어디에 태어나는지를 아는 능력. 10) 누진지력漏盡智力. 번뇌를 모두 소멸시키는 능력.

3 지장십륜경地藏十輪經; 10권. 당唐의 현장玄奘 번역. 지장보살의 신통력과 공덕, 부처가 입멸한 뒤의 불법의 전파, 참회, 보살의 수행 등을 설한 경. ▶《대승대집지장십륜경大乘大集地藏十輪經》; 줄여서 보통《지장십륜경》이라고 하는 이 경전은 모두 8품 10권으로 이루어져 있으며 현장이 한역한 것이다. 이 경의 내용은 지장보살의 물음에 대해 부처님이 10종의 불륜佛輪을 설한 것으로, 여기서 10륜은 부처님의 10력이며 그 하나하나의 힘을 전륜성왕에 비유한 것이다. 각 품별로 다루고 있는 주제를 간단히 살펴보자. 1) 서품序品 : 지장보살의 신통력을 이야기하면서 그 어느 보살보다 지장보살을 믿고 잘 받들어야 모든 소원을 더 빨리 성취할 수 있다는 내용이 들어 있다. 2) 십륜품十輪品 : 왕이 나라를 다스리는 방법에 비유하여 부처님의 입멸 후 불법을 펴나가는 방법에 관해 이야기하고 있다. 3) 무의행품無依行品 : 악행 10가지와 무간죄 5가지, 그리고 근본죄 4가지를 들고 왕의 10가지 악법에 대해 설명하고 있다. 4) 유의행품有依行品 : 성문, 독각, 보살이 의거해야 할 교리와 불도를 닦는 사람들은 반드시 소승의 교리를 배우고 나서 대승의 교리를 배울 것을 설법하고 있다. 5) 참회품懺悔品 : 법회에 참가한 비구들이 부처님의 설법을 듣고 자신들의 죄를 참회한 이야기와 그들이 다시 죄를 짓지 않도록 부처님이 들려준 이야기가 실려 있다. 6) 선업도품善業道品 : 부처님이 금강장보살에게 십선十善을 행하면 반드시 좋은 과보가 있다는 설법을 하고 있다. 7) 복전상품福田相品 : 보살이 모든 중생들에게 이익을 주는 복전이 되기 위해 수행해야 할 방법이 나온다. 8) 획익촉루품獲益囑累品 : 법회에 참가한 보살과 성문, 독각을 비롯한 모든 청중들이 부처님의 설법을 통해 깨달음을 얻은 이야기와 부처님이 허공장보살에게 이 경을 널리 유포할 것을 부촉한 이야기가 나오고 있다.

說엔「轉法輪⁴王⁵이 十種의
智力으로써 國土의 人民을
勸諭하고 또 懲戒하야써
自國土로 하야금 安樂을 增長하며
能히 一切怨敵을 伏從케 하야
種種福利를 得함으로써
此를 十王輪⁶이라 名」할새
如來께서도 十種의 智力을
成就하사 一切衆生 中에서
大梵⁷輪⁸을 轉하실새 此를
十種의 佛輪⁹이라 名하나니

설설엔「전법륜왕轉法輪王이 10가지(십종十種)의 지력智力으로써 국토의 인민人民을 권유勸諭하고 또 징계懲戒함으로써 자국토自國土로 하여금 안락을 증장增長하며 능히 일체 원적怨敵을 복종케 하여 가지가지의 복리福利를 얻음으로써 이를 시왕륜十王輪이라 이름」하니 여래께서도 십종十種의 지력智力을 성취하시어 일체중생 중에서 대범륜大梵輪을 궁글리시니 이를 십종十種의 불륜佛輪이라 이름하나니

---

4 전법륜轉法輪; Skt. dharmacakra-pravartana. 불교에서 석가의 가르침을 널리 펴 중생을 제도하는 일. 전륜轉輪이라고도 한다. 바퀴를 굴려 수레를 전진시키는 것과 같이 석가가 법(가르침)의 바퀴를 돌리는 일, 즉 설법을 가리킨다. 바퀴는 인도 고대의 전투에서 사용되던 무기였으므로, 인도신화에서 윤보輪寶를 가지고 전세계를 지배하는 전륜성왕轉輪聖王에 비유한 것이다. 전차가 회전하여 적을 괴멸시키는 것과 같이, 석가가 설한 가르침이 일체중생 사이에서 회전하며 미혹을 깨뜨린다 하여, 이렇게 이름 붙였다. 그래서 석가가 깨달음을 얻은 후, 녹야원鹿野苑에서 처음 설법한 것을 초初전법륜이라고 한다.

5 전법륜왕轉法輪王; 1. 법륜을 굴리는 왕 곧 가르침을 널리 펴 중생을 제도하는 왕이니 곧 부처를 말함. 2. 여기에서는 전륜성왕轉輪聖王을 말함.

6 시왕륜十王輪; 전법륜왕轉法輪王이 10가지(십종十種)의 지력智力으로써 국토의 인민人民을 권유勸諭하고 징계懲戒함으로서 나라의 안락을 증장增長하며 능히 일체 원적怨敵을 복종케 하여 가지가지의 복리福利를 얻음

7 대범大梵; 대범천大梵天. 대범천왕大梵天王. 색계色界 십팔천十八天의 셋째 하늘. 초선 삼천初禪三天의 셋째 하늘. 초선천初禪天의 주재인 범왕(梵王:大梵天王)이 사는 하늘임. 범왕이 사바세계娑婆世界에 가장 우두머리가 되어 있음.

8 대범륜大梵輪; 대범천왕의 윤보輪寶. 여기에서는 불륜佛輪 곧 부처님의 가르침.

9 십종十種의 불륜佛輪; 십불륜十佛輪＝지장십륜地藏十輪. 여래께서도 십종十種의 지력智力을 성취하시어 일체중생 중에서 대범륜大梵輪을 궁글리시는 것.

地藏十輪이란 곧 名句 그대로
解하야 地性內에 含藏한 十輪을
證得하라신 密意를
了知할지니라

지장십륜地藏十輪이란 곧 명구名句 그대로
풀이하여 지성地性 안에 지닌 십륜十輪을
증득證得하라신 비밀한 뜻(밀의密意)을
명료하게 알지니라

⟨표64⟩ 십력十力(여래의 열 가지 지력智力)

	10력	뜻
1	처비처지력 處非處智力	도리의 옳고 그름을 아는 지력
2	자업지력 自業智力 업이숙지력 業異熟智力	3세의 업보를 아는 지력
3	정려해탈등지등지지력 靜慮解脫等持等至智力	모든 선의 해탈과 삼매를 아는 지력
4	근승렬지력 根勝劣智力 근상하지력 根上下智力	일체중생의 근기를 아는 지력
5	종종승해지력 種種勝解智力	세간 중생의 관심사와 도덕성의 다양성을 아는 지력
6	종종계지력 種種界智力	원인요소의 다양성을 아는 지력
7	변취행지력 遍趣行智力	중생의 통상의 인생행로(업연)를 아는 지력
8	숙주수념지력 宿住隨念智力	과거를 아는 지력(숙명통)
9	사생지력 死生智力	생사를 아는 지력
10	누진지력 漏盡智力	모든 번뇌를 멸함을 아는 지력

(《지장십륜경》에 열거된 십종十種의 불륜佛輪과 일치하지는 않음.)

第四節 十玄門[1]
제 4 절 십현문

제4절 십현문

一에 同時具足相應門이란
일   동시구족상응문

十方三世[2]의
시방삼세

一切諸法은 緣起의
일체제법   연기

所以緣으로서 同一時에
소이연   동일시

첫째 동시구족상응문同時具足相應門이란

온세계 과거현재미래(시방삼세十方三世)의

모든 현상과 만물(일체제법一切諸法)은 연기로

인한 것으로서 동일한 때에

---

1   십현문十玄門; ten profound approaches. The ten mysterious gates. 십현연기十玄緣起・십현十玄・일승십현문一乘十玄門・십현연기무애법문十玄緣起無礙法門. 화엄종華嚴宗에서 말하는 10가지 중요한 교의敎義. 4종의 법계法界 중, 사사무애법계事事無礙法界의 특징을 10가지 측면에서 설명한 내용. 이에 통효하면 진리의 영역인 화엄의 현해玄海에 들어갈 수 있다고 하여 현문이라고 하며, 또한 10가지 특징이 서로 연緣이 되어 다른 특징을 일으키기 때문에 연기라고도 한다. 화엄종의 제2조 지엄智儼이 두순杜順의 뜻을 계승하여 이를 말하고, 제3조 법장法藏이 개작하였기 때문에 전자를 고십현古十玄, 후자를 신십현新十玄이라고 한다. 신십현은 1) 동시구족상응문同時具足相應門:제법諸法이 동시에 구족 원만하여 서로 조응照應하는 것, 2) 광협자재무애문廣狹自在無礙門(고십현의 제장순잡구덕문諸藏純雜具德門):수행하는 데 일一・다多의 행이 서로 즉입卽入함을 말하며, 순일純一한 행 가운데 복잡한 행이 그대로 덕으로서 갖추어져 서로 구애받지 아니하는 것, 3) 일다상용부동문一多相容不同門: 일・다가 서로 섭융攝融하여 장애가 없지만, 항상 각자의 특징을 잃지 않고 그 본성을 유지하는 것, 4) 제법상즉자재문諸法相卽自在門:일・다의 체體가 융통무애하여 다가 곧 일이고, 일이 곧 다인 것, 5) 은밀현료구성문隱密顯了俱成門(고십현의 비밀은현구성문秘密隱顯俱成門): 일과 다는 은밀하고 현묘하지만, 연기에 의하여 둘 사이에 선후가 없는 것, 6) 미세상용안립문微細相容安立門: 일은 다를 함유하고 다는 일을 포용하여 일과 다가 파괴되지 않는 것, 7) 인다라망법계문因陀羅網法界門 (고십현의 인다라미세경계문因陀羅微細境界門):일체, 즉 일・다가 상즉 상입相卽相入하여 마치 인드라因陀羅의 그물에 달린 수많은 보주寶珠가 서로 그림자를 비추듯이, 서로 포용함이 한이 없는 것, 8) 탁사현법생해문託事顯法生解門: 차별적 사물(현상계)에 가탁하여 법(진리)을 나타내고, 사람으로 하여금 요해了解의 지智가 생기게 하는 것. 현상계의 사물 그대로가 진리임을 가리킨다. 9) 십세격법이성문十世隔法異成門: 세世 즉 시간의 관점에서 보아 일・다의 상즉 상입을 밝히는 것. 과거・현재・미래의 3세에 또 각각 3세가 있어 9세가 되며, 9세는 상즉 상입하여 일념一念이 된다. 9세에 일념이 더해져 10세가 된다. 10) 주반원명구덕문主伴圓明具德門(고십현의 유심회전선성문唯心廻轉善成門): 일체는 여래장심如來藏心을 그 본성으로 하여 이 마음 이외의 것은 아무 것도 없다는 견해이다. 십현문은 화엄교학의 대표적 사상이다. ▶화엄오교장華嚴五敎章; 약어 오교장五敎章. 본이름은 화엄일승교의분제장華嚴一乘敎義分齊章. 4권. 당唐의 법장法藏 지음. 삼승三乘과 일승一乘의 요점・차이점, 삼승과 전혀 다른 화엄의 일승, 오교십종五敎十宗, 화엄과 불교의 관계, 십현문十玄門과 육상六相에 대해 상세히 밝힌 저술.

2   시방삼세十方三世; 사방四方・사유四維・상하上下와 과거・현재・미래.

具足圓滿하야 彼此가
照應³顯現할새
一切諸法이 同一時의 同一處에
一大緣起가 具足相應⁴할새니

唐經⁵ 妙嚴品에
「一切法門의 無盡海가
同會一法道場中이라」심이 是요

二에 廣狹自在無碍門이란
一法이 一切法을 緣起할새
力用의 際限이 無함을
廣이라 名하고, 그러나 一法의
分限을 守하야 本位를
不壞할새 狹이라 이름하니
分卽無分이오
無分卽分이라

구족원만具足圓滿하여 피차가

서로 비추고 드러나니(조응현현照應顯現)

일체제법이 같은 장소와 때에

일대연기一大緣起가 모두 갖추어지고 서로 응(구족상응具足相應)하니

80화엄경 묘엄품妙嚴品에

「일체법문一切法門의 다함없는 바다(무진해無盡海)가 같은 모임 한 법도량이라」심이 이것이요

둘째 광협자재무애문廣狹自在無碍門이란

일법一法이 일체법一切法을 연기緣起하니

능력과 작용(역용力用)의 제한이 없음을

광廣이라 이름하고, 그러나 일법一法의

분수와 한계(분한分限)를 지켜 본위本位를

파괴하지 않아서 협狹이라 이름하니

나눔이 나눔이 아니오(분즉무분分卽無分)

나눔 아님이 곧 나눔(무분즉분無分卽分)이라

3   조응照應; 1. 둘 이상의 사물이나 현상 또는 말과 글의 앞뒤 따위가 서로 일치하게 대응함. 2. 원인에 따라서 결과가 생김.
4   상응相應; 1. 서로 응하거나 어울림. 2. 서로 기맥이 통함. 3. 유가瑜伽(주관·객관의 모든 사물이 서로 응하여 융합하는 일). [유의어] 적합, 대응, 상당.
5   당경唐經; 신경新經. CE 699년경, 실차난타實叉難陀(Śikṣānanda)가 번역한 80화엄八十華嚴(the eighty-fascicle Avataṃsaka).

緣起法이란 如此히 一法에 分과
無分의 二義를 具하되
互相不妨할새요
三에 一多相容不同門이란
上의 廣狹無碍門에 依하건대
一의 勢分이 他의 一切法에
入하고 一切法의 勢分이
自의 一에 入하나 一多의
本位 不失할새니
唐經 盧舍那佛品에
「以一國土로 滿十方하고
十方이 入一하나 亦無餘하야
世界의 本相도 亦不壞니
無比功德인 故고로
能爾라」심이 是요
四에 諸法相卽自在門이란
上의 一多相容門에 依하건대
一法의 勢力이 一切法에
入할 時엔 곧 一切法 中의
一法이라 一切法의 外에
一法의 體가 更無하고
一切法이 一法에 入할 時엔

연기법이란 이와같이 일법一法에 분分과
무분無分의 두 가지 뜻을 갖추되
서로 방해되지 않기 때문이요
셋째 일다상용부동문一多相容不同門이란
위의 광협무애문廣狹無礙門에 의하건대
1의 세분勢分이 다른 일체법一切法에
들어가고 일체법一切法의 세분勢分이
스스로의 1에 들어가나 일다一多의
본위本位를 잃지 않음이니
신화엄경 노사나불품에
「일국토一國土로써 시방十方에 그득하고
시방이 하나에 들어가나 또한 나머지가 없어
세계의 본상本相도 또한 파괴되지 않으니
비할 바 없는 공덕功德인 까닭으로
능히 그러하니라」심이 이것이요
넷째 제법상즉자재문諸法相卽自在門이란
위의 일다상용문一多相容門에 의하건대
일법一法의 세력이 일체법一切法에
들어갈 때엔 곧 일체법一切法 가운데의
일법一法이라 일체법一切法의 밖에
일법一法의 체體가 다시 없고,
일체법一切法이 일법一法에 들어갈 때엔

一切法을 一法에 全收한지라
일체법   일법   전수

能同의 一切法은 虛體요
능동   일체법   허체

所同의 一法은 有體일새
소동   일법   유체

一虛一實이
일 허 일 실

相卽[6]이니 二鏡相照에
상즉   이 경 상 조

虛實이 和融함과 如하니
허실   화융   여

晋經[7] 十住品에
진경   십주품

「一卽是多요
  일 즉 시 다

多卽是一이라」심이 是요
다 즉 시 일   시

五에 隱密顯了俱成門이란
오   은밀현료구성문

上의 義門에 의하건데
상   의문

一法이 一切法에 卽할 時엔
일법   일체법   즉   시

一切法은 顯하고 一法은
일체법   현   일법

隱하며 一切法이 一法에
은   일체법   일법

卽할 時엔 一法은 顯하고
즉   시   일법   현

一切法은 隱하야 顯과
일체법   은   현

隱의 二相이 同時에
은   이상   동시

일체법一切法을 일법一法에 온전히 수용한지라

능히 같은 일체법一切法은 빈 몸(허체虛體)이요

같아지는 일법一法은 있는 몸(유체有體)이니

허와 실(일허일실一虛一實)이 체의 방면에서

하나(상즉相卽)이니 두 거울이 서로 비추어

허실虛實이 융화(화융和融)함과 같으니

60화엄경 십주품十住品에

「1이 곧 다(일즉시다一卽是多)요

다가 곧 1(다즉시일多卽是一)이라」심이 이것이요

다섯째 은밀현료구성문隱密顯了俱成門이란

위의 뜻과 이치에 의하건데

일법一法이 일체법一切法에 합(즉卽)할 때엔

일체법一切法은 드러나고 일법一法은

숨으며 일체법一切法이 일법一法에

합(즉卽)할 때엔 일법一法은 드러나고

일체법一切法은 숨어 드러나고

숨는 두 모양(이상二相)이 동시에

---

6 상즉相卽; 두 가지 사물이 그 본체에서는 서로 하나인 관계에 있는 일. 파도는 물이며, 물은 파도라고 하는 것과 같은 관계를 이른다. 피차彼此가 호폐互廢하면 타他와 같다. 색色은 곧 공空이요, 공空은 곧 색色이다. 이것은 모두 상즉相卽된 것. 두 거울이 상조相照하여 상입相入하는 것은 상즉相卽이 아니라 함. 체體의 방면에서 하나.

7 진경晉經; 구경舊經. CE 420년경, 불타발타佛馱跋陀(Buddhabhadra)가 번역한 60화엄六十華嚴(the sixty-fascicle Avataṃsaka).

俱成할새니 晋經 賢首品에
「或 東方에서 見入正受하고
或 西方에서 見三昧起하야
於眼根中에 入正受요
於色法中에 三昧起라」심이 是요

六에 微細相容安立門이란
上來 第二門의 義로써 如何한
微細의 中이라도 一切諸法을
含容하야 頭頭物物[8]의 悉皆 顯現함이
鏡中에 萬像을 映現[9]함과 如하니
微細란 곧 一毛一塵을 云함이라

晋經 毘盧遮那品에
「一毛孔中에
無量佛刹이
莊嚴淸淨하야
曠然安立이라」심이 是요

함께 이루어지니 구화엄경 현수품賢首品에
「혹 동방에서 정수正受에 듦을 보고
혹 서방에서 삼매三昧에서 일어남을 보아
안근眼根 가운데에 정수正受에 듦이요
색법色法 가운데에 삼매三昧에서 일어남이라」심이 이것이요

여섯째 미세상용안립문微細相容安立門이란
위의 제2문에서 온 뜻으로써 아무리
미세微細한 가운데라도 일체제법一切諸法을
포함 용납하여 만물이 모두 나타남이
거울 속에 만상萬像이 비침과 같으니
미세微細란 곧 한 터럭 한 티끌(일모일진一毛一塵)을 일컬음이라

구화엄경 비로자나품毘盧遮那品에
「작은 털구멍속(일모공중一毛孔中)에
무량한 불국토(무량불찰無量佛刹)가
장엄청정莊嚴淸淨하여
드넓게(광연曠然) 자리함이라」심이 이것이요

---

8   두두물물頭頭物物; 모두. 전부.
9   영현映現; 비치어 나타남.

七에 因陀羅網法界門이란

因陀羅網[10]은 帝釋天의

宮殿에 懸한 珠網으로서

珠珠의 各各이 一切의

珠影이오 또 諸珠의

影像이 一切의 珠影을

重現할새 各各 二重의

影現이라 如此히

重重映現이

無盡無窮이니 諸法의 一一에

卽入[11]함도 亦如是하야

上의 微細相容은

一重의 卽入뿐이오

아직 重重無盡의

卽入은 않이나

今에 譬喩로써 其義를 明示함이오

일곱째 인다라망법계문因陀羅網法界門이란

인다라망因陀羅網은 제석천帝釋天의

궁전宮殿에 걸린 구슬그물(주망珠網)로서

각각의 구슬이 일체一切의

구슬 그림자(주영珠影)이오 또 모든 구슬의

비친 모습(영상影像)이 일체의 구슬그림자를

다시 비치니 각각 이중二重의

그림자가 드러남이라 이와같이

겹겹으로 비치어 나타남이(중중영현重重映現)이

다함이 없으니 만물의 하나하나에

즉입卽入함도 또한 이와같아

위의 미세상용微細相容은

한 겹의 즉입卽入뿐이요

아직 한량없는 겹겹(중중무진重重無盡)의

즉입卽入은 아니나

오늘에 비유로써 그 뜻을 명시明示함이오

---

10 인다라망因陀羅網; Skt. indra-jāla. Indra's Net. 제망帝網. 제석천에 있는 보배 그물. 낱낱의 그물코마다 보배 구슬을 달았고, 그 보배구슬의 한 개 한 개마다 각각 다른 낱낱의 보배구슬의 영상影像을 나타내고, 그 한 보배구슬의 안에 나타나는 일체 보배구슬의 영상마다 또 다른 일체 보배구슬의 영상이 나타나서 중중무진重重無盡하게 되었다 함. 화엄에서는 일一과 다多가 상즉상입相卽相入하는 예로써 이 용어를 사용하고 있음.

11 즉입卽入; 모든 현상의 본질과 작용은 서로 융합하여 걸림이 없다는 뜻.

八에 託事顯法生解門이란
팔 탁사현법생해문

上來所明의 第七門에서 一切法이
상래소명 제칠문 일체법

重重無盡[12]으로 緣起한 塵塵의
중중무진 연기 진진

法과 法이 塵是
법 법 진시

事事無碍法界임을 知할새
사사무애법계 지

一事 一塵에 就하야
일사 일진 취

無碍法界의 法門을 顯할지니
무애법계 법문 현

곧 一切의 寄顯表示한 法門이
일체 기현표시 법문

皆是 此에 攝함이오
개시 차 섭

九에 十世隔法異成門이란
구 십세격법이성문

上의 八門은 圓融無碍의 相을
상 팔문 원융무애 상

橫示함에 對한 縱示의
횡시 대 종시

法門으로서 十世[13]란
법문 십세

過現未三世에
과현미삼세

各具三世할새
각구삼세

九世요 九世가 相卽互入할새
구세 구세 상즉호입

一의 總世라 總別을 合한
일 총세 총별 합

十世니 十世隔然의 法이
십세 십세격연 법

여덟째 탁사현법생해문託事顯法生解門이란

위에 밝힌 바 제7문에서 일체법一切法이

중중무진重重無盡으로 연기한 무수한 수의

법法과 법法이 각 미진이

사사무애법계事事無碍法界임을 아니

낱낱의 일과 낱낱의 미진에 따라

무애법계無碍法界의 법문法門을 드러내니

곧 일체의 은연중에 나타내 보인 법문法門이

모두 이에 포섭됨이요

아홉째 십세격법이성문十世隔法異成門이란

위의 여덟 가지는 원융무애의 모습을

가로로 보인 것에 대한 세로로 보이는

법문法門으로서 십세十世란

과거 현재 미래 삼세三世에

각각 또 과거 현재 미래의 3세가 있어

구세九世요 구세九世가 상호간에 즉입卽入하여

일一의 총세總世라 총별總別을 합한

십세十世니 10세가 엄연히 구분되는 법이

12 중중무진重重無盡끝없이 이어짐.
13 십세十世; ten approaches to time. 과거 · 현재 · 미래의 3세에 각각 3세를 세우고, 다시 9세를 포용하는 1세(현전일념現前一念)를 더하여 10세라 함.

同時에 具足顯現할새 隔法이며

異成이란 別異의 法이

同時에 成就할새니

晉經 初發心功德品에

「知하라 無量劫이 是一念이오

知하라 一念이 卽是無量劫이라」심이 是요

十에 主伴圓明具德門이란

이미 縱橫의 一大緣起인

萬法의 法法이 交徹하야

一法에 他가 隨伴蓮帶함일새

主의 一法에

他의 餘法이 集中함이라

一例를 示하면 一佛이 主가 되야

說法하면 他의 一切佛은 伴이 되고

他佛이 說法함에도 亦如是하니

緣起의 法은 互爲主伴을

約束함과 如한지라

一法에 一切功德을

圓滿成就하였을새 圓明具德이니

동시에 갖추어 나타나니 격법隔法이며

다르게 이룬다는 것은 서로 다른 법이

동시에 성취하기 때문이니

구화엄경 초발심공덕품初發心功德品에

「무량겁無量劫이 곧 일념一念이요

일념一念이 곧 무량겁無量劫임을 알라」심이 이것이요

열째 주반원명구덕문主伴圓明具德門이란

이미 가로세로(종횡縱橫)의 일대연기一大緣起인

만법萬法의 가지가지가 서로 얽히어

일법一法에 다른 법이 따라서 연결됨

(수반연대隨伴連帶)일새 주主의 일법一法에

다른 나머지 법이 집중集中함이라

일례를 들면 일불一佛이 주主가 되어

설법하면 다른 일체불一切佛은 짝이 되고

다른 부처님이 설법함에도 또한 이와 같으니

연기緣起의 법法은 서로 주인과 짝이 됨을

약속함과 같은지라

일법一法에 일체공덕一切功德을

원만성취하였기 때문에 원명구덕圓明具德이니

『探玄記』¹⁴一과『華嚴玄談』¹⁵六에
탐현기   일   화엄현담   육

詳說하였나니라
상 설

『탐현기探玄記』1과『화엄현담華嚴玄談』6에

상세히 설하였나니라

14　탐현기探玄記; 화엄경탐현기華嚴經探玄記. 화엄탐현기華嚴探玄記. 현수법장賢首法藏의 60 화엄에 대한 주석서. Record of the Search for the Profundities of the Huayan Sūtra. The Huayanjing tanxuan ji; by Fazang 법장(法藏). Commentary on the sixty-fascicle version of the Huayan jing 화엄경華嚴經. In standard Huayan commentarial style, it is composed in ten chapters, which are translations tentative: 1 교기소유敎起所由 the reasons for the teaching, 2 장부소섭藏部所攝 the content of the sutra collection, 3 입교차별立敎差別 distinctions in teaching, 4 교소피기敎所被機 capacities of the audience, 5 능전교체能詮敎體 the content of the explanations, 6 소전종취所詮宗趣 the object of the discourse, 7 석경제목釋經題目 explaining the title of the sutra, 8 부류전역部類傳譯 explanation of the various traditions of the sutra, 9 문의분제文義分齊 divisions of the text, 10 수문해석隨文解釋 explanation of the text itself. Along with the 화엄경소華嚴經疏 and the 연의초演義鈔, this is considered to be one of the most important basic texts for Huayan studies.(『화엄종장소병인명록華嚴宗章疏幷因明錄』) ▶현수법장賢首法藏(643년~712년); 중국 당나라 때의 승려. 화엄종을 대성시킨 인물. 현수는 법호이며, 국일법사國一法師라고도 한다. 이름 법장法藏. 그의 선조는 서역西域의 강거(康居, 사마르칸트) 사람이었으나, 조부 때 장안長安으로 왔다. 17살 때 화엄종華嚴宗 제2조祖 지엄智儼이 운화사雲華寺에서『화엄경華嚴經』을 강론하는 것을 듣고 의상義湘 등과 함께 그 제자가 되었으며, 26살 때에 보살계菩薩戒를 받고 670년 태원사太原寺에서 출가하였다. 현수의 제자로는 굉관宏觀·문초文超·지광智光·혜원慧苑 등이 있다. 주요 저서로는 화엄 교학敎學의 체계서로 완비된『화엄오교장華嚴五敎章』, 화엄경의 주석서인『화엄경탐현기華嚴經探玄記』,『대승기신론의기大乘起信論義記』등이 있다.『대승기신론의기大乘起信論義記』는『대승기신론』에 대한 주석서이다. 원효元曉, 혜원慧遠의 주석서와 함께 '기신론삼소三疏'라 불린다.

15　화엄현담華嚴玄談; 대방광불화엄경소연의초大方廣佛華嚴經疏演義鈔. 화엄경소초현담華嚴經疏鈔玄談. 청량현담清涼玄談. 화엄현담華嚴縣談; 9권, 당나라 징관澄觀 지음, 화엄경수소연의초華嚴經隨疏演義鈔 가운데서 화엄개설華嚴概說에 관한 부분을 추려내서 모은 책. 1) 교기인연敎起因緣, 2) 장교소섭藏敎所攝, 3) 의리분제義理分齊, 4) 교소피기敎所被機, 5) 교체심천敎體深淺, 6) 종취통국宗趣通局, 7) 부류품회部類品會, 8) 전역감통傳譯感通, 9) 총석경제總釋經齊, 10) 별해문의別解文義 의 10부문部門으로 나누다. 주석서註釋書로 화엄경현담결택華嚴經懸談決擇 6권, 해연解演 지음. 화엄현담회현기華嚴懸談會玄記) 40권, 보서普瑞 지음.

〈표65〉 십현문 十玄門

	십현문 十玄門	종횡	의미	
1.	동시구족상응문 同時具足相應門	원융무애의 상을 圓融無碍 相 총설 總說	동일 시처에 구족상응 時處	
2.	광협자재무애문 廣狹自在無礙門		일법에 분과 무분의 이의 一法 分 無分 二義	무외무내 無外無內
3.	일다상용부동문 一多相容不同門		일다상입하되 일다의 본위를 불실 一多相入 一多 本位 不失	이경상조 / 용 二鏡相照 用
4.	제법상즉자재문 諸法相卽自在門		일체법은 허체요 일법은 유체일새 一切法 虛體 一法 有體 일허일실이 상즉 一虛一實 相卽	허실화융 / 물과 물결 虛實和融 / 체 體
5.	은밀현료구성문 隱密顯了俱成門	원융무애의 상을 圓融無碍 相 횡시 橫示	일법이 일체법에 즉할 때엔 일체법은 一法 一切法 卽 一切法 현하고 일법은 은 顯 一法 隱	금사자 金獅子 반월 半月
6.	미세상용안립문 微細相容安立門		제이문의 뜻 第二門	겨자씨, 일중의 즉입 一重 卽入
7.	인다라망법계문 因陀羅網法界門		중중영현이 무진무궁 重重映現 無盡無窮	중중무진의 즉입 重重無盡 卽入
8.	탁사현법생해문 託事顯法生解門		각 미진이 사사무애법계임을 아니 事事無碍法界	
9.	십세격법이성문 十世隔法異成門	종시 縱示	십세격연의 법이 동시에 구족현현할새 十世隔然 具足顯現 격법, 이성이란 별의의 법이 동시에 성취 隔法 異成 別異	무량원겁즉일념 일념즉시무량겁
10.	주반원명구덕문 主伴圓明具德門	종횡의 일대연기인 만법의 萬法 법법이 교철해 일법에 타가 法法 一法 他 수반연대함 隨伴連帶	일법에 일체공덕을 원만성취하였을새 一法 원명구덕 圓明具德	주객 主客

〈표66〉 십세도十世圖

십세 十世	구세 九世		삼세 三世	총별 總別	십세 十世
장겁 9 長劫 九	과거의 過去	과거 過去	과거 過去	별 別	10세 十世
		현재 現在			
		미래 未來			
	현재의 現在	과거 過去	현재 現在		
		평등 平等			
		미래 未來			
	미래의 未來	과거 過去	미래 未來		
		현재 現在			
		미진 未盡			
단겁 1 短劫 一	현전의 일념 現前 一念			총 總	

第五節 玄門[1]無碍十因[2]
제 5 절 현 문 무 애 십 인

제5절 현문무애십인

一엔 唯心所現故니 諸法[3]의
일   유심소현고   제법

本源에 있어 別種[4]이
본원   별종

各有함이 않이라
각유

첫째 유심唯心이 나타난 까닭이니 제법諸法의

본원本源에 있어 각각의 종류가

따로 있음이 아니라

---

1 현문玄門; 불교. 불교의 교리는 깊고 묘하므로 현玄, 절대의 이상경理想境인 열반에 들어가는 길이므로 문門.
2 현문무애십인玄門無礙十因; 화엄종에서 세운 십현문十玄門에 법계法界가 사사무애事事無礙임을 밝혔는데, "제법諸法이 무슨 까닭으로 사사무애事事無礙인가?[제법하고사사무애諸法何故事事無礙]"에 대해 설명한 것이 『화엄현담華嚴玄談』6에 실려 있는 현문무애십인玄門無礙十因이다. 십법성덕十法性德을 인因으로 하여 대업용大業用을 일으킨다. [제법하고사사무애諸法何故事事無礙. 일유심소현고一唯心所現故, 제법지본원諸法之本原, 비유별종비유별종非有別種, 위자유일여래장심연기지차별법爲自唯一如來藏心緣起之差別法, 고피차필유가화융지리고피차彼此必有可和融之理. 이법무정성고二法無定性故, 제법위여래장심지연기법諸法爲如來藏心之緣起法, 원무일정지자성原無一定之自性. 고유피차화융지리고유피차화융지리故有彼此和融之理. 삼연기상유고三緣起相由故, 연기지법緣起之法, 부득단독보체不得單獨保体, 필위상유이근성체자必爲相由而僅成体者, 고수이유가화융지리고수이유가화융지리故隨而有可和融之理. 사법성융통고四法性融通故, 법성융통法性融通, 고여성지사故如性之事, 역유가융통지리亦有可融通之理. 오여환몽고五如夢故, 제법지허가무실諸法之虛假無實, 여환몽如幻夢, 고유가화융지리故有可和融之理. 육여영상고六如影像故, 제법연기우일심계이부존재諸法緣起于一心界而不存在, 여경중지영상如鏡中之影像, 고유가화융지리故有可和融之理. 이상육인已上六因, 취제법자이지덕상就諸法自爾之德相. 이하취업용지무애이설인유已下就業用之無碍而說因由. 칠인무한고七因無限故, 보살우인중수무한지인菩薩于因中修無限之因, 고유지과필득무애업용지리고유지과필득무애업용지리故有至果必得無碍業用之理. 팔불증궁고八佛證窮故, 불자증궁진성佛者證窮眞性, 고여성업용역무애야故如性業用亦無碍也. 구심정용고九深定用故, 이심묘지선정력고등업용지무애以深妙之禪定力故得業用之無碍. 십신통해탈고十神通解脫故, 부사의지신통력不思議之神通力, 이물지기속이위자재離物之羈束而爲自在, 고가득업용지무애고가득업용지무애故可得業用之無碍. 견화엄현담육見華嚴玄談六.]
3 제법諸法; 만법萬法. Skt. sarva-vastūni, sarva-dharma, sarvabhāva. 1. 모든 현상. 인식된 모든 현상. 의식에 형성된 모든 현상. 2. 유위법有爲法을 말함. 온갖 분별에 의해 인식 주관에 형성된 모든 현상. 분별을 잇달아 일으키는 의식 작용에 의해 인식 주관에 드러난 모든 차별 현상. 인식 주관의 망념으로 조작한 모든 차별 현상. 3. 무위법無爲法을 말함. 모든 분별이 끊어진 상태에서 주관에 명료하게 드러나는 모든 현상. 분별하지 않고, 있는 그대로 파악된 모든 현상. 분별과 망상이 일어나지 않는 주관에 드러나는, 대상의 있는 그대로의 참모습. 4. 모든 가르침. All dharmas. All phenomena; all the factors that comprise an individual. All things.
4 별종別種; 1. 다른 종류. 2. 예사의 것과 달리 이상한 행동 따위를 보이는 별다른 종류. 3. 별스러운 사람을 속되게 이르는 말. [유의어] 별짜, 이종, 별사람.

唯一[5]인 如來藏[6]心[7]에서
유일　　여래장 심

緣起[8]한 差別의 法일새
연기　　차별　법

유일唯一인 여래장심如來藏心에서

연기緣起한 차별의 법法이기 때문에

5   유일唯一/惟一; 오직 하나밖에 없음. [유의어] 독일무이, 유일무이, 하나.

6   여래장如來藏; 미계迷界에 있는 진여. 미계의 사물은 모두 진여에 섭수되었으므로 여래장이라 함. 진여가 바뀌어 미계의 사물이 된 때는 그 본성인 여래의 덕이 번뇌 망상에 덮이게 된 점으로 여래장이라 함. 또 미계迷界의 진여는 그 덕이 숨겨져 있을지언정, 아주 없어진 것이 아니고 중생이 여래의 성덕性德을 함장合藏하였으므로 여래장이라 함. 이것은 장藏에 대하여 소섭所攝・음부陰覆・능섭能攝의 세 뜻으로 설명함. ⇒장리藏理. ▶장리藏理; 여래장如來藏의 실리實理. ⇒여래장如來藏. ▶공여래장空如來藏; 7상주과常住果의 하나. 모든 부처님이 증득한 청정법신淸淨法身의 체體. 이 체는 여래의 한량없는 공덕을 지니고 있으므로 여래장이라 하고, 번뇌와 상응相應하지 않으므로 공空이라 함. ▶불공여래장不空如來藏; 2여래장의 하나. 불공진여不空眞如라고도 함. 여래장 곧 진여의 자체에 온갖 덕이 구족하여, 무슨 덕이나 갖추지 못한 것이 없고, 무슨 법이나 나타내지 못하는 것이 없는 것. ↔공여래장空如來藏. ▶칠상주과七常住果; 7종의 상주법常住法. 1) 보리. 2) 열반. 3) 진여. 4) 불성. 5) 암마라식菴摩羅識. 6) 공여래장空如來藏. 7) 대원경지大圓鏡智. 이 법을 수행하는 것을 인因이라 하고, 증득한 것을 과果라 함.

7   여래장심如來藏心; 진여심眞如心. Skt. tathāgata-garbha-hṛdaya. Mind of the tathāgatagarbha. According to Mahāyāna traditions such as those connected with Paramârtha, the Awakening of Faith, Huayan, Tiantai, etc., the mind is essentially pure and identical with that of the Buddha, although it may be obscured by illusion. When the illusion is removed, the pure mind shines forth and perfect enlightenment is achieved. The Yogâcāra school, on the other hand, does not recognize the existence of an eternally pure ground of mind, teaching instead that enlightenment can be realized only if the fundamental mind (ālayavijñāna 아뢰야식阿賴耶識) contains untainted seeds 무루종자無漏種子. From this standpoint, not all sentient beings are necessarily capable of attaining enlightenment. See 진여심眞如心 and 간률타干栗馱.(『대승기신론의기大乘起信論義記』) ▶진여심眞如心; Mind of true thusness. In the Awakening of Mahāyāna Faith this mind is taught in contrast to the mind of arising and ceasing 생멸심生滅心. The true thusness aspect of the mind is also written as 심진여문心眞如門. "'The mind of true thusness;' This [mind], from the origin, is endowed with as much merit as the amount of the grains of sand of the Ganges River. Therefore it is called the nonempty tathāgatagarbha." 「진여심眞如心 차심種본이래此心從本以來 구족항하사성공덕구足恒河沙性功德 고명불공여래장故名不空如來藏(진여심은 본래 항하사와 같은 성공덕性功德을 구족하였으므로 불공여래장不空如來藏이라고 한다.)」.(『범망경보살계본사기梵網經菩薩戒本私記』) See also. 여래장심如來藏心.(『대승기신론의기大乘起信論義記』)

8   연기緣起; 1. Skt. pratītyasamutpāda. 발랄저제야삼모파다鉢剌底帝夜參牟播陀를 번역한 것. 인연생기因緣生起의 뜻. 모든 현상이 생기生起 소멸 하는 법칙. 이에 따르면 모든 현상은 원인인 인因과 조건인 연緣이 상호 관계하여 성립하며, 인연이 없으면 결과도 없다. 연이 되어서 결과를 일으킴. 구사종俱舍宗의 업감연기業感緣起, 유식종의 뇌야연기賴耶緣起, 『기신론起信論』의 진여연기眞如緣起, 《화엄경華嚴經》의 법계연기法界緣起, 진언종眞言宗의 6대연기六大緣起 등. [비슷한 말] 기연起緣. 2. 기연설起機緣說起의 뜻. 중생의 지혜로 이해할 수 있는 정도로 설법하는 것. 3. 사원寺院 등을 건설하기까지에 이른 유래와 부처님・고승들의 영험을 말한 것. 4. 신라 진흥왕 때 스님. 전라남도 구례군 화엄사를 창건. 저서는 『대승기신론주망大乘起信論

彼此 必然인 和融⁹의 理¹⁰가 有함이요 　　피차 필연적으로 화융和融의 이치가 있음이요

二엔 法無定性¹¹故니 　　둘째 법무정성法無定性인 까닭이니

諸法은 如來藏心의 　　제법諸法은 여래장심如來藏心의

緣起法이라 本來에 諸法의 　　연기법緣起法이라 본래에 제법諸法의

自性¹²이 無할새 彼此 和融의 　　자성自性이 없으므로 피차 화융和融의

理가 有함이오 　　이치가 있음이요

三엔 緣起相由¹³故니 　　셋째 연기緣起는 서로 말미암은 까닭이니

緣起의 法은 單獨히 保體¹⁴함을 不得하고 　　연기緣起의 법法은 홀로 존재할 수 없고

반다시 相由하야 其 體를 　　반드시 서로를 말미암아 그 존재를

僅成¹⁵할새 和融의 理가 有함이오 　　겨우 이루니 화융和融의 이치가 있음이요

珠網』・『대승기신론사번취묘大乘起信論捨繁取妙』・『화엄경개정결의』・『화엄경요결華嚴經要決』・『진류환원락도眞流還源樂圖』 등.

9 　화융和融; 서로 어울려 갈등이 없이 화목하게 됨.
10 　이리; 1. 평등・차별의 두 문으로 나눌 때는 평등문에 소속. 경험적 인식을 초월한 상항불역常恒不易・보편평등普遍平等의 진어를 말함. 2.〈철학〉만물의 이치, 원리, 질서. 이리란 원래 옥玉에 나타나는 무늬를 가리켰는데, 나중에 철학적 개념으로 발전하여 '사물에 내재하는 원리', '우주의 근본이 되는 도리' 따위를 지칭하게 되었다. 특히 성리학에서는 사물의 질료적 측면을 기氣라 하고 원리적 측면을 이리라 한다.
11 　무정성無定性; 1. Skt. niḥsvabhāva. 변하지 않는 본질이나 실체가 없음. Lacking an intrinsic nature, or self-nature 무자성無自性. 2. Lacking a determined nature. Lacking set predisposition toward śrāvaka, pratyekabuddha, or bodhisattva practice.(『해심밀경소解深密經疏』)
12 　자성自性; 1. Skt. svabhāva. 변하지 않는 본성이나 실체. 어떤 현상의 고유한 성질. 사물 그 자체의 본성. 사물의 본체. 사물 그 자체. 본성. 2. 본래부터 저절로 갖추고 있는 부처의 성품. 태어날 때부터 갖추고 있는 청정한 성품. 3. Skt. svabhāva. 저절로 존재하는 현상. 4. 인명因明에서, 주장 명제인 종宗의 주어를 말함. 예를 들면, '말은 무상하다'에서 '말'. 이에 반해, 종宗의 술어, 곧 '무상'은 차별差別이라 함. 5. Skt. prakṛti. 상캬학파에서 설하는 이십오제二十五諦의 하나로, 물질의 근원을 말함. 이 자성이 순수 정신인 신아神我(Skt. puruṣa)의 영향을 받으면 평형 상태가 깨어져 현상 세계가 전개된다고 함.
13 　상유相由; 서로 말미암음.
14 　보체保體; 몸을 보호한다는 뜻으로, 살아 있는 사람의 축원문에서 성명 밑에 쓰는 말.
15 　근성僅成; 겨우 이루다. 가까스로 이루다.

四엔 法性^{16}融通^{17}故니
사 법성 융통 고

法性은 本來에 融通한 性일새
법성 본래 융통 성

性과 如히 事도 亦是 融通한
성 여 사 역시 융통

必然의 理가 有함이오
필연 리 유

五엔 如幻夢^{18}故니
오 여환몽 고

諸法은 虛假^{19}無實^{20}한
제법 허가 무실

幻夢과 如할새
환몽 여

和融의 理가 有함이오
화융 리 유

六엔 如影像^{21}故니
육 여영상 고

諸法이 一心^{22}界$^{23\ 24}$에서
제법 일심 계

넷째 법성法性이 융통한 까닭이니

법성法性은 본래에 융통融通한 성품이어서

성품과 같이 모양이나 현상도 역시 융통한

필연의 이치가 있음이요

다섯째 허깨비와 꿈과 같은 까닭이니

제법諸法은 비고 거짓되어 실다움이 없는

허깨비와 꿈과 같으므로

화융和融의 이치가 있음이요

여섯째 그림자형상과 같은 까닭이니

제법諸法이 하나의 마음세계에서

---

16   법성法性; Skt. Dharmatā. 항상 변하지 않는 법의 법다운 성性. 모든 법의 체성體性. 곧 만유의 본체. 진여眞如·실상實相·법계法界 등이라고도 함. 있는 그대로의 본성·상태. 모든 현상의 있는 그대로의 참모습. 변하지 않는 진실·진리.

17   융통融通; 1. 금전, 물품 따위를 돌려씀. 2. 그때그때의 사정과 형편을 보아 일을 처리함. 또는 일의 형편에 따라 적절하게 처리하는 재주가 있음. [비슷한 말] 통융. 3.〈전기〉전력 계통에서 전력을 서로 돌려쓰는 일.

18   환몽幻夢; 허황된 꿈.

19   허가虛假; 1. 겉보기뿐이고 내용이 없는 것. 2.〈불교〉미더움이 없는 사물.

20   무실無實; 1. 실속이 없음. 2. 성실한 마음이 없음. 3. 사실이나 실상이 없음.

21   영상影像; 1. [같은 말] 영정影幀. 2.〈물리〉[같은 말] 영상映像(빛의 굴절이나 반사 등에 의하여 이루어진 물체의 상像).

22   一心일심; 1. 만유의 실체인 진여眞如.『기신론』에서는 일심을 세워 만유의 본체인 진여의 모양과 만유가 전개하는 상태를 설명하고,『화엄경』에서는 3계界가 별법別法이 아니고, 오직 일심으로 된 것이라 함. 2. 우리들 평상시의 마음. 천태종天台宗에서 일심삼관一心三觀의 교리를 말한 것은 우리들 평상시의 심념心念에 대하여 3제諦의 도리를 관하는 것.

23   계界; 1. Skt. dhātu. (음사音寫 타도駄都). 결부結付의 뜻을 가진 dhā에서 온 말. 층層·기초基礎·요소要素란 뜻. 뒤에는 임지任持·섭지攝持·인종因種 등의 뜻으로 풀이. 2. 율종에서는 불도를 수행하는데 장애가 없게 하기 위하여 의·식·주에 대해서 규정한 한계.

24   심계心界; 1. 마음의 세계. 2. 마음이 편하고 편하지 못한 형편.

緣起하야 存在한 其形이	연기緣起하여 존재한 그 형상이
鏡中의 影像과 如할새	거울 속의 그림자 모습과 같으므로
和融의 理가 有함이라	화융和融의 이치가 있음이라
以上의 六因은	10인 중 이상의 여섯 가지 원인(육인六因)은
諸法 自爾[25]의 德相[26]에 就[27]함이오	제법諸法 스스로의 덕상德相에 따름이요
已下는 業用[28]의	이하 4가지 원인은 행동과 작용(업용業用)의
無碍에 就한	걸림없음(무애無碍)에 따른
因由[29]를 說함이라	원인 까닭을 설說함이라
七엔 因無限[30]故니	일곱째 인因이 무한한 까닭이니
菩薩이 因中에서 無限의 因을	보살이 인중因中에서 무한無限의 인因을
修할새 果에 至하야 必然인 無碍의	닦으므로 과果에 도달하여 필연인 무애無碍의
業用을 得할새요	행동과 작용(업용業用)을 얻기 때문이요
八엔 佛證窮[31]故니	여덟째 부처님은 궁극을 증명한 까닭이니

---

25 자이自爾; 자연自然.
26 덕상德相; 더럽지 않고 거짓을 여읜 진여 법성의 이치에 맞는 모양.
27 취취就; 나아갈 취, 관대할 여. 1. 나아가다. 2. 이루다. 3. 좇다, 따르다. 4. 마치다, 끝내다. 5. (길을)떠나다. 6. (한 바퀴)돌다. 7. 좋다, 아름답다. 8. 곧, 이에. 9. 만일萬一, 가령假令. 10. 잘, 능能히, 능能하게. a. 관대寬大하다.
28 업용業用; 행위와 작용.
29 인유因由; 원인이 비롯됨. 또는 그 유래.
30 무한無限; 1. 수數, 양量, 공간, 시간 따위에 제한이나 한계가 없음. 2. 〈수학〉집합의 원소를 다 헤아릴 수 없음. 3. 〈철학〉시간이나 공간의 내부 부분이 유한임에 대하여 선천적인 시간이나 공간 그 자체를 이르는 말. 고대 말기에는 시간과 공간의 존재·생성을 포괄하는 완전한 것으로서의 무한자無限者라는 관념이 생겼고, 중세에는 신神이 무한으로 여겨졌으며, 근세에는 세계의 시간적·공간적 무한성이 주장되었다. [유의어] 무량, 무궁무진, 무진장.
31 증궁證窮; 궁극의 이理 곧 진성眞性을 증명하고 밝힘.

佛은 眞性을	불佛은 참성품(진성眞性)을
證窮할새 眞性과 如히	남김없이 모두 증명하므로 진성眞性과 같이
業用도 無碍함이오	행동모습도 걸림없음이요
九엔 深定用故니	아홉째 깊이 정定을 쓰는(심정용深定用) 까닭이니
深妙의 禪定力으로써임일새	깊고 묘한 선정력禪定力으로
業用의 無碍를 得함이오	행동(업용業用)의 걸림없음을 얻음이요
十엔 神通[32]解脫[33]故니	열째 신통·해탈神通解脫인 까닭이니
不思議[34]의 神通力은 物의	부사의不思議한 신통력神通力은 물질의
羈絆[35]을 離하야 自由自在할새	굴레를 여의고 자유자재하므로
業用의 無碍를 得함이니	행동(업용業用)의 걸림없음을 얻음이니
『華嚴玄談[36]』六에 詳說하니라	『화엄현담華嚴玄談』6에 자세히 적혀 있느니라

32 신통神通; 우리 마음으로 헤아리기 어렵고, 생각할 수 없는 무애자재無碍自在한 통력通力.
33 해탈解脫; Skt. vimoka;vimuki;mukti. Pali vimokkha;vimutta;vimutti. 비목차毘木叉·비목저毘木底·목저木底라 음사音寫. 1. 번뇌의 속박을 벗어나 자유로운 경계에 이르는 것. 2. 열반의 다른 이름. 열반은 불교가 추구하는 궁극적인 이상의 경지이며, 여러 가지 속박에서 벗어난 상태이므로 해탈이라 함. 3. 선정의 다른 이름. 속박을 벗고 자유자재로와지는 것이 선정의 덕이므로 해탈이라 함.
34 부사의不思議; 말로 나타낼 수도 없고 마음으로 헤아릴 수도 없음. 생각이 미치지 못함. 생각할 수도 없는 놀라운 일.
35 기반羈絆; 1. 굴레(말이나 소 따위를 부리기 위하여 머리와 목에서 고삐에 걸쳐 얽어매는 줄). 2. 굴레를 씌운다는 뜻으로, 자유를 구속하거나 억압함을 이르는 말.
36 화엄현담華嚴玄談. 화엄경현담華嚴經玄談. 화엄경소초현담華嚴經疏鈔玄談. 청량현담淸凉玄談. 화엄현담華嚴縣談 9권, 당나라 징관澄觀 지음, 화엄경수소연의초華嚴經隨疏演義鈔 가운데서 화엄개설華嚴槪說(곧 해제解題)에 관한 부분을 추려내서 모은 책. 1) 교기인연敎起因緣, 2) 장교소섭藏敎所攝, 3) 의리분제義理分齊, 4) 교소피기敎所被機, 5) 교체심천敎體深淺, 6) 종취통국宗趣通局, 7) 부류품회部類品會, 8) 전역감통傳譯感通, 9) 총석경제總釋經題, 10) 별해문의別解文義 의 10부문部門으로 나누다. 주석서註釋書로 화엄경현담결택華嚴經懸談決擇 6권, 해연解演 지음. 화엄현담회현기華嚴懸談會玄記 40권, 보서普瑞 지음. ▶『화엄경수소연의초華嚴經隨疏演義鈔』; 본이름은 『대방광불화엄경수소연의초大方廣佛華嚴經隨疏演義鈔』. 90권. 당唐의 징관澄觀 지음. 80권《화엄경》을 풀이한 『화엄경소華嚴經疏』를 다시 상세히 풀이한 저술.

<표67> 현문무애십인 玄門無礙十因

	현문무애십인 玄門無礙十因		화융무애 和融無礙
1. 유심소현고니 唯心所現故	제법의 본원에 있어 별종이 각각 있음이 諸法 本源 別種 아니라 유일인 여래장심에서 연기한 唯一 如來藏心 緣起 차별의 법이니 法	피차 필연인 彼此 화융의 이가 있음이요 和融 理	제법자이의 덕상에 따름 諸法自爾 德相 (화융의 리가 있음) 和融 理
2. 법무정성고니 法無定性故	제법은 여래장심의 연기법이라 본래에 諸法 如來藏心 緣起法 제법의 자성이 없으니 諸法 自性	피차 화융의 이가 있음이요 彼此 和融 理	
3. 연기상유고니 緣起相由故	연기의 법은 단독히 보체함을 얻지 못하고 緣起 法 單獨 保體 반드시 서로 말미암아 그 체를 근성하니 體 僅成	화융의 이가 있음이요 和融 理	
4. 법성융통고니 法性融通故	법성은 본래에 융통한 성이니 法性 融通 性	성과 같이 사도 역시 융통한 性 事 融通 필연의 이가 있음이요 理	
5. 여환몽고니 如幻夢故	제법은 허가무실한 환몽과 같으니 諸法 虛假無實 幻夢	화융의 이가 있음이요 和融 理	
6. 여영상고니 如影像故	제법이 일심계에서 연기하여 존재한 諸法 一心界 緣起 그 모양이 거울 중의 영상과 같으니 影像	화융의 이가 있음이라 和融 理	
7. 인무한고니 因無限故	보살이 인중에서 무한의 인을 닦으니 菩薩 因中 無限 因 과에 이르러 果	필연인 무애의 업용을 無碍 業用 득함이요 得	업용무애에 따른 인유를 설함 業用無碍 因由 說 (업용의 무애를 득함) 業用 無碍 得
8. 불증궁고니 佛證窮故	불은 진성을 증궁하니 진성과 같이 佛 眞性 證窮 眞性	업용도 무애함이요 業用 無碍	
9. 심정용고니 深定用故	심묘의 선정력으로써임이니 深妙 禪定力	업용의 무애를 득함이요 業用 無碍 得	
10. 신통해탈고니 神通解脫故	부사의의 신통력은 물의 기반을 이하야 不思議 神通力 物 羈絆 離 자유자재하니	업용의 무애를 득함이니 業用 無碍 得	

『화엄현담』6에 상설하니라
華嚴玄談 詳說

- 화엄칠조華嚴七祖

  인도의 마명馬鳴과 용수龍樹, 중국의 두순杜順 → 지엄智儼 → 법장法藏 → 징관澄觀 → 종밀宗密

- 화엄사상의 기초;

  무착無着과 세친世親 등의 연기사상緣起思想.
  - ▶ 세친의 『십지경론十地經論』 12권;〈십지품十地品〉의 별행別行과 《십주경十住經》에 의거해서 제작.
  - ▶ 『대지도론大智度論』
  - ▶ 『섭대승론攝大乘論』

- 《화엄경》 번역;
  - ▶ 구경舊經=진경晉經; CE 420년경, 불타발타佛馱跋陀(Buddhabhadra, 각현覺賢=불타발타라佛陀跋陀羅)가 번역한 60화엄. the sixty-fascicle Avataṃsaka sutra.
  - ▶ 신경新經=당경唐經; CE 699년경, 실차난타實叉難陀(Śikṣānanda)가 번역한 80화엄八十華嚴. the eighty-fascicle Avataṃsaka sutra.
  - ▶ 두순;『오교지관五敎止觀』과 『법계관문法界觀門』을 저술, 화엄종지 확립.
  - ▶ 지엄; 화엄경 본문을 해석하는 '법계관문'과 화엄경의 요지만을 모은 『공목장孔目章』, 『오십요문답五十要問答』과 『일승십현문 一乘十玄門』 저술.
  - ▶ 법장; 중국에 화엄학을 꽃피운 대표적인 인물
  『화엄경탐현기華嚴經探玄記』, 『화엄오교장華嚴五敎章』은 중국화엄종 기초확립한 대표적 저술.
  - ▶ [혜원慧苑; '음의音義']
  - ▶ 징관澄觀;『수소연의초隨疏演義鈔』를 지어 혜원의 '음의音義'가 비정통이라고 논파.
  - ▶ 종밀宗密;『원인론原因論』을 지어 유·불·도 삼교의 사상을 대비, 불교의 참뜻을 선양, 교선敎禪병행을 논하는『선원제전집도서禪源諸詮集都序』를 저술하여 고려의 지눌知訥에게 사상적으로 큰 영향. 종밀의 사상은 송대에 와서 정원淨源으로 이어졌는데, 정원은 고려의 의천義天과 사상적인 교류가 많았던 화엄종사.

第六節 十無二
제 6 절 십 무 이

諸佛世尊[1] 十種의
無二[2]行自在[3]法이 有하니
一엔 一切諸佛[4]이 悉能히
善說授記[5]의 言說이
決定[6]無二[7]함이오
二엔 一切諸佛이 悉能히 衆生의 心念[8]에
隨順[9]하사 其意로 하야금 滿足케 하심이
決定無二함이오
三엔 一切諸佛이 悉能히
三世[10]一切의 諸佛과

제6절 십무이

모든 부처님께는 10가지의 유일한 자재법

(무이행자재법無二行自在法)이 있으니

첫째 모든 부처님이 능히

좋은 법을 설하고 수기授記를 내림이

결정적으로 한가지임(결정무이決定無二)이요

둘째 모든 부처님이 능히 중생의 마음에

수순隨順하셔서 그 뜻을 만족케 하심이

결정코 한가지임(결정무이決定無二)이요

셋째 모든 부처님이 능히

과거・현재・미래에 걸친 모든 부처와

---

1 제불세존諸佛世尊; 모든 부처님.
2 무이無二; Skt. advaya. nonduality. 오직 하나뿐이고 둘 이상은 없음.
3 자재自在; 1. 저절로 있음. 2. 속박이나 장애가 없이 마음대로임.
4 일체제불一切諸佛; 모든 부처님.
5 수기授記; 1. 문답식 또는 분류적 설명으로 되어 있는 부처의 설법. 2. 부처가 그 제자에게 내생에 성불成佛하리라는 예언기豫言記를 줌.
6 결정決定; 1. 행동이나 태도를 분명하게 정함. 또는 그렇게 정해진 내용. 2.〈법률〉법원이 행하는 판결・명령 이외의 재판. [유의어] 가결, 결의, 낙착.
7 무이無二; 오직 하나뿐이고 둘 이상은 없음. nonduality. The lack of the dichotomy of a falsely discriminated subject and object (Skt. dvaya-abhāva). The lack of dualistic opposition (Skt. advaya). The lack of a second (thing) (Skt. advitīya). (Skt. dvayâbhāva; advayatva, advaya-lakṣaṇa, advayârtha, anubhaya, aviśeṣa, ekatā, ekâṃśa, nadvayamasti, nôbhayam, samānatā)
8 심념心念; 내심內心으로 생각함.
9 수순隨順; 남의 뜻에 맞추거나 순순히 따름.
10 삼세三世; Skt. trayo'dhvānaḥ. 과거・현재・미래. 또는 전세前世・현세 現世・내세來世, 전제前際・중제中

그 所化[11]의 一切衆生과 소화 　　일체중생	그 교화 대상인 모든 중생과
그 體性[12]이 平等함을 知하심이 　체성　　　평등　　　지	그 본체의 성품(체성體性)이 평등함을 아심이
決定無二함이오 결정무이	결정코 한가지임(결정무이決定無二)이요
四엔 一切諸佛이 悉能히 사　 일체제불　실능	넷째 모든 부처님이 능히
世法[13]과 諸佛의 세법　　제불	세간의 법(세법世法)과 모든 부처님의
法性[14]에 差別이 無함을 법성　 차별　 무	진리의 성품(법성法性)에 차별이 없음을
知하심이 決定無二함이오 지　　　결정무이	아심이 결정코 한가지임(결정무이決定無二)이요
五엔 一切諸佛이 悉能히 오　 일체제불　실능	다섯째 모든 부처님이 능히
三世諸佛 所有의 삼세제불 소유	과거·현재·미래에 걸친 모든 부처가 지닌
善根[15]이란 同一善根임을 知하심이 선근　　　동일선근　　　 지	선근善根이란 같은 선근善根임을 아심이
決定無二함이오 결정무이	결정코 한가지임(결정무이決定無二)이요

	際·후제後際. 세世는 격별隔別·천류遷流의 뜻이니, 현상계의 사물은 잠깐도 정지하지 않고, 생기면 반드시 멸한다. 이 사물의 천류하는 위에 3세를 가假로 세운 것. 곧 불교에서는 인도철학의 방방 논사論師와 같이, 시간의 실체를 인정하지 않고, 법法이란 위에 세운 것. 1) 현재. 어떤 법이 생겨서 지금 작용하고 있는 동안. 2) 과거. 법이 멸했거나 또 그 작용을 그친 것. 3) 미래. 법이 아직 나지 않고, 작용을 하지 않는 것. Three times. Three periods: of past (과過, 과거過去), present (현現, 현재現在), and future (미未, 미래未來) (Skt. traiya-dhvika, try-adhvan, try-adhvahak, loka-traya). Also written 삼제三際.
11	소화所化; 교화를 받을 이. 근세에는 한 파의 학사學事를 통솔하는 학자는 능화, 그 가르침을 받는 이는 소화라 함. ↔능화能化. ▶능화能化; 중생을 능히 교화할 수 있는 사람. 부처와 보살菩薩. 교화를 받는 중생은 '소화所化'라고 함. 불시능화지인佛是能化之人(부처님은 곧 능화인이니라.)(『법원주림法苑珠林』)
12	체성體性; 1. 변하지 않는 본성이나 실체. 2. 본래 갖추고 있는 성품.
13	세법世法; 세간의 법. 또 세제世諦의 법, 세간의 온갖 일을 말함.
14	법성法性; 1. Skt. Dharmatā. 항상 변하지 않는 법의 법다운 성성. 모든 법의 체성體性. 곧 만유의 본체. 만유의 실체. 우주의 모든 현상이 지니고 있는 진실 불변한 본성. 진여眞如·실상實相·법계法界 등이라고도 함. 2. 연기緣起의 도리를 법성이라고 할 때도 있다.
15	선근善根; 청정한 행위를 할 근성. 온갖 선善을 낳는 근본. 좋은 과보를 받을 착한 행위.

六엔 一切諸佛이 悉能히
　육　　일체제불　　실능

現生¹⁶에 一切諸法을 覺¹⁷하고
　현생　　일체제법　　각

其義를 演說¹⁸하심이
　기의　　연설

決定無二함이오
　결정무이

七엔 一切諸佛이 悉能히
　칠　　일체제불　　실능

過去未來諸佛의 慧¹⁹를
　과거미래제불　　혜

現在에 具足하심이
　현재　　구족

決定無二함이오
　결정무이

여섯째 모든 부처님이 능히

현생現生에 일체(일체제법一切諸法)를 깨닫고

그 뜻을 부연설명(연설演說)하심이

결정코 한가지임(결정무이決定無二)이요

일곱째 모든 부처님이 능히

과거와 미래 모든 부처님의 지혜를

현재에 두루 갖추심이

결정코 한가지임(결정무이決定無二)이요

16　현생現生; 이 세상에서의 일생. 금생수生.

17　각覺; 1. Skt. bodhi. enlightenment, 깨달음이란 뜻으로 동아시아의 한문 문화권에서 쓰는 용어이다. 대승불교에서는 모든 중생은 불성을 가지고 있고 따라서 깨달을 수 있다고 한다. 『대승기신론』에서는 각에 대해 상세한 이론을 제시하고 있는데 그것을 본각과 시각으로 나누어 다음과 같이 설명하고 있다. 즉, 본각本覺의 뜻이란 시각始覺의 뜻에 대하여 말한 것이니 시각이란 바로 본각과 같기 때문이며, 시각의 뜻은 본각에 의하기 때문에 불각不覺이 있으며 불각에 의하므로 시각이 있다고 말하는 것이다. 시각이란 심체가 무명의 연緣을 따라 움직여 망념(불각不覺)을 일으키지만, 본각의 훈습의 힘에 의하여 차츰 각의 작용이 있으며 구경究竟에 이르러 다시 본각과 같아지는 것이니, 이를 시각이라 한다. 시각과 본각은 상의상대相依相對하면서 서로를 성립시킨다. 이미 서로 의존하는 관계라면 둘 다 자성自性이 없는 것이고, 그렇다면 각이 [실체로서] 존재하지 않는다는 것이다. 그러나 서로 의존해서 성립함이 없지는 않기 때문에 각覺이 없는 것은 아니다. 따라서 각覺이라고는 하지만 자성으로서의 각을 말하는 것은 아니다. 불각에는 두 가지가 있으니 근본불각根本不覺과 지말불각枝末不覺이다. 전자는 알라야식 내의 근본무명을 불각이라 이름하는 것이며, 후자는 무명에서 일어난 일체의 염법染法을 모두 불각이라 이름하는 것이라고 하고 있다. 2. Skt. vitarka의 구역舊譯으로 각관覺觀(신역은 심사尋伺)의 앞부분인 각覺(신역은 심尋)을 이른다. 당나라 현장玄奘 이후로 심尋이라 번역하고 그 이전에 각이라 번역했던 이 비타르카는 선정의 마음(정심定心)을 방해하는 마음(심상心相) 중에서 거친 정신작용을 말한다. 한자로는 다같이 각覺으로 쓰지만, 앞의 각(보디:보리菩提)은 깨달음 그대로인데, 뒤의 경우는 전혀 깨다를 각 자와는 다른 마음의 거친 분별을 일컫는 마음작용(심소心所)의 이름이다.

18　연설演說; 불교의 교리를 주장해서 신앙으로 이끄는 것으로, 창도唱導, 창도唱道라고도 한다.

19　혜慧; Skt. prajñā. Pali paññā. 1. 모든 현상의 이치와 선악 등을 명료하게 판단하고 추리하는 마음 작용. 2. 분별하지 않고 대상을 있는 그대로 직관하는 마음 작용. 미혹을 끊고 모든 현상을 있는 그대로 주시하는 마음 작용. 분별과 집착이 끊어진 마음 상태. 모든 분별이 끊어져 집착하지 않는 마음 상태. 모든 분별을 떠난 경지에서 온갖 차별을 명료하게 아는 마음 작용.

八엔 一切諸佛이 悉能히 팔 일체제불 실능	여덟째 모든 부처님이 능히
三世一切의 刹那²⁰를 知하심이 삼세일체 찰나 지	과거·현재·미래의 모든 찰나刹那를 아심이
決定無二함이오 결정무이	결정코 한가지임(결정무이決定無二)이요
九엔 一切諸佛이 悉能히 구 일체제불 실능	아홉째 모든 부처님이 능히
三世一切의 佛刹²¹이 삼세일체 불찰	과거·현재·미래의 모든 불국토(불찰佛刹)가
一佛刹의 中에 入함을 일불찰 중 입	한 불국토(일불찰一佛刹)의 가운데에 들어감을
知하심이 決定無二함이오 지 결정무이	아심이 결정코 한가지임(결정무이決定無二)이요
十엔 一切諸佛이 悉能히 십 일체제불 실능	열째 모든 부처님이 능히

20 찰나刹那; 불교에서 시간의 최소단위를 나타내는 말. 일념一念. 지극히 짧은 시간. Skt. kṣaṇa(크샤나)의 음사音寫. 차나叉拏라고도 음사音寫. 염경念頃이라 번역. 또 손가락 한 번 튕기는 순간에 65찰나가 지난다고 함. 『아비달마대비바사론阿毘達磨大毘婆沙論』권136에 따르면, 120의 찰나를 1달찰나怛刹那(tat-ksana, 순간의 시간, 약 1.6초), 60달찰나를 1납박臘縛(lava, 경각頃刻의 뜻, 약 96초), 30납박을 1모호율다牟呼栗多(muhūrta, 약 48분), 30모호율다를 1주야晝夜(24시간)로 하고 있으므로, 이에 따르면 1찰나는 75분의 1초(약 0.013초)에 해당한다. 그러나 이설도 있다. 불교에서는 모든 것이 1찰나마다 생겼다 멸하고, 멸했다가 생기면서 계속되어 나간다고 가르치는데, 이것을 찰나생멸刹那生滅·찰나무상刹那無常이라고 한다. ▶1주야晝夜(24시간)=30모호율다, 1모호율다牟呼栗多(muhūrta, 약 48분)=30납박, 1납박臘縛(lava, 경각頃刻의 뜻, 약 96초)=60 달찰나. 1달찰나怛刹那(tat-ksana, 순간의 시간, 약 1.6초)=120찰나. 곧 1주야인 24시간을 120×60×30×30으로 나눈 것이니, 1찰나= 75분의 1초(약 0.013초).

21 불찰佛刹; 1. 부처님이 계시는 국토 또는 부처님이 교화하는 국토. 불국토佛國土·불토佛土라고도 한다. 극락極樂 등의 정토淨土는 본래부터 불국토이며 원래는 이것만을 가리켰으나, 후에 예토穢土 또한 부처님이 교화하는 곳이므로 불국토라 하게 되었다. 한국에서는 자장慈藏이 신라가 원래부터 불국토라는 불국토사상을 천명하였다. 자장은 신라의 불교는 결코 새로운 종교가 아니며, 과거세過去世부터 오늘에 이르기까지 불교와 깊은 인연을 맺고 있는 이상국理想國이라고 역설하였다. 이러한 뜻에서 자장은 왕에게 상주上奏하여 황룡사에 구층탑을 세웠다. 그는 황룡사皇龍寺가 과거세의 가섭불迦葉佛이 설법한 곳이기도 하며, 범왕梵王의 명을 받들어 그의 장자長子인 호법룡護法龍이 신라를 가호하기 위하여 이곳에 와 있다는 것이다. 뿐만 아니라 자장은 화엄경華嚴經에 설해진 문수보살文殊菩薩의 영장靈場인 오대산五臺山을 신라에 설정함으로써 불교 인연의 국토임을 선명宣明하였다. 이후 신라의 승려들은 계속 신라가 불국토임을 주장하는 갖가지 증거를 설정하여 신라인이 불국토에 살고 있음과 그에 따른 일반인의 생활태도를 정화하여 갔다. 2. 절. 사찰寺刹.

三世一切佛의 說法²² 그대로	과거·현재·미래의 모든 부처님의 설법
一佛의 說法이심을 知하심이	그대로 한 부처님의 설법이심을 아심이
決定無二함이니	결정코 한가지임(결정무이決定無二)이니
『宗鏡錄²³』九十九에 詳說하니라	『종경록宗鏡錄』99에 자세히 설설하니라

---

22 설법說法; 1.〈불교〉불교의 교의를 풀어 밝힘. 2. 생각하고 있는 바를 말하는 방법.

23 종경록宗鏡錄; 오대五代~북송北宋에 걸친 선승禪僧 영명연수永明延壽(904~975)의 저작, 100권. 영명연수는 선종5가禪宗五家의 일파인 법안종法眼宗. 천태天台·화엄華嚴·법상法相 등의 교종敎宗과 선종禪宗을 융화회통融和會通케 하려는 교선일치敎禪一致 주장. 폭넓은 인용으로 백과전서적인 역할. 당송 시대의 불교 연구에 귀중한 자료 제공. ▶종경宗鏡; 종宗=일심一心, 일심이 만법萬法을 비추는 것이 거울 같다하여 경鏡. 제1부; 제1권의 대부분을 차지하는 총론에 해당. 제2부; 제93권까지, 마음에 관한 교선제종敎禪諸宗의 이동異同을 경론인용 상술. 제3부; 제94권~100권, 제2부 논술의 구체적 설명 위해 300이 넘는 인용문 게재.

〈표68〉 십무이 十無二

	십무이 十無二	뜻(출처; 종경록 99) 宗鏡錄	
	결정무이 決定無二	결정코 한가지임	
1	선설수기언설 善說授記言說 prediction	좋은 법을 설하고 수기를 내림 授記	수기 授記 prediction
2	중생심념수순기의만족 衆生心念隨順其意滿足 knowing and fulfilling the desires of the living	중생의 마음에 수순하사 그 뜻을 만족케 하심 隨順	하화중생 下化衆生 knowing and fulfilling the desires of the living
3	제불중생 체성평등(평등)함을 지 諸佛衆生 體性平等 知 omniscience of all Buddha-realms and their inhabitants	모든 부처와 중생과 그 본성품(체성)이 평등함을 아심 體性	전지 全知 omniscience
4	세법제불법성무차별 지 世法諸佛法性無差別 知 their natures	세간의 법과 모든 부처님의 진리성품(법성)에 차별이 없음을 아심 法性	
5	제불선근 동일선근임을 지 諸佛善根 同一善根 知 good roots	모든 부처가 지닌 선근이란 같은 선근임을 아심 善根　　　　善根	
6	현생에 제법을 각하고 기의를 연설 現生 諸法 覺 其義 演說 laws	현생에 일체를 깨닫고 그 뜻을 부연설명하심 現生	
7	삼세제불의 혜를 현재에 구족 三世諸佛 慧 現在 具足 wisdom	삼세 부처님의 지혜를 현재에 두루 갖추심	
8	제찰나를 지 諸刹那 知 every moment	모든 찰나를 아심 刹那	
9	제불찰이 일불찰중에 입함을 지 諸佛刹 一佛刹中 入 知 evolving domains, or conditions	모든 불국토(불찰)가 한 불국토(일불찰)의 가운데에 들어감을 아심 佛刹　　　　一佛刹	
10	삼세일체불의 설법 그대로 일불설법이심을 지 三世一切佛 說法 一佛說法 知 language, words, and discussions	모든 부처님의 설법 그대로 한 부처님의 설법이심을 아심	

第七節 十無依行[1]
제 7 절 십무의행

제7절 십무의행

行法[2]에 依하야

수행하는 방법에 의해

功德[3]과

공덕功德과

1 　십무의행十無依行; 공덕과 선근이 생기는 행법行法에 의하지 않고, 사견邪見과 악연惡緣에 의지하는 열가지. [동의어] 십무의지十無依止.

2 　행법行法; 1. 가르침에 따라 닦는 수행. 수행법. 2. 밀교에서 행하는 의식. 동의어 수법修法, 비법秘法, 밀법密法. ▶수법修法; 밀교에서 단壇을 설치하고 본존本尊을 안치하여, 공양을 올리고 기도하며 법을 닦는 등 온갖 재난이 없기를 기원하거나 장수와 복덕을 기원하는 의식. 밀교의 교리로서 행법行法. 비법秘法. 밀법密法이라 한다. 밀교에서 정한 규정대로 단을 쌓고, 목적에 적합한 본존本尊을 모시고 갖가지 공양供養과 호마護摩를 행하는데 입으로는 진언을 외우고, 손으로는 결인을 맺고 마음속으로 본존불을 생각한다. 그럼으로써 행자行者와 본존과의 각기 삼밀三密이 일치하는데(삼삼평등三三平等), 그것에 적중하는 성과(실지悉地)를 획득하는 작법이다. 적합한 목적과 적중하게 만드는 행법에 사종법, 오종수법 등의 종류가 있다. 즉 식재법息災法, 증익법增益法, 경애법敬愛法, 항복법降伏法의 4가지를 사종법(사종호마법, 사종성취법)이라 한다. 여기에 구소법鉤召法을 넣어 오종수법이라 한다. 이 중에서 경애법은 증익법에서, 구소법은 경애법에서 분리시켜 열거한 것이므로 수법을 요약 하면 식재법, 증익법, 항복법의 3가지가 된다. 식재법은 선저가扇底迦(santika)법, 적재법寂災法, 제재법除災法이라고도 하며, 재해나 고난을 없애기 위해 행한다. 증익법은 포슬징가佈瑟徵迦(pustika)법, 증장법增長法, 증영법增塋法이라고도 하며 행복을 가져오고자 행한다. 경애법은 벌유가라나伐遊迦囉拏(伐施迦囉軌, vasikarana)법, 경애법慶愛法, 애경법 이라고도 하며 상호간에 자애심이 생기게 하고자 행한다. 항복법은 아비차로가阿毘遮嚕迦(abhicaruka)법, 조복법調伏法이라고도 하며 악인과 악심을 누르기 위해서 행한다. 구소법은 아갈사니阿羯沙尼(akarsani)법, 섭소법攝召法이라고도 하며 본존불을 초청할 때 행하는 것이다. 그리고 이들 수법이 의도하는 바는 단순히 세속적인 얄팍한 소망에서부터 불교의 궁극인 대서원의 경지에 이르기까지 매우 다양하다. 또 이들의 5종 수법의 각각 거기에 합당한 단의 모양이나 앉는 자리에 이르기까지 모두 규정이 있어서 혼동하는 것은 용납되지 않는다. 더욱 식재息災·조복調伏·증익增益은 태장계胎藏界의 불佛·금강金剛·연화蓮華의 3부에 또 식재·조복·증익·경애·구소는 금강계의 불·금강·보·연화·갈마의 5부에 배치한다. 또한 수법에는 행법의 조직에서 살펴보면 금강계립金剛界立, 태장계립胎藏界立, 십팔도립十八道立, 별행립別行立, 여의보주립如意寶珠立등의 종류가 있다. 금강계립과 태장계립은 각각 대일여래를 본존으로 삼는데 본래는 다른 종류였으나 불이不二라 한다. 십팔도립은 금강계와 태장계 양부의 불이법에 의해 성립된 것을, 별행립은 특별한 한 분의 본존을 모시는 것을, 여의보주립은 본존을 여의보주삼매如意寶珠三昧에 이끌어 들여 여의보주를 본존으로 삼는 것을 말한다.

3 　공덕功德; 1. 복. 복덕. 2. 좋은 과보를 받을 선행善行. 장차 좋은 과보를 얻기 위해 쌓는 선행. Skt. Guna를 번역한 말로, 연기緣起와 윤회를 근본으로 하는 불교에서 가장 중시하는 행위의 하나이다. 종류는 냇물에 징검다리를 놓아 다른 사람들이 쉽게 건널 수 있게 하는 월천공덕越川功德, 가난한 사람에게 옷과 음식을 주는 구난공덕救難功德·걸립공덕乞粒功德, 병든 사람에게 약을 주는 활인공덕活人功德 등 매우 많으며, 선한 마음으로 남을 위해 베푸는 모든 행위와 마음 씀씀이가 모두 공덕이 된다. 그러나 무엇보다 가장 큰 공덕은 불법

善根⁴이 生하는 바 不然⁵하고	선근善根이 생기는 바 그렇지 못하고
或은 邪見⁶에 緣하야	혹은 잘못된 견해(사견邪見)에 따라서
惡緣⁷에 依하고 그 行法이	나쁜 인연에 의지하고 그 행법行法이
功德과 善根의 所依止⁸ 않임에	공덕功德과 선근善根이 나지 않는 것에
十種이 有하니	10종十種이 있으니

에 귀의하여 깨달음을 닦는 것(수행공덕修行功德)이고 이러한 사람을 보고 함께 기뻐하는 것(수희공덕隨喜功德)도 큰 공덕이 된다. 이러한 공덕은 끝이 없어서 수천 사람이 횃불 하나에서 저마다 홰를 가지고 와서 불을 붙여 가더라도 원래의 횃불은 사그러들지 않는 것과 같은 이치이다. 절과 탑을 세우고, 경전을 옮기며, 불상을 모시는 행위가 모두 공덕을 쌓는 것이고, 명절이나 절기·재일에 남을 돕고 액막이를 하며 방생하는 풍속도 여기에서 비롯된 것이다. 이러한 공덕은 결과보다 그것을 쌓고 닦아 가는 과정이 더 중요하다. 3. 뛰어난 능력. 4. 특질. 특성.

4   선근善根; 청정한 행위를 할 근성. 온갖 선善을 낳는 근본. 좋은 과보를 받을 착한 행위. 모든 선善을 낳는 뿌리. 선본善本, 덕본德本이라고도 한다. 무탐無貪·무진無瞋, 무치無癡를 삼선근三善根이라 하며, 불선근不善根은 탐貪, 진瞋, 치癡로 삼독三毒이라고 한다.

5   불연不然; 그렇지 아니함. ▶불연不然하다; 그렇지 않다. ▶불연즉不然則; 그렇지 아니하면.

6   사견邪見; 1. 요사스럽거나 바르지 못한 생각이나 의견. 2. 십악十惡(5리사利使·5둔사鈍使)의 하나. 선악善惡과 인과因果의 도리를 무시하는 옳지 못한 견해를 이른다. 온갖 망견妄見은 다 정리正理에 어기는 것이므로 사견이라 하거니와, 특히 인과의 도리를 무시하는 것은 그 허물이 중대하므로 사견이라 함. 오견五見 또는 칠견七見의 하나이기도 하다. ▶오견五見; 5리사利使라고도 함. 5종의 잘못된 견해. 1) 신견身見. 나라고 할 것이 없는 줄을 알지 못하고 내가 실로 있는 것이라고 집착하는 아견我見·아소견我所見. 2) 변견邊見. 나라는 집착을 일으킨 위에 내가 죽은 뒤에는 길이 계속하거나 아주 없어지거나의 한쪽으로 치우친 견해. 3) 사견邪見. 도덕상의 인과를 부정하여 선의 가치를 인정하지 않고, 악의 두려움도 돌아보지 않는 잘못된 소견. 4) 견취견見取見. 졸렬한 지견知見이나 졸렬한 일을 취하여 스스로 훌륭한 견해라고 여기는 견해. 5) 계금취견戒禁取見. 삿된 도를 고집하여 천상에 태어나는 인因이나 열반의 인이 된다는 잘못된 소견. ▶칠견七見; 그릇된 일곱 가지 견해. 1) 사견邪見. 선악·인과 등의 도리를 무시함. 2) 아견我見. 상일주재常一主宰하는 아我가 있다고 고집함. 3) 상견常見. 자기 몸과 물건들이 변하여 없어지는 것을 믿지 않음. 4) 단견斷見. 다시 태어나는 것을 믿지 않고, 아주 없어진다고 독단함. 5) 계도견戒盜見. 그릇된 계를 올바른 계라고 믿고 닦는 것. 6) 과도견果盜見. 바른 인과를 알지 못하여 불선이나 고행을 바른 수행법이라 하고 작은 과보, 결과를 얻으려는 가장 큰 과보로 잘못 아는 것. 7) 의견疑見. 아我·무아無我, 상常·무상無常 등의 도리를 그대로 받아 들이지 못하고 의심하는 것.

7   악연惡緣; 1. 나쁜 일을 하도록 유혹하는 주위의 환경. 2. 좋지 못한 인연. 나쁜 인연. 불행한 인연.

8   의지依止; 1. 힘이나 덕이 있는 것에 의존하여 머무름. 2. 스승을 받들면서 그의 가르침을 받음.

一은 意業⁹不壞와
加行¹⁰壞요

첫째 뜻으로 짓는 업은 선량하나
가행정진이 없는 것이요

二는 加行不壞와 意業壞요

둘째 가행정진을 하되 뜻으로 짓는 업이
정正답지 못한 것이요

三은 加行·意業의 共壞요

셋째 가행정진도 없고, 뜻으로 짓는 업도
바르지 못함이요

四는 戒¹¹壞와 見¹²不壞요

넷째 계를 지키지 못하나 바른 견해를
가짐이요

五는 見壞와 戒不壞요

다섯째 바른 견해는 무너지고 계를 지킴이요

六은 戒·見의 共壞요

여섯째 계도 지키지 못하고, 바른 견해도
무너짐이요

9 　의업意業; 삼업三業의 하나. 무엇을 하려는 생각·뜻·의지·마음 작용.
10　가행加行; Skt. prayoga. 더욱 힘써 수행함. 목적을 위한 수단으로 행하는 수행이나 행위. 어떠한 수행 단계에 이르기 위한 예비 수행. 동의어 가행위加行位. ▶가행위加行位; 오위五位의 하나. 번뇌가 없는 지혜를 얻기 위해 모든 대상과 그것을 인식하는 주관은 모두 허구라고 주시하는 수행 단계. 자량위資糧位에서 선근과 공덕을 닦고 통달위通達位로 나아가기 위해 더욱 힘써 수행하므로 가행이라 함. ▶오위五位; 유식설에서, 수행의 과정을 다섯 단계로 나눈 것. 1) 자량위資糧位. 선근과 공덕을 쌓는 단계로, 십주十住·십행十行·십회향十廻向을 닦음. 2) 가행위加行位. 번뇌가 없는 지혜를 얻기 위해 모든 대상과 그것을 인식하는 주관은 모두 허구라고 주시하는 단계. 3) 통달위通達位. 번뇌가 없는 지혜로써 우주의 진리를 체득하는 단계. 4) 수습위修習位. 번뇌가 없는 지혜로써 우주의 진리를 여러 번 되풀이하여 체득하는 단계. 5) 구경위究竟位. 최상의 깨달음에 도달한 부처의 경지.
11　계戒; Skt. śīla, Pali sīla. 불교에 귀의한 자가 선善을 쌓기 위해 지켜야 할 규범.
12　견見; Skt. dṛṣṭi. Skt. darśana. 1. 주시함. 응시함. 관조함. 2. 견해. 주장. 생각. 3. 그릇된 견해. 잘못된 생각. 4. 대상을 인식하는 주관. 인식 주관의 작용.

七은 加行·意業·見·戒의
共不壞가 惡友[13]力에 依支함이오
八은 善友[14]力에 依支[15]하나
愚鈍[16]함이오
九는 種種의 財寶[17] 衆具[18]엔
無厭[19]足[20]이나 追求[21]迷亂[22]함이오
十은 衆病[23] 逼近[24]에 呪術[25]과

일곱째 가행加行·의업意業·견見·계戒의
모두를 지킴이 나쁜 친구의 힘에 의지함이요
여덟째 착한 친구의 힘에 의지하나
우둔愚鈍함이요
아홉째 가지가지의 재물을 모두 갖추는 데는
싫어함 없이 좋아하나 어리석고 어지러움을
추구함이요
열째 모든 병이 닥침에 주술呪術과

13 악우惡友; 나쁜 벗. 그릇된 가르침으로 인도하는 자. 수행에 도움이 되지 않는 자.
14 선우善友; Skt. kalyāṇa-mitra. 선지식善知識. 좋은 벗. 부처의 가르침을 바르게 전하는 자. 수행에 도움이 되는 자. 자신과 마음을 같이하여 청정한 수행을 하는 자.
15 의지依支; 1. 다른 것에 몸을 기댐. 또는 그렇게 하는 대상. 2. 다른 것에 마음을 기대어 도움을 받음. 또는 그렇게 하는 대상. [유의어] 의존, 의타, 의탁.
16 우둔愚鈍; 어리석고 둔함.
17 재보財寶; 1. 보배롭고 귀중한 재물. 2. 재화와 보물을 아울러 이르는 말.
18 중구衆具; 많이 갖춤.
19 무염無厭; '무염하다(물리거나 싫증이 나는 데가 없다)'의 어근. ▶무염無厭하다; 물리거나 싫증이 나는 데가 없다.
20 무염족無厭足; insatiability. 만족할 줄 모름, 탐욕.
21 추구追求; 어떤 목적을 달성할 때까지 좇아 구함.
22 미란迷亂; 1. (어쩌면 좋을지 몰라) 우물쭈물하다. 2. (머리가) 혼란하다. 3. 얼떨떨하다. 4. 착란하다
23 중병衆病; 많은 질병.
24 핍근逼近; 매우 가까이 닥침.
25 주술呪術; 초자연적超自然的 존재存在나 신비적神秘的인 힘을 빌려 길흉吉凶을 점치고 화복禍福을 비는 일, 또는 그런 술법術法. 주문에 사람을 죽이고 살리는 자재한 힘과 물질을 변화시키는 묘술이 있다 하여 주술이라 함. ▶ 주문呪文; 다라니의 글. 불보살의 가피를 입어 지혜를 더하고 재앙을 막는 문구.

祠祀²⁶로써 對함이니라
사사   대

[《大集地藏十輪經²⁷》五]
 대 집 지 장 십 륜 경   오

사당에 제사지냄으로써 대함이니라

[《대집지장십륜경大集地藏十輪經》권5]

26 사사祠祀; 제사祭祀. 제사의 공덕. ▶제사祭祀; 신령이나 죽은 사람의 넋에게 음식을 바치어 정성을 나타냄. 또는 그런 의식. [유의어] 제, 향사享祀, 향화香火.

27 대집지장십륜경大集地藏十輪經; 지장십륜경地藏十輪經. 10권. 당唐의 현장玄奘 번역. 지장보살의 신통력과 공덕, 부처가 입멸한 뒤의 불법의 전파, 참회, 보살의 수행 등을 설한 경. ▶대승대집지장십륜경大乘大集地藏十輪經; 줄여서 보통 《지장십륜경》이라고 하는 이 경전은 모두 8품 10권으로 이루어져 있으며 현장이 한역한 것이다. 이 경의 내용은 지장보살의 물음에 대해 부처님이 10종의 불륜佛輪을 설한 것으로, 여기서 10륜은 부처님의 10력이며 그 하나하나의 힘을 전륜성왕에 비유한 것이다. 각 품별로 다루고 있는 주제를 간단히 살펴보자. 1) 서품序品 : 지장보살의 신통력을 이야기하면서 그 어느 보살보다 지장보살을 믿고 잘 받들어야 모든 소원을 더 빨리 성취할 수 있다는 내용이 들어 있다. 2) 십륜품十輪品 : 왕이 나라를 다스리는 방법에 비유하여 부처님의 입멸 후 불법을 펴나가는 방법에 관해 이야기하고 있다. 3) 무의행품無依行品 : 악행 10가지와 무간죄 5가지, 그리고 근본죄 4가지를 들고 왕의 10가지 악법에 대해 설명하고 있다. 4) 유의행품有依行品 : 성문, 독각, 보살이 의거해야 할 교리와 불도를 닦는 사람들은 반드시 소승의 교리를 배우고 나서 대승의 교리를 배울 것을 설법하고 있다. 5) 참회품懺悔品 : 법회에 참가한 비구들이 부처님의 설법을 듣고 자신들의 죄를 참회한 이야기와 그들이 다시 죄를 짓지 않도록 부처님이 들려준 이야기가 실려 있다. 6) 선업도품善業道品 : 부처님이 금강장보살에게 십선十善을 행하면 반드시 좋은 과보가 있다는 설법을 하고 있다. 7) 복전상품福田相品 : 보살이 모든 중생들에게 이익을 주는 복전이 되기 위해 수행해야 할 방법이 나온다. 8) 획익촉루품獲益囑累品 : 법회에 참가한 보살과 성문, 독각을 비롯한 모든 청중들이 부처님의 설법을 통해 깨달음을 얻은 이야기와 부처님이 허공장보살에게 이 경을 널리 유포할 것을 부촉한 이야기가 나오고 있다.

<표69> 십무의행十無依行

(공덕과 선근이 생기는 행법行法에 의하지 않고, 사견邪見과 악연惡緣에 의지하는 열 가지)

	의업意業		가행加行		계戒		견見		우력友力		우둔愚鈍	재보 갖춤엔 물리지 않으나, 추구미란함追求迷亂	병이 가까이 닥침에 주술과 사사로써 대함 呪術 祠祀
	괴壞	불괴不壞	괴壞	불괴不壞	괴壞	불괴不壞	괴壞	불괴不壞	악惡	선善			
1.		○	○										
2.	○			○									
3.	○		○										
4.					○			○					
5.						○	○						
6.					○		○						
7.		○		○		○		○	○				
8.		○		○		○		○		○	○		
9.												○	
10.													○

[십무의행十無依行 원전]

이행법위생공덕선근지소의처以行法為生功德善根之所依處, 연혹연사견연或緣邪見, 혹의악연或依惡緣, 기행법유불위공덕선근지소의지자其行法有不為功德善根之所依止者, 공유십종共有十種, 칭십무의행稱十無依行. 우작십무의지又作十無依止. 즉即: (一)가행괴이의업불괴加行壞而意業不壞. (二)의업괴이가행불괴意業壞而加行不壞. (三)가행加行, 의업구괴意業俱壞. (四)계괴이견불괴戒壞而見不壞. (五)견괴이계불괴見壞而戒不壞. (六)계, 견구괴見俱壞. (七)가행加行, 의업意業, 계戒, 견개불괴見皆不壞, 단의지어악우지력但依止於惡友之力. (八)수의지선우이력행雖依止善友而力行, 단우둔여아양但愚鈍如啞羊, 어제사리불분별於諸事理不分別, 문선우설선불선법聞善友說善不善法, 불능영수기의不能領受其義. (九)어종종재보중구상무염족於種種財寶眾具常無厭足, 추구인연기심미란追求因緣其心迷亂. (十)위중병소핍뇌이구제사사주술為眾病所逼惱而求諸祠祀咒術. (《大集地藏十輪經》卷五)

제9장

법계
法界

第一節 四種法界[1]와 入法界의 三觀[2]
제1절 사종법계와 입법계의 삼관

一眞如[3]의 法界[4]란 萬有를 總該한 窮極의   일진여법계란 만물을 모두 갖춘 궁극의

---

1 사종법계四種法界; 사법계四法界. Four realms of reality. 모든 존재를 현상과 본체의 두 측면에서 관찰하여 네 가지로 파악하는 화엄학의 관점. The four ways of apprehending reality, as explicated by the masters of the Huayan school. 1) 사법계事法界. 낱낱의 차별 현상. the realm of individual phenomena. 2) 이법계理法界. 모든 현상의 본체는 동일함. the realm of the one principle (śūnyatā). 3) 이사무애법계理事無礙法界. 본체와 현상은 둘이 아니라 하나이며, 서로 걸림 없는 관계 속에서 의존하고 있으므로 모든 존재는 평등 속에서 차별을 보이고, 차별 속에서 평등을 나타내고 있음. the realm of nonobstruction between principle and phenomena. 4) 사사무애법계事事無礙法界. 모든 현상은 걸림 없이 서로가 서로를 받아들이고, 서로가 서로를 비추면서 융합하고 있음. 이것을 화엄의 법계연기法界緣起라고 함. the realm of nonobstruction between phenomena.

2 입법계삼관入法界三觀; 법계삼관法界三觀, 삼중법계三重法界, 삼중법계관三重法界觀, 삼중관문三重觀門, 삼중법계관문三重法界觀門, 삼중관三重觀. Three types of contemplations specified in the Avataṃsaka Sutra. 1) 진공관眞空觀. 모든 현상의 본체는 공空이므로 차별이 없다고 주시함. contemplation of true emptiness. To contemplate the original nature of all phenomena as empty. 2) 이사무애관理事無礙觀. 본체와 현상은 서로 걸림 없이 원만하게 하나로 융합되어 있다고 주시함. contemplation of no obstruction between principle and phenomenon. To contemplate both principle and phenomenon as inseparable. 3) 주변함용관周遍含容觀. 모든 현상은 각각의 속성을 잃지 않으면서 서로가 서로를 비추고 서로가 서로를 받아들이면서 두루 원만하게 융합되어 있다고 주시함. contemplation of universal inclusion. To contemplate all phenomena as principle.

3 일진여一眞如; 참성품 그대로(진생미분眞生未分)의 일심一心.

4 법계法界; Skt. dharma-dhātu의 번역. 달마타도達摩馱都라 음사. 1. 법경法境. 십팔계의 하나. 의식意識의 대상인 모든 사물을 말함. 구사론俱舍論 권1에는 수受·상想·행行의 삼온三蘊과 무표색無表色과 무위법無爲法을 법계라 한다. 십이처에서는 법처라고 하고, 다만 십팔계에서는 다른 십칠계도 법이라고 이름하므로 널리 유위有爲·무위無爲의 모든 제법諸法을 법계法界라고 하기도 한다. 말이 쓰이는 경우를 따라 계界는 종족생본種族生本, 곧 하나의 산 가운데 금은 등 종종의 광맥鑛脈이 있는 것처럼 일신一身 가운데 안眼 등의 제법이 있어서 각각 같은 종류가 상속相續해서 나온다는 뜻. 혹은 종류각별種類各別, 곧 제법이 각각 다른 자성自性을 가지고 있음을 가리킨다. 2. 화엄종에서는, 화엄경탐현기華嚴經探玄記 권 18에, 1) 계界는 인因이란 뜻, 법法은 성법聖法이니, 성법을 내는 원인이 되는 것. 곧 진여眞如. 2) 계는 성性이란 뜻. 법은 일체 모든 법이니, 만유 제법의 체성이 되는 것. 곧 진여. 3) 계는 분제分齊란 뜻. 법은 모든 법이니, 제법은 각각의 분제分齊를 보유해서 그 형상은 구별된다는 뜻. 이상의 세 뜻을 들어 진여眞如 또는 일체제법을 말하고 있다. 또 보현普賢의 행원行願에 의해서 들어가는 법계에 유위법계有爲法界·무위법계無爲法界·역유위역무위법계亦有爲亦無爲法界·비유위비무위법계非有爲非無爲法界·무장애법계無障礙法界 등의 오문五門의 뜻이 있다 한다. 또 법계法法界·인법계人法界·인법구융법계人法俱融法界·인법구민법계人法泯法界·무장애법계無障礙法界의 오중五重의 구별을 주장한다. 그러나 법계의 종류가 아무리 많아도 모두 일진법계一眞法界에 함섭含攝되며 그것은 또 제불중생諸佛衆生의 본원本源인 청정심淸淨心이라고 하고, 일심법계一心

眞理요 그 義相을 分別함에 四種이 有하니　　진리요 그 뜻을 분별함에 네 가지가 있으니

一에 事法界⁵란 事는 色心⁶　　첫째 사법계事法界란 사事는 유정 무정 등의

萬差의 事物로서 곧 松은 松이오　　온갖 사물事物로서 곧 소나무는 소나무요

竹은 竹이라 差別하야　　대나무는 대나무라 차별하여

眼前에 現하는 者니 緣起가　　눈앞에 나타나는 것이니 연기緣起가

其相이라 此 法界의 界란　　그 모습이라 이 법계法界의 계界란

分界의 義로서　　서로 나누는 한계(분계分界)의 뜻으로서

諸法의 分界를 差別하는 法界요　　만물의 분계分界를 차별하는 법계法界요

二에 理法界⁷란 理는　　둘째 이법계理法界란 이理는

法界·일진무애법계一眞無礙法界라고도 한다. 그리고 앞에 있는 법계의 당상當相에 대해 일체법이 서로 일체화(一體化, 상즉相卽)하고 그 기능이 서로 화입和入(상입相入)하여, 사사무애事事無礙 중중무진重重無盡의 연기緣起라고 설하는 것을 법계연기法界緣起라 하며, 이러한 법계法界의 구조構造를 관하는 것을 법계관法界觀이라 한다. 3. 밀교密敎에서는 육대를 법계의 체성이라 하여 이것을 대일여래大日如來의 삼매야신三昧耶身이라 하고 그 궁전을 법계궁法界宮, 그 정립을 법계정法界定, 인을 법계인法界印, 가지력加持力을 법계가지法界加持라고 이름하고, 또 오지오불五智五佛을 설해서, 대일여래大日如來는 법계체성지法界體性智를 나타낸다고 한다. 또 만법萬法이 모두 다 갖추어져 있는 것을 다법계多法界, 차별적인 만법도 이평등理平等의 입장에서 보면 무상전일無相全一로 계합契合되는 것을 일법계라 하며 합해서 일다법계一多法界라 한다. 이를 양부兩部에 배치하면 금강계金剛界는 지차별智差別의 다법계多法界, 태장계胎藏戒는 이평등理平等의 일법계一法界이다. 수행으로 보면 수행을 해서 깨달음에 이르는 상전문上轉門은 다법계, 깨달음의 극과極果를 가지고 중생을 교화하여 인도하는 기능을 나타내는 하전문下轉門은 일법계라고 한다. 양부의 대경大經(대일경大日經과 금강정경金剛頂經)은 본래 상하 양전兩轉을 갖추고 있어 일다법계를 겸하고 있지만 금강정경계金剛頂經系의 금강지金剛智(671년~741년)는 다법계多法界를 표방하고, 대일경계大日經系의 선무외善無畏(637~735)는 일법계를 표방했다고 한다. 양부는 용지龍智를 사사師事하여 같은 일다법계一多法界를 전승傳承하였으므로 내증內證은 같다고 한다. 4. 천태종에서는 지옥·아귀·축생·아수라阿修羅·인人·천天·성문聲聞·연각緣覺·보살菩薩·불타佛陀의 십계를 십법계十法界라고 하지만, 이것은 각각의 상相이 차별이 있는 분제分齊의 뜻으로 말한 것이다.

5　　사법계事法界; 사법계四法界의 하나. 낱낱의 차별 현상.
6　　색심色心; 물질과 마음. 무정無情과 유정有情.
7　　이법계理法界; 사법계四法界의 하나. 모든 현상의 본체는 동일하다는 화엄학의 관점.

眞如 平等의 理로서
진여 평등 리

彌勒⁸도 如요 凡夫도 如라 法界가
미륵 여 범부 여 법계

平等하야 一眞如의 理니
평등 일진여 리

無相⁹이 其相이라
무상 기상

此 法界의 界란 性의 義로서
차 법계 계 성 의

眞如¹⁰는 諸法의 體性일새
진여 제법 체성

진여眞如 평등의 이치로서

미륵불과 범부가 같아서 법계法界가

평등하여 일진여一眞如의 이치이니

모습 없음(무상無相)이 그 모습이라

이 법계法界의 계界란 성품(성性)의 뜻으로서

진여眞如는 만물의 본체 성품(체성體性)인 까닭에

8 　미륵彌勒; Skt. maitreya의 음사. 자씨慈氏라고 번역. 1. 4-5세기. 인도 유식파唯識派의 개조開祖. 저서 : 유가사지론瑜伽師地論·변중변론송辯中邊論頌. 2. 미륵불의 준말. ▶미륵불彌勒佛; 대승불교의 대표적 보살 가운데 하나로, 석가모니불에 이어 중생을 구제할 미래의 부처. Skt. Maitreya이며, 미륵은 성씨이고 이름은 아지타(Ajita, 阿逸多)이다. 성인 미륵은 자씨慈氏로 번역되어 흔히 자씨보살로도 불린다. 인도의 바라나시국 브라만 집안에서 태어나 석가모니불의 교화를 받으며 수도하였고, 미래에 성불하리라는 수기授記를 받은 뒤 도솔천에 올라가 현재 천인天人들을 위해 설법하고 있다고 한다. 도솔천은 지나친 욕심이나 번뇌·망상으로 인한 방황이 없는 세계이며, 스스로 만족할 줄 아는 오유지족吾唯知足의 무리가 모여 사는 하늘나라를 뜻한다. 석가모니불이 입멸한 뒤 56억 7천만년이 되는 때에 다시 사바세계에 출현하여 화림원華林園 용화수龍華樹 아래에서 성불하고, 3회의 설법으로 모든 중생을 교화한다고 한다. 이 법회를 '용화삼회'라고 하는데, 용화수 아래에서 성불하기 이전까지는 미륵보살이라 하고 성불한 이후는 미륵불이라 한다. 이 보살은 부처의 업적을 돕는다는 뜻에서 '보처補處의 미륵'이라 하며, 현겁 천불 가운데 제5불에 해당한다.

9 　무상無相; 1. Skt. animitta. 고유한 형체나 모양이 없음. 불변하는 실체나 형상이 없음. 고유한 실체가 없는 공꺅의 상태. 2. Skt. animitta. 대립적인 차별이나 분별이 없음. 대상에 가치나 감정을 부여하지 않음. 형상을 떠남. 집착이나 속박에서 벗어남. 3. Skt. alakṣaṇa. 특징이 없음. 4. 684-762. 신라 출신의 승려. 성姓은 김金. 728년에 당唐에 가서 처적處寂(665-732)에게 사사師事하여 그의 법을 이어받음. 사천성四川省 정중사淨衆寺에 머물면서 전파한 무상의 선법禪法을 정중종淨衆宗이라 함. 정중사에서 입적함.

10 　진여眞如; Skt. tathatā. 진실여상眞實如常. 거짓이 아닌 진실이란 뜻과 변천하지 않는 여상如常하다는 뜻으로 진여라 함. 1. 모든 현상의 있는 그대로의 참모습. 차별을 떠난, 있는 그대로의 참모습. 2. 있는 그대로의 본성·상태. 3. 궁극적인 진리. 변하지 않는 진리. 진리의 세계. 4. 모든 분별과 대립이 소멸된 마음 상태. 깨달음의 지혜. 부처의 성품. 5. 우주 그 자체. 6. 중생이 본디 갖추고 있는 청정한 성품. 진여에 대한 학설에도 여러 가지가 있다. 1) 지론종에서는 아뢰야식과 진여는 같은 것이라 하고, 2) 섭론종에서는 제8 아뢰야식 밖에 제9 암마라식을 따로 세워 진여를 설명하고, 3) 유식종에서는 만유가 전개되는 모양을 설명할 때에 제8 아뢰야식을 세워서 진여는 그 실성이며, 생멸 변화가 없는 응적잠연凝寂湛然한 것이라 하고, 4) 『대승기신론』에서는 진여란 잠연 적정한 무활동체無活動體가 아니고, 이것이 무명의 연을 만나면 진여의 체가 온통 그대로 일어나 생멸 변화하는 만유가 되는데 그렇다 해도 진여의 자체는 조금도 달라지거나 변하는 것이 아니라 하여, 이것을 물과 파도에 비유하여 그 두가지 사이의 소식을 설명하고 있음. 또 이것을 7진여·10진여·6무위 등으로 나눈다. 이것은 진여의 자체가 절대적 실재라고 인정하는 것은 같으나, 그 공덕상과 그

其性이 同一한 法界요	그 성품이 동일한 법계法界요
三에 理事無碍法界[11]란	셋째 이사무애법계理事無碍法界란 색즉시공
色卽是空이오 空卽是色[12]이라	色卽是空이요 공즉시색空卽是色이라
理事[13]의 交徹함이 水卽波요	이사理事의 서로 섞임이 물이 곧 파도요,
波卽水와 如하야	파도가 곧 물인 것과 같아
互融[14]이 其相이라	서로 화하는 것(호융互融)이 그 모습이라
此 法界의 界란 分과 性의	이 법계法界의 계界란 나누는 한계와 성품의
二義를 具하야 分界[15]의	두 가지 뜻을 갖추어 분계分界의
事相[16]과 體性[17]의 眞如가	현상모습과 체성體性의 진여眞如가

것을 증득하는 과정에 따라 구별. 또 경·논에는 진여의 다른 이름으로 법계法界·법성法性·평등성平等性·실제實際·허공계虛空界·부사의계不思議界·무상無相·승의勝義·실상묘유實相妙有·여여如如·불성佛性·여래장如來藏·중도中道·제일의제第一義諦 등을 말함.

11 이사무애법계理事無礙法界; 4법계法界의 하나. 본체계本體界와 현상계現象界가 장애하지 않고, 서로 융합한 방면에서 이름한 우주.

12 색즉시공공즉시색色卽是空空卽是色; 대승불교의 경전인 《반야바라밀다심경》에 나오는 말. 《반야바라밀다심경》의 중심 사상을 이루고 있어 널리 알려진 말이다. 색色이란 형태가 있는 것, 대상對象을 형성하는 물질적인 것, 넓게는 대상 전반을 가리킨다. 첫 구句는, 색이란 모두 공空에 불과하다 하였고, 대상을 우리들은 어느 특정한 대상으로 생각하고 있으나 실은 광범한 연계連繫 위에서 그때그때 대상으로서 나타나는 것일 뿐이며, 그 테두리를 벗어나면 이미 그것은 대상이 아닌 다른 것으로 변하는 것이므로 그 대상에 언제까지나 집착할 필요는 없다는 것이다. 둘째 구는 그와 같이 원래부터 집착할 수 없는 것을 우리들은 헛되이 대상으로 삼지만, 그것은 공이며 그 공은 고정성이 없는 것인데, 바로 여기에 인간의 현실(존재)이 있다고 설한다. 이것은 일체의 것, 즉 불교에서 말하는 오온五蘊 모두에 미치며, 대상對象(색色)뿐만 아니라 주관主觀의 여러 작용에 대하여도 마찬가지라고 말할 수 있다.

13 이사理事; 이理와 사事를 아울러 일컫는 말. 이理는 절대 평등한 본체. 사事는 상대 차별한 현상.

14 호융互融; 서로 화化함.

15 분계分界; 서로 나누어진 지역의 경계. 서로 갈라진 두 땅의 경계境界.

16 사상事相; 1. 차별 현상. 변화하고 낱낱이 차별되어 있는 현상계의 모습. 2. 밀교에서, 의식·수행법 등과 같은 실천적 방면을 말함. 이에 반해, 교리를 체계적으로 연구하는 이론적 방면은 교상敎相이라 함.

17 체성體性; 1. 변하지 않는 본성이나 실체. 2. 본래 갖추고 있는 성품.

圓融無碍[18]한	원만히 융통하여 걸림없는(원융무애圓融無碍)
法界요	법계法界요
四에 事事無碍法界[19]란 萬法은	넷째 사사무애법계事事無碍法界란 모든 것은
理性[20]에서 緣起한 者라	진리의 성품(이성理性)에서 연기緣起한 것이라
理性이 圓融[21]함과 如히 所起의	이성理性이 원융圓融함과 같이 일어난 바의
事相[22]도 無碍하야	현상모습(사상事相)도 걸림이 없어
一父母에서 生한 兄弟姉妹의 血肉이	한 부모에서 낳은 형제자매의 핏줄이
相通[23]하야 和融[24]의 一味[25]와	서로 통해 융화하는 일미一味와

18 원융무애圓融無碍; 일체 제법諸法의 사리가 융통되어 막힘이 없음.
19 사사무애법계事事無碍法界; 4법계法界의 하나. 화엄종 세계관의 하나로, 현상계 만유의 낱낱 사물이 서로 장애되지 않고, 중중무진重重無盡하게 상융相融하며, 낱낱 사물 가운데, 우주의 중중무진한 연기緣起를 표현하는 것을 보이는 법문.
20 이성理性; 만상萬象의 체성體性. 법성의 이치, 진여眞如. 성은 변하지 않는 뜻. 본래 갖추어 있는 이체理體로서 시종始終 변하지 않는 본성.
21 원융圓融; 원은 모자람이 없이 원만한 뜻. 융은 융통·융화의 뜻. 차별상을 인정하지 않고, 무애無礙한 것. 불교에서 사사물물事事物物의 차별적 현상의 실재實在를 인식하는 것과, 사물의 본성에 소급遡及하여 평등상을 인정하는 것이 있음. 이것은 평등상을 주장. 사사는 이치에서 생긴 것이므로, 이치를 여의고 사가 없어 한결같이 평등하여 이와 사가 걸림이 없음. 평등계에서 나타난 차별적 현상계의 사물도 서로서로 무애 원융하다고 말하는 것이《화엄경華嚴經》과 같은 것. ⇒원융삼제圓融三諦·육상원융六相圓融. ↔격력隔歷.
22 사상事相; 1. 차별 현상. 변화하고 낱낱이 차별되어 있는 현상계의 모습. 본체 진여에 대하여 현상계의 낱낱 차별된 모양. 2. 밀교에서, 의식·수행법 등과 같은 실천적 방면을 말함. 밀교에서는 교상教相에 대하여 조단造壇·관정灌頂·인계印契 등의 위의행법威儀行法을 말함. 이에 반해, 교리를 체계적으로 연구하는 이론적 방면은 교상教相이라 함.
23 상통相通; 1. 서로 막힘이 없이 길이 트임. 2. 서로 마음과 뜻이 통함. 3. 서로 어떠한 일에 공통되는 부분이 있음.
24 화융和融; 융화融和. 1. 서로 어울려 갈등이 없이 화목하게 됨. 2. 부정한 사실에 대하여 무원칙하게 타협함. [유의어] 융합, 화해, 화합.
25 일미一味; 1. 첫째가는 좋은 맛. 일당一黨. 2. 부처에 관한 설법은 여러 가지이나 그 본지本旨는 동일同一하다는 뜻. 절대絶對의 입장에서는 모든 것은 동일하고 평등하며 차별이 없다는 뜻. 3. 한약종漢藥種의 일품.

如할새 差卽涉入²⁶이	같은 까닭에 다른 것들이 서로 섞임이
其相이라 此亦 分·性의	그 모습이라 이 역시 분分·성性의
二義를 具하야 差別의 事相도	두 가지 뜻을 갖추어 차별의 사상事相도
理性과 如히 事事이	이성理性과 같이 각각의 사사事事가
無碍涉入한 法界라	걸림없이 서로 섞이는 법계라
蓋一眞法界²⁷에서	무릇 일진법계一眞法界에서 뜻으로
此 四種法界를 義分하는 所以는	이들 사종법계四種法界를 나누는 까닭은
一眞法界에 眞如²⁸·	일진법계一眞法界에 진여문眞如門·
生滅²⁹의 二門이 有하니	생멸문生滅門의 두 가지 문이 있으니

---

26 섭입涉入; 1. 간섭하다. 2. 관계하다. 이르다(어떤 정도나 범위에 미치다). 4. 미치다(영향이나 작용 따위가 대상에 가하여지다).

27 일진법계一眞法界; 진여법계眞如法界. 화엄종의 '이理', 천태종의 '실상實相', 유식종 唯識宗의 '승의勝義(가장 심오한 도리)'. 화엄종에서 쓰는 극리極理를 말하는 것으로 천태종에서 쓰는 제법실상諸法實相을 말함과 같음. 유식론 9에 "승의勝義의 승의勝義는 일진법계一眞法界를 말한다."하였고, 화엄대소華嚴大疏에 "왕복往復함에 가이 없고 동정動靜의 한 말이 중묘衆妙를 포함하여도 남음이 있고, 언사言思를 초월超越하여 회출廻出하는 것은 그 오직 법계法界뿐이다." 하였으며, 대소초大疏鈔 1에 "일진법계一眞法界로 현묘체玄妙體를 삼는다" 하였음. 사사事事와 물물物物과 일미一微와 일진一塵이 모두 족足히 일진법계一眞法界가 된다. 그 체體가 절대絶對이므로 1이라 하고, 진실하므로 진眞이라 하며 일체만법一切萬法을 융섭融涉하였으므로 법계法界라 한다는 화엄경 일부一部의 주의主意다. 삼장법수三藏法數 4에 "둘이 아닌 것(무이無二)을 일一이라 하고, 허망하지 않음을 진眞이라 하고, 서로 통하고 화합포섭함을 법계法界라 하니 곧 이는 제불평등법신諸佛平等法身이며, 본래로 생멸이 없고, 공도 아니고 유도 아니며, 명상(이름과 모양)을 떠나 있고, 안팎이 없으며, 오직 하나의 진실이고, 불가사의함을 이름하여 일진법계라 한다.[무이왈일無二日一, 불망명진不妄名眞, 교철융섭交徹融攝, 고왈법계故日法界, 즉시제불평등법신即是諸佛平等法身. 종본이래불생불멸從本以來不生不滅, 비공비유非空非有, 이명이상離名離相, 무내무외無內無外, 유일진실惟一眞實, 불가사의不可思議, 시명일진법계是名一眞法界]"라 하였음.

28 진여문眞如門; 심진여문心眞如門. ▶심진여문心眞如門; 중생이 본디 갖추고 있는, 분별과 대립이 소멸된 청정한 성품의 방면. 마명이 지은『기신론』에서 일심一心에 진여문·생멸문을 세웠는데, 이것은 일심의 본체인 진여의 방면, 이는 생멸 변화하는 만유의 본체로서 불생 불멸하고 차별이 없는 평등한 진여를 말함. ↔ 심생멸문心生滅門.

29 생멸문生滅門; 심생멸문心生滅門. ▶심생멸문心生滅門; 중생이 본디 갖추고 있는 청정한 성품이 무명無明

곧 不變³⁰·隨緣³¹의 二義라	곧 불변不變·수연隨緣의 두 가지라
其 隨緣의 義邊을 取하야 事法界를	그 수연隨緣의 쪽을 취하여 사법계事法界를
立하고 不變의 義邊을 取하야	세우고 불변不變의 뜻을 취하여
理法界를 立하며	이법계理法界를 세우며
그 二門涉入의	그 생멸문과 진여문의 2문이 서로 간섭하되
義邊을 取하야	걸림없이 융화하는 뜻을 취해
理事無碍法界를 立하고	이사무애법계理事無碍法界를 세우고
다시 生滅門에서 事事涉入의	다시 생멸문生滅門에서 현상모습과
義邊을 取하야	현상모습이 서로 융화하는 뜻을 취해
事事無碍法界를 立한 바	사사무애법계事事無碍法界를 세운 바
眞如門에서 理理涉入의	진여문眞如門에서 이치와 이치가 서로
義邊을 取하야	융화하는(이이섭입理理涉入) 뜻을 취해
理理無碍法界를 不立함은	이이무애법계理理無碍法界를 세우지 않음은
理란 本來 平等하야 涉入을 更論할	이理란 본래 평등하여 융화를 다시 논할
差別의 理가 無함으로써라	차별의 이치가 없음으로써라

에 의해 분별과 대립을 일으키는 방면. 마명이 지은 『대승기신론大乘起信論』에서 말한 심진여가 무명無明의 기동起動한 바 되어 생멸하는 현상을 일으키는 부문. ↔ 심진여문心眞如門.

30 불변不變; 불변진여不變眞如. ▶불변진여不變眞如; 진여를 말함. 진여는 연緣을 따라서 만유를 내기는 하나, 그 본체는 시간과 공간을 초월한 불생불멸하는 무위상주無爲常住한 것. 그 변하지 않는 쪽에서 보는 진여. ↔ 수연진여隨緣眞如.

31 수연隨緣; 물이 바람이란 연緣을 따라 물결이 일어남과 같이, 다른 영향을 받아 동작함. ↔ 불변不變. ▶隨緣眞如; 진여 곧 우주의 본체는 불변 부동하는 것이나, 마치 물이 외연外緣인 바람에 의하여 물결이 일어남과 같이, 외부의 무명인 연에 응하여 삼라만상을 내고, 또 물결이 물의 성질을 잃지 아니함과 같이, 삼라만상의 사상事相은 마침내 불변하는 진여의 성을 변한 것은 아니다. 그리하여 만법이 곧 진여요, 진여가 곧 만법인 것이다. 이 외연에 의하여 만법을 내는 부문에서 진여를 수연이라 함. ⇒수연불변隨緣不變. ↔ 불변진여.

그리고 以上 四種法界 中	그리고 이상 4종법계四種法界 중
第一法界를 除한 後의	제일법계第一法界를 제외한 나머지
三法界에서 三種의 觀法³²을 立하니	3법계三法界에서 3종三種의 관법觀法을 세우니
一에 眞空絶相觀³³이란	첫째 진공절상관眞空絶相觀이란
곧 理法界요	곧 이법계理法界요
二에 理事無碍觀³⁴이란 곧	둘째 이사무애관理事無碍觀이란 곧
理事無碍法界요	이사무애법계理事無碍法界요
三에 周遍含容觀³⁵이란	셋째 주변함용관周遍含容觀이란
곧 事事無碍法界라	곧 사사무애법계事事無碍法界라
此를 華嚴宗의「華嚴法界三觀」이라	이를 화엄종의「화엄법계삼관華嚴法界三觀」
稱하는 本宗行者의 觀法이 是라	이라 이름하는 화엄종 수행자의 관법觀法이라

---

32 삼종三種의 관법觀法; 입법계삼관入法界三觀. ▶입법계삼관入法界三觀; 삼중법계三重法界, 삼중법계관三重法界觀, 삼중관문三重觀門, 삼중법계관문三重法界觀門, 삼중관三重觀. 법계삼관法界三觀. 법계관法界觀 삼관三觀. Three types of contemplations specified in the Avataṃsaka Sutra. 1) 진공관眞空觀. 모든 현상의 본체는 공空이므로 차별이 없다고 주시함. 모든 법은 실성實性이 없어 유有와 공空의 두 가지 집착을 떠난 진공인 줄로 관함. contemplation of true emptiness. To contemplate the original nature of all phenomena as empty. 2) 이사무애관理事無礙觀. 본체와 현상은 서로 걸림 없이 원만하게 하나로 융합되어 있다고 주시함. 차별있는 사법事法과 평등한 이법理法은 분명하게 존재하면서도 서로 융합하는 것임을 관함. contemplation of no obstruction between principle and phenomenon. To contemplate both principle and phenomenon as inseparable. 3) 주변함용관周遍含容觀. 모든 현상은 각각의 속성을 잃지 않으면서 서로가 서로를 비추고 서로가 서로를 받아들이면서 두루 원만하게 융합되어 있다고 주시함. 우주간의 온갖 물건이 서로 서로 일체를 함용하는 것으로 관함. contemplation of universal inclusion. To contemplate all phenomena as principle.

33 진공절상관眞空絶相觀; 진공관眞空觀. 공空, 무無가 아닌 진공의 이치를 관하는 것, 곧 진여평등한 이치가 삼라만상의 체성體性이며 보편하고 항상한 존재임을 관하는 것

34 이사무애관理事無礙觀; 진제眞諦의 도리道理와 속제俗諦의 사상事相이 물과 파도의 관계처럼 서로 융화함을 관함.

35 주변함용관周遍含容觀; 우주 삼라만상이 서로 두루하고 머금어 용인함을 관하는 것.

漸次 修習하야 事事無碍法界의 境에 入함을 그의 至極[36]이라 云하나니 곧 華嚴의 入法界[37] 是니라

점차 닦아서 사사무애법계事事無碍法界의 경지에 들어감을 목표로 하니 곧 화엄華嚴의 입법계삼관入法界三觀이 이것이니라

36 지극至極; 어떠한 정도程度나 상태狀態 따위가 극도極度에 이르러 더할 나위 없음. 더할 수 없이 극진함.
37 입법계入法界; 입법계삼관入法界三觀.

〈표70〉 4종법계四種法界 (화엄종의 분류)

1진여법계 一眞如法界	만유를 총해한 궁극의 진리 萬有 總該 窮極 眞理			
이문 二門	생멸문(수연) 生滅門 隨緣	진여문(불변) 眞如門 不變	생멸·진여 이문섭입 生滅 眞如 二門涉入	생멸문의 사사섭입 生滅門 事事涉入
화엄법계삼관 華嚴法界三觀		진공절상관 眞空絶相觀	이사무애관 理事無礙觀	주변함용관 周遍含容觀
4종법계 四種法界	사법계 事法界	이법계 理法界	이사무애법계 理事無礙法界	사사무애법계 事事無礙法界
이사 理事 — 뜻	사; 색심만차의 사물로 事 色心萬差 事物 눈앞에 나타난 것	이; 진여평등의 이, 理 眞如平等 理 법계평등 일진여의 이 法界平等 一眞如 理	색즉시공 色卽是空 공즉시색, 空卽是色 이사교철 理事交徹	만법은 이성에서 연기한 것, 理性 緣起 이성원융 理性圓融 사상무애 事相無礙 화융일미 和融一味
이사 理事 — 예	소나무는 소나무, 대나무는 대나무	미륵도, 범부도 같음	수즉파 파즉수와 같음 水卽波 波卽水	한 부모 슬하의 형제자매의 혈육이 상통 血肉 相通
이사 理事 — 상 相	연기 緣起	무상 無相	호융 互融	차즉섭입 差卽涉入
법계의 뜻 法界	분계 分界 제법의 분계를 차별 諸法 分界	성 性 진여는 제법의 체성이니 諸法 體性 그 성이 동일 性	분, 성 두 뜻을 갖춤 分 性 분계사상과 체성진여가 分界事相 體性眞如 원융무애 圓融無礙	분, 성 두 뜻을 갖춤 分 性 차별사상 差別事相 사사가 무애섭입 事事 無礙涉入

❖ 입법계入法界; 삼관三觀을 점차 닦고 익혀 사사무애법계事事無礙法界의 경계에 들어감.
❖ 이이무애법계理理無礙法界; 진여문眞如門에서 이이섭입理理涉入, 그러나 이理란 본래本來 평등하여 섭입涉入을 다시 말할 차별의 이치가 없음.

第二節 十法界와 九界
제 2 절 십 법 계   구 계

제2절 십법계와 구계

十法界¹란 四種法界²를
십법계   사종법계

橫으로 한 嚴家³의 所立이니
횡   엄가   소립

一에 佛法界⁴란
일   불법계

10법계法界란 4종법계四種法界를

가로로 늘어놓은 화엄종의 세운 바이니

첫째 불법계佛法界란

1   십법계十法界; 줄여서 십계十界. 『법화경法華經』에서는 범부의 세계(육범六凡)인 지옥계地獄界·아귀계餓鬼界·축생계畜生界·아수라계阿修羅界·인간계人間界·천상계天上界와 성자의 세계(사성四聖)인 성문계聲聞界·연각계緣覺界·보살계菩薩界·불계佛界. 『이취석론理趣釋論』에서는 6범凡 중에서 아수라를 빼고, 4성聖 중의 불을 나누어 권불權佛·실불實佛로 하여 10법계라 함. ▶십계十界; 1. 십법계十法界. 2. 안眼·이耳·비鼻·설舌·신身의 다섯 가지 감각 기관과 그 대상인 색色·성聲·향香·미味·촉觸.

2   사종법계四種法界; 사법계四法界. 사종법계四種法界. 모든 존재를 현상과 본체의 두 측면에서 관찰하여 네 가지로 파악하는 화엄종에서 말하는 중요한 교의敎義. 전 우주를 네 방면으로 관찰한 것. 1) 사법계事法界. 낱낱의 차별 현상. 우주 만유가 낱낱 개별상이 있는 방면. 2) 이법계理法界. 모든 현상의 본체는 동일함. 우주 만유의 근본에 일관한 본체, 곧 평등한 세계. 3) 이사무애법계理事無礙法界. 본체와 현상은 둘이 아니라 하나이며, 서로 걸림 없는 관계 속에서 의존하고 있으므로 모든 존재는 평등 속에서 차별을 보이고, 차별 속에서 평등을 나타내고 있음. 이理·사事는 낱낱이 독립된 것이 아니고, 사상즉본체事象卽本體, 본체즉사상이라고 보는 방면. 4) 사사무애법계事事無礙法界. 모든 현상은 걸림 없이 서로가 서로를 받아들이고, 서로가 서로를 비추면서 융합하고 있음. 이것을 화엄의 법계연기法界緣起라 함. 위와 같이 사법계와 이법계가 서로 융통무애할 뿐만 아니라 현상 차별계 사이에도 융통무애한다고 보는 방면.

3   엄가嚴家; 화엄종華嚴宗.

4   불법계佛法界; 불계佛界. 1. 부처의 세계·경지. 미망迷妄을 여의고 스스로 모든 법의 진리를 깨닫고, 또 다른 중생을 교도하여 깨닫게 하는 자각自覺·각타覺他의 2행行을 원만히 성취한 이. 이 말은 처음 보리수나무 아래서 성도한 석존에 대한 칭호로 쓴 것. 불타는 석존뿐이었으나, 뒤에 불교의 교리가 발달함에 따라 과거·현재·미래의 모든 부처님이 있게 되고, 10방방의 모든 부처님으로 발전하여 드디어 그 수가 한량없게 되었고, 이것이 처음은 역사적 인물이던 것이 점점 이상화理想化되어 유형 무형 온갖 방면으로도 원만한 인격적 존재가 됨. 2. 부처가 사는 세계·국토.

自覺[5]・覺他[6]・覺行[7]이 자각 각타 각행	스스로 깨닫고 남을 깨닫게 하며
	깨달은 행위(자각自覺・각타覺他・각행覺行)가
共滿한 境界요 공만 경계	함께 충만(공만共滿)한 경계境界요
二에 菩薩法界란 이 보살법계	둘째 보살법계菩薩法界란
無上菩提[8]를 爲하야 무상보리 위	최상의 진리(무상보리無上菩提)를 위하여
六度[9]萬行[10]을 修하는 境界요 육도 만행 수 경계	6바라밀(육도만행六度萬行)을 닦는 경계境界요
三에 緣覺法界란 삼 연각법계	셋째 연각법계緣覺法界란
入涅槃을 爲하야 입 열 반 위	열반에 이르기 위하여

5   자각自覺; 1. 불교에 있어 삼각三覺의 하나. 자각・각타覺他・각행궁만覺行窮滿을 불교에서 삼각三覺이라 한다. 이 가운데 자각은 자기 스스로 진리를 깨달아 증득해 알지 못함이 없는 것 또는 중생이 자신의 미망迷 妄에서 벗어나 스스로 진리를 깨닫는 것을 말한다. 2. 자신의 형편이나 처지, 본분 따위를 스스로 깨달음. 자기 자신이 놓여 있는 일정한 상황을 매개로 하여, 자기의 위치・능력・가치・의무・사명 등을 스스로 깨닫는 것을 말한다. 3. 철학에서 자신의 생각과 언행에 대하여 그것이 진리성과 성실성이 있는지 자신을 반성하는 일. 4. 심리학에서 자기 자신을 의식하는 상태. ▶삼각三覺; 불타를 번역한 이름인 각행에 갖춘 세 가지 뜻. 자각自覺・각타覺他・각행궁만覺行窮滿. 1) 자각自覺(스스로 깨달음). 범부들의 자각이 없는 데 대한 것. 2) 각타覺他(다른 중생들을 깨닫게 함). 성문・연각이 자기만 깨닫는 데 노력하고, 다른 이를 구하지 않음에 대한 것. 3) 각행궁만覺行窮滿(깨달음 작용이 전지전능全知全能하게 충만함). 보살과 구별하여 불타의 각자覺者인 뜻을 밝힌 것.

6   각타覺他; 삼각三覺의 하나. 불보살佛菩薩이 중생에게 도리를 깨닫게 함. 스스로 깨달음과 동시에 법법을 설 說하여 남을 개오開悟시켜, 생사의 괴로움을 떠나도록 일깨움.

7   각행覺行; 각覺은 불타佛陀이니, 불보살佛菩薩의 행행. 또는 스스로 깨닫고 자비로 행함. ▶각행궁만覺行窮滿; 자각自覺・각타覺他의 2행二行이 원만한 것.

8   무상보리無上菩提; 위없는 바르고 원만한 부처의 깨달음. 부처가 체득한 위없는 깨달음의 지혜.

9   육도六度; Skt. ṣat-pāramitā. 육바라밀六波羅蜜・육종정행六種正行・육행六行. 보살 수행의 6종 덕목德目. 보시布施・지계持戒・인욕忍辱・정진精進・선정禪定・지혜智慧. 생사의 고해를 건너 이상경理想境인 열반의 저 언덕에 이르는 여섯 가지 방편. 보살의 수행하는 바라밀법의 6종. 1) 단나바라밀檀那波羅蜜. 자비로 널리 사랑하는 행위(보시). 2) 시라바라밀尸羅波羅蜜. 불교 도덕에 계합하는 행위(지계). 3) 찬제바라밀羼提波羅蜜. 여러 가지로 참는 것(인욕). 4) 비리야바라밀毘梨耶波羅蜜. 항상 수양에 힘쓰고 게으르지 않는 것(정진). 5) 선나바라밀禪那波羅蜜. 마음을 고요하게 통일하는 것(선정). 6) 반야바라밀般若波羅蜜. 삿된 지혜와 나쁜 소견을 버리고, 참 지혜를 얻는 것(지혜).

10   만행萬行; 1. 여러 곳으로 두루 돌아다니면서 닦는 온갖 수행. 2. 모든 행위. 모든 활동. 온갖 작용.

在佛當時엔 十二因緣¹¹觀¹²을 修하고,
재불당시　십이인연　관　수

無佛時代엔 宿因¹³으로써
무불시대　숙인

因緣觀¹⁴ 或은
인연관　혹

부처님 당시엔 십이인연관十二因緣觀을 닦고,

부처님 안 계신 때엔 전생의 공부를 이어

인연관因緣觀 혹은

11　십이인연十二因緣; 십이연기十二緣起. 괴로움이 일어나는 열두 과정. 1) 무명無明. Skt. avidyā. 사제四諦에 대한 무지. 2) 행行. Skt. saṃskāra. 무명으로 일으키는, 의도意圖하고 지향하는 의식 작용. 무명에 의한 의지력·충동력·의욕. 3) 식식識. Skt. vijñāna. 식별하고 판단하는 의식 작용. 인식 작용. 4) 명색名色. Skt. nāma-rūpa. 명名은 수수受·상상想·행행行·식식識의 작용, 색색은 분별과 관념으로 대상에 채색하는 의식 작용. 곧, 오온五蘊의 작용. 5) 육입六入. Skt. ṣaḍ-āyatana. 대상을 감각하거나 의식하는 안眼·이耳·비鼻·설舌·신身·의意의 작용. 6) 촉촉觸. Skt. sparśa. 육근六根과 육경六境과 육식六識의 화합으로 일어나는 마음 작용. 7) 수受. Skt. vedanā. 괴로움이나 즐거움 등을 느끼는 감수 작용. 8) 애애愛. Skt. tṛṣṇā. 갈애渴愛. 애욕. 탐욕. 9) 취取. Skt. upādāna. 탐욕에 의한 집착. 10) 유有. Skt. bhava. 욕계·색계·무색계의 생존 상태. 11) 생生. Skt. jāti. 태어난다는 의식. 12) 노사老死. Skt. jarā-maraṇa 늙고 죽는다는 의식.

12　관관觀; 1. Skt. vipaśyana. Pāli vipassanā. 비발사나毘鉢舍那·비파사나毗波奢那·비바사나毘婆舍那라 음사. 능견能見·정견正見·관찰觀察·관관觀이라 번역. 선정에 들어 지혜로써 상대되는 경계를 자세히 식별識別하는 것. 자세히 관찰하여 잘못됨이 없게 하는 것. 몸과 마음은 무상·고·무아라고 통찰함. 지혜로써 대상을 있는 그대로 자세히 주시함. 마음을 한곳에 집중하여 산란을 멈추고 평온하게 된 상태에서 대상을 있는 그대로 응시함. 통찰하는 수행. 어떤 현상이나 진리를 마음 속으로 떠올려 그것을 자세히 주시함. 마음을 한 가지 대상에 집중하여 평화를 얻기보다는 여러 현상들을 관조함으로써 통찰력을 얻는 수행법을 말한다. 석가모니가 가르친 수행법으로서 석가모니 이전의 인도 수행자들은 주로 하나의 대상에 의식을 집중함으로써 내적 황홀경이나 평화·고요를 체험하는 사마타 수행법을 따랐다. 기존의 사마타로는 궁극적인 경지에 오를 수 없다고 여긴 석가모니가 비파사나라는 새로운 양식의 수행법을 개발한 것이다. ↔ 지止(사마타奢摩他). 2. Skt. vicāra. 세밀하게 고찰하는 마음 작용. 사伺와 같음. ▶사마타奢摩他; Skt. śamatha의 음사. 지止·적정寂靜이라 번역. 마음을 한곳에 집중하여 산란을 멈추고 평온하게 된 상태. 선정禪定 7명의 하나. 섭심攝心이 연緣에 머물러 산란散亂을 여의는 것. 산란한 마음을 멈추어 마음을 한 대상에 경주傾注하는 고요한 마음의 상태. 지심止心. 외계의 대상에 향하는 감관을 제어하여 마음의 작용을 진정鎭靜하는 것. 또는 그 수행. 정정定의 다른 이름. (집이문론集異門論·구사론俱舍論·유가론瑜伽論·성유식론成唯識論). 대승의장大乘義章 13; "사마타는 번역하여 지止·섭심攝心에 머무는 연緣으로 목目이 그치는 것이다." 원각약소圓覺略疏 3; "사마타는 정정定의 다른 이름이며 적정寂靜의 뜻이다. 염정染淨 등의 경심境心에 망妄하지 않음을 연緣하기 때문이다. 만약 열반경석涅槃經釋에 준准하면 곧 능멸能滅·능조能調·적정寂靜·원리遠離·능청능청能淸 등을 말한다." 요의등오본了義燈五本; "사마타는 번역하여 심심心이라 한다."

13　숙인宿因; 숙연宿緣. 전생前生의 인연. 지난 세상에 지은 업인業因. 선업·악업에 통함.

14　인연관因緣觀; 5정심관停心觀의 하나. 또는 연기관緣起觀. 우치愚癡가 많은 사람이 어리석음을 없애기 위해 모든 현상은 인연으로 생긴다는 이치를 주시하며 닦는 관법觀法. 12인연이 3세에 인과상속因果相續하는 도리를 관하여 우치를 없애는 관법.

飛花落葉 等의 外緣[15]에 因하야	꽃잎 날리고 잎이 지는 등의 자연을 보며
비 화 낙 엽 등 　 외 연 　 인	
獨覺[16] 自修[17]하는 境界요	홀로 깨닫고 수행(독각자수獨覺自修)하는 경계요
독 각 　 자 수 　　 경 계	
四에 聲聞[18] 法界란	넷째 성문법계聲聞法界란
사 　 성 문 　 법 계	
在佛當時엔 入涅槃을 爲하야	부처님 재세시엔 열반에 이르기 위해
재 불 당 시 　 입 열 반 　 위	

15　외연外緣; 밖으로부터 힘을 주어 사물의 성립을 돕는 기운, 곧 증상연增上緣. ↔ 내인內因. ▶증상연增上緣; Skt. adhipati-pratyaya. 4연의 하나. 다른 것이 생겨 나는 데 힘을 주어 돕는 여력증상연與力增上緣과 다른 것이 생겨 나는 것을 방해하지 않는 부장증상연不障增上緣의 2종이 있다. 예를 들면 곡식에게 적당한 온도와 비를 주는 것은 여력증상연, 폭풍이 불지 않는 등은 부장증상연.

16　독각獨覺; 1. Skt. pratyeka-buddha. Pāli pacceka-buddha. 발랄예가불타鉢剌翳伽佛陀라 음사音寫. 부처님 없는 세상에 나서 다른 이의 가르침을 받지 않고 홀로 깨달은 자라는 뜻. 스승 없이 홀로 수행하여 깨달은 자. 가르침에 의하지 않고 독자적으로 깨달은 자. 홀로 연기緣起의 이치를 주시하여 깨달은 자. 홀로 자신의 깨달음만을 구하는 수행자. 연각緣覺·벽지불辟支佛이라고도 함. 여기에는 인각유독각麟角喩獨覺과 부행독각部行獨覺의 2종이 있다. 기린의 뿔과 같이 독신으로 동무가 없는 이를 인각유독각, 몇 사람이 한 곳에 모여 수행하여 증득하는 일을 부행독각이라 한다. 부처님 없는 세상에 나서 남의 교화를 받지 않는 것은 둘이 모두 같다. 2. 독각승獨覺乘의 준말.

17　자수自修; 홀로 닦음. 스스로 닦음.

18　성문聲聞; Skt. śrāvaka. Pāli sāvaka. 성문승聲聞乘. 삼승三乘의 하나. 승乘은 중생을 깨달음으로 인도하는 부처의 가르침이나 수행법을 뜻함. 성문을 깨달음에 이르게 하는 부처의 가르침. 성문의 목표인 아라한阿羅漢의 경지에 이르게 하는 부처의 가르침. 성문의 수행법. 가장 원시적 해석으로는 석존의 음성을 들은 불제자를 말함. 대승의 발달에 따라서 연각과 보살에 대할 때는 석존의 직접 제자에 국한한 것이 아니고, 부처님의 교법에 의하여 3생生 60겁劫 동안 4제諦의 이치를 관하고, 스스로 아라한 되기를 이상理想으로 하는 1종의 저열한 불도 수행자를 말함. 그러므로 대승교에서는 성문을 소승의 다른 이름처럼 보고, 성문으로 마치는 이와 대승으로 전향轉向하는 이를 구별하여 우법愚法·불우법不愚法의 2종으로 나눔. 또 3종성문·4종성문의 말도 있음.

四諦[19]의 觀法[20]을 修하고 無佛時代엔
사체   관법   수   무불시대

佛道[21]의 聲으로써 一切로 하야금 聞케 하야
불도   성   일체   문

寶所에 悉歸케 함이 大乘聲聞이며
보소   실귀   대승성문

其他는 小乘聲聞의 境界요
기타   소승성문   경계

五에 天法界란 上品의 十善[22]과
오   천법계   상품   십선

4성제의 관법을 닦고 부처님 안 계신 때엔

부처님 가르침을 들려주어

귀의하게 함이 대승성문大乘聲聞이며

기타는 소승성문小乘聲聞의 경계요

다섯째 천법계天法界란 상품上品의 십선十善과

19　사제四諦; Skt. catvāri-āryasatyāni. Pāli cattāri-āriyasaccāni. 사성제四聖諦라고도 함. 제諦는 Skt. satya, Pāli sacca의 번역으로 불변여실不變如實의 진상眞相, 곧 진리를 뜻함. 고苦·집集·멸滅·도道. 불교의 강격 강격綱格을 나타낸 전형典型으로서 유력有力한 것. 괴로움을 소멸시켜 열반에 이르는 네 가지 진리. 1) 고제苦諦. 현실의 상相을 나타낸 것이니, 괴로움이라는 진리. 태어나고 늙고 병들고 죽는 괴로움과, 사랑하는 사람과 헤어져야 하는 괴로움, 미워하는 사람과 만나거나 살아야 하는 괴로움, 구하여도 얻지 못하는 괴로움, 오온五蘊에 탐욕과 집착이 있으므로 괴로움. 2) 집제集諦. 고苦의 이유근거理由根據 혹은 원인原因이라고도 하니, 괴로움의 원인이라는 진리. 괴로움이 일어나는 원인은 몹시 탐내어 집착하는 갈애渴愛라는 진리. 집集은 Skt./Pāli samudaya의 번역으로 집기集起·기인起因·원인을 뜻함. 위의 1), 2)의 2제는 유전流轉하는 인과. 3) 멸제滅諦. 깨달을 목표. 곧 이상理想의 열반. 괴로움의 소멸이라는 진리. 갈애를 남김없이 소멸하면 괴로움이 소멸되어 열반에 이른다는 진리. 4) 도제道諦. 열반에 이르는 방법. 곧 실천하는 수단. 괴로움의 소멸에 이르는 길이라는 진리. 팔정도八正道는 갈애를 소멸시키는 수행법이라는 진리. 위의 3). 4)의 2제는 오悟의 인과. 이 사제설四諦說 자신에는 아무런 적극적인 내용이 들어 있지 않지만, 후대에 이르면서 매우 중요시하게 된 데는 여러 가지 체계를 포괄包括하여 조직적으로 취급한 것이 있다. 고제는 무상無常·고苦·무아無我·5온蘊 설說을, 집제·멸제는 연기설緣起說을, 도제는 8성도聖道 설을 표하는 것. 그리고 고제·집제는 12인연의 순관順觀에, 멸제·도제는 역관逆觀에 각각 해당함.

20　관법觀法; Skt. vipaśyanā, Pāli vipassanā의 뜻번역. 관觀. 1. 법을 관함, 곧 마음으로 진리를 관념(주시)하는 수행. 마음을 한곳에 집중하여 산란을 멈추고 평온하게 된 상태에서 지혜로써 대상을 있는 그대로 자세히 주시하는 수행. 마음의 본성을 자세히 살피는 수행. 어떤 현상이나 진리를 마음 속으로 떠올려 그것을 자세히 살피는 수행 곧 마음으로 진리를 관념하는 것. 통찰하는 수행. 한 생각만 주시하여 한결같이 그것을 잊지 않는 수행. 불교에 대한 실천 수행을 가리키는 말. 관심觀心은 주관인 마음을 관하는 것, 관법은 객관 대상을 관하는 것으로, 불교 관념론 철학에서는 주관과 객관이 서로 융통融通하고 상즉相卽하므로 관법이 관심과 같다. 2. 관심을 수행하는 방법이란 뜻.

21　불도佛道; 1. 부처의 깨달음. 불과佛果. 보리菩提의 과덕果德. 2. 부처의 깨달음에 이르는 가르침이나 수행. 불과에 이르는 길. 3. 부처의 가르침. 부처님이 말씀하신 교법.

22　십선十善; 몸과 말과 뜻으로 짓는 열 가지 청정한 일. 몸[동작動作]·입[언어言語]·뜻[의념意念]으로 10악을 범치 않는 제계制戒 1) 불살생不殺生. 사람이나 동물 따위, 살아 있는 것을 죽이지 않음. 2) 불투도不偸盗. 남의 재물을 훔치지 않음. 3) 불사음不邪婬. 남녀간에 음란한 짓을 저지르지 않음. 4) 불망어不妄語. 거짓말이나 헛된 말을 하지 않음. 5) 불악구不惡口. 남을 괴롭히는 나쁜 말을 하지 않음. 6) 불양설不兩舌. 이간질을 하지 않음. 7) 불기어不綺語. 진실이 없는, 교묘하게 꾸미는 말을 하지 않음. 8) 불탐욕不貪欲. 탐내

禪定²³을 兼修하고 天界에 　　　선정禪定을 겸해서 닦고 천계天界에

生하야 靜妙의 　　　　　　　　　태어나 고요하고 미묘한(정묘靜妙)

樂을 受하는 境界요 　　　　　　즐거움을 받는 경계요

六에 人法界란 五戒 又는 　　　여섯째 인법계人法界란 5계戒 또는

中品의 十善을 修하야 人中의 　중품中品의 10선善을 닦아 인간의

苦樂을 受하는 境界요 　　　　　고락苦樂을 받는 경계요

七에 阿修羅²⁴法界란 　　　　　일곱째 아수라법계阿修羅法界란

下品의 十善을 行하야 　　　　　하품下品의 10선善을 행하여

通力自在를 得한 非人²⁵의 境界요 　신통력이 자재로운 비인非人의 경계요

　　어 그칠 줄 모르는 욕심을 부리지 않음. 9) 부진에不瞋恚. 성내지 않음. 10) 불사견不邪見. 그릇된 견해를 일으키지 않음. [동의어] 십백업도十白業道, 십선계十善戒, 십선도十善道, 십선업도十善業道. ↔ 십악十惡.

23　선정禪定; 6바라밀의 하나. 선禪은 Skt. dhyāna, Pāli jhāna의 음사音寫인 선나禪那의 준말. 정定은 뜻번역. 선정禪定이라 함은 범어와 한문을 함께 일컫는 것. 마음을 한곳에 집중하여 산란하지 않는 상태. 마음을 고요히 가라앉히고 한곳에 집중함. 마음의 통일. ⇒선禪.

24　아수라阿修羅; Skt. asura. 6도의 하나. 10계界의 하나. 아소라阿素羅·아소락阿素洛·아수륜阿須倫이라 음사音寫. 줄여서 수라修羅. 비천非天·비류非類·부단정不端正이라 번역. 싸우기를 좋아하는 귀신. 인도에서 가장 오랜 신의 하나. 리그베다에서는 가장 수승한 성령性靈이란 뜻으로 사용. 후대에는 무서운 귀신으로 인식되었음. 불교 전승에서 아수라는 수미산須彌山 북쪽에 살면서 제석천帝釋天과 싸움을 영원히 계속하는 존재로 등장한다. 불교의 초기 경전인 《아함경阿含經》에는 천계에 사는 여러 신들의 수장인 제석천帝釋天이 아수라의 딸인 사지舍脂를 허락 없이 취하면서 그들의 싸움이 시작되었다는 이야기가 전해진다. 아수라가 제석천과 싸운 장소를 아수라장阿修羅場이라고 하는데, 이 말은 싸움과 같은 일들이 벌어져서 매우 시끄럽고 혼란한 장소나 상태를 비유하는 말로 쓰이고 있다. 그리고 대승불교大乘佛敎에서는 중생이 깨달음을 얻지 못하고 윤회할 때 지은 업보에 따라 태어나는 세계를 여섯 가지로 나눈 6도六道 가운데 하나로 아수라도阿修羅道를 두었다. 축생도畜生道와 인간도人間道 사이에 있는 아수라도에는 교만심과 시기심이 많은 사람이 죽어서 가게 되는데, 그곳에서는 모두가 무기를 지니고 싸움만 계속해야 한다.

25　비인非人; 인간이 아닌 천天·용龍·야차夜叉·건달바乾闥婆·아수라阿修羅·가루라迦樓羅·긴나라緊那羅·마후라가摩睺羅伽의 팔부중八部衆, 또는 귀신·축생 등을 말함. 세속에서는 상인常人이 아니란 뜻으로 씀.

八에 餓鬼[26]法界란
팔   아귀 법계

下品의 五逆[27]이나 十惡[28]을 犯하야
하품   오역   십악   범

飢渴의 苦를 受하는
기갈   고   수

惡鬼의 境界요
악귀   경계

九에 畜生[29]法界란
구   축생 법계

中品의 五逆이나 十惡을 犯하야
중품   오역   십악   범

吞噉殺戮[30]의 苦를 受하는
탄담살륙   고   수

여덟째 아귀법계餓鬼法界란

하품下品의 5역逆이나 10악惡을 범하여

목마르고 배고픈(기갈飢渴) 고苦를 받는

악귀惡鬼의 경계요

아홉째 축생법계畜生法界란

중품中品의 5역五逆이나 10악十惡을 범하여

잡아먹히고 죽는 고통을 받는

---

26 아귀餓鬼; Skt. preta, Pāli peta의 뜻번역. 염구餤口. 벽려다薜荔多·폐려다閉戾多·폐려다閉黎多·비례다鞞禮多·비례다俾禮多·비리다卑利多·피려다䩃荔多·미려다彌荔多·벽려薜荔라 음사音寫. 폐례다는 죽은 이란 뜻인데, 귀鬼라 번역한 것은 중국에서 죽은 이의 영을 귀신이라 한 까닭. 또 비제리卑帝梨라 함은 아버지·할아버지라는 뜻인데, 인도에서는 선조의 영혼을 봉사하지 않으면 그 영혼은 귀계鬼界에 떨어져 고통을 받는다고 믿는 데서 기인한 것. 인간에서 맨 처음 죽은 이로 겁초劫初에 명부冥府의 길을 연 이는 베다吠陀 시대의 신화에 나오는 염마왕이니, 그 세계를 염마왕계라 하여 아귀가 있는 세계라 하고 염마를 그 임금이라 함. 여러 경·논에 이 아귀로 나는 원인으로 흔히 간탐慳貪·질투嫉妬를 말함.

27 오역五逆; 오역죄五逆罪. 무간지옥에 떨어질 지극히 악한 행위이므로 오무간업五無間業이라고도 함. 다섯 가지 지극히 무거운 죄. 다섯 가지의 내용에 대해서는 여러 설이 있으나 대표적인 것은 다음과 같음. 1. 소승의 5역. 1) 아버지를 죽임. 2) 어머니를 죽임. 3) 아라한을 죽임. 4) 승가의 화합을 깨뜨림. 5) 부처의 몸에 피를 나게 함. 혹은 1)과 2)를 합하여 1)로 하고, 다시 5)에 파갈마승破羯磨僧을 더하여 5로 함. 2. 대승의 5역. 1) 탑탑·사寺를 파괴하고 경상經像을 불사르고, 3보의 재물을 훔침. 2) 삼승법三乘法을 비방하고 경천하게 여김. 3) 스님들을 욕하고 부림. 4) 소승의 5역죄를 범함. 5) 인과의 도리를 믿지 않고, 악구惡口·사음邪淫 등의 10불선업不善業을 짓는 것.

28 십악十惡; 몸과 말과 뜻으로 짓는 열 가지 죄악. 1) 살생殺生. 사람이나 동물 따위, 살아 있는 것을 죽임. 2) 투도偸盜. 남의 재물을 훔침. 3) 사음邪婬. 남녀간에 저지르는 음란한 짓. 4) 망어妄語. 거짓말이나 헛된 말. 5) 악구惡口. 남을 괴롭히는 나쁜 말. 6) 양설兩舌. 이간질하는 말. 7) 기어綺語. 진실이 없는, 교묘하게 꾸민 말. 8) 탐욕貪欲. 탐내어 그칠 줄 모르는 욕심. 9) 진에瞋恚. 성냄. 10) 사견邪見. 그릇된 견해. [동의어] 십불선도十不善道, 십악업도十惡業道, 십흑업도十黑業道, 신삼구사의삼身三口四意三.

29 축생畜生; Skt. Tiryagyoni. 저율차底栗車라 음사音寫. 방생傍生·횡생橫生이라고도 번역. 남이 길러주는 생류生類라는 뜻. 고통이 많고 즐거움이 적고 성질이 무지하여 식욕과 음욕만이 강하고, 부자 형제의 차별이 없이 서로 잡아먹고 싸우는 새·짐승·벌레·고기 따위. 그 종류는 매우 많아서 『십이유경十二遊經』에는 6400의 물고기와 4500종의 새, 2400종의 짐승이 있다고 함. 사는 곳도 물·하늘·물에 걸쳐 있음. 중생으로서 악업을 짓고 매우 어리석은 이는 죽어서 축생도에 태어난다 함.

30 살육殺戮; 사람을 마구 죽임.

| 畜類의 境界요 | 짐승류의 경계요 |

| 十에 地獄³¹法界란 | 열째 지옥법계地獄法界란 |

| 上品의 五逆과 十惡을 犯하야 | 상품上品의 5역逆과 10악惡을 범하여 |

| 寒熱³²叫喚³³의 | 춥고 뜨거움에 울부짖는(한열규환寒熱叫喚) |

| 苦를 受하는 最下의 境界라 | 고통을 받는 최하의 경계라 |

| 要컨대 感報의 | 요컨대 감응하는 결과(감보感報)의 |

| 界分에 十種이 不同할새 | 세계(계분界分)에 10종이 있어 서로 달라서 |

| 十法界라 云하나 理에 있언 | 10법계法界라 일컬으나 이치에 있어서는 |

| 單一法界에 十界를 | 단일법계單一法界에 열가지 세계를 |

| 各具하야 오직 | 각각 갖추어 오직 |

| 人法界에서 十法의 境界를 | 사람법계(인법계人法界)에서 10종의 경계를 |

| 區分하고 此를 大別하면 | 구분하고 이를 크게 나누면 |

---

31 지옥地獄; skt. naraka, niraya. 악한 짓을 한 중생이 그 과보로 받는다고 하는, 온갖 고통으로 가득 찬 생존. 나라가那落迦·니리泥犁라 음사音寫. 불락不樂·가염可厭·무유無有·무행처無幸處라 번역. 지옥은 뜻 번역. 3악도惡道의 하나. 6취趣의 하나. 중생들이 자기가 지은 죄업으로 말미암아 가서 나게 되는 지하의 감옥. 남섬부주의 아래로 2만 유순을 지나서 무간無間지옥이 있다. 길이·넓이 깊이가 각 2만 유순, 위로 1만 9천 유순 가운데에 층층으로 대초열지옥·초열지옥·대규환지옥·규환지옥·중합지옥·흑승지옥·등활지옥 등이 있고, 이것을 무간지옥과 합하여 8열熱지옥이라 함. 이 8열 지옥의 각 지옥마다 4방에 네 문이 있고, 문 밖마다 4소지옥小地獄이 있어 이것을 합하여 16유증遊增지옥이라 한다. 8열지옥까지를 모두 합하면 136개의 지옥이 있다고 함. 또 8열지옥의 주위에 알부타頞部陀·니랄부타尼剌部陀·알절타頞哳吒·확확파臛臛婆·호호파虎虎婆·올발라嗢鉢羅·발특마鉢特摩·마하발특마摩訶鉢特摩의 8한寒지옥이 있고, 이 지옥들은 염라대왕이 다스리면서 그곳에 떨어진 중생들에게 여러 가지 고통을 준다고 한다. 또 이러한 지옥과는 달리 현재 우리가 사는 세계의 산이나 넓은 들에도 지옥이 있다는데, 이것을 고독孤獨지옥이라 한다 함.

32 한열寒熱; 오한惡寒과 발열發熱.

33 규환叫喚; 큰 소리를 지르며 부르짖음.

佛究竟覺[34]의
불구경각

悟界[35]와 其他 九界[36]의
오계 　　 기타 구계

迷界[37]에 分할 뿐일새
미계　　분

迷界를 九界라고도 總稱하나니
미계　　구계　　　　총칭

理와 事가 契合하나니라
리　　사　　계합

부처님의 최상의 깨달음(불구경각佛究竟覺)의

오계悟界와 그 밖의 아홉세계(구계九界)의

어리석은 세계(미계迷界)로 나눌 뿐이어서

미계迷界를 9계九界라고도 총칭總稱하나니

이치와 현상이 계합契合하나니라

---

34 구경각究竟覺; 4각覺의 하나. 수행이 끝나서 얻은 구경의 깨달음, 곧 부처가 되는 자리. 번뇌를 완전히 소멸시켜 마침내 마음의 근원을 깨달음. ▶사각四覺; 시각始覺의 내용을 4위位로 구분한 것. 1) 불각不覺. 시각의 제 1보步로 이미 업인과보業因果報의 이치를 깨달은 지위, 아직 혹惑을 끊는 지혜가 생기지 않은 자리. 2) 상사각相似覺. 아집我執을 여의고, 아공我空의 이치를 깨달은 지위, 아직 진각眞覺을 얻지 못한 자리. 3) 수분각隨分覺. 초지初地인 정심지淨心地에 들어가 일체 모든 법은 다 유식唯識의 소현所現임을 깨달고, 법집法執을 끊고 진여 법신을 일분일분一分一分씩 깨달아 가는 지위. 4) 구경각究竟覺. 근본 무명無明을 끊고, 절대의 진각眞覺을 얻어 본각本覺 자신이 나타난 자리.

35 오계悟界; 깨달은 이의 세계.

36 구계九界; 10계 중에서 사리事理에 명철 원만한 지혜를 갖춘 불과佛果를 제하고, 그밖에 무명無明의 망집妄執을 벗어나지 못하는 지옥계·아귀계·축생계·아수라계·인간계·천상계·성문계·연각계·보살계 등.

37 미계迷界; 미迷한 세계란 뜻. 번뇌에 얽매어 3계에 유전流轉하는 중생계. 또 객관계에 미하여 5욕을 일으키는 분제分際.

⟨표71⟩ 십법계十法界

법계 法界	뜻	미오 迷悟
1. 불 佛	자각・각타・각행궁만한 경계 自覺 覺他 覺行窮滿 境界	오계 悟界
2. 보살 菩薩	무상보리를 위하여 **육도만행**을 닦는 경계 無上菩提 六度萬行 境界	
3. 연각 緣覺	열반에 들기 위하여 부처님 재세 때엔 **12인연관**을 닦고, 涅槃 在世 因緣觀 무불시대엔 숙인으로써 **인연관** 또는 꽃 지고 잎 지는 등의 외연에 인하여 독각자수하는 경계 無佛 宿因 因緣觀 外緣 因 獨覺自修 境界	미계 迷界 구계 九界
4. 성문 聲聞	부처님 재세 때엔 열반에 들기 위하여 **사제의 관법**을 닦고 在世 涅槃 四諦 觀法 무불시대엔 일체로 하여금 **불도의 말씀을 듣게 하여** 無佛時代 佛道 **삼보에 귀의케 함**이 대승성문이며 그 밖은 소승성문의 경계 三寶 歸依 大乘聲聞 小乘聲聞 境界	
5. 천 天	**상품의 십선과 선정**을 함께 닦고 천계에 태어나 정묘의 락을 받는 경계 上品 十善 禪定 天界 靜妙 樂 境界	
6. 인 人	**오계** 또는 **중품의 십선**을 닦아 인중의 고락을 받는 경계 五戒 中品 十善 人中 苦樂 境界	
7. 아수라 阿修羅	**하품의 십선**을 행하여 신통력자재를 얻은 비인의 경계 下品 十善 行 神通力自在 非人 境界	
8. 아귀 餓鬼	**하품의 오역**이나 십악을 범하여 기갈의 고를 받는 악귀의 경계 下品 五逆 十惡 犯 飢渴 苦 惡鬼 境界	
9. 축생 畜生	**중품의 오역**이나 **십악**을 범하여 잡아먹히는 고를 받는 축류의 경계 中品 五逆 十惡 犯 苦 畜類 境界	
10. 지옥 地獄	**상품의 오역**과 **십악**을 범하여 한열규환의 고를 받는 최하의 경계 上品 五逆 十惡 犯 寒熱叫喚 苦 最下 境界	

요컨대 **감보의 계분**에 십종이 같지 않으니 **십법계**
感報 界分 十種 十法界
이에 있어서는 단일법계에 십계를 각각 갖추어 오직 인법계에서 십법의 경계를 구분
理 單一法界 十界 人法界 十法 境界 區分

제10장

십신
十 身

《華嚴經》에 二種의 十身¹을 說하셨으니
　화엄경　　이종　십신　　설

一은 融三世間十身²이오
일　융삼세간십신

二는 佛具의 十身³이니
이　불구　　십신

一에 衆生身이란 六途⁴의 衆生이오
일　중생신　　육도　　중생

二에 國土身이란 六途衆生의
이　국토신　　육도중생

依處요
의처

《화엄경華嚴經》에 2종의 10신十身을 설하셨으니

첫째 융삼세간십신融三世間十身이요

둘째 부처님이 갖추신 10신(불구십신佛具十身)이니

첫째 중생신衆生身이란 6도六途 윤회의 중생衆生이요

둘째 국토신國土身이란 6도 윤회하는 중생의 의지처요

1　십신十身; 불·보살의 몸을 그 공덕에 의하여 10종으로 나눈 것. 1. 화엄종에서 행경行境의 10불 또는 불구십신佛具十身. 구경舊經 26에 보리신菩提身·원신願身·화신化身·주지신住持身·상호장엄신相好莊嚴身·세력신勢力身(위세신威勢身)·여의신如意身(의생신意生身)·복덕신福德身·지신智身·법신法身. 또는 구경舊經 37에 정각불正覺佛·원불願佛·업보불業報佛·주지불住持佛·화불化佛·법계불法界佛·심불心佛·삼매불三昧佛·성불性佛·여의불如意佛. 구경舊經 42에 무착불無著佛·원불願佛·업보불業報佛·지불持佛·열반불涅槃佛·법계불法界佛·심불心佛·삼매불三昧佛·성불性佛·여의불如意佛. 2. 화엄종에서 해경解境의 10불 또는 융삼세간십신融三世間十身. 중생신衆生身·국토신國土身·업보신業報身·성문신聲聞身·벽지불신辟支佛身(독각신獨覺身)·보살신菩薩身·여래신如來身·지신智身·법신法身·허공신虛空身. 3. 평등신·청정신·무진신·선수신·법성신·이심사신·부사의신·적정신·허공신·묘신. 보살의 계위인 10지地의 각위各位에서 얻는 법신.

2　융삼세간십신融三世間十身; 융삼세간십불融三世間十佛. ▶융삼세간십불融三世間十佛; 『화엄경華嚴經』에 말한 10종 불신佛身 중의 해경십불解境十佛. 해경의 10불은 염정불이染淨不二에 걸쳐 3세간을 융화하여 이룬 것이므로 융삼세간십불이라 함. 중생신衆生身·국토신國土身·업보신業報身·성문신聲聞身·벽지불신辟支佛身(독각신獨覺身)·보살신菩薩身·여래신如來身·지신智身·법신法身·허공신虛空身. 10불 중의 중생신은 중생세간에 의하여, 국토신國土身은 기세간器世間에 의하여, 업보신業報身은 이 2세간을 감득感得한 것. 다른 성문신聲聞身 등은 지정각智正覺세간에 의하여 세운 것.

3　불구십신佛具十身; 행경십불行境十佛. 화엄종에서 수행한 결과로 깨달아 얻는 불신佛身의 경계를 10종으로 나눈 것. 구경舊經 26에 보리신菩提身·원신願身·화신化身·주지신住持身·상호장엄신相好莊嚴身·세력신勢力身(위세신威勢身)·여의신如意身(의생신意生身)·복덕신福德身·지신智身·법신法身. 또는 구경舊經 37에 정각불正覺佛·원불願佛·업보불業報佛·주지불住持佛·화불化佛·법계불法界佛·심불心佛·삼매불三昧佛·성불性佛·여의불如意佛. 구경舊經 42에 무착불無著佛·원불願佛·업보불業報佛·지불持佛·열반불涅槃佛·법계불法界佛·심불心佛·삼매불三昧佛·성불性佛·여의불如意佛.

4　육도六途; 육도六道. 중생의 업인業因에 따라 윤회하는 길을 6으로 나눈 것. 지옥도地獄道·아귀도餓鬼道·축생도畜生道·아수라도阿修羅道·인간도人間道·천상도天上道.

三에 業報身이란 上의 二身을
生한 業因일새

以上의 三身은 染分에 屬하고

四에 聲聞身이란 諦觀[5]

等으로써 涅槃을 求하는 者요

五에 獨覺身이란 參禪 等으로써

獨覺[6] 自修하는 者요

六에 菩薩身이란 六度[7] 等으로써

菩提를 求하는 者요

七에 如來身이란 因圓果滿의

셋째 업보신業報身이란 위의 2신二身이

생기는 원인(업인業因)이므로

이상의 3신三身은 범부(염분染分)에 속하고

넷째 성문신聲聞身이란 4제법을 관찰하는

것으로써 열반涅槃을 구하는 자者요

다섯째 독각신獨覺身이란 참선參禪 등으로써

스스로 깨달음을 위해 홀로 닦아가는(독각자수獨覺自修) 자요

여섯째 보살신菩薩身이란 6바라밀(보시, 지계, 인욕, 정진, 선정, 지혜) 등으로써

깨달음을 구하는 자요

일곱째 여래신如來身이란 인과가 원만한

---

[5] 체관諦觀; 사제관四諦觀. 사제四諦를 3전12상三轉十二相 혹은 16행상十六行相으로 관관함.

[6] 독각獨覺; 1. Skt. pratyeka-buddha. Pali pacceka-buddha. 벽지불辟支佛. 발랄에가불타鉢剌翳伽佛陀라 음사音寫. 부처님 없는 세상에 나서 다른 이의 가르침을 받지 않고 홀로 깨달은 자라는 뜻. 스승 없이 홀로 수행하여 깨달은 자. 가르침에 의하지 않고 독자적으로 깨달은 자. 홀로 연기緣起의 이치를 주시하여 깨달은 자. 홀로 자신의 깨달음만을 구하는 수행자. 연각緣覺이라고도 함. 여기에는 인각유독각麟角喩獨覺과 부행독각部行獨覺의 2종이 있다. 기린의 뿔과 같이 독신으로 동무가 없는 이를 인각유독각, 몇 사람이 한 곳에 모여 수행하여 증득하는 일을 부행독각이라 한다. 부처님 없는 세상에 나서 남의 교화를 받지 않는 것은 둘이 모두 같다. 2. 독각승獨覺乘의 준말.

[7] 육도六度; 육바라밀六波羅蜜·육종정행六種正行·육행六行. Skt. ṣaṭ-pāramitā. 보살 수행의 6종 덕목德目. 보시布施·지계持戒·인욕忍辱·정진精進·선정禪定·지혜智慧. 생사의 고해를 건너 이상경理想境인 열반의 저 언덕에 이르는 여섯 가지 방편. 보살의 수행하는 바라밀법의 6종. 1) 단나바라밀檀那波羅蜜. 자비로 널리 사랑하는 행위(보시). 2) 시라바라밀尸羅波羅蜜. 불교 도덕에 계합하는 행위(지계). 3) 찬제바라밀羼提波羅蜜. 여러 가지로 참는 것(인욕). 4) 비리야바라밀毘梨耶波羅蜜. 항상 수양에 힘쓰고 게으르지 않는 것(정진). 5) 선나바라밀禪那波羅蜜. 마음을 고요하게 통일하는 것(선정). 6) 반야바라밀般若波羅蜜. 삿된 지혜와 나쁜 소견을 버리고, 참 지혜를 얻는 것(지혜).

妙覺[8]佛身이오
묘 각   불 신

八에 智身이란 佛身所具인
팔   지신   불신소구

能證의 實智요
능증   실지

九에 法身이란 佛身所具인
구   법신   불신소구

所證의 眞理일새
소증   진리

以上 六身은 淨分에 屬하고
이상 육신   정분   속

十에 虛空身이란
십   허공신

染淨 二分의 相을
염정 이분   상

離한 染淨의 所依인
이   염정   소의

周遍法界로서 無形量의
주변법계   무형량

實體라 諸相이
실체   제상

離함을 表하야 虛空이라 云함은
이   표   허공   운

融三世間十身인바
융 삼 세 간 십 신

此 十身의 第二인 國土身은 곧
차 십신   제이   국토신

國土世間의 根本이오
국토세간   근본

第一인 衆生身과 第三인 業報身 乃至
제일   중생신   제삼   업보신 내지

第六 菩薩身은 衆生世間이오
제 6 보살신   중생세간

묘각불신妙覺佛身이요

여덟째 지신智身이란 불신佛身에 갖춘 바인

능증能證의 참지혜(실지實智)요

아홉째 법신法身이란 불신佛身에 갖추어진

증명 대상(소증所證)의 진리이니

이상 6신六身은 성인聖人(정분淨分)에 속하고

열째 허공신虛空身이란

범부와 성인(염정染淨) 양쪽의 모습(상相)을

떠난 성범聖凡(염정染淨)의 의지하는 바인

주변법계周遍法界로서 형태와 질량이 없는

(무형량無形量) 실체實體라 모든 형상(제상諸相)을

여읨을 표시하여 허공虛空이라 일컬음은

융삼세간십신融三世間十身인 바

이 10신十身의 둘째 국토신國土身은 곧

국토세간國土世間의 근본根本이요

첫째 중생신과 셋째 업보신, 넷째 성문신,

다섯째 독각신, 여섯째 보살신은 중생세간

衆生世間이요

---

8   묘각妙覺; Skt. subuddhi, marvelous enlightenment. 불과佛果를 말한다. 보살 수행의 지위 점차인 52위나 41위의 마지막 지위. 등각위等覺位에 있는 보살이 다시 1품의 무명을 끊고 이 지위에 들어간다. 온갖 번뇌를 끊어버린 부처님의 자리. 바르고 원만한 부처의 깨달음. 모든 번뇌를 끊고 지혜를 원만히 갖춘 부처의 경지.

後의 四身은	나중의 4신四身(여래신, 지신, 법신, 허공신)은
正覺世間일새	바른 깨달음의 세간(정각세간正覺世間)이니
此 十身은	이 10신十身은 국토세간, 중생세간, 지정각
三世間을 融攝한	세간의 삼세간三世間을 융화포섭(융섭融攝)한
毘盧正覺의 體임으로	비로정각毘盧正覺의 바탕(체體)이므로
融三世間의 十身이라 云하고	융삼세간融三世間의 10신十身이라 일컫고
又 此 十身은 毘盧遮那佛의	또 이 10신十身은 비로자나불毘盧遮那佛의
覺體임을 解知하는	깨달음바탕(각체覺體)임을 아는
所知의 境임으로 解境의	대상의 경계(경境)이므로 해경解境의
十身이라고도 云하며	10신十身이라고도 일컬으며
此 十身中의 第七 如來身 上에	이 10신十身 중의 일곱번째 여래신如來身에

---

9 삼세간三世間; 삼종세간三種世間. 1. 1) 중생세간衆生世間. 생물들의 세계. 2) 국토세간國土世間. 생물들이 거주하는 자연 환경. 3) 오온세간五蘊世間. 중생세간과 국토세간은 색色·수受·상想·행行·식識의 작용에 지나지 않으므로 이와 같이 말함. 2. 1) 중생세간衆生世間. 생물들의 세계. 2) 기세간器世間. 생물들이 거주하는 자연 환경. 3) 지정각세간智正覺世間. 중생세간과 기세간을 교화할 부처의 세계. 3. 상캬 철학에서, 천도天道·인도人道·수도獸道를 말함.

10 비로자나불毘盧遮那佛. Skt. Vairocana. vairocana는 변조遍照라고도 번역하고, 비로자나毘盧遮那라고 음사함. 석가의 진신眞身을 높여 부르는 칭호. 비로사나불毘盧舍那佛·노자나불·자나불이라고도 한다. 산스크리트로 '태양'이라는 뜻인데, 불지佛智의 광대무변함을 상징하는 화엄종華嚴宗의 본존불本尊佛이다. 무량겁해無量劫海에 공덕을 쌓아 정각正覺을 성취하고, 연화장蓮華藏세계에 살면서 대광명을 발하여 법계法界를 두루 비춘다고 한다. 비로자나불毘盧遮那佛·노사나불盧舍那佛·석가불釋迦佛을 3신불三身佛이라 하는데, 법상종法相宗에서는 노사나불盧舍那佛·석가불釋迦佛을 수용신受用身·변화신變化身으로 쓰고, 비로자나불은 자성신自性身이라 한다. 또 천태종天台宗에서는 비로자나불·노사나불·석가불을 법신法身·보신報身·응신應身에 배치하여 설명하고 있으며, 밀교密敎에서는《대일경大日經》의 설을 계승하여 대일여래大日如來와 동체라고 한다. 우주의 참모습과 진리와 활동을 의인화한 밀교密敎의 부처. 모든 부처와 보살은 대일여래의 화신이며, 우주 그 자체가 그의 법문이라고 함. 금강계만다라金剛界曼茶羅에서는 지권인智拳印을 맺고 있고, 태장계만다라胎藏界曼茶羅에서는 법계정인法界定印을 맺고 있음.

| 十身을 立하야
| 십신 립
| 佛具의 十身이라 云하는 바
| 불구 십신 운
| 此 十身에 就하야 經中 三處[11]에
| 차 십신 취 경중삼처
| 說하신 名字가 稍異[12]하나
| 설 명자 초이
| 舊經[13] 二十六의 所說에 據하건대
| 구경 이십육 소설 거

10신十身을 세워 부처님이 갖추신 10신十身

(불구십신佛具十身)이라 일컫는 바

이 10신十身에 따라 경중經中 3곳에

설설說하신 이름이 서로 다르나

60《화엄경》(구경舊經) 26의 설한 바에

의거하건대

---

11 경중삼처經中三處; 구경舊經 26, 구경舊經 37, 구경舊經 42.

12 초이稍異; 약간 다름. 매우 다름.

13 구경舊經; 진경晉經. CE 420년경, 동진東晉시대에 불타발타佛馱跋陀(불타발타라佛馱跋陀羅 Skt. Buddhabhadra)가 양주楊州 도량사道場寺에서 418년에 번역을 시작하여 422년에 끝마친 60화엄華嚴. K-79, T-278. 그러나 이 번역은 원본인 범본에 미비한 점이 많아서 680년에 지바하라地婆訶羅(Skt. Divākara)에 의해 보충되었다. 줄여서《화엄경》이라고 하며, 별칭으로《구역화엄경舊譯華嚴經》·《육십화엄六十華嚴》·《진본화엄경晉本華嚴經》·《진경화엄경晉經華嚴經》이라고도 한다.《화엄경》은 부처님이 보리수 아래서 바른 깨달음을 이룬 지 2·7일이 되는 날, 깨달음을 이룬 자리에 그대로 앉아서 설법하신 내용을 담고 있다. 전체 34품品으로 이루어져 있으며, 설법의 장소와 모임을 기준으로 하여 34품을 일곱 곳에서 여덟 번에 걸쳐 설해졌다고 하는 7처8회七處八會로 나누고 있다. 여기서 부처님은 침묵한 채 있고 여러 보살들이 설주說主가 되어 설법하는데, 보광법당에서의 설법이 두 번이므로 7처 8회가 되는 것이다. 첫 번째 모임인 적멸도량회寂滅道場會는 제1〈세간정안품〉과 제2〈노사나불품〉이 여기에 속하는데, 보현보살이 부처님의 깨달음의 내용을 설한다. 두 번째 모임인 보광법당회는 제3〈여래명호품〉에서 제8〈현수보살품〉까지이며, 문수보살이 청정한 믿음에 대해 설한다. 세 번째 모임인 도리천궁회는 제9〈불승수미정품〉에서 제13〈초발심보살공덕품〉까지이며, 법혜보살이 10주住를 설한다. 네 번째 모임인 야마천궁회는 제14〈명법품〉에서 제18〈보살십무진장품〉까지이며, 공덕림보살이 10행行에 대해 설한다. 다섯 번째 모임인 도솔천궁회는 제19〈여래승도솔천궁일체보전품〉에서 제21〈금강당보살십회향품〉까지이며, 금강당보살이 10회향을 설한다. 여섯 번째 모임인 타화자재천궁회는 크게 둘로 나뉘는데, 제22〈십지품〉에서 제30〈불소상광명공덕품〉까지는 금강장보살이 10지地를 설한 것이고, 제31〈보현보살행품〉과 제32〈보왕여래성기품〉은 보현보살이 보살행을 설한 것이다. 일곱 번째 모임인 보광법당중회는 제33〈이세간품〉이 여기에 속하며, 보현보살이 보살행에 대해 설한다. 여덟 번째 모임인 급고독원회에서는 제34〈입법계품〉이 설해지고 있다. 여기서 첫 번째와 두 번째는 지상에서의 모임이고, 세 번째부터 여섯 번째까지는 천상에서의 모임이며, 일곱 번째와 여덟 번째는 지상에서의 모임이다. 이처럼 설법이 진행됨에 따라 모임의 장소가 점차로 상승했다가 다시 지상으로 내려오는 구성은 그 설법의 내용과 부처님의 교화의 뜻을 표상하고 있으며, 특히 다시 지상으로 내려와서 귀결하는 구성은 불교의 궁극적 목적이 지상의 오늘에 있음을 시사하는 것이라 하겠다. 그런데 총 34품으로 이루어진《화엄경》의 구성은 처음부터 그러한 완전한 형태를 갖춘 것이 아니라 각 품들이 하나 하나의 독립된 경으로 유통되던 것을 대략 4세기 무렵에 중앙아시아에서 집대성된 것으로 학자들은 추정한다. 각 품 중에서 가장 오래된 것은〈십지품〉으로, 이것은 독립된 경으로 유통된《십지경》에 해당하는데, 기원후 1세기에서 2세기 경에 성립된 것으로 보고 있다. 현재 산스크리트어 사본이 남아 있는 것은〈십지품〉

一에 菩提身이란 後에	첫째 보리신菩提身이란 나중에
正覺佛이라 云하야	정각불正覺佛이라 일컬어
梵漢이 相異할 뿐으로써	산스크리트어와 한문이 다를 뿐으로써
八相成道[14]의 正覺을 示現하신	팔상성도八相成道의 정각正覺을 나타내보이신
佛身이라 世間에 住하시되	불신佛身이라 세간世間에 머무시되
涅槃에 不着하시고	열반涅槃에 매이지 않으시고
生死에도 不着하시며	생사生死에도 매이지 않으시며
無着[15]의 도에 乘하사	집착 없는(무착無着) 도道에 오르셔

과 〈입법계품〉이다. 그런데 중국에서 60권 《화엄경》이 한역되기 이전에 60권 《화엄경》이나 80권 《화엄경》에 수용된 품과 동일한 내용의 경들이 한역되어 있었다. 화엄종華嚴宗을 대성한 법장의 『화엄경전기華嚴經傳記』에 의하면, 60권 《화엄경》이 한역되기 이전에 한역된 《화엄경》 계통에 속하는 경전은 상당수에 달한다. 그 중에서 오늘날 전해지고 있는 경전은 《도사경》·《보살본업경》·《보살십주경》·《십주단결경》·《십주경》·《점비일체지덕경》·《등목보살경》·《여래흥원경》·《도세품경》·《라마가경》이다. 60권본 《화엄경》에 대한 주석서로는 중국 화엄종의 제2조인 지엄이 지은 『수현기』와 제3조인 법장의 『탐현기』가 있으며, 이역본으로 80권 《화엄경》이 있다.

14 팔상성도八相成道; Skt. aṣṭa-buddha-kārya. Eight events(scenes, phases) of the Buddha's life. 팔상八相. 석가모니의 생애를 여덟으로 나눈 것. 1) 도솔래의상兜率來儀相. 도솔천兜率天에서 이 세상에 내려오는 모습. 2) 비람강생상毘藍降生相. 룸비니 동산에서 탄생하는 모습. 3) 사문유관상四門遊觀相. 네 성문으로 나가 세상을 관찰하는 모습. 4) 유성출가상踰城出家相. 성을 넘어 출가하는 모습. 5) 설산수도상雪山修道相. 설산에서 수도하는 모습. 6) 수하항마상樹下降魔相. 보리수菩提樹 아래에서 악마의 항복을 받는 모습. 7) 녹원전법상鹿苑轉法相. 녹야원에서 최초로 설법하는 모습. 8) 쌍림열반상雙林涅槃相. 사라쌍수沙羅雙樹 아래에서 열반에 드는 모습. 팔상八相은 경론經論에 따라 여러 설이 있음.

15 무착無着; 1. Skt. asakta, asaṅga. 집착이 없음. 2. Skt. Asaṅga. 아승가阿僧伽, 무착보살. 법상종法相宗의 종조宗祖. 불멸 후 1천년경 사람. 북인도 건타라국 부루사부라성富婁沙富羅城의 바라문 출신. 아버지는 교시가橋尸迦. 세친世親과 사자각師子覺은 그의 아우. 처음 소승화지부小乘化地部에 들어가 출가하여 빈두라賓頭羅(Piola)를 따라 소승의 공관空觀을 닦았다. 뒤에 중인도 아유차국의 강당에서 넉 달 동안 밤마다 미륵보살의 설법을 들었다. 『유가사지론瑜伽師地論』 등 5부의 대론大論은 이 때에 미륵보살이 설한 것이라 한다. 이리하여 무착은 아유차·교상미에서 법상대승法相大乘의 교리를 선양하고, 또 여러 가지 많은 논소論所를 지어 여러 대승경을 해석하였다. 『서장전西藏傳』에 의하면 75세에 왕사성에서 입적하였다. 그의 아우 세친은 본디 소승의 학자였으나, 무착의 권유에 따라 대승에 귀의하여 크게 이름을 드날렸다. 저서는 『현양성교론顯揚聖教論』 20권, 『대승아비달마집론大乘阿毘達磨集論』 7권, 『섭대승론攝大乘論』 3권, 미륵보살

正覺을 大成하셨으므로
無着佛이라 正覺佛이라고도
云하나 其意는 同하고
二에 願身이란 後云의 願佛로서
兜率天¹⁶에 生하신 願佛身이오

정각正覺을 크게 이루셨으므로
무착불無着佛이라 정각불正覺佛이라고도
일컬으나 그 뜻은 같고
둘째 원신願身이란 후에 일컫기를 원불願佛로서
도솔천에 낳으신 원불신願佛身이요

의 말을 적은 것으로 전해진 『유가사지론』 100권, 『대승장엄론』 13권이 있다. 3. (821~900) 중국 스님. 당나라 한주 문희文喜의 호. 7세에 출가하였고, 계율과 교학을 공부하였다. 당나라 선종 때에 오대산에 가서 문수보살께 예배하려던 길에 어떤 노인을 만나 "전삼삼前三三 후삼삼後三三"의 이야기를 들었다. 862년(함통3) 홍주 관음원에서 앙산 혜적을 만나 심요心要를 깨닫고 광화 3년 입적하였다. 나이는 80세. ▶부루사부라富婁沙富羅; Skt. puruṣapura의 음사. 건타라국乾陀羅國에 있던 도시 이름. 지금의 펀자브Punjab 북쪽, 카불Kabul 동쪽에 있는 페샤와르Peshawar.

16 도솔천兜率天; Skt. Tuṣita-deva. 육욕천六欲天 가운데 제4천. 도사다覩史多·투슬다闘瑟哆·도솔타兜率陀·도술兜術·도솔타천兜率陀天·도술천兜術天이라고도 음사하며, 상족上足·묘족妙足·희족喜足·지족知足·지족천知足天이라 번역. 수미산의 꼭대기서 12만 유순 되는 곳에 있는 천계天界로서 7보寶로 된 궁전이 있고 한량없는 하늘 사람들이 살고 있고, 여기에는 내·외의 2원院이 있다고 한다. 외원外院은 천중천衆의 욕락처欲樂處이고, 이 하늘은 아래에 있는 사왕천·도리천·야마천이 욕정에 잠겨 있고, 위에 있는 화락천·타화자재천이 들뜬 마음이 많은데 대하여, 잠기지도 들뜨지도 않으면서 5욕락에 만족한 마음을 낸다. 내원內院은 석가도 현세에 태어나기 이전에 이 도솔천에 머물며 수행했다고 하며, 현재는 미륵보살의 정토라 한다. 미륵은 여기에 있으면서 설법하여 남섬부주南贍部洲에 하생하여 성불할 시기를 기다리고 있다. 그 보살은 먼 미래에 이 세계에 다시 태어나 화림원華林園의 용화수龍華樹 아래에서 성불하여 미륵불이 된다고 함. 이 때 미륵이 내려온 인간세상은 이상적인 세상이 되고 세상의 모든 사람을 교화시켜 성인이 되게 하고 열반에 든다고 한다. 따라서 도솔천은 미륵보살의 정토淨土로서, 정토신앙과 밀접한 관계가 있다. 이러한 미륵보살 신앙은 우리나라 불교역사에서 삼국시대에 크게 융성하였다. 신라시대 원효는 도솔천에서 왕생할 수 있는 수행방법을 제시하였고 특히 백제 무왕은 미륵보살이 인간세상에 하생하기를 바라는 마음에서 익산에 미륵사彌勒寺를 세웠다고 전한다. 이 하늘 사람의 키는 2리, 옷 무게는 1수銖 반, 수명은 4천세. 인간의 4백세가 이 하늘의 1주야라고 함. ▶육욕천六欲天; 육천六天. 천은天은 신神들이 사는 곳이라는 뜻. 욕계에 있는 여섯 천天. 1) 사왕천四王天. 사천왕四天王과 그 권속들이 사는 곳. 곧, 수미산 중턱의 동쪽에 있는 지국천持國天, 남쪽에 있는 증장천增長天, 서쪽에 있는 광목천廣目天, 북쪽에 있는 다문천多聞天을 일컬음. 2) 도리천忉利天. 도리忉利는 Skt. trāyastriṃśa의 음사로 33이라는 뜻. 33신神들이 사는 곳. 수미산 정상에 있으며, 중앙에 왕인 제석帝釋이 있고 사방의 봉우리에 각각 8신神이 있어 33신. 3) 야마천夜摩天. 야마夜摩는 Skt. yāma의 음사. 시분時分이라 번역. 이곳에 있는 신神들은 때때로 즐거움을 누린다고 함. 4) 도솔천兜率天. 도솔兜率은 Skt. tuṣita의 음사. 묘족妙足·지족知足이라 번역. 이곳에는 내원內院과 외원外院이 있는데, 내원에는 미륵보살이 수행중이고 외원에는 신神들이 흡족해 하면서 살고 있다고 함. 그 보살은 먼 미래에 이 세계에 다시 태어나 화림원華林園의 용화수龍華樹 아래에서 성불하여 미륵불이 된다고

三에 化身이란 後云의 化佛 또는
涅槃佛로서 王宮에 生하신
化身인 바 化란 涅槃을
必示함으로써요
四에 住持身이란 後云의
住持佛 또는 持佛로서
滅後엔 法身舍利[17]로써
佛法을 住持함이오
五에 相好莊嚴身이란
後云의 業報佛로서
無邊의 相好로써 莊嚴하는 佛身인 바
此는 곧 萬行의 業因[18]에 應酬[19]한 功德인
業報의 佛身이오
六에 勢力身이란 後云의
心佛로서 佛의 慈心으로써 一切를
攝伏하심일새요
七에 如意身이란 新譯의

셋째 화신化身이란 나중에 화불化佛 또는
열반불涅槃佛이라 하였고 왕궁에 낳으신
화신化身인 바 화化란 열반涅槃을
반드시 보임으로써요
넷째 주지신住持身이란 나중에 일컫기를
주지불住持佛 또는 지불持佛로서
부처님 열반후엔 법신사리法身舍利로써
불법佛法을 안주하여 보존(주지住持)함이요
다섯째 상호장엄신相好莊嚴身이란
나중에 일컫기를 업보불業報佛로서
가없는 상호相好를 지닌 불신佛身인 바
이는 곧 만행萬行을 베풀어 얻은 공덕인
업보業報의 불신佛身이요
여섯째 세력신勢力身이란 나중에 일컫기를
심불心佛로서 부처의 자비심으로써 일체를
포섭하여 다스리는 까닭이요
일곱째 여의신如意身이란 새 번역의

함. 5) 낙변화천樂變化天. 이곳에 있는 신神들은 바라는 대상을 스스로 만들어 놓고 즐긴다고 함. 6) 타화자재천他化自在天. 이곳에 있는 신神들은 바라는 대상을 스스로 만들어 놓고 즐길 뿐만 아니라 다른 신들이 만들어낸 대상도 자유롭게 즐긴다고 함.

17 법신사리法身舍利; 법사리法舍利라고도 함. 부처님이 말씀하신 깊고 미묘한 교법.
18 업인業因; 또는 인업因業. 고락苦樂의 과보를 받을 원인인 선악의 행위.
19 응수應酬; 상대편이 한 말이나 행동을 받아서 마주 응함. [유의어] 대수, 응답, 대응.

意生身이오 後云의	의생신意生身이요 나중에 일컫기를
如意佛로서 地前[20] 地上[21]의	여의불如意佛로서 보살 10지 이전과 10지의
菩薩에 對하사 如意 現示하시는	보살에 대하서 뜻대로 나타내 보이시는
佛身이오	불신佛身이요
八에 福德身이란 後云의	여덟째에 복덕신福德身이란 나중에 일컫기를
三昧佛로서 三昧에	삼매불三昧佛로서 삼매三昧에
常住하심이니 三昧는 곧 最上의	항상 머무심이니 삼매三昧는 곧 최상의
福德임으로써요	복덕福德임으로써요
九에 智身이란 後云의	아홉째 지신智身이란 나중에 일컫기를
性佛[22]로서 四智 等	성불性佛로서 성소작지, 묘관찰지,
	평등성지, 대원경지의 사지四智 등
本有의 性德[23]을 具하심으로써요	본유本有의 성덕性德을 갖추심으로써요
十에 法身이란 後云의	열째 법신法身이란 나중에 일컫기를
法界佛로서 智身 所了의	법계불法界佛로서 지신智身이 요해할 바의
本性인 바	본성本性인 바
此를 法·應·化 三身에 配하면	이를 법法·응應·화化 삼신三身에 짝지으면

---

20 지전地前; 십지十地의 초지初地 이전 지위, 곧 보살菩薩이 수행하는 계위階位인 오십이위五十二位 중에서, 십지十地 이전의 십회향十廻向·십행十行·십주十住·십신十信 등을 말함.

21 지상地上; 보살 수행의 계단인 52위 가운데 10지의 초지初地 이상.

22 성불性佛; 천태종의 말. 행경行境 10불의 하나. 변치 않는 진성眞性을 밝게 비추어 보는 지혜를 체성으로 하는 불.

23 성덕性德; 천태종의 말. 만유는 다 각각 저마다 본성에 선·악, 미迷·오悟 등 여러 가지 성능을 갖추었다는 뜻. ↔수덕修德.

法身과 智身은 法身이요

勢力身・如意身・住持身・

菩提身은 應身이요

化身・相好莊嚴身・願身・

福德身은 化身이며

또 此十身을 上의 解境十身에

對하야 行境十身이라 云하니

修行하야써 感得하는 佛의

十身임으로써니라

법신法身과 지신智身은 법신法身이요

세력신勢力身・여의신如意身・주지신住持身・

보리신菩提身은 응신應身이요

화신化身・상호장엄신相好莊嚴身・원신願身・

복덕신福德身은 화신化身이며

또 이 10신十身을 위의 해경십신解境十身에

대하여 행경십신行境十身이라 일컬으니

수행修行해서 느끼고 알게 되는 불佛의

10신十身임이기 때문이니라

- **십신十身**(ten bodies of the Buddha. Skt. daśa-kāya)

  2종 10신(Two sets of ten bodies / 화엄경華嚴經 Avataṃsaka-sūtra)

  ▶**융삼세간십신融三世間十身**(The ten bodies of the realm of understanding, associated with Vairocana Buddha.); 삼세간을 융섭한 비로정각의 체體

  =**해경解境십신**; 비로각체임을 아는 소지所知의 경境

〈표72〉 융삼세간십신融三世間十身

융삼세간십신(해경십신)	뜻	염정染淨
1. 중생신 衆生身 sentient being body	6도 중생 六途	염분 染分
2. 국토신 國土身 lands body; (Skt. kṣetra-kāya)	6도 중생의 의처 依處	
3. 업보신 業報身 karma-reward body	중생신과 국토신의 업인 業因	
4. 성문신 聲聞身 śrāvaka-body;(Skt. śrāvaka-kāya)	4제관으로 열반 구함 諦觀	정분 淨分
5. 독각신 獨覺身 pratyekabuddha body (Skt. pratyekabuddha-kāya)	참선 등으로 독각자수함 獨覺自修	
6. 보살신 菩薩身 bodhisattva body;(Skt. bodhisattva-kāya)	6도로 보리 구함 六度	
7. **여래신** 如來身 tathāgata-body;(Skt. tathāgata-kāya)	인원과만의 묘각불신 因圓果滿　妙覺佛身	
8. 지신 智身 wisdom body;(Skt. jñānakāya)	불신소구인 능증실지 佛身所具　能證實智	
9. 법신 法身 dharma-body (Skt. dharmakāya)	불신소구인 소증진리 佛身所具　所證眞理	
10. 허공신 虛空身 body of absolute space	염정의 소의인 주변법계, 染淨　所依 (허공; 제상이 이함을 표함) 虛空　諸相　離　表	무형량의 실체 無形量

▶ **불구십신佛具十身**(The ten bodies of the realm of practice; The ten perfect buddha-bodies; The ten characteristics of Buddha)

(융삼세간십신 중 7. **여래신如來身을 다시 세분**)

=**행경십신行境十身**; 수행하여 감득感得하는 불의 10신

<표73> 불구십신佛具十身

불구십신(행경십신)	뜻	법응화
1. 보리신=정각불=무착불 菩提身 the enlightenment body, the manifestation of a buddha-body attaining enlightenment	8상성도의 정각을 보이신 불신, 생사열반에 불착하므로 무착불 不着	응신 應身
2. 원신=원불 願身 願佛 vow body, aspiring to be born in Tuṣita Heaven	도솔천에 생하신 원불, 원불신 願佛 願佛身	화신 化身
3. 화신=화불=열반불 化身 transformation body	왕궁에 태어난 화신, 화신은 반드시 열반을 보임. 涅槃	
4. 주지신=주지불=지불 住持身 持佛 retaining body	멸후 법신사리로 불법을 주지함. 佛法	응신 應身
5. 상호장엄신=업보불 相好莊嚴身 body adorned with excellent physical characteristics	무변의 상호로 장엄한 불신, 만행 업인의 萬行 業因 응수공덕인 업보불신, 應酬 業報	화신 化身
6. 세력신=심불 勢力身 心佛 body of power	불의 자심으로 일체를 포섭항복 받음 慈心	응신 應身
7. 여의신=의생신=여의불 如意身 意生身 body manifested at will	지전 지상 보살에 대해 뜻대로 현신함	
8. 복덕신=삼매불 福德身 body of merit and virtue	최상복덕인 삼매에 상주 常住	화신 化身
9. 지신=성불 智身 性佛 wisdom body	4지의 성덕을 갖춤, 四智 性德	법신 法身
10. 법신=법계불 法身 法界佛 dharma body, the quintessential buddha-body.	지신 소료의 본성 智身所了 本性	

〈표74〉 구경舊經(60화엄) 3처處에 나타난 불구십신의 명칭대비

구경 26 舊經	구경 37 舊經	구경 42 舊經
보리신 菩提身	정각불 正覺佛	무착불 無著佛
원신 願身	원불 願佛	원불 願佛
화신 化身	화불 化佛	열반불 涅槃佛
주지신 住持身	주지불 住持佛	지불 持佛
상호장엄신 相好莊嚴身	업보불 業報佛	업보불 業報佛
세력신(위세신) 勢力身 威勢身	심불 心佛	심불 心佛
여의신(의생신) 如意身 意生身	여의불 如意佛	여의불 如意佛
복덕신 福德身	삼매불 三昧佛	삼매불 三昧佛
지신 智身	성불 性佛	성불 性佛
법신 法身	법계불 法界佛	법계불 法界佛

〈표75〉 법法, 응應, 화化 3신三身과 불구십신佛具十身

3신 三身		불구십신=행경십신 佛具十身　行境十身
법신 法身	9. **지신**=성불 　　智身　性佛	4지의 성덕을 갖춤 四智　性德
	10. **법신**=법계불 　　法身　法界佛	지신 소료의 본성 所了　本性
응신 應身	1. **보리신**=정각불=무착불 　　菩提身	8상성도의 정각을 보이신 불신, 생사열반에 불착 不着
	4. **주지신**=주지불=지불 　　住持身　　　　持佛	멸후 법신사리로 불법을 주지함 佛法　住持
	6. **세력신**=심불 　　勢力身　心佛	불의 자심으로 일체를 포섭항복(섭복)받음 慈心　　　　　　　攝伏
	7. **여의신**=의생신=여의불 　　如意身　意生身	지전 지상 보살에 대해 뜻대로 현신함
화신 化身	2. **원신**=원불 　　願身　願佛	도솔천에 생하신 원불신 願佛身
	3. **화신**=화불=열반불 　　化身	왕궁에 태어난 화신
	5. **상호장엄신**=업보불 　　相好莊嚴身	만행 업인의 응수공덕인 업보불신, 무변의 상호로 萬行　　應酬　　業報 장엄한 불신
	8. **복덕신**=삼매불 　　福德身	최상복덕인 삼매에 상주 常住

❖ **삼종세간三種世間=삼세간三世間** (three types of worlds, three container worlds)

In the Da zhidu lun they are; 1) the sentient world 중생세간衆生世間, 2) world of the five aggregates 오음세간五陰世間, and 3) the insentient world 국토세간國土世間.『대지도론大智度論』

In the Huayan jing su they are; 1) the sentient world 중생세간衆生世間, 2) the insentient world 기세간器世間, and 3) the enlightened world 지정각세간智正覺世間.『화엄경탐현기華嚴經探玄記』

In Sāṃkhya, they are; 1) the heavenly world 천상天上, 2) the human world 인간人間, and 3) the animal world 수도獸道.

〈표76〉 삼종세간三種世間=삼세간三世間

	대지도론 大智度論 Da zhidu lun	화엄경탐현기 華嚴經探玄記 Huayan jing su	화엄경 華嚴經	수론학파 數論學派 Sāṃkhya
			융삼세간십신	
1	중생세간 衆生世間 the sentient world	중생세간 衆生世間 the sentient world	1.중생신 3.업보신 4.성문신 5.독각신 6.보살신	천상 天上 the heavenly world
2	5음세간 五陰世間 world of the five aggregates	기세간(국토세간) 器世間(國土世間) the insentient world	2.국토신	인간 人間 the human world
3	국토세간 國土世間 the insentient world	지정각세간 智正覺世間 the enlightened world	7.여래신 8.지신 9.법신 10.허공신	수도 獸道 the animal world

▶「화엄경탐현기」와《화엄경》의 대비는 가능하나,『대지도론』, 수론학파의 삼종세간은「화엄경탐현기」의 삼종세간과 대비할 수 없음.

제11장

진여
眞 如

眞如¹란 梵音²의   진여眞如란 산스크리트어의

部多多他多³로서   부다다타다部多多他多(Bhūtatathatā)로서

《金剛經》의 梵本에   《금강경金剛經》의 산스크리트어본에

眞如性⁴이라 譯하니   진여성眞如性이라 번역하니

眞⁵이란 眞實⁶의 義요   진眞이란 진실眞實의 뜻이요

1 진여眞如; Skt. tathatā. 진실여상眞實如常. 거짓이 아닌 진실이란 뜻과 변천하지 않는 여상如常하다는 뜻으로 진여라 함. 1. 모든 현상의 있는 그대로의 참모습. 차별을 떠난, 있는 그대로의 참모습. 2. 있는 그대로의 본성·상태. 3. 궁극적인 진리. 변하지 않는 진리. 진리의 세계. 4. 모든 분별과 대립이 소멸된 마음 상태. 깨달음의 지혜. 부처의 성품. 5. 우주 그 자체. 6. 중생이 본디 갖추고 있는 청정한 성품. 진여에 대한 학설에도 여러 가지가 있다. 1) 지론종에서는 아뢰야식과 진여는 같은 것이라 하고, 2) 섭론종에서는 제8 아뢰야식밖에 제9 암마라식을 따로 세워 진여를 설명하고, 3) 유식종에서는 만유가 전개되는 모양을 설명할 때에 제8 아뢰야식을 세워서 진여는 그 실성이며, 생멸 변화가 없는 응적잠연凝寂湛然한 것이라 하고, 4)『대승기신론』에서는 진여란 잠연 적정한 무활동체無活動體가 아니고, 이것이 무명의 연을 만나면 진여의 체가 온통 그대로 일어나 생멸 변화하는 만유가 되는데 그렇다 해도 진여의 자체는 조금도 달라지거나 변하는 것이 아니라 하여, 이것을 물과 파도에 비유하여 그 두가지 사이의 소식을 설명하고 있음. 또 이것을 7진여·10진여·6무위 등으로 나눈다. 이것은 진여의 자체가 절대적 실재라고 인정하는 것은 같으나, 그 공덕상과 그것을 증득하는 과정에 따라 구별. 또 경·논에는 진여의 다른 이름으로 법계法界·법성法性·평등성平等性·실제實際·허공계虛空界·부사의계不思議界·무상無相·승의勝義·실상묘유實相妙有·여여如如·불성佛性·여래장如來藏·중도中道·제일의제第一義諦 등을 말함.

2 범음梵音; 범성梵聲·범음성梵音聲. 1. 맑고 깨끗한 음성이란 뜻으로 불·보살의 음성. 곧 교법을 말씀하시는 소리. 부처의 맑은 음성. 부처의 설법. 2. 경 읽는 소리. 3. 4법요法要의 하나. 법회를 할 때에 꽃을 흩어 뿌린 다음에 "시방소유승묘화十方所有勝妙華" 등의 게송을 소리 지어 부르며, 깨끗하고 아담한 목소리로 3보에게 공양하는 것. 여래의 범음은 시방十方에 두루 들리고, 그 음성을 듣는 이는 모두 도과道果를 얻는다고 하므로 법회할 때는 이 범음으로써 불·보살에게 공양하는 것. 4. 범천梵天의 음성. 5. 범패梵唄와 같음.

3 부다다타다部多多他多; Skt. bhūta-tathatā. 진여眞如. 또는 자성청정심自性淸淨心(self-existent pure mind), 실상實相(reality), 법계法界(Dharma-realm), 법성法性(Dharma-nature), 공空(emptiness), 불공不空(non-emptiness), 무상無相(formless), 무생無生(uncreated), 무성無性(without nature).

4 진여성眞如性; Skt. tathatā. 진여의 자성自性. 진실하여 변하지 않음.

5 진眞; 허망하지 않고 진실함.

6 진실眞實; 1. 교법에서 진眞에 들어가게 하기 위하여 베푼 방편이 아닌, 영구 불변하는 실의實義를 말한 것. ↔방편·권가權假. 2. 실제로 수행하는데 있어 몸과 입이 어긋나지 않고 생각과 말이 위반되지 않고 뜻과 말과 행동이 서로 일치하여 거짓이 없음.

如[7]란 如常[8]의 義라
여 여상   의

諸法의 體性[9]이 虛妄을 離한
제법   체성   허망   이

眞實임으로써 眞이오
진실   진

眞性[10]이 常住하야
진성   상주

不變不改임으로써 如니
불변불개   여

或은 圓成實性[11]이라 法性[12]이라
혹   원성실성   법성

實相[13]이라 佛性[14]이라,
실상   불성

여여란 여상如常의 뜻이라

만물의 본성품(체성體性)이 허망함을 떠난

진실眞實임으로써 진眞이요

진실한 성품(진성眞性)이 항상 머물러

변하거나 바뀌지 않음으로써 여如니

혹은 원성실성圓成實性이라 법성法性이라

실상實相이라 불성佛性이라,

---

7   여여; Skt. tathatā. 1. 분별이 끊어져 마음 작용이 일어나지 않는 상태. 분별이 끊어져, 있는 그대로 대상이 파악되는 마음 상태. 현상 그대로의 모양. 으레 그렇다(법이여연法爾如然)는 것을 말하는 경우. 2. 차별을 떠난, 있는 그대로의 모습. 평등하여 차별이 없다는 뜻. 일여一如·여동如同이라 말하는 경우. 3. 모든 현상의 본성. 시간·공간을 초월하여 변하지 않은 자체. 제법諸法의 본체本體. 이체理體·이성理性·진여眞如 등을 말하는 경우. 4. 사물이 서로 비슷한 것을 표하는 경우 등에 쓰는 말.

8   여상如常; 항상 변하지 않음.

9   체성體性; 물건의 본질을 체라 하고, 체가 변하여 고쳐지지 않는 것을 성이라 하니, 체가 곧 성. 1. 변하지 않는 본성이나 실체. 2. 본래 갖추고 있는 성품.

10 진성眞性; 1. 있는 그대로의 본성·상태. 2. 모든 현상의 있는 그대로의 참모습. 3. 집착이 없는 청정한 성품.

11 원성실성圓成實性; Skt. pariniṣpanna-svabhāva. 3성性의 하나. 원만히 성취한 진실한 자성. 진여眞如를 말함. 진여의 자체는 우주에 가득하여 있지 아니한 데가 없고, 생멸 변화하지 않고, 인연으로 성립된 허망한 존재가 아님. 이 세 뜻을 갖춘 것은 진여뿐이므로 이렇게 이름. [동의어] 성취상成就相, 성취성成就性, 제일의상第一義相, 진실상眞實相, 진실성眞實性, 진실성상眞實性相.

12 법성法性; Skt. Dharmatā. 항상 변하지 않는 법의 법다운 성품. 모든 법의 체성體性. 곧 만유의 본체. 진여眞如·실상實相·법계法界 등이라고도 함. 있는 그대로의 본성·상태. 모든 현상의 있는 그대로의 참모습. 변하지 않는 진실·진리.

13 실상實相; 당상當相. Skt. tattvasya-lakṣaṇam. True form of things as they are. True original nature. Reality; real aspect. The unchanging, equal reality-principle. 1. 모든 현상의 있는 그대로의 참모습. 대립이나 차별을 떠난 있는 그대로의 참모습. 2. 모든 현상의 본성. 3. 궁극적인 진리. 변하지 않는 진리. 4. 집착을 떠난 청정한 성품.

14 불성佛性; Skt. buddhatva. Pali buddhatta. 1. 모든 중생이 본디 가지고 있는, 부처가 될 수 있는 성질. 부처를 이룰 근본 성품. 미迷·오悟에 의하여 변하는 일이 없이, 본래 중생에게 갖추어진 부처될 성품. 곧 중생이 성불할 가능성. 일반으로 대승불교는 성불을 주로 하므로 소승불교보다는 불성을 중요하게 본다. 그러나 어떤 종류의 사람이 성불할 수 있느냐 하는 것은 원시불교 때부터 문제가 되었음. 특히 대승에서는 불성

如來藏[15]이라, 法界[16]라,
法身[17]이라, 自性淸淨心[18]이라고도
云하나 同體異名[19]인 바
『起信論[20]』에 所謂

여래장如來藏이라, 법계法界라,

법신法身이라, 자성청정심自性淸淨心이라고도

일컬으나 모두 같은 것의 다른 이름

(동체이명同體異名)인 바

『기신론起信論』에 이른바

이 온갖 중생에게 보변普遍하였는가, 아닌가의 두 가지 처지에서 중요한 의논을 일으킴. 유식종에서는 5성性이 각각 다르다고 말하여, 원칙적으로 본래 부처가 될 종성種性과, 되지 못할 것과의 구별이 있다고 주장한다. 이불성理佛性으로는 누구라도 법성法性의 이리를 본체로 한 것이므로 모두 불성을 갖추었으나, 행불성行佛性으로는 불성을 갖춘 것과 갖추지 못한 것이 있다고 함. 이에 대하여 일성개성설一性皆成說은 어떠한 기류機類라도 불성을 갖추지 않은 것이 없다고 하는 불성의 본구보변本具普遍을 주장하여 천제闡提도 성불한다고 함. 불성이 보변한 것이라면 그 불성의 개발은 필연이냐, 우연이냐 하는 문제가 일어나게 되니, 그 설명으로서 3불성·3인불성·5불성 등을 세움. 2. 진리를 깨달은, 부처의 본성. 3. 곧 깨달은 마음을 말한다.

15 여래장如來藏; Skt. tathāgata-garbha. 미계迷界에 있는 진여. 미계의 사물은 모두 진여에 섭수되었으므로 여래장이라 함. 진여가 바뀌어 미계의 사물이 된 때는 그 본성인 여래의 덕이 번뇌 망상에 덮이게 된 점으로 여래장이라 함. 또 미계迷界의 진여는 그 덕이 숨겨져 있을지언정, 아주 없어진 것이 아니고 중생이 여래의 성덕性德을 함장含藏하였으므로 여래장이라 함. 이것은 장藏에 대하여 소섭所攝·음부陰覆·능섭能攝의 세 뜻으로 설명함. ▶장리藏理; 여래장如來藏의 실리實理.

16 법계法界; Skt. dharma-dhātu의 번역. 달마타도達摩馱都라 음사. 3종의 뜻이 있다. 1. 계界는 인因이란 뜻, 법法은 성법聖法이니, 성법을 내는 원인이 되는 것. 곧 진여眞如. 2. 계는 성性이란 뜻. 법은 일체 모든 법이니, 만유 제법의 체성이 되는 것. 곧 진여. 3. 계는 분제分齊란 뜻. 법은 모든 법이니 분제가 서로 같지 않은 모든 법의 모양. 곧 만유 제법을 포함하여 말함.

17 법신法身; Skt. dharma-kāya. 1. 삼신三身의 하나. 진리 그 자체, 또는 진리를 있는 그대로 드러낸 우주 그 자체. 비로자나불과 대일여래가 여기에 해당함. 2. 부처가 설한 여러 가지 가르침. 3. 부처가 갖추고 있는 십력十力·사무외四無畏 등의 여러 가지 뛰어난 능력. 4. 부처의 성품을 유지하는 주체. 모든 분별이 끊어진 지혜를 체득한 주체. 있는 그대로 대상을 직관하는 주체. 5. 있는 그대로의 진실한 모습. 6. 중생이 본래 갖추고 있는 청정한 성품.

18 자성청정심自性淸淨心; Skt. prakṛti-pariśudda-citta, 본래부터 저절로 갖추고 있는 청정한 마음.

19 동체이명同體異名; 몸은 같으나 이름이 다름.

20 대승기신론大乘起信論; Skt. Mahāyāna-śraddhôtpāda śāstra. 기신론起信論. 마명馬鳴(Aśvaghoṣa) 지음. 다섯 부분으로 구성되어 있는데, 제1 인연분因緣分에서는 이 논을 짓게 된 이유를 말하고, 제2 입의분立義分에서는 일심一心, 진여문眞如門과 생멸문生滅門의 이문二門, 체體·상相·용用의 삼대三大를 제시하고, 제3 해석분解釋分에서는 일심을 진여문과 생멸문으로 나누고, 진여문에서는 마음의 청정한 면을 묘사

眞生[21]未分의 진생 미분	진여문과 생멸문이 나뉘기 이전의 참성품
	그대로(진생미분眞生未分)의
一心[22]인 一眞如[23]가 是요 일심 일진여 시	일심一心인 일진여一眞如가 이것이요
二眞如라 함은 多種이 有하니 이진여 다종 유	이진여二眞如라 함은 여러 가지가 있으니
一엔 隨緣眞如[24]와 不變眞如[25]로서 일 수연진여 불변진여	첫째 수연진여隨緣眞如와 불변진여不變眞如
無明의 緣에 隨하야 무명 연 수	로서 무명無明의 인연에 따라
九界의 妄法[26]을 起할새 구계 망법 기	9계九界의 망녕된 법(망법妄法)을 일으키므로
隨緣眞如요 隨緣하야 수연진여 수연	수연진여隨緣眞如요, 인연에 따라

하고 생멸문에서는 아뢰야식阿賴耶識의 각覺과 불각不覺, 훈습熏習 등을 서술하여 마음의 염정染淨을 밝힌 다음, 그릇된 집착을 소멸시키는 방법과 발심發心에 대하여 논함. 제4 수행신심분修行信心分에서는 사신四信·오행五行·타력염불他力念佛을 설하고, 제5 권수이익분勸修利益分에서는 이 논을 믿고 수행하기를 권함. 두 가지 번역이 있음. 1) 1권. K-616, T-1666. 1권. 양梁의 진제眞諦(Paramârtha) 번역. 2) K-623, T-1667. 2권. 당唐의 실차난타實叉難陀(Śikṣānanda) 번역.

21 진생眞生; 진생이문眞生二門. 마명馬鳴 보살이 지은 『대승기신론』에 말한 심진여문心眞如門·심생멸문心生滅門. 곧 일심一心의 두 가지 방면. 만유의 본체인 진여의 방면과 생멸 변화하는 온갖 현상의 방면.
22 일심 一心; Skt. svacitta-mātra; eka-agra; eka-citta. 1. 대립이나 차별을 떠난 평등한 마음. 만유의 실체인 진여眞如. 『기신론』에서는 일심을 세워 만유의 본체인 진여의 모양과 만유가 전개하는 상태를 설명하고, 『화엄경』에서는 3계三界가 별법別法이 아니고, 오직 일심으로 된 것이라 함. 2. 한 곳에 집중하여 산란하지 않는 마음. 통일된 마음. 3. 중생이 본래 갖추고 있는 청정한 성품. 4. 우리들 평상시의 마음. 천태종天台宗에서 일심삼관一心三觀의 교리를 말한 것은 우리들 평상시의 심념心念에 대하여 3제諦의 도리를 관하는 것. 5. 아뢰야식阿賴耶識.
23 일진여一眞如; 진여문과 생멸문이 나뉘기 이전의 참성품 그대로(진생미분眞生未分)의 일심一心.
24 수연진여隨緣眞如; 마음의 본성인 진여와 법성이 여러 가지 연緣에 따라 작동하는 것. 진여 곧 우주의 본체는 불변 부동하는 것이나, 마치 물이 외연外緣인 바람에 의하여 물결이 일어남과 같이, 외부의 무명인 연에 응하여 삼라만상을 내고, 또 물결이 물의 성질을 잃지 아니함과 같이, 삼라만상의 사상事相은 마침내 불변하는 진여의 성을 변한 것은 아니다. 그리하여 만법이 곧 진여요, 진여가 곧 만법인 것이다. 이 외연에 의하여 만법을 내는 부문에서 진여를 수연이라 함. ↔불변진여不變眞如.
25 불변진여不變眞如; 진여를 말함. 진여는 연緣을 따라서 만유를 내기는 하나, 그 본체는 시간과 공간을 초월한 불생불멸하는 무위상주無爲常住한 것. 그 변하지 않는 쪽에서 보는 진여. ↔수연진여隨緣眞如.
26 망법妄法; 우리의 일상적 언어와 관념은 '실체적 존재가 아닌 것을 지칭하는' 속제로서 허망한 법(망법妄法)이라고도 한다. 실체적 존재가 아닌 것은 물론 인연에 의해 생기하기 때문이다.

妄法을 成하되 그 眞性²⁷은
망법   성   진성

不變할새 不變眞如라
불변   불변진여

隨緣의 義邊으론 眞如가
수연   의변   진여

곧 萬法이오
   만법

不變의 義邊으론 萬法이
불변   의변   만법

곧 眞如람이니
   진여

華嚴終敎와 天台別敎²⁸
화엄종교   천태별교

已上의 所談이오
이상   소담

二엔 空²⁹眞如와 不空³⁰眞如로서
이   공 진여   불공   진여

망법妄法을 이루되 그 진성眞性은

변하지 않으므로(불변不變) 불변진여不變眞如라

수연隨緣의 입장에서는 진여眞如가

곧 만법萬法이요

불변不變의 입장에서는 만법萬法이

곧 진여眞如라 하는 것이니

화엄종교華嚴終敎와 천태별교天台別敎

이상에서 말하는 바이요

둘째 공진여空眞如와 불공진여不空眞如로서

---

27 진성眞性; 1. 있는 그대로의 본성·상태. 2. 모든 현상의 있는 그대로의 참모습. 3. 집착이 없는 청정한 성품.

28 별교別敎; 1. 천태종의 교판敎判에서, 보살만을 위한 가르침. 화법化法 4교교의 하나. 천태종에서 석존이 3계 밖의 둔근 중생들에게 대하여 만유는 우리의 미혹한 소견에 보이는 사방면事方面에서는 차별이 있지만, 이理 방면으로 보면 평등하여 차별이 없으므로 이 미견迷見을 벗어나서 평등한 이치를 깨달으라고 가르치신 교법. 이 교敎는 전의 장교藏敎·통교通敎가 3계 안의 좁은 세계관에 입각한 것임에 대하여, 3계 밖의 넓은 세계관에 위치하고, 또 차별한 사상事象을 평등한 이체理體에 돌려 보내어 사리事理의 상즉相卽을 말하는 것. 오히려 뒤의 원교圓敎와 같이 융통 무애한 이치에는 이르지 못했고, 또 장교·통교·원교와는 다른 교이므로 별교라 함. 2. 별교일승別敎一乘의 준말.

29 공空; Skt. śūnya. 순야舜若라 음사. 1. 유가 아니란 뜻. 고유한 실체가 없고 자성自性이 없는 것. 항상 독자적으로 존속하는 실체가 없음. 고정된 경계나 틀이 없음. 불교에서 말하는 공의 종류는 매우 많으나 이를 크게 나누면, 실답지 않은 자아自我에 실재實在라고 인정하는 미집迷執을 부정하도록 가르치는 아공我空과, 나와 세계를 구성하는 요소에 대하여 항상 있는 것이라고 인정하는 미집을 부정하도록 가르치는 법공法空의 두 가지가 있음. 2. 차별과 분별로써 인식된 대상은 관념일 뿐 실재하지 않는다는 뜻. 가치나 감정이 부여된 인식 대상은 인식 주관이 조작한 허구일 뿐 존재하지 않는다는 뜻. 분별에 의해 인식 주관에 드러난 대상은 허구라는 뜻. 3. 잇달아 일어나는 분별과 망상이 끊어진 상태. 번뇌와 분별이 소멸된 상태. 분별과 차별을 일으키는 마음 작용이 소멸된 상태. 4. Skt. ākāśa 허공. 물건이 없는 곳. 보통 말하는 공간·공허·공무空無의 뜻. ▶공문空門; 불교를 말함. 불교는 공空의 사상으로서, 그 전체를 꿰뚫은 근본 뜻을 삼는 것이므로 공문이라 함.

30 불공不空; Skt. aśūnya. not empty. non-empty. 1. 모든 분별이 끊어진 상태에서, 있는 그대로 파악되는 현상. 분별이 끊어진 후에 확연하게 주관에 드러나는 현상. 분별과 망상이 일어나지 않는 주관에 드러나는, 대상의 있는 그대로의 모습. 2. 일체법의 법체가 공하여 허망함이 없으므로 진심眞心이라고 한 것은 공空에 대

眞如의 染法[31]을 離함이	진여眞如의 오염(염법染法)을 떠남이
明鏡과 如할새 空眞如요	맑은 거울과 같으니 공진여空眞如요
眞如의 淨法[32]에 一切를 具함이	진여眞如의 청정함에 일체를 갖춤이
明鏡에 萬像을 現함과 如할새	맑은거울에 만상萬像을 나타냄과 같으니
不空眞如람이니	불공진여不空眞如라 하는 것이니
『起信論』等의 所說이오	『기신론起信論』 등의 설한 바이요
三엔 淸淨眞如와	셋째는 청정진여淸淨眞如와
染淨眞如로서 此는 上의	염정진여染淨眞如로서 이는 위의
隨緣眞如와	수연진여隨緣眞如와
不變眞如람의	불변진여不變眞如라 하는 것의
異名이니 『釋摩訶衍論』[33]三에	다른 이름이니 『석마하연론釋摩訶衍論』3에
出함이오	나타남이요
四엔 有垢眞如와	넷째 유구진여有垢眞如와
無垢[34]眞如로서 衆生所具의	무구진여無垢眞如로서 중생이 갖춘

한 설명을 되풀이한 것이고, 이 진심이 항상하여 변하지 않고 정법이 만족한다는 것이 불공不空에 대한 설명이다. 공의 긍정적이고 적극적인 공능을 드러내려는 것이 불공不空의 관점인 것이다. 그렇긴 해도 공空과 마찬가지로 불공不空 역시 취할 만한 상相이 없다. 그리고 번뇌망념을 떠난 무분별지로 증득할 수 있다는 점에서 공이나 불공은 차이가 없다.

31 염법染法; 염오법染汚法의 준말. 번뇌와 수隨번뇌. 그 대상으로 반연하는 물심物心의 제법, 악성惡性·유부무기성有覆無記性의 법을 말함. 이것은 착하고 깨끗한 마음을 물들이는 것이므로 염법이라 함. ↔정법淨法.
32 정법淨法; 진여眞如.
33 석마하연론釋摩訶衍論; 10권. K-1397, T-1668. 용수 지음. 요진姚秦시대(384-417)에 벌제마다筏提摩多(Skt. Vṛddhimata)가 401년 이후에 번역하였다. 줄여서 『석론』이라 한다. 『대승기신론』에 대한 체계적인 주석서로서 불교 교학사에 있어 중요한 문헌이라고 할 수 있다.
34 무구無垢; 1. 유마維摩. 2. 잡물雜物이 섞이지 않고 순수純粹함. 3. 마음이나 몸이 깨끗함. 4. 꾸밈새 없이

眞如를 有垢라 云하고   진여眞如를 유구有垢라 일컫고

諸佛所顯의 眞如를   모든 부처님께서 나투는 진여眞如를

無垢라 謂함이니   무구無垢라 일컬음이니

『大乘止觀』二에 說함이오   『마하지관摩訶止觀』2에 설함이요

五엔 在纏[35]眞如[36]와   다섯째 재전진여在纏眞如와

出纏眞如[37]로서 此는 上의   출전진여出纏眞如로서 이는 위의

有垢眞如와   유구진여有垢眞如와

無垢眞如람의 異名이니   무구진여無垢眞如라는 것의 다른 이름이니

『起信論疏[38]』에 出함이오   『기신론소起信論疏』에 나타남이요

六엔 生空[39]眞如와   여섯째 생공진여生空眞如와

法空[40]眞如로서 人我를 空한   법공진여法空眞如로서 인아人我를 공空한 바

자연自然 그대로 순후醇厚함. 5. 죄가 없음.

35 재전在纏; 전纏은 번뇌. 번뇌는 중생을 속박하여 미혹한 세계에서 벗어나지 못하게 하는데 재전은 곧 번뇌 속에 있다는 말. 그 반대로 번뇌의 속박에서 벗어나 깨달은 경계에 이르는 것을 출전이라 함. ↔ 출전出纏.

36 재전진여在纏眞如; 전은 번뇌의 다른 이름. 초지初地의 경계에 이르기 전에는 수행이 부족하여 진여가 번뇌에 덮여 있는 것을 이르는 말.

37 출전진여出纏眞如; 전은 속박, 번뇌를 의미하며, 출전진여는 번뇌의 가림이나 장애가 없어진 진여. ↔ 재전진여在纏眞如.

38 대승기신론소大乘起信論疏; 기신론소起信論疏. 2권 1책. 7세기 신라시대의 승려 원효元曉(617~686)가 지은『대승기신론大乘起信論』에 대한 주석서(소疏). 삼문三門으로 나누어 해석하였는데, 첫째는 종체宗體를 밝히고, 둘째는 제명題名을 해석하였으며, 셋째는 본문에 대한 구절을 풀이하였다. 간명簡明을 위주로 하되, 조직적·종합적이어서 불교의 지침을 얻을 수 있도록 되어 있다. 중국의 법장法藏(643~712) 등은 이 책을 받아 크게 존중하였다.『대승기신론大乘起信論』은 불교의 근본이치를 이론과 실천의 양면에서 설한 마명馬鳴의 저서.

39 생공生空; 인공人空, 또는 아공我空이라 함. 상일주재常一主宰의 뜻을 가진 아我가 있다고 하는 주관적 미집迷執을 없애기 위하여 공空하다고 말하는 것.

40 법공法空; 1. 색色·심心의 모든 법인 만유는 모두 인연이 모여 생기는 가짜 존재로서 실체가 없는 것으로 만유의 체體가 공무空無한 것을 말함. ↔ 아공我空. 2. 신라 스님. 법흥왕의 승려 이름. 법흥왕이 불법을 독

所顯의 眞如를 生空이라 云하고 　　나타남의 진여眞如를 생공生空이라 이르고

法我를 空한 所顯의 眞如를 　　　　법아法我를 공空한 바 나타남의 진여眞如를

法空이라 謂함이니 　　　　　　　　법공法空이라 이르니

『唯識論⁴¹』의 所說이오 　　　　　　『유식론唯識論』의 설한 바이요

七엔 依言眞如⁴²와 　　　　　　　　일곱째 의언진여依言眞如와

離言眞如⁴³로서 眞如의 體가 　　　이언진여離言眞如로서 진여眞如의 체體가

本來에 言辭의 相과 心念⁴⁴의 相을 　본래에 말의 모습과 심념心念의 모습을

離하였을새 離言眞如요 　　　　　　떠났으므로 이언진여離言眞如요

假名의 言說에 依하야 　　　　　　 가명假名의 말에 의하여

其相을 顯할새 依言眞如니 　　　　그 모습을 나타내므로 의언진여依言眞如니

亦是『起信論』의 所說이오 　　　　　역시『기신론起信論』의 설한 바이요

八엔 安立眞如⁴⁵와 　　　　　　　　여덟째엔 안립진여安立眞如와

실히 신봉하며, 전국에 불법을 선포, 국민들로 하여금 모두 불법을 믿도록 하고, 뒤에 왕위를 버리고 스님이 되어 대왕흥륜사에 있었다. 혹 이름은 법운, 자(字)는 법공이라고도 한다. 왕비도 따라 스님이 되어 영흥사에 있었다고 함.

41　유식론唯識論; Skt. Viṃśatikākārikā. 1권. K-613, T-1588. 동위東魏시대에 구담반야유지瞿曇般若流支(Gautama Prajñāruci)가 538년에서 543년 사이에 업성鄴城에서 번역하였다. 별칭으로『능가경유식론』·『능가유식론』·『대승능가경유식론大乘楞伽經唯識論』·『대승유식론』·『유식무경계론』·『유식무경론唯識無境論』·『파색심론破色心論』이라고도 한다. 식識뿐이며 경계境界는 없다고 논한다. 세친世親이 저술하였으며, 이역본으로『유식이십론唯識二十論』·『대승유식론大乘唯識論』이 있다.

42　의언진여依言眞如; 진여의 본체와 현상은 도저히 말이나 생각으로 미칠 수 없는 것이나, 말을 빌려 그 윤곽을 나타냄. ↔ 이언진여離言眞如.

43　이언진여離言眞如; 언어·문자로 표현할 수 없는 본체本體의 방면. ↔ 의언진여依言眞如.

44　심념心念; 내심內心으로 생각함.

45　안립진여安立眞如; 7진여의 하나. 진여 자체는 변화하지 않으나, 중생의 받는 고통과 만유가 진여를 본체로 하고 성립한 것이므로, 이 방면에서 보는 진여, 즉 고苦의 실성으로서 진여를 말하는 것. ↔ 비안립진여非安立眞如.

非安立眞如⁴⁶로서 此는	비안립진여非安立眞如로서 이는
前의 依言眞如와	앞의 의언진여依言眞如와
離言眞如람의 異名이니	이언진여離言眞如라 하는 것의 다른 이름이니
『探玄記⁴⁷』 等의 所說이오	『탐현기探玄記』 등의 설한 바이요
九엔 相待⁴⁸眞如와	아홉째 상대진여相待眞如와
絶待⁴⁹眞如로서 此는	절대진여絶待眞如로서 이는
上의 安立眞如와	위의 안립진여安立眞如와
非安立眞如의 異名이니	비안립진여非安立眞如의 다른 이름이니
『華嚴大疏鈔⁵⁰』의 所說이니라	『화엄대소초華嚴大疏鈔』의 설한 바이니라

46   비안립진여非安立眞如; 2진여의 하나. 진여에 진여眞如·여상如常 등 여러 가지 의리차별義理差別이 있음을 안립진여, 또는 안립제安立諦라 하며, 진여의 체성體性이 본래 말로 표현할 수 없고 마음으로 생각할 수 없어서 적멸무위寂滅無爲한 것을 비안립진여, 또는 비안립제非安立諦라 한다. 안립진여는 진여의 모양, 비안립진여는 진여의 체성.『기신론』에서는 이를 의언진여依言眞如·이언진여離言眞如라 함. ↔ 안립진여安立眞如.

47   탐현기探玄記; 화엄경탐현기華嚴經探玄記. 20권. K-1513, T-1733. 당나라 때 법장法藏(643-712)이 687년에서 695년 사이에 저술하였다. 줄여서『화엄탐현기』·『탐현』·『탐현기』·『화엄경소』라고 한다. 불타발타라가 번역한 60권《화엄경》에 대한 주석서로서, 특히『십지품』과『입법계품』에 대해 자세히 주석하고 있다. 법장은 이 책을 2권이 미완성인 채로 신라 승려인 승전勝銓을 통해 의상에게 보냈고, 의상은 이것을 살펴본 후에 제자들에게도 연구하도록 하였다. 고려시대에 균여가『탐현기석探玄記釋』28권을 지었으며, 일본의 응연凝然·보적普寂·방영芳英 등이 지은 주석서들이 단편적으로 전한다.

48   상대相待; 이것과 저것이 서로 맞서 비로소 존재하는 것. 세 선線이 상대하여 비로소 3각角을 이룸. 만일 한 선이 없으면 3각은 존립存立하지 못함과 같은 것.

49   절대絶待; 절대絶對라고도 쓴다. 한 법 뿐이요, 이밖에 견줄 것이 없는 것. ↔ 상대相待.

50   화엄대소초華嚴大疏鈔;『화엄경수소연의초華嚴經隨疏演義鈔』.『수소연의초随疏演乂鈔』. 본이름은『대방광불화엄경수소연의초大方廣佛華嚴經隨疏演義鈔』. 90권. 당唐의 징관澄觀 지음. 80권《화엄경》을 풀이한『화엄경소華嚴經疏』를 다시 상세히 풀이한 저술.

<표77> 이진여 二眞如

분류 및 출처	명 名	의 意
1. 대승기신론의기, 大乘起信論義記 화엄종교와 천태별교 이상 華嚴終敎　天台別敎	수연진여 隨緣眞如	무명의 인연에 따라 9계의 망녕된 법(망법)을 일으킴 無明　　　　九界　　　　　　　妄法 [수무명 기망법] 隨無明 起妄法 수연의 입장; 진여가 곧 만법 隨緣　　　眞如　　萬法
	불변진여 不變眞如	인연에 따라 망법을 이루되 그 진성은 불변[수연성망법 　　　　　妄法　　　　　眞性　不變　隨緣成妄法 기진성불변] 其眞性不變 불변의 입장; 만법이 곧 진여 不變　　　萬法　　　眞如
2. 성유식론 成唯識論	공진여 空眞如	진여의 오염(염법)을 떠남이 맑은 거울과 같음 眞如　　　　　　染法
	불공진여 不空眞如	진여의 청정함에 일체를 갖춤이 맑은거울에 만상을 나타 眞如　　　　　　　　　　　　　　　　　　　　萬像 냄과 같음
3. 석마하연론 (=1) 釋摩訶衍論	청정진여 淸淨眞如	불변진여 不變眞如
	염정진여 染淨眞如	수연진여 隨緣眞如
4. 대승지관 大乘止觀	유구진여 有垢眞如	유구; 중생이 갖춘 진여 有垢　　　　　　　眞如
	무구진여 無垢眞如	무구; 모든 부처님께서 나투는 진여 無垢　　　　　　　　　　　　　眞如
5. 기신론소 (=4) 起信論疏	재전진여 在纏眞如	유구진여 有垢眞如
	출전진여 出纏眞如	무구진여 無垢眞如
6. 유식론 唯識論	생공진여 生空眞如	생공; 인아를 공한 바 나타남의 진여 生空　人我　空　　　　　　　　眞如
	법공진여 法空眞如	법공; 법아를 공한 바 나타남의 진여 法空　法我　空　　　　　　　　眞如
7. 기신론 起信論	이언진여 離言眞如	진여의 체가 본래에 말의 모습과 심념의 모습을 떠났음 眞如　體　　　　　　　　　　　　　　　心念
	의언진여 依言眞如	가명의 말에 의하여 그 모습을 나타냄 假名

8.탐현기 (=7) 探玄記		안립진여 安立眞如	의언진여 依言眞如
		비안립진여 非安立眞如	이언진여 離言眞如
9.화엄대소초 (=8) 華嚴大疏鈔		상대진여 相待眞如	안립진여 安立眞如
		절대진여 絶待眞如	비안립진여 非安立眞如

<표78> 진여의 분류

진여 眞如		진실여상, 허망을 떠나 진실하고, 항상 머물러 변하지 않음 眞實如常		
일진여 一眞如		참성품 그대로(진생미분)의 일심 眞生未分 一心		기신론 起信論
이진여 二眞如	1	수연진여 隨緣眞如	불변진여 不變眞如	화엄종교와 천태별교 이상 華嚴終敎 天台別敎
	2	공진여 空眞如	불공진여 不空眞如	기신론 起信論
	3	청정진여 淸淨眞如	염정진여 染淨眞如	석마하연론 3 釋摩訶衍論
	4	유구진여 有垢眞如	무구진여 無垢眞如	대승지관 2 大乘止觀
	5	재전진여 在纏眞如	출전진여 出纏眞如	기신론소 起信論疏
	6	생공진여 生空眞如	법공진여 法空眞如	유식론 唯識論
	7	의언진여 依言眞如	이언진여 離言眞如	기신론 起信論
	8	안립진여 安立眞如	비안립진여 非安立眞	탐현기 探玄記
	9	상대진여 相待眞如	절대진여 絶待眞如	화엄대소초 華嚴大疏鈔

십진여 十眞如	1	**변행진여** 遍行眞如	보편진리, 구공의 나타남, 1법에 제법이 함장	천태종; 이를 **별교십지에서 얻는** 別敎十地 **10진여라 함**
	2	**최승진여** 最勝眞如	가장 수승함, 무변의 덕 구족	
	3	**승류진여** 勝流眞如	가르침이 수승함	
	4	**무섭수진여** 無攝受眞如	아집 등의 속박이 없음	
	5	**무별진여** 無別眞如	주관에 따른 차이가 없음	
	6	**무염정진여** 無染淨眞如	본래 무오염	
	7	**법무별진여** 法無別眞如	객관에 따른 차이가 없음	
	8	**부증감진여** 不增減眞如 상토자재소의진여 相土自在所依眞如	염정에 따른 증감의 집착을 떠남 몸과 국토를 자유로 나툼	
	9	**지자재소의진여** 智自在所依眞如	걸림없는 이해	
	10	**업자재등소의진여** 業自在等所依眞如	행위의 자유, 신통	
12진여= 眞如 **12무위** 無爲 **=12공** 空		신증심오인 증오의 경계 身證心悟 證悟 1. 진여, 2. 법계, 3. 법성, 4. 불허망설, 　眞如　　法界　　法性　　不虛妄說 5. 불변이성, 6. 평등성, 7. 이생성, 8. 법정, 　不變異性　　平等性　離生性　法定 9. 법주, 10. 실제, 11. 허공계, 12. 부사의계 　法住　　實際　　虛空界　不思議界		

第一節 三眞如와 七眞如

제1절 삼진여와 칠진여

一에 無相[1]眞如[2]란 遍計所執[3]의
虛相이 無한
諸法의 實相을 云함이오
二에 無生眞如[4]란 實生이 無한

첫째 무상진여無相眞如란 변계소집遍計所執의
허상虛相이 없는(망정으로 보는 가상이 없는)
제법諸法의 실상實相을 일컬음이요
둘째 무생진여無生眞如란 실생實生이 없는

---

1   무상無相; 1. Skt. animitta. 고유한 형체나 모양이 없음. 불변하는 실체나 형상이 없음. 고유한 실체가 없는 공空의 상태. 2. Skt. animitta. 대립적인 차별이나 분별이 없음. 대상에 가치나 감정을 부여하지 않음. 형상을 떠남. 집착이나 속박에서 벗어남. 3. Skt. alakṣaṇa. 특징이 없음. 모든 사물에는 고정적(모습)·실체적(모양) 특질이 없다는 의미. 상相은 특징을 말한다. 유상有相의 반대어. 무상은 공空의 사상을 근본으로 한다. 모든 사물은 공이며 자성自性이 없다. 그러므로 무상이며, 무상이기 때문에 청정淸淨하게 된다. 또한 무상은 차별·대립의 모습[상相]을 초월한 무차별의 상태를 말하기도 하는데, 그 수행을 무상관無相觀, 무상삼매無相三昧라고 한다. 또한 불교 수행의 최고경지인 삼해탈문三解脫門(공空·무상無相·무원無願)의 무상은 일체의 집착을 떠난 경지를 말한다. 따라서 무상은 열반涅槃의 이명異名으로 사용되기도 하였다. 4. 684-762. 신라 출신의 승려. 성姓은 김金. 728년에 가서 당唐에 가서 처적處寂(665-732)에게 사사師事하여 그의 법을 이어받음. 사천성四川省 정중사淨衆寺에 머물면서 전파한 무상의 선법禪法을 정중종淨衆宗이라 함. 정중사에서 입적함.
2   무상진여無相眞如; 변계소집의 허상이 없는 제법의 실상.
3   변계소집성遍計所執性; Skt. parikalpita-svabhāva. 삼성三性의 하나. 온갖 분별로써 마음 속으로 지어낸 허구적인 대상. 온갖 분별로 채색된 허구적인 차별상. 변계는 이리저리 억측[주변계탁周遍計度]한다는 뜻, 계탁計度은 자기의 감정과 욕망에서 시비선악是非善惡의 차별적 집착을 일으키는 것. 또 이 집착은 일체 사물에 대하여 주관적 색채를 띠고 보는 것이므로 주변이라 한다. 소집은 변계에 의하여 잘못 보이는 대상, 곧 주관의 색안경을 쓰고서 대상을 올바르게 보지 못하고, 언제든지 잘못 분별하는 것을 변계소집이라 한다. 이 능변계能遍計하는 마음이 소변계所遍計의 법을 망녕되이 집착할 때 그 망정妄情 앞에 나타나는 그림자를 변계소집성이라 한다. 곧 망정으로 아我가 아니며 법法이 아닌 것을 아요, 법이라고 집착할 적에 나타나는 실아實我·실법實法이라는 모양을 말한다. 그러나 이것은 주관인 망정으로만 실實이라 하는 것이고 객관인 이치로는 없는 것이므로 정유이무情有理無라 한다. 또 전혀 실재성이 없는 것이므로 체성도무體性都無라 한다. 또 실재가 아닐 뿐만 아니라 가유假有도 아니므로 망유妄有라 하고, 잠깐 있는 주관의 망정에만 있는 것이므로 당정현상當情現相이라 하고, 주관의 망정이 그 주관과 객관 사이에 잘못 그려 놓은 그림자이므로 중간존경中間存境이라 함. 비유하면 길에 놓여진 노끈을 뱀인 줄 잘못 볼 적에 노끈은 소변계, 뱀이라고 분별하는 마음은 능변계, 그 때에 눈 앞에 떠오르는 뱀의 그림자는 변계소집성임.
4   무생진여無生眞如; 실생實生이 없는 만물과 현상(제법諸法)의 인연생因緣生.

諸法의 因緣生을 제법 인연생	만물과 현상(제법諸法)의 인연생因緣生을
云함이오 운	일컬음이요
三에 無性[5]眞如[6]란 삼 무성진여	셋째 무성진여無性眞如란
妄情[7]所執의 實性이 無한 망정 소집 실성 무	망정소집妄情所執의 실성實性이 없는
言亡慮絶[8]을 云함이니 언망려절 운	말과 생각이 끊김을 일컬음이니
此의 三眞如[9]는 『唯識論』 차 삼진여 유식론	이의 삼진여三眞如는 『유식론唯識論』에
所說의 三無性[10]에 依하야 立함이며 소설 삼무성 의 립	설한 바 삼무성三無性에 의하여 세운 것이며

5　무성無性; 1. Skt. niḥsvabhāva. 변하지 않는 본질이나 실체가 없음. 2. Skt. asad-bhūta. 실재하지 않음. 허구. 3. 오성五性의 하나. 선천적으로 청정한 성품으로 될 가능성이 전혀 없는 자. ▶오성五性; 오성각별五性各別, 오종성五種性, 오종승성五種乘性, 오종종성五種種性. 법상종法相宗에서, 선천적으로 정해져 있는 중생의 소질을 보살정성菩薩定性·연각정성緣覺定性·성문정성聲聞定性·삼승부정성三乘不定性·무성유정無性有情의 다섯 가지로 차별한 것. 1) 보살정성菩薩定性. 보살의 소질을 지니고 있는 자. 본래부터 부처가 될 무루 종자를 갖춘 이. 2) 연각정성緣覺定性. 연각의 소질을 지니고 있는 자. 벽지불이 될 무루 종자를 갖춘 이. 3) 성문정성聲聞定性. 성문의 소질을 지니고 있는 자. 아라한이 될 무루 종자를 갖춘 이. 4) 삼승부정성三乘不定性(부정성不定性). 보살·연각·성문 가운데 어떤 소질인지 정해지지 않은 자. 두 가지 종자나 세 가지 종자를 갖춘 이. (여기에 4종이 있음. 부처가 될 수 있는 종자와 아라한이 될 수 있는 종자를 갖춘 이는 보살·성문 부정성, 부처가 될 종자와 벽지불이 될 종자를 갖춘 이는 보살·연각 부정성, 아라한이 될 종자와 벽지불이 될 종자를 갖춘 이는 성문·연각 부정성, 아라한이 될 종자와 벽지불이 될 종자와 부처가 될 종자를 갖춘 이는 성문·연각·보살 부정성). 5) 무성無性. 청정한 성품으로 될 가능성이 전혀 없는 자. 성문·연각·보살의 무루 종자는 없고, 다만 인승人乘이나 천승天乘이 될 유루 종자만을 갖춘 이.

6　무성진여無性眞如; 망정소집妄情所執의 실성實性이 없는 말과 생각이 끊김.

7　망정妄情; 미망迷妄의 감정이나 의식.

8　언망여절言亡慮絶; 언어가 없어지고 생각이 끊어짐.

9　삼진여三眞如; 1. 유식론唯識論에 설한 바 삼무성三無性에 의하여 세운 것. 무상진여無相眞如·무생진여無生眞如·무성진여無性眞如. 2. 잡집론雜集論에 나오는 선법진여善法眞如 불선법진여不善法眞如 무기법진여無記法眞如.

10　삼무성三無性; Skt. tri-vidhāniḥsvabhāva. 법상종에서 미迷·오悟의 일체 모든 법을 유有의 관점으로 변계遍計·의타依他·원성圓成으로 나눔에 대하여, 공空의 관점으로 3무성을 세우는 것. 1) 상무성相無性. 상무자성성相無自性性. 변계소집성遍計所執性의 것은 미정迷情의 앞에 나타나는 한 그림자에 불과한 것이니, 노끈을 잘못 보아 뱀으로 여기지만, 뱀의 자성이 없는 것. 2) 생무성生無性. 생무자성성生無自性性. 여러 인연에 의하여 성립되는 의타기성依他起性의 것은 일시적 가현假現한 모양에 불과하여 실성實性이 없으니, 노끈은 삼과 사람의 힘으로 이루어진 것으로 노끈의 실체가 없는 것. 3) 승의무성勝義無性. 승의무자성성勝

一에 善法[11]眞如[12]란 眞如가

隨緣하야 善法을 成한 眞如요

二에 不善法[13]眞如[14]란 眞如가

隨緣하야 不善法을 成한 眞如요

三에 無記法[15]眞如[16]란 眞如가

隨緣하야 無記法을

成한 眞如니 此의 三眞如는

『雜集論[17]』에 出하니라

첫째 선법진여善法眞如란 진여眞如가

인연따라 선법善法을 이루는 진여眞如요

둘째 불선법진여不善法眞如란 진여眞如가

인연 따라 불선법不善法을 이루는 진여眞如요

셋째 무기법진여無記法眞如란 진여眞如가

인연 따라 선도 불선도 아닌 무기법無記法을

이루는 진여眞如니 이 3진여三眞如는

『잡집론雜集論』에 나오느니라

義無自性性. 진여는 원만 상주하는 것으로 만유의 근원인 원성실성 곧 절대법이므로 아무런 모양도 없음을 말함. 삼(麻)에서 노끈과 뱀의 모양을 인정하기 어려움에 비유한 것.

11 선법善法; Skt. kuśala, kuśala-dharma. 1. 청정한 일. 진리에 따르고 자신과 남에게 이익이 되는 일. 2. 바른 가르침. 3. 선한 교법. 선법善法(착한 법)은 5계五戒・10선十善・3학三學・6바라밀六波羅(6도六度) 등 이치에 맞고, 자기와 세상을 이익되게 하는 법法 또는 도리道理를 말한다. 5계五戒와 10선十善은 세간世間의 선법, 즉 자신과 세상을 편안하고 이익되게 하기 위해 닦는 선법이다. 3학三學과 6바라밀六波羅蜜은 출세간出世間의 선법, 즉 생멸 변화하는 미혹한 세계를 벗어나 해탈 경계에 들어가기 위해 닦는 선법이다. 이들 세간과 출세간의 법法, 교법敎法 또는 도리道理들에는 깊고 옅음의 차이가 있지만 이들은 모두 이치에 맞고 자신과 세상을 이익되게 하는 법 또는 도리이기 때문에 모두를 통칭하여 선법善法이라 한다.

12 선법진여善法眞如; 진여眞如가 인연 따라 선법善法을 이루는 진여眞如.

13 불선법不善法; Skt. akuśalā dharmāḥ. 불선법不善法 또는 착하지 않은 법은 선법善法(착한 법)의 반대되는 말로, 이치에 맞지 않고 현세나 내세에 자기나 남에게 좋지 않은 결과를 가져올 어둠의 성질을 가진 온갖 불선(악)한 행위, 업 또는 교법을 말한다. 악법惡法이라고도 한다. 5악五惡, 10악十惡, 바라이죄波羅夷罪, 5역죄五逆罪 등의 악업이 불선법에 속한다.

14 불선법진여不善法眞如; 진여眞如가 인연 따라 불선법不善法을 이루는 진여眞如.

15 무기법無記法; Skt. avyākṛtā dharmāḥ. 무기성無記性의 사물. ↔ 유기법有記法. ▶무기無記; Skt. avyākṛtā. 3성性의 하나. 온갖 법의 도덕적 성질을 3종으로 나눈 가운데서 선도 악도 아닌 성질로서 선악 중의 어떤 결과도 끌어오지 않는 중간성中間性을 말한다. 이 무기에는 다같이 선악의 결과를 끌어올 능력이 없으면서도 수행을 방해하는 유부有覆무기와 방해하지 않는 무부無覆무기가 있음.

16 무기법진여無記法眞如; 진여眞如가 인연 따라 선도 불선도 아닌 무기법無記法을 이루는 진여眞如.

17 잡집론雜集論; Skt. Mahāyānâbhidharma-samuccaya-vyākhyā. 대승아비달마잡집론大乘阿毘達磨雜集論. 인도불교의 유식학唯識學 총 3기 중 제3기의 논사인 안혜安慧(475~555)가 제1기의 논사 무착無着(300?~390?)이 지은 『대승아비달마집론』과 무착의 제자이자 동생인 사자각師子覺이 지은 『대승아비달마

그리고 《解深密經¹⁸》
해 심 밀 경

分別瑜伽品 『唯識論』 八에
분별유가품과 유식론 팔

七眞如¹⁹를 說하니
칠진여 설

一에 流轉眞如란
일 유전진여

有爲法流轉의
유위법유전

그리고 《해심밀경解深密經》

분별유가품分別瑜伽品과 『유식론唯識論』 팔八에

칠진여七眞如를 설설說하니

첫째 유전진여流轉眞如란

인연 따라 생멸하는 유위법유전有爲法流轉의

18　해심밀경海深密經; Skt. Saṃdhinirmocana-sūtra. 불교 유가瑜伽학파의 근본경전. 유가학파의 만법유식사상은 아뢰야식阿賴耶識과 종자식種子識을 설명하는 이 경전에 의지하여 그 철학적 체계를 정립하였다. 이 경의 성립 연대는 2세기 전후로 추정되어 중관학파의 시조인 용수龍樹 직후이며 중기 대승경전에 속한다. 이 경의 특징은 비로자나불毘盧遮那佛이 인간 세계가 아닌 화엄세계에서 미륵과 문수 등을 향해 설법한 경전으로 우주의 법체를 그대로 드러내는 경지에서 대상을 굳이 의식하지 않고 설하고 있으며 이 경전의 유포를 설하는 유통분이 없는 것도 같은 맥락이다. 주요 내용으로는 유식의 경계를 밝히고 유식의 관법과 행과 행과, 그리고 최고의 경지는 유무有無의 2가지 모습과 분별지를 떠나 있으며 아뢰야식의 나타남과 그 3가지 성품을 밝혔다. 이 경의 한역으로는 현장玄奘 역 이외에 진제眞諦・보리유지菩提流支・구나발타라의 4가지가 있으며 특히 이 경에 대한 주석서를 신라시대 유식학자인 원측圓測・원효元曉・경흥憬興이 저술하였으나 이 중 유일하게 원측의 『해심밀경소』(10권)가 현존하여 귀중한 자료가 되고 있다. 이 경에 대한 주석서는 중국에서도 남아 있지 않으며, 원측의 주석서는 티벳본으로 남아 있어 이를 통해 한문본이 보충되고 있다. 유식학파의 소의경전 가운데 하나인 『해심밀경』의 사상은 무착無着・세친世親에 의해 선양되었고, 호법護法・계현戒賢에 이르러 그 연구가 더욱 진행되었으며, 중국에 전해져서는 법상종法相宗의 소의경전이 되었다. 《해심밀경解深密經》의 범본은 전하지 않으나 티벳역은 현존하며, 이역본으로《심밀해탈경深密解脫經》・《해절경解節經》・《상속해탈지바라밀요의경相續解脫智波羅蜜了義經》이 있다. 중국의 영인令因・현범玄範과 신라의 원측圓測・원효元曉・경흥憬興 등의 주석서가 있었다고 하나, 원측의 『해심밀경소解深密經疏』10권만 현재 전하고 있다.

19　칠진여七眞如; seven aspects of thusness. seven kinds of thusness. 일곱 가지 궁극적인 진리. 진여는 본래 차별이 없고 평등한 것이지만, 7가지 방면으로 나뉜다. 1) 유전진여流轉眞如. 생멸 변화하는 것들의 실성實性으로서의 진여. 모든 현상은 시작도 없고 끝도 없다는 진리. 2) 실상진여實相眞如. 아집我執・법집法執을 끊은 자리에 나타나는 진여. 분별하는 인식 주관의 작용이 끊어져 그 주관에 차별 현상이 없는 이무아二無我의 진리. 3) 유식진여唯識眞如. 유식의 실성으로서의 진여. 모든 차별 현상은 오직 인식하는 마음 작용에 지나지 않는다는 진리. 4) 안립진여安立眞如. 4제諦 가운데, 고苦제의 실성으로서의 진여. 고제苦諦, 곧 괴로움이라는 진리. 5) 사행진여邪行眞如. 4제 가운데 집集제의 실성으로서의 진여. 집제集諦, 곧 괴로움이 일어나는 원인은 몹시 탐내어 집착하는 갈애渴愛라는 진리. 6) 청정진여淸淨眞如. 4제 가운데 멸滅제의 실성으로서의 진여. 멸제滅諦, 곧 갈애를 남김없이 소멸하면 괴로움이 소멸되어 열반에 이른다는 진리. 7) 정행진여正行眞如. 4제 가운데, 도道제의 실성으로서의 진여. 도제道諦, 곧 팔정도八正道는 갈애를 소멸시키는 수행법이라는 진리.

實性*실성*이오   참성품이요

二에 實相眞如란*이 실상진여*   둘째 실상진여實相眞如란

二無我境의 實性*이무아경 실성*이오   아집我執과 법집法執을 끊은 이무아경

二無我境의 참성품이요

三에 唯識眞如란*삼 유식진여*   셋째 유식진여唯識眞如란

染淨法*염정법*   무명번뇌에 물든 염법과 청정한 정법

(염정법染淨法) 모두를 아우르는

唯識의 實性*유식 실성*이오   유식唯識의 참성품이요

四에 安立眞如란*사 안립진여*   넷째 안립진여安立眞如란 4제법 가운데

苦諦의 實性*고제 실성*이오   고제苦諦의 참성품이요

五에 邪行眞如란*오 사행진여*   다섯째 사행진여邪行眞如란

集諦의 實性*집제 실성*이오   집제集諦의 참성품이요

六에 淸淨眞如란*육 청정진여*   여섯째 청정진여淸淨眞如란

滅諦의 實性*멸제 실성*이오   멸제滅諦의 참성품이요

七에 正行眞如란*칠 정행진여*   일곱째 정행진여正行眞如란

道諦의 實性*도제 실성*인 바   도제道諦의 참성품인 바

流轉·安立·邪行의*유전 안립 사행*   유전流轉·안립安立·사행邪行의

三眞如는 佛에게 不當하고*삼진여 불 부당*   3진여三眞如는 부처님에게 해당하는 것이 아니고

實相·唯識·淸淨의*실상 유식 청정*   실상實相·유식唯識·청정淸淨의

三眞如는*삼진여*   3진여三眞如는

根本智²⁰의 境이며	본래로 갖춘 지혜(근본지根本智)의 경우이며
餘의 四眞如는	나머지 유전流轉・안립安立・사행邪行・
	정행正行의 4진여四眞如는 일체 차별이 있는
後得智²¹의 境이라	후득지後得智의 경우이라
詮門에 要約한 義說로서	말로 요약한 뜻으로서
七眞如를 說하나 詮을 廢하고	칠진여七眞如를 설설說하나 말을 떠나
如의 體를 論하면	여如의 본체를 논하면
七卽一如니라	곧 하나(칠즉일여七卽一如)이니라

20 　근본지根本智; Skt. jñāna-sattva, mūla-jñāna. 근본무분별지根本無分別智. 무분별지無分別智. 사물事物의 있는 그대로의 진실한 모습을 밝게 아는 지혜. 모든 지혜와 공덕의 근본이 된다. 모든 분별이 끊어진 지혜. 분별하지 않는 깨달음의 지혜. 번뇌와 망상을 일으키지 않는 지혜. 모든 분별이 끊어져 집착하지 않는 지혜. 주관과 객관의 대립을 떠나, 있는 그대로 직관하는 지혜. 판단이나 추리에 의하지 않고 대상을 있는 그대로 파악하는 지혜. [유의어] 실지實智.

21 　후득지後得智; Skt. pṛṣṭha-labdha-jñāna, pṛṣṭha-labdha. 여량지如量智・권지權智・속지俗智. 근본지根本智에 이른 후에 얻는 지혜라는 뜻. 모든 분별이 끊어진 경지에 이른 후에 다시 차별 현상을 있는 그대로 확연히 아는 지혜. 모든 번뇌와 망상이 끊어진 깨달음에 이른 후에 다시 온갖 차별을 명명백백하게 아는 지혜. 근본지에 의하여 진리를 깨달은 뒤에, 다시 분별하는 얕은 지혜를 일으켜서 의타기성依他起性의 속사俗事를 아는 지혜.

⟨표79⟩ 삼진여三眞如

3진여	진여 眞如	뜻	전거 典據
1	1. 무상 無相 formless	변계소집의 허상이 없는 제법의 실상	『유식론』 唯識論 삼무성*(상, 생, 승의무성)에 의해 세움 三無性 相 生 勝義
1	2. 무생 無生 uncreated	실로 남이 없는 제법의 인연생	
1	3. 무성 無性 without nature	망정으로 집착할 실성이 없는, 말과 생각이 끊어진 자리	
2	1. 선법 善法	진여가 수연하여 선법을 이룸	『잡집론』 雜集論
2	2. 불선법 不善法	진여가 수연하여 불선법을 이룸	
2	3. 무기법 無記法	진여가 수연하여 무기법을 이룸	

- 삼무성三無性; Skt. tri-vidhāniḥsvabhāva, 법상종에서 미迷·오悟의 일체 모든 법을 유有의 관점으로 변계遍計·의타依他·원성圓成으로 나눔에 대하여, 공空의 관점으로 3무성을 세우는 것. 1) 상무성相無性. 상무자성성相無自性性. 변계소집성遍計所執性의 것은 미정迷情의 앞에 나타나는 한 그림자에 불과한 것이니, 노끈을 잘못 보아 뱀으로 여기지만, 뱀의 자성이 없는 것. 2) 생무성生無性. 생무자성성生無自性性. 여러 인연에 의하여 성립되는 의타기성依他起性의 것은 일시적 가현假現한 모양에 불과하여 실성實性이 없으니, 노끈은 삼과 사람의 힘으로 이루어진 것으로 노끈의 실체가 없는 것. 3) 승의무성勝義無性. 승의무자성성勝義無自性性. 진여는 원만 상주하는 것으로 만유의 근원인 원성실성圓成實性 곧 절대법이므로 아무런 모양도 없음을 말한다. 삼(마麻)에서 노끈과 뱀의 모양을 인정하기 어려움에 비유한 것.

<표80> 유식唯識 삼성三性과 삼무성三無性 및 삼진여三眞如

비유	삼성; 유의 관점 三性 有	삼무성; 공의 관점 三無性 空	삼진여 三眞如
사 蛇	변계소집성 遍計所執性	상무성 相無性	무상진여 無相眞如
승 繩	의타기성 依他起性	생무성 生無性	무생진여 無生眞如
마 麻	원성실성 圓成實性	승의무성 勝義無性	무성진여 無性眞如

<표81> 7진여七眞如

7진여 七眞如	내용		비고		불 佛
1. 유전진여 流轉眞如	유위법유전 有爲法流轉		후득지 後得智		해당 안함
2. 실상진여 實相眞如	이무아경 二無我境		근본지 根本智		
3. 유식진여 唯識眞如	염정법 유식 染淨法 唯識		근본지 根本智		
4. 안립진여 安立眞如	고제 苦諦	의 실성 實性	후득지 後得智	의 경 境	해당 안함
5. 사행진여 邪行眞如	집제 集諦		후득지 後得智		해당 안함
6. 청정진여 淸淨眞如	멸제 滅諦		근본지 根本智		
7. 정행진여 正行眞如	도제 道諦		후득지 後得智		

말을 떠나 여의 체(본체)를 논하면 **칠즉일여**
如 體　　　　　　　七卽一如
《해심밀경》〈분별유가품〉, 『유식론』 8

第二節 菩薩十地[1] 所得의 十眞如[2]   제2절 보살십지 소득의 십진여

[1] 십지十地; Skt. daśa-bhūmi. 보살이 수행하는 계위階位인 52위 중, 제41위로부터 제50위까지. 이 10위는 불지佛智를 생성生成하고, 능히 주지住持하여 움직이지 아니하며, 온갖 중생을 짊어지고 교화 이익케 하는 것이, 마치 대지大地가 만물을 싣고 이를 윤익潤益함과 같으므로 지地라 이름. 1) 환희지歡喜地. 처음으로 참다운 중도지中道智를 내어 불성佛性의 이치를 보고, 견혹見惑을 끊으며 능히 자리이타自利利他하여 진실한 희열喜悅에 가득 찬 지위. 2) 이구지離垢地. 수혹修惑을 끊고 범계犯戒의 더러움을 제하여 몸을 깨끗하게 하는 지위. 3) 발광지發光地. 수혹을 끊어 지혜의 광명이 나타나는 지위. 4) 염혜지焰慧地. 수혹을 끊어 지혜가 더욱 치성하는 지위. 5) 난승지難勝地. 수혹을 끊고 진지眞智·속지俗智를 조화하는 지위. 6) 현전지現前智. 수혹을 끊고 최승지最勝智를 내어 무위진여無爲眞如의 모양이 나타나는 지위. 7) 원행지遠行智. 수혹을 끊고 대비심을 일으켜, 2승의 오悟를 초월하여 광대무변한 진리 세계에 이르는 지위. 8) 부동지不動地. 수혹을 끊고 이미 전진여全眞如를 얻었으므로, 다시 동요되지 않는 지위. 9) 선혜지善慧地. 수혹을 끊어 부처님의 10력力을 얻고, 기류機類에 대하여 교화의 가부可否를 알아 공교하게 설법하는 지위. 10) 법운지法雲地. 수혹을 끊고 끝없는 공덕을 구비하고서 사람에 대하여 이익되는 일을 행하여 대자운大慈雲이 되는 지위. 또 이것을 보시·지계·인욕·정진·선정·지혜·방편·원·력·지의 10바라밀에 배대하기도 함. 그런데 보살 수행의 기간인 3대 아승기겁 중, 처음 환희지까지에 1대 아승기겁, 제7지까지의 수행에 제2대 아승기겁을 요한다 함. 이상은 대승 보살의 10지地이고, 이 밖에 3승을 공통하여 세운 삼승공십지三乘共十地인 간혜지乾慧地·성지性地·팔인지八人地·견지見地·박지薄地·이구지離垢地·이판지已辦地·지불지支佛地·보살지菩薩地·불지佛地도 있음.

[2] 십진여十眞如; 우주 만유에 가득한 본체인 진여는 본래 절대이므로 나눌 수 없는 것이나 그 덕상德相을 나타내며, 또 이를 증지證知하는 과정에 구별이 있으므로 분류하는 일이 있음. 이 10진여는 보살이 10지地에서 진여를 분증分證하는 승덕勝德으로 보아서 가립假立한 것. 보살이 초지初地에서 이미 일체一切를 통달하여 능히 행行을 증證한다. 그러나 각지各地에서 오히려 원만圓滿하게 되므로 원만한 뒤에 건립建立하게 한다 함. 1) 변행진여遍行眞如. 초지初地에 들어갈 때에 아집我執·법집法執을 끊고, 아我·법法 2공二空을 깨닫는 진여. 그 법法이 어디에나 있음으로 변행遍行이라 함. 2) 최승진여最勝眞如. 제2지에서 사행장邪行障을 끊고, 깨닫는 진여. 무변無邊의 덕이 구족具足하여 일체법一切法에 최승最勝하므로 최승이라 함. 3) 승류진여勝流眞如. 제3지에서 암둔장暗鈍障을 끊고 깨닫는 진여. 이 진여가 흐르는 교법敎法이 극極히 수승殊勝하므로 승류勝流라 함. 4) 무섭수진여無攝受眞如. 제4지에서 미세번뇌현행장微細煩惱現行障을 끊고 깨닫는 진여. 이 진여는 계속繼屬됨이 없고 아집我執 등의 소의所依와 소취所取가 아니므로 무섭수라 함. 5) 유무별진여類無別眞如. 무별진여無別眞如. 제5지에서 어하승반열반장於下乘般涅槃障을 끊고 깨닫는 진여. 차별差別의 류류가 없으며 안眼 등과 같은 이류異類가 아니므로 무별無別이라 함. 6) 무염정진여無染淨眞如. 제6지에서 추상현행장麤相現行障을 끊고 깨닫는 진여. 본성本性이 무염無染하여 후방後方이 아닌 정淨이 되므로 무염無染이라 함. 7) 법무별진여法無別眞如. 제7지에서 세상현행장細相現行障을 끊고 깨닫는 진여. 다수법多數法이 여러 가지 안립安立하여 별이別異가 없음으로 법무별法無別이라 함. 8) 부증감진여不增減眞如. 상토자재소의진여相土自在所依眞如. 제8지에서 무상중작가행장無相中作加行障을 끊고 깨닫는 진여. 증감增減의 집착執著을 여의고 정淨이 염染을 따라 증감되지 않으므로 부증감이라 함. 만일 이 진여를 증득證得하고 나면 신상身相을 현현하거나 국토國土를 현현함이 자재自在하기 때문이다. 9) 지자재소의진여智自在所衣眞如. 제9지에서 이타중불욕행장利他中不欲行障을 끊고 깨닫는 진여. 이 진여를 깨닫고 나면 무애無碍

一에 遍行眞如³란 일 변행진여	첫째 변행진여遍行眞如란 오온의 가화합인
我法二空⁴의 所顯으로서 아법이공 소현	나가 공하고, 오온도 공한 아법이공我法二空의
	나타난 바로서
一法에 일법	하나의 진리(일법一法)에
諸法이 含藏할새 제법 함장	만물과 현상(제법諸法)이 포함되어
遍行않임이 없음으로써요 변행	보편적인 진리(변행遍行) 아님이 없음으로써요
二에 最勝眞如⁵란 無邊의 德을 이 최승진여 무변 덕	둘째 최승진여最勝眞如란 한량없는 덕德을
具足하야 一切法에서 구족 일체법	두루 갖추어 모든 것 중(일체법一切法)에서
最勝함으로써요 최승	가장 수승(최승最勝)함으로써요
三에 勝流眞如란 此 眞如 所流의 삼 승류진여 차 진여 소류	셋째 승류진여勝流眞如란 이 진여眞如 등의
敎法이 至極히 殊勝함으로써요 교법 지극 수승	교법敎法이 지극히 수승殊勝함으로써요
四에 無攝受眞如⁶란 사 무섭수진여	넷째 무섭수진여無攝受眞如란

하여 해득解得이 자재自在함. 10) 업자재등소의진여業自在等所衣眞如. 제10지에서 어제법중미득자재장於諸法中未得自在障을 끊고 깨닫는 진여. 이 진여를 깨달으면 일체신통一切神通의 작업다라니정문作業陀羅尼定門에 모두 자재함을 얻게 됨.

3 변행진여遍行眞如; 10진여의 하나. 10지地 가운데 초지에서 증득하는 진여. 아집我執·법집法執을 끊고 얻음. 이 진여는 일체 모든 법에서 어떤 법에든지 반드시 다 있으므로 변행이라 함.

4 아법이공我法二空; 1. 인간은 오온五蘊의 일시적인 화합에 지나지 않으므로 거기에 불변하는 자아自我라는 실체가 없다는 아공我空과 모든 현상은 여러 인연의 일시적인 화합에 지나지 않으므로 거기에 불변하는 실체가 없다는 법공法空을 말함. 2. 분별하는 인식 주관의 작용이 끊어진 아공我空과 인식 주관에 형성된 현상에 대한 분별이 끊어진 법공法空. 분별하는 인식 주관의 작용이 끊어져 그 주관에 차별 현상이 없는 상태. 모든 분별과 차별이 끊어진 상태. 주관과 객관의 대립과 분별이 끊어진 의식 상태.

5 최승진여最勝眞如; 10진여의 하나. 이구지離垢地에서 증득하는 진여. 이 진여에 무한한 덕이 있어, 일체 제법 가운데 비할 것이 없다는 뜻.

6 무섭수진여無攝受眞如; 10진여의 하나. 보살 10지地 중 제4 염혜지焰慧地에서 증득하는 진여. 염혜지에 이르면 모든 법이 실재라는 집착을 여의어서, 아무도 얽매이지 않고 아집我執·아만我慢·무명無明·변견邊見 등을 일으키지 않으므로 이같이 이름한 것임.

我執[7] 等의 繫屬[8]이 無함으로써요　　아집我執 등등의 속박이 없음으로써요

五에 無別眞如란 眼 等　　다섯째 무별진여無別眞如란 눈(안眼) 등

異類의 差別이 無함으로써요　　다른 종류의 차별이 없음으로써요

六에 無染淨眞如란　　여섯째 무염정진여無染淨眞如란

本性이 元來 無染할새　　근본성품이 원래 오염됨이 없으므로

다시 洗淨할 수 없음으로써요　　다시 깨끗이 할 수 없음으로써요

七에 法無別眞如[9]란　　일곱째 법무별진여法無別眞如란

諸法이 種種　　일체 만물과 현상(제법諸法)이 가지가지로

安立하되 其 性에 있어　　제자리를 차지하되 그 성품에 있어

別異가 無함으로써요　　특별히 다름이 없음으로써요

八에 不增減眞如[10]란　　여덟째 부증감진여不增減眞如란

淨染에 隨한　　청정함과 오염됨(정염淨染)에 따른

增減의 執을 離함으로써니　　증감增減의 집착을 떠남으로써니

此의 又名인 相土自在所依眞如를　　이의 다른 이름인 상토자재소의진여相土自

證得已하면 身相을 現하고　　在所依眞如를 증득하면 몸(신상身相)을 나투고

7　　아집我執; 1) 또는 인집人執·생집生執. 아我를 실재한 줄로 집착하는 소견. 2) 이치의 시비곡직是非曲直에 표준이 없어 자기의 의견에만 집착하여 아我를 고집하는 것. ↔ 법집法執.

8　　계속繫屬; 1. 다른 것에 매여 딸림. 2. 남의 관리관리를 받음.

9　　법무별진여法無別眞如; 10진여의 하나. 보살 10지地 가운데 제7 원행지에서 증득하는 진여. 이 진여를 여러 가지 교법에서는 승의勝義·법계法界라고 하는 등 가지가지 이름을 세우지만, 진여는 순일하고 모양이 없는 것이어서 별로 차이가 있지 아니하므로 법무별이라 함.

10　　부증감진여不增減眞如; 10진여의 하나. 10지地 중 제 8 부동지不動地에서는 염법染法을 감하고, 정법淨法을 더하지만, 다시 그 더하고 감하는데 나아가서는 집착을 일으키지 아니하므로, 이 지위에서 증득하는 진여를 부증감진여라 함.

國土를 現함에 自在를 得함으로써요	국토國土를 나툼에 자유자재함으로써요
九에 智自在所依眞如란	아홉째 지자재소의진여智自在所依眞如란
此 眞如를 證得已하면	이 진여眞如를 증득證得하면
無碍解의 自在를 得함으로써요	걸림없는 이해의 자재自在를 얻음으로써요
十에 業自在等所依眞如란	열째 업자재등소의진여業自在等所依眞如란
此眞如를 證得已하면 一切神通의	이 진여眞如를 증득證得하면 일체 신통의
作業多羅尼定門에서	작업다라니정문作業多羅尼定門에서
皆 自在를 普得함으로써라	모두 자재自在를 널리 얻음으로써라
眞如의 性은 實無差別이지만	진여眞如의 성품은 실제로 차별이 없지만
勝德에 隨하야 十種을 立하나니라	수승한 공덕에 따라서 열 가지를 세우나니라
台家는 此를 別教의	천태종에서는 이를 별교別教에서
十地 所得이라 云하고	얻는 십지十地라 일컫고
法華 所說의	《법화경法華經》에 설해진 바의
唯佛與佛	오직 부처와 부처(유불여불唯佛與佛)가
乃能窮盡 諸法實相	더불어 공유하는 온갖 사물과 현상의
如是等의 十如是[11]를	참모습(제법실상諸法實相)인 여시상, 여시성,
	여시체, 여시력, 여시작, 여시인, 여시연,
	여시과, 여시보, 여시본말구경등
	(여시등如是等)의 십여시十如是를

11　십여시十如是; 모든 현상의 있는 그대로의 참모습에 갖추어져 있는 열 가지 성질. 여시상如是相·여시성如是性·여시체如是體·여시력如是力·여시작如是作·여시인如是因·여시연如是緣·여시과如是果·여시보如是報·여시본말구경등如是本末究竟等. 상相은 형상, 성性은 특성, 체體는 본질, 역력은 잠재해 있는 힘, 작作은 작용, 인因은 원인, 연緣은 조건, 과果는 결과, 보報는 과보, 본말구경등本末究竟等은 상相에서 보報까지 모두 평등하다는 뜻.

圓敎의 十眞如라 稱하야	원교圓敎의 십진여十眞如라 일컬어
十如是와 十眞如란	십여시十如是와 십진여十眞如란
名義가 相同하다 云하고	뜻이 서로 같다고 일컫고
此를 無作의 無作이라 謂하나	이를 조작없음의 조작없음이라 이르나
十眞如는 身證¹²의 境界요	십진여十眞如는 몸으로 증명하는 경계요
十如是는 悟道¹³의 境界니라	십여시十如是는 마음으로 깨닫는 경계니라
그리고 一에 眞如 二에 法界¹⁴	그리고 첫째 진여眞如 둘째 법계法界
三에 法性¹⁵ 四에 不虛妄說	셋째 법성法性 넷째 불허망설不虛妄說
五에 不變異性 六에 平等性¹⁶	다섯째 불변이성不變異性 여섯째 평등성平等性
七에 離生性¹⁷ 八에 法定	일곱째 이생성離生性 여덟째 법정法定
九에 法住 十에 實際¹⁸	아홉째 법주法住 열째 실제實際

---

12 신증身證; 성문 4과과의 제3 불환과不還果의 성자로서, 멸진정滅盡定에 들어간 이. 이 성자는 무심정無心定에 있으므로 몸으로 고요한 낙을 증득함.

13 오도悟道; 불도佛道의 진리를 증오證悟함.

14 법계法界; Skt. dharma-dhātu의 번역. 달마타도達摩馱都라 음사. 3종의 뜻이 있다. 1. 계界는 인因이란 뜻, 법法은 성법聖法이니, 성법을 내는 원인이 되는 것. 곧 진여眞如. 2. 계는 성性이란 뜻. 법은 일체 모든 법이니, 만유 제법의 체성이 되는 것. 곧 진여. 3. 계는 분제分齊란 뜻. 법은 모든 법이니 분제가 서로 같지 않은 모든 법의 모양. 곧 만유 제법을 포함하여 말함.

15 법성法性; Skt. Dharmatā. 항상 변하지 않는 법의 법다운 성성. 모든 법의 체성體性. 곧 만유의 본체. 진여眞如·실상實相·법계法界 등이라고도 함. 있는 그대로의 본성·상태. 모든 현상의 있는 그대로의 참모습. 변하지 않는 진실·진리.

16 평등성平等性; 진여眞如. 진여는 체성이 평등하여, 일체 법에 두루 가득하여 있으므로 평등성이라 함.

17 이생성離生性; 이생離生. 견도위見道位의 성자. 정성리생正性離生의 준말. 견도위見道位를 말함. 생은 번뇌, 견도에 들면 성도聖道 열반의 정성正性을 얻어, 번뇌의 생을 멀리 여의는 것.

18 실제實際; 진여법성眞如法性. 이는 온갖 법의 끝이 되는 곳이므로 실제, 또 진여의 실리實理를 증득하여 그 궁극窮極에 이르므로 이렇게 이름. 1. 진실의 극치, 곧 깨달음의 경지를 뜻함. 2. 있는 그대로의 본성·상태. 3. 모든 현상의 있는 그대로의 참모습. 차별을 떠난, 있는 그대로의 모습.

十一에 虛空界 十二에 不思議界[19] 等을 十二眞如라 或은 十二無爲라, 十二空이라, 名하니 此는 身證心悟[20]인 證悟의 境界니라

열한째 허공계虛空界 열두째 부사의계不思議界 등을 십이진여十二眞如라 혹은 십이무위十二無爲라, 십이공十二空이라, 이름하니 이는 몸으로 증명하고 마음으로 깨닫는(신증심오身證心悟) 증오證悟의 경계니라

---

19 부사의계不思議界; 진여眞如. 진여는 사려思慮와 분별을 초월한 이성계理性界이므로 이렇게 이름.
20 증오證悟; 올바른 지혜로 진리를 증득하여 깨달음. ↔해오解悟.

- **십진여十眞如**(ten aspects of thusness)

  진여眞如의 성품은 실제로 차별이 없지만 수승한 공덕에 따라서 열 가지를 세움.

  The ten aspects of the bhūtatathatā or reality attained by a bodhisattva during his fifty-two stages of development, each of which is associated with one of these aspects of thusness:

  1) **변행진여**遍行眞如 the universality of thusness; 아법이공我法二空의 드러냄, 하나(일법一法)에 모두 (제법諸法)가 포함되므로 보편적인 진리.
     - ▶ **아법이공**我法二空; 오온의 가화합인 나가 공하고, 오온도 공함.
  2) **최승진여**最勝眞如 the superiority of thusness over all else; 한량없는 덕德을 두루 갖추어 모든 것 중(일체법一切法)에서 가장 수승(최승最勝)함.
  3) **승류진여**勝流眞如 the ubiquity of thusness; 이 진여眞如 등의 가르침이 지극히 수승殊勝함.
  4) **무섭수진여**無攝受眞如 the independence or self-containedness of thusness; 아집我執 등의 속박이 없음.
  5) **무별진여**無別眞如 the subjective non-differentiation of thusness; 눈(안眼) 등 여러 종류의 차별이 없음.
  6) **무염정진여**無染淨眞如 non-difference of impurity and purity in thusness; 근본성품이 원래 오염됨이 없으므로 다시 깨끗이 할 수 없음.
  7) **법무별진여**法無別眞如 the objective non-differentiation of thusness; 일체 만물과 현상(제법諸法)이 가지가지로 제자리를 차지하되 그 성품에 있어 특별히 다름이 없음.
  8) **부증감진여**不增減眞如 thusness as neither increasing nor decreasing; 청정함과 오염됨(정염淨染)에 따른 증감增減의 집착을 떠남; =상토자재소의진여相土自在所依眞如[몸(신상身相)을 나투고 국토國土를 나툼에 자유자재함].
  9) **지자재소의진여**智自在所依眞如 thusness as the basis of all unimpeded wisdom; 이 진여眞如를 증득하면 걸림없는 이해의 자재自在를 얻음.
  10) **업자재등소의진여**業自在等所依眞如 thusness as the basis of all sovereign activity and all power; 이 진여眞如를 증득하면 일체 신통의 작업다라니정문作業多羅尼定門에서 모두 자재로움을 널리 얻음.

  ▶ 천태종; 이를 별교別敎십지十地에서 얻는 10진여라 함.『유식론唯識論』10

제12장

인
忍

『瑜伽論¹』에 「云何名忍²」고
自無憤勃³하야
不報他怨⁴일새
故名忍」이랐고
『唯識論⁵』九에 「忍이란

『유가론瑜伽論』에 「인忍이란 무엇인가?
분한 마음을 일으키지 않아
원망으로 앙갚음하지 않으므로
인忍이라 한다」이랐고,
『유식론唯識論』9에 「인忍이란

1   유가론瑜伽論; Skt. Yogācārabhūmi-śāstra, Discourse on the Stages of Yogic Practice. 『유가사지론瑜伽師地論』의 약어. 100권. K-570, T-1579. 미륵彌勒 지음, 무착 보살 엮음. 당唐나라 때 현장玄奘이 646년에서 648년 사이에 홍복사弘福寺 또는 대자은사大慈恩寺에서 번역하였다. 유가瑜伽를 행하는 자의 수행 단계를 자세히 서술하고, 유식학唯識學의 중요한 용어와 경전에 나오는 여러 용어를 풀이한 저술. 별칭으로 『광석제경론廣釋諸經論』・『십칠지론十七地論』이라고도 한다. 유가행자瑜伽行者의 경계・행行・과果 및 아뢰야식설・삼성설・삼무성설・유식설 등에 대해 해설한 논서로서 미륵보살이 무착無着을 위하여 중천축中天竺의 아유사阿踰闍 대강당에서 4개월 동안 매일 밤마다 강설한 것이라고 한다. 이것은 대승불교 완성기의 사상을 대표하는 논서로서, 유식학파의 중도설과 연기론 및 3승교의 근거가 된다. 모두 5분分으로 이루어져 있으며, 각 분은 여러 품으로 나누어져 있다. 제1 본지분本地分(1권-50권)에서는 삼승三乘의 사상을 오식신상응지五識身相應地・의지意地・유심유사지有尋有伺地・무심유사지無尋有伺地・무심무사지無尋無伺地・삼마희다지三摩呬多地・비삼마희다지非三摩呬多地・유심지有心地・무심지無心地・문소성지聞所成地・사소성지思所成地・수소성지修所成地・성문지聲聞地・독각지獨覺地・보살지菩薩地・유여의지有餘依地・무여의지無餘依地의 17지地로 나누어 설명한다. 제2 섭결택분攝決擇分(51권-80권)에서는 본지분 중의 요의를 해명하고, 제3 섭석분攝釋分(81권-82권)에서는 제경의 의칙을 해석하며, 제4 섭이문분攝異門分(83권-84권)에서는 경전 속에 나타난 제법의 명의를 해설하고, 제5 섭사분攝事分(85권-100권)에서는 삼장 속의 요의를 해석한다. 법상종法相宗의 중요 논서이다. 주석서로는 최승자最勝子 등이 지은 『유가사지론석瑜伽師地論釋』1권・규기窺基의 『유가사지론약찬瑜伽師地論略纂』16권・둔륜遁倫의 『유가론기瑜伽論記』24권 등이 있다.
2   인忍; Skt. kṣānti. 1. 인욕忍辱, 인내忍耐, 감인堪忍의 뜻. 곧 남으로부터 모욕侮辱이나 괴로운 해악害惡(뇌해惱害)을 당해도 성내는 마음(진심瞋心)을 내지 않음. 혹은 스스로 괴로움을 만나도 참고 견디어 마음을 움직이지 않음(부동不動). 마음을 안정시키고 성내지 않음. 2. 인허忍許, 인가忍可의 뜻. 진리眞理를 증오證悟함. 인정하여 확실하게 앎. 확실하게 인정함. 3. 안인安忍의 뜻, 진리를 확실하게 알아 거기에 안주하여 마음을 움직이지 않음. 도리에 안주安住하여 마음을 움직이지 않는 것. 4. 인위忍位. 선근善根의 하나.
3   분발憤勃; 성냄. 노함.
4   보원報怨; 남이 저에게 해를 주었을 때에, 저도 그에게 해를 주는 일. 앙갚음.
5   유식론唯識論; Skt. Viṃśatikākārikā. 1권. K-613, T-1588. 동위東魏시대에 구담반야유지瞿曇般若流支(Gautama Prajñāruci)가 538년에서 543년 사이에 업성鄴城에서 번역하였다. 별칭으로 『능가경유식론』・『능가유식론』・『대승능가경유식론大乘楞伽經唯識論』・『대승유식론』・『유식무경론』・『유식무경론唯識

以無瞋으로 精進하야 審慧하되	성냄 없이 정진하여 일어나는 바의
及彼 所起의 三業에 處性」하랐고	신구의 3업三業의 성품을 지혜로 살핌이라」 하였고,
『大乘義章』⁶ 九에	『대승의장大乘義章』9에
「慧心의	「사리事理를 달관한 마음(혜심慧心)의 쓰임이
安法함이 名之爲忍」이랐고	편안함이 이름하여 인忍」이랐고
同十一에「於法의	대승의장 11에「만물과 현상의
實相⁷에 安住함이	참모습(실상實相)에 편안히 머무름(안주安住)이
爲忍」이랐으니 道理⁸에 安住하야써	인忍」이랐으니 도리道理에 안주安住하여서
心을 不動함이 忍일새	마음에 움직임이 없음이 인忍이니
道理를 體하야	도리道理에 바탕하여
不瞋不惱⁹함이	성내거나 괴로워하지 않음이

無境論』・『파색심론破色心論』이라고도 한다. 식識뿐이며 경계境界는 없다고 논한다. 세친世親이 저술하였으며, 이역본으로 『유식이십론唯識二十論』・『대승유식론大乘唯識論』이 있다.

6 대승의장大乘義章; Essay on the System of Mahāyāna. 20권. 수隋의 혜원慧遠 지음. 불교의 중요한 용어들을 모아 교법취敎法聚・의법취義法聚・염법취染法聚・정법취淨法聚・잡법취雜法聚로 나누어 분류하고, 각 취취의 용어들을 법수法數의 순서로 배열하여 대승의 입장에서 명료하게 해설한 책. 현존본現存本에는 잡법취雜法聚가 빠져 있음.

7 실상實相; 당상當相. Skt. tattvasya-lakṣaṇam. True form of things as they are. True original nature. Reality; real aspect. The unchanging, equal reality-principle. 1. 모든 현상의 있는 그대로의 참모습. 대립이나 차별을 떠난 있는 그대로의 참모습. 2. 모든 현상의 본성. 3. 궁극적인 진리. 변하지 않는 진리. 4. 집착을 떠난 청정한 성품.

8 도리道理; Skt. yukti. 모든 현상에 통하는 법칙. 모든 것에 두루 통하는 진리. 진리와 결합된 이론이나 증명. 타당한 이치.

9 부진불뇌不瞋不惱; 성내지 않고 괴로워하지 않음.

二忍[10] 中의 衆生忍[11]이오
그 無生의 法理에 安住하야
心을 不動함이 無生法忍[12]이며
또 疾病이나 水火나 刀杖이나
이 衆苦가 逼迫하되 法에 住하야
此를 安忍[13]하고 恬然[14] 不動함이
前의 衆生忍인 同時에
安受苦忍[15]이오
法을 觀察하야 心을 實相상의 理에
安住함이 前의 無生法忍인
同時에 觀察法忍[16]이며

2인二忍 가운데의 중생인衆生忍이요
그 무생無生의 진리에 안주安住하여서
마음을 움직이지 않음이 무생법인無生法忍이며
또 질병이나 물불의 재해나 칼 등의 무기나
이 모든 고통이 핍박하되 진리에 머물러
이를 편안히 참고 동요가 없음이
앞에 언급한 중생인衆生忍인 동시에
안수고인安受苦忍이요
진리를 관찰하여 마음을 실상實相의 이치에
안주安住함이 앞의 무생법인無生法忍인
동시에 관찰법인觀察法忍이며

10　이인二忍;《대지도론》제6권 등에서 설하는 생인生忍과 법인法忍을 말한다. 여기서의 생인을 중생인衆生忍이라고도 하고 법인을 무생법인無生法忍이라고도 한다.
11　중생인衆生忍; 2인의 하나. 보살이 다른 중생들에게 어떠한 모욕이나 피해를 당하여도 참고 견디어 노여워하거나 원한을 일으키지 않고, 중생의 존경이나 공양을 받아도 집착하지 않음.
12　무생법인無生法忍; Skt. anutpattika-dharma-kṣānti-paryeṣṭi. 1. 불생불멸하는 진리(진여 법성)를 확실하게 인정(인지忍知)하고, 거기에 안주하여 움직이지 않음. 보살이 초지初地나 7·8·9지에서 얻는 깨달음. 2. 희인喜忍·오인悟忍·신인信忍이라고 이름하는 위位. 극락세계에 왕생하기로 결정된 것을 의심하지 않는 것. 이것은 생즉무생生卽無生의 왕생을 인득忍得한 것이므로 이같이 이름함. 이 자리는 10신위信位 중에 있음. 3.《묘법연화경》에 나오는 삼법인三法忍의 하나이다. 법인法忍은 진리를 깨닫는 지혜, 신인信忍은 신심에 의해 얻는 지혜, 순인順忍은 진리에 순종하는 지혜를 말하는데, 이 중 법인을 말한다.
13　안인安忍; 1. Skt. kṣānti. 마음을 안정시키고 참고 견딤. 참고 견디어 마음을 움직이지 않음. 노여워하지 않고 참고 견딤. 2. 능안인能安忍과 같음. ▶능안인能安忍; 천태天台 십승관법十乘觀法의 제9. 자신에게 맞든 맞지 않든 마음의 동요를 일으키지 않음. 마음이 안정되어 안팎의 장애에 흔들리지 않고, 더욱 참고 나아가는 것.
14　염연恬然; 염념恬恬. 편안한 모양. 고요한 모양.
15　안수고인安受苦忍; 질병·수재·화재 등의 괴로움을 당하여도 참고 견디어 마음을 움직이지 않음.
16　관찰법인觀察法忍; 모든 현상은 불생불멸不生不滅이라는 진리를 확실하게 인정하고 거기에 안주하여 마음

彼 衆生忍인 安受苦忍에
二忍이 또 有하니 人의 恭敬·
供養에 於하되 能忍하야
執着하지 않음이 一이오
人의 嗔罵[17]·
打害[18]에 於하되 嗔恨이
不生함이 其 二며
無生法忍인 觀察法忍에
二忍이 亦有하니 一은 非心法의
寒熱 風雨 飢渴
老病死 等에 於하되 能忍하야
惱怨이 無함이오
二는 心法인 嗔恚[19] 憂愁[20] 等의
諸煩惱에 於하되 厭棄[21]가 無함이니라
그러나 忍辱에 限하고 法을 不知하면
凡夫요 觀法而不能忍하면 小乘이며

저 중생인衆生忍인 안수고인安受苦忍에

2인二忍이 또 있으니 사람의 공경恭敬·

공양供養에 처하되 능인能忍하여

집착하지 않음이 첫째요

사람의 성내고 욕하며 때리고 해함(진매嗔罵·

타해打害)에 처하되 성냄과 한스러움이

없음이 그 둘째이며

무생법인無生法忍인 관찰법인觀察法忍에

역시 2인二忍이 있으니 첫째 비심법非心法의

추위와 더위, 비바람, 배고픔과 목마름,

늙고 병들고 죽음 등에 처하되 능히 참아

괴로움과 원망이 없음이요

둘째 심법心法인 성냄과 근심 등의

모든 번뇌에 처하되 싫어하여 버림이 없느니라

그러나 인욕忍辱에 한정하고 진리를 모르면

범부요 진리를 알되 참지 못하면 소승小乘이며

을 움직이지 않음.
17 진매嗔罵; 성내고 꾸짖음.
18 타해打害; 때리고 해치다.
19 진에嗔恚; 성을 냄.
20 우수憂愁; 근심과 걱정을 아울러 이르는 말.
21 염기厭棄; 싫어서 버림.

能忍而安住不動하면
능 인 이 안 주 부 동

大乘인 同時에 方可謂之의
대 승   동 시   방 가 위 지

忍이니라
인

능히 참아 편안히 머물며 움직이지 않으면

대승인 동시에 바야흐로 가히

인忍이라 할 수 있느니라

〈표82〉 인忍

인(Skt. kṣānti)의 뜻 忍	1. 인욕, 인내, 감인의 뜻. 곧 남으로부터 모욕이나 괴로운 해악(뇌해)을 당해도 성내는 마음(진심)을 내지 않음. 혹은 스스로 괴로움을 만나도 참고 견디어 마음을 움직이지 않음(부동). 마음을 안정시키고 성내지 않음. 忍辱 忍耐 堪忍　　侮辱　　害惡 惱害　　瞋心　不動	
	2. 인허, 인가의 뜻. 진리를 증오함. 인정하여 확실하게 앎. 확실하게 인정함. 忍許 忍可　　眞理 證悟	
	3. 안인의 뜻. 진리를 확실하게 알아 거기에 안주하여 마음을 움직이지 않음. 도리에 안주하여 마음을 움직이지 않는 것. 安忍　　　　　　　　　　　　　　　　　　　安住	
	4. 인위. 선근의 하나. 忍位 善根	

경전 속의 인 忍	운하명인고 자무분발하야 불보타원일새 고명인. 云何名忍 自無憤勃　不報他怨　故名忍	유가론 瑜伽論
	인이란 이무진으로 정진하야 심혜하되 급피 소기의 삼업에 처성. 忍 以無瞋 精進 審慧 及彼所起 三業 處性	유식론 9 唯識論
	혜심의 안법함이 명지위인. 慧心 安法 名之爲忍	대승의장 9 大乘義章
	어법의 실상에 안주함이 위인. 於法 實相 安住 爲忍	대승의장 11 大乘義章

인의 뜻 忍	도리에 안주하여 심을 부동함이 인. 道理 安住　心 不動 忍	

이인 二忍	중생인 衆生忍	무생법인 無生法忍
	도리를 체하야 부진불뇌함. 道理 體 不瞋不惱	무생의 법리에 안주하야 심을 부동함. 無生 法理 安住 心 不動
	안수고인=중생인 安受苦忍 衆生忍	관찰법인=무생법인 觀察法忍 無生法忍
	질병, 수화, 도장 등의 중고가 핍박하되 법에 머물러 차를 안인하고 염연부동함. 疾病 水火 刀杖　衆苦 逼迫　法 此 安忍 恬然不動	법을 관찰하여 심을 실상의 이에 안주함. 法 觀察　心 實相 理 安住

| 사인(이인 각각을 四忍 二忍 다시 이인으로 二忍 세분) | 1. 사람의 공경·공양을 恭敬 供養 받는 데에능인하여 집착 能忍 執着 하지 않음. | 2. 사람의 진매·타해를 嗔罵 打害 받아도 진한이 불생함. 嗔恨 不生 | 1. 비심법의 한열· 非心法 寒熱 풍우·기갈·노병사 風雨 飢渴 老病死 등을 능인하여 等 能忍 뇌원이 무함. 惱怨 無 | 2. 심법인 진에우수 등의 心法 嗔恚憂愁 제번뇌에 있어 염기가 무함. 諸煩惱 厭棄 無 |

범부; 인욕에 한하고 진리(법)를 알지 못함.
凡夫 忍辱 限   法

소승; 관법이불능인(법을 관하되 참지 못함.)
小乘 觀法而不能忍

대승; 능인이안주부동(능히 참고, 편안히 머물러 움직임이 없음.), 방가위지의 인(가히 인이라 할 만함.)
大乘 能忍而安住不動   方可謂之 忍   忍

第一節 三忍과 四忍
제1절 삼인과 사인

三忍[1]에 種種이 有하나

此는《無量壽經[2]》第四十八願에

聲聞者의 得三法忍願을

擧하사 第一法忍・第二法忍・

第三法忍이라 言하실 따름이오

제1절 삼인과 사인

3인三忍에 여러 가지가 있으나

이는《무량수경無量壽經》제48원願에

성문聲聞의 3법인三法忍을 얻고자 발원함을

들어 제일법인第一法忍・제이법인第二法忍・

제삼법인第三法忍이라 말씀하실 따름이오

---

[1] 삼인三忍; 1. 내원해인耐怨害忍・안수고인安受苦忍・체찰법인諦察法忍. 인욕忍辱 바라밀의 3종. 모든 좋고 나쁜 대경에 향하여 마음이 움직이지 않음을 인忍이라 함. 1) 내원해인耐怨害忍. 원수나 대적의 해침을 받고도 복수할 마음을 내지 않는 것. 2) 안수고인安受苦忍. 질병・수재・화재・도장刀杖의 고통을 달게 받는 것. 3) 체찰법인諦察法忍. 줄여서 찰법인察法忍이라 함. 진리를 자세히 관찰하여 불생불멸하는 이치에 마음을 안주安住하는 것. 2. 희인喜忍(아미타불을 념해서 환희심이 생김)・오인悟忍(아미타불을 념해서 진리를 오해悟解함)・신인信忍(아미타불을 념해서 정신正信에 주住함). 중국 정토교의 선도善導가 지은『관경서분의』에서 나옴. 아미타불을 관하며, 또는 아미타불의 본원을 믿어서 얻는 무생법인無生法忍의 별명. 3. 음향인音響忍. 유순인柔順忍・무생법인無生法忍.《무량수경》에 있다. 극락세계에 나서 도량수道場樹(칠보수림七寶樹林)의 음성音聲을 들은 이가 얻는다 함. 1) 음향인音響忍. 음향音響으로 말미암아 진리를 깨닫고 이해함. 2) 유순인柔順忍. 혜심慧心이 유연柔軟하여 능히 진리에 수순隨順함. 3) 무생법인無生法忍. 무생無生의 실성實性을 증득하여 제상諸相을 떠난 이는 지극至極의 오도悟道에 도달함.

[2] 무량수경無量壽經; Skt. Sukhāvatī-vyūha-sūtra. 2권. K-26, T-360. 별칭으로《대무량수경大無量壽經》・《대경大經》・《쌍권경雙卷經》・《양권무량수경兩卷無量壽經》이라고도 한다. 조위曹魏시대의 강승개康僧鎧(Skt. Saṃghavarman, 승가발마僧伽跋摩)가 252년에 낙양洛陽의 백마사白馬寺에서 번역하였다. 법장비구法藏比丘가 세운 사십팔원四十八願을 설하여 극락 정토의 건립과 아미타불이 출현하게 된 인연을 밝힌 후 극락 정토의 정경과 그곳에 있는 보살들의 뛰어난 공덕을 설한 다음, 극락에 태어나기 위해서는 보살행을 닦고 아미타불에 귀의해야 한다고 설함. 상권에는 여래 정토의 인과因果, 곧 아미타불이 본디 법장 보살이던 때에 모든 중생을 구제하기 위하여 세자재왕불世自在王佛의 처소에서 48의 큰 서원을 세우고 영겁을 두고 수행하던 것과, 그 수행에 따라 서원이 이루어져 지금은 아미타불이 되어 서방西方에 정토를 마련하고, 중생으로 하여금 "나무아미타불"의 6자 명호를 듣고 믿게 하여 구제하는 것을 말하였다. 하권에서는 중생이 왕생하는 인과因果, 곧 중생이 아미타불의 정토에 왕생하는 데는 염불왕생과 제행諸行왕생의 두 가지 법이 있다는 것을 설하고, 특히 48대원 가운데서도 가장 중요한 제18원願인 십념왕생원十念往生願의 성취를 명시하였다.《아미타경》과 범어 이름이 같기 때문에《아미타경》을《소경小經》이라 함에 대하여 이것을《대경大經》이라 하며,《관무량수경觀無量壽經》・《아미타경阿彌陀經》과 함께 정토삼부경이라 하여 정토종에서 매우 중요시되는 경전이다.

其 名을 不擧하실새 此에 就하야 諸解가
기 명   불거   차 취   제해

不同하니「法位³」는 云하되
부동   법위   운

「此는《仁王經⁴》에 說하신
 차   인왕경   설

五忍⁵의
오인

初三으로서 곧 伏忍·信忍·
초삼   복인 신인

順忍」이랐고
순인

「憬興⁶」은 云하되「此는 伏忍 中의
 경흥   운   차   복인 중

그 이름을 거론하지 않고 이에 나아가 많은

해석들이 각기 다르니「법위法位」는 일컫되

「이는《인왕경仁王經》에 설하신

5인五忍(복, 신, 순, 무생, 적멸인)의

앞의 세 가지로서 곧 복인伏忍·신인信忍·

순인順忍」이랐고

「경흥憬興」은 일컫되「이는 복인伏忍 중의

---

3 법위法位; 신라의 승려로 무량수경기無量壽經記에 인용되어 있음.
4 인왕경仁王經; 2본본이 있음. 구본舊本은《불설인왕반야바라밀경佛說仁王般若波羅蜜經》2권. 구마라집 번역. 신본新本은《인왕호국반야바라밀다경仁王護國般若波羅密多經》2권. 당나라 불공不空 번역. 부처님이 16국왕으로 하여금 각각 그 나라를 보호하고, 편안케 하기 위해서는 반야바라밀을 수지受持하여야 한다고 말한 경. 제목은 왕들에게 부처가 되는 지혜에 대하여 설교한다는 뜻이다. 만물은 본성이 허무하다는 이치를 밝히고, 이에 기초하여 부처의 도를 닦는 법과 나라를 보호하는 방도에 대하여 설교하는 내용으로 이루어져 있다. 경전의 이름이나 내용상 반야계 경전이나 다른《반야경》과는 달리《대반야경大般若經》600권에는 포함되지 않지만, 예로부터《대반야경》의 결정판이라는 평가를 받아왔다. 옛부터 특히 호국에 관련된 내용이 많아 천태종에서는《법화경法華經》·《금광명경金光明經》과 함께 호국삼부경護國三部經을 이루었고, 신라시대에서 고려시대까지 성행한 인왕백고좌회의 근거가 되었다. 인왕백고좌회란 100명의 승려와 신도들이 100개의 불상과 100개의 보살상을 모셔놓고 100명의 법사를 초청하여 반야바라밀을 강의하는 법회를 말한다.
5 오인五忍; Five kinds of patient endurance. 보살이 진리에 안주하는 정도에 따라 다섯 단계로 나눈 것. 1) 복인伏忍. 번뇌를 끊지 못하였으나, 관해觀解를 익혀, 번뇌를 굴복시켜 일어나지 못하게 하는 단계. 곧 10주住·10행行·10회향廻向의 보살. 2) 신인信忍. 깨달은 진리를 믿고 의심하지 않는 단계. 곧 초지初地·이지二地·삼지三地의 보살. 3) 순인順忍. 진리에 순응하고 안주하는 단계. 곧 4지地·5지·6지의 보살. 4) 무생인無生忍. 불생불멸不生不滅의 진리에 안주하는 단계. 곧 7지地·8지·9지의 보살. 5) 적멸인寂滅忍. 모든 번뇌를 끊은 열반(청정무위잠연적정清淨無爲湛然寂靜)에 안주하여 마음을 움직이지 않는 단계. 곧 10지地·등각等覺·묘각妙覺의 지위.
6 경흥憬興; 신라 스님. 속성은 수水. 웅천주熊川州(충남 공주) 사람. 18세에 출가, 3장藏에 통달. 문무왕의 유언에 따라, 신문왕 때에 국로國老가 되었다. 삼랑사三郎寺에 있으면서 오로지 저술에만 힘썼다. 그 학설은 대개 법상종法相宗이다. 저서는『대열반경소』14권,『법화경소』16권,『구사론초』·『금광명경술찬』7권,『금광명경약찬』,『해심밀경소』,『아미타경약기』,『미타경술찬』3권,『관정경소』,『십이문다라니경소』,『약왕경소』1권,『금강반야료간』,『법원기』,『사분률갈마기』1권,『습비니기』,『무량수경술찬』,『기신론문답』1권,『성유식론편상』25권,『성유식론추요기』,『성유식론의기』,『유가론소』10권,『유가석론기』36권,『현양론소』,『인명이문의초』등.

下・中・上 三忍」이랐고
「玄一7」은 云하되「此는 下說의
音響忍・柔順忍・無生忍의
三」이랐으니
亦是《無量壽經》에
「往生極樂의 人은
七寶樹林의 音聲을 聞하고
三種의 忍을 得한다」하사
一에 音響忍이란 音響에 由하야
眞理를 悟得함이오
二에 柔順忍이란 悟理의
慧心 그대로 眞理에
隨順할 따름임이오
三에 無生法忍이란
無生의 實性을 證하고
諸相을 離하는

하下・중中・상上 3인三忍」이랐고
「현일호一」은 일컫되「이는 아래에 언급할
음향인音響忍・유순인柔順忍・무생인無生忍의
삼三」이랐으니
역시《무량수경無量壽經》에
「왕생극락인往生極樂人은
칠보 나무들(칠보수림七寶樹林)의 음성을 듣고
3가지의 인忍을 얻는다」하사
첫째 음향인音響忍이란 음향音響으로 말미암아
진리를 깨닫는 것이요
둘째 유순인柔順忍이란 깨달은 이치의
지혜심(혜심慧心) 그대로 진리에
순순히 따를 따름이요
셋째 무생법인無生法忍이란
남이 없는(무생無生) 실다운 성품을 증명하고
모든 모습과 현상을 떠나는

---

7 현일玄一; 당나라 때의 승려. 적관籍貫은 미상인데, 신라新羅 사람이라고도 한다. 법상학法相學에 정통했고, 저술에 전념했다. 저서에『무량수경기無量壽經記』2권과『관무량수경기觀無量壽經記』1권,『법화경소法華經疏』8권,『아미타경소阿彌陀經疏』1권,『열반경료간涅槃經料簡』2권,『유가론소瑜伽論疏』17권,『중변론료간中邊論料簡』1권,『범망경소梵網經疏』3권,『유식추요사기唯識樞要私記』1권 등이 있었는데, 대개 흩어져 전하지 않는다. 다만『무량수경기』1권만『만속장卍續藏』제32책 안에 들어 있다. 책 속 곳곳에 규기窺基와 원효元曉, 법위法位 등 여러 스님의 교설敎說이 인용되어 있는데, 이를 통해 스님이 이들보다 후대에 활동했음을 알 수 있다. 그 밖의 사적이나 생몰연도는 모두 알 수 없다.

悟道의 至極이며 | 깨달음(오도悟道)의 궁극이며

《思益經》四〈忍法品〉에 | 《사익경思益經》4〈인법품忍法品〉에

「菩薩의 四法이 有하야 | 「보살의 네 가지 법이 있어

毀禁의 罪를 出한다」시고 | 계율을 어기는 죄를 벗어난다」시고

菩薩四忍을 說하시니 | 보살사인菩薩四忍을 설설說하시니

一에 得無生忍이란 | 첫째 득무생인得無生忍이란 일체의 현상과

一切諸法의 自性이 空寂하야 | 만물(제법諸法)의 성품이 비고 고요하여

本來에 不生함일새요 | 본래에 생기지 않음인 까닭이요

二에 得無滅法忍이란 | 둘째 득무멸법인得無滅法忍이란

一切諸法이 | 일체의 현상과 만물(제법諸法)이

元來無生이라 | 원래 남이 없음(무생無生)이라

亦是 無滅일새요 | 역시 소멸하지 않음(무멸無滅)이기 때문이요

三에 得因緣忍이란 | 셋째 득인연인得因緣忍이란

一切諸法이 皆是 | 일체의 현상과 만물(제법諸法)이 모두

因緣의 和合에 依하야 生할 따름일새 | 인연因緣의 화합和合에 의하여 생길 따름이니

8 　사익경思益經; 사익범천소문경思益梵天所問經. 4권. 요진姚秦의 구마라집鳩摩羅什 번역. 망명網明보살(명망보살)과 사익범천 등을 위하여, 평등과 불이不二에 입각하여 사성제四聖諦, 보살의 발심과 정진, 여러 천天의 호법護法 등에 대해 설한 경. 다른 번역은 《지심범천소문경》4권(축법호 번역), 《승사유범천소문경》6권(북위 보리류지 번역).

9 　사인四忍; 인忍은 인가忍可·안인安忍의 뜻으로, 보살이 도리에 안주安住하여 마음이 움직이지 않는 것. 무생법인無生法忍·무멸인無滅忍·인연인因緣忍·무주인無住忍. 1) 무생법인은 만유 제법의 자성은 공공적적空空寂寂하여 본래 무생無生이라고 인가하는 것. 2) 무멸인은 무생과 함께 무멸無滅이라고 인가하는 것. 3) 인연인은 만유는 모두 인연이 화합하여 가假로 존재하는 것이어서 본래 자성이 없다고 인가하는 것. 4) 무주인은 만유 제법은 본래 무주無住라고 인가하여 마음에 집착이 없고, 다른 생각이 섞이지 않은 것.

自性이 無함으로써요	스스로의 성품이 없음으로써요
四에 得無住忍이란	넷째 득무주인得無住忍이란
諸法이 住着이	일체의 현상과 만물(제법諸法)이 머물러
無함을 無住람일새	집착함이 없음을 무주無住라 함이니
菩薩이 此의 四忍을 證하면	보살이 이의 4인四忍을 증득하면
能히 毁犯 禁戒의 罪를	능히 계율을 어기는 죄를
超出한다심이니	초월하여 벗어난다 하심이니
곧 實相懺悔[10]니라	곧 실상참회實相懺悔니라

---

10 참회懺悔; 참은 범어 참마懺摩(kṣamā)의 준말, 회는 그 번역. 범어와 한문을 아울러 쓴 말. 스스로 범한 죄를 뉘우쳐 용서를 비는 일. 불교 도덕을 실천하는 데 중요한 일종의 행사. 참회는 그 방법과 성질에 따라, 그 종류에 포살布薩·자자自恣·3종 참법·3품 참회 등이 있다.

⟨표83⟩ 삼인三忍과 사인四忍

인忍	내용	출처
삼인 三忍	성문聲聞의 삼법인三法忍을 얻는 원願을 들어 제일법인第一法忍·제이법인第二法忍·제삼법인第三法忍이라 함	무량수경 無量壽經 제사십팔원 願
삼인의 해석 三忍	이는 인왕경仁王經에 설說하신 5인五忍의 초삼初三으로서 곧 복인伏忍·신인信忍·순인順忍	법위 法位
	이는 복인伏忍 중의 하下·중中·상上의 3인三忍	경흥 憬興
	이는 음향인音響忍·유순인柔順忍·무생인無生忍의 3인三忍	현일 玄一
	왕생극락인往生極樂人은 칠보수림七寶樹林의 음성音聲을 듣고 3종三種의 인忍을 얻음 1. 음향인音響忍; 음향音響에 말미암아 진리를 오득悟得함 2. 유순인柔順忍; 오리悟理의 혜심慧心 그대로 진리에 수순隨順 3. 무생법인無生法忍; 무생無生의 실성實性을 증證하고 제상諸相을 여의는 오도悟道의 지극至極	무량수경 無量壽經
보살사인 菩薩四忍	보살의 4법四法이 있어 훼금毀禁의 죄罪를 벗어남 1. 득무생인得無生忍; 일체제법一切諸法의 자성自性이 공적空寂하여 본래에 불생不生함 2. 득무멸법인得無滅法忍; 일체제법一切諸法이 원래무생元來無生이라 역시 무멸無滅임 3. 득인연인得因緣忍; 일체제법一切諸法이 모두 인연因緣의 화합에 의하여 생生할 따름이니 자성自性이 무無함 4. 득무주인得無住忍; 제법諸法이 주착住着이 무無함을 무주無住라 함 보살이 이 4인四忍을 증證하면 능能히 훼범금계毁犯禁戒의 죄罪를 초출超出한다 하심이니 곧 실상참회實相懺悔	사익경 4 思益經 인법품 忍法品

第二節 五忍과 十三觀門
제2절 오인과 십삼관문

舊譯《仁王經¹》〈敎化品〉에

「佛言大王하사

五忍²이 是 菩薩의 法이니

伏忍³의 上·中·下와

信忍⁴의 上·中·下와

順忍⁵의 上·中·下와

구역舊譯《인왕경仁王經》〈교화품敎化品〉에

「부처님께서 대왕에게 말씀하시기를

5인五忍 이것이 보살菩薩의 법法이니

복인伏忍의 상上·중中·하下와

신인信忍의 상上·중中·하下와

순인順忍의 상上·중中·하下와

1　인왕경仁王經; 2본본이 있음. 구본舊本은《불설인왕반야바라밀경佛說仁王般若波羅蜜經》2권. 구마라집 번역. 신본新本은《인왕호국반야바라밀다경仁王護國般若波羅密多經》2권. 당나라 불공不空 번역. 부처님이 16국왕으로 하여금 각각 그 나라를 호국하고, 편안케 하기 위해서는 반야바라밀을 수지受持하여야 한다고 말한 경. 제목은 왕들에게 부처가 되는 지혜에 대하여 설교한다는 뜻이다. 만물은 본성이 허무하다는 이치를 밝히고, 이에 기초하여 부처의 도를 닦는 법과 나라를 호국하는 방도에 대하여 설교하는 내용으로 이루어져 있다. 경전의 이름이나 내용상 반야계 경전이나 다른《반야경》과는 달리《대반야경大般若經》600권에는 포함되지 않지만, 예로부터《대반야경》의 결정판이라는 평가를 받아왔다. 옛부터 특히 호국에 관련된 내용이 많아 천태종에서는《법화경法華經》·《금광명경金光明經》과 함께 호국삼부경護國三部經을 이루었고, 신라시대에서 고려시대까지 성행한 인왕백고좌회의 근거가 되었다. 인왕백고좌회란 100명의 승려와 신도들이 100개의 불상과 100개의 보살상을 모셔놓고 100명의 법사를 초청하여 반야바라밀을 강의하는 법회를 말한다.

2　오인五忍; Five kinds of patient endurance. 보살이 진리에 안주하는 정도에 따라 다섯 단계로 나눈 것. 1) 복인伏忍. 번뇌를 끊지 못하였으나, 관해觀解를 익혀, 번뇌를 굴복시켜 일어나지 못하게 하는 단계. 곧 10주住·10행行·10회향廻向의 보살. 2) 신인信忍. 깨달은 진리를 믿고 의심하지 않는 단계. 곧 초지初地·이지二地·삼지三地의 보살. 3) 순인順忍. 진리에 순응하고 안주하는 단계. 곧 4지地·5지·6지의 보살. 4) 무생인無生忍. 불생불멸不生不滅의 진리에 안주하는 단계. 곧 7지地·8지·9지의 보살. 5) 적멸인寂滅忍. 모든 번뇌를 끊은 열반(청정무위잠연적정淸淨無爲湛然寂靜)에 안주하여 마음을 움직이지 않는 단계. 곧 10지地·등각等覺·묘각妙覺의 지위.

3　복인伏忍; 5인의 하나. 3현賢 보살은 번뇌를 제복하여 일어나지는 않으나, 아주 끊어지지는 못하였으므로 이렇게 말함.

4　신인信忍; 1. 5인의 하나. 무루의 진지眞智가 일어나는 동시에 3보寶를 믿는 마음이 일어남. 깨달은 진리를 믿고 의심하지 않는 보살의 수행 단계. 2. 3인忍의 하나. 아미타불을 염송하여 구원함을 믿어 의심치 않음.

5　순인順忍; 1. 보살수행의 계위階位를 5인忍으로 나눈 중의 제3지·4지·5지·6지의 보살. 진리에 순응하고 안주하는 보살의 수행 단계. 2. 유순인柔順忍. 3인忍의 하나. 천태종에서 세운 통교通敎 10지인 3승 공

無生忍⁶의 上·中·下와 　　　무생인無生忍의 상上·중中·하下와
寂滅忍⁷의 上·下를 　　　　적멸인寂滅忍의 상上·하下를
名爲諸佛菩薩의 　　　　　　　이름하여 모든 부처님과 보살의
修般若波羅密이라」시고 　　　반야바라밀 닦는 법이라」시고
同 受持品에「大牟尼께서 　　　인왕경 수지품受持品에「석가모니께서
言하사대 有修行十三觀門의 　말씀하시되 13관문을 닦는 수행으로
諸善男子가 爲大法王이라 從習忍⁸으로 대법왕이 되니 습인習忍으로부터
至金剛頂⁹이 　　　　　　　금강정金剛頂에 이르는 것이
皆爲法師일새 依持하라 　　　모두 법사가 되는 까닭에 의지하도록

　　　共 10지地의 제2 성지性地에 주하는 보살. 일체 중생을 위하여 목숨을 아끼지 않고, 제근諸根을 조복調伏하며, 6도度를 행하여 일체사一切事 가운데서 복福·혜慧를 완전히 하므로 유순인이라 함. 3. 3인忍의 하나. 혜심慧心이 유순하여 진리에 수순하는 지위.

6　무생인無生忍; 1. 무생인은 인공지人空智, 무생법인은 법공지法空智. 2. 무생법인의 준말. ▶무생법인無生法忍; 1. 불생 불멸하는 진리(진여 법성)를 확실하게 인정(인지忍知)하고, 거기에 안주하여 움직이지 않는 것. 보살이 초지初地나 7·8·9지에서 얻는 깨달음. 2. 희인喜忍·오인悟忍·신인信忍이라고 이름하는 위位. 극락세계에 왕생하기로 결정된 것을 의심하지 않는 것. 이것은 생즉무생生卽無生의 왕생을 인득忍得한 것이므로 이같이 이름함. 이 자리는 10신위信位 중에 있음.

7　적멸인寂滅忍; 모든 번뇌를 끊은 열반에 안주하여 마음을 움직이지 않음.

8　습인習忍; 수습안인修習安忍 곧 수습(몸에 익히는 것, 몸에 익힐 때까지 수행하는 것)하여 안인(안심하고 인내하는 것. 부동하여 인내하는 것. 능히 참아 도를 성취하는 것)함.

9　금강정金剛頂; 금강계金剛界 모든 경과 제회諸會의 통명通名. 금강계金剛界의 법法, 10만게十萬偈 18회十八會가 있음. 총명總名이 금강정金剛頂.금강金剛은 견고堅固와 이용利用의 두 가지 뜻이 있어, 실상부사의實相不思議의 이체理體가 견고堅固히 상주常住함을 비유하고, 여래如來의 지용智用이 예리銳利해서 혹장혹惑障을 최파摧破함을 말한다. 정頂은 최상존승最上尊勝의 뜻. 이 법이 모든 대승大乘 중 최승무상最勝無上인 것이 마치 사람의 정수리와 같음을 비유함. 금강정경자각소金剛頂經慈覺疏 1에 가로되「금강정金剛頂이란 말은 18회十八會를 모두 이르는 이름이라(언금강정자언금강정자言金剛頂者, 시18회도명야是十八會都名也), 또 가로되「언금강자언금강자言金剛者, 시견고이용이의是堅固利用二義, 즉유명야即有名也.견고이유실상부사의비밀리상존불괴야堅固以喻實相不思議秘密理常存不壞也.이용이유여래지용利用以喻如來智用, 최파혹장摧破惑障, 현중극리顯證極理.」, 또 가로되「정자頂者, 시최승의是最勝義, 존상의尊上義. 위차금강교謂此金剛教, 어제대승법중최승무과상고於諸大乘法中最勝無過上故, 이정명지以頂名之.」.

590 │ 금강심론 주해

建立하니 汝等 大衆은
應如佛供養而供養之하라
應持百萬億天이 香과 妙華하야
而以奉上이라」시고
同 嘉祥[10]疏에「伏忍의 上・
中・下 者는 習忍[11]이 下요
性忍이 中이오 道種忍이 上이라
在三賢位[12]요

세우니 너희들 대중은
부처님께 공양하듯이 이를 공양하라
마땅히 수많은 사람이 향과 꽃을
지녀 받들어 모시라」시고
인왕경 가상소嘉祥疏에「복인伏忍의 상上・
중中・하下는 습인習忍이 하요
성인性忍이 중이요 도종인道種忍이 상이라
3현위三賢位가 이것이요

10   가상嘉祥; 1. 길장吉藏. 2.『고승전高僧傳』을 지은 혜교慧皎를 말함. 회계會稽의 가상사嘉祥寺에 있었던 까닭으로 이름한 것임. ▶吉藏길장; (549~623) 삼론종三論宗 스님. 중국 수隋나라 때의 금릉金陵 사람. 성은 안安. 그 조상은 안식국安息國 사람으로 안세고安世高의 후손. 13세에 흥황사興皇寺 법랑法朗에게 출가,『백론百論』을 배우고, 19세에 이를 덮어 놓고 강하였다. 그뒤 진망산에 가서 가상사嘉祥寺에 있으면서『중론中論』・『백론百論』・『십이문론十二門論』등의 주석서를 지었다. 후세에 그를 가상대사嘉祥大師라 함은 절이름에서 온 것이다. 606년(대업 2) 양제煬帝의 청으로 양주揚州 혜일도량慧日道場에 있다가 일엄사日嚴寺로 옮겨 교법을 넓히고, 한편으로는 경전을 쓰기와 불상을 조성하는 데 노력하였다. 뒤에 실제사實際寺・정수사定水寺 두 절에 있었고, 또 당나라 고조高祖의 청을 받아 연흥사延興寺에 있었다. 무덕武德 6년 병마에 걸려, 목욕하고 옷을 갈아 입고 향을 사루며 부처님 명호를 부르면서『사불포론死不怖論』을 짓고 엄연하게 나이 75세에 입적하였다. 일생에 삼론三論을 강설하기 백여 번, 삼론종 재흥의 시조라 한다. 저서는『삼론현의三論玄義』,『유마경의소維摩經義疏』,『화엄유의華嚴游意』,『법화유의法華游意』,『법화현론法華玄論』,『대품엄소大品嚴疏』,『인왕소仁王疏』,『유마의소 維摩義疏』,『열반소涅槃疏』,『승만보굴勝鬘寶窟』,『대승현론大乘玄論』,『이제장二諦章』등 40여 부.
11   습인習忍; 수습안인修習安忍 곧 수습(몸에 익히는 것, 몸에 익힐 때까지 수행하는 것)하여 안인(안심하고 인내하는 것. 부동하여 인내하는 것. 능히 참아 도를 성취하는 것)함.
12   삼현위三賢位; 삼현三賢. 성자의 경지에 이르기 위해 닦는 세 가지 수행 단계. 소승・대승에 따라 구별이 있다. 1. 대승은 보살 수행의 지위인 십주十住・십행十行・십회향十廻向의 수행 단계에 있는 보살. 2.소승은 5정심위五停心位・별상념주위別相念住位・총상념주위總相念住位를 말한다. 이들은 성위聖位에 들어가기 위한 방편위方便位. 1) 오정심관五停心觀. 탐욕을 버리기 위해 깨끗하지 못한 육신을 주시하는 부정관不淨觀, 노여움을 가라앉히기 위해 모든 중생에게 자비심을 일으키는 자비관慈悲觀, 어리석음을 없애기 위해 모든 현상은 인연으로 생긴다는 이치를 주시하는 인연관因緣觀, 나에 불변하는 실체가 있다는 그릇된 견해를 버리기 위해 오온五蘊・십팔계十八界 등을 주시하는 계분별관界分別觀, 산란한 마음을 집중시키기 위해 들숨과 날숨을 헤아리는 수식관數息觀. 2) 별상염주別相念住. 신체는 깨끗하지 못하며, 느낌이나 감정은 괴로

信忍의 上·中·下者는　　　　　신인信忍의 상上·중中·하下는

初地가 下요　　　　　　　　　보살10지 중 초지初地가 하요

二地가 中이오 三地가 上이며　　이지二地가 중이요 삼지三地가 상이며

順忍의 上·中·下者는　　　　　순인順忍의 상上·중中·하下는

四地가 下요　　　　　　　　　보살10지 중 4지四地가 하요

五地가 中이오 六地가 上이며　　5지五地가 중이요 6지六地가 상이며

無生忍의 上·中·下者는　　　　무생인無生忍의 상上·중中·하下는

七地가 下요 八地가 中이오　　　7지七地가 하요 8지八地가 중이요

九地가 上이며　　　　　　　　9지九地가 상이며

寂滅忍의 上·下者는 十地가　　　적멸인寂滅忍의 상하上下는 보살10지十地가

下요 佛地가 上」이랐으니　　　하요 불지佛地가 상」이랐으니

一에 伏忍이란 習忍·性忍·　　　첫째 복인伏忍이란 습인習忍·성인性忍·

道種忍의 三賢位에 在한 菩薩이　도종인道種忍의 3현위三賢位에 있는 보살이

아직 煩惱의 種子는 未斷이나　　아직 번뇌의 종자種子는 끊지 못했으나

此를 制伏하야　　　　　　　　이를 억제하고 항복받아

不起케 하는 忍이오　　　　　　일어나지 않게 하는 인忍이요

二에 信忍이란 初地부터　　　　둘째 신인信忍이란 초지初地부터

三地까지에서 貪惑[13]을 斷盡하고　3지三地까지에서 탐혹貪惑을 끊어 없애고

　　움이며, 마음은 항상 변하며, 모든 현상에는 불변하는 실체가 없다고 주시함. 3) 총상염주總相念住. 신체와
　　느낌이나 감정과 마음과 현상은 모두 변하며, 괴로움이며, 공空이며, 불변하는 실체가 없다고 주시함.
13　탐혹貪惑; Skt./Pāli rāga. 탐貪. 삼독三毒의 하나. 탐내어 그칠 줄 모르는 욕심. 탐내는 마음.

眞性[14]을 見하야 正信을 얻는 忍이오
진성   견 정신   인

三에 順忍이란 四地부터
삼 순인   사지

六地까지에서 瞋惑[15]을 斷盡하고
육지   진혹   단진

菩提의 道에 順하야 無生의 果에
보리 도 순   무생 과

趣向하는 忍이오
취향   인

四에 無生忍이란 七地부터
사 무생인   칠지

九地까지에서 痴惑[16]을
구지   치혹

斷盡하고 諸法無生의
단진   제법무생

理에 悟入한 忍이오
리 오입 인

五에 寂滅忍이란 十地와
오 적멸인   십지

妙覺에서 涅槃의 寂滅에
묘각   열반 적멸

究竟한 忍이라
구경 인

忍은 忍可
인 인가

又는 安忍의 義로서
우 안인 의

其 理를 決定하고
기 리 결정

참성품을 보아 바른 믿음을 얻는 인忍이요

셋째 순인順忍이란 4지四地부터

6지六地까지에서 성냄(진혹瞋惑)을 끊어 없애고

보리菩提의 도道에 따라 무생無生의 과果에

즐겨 나아가는 인忍이요

넷째 무생인無生忍이란 7지七地부터

9지九地까지에서 어리석음(치혹痴惑)을

끊어 없애고 모든 것이 남이 없음(제법무생

諸法無生)의 이치에 깨달아 들어간 인忍이요

다섯째 적멸인寂滅忍이란 10지十地와

묘각妙覺에서 열반의 적멸寂滅에

가장 지극한 깨달음에 이른 인忍이라

인忍은 4성제의 도리를 받아들이고(인가忍可)

또는 도리에 안주하여 마음을 움직이지

않는다는(안인安忍) 뜻으로서

그 이치에 결단코 안주하여

---

14 진성眞性; 1. 있는 그대로의 본성·상태. 2. 모든 현상의 있는 그대로의 참모습. 3. 집착이 없는 청정한 성품.
15 진혹瞋惑; Skt. dveṣa. 진瞋. 진에瞋恚. 삼독三毒의 하나. 성냄. 화냄. 노여움. 분노. 증오. 자기의 마음에 맞지 않는 경계에 대하여 미워하고 분하게 여겨, 몸과 마음을 편안하지 못하게 하는 심리 작용. 또 5개蓋·10악惡의 하나.
16 치혹痴惑; Skt. moha. 치痴/癡. 어리석음. 3독毒의 하나. 6근본번뇌根本煩惱의 하나. 현상을 바로 알지 못하는 어리석음. 현상과 이치에 대하여 마음이 어두운 것. 불교에서는 인생의 고통받는 근원과 모든 번뇌의 근본을 치痴라 하며, 사물의 진상을 밝히 알지 못하므로 미迷가 있다고 함.

不動함일새
움직임이 없음이니

十三觀門이란 上의 十四忍 中,
13관문十三觀門이란 위의 14인忍 중,

上寂滅忍의 妙覺位를 除한
상적멸인上寂滅忍의 묘각위妙覺位를 제외한

十三忍의 修法이라
13인忍의 닦는 법이라

十三觀門으로써 修하는 者를
십삼관문十三觀門으로써 닦는 자를

大法王이라 云하시고
대법왕大法王이라 일컬으시고

如佛供養하라시니라
부처님께 공양하듯 하라시니라

> 청화 큰스님
> 해설

오인五忍과 십삼관문十三觀門

舊譯 「仁王經」 敎化品에 「佛言大王하사대 五忍이 是菩薩의 法이니 伏忍의 上·中·下와 信忍의 上·中·下와 順忍의 上·中·下와 無生忍의 上·中·下와 寂滅忍의 上·下를 名爲諸佛菩薩의 修般若波羅蜜이라」시고 同 受持品에 「大牟尼께서 言하사대 有 修行十三觀門의 諸善男子가 爲大法王이라 從習忍으로 至金剛頂이 皆爲法師일새 依持하라 建立하니 汝等 大衆은 應如佛供養而供養之하라 應持百萬億天이 香과 妙華하야 而以奉上이라」시고 同 嘉祥疏에 「伏忍의 上·中·下者는 習忍이 下요 性忍이 中이오 道種忍이 上이라 在三賢位요 信忍의 上·中·下者는 初地가 下요 二地가 中이오 三地가 上이며 順忍의 上·中·下者는 四地가 下요 五地가 中이오 六地가 上이며 無生忍의 上·中·下者는 七地가 下요 八地가 中이오 九地가 上이며 寂滅忍의 上·下者는 十地가 下요 佛地가 上」이랐으니

一에 伏忍이란 習忍·性忍·道種忍의 三賢位에 在한 菩薩이 아직 煩惱의 種子는 未斷이나 此를 制伏하야 不起케 하는 忍이오

二에 信忍이란 初地부터 三地까지에서 貪惑을 斷盡하고 眞性을 見하야 正信을 얻는 忍이오

三에 順忍이란 四地부터 六地까지에서 嗔惑을 斷盡하고 菩提의 道에 順하야 無生의 果에 趣向하는 忍이오

四에 無生忍이란 七地부터 九地까지에서 痴惑을 斷盡하고 諸法無生의 理에 悟入한 忍이오

五에 寂滅忍이란 十地와 妙覺에서 涅槃의 寂滅에 究竟한 忍이라 忍은 忍可 又는 安忍의 義로서 其 理를 決定하고 不動함일새 十三觀門이란 上의 十四忍 中, 上寂滅忍의 妙覺位를 除한 十三忍의 修法이라 十三觀門으로써 修하는 者를 大法王이라 云하시고 如佛供養하라시니라

이것은 《인왕경仁王經》 〈교화품敎化品〉에 있는 부처님 말씀입니다.

구역舊譯 《인왕경》 〈교화품〉에 '부처님이 그 당시에 왕에게 말씀하시되, 오인五忍이 보살의 법이니, 복인伏忍의 상, 중, 하와 신인信忍의 상, 중, 하와 순인順忍의 상, 중, 하와 무생인無生忍의 상, 중, 하와 적멸인寂滅忍의 상, 하를 제불보살의 수반마바라밀修般若波羅蜜이라' 하시고, 그러니까 제불보살이 반야를 닦을 때에 이 법으로 닦는다고 말씀하셨다는 것입니다.

《인왕경》 〈수지품受持品〉에 '석가모니께서 말씀하시되, 십삼관문十三觀門으로 닦는 선남자가 대법왕大法王이 된다' 하셨는데, 공부가 성숙되어서 자성을 깨달아야 비로소 성자이나 십삼관문으로 수행하면 반드시 정각을 성취하게 되므로 이 법으로 닦는 수행자도 법왕이라 한다는 의미입니다.

그것은 어째서 그런고 하면, '습인習忍으로부터서 금강정金剛頂에 이르기까지 스스로 법사가 되어' 수행하는 방법을 다 알고 있으니 필연적으로 깨닫게 된다는 말입니다. 우리가 길목을 모르면 어디만치 가는가? 어떻게 가는가? 잘 모르지 않겠습니까. 그러나 길목을 안다면 더디 가고 늦게 갈 뿐이지 종당에는 가고 만다는 것입니다. 따라서 우리가 진발심眞發心하고 올바른 수행 방법을 알면 설사, 금생에 성불 못하면 몇 생 뒤에라도 꼭 성불하고 만다는 것입니다. 길을 알면 더디지 않는 것이지만 길을 모른다면 설령 금생에 약간의 수승한 공덕을 얻었다 할지라도 중간에 중도이폐中途而廢하고 말 수밖에 없겠지요.

'이런 정正다운 법에 의지하라고 세운 것이니, 그대들 대중은 마땅히 부처

와 같이 공양해야 하나니 백만억천 천인들이 향과 묘화를 갖고서 받들어 숭앙한다' 하셨습니다. 아직 범부니까 미처 모른다 하더라도 십삼관문으로 닦는다면 일반 대중들은 마땅히 부처님과 같이 공양을 할 것이며, 백만억천 무수한 천인들이 십삼관문으로 수행하는 이들을 꽃과 향으로써 받들어 숭앙한다는 말입니다.

　동同 가상소嘉祥疏에 '복인伏忍의 상, 중, 하는 습인習忍이 하요, 성인性忍이 중이요, 도종인道種忍이 상이라, 이것이 재3현위在三賢位요'라고 했습니다. 아직 성자의 지위가 되기 전에 닦아 나가는 과정들을 인법忍法이라는 명분으로 가른다면 이른바 복인인데, 복인伏忍에 엎드릴 복자를 쓰는 것은 번뇌를 다는 떼지 못하고 조복시킨다, 억제한다는 뜻입니다. 즉 견도할 때, 견성오도할 때는 단斷이요, 그전에는 복伏이라는 말입니다. 복伏이란 제복制伏시켜서 일어나지 못하게 애써서 조작造作한다는 말입니다. 그러나 끊어 버리면 조작이 없이 임운任運이 되는 것이지요. 화두나 염불이나 주문이나 공부를 익혀 나가는 습인習忍이 하下고, 더욱 익혀서 확신이 서가는 정도인 성인性忍이 중中이요, 그 다음은 도종인道種忍이라, 이미 확실히 신해信解가 생겨 가지고 우리 잠재의식에다 종자를 심는다는 뜻입니다. 말하자면 한사코 성불하여 모든 중생을 제도하겠다는 그런 종자를 심는다는 말입니다. 도종인까지는 아직은 현위賢位요, 성자의 지위는 못됩니다.

　그 다음에 '신인信忍의 상, 중, 하는 초지가 하요' 초지부터는 이미 환희지를 성취한, 곧 견도한 성자입니다. 그리고 초지라고 하는 것은 화엄경의 보살십지에 의거한 것입니다. '2지가 중이요, 3지가 상이며' 복인에서는 현자라 하더라도 아직은 성자가 아닌 범부지이므로 이런 현자의 지위는 확실한 깊은 신앙 즉 정신正信은 아직은 못 갖고 항시 의단疑團이 깔려 있는 것입니다. 그것은 아직 진여불성을 깨닫지 못하고 상相도 미처 여의지 못했기 때문입니다. 그러나 초지에서 견도하면 그때는 확실히 불성을 보기 때문에 비로소 참다운 정신正信이 생긴다는 것입니다. 그래서 신인信忍이란 이름을 붙이는 것입니다.

그 다음에 '순인順忍의 상, 중, 하자는 4지地가 하요, 5지가 중이요, 6지가 상이며' 순인이라는 것은 법성法性에 수순해서 조금도 어긋나는 짓을 할 수가 없고 삼업三業을 여법히 청정하게 행위한다는 말입니다.

'무생인無生忍의 상, 중, 하자는 7지가 하요, 8지가 중이요, 9지가 상이며' 무생인은 불생불멸의 이치를 온전히 체험한다는 뜻입니다.

그 다음에 '적멸인寂滅忍의 상하자는 10지가 하요, 불지佛地가 상이라고 하였으니 적멸인에는 중中이 안 들어갑니다. 왜냐하면 이것은 찰나이기' 때문에 가운데다 중中을 넣을 필요가 없는 것입니다.

1에 복인伏忍이란, 습인·성인·도종인의 3현위에 재在한 보살이 아직 번뇌의 종자는 끊지 않았으나 이를 제복하여, 억제해서 일어나지 않게 하는 인忍입니다.

2에 신인信忍이란, 초지부터 3지까지에서 탐혹貪惑을 단진斷盡하고 진성眞性을 견見하여 정신正信을 얻는 인忍이요, 따라서 보살 초지부터는 견도見道지위입니다.

견도지위에서 우리가 이른바 이생성異生性이라는 범부의 성품을 떠나서 성자의 참다운 성품인 정성正性이 되므로 견도할 때를 가리켜 정성리생正性離生이라 합니다. 즉 범부가 사물을 바르게 통찰을 못하고 달리 볼 수밖에 없는 분별시비를 떠나서 정성인 진여불성 경지를 얻는다는 뜻입니다. 3지까지에서 탐혹을 단진하고 진성을 견하여 비로소 바른 신앙을, 확고부동한 후퇴 없는 신앙을 하는 것입니다.

3에 순인順忍이란, 4지부터 6지까지에서 진혹瞋惑을 단진하고 보리菩提의 도에 순순하여 무생無生의 과果에, 불생불멸의 과에 취향趣向하는 인이요, 4에 무생인無生忍이란, 7지부터 9지까지에서 치혹痴惑을, 탐·진·치 번뇌 가운데 탐혹은 가장 먼저 끊어지고 그 다음에 진혹이 끊어지고 마지막에 무명인 치혹을 단진하고 제법무생諸法無生의 리理에, 모든 법이 불생불멸한 뜻에 깨달아서 들어감입니다.

5에 적멸인寂滅忍이란, 10지와 묘각妙覺에서 열반의 적멸寂滅에 구경究竟한

인忍이라, 열반 곧 적멸에 사무쳐 다 깨달아 버린다는 것입니다.

인忍은 인가忍可 또는 안인安忍의 뜻으로써, 인은 참을 인자 아닙니까? 진여의 도리를 확실히 믿고 안주하며, 편안히 머물러 동요가 없다는 뜻입니다.

13관문이란 위의 14인 중, 복인에 3이 있고, 신인에 3, 순인에 3, 무생인에 3, 적멸인에 2가 있어 14인忍인데, 상적멸인의 묘각위를 제한, 상적멸인이 바로 묘각이므로 제하고서 13인忍의 수법修法이라, 수행하는 과정이 13인의 수법이라 13관문으로 닦는 자를 대법왕大法王이라 말씀하시고 여불공양하라 하시니, 곧 부처같이 공양하라 하신 것입니다.

우리는 허두에서 말씀드린 선오후수先悟後修가 얼마나 중요한가를 알 수 있습니다. 만약 석가모니께서 출현하셨을 때에 다른 위대한 성자가 계셨더라면 석가모니께서도 6년 고행이나 그렇게 많은 수도를 안 하셨겠지요. 우리도 석가모니 부처님께서 안 나오셨더라면 이리 헤매고 저리 헤매고 얼마나 시간과 정력을 낭비하겠습니까. 다행히도 석가모니 부처님께서 나오셔서 인생과 우주의 모든 길을 온전히 밝혀 놓으셨으므로 우리는 그 길목을 따라가야만 합니다. 가는 길목을 모르면 전에 말씀드린 바와 같이 암중선暗證禪이라, 우리가 암중모색한다는 말입니다. 내 공부가 얼마만큼 되었는가, 자기 점검을 못하고 또는 다른 이들의 정도를 간별을 못합니다. 도인이라고 하면 그런가 보다 하지 우리가 저 분이 어느 정도인가 알 도리가 없습니다. 이런 십삼관문十三觀門 같은 법문을 안다면 자기 공부 길에도 헤매지 않고 다른 수행자들에 대해서도 정당한 조언을 할 수가 있는 것입니다.

(『圓通佛法의 要諦』, 聖輪閣, 1993, 564~569)

<표84> 오인五忍과 십삼관문十三觀門

오인 五忍	십삼관문 十三觀門	보살십지 菩薩十地	사선근 四善根 four wholesome roots	3현 10성
복인; self-control 伏忍 탐진치 삼독심 등 번뇌의 종자를 억제함	하복인 下 습인 習	10주 住 10행 行 10회향 廻向		삼현 三賢
	중복인 中 성인 性		난법; 명득정 明得定 정법; 명증정 明增定	
	상복인 上 도종인 道種		인법; 인순정 印順定 세제일법; 무간정 無間定	
신인; firm belief 信忍 탐혹을 끊고 참성품을 보아 貪惑 바른 믿음을 얻음	하신인 下	초 환희지	(4선정)	십성 十聖
	중신인 中	2 이구지	(4공정)	
	상신인 上	3 발광지		
순인; patient progress towards the end of all mortality 順忍 진혹을 끊고 보리도를 따르며 瞋惑　　菩提道 무생과를 취향함 無生果	하순인	4 염혜지		
	중순인	5 난승지		
	상순인	6 현전지		
무생인; the birthlessness of phenomena 無生忍 치혹을 끊고 무생의 이치에 깨달아 들어감 痴惑　　無生	하무생인	7 원행지		
	중무생인	8 부동지		
	상무생인	9 선혜지		
적멸인; extinction 寂滅忍 열반의 적멸에 들어감	하적멸인	10 법운지		
	상적멸인	묘각 妙覺 marvelous enlightenment		

명위제불보살의 수반야바라밀
名爲諸佛菩薩　修般若波羅蜜

십삼관문; 상적멸인인 묘각에 이르기까지의 13인, 곧 습인에서 하적멸인(보살10지)까지
十三觀門　　　　　妙覺

第三節 十忍¹과 十四忍²
제3절 십인과 십사인

一에 音響忍이란

上의 音響忍이오

10인十忍의 첫째 음향인音響忍이란

위 3인三忍의 음향인音響忍

곧 음향으로 말미암아 진리를 깨달음이요

二에 順忍이란

上의 柔順忍이오

10인十忍의 둘째 순인順忍이란

위 3인三忍의 유순인柔順忍

곧 깨달은 이치의 지혜심(혜심慧心) 그대로

진리에 순순히 따를 따름이요

三에 無生忍이란

上의 無生忍이오

10인十忍의 셋째 무생인無生忍이란

위 3인三忍의 무생인無生忍

곧 무생의 참성품을 증명하고

제상을 떠나는 깨달음의 궁극이요

---

1   십인十忍; 1.『인왕경천태소』에 있는 계戒・지견智見・정정・혜慧・해탈解脫・공空・무원無願・무상無常・무생無生의 10인. 2. 보살이 무명 번뇌를 끊고, 온갖 법이 본래 적연寂然한 줄을 깨달을 때에 생기는 열 가지 안주심安住心. 1) 음성인音聲忍. 음향인音響忍이라고도 함. 여러 부처님들이 설법하는 소리에 의하여, 진리를 깨닫고 안주安住함. 2) 순인順忍. 지혜로 온갖 법을 생각하고 관찰하여, 진리에 수순隨順함. 3) 무생인無生忍. 불생불멸하는 진여법성眞如法性을 증득하여 결정 안주하고, 온갖 법의 형상을 여의는 것. 4) 여환인如幻忍. 온갖 법은 인연으로 생기는 것으로 그 성품이 적멸한 것이 마치 환幻과 같은 줄 알고 안주함. 5) 여염인如焰忍. 물物・심心의 현상은 다 아지랑이(양염陽焰)와 같이 잠시적 존재로 본성이 공적한 것이라 알고 안주함. 6) 여몽인如夢忍. 범부의 망심妄心은 꿈속의 경계와 같이, 진실성이 없는 줄 알고 안주함. 7) 여향인如響忍. 범부의 귀에 들리는 언어 음성은 인연으로 생긴 것이니, 메아리와 같이 진실성이 없는 줄 알고 안주함. 8) 여영인如影忍. 범부의 몸은 5온이 모여 생긴 일시적인 집합체로서 진실성이 없는 것이, 마치 그림자와 같은 줄 알고 안주함. 9) 여화인如化忍. 온갖 법은 생멸 변화하는 것으로 있는 듯하다가도 없고, 없는 듯하다가도 있어서 마치 변화하는 사상事象과 같아서 그 실체가 없는 줄 알고 안주함. 10) 여공인如空忍. 세간・출세간의 온갖 법은 허공과 같아서 붙잡을 수 있는 실체가 없는 줄 알고 안주함.

2   십사인十四忍; 3현10성三賢十聖이 십삼인十三忍이고, 여기에 정각인正覺忍을 더하면 십사인이 됨. 인왕경仁王經 10에 나옴. ▶삼현십성三賢十聖; 3현賢위와 10지地위를 말함.

四에 如幻忍이란 諸法이
因緣에 依하야 生함일새 그 實性의
無함이 幻化³性의 空寂⁴함과
猶如한 양 了達⁵하고 此를 信忍함이오
五에 如焰忍이란 一切의
境界가 陽焰⁶의 本性이 空寂함과
如한 양 了達하고 此를 信忍함이오
六에 如夢忍이란 一切의
妄心은 夢境의 眞實이
無함과 如한 양 了達하고 此를 信忍함이오
七에 如響忍이란 一切 世間의
言語 音聲은 因緣和合에 依하야
生할새 谷響⁷의 眞實이 無함과
如한 양 了達하고 此를 信忍함이오
八에 如影忍이란 色身은
五陰⁸의 積集에 依하야 成할새

넷째 여환인如幻忍이란 만물과 현상이
인연에 의하여 생기니 그 참성품이
없음이 허깨비의 실체가 없음과
같음을 알고 이를 믿는 것이요
다섯째 여염인如焰忍이란 일체의 경계境界가
아지랑이의 근본성품이 텅빔과
같은 것으로 알고 이를 믿는 것이요
여섯째 여몽인如夢忍이란 일체의
망령된 마음은 꿈속 경계가 참으로 실답지
못함과 같음을 알고 이를 믿는 것이요
일곱째 여향인如響忍이란 일체 세간의
언어와 음성은 인연화합因緣和合에 의하여
생기니 메아리(곡향谷響)의 참실체가 없음과
같은 것을 알고 이를 믿는 것이요
여덟째 여영인如影忍이란 물질적인 몸은
오음五陰이 쌓여 이루어지니

---

3   환화幻化; 마술사가 눈속임으로 지어낸 허깨비. 실체가 없는 것을, 현재에 있는 것같이 환술로 만들어내는 것.
4   공적空寂; 공공적적空空寂寂. 불변하는 고유한 실체가 없는 상태. 우주에 형상이 있는 것이나 형상이 없는 것이나, 모두 그 실체가 공무空無하여 아무것도 생각하고 분별할 것이 없다는 것.
5   요달了達; 해료통달解了通達하는 뜻. 사리를 요해 了解하여 정통精通함.
6   양염陽炎; 맑은 봄날 멀리 땅 위에 아른거리는 공기空氣 현상現象. 복사열輻射熱 때문에 공기空氣의 밀도密度가 고르지 아니하여 아른아른하게 보임.
7   곡향谷響; 메아리.
8   오음五陰; 오온五蘊. Skt. pañca-skandha. Pāli pañca-khandhā. 5취온五取蘊·5음陰·5중衆·5취聚. 온蘊은 모

本體(본체)의 無(무)함이 影(영)과	본체本體가 없음이 그림자와
如(여)한 양 了達(요달)하고 此(차)를 信忍(신인)함이오	같은 것을 알고 이를 믿는 것이요
九(구)에 如化忍(여화인)이란 世間(세간)의	아홉째 여화인如化忍이란 세간의
諸法(제법)은 無而忽有(무이홀유)하고	만물과 현상은 없는 듯이 홀현히 있고
有而還無(유이환무)하야 體(체)의	있는 듯하면 다시 없어 본체의
眞實(진실)이 無(무)하기 化事(화사)와 如(여)한 양 了達(요달)하고	참실다움이 없는 것이 변화무쌍한 것을 알고
此(차)를 信忍(신인)함이오	이를 믿는 것이요
十(십)에 如空忍(여공인)이란 世間 出世間(세간 출세간)	열째 여공인如空忍이란 세간과 출세간의
種種(종종)의 諸法(제법)은 虛空(허공)에	가지가지의 현상과 만물은 허공에
色相(색상)이 無(무)함과 如(여)한 양 了達(요달)하고	물질모습이 없는 것과 같음을 알고
此(차)를 信忍(신인)함이니 已上 十忍(이상 십인)은	이를 믿는 것이니 이상 십인十忍은
「華嚴經 指掌(화엄경 지장)⁹」과	「화엄경華嚴經 지장指掌」과
『三藏法數(삼장법수)¹⁰』에 論(논)함이오	『삼장법수三藏法數』에 논론함이요

아 쌓은 것, 화합하여 모인 것, 곧 모임·집합·더미를 뜻함. 무릇 생멸하고 변화하는 것을 종류대로 모아서 5종으로 구별. 중생의 다섯 가지 의식 작용. 1) 색온色蘊. Skt. rūpa-skandha. 스스로 변화하고 또 다른 것을 장애하는 물체. 분별과 관념으로 대상에 채색하는 의식 작용. 인식 주관의 망념으로 조작한 대상의 차별성. 가치나 감정을 부여하여 차별한 대상의 특색. 2) 수온受蘊. Skt. vedanā-skandha. 괴로움이나 즐거움 등을 느끼는 감수 작용. 고苦·락樂·불고불락不苦不樂를 느끼는 마음의 작용. 3) 상온想蘊. Skt. saṃjñā-skandha. 외계外界의 사물을 마음 속에 받아들이고, 그것을 상상하여 보는 마음의 작용. 대상에 이름을 부여하고, 다양한 개념을 지어내는 의식 작용. 4) 행온行蘊. Skt. saṃskāra-skandha. 인연으로 생겨나서 시간적으로 변천함. 의도意圖하고 지향하는 의식 작용. 의지력. 충동력. 의욕. 5) 식온識蘊. Skt. vijñāna-skandha. 의식意識하고 분별함. 식별하고 판단하는 의식 작용. 인식 작용.

9 지장指掌; 손바닥을 손가락으로 가리킨다는 뜻으로, 아주 쉽거나 명백함을 이르는 말.
10 삼장법수三藏法數; 대명법수大明法數. 대명삼장법수大明三藏法數. 50권. 명명의 일여一如 등 엮음. 1419년 왕명으로 대장경에 있는 법수法數를 모아 숫자의 순서대로 배열하고 각 항목을 간략히 해설한 책. 일심一心에서 시작하여 마지막 팔만사천법문八萬四千法門에 이르는, 1,500항목이 수록되어 있음.

三賢十聖[11]을 十三忍이라
云하시고 이에 正覺忍을
加하사 十四忍이라 하심은
《仁王經[12]》十에 說하시니라

삼현십성三賢十聖을 13인十三忍이라

일컬으시고 이에 정각인正覺忍을

더하사 14인十四忍이라 하심은

《인왕경仁王經》10에 말씀하시니라

11 삼현십성三賢十聖; 3현위賢位와 10지위地位를 말함.
12 인왕경仁王經; 2본本이 있음. 구본舊本은 《불설인왕반야바라밀경佛說仁王般若波羅蜜經》 2권. 구마라집 번역. 신본新本은 《인왕호국반야바라밀다경仁王護國般若波羅密多經》 2권. 당나라 불공不空 번역. 부처님이 16국왕으로 하여금 각각 그 나라를 보호하고, 편안케 하기 위해서는 반야바라밀을 수지受持하여야 한다고 말한 경. 제목은 왕들에게 부처가 되는 지혜에 대하여 설교한다는 뜻이다. 만물은 본성이 허무하다는 이치를 밝히고, 이에 기초하여 부처의 도를 닦는 법과 나라를 보호하는 방도에 대하여 설교하는 내용으로 이루어져 있다. 경전의 이름이나 내용상 반야계 경전이나 다른 《반야경》과는 달리 《대반야경大般若經》 600권에는 포함되지 않지만, 예로부터 《대반야경》의 결정판이라는 평가를 받아왔다. 옛부터 특히 호국에 관련된 내용이 많아 천태종에서는 《법화경法華經》·《금광명경金光明經》과 함께 호국삼부경護國三部經을 이루었고, 신라시대에서 고려시대까지 성행한 인왕백고좌회의 근거가 되었다. 인왕백고좌회란 100명의 승려와 신도들이 100개의 불상과 100개의 보살상을 모셔놓고 100명의 법사를 초청하여 반야바라밀을 강의하는 법회를 말한다.

<표85> 십인 十忍

10인	내용	출전
1. 음향인 音響忍	음향으로 말미암아 진리를 깨닫고 이해함 音響	화엄경지장, 華嚴經指掌 삼장법수 三藏法數
2. 순인 順忍 유순인 柔順忍	혜심이 유연하여 능히 진리에 수순함 慧心　柔軟　　　　　　　　隨順	
3. 무생인 無生忍	무생의 실성을 증득하여 제상을 떠난 이는 지극한 오도에 도달함 無生　實性　　　　　諸相　　　　　至極　悟道	
4. 여환인 如幻忍	제법이 인연에 의하여 생하니 그 실성이 없음이 諸法　因緣　依　　生　　　實性 환화성의 공적함과 같은 양 요달하고 이를 신인함 幻化性　空寂　　　　　　　了達　　　信忍	
5. 여염인 如焰忍	일체의 경계가 양염의 본성이 공적함과 같은 양 요달하고 이를 신인함 一切　境界　陽焰　本性　空寂　　　　　　了達　　　信忍	
6. 여몽인 如夢忍	일체의 망심은 몽경의 진실이 없음과 같은 양 요달하고 이를 신인함 一切　妄心　夢境　眞實　　　　　　　　了達　　　信忍	
7. 여향인 如響忍	일체 세간의 언어 음성은 인연화합에 의하여 생하니 一切世間　言語音聲　因緣和合　依　生 메아리(곡향)의 진실이 없음과 같은 양 요달하고 이를 신인함 谷響　眞實　　　　　　　　　了達　　　信忍	
8. 여영인 如影忍	색신은 오음의 적집에 의하여 성하니 본체가 없음이 色身　五陰　積集　　　　成　本體 그림자(영)와 같은 양 요달하고 이를 신인함 影　　　　　　了達　　　信忍	
9. 여화인 如化忍	세간의 제법은 무이홀유하고 유이환무하여 체의 진실이 없는 것이 世間　諸法　無而忽有　　有而還無　　體　眞實 화사와 같은 양 요달하고 이를 신인함 化事　　　　　了達　　　信忍	
10. 여공인 如空忍	세간 출세간 종종의 제법은 허공에 색상이 없음과 같은 양 요달하고 이를 신인함 世間出世間種種　諸法　虛空　色相　　　　　　　了達　　　信忍	

제13장

오십육위와 사만성불
五十六位　四滿成佛

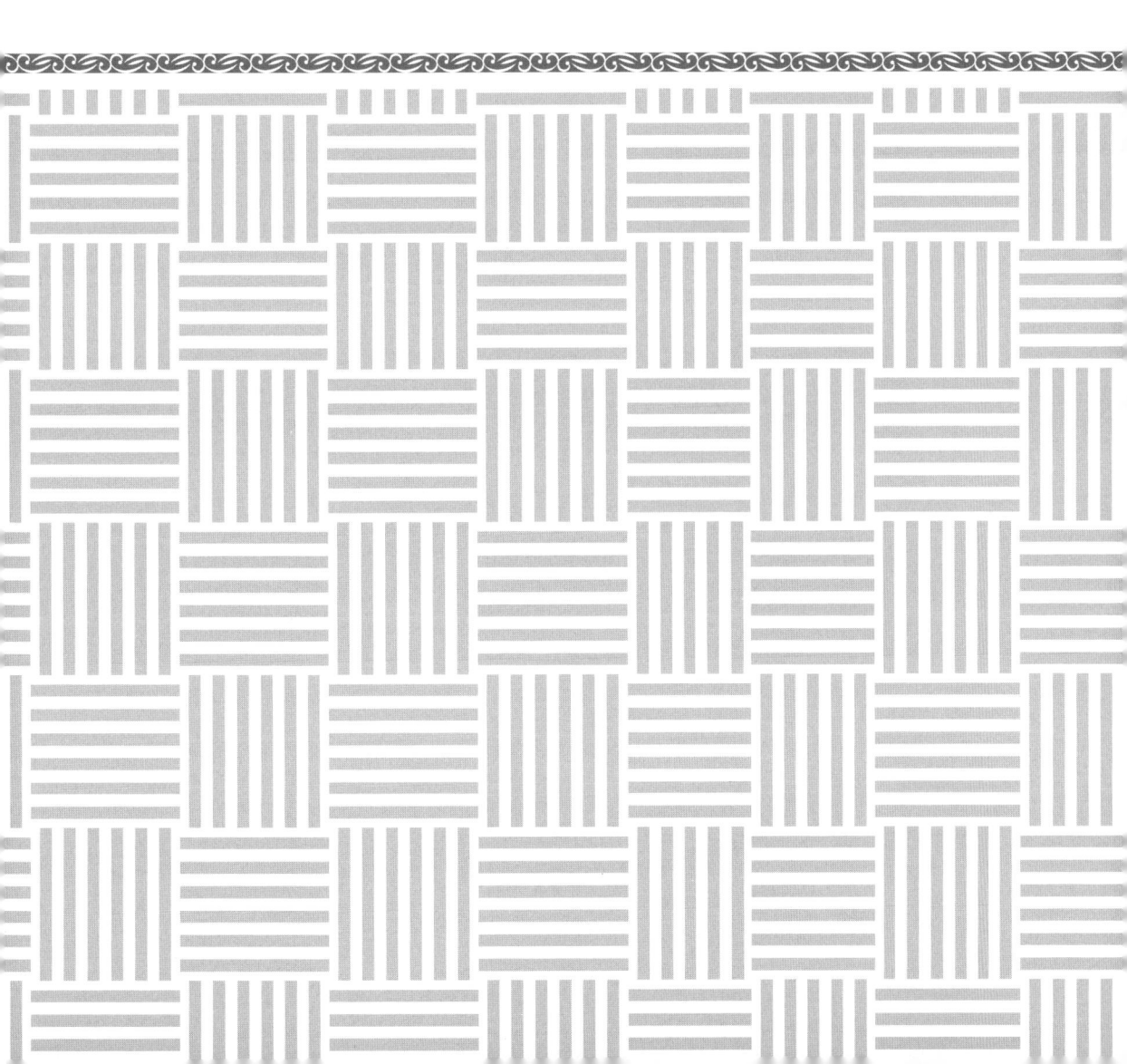

五十六位[1]와 四滿成佛[2]
오십육위　사만성불

오십육위와 사만성불

菩薩乘[3]의 階位[4]에 있어 諸經論의
보살승　　계위　　　　제경론

所說이 種種不同하니
소설　　종종부동

《大日經[5]》엔 十住[6]의
　대일경　　　　십주

보살승菩薩乘의 단계에 있어 각 경과 론의

말씀하신 바가 여러 가지로 같지 않으니

《대일경大日經》엔 십주十住의

1 　오십육위五十六位; 보살이 수행을 하여 단계적으로 성도하는 과정. 10신信 → 10주住 → 10행行 → 10회향回向 → 4선근善根 → 10지地 → 등각等覺 → 묘각妙覺.

2 　사만성불四滿成佛; 신만信滿·해만解滿·행만行滿·증만證滿 성불을 말함. 1) 신만성불은 10신信의 만위滿位, 곧 최상위에서 만법이 불생불멸하고 청정하고 평등함을 믿어 구할 바 없는 것. 2) 해만성불은 10주住의 만위에서 깊이 모든 법의 체성인 진여를 깨달아 생사·열반의 생각이 일어나지 않고, 두려운 마음과 구하는 마음이 없는 것. 3) 행만성불은 등각위等覺位에서 무명 번뇌가 모두 끊어져서, 자기가 바라고 원하던 것과, 수행이 완성하는 것. 4) 증만성불은 묘각위妙覺位에서 부사의한 불과佛果를 증득하는 것.

3 　보살승菩薩乘; 보살菩薩. 범승梵乘. 삼승三乘의 하나. 승乘은 중생을 깨달음으로 인도하는 부처의 가르침이나 수행법을 뜻함. 보살을 위한 부처의 가르침. 보살의 수행법. 깨달음에 이르게 하는 부처의 가르침이므로 불승佛乘이라고도 함.

4 　계위階位; 위계位階. 지위나 계층 따위의 등급.

5 　대일경大日經; 본이름은 대비로자나성불신변가지경大毘盧遮那成佛神變加持經. 7권. 당唐의 선무외善無畏·일행一行 번역. 구체적인 선행善行의 양적 축적이 성불의 필수 조건이며, 대일여래大日如來의 지혜는 보리심菩提心을 원인으로 하고 대비大悲를 근본으로 하며 방편方便을 구경으로 한다고 설하고, 만다라曼茶羅를 제작하는 방법, 아자관阿字觀, 인계印契를 맺는 방법, 호마護摩 등에 대해 설함. 이 경經의 세계를 상징적으로 묘사한 것이 태장계만다라胎藏界曼茶羅임.

6 　십주十住; 십심주十心住, 십해十解. 보살이 수행하는 계위階位인 52위 중, 제11위에서 제20위까지 열 가지 수행 단계. 10신위信位를 지나서 마음이 진제眞諦의 이치 곧 진리에 안주하는 단계라는 뜻으로 주住라고 함. 1) 발심주發心住. 공空을 주시하여 청정한 지혜를 일으킴. 10신信의 종가입공관從假入空觀의 관법이 완성되어 진무루지眞無漏智를 내고, 마음이 진제의 이치에 안주하는 지위. 2) 치지주治地住. 공空을 주시하면서 마음의 바탕을 청정하게 다스림. 항상 공관空觀을 닦아 심지心地를 청정하게 다스리는 지위. 3) 수행주修行住. 온갖 선행善行을 닦음. 만선萬善 만행萬行을 닦는 지위. 4) 생귀주生貴住. 부처의 기운이 생겨 성품이 청정해짐. 정히 부처님의 기분氣分을 받아 여래종에 들어가는 지위. 5) 방편구족주方便具足住. 한량없는 방편을 원만하게 닦음. 부처님과 같이 자리이타自利利他의 방편행을 갖추어 상모相貌가 결함缺陷이 없는 지위. 6) 정심주正心住. 용모가 부처님과 같을 뿐만 아니라 마음도 똑같은 지위. 7) 불퇴주不退住. 공空의 이치를 체득하여 거기에서 물러나지 않음. 몸과 마음이 한데 이루어 날마다 더욱 자라나고 물러서지 않는 지위. 8) 동진주童眞住. 깨달음을 구하는 마음을 깨뜨리지 않는 것이 마치 동자의 천진함과 같음. 그릇된 소견이 생기지 않고 보리심을 파하지 않는 것이, 마치 동자의 천진하여 애욕이 없는 것과 같아서 부처님의 10신身 영상靈相이

十位⁷ 又 十地⁸의 十位를 說하시고

《勝天王般若經⁹》엔

십위十位 또 십지十地의 십위十位를 말씀하시고

《승천왕반야경勝天王般若經》엔

일시에 갖추어지는 지위. 9) 법왕자주法王子住. 부처의 가르침에 따르므로 지혜가 생겨 미래에 부처가 될 만함. 부처님의 가르침을 따라 지해智解가 생겨, 다음 세상에 부처님 지위를 이을 지위. 10) 관정주灌頂住. 공空을 주시함으로써 생멸을 떠난 지혜를 얻음. 보살이 이미 불자가 되어, 부처님의 사업을 감당할 만하므로, 부처님이 지수智水로써 정수리에 붓는 것이, 마치 인도에서 왕자王子가 자라면 국왕이 손수 바닷물을 정수리에 부어 국왕이 되게 하는 것과 같으므로 이렇게 이름. 또 이것을 탁태托胎의 순서를 모방하여, 처음 발심주에서 제4 생귀주까지를 입성태入聖胎, 제5 구족방편주에서 제8 동진주까지를 장양성태長養聖胎, 제9 법왕자주를 출성태出聖胎라고도 함. 혹은 보살의 10지地를 10주라고 한 데도 있음.

7 십위十位; 십 자리.
8 십지十地; 1. 보살이 수행하는 계위階位인 52위位 중, 제41위로부터 제50위까지. 이 10위는 불지佛智를 생성生成하고, 능히 주지住持하여 움직이지 아니하며, 온갖 중생을 짊어지고 교화 이익케 하는 것이, 마치 대지大地가 만물을 싣고 이를 윤익潤益함과 같으므로 지地라 이름. 1) 환희지歡喜地. 선근과 공덕을 원만히 쌓아 비로소 성자의 경지에 이르러 기쁨에 넘침. 처음으로 참다운 중도지中道智를 내어 불성佛性의 이치를 보고, 견혹見惑을 끊으며 능히 자리이타自利利他하여 진실한 희열喜悅에 가득 찬 지위. 2) 이구지離垢地. 계율을 잘 지켜 마음의 때를 벗음. 수혹修惑을 끊고 범계犯戒의 더러움을 제하여 몸을 깨끗하게 하는 지위. 3) 발광지發光地. 점점 지혜의 광명이 나타남. 수혹을 끊어 지혜의 광명이 나타나는 지위. 4) 염혜지焰慧地. 지혜의 광명이 번뇌를 태움. 수혹을 끊어 지혜가 더욱 치성하는 지위. 5) 난승지難勝地. 끊기 어려운 미세한 번뇌를 소멸시킴. 수혹을 끊고 진지眞智・속지俗智를 조화하는 지위. 6) 현전지現前地. 연기緣起에 대한 지혜가 바로 눈앞에 나타남. 수혹을 끊고 최승지最勝智를 내어 무위진여無爲眞如의 모양이 나타나는 지위. 7) 원행지遠行地. 미혹한 세계에서 멀리 떠남. 수혹을 끊고 대비심을 일으켜, 2승의 오悟를 초월하여 광대무변한 진리 세계에 이르는 지위. 8) 부동지不動地. 모든 것에 집착하지 않는 지혜가 끊임없이 일어나 결코 번뇌에 동요하지 않음. 수혹을 끊고 이미 전진여全眞如를 얻었으므로, 다시 동요되지 않는 지위. 9) 선혜지善慧地. 걸림 없는 지혜로써 두루 가르침을 설함. 수혹을 끊어 부처님의 10력力을 얻고, 기류機類에 대하여 교화의 가부可否를 알아 공교하게 설법하는 지위. 10) 법운지法雲地. 지혜의 구름이 널리 진리의 비를 내림. 구름이 비를 내리듯, 부처의 가르침을 널리 중생들에게 설함. 수혹을 끊고 끝없는 공덕을 구비하고서 사람에 대하여 이익되는 일을 행하여 대자운大慈雲이 되는 지위. 또 이것을 보시・지계・인욕・정진・선정・지혜・방편・원・역力・지智의 10바라밀에 배대하기도 함. 그런데 보살 수행의 기간인 3대 아승기겁 중, 처음 환희지까지에 1대 아승기겁, 제7지까지의 수행에 제2대 아승기겁을 요한다 함. 2. 통교십지, 삼승공십지, 공십지, 공지. 성문・연각・보살의 삼승이 공통으로 닦는 열 가지 수행 단계. 간혜지乾慧地・성지성地・팔인지八人地・견지見地・박지薄地・이구지離垢地・이판지已辦地・지불지支佛地・보살지菩薩地・불지佛地.
9 승천왕반야경勝天王般若經; Skt. Suvikrāntavikrāmi-paripṛcchā-prajñāpāramitā-sūtra. 《승천왕반야바라밀경勝天王般若波羅蜜經》.《승천왕경勝天王經》. 7권. 진陳의 월파수나月婆首那(Upaśūnya)가 565년에 양주楊州에서 번역. 5부반야의 하나이며,〈통달품通達品〉,〈현상품顯相品〉,〈법계품法界品〉,〈염처품念處品〉,〈법성품法性品〉,〈평등품平等品〉,〈현상품現相品〉,〈무소득품無所得品〉,〈증권품證勸品〉,〈술덕품述德品〉,〈현화품現化品〉,〈다라니품陀羅尼品〉,〈권계품勸誡品〉,〈이행품二行品〉,〈찬탄품讚嘆品〉,〈부촉품付囑品〉

十地의 十位만을 說하시고
《金光明經¹⁰》엔 十地와
妙覺¹¹의 十一位를 說하시고
《仁王般若經¹²》엔

십지十地의 십위十位만을 말씀하시고
《금광명경金光明經》엔 10지十地와
묘각妙覺의 11위十一位를 말씀하시고
《인왕반야경仁王般若經》엔

등 16품十六品으로 이루어져 있다. 부처님께서 승천왕의 질문에 대해 반야바라밀다를 중심으로 대승보살의 수행과 공덕을 설하는 내용으로 되어 있다. 이역본으로《대반야바라밀다경》의 제6회가 있다.

10　금광명경金光明經; Skt. Suvarṇa-prabhāsôttama-sūtra. 4권. K-1465, T-663. 북량北涼시대에 담무참曇無讖(Dharmakṣema)이 414년에서 421년 사이에 번역하였다. 신라나 고려인은《인왕호국반야바라밀다경仁王護國般若波羅密多經》을 근거로 하여 인왕백고좌회仁王百高座會나 인왕도량仁王道場을 여는가 하면,《금광명경》을 근거로 금광명도량金光明道場을 열었는데, 이 두 경전은 모두 나라를 수호하는 미묘한 호국경전으로 받들어졌다.《금광명경》의 내용은 참회하는 법, 업장業障의 소멸, 사천왕四天王에 의한 국가의 보호, 불법佛法을 보호하는 국왕의 공덕, 이 경을 설하고 독송하는 이의 공덕에 대해 설한 경. 부처님께서 기사굴산에서 신상信相보살을 위하여 부처님 수명이 한량없음을, 견뢰지신堅牢地神을 위하여 찬탄하는 게송을, 그밖에 4천왕四天王・대변천신大辯天神・공덕천功德天 등을 위하여 이 경이 미묘하여 여러 경의 왕인 까닭을 말한 것이다. 구성은 서품序品・수량품壽量品・참회품懺悔品・찬탄품讚歎品・공품空品・4천왕품天王品・대변천신품大辯天神品・공덕천품功德天品・견뢰지신품堅牢地神品・산지귀신품散脂鬼神品・정론품正論品・선집품善集品・귀신품鬼神品・수기품授記品・제병품除病品・유수장자품流水長者品・사신품捨身品・찬불품讚佛品・촉루품囑累品 등 19품으로 되어 있다. 다른 번역으로 여러 가지 있으나 그 중요한 것으로는 북주北周의 야사굴다가 번역한《금광명갱광대변재다라니경金光明更廣大辯才陀羅尼經》5권(20품), 양梁나라 진제眞諦가 번역한《금광명제왕경金光明帝王經》7권(23품), 수나라 보귀寶貴가 자신과 담무참・진제・사나굴다 등이 번역한 것을 합하여 엮은《합부금광명경》8권, 당나라 의정義淨이 번역한《금광명최승왕경》10권 등이 있다.

11　묘각妙覺; Skt. subuddhi, marvelous enlightenment. 불과佛果를 말한다. 보살 수행의 지위 점차인 52위나 41위의 마지막 지위. 등각위等覺位에 있는 보살이 다시 1품의 무명을 끊고 이 지위에 들어간다. 온갖 번뇌를 끊어버린 부처님의 자리. 바르고 원만한 부처의 깨달음. 모든 번뇌를 끊고 지혜를 원만히 갖춘 부처의 경지.

12　인왕반야경仁王般若經; 인왕경仁王經. 2본본이 있음. 구본舊本은《불설인왕반야바라밀경佛說仁王般若波羅蜜經》2권. 구마라집 번역. 신본新本은《인왕호국반야바라밀다경仁王護國般若波羅密多經》2권. 당나라 불공不空 번역. 부처님이 16국왕으로 하여금 각각 그 나라를 보호하고, 편안케 하기 위해서는 반야바라밀을 수지受持하여야 한다고 말한 경. 제목은 왕들에게 부처가 되는 지혜에 대하여 설교한다는 뜻이다. 만물은 본성이 허무하다는 이치를 밝히고, 이에 기초하여 부처의 도를 닦는 법과 나라를 보호하는 방도에 대하여 설교하는 내용으로 이루어져 있다. 경전의 이름이나 내용상 반야계 경전이나 다른《반야》과는 달리《대반야경大般若經》600권에는 포함되지 않지만, 예로부터《대반야경》의 결정판이라는 평가를 받아왔다. 옛부터 특히 호국에 관련된 내용이 많아 천태종에서는《법화경法華經》・《금광명경金光明經》과 함께 호국삼부경護國三部經을 이루었고, 신라시대에서 고려시대까지 성행한 인왕백고좌회의 근거가 되었다. 인왕

十信[13] · 十住 · 十行[14] · 十廻向[15] · 　　　십신十信 · 십주十住 · 십행十行 · 십회향十廻向 ·
십신　　십주　　십행　　십회향

백고좌회란 100명의 승려와 신도들이 100개의 불상과 100개의 보살상을 모셔놓고 100명의 법사를 초청하여 반야바라밀을 강의하는 법회를 말한다.

[13] 십신十信; 십신심十信心 · 십심十心 · 지위십신地位十信이라고도 함. 보살이 수행하는 계위階位 52위 중, 처음 닦아야 할 10위位. 부처님의 교법을 믿어 의심이 없는 지위. 1) 신심信心. 부처의 가르침을 믿음. 2) 염심念心. 부처의 가르침을 명심하여 잊지 않음. 3) 정진심精進心. 힘써 정진함. 4) 정심定心. 마음을 한곳에 모아 흐트러지지 않게 함. 5) 혜심慧心. 모든 현상의 본성을 꿰뚫어 앎. 6) 계심戒心. 계율을 지켜 청정함. 7) 회향심廻向心. 자신이 쌓은 공덕을 깨달음으로 향하게 함. 8) 호법심護法心. 마음을 다스려 번뇌가 일어나지 않게 함. 9) 사심捨心. 재물을 아끼지 않고 베풀어 줌. 10) 원심願心. 원하는 것을 이루기 위해 수행함. 또는 사교의四敎儀에서는 1)신심信心 · 2)염심念心 · 3)정진심精進心 · **4)혜심慧心 · 5)정심定心 · 6)불퇴심不退心 · 7)호법심護法心 · 8)회향심廻向心 · 9)계심戒心** · 10)원심願心의 십신十信. ▶지위십신地位十信; 유식종에서 자은慈恩이 보살 계위階位에 41위를 세운데 대하여, 서명사 원측圓測은 처음의 10신信과 등각等覺을 52위로 늘여서 배열. 이 지위 10신은 10주住의 앞에 위치함.

[14] 십행十行; 십행심十行心. 보살이 수행하는 열 가지 이타행. 보살이 수행하는 계위階位를 52위위로 한 것 중에서, 10신信 · 10주住에서 나아가 묘각妙覺에 이르는 한 계위의 이름. 보살이 10주위의 나중에서 불자佛子인 인가를 얻은 뒤에 다시 나아가 이타리타의 수행을 완수하기 위하여 중생제도에 노력하는 지위를 10으로 나눈 것. 1) 환희행歡喜行. 남에게 베풀어 기쁘게 함. 2) 요익행饒益行. 모든 중생을 이익되게 함. 3) 무에한행無恚恨行(무진한無瞋恨行). 인욕을 닦아 성내지 않고 참음. 4) 무진행無盡行. 끊임없이 가르침을 구하고 중생을 제도함. 5) 이치란행離癡亂行. 바른 생각을 하여 어리석지 않고 혼란스럽지 않음. 6) 선현행善現行. 청정한 행위를 하여 중생을 교화함. 7) 무착행無著行. 모든 것에 집착하지 않음. 8) 존중행尊重行. 행하기 어려운 청정한 행위를 존중하여 그것을 성취함. 9) 선법행善法行. 바른 가르침을 지키고 보호함. 10) 진실행眞實行. 가르친 대로 행하고 행한 대로 가르쳐 말과 행동이 일치함.

[15] 십회향十廻向; Skt. daśa-pariṇāmana. 십향十向. 십회향심十廻向心. 보살이 닦은 공덕을 널리 중생에게 돌리는 열 가지. 보살이 수행하는 계위階位인 52위 중에서, 제31위에서 제40위까지. 10행위行位를 마치고, 다시 지금까지 닦은 자리自利 · 이타利他의 여러 가지 행을 일체 중생을 위하여 돌려 주는 동시에, 이 공덕으로 불과를 향해 나아가 오경悟境에 도달하려는 지위. 1) 구호일체중생리중생상회향救護一切衆生離衆生相廻向. 공덕을 중생에게 돌려 모든 중생을 차별하지 않고 구제하고 보호함. 2) 불괴회향不壞廻向. 굳은 믿음을 중생에게 돌려 중생이 이익을 얻게 함. 3) 등일체불회향等一切佛廻向. 모든 부처가 한 것과 같이 공덕을 중생에게 돌려 줌. 4) 지일체처회향至一切處廻向. 자신이 닦은 청정한 일을 두루 중생에게 이르게 함. 5) 무진공덕장회향無盡功德藏廻向. 끝없는 공덕을 중생에게 돌려 중생이 그 공덕을 얻도록 함. 6) 수순평등선근회향隨順平等善根廻向. 자신이 닦은 청정한 일을 중생에게 돌려 중생이 청정한 일을 하게 함. 7) 수순등관일체중생회향隨順等觀一切衆生廻向. 자신이 닦은 모든 청정한 일을 중생에게 돌려 모든 중생을 이익되게 함. 8) 여상회향如相廻向. 자신이 닦은 청정한 일을 있는 그대로 중생에게 돌려 줌. 9) 무박무착해탈회향無縛無著解脫廻向. 모든 대상에 집착하지 않고 해탈한 마음으로 자신이 닦은 청정한 일을 중생에게 돌려 줌. 10) 법계무량회향法界無量廻向. 한량없는 청정한 일을 거듭 닦아 이를 중생에게 돌려 중생을 진리의 세계에 들게 함.

十地·妙覺의	십지十地·묘각妙覺의
십지 묘각	
五十一位를 說하시고	오십일위五十一位를 말씀하시고
오십일위 설	
一部의《華嚴經¹⁶》과	일부의《화엄경華嚴經》과
일부 화엄경	
《菩薩瓔珞經¹⁷》等엔 等覺¹⁸을	《보살영락경菩薩瓔珞經》등엔 등각等覺을
보살영락경 등 등각	

16   화엄경華嚴經; Skt. Avataṃsaka-sūtra. 본이름은 대방광불화엄경大方廣佛華嚴經(Skt. Mahāvaipulya-buddhā-avataṃsaka-sūtra). 크고 방정方正하고 넓은 이치를 깨달은 부처님의 꽃같이 장엄한 경이란 뜻. 세 가지 번역이 있는데, 60권은 동진東晉의 불타발타라佛馱跋陀羅(Buddhabhadra) 번역이고, 80권은 당唐의 실차난타實叉難陀(Śikṣānanda) 번역, 40권은 당唐의 반야般若 번역임. 이 가운데 40권은 60권과 80권의 마지막에 있는 입법계품入法界品에 해당하며, 십지품十地品과 입법계품入法界品만 산스크리트 원전이 남아 있음. 60권의 경우는 7처處 8회會 34품, 80권은 7처 9회 39품으로 구성되어 있는데, 처處와 회會는 이 경을 설한 장소와 모임을 뜻함. 60권의 경우, 제1 적멸도량회寂滅道場會와 제2 보광법당회普光法堂會는 지상地上이고, 제3 도리천회忉利天會와 제4 야마천궁회夜摩天宮會와 제5 도솔천궁회兜率天宮會 그리고 제6 타화자재천궁회他化自在天宮會는 천상天上이며, 제7은 다시 지상의 보광법당회普光法堂會, 제8 역시 지상의 급고독원회給孤獨園會인데, 이 여덟 모임 가운데 보광법당회가 두 번 있으므로 7처가 되고, 80권의 경우는 보광법당회가 세 번 있으므로 7처 9회가 됨. 제1회에서는 보리수 아래에서 깨달음을 성취한 세존이 이 경의 교주敎主인 비로자나불毘盧遮那佛과 한 몸이 되어 광채를 발하고 있고, 많은 보살들이 한 사람씩 일어나 세존의 덕을 찬양함. 제2회에서는 세존이 자리를 옮겨 보광법당普光法堂의 사자좌獅子座에 앉아 있고, 문수보살이 사제四諦를 설한 뒤 10명의 보살들이 각각 열 가지 심오한 진리를 설함. 제3회에서는 십주十住를 설하고, 제4회에서는 십행十行, 제5회에서는 십회향十廻向, 제6회에서는 십지十地를 설하고, 제7회에서는 지금까지의 설법을 요약해서 설함. 제8회는 입법계품으로 선재동자善財童子가 53명의 선지식善知識을 찾아가 도道를 구하는 과정을 서술하고 있음.

17   보살영락경菩薩瓔珞經; 본업경本業經. 영락경瓔珞經. 보살영락본업경菩薩瓔珞本業經. 현재보경現在報經. 전진前秦시대에 학승 축불념竺佛念이 376년에 장안長安에서 번역하였다. 총 14권 45품으로 구성된 이 경은 세상만물을 있는 그대로 '공'으로 보는 공관불교와 세상의 모든 것을 의식의 산물로 보는 유식불교의 2대 대승교의를 중심으로 설법한 것으로서 공관에 기초하여 마음을 깨끗이 닦아야 한다는 보살수행의 기초를 밝히고 있다. 보칭품·식공품·장엄도수품·용왕욕태자품·법문품·식계품·제불권조품·여래품·음향품·인연품으로부터 무아품·등승품·삼계품 등의 45품으로 이루어져 있으며, 주로 보살도菩薩道에 대하여 설한 경전이다. 부처님께서 마갈계摩竭界의 보승普勝 강당에 머무실 때, 여러 비구와 보살·천신 등이 함께 모인 자리에서 보조普照보살의 질문에 대해 보살도를 수행하는 10가지 공덕과 보살법의 영락 등을 설명하신다. 또한 부처님께서는 보살 영락 8만 법문을 비롯하여 6법 청정 영락·공혜空慧 무착행無着行·4신족행神足行·12인연법·4성제·3선禪·3승乘·10종 무상법無相法·10종 부사의행不思議行·10종 무아행無我行 등을 상세히 설하신다.

18   등각等覺; 1. 바르고 원만한 부처의 깨달음. 부처님의 다른 이름. 등등은 평등, 각覺은 각오覺悟의 뜻. 모든 부처님이 깨달은 것은 한결같이 평등하므로 등각이라 한다. 2. 부처의 깨달음과 거의 같은 깨달음이라는 뜻. 보살의 수행 과정 가운데 십지十地 다음의 단계. 바르고 원만한 부처의 깨달음인 묘각妙覺의 앞 단계.

加하사 五十二位를 說하시고

《首楞嚴經¹⁹》엔 煖·頂·忍·

世第一의 四善根²⁰을 加하사

五十六位를 說하심에 對하야

『唯識論²¹』엔 十住·十行·

十廻向·十地·妙覺의

四十一位를 說明하고

더하셔서 52위五十二位를 말씀하시고

《수릉엄경首楞嚴經》엔 난煖·정頂·인忍·

세제일世第一의 4선근四善根을 더하셔서

56위五十六位를 말씀하심에 대하여

『유식론唯識』엔 십주十住·십행十行·

십회향十廻向·십지十地·묘각妙覺의

사십일위四十一位를 말씀하시고

등정각等正覺·금강심金剛心·일생보처一生補處·유상사有上士라고도 한다. 보살이 수행하는 지위 점차 중에서 제51위位의 이름. 이는 보살의 극위極位로서 그 지혜가 만덕萬德 원만한 부처님과 대개 같다는 뜻으로 등각이라 한다. 또 등等은 등급等級의 뜻으로, 이 보살의 각覺은 부처님의 묘각妙覺까지 1등급이 있으므로 등각이라 한다.

19 수릉엄경首楞嚴經; 1. Skt. śūraṃgama-sūtra. 10권. 당나라 반랄밀제般刺蜜帝 번역. 갖춘 이름은《대불정여래밀인수증요의제보살만행수릉엄경大佛頂如來密因修證了義諸菩薩萬行首楞嚴經》. 줄여서는《대불정수릉엄경大佛頂首楞嚴經》,《능엄경楞嚴經》. 수선修禪·이근원통耳根圓通·오음마경五陰魔境에 대하여 선법禪法의 요의要義를 말한 경. 2. Skt. śūraṃgama-samādhi-sūtra.《수릉엄삼매경首楞嚴三昧經》2권. 후진後秦 구마라집 번역. 부처님께서 견의보살이 보리菩提를 빨리 얻을 수 있는 삼매를 물음에 대하여 이 삼매를 말씀하고, 사리불이 마경魔境 여의는 것을 물음에 대하여, 마경을 나타내어 물리치고 이를 증명한 것을 말함.

20 사선근四善根; Skt. catuṣ-kuśala-mūla, catvāri kuśala-mūlāni. four wholesome roots. 1. 구사론에서, 성자의 경지인 견도見道에 이르기 위해 닦는 네 가지 수행 단계. 1) 난위煖位. 견도를 불에 비유하여, 따뜻하므로 그 경지에 가까운 단계라는 뜻. 범부의 지혜로써 사제四諦를 분석적으로 관찰하는 단계. 2) 정위頂位. 범부의 지혜로써 사제를 분석적으로 관찰하는 최상의 단계. 3) 인위忍位. 범부의 지혜로써 사제의 이치를 확실하게 이해하고 인정하는 단계. 4) 세제일법위世第一法位. 가장 뛰어난 범부의 지혜에 이른 단계로, 이 다음 단계가 성자의 경지인 견도見道임. 2. 유식설에서, 오위五位 가운데 제2 가행위加行位에서 닦는 네 가지 수행 단계. 1) 난위煖位. 객관 대상은 허구라고 주시하는 단계. 2) 정위頂位. 객관 대상은 허구라고 가장 뛰어나게 주시하는 단계. 3) 인위忍位. 객관 대상은 허구라고 확실하게 인정하고, 나아가 인식 주관도 허구라고 주시하는 단계. 4) 세제일법위世第一法位. 객관 대상뿐만 아니라 인식 주관도 허구라고 확실하게 인정하는 단계.

21 유식론唯識論; Skt. Viṃśatikākārikā. 1권. K-613, T-1588. 동위東魏시대에 구담반야유지瞿曇般若流支(Gautama Prajñāruci)가 538년에서 543년 사이에 업성鄴城에서 번역하였다. 별칭으로『능가경유식론』·『능가유식론』·『대승능가경유식론大乘楞伽經唯識論』·『대승유식론』·『유식무경계론』·『유식무경론唯識無境論』·『파색심론破色心論』이라고도 한다. 식識뿐이며 경계境界는 없다고 논한다. 세친世親이 저술하였으며, 이역본으로『유식이십론唯識二十論』·『대승유식론大乘唯識論』이 있다.

『智度論』²²엔 此에 等覺을　　　　『지도론智度論』엔 여기에 등각等覺을

加하야 四十二位를 說明한바　　　더하여 42위四十二位를 말씀하신 바

已上의 諸位에 就하야 凡·聖을　　이상의 각 위차에 따라 범凡·성聖을

分別하면『大日經』所說의　　　　분별하면『대일경大日經』에 설한 바의

十位中 初三位는 凡²³요　　　　　10위중十位中 처음 삼위三位는 범부위요

後七位는 賢聖²⁴位며　　　　　　뒤의 칠위七位는 현성위賢聖位며

22　지도론智度論; Skt. Mahāprajñāpāramitā-śāstra. 대지도론大智度論·대론大論·지론智論·대지도경론大智度經論·대혜도경집요大慧度經集要·마하반야바라밀경석론摩訶般若波羅蜜經釋論·마하반야석론摩訶般若釋論·석론釋論이라고도 한다. 100권. 용수龍樹 지음. 요진姚秦의 구마라집鳩摩羅什(Kumārajīva)이 402년 여름에 번역을 시작하여 406년 2월에 소요원逍遙園에서 완성. 대품반야경大品般若經의 주석서로, 그 해석이 여러 학설이나 사상, 전설·역사·지리·승가 등에 미칠 정도로 매우 상세하고 방대하여 백과사전의 성격을 지닌다. 여기에 인용된 경전이나 논서도 다양하여 초기경전이나 그 논서 및 대승경전인《법화경》·《화엄경》등에 이르고, 바이셰쉬카 및 기타 인도의 일반 사상도 거론하고 있다. 이 책은 일반적으로 용수보살이 지은 것으로 간주되지만, 책머리에 있는 승예僧叡의 서문이나 이 논서가 한역으로만 존재하는 점 등 여러 이유를 고려해볼 때 현존하는 내용 전부가 다 용수의 저술이라고 보기는 어렵다고 한다. 제1권에서는 귀경게와 저술의 취지를 겸하여 게송을 설한 다음, 부처님이 반야바라밀을 설하시는 20여 가지 인연을 밝힌다. 그리고 제1권 후반부터 제34권까지는《대품반야경》의 제1〈초품初品〉을 해석한다. 여기에서는 연기緣起·공空·열반涅槃·4무소외無所畏 등《대품반야경》에 나오는 중요한 용어나 불교의 기본 개념들을 설명한다. 제35권에서 제100권까지는《대품반야경》의 각 품에 대한 설명으로, 제2〈보응품報應品〉에서 제90「촉루품」을 해설한 것이다. 그리고 각 품의 해석은 단段을 나누어 간략히 설명한다. 이 논서는 사상적인 면에서『중론中論』이나『십이문론十二門論』과 달리 부처님 법에 대한 긍정적인 시각을 보이고 있다. 그리고 주로 대승의 보살도를 중점적으로 다루고 있으며, 대승의 보살사상이나 6바라밀 등의 종교적 실천을 드러내는 데 노력하고 있다. 이러한 점에서 대승과 소승의 교류와 사상의 발전을 살펴볼 수 있는 중요한 논서라고 하겠다.

23　범위凡位; 외범위外凡位와 내범위內凡位. 대승에서는 보살의 계위階位 중에서 10신信의 위位를 외범위라 하고, 10주住·10행行·10회향廻向의 위를 내범위라 한다. 소승에서는 7방편 중에서 3현위賢位를 외범위外凡位라 하고, 4선근善根, 곧 난煖·정頂·인忍·세제일世第一의 4위를 내범의 위位라 함.

24　현성賢聖; 또는 성현聖賢. 현賢은 선善으로 화和한다는 뜻, 성聖은 정正으로 화하는 뜻. 선으로 화하여 악을 여의었지만 아직 무구청정無垢淸淨한 진지眞智를 발하여 진리를 증득해서 미혹한 마음을 끊지 못하고 범부의 자리에 있는 것을 현賢, 이미 진지를 발하여 진리를 증득하고 미혹하고 어지러운 마음을 끊어 범부의 성품을 버린 이를 성聖이라 함. 1. 수행의 과정에서, 사제四諦를 명료하게 주시하여 견혹見惑을 끊는 견도見道 이상의 경지에 이른 사람을 성聖이라 하고, 견도의 경지에는 이르지 못했지만 이미 악을 떠난 사람을 현賢이라 함. 2. 십주十住·십행十行·십회향十廻向의 보살을 현賢이라 하고, 십지十地 이상의 보살을 성聖이라 함.

《勝天王般若經승천왕반야경》의 十位십위와
《金光明經금광명경》의 十一位십일위는
皆是 聖位개시 성위며
『智度論지도론』所說소설의 十位십위 中중
初二位초이위는 凡位범위요
後八位후팔위는 賢聖位현성위며
『唯識論유식론』所說소설의 四十一位中사십일위중
十住십주·十行십행·十廻向십회향의
三十삼십은 賢位현위요 十地십지·妙覺묘각은
聖位성위니 此차는 곧 天台別敎천태별교[25]와
華嚴終敎화엄종교[26]의 乘位승위에 合합하나

《승천왕반야경勝天王般若經》의 10위十位와
《금광명경金光明經》의 11위十一位는
모두 성위聖位며
『지도론智度』에 말씀하신 10위十位 가운데
첫 2위(초2위初二位)는 범부위요
뒤 8위八位는 현성위賢聖位며
『유식론唯識論』의 41위 중四十一位中
십주十住·십행十行·십회향十廻向의
30위는 현위賢位요 10지十地 묘각妙覺은
성위聖位니 이는 곧 천태별교天台別敎와
화엄종교華嚴終敎의 승위乘位에 맞으나

25 별교別敎; 1. 천태종의 교판敎判에서, 보살만을 위한 가르침. 화법化法 4교敎의 하나. 천태종에서 석존이 3계 밖의 둔근 중생들에게 대하여 만유는 우리의 미혹한 소견에 보이는 사방면事方面에서는 차별이 있지만, 이리 방면으로 보면 평등하여 차별이 없으므로 이 미견迷見을 벗어나서 평등한 이치를 깨달으라고 가르치신 교법. 이 교敎는 전의 장교藏敎·통교通敎가 3계 안의 좁은 세계관에 입각한 것임에 대하여, 3계 밖의 넓은 세계관에 위치하고, 또 차별한 사상事象을 평등한 이체理體에 돌려 보내어 사리事理의 상즉相卽을 말하는 것. 오히려 뒤의 원교圓敎와 같이 융통 무애한 이치에는 이르지 못했고, 또 장교·통교·원교와는 다른 교이므로 별교라 함. 2. 별교일승別敎一乘의 준말. ▶별교일승別敎一乘; 별교別敎. 삼승三乘에 대한 가르침과 전혀 다른 일승一乘의 가르침이라는 뜻. 화엄종에서, 깨달음에 이르게 하는 오직 하나의 원만하고 완전한 가르침, 곧 화엄경의 궁극적인 가르침을 말함.

26 종교終敎; 대승종교大乘終敎. 화엄종의 교판敎判인 5교敎 10종宗 가운데 5교의 제3. 대립이나 차별을 떠난 본성과, 그 본성이 그릇된 인연을 만나 일으키는 차별 현상을 설하는『능가경』·『승만경』·『기신론』·『보성론』의 교리가 이에 속. 곧 시교始敎에서 5성性이 각각 다르다고 함에 대하여, 일체 중생이 모두 성불함을 내세우고 있으며, 또 분교分敎에서 진여는 응연부동凝然不動하는 것이라고 보는 것에 비해 일체 만유가 진여를 본체로 하고 연기하는 것이라 하는 대승종극大乘終極의 교리. ▶오교五敎; 석가의 일대一代 교설을 5종으로 분류하여 설명하는 것. 이는 시대에 따른, 또 사람에 따른 여러 분류 방법이 있다. 1. 당唐나라 정관貞觀연간에 중국에 온 파파밀다라가 설한 사제교四諦敎(아함경阿含經)·무상교無相敎(반야경般若經)·관행교觀行敎(화엄경華嚴經)·안락교安樂敎(열반경涅槃經)·수호교守護敎(대집경大集經)의 5교, 2. 당

萬一 二宗 圓敎²⁷의
만일 이종 원교

乘位에 依하면 悉皆 聖位라
승위   의   실개 성위

「智度論」所說의 四十二位도
지도론 소설   사십이위

此에 準하야 知할지오
차   준   지

「華嚴·瓔珞」等의 五十二位中
화엄 영락 등   오십이위중

初 十信은 凡位요
초 십신   범위

住·行·廻向 三位는 別敎와
주 행 회향 삼위   별교

終敎에선 賢位요 圓敎에선
종교   현위   원교

聖位라며 十地·等·妙의
성위   십지 등 묘

十二位는 二敎나 圓敎나
십이위   이교   원교

聖位랄새
성위

五十六位도
오십육위

만일 천태종 화엄종 2종 원교圓敎의

승위乘位에 의하면 모두 성위聖位라

「지도론智度論」의 42위四十二位도

이에 준準하여 알 것이요

「화엄華嚴·영락瓔珞」등의 52위 중

초初 10신十信은 범위凡位요

주住·행行·회향廻向 3위三位는 별교別敎와

종교終敎에선 현위賢位요 원교圓敎에선

성위聖位라며 십지十地·등等·묘妙의

12위十二位는 2교二敎나 원교圓敎나

성위聖位라 하니

4선근四善根을 더한 56위五十六位도

나라의 법장法藏이 설한 소승교小乘敎(아함경阿含經)·대승시교大乘始敎(해심밀경解深密經)·종교終敎(능엄경楞伽經·승만경勝鬘經)·돈교頓敎(유마경維摩經)·원교圓敎(화엄경華嚴經)의 5교, 3. 유송劉宋 원가元嘉연간에 도량사道場寺의 혜관慧觀이 설한 유상교有相敎(아함경阿含經)·무상교無相敎(반야경般若經)·억양교抑揚敎(유마경維摩經)·동귀교同歸敎(법화경法華經)·상주교常住敎(열반경涅槃經)의 5교, 4. 제齊나라 호신사護身寺의 자궤自軌가 설한 인연종因緣宗(살바다부薩婆多部·설산부雪山部)·가명종假名宗(경부經部·설가부說假部)·부진종不眞宗(반야경般若經)·진종眞宗(열반경涅槃經)·법계종法界宗(화엄경華嚴經)의 5교, 5. 제齊나라 은사隱士 유규劉虬가 설한 인천교人天敎(오계십선五戒十禪)·유상교·무상교·동귀교·상주교의 5교가 있다. 이 밖에도 융통염불종融通念佛宗에서 말하는 인천교·소승교·돈교·원교·점교漸敎의 5교가 있다. 한국 불교의 경우에도 신라의 불교가 한창 성하였을 때 경교經敎를 공부하면서 나뉜 5개 종파가 있다. 즉, 열반종涅槃宗·남산종南山宗·화엄종華嚴宗·법상종法相宗·법성종法性宗이 그것이다.

27 원교圓敎; 1. 천태종의 교관敎判에서, 세존이 체득한 깨달음을 그대로 설한, 가장 완전한 가르침. 법화경이 여기에 해당함. 2. 화엄종의 교관敎判에서, 원만하고 완전한 일승一乘을 설하는 법화경·화엄경의 궁극적인 가르침을 말함. ▶천태사교天台四敎; 화법사교化法四敎. 천태종에서 부처님이 말씀하신 교리의 내용에 따라 4종으로 나눈 것. 장교藏敎·통교通敎·별교別敎·원교圓敎.

此에 準하야 知할지라
요컨대 諸說이 差異함은 곧
修·證에 先後함이니 次를
參酌하야 먼저 修·證의 圓義
吟味에 努力할지오
十廻向을 十地에 前後함은
因果의 差가 有할 뿐이니라

이에 준하여 알지니라

요컨대 여러 가지 설의 차이가 있음은 곧

수修·증證에 선후先後함이니 다음의 글을

참작하여 먼저 수修·증證의 온전한 뜻의

음미에 노력할지오

십회향十廻向을 십지十地의 앞이나 뒤에 둠은

인과因果의 차이가 있을 뿐이니라

五十六位四滿成佛圖

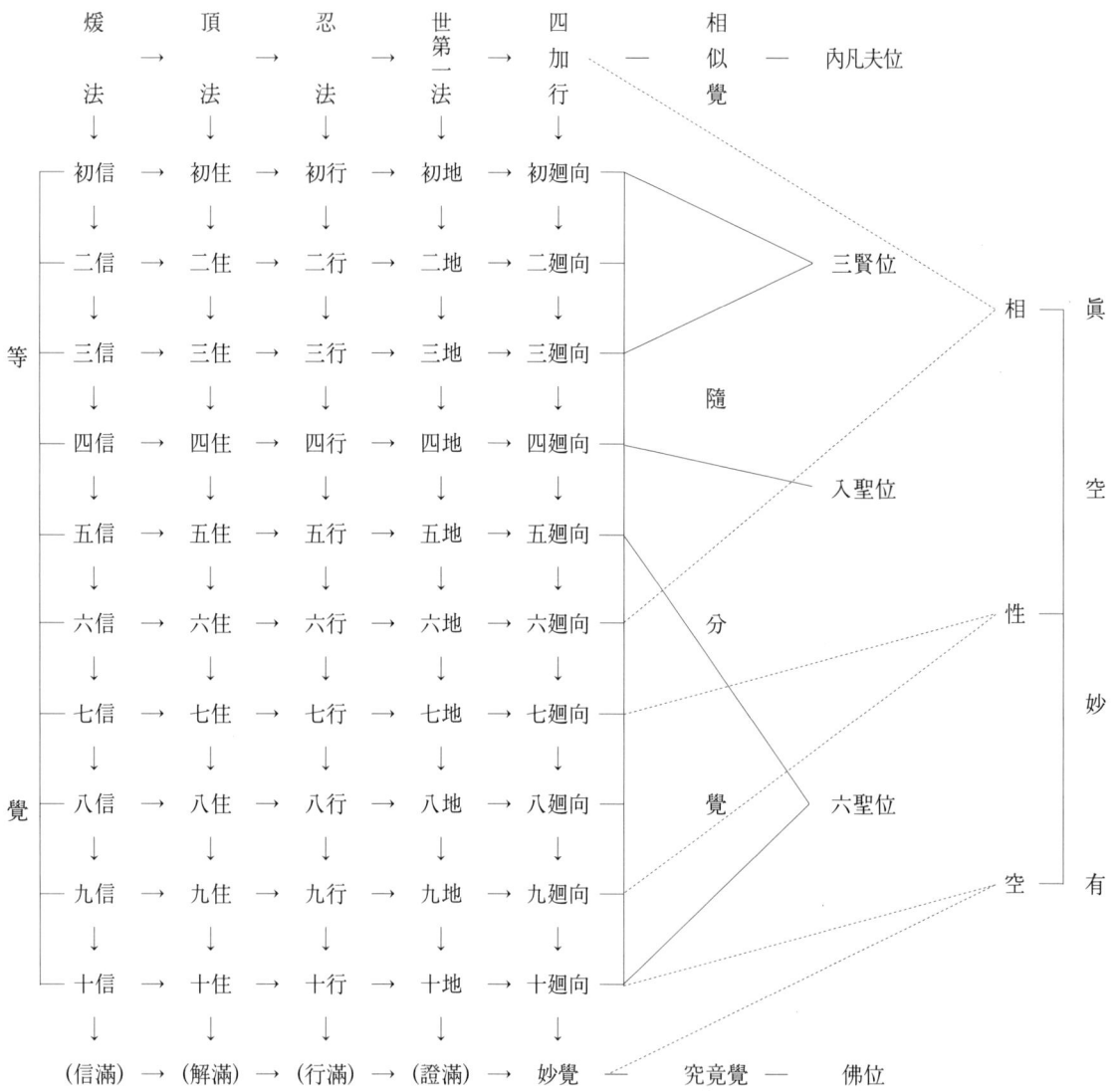

⟨표86⟩ 각 경론經論의 보살승菩薩乘의 계위階位

	간혜지 乾慧地	십신 十信	십주 十住	십행 十行	십회향 十廻向	사선근 四善根	십지 十地	등각 等覺	묘각 妙覺	총계위 總階位
대일경 大日經							○*			10위
							3범凡 7현성賢聖			
승천왕반야경 勝天王般若經							○			10위
							성聖			
금광명경 金光明經							○		○	11위
							성聖		성聖	
인왕반야경 仁王般若經		○	○	○	○		○		○	51위
화엄경 일부, 華嚴經 一部, 보살영락경 菩薩瓔珞經		○	○	○	○		○	○	○	52위
		범凡	현賢				성聖			(별교)
										(종교)
		범凡	성聖				성聖			(원교)
수릉엄경* 首楞嚴經	(○)	○	○	○	○	○	○	○	○	57위 (56위)
유식론 唯識論			○	○	○				○	41위
			현賢						성聖	
지도론 智度論			○	○	○		○	○	○	42위

각 설의 차이는 곧 수·증에 선후함이니 차를 참작하여 먼저 수·증의 원의 음미에 노력할지요
說 差異 修證 先後 次 參酌 修證 圓義 吟味 努力
십회향을 십지에 전후함은 인과의 차가 있을 뿐이니라
十廻向 十地 前後 因果 差

- 10지地 또는 10주住.
- 수릉엄경에는 57위를 설했으나, 여기에서는 간혜지乾慧地를 뺀 56위로 봄.

⟨표87⟩ 52위位(+4선근善根=56위位)

순	십신十信	십주十住	십행十行	십회향十廻向	십지十地		십바라밀十波羅蜜
1	신심 信心	발심주 發心住	환희행 歡喜行	구호일체중생회향 救護一切衆生廻向	환희지 歡喜地	종자 種子	보시 布施
2	염심 念心	치지주 治地住	요익행 饒益行	불괴회향 不壞廻向	이구지 離垢地	아 芽	지계 持戒
3	정진심 精進心	수행주 修行住	무에한행 無恚恨行	등일체불회향 等一切佛廻向	발광지 發光地	포 苞	인욕 忍辱
4	혜심 慧心	생귀주 生貴住	무진행 無盡行	지일체처회향 至一切處廻向	염혜지 焰慧地	엽 葉	정진 精進
5	정심 定心	방편구족주 方便具足住	이치란행 離癡亂行	무진공덕회향 無盡功德廻向	난승지 難勝地	화 花	선정 禪定
6	불퇴심 不退心	정심주 正心住	선현행 善現行	입일체평등회향 入一切平等廻向	현전지 現前地	과 果	지혜 智慧
7	호법심 護法心	불퇴주 不退住	무착행 無著行	수순중생회향 隨順衆生廻向	원행지 遠行地	수용종자 受用種子	방편 方便
8	회향심 廻向心	동진주 童眞住	존중행 尊重行	진여상회향 眞如相廻向	부동지 不動地	과중지과 果中之果	원 願
9	계심 戒心	법왕자주 法王子住	선법행 善法行	무박무착회향 無縛無著廻向	선혜지 善慧地	최승심 最勝心	력 力
10	원심 願心	관정주 灌頂住	진실행 眞實行	법계무량회향 法界無量廻向	법운지 法雲地	결정심 決定心	지 智
불지 佛地					등각 等覺		
					묘각 妙覺		

- 《영락경》상권⟨2. 현성명자품賢聖名字品⟩에 의함. 기타 경전에는 1) 신심信心, 2) 염심念心, 3) 정진심精進心, 4) **정심定心**, 5) **혜심慧心**, 6) **계심戒心**, 7) **회향심廻向心**, 8) **호법심護法心**, 9) **사심捨心**, 10) 원심願心의 순서임.

- 법계무량회향 후에 4선근善根을 거쳐 보살초환희지로 나아가는 것으로 하는 경우는 56위가 됨.

<표88> 해행발심解行發心

해(법공) 解法空		행(=바라밀행) 行	
이지법성 以知法性	1. 체무간탐 體無慳貪	수순수행 隨順修行	단바라밀 檀波羅密
	2. 무염, 이5욕과 無染 離五欲過		시바라밀 尸波羅密
	3. 무고, 이진뇌 無苦 離瞋惱		찬제바라밀 羼提波羅密
	4. 무신심상, 이해태 無身心相 離懈怠		비리야바라밀 毗黎耶波羅密
	5. 상정, 체무란 常定 體無亂		선바라밀 禪波羅密
	6. 체명, 이무명 體明 離無明		반야바라밀 般若波羅密

❖ 발심發心의 종류種類

▶ 신성취발심信成就發心; **신**심心**성취발**결정決定**심**

▶ 해행발심解行發心; **해**(법공法空)**행**(6도六度)**발**회향回向**심**

▶ 증발심證發心; 법신法身**증**득得**발**진眞**심**

『대승기신론大乘起信論』

第一節 加行¹의 四善根²
제 1 절 가 행   사 선 근

제1절 가행의 사선근

煖이란 色陰³의
난   색음

區宇⁴를 打開⁵하는
구 우   타 개

前相이오
전 상

頂이란 欲界頂天⁶인
정   욕 계 정 천

난법煖法이란 오온 중 색온(색음色陰)의

구역(구우區宇)을 헤쳐 여는(타개打開)

전 모습(전상前相)이요

정법頂法이란 욕계정천欲界頂天인

---

1 가행加行; Skt. prayoga. 1. 문자 그대로의 뜻은 '행 즉 실천을 더하다'로, 예를 들어 4성제 또는 12연기 등의 이치를 실천하는 것 또는 공용행功用行(3업, 3행)을 더하는 것을 말한다. 즉, 가행加行은 실천實踐을 뜻한다. 2. 실천의 수단 즉 수행법이라는 뜻에서 방편方便이라고도 한다. 공용功用을 더 행한다는 뜻. 목적을 이루려는 수단으로서 더욱 힘을 써서 수행하는 일. 3. 무착의《대승아비달마집론》, 안혜의《대승아비달마잡집론》, 호법 등의《성유식론》등에 나오는, 정진精進 또는 근근勤勤의 5단계의 차별인 피갑被甲·가행加行·무하無下·무퇴無退·무족無足의 5정진五精進 가운데 하나이다.

2 사선근四善根; Skt. catuṣ-kuśala-mūla, catvāri kuśala-mūlāni. four wholesome roots. 1. 구사론에서, 성자의 경지인 견도見道에 이르기 위해 닦는 네 가지 수행 단계. 1) 난위煖位. 견도를 불에 비유하여, 따뜻하므로 그 경지에 가까운 단계라는 뜻. 범부의 지혜로써 사제四諦를 분석적으로 관찰하는 단계. 2) 정위頂位. 범부의 지혜로써 사제를 분석적으로 관찰하는 최상의 단계. 3) 인위忍位. 범부의 지혜로써 사제의 이치를 확실하게 이해하고 인정하는 단계. 4) 세제일법위世第一法位. 가장 뛰어난 범부의 지혜에 이른 단계로, 이 다음 단계가 성자의 경지인 견도見道임. 2. 유식설에서, 오위五位 가운데 제2 가행위加行位에서 닦는 네 가지 수행 단계. 1) 난위煖位. 객관 대상은 허구라고 주시하는 단계. 2) 정위頂位. 객관 대상은 허구라고 가장 뛰어나게 주시하는 단계. 3) 인위忍位. 객관 대상은 허구라고 확실하게 인정하고, 나아가 인식 주관도 허구라고 주시하는 단계. 4) 세제일법위世第一法位. 객관 대상뿐만 아니라 인식 주관도 허구라고 확실하게 인정하는 단계.

3 색음色陰; 색온色蘊의 구역舊譯. ▶색온色蘊; Skt. rūpa-skandha. Pāli rūpa-khandha. 오온五蘊의 하나. 색色은 스스로 생멸 변화하고, 또 다른 것을 장애한다. 온蘊은 모여서 뭉친 것으로 화합하여 한덩이 된 것. 어느 면으로 보아도 한 무더기라고 볼 수 있는 것. 5근根과 5감관感官이 대상이 되는 색色·성聲·향香·미味·촉觸의 5경境과 무표색無表色의 11을 말함. 분별과 관념으로 대상에 채색하는 의식작용. 인식 주관의 망념으로 조작한 대상의 차별상. 가치나 감정을 부여하여 차별한 대상의 특색.

4 구우區宇; 1. 경역境域(경계境界가 되는 구역區域, 경계境界 안의 땅), 천하天下. 2. 전우殿宇(전당殿堂).

5 타개打開; 얽히고 막힌 일을 잘 처리處理하여 나아갈 길을 엶.

6 욕계정천欲界頂天; 6욕천 중 최상에 있는 타화자재천他化自在天.

緣慮⁷의 質多⁸心相을
연려   질다 심상

생각하는 마음[연려緣慮의 질다심상質多心相
(Citta), 연려심緣慮心=러지심려지심慮知心, thinking,
reflecting mind]을

披雲見月格⁹으로
피 운 견 월 격

구름을 헤치듯(피운견월격披雲見月格)

直見하는 法相¹⁰이오
직 견   법 상

바로 보는 법상法相이요

忍이란 此 位에서 欲界의
인   차 위   욕 계

인법忍法이란 이 위위에서 욕계欲界의

假相¹¹은 虛空과 如함을 了達¹²하야
가 상   허 공   여   요 달

가상假相은 허공과 같음을 통달하여

此를 信忍¹³함이오
차   신 인

이를 믿는 것(신인信忍)이요

世第一¹⁴이란 欲界世間의
세 제 일   욕 계 세 간

세제일世第一이란 욕계세간欲界世間의

---

7   연려심緣慮心; (외계의 사물을 보고) 대상을 생각하는 마음으로, 팔식八識에 두루 해당됨.
8   질다質多; Skt. citta. 질다야質多耶·질제質帝·지다指多. 심心이라 번역. 사물을 분별하고 생각하는 마음.
     ▶심의식心意識; Skt. citta · Skt. manas · Skt. vijñāna. 1. 초기 불교에서는 심心과 의意와 식識은 동의어로서 인식 주관 또는 인식 작용을 뜻함. 2. 유식설에서는 심心은 아뢰야식阿賴耶識, 집기集起의 뜻. 의意는 말나식末那識, 사량思量의 뜻. 식識은 육식六識을 뜻함, 요별了別의 뜻. 1) 심心. 온갖 심리 작용을 집합하여 인기引起하므로 집기의 뜻이 있음. 2) 의意. 여러 가지 대경을 헤아리고 생각하므로 사량의 뜻이 있음. 3) 식識. 비야남毘若南. 대경을 요별了別하는 뜻이 있으므로 식이라 함.
9   피운견월격披雲見月格; 구름을 헤치고 달을 보는 격.
10   법상法相; 1. Skt. dharma-lakṣaṇa. 현상의 특질. 사물의 고유한 특징이나 성질. 2. Skt. dharmatā. 모든 현상의 있는 그대로의 참모습이나 상태. 모든 법의 모양. 만유의 자태姿態. 3. Skt. dharma-saṃjñā. 진리라는 관념. 법문法門의 분제分齊. 법문상의 의리를 말할 적에 피차·전후의 구별을 세워 분명히 알게 하는 것. 4. 가르침의 진정한 뜻. 5. 법상종의 약칭.
11   가상假相; A temporary appearance of things which have come into existence through dependent arising. 겉으로 나타나 있는 헛되고 거짓된 모습.
12   요달了達; 해료통달解了通達하는 뜻. 사리를 요해 了解하여 정통精通함.
13   신인信忍; 1. 5인의 하나. 무루의 진지眞智가 일어나는 동시에 3보寶를 믿는 마음이 일어남. 깨달은 진리를 믿고 의심하지 않는 보살의 수행 단계. 2. 3인忍의 하나. 아미타불을 염念하여 구원함을 믿어 의심치 않음.
14   세제일법위世第一法位; Skt. laukikā agra-dharmāḥ. 사선근위四善根位의 하나. 1. 소승의 말. 세世는 세간, 곧 유루법을 말함. 이 지위에서 일어나는 선근은 유루법 중에 가장 수승한 것이므로 이렇게 이름. 이 지위에서는 일찰나심一刹那心으로써 욕계 고제苦諦 하의 한 행상行相만을 관할 뿐으로 바로 견도위見道位에 들어간다. 가장 뛰어난 범부의 지혜에 이른 단계. 이 다음 단계가 성자의 경지인 견도見道임. 2. 대승의 말.

頂法에 安住하고 動搖가 無하야
정법 안주 동요 무

世間에 第一法일새이니
세간 제일법

俱舍宗[15]에선 四諦觀[16]으로써
구사종 사제관

十六行相[17]을 觀察하고
십육행상 관찰

정법頂法에 안주安住하고 동요動搖가 없어

세간世間에 제일법第一法이기 때문이니

구사종俱舍宗에선 사성제관(사제관四諦觀)으로써

십육행상十六行相(고제 – 제법은 생멸하니

무상無常, 고苦, 공空, 무아無我임을 관觀함.

보살 수행의 계위階位인 52위位 중, 10회향의 만심滿心에서 무간정無間定에 의하여 상품上品의 4여실지如實智를 내어, 취착取着할 바 경계의 4법法은 오직 자심自心의 변현한 것으로서 가유실무假有實無하다고 아는 동시에, 취착하는 식상識上의 4법도 내식內識을 여의고는 실유한 것 아니라고 요지了知하는 지위. 바로 10지地의 초지인 환희지에 나아가 견도見道에 들어감. 객관 대상뿐만 아니라 인식 주관도 허구라고 확실하게 인정하는 단계.

15   구사종俱舍宗; 세친世親이 지은『아비달마구사론阿毘達磨俱舍論』을 경전으로 하는 불교의 종파. 소승교에 딸린 설일체유부설一切有部宗의 일파. 소승불교의 대표적 부파部派인 설일체유부說一切有部의 논서는『발지론發智論』(BC 200경)→『육족론六足論』→『비바사론毘婆沙論』(2세기경)→『아비담심론阿毘曇心論』(391년에 한역漢譯)→『구사론』의 순서로 성립되었다. 이 중『아비담심론』의 체계를 계승한『잡雜 아비담심론』이 426년에 한역되면서 중국에서는 비담종이 형성되었다. 그러나 구사론이 진제眞諦에 의해 한역(563~567)되면서 구사종으로 대체되었다. 특히 현장玄奘에 의해 다시 번역(651~654)된 후에는 구사론 연구가 극히 왕성해졌다. 진제나 현장 같은 번역과 교리의 대가가 이 논서를 역론하였기 때문에 대승측이면서도 소승 논서를 연구하는 풍조가 일었는데, 중국의 구사종은 이러한 성격을 잘 드러내고 있다. 즉, 구사종은 천태종·화엄종 등과 같이 한 종파를 형성하는 독특한 종지宗旨를 갖고 있는 것이 아니라, 구사학파라고 할 정도의 미미한 것이었다. 많은 연구가를 배출하였으나 공식적으로는 793년 유식사상唯識思想을 기초로 한 법상종法相宗에 흡수되었다.

16   사제관四諦觀; 1. 사제四諦를 시전示轉, 권전勸轉, 증전證轉의 3전12상三轉十二相으로 관관함. 2. 사제四諦를 십육행상十六行相으로 관관함. 3. 칠처선七處善 중의 사제관四諦觀 ▶ 칠처선七處善; 칠선七善. 선善은 선교善巧, 숙련熟練의 뜻. 오온五蘊의 진성眞性을 관찰하여 사제四諦를 깨닫는 7가지 방법. 아함경阿含經과 일체유부설一切有部說에 보임. 1)관색위고觀色爲苦; 색色이 고苦라고 관찰. 2)관색위집觀色爲集, 색色의 원인을 관찰. 3)관색위멸觀色爲滅, 색色의 소멸을 관찰. 4)관색위도觀色爲道, 색色의 소멸에 이르는 길을 관찰. 5)관색위애미觀色爲愛味, 색色의 원인은 집착이라고 관찰함. 6)관색위과환觀色爲過患, 색色이 고苦인 것을 구체적으로 과환過患이라고 관찰함. 7)관색위출리觀色爲出離, 색色의 멸제滅諦를 다시 관찰함. 수상행식受想行識에도 7가지 방법을 적용하면 모두 35가지가 된다. 오온에 대해 7가지 방법으로 관찰하므로 칠처선七處善이라 한다. 비바사론毘婆沙論 183, 구사광기俱舍光記 23에 나온다.

17   십육행상十六行相; 사제四諦를 주시하는 열여섯 가지 방법. 고제苦諦에서는, 모든 현상은 변화하며, 괴로움이며, 일시적인 화합에 지나지 않으며, 실체가 없다고 주시함. 집제集諦에서는, 애욕은 괴로움의 원인이며, 괴로움을 일으키며, 괴로움을 생기게 하며, 괴로움의 조건이라고 주시함. 멸제滅諦는 속박이 소멸되고, 번뇌가 가라앉고, 오묘하고, 재난을 떠난 경지라고 주시함. 도제道諦는 괴로움의 소멸에 이르고, 이치에 맞고, 열반으로 나아가고, 미혹한 생존을 떠나는 길이라고 주시함.

집제 – 혹업惑業은 고과苦果를 낳는 인因, 고과苦果를 나타나도록 하는 집集, 고과를 상속시키는 생生, 고과를 성립시키는 연緣임을 관관觀함.

멸제 – 멸제滅諦는 육체적 계박繫縛이 다한 멸滅, 번뇌가 요란하지 않은 정靜, 일체의 과환過患이 없는 묘妙, 모든 액난에서 벗어난 이離임을 관관觀함.

도제 – 도제道諦는 멸로 들어가는 도道, 정리正理에 들어맞는 여如, 열반으로 향하게 하는 행行, 생사를 초월케 하는 출出임을 관관觀함.)을 관찰觀察하고

成實宗[18]에선 無常觀[19]으로써 성실종　　　무상관	성실종成實宗에선 무상관無常觀으로써
五蘊을 觀察하야 오온　관찰	색수상행식(오온五蘊)을 관찰觀察하여
相似의 涅槃智[20]가 生함을 상사　열반지　생	상사相似의 열반지涅槃智가 드러남을
四品에 分하야 사품　분	사품四品에 나누어
下를 煖法, 中을 頂法, 하　난법 중　정법	하下를 난법煖法, 중中을 정법頂法,

18 성실종成實宗; 3~4세기경 인도의 하리발마訶梨跋摩(Harivarman)가 짓고, 요진姚秦의 구마라집鳩摩羅什이 번역한 성실론成實論을 연구한 학파. 성실론은 처음에는 소승과 대승을 총괄한 개론서로 수용되어 구마라집 문하에서 그에 대한 연구가 시작되어 남북조 시대 동안 성행했으나 수隋의 지의智顗와 길장吉藏 등이 성실론을 소승으로 평가함으로써 그 연구가 쇠퇴함.

19 무상관無常觀; Skt. anityatânupaśyanā. 관觀을 닦아 익히는 이는 마땅히 모든 세간의 유위有爲의 법이 오래 머무름이 없어 잠깐 동안에 변하여 없어지며, 모든 마음의 작용이 생각생각마다 생멸하기 때문에 이것이 고 苦인 줄 알아야 하며, 과거에 생각한 모든 법이 어슴푸레하여 꿈과 같은 줄 알아야 하며, 현재 생각하는 모든 법이 번개와 같음을 알아야 하며, 미래에 생각할 모든 법이 마치 구름과 같아서 갑자기 일어나는 것임을 알아야 하며, 세간의 모든 몸뚱이가 모두 다 깨끗하지 못하고 갖가지로 더러워서 하나도 즐거워할 만한 것이 없음을 알아야 할 것이다.

20 열반지涅槃智; wisdom that comes from attaining nirvāṇa. 성소작지成所作智. 팔상을 나타내어 불사를 지음에 최후의 상을 든 것으로서 전오식前五識을 없애어 지혜를 얻는다.

上을 忍法, 上上을	상上을 인법忍法, 상상上上을
世第一法이라 名하고	세제일법世第一法이라 이름하고
法相²¹大乘은 初의 明得定을	법상대승法相大乘은 처음의 명득정明得定을
煖法, 明增定을 頂法,	난법煖法, 명증정明增定을 정법頂法, 인순정
印順定을 忍法, 無間定을	印順定을 인법忍法, 무간정無間定을
世第一法이라 칭하며	세제일법世第一法이라 부르며
또 聲聞·獨覺·佛 三乘에	또 성문聲聞·독각獨覺·불佛 3승三乘에
三品의 四善根²²이 有하니	3품三品의 4선근四善根이 있으니
聲聞과 部行獨覺²³은	성문聲聞과 부행독각部行獨覺은
煖·頂 二善根 已生의 位에서	난煖·정頂 2선근二善根의 位위에서

21　법상종法相宗; 중국 당나라 승려 자은대사(613-682) 규기窺基가 종조이다. 유식사상唯識思想과 미륵신앙彌勒信仰을 기반으로 하여 성립되었다. 법상종의 교의教義가 되는 유식사상은 중관파中觀派와 함께 인도 대승불교의 2대 학파를 이루는 유가행파瑜伽行派의 교학教學으로 중국에서는 현장玄奘이 소개하고 그의 제자 규기窺基가 하나의 종파로 성립시켰다. 이 종파는 인식의 대상이 되는 일체법의 사상事相에 대한 고찰과 분류 해명을 연구의 중심으로 삼는다고 하여 법상종이라 하였는데, 규기가 자은사慈恩寺를 중심으로 활동했기 때문에 자은종慈恩宗이라고도 한다.

22　삼품사선근三品四善根; 성문聲聞 연각緣覺 불佛 삼승三乘의 사선근四善根을 말한다. 이 가운데 성문聲聞과 부행독각部行獨覺의 2자二者는 난煖과 정頂 2선근二善根이 이미 생긴 자리로 무상정각無上正覺을 얻은 것이다. 그것이 만약 인忍을 얻으면 성불成佛하는 이리가 없다. 왜냐하면 그는 이미 악취惡趣를 초탈超脫하였으므로 능히 이물화생利物化生하여 악취惡趣에 가지 못한다. 난煖·정頂·인忍의 세 가지는 전전轉하여 독각獨覺이 되며, 그는 이생리생利生의 화용化用이 필요하지 않기 때문이다. 다음은 인각독각麟角獨覺과 불佛은 난煖등 사선근四善根에 이전移轉하는 이리가 없다. 대개 그것은 난煖등 사선근四善根으로부터 내지 乃至 보리菩提를 성취하므로써 일좌一座를 이루기 때문이다. 『구사론俱舍論』23에 이르기를, "성문聲聞의 종성種性을 전전轉하여 두 번 하면 성불成佛하고, 세 번 이상은 인각불麟角佛이 되고, 무전無轉은 일좌성각一坐成覺이 되기 때문이다."라고 하였다.

23　부행독각部行獨覺; pratyekabuddhas who practice with companions. 2종의 독각의 하나. 부처님 없는 세상에 태어나 부처님 가르침을 받지 않고 깨닫는 독각獨覺에는 인각유독각麟角喩獨覺과 부행독각部行獨覺의 2종이 있다. 인각유독각은 동무가 없고, 부행독각은 몇 사람이 한곳에 모여 수행하여 증득하는 이..

正覺位에 轉入하나니 / 정각위正覺位에 전입轉入하나니

彼는 萬一 成佛前에 忍을 得하면 / 저는 만일 성불전成佛前에 인忍을 얻으면

不可할새 / 가하지 않기 때문이니

此는 惡趣[24]를 已脫하야 / 이는 3악도(악취惡趣)를 이미 벗어나

利物化生[25][26]이 / 이타화생(이물화생利物化生)이

不能함으로써라 / 불가능함으로써라

然則 煖·頂·忍의 三法은 / 그러한 즉 난煖·정頂·인忍의 3법三法은

利生[27]의 化用[28]을 不要하는 / 이타(이생利生)의 작용을 요하지 않는

獨覺을 轉成하며 / 독각獨覺을 전성轉成하며

麟角獨覺[29]과 / 인각독각麟角獨覺(부처님의 가르침 없이 혼자 공부함)과

佛은 煖 等의 善根에서 / 불佛은 난법煖法 등의 선근善根에서

成菩提에 至하기까지 / 보리菩提(깨달음)에 이르기까지

---

24 악취惡趣; Skt. durgati, apâya, apâya-gati. 아파가야저阿波伽耶底. 악한 짓이 원인이 되어 태어난다고 하는 고통을 받는 악한 곳. 곧 삼악취三惡趣이니, 지옥地獄·아귀餓鬼·축생畜生.

25 화생化生; 1. 사생四生의 하나. 다른 물건에 기생하지 않고 스스로 업력에 의하여 갑자기 화성化成하는 생물을 이른다. 자체가 없으며, 의탁한 데 없이 홀연히 생겨남. 천상·지옥에 나거나 겁초劫初에 나는 사람들. 2. 극락왕생하는 방식의 하나. 부처의 지혜를 믿는 사람이 9품의 행업行業에 따라 아미타불의 정토에 있는 칠보 연화七寶蓮華 속에 나서 지혜와 광명과 몸이 모두 보살과 같이 되는 왕생이다. 3. 생물의 몸이나 그 조직의 일부가 형태와 기능이 현저하게 변화하는 일.

26 이물화생利物化生; 중생의 이익을 위해 의탁없이 태어남.

27 이생利生; 이익중생利益衆生의 준말. 불·보살이 중생을 제도함.

28 화용化用; 변화의 작용.

29 인각독각麟角獨覺; 인각유독각麟角喩獨覺. 처음부터 무소의 뿔처럼 홀로 수행하여 아라한과阿羅漢果에 이른 자. 이에 반해, 부처의 가르침을 듣고 많은 무리들과 함께 수행하여 불환과不還果에 이른 후, 그 다음부터는 그 가르침에 의하지 않고 독자적으로 수행하여 아라한과에 이른 자는 부행독각部行獨覺이라 함.

一座를 不離할새
일좌 불리
四善根에 轉退할
사선근 전퇴
理가 無하니라
리 무

한자리(일좌一座)를 떠나지 않으니
사선근四善根에 후퇴(전퇴轉退)할
이치가 없느니라

〈표89〉 사선근위 四善根位

사선근위 四善根位	구사종, 성실종*에서	법상대승(유식종)에서	금타대화상
	성자의 경지인 건도에 이르기 위해 見道 닦는 네 가지 수행 단계	오위 가운데 제2 가행위에서 닦는 五位　　　　　加行位 네 가지 수행 단계	
1) 난위 煖位	견도를 불에 비유하여, 따뜻하므로 그 경지에 가까운 단계라는 뜻. 범부의 지혜로써 사제를 분석적으로 四諦 관찰하는 단계	**명득정**을 닦고, **객관 대상**은 허구라고 明得定 **주시**하는 단계	색음의 구우를 타개하는 色陰　區宇　打開 전상 前相
2) 정위 頂位	범부의 지혜로써 사제를 분석적으로 관찰하는 최상의 단계	**명증정**을 닦고, **객관 대상**은 허구라고 明增定 가장 뛰어나게 **주시**하는 단계	질다(citta) 심상을 質多　　　　心相 직견하는 법상 直見　　法相
3) 인위 忍位	범부의 지혜로써 사제의 이치를 확실하게 이해하고 인정하는 단계	**인순정**을 닦고, **객관 대상**은 허구라고 印順定 확실하게 **인정**하고, 나아가 **인식 주관** 도 허구라고 **주시**하는 단계	욕계의 가상이 허공같음을 　　　　假相 신인 信忍
4) 세제일법위 世第一法位	가장 뛰어난 범부의 지혜에 이른 단계로, 이 다음 단계가 성자의 경지인 견도임 見道	**무간정**을 닦고, **객관 대상**뿐만 아니라 無間定 **인식 주관**도 허구라고 확실하게 **인정**하는 단계	세간정법에 안주하여 世間頂法 동요가 없음

- 구사종에선 4제관으로 16행상을 관찰, 성실종에선 무상관으로 5온을 관찰.

  명득정明得定과 명증정明增定 = 중복인(성성인)

  인순정印順定과 무간정無間定 = 상복인(도종道種인)

第二節 十信
제 2 절 십신

제2절 십신

佛의 教法에 入코자 하는 者는

먼저 十信¹으로써 하는 바

證前엔 迷信²이오 證後엔

正信³이라 信位에서

벌써 凡聖⁴이 區別되니

注意할지어다

一에 信心이란 一切의 妄想을

부처님의 가르침에 들고자 하는 자는

먼저 십신十信으로써 하는 바

증전證前엔 미신迷信이오 증후證後엔

정신正信이라 신위信位에서

벌써 범부와 성인(범성凡聖)이 구별되니

주의注意할지어다

첫째 신심信心이란 일체의 망상을

---

1 십신十信; 십신심十信心・십심十心・지위십신地位十信이라고도 함. 보살이 수행하는 계위階位 52위 중, 처음 닦아야 할 10위位. 부처님의 교법을 믿어 의심이 없는 지위. 1) 신심信心. 부처의 가르침을 믿음. 2) 염심念心. 부처의 가르침을 명심하여 잊지 않음. 3) 정진심精進心. 힘써 정진함. 4) 정심定心. 마음을 한곳에 모아 흐트러지지 않게 함. 5) 혜심慧心. 모든 현상의 본성을 꿰뚫어 앎. 6) 계심戒心. 계율을 지켜 청정함. 7) 회향심廻向心. 자신이 쌓은 공덕을 깨달음으로 향하게 함. 8) 호법심護法心. 마음을 다스려 번뇌가 일어나지 않게 함. 9) 사심捨心. 재물을 아끼지 않고 베풀어 줌. 10) 원심願心. 원하는 것을 이루기 위해 수행함. 또는 사교의 四教儀에서는 1)신심信心・2)염심念心・3)정진심精進心・4)혜심慧心・5)정심定心・6)불퇴심不退心・7)호법심護法心・8)회향심廻向心・9)계심戒心・10)원심願心의 십신十信. ▶지위십신地位十信; 유식종에서 자은慈恩이 보살 계위階位에 41위를 세운데 대하여, 서명사 원측圓測은 처음의 10신信과 등각等覺을 52위로 늘여서 배열. 이 지위 10신은 10주住의 앞에 위치함.

2 미신迷信; 1. 일반적인 건전한 상식으로 판단하여 합리적・과학적인 인과관계를 인정할 수 없는 생활 지식이나 기술 중에서 사회생활에 유해有害하다고 생각되는 일을 믿거나 행동하는 것. 인문과학에서는 일반적으로 속신俗信이라는 말을 사용한다. 속신의 태반은 예로부터 전해 오는 전대前代의 지식・감각, 낡은 관념이나 논리, 원시적 신앙의 잔재 등에 불과한데, 이것을 새로운 지식이나 관념・논리에 의하여 비판하면 미신이 된다. 2. 비과학적이고 종교적으로 망령되다고 판단되는 신앙. 또는 그런 신앙을 가지는 것. 점복, 굿, 금기 따위가 있다. 3. 과학적・합리적 근거가 없는 것을 맹목적으로 믿음. 또는 그런 일.

3 정신正信; 올바른 믿음. 정법을 믿는 마음.

4 범성凡聖; 범인凡人과 성인聖人.

滅盡⁵하고 中道⁶純眞⁷함을
멸진   중도 순진

云함이오
운

二에 念心이란 眞信이 明了하야
이   념심   진신   명료

一切 圓通할새
일체 원통

幾多의 生死를 經하드라도
기 다   생사   경

現生의 一念⁸을 遺忘⁹하지 않음이오
현생   일념   유망

三에 精進心이란
삼   정진심

妙圓¹⁰純眞의
묘원   순진

精明¹¹으로써
정명

眞淨에 進趣함이오
진정   진취

모두 소멸하고 순수하고 참된 중도의 마음
(중도순진中道純眞)을 일컬음이오

둘째 염심念心이란 참믿음이 명료明了하여

일체에 원만하게 통하므로

수많은 생사를 지나더라도

현생現生의 일념一念을 잊지 않음이오

셋째 정진심精進心이란

묘하고 원만하고 순수하고 참된(묘원순진
妙圓純眞) 깨끗한 밝음으로써

참으로 깨끗함에 나아감이오

---

5 멸진滅盡; 1. 모든 번뇌가 소멸됨. 2. 여러 인연이 모여 생겼다가 그 인연이 흩어져 소멸함. ▶멸진정滅盡定; 대승에서는 24불상응법不相應法의 하나. 소승에서는 14불상응법의 하나. 또는 2무심정無心定의 하나. 성자 聖者가 모든 심상心想을 다 없애고 적정寂靜하기를 바래서 닦는 선정. 소승에서 불환과不還果와 아라한과의 성자가 닦는 것은 유루정有漏定으로, 6식과 인집人執을 일으키는 말나末那만을 없애는 것. 대승의 보살이 이를 닦는 것은 무루정無漏定으로, 법집法執을 일으키는 말나까지 없앤다.

6 중도中道; Skt. madhyamā-pratipad. 정립定立·반정립反定立의 두 극단을 종합한 뜻. 두 극단의 치우친 삿된 것을 여읜 중정中正한 도라는 말. 이 말은 대소승에 두루 쓰이며 그 뜻도 얕고 깊은 것이 각기 다르나, 그 핵심의 요긴한 뜻을 나타내는 의미를 지닌 것으로 일치함. 1. 쾌락과 고행의 두 극단을 떠난 바른 수행, 곧 팔정도 八正道를 말함. 2. 십이연기十二緣起를 바르게 주시하는 수행. 3. 여러 인연의 일시적인 화합으로 일어나므로 불변하는 실체가 없고 이름뿐인 현상을 뜻함. 4. 서로 대립·의존하고 있는 개념을 부정함으로써 드러나는 진리를 나타내는 말. 5. 마음 작용이 소멸된 상태. 집착과 분별이 끊어진 마음 상태. 유有와 무無의 극단을 떠나 현상을 있는 그대로 직관하는 마음 상태.

7 순진純眞; 1. 마음이 꾸밈이 없고 순박함. 2. 세상 물정에 어두워 어수룩함.
8 일념一念; 1. Skt. eka-kṣaṇika. 지극히 짧은 시간. 찰나. 순간. 2. Skt. eka-citta-kṣaṇa, 찰나에 일어나는 마음 작용. 순간의 마음. 3. Skt. eka-citta. 한 생각. 4. 한곳에 집중하여 산란하지 않는 마음. 통일된 마음. 한결같은 마음. 오로지 한 가지에 몰두하는 마음.
9 유망遺忘; 잊어버림. 어떤 일 따위를 잊어버리는 것.
10 묘원妙圓; 미묘微妙하고 원만圓滿함.
11 精明정명; 아주 깨끗하고 밝음.

四에 慧心이란 心의 精이
現前할새 純眞의 智慧가
自然 發起함이오
五에 定心이란 智明을
執持할새 周遍이
湛寂¹²하야 心을
一境에 常凝¹³함이오
六에 不退心이란 定光¹⁴이
發明할새 明性에 深入하야
오직 有進無退함이오
七에 護法心이란 心이 進하야
安然¹⁵할새 一切 佛法을
保持하고 十方如來와
氣分交涉함이오
八에 廻向心이란
覺明¹⁶을 保持할새
能히 妙力으로써

넷째 혜심慧心이란 마음의 정수가
앞에 나타나니 순진純眞의 지혜智慧가
저절로 일어남이요
다섯째 정심定心이란 밝은 지혜를
계속 이어가니 주변이
차분하고 고요하여(담적湛寂) 마음을
한 곳(일경一境)에 항상 집중(상응常凝)함이요
여섯째 불퇴심不退心이란 정광定光이
밝은 빛을 발하니 밝은 성품에 깊이 들어
오직 후퇴 없이 나아감이요
일곱째 호법심護法心이란 마음이 나아가
편안하고 자연스러우니 일체 불법佛法을
보호하여 지니고 시방여래十方如來와
기운을 나누어 교섭함이요
여덟째 회향심廻向心이란
밝은 깨달음(각명覺明)을 보호하고 지니니
능히 묘력妙力으로써

---

12 담적湛寂; 맑고 고요함.
13 상응常凝; 항상 집중함.
14 정광定光; 1. 적정寂定한 빛. 2. 제화갈라提和竭羅 음역. 정광불錠光佛·연등불燃燈佛이라 번역. 과거 구원久遠한 옛적에 출현하여 석존에게 미래에 반드시 성불하리라는 수기授記를 준 부처님.
15 안연安然; 1. 안심하다. 염려가 없다. 2. 평안하다. 안전하다. 무사하다.
16 각명覺明; 깨어 있음.

佛光[17] 廻照를 感하고
불광　회조　감

佛에 向하야 安住함이오
불　향　　안주

九에 戒心이란 心光이
구　계심　　심광

密廻할새 無爲에 安住하야
밀회　　무위　안주

遺失이 無함이오
유실　무

十에 願心이란 戒에 住하야
십　원심　　계　주

自在할새 十方에 遊하되
자재　　시방　유

悉皆 願에 隨함이니라
실개　원　수

불광佛光의 되비침을 느끼고

부처님을 향해 안주安住함이요

아홉째 계심戒心이란 마음빛(심광心光)이

은밀히 되비쳐 무위無爲에 안주安住하여

잃어버림이 없음이요

열째 원심願心이란 계戒에 머물러

자재自在하니 시방十方에 노닐되

모두 원願에 따름이니라

17　　불광佛光; 1. 중생을 깨우치는 부처님의 광명. 2. 원광. 배광. 광배. 3. 광환光環. 글로리(glory). (안개 낀 날 씨에 햇빛에 반사되어 생기는 고산 꼭대기의 그림자가 안개에 투영되어 나타나는 광환光環 현상.)

⟨표90⟩ 십신十信

동의어	십신심 · 십심 · 지위십신*		
	十信心　十心　地位十信			
	보살이 수행하는 계위階位 52위 중, 처음 닦아야 할 10위位			
	부처님의 교법을 믿어 의심이 없는 지위			
	영락경 하권,* 기타 경론		영락경 상권,* 사교의 四教儀
명칭	내용		명칭
1) 신심 信心	부처의 가르침을 믿음.		1) 신심 信心
2) 염심 念心	부처의 가르침을 명심하여 잊지 않음.		2) 염심 念心
3) 정진심 精進心	힘써 정진함.		3) 정진심 精進心
4) 정심 定心	마음을 한곳에 모아 흐트러지지 않게 함.		4) 혜심 慧心
5) 혜심 慧心	모든 현상의 본성을 꿰뚫어 앎.		5) 정심 定心
6) 계심 戒心	계율을 지켜 청정함.		6) 불퇴심 不退心
7) 회향심 廻向心	자신이 쌓은 공덕을 깨달음으로 향하게 함.		7) 호법심 護法心
8) 호법심 護法心	마음을 다스려 번뇌가 일어나지 않게 함.		8) 회향심 廻向心
9) 사심 捨心	재물을 아끼지 않고 베풀어 줌.		9) 계심 戒心
10) 원심 願心	원하는 것을 이루기 위해 수행함.		10) 원심 願心

- 지위십신地位十信; 유식종에서 자은慈恩이 보살 계위階位에 41위를 세운데 대하여, 서명사 원측圓測은 처음의 10신信과 등각等覺을 52위로 늘여서 배열. 이 지위 10신은 10주住의 앞에 위치함.
- 《영락경》하권 4. 〈석의품釋義品〉.
- 《영락경》상권 2. 〈현성명자품賢聖名字品〉.

第三節 十住[1]
제 3 절 십주

住란 如法解에 立脚함이니

一에 發心住란 信心의 用을

涉入한 圓成[2] 一心[3]의

位요

제3절 십주

주住란 법다이 이해함에 입각立脚함이니

첫째 발심주發心住란 신심信心의 작용을

포함한 원만성취한 마음(원성일심圓成一心)의

위位요

1　십주十住; 보살이 수행하는 계위階位인 52위 중, 제11위에서 제20위까지 열 가지 수행 단계. 10신위信位를 지나서 마음이 진제眞諦의 이치 곧 진리에 안주하는 단계라는 뜻으로 주住라고 함. 1) 발심주發心住. 공空을 주시하여 청정한 지혜를 일으킴. 10신信의 종가입공관從假入空觀의 관법이 완성되어 진무루지眞無漏智를 내고, 마음이 진제의 이치에 안주하는 지위. 2) 치지주治地住. 공空을 주시하면서 마음의 바탕을 청정하게 다스림. 항상 공관空觀을 닦아 심지心地를 청정하게 다스리는 지위. 3) 수행주修行住. 온갖 선행善行을 닦음. 만선萬善 만행萬行을 닦는 지위. 4) 생귀주生貴住. 부처의 기운이 생겨 성품이 청정해짐. 정히 부처님의 기분氣分을 받아 여래종에 들어가는 지위. 5) 방편구족주方便具足住. 한량없는 방편을 원만하게 닦음. 부처님과 같이 자리이타自利利他의 방편행을 갖추어 상모相貌가 결함缺陷이 없는 지위. 6) 정심주正心住. 용모가 부처님과 같을 뿐만 아니라 마음도 똑같은 지위. 7) 불퇴주不退住. 공空의 이치를 체득하여 거기에서 물러나지 않음. 몸과 마음이 한데 이루어 날마다 더욱 자라나고 물러서지 않는 지위. 8) 동진주童眞住. 깨달음을 구하는 마음을 깨뜨리지 않는 것이 마치 동자의 천진함과 같음. 그릇된 소견이 생기지 않고 보리심을 파하지 않는 것이, 마치 동자의 천진하여 애욕이 없는 것과 같아서 부처님의 10신身 영상靈相이 일시에 갖추어지는 지위. 9) 법왕자주法王子住. 부처의 가르침에 따르므로 지혜가 생겨 미래에 부처가 될 만함. 부처님의 가르침을 따라 지해智解가 생겨, 다음 세상에 부처님 지위를 이을 지위. 10) 관정주灌頂住. 공空을 주시함으로써 생멸을 떠난 지혜를 얻음. 보살이 이미 불자가 되어, 부처님의 사업을 감당할 만하므로, 부처님이 지수智水로써 정수리에 붓는 것이, 마치 인도에서 왕자王子가 자라면 국왕이 손수 바닷물을 정수리에 부어 국왕이 되게 하는 것과 같으므로 이렇게 이름. 또 이것을 탁태托胎의 순서를 모방하여, 처음 발심주에서 제4 생귀주까지를 입성태入聖胎, 제5 구족방편주에서 제8 동진주까지를 장양성태長養聖胎, 제9 법왕자주를 출성태出聖胎라고도 함. 혹은 보살의 10지地를 10주라고 한 데도 있음.

2　원성圓成; 원만하게 성취하는 것.

3　일심一心; Skt. svacitta-mātra; eka-agra; eka-citta. 1. 대립이나 차별을 떠난 평등한 마음. 만유의 실체인 진여眞如.『기신론』에서는 일심을 세워 만유의 본체인 진여의 모양과 만유가 전개하는 상태를 설명하고,『화엄경』에서는 3계界가 별법別法이 아니고, 오직 일심으로 된 것이라 함. 2. 한곳에 집중하여 산란하지 않는 마음. 통일된 마음. 3. 중생이 본래 갖추고 있는 청정한 성품. 4. 우리들 평상시의 마음. 천태종天台宗에서 일심삼관一心三觀의 교리를 말한 것은 우리들 평상시의 심념心念에 대하여 3제諦의 도리를 관하는 것. 5. 아뢰야식阿賴耶識.

二에 治地住란 心이 明淨⁴함이
琉璃 內에 精金⁵을
現함과 如히 前의 妙心⁶으로써
履治⁷하는 境地를 云함이오
三에 修行住란 前의 地를
涉知⁸하야 明了할새 十方에
遊履⁹하되
留碍가 없음이오
四에 生貴住란 佛의 氣分을
受하야 彼此에 冥通¹⁰할새
비로소 如來種¹¹에 入함이오
五에 方便具足住란
自利와 利他의 方便을
具足할새 如來行動함이오

둘째 치지주治地住란 마음이 밝고 깨끗함이
유리琉璃 속에 순금(정금精金)을
나타냄과 같이 앞의 묘심妙心으로써 행하고
다스리는(이치履治) 경지境地를 일컬음이요
셋째 수행주修行住란 앞의 지지를
꿰뚫어 알아(섭지涉知) 명료明了하니 시방十方에
공부하여 어떤 지위에 오르되(유리遊履)
머무는 장애(유애留碍)가 없음이요
넷째 생귀주生貴住란 佛불의 기운을
나누어 받아 서로 간에 은밀히 통하니
비로소 여래의 씨앗(여래종如來種)에 들어감이요
다섯째 방편구족주方便具足住란
스스로도 이롭고 남도 이로운 방편方便을
모두 갖추니 진리와 맞게 행동
(여래행동如來行動)함이요

---

4   명정明淨; 1. 밝고 깨끗함. 2. 진리의 원래 모습으로서, 진리의 본성.
5   정금精金; pure gold. 불순물이 섞이지 않는 순수한 금.
6   묘심妙心; 불가사의 한 마음. 마음의 움직임을 헤아릴 수 없는 것을 묘妙라 칭한 것.
7   이치履治; 행하고 다스림.
8   섭지涉知; 겪어서 알다.
9   유리遊履; 공부하여(유遊) 어떤 지위에 오르는(리履) 것.
10   명통冥通; 모든 현상을 떠나 어디에도 걸림 없이 자유 자재함. 진리를 찬탄하는 말. 명冥은 온갖 모양을 여의고 명적冥寂함을 말하고, 통通은 모든 것에 융통하여 걸림이 없는 것을 말함.
11   여래종如來種; 여래의 씨앗. 유마경에 모든 번뇌가 여래의 씨앗이라 함.

六에 正心住란 行動에	여섯째 정심주正心住란 행동行動에
限할배 않이라 心相[12]도	한할 바가 아니라 마음모습(심상心相)도
佛과 同一함이오	불佛과 동일함이요
七에 不退住란 身心이	일곱째 불퇴주不退住란 몸과 마음이
合一하야 日日 增長함이오	합일合一하여 나날이 증장增長함이요
八에 童眞住란 佛具의	여덟째 동진주童眞住란 부처님이 갖추신
十身[13]을 一時 具足함이오	십신十身을 일시一時 구족具足함이요
九에 法王子住란	아홉째 법왕자주法王子住란
生貴住까지를	넷째 생귀주生貴住까지를
入聖胎라 云하고	성태에 들어간다(입성태入聖胎) 일컫고
童眞住까지를 長養聖胎라 謂하고	동진주童眞住까지를 길이 성태를 기른다
此 住에선	(장양성태長養聖胎) 이르고 이 아홉째 주住에
相形이 具足하야 비로소	선 형상이 두루 갖추어져 비로소
出胎할새요	태 밖으로 나오기(출태出胎) 때문이요

---

12   심상心相; 마음을 쓰는 태도, 마음씨.
13   십신十身; 불·보살의 몸을 그 공덕에 의하여 10종으로 나눈 것. 1. 화엄종에서 행경行境의 10불(또는 불구 십신佛具十身). 구경舊經 26에 보리신菩提身·원신願身·화신化身·주지신住持身(역지신力持身)·상호 장엄신相好莊嚴身·세력신勢力身(위세신威勢身)·여의신如意身(의생신意生身)·복덕신福德身·지신智 身·법신法身. 또는 구경舊經 37에 정각불正覺佛·원불願佛·업보불業報佛·주지불住持佛·화불化佛· 법계불法界佛·심불心佛·삼매불三昧佛·성불性佛·여의불如意佛. 구경舊經 42에 무착불無著佛·원불 願佛·업보불業報佛·지불持佛·열반불涅槃佛·법계불法界佛·심불心佛·삼매불三昧佛·성불性佛· 여의불如意佛. 2. 화엄종에서 해경解境의 10불(또는 융삼세간십신융三世間十身). 중생신衆生身·국토신 國土身·업보신業報身·성문신聲聞身·벽지불신辟支佛身(독각신獨覺身)·보살신菩薩身·여래신如來 身·지신智身·법신法身·허공신虛空身. 3. 평등신·청정신·무진신·선수신·법성신·이심사신·부 사의신·적정신·허공신·묘지신. 보살의 계위인 10지地의 각위各位에서 얻는 법신.

十에 灌頂住란 菩薩이 이미
佛子가 되야 能히 佛事를 行함에
佛이 智水로써 灌頂¹⁴함이니
刹帝利 王子의
受職灌頂¹⁵과 如함이니라

열째 관정주灌頂住란 보살이 이미

불자佛子가 되어 능히 불사佛事를 행함에

부처님께서 지혜수(지수智水)로써 관정灌頂

함이니 크샤트리아(찰제리刹帝利) 왕자의

즉위식관정(수직관정受職灌頂)과 같음이니라

14 관정灌頂; Skt. abhiṣeka. 1. 아비전좌阿鼻詮左라 음사. 물을 정수리에 붓는다는 뜻. 본래 인도에서 임금의 즉위식이나 입태자식을 할 때 바닷물을 정수리에 붓는 의식. 2. 여러 부처님이 대자비의 물로써 보살의 정수리에 붓는 것. 등각等覺 보살이 묘각위妙覺位에 오를 때에 부처님이 그에게 관정하여 불과佛果를 증득케 함. 여기에는 여러 부처님이 정수리를 만져 수기하는 마정관정摩頂灌頂, 말로 수기하는 수기관정授記灌頂, 광명을 놓아 이롭게 하는 방광관정放光灌頂의 3종이 있다. 또 내용에 따른 관정의 종류에는, 불연佛緣을 맺는 결연관정結緣灌頂, 진언眞言의 수행자를 위한 학법관정學法灌頂, 그리고 대일여래大日如來의 심오한 비법을 전하는 전법관정傳法灌頂 등이 일반적이다. 3. (561~632) 천태종 스님. 중국 임해臨海의 장안章安 사람. 성 오吳. 자는 법운法雲. 7세에 장안 섭정사攝靜寺 혜증慧拯에게 출가. 20세에 비구계를 받고, 25세 때 천태天台 지자대사智者大師를 뵙고 모시기를 13년.『법화문구法華文句』·『법화현의法華玄義』등을 듣고, 이를 편찬하여 1백여 권에 달하다. 천태종의 종지宗旨에 대한 지자智者의 논설이 후세에 전하게 된 것은 그의 공적이다. 지자가 죽은 뒤에는 국청사國淸寺·칭심정사稱心精舍 등에서 강설. 가상사嘉祥寺의 길장吉藏도 그의 가르침을 받았다. 632년(당나라 정관 6) 8월 국청사에서 나이 72세로 입적함. 세상에서 일컫기를 장안대사章安大師·장안존자라 함. 오월왕吳越王은 총지존자總持尊者라 시호. 후세에 다시 높이어 동토東土 천태종의 제5조라 함. 저서는『열반현의涅槃玄義』2권·『열반경소』20권·『관심론소』2권·『국청백록國淸百錄』5권 등 10여 부가 있다.

15 수직관정受職灌頂; 인도에서 임금의 즉위식이나 입태자식을 할 때 바닷물을 정수리에 붓는 의식.

<표91> 십주十住

동의어	십심주, 십해. 十心住 十解	
뜻	보살이 수행하는 계위階位인 52위 중, 제11위에서 제20위까지 열 가지 수행 단계. 10신위信位를 지나서 마음이 진제眞諦의 이치 곧 진리에 안주하는 단계라는 뜻으로 주住라고 함.	

명칭	내용	탁태 托胎
1) 발심주 發心住	공空을 주시하여 청정한 지혜를 일으킴. 10신의 종가입공관從假入空觀의 관법이 완성되어 진무루지眞無漏智를 내고, 마음이 진제의 이치에 안주하는 지위.	입성태 入聖胎
2) 치지주 治地住	공空을 주시하면서 마음의 바탕을 청정하게 다스림. 항상 공관空觀을 닦아 심지心地를 청정하게 다스리는 지위.	
3) 수행주 修行住	온갖 선행善行을 닦음. 만선 만행萬善萬行을 닦는 지위.	
4) 생귀주 生貴住	부처의 기운이 생겨 성품이 청정해짐. 정히 부처님의 기분氣分을 받아 여래종에 들어가는 지위.	
5) 방편구족주 方便具足住	한량없는 방편을 원만하게 닦음. 부처님과 같이 자리이타自利利他의 방편행을 갖추어 상모相貌가 결함缺陷이 없는 지위.	장양성태 長養聖胎
6) 정심주 正心住	용모가 부처님과 같을 뿐만 아니라 마음도 똑같은 지위.	
7) 불퇴주 不退住	공空의 이치를 체득하여 거기에서 물러나지 않음. 몸과 마음이 한데 이루어 날마다 더욱 자라나고 물러서지 않는 지위.	
8) 동진주 童眞住	깨달음을 구하는 마음을 깨뜨리지 않는 것이 마치 동자의 천진함과 같음. 그릇된 소견이 생기지 않고 보리심을 파하지 않는 것이, 마치 동자의 천진하여 애욕이 없는 것과 같아서 부처님의 10신 영상身靈相이 일시에 갖추어지는 지위.	

제3편 제13장 오십육위와 사만성불 | 639

9) 법왕자주 法王子住	부처의 가르침에 따르므로 지혜가 생겨 미래에 부처가 될 만함. 부처님의 가르침을 따라 지혜가 생겨, 다음 세상에 부처님 지위를 이을 지위. 智解	출성태 出聖胎
10) 관정주 灌頂住	공을 주시함으로써 생멸을 떠난 지혜를 얻음. 보살이 이미 불자가 되어, 부처님의 空 사업을 감당할 만하므로, 부처님이 지수로써 정수리에 붓는 것이, 마치 인도에서 智水 왕자가 자라면 국왕이 손수 바닷물을 정수리에 부어 국왕이 되게 하는 것과 같으므로 王子 이렇게 이름.	

第四節 十行[1]
제4절 십행

제4절 십행

一에 歡喜行이란
일 환희행

佛子가 된 菩薩이
불자 보살

如來의 妙德[2]으로써
여래 묘덕

十方에
시방

隨順할새요
수순

二에 饒益行이란 一切衆生을
이 요익행 일체중생

利益케 할새요
이익

三에 無瞋恨行이란 自覺[3]과
삼 무진한행 자각

첫째 환희행歡喜行이란

불성을 드러내어 부처의 가르침을 잇고

부처가 될 보살菩薩이

여래如來의 신묘한 공덕(묘덕妙德)으로써

우주의 일대행상(시방十方)에

순순히 따름(수순隨順)인 까닭이요

둘째 요익행饒益行이란 일체중생을

이익케 하는 까닭이요

셋째 무진한행無瞋恨行이란 스스로 깨닫고

---

1 십행十行; 십행심十行心. 보살이 수행하는 열 가지 이타행. 보살이 수행하는 계위階位를 52위位로 한 것 중에서, 10신信·10주住에서 나아가 묘각妙覺에 이르는 한 계위의 이름. 보살이 10주위의 나중에서 불자佛子인 인가를 얻은 뒤에 다시 나아가 이타利他의 수행을 완수하기 위하여 중생제도에 노력하는 지위를 10으로 나눈 것. 1) 환희행歡喜行. 남에게 베풀어 기쁘게 함. 2) 요익행饒益行. 모든 중생을 이익되게 함. 3) 무에한행無恚恨行(무진한행無瞋恨行). 인욕을 닦아 성내지 않고 참음. 4) 무진행無盡行. 끊임없이 가르침을 구하고 중생을 제도함. 5) 이치란행離癡亂行. 바른 생각을 하여 어리석지 않고 혼란스럽지 않음. 6) 선현행善現行. 청정한 행위를 하여 중생을 교화함. 7) 무착행無著行. 모든 것에 집착하지 않음. 8) 존중행尊重行. 행하기 어려운 청정한 행위를 존중하여 그것을 성취함. 9) 선법행善法行. 바른 가르침을 지키고 보호함. 10) 진실행眞實行. 가르친 대로 행하고 행한 대로 가르쳐 말과 행동이 일치함.

2 묘덕妙德; 신비하게 뛰어난 덕德. 또는 매우 뛰어난 덕.

3 자각自覺; 1. 불교에 있어 삼각三覺의 하나. 자각·각타覺他·각행궁만覺行窮滿을 불교에서 삼각三覺이라 한다. 이 가운데 자각은 자기 스스로 진리를 깨달아 증득해 알지 못함이 없는 것 또는 중생이 자신의 미망迷妄에서 벗어나 스스로 진리를 깨닫는 것을 말한다. 2. 자신의 형편이나 처지, 본분 따위를 스스로 깨달음. 자기 자신이 놓여 있는 일정한 상황을 매개로 하여, 자기의 위치·능력·가치·의무·사명 등을 스스로 깨닫는 것을 말한다. 3. 철학에서 자신의 생각과 언행에 대하여 그것이 진리성과 성실성이 있는지 자신을 반성하는 일. 4. 심리학에서 자기 자신을 의식하는 상태.

| 覺他⁴에 違逆⁵이 | 남을 깨닫게 함에 어겨 거스름이 |

覺他⁴에 違逆⁵이　　　남을 깨닫게 함에 어겨 거스름이
無함으로써니　　　　없음으로써니
또는 無恚恨이라　　　또는 무에한無恚恨이라
無違逆이라고도 云함이오　무위역無違逆이라고도 일컬음이요
四에 無盡行이란 衆生의 機類⁶에　넷째 무진행無盡行이란 중생衆生의 근기들에
隨하야 其 身을 現하되 三世가　따라 그 몸을 나투되 과거 현재 미래가
平等하야 十方에 通達할새　평등平等하여 시방十方에 통달通達하니
利他의 行이 無盡⁷함이오　이타利他의 행行이 무진無盡함이요
五에 離痴亂行이란　다섯째 이치란행離痴亂行이란
種種의 法門이 不同하드라도　각종의 법문法門이 같지 않더라도
一切가 合同하야　일체一切가 합치되고 동일하여
差誤⁸가 無함이오　어긋나고 그릇됨이 없음이요
六에 善現行이란 이미 痴亂⁹을　여섯째 선현행善現行이란 이미 치란痴亂을
離할새 能히 同類中에　여윈 까닭에 능히 동류중同類中에
異相을 現하고 一一의 異相에　다른 모습을 나투고 낱낱의 다른 모습에

4　　각타覺他; 삼각三覺의 하나. 불보살佛菩薩이 중생에게 도리를 깨닫게 함. 스스로 깨달음과 동시에 법法을 설說하여 남을 개오開悟시켜, 생사의 괴로움을 떠나도록 일깨움.
5　　위역違逆; 어긋나고 거슬림.
6　　기류機類; 근기根機의 종류란 뜻. 중생의 근기, 곧 불교의 이상理想을 실현하여 부처님이나 성자聖者가 될 가능성에 여러 가지가 있음을 말함.
7　　무진無盡; 1. 무궁무진無窮無盡의 준말. 2. 상호신용계相互信用契를 일컫던 말. 3. 다함이 없을 만큼 매우. ▶무궁무진無窮無盡; 끝이 없고 다함이 없음. [유의어] 무진장, 무한.
8　　차오差誤; 틀리거나 잘못됨.
9　　치란痴亂; 어리석고 어지러움.

同一相을 現하야 同異가
圓融함이오
七에 無着行이란 十方虛空에
微塵[10]을 滿足하고
一一塵中에 十方界를 現하되
塵界[11]에 留碍가 無함이오
八에 尊重行이란
難得行이라고도 云하니
前의 種種 現行[12]은 오직 般若이
觀照하는 力일새 六度[13] 中
特히 般若波羅密을 尊重함이오

동일상同一相을 나투어 동이同異가
원만융통함이요
일곱째 무착행無着行이란 시방허공十方虛空에
미진微塵(물질의 최소단위)을 원만구족하고
각각의 미진에 시방계十方界를 나투되
우주전체(진계塵界)에 장애(유애留碍)가 없음이요
여덟째 존중행尊重行이란
난득행難得行이라고도 말하니
앞의 여러 가지 현행現行은 오직 반야般若가
관조觀照하는 힘이니 6바라밀 가운데
특히 반야바라밀般若波羅密을 존중함이요

10 미진微塵; Skt. aṇu-rājas. 미微. 아주 작은 티끌이나 먼지. 색법色法의 극히 작은 것을 극미極微라 하고, 극미를 7배 한 것을 미微라 한다. 극미는 단지 한 개만으로는 존재할 수 없고, 반드시 7개의 극미가 1단이 되어야 존재하므로 이것을 1미라 한다.

11 진계塵界; 속세俗世. 이 세계世界. 티끌세상(정신에 고통을 주는 복잡하고 어수선한 세상).

12 현행現行; 1. 인연의 화합으로 나타남. 구체적으로 활동함. 2. 유식종의 용어. 우주를 개발하는 근본 마음, 곧 우리 마음의 주재자라고 할 제8 아뢰야식이 갖추고 있는 마음의 세력 또는 마음의 작용을 종자라 하고, 이 종자가 일체 만상을 개발하는 것을 현행이라 함. 아뢰야식阿賴耶識에 저장되어 있는 종자種子가 변화하고 성숙하여 일어나는 인식 작용. 현행법의 준말. 종자에서 개발하여 현행하는 일체 만상. 3. 감각이나 지각의 대상으로 존재함.

13 육도六度; 육바라밀六波羅蜜・육종정행六種正行・육행六行. Skt. ṣaṭ-pāramitā. 보살 수행의 6종 덕목德目. 보시布施・지계持戒・인욕忍辱・정진精進・선정禪定・지혜智慧. 생사의 고해를 건너 이상경理想境인 열반의 저 언덕에 이르는 여섯 가지 방편. 보살의 수행하는 바라밀법의 6종. 1) 단나바라밀檀那波羅蜜. 자비로 널리 사랑하는 행위(보시). 2) 시라바라밀尸羅波羅蜜. 불교 도덕에 계합하는 행위(지계). 3) 찬제바라밀羼提波羅蜜. 여러 가지로 참는 것(인욕). 4) 비리야바라밀毘梨耶波羅蜜. 항상 수양에 힘쓰고 게으르지 않는 것(정진). 5) 선나바라밀禪那波羅蜜. 마음을 고요하게 통일하는 것(선정). 6) 반야바라밀般若波羅蜜. 삿된 지혜와 나쁜 소견을 버리고, 참 지혜를 얻는 것(지혜).

九에 善法行이란 圓融의
德으로써 能히 十方 諸佛의
軌則[14]을 現成[15]함이오
十에 眞實行이란 前의
圓融德相은
一一히 皆是 淸淨無漏[16]로서
一眞無爲[17]의
實性일새 本來부터
如常할새니라

아홉째 선법행善法行이란 원융圓融의
덕德으로써 능히 시방十方 모든 부처님의
진리의 법칙(궤칙軌則)을 이루어냄이요
열째 진실행眞實行이란 앞의
원만융통한 덕을 갖춘 모습(원융덕상圓融德相)은
하나하나 모두 청정하고 완전하여(청정무루
淸淨無漏) 하나의 참된 인과를 여읜(일진무위
一眞無爲) 참성품(실성實性)이니 본래부터
항상한 까닭이니라

14 궤칙軌則; 1. 본보기. 어떤 사실을 설명하거나 증명하기 위하여 내세워 보이는 대표적인 것. 2. 규범으로 삼고 배움.
15 현성現成; 현전성취現前成就. 선종禪宗에서 사실事實이 현재現在 이루어져 있는 것. 지금 있는 그대로를 말함.
16 무루無漏; Skt. anāsrava, nirāsrava. Pāli anāsava. untainted. 누漏는 마음에서 더러움이 새어 나온다는 뜻으로, 번뇌를 말함. 번뇌가 없음. 번뇌의 더러움에 물들지 않은 마음 상태, 또는 그러한 세계. 번뇌와 망상이 소멸된 상태. 분별을 일으키지 않는 마음 상태.
17 일진무위一眞無爲; 일구법계一具法界(한 온전한 법계)의 무위자연無爲自然. 천태가天台家의 제법실상諸法實相과 같음. 유식의 6무위六無爲는 일진무위一眞無爲의 6종種의 측면임.

⟨표92⟩ 십행十行

동의어	십행심十行心
뜻	보살이 수행하는 열 가지 이타행. 보살이 수행하는 계위(階位)를 52위(位)로 한 것 중에서, 10신(信)·10주(住)에서 나아가 묘각(妙覺)에 이르는 한 계위의 이름. 보살이 10주위의 나중에서 불자(佛子)인 인가를 얻은 뒤에 다시 나아가 이타(利他)의 수행을 완수하기 위하여 중생제도에 노력하는 지위를 10으로 나눈 것.

명칭	내용
1) 환희행 歡喜行	남에게 베풀어 기쁘게 함.
2) 요익행 饒益行	모든 중생을 이익되게 함.
3) 무에한행 無恚恨行 (무진한행) 無瞋恨行	인욕을 닦아 성내지 않고 참음.
4) 무진행 無盡行	끊임없이 가르침을 구하고 중생을 제도함.
5) 이치란행 離癡亂行	바른 생각을 하여 어리석지 않고 혼란스럽지 않음.
6) 선현행 善現行	청정한 행위를 하여 중생을 교화함.
7) 무착행 無著行	모든 것에 집착하지 않음.
8) 존중행 尊重行	행하기 어려운 청정한 행위를 존중하여 그것을 성취함.
9) 선법행 善法行	바른 가르침을 지키고 보호함.
10) 진실행 眞實行	가르친 대로 행하고 행한 대로 가르쳐 말과 행동이 일치함.

⟨표93⟩ 6무위六無爲*(일진무위一眞無爲*의 6종種 측면)

육무위 六無爲	뜻	체상 體相
허공무위 虛空無爲	법성이 모든 장애를 여읜 것 法性	상의 가명 相 假名
택멸무위 擇滅無爲	법성이 지혜력으로 번뇌를 끊은 자리	
비택멸무위 非擇滅無爲	법성이 본래 청정한 자리	
부동무위 不動無爲	(사념청정지에서) 고락과 거칠은 움직임(추동)을 여읜 자리 捨念淸淨地　　苦樂　　　　　　麤動	
상수멸무위 想受滅無爲	(비상비비상처정에 들어) 육식의 심상과 고락 이수를 멸滅한 자리 非想非非想處定　　　六識　心想　苦樂 二受	
진여무위 眞如無爲	진실여상한 모습 眞實如常	체의 가명 體 假名

- 6무위六無爲; 유식백법唯識百法 가운데 업(業; 인과因果)의 조건을 여읜 여섯 가지. 곧 다른 유위有爲의 현상들과 달리 생주이멸生住異滅이 없다. 전오무위前五無爲는 일진여가 드러난 자리에 따라 법성의 모습(상相)을 차별하여 가명假名을 붙인 것. 진여무위는 법성의 체體를 가리키는 가명.
- 일진무위一眞無爲; 6무위六無爲는 일진무위一眞無爲의 6종種의 측면임.

第五節 十地心[1]
제5절 십지심

菩薩의 十地[2]는 이미
二章 三節에
略述한 배라
此엔 그의 異名인
十地心의 名數[3]만
列擧하니

보살菩薩의 십지十地는 이미 이 책의 '2장 반야바라밀 3절 십바라밀과 보살십지'에 간략히 기술한 바이라 여기에서는 그의 다른 이름(이명異名)인 십지심十地心의 명목名目인 수(명수名數)만 열거하니

---

1   십지심十地心; 십지十地와 더불은 분별상응적分別相應的 10종十種 정신상태精神狀態로, 사무량심四無量心, 십선심十善心, 명광심明光心, 염혜심焰慧心, 대승심大勝心, 현전심現前心, 무생심無生心, 부사의심不思議心, 혜광심慧光心, 수위심受位心.

2   십지十地; Skt. daśa-bhūmi. 보살이 수행하는 계위階位인 52위位 중, 제41위로부터 제50위까지. 이 10위는 불지佛智를 생성生成하고, 능히 주지住持하여 움직이지 아니하며, 온갖 중생을 짊어지고 교화 이익케 하는 것이, 마치 대지大地가 만물을 싣고 이를 윤익潤益함과 같으므로 지地라 이름. 1) 환희지歡喜地. 처음으로 참다운 중도지中道智를 내어 불성佛性의 이치를 보고, 견혹見惑을 끊으며 능히 자리이타自利利他하여 진실한 희열喜悅에 가득 찬 지위. 2) 이구지離垢地. 수혹修惑을 끊고 범계犯戒의 더러움을 제하여 몸을 깨끗하게 하는 지위. 3) 발광지發光地. 수혹을 끊어 지혜의 광명이 나타나는 지위. 4) 염혜지焰慧地. 수혹을 끊어 지혜가 더욱 치성하는 지위. 5) 난승지難勝地. 수혹을 끊고 진지眞智·속지俗智를 조화하는 지위. 6) 현전지現前智. 수혹을 끊고 최승지最勝智를 내어 무위진여無爲眞如의 모양이 나타나는 지위. 7) 원행지遠行智. 수혹을 끊고 대비심을 일으켜, 2승의 오悟를 초월하여 광대무변한 진리 세계에 이르는 지위. 8) 부동지不動地. 수혹을 끊고 이미 전진여全眞如를 얻었으므로, 다시 동요되지 않는 지위. 9) 선혜지善慧地. 수혹을 끊어 부처님의 10력力을 얻고, 기류機類에 대하여 교화의 가부可否를 알아 공교하게 설법하는 지위. 10) 법운지法雲地. 수혹을 끊고 끝없는 공덕을 구비하고서 사람에 대하여 이익되는 일을 행하여 대자운大慈雲이 되는 지위. 또 이것을 보시·지계·인욕·정진·선정·지혜·방편·원·력·지智의 10바라밀에 배대하기도 함. 그런데 보살 수행의 기간인 3대 아승기겁 중, 처음 환희지까지에 1대 아승기겁, 제7지까지의 수행에 제2대 아승기겁을 요한다 함. 이상은 대승 보살의 10지地이고, 이 밖에 3승을 공통하여 세운 삼승공십지三乘共十地인 간혜지乾慧地·성지性地·팔인지八人地·견지見地·박지薄地·이구지離垢地·이판지已辦地·지불지支佛地·보살지菩薩地·불지佛地도 있음.

3   명수名數; 명목의 수. 법수法數와 같음. 3계·5온·5위 등과 같이 수를 가진 법문의 수량.

一에 初地의
일 초지

四無量心⁴은 種子요
사무량심 종자

첫째 보살 초지初地의 자비희사

사무량심四無量心은 씨앗(종자種子)이요

二에 二地의 十善⁵心은 芽요
이 이지 십선심 아

둘째 보살 2지地의 10선심善心은 싹이요

三에 三地의 明光心은 苞⁶요
삼 삼지 명광심 포

셋째 3지地의 명광심明光心은 턱잎이요

四에 四地의 焰慧心은 葉이오
사 사지 염혜심 엽

넷째 4지地의 염혜심焰慧心은 잎이요

五에 五地의 大勝心은 花요
오 오지 대승심 화

다섯째 5지地의 대승심大勝心은 꽃이요

六에 六地의 現前心은 果요
육 육지 현전심 과

여섯째 6지地의 현전심現前心은 열매요

七에 七地의 無生⁷心은
칠 칠지 무생심

일곱째 7지地의 무생심無生心은

---

4   사무량심四無量心; Skt. catvāri-apramāṇāṇa-cittāni. Pāli catasso appamaññāyo. 수행 방법으로서, 한량없는 중생을 어여삐 여겨 일으키는 네 가지 마음. 1) 자무량심慈無量心. Skt. maitrī. 한량없는 중생에게 즐거움을 주려는 마음. 무진無瞋을 체體로 하고 한량없는 중생에게 즐거움을 주려는 마음. 처음은 자기가 받는 낙樂을 남도 받게 하기로 뜻을 두고, 먼저 친한 이부터 시작하여 널리 일체 중생에게까지 미치게 하는 것. 2) 비무량심悲無量心. Skt. karuṇā. 한량없는 중생의 괴로움을 덜어 주려는 마음. 무진無瞋을 체體로 하여, 남의 고통을 벗겨 주려는 마음. 처음은 친한 이의 고통을 벗겨주기로 하고, 점차로 확대하여 다른 이에게까지 미치는 것. 3) 희무량심喜無量心. Skt. muditā. 한량없는 중생이 괴로움을 떠나 즐거움을 얻으면 기뻐하려는 마음. 희수喜受를 체로 하여 다른 이로 하여금 고통을 여의고, 낙을 얻어 희열열悅케 하려는 마음. 처음은 친한 이부터 시작하여 점점 다른 이에게 미치는 것은 위와 같다. 4) 사무량심捨無量心. Skt. upekṣa. 한량없는 중생을 평등하게 대하려는 마음. 무탐無貪을 체로 하여 중생을 평등하게 보다 원怨·친親의 구별을 두지 않으려는 마음. 처음은 자기에게 아무런 관계가 없는 이에 대하여 일으키고, 점차로 친한 이와 미운 이에게 평등한 마음을 일으키는 것. 무량이란 것은 무량한 중생을 상대相對로 하며, 또 무량한 복과福果를 얻으므로 이렇게 이름 함.

5   십선十善; Skt. daśa-kuśala. Pāli dasa-kusalāni. 십백업도十白業道, 십선계十善戒, 십선도十善道. 십선업도十善業道. 몸과 말과 뜻으로 짓는 열 가지 청정한 일. 몸[동작動作]·입[언어語言]·뜻[의념意念]으로 10악을 범치 않는 제계制戒 1) 불살생不殺生. 사람이나 동물 따위, 살아 있는 것을 죽이지 않음. 2) 불투도不偸盜. 남의 재물을 훔치지 않음. 3) 불사음不邪婬. 남녀간에 음란한 짓을 저지르지 않음. 4) 불망어不妄語. 거짓말이나 헛된 말을 하지 않음. 5) 불악구不惡口. 남을 괴롭히는 나쁜 말을 하지 않음. 6) 불양설不兩舌. 이간질을 하지 않음. 7) 불기어不綺語. 진실이 없는, 교묘하게 꾸미는 말을 하지 않음. 8) 불탐욕不貪欲. 탐내어 그칠 줄 모르는 욕심을 부리지 않음. 9) 부진에不瞋恚. 성내지 않음. 10) 불사견不邪見. 그릇된 견해를 일으키지 않음. ↔ 십악十惡.

6   포苞; 꽃대의 밑이나 꽃자루의 밑을 받치고 있는 녹색 비늘 모양의 잎.

7   무생無生; 1. Skt. anutpāda·anutpatti·anutpanna·ajāti. unborn, non-production. 무기無起·무생멸無生滅·무생무멸無生無滅과 같음. 모든 법의 실상은 생멸이 없다는 것. 2. 아라한·열반의 뜻 번역. 다시 미계迷

受用種子요	씨앗을 맺음(수용종자受用種子)이요
八에 八地의 不思議[8]心은	여덟째 8지地의 묘심(부사의심不思議心)은
爲無畏[9]依라	두려움이 없음(위무외의爲無畏依)이라
果中之果요	열매중의 열매요.
九에 九地의 慧光心은	아홉째 9지地의 혜광심慧光心은
有進求佛慧生이라	깨달음을 구해 나아감에 지혜가 생김(유진구불혜생有進求佛慧生)이라 최승심最勝心이요
最勝[10]心이오	
十에 十地의 受位心은	열째 10지地의 수위심受位心(관정의 의식을 마친 마음)은 곧 결정심決定心(흔들리지 않는 부동심)인 바
곧 決定心인 바	
此의 二心은	여기에서 혜광심과 수위심의 2심心은
第八心中에서	8심인 부사의심(제팔심중第八心中)에서
開出하였으나	꽃피웠으나(개출開出) 10지 각각(일일지중 一一地中)에 이 10심心이 또한 들어 있으니
一一地中에 此의 十心이 亦在하니	
此는《瓔珞本業經[11]》上과	이는《영락본업경瓔珞本業經》상上과

界의 생을 받지 않는다는 뜻.

8 부사의不思議; Skt. acintya. 불가사의不可思議. 말로 나타낼 수도 없고 마음으로 헤아릴 수도 없음. 생각이 미치지 못함. 생각할 수도 없는 놀라운 일. 이치가 미묘하고 사사가 희유하여, 마음으로 생각할 수 없고 말로 형용할 수 없는 것.

9 무외無畏; 무소외無所畏. 1. Skt. vaiśāradya. 자신감을 가지고 가르침을 설하므로 누구에게도 두려움이 없음. 진리에 대한 확신으로 어떠한 장애도 두려움이 없음. 불·보살이 대중을 향하여 법을 설할 때에 마음에 두려움이 없는 것. 여기에 4종이 있어 4무외無畏라 한다. 2. Skt. āśvāsa. 번뇌의 속박에서 벗어나 두려움도 불안도 없는 평온한 마음 상태.

10 최승最勝; 가장 나음. 또는 가장 우수함.

11 보살영락경菩薩瓔珞經; 본업경本業經. 영락경瓔珞經. 보살영락본업경菩薩瓔珞本業經. 현재보경現在報經.

『大日經疏』[12]三에			『대일경소大日經疏』3에

詳說하였나니라			상세히 설說하였느니라

전진前秦시대에 학승 축불념竺佛念이 376년에 장안長安에서 번역하였다. 총 14권 45품으로 구성된 이 경은 세상만물을 있는 그대로 '공'으로 보는 공관불교와 세상의 모든 것을 의식의 산물로 보는 유식불교의 2대 대승교의를 중심으로 설법한 것으로서 공관에 기초하여 마음을 깨끗이 닦아야 한다는 보살수행의 기초를 밝히고 있다. 보칭품·식공품·장엄도수품·용왕욕태자품·법문품·식계품·제불권조품·여래품·음향품·인연품으로부터 무아품·등승품·삼계품 등의 45품으로 이루어져 있으며, 주로 보살도菩薩道에 대하여 설한 경전이다. 부처님께서 마갈계摩竭界의 보승普勝 강당에 머무실 때, 여러 비구와 보살·천신 등이 함께 모인 자리에서 보조普照보살의 질문에 대해 보살도를 수행하는 10가지 공덕과 보살법의 영락 등을 설명하신다. 또한 부처님께서는 보살 영락 8만 법문을 비롯하여 6법 청정 영락·공혜空慧 무착행無着行·4신족행神足行·12인연법·4성제·3선禪·3승乘·10종 무상법無相法·10종 부사의행不思議行·10종 무아행無我行 등을 상세히 설하신다.

12 대일경소大日經疏; 원명은 대비로자나성불경소大毘盧遮那成佛經疏. 대일경본소大日經本疏, 대일경대소大日經大疏, 대일경무외소大日經無畏疏 등의 다른 이름이 있다. 당나라의 승려 대혜선사大慧禪師 일행一行(683~727)이 선무외善無畏로부터 밀교를 전수받고 그를 도와《대일경大日經》을 번역하였다. 또, 선무외의 지도를 받으면서『대일경소大日經疏』(20권)를 완성시켰다.

⟨표94⟩ 십지十地

동의어	보살십지菩薩十地				
뜻	보살이 수행하는 계위階位인 52위位 중, 제41위로부터 제50위까지. 이 10위는 불지佛智를 생성生成하고, 능히 주지住持하여 움직이지 아니하며, 온갖 중생을 짊어지고 교화 이익케 하는 것이, 마치 대지大地가 만물을 싣고 이를 윤익潤益함과 같으므로 지地라 이름.				

명칭	내용	이명異名	명수名數	10바라밀	3아승지겁
1) 환희지歡喜地	처음으로 참다운 중도지中道智를 내어 불성佛性의 이치를 보고, 견혹見惑을 끊으며 능히 자리이타自利利他하여 진실한 희열喜悅에 가득 찬 지위.	사무량심四無量心	종자種子	보시布施	1대 아승지겁
2) 이구지離垢地	수혹修惑을 끊고 범계犯戒의 더러움을 제하여 몸을 깨끗하게 하는 지위.	10선심十善心	아芽	지계持戒	2대 아승지겁
3) 발광지發光地	수혹을 끊어 지혜의 광명이 나타나는 지위.	명광심明光心	포苞	인욕忍辱	
4) 염혜지焰慧地	수혹을 끊어 지혜가 더욱 치성하는 지위.	염혜심焰慧心	엽葉	정진精進	
5) 난승지難勝地	수혹을 끊고 진지眞智·속지俗智를 조화하는 지위.	대승심大勝心	화花	선정禪定	
6) 현전지現前智	수혹을 끊고 최승지最勝智를 내어 무위진여無爲眞如의 모양이 나타나는 지위.	현전심現前心	과果	지혜智慧	
7) 원행지遠行智	수혹을 끊고 대비심을 일으켜, 2승의 오悟를 초월하여 광대무변한 진리 세계에 이르는 지위.	무생심無生心	수용종자受用種子	방편方便	
8) 부동지不動地	수혹을 끊고 이미 전진여全眞如를 얻었으므로, 다시 동요되지 않는 지위.	부사의심•不思議心	과중지과果中之果	원願	3대 아승지겁
9) 선혜지善慧地	수혹을 끊어 부처님의 10력力을 얻고, 기류機類에 대하여 교화의 가부可否를 알아 공교하게 설법하는 지위.	혜광심慧光心	최승심最勝心	력力	
10) 법운지法雲地	수혹을 끊고 끝없는 공덕을 구비하고서 사람에 대하여 이익되는 일을 행하여 대자운大慈雲이 되는 지위.	수위심受位心	결정심決定心	지智	

- 8 부사의심不思議心에서 9 혜광심慧光心과 10 수위심受位心이 열렸으나, 각지各地 중에 또한 10심이 있음.

第六節 十廻向[1]과 等妙[2]
제 6 절 십회향 등묘

제6절 십회향과 등묘

一은 救護一切衆生廻向이오
일 구호일체중생회향

첫째 일체중생을 구호하여 중생상을 여의는 회향(구호일체중생회향救護一切衆生廻向)이요

二는 不壞廻向이오
이 불괴회향

둘째 멸망하지 않는 회향(불괴회향不壞廻向)이요

三은 等一切佛廻向이오
삼 등일체불회향

셋째 모든 부처님께 평등히 회향함(등일체불회향等一切佛廻向)이요

四는 至一切處廻向이오
사 지일체처회향

넷째 모든 곳에 미치는 회향(지일체처회향至一切處廻向)이요

五는 無盡功德廻向이오
오 무진공덕회향

다섯째 공덕이 한량없는 회향(무진공덕회향無盡功德廻向)이요

---

1 십회향十廻向; Skt. daśa-pariṇāmana. 십향十向. 십회향심十廻向心. 보살이 닦은 공덕을 널리 중생에게 돌리는 열 가지. 보살이 수행하는 계위階位인 52위位 중에서, 제31위에서 제40위까지. 10행위行位를 마치고, 다시 지금까지 닦은 자리自利·이타리他의 여러 가지 행을 일체 중생을 위하여 돌려 주는 동시에, 이 공덕으로 불과를 향해 나아가 오경悟境에 도달하려는 지위. 1) 구호일체중생리중생상회향救護一切衆生離衆生相廻向. 공덕을 중생에게 돌려 모든 중생을 차별하지 않고 구제하고 보호함. 2) 불괴회향不壞廻向. 굳은 믿음을 중생에게 돌려 중생이 이익을 얻게 함. 3) 등일체불회향等一切佛廻向. 모든 부처가 한 것과 같이 공덕을 중생에게 돌려 줌. 4) 지일체처회향至一切處廻向. 자신이 닦은 청정한 일을 두루 중생에게 이르게 함. 5) 무진공덕장회향無盡功德藏廻向. 끊없는 공덕을 중생에게 돌려 중생이 그 공덕을 얻도록 함. 6) 수순평등선근회향隨順平等善根廻向. 자신이 닦은 청정한 일을 중생에게 돌려 중생이 청정한 일을 하게 함. 7) 수순등관일체중생회향隨順等觀一切衆生廻向. 자신이 닦은 모든 청정한 일을 중생에게 돌려 모든 중생을 이익되게 함. 8) 여상회향如相廻向. 자신이 닦은 청정한 일을 있는 그대로 중생에게 돌려 줌. 9) 무박무착해탈회향無縛無著解脫廻向. 모든 대상에 집착하지 않고 해탈한 마음으로 자신이 닦은 청정한 일을 중생에게 돌려 줌. 10) 법계무량회향法界無量廻向. 한량없는 청정한 일을 거듭 닦아 이를 중생에게 돌려 중생을 진리의 세계에 들게 함.

2 등묘等妙; 등묘각왕等妙覺王. 부처님의 존칭. 등등은 등각等覺, 인위因位의 수행이 원만함을 표하고, 묘는 묘각妙覺, 과지果地의 만덕萬德이 만족함을 표한다. 부처님은 인원因圓·과만果滿한 각자覺者이므로 이같이 말함. 등각은 14일밤의 달, 묘각은 15일밤의 달.

六은 入一切平等廻向이오
여섯째 일체가 평등함에 들어가는 회향 (입일체평등회향入一切平等廻向)이요

七은 隨順衆生廻向이오
일곱째 중생의 근기에 맞추어 제도하는 회향 (수순중생회향隨順衆生廻向)이요

八은 眞如相廻向이오
여덟째 있는 그대로의 참모습 회향 (진여상회향眞如相廻向)이요

九는 無縛無着廻向이오
아홉째 걸림과 집착이 없는 회향 (무박무착회향無縛無着廻向)이요

十은 法界無量廻向으로서
열째 진여실상이 한량없는 회향 (법계무량회향法界無量廻向)으로서

十信・十住・十行이 因이 되고
십신十信・십주十住・십행十行이 인因이 되고

十地가 果가 될 時엔 此의 因이
십지十地가 과果가 될 때엔 이의 인因이

果에 對한 十廻向이오
과果에 대對한 십회향十廻向이요

十地까지
십신十信・십주十住・십행十行・십지十地까지

因位가 될 時엔 妙覺[3]에 對한
인위因位가 될 때엔 묘각妙覺에 대한

十廻向일새 十住 或
십회향十廻向이니, (56위를) 십주十住 혹은

十地의 十位만에 約하심은
십지十地의 십위十位만으로 생략하심은

其 意에 있어 十信・十住・十行・
그 뜻에 있어 십신十信・십주十住・십행十行・

---

[3] 묘각妙覺; Skt. subuddhi, marvelous enlightenment. 불과佛果를 말한다. 보살 수행의 지위 점차인 52위나 41위의 마지막 지위. 등각위等覺位에 있는 보살이 다시 1품의 무명을 끊고 이 지위에 들어간다. 온갖 번뇌를 끊어버린 부처님의 자리. 바르고 원만한 부처의 깨달음. 모든 번뇌를 끊고 지혜를 원만히 갖춘 부처의 경지.

十廻向・十地 五種의 十位요

십회향十廻向・십지十地 오종五種의 십위十位요

十位를 五十六에 開하심은 十重의

십위十位를 56위로 펼치심은 10중十重의

五位에 前後를 加하심인 바 其後에

5위五位에 앞뒤를 더하심인 바 그 후에

異說의 煩을 要함은

다양한 설의 번거로움을 요약함은

先修後證에

먼저 닦아 증명함(선수후증先修後證)에

立脚함이니라

입각立脚함이니라

그리고 等覺⁴位를 加減하심은

그리고 등각위等覺位를 더하고 빼심은

等覺의 境界를 別示하실 時엔

등각等覺의 경계境界를 따로이 보이실 때엔

加하시고 諸位의 隨分覺⁵이 될 時엔

더하시고 제위諸位의 수분각隨分覺이 될 때엔

減하시고 因位에 對하사

빼시고 인위因位에 대하서서

別示를 必要로 하실 時엔

달리 보일(별시別示) 필요가 있을 때엔

加하신 바 修者는 맛당히

더하신 바 수행자는 마땅히

修證의 圓義를

닦아 증명하는(수증修證) 온전한 뜻(원의圓義)을

---

4   등각等覺; 1. 바르고 원만한 부처의 깨달음. 부처님의 다른 이름. 등等은 평등, 각覺은 각오覺悟의 뜻. 모든 부처님이 깨달은 것은 한결같이 평등하므로 등각이라 한다. 2. 부처의 깨달음과 거의 같은 깨달음이라는 뜻. 보살의 수행 과정 가운데 십지十地 다음의 단계. 바르고 원만한 부처의 깨달음인 묘각妙覺의 앞 단계. 등정각等正覺・금강심金剛心・일생보처一生補處・유상사有上士라고도 한다. 보살이 수행하는 지위 점차 중에서 제51위位의 이름. 이는 보살의 극위極位로서 그 지혜가 만덕萬德 원만한 부처님과 대개 같다는 뜻으로 등각이라 한다. 또 등等은 등급等級의 뜻으로, 이 보살의 각覺은 부처님의 묘각妙覺까지 1등급이 있으므로 등각이라 한다.

5   수분각隨分覺; 4각의 하나. 마음의 근원을 깨달아 가는 과정에서, 모든 현상에는 변하지 않는 실체가 있다는 견해를 일으키지 않고, 모든 현상의 있는 그대로의 참모습을 부분적으로 깨달은 단계. 보살은 초지初地에 이르면 처음으로 진여의 실성實性에 접촉하여 이치와 지혜가 명합冥合한 무분별지無分別智를 증득하고, 법신의 이체理體에 일분증입一分證入하며, 2지・3지 등은 차례로 그 지위에 응하여 진여의 이치를 증득하여 드디어 제10지의 맨끝 위위에 이르러 전분全分의 진여를 증득하게 됨. 이 10지의 사이에서 분별추념麤念의 모양을 여의어 각 지地마다 조금씩 진여의 진상을 증현證顯함을 말함.

吟味(음미)하는 同時(동시)에
十(십)의 位妙(위묘)를
諦察(체찰)⁶할지니라

음미吟味하는 동시에

열 가지의 위차의 깊은 뜻(위묘位妙)을

살피고 관찰(체찰諦察)할지니라

6 　체찰諦察; 체찰법인諦察法忍. 모든 현상은 불생불멸不生不滅이라는 진리를 확실하게 인정하고 거기에 안주하여 마음을 움직이지 않음. 제법의 본체가 생멸하지 않는 이치를 자세히 관찰, 그 진실함을 잘 이해하고 마음이 조금도 흔들리지 않는 것.

⟨표95⟩ 십회향 十廻向

동의어	십향. 십회향심. 十向 十廻向心
뜻	보살이 닦은 공덕을 널리 중생에게 돌리는 열 가지. 보살이 수행하는 계위(階位)인 52위(位) 중에서, 제31위에서 제40위까지. 10행위(行位)를 마치고, 다시 지금까지 닦은 자리(自利)·이타(利他)의 여러 가지 행을 일체 중생을 위하여 돌려 주는 동시에, 이 공덕으로 불과를 향해 나아가 오경(悟境)에 도달하려는 지위.

명칭	내용
1) 구호일체중생리중생상회향 救護一切衆生離衆生相廻向	공덕을 중생에게 돌려 모든 중생을 차별하지 않고 구제하고 보호함.
2) 불괴회향 不壞廻向	굳은 믿음을 중생에게 돌려 중생이 이익을 얻게 함.
3) 등일체불회향 等一切佛廻向	모든 부처가 한 것과 같이 공덕을 중생에게 돌려 줌.
4) 지일체처회향 至一切處廻向	자신이 닦은 청정한 일을 두루 중생에게 이르게 함.
5) 무진공덕장회향 無盡功德藏廻向	끊임없는 공덕을 중생에게 돌려 중생이 그 공덕을 얻도록 함.
6) 수순평등선근회향 隨順平等善根廻向	자신이 닦은 청정한 일을 중생에게 돌려 중생이 청정한 일을 하게 함.
7) 수순등관일체중생회향 隨順等觀一切衆生廻向	자신이 닦은 모든 청정한 일을 중생에게 돌려 모든 중생을 이익되게 함.
8) 여상회향 如相廻向	자신이 닦은 청정한 일을 있는 그대로 중생에게 돌려 줌.
9) 무박무착해탈회향 無縛無著解脫廻向	모든 대상에 집착하지 않고 해탈한 마음으로 자신이 닦은 청정한 일을 중생에게 돌려 줌.
10) 법계무량회향 法界無量廻向	한량없는 청정한 일을 거듭 닦아 이를 중생에게 돌려 중생을 진리의 세계에 들게 함.

〈표96〉 인과因果의 범위에 따른 10회향

인	과	10회향
십신 · 십주 · 십행 十信　十住　十行	십지 十地	10신 · 10주 · 10행의 인이 10지의 과에 대한 10회향 　　　　　因　　　　　　　果
십신 · 십주 · 십행 · 십지 十信　十住　十行　十地	묘각 妙覺	10신 · 10주 · 10행 · 10지의 인이 묘각의 과에 대한 10회향 　　　　　　因　　　　　　　　果

<표97> 수도修道의 위차位次

菩薩乘十地《華嚴經》	十波羅密『唯識論』9	五十六位四滿成佛位《首楞嚴經》	解脫十六地『金剛心論』	五(十四)忍(十三觀門)《仁王經》〈敎化品〉	九次第定『智度論』	瑜伽十七地『瑜伽論』
a	b	c	d	e	f	g
			初. 三歸地			
			二. 信願地			一. 五識身相應地
			三. 習忍地	下伏忍(習忍)	黃昏天地夢想 (牛毛塵) / 七色現前(羊毛塵)	
		煖位 — 四加行凡夫位 / 頂位 / 忍位 / 世第一位	四. 加行地	中伏忍(性忍)	(明得定) 識光發現(兎毛塵) / (明增定) 心月現前(水塵)	二. 意地
				上伏忍(道種忍)	(印順定) 心月廣狹自在(水塵) / (無間定) 心日現前(金塵)	
初. 歡喜地	檀波羅密	初. 信住行地廻向 三賢位	五. 金剛地 / 六. 喜樂地	下信忍	① 初禪 / ② 二禪 / ③ 三禪 / ④ 四禪	三. 有尋有伺地(初禪) / 四. 無尋有伺地 / 五. 無尋無伺地(二禪)
二. 離垢地	戒 〃	二.(〃)	七. 離垢地	中信忍	⑤ 空無邊處定 / ⑥ 識無邊處定 / ⑦ 無所有處定 / ⑧ 非想非非想處定	六. 三摩呬多地(等引) / 七. 非三摩呬多地 / 八. 有心地
三. 發光地	忍辱 〃	三.(〃)	八. 發光地	上信忍	⑨ 滅盡定(受陰滅盡)	九. 無心地
四. 焰慧地	精進 〃	四.(〃) 入聖位	九. 精進地	下順忍		十. 聞所成地
五. 難勝地	禪 〃	五.(〃) 六聖位	十. 禪定地	中順忍	(想 〃)	十一. 思所成地
六. 現前地	慧 〃	六.(〃)	十一. 現前地	上順忍		十二. 修所成地
七. 遠行地	方便 〃	七.(〃)	十二. 羅漢地	下無生忍	(行 〃)	十三. 聲聞地
八. 不動地	願 〃	八.(〃)	十三. 支佛地	中無生忍		十四. 獨覺地
九. 善彗地	力 〃	九.(〃)	十四. 菩薩地	上無生忍	(識 〃)	十五. 菩薩地
十. 法雲地	智 〃	十.(〃)等覺	十五. 有餘地	下寂滅忍		十六. 有餘依地
		妙覺	十六. 無餘地	上寂滅忍		十七. 無餘依地

* a, d, e를 配對의 根幹으로 하였으며 配對가 가능한 것은 線으로 區分되었음.
* 各 經論의 配對基準이 相異한 경우가 있으므로 정확한 配對란 어려움.
* 漸修, 頓悟의 根機여부에 따라 次第를 밟아가는 次第 漸修 또는 몇 단계씩 뛰어 證悟하는 間超 그리고 단번에 究竟覺을 成就하는 頓超가 있음.

三乘共十地 『智度論』18	聲聞乘十地 《大乘同性經》	緣覺乘十地 《大乘同性經》	五相成身位 『菩提心論』	唯識五位 『唯識論』	六卽 『止觀』一의三	四道 『俱舍論』 二十五	十住心 『秘藏寶論』	十牛圖 (廓庵志遠)
h	i	j	k	l	m	n	o	p
	初. 受三歸地			一. 資糧位 (十住 十行 十廻向)	一. 理卽 二. 名卽		一. 異生羝羊心	一. 尋牛
	二. 信地 三. 信法地							
一. 乾慧地 (五停心 別相念處 總 相念處의 三 賢位)	四. 內凡夫地 (五停心觀 등)	一. 苦行具足地 二. 自覺甚深 十二因緣地 三. 覺了四聖諦地			三. 觀行卽 ① 隨喜品 ② 讀誦品 ③ 說法品 ④ 兼行六度品 ⑤ 五行六度品	一. 加 行 道	二. 愚童持齊心	二. 見跡
	五. 學信戒地							
二. 性地		四. 甚深利智地 (無相地의 生) 五. 八聖道地 六. 覺了法界 處空界衆 生界地	通達心 前相 通達菩提心位 修菩提心位 成金剛心位	二. 加行位			三. 嬰童無畏心	三. 見牛
三. 八忍地	六. 八忍地 (聲聞見道位)						四. 唯蘊無我心	四. 得牛
					四. 相似卽	二. 無間道		
四. 見地	七. 須陀洹地 (預流果)	七. 證寂滅地 (六通地初)	證金剛身位	三. 通達位 四. 修習位 (十地)	五. 分眞卽 (十住位· 十行位· 十廻向位· 十地位· 等覺位)	三. 解 脫 道	五. 拔業因種心	五. 牧牛
五. 三薄地	八. 斯陀含地 (一來果)						六. 他緣大乘心	六. 騎牛歸家
六. 離欲地	九. 阿那含地 (不還果)	八. 六通地				四. 勝 進 道	七. 覺心不生心	七. 忘牛存人
							八. 一道無畏心	八. 人牛俱忘
七. 已辨地 (阿羅漢果)	十. 阿羅漢地	九. 徹秘密地 (無學果證)					九. 極無自性心	九. 返本還源
八. 支佛地		十. 習氣漸薄地						
九. 菩薩地							十. 秘密莊嚴心	十. 入廛垂手
十. 佛地			佛身圓滿位	五. 究竟位	六. 究竟卽			

* 同一한 語로서 配對가 一致하지 않는 경우는 論者에 따라 主張과 意義를 달리하기 때문임.
* c에 있어서 等覺이 菩薩의 極位를 意味하여 이를 別示할 時는 五十六位가 되고 等覺이 諸位의 隨分覺이 될 時는 이를 減하여 五十五位가 됨.
* m의 理卽이란 一切衆生의 自性淸淨心으로서 本來 妄念을 離한 覺體를 意味하므로 修行의 次位가 아님.

(『圓通佛法의 要諦』, 聖輪閣, 1993, 542~545)

제14장

삼계
三 界

凡夫가 生死往來하는
범부　생사왕래

世界를 三¹에 分하니
세계　삼　분

一에 欲界²란 婬欲³과 食欲을
일　욕계　음욕　식욕

主로 하고 諸欲을 從으로 한
주　　　제욕　종

有情⁴의 世界로서
유정　　세계

上은 六欲天⁵으로부터
상　육욕천

범부凡夫가 나고 죽고 오가며 윤회(생사왕래

生死往來)하는 세계를 셋으로 나누니

첫째 욕계欲界란 음욕婬欲과 식욕食欲을

주로 하고 그 외 많은 욕심이 따르는

생물(유정有情)의 세계로서

위로는 6욕천六欲天으로부터

---

1 삼계三界; Skt. traidhātuka, trayodhātavaḥ, dhātu-traya, trailokya. Pāli tayodhātavo. 1. 중생의 마음과 생존 상태를 세 단계로 나눈 것. 곧 생사 유전流轉이 쉴새 없는 미계迷界를 셋으로 분류한 것. 욕계·색계·무색계. 1) 욕계欲界. 욕은 탐욕이니, 특히 식욕·음욕·수면욕睡眠欲이 치성한 세계. 탐욕이 들끓는 세계로, 지옥·아귀·축생·아수라·인간·육욕천六欲天을 통틀어 일컬음. 2) 색계色界. 탐욕에서는 벗어났으나 아직 형상(미묘微妙한 형체)에 얽매여 있는 세계로, 여기에 십칠천十七天(혹은 18천, 19천)이 있음. 3) 무색계無色界. 색계와 같은 미묘한 몸도 없고, 순 정신적 존재의 세계. 형상의 속박에서 완전히 벗어난 순수한 선정禪定의 세계로, 공무변처천空無邊處天·식무변처천識無邊處天·무소유처천無所有處天·비상비비상처천非想非非想處天을 말함. 이 3계를 6도道·25유有·9지地로 나누기도 함. 2. 삼각三覺과 같음.

2 욕계欲界; 삼계三界의 하나. 식욕食欲·수면욕睡眠欲·음욕淫欲이 있는 세계. 탐욕이 들끓는 세계로, 지옥·아귀·축생·아수라·인간·육욕천六欲天을 통틀어 일컬음.

3 음욕淫欲; 색욕色欲. 5욕欲의 하나. 남녀간의 정욕情欲. ▶오욕五欲; Skt. pañca-kāma, *pañca-kāma-guṇa, pañca kāma-guṇāḥ. Pāli pañca-kāmā. 1) 5묘욕妙欲·묘오욕妙五欲·5묘색妙色·5묘妙라고도 함. 5근의 대상이 되어 가의可意·가애可愛·가락可樂의 것으로 모든 욕망의 근원이 되는 것. 곧 색色·성聲·향香·미味·촉촉觸의 5경境. 그러나 이 5경은 욕구欲求의 대상이고, 욕구 그 자체는 아님. 색色·성聲·향香·미味·촉觸에 집착하여 일으키는 색욕色欲·성욕聲欲·향욕香欲·미욕味欲·촉욕觸欲. 이 다섯 가지가 모든 욕망을 일으키므로 5욕이라 함. 2) 재욕·색욕色欲(음욕婬欲,성욕性欲)·음식욕飲食欲(식욕食欲)·명예욕名譽欲·수면욕睡眠欲.

4 유정有情; Skt. sattva. 살타薩埵라 음사. 정情. 중생衆生과 같음. 정식情識이 있는 생물. 감정이 있는 모든 생물. 번뇌와 아무런 생각이 없는 멍한 상태를 끝없이 되풀이하는 모든 존재. 번뇌에 얽매여 미혹한 모든 존재. ↔비정非情·무정無情.

5 육욕천六欲天; Skt. ṣaḍ kāmadeva. 육천六天·욕계육천欲界六天. 천天은 신神들이 사는 곳이라는 뜻. 3계界 중 욕계에 있는 여섯 천天. 이 하늘 사람들은 모두 욕락이 있으므로 욕천이라 함. 1) 사왕천四王天. 사천왕四天王과 그 권속들이 사는 곳. 곧, 수미산 중턱(제4층)의 동쪽에 있는 지국천持國天, 남쪽에 있는 증장천增長天, 서쪽에 있는 광목천廣目天, 북쪽에 있는 다문천多聞天을 일컬음. 2) 도리천忉利天. 도리忉利는 Skt. trāyastriṃśa의 음사로 33이라는 뜻. 33천이라 번역. 수미산 꼭대기에 제석천을 중심으로 하고 4방에 8천씩이 있음. 33신神들이 사는 곳. 수미산 정상에 있으며, 중앙에 왕인 제석帝釋이 있고 사방의 봉우리에 각각 8신神이 있어 33신. 3) 야마천夜摩天. 야마夜摩는 Skt. yāma의 음사. 선시천善時天·시분천時分天이라 번역. 때

中은 人界의 四大洲를	중간은 사람세계(인계人界)의 4대주四大洲를
經하야 無間地獄[6]에	지나 무간지옥無間地獄에
至하기까지를 云함이오	이르기까지를 말함이요
二에 色界[7]란 色은	둘째 색계色界란 색色은
質碍[8]의 義으로서	물질적 장애(질애質碍)의 뜻으로서
有形의 物質을 云함이니 此 界는	유형有形의 물질物質을 말함이니 이 세계는
欲界의 上에 在하야 婬·食	욕계欲界의 위에 존재하여 음婬·식食의
二欲을 主로 한 諸欲을 離한	두 가지 욕심을 주로 한 모든 욕심을 떠난

를 따라 쾌락을 받으므로 이렇게 이름. 곧 이곳에 있는 신神들은 때때로 즐거움을 누린다고 함. 4) 도솔천兜率天. 도솔兜率은 Skt. tuṣita의 음사. 묘족妙足·지족知足·희족喜足이라 번역. 자기가 받는 5욕락에 만족한 마음을 내는 까닭. 이곳에는 내원內院과 외원外院이 있는데, 내원에는 미륵보살이 수행중이고 외원에는 신神들이 흡족해 하면서 살고 있다고 함. 그 보살은 먼 미래에 이 세계에 다시 태어나 화림원華林園의 용화수龍華樹 아래에서 성불하여 미륵불이 된다고 함. 5) 화락천化樂天(낙변화천樂變化天). 이곳에 있는 신神들은 바라는 대상을 스스로 만들어 놓고 즐긴다고 함. 곧 5욕의 경계를 스스로 변화하여 즐김. 6) 타화자재천他化自在天. 이곳에 있는 신神들은 바라는 대상을 스스로 만들어 놓고 즐길 뿐만 아니라 다른 신들이 만들어낸 대상도 자유롭게 즐긴다고 함. 곧 다른 이로 하여금 자재하게 5욕 경계를 변화케 함. 6천 중 사왕천은 수미산 허리에 있고, 도리천은 수미산 꼭대기에 있으므로 지거천地居天, 야마천 이상은 공중에 있으므로 공거천空居天이라 함.

6   무간지옥無間地獄; Skt. Avici. 무간無間. 아비阿鼻·아비지阿鼻旨·아비지옥阿鼻地獄이라고도 함. 고통이 끊임없으므로 무간無間이라 함. 5역죄 곧 아버지를 죽인 자, 어머니를 죽인 자, 아라한을 죽인 자, 승가의 화합을 깨뜨린 자, 부처의 몸에 피를 나게 한 자 등, 지극히 무거운 죄를 지은 자가 죽어서 가게 된다는 지옥. 또 인과를 무시하고 절이나 탑을 무너뜨리거나 성중聖衆을 비방하거나, 공연히 시주 물건을 먹는 이는 이 지옥에 떨어진다고 한다. 이 괴로움을 받는 모양이 여러 경전에 기록되어 있다. 옥졸이 죄인을 붙들고 가죽을 벗기며, 그 벗겨낸 가죽으로 죄인의 몸을 묶어 불수레에 싣고, 훨훨 타는 불속에 죄인을 넣어 몸을 태우며, 야차들이 큰 쇠창을 달구어 죄인의 몸을 꿰거나, 입·코·배 등을 꿰어 공중에 던진다고 한다. 또는 쇠매(철응鐵鷹)가 죄인의 눈을 파먹는 등 여러 가지 극심한 형벌을 받는다고 한다.

7   색계色界; 1. 십팔계十八界의 하나. 계界(Skt. rūpa-dhātu)는 요소를 뜻함. 인식을 성립시키는 요소의 하나로, 눈으로 볼 수 있는 대상인 모양이나 빛깔. 2. 삼계三界의 하나. 탐욕에서는 벗어났으나 아직 형상에 얽매여 있는 세계로, 여기에 십칠천十七天(십팔천十八天)이 있음.

8   질애質碍; 물질적인 장애.

有情[9]의 世界로서 身體나
依處나 物質的 物은
總히 殊妙[10]精好[11]할새니
此 色界를 禪定[12]의
淺深[13]麤妙에
由하야 四級의 四禪天[14]이라
或은 靜慮[15]라 云하고 此中에서
或은 十六天을 立하며 或은 十七天[16]을
立하며 或은 十八天을 立함이오

유정有情의 세계로서 신체身體나
의지하는 국토(의처依處)나 물질적 사물은
모두 빼어나고 오묘하며 정교하고 좋으니
(수묘정호殊妙精好) 이 색계色界를 선정禪定의
깊고 얕음과 거칠고 정묘함(천심추묘淺深麤妙)에
말미암아 4등급(사급四級)의 4선천四禪天이라
혹은 정려靜慮라 일컫고 이 가운데에서
혹은 16천天을 세우며 혹은 17천天을
세우며 혹은 18천天을 세움이요

9 유정有情; Skt. sattva. 살타薩埵라 음사. 정情. 중생衆生과 같음. 정식情識이 있는 생물. 감정이 있는 모든 생물. 번뇌와 아무런 생각이 없는 멍한 상태를 끝없이 되풀이하는 모든 존재. 번뇌에 얽매여 미혹한 모든 존재. ↔비정非情·무정無情.
10 수묘殊妙하다; 절묘하다(비할 데가 없을 만큼 아주 묘하다).
11 정호精好; 훌륭하고 좋다.
12 선정禪定; 6바라밀의 하나. 선禪은 Skt. dhyāna, Pali jhāna의 음사音寫인 선나禪那의 준말. 정定은 뜻번역. 선정禪定이라 함은 범어와 한문을 함께 일컫는 것. 마음을 한곳에 집중하여 산란하지 않는 상태. 마음을 고요히 가라앉히고 한곳에 집중함. 마음의 통일.
13 천심淺深; 얕음과 깊음.
14 사선천四禪天; 사선四禪을 닦아 이르게 되는 색계의 네 경지, 곧 초선천初禪天·제2선천第二禪天·제3선천第三禪天·제4선천第四禪天.
15 정려靜慮; 좌선에 의해서 얻어지는 침정沈靜의 경지.
16 색계십칠천色界十七天; 색계의 열일곱 경지. 1) 범중천梵衆天. 2) 범보천梵輔天. 3) 대범천大梵天. 4) 소광천少光天. 5) 무량광천無量光天. 6) 극광정천極光淨天. 7) 소정천少淨天. 8) 무량정천無量淨天. 9) 변정천遍淨天. 10) 무운천無雲天. 11) 복생천福生天. 12) 광과천廣果天. 13) 무번천無煩天. 14) 무열천無熱天. 15) 선현천善現天. 16) 선견천善見天. 17) 색구경천色究竟天. 이상의 17천에서 대범천을 범보천에 포함시켜 16천, 광과천 위에 무상천無想天을 상정하여 18천이라 함.

三에 無色界¹⁷란 物質的의 色이
都無할새 身體나 依處가 無하고
오직 心識¹⁸으로써 深妙한
禪定에 住할 따름이라
다만 果報가 色界보다
勝한 義에 就하야 其 上에 在하다심이니
此에 亦是 四天이 有하야 或은
四無色¹⁹이라 四空處라 云하는 바
要컨대 三界란 色陰을
銷却²⁰하는 三品의 程度를
示한 者로서 枝末無明²¹인 六境²²이

셋째 무색계無色界란 물질적인 색色이
도대체 없으니 몸이나 국토가 없고
오직 마음작용(심식心識)으로써 깊고 묘한
선정禪定에 머물 따름이라
다만 과보果報가 색계色界보다
수승한 뜻이 있어 그 위에 존재한다 함이니
무색계에 역시 4천四天이 있어 혹은
4무색四無色이라 4공처四空處라 일컫는 바
요컨대 3계三界란 색음色陰을
지워 없애는(소각銷却) 3품三品의 정도를
보인 것으로서 지말무명枝末無明인 6경六境이

17 무색계無色界; 삼계三界의 하나. 형상의 속박에서 완전히 벗어난 순수한 선정禪定의 세계로, 여기에 네 가지 경지가 있음. 1) 공무변처空無邊處. 허공은 무한하다고 체득한 경지. 2) 식무변처識無邊處. 마음의 작용은 무한하다고 체득한 경지. 3) 무소유처無所有處. 존재하는 것은 없다고 체득한 경지. 4) 비상비비상처非想非非想處. 생각이 있는 것도 아니고 생각이 없는 것도 아닌 경지. 욕계·색계의 거친 생각은 없지만 미세한 생각이 없지 않은 경지.
18 심식心識; 인식하고 식별하는 마음의 작용. 소승교의 구사俱舍에서는 심과 식을 동체이명同體異名이라 하고, 대승교에 속하는 유식唯識에서는 심心과 식識을 따로 나누어 제8식을 심, 5식과 제6식은 식이라 함.
19 사무색정四無色定; Skt. catasraārūpya-samāpattayaḥ, catvāraārūpyāḥ; Pāli catasso āruppa-samāpattiyo, 사무색四無色·사공정四空定. 무색계의 네 가지 선정禪定. 1) 공무변처정空無邊處定. 허공은 무한하다고 주시하는 선정. 2) 식무변처정識無邊處定. 마음의 작용은 무한하다고 주시하는 선정. 3) 무소유처정無所有處定. 존재하는 것은 없다고 주시하는 선정. 4) 비상비비상처정非想非非想處定. 생각이 있는 것도 아니고 생각이 없는 것도 아닌 경지의 선정. 욕계·색계의 거친 생각은 없지만 미세한 생각이 없지 않은 경지의 선정.
20 소각消却/銷却; 1. 지워서 없애 버림. 2. 남에게 진 빚이나 꾼 돈 따위를 갚아 버림.
21 지말무명枝末無明; 지말불각枝末不覺. 있는 그대로의 참모습을 깨닫지 못하여 홀연히 차별을 일으킨 원초적 번뇌인 근본무명根本無明에 부수적으로 일어나는 미세한 번뇌.
22 육경六境; Skt. ṣad-viṣaya 경境은 대상을 뜻함. 육근六根의 대상인 색色·성聲·향香·미味·촉觸·법法을 말함. 1) 색경色境. 눈으로 볼 수 있는 대상인 모양이나 빛깔. 2) 성경聲境. 귀로 들을 수 있는 대상인 소

欲界요 根本無明[23]인 六根[24]이	욕계欲界요 근본무명根本無明인 6근六根이
色界요 受・想・行・識의	색계色界요 수受・상想・행行・식識의
染識인 六識[25]이 無色界라	염식染識인 6식六識이 무색계無色界라
六境・六根・六識의	육경六境・육근六根・육식六識의
十八天으로 色界를 無色界까지	18천十八天으로 색계色界를 무색계無色界까지
延長함이 法合하니	연장延長함이 진리에 합당하니
麤大한 欲界와	거칠고 거시적인 욕계欲界와
細微한 無色界는	세밀하고 미시적인 무색계無色界는
色界에 立脚한 禪定으로써	색계色界에 입각立脚한 선정禪定으로써
分明히 自證劃定할지오	분명하게 스스로 증명하여 구분할 것이오

리. 3) 향경香境. 코로 맡을 수 있는 대상인 향기. 4) 미경味境. 혀로 느낄 수 있는 대상인 맛. 5) 촉경觸境. 몸으로 느낄 수 있는 대상인 추위나 촉감 등. 6) 법경法境. 의식 내용. 관념.

23　근본무명根本無明; 근본불각根本不覺. 있는 그대로의 참모습을 깨닫지 못하여 홀연히 차별을 일으키는 원초적 번뇌.

24　육근六根; Skt. ṣaḍ-indriya. 근根은 기관・기능을 뜻함. 대상을 감각하거나 의식하는 여섯 가지 기관・기능. 1) 안근眼根. 모양이나 빛깔을 보는 시각 기관인 눈. 2) 이근耳根. 소리를 듣는 청각 기관인 귀. 3) 비근鼻根. 향기를 맡는 후각 기관인 코. 4) 설근舌根. 맛을 느끼는 미각 기관인 혀. 5) 신근身根. 추위나 아픔 등을 느끼는 촉각 기관인 몸. 6) 의근意根. 의식 기능. 인식 기능.

25　육식六識; 육식신六識身. 산스크리트어 ṣaḍ-vijñāna 안眼・이耳・비鼻・설舌・신身・의意의 육근六根으로 각각 색色・성聲・향香・미味・촉觸・법法의 육경六境을 식별하는 안식眼識・이식耳識・비식鼻識・설식舌識・신식身識・의식意識의 여섯 가지 마음 작용. 1) 안식眼識. 시각 기관(안眼)으로 시각 대상(색色)을 식별하는 마음 작용. 2) 이식耳識. 청각 기관(이耳)으로 청각 대상(성聲)을 식별하는 마음 작용. 3) 비식鼻識. 후각 기관(비鼻)으로 후각 대상(향香)을 식별하는 마음 작용. 4) 설식舌識. 미각 기관(설舌)으로 미각 대상(미味)을 식별하는 마음 작용. 5) 신식身識. 촉각 기관(신身)으로 촉각 대상(촉觸)을 식별하는 마음 작용. 6) 의식意識. 의식 기능(의意)으로 의식 내용(법法)을 식별・인식하는 마음 작용.

同時에 欲界의 四大的假想²⁶인	동시에 욕계欲界의 지수화풍 4대의 가상인
六境이 虛妄不實함을	육경六境이 허망하여 실답지 못함을
信忍한 四善根²⁷이 信位에서	신인信忍한 사선근四善根이 신위信位에서
그의 實相을 證하고 此 地에	그의 실상實相을 증명(증證)하고 이 지地에
住하야 解行²⁸一如로써	머물러 수행과 이해가 하나(해행일여解行一如)
受・想・行・識 四陰의	로써 수受・상想・행行・식識 4온의
滅盡²⁹에 따라 常・樂・我・淨³⁰을	멸진滅盡에 따라 상常・락樂・아我・정淨을

26 가상假想; 사실이 아니거나 사실 여부가 분명하지 않은 것을 사실이라고 가정하여 생각함.
27 사선근四善根; Skt. catuṣ-kuśala-mūla, catvāri kuśala-mūlāni. four wholesome roots. 1. 구사론에서, 성자의 경지인 견도見道에 이르기 위해 닦는 네 가지 수행 단계. 1) 난위煖位. 견도를 불에 비유하여, 따뜻하므로 그 경지에 가까운 단계라는 뜻. 범부의 지혜로써 사제四諦를 분석적으로 관찰하는 단계. 2) 정위頂位. 범부의 지혜로써 사제를 분석적으로 관찰하는 최상의 단계. 3) 인위忍位. 범부의 지혜로써 사제의 이치를 확실하게 이해하고 인정하는 단계. 4) 세제일법위世第一法位. 가장 뛰어난 범부의 지혜에 이른 단계로, 이 다음 단계가 성자의 경지인 견도見道임. 2. 유식설에서, 오위五位 가운데 제2 가행위加行位에서 닦는 네 가지 수행 단계. 1) 난위煖位. 객관 대상은 허구라고 주시하는 단계. 2) 정위頂位. 객관 대상은 허구라고 가장 뛰어나게 주시하는 단계. 3) 인위忍位. 객관 대상은 허구라고 확실하게 인정하고, 나아가 인식 주관도 허구라고 주시하는 단계. 4) 세제일법위世第一法位. 객관 대상뿐만 아니라 인식 주관도 허구라고 확실하게 인정하는 단계.
28 해행解行; 지해知解와 수행修行을 아울러 일컫는 말. 1. 불교의 인식적 부문, 곧 수행하는 사람이 지력智力에 의하여 이론 교의를 밝게 이해하는 것을 해 또는 해문解門. 그 밝게 이해한 것을 몸소 실천에 옮기는 실천적 부문을 행 또는 행문行門. 이 둘은 수행하는 이가 반드시 갖추어야 할 것이므로, 옛부터 해를 눈, 행을 발에 비유하였음. 바른 길을 걸어 가려면 눈과 발이 서로 떨어지지 않고, 반드시 함께 하여야 하므로 지목知目・행족行足이라고도 함. 2. 정토종에서 안심安心과 기행起行. 곧 신앙과 이와 함께 일어나는 행동.
29 멸진滅盡; 1. 모든 번뇌가 소멸됨. 2. 여러 인연이 모여 생겼다가 그 인연이 흩어져 소멸함. ▶멸진정滅盡定; 대승에서는 24불상응법不相應法의 하나. 소승에서는 14불상응법의 하나. 또는 2무심정無心定의 하나. 성자聖者가 모든 심상心想을 다 없애고 적정寂靜하기를 바래서 닦는 선정. 소승에서 불환과不還果와 아라한과의 성자가 닦는 것은 유루정有漏定으로, 6식과 아집人執을 일으키는 말나末那만을 없애는 것. 대승의 보살이 이를 닦는 것은 무루정無漏定으로, 법집法執을 일으키는 말나까지 없앤다.
30 상락아정常樂我淨; Skt. nitya-sukha-ātman-śubha. Pāli nicca-sukha-atta-subha. 1. 열반사덕涅槃四德・법신사덕法身四德・사덕四德. 법신法身과 열반涅槃에 갖추어진 네 가지 덕德으로서 상常・락樂・아我・정淨. 첫째는 영원하여 변하지 않는 상常, 둘째는 고통이 없는 안락한 낙樂, 셋째는 진실한 자아로서 아我, 넷째는 번뇌의 더러움으로부터 벗어난 정淨이다. 곧 상주常住, 안락安樂, 진아眞我, 청정淸淨. 2. 범부가 일으키는 네 가지 잘못된 견해. 무상을 상常, 괴로움을 낙樂, 무아를 아我, 더러움을 정淨이라고 사유하는 견해.

成就할새 名이 四滿成佛³¹의
성취   명   사만성불

妙覺³²인 바
묘각

解悟³³에 있언
해오

一念³⁴에 三界를
일념   삼계

超越할 수 있으나 證悟³⁵에 있언
초월   증오

界分이 本有하니
계분   본유

三界를 圖示하면 如左하니라
삼계   도시   여좌

성취하니 이름이 신해행증이 원만한

사만성불四滿成佛의 묘각妙覺인 바

알아깨침(해오解悟)에 있어서는

한생각(일념一念)에 6도윤회(삼계三界)를

초월超越할 수 있으나 증오證悟에 있어서는

경계의 구분(계분界分)이 본래 있으니

삼계三界를 도시圖示하면 아래(여기서는

오른쪽)와 같으니라

---

31 사만성불四滿成佛; 신만信滿·해만解滿·행만行滿·증만證滿 성불을 말함. 1) 신만성불은 10신信의 만위滿位, 곧 최상위에서 만법이 불생불멸하고 청정하고 평등함을 믿어 구할 것 없는 것. 2) 해만성불은 10주住의 만위에서 깊이 모든 법의 체성인 진여를 깨달아 생사·열반의 생각이 일어나지 않고, 두려운 마음과 구하는 마음이 없는 것. 3) 행만성불은 등각위等覺位에서 무명 번뇌가 모두 끊어져서, 자기가 바라고 원하던 것과, 수행이 완성하는 것. (4) 증만성불은 묘각위妙覺位에서 부사의한 불과佛果를 증득하는 것.

32 묘각妙覺; Skt. subuddhi, marvelous enlightenment. 불과佛果를 말한다. 보살 수행의 지위 점차인 52위나 41위의 마지막 지위. 등각위等覺位에 있는 보살이 다시 1품의 무명을 끊고 이 지위에 들어간다. 온갖 번뇌를 끊어버린 부처님의 자리. 바르고 원만한 부처의 깨달음. 모든 번뇌를 끊고 지혜를 원만히 갖춘 부처의 경지.

33 해오解悟; 요해각오了解覺悟. 도리를 깨달아 아는 것. 이치를 깨달음. 자각함.

34 일념一念; 1. Skt. eka-kṣaṇika. 지극히 짧은 시간. 찰나. 순간. 2. Skt. eka-citta-kṣaṇa. 찰나에 일어나는 마음 작용. 순간의 마음. 3. Skt. eka-citta. 한 생각. 4. 한곳에 집중하여 산란하지 않는 마음. 통일된 마음. 한결같은 마음. 오로지 한 가지에 몰두하는 마음.

35 증오證悟; 깨달음. 수행으로 진리를 체득하여 깨달음. 올바른 지혜로 진리를 증득하여 깨달음. ↔해오解悟

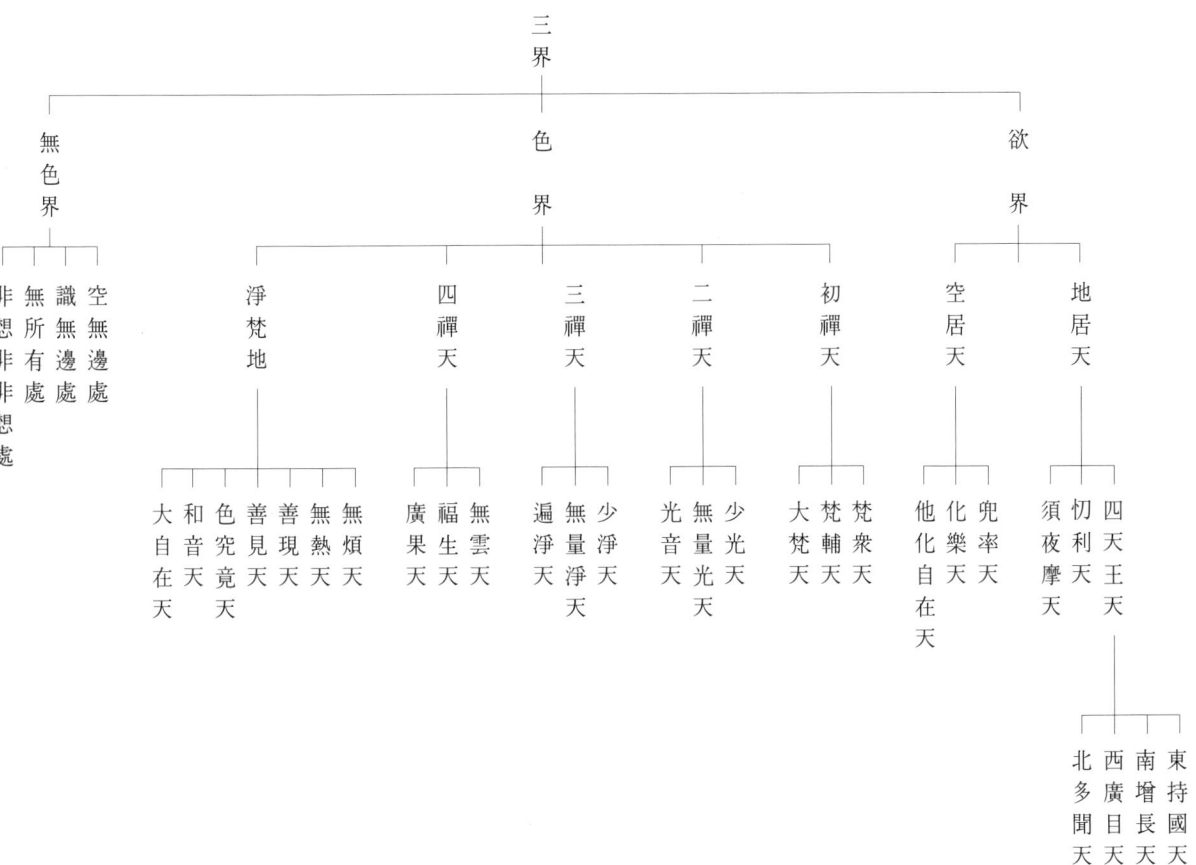

삼계三界

凡夫가 生死往來하는 世界를 三에 分하니

一에 欲界란 淫欲과 食欲을 主로 하고 諸欲을 從으로 한 有情의 世界로서 上은 六欲天으로부터 中은 人界의 四大洲를 經하야 下는 無間地獄에 至하기까지를 云함이오

二에 色界란 色은 質碍의 義로서 有形의 物質을 云함이니 此 界는 欲界의 上에 在하야 淫・食 二欲을 主로 한 諸欲을 離한 有情의 世界로서 身體나 依處나 物質的 物은 總히 殊妙精好할새니 此 色界를 禪定의 淺深麤妙에 由하야 四級의 四禪天이라 或은 靜慮라 云하고 此中에서 或은 十六天을 立하며 或은 十七天을 立하며 或은 十八天을 立함이오

三에 無色界란 物質的의 色이 都無할새 身體나 依處가 無하고 오직 心識으로써 深妙한 禪定에 住할 따름이라 다만 果報가 色界보다 勝한 義에 就하야 其 上에 在하다심이니 此에 亦是 四天이 有하야 或은 四無色이라 四空處라 云하는 바

要컨대 三界란 色陰을 銷却하는 三品의 程度를 示한 者로서 枝末無明인 六境이 欲界요 根本無明인 六根이 色界요 受・想・行・識의 染識인 六識이 無色界라 六境・六根・六識의 十八天으로 色界를 無色界까지 延長함이 法合하니 麁大한 欲界와 細微한 無色界는 色界에 立脚한 禪定으로써 分明히 自證劃定할지오 同時에 欲界의 四大의 假想인 六境이 虛妄不實함을 信忍한 四善根이 信位에서 그의 實相을 證하고 此 地에 住하야 解行

一如로써 受·想·行·識 四陰의 滅盡에 따라 常·樂·我·淨을 成就할새 名이 四滿成佛의 妙覺인 바 解悟에 있언 一念에 三界를 超越할 수 있으나 證悟에 있언 界分이 本有하니 三界를 圖示하면 如左하니라

〈원문의 도시圖示 참조〉

저번에 삼계三界를 도식으로 해서 설명을 드렸습니다마는 금강심론에 나와 있는 삼계 풀이를 보도록 하겠습니다.

범부가 생사왕래하는 세계를 셋으로 나누니 1. 욕계欲界란 음욕과 식욕을 주로 하고 모든 제반 욕심을 종으로 한, 보통은 욕계 삼욕三欲이라고 해서 음욕, 식욕, 잠(수면)욕으로 말합니다. 유정有情의 세계로서, 위는 6욕천六欲天으로부터 중中은 우리 인간의 사대주四大洲를 거쳐서 하下는 무간지옥에 이르기까지를 욕계라고 하며,

2. 색계色界란 색은 질애質碍 곧 물질이라는 뜻입니다. 물리적인 술어로 하면 질료라고 말합니다. 유형의 물질을 말함이니 이 세계는 욕계의 위에 있어서 음욕이나 식욕이나 잠욕이나 그런 욕심을 주로 한 모든 욕망을 떠난 유정의 세계로서 신체身體나 의처依處인 환경이나 물질적인 물물은 모두 다 수묘정호殊妙精好할새니, 이것은 보통 우리가 보는 물질이 아니라 이른바 광명세계光明世界를 말합니다. 색계에 올라가면 벌써 자기 몸도 주변도 모두 다 광명세계인 것입니다. 우리는 광명세계에 대해서 거부 반응을 느낄 만한 하등의 아무 것도 없습니다. 현대 물리학도, 이미 말씀드린 바와 같이 저 근원에는 하나의 광량자光量子 즉 가장 미세한 광자光子라 하는 것이 파도처럼 우주에 충만하여 우주의 장場이 되어 있다는 것입니다. 전자나 양성자나 중성자나 모두가 다 광명의 파동입니다. 어떻게 말로 표현할 수 없는 그야말로 깨끗하고 청정하고 미묘한 빛으로 색계는 이루어져 있습니다.

이러한 색계의 선정禪定이 옅고 깊고 또는 거칠고 묘한 정도에 따라서 4급의 사선천四禪天이라 혹은 사정려四靜慮라 말하고 이중에는 혹은 16천을 세우고, 혹은 17천을 세우며, 혹은 18천을 세우기도 하는데, 그러니까 욕계와 무

색계는 고정적으로 욕계 6욕천 무색계 4천을 말하는데 색계는 16천이라 하는데도 있고 17천이라 하기도 하고 18천이라 하는 데도 있고 또는 19천을 말하는 데도 있습니다.

3. 무색계無色界란 물질적인 색이 조금도 없으며 신체나 의지하는 환경도 없고 오직 심식心識으로써 심묘深妙한 선정에 머물 따름인데. 다만 그 과보가 색계보다 더 수승한 곧 업장이 가벼운 정도에 따라서 그 위에 있다 하심이니, 이것에 역시 4천四天이 있어서 혹은 4무색四無色이라, 4공처四空處라고 말합니다.

요컨대 3계란, 색음을 곧 번뇌의 어두움을 다 녹여서 없애는 3품의 정도를 보인 것으로서 지말枝末무명 곧 거칠은 번뇌인 6경境이 욕계요, 근본무명인 6근根이 색계요. 수와 상과 행과 식의 염식染識인 6식識이 무색계라. 6경·6근·6식의 18천으로 색계를 무색계까지 연장함이 법에 합하니, 6경, 6근, 6식이면 3×6은 18입니다.

추대麁大한 욕계, 본래 근根은 색계인데 욕계는 추대麁大해서 업장 때문에 퍼뜨려져서 되었습니다. 또는 보다 더 정밀한 무색계는 색계에 입각한 선정으로써 분명히 스스로 증명해서 한계를 밝혀야 할 것이요, 동시에 욕계의 사대적四大的 가상假相인 6경境이 허망부실함을 신인信忍한 사선근四善根이,

따라서 우리가 일심 정념으로 가행정진하는 것은 욕계의 모든 경계가 허망부실하다는 것을 확실히 믿기 때문입니다. 확실히 못 믿으면 4선근이 못됩니다. 아무리 자기가 공부했다고 별 소리를 다 해도 역시 욕계의 6경이 허망부실한 것을 깊게 못 믿으면 아직 공부는 미숙한 것입니다. 4선근이 미처 못되었다는 말입니다. 공부하는 분은 자기 점검을 잘 하여야 합니다. 자기 몸뚱이도 허망하고 감투도 재물도 허망하고 자기 목숨까지도 허망하다고 생각하는 마음이 확신되어서 실제로 확립이 되어야 이른바 4선근이 되었다는 말입니다. 그래야 성불할 수 있는 준비가 되는 것입니다.

신위信位에서 그의 실상을 증명하고 이 경지에 머물러서 해解와 행行의 일여一如로써 수·상·행·식 4온四蘊의 번뇌가 소멸됨에 따라 상락아정常樂我淨 곧 상주부동하여 영생하는 상常과, 무한의 행복인 안락(락樂)과, 삼명육통을

다하고 모두를 다 알고 모두를 다 할 수 있는 아我와, 또는 번뇌가 흔적도 없는 정淨이 열반사덕涅槃四德인 상락아정이며 우리 자성공덕自性功德입니다. 자성공덕을 항시 마음에다 두어야 합니다. 생사를 초월하여 불생불멸해서 영생하고, 한량없이 안락해서 일체 행복을 원만히 다 구족하고, 신통자재해서 모든 지혜공덕을 다 갖추고, 청정 무구해서 조금도 번뇌의 때가 없는 것이 우리의 본 마음입니다. 이것을 성취해야 비로소 상실된 자기 고향, 잃어버린 자아를 찾는 것입니다.

자아의 회복, 상실된 자아를 찾아야 한다 하지만 얄팍한 깨달음이 아니라 이렇게 심오한 상락아정의 무량공덕을 깨닫는 것입니다.

이렇게 우리 자성은 깊고도 묘하고 공덕원만이기 때문에 인간성은 존엄한 것입니다. 인간성의 존엄을 말하는 것은 이 존엄성이 다른 것과 비교 할 수가 없으니까 존엄한 것입니다. 따라서 뭘 좀 알고, 자유를 좀 구하고, 그런 정도로 존엄스럽다고 하면 그것은 존엄한 인간성의 모독입니다.

상락아정을 성취할새 이름이 사만성불四滿成佛이라, 신해행증信解行證의 원만입니다. 믿음으로 원만, 해석으로 원만 또는 행으로 원만, 증명으로 원만입니다. 이러한 사만성불이 묘각妙覺인 바 해오解悟에 있어서는 일념一念에 삼계를 초월할 수 있으나 증오證悟에는, 증명하는 깨달음에는 계분界分 곧 자기 업장의 소멸에 따른 차서가 본래 있는 것이니 삼계를 도시圖示할 것 같으면 앞에 있는 것과 같습니다.

(『圓通佛法의 要諦』, 聖輪閣, 1993, 546~550)

삼계三界

우리가 보통 '삼계를 떠난다' 또는 '삼계에 머물러 있다' 하는 말들을 많이 하지 않습니까마는, 삼계三界는 중생이 생사 윤회하는 경계입니다. 따라서 마땅히 삼계를 벗어나야 하고 삼계를 벗어나는 것은 이른바 성자가 되는 것입니다.

그러나 과거 전생의 선근에 따라 비약적으로 빨리 벗어나는 분도 있기는 하나 보통은 점차로 공부 정진 따라서 닦아 올라가는 것입니다. 그런데 선정에 들어가는 초선정初禪定, 2선정, 3선정, 4선정 이런 선정은 모두가 다 각 천인天人의 선근 정도와 상응되는 것입니다. 가령, 초선천初禪天에 나기 위해서는 초선정을 닦으면 된다는 말입니다. 따라서 우리가 지금 초선천에 있지 않더라도 마음 정도가 초선정에 들어갔다면 벌써 초선천에 있는 존재, 그런 천인들과 정도가 같다는 말입니다. 또, 우리가 2선정二禪定에 들어가면 2선천에 있는 천인들과 똑같은 능력과 선근이 되는 것입니다.

삼계는 욕계欲界, 색계色界, 무색계無色界를 말하고 욕계는 6욕천六欲天으로 되었는데 우선 지거천地居天과 공거천空居天으로 나눕니다. 지거천은 소위 각 원소의 단계인 지진地塵 곧, 지구나 토성이나 다른 별들이나 질료質料를 의지해 사는 중생들이 지거천입니다. 공거천은 업장이 좀 가벼워서 지거천을 떠나 있는 허공 가운데 사는 중생입니다. 이런 천인들은 몸뚱이가 우리 몸뚱이 같지가 않기 때문에 허공에서 마음대로 공간을 집으로 알고 산다는 것입니다.

그리고 지거천에는 사대왕천四大王天 즉 사왕천四王天과 도리천忉利天·수야마천須夜摩天 즉 야마천의 셋이 있고 다시 사왕천은 동쪽에 지국천持國天, 남쪽에 증장천增長天, 서쪽에 광목천廣目天, 북쪽에 다문천多聞天으로 구분됩니다.

그러면 우리 인간은 어디에 존재하는가? 우리 인간이 존재하는 곳은 욕계의 4왕천 가운데 남쪽 증장천增長天에 딸린 남섬부주南瞻浮洲 곧 염부제閻浮提입니다. 그러나 우리 불자들은 재가, 출가를 불문하고 사실은 벌써 그 업장이 상당한 정도로 정화되어 있다고 볼 수 있습니다. 지금 욕계에 있다 할지라도 얼마만치 욕심을 떠나 있는가? 번뇌를 떠나 있는가?에 따라서 그에 상응한 높은 경계에 있다고 볼 수가 있습니다.

그리고 공거천은 도솔천兜率天, 화락천化樂天, 타화자재천他化自在天의 셋인데 다 천상이니까 천상 나름대로 통력通力도 있습니다. 삼명육통三明六通같은 원래 법성에 갖추고 있는 통력은 못하더라도 그대로 그 업력에 따른 보통報通이 있는 것입니다.

석가모니 부처님의 어머니인 마야摩耶 Mahā-māyā 부인은 세연世緣을 마치고 도리천에 태어 났습니다. 역시 그 어머니가 청정하였기 때문에 그런 훌륭한 세존世尊을 낳았겠지요. 흔히 세간에서 알기는 불교는 자기 부모도 모르고 윤리를 무시한다고 하지만 절대로 그렇지 않습니다. 부처님께서는 어머님을 위해서 3개월 동안 도리천에 올라 가셔서 어머님과 도리천의 천상인들을 위해서 설법을 하셨던 것입니다. 어머니도 역시 아들을 낳고 7일 만에 돌아가셨기 때문에 그 아들에 대해서 두고두고 안스러운 마음이 남아 있었겠지요. 그래서 부처님은 도리천에 올라가서 세상은 허망하고 생사가 본래 없는 것이라고 법문을 하셨을 것입니다. 모자母子의 정이라는 게 그렇게 두터운 것입니다. 우리가 출가할 때 '은애불능단恩愛不能斷이나' 은혜와 사랑을 끊기가 어렵지만 '기은입무위棄恩入無爲면' 은혜와 사랑을 버리고 상相을 여읜 무위법에 들어가면 '진실보은자眞實報恩者라' 진정으로 은혜를 갚는 것이로다. 라는 게송이 있습니다.

부처님이 열반에 드실 때는 어머니 마야 부인이 내려와서 눈물을 흘리면서 비감悲感에 잠겨 관을 지켜보고 있으려니까 불현듯이 관문이 열리고 세존께서는 가부좌한 채로 어머니에게 마지막 설법을 하셨습니다. "어머니시여! 제행무상諸行無常이니 회자정리會者定離요 시생멸법是生滅法입니다. 세상 일은 다 무상하여 만나면 꼭 헤어지는 것이요, 낳는 것은 필시 죽기 마련이니 슬퍼하지 마시고 이별과 생사를 초월한 부처님 법을 생각하소서"라고 하시니 어머니께서 그제야 슬픔을 진정하고 안위安慰의 미소를 지었다는 것입니다.

아무튼 도리천도 중생들이 생각하는 이상으로 훌륭한 곳입니다. 도리천에만 가도 음식을 먹고 싶으면 저절로 음식이 나온다는 것입니다. 천상들은 분단식分段食을 먹는 것이 아니고 향기만 맡는다고 합니다. 따라서 야마천은 물론이고 도솔천, 화락천, 타화자재천 이렇게 올라갈수록 받는 안락이나 능력이 더욱더 수승한 것으로 표현되어 있습니다. 화락천化樂天은 문자 그대로 가령, 괴로운 경계도 전화위복轉禍爲福을 시켜서 기쁘고 즐거운 경계로 만든다는 것입니다.

그 다음에 있는 타화자재천은 욕계천의 가장 위층인데 마왕魔王 파순波旬은 여기에 삽니다. 따라서 마왕은 보통 밑에 있는 천상보다도 훨씬 더 능력을 잘 부리는 것입니다. 우리가 앉아 있으면 더러는 이상한 모양을 내어 나투기도 하고 또 꿈속에 현몽하여 우리 공부를 방해하기도 합니다. 마왕은 하여튼 우리가 욕계를 벗어날세라 친구 모습으로 오기도 하고 이성의 모양으로 오기도 해서 가지가지로 훼방을 놓는 것입니다.

그 다음, 초선천은 앞서 말씀드린 바와 같이 삼매를 닦아서 욕계번뇌를 떠나야 비로소 초선천에 들어갑니다. 그래서 입정入定이라, 선정에 든다는 것은 욕계번뇌를 떠나야 되는 것입니다. 욕계번뇌의 가장 중요한 것은 식욕食慾, 잠욕(수면욕睡眠欲), 음욕淫欲입니다. 욕계서도 식욕과 잠욕과 음욕의 정도에 따라서 차이가 있습니다. 가령, 음욕에 있어서도 사대왕천과 도리천까지는 남녀 이성의 결합이 있는 셈이지만 야마천에 올라가면 이성 결합이 없이 단순히 서로 포옹할 정도이고 그 다음 도솔천은 악수만 하는 정도이고 화락천은 서로 피차 바라보고 미소만 띠우는 정도이며 그리고 마지막 타화자재천에 오르면 그 음욕이 눈으로만 눈웃음 짓는 정도라고 합니다. 부처님 가르침은 참으로 미묘하고 감사하고 감격스럽습니다.

우리가 공부를 해서 그와 같이 욕심을 다 떠나면 초선정에 들어 천상으로는 초선천에 납니다. 중생들이 정진하여 공부가 좀 되었다고 하더라도 자기를 점검해서 욕심이 남아 있다면 아직 욕계정欲界定이라, 욕계에서의 정신통일에 불과한 것입니다. 이른바 명상법이나 닦아서 조금 더 맑아진 것이지 선정禪定이라는 이름을 붙일 수가 없는 것입니다. 그래서 우리 공부하는 분들은 자기 점검에 엄격해야 합니다.

범중천梵衆天, 범보천梵輔天, 대범천大梵天이 초선천의 세 하늘입니다. 이것은 역시 점차로 번뇌가 희박해져 가는 정도에 따라서 층별層別의 차이가 있습니다.

2선천에 들어가서는 온전히, 그야말로 광명이 훤히 빛나서 광명뿐입니다. 본래가 광명인데 삼독三毒 오욕심五欲心에 가려 있다가 선정이 깊어짐에 따라 차근차근 빛나는 것입니다. 처음 소광천少光天에서는 조금 덜 빛나고 그 다음에는 무량광천無量光天이라, 훤히 한량없이 빛난다는 것입니다.

그 다음 광음천光音天에는 광명으로 해서 조금도 막힘이 없이 누구한테 무슨 말을 하려고 할 때도 마음만 먹으면 광명으로 서로 상통하여 이심전심以心傳心으로 영통이 된다고 합니다.

그래서 고집이 세고 강강剛剛한 천인天人이 허물을 범할 때 옆에서 충고하여도 듣지 않는 천인들에게는 상대하지 않는 벌을 주는 범단지법梵壇(brahma-danda)이라 하여 서로 말하지 않고 상대하지 않는 묵빈대치默擯對治법이 있습니다.

좁게 보면 초선천만 범천梵天이고 넓게는 초선천 2선천 3선천 4선천을 모두 범천이라고 말합니다. 브라만Brahman이 범천에 소속된다고 할 수 있지요. 이런 범천, 곧 4선천에 있는 중생들은 아직도 중생인지라 서로 그릇된 짓도

하는데 그 가운데 말을 안 들으면 그 벌칙이 상대를 안 해버리는 것입니다.

부처님께서 열반 들으시려 하자 아란존자가 "차익車匿비구와 같이 고집 센 강강剛剛한 비구는 어떻게 다스려야 합니까" 하고 여쭈니까 "범단지법으로 대처하라" 하셨습니다. 충고를 하여 들으면 좋은데 안 들으면 우리 출가사문이 서로 싸울 수는 없는 것이고 말하지 않고 상대하지 않는 묵빈대치默擯對治의 법으로 다스리는 것입니다.

3선천의 소정천少淨天은 청청하기는 하나 아직은 번뇌의 때가 좀 남아있다는 것입니다. 그 다음에는 훨씬 더 맑아져서 한량없이 맑은 경계를 얻음은 무량정천無量淨天이고, 그 다음은 변정천遍淨天이라, 끝도 가도 없이 삼천대천세계 구석구석까지 맑은 경계입니다. 부처님 나라는 한 삼천대천세계가 전부가 아닙니다. 삼천대천세계가 무량으로 있는 것입니다.

4선천은 번뇌의 그림자가 없는 무운천無雲天, 그리고 번뇌의 구름이 없기 때문에 복이 저절로 오는 복생천福生天, 그리고 넓이가 삼천대천세계와 같이 광대무변한 광과천廣果天입니다.

4선천을 의지해서 정범지淨梵地가 있는데 보통 4선천의 광과천까지는 일반 외도나 천중들이 갈 수가 있습니다. 그러나 그 다음 정범지는 청정한 곳이므로 성자만 가는 곳입니다.

정범지에 있는 무번천無煩天은 번뇌가 없는 천상경계요, 무열천無熱天은 번뇌가 없으니 항시 청량미를 맛보는 경계요, 선현천善現天은 모두가 다 좋게만 광명으로 보이는 경계로서 우리 중생들은 기분이 좀 나쁘면 다 나쁘게 보이고 밉게 보이겠지만 여기서는 벌써 애증愛憎을 떠난 경계라는 말입니다. 또는 선견천善見天은 모두가 좋게만 보이니 우리의 견해도 응당히 선량하게 되는 경계요, 색구경천色究竟天은 모든 존재의 끄트머리 즉 모든 광명의 본질로서 가장 청정한 광명을 음미하고 생활하는 하늘의 경계입니다.

그 다음 화음천和音天은 신묘한 음률音律이 우주에 충만해 있는 경계입니다. 우리가 금강경에 색色이나 소리로는 여래如來를 볼 수 없다는 말씀이 있으니까 색은 별것이 아니고 광명이 별것인가? 극락세계나 영원의 세계는 소리가 없지 않은가? 하지만 우주란 것은 세간적인 때문은 색이나 소리를 초월한 영원한 묘색妙色과 묘음妙音이 충만해 있는 것입니다. 또한 정확한 수리로써 구성되어 있기 때문에 우주 자연의 도리에 어긋나고 잘못 살면 역사의 심판을 받습니다.

앞서 언급한 광명은 태양 빛같이 눈부신 광명이 아니라 청정 적광寂光, 정광淨光입니다. 그런 적광은 영생으로 항시 상주부동한 것이고, 음향이나 하나의 리듬rhythm도 화명애아和鳴哀雅라고 하여 법화경이나 또는 화엄경을 보면 천상의 음률 표현을 하고 있는데 보통 우리가 느끼는 명곡과는 비교할 수 없이 한결 청정하고 무상한 오욕五慾 경계를 떠나버린 청정하고 평온하며 신묘한 음악인 것입니다. 그런 묘음이 우주에는 항시 울리고 있는 것입니다. 따라서 가령, 광명진언光明眞言이나 또는 어떤 진언이나 모든 진언이란 우주에 있는 신묘한 리듬을 그대로 표현한 것이기 때문에 의미로 풀이가 어려운 것입니다. 우주에는 그와 같이 신묘한 리듬이 항시 있습니다. 우리가 명곡을 들으면 좋아하는 것도 가장 신묘한 리듬이 우리 불성 가운데 원래 존재하기 때문에 명곡을 들으면 그만치 우리 마음도 맑아지는 것입니다.

그 다음 무색계는 색을 떠나버린 하나의 심식心識 곧, 마음만 있는 중생이 사는 세계입니다. 무색계의 공무변처空無邊處는 공이 끝도 가도 없는 무량무변의 세계를 다 수용할 수 있는 경계이고 또 식식무변처는 일체가 유심조唯心造요 만법이 유식唯識이라, 모든 것이 마음으로 통찰해 보이는 경계입니다. 처음에는 텅텅 비어 보였지만 업장이 더 녹아지니까 아무것도 없는 것이 아니라 오직 마음 곧 의식인 생명이 충만해 있음을 깨닫는 경계요, 무소유처無所有處는 식식이라고 할 것도 없고 무엇이라 이름 지을 수도 없는, 이름과 상相을 여읜 경계입니다. 또 비상비비상처非想非非想處는 번뇌가 거의 다 스러져서 번뇌가 있는 것도 같고 없는 것도 같아 번뇌가 있는 것을 지각知覺하지 못할 정도로 청정한 경계이며 3계 가운데 최상의 천상입니다.

부처님께서도 보리수하菩提樹下에서 성도하시기 전 6년 고행 때도 육사외도六師外道한테 가서 여러 가지로 많이 배웠습니다마는 그런 가운데도 3외도

제3편 제14장 삼계 | 679

한테 배웠다는 사실은 주목해야 되겠습니다. 왜냐하면 우리 공부와 관계가 있고 우리에게도 아주 훌륭한 귀감이 되기 때문입니다.

맨 처음에 고행외도苦行外道인 발가바Bhargava 선인한테 가서 가지가지의 심각한 고행을 했는데, 어떤 기록에서는 발가바 외도한테 배운 고행은 별것이 아니라고 폄하하는 사람도 있습니다. 그러나 그것은 잘못된 생각입니다. 물론 그 당시 싯달타悉達多 Siddhartha 태자가 부처님같은 분을 만났으면 다시 말할 것도 없이 고행을 별로 않고서도 깨달음을 성취했겠지요. 그러나 고행으로서 미처 해탈을 못했다 할지라도 욕계 번뇌는 초월하여 범천梵天에 날 수 있는 능력은 얻었던 것입니다. 3아승지겁을 닦아온 부처님인지라 고행을 해도 느낌과 얻음이 다르겠지요. 업장이 무거운 사람은 고행을 하면 그것에만 집착해서 고행을 하려고 하지마는 선량하고 총명한 사람은 고행을 해도 얻을 것은 얻고 버릴 것은 버리는 것입니다.

그러나 '고행의 목적이 무엇인가'를 부처님께서 물었을 때에 '범천梵天에 나는 것'이라고 함으로 '그러면 하늘에 나는 것은 영생永生을 하고 인생고를 다 벗어나는 것인가?' 부처님께서 되물으니까 '범천에 난다 하더라도 역시 복진타락福盡墮落이라' 복이 다하면 다시 타락한다고 대답하니까 부처님께서는 '내가 바라는 것은 생로병사를 영원히 떠나는 것이요, 그런 하늘에 태어나기를 위한 것이 아니라' 하고 발가바 선인을 버리고서 다시 스승을 찾아간 것이 아라라칼마입니다.

아라라칼마Ālāra Kālāma는 이른바 수정주의修定主義자로서 선정에 드는 공부를 하는 외도의 스승이었습니다. 부처님은 그에게 '대체 어떤 공부를 하느냐'고 묻자 '무색계의 무소유처정無所有處定을 닦는 것'이라고 하였습니다.

무소유처는 무색계의 셋째번 하늘이니 상당히 높은 경계지요. 그러니까 그 당시 인도에는 벌써 선정에 깊이 들어간 분들이 많이 있었습니다. 이 분들을 가리켜 신선, 바라문 선인이라고 합니다. 부처님께서는 벌써 욕심을 떠난 단계이기 때문에 얼마 안 가서 자기 스승과 같은 정도로 무소유처까지 들어가는 삼매三昧를 발득發得했습니다. 무소유처에 들어가 보니 재미가 있고 쾌락도 있으며 분별망상은 거의 가셨으나 아직은 삼계내三界內이기 때문에 해탈의 법락法樂은 못되어 만족할 수가 없었습니다. 보통 사람 같으면 그 정도 같으면 되겠다 싶어 멈추어 버리겠지요. 수승한 근기와 수승하지 않는 사람의 근기와의 차이는 이런 데에 있는 것입니다. 수승한 근기는 보통 웬만한 것에 절대로 머물지 못하는 것입니다.

부처님이 아라라칼마한테 '무소유처까지 들어가는 목적이 무엇인가'라고 물으니까 '무소유처정을 닦는 것은 모든 괴로움을 떠나 안락스럽고, 5신통五神通을 얻으며 사후에는 무소유처 천상에 태어나기 위함이라' '그러면 생로병사를 해탈하고 영생을 합니까?' '영생은 하지 못하고 다만 오백대겁五百大劫까지는 살고 그 뒤에는 다시 떨어지게 된다'고 대답함으로 부처님께서는 '내가 바라는 것은 영생 해탈이 목적이라'시며 떠나려 하자 자기보다 공부가 한 차원 높은 웃다카라마풋타Uddaka Ramaputta에게 찾아가라고 하여 그에게 갔습니다.

웃다카라마풋타에게 가서 '스승님은 대체로 어떤 공부를 하십니까?' '나는 무소유처를 지나 비상비비상처정非想非非想處定을 증득證得하는 공부를 한다'고 하여 세존께서는 그곳에서 순식간에 비상비비상처정을 증득證得하였습니다. 그리고는 다시 물었습니다. '비상비비상처를 닦는 목적이 무엇입니까?' '비상비비상처에 태어나서 오랜 세월 동안 천상묘락을 누리기 위함이라' '그러면 그곳에서는 영생을 할 수 있습니까' '영생을 할 수는 없고 팔만대겁八萬大劫을 살다가 선정의 복이 다하면 떨어진다' 팔만대겁은 그야말로 삼천갑자 동방삭이보다도 훨씬 더 많겠습니다마는 다시 또 떨어져서 잘못하면 지옥에도 간다고 합니다. '내가 바라는 것은 오직 생로병사를 해탈함인데 여기도 머물 데가 아니구나. 이제는 스스로 혼자 닦아 나가야겠구나' 생각하고 그곳을 떠났습니다. 세 선인仙人들은 그 당시 인도의 위대한 스승이지만 그들의 법은 삼계를 벗어나는 생사 해탈의 법은 못되는 것입니다. 그래서 부처님은 보리수하菩提樹下에서 신명을 걸고 좌정을 하신 것입니다.

그런데 현교顯教에는 없으나 밀교密教에 있는 법문인데 보리수하에서 싯달타 태자가 공부를 할 때 삼세제불三世諸佛이 경각警覺을 시켰다고 말합니다. 우리는 이런 밀교도 공부를 하다 보면 참고 할 대문이 많습니다. 그것은 뭣인가 하면, 천지 우주가 바로 부처님 아닙니까. 우리가 공부하는 것은 우리 자성불自性佛의 기운과 부처님의 가르침이 서로 화합되어서 깨닫는 것입니다. 우리 자성이 부처가 아니라면 제 아무리 두드리고 가르친다고 하더라도 될 수가 없겠지요. 그러나 본래가 부처이기 때문에 자기는 몰라도 사실은 자성불이 부처가 되고자 몸부림치는 것을 우리 중생들이 욕심과 진심과 치심으로써 억지로 막고 있는 것입니다. 이것만 애써서 차근차근 거둔다면 자생적으로 본래 자성불이 나타나는 것입니다. 자성불은 꼭 내 몸뚱이의 머리나 심장이나 어디에 갇혀 있는 것인가? 자성불自性佛은 바로 무장무애한 우주 생명 자체이기 때문에 머리카락부터 발끝까지 침투가 안된 곳이 없습니다. 자성불은 자기 몸이 되고 우주 만유가 다 되었습니다.

따라서 우리가 설사 스승이 없다 하더라도 정말로 바르게만 닦는다면 꼭 자성불을 성취할 수가 있는 것입니다. 정말로 계행 지키고 한사코 공부하려고 정진해 보십시요. 자기도 모르는 가운데 바른 스승이 생기고 공부할 처소가 생기는 것입니다. 천지 신명은 심심미묘한 것입니다. 한탄할 것은 자기 번뇌요, 다른 것에 책임을 전가시킬 아무런 것도 없습니다.

보리수하에서 싯달타가 그와 같이 '이제 다른 이에 의지하지 않고 내 스스로가 깨달아야겠다'고 비장한 결심을 할 때, 선정禪定도 벌써 삼계내의 가장 꼭대기인 비상비비상처까지 올라갔다고 할 때 정말로 신묘한 지혜가 발동하였을 것이며 따라서 삼세제불이 감응感應하게 된 것입니다. 그래서 밀교 경전의 표현을 보면 삼세제불이 경각을 시켜서 즉신성불卽身成佛하는 오상성신법五相成身法을 주었다는 기록도 있습니다. 그런 복잡한 것은 생략하기로 합시다.

(『圓通佛法의 要諦』, 聖輪閣, 1993, 473~485)

⟨표98⟩ 삼계의 뜻과 4선근, 4선정의 단계

	뜻	18계 대비 十八界	4선근, 4선정의 단계
삼계	범부가 생사왕래하는 세계 색음을 소각하는 3품의 정도 色陰　銷却　三品　程度	18계 十八界	추대한 욕계와 세미한 무색계는 색계에 입각한 선정으로써 분명히 자증획정 自證劃定
욕계	음욕과 식욕 등 모든 욕망이 있는 유정의 세계	6경 六境 (지말무명) 枝末無明	4선근; 6경(욕계의 사대적가상)이 四善根　六境　　　四大的假想 허망부실함을 신인함 信忍
색계	모든 욕망을 떠난 유정의 세계 질애, 곧 유형의 물질세계, 수묘정호한 물질계 質碍　　　　　　　　　殊妙精好	6근 六根 (근본무명) 根本無明	4선 四禪
무색계	색(몸이나 의처)이 없이, 오직 심식이 선정에 머묾 色　　依處　　　　　心識	6식 六識 (수상행식의 염식) 受想行識　染識	4정 四定

〈표99〉 삼계三界

삼계 三界 traidhātuka, trayodhātavaḥ, dhātu-traya, trailokya (색음을 소각하는 色陰　銷却 3품의 정도) 三品　程度 (범부가 생사왕래하는 세계)	무색계 ārūpya-dhātu 無色界 (색 곧 몸이나 의처가 없이, 色　　　依處 오직 심식이 선정에 머묾) 心識		비상비비상처 naivasaṃjñāna-asamjña-āyatana 非想非非想處
			무소유처 akiñcanya-āyatana 無所有處
			식무변처 vijñāna-anantya-āyatana 識無邊處
			공무변처 ākāśa-anantya-āyatana 空無邊處
	색계 rūpa-dhātu 色界 (질애, 곧 유형의 물질세계) 質碍 (제욕을 떠난 수묘정호한 물질계) 殊妙精好	정범지 淨梵地	대자재천 Mahêśvara 大自在天
			화음천 和音天
			색구경천 Akaniṣṭha 色究竟天
			선견천 Sudarśana 善見天
			선현천 Sudṛśa 善現天
			무열천 Atapa 無熱天
			무번천 Avṛha 無煩天
		사선천 四禪天	광과천 Bṛhatphala 廣果天
			복생천 Puṇyaprasava 福生天
			무운천 Anabhraka 無雲天
		삼선천 三禪天	변정천 Śubha-kṛtsna 遍淨天
			무량정천 Apramāṇā-śubha 無量淨天
			소정천 Parītta-śubha 少淨天

삼계 三界 traidhātuka, trayodhātavaḥ, dhātu-traya, trailokya (색음을 소각하는 色陰 銷却 3품의 정도) 三品 程度 (범부가 생사왕래하는 세계)	색계 rūpa-dhātu 色界 (질애, 곧 유형의 물질세계) 質碍 (제욕을 떠난 수묘정호한 물질계) 殊妙精好	이선천 二禪天	광음천(극광정천) Ābhāsvara 光音天 極光淨天	
			무량광천 Apramāṇābha 無量光天	
			소광천 Parīttābha 少光天	
		초선천 初禪天	대범천 Mahābrahma 大梵天	
			범보천 Brahma-purohita 梵輔天	
			범중천 Brahma-pāriṣadya 梵衆天	
	욕계 Skt. kāma-dhātu 가마타도 迦摩駄都 (음욕과 식욕을 비롯한 제욕이 있는 세계) (6욕천에서 무간지옥까지)	공거천* 空居天 antarikṣavāsin	타화자재천 Paranirmitavaśavarin 他化自在天	
			화락천(낙변화천) Nirmāṇarati 化樂天 樂變化天	
			도솔천 Tuṣita 兜率天	
		지거천 地居天 bhūmy-avacara	수야마천(야마천)* Yāma 須夜摩天 夜摩天	
			도리천 Trāyastriṃśa 忉利天	
			사천왕천 四天王天	동지국천 Dhṛtarāṣṭra 東持國天
				남증장천 Virūḍhaka 南增長天
				서광목천 Virūpākṣa 西廣目天
				북다문천 Vaiśravaṇa 北多聞天

삼계 三界 traidhātuka, trayodhātavaḥ, dhātu-traya, trailokya (색음을 소각하는 色陰 銷却 3품의 정도) 三品 程度 (범부가 생사왕래하는 세계)	욕계 Skt. kāma-dhātu 가마타도 迦摩駄都 (음욕과 식욕을 비롯한 제욕이 있는 세계) (6욕천에서 무간지옥까지)	인계 人界 manuṣya	동승신주 Pūrva-videha 東勝身洲
			남섬부주 Jambudvīpa 南贍部洲
			서우화주 Avara-godānīya 西牛貨洲
			북구로주 Uttara-kuru 北俱盧洲
		수라 asura 修羅	
		축생 tiryagyoni 畜生	
		아귀 preta 餓鬼	
		지옥 naraka 地獄	

- 정범지의 화음천과 대자재천을 뺀 정범지 5천천이 일반적이며, 그러면 색계 17천이 된다. 이상의 17천에서 대범천을 범보천에 포함시켜 16천, 광과천 위에 무상천無想天을 상정하여 18천이라 함.
- 일반적으로 공거천은 욕계 수야마천 이상 4천과 색계천까지를 포함.
- 일반적으로 수야마천須夜摩天은 공거천으로 분류함.

第一節 四禪定
제1절 사선정

前의 四善根이란 곧 地·水·火·
風 四大¹의 顯界²인
色蘊을 打成一片³하는
境界요
四禪定⁴이란 密界의

앞의 4선근四善根이란 곧 지地·수水·화火·

풍風 4대四大의 드러난 세계(현계顯界)인

색온色蘊을 헤아림을 버리고 모두 평등하게

(타성일편打成一片)하는 경계境界요

4선정四禪定이란 밀계密界의

---

1 사대四大; 1. Skt. catvāri-mahābhūtāni. Pāli cattāri-mahābhūtāni. 사대종四大種의 약칭. 불교에서 주장하는 물질의 구성요소로, 대상의 특성을 형성하는 네 가지 요소. 지地, 수水, 화火, 풍風의 4종류를 가리킨다. 〈대大〉 또는 〈대종大種〉은 Skt. mahā-bhūta의 한역어이다. 1) 지대地大. 견고한 성질로 물질을 유지. 2) 수대水大. 축축한 성질. 3) 화대火大. 따뜻한 성질로 성숙의 작용. 4) 풍대風大. 움직이는 성질. 이들 사대의 각각의 명칭, 성질, 작용 등에 대해서는 고대 인도에서 오래전부터 많은 설이 있으며, 또한 불교에서도 이설이 있다. 사대에〈공대空大〉를 더해서〈오대五大〉라고 하기도 한다. 공대는 물질이 존재하는 장소를 요소로서 센 것이다. 인간의 신체도 사대 또는 오대로 이루어져 있으므로, 육체를 사대라고도 오대라고도 한다. 또한 밀교에서는 인식작용의〈식대識大〉를 더해서〈육대六大〉라고 하고, 일체만유·전우주의 구성요소로 본다. 2. 고구려 스님. 보장왕 때의 고승高僧 보덕普德의 제자. 동문동문同門의 계육契育과 더불어 중대사中臺寺를 지음.

2 현밀顯密; 현밀이교顯密二教. 현교와 밀교를 아울러 이르는 말. 현교와 밀교. 현은 드러났다는 뜻. 한번 보고 알기 쉬운 것. 밀은 비밀의 뜻. 알기 어려운 것. 진언종에서 일체 불교에 있어서의 자기 종의 위치를 나타내기 위하여, 일반불교의 교리가 깊고 얕음을 비판하여 현교와 밀교로 나누어 자기 종은 밀교, 다른 종은 현교라 한 것. 현교는 부처님이 중생의 근기를 아시고, 그에 맞추어 드러나게 말한 교. 그 교리는 얕고 간략하니, 법상종·삼론종·천태종·정토종 등이 이에 속함. 밀교는 부처님이 스스로 마음에 증득하신 그대로를 말하신 교. 현교는 수단 방편으로 말씀한 교이므로 중생들 근기가 높고 낮음을 따라 각각 차별이 있으나, 밀교는 방편을 버리고 부처님이 자내증自內證의 절대적 경계의 그대로를 말씀한 것이므로 차별이 없다. 그러므로 교를 말씀하는 부처님도 구별이 생기게 되니, 현교의 교주는 중생교화의 방편으로 나타나신 부처님, 곧 타수용응화신他受用應化身이고, 밀교의 교주는 수단 방편을 여읜 절대의 본 부처님, 곧 법신비로자나불法身毘盧遮那佛인 대일여래大日如來라 한다.

3 타성일편打成一片; 중생이 헛되이 헤아리고 가늠하는 편단偏斷을 버리고 수천 가지 차별되는 사물이 하나로 융합됨. 나와 너, 이것과 저것, 주객의 차별을 떠남.

4 사선정四禪定; 사선四禪. 색계의 네 선정. 색계 4선천에 나는 선정.

그 實色⁵을 _{실색}	그 참모습(實色실색)을
證見⁶하는 同時에 _{증견 동시}	참으로 보는(증견證見) 동시에
受・想・行・識 四蘊의 _{수 상 행 식 사온}	수受・상想・행行・식識 4온四蘊의
四禪⁷으로써 常・樂・我・淨 _{사선 상 락 아 정}	4선四禪으로써 상常・락樂・아我・정淨
四德⁸의 四定⁹에 轉入하는 境界니 _{사덕 사정 전입 경계}	4덕四德의 4정四定에 전입轉入하는 경계니
곧 四無色의 境界一相을 _{사무색 경계일상}	곧 4무색四無色의 경계 한모습(경계일상
觀察함은 四禪이오 _{관찰 사선}	境界一相)을 관찰함은 4선四禪이요

5   실색實色; 실재하는 물질.
6   증견證見; 범부중생의 신해信解를 바탕으로 하는 견해에 비해, 부처가 경험한 실상에 대한 확실한 견해.
7   사선四禪; 사선정四禪定・사정려四靜慮. 1. 색계의 네 선정禪定. 1) 초선初禪. 모든 탐욕과 악을 여의고, 개괄적으로 사유하는 마음 작용[각覺]과 세밀하게 고찰하는 마음 작용[관觀]이 있고, 욕계를 떠난 기쁨과 즐거움이 있는 선정. 2) 제2선第二禪. 개괄적으로 사유하는 마음 작용과 세밀하게 고찰하는 마음 작용이 소멸되고, 마음이 청정하여 기쁨과 즐거움을 느끼는 선정. 3) 제3선第三禪. 기쁨을 소멸하여 마음이 평온하고, 몸으로 즐거움을 느끼는 선정. 4) 제4선第四禪. 즐거움과 괴로움이 소멸되어 괴롭지도 즐겁지도 않으며, 마음이 평온하여 생각이 청정한 선정. 2. 깨달음의 경지에 이르는 네 단계의 선정禪定. 대상을 명료하게 관조하여 탐욕을 떠나는 관선觀禪, 청정한 지혜로써 번뇌를 점점 정화시키는 연선練禪, 모든 선정禪定을 스며들게 하고 성숙시켜 걸림 없는 경지에 이르는 훈선熏禪, 모든 경지를 자유 자재로 드나드는 수선修禪.
8   상락아정常樂我淨; Skt. nitya-sukha-ātman-śubha. Pāli nicca-sukha-atta-subha. 1. 열반사덕涅槃四德・법신사덕法身四德・사덕四德. 법신法身과 열반涅槃에 갖추어진 네 가지 덕德으로서 상常・락樂・아我・정淨. 첫째는 영원하여 변하지 않는 상상, 둘째는 고통이 없는 안락한 락樂, 셋째는 진실한 자아로서 아我, 넷째는 번뇌의 더러움으로부터 벗어난 정淨이다. 곧 상주常住, 안락安樂, 진아眞我, 청정淸淨. 2. 범부가 일으키는 네 가지 잘못된 견해. 무상을 상常, 괴로움을 낙樂, 무아를 아我, 더러움을 정淨이라고 사유하는 견해.
9   사정四定; Skt. catasraārūpya-samāpattayaḥ, catvāraārūpyāḥ; Pāli catasso āruppa-samāpattiyo. 사무색정四無色定・사무색四無色・사공정四空定. 무색계의 네 가지 선정禪定. 1) 공무변처정空無邊處定. 허공은 무한하다고 주시하는 선정. 2) 식무변처정識無邊處定. 마음의 작용은 무한하다고 주시하는 선정. 3) 무소유처정無所有處定. 존재하는 것은 없다고 주시하는 선정. 4) 비상비비상처정非想非非想處定. 생각이 있는 것도 아니고 생각이 없는 것도 아닌 경지의 선정. 욕계・색계의 거친 생각은 없지만 미세한 생각이 없지 않은 경지의 선정.

그의 思惟¹⁰로써 一行¹¹함은 四定이라	그의 사유思惟로써 일행一行함은 4정四定이라
空無邊處를 觀하고 念하야	공무변처空無邊處를 관觀하고 염念하여
色界의 金塵¹²相을 見하고	색계色界의 금진의 모습(금진상金塵相)을 보고
欲界의 虛妄相을	욕계欲界의 허망한 모습(허망상虛妄相)을
一掃한 涅槃界의 淨德을	일소一掃한 열반계涅槃界의 정덕淨德을
證함은 初禪定이오	증證함은 초선정初禪定이요
識無邊處를 觀하고 念하야	식무변처識無邊處를 관觀하고 염念하여
微塵¹³의 阿耨¹⁴色을 見하는 同時에	미진微塵의 아누색阿耨色을 보는 동시에
水性的 受陰을 걷고 淨心의	수성적水性的 수음受陰을 걷고 정심淨心의
我德을 證함은 二禪定이오	아덕我德을 증證함은 이선정二禪定이요
無所有處를 觀하고 念하야	무소유처無所有處를 관觀하고 염念하여

10 사유思惟; Skt. cintā. thinking of. reflecting upon, considering. 1. 대상을 구별하고 가늠하여 생각하고 판단하는 마음 작용. 2. 마음 속으로 깊이 생각함. ▶정사유正思惟; 8정도八正道 가운데 하나. 진리에 계합하는 사유. 불교에서의 진리는 특히 4성제를 말하는 것으로, 따라서 정사유는, 기본적으로, 고의 원인이 되는 탐욕貪欲・성냄[진에瞋恚]・해치려는 생각[해념害念] 등의 번뇌를 멀리 떠난 무탐無貪・무진無瞋・불해不害 등의 생각과 마음.

11 일행一行; Skt. ekâyāna, ekâyana, eka-vyūha. 일사一事(한가지 일)를 전행專行(오로지 행함)하는 것. 선도善導의 관경소觀經疏 1에 "성불成佛하는 법은 만행萬行이 원만圓滿하여 극성尅成함을 요要한다. 어찌 염불일행 念佛一行으로 곧 성취를 바라겠는가?"함. 2. 하나의 행업行業. 3. 대혜大慧 선사(?~727)의 이름. 보적普寂에게 출가. 금강지金剛智 삼장에게 밀교를 배우고, 선무외善無畏와 함께《대일경》을 번역. 당나라 개원 15년 입적.

12 금진金塵; Skt. loha-rajas. 동진銅塵・철진鐵塵・투금진透金塵. 금 속의 틈을 통과할 정도로 아주 미세한 대상. 인도에서 쓰던 수량의 단위. 금의 가장 작은 가루로 자유롭게 몸속을 지나갈 만큼의 크기를 말한다. 극미極微의 49배, 미微의 7배, 지절指節의 40,354,307분의 1에 해당.

13 미진微塵; Skt. aṇu-rājas. 미微. 아주 작은 티끌이나 먼지. 색법色法의 극히 작은 것을 극미極微라 하고, 극미를 7배 한 것을 미微라 한다. 극미는 단지 한 개만으로는 존재할 수 없고, 반드시 7개의 극미가 1단이 되어야 존재하므로 이것을 1미라 한다.

14 아나阿拏; Skt. aṇu의 음사. 지극히 작음. 극미.

色究竟의 極微¹⁵相을 見하는	색구경色究竟의 극미상極微相을 견見하는
同時에 火性的 想陰을 轉하야	동시同時에 화성적火性的 상음想陰을 전轉하여
一道¹⁶光明¹⁷의 常德을	일도광명一道光明의 상덕常德을
證함은 三禪定이오	증證함은 삼선정三禪定이요
非想非非想處를 觀하고	비상비비상처非想非非想處를 관觀하고
念하야 微微의 隣虛¹⁸相을 見하는	염念하여 미미微微의 인허상隣虛相을 보는
同時에 風性的 行陰을 轉하는	동시에 풍성적風性的 행음行陰을 돌려
樂德을 證함은 四禪定일새	낙덕樂德을 증證함은 사선정四禪定이니
四禪定이란 곧 娑婆 卽	사선정四禪定이란 곧 사바娑婆 즉
寂光土¹⁹²⁰임을 見하고 娑婆世界	적광토寂光土임을 보고 사바세계娑婆世界

15 극미極微; Skt. paramāṇu. 파라마나波羅摩拏라 음사. 최극미세最極微細란 뜻. 색법色法, 곧 물질을 가장 작게 분석한 것으로 지금 과학에서 말하는 분자分子와 같은 것. 더 이상 나눌 수 없는, 시각 대상의 최소 단위. 극유진극遊塵의 823,543분의 1에 해당. 견堅・습濕・난煖・동動의 4성질을 가짐. 구사종俱舍宗에서는 모든 색법色法은 모두 이 극미가 모여서 이루어진 것이라 한다. 7극미를 미진微塵이라 하고, 7미진을 금진金塵, 7금진을 수진水塵, 7수진을 토모진兎毛塵, 7토모진을 양모진羊毛塵, 7양모진을 우모진牛毛塵, 7우모진을 극유진극遊塵이라 함. 금진金塵・수진水塵은 금이나 물 속의 틈을 통과할 정도로 미세하다는 뜻, 토모진兎毛塵・양모진羊毛塵・우모진牛毛塵은 토끼와 양과 소의 털끝 정도의 크기라는 뜻, 극유진극遊塵은 틈새로 들어오는 햇빛에 떠다니는 먼지 정도의 크기라는 뜻.

16 일도一道; 1. 오직 하나의 수행법. 2. 일승一乘과 같음. 3. 한가지 길. 4. 한가지 도리.

17 일도광명一道光明; 일도신광一道神光. 자기가 본래 갖추고 있는 광명. 한 줄기 신기한 광명이란 뜻.

18 인허隣虛; next to nothing. 인허진隣虛塵. 색법色法 가운데 가장 작은 물질로 허공에 이웃한 색법의 근본.

19 적광토寂光土; land of tranquil light. 적광寂光・상적광토常寂光土. 사토四土의 하나. 우주의 진리를 국토라고 보는 것. 청정한 지혜의 광명이 있는 그대로 드러내는 진리 그 자체, 우주 그 자체를 부처의 세계로 간주한 말. 곧, 법신불法身佛(불타가 증득한 진리를 불신佛身이라고 보는 것)의 세계. 불신관의 발달에 따라 주하는 이와 주할 바 국토를 분립하여 법신이라, 적광토라 한 것. 그러므로 적광토라 함은 진리가 있는 곳, 곧 우주 전체를 말함.

20 사바즉적광娑婆卽寂光; 더러운 것이 가득한 사바세계가, 그대로 법신이 머무는 상적광토常寂光土란 말. 부처님이 증득하신 진리를 인격적으로 간주看做하여 법신이라 하고, 이에 대하여 상적광토를 세운 것. 이것은 요컨대, 부처님이 보는 세계, 실상 진여의 이치를 이렇게 이름한데 지나지 않는다. 그러므로 상적광토의 소

그대로 極樂世界임을 證증함이니라	그대로 극락세계極樂世界임을 증證함이니라
그리하야 欲界의 惑網을	그리하여 욕계欲界의 번뇌그물(혹망惑網)을
超脫하고 色界에 生할새	초탈超脫하고 색계色界에 태어나니
諸功德을 生하는	제공덕諸功德을 낳는
依地根本이 되는지라	의지근본依地根本이 되는지라
四禪定을 本禪이라고도 稱하니	사선정四禪定을 본선本禪이라고도 일컬으니
身에 動·痒·輕·重·	몸에 움직임, 가려움, 가벼움, 무거움,
冷·煖·澁·滑의	차거움, 뜨거움, 껄그러움, 매끄러움(동動·양痒·경輕·중重·냉冷·난煖·삽澁·활滑)의
八觸[21]이 生하고 心에 空·明·定·	8촉八觸이 생기고 마음에 공空·명명明·정정定·
智·善心·柔軟·喜·樂·	지智·선심善心·유연柔軟·희喜·락樂·
解脫·境界相應의	해탈解脫·경계상응境界相應의
十功德이 生함은	10공덕十功德이 나타남은
初禪定에 入한 證相이며	초선정初禪定에 들어간 증상證相이며
初禪부터 鼻·舌 二識이 無하고	초선初禪부터 비鼻·설舌 이식二識이 없고

재所在는 진여가 있는 곳이니, 구경究竟에는 우주 전체를 말하는 것인즉, 사바세계에서도 적광토가 있는 것이니, 이를 사바즉적광이라 함.

21 팔촉八觸; eight sensations. 선정을 닦을 때 발생하는 감촉으로 초선정에 들어가려고 할 때 4대에서 발생한다. 가만히 관찰하면 사라짐. 1) 동촉動觸: 조금 있으면 일어나고 싶은 것. 2) 양촉痒觸: 몸이 가려워 지는 것. 3): 경촉輕觸: 몸의 가벼움이 먼지 같아서 날아갈 듯 한 것. 4) 중촉重觸: 몸이 돌처럼 무거워진 느낌. 5) 냉촉冷觸: 몸이 얼음처럼 차가워짐. 6) 난촉暖觸: 몸이 불처럼 뜨거워지는 것. 7) 삽촉澁觸: 몸이 나무껍질과 같은 것. 8) 활촉滑觸: 몸이 젖처럼 미끄러운 느낌.

二禪부턴 五識을 모두 離하고 다만
意識만 有하니 或은 眼・耳・身
三識의 喜受²²가 有하야 意識과
相應하고 意識의 喜悅이
麤大할새 喜受요
樂受²³가 않이로되
三禪엔 亦是 意識만이 有하야 樂・捨
二受가 相應하되 怡悅²⁴의 相이
至極淨妙할새 樂受며
四禪엔 亦是 意識뿐이오 오직
捨受와 相應할 뿐이니라
그리고 相에 있어 四禪에 각각
三級씩 有하고 性에 있어 四級 乃至
八級을 言하는 바
天이란 密界의 地相으로서

2선二禪부턴 5식五識을 모두 떠나고 다만
의식意識만 있으니 혹은 안眼・이耳・신身
3식三識의 희수喜受가 있어 의식意識과
상응相應하고 의식意識의 희열喜悅이
거칠고 큰(추대麤大)까닭에 희수喜受요
락수樂受가 아니로되
3선三禪엔 역시 의식意識만이 있어 락樂・사捨
2수二受가 상응相應하되 기쁨의 모습이
지극정묘至極淨妙하므로 락수樂受며
4선四禪엔 역시 의식意識뿐이요 오직
사수捨受(불고불락수)와 상응相應할 뿐이니라
그리고 상相에 있어 4선四禪에 각각
3급三級씩 있고 성性에 있어 4급四級 내지
8급八級을 말하는 바
천天이란 밀계密界의 땅모습(지상地相)으로서

---

22   희수喜受; Skt. saumanasyavedanā. feeling of joy. 5수의 하나. 마음에 기쁘게 느끼는 것. 외부의 자극으로 느끼는 기쁨. ▶오수五受; Skt. pañca-vedanāḥ. Pāli pañca-vedanā. 외부의 자극으로 느끼는 다섯 가지 감수 작용. 괴로움을 느끼는 고수苦受(pain), 즐거움을 느끼는 낙수樂受(pleasure), 근심하는 우수憂受(sorrow), 기쁨을 느끼는 희수喜受(joy), 괴롭지도 즐겁지도 않은 사수捨受(indifference).

23   낙수樂受; Skt. sukha-vedanā. Pāli sukha-vedanā. 3수受의 하나. 5수의 하나. 외부의 자극으로 느끼는 즐거움. ▶삼수三受; Skt. vedanā-traya, tri-vedanā. Pāli tisso vedanā. 외부의 자극으로 느끼는 세 가지 감수 작용. 고수苦受・낙수樂受・사수捨受. 1) 고수. 외계外界의 접촉에 의하여 몸과 마음에 받는 괴로운 감각. 2) 낙수. 바깥 경계와 접촉하여 즐거움을 느끼는 감각. 3) 사수. 고수와 낙수에 속하지 않은 감각. 곧 괴롭지도 즐겁지도 않은 느낌. 수受는 바깥 경계를 받아 들인다는 뜻.

24   이열怡悅; 즐겁고도 기쁨.

色界 十二天에 無色界의	색계色界 12천天에 무색계無色界의
淨梵地²⁵를 加하야 色界라	정범지淨梵地를 더하여 색계色界라
總稱함도 有하니	총칭總稱하기도 하니
곧 禪定의 次序니라	곧 선정禪定의 차례순서이니라
그런데 四大의 實色인 줄	그런데 지수화풍 4대四大의 실색實色인 줄
是認할 뿐이오 四大의 虛相을 離한	알 뿐이요 4대四大의 허상虛相을 떠난
實相임을 感得못함은	실상實相임을 알지(감득感得) 못함은
凡夫의 所見일새요	범부의 소견所見이기 때문이요
四陰을 四德으로	수상행식 4온(사음四陰)을 4덕四德으로
轉換 못함은 外道의 淺見일새	전환轉換 못함은 외도外道의 얕은 견해이니
다만 根機에 있을 따름이오	다만 근기根機에 있을 따름이요
三界에 있지 않음을 了知하는 同時에	3계三界에 있지 않음을 철저히 아는 동시에
四禪定을 外道禪²⁶이라 貶하고	4선정四禪定을 외도선外道禪이라 폄하고
近來의 死禪 곧 無記定이나	근래의 사선死禪 곧 무기정無記定이나

---

25 정범지淨梵地; Skt. śuddhâvāsa. 정거천淨居天・오정거처五淨居處・오나함천五那含天・오불환천五不還天・오정거五淨居・정거淨居. 불환과를 증득한 성인이 나는 하늘. 색계 제4선천第四禪天의 무번천無煩天・무열천無熱天・선현천善現天・선견천善見天・색구경천色究竟天을 통틀어 일컬음.

26 외도선外道禪; 분별하는 마음 작용이 있는 수행. ▶오종선五種禪; 종밀宗密이 선원제전집도서禪源諸詮集都序에서 선禪의 종류를 5종으로 분류함. 1) 외도선外道禪 non-Buddhists meditation：인과因果를 불신不信하고, 유루공덕有漏功德을 위하여 닦음. 2) 범부선凡夫禪 ordinary people meditation：인과因果를 신신하고, 유위공덕有爲功德을 위하여 닦음. 3) 소승선小乘禪 lesser vehicle practitioners meditation：아공我空을 신신하고, 해탈解脫을 위하여 닦음. 4) 대승선大乘禪 great vehicle practitioners meditation：아공我空과 법공法空을 신신하고, 해탈解脫을 위하여 닦음. 5) 최상승선最上乘禪 upreme vehicle practitioners：여래선如來禪과 조사선祖師禪, 본래 바로 부처로서 일체무루공덕一切無漏功德을 원만히 구족具足함을 신해信解하고 닦는 선禪.

妄想定인 邪定의 修行을 能事로
自認하는 啞羊僧[27]을 警戒하노라

四禪定이란 三乘聖者의
共修하는 根本禪임을
再吟味하기 바라며 滅盡定[28]을
거쳐 究竟成就할지니라

망상정妄想定인 사정邪定의 수행을 능사能事로

자인自認하는 아양승啞羊僧(계율을 범하고도 참회

못하는 지극히 어리석은 중)을 경계警戒하노라

4선정四禪定이란 3승성자三乘聖者가

함께 닦는 근본선根本禪임을

재음미再吟味하기 바라며 멸진정滅盡定을

거쳐 구경성취究竟成就할지니라

27 아양승啞羊僧; Skt. eḍamūka, eḍa-mūka-saṃgha. 4종승四種僧(아양啞羊·무차無差·유차有差·진실眞實)의 하나. 아양啞羊은 벙어리 양양. 지극히 어리석은 스님이 선악의 계율을 분별치 못하여 범하고도 참회할 줄 모르는 것을 염소가 죽어도 소리를 못 내는데 비유. 계율을 범하고도 참회하지 않는 승려를 비유하는 말.

28 멸진정滅盡定; Skt. nirodha-samāpanna. 멸정滅定·상수멸정상수멸정受滅定·멸수상정멸수상정受想定·멸심정滅心定·무연삼매無緣三昧·멸진삼매滅盡三昧. 1.모든 마음 작용이 소멸된 선정禪定. 대승에서는 24불상응법不相應法의 하나. 소승에서는 14불상응법의 하나. 또는 2무심정無心定의 하나. 성자聖者가 모든 심상心想을 다 없애고 적정寂靜하기를 바래서 닦는 선정. 소승에서 불환과不還果와 아라한과의 성자가 닦는 것은 유루정有漏定으로, 6식과 인집人執을 일으키는 말나末那만을 없애는 것. 대승의 보살이 이를 닦는 것은 무루정無漏定으로, 법집法執을 일으키는 말나까지 없앤다. 2. 무소유처無所有處의 경지에 이른 성자가 모든 마음 작용을 소멸시켜 비상비비상처非想非非想處의 경지에 이르기 위해 닦는 선정禪定.

⟨표100⟩ 4선근四善根과 4선8정四禪八定

4선근 四善根	뜻	6경(욕계의 사대적가상)이 허망부실함을 신인함 四大的假想　　　　　信忍
		색온[사대(지·수·화·풍)의 현계]을 타성일편하는 경계 色蘊 四大 地 水 火 風 顯界　打成一片
4선8정 四禪八定	뜻	밀계의 그 실색을 증견 密界　　實色　證見
	인 因	4온(수·상·행·식)의 4선으로써 四蘊 受 想 行 識　四禪
		4선; 4무색의 경계일상을 관찰함 四禪 四無色　境界一相　觀察
	과 果	4덕(상·락·아·정)의 4정에 전입하는 경계 四德 常 樂 我 淨　四定　轉入　境界
		4정; 그의 사유로써 일행함 四定　　　思惟　　一行

⟨표101⟩ 4선8정四禪八定

	관하고 념함 觀　念	견 見	증 證
초선정	공무변처 空無邊處	색계의 금진상 色界　金塵相	욕계의 허망상을 일소한 열반계의 정덕 欲界　虛妄相　一掃　涅槃界　淨德
2선정	식무변처 識無邊處	미진의 아누색 微塵　阿耨色	수성적 수음을 걷고 정심의 아덕 水性的 受陰　　淨心 我德
3선정	무소유처 無所有處	색구경의 극미상 色究竟　極微相	화성적 상음을 전하여 일도광명의 상덕 火性的 想陰 轉　一道光明　常德
4선정	비상비비상처 非想非非想處	미미의 인허상 微微　隣虛相	풍성적 행음을 전하는 낙덕 風性的 行陰 轉　樂德
사선정 四禪定	사무색의 경계일상 四無色　境界一相	사바 즉 적광토임 娑婆　寂光土	사바세계 그대로 극락세계임 娑婆世界　　極樂世界
	=(근)본선; 욕계의 혹망을 초탈하고 색계에 생하니, 제공덕을 생하는 의지근본이 됨 根本禪 欲界 惑網　超脫　色界 生　諸功德 生　依地根本 삼승성자가 공수하며 (멸진정을 거쳐 구경성취함) 三乘聖者　共修　　滅盡定　　究竟成就		

⟨표102⟩ 초선정에 입入한 증상證相

신身	8촉(동·양·경·중·냉·난·삽·활)이 생함 八觸 動 痒 輕 重 冷 煖 澁 滑 生
심心	10공덕(공·명·정·지·선심·유연·희·락·해탈·경계상응)이 생함 十功德 空 明 定 智 善心 柔軟 喜 樂 解脫 境界相應 生

⟨표103⟩ 삼계내의 위치에 따른 식識의 유무(식소생지지識所生之地)

The Grounds on which the consciousnesses arise

Grounds (지)地		Consciousness(식)識	1 안식	2 이식	3 비식	4 설식	5 신식	6 의식	7 말라식	8 아뢰야식
9. Neither Cognition nor Non-Cognition(비상비비상처)										×
8. Nothing Whatsoever(무소유처)								P	×	×
7. Infinite Consciousness(식무변처)								P	×	×
6. Infinite Space(공무변처)								P	×	×
5. Fourth Dhyana(4선천)								P	×	×
4. Third Dhyana(3선천)								P	×	×
3. Second Dhyana(2선천)								×	×	×
2. First Dhyana(초선천)			×	×			×	×	×	×
1. Realm of desire; (욕계)	Six desire heavens(6욕천)		×	×	×	×	×	×	×	×
	Ordinary human (범부중생)		×	×	×	×	×	×	×	×
	…									
	Avici hell(아비지옥, 무간지옥)							P	×	×

P = Partial, X = Complete

- ▶비상비비상처천; 아뢰야식(8식)만 존재
- ▶무소유처천~3선천; 의식이 부분적으로 존재, 말라식(7식), 아뢰야식(8식)
- ▶이선천; 의식(6식), 말라식(7식), 아뢰야식(8식) 존재
- ▶초선천; 비설 2식이 없음.
- ▶아비지옥; 의식이 부분적으로 존재, 말라식(7식), 아뢰야식(8식)

참조: http://online.sfsu.edu/rone/Buddhism/Yogacara/8cons%20004.jpg

http://online.sfsu.edu/rone/Buddhism/Yogacara/8ConscVersesEngCh.pdf

『팔식규구송八識規矩頌』

〈표104〉 사선정四禪定의 요소要素

1. 이생희락지 離生喜樂地	2. 정생희락지 定生喜樂地	3. 이희묘락지 離喜妙樂地	4. 사념청정지 捨念淸淨地
investigation 각 覺 (vitarka)	calmness 내정 內淨		equanimity 사 捨
observation 관 觀 (vicāra)			mindfulness 념 念
joy 희 (prīti) 喜		wisdom 혜 慧	neither suffering nor joy 불고불락 不苦不樂
bliss 락 (sukha) 樂			
concentration 일심 (samādhi) 一心			

第二節 滅盡定
제 2 절 멸진정

제2절 멸진정

『大乘義章[1]』二에「滅盡定[2]者는
謂諸聖人이 患心勞慮[3]하야
暫滅心識[4]함이니
得一有爲의 非色心法하야
領補心處함을
名 滅盡定」이랐고
同九에「滅受想者는
偏對受想二陰하야 彰名[5]함이라
想絕受亡이
名 滅受想이오 滅盡定者는

『대승의장大乘義章』2에「멸진정滅盡定이란
모든 성인이 지극히 마음 기울여 심려(환심노려患心勞慮)하여 잠시 심식心識을 멸함을
말함이니 물질이 아닌 유위의 심법心法을
얻어 심처心處를 거느리고 도움을
이름하여 멸진정滅盡定」이라 했고
대승의장 9에「멸수상滅受想이란
수상受想 2온(이음二陰)을 특히 밝혀 이름한
것이니 상想과 수受가 끊긴 것이
멸수상滅受想이요 멸진정滅盡定이란

---

1 대승의장大乘義章; Essay on the System of Mahāyāna. 20권. 수隋의 혜원慧遠 지음. 불교의 중요한 용어들을 모아 교법취教法聚·의법취義法聚·염법취染法聚·정법취淨法聚·잡법취雜法聚로 나누어 분류하고, 각 취취聚의 용어들을 법수法數의 순서로 배열하여 대승의 입장에서 명료하게 해설한 책. 현존본現存本에는 잡법취雜法聚가 빠져 있음.
2 멸진정滅盡定; Skt. nirodha-samāpanna. 멸정滅定·상수멸정想受滅定·멸수상정滅受想定·멸심정滅心定·무연삼매無緣三昧·멸진삼매滅盡三昧. 1.모든 마음 작용이 소멸된 선정禪定. 대승에서는 24불상응법不相應法의 하나. 소승에서는 14불상응법의 하나. 또는 2무심정無心定의 하나. 성자聖者가 모든 심상心想을 다 없애고 적정寂靜하기를 바래서 닦는 선정. 소승에서 불환과不還果와 아라한과의 성자가 닦는 것은 유루정有漏定으로, 6식과 인집人執을 일으키는 말나末那만을 없애는 것. 대승의 보살이 이를 닦는 것은 무루정無漏定으로, 법집法執을 일으키는 말나까지 없앤다. 2. 무소유처無所有處의 경지에 이른 성자가 모든 마음 작용을 소멸시켜 비상비비상처非想非非想處의 경지에 이르기 위해 닦는 선정禪定.
3 환심노려患心勞慮; 지극히 마음기울여 심려함. ▶心慮심려; 1. 마음속으로 걱정함, 또는 그러한 걱정
4 심식心識; 인식하고 식별하는 마음의 작용. 소승교의 구사俱舍에서는 심과 식을 동체이명同體異名이라 하고, 대승교에 속하는 유식唯識에서는 심心과 식識을 따로 나누어 제8식을 심, 5식과 제6식은 식이라 함.
5 창명彰名; 이름을 밝힘.

通對一切의 一心心數法하야 (통대일체 일심심수법)	일체의 일심一心 심수법心數法을 통틀어 대
以彰名也니 (이창명야)	하여 부친 이름이니
心及心法의 (심급심법)	마음(심心)과 마음의 대상(심법心法)의
一切俱亡이 (일체구망)	일체를 모두 잊음이
名爲滅盡」이랐으며 (명위멸진)	이름하여 멸진滅盡」이라 했으며
『俱舍論』五에 如說컨대 (구사론 오 여설)	『구사론俱舍論』5에 설하건대
「復有別法하니 能令心心所로 (부유별법 능령심심소)	「다시 별법別法이 있으니 심심과 심소心所를
滅함을 名無想定[6]이오 (멸 명무상정)	멸滅함을 무상정無想定이라 하고
如是히 復有別法하니 (여시 부유별법)	이와같이 다시 별법別法이 있으니
能令心心所로 滅함일새 (능령심심소 멸)	심심과 심소心所를 멸滅하는 까닭에
名滅盡定」이랐고 (명멸진정)	멸진정滅盡定이라 한다」이라 했고
同述記[7] 七本에 「彼心心所의 (동술기 칠본 피심심소)	동술기同述記 7본七本에 「저 심심과 심소心所의
滅을 名滅定이오 恒行인 (멸 명멸정 항행)	멸滅을 멸정滅定이라 하고 항상 일어나는
染汚의 心 等이 滅故로 (염오 심등 멸고)	염오染汚의 심심 등이 멸滅한 고로
卽此亦名 (즉차역명)	즉 또 이를 이름하여
滅受想定이라」하야 (멸수상정)	멸수상정滅受想定이라」하여

---

6   무상정無想定; Skt. asaṃjñi-samāpatti. 무상멸정無想滅定. 1. 모든 마음 작용이 소멸된 선정禪定. 대승 24불상응법不相應法의 하나. 소승 14불상응법의 하나. 2무심정無心定의 하나. 2. 모든 마음 작용을 소멸시켜 무상천無想天의 경지에 이르기 위해 닦는 선정禪定. 외도는 이 정을 닦아 무상과無想果를 얻으면 참 열반을 얻는 것이라고 생각한다.

7   성유식론술기成唯識論述記; 성유식론소成唯識論疏・유식이십론술기唯識二十論述記・유식술기唯識述記・술기述記. 20권. 당唐의 규기窺基 지음. 성유식론의 중요한 부분을 상세히 풀이한 저술. 현장이 번역한 호법護法의 《성유식론》을 해설한 것으로, 법상종法相宗에서는 근본 성전으로 다룬다.

滅盡定(멸진정)을 滅受想定(멸수상정)이라고도 멸진정滅盡定을 멸수상정滅受想定이라고도
名(명)하고 이름하고
六識(육식)의 心心所(심심소)를 滅盡(멸진)하는 6식六識의 심심과 심소心所를 멸진滅盡하는
禪定(선정)의 名(명)으로서 그 加行方便(가행방편)에 선정禪定의 이름으로서 그 가행방편加行方便에
特(특)히 受(수)의 心所(심소)와 想(상)의 心所(심소)를 특히 수受의 심소心所와 상想의 심소心所를
厭忌(염기)하야 此(차)를 滅(멸)함일새 싫어하고 기피하여 이를 멸滅함이니
加行(가행)에 從(종)한 滅受想定(멸수상정)이오 가행加行에 따른 멸수상정滅受想定이요
不還果(불환과) 以上(이상)의 聖者(성자)가 涅槃(열반)에 불환과不還果 이상의 성자가 열반에
假入(가입)하는 想(상)을 起(기)하야 가입假入하는 상想을 일으켜
此(차)의 定(정)에 入(입)함일새 極長(극장)이 七日(칠일)이라 이의 정定에 들어감이니 길어야 7일이라
滅盡定(멸진정)인 양 解(해)하나 멸진정滅盡定인 양 풀이하나
換言(환언)하면 滅盡定(멸진정)이란 色陰(색음)을 다시 말하면 멸진정滅盡定이란 색음色陰을
滅盡(멸진)함에 따라 受(수)·想(상)·行(행)·識(식) 멸진滅盡함에 따라 수受·상想·행行·식識
四陰(사음)의 染心(염심)을 滅盡(멸진)하는 4음四陰의 염심染心을 멸진滅盡하는
三昧(삼매)의 名(명)이니 삼매의 이름이니
初(초)·二地(이지)에서 色陰(색음)을 보살10지 중 초初·이지二地에서 색음을
三(삼)·四地(사지)에서 受陰(수음)을 삼三·사지四地에서 수음을
五(오)·六地(육지)에서 想陰(상음)을 오五·육지六地에서 상음을
七(칠)·八地(팔지)에서 行陰(행음)을 칠七·팔지八地에서 행음을
九(구)·十地(십지)에서 識陰(식음)을 구九·십지十地에서 식음을
上下品(상하품)의 十重(십중) 五位(오위)로 滅盡(멸진)함이오 상하품의 십중十重 오위五位로 멸진滅盡함이요

또는 十信位에서 色陰을	또는 십신위十信位에서 색음을
十住位에서 受陰을	십주위十住位에서 수음受陰을
十行位에서 想陰을	십행위十行位에서 상음想陰을
十廻向位에서 行陰을	십회향위十廻向位에서 행음行陰을
十地位에서 識陰을	십지위十地位에서 식음識陰을
五重 十位로 滅盡함이니	오중五重 십위十位로 멸진滅盡함이니
十重 五位론 十住位부터	십중十重 오위五位론 십주위十住位부터
五重 十位론 三地부터	오중五重 십위十位론 삼지三地부터
次第로 滅盡함이니라	차례로 멸진滅盡함이니라
곧 先修後證과	곧 먼저 닦고 나중에 증명함(선수후증先修後
先證後修의	證)과 먼저 증명하고 나중에 닦음(선증후수先
別은 姑捨[8]하고 色蘊	證後修)의 다름은 고사姑捨하고 색온色蘊
또는 此에 染汚한 四蘊의	또는 이에 오염된 사온四蘊의
染心[9]을 滅盡하고	염심染心을 멸진滅盡하고
淨心에 住하야 常樂의	정심淨心에 머물러 상락常樂의
一 大人我[10]를 成就하는	일一 대인아大人我를 성취하는

8 고사姑捨; 말할 것도 없고. 앞의 사실事實보다 뒤의 사실事實이 더 심甚하거나 좋지 않을 때 쓰는 말임. 「~는 커녕, ~은커녕」과 거의 같은 말임.

9 염심染心; Skt. kliṣṭa-citta. 염오염染汚心의 준말. 악惡·유부무기有覆無記에 의하여 더럽혀진 마음. 곧 악심·유부무기심의 총칭.

10 대인아大人我; 대아大我. 아我는 자재하다는 뜻. 우리가 "나"라고 인식하는 몸과 마음은 조금도 자재한 것이 아니며, 진실성도 없지만, 부처님이 증득한 열반은 진실하며 변치 않고 항상 있으며, 8대자재大自在의 작용을 가졌으므로 그것을 아我라 한다. ↔소아小我.

滅盡三昧(멸진삼매)의 名(명)이니라	멸진삼매滅盡三昧의 이름이니라
그리하야 四禪(사선)·四定(사정)에	그리하여 색계사선四禪·무색계사정四定에
此(차)를 加(가)하고 九次第定(구차제정)¹¹이라	멸진정을 더해 구차제정九次第定이라
稱(칭)하는 바	일컫는 바
四禪(사선)·四定(사정)은	색계사선四禪·무색계사정四定은
三乘聖者(삼승성자)와 外道(외도)가 共修(공수)하나	삼승성자三乘聖者와 외도外道가 함께 닦으나
第九(제구)의 滅盡定(멸진정)은 聖者(성자)에 限(한)하는	9의 멸진정滅盡定은 성자聖者에 한하는
同時(동시)에 外道(외도)는 法相(법상)¹²에만 限(한)하고	동시에 외도外道는 법상法相에만 한하고
正道(정도)에 不在(부재)하며 根機(근기)에 따라	정도正道가 없으며 근기에 따라
次第漸修(차제점수) 또는 間超(간초)¹³와	차제점수次第漸修 또는 간초間超와
頓超(돈초)¹⁴의 別(별)이 有(유)하니라	돈초頓超의 차이가 있느니라

11 구차제정九次第定; Skt. navânupūrva-samāpattayaḥ. 구차정九次定·구차제사유정정九次第思惟正定·무간선無間禪·연선鍊禪. 차례로 이어서 닦는 9종의 선정. 초선初禪에서 차례대로 제2선第二禪·제3선第三禪·제4선第四禪으로 들어가고, 계속해서 차례대로 공무변처정空無邊處定·식무변처정識無邊處定·무소유처정無所有處定·비상비비상처정非想非非想處定으로 나아가 멸진정滅盡定에 드는 수행법. 이는 초선初禪에서 일어나 차례로 제2선第二禪에 들어가고, 여심餘心으로 하여금 들지 못하게 하면서, 차례차례로 멸진정滅盡定에 드는 것.

12 법상法相; 1. Skt. dharma-lakṣaṇa. characteristics of phenomena. 현상의 특질. 사물의 고유한 특징이나 성질. 2. Skt. dharmatā 모든 현상의 있는 그대로의 참모습이나 상태. 모든 법의 모양. 만유의 자태姿態. 3. Skt. dharma-saṃjñā. 진리라는 관념. 4. 가르침의 진정한 뜻. 법문法門의 분제分齊. 법문상의 의리를 말할 적에 피차·전후의 구별을 세워 분명히 알게 하는 것. 5. 법상종의 약칭.

13 간초間超; 몇 단계를 뛰어 넘음.

14 돈초頓超; 모든 단계를 뛰어넘어 단박에 구경에 도달함.

멸진정滅盡定

『大乘義章』二에『滅盡定者는 謂諸聖人이 患心勞慮하야 暫滅心識 함이니 得一有爲의 非色心法하야 領補心處함을 名 滅盡定』이랐고 同九에『滅受想者는 偏對受想二陰하야 彰名함이라 想絕受亡이 名 滅受想이오 滅盡定者는 通對一切의 一心心數法하야 以彰名也니 心及心法의 一切俱亡이 名爲滅盡』이랐으며『俱舍論』五에 如說컨대『復有別法하니 能令心心所로 滅함을 名無想定이오 如是히 復有別法하니 能令心心所로 滅함일새 名滅盡定』이랐고 同述記 七本에『彼心心所의 滅을 名滅定이오 恒行인 染汚의 心 等이 滅故로 即此亦名 滅受想定이라』하야 滅盡定을 滅受想定이라고도 名하고 六識의 心心所를 滅盡하는 禪定의 名으로서 그 加行方便에 特히 受의 心所와 想의 心所를 厭忌하야 此를 滅함일새 加行에 從한 滅受想定이오 不還果 以上의 聖者가 漫槃에 假入하는 想을 起하야 此의 定에 入함일새 極長이 七日이라 滅盡定인 양 解하나

換言하면 滅盡定이란 色陰을 滅盡함에 따라 受·想·行·識 四陰의 染心을 滅盡하는 三昧의 名이니 初·二地에서 色陰을 三·四地에서 受陰을 五·六地에서 想陰을 七·八地에서 行陰을 九·十地에서 識陰을 上下品의 十重 五位로 滅盡함이오 또는 十信位에서 色陰을 十住位에서 受陰을 十行位에서 想陰을 十廻向位에서 行陰을 十地位에서 識陰을 五重 十位로 滅盡함이니 十重 五位론 十住位부터 五重 十位론 三地부터 次第로 滅盡함이니라

곧 先修後證과 先證後修의 別은 姑捨하고 色蘊 又는 此에 染汚한 四蘊의 染心을 滅盡하고 淨心에 住하야 常樂의 一大人我를 成就하는 滅盡三昧의 名이니라

그리하야 四禪·四定에 此를 加하고 九次第定이라 稱하는 바 四禪·四定은 三乘聖者와 外道가 共修하나 第九의 滅盡定은 聖者에 限하는 同時에 外道는 法相에만 限하고 正道에 不在하며 根機에 따라 次第漸修 又는 間超와 頓超의 別이 有하니라

『대승의장大乘義章』2에 '멸진정자滅盡定者는 위제성인謂諸聖人이 환심노려患心勞慮하여', 자기라는 관념을 떼기가 쉬운 문제가 아니지 않습니까? 마지막까지 자기라는 관념인 아상我相이 달라붙는 것입니다. 그래서 환심노려하여, 자기란 허망한 것이고 본래 없는 것이라고 애써서, '잠멸심식暫滅心識함이니' 잠시 동안 심식心識을 멸함이니, 완전히 멸하면 또 안되겠죠. 그러면 죽은 사람, 그때는 무기無記아닙니까?

그래서 분별시비가 다 끊어져버린, 분별심 없는 선정이 무심정無心定인데, 무심정은 외도가 닦는 무상정無想定과 정도가 닦는 멸진정滅盡定으로서 모두 다 4선정을 성취해야 들어가는 것인데 무상정은 외도들이 무상천의 과보를 얻기 위해서 닦기 때문에 생각이 멸하여지면 이것이 열반이라고 집착해 버리는 것입니다. 이것이 이른바 무상정이고, 정도는 멸진정에 들어가는 것인데 번뇌습기를 소멸하기 위하여 잠시간 들어가는 것입니다. 중생 제도의 원력 때문에 장시간長時間 들어갈 수 없는 것입니다. 대승은 벌써 보살 아닙니까? 이 몸뚱이를 천만 개를 다 없애더라도 범부 중생을 모조리 바른 도리로 이끌어야겠다는 서원 때문에 보살은 오랫동안 선정락에 잠기지를 못하는 것입니다. 다만 나라는 찌꺼기만 없애기 위해서 잠시 동안 마음을 끊어 없애는 것입니다.

'하나의 유위有爲의 비색심법非色心法을 득득하여 심처心處를 보령補領함을 멸진정이라 이름하였다' 고 하였고 대승의장 9에는 '멸수상滅受想이란 것은 수受와 상상의 2음陰에 대하여 이름을 나타낸 것인데, 의식으로 감수하고 상상하고 이런 것은 다 번뇌이니 상상한 것이 끊어지고 또 감수한 것이 없어지는

것을 이름하여 멸수상이요 또한 멸진정은 일체의 모든 가지가지의 마음법에 대하여 이름을 나타낸 것이니 심왕법心王法과 심소유법心所有法으로서, 심心은 아뢰야식으로서 마음의 주체인 심왕心王이고 심소유법心所有法은 주체에 따라 일어나는 여러 가지로 분별하는 법인데 이런, 심급심법心及心法 일체가 없어지는 것을 이름하여 멸진滅盡이라' 하였으며,

『구사론俱舍論』5에 또 말씀하시되 '다시 별법別法이 있으니 능히 심법과 심소유법을 멸함을 명무상정名無想定이라 하고 또한 다른 법이 있는데 능히 심법과 심소유법을 멸함을 명멸진정名滅盡定이라' 하였고,

동술기同述記 7본에 '피심심소彼心心所 곧 심왕心王과 심소유법을 멸함은 멸정滅定이요 항시 업을 짓는 염오染汚된 마음이 멸하니 멸수상정滅受想定이라' 하여 멸진정을 멸수상정이라고도 이름하고 6식識의 심심소心心所를 멸진하는 선정의 이름으로서 그 가행방편에 특히 수受의 심소心所와 상想의 심소心所를 싫어해서 이를 멸하는 것이니 가행加行에 따른 멸수상정이요, 불환과不還果 이상의 성자가 열반에 가입假入하는 상상을 일으켜서 이 선정에 들어가는 것이니 극장極長이 7일입니다. 선정에 들어 너무 오래 있으면 보살의 중생 제도의 원력이 아닐 뿐 아니라 건강에도 지장이 생기는 것입니다. 따라서 원력이 홍심弘深해서 이레 동안 이상을 못 들어간다는 것입니다.

환언하면, (여기서부터는 금타 스님이 각 법문을 종합한 결어結語입니다.) 멸진정이란 색음色陰을 멸진함에 따라 수와 상과 행과 식 4음의 염심染心을 멸진하는 삼매의 명이니 초, 2지에서 색음色陰을 3, 4지에서 수음受陰, 5, 6지에서 상음想陰을 7, 8지에서 행음行陰을, 또는 9, 10지에서 식음識陰을, 상하품上下品 십중오위十重五位로 멸진함이요 또는 십신위十信位에서 색음을, 십주위十主位에서 수음을, 십행위十行位에서 상음을, 십회향위十廻向位에서 행음을, 또는 십지위十地位에서 식음을, 오중십위五重十位로 멸진함이니, 십중오위로는 십주위十住位로부터 오중십위로는 삼지三地부터 차제로 멸진함이니라.

곧 선수후증先修後證과, 먼저 닦고 뒤에 증득하는 수법이라든가 선증후수先證後修라, 먼저 증하고 뒤에 닦는 구별은 고사하고 색온色蘊 또는 이에 염오한

4온의 염심染心을 멸진하고 정심淨心에 주住하여 상락常樂의 일대인아一大人我를 성취하는 멸진삼매滅盡三昧의 이름이니라.

그리하여 4선四禪, 4정四定에 이를 가加하고 9차제정九次第定이라 칭하는 바 4선, 4정은 삼승성자와 외도가 같이 닦으나 제 9의 멸진정은 성자에 한하는 동시에 외도는 법상法相에만 한하고 정도에 부재不在하며, 아我를 못 끊었기 때문에 정도에는 들어갈 수 없겠죠, 근기에 따라 차제로 점수하고 또는 간초間超와, 간초는 2지 3지 등 어느 정도 비약할 수 있고 또는 돈초頓超라, 돈초는 단번에 비약적으로 구경지까지 성취하는 그런 차별이 있는 것이니라.

지금까지 우리가 검토해 왔습니다마는 선수후오先修後悟, 선오후수先悟後修는 굉장히 중요한 문제입니다. 선오후수는 이미 누차 말씀드린 바와 같이 먼저 우리가 수행의 길목을 알고서 닦는 것이요, 그 길목을 모르고서 애쓰고 닦아 가다가 나중에 깨닫는 것이 선수후오입니다. 따라서 먼저 길을 알고 닦는 수법인 선오후수는 오수悟修요, 길도 모르고 애쓰고 닦다가 가까스로 깨닫는 선수후오는 미수迷修라고 합니다. 마땅히 정법 수행자는 선오후수先悟後修가 되어야 열린 평온한 마음으로 한결 올바르게 정진하고 정확히 깨달을 수가 있습니다.

(『圓通佛法의 要諦』, 聖輪閣, 1993, 560~564)

〈표105〉 보살10지菩薩十地와 5음멸진五陰滅盡

보살 10지	5음멸진 五陰滅盡
초지	색음멸진 色陰滅盡
2지	
3지	수음멸진 受陰滅盡
4지	
5지	상음멸진 想陰滅盡
6지	
7지	행음멸진 行陰滅盡
8지	
9지	식음멸진 識陰滅盡
10지	

第三節 兜率內院
제 3 절 도솔내원

兜率¹이란 上足이라, 妙足이라,
　도솔　　　　상족　　　묘족

知足이라, 喜足이라, 譯하는 바
　지족　　　희족　　　　역

欲界의 夜摩天²과
　욕계　　야마천

樂變化天³의 中間에 在한
　낙변화천　　　중간　　재

第四重의 天處로서 內外處에 分하야
　제사중　　천처　　　내외처　　분

그 內院을 彌勒菩薩⁴의
　　내원　　미륵보살

淨土라 云하고
　정토　　운

제3절 도솔내원

도솔兜率이란 상족上足이라, 묘족妙足이라,

지족知足이라, 희족喜足이라, 번역하는 바

욕계欲界의 야마천夜摩天과

낙변화천樂變化天(화락천)의 중간에 위치한

네번째 하늘로서 안과 밖으로 나누어

그 내원內院을 미륵보살彌勒菩薩의

정토淨土라 일컫고

1　도솔천兜率天; Skt. Tuṣita-deva. 육욕천六欲天 가운데 제4천. 도사다覩史多·투슬다鬪瑟哆·도솔타兜率陀·도솔兜術·도솔타천兜率陀天·도술천兜術天이라고도 음사하며, 상족上足·묘족妙足·희족喜足·지족知足·지족천知足天이라 번역. 수미산의 꼭대기서 12만 유순 되는 곳에 있는 천계天界로서 7보寶로 된 궁전이 있고 한량없는 하늘 사람들이 살고 있고, 여기에는 내·외의 2원院이 있다고 한다. 외원外院은 천중天衆의 욕락처欲樂處이고, 이 하늘은 아래에 있는 사왕천·도리천·야마천이 욕정에 잠겨 있고, 위에 있는 화락천·타화자재천이 들뜬 마음이 많은데 대하여, 잠기지도 들뜨지도 않으면서 5욕락에 만족한 마음을 낸다. 내원內院은 석가도 현세에 태어나기 이전에 이 도솔천에 머물며 수행했다고 하며, 현재는 미륵보살의 정토라 한다. 미륵은 여기에 있으면서 설법하여 남섬부주南贍部洲에 하생하여 성불할 시기를 기다리고 있다.

2　야마천夜摩天; 야마夜摩는 Skt. yāma의 음사. 선시천善時天·시분천時分天이라 번역. 6욕천의 하나. 때를 따라 쾌락을 받으므로 이렇게 이름. 곧 이곳에 있는 신神들은 때때로 즐거움을 누린다고 함.

3　낙변화천樂變化天; 화락천化樂天. 이곳에 있는 신神들은 바라는 대상을 스스로 만들어 놓고 즐긴다고 함. 곧 5욕의 경계를 스스로 변화하여 즐김.

4　미륵보살彌勒菩薩; Skt. maitraka, maitrī, maitreya-gotra, ajita. Pāli mettā. 미륵彌勒·매달려야梅呾麗耶·매달레야昧怛隸野. 자씨慈氏라고 번역. 이름은 아일다阿逸多, 무승無勝·막승莫勝이라 번역. 인도 바라내국의 바라문 집에 태어나 석존의 교화를 받고, 미래에 성불하리라는 수기를 받아, 도솔천에 올라가 있으면서 지금 그 하늘에서 천인들을 교화한다. 석존 입멸 후 56억 7천만 년을 지나 다시 이 사바세계에 출현하여 화림원華林園의 용화수龍華樹 아래에서 성불하여 미륵불이 된다고 함. 3회의 설법으로써 석존의 교화에서 빠진 모든 중생을 제도한다고 한다. 현겁賢劫 천불의 제5불佛이다. 이 법회를 용화삼회龍華三會라 함.

外院을 天衆의 欲樂處라	외원外院을 천중天衆의 욕락처欲樂處라
謂할새 兜率內院이란	이르니 도솔내원兜率內院이란
菩薩 最後身[5]의 住處라	보살 최후신最後身의 머뭄터라
釋迦如來께서도 菩薩身의 最後에	석가여래께서도 보살신菩薩身의 최후에
此處에 住하시다가 此 生을 終하시고	이곳에 머무시다가 이 생生을 마치시고
人間에 下生하사 成道하신지라	인간세상에 오셔서 성도成道하신지라
只今 彌勒菩薩의 最後身이 住하시는	지금 미륵보살의 최후신이 머무시는
淨土인바 彼天에서 四千歲間 此에 住하신 後	정토인 바 거기에서 4천세 동안 머무신 후
人間에 下生하사 龍華樹下에서	인간세상에 내려오셔 용화수龍華樹 아래에서
成佛하시니	성불하시니
彼天의 四千歲는 人間의	도솔내원의 4천세는 인간세상의
五十六億七千萬歲에 當한다 說하셨나니라	56억7천만세에 해당한다고 설하셨나니라
그리고 《普曜經[6]》一엔 「其 兜率天에	그리고 《보요경普曜經》1엔 「그 도솔천兜率天에

---

5 최후신最後身; Skt. carama-bhavika, eka-jāti-pratibaddha. final body. 최후유最後有·최후생最後生·최말후신最末後身. 맨뒤의 몸, 곧 생사에 유전流轉하는 가장 마지막 몸. 아라한阿羅漢이나 등각等覺 보살菩薩의 몸을 이름. 다시는 미혹한 생존을 되풀이하지 않는 아라한阿羅漢이나 보살菩薩의 생존. ▶일생보처一生補處; 한 생을 마친 후에는 부처의 자리를 보충한다는 뜻. 한 번의 미혹한 생을 마치면 다음 생에는 성불하는 보살의 최고 경지. 예를 들어 미륵보살은 지금 도솔천에서 수행 중인데, 그 생을 마치면 인간으로 태어나 성불하여 석가모니불의 자리를 보충한다고 함.

6 보요경普曜經; Skt. Lalitavistara (sūtra). 《불설보요경佛說普曜經》. 별칭으로 《방등본기경方等本起經》이라고도 한다. 8권 30품. 308년에 월지국 출신의 학승 축법호竺法護가 서진西晋의 천수사天水寺에서 번역. 천인 정거천의 물음에 답하여 부처님이 자신의 생애의 한 시기에 대해 이야기해주는 형식으로 꾸며져 있다. 이역본으로는 지바하라의 《방광대장엄경方廣大莊嚴經》(12권)이 있다. 쟈바의 보로부드르 옛 터에는 이 경에서 말한 것을 그림으로 그려 돌에 새긴 것이 있음.

有大天宮하니 名曰 高幢이라
유대천궁   명왈 고당

대천궁大天宮이 있으니 이름이 고당高幢이라

廣長이 二千五百六十里인 바 菩薩이
광장   이천오백육십리   보살

넓이(광장廣長)가 2,560리인 바 보살이

常坐하고 爲諸天人하야
상좌   위제천인

항상 앉아계시고 모든 하늘사람을 위하여

敷演經典이라」시고
부연경전

경전을 설하고 계시니라」하시고

《彌勒上生經[7]》엔
 미륵상생경

《미륵상생경彌勒上生經》엔

「爾時 此宮에 有一大神하니
 이시 차궁 유일대신

「이때에 이 궁전에 한 대신大神이 있으니

名 牢度跋提라 卽從座起하야
명 로도발제   즉종좌기

이름이 로도발제牢度跋提라 앉은자리에서

遍禮十方佛하고
변례시방불

일어나 시방불에 두루 예를 취하고

發弘誓願하되 若我福德이
발홍서원   약아복덕

넓고 큰 서원을 발하되 만약 내 복덕이

應爲彌勒菩薩의 造善法堂하야
응위미륵보살   조선법당

마땅히 미륵보살의 선법당을 조성하기에

令我額上에서 自然出珠하게 하소서
영아액상   자연출주

충분하다면 내 이마에서 자연히 보배구슬이

旣發願已에 額上에서
기발원이   액상

나오게 하소서 하고 발원하자 이마에서

自然히 出 五百寶珠라」하시고
자연 출 오백보주

자연히 5백 개의 보주가 나오느니라」하시고

「乃至 化爲四十九重의
 내지 화위사십구중

「그리고 변해서 49중의

微妙寶宮이라」說하신
미묘보궁   설

미묘한 보궁이 되도다」설하신

密意를 把握할지니라
밀의   파악

비밀의 뜻을 파악할지니라

---

7   미륵상생경彌勒上生經; Sutra of Maitreya's Ascension. 본이름은 《관미륵보살상생도솔천경觀彌勒菩薩上生兜率天經》. 미륵 6부경의 하나. 1권. 455년(유송의 효건 2) 유송劉宋의 저거경성沮渠京聲 번역. 세존이 미륵보살에게 12년 뒤에 목숨을 마치면 도솔천에 태어날 것이라고 예언하고, 도솔천의 정경을 묘사한 다음, 도솔천에 왕생하여 미륵보살을 만나기 위한 수행법을 설함.

그리하야 《金剛頂經⁸》一에　　　　　　　그리하여 《금강정경金剛頂經》1에

「往詣須彌盧頂의 金剛摩尼寶峰樓閣이라」 심과　　「수미산 정상의 금강마니보봉루각金剛摩尼
왕예수미로정　　금강마니보봉루각
　　　　　　　　　　　　　　　　　　　　　寶峰樓閣에 이르느니라」 심과

《攝眞實經⁹》에 「時의　　　　　　　　《섭진실경攝眞實經》에 「이때의
섭진실경　　　시

薄伽梵¹⁰이 住妙高山頂의　　　　　　세존(박가범薄伽梵; Bhagavat)께서 수미산 정상
박가범　　주묘고산정

　　　　　　　　　　　　　　　　　　(묘고산정妙高山頂)에 있는

三十三天帝釋天宮中　　　　　　　　도리천의 중앙 제석천궁 내의
삼십삼천제석천궁중

8　　금강정경金剛頂經; Skt. Vajraśekhara-sūtra. 본이름은《금강정일체여래진실섭대승현증대교왕경금강정일체
　　　如來眞實攝大乘現證大教王經》. 3권. 당唐의 불공不空 번역. 금강정부金剛頂部에 속하는 경전에는 18가지
　　　가 있는데, 그 첫번째 경전의 4품 가운데 1품을 번역한 것. 수행자가 신체로는 인계印契를 맺고, 입으로는 진
　　　언眞言을 외우고, 마음으로는 부처를 깊이 주시하여, 부처의 삼밀三密과 수행자의 삼밀이 수행자의 체험 속
　　　에서 서로 합일됨으로써 현재의 이 육신이 그대로 부처가 되는 즉신성불即身成佛을 설하고, 만다라曼茶羅를
　　　제작하는 방법, 관정灌頂 하는 방법, 공양법供養法 등에 대해 설함. 이 경經의 세계를 상징적으로 묘사한 것
　　　이 금강계만다라金剛界曼茶羅임.

9　　제불경계섭진실경諸佛境界攝眞實經; Skt. Sarvatathāgatatattvasagraha(sūtra).《금강정유가중약출염송경금剛
　　　頂瑜伽中略出念誦經》. 4권. K-429, T-866. 당唐나라 때 금강지金剛智(Vajrabodhi)가 723년에 자성사資聖寺
　　　에서 번역하였다. 줄여서 《금강정약출염송경金剛頂略出念誦經》·《약출경략출經略出》·《약출염송경략출염송
　　　經》·《출경出經》·《출염송경出念誦經》이라고 한다. 10만송 광본廣本인《금강정경金剛頂經》가운데 유가
　　　수행의 핵심적인 내용을 골라 번역한 경으로서, 품이 나누어져 있지 않다. 3보에 대한 귀의·수행을 시작하
　　　는 제자의 자격·만다라의 단壇을 쌓을 위치의 선정·유가 행법·도량관·37존尊의 출현·5상相 성신관成
　　　身觀과 관정灌頂·만다라를 건립하는 방법·37존과 여러 부수적인 절차·일체 성취 삼마야 계법契法·찬
　　　탄과 염송·공양법·만다라에 들어서는 입단수법入壇受法·호마법·관정을 행하는 방법·4부처님께 행하
　　　는 4불관정佛灌頂·금강저金剛杵와 금강 명호를 받는 과정 등을 설한다. 이 경전은 특히 관정법의 절차에 대
　　　해 자세히 기술하고 있는데, 그것은 금강계金剛界 관정 작법의 근간을 형성하고 있다. 또 일부 밀교 교단내의
　　　입단入壇 관정의 방법을 제시해주고 있어 중요한 문헌으로 평가된다. 이역본으로《금강정일체여래진실섭대
　　　승현증대교왕경金剛頂一切如來眞實攝大乘現證大教王經》·《일체여래진실섭대승현증삼매대교왕경一切如
　　　來眞實攝大乘現證三昧大教王經》이 있다.

10　　박가범薄伽梵; Skt. bhagavat, bhagavān. Pāli bhagavant, bhagavā. 바가만婆迦晚·바가바婆伽婆·바가바婆
　　　迦婆·박가迦·박가박伽. 유덕有德·중우衆祐·세존世尊이라 번역. 모든 복덕을 갖추고 있어서 세상
　　　사람들의 존경을 받는 자. 세간에서 가장 존귀한 자. 곧, 부처를 일컬음.『현응음의』제3권에 박가를 덕德이
　　　라 번역하고, 범은 성취의 뜻이라 하여 온갖 덕을 성취하였다는 뜻으로 박가범이라 한다고 하였다.

제3편 제14장 삼계 | 711

摩尼最勝樓閣하실새
마 니 최 승 루 각

三世諸佛의 常說處라」신
삼 세 제 불   상 설 처

極義를 觀破하고
극 의   관 파

修行의 一步를 進함이 緊하니라
수 행   일 보   진   긴

마니최승루각摩尼最勝樓閣에 머무시니

삼세제불三世諸佛의 항상 설법하는 곳(상설처 常說處)이라」하신 깊은 뜻을 파악하고

수행의 한 걸음을 내디딤이 중요하니라

제15장

수미산
須彌山

須彌란 妙高라, 妙光이라,
  수미 묘고   묘광

安明이라, 善積이라, 善高라,
 안명   선적   선고

譯하는 바 器世界¹의
 역   기세계

最下에 風輪, 其上에 水輪,
 최하   풍륜 기상   수륜

其上에 金輪²이 有하고 其上에
 기상   금륜   유   기상

九山八海³가 有하니
 구산팔해   유

수미須彌란 묘고妙高라, 묘광妙光이라,

안명安明이라, 선적善積이라, 선고善高라,

뜻번역하는 바 우주(기세계器世界)의

가장 아래에 풍륜風輪, 그 위에 수륜水輪,

그 위에 금륜金輪이 있고 그 위에

아홉 개의 산과 여덟 개의 바다(9산8해

九山八海)가 있으니

1 기세계器世界; Skt. bhājana-loka. 기세간器世間·국토세간國土世間·외기外器·기계器界·기器. 3종 세간의 하나. 세간은 변하면서 흘러가는 현상을 뜻함. 생물들이 거주하는 자연 환경, 중생을 수용受容하는 세간이란 뜻. 곧 우리가 살고 있는 산하山河 대지大地 등의 세계.

2 대지사륜大地四輪; 불교 우주론에서 하나의 우주 즉 하나의 3천대천세계三千大千世界를 구성하는 기본 단위인 1수미세계一須彌世界의 기저에 있는 풍륜風輪·수륜水輪·금륜金輪의 3륜三輪과 이들이 존재하는 공간으로서의 허공 즉 허공륜虛空輪을 합한 4륜四輪. 이들 허공륜·풍륜·수륜·금륜의 4륜을 각각 순서대로 허공[공空]·바람[풍風]·물[수水]·땅[지地]이라고도 하며 각각 허공 바퀴(공륜空輪, Skt. ākāśa-mandala)·바람 바퀴(풍륜風輪, Skt. vāyu-mandala)·물 바퀴(수륜水輪, Skt. jala-mandala)·땅 바퀴(금륜金輪, Skt. kāñcana-mandala)이다. 금륜은 금성지륜金性地輪(쇠처럼 단단한 성질의 땅 바퀴)·지륜地輪(땅 바퀴) 또는 지계地界(땅의 계, 땅의 종족 또는 무리)라고도 불린다. 또는, 공륜·풍륜·수륜·금륜의 4륜을 더미·무더기를 뜻하는 취聚를 써서 공취空聚·풍취風聚·수취水聚·지취地聚라고도 하며, 번역하여 허공 더미·바람 더미·물 더미·땅 더미라고도 한다. 또는 대大를 써서 대공大空·대풍大風·대수大水·대지大地라고도 한다. 특히, 금륜을 가리키는 대지大地라는 낱말은 불교 우주론을 설명하는 경전과 논서들에서 자주 등장하는데, 이것은 금륜 위에 또는 금륜을 의지하여 구체적인 기세간, 즉 3계의 유정들이 거주하는 물질적·비물질적 처소들, 즉 수미산須彌山을 포함한 9산8해九山八海·4대주四大洲·지거천地居天·공거천空居天 등이 형성되기 때문이다.

3 구산팔해九山八海; 수미산須彌山(Sumeru)과 그 주위를 둘러싸고 있는 여덟 개의 산, 그리고 그 산과 산 사이에 있는 여덟 개의 바다. 이것은 인도의 세계 구성설構成說에 나타난 산과 바다의 총수. 수미산을 중심으로 그 둘레에 카제라산(Khadiraka 佉提羅), 또 그 둘레에 이사타라산(Īṣādhara 伊沙陀羅)·유건타라산(Yugaṃdhara 遊乾陀羅)·소달리사나산(Sudarśana 蘇達梨舍那)·안습박갈나산(Aśvakarṇa 安濕縛竭拏)·니민타라산(Nemiṃdhara 尼民陀羅)·비나다가산(Vinataka 毘那多迦)·작가라산(Cakravāda 斫迦羅)이 차례로 둘러 있고, 산과 산 사이에는 각기 한바다가 있으므로 모두 9산 8해[불조통기佛祖統紀]. 또는 Yugaṃdhara (번역 지쌍산持雙山, 음사 유건달라산踰健達羅山), Īṣādhara (지축산持軸山, 이사타라산伊沙馱羅山), Khadiraka (쌍목산雙木山, 쌍목수산雙木樹山, 걸지락가산朅地洛迦山), Sudarśana (담건산擔見山, 소달리사나산蘇達梨舍那山), Aśvakarṇa (마이산馬耳山, 알습박갈나산頞濕縛羯拏山), Vinataka (장애산障礙山, 상비산象鼻山, 비나담가산毘那憺迦山), Nemiṃdhara (지지산持地山, 원산遠山, 니민달라산尼民達羅山)의 순서 [『유가론瑜伽論』, 『구사론俱舍論』]

持雙지쌍·持軸지축·擔木담목·善見선견·
馬耳마이·象鼻상비·持邊지변·須彌수미의
八山八海팔산팔해와
鐵圍山철위산⁴과 아울러 九山八海구산팔해요
九山八海구산팔해의 中心중심이
須彌山수미산⁵인데 入水입수하기 八萬由旬팔만유순⁶이오
出水출수하기 八萬由旬팔만유순인 그 頂上정상이
帝釋天제석천⁷의 所居소거요

지쌍持雙·지축持軸·담목擔木·선견善見·
마이馬耳·상비象鼻·지변持邊·수미須彌의
여덟 산 여덟 바다(8산8해八山八海)와
철위산鐵圍山과 아울러 9산8해九山八海요
구산팔해九山八海의 중심이
수미산須彌山인데 물깊이가 8만 요자나요
해발이 8만 요자나인 그 정상頂上이
제석천帝釋天의 머무는 곳이요

4 철위산鐵圍山; Skt. Cakravāḍa. 작가라바라斫迦羅婆羅라 음사. 철륜위산鐵輪圍山·윤위산輪圍山·작가라 斫迦羅·금강산金剛山·금강위산金剛圍山·금강철위산金剛鐵圍山이라 뜻번역. 9산의 하나. 수미산의 사주四洲를 둘러싸고 있는 쇠로 된 산. 지변산地邊山을 둘러싸고 있다. 9산 가운데 가장 밖에 있는 산. 지변산에서 36만 3천 2백 88유순, 또는 남섬부주의 남쪽 끝에서 3억 6만 6백 63유순 되는 곳에 있다 하며, 전부 철로 이루어졌고, 높이와 넓이가 모두 3백 12유순에 달함.

5 수미산須彌山; Skt. Sumeru-parvata. 또는 수미루須彌樓·수미루修迷樓·소미로蘇迷盧. 줄여서 미로迷盧. 번역하여 묘고妙高·묘광妙光·안명安明·선적善積. 고대 인도인들의 세계관에서, 세계의 중심에 솟아 있다는 거대한 산으로, 금金·은銀·폐류리吠琉璃·파지가頗胝迦의 네 보석으로 되어 있다고 함. 4주州세계의 중앙, 금륜金輪 위에 우뚝 솟은 높은 산. 금륜은 수륜水輪 위에 있고 수륜은 풍륜風輪 위에 있고 풍륜은 허공에 떠 있다고 함. 둘레에 7산山 7해海 및 함해鹹海가 있고 또 그밖에 철위산이 둘려 있어 물 속에 잠긴 것이 8만 유순, 물 위에 드러난 것이 8만 유순이며, 꼭대기는 도리천忉利天(제석천 포함), 중턱은 4왕천四王天의 주처住處라 함.

6 유순由旬; Skt. yojana. 유사나踰闍那·유선나踰繕那·유연由延. 인도 이수里數의 단위. 성왕聖王의 하루 동안 행정行程 곧 황제의 소달구지가 하루 동안 행진하는 거리로 11~15km라는 설이 있다. 40리(혹 30리)에 해당, 또 대유순은 80리, 중유순은 60리, 소유순은 40리라고 함. 1리도 시대를 따라 그 장단이 같지 않음. 1리를 360보步, 1,800척이라 하면, 1유순은 6마일의 22분의 3에 해당.

7 제석천帝釋天; 불교에서 불법을 지키는 수호신이며 고대 인도 힌두교의 신 인드라를 불교에서 수용한 것이다. 제석은 도리천의 임금이므로 제석천이라 함. 불교의 수호신으로 고대 인도의 신 인드라Indra를 수용한 것이다. 석제환인다라釋帝桓因陀羅·석가제바인다라釋迦提婆因陀羅로 음사. 줄여서 석제환인·제석천이라 한다. 제帝는 인드라의 의역이고, 석釋은 샤크라의 음역이다. 경전에는 제석천이 본래 사람이었으나 수행자에게 음식과 재물, 향과 와구臥具·등불을 베푼 인연으로 제석천이 되었다고 한다. 한국에서는 천제석天帝釋·천주천天主라고도 부른다.《법화경》서품에 나오는 '제석은 환인이며, 도리천주이고 옥황상제로서 제석이라 일컫는다'는 말에 따른 것이다. 욕계 제2천인 도리천의 주인이며, 수미산須彌山 위의 선견성善見城에 살

그 半腹⁸이 四大王天⁹의 所居로서

그 周圍에 七香海¹⁰와

七金山¹¹이 有하고

수미산 중턱에 사대왕천四大王天이 있고

수미산 주위에 일곱 향수바다(칠향해七香海)와

칠금산七金山이 둘러 있고

면서 중턱에 있는 사천왕을 거느리고 불법과 불제자를 보호한다. 제석천은 본래 인도 성전《리그베다》에 등장하는 천신 중 벼락을 신격화한 가장 강력한 힘을 지닌 신이었으나 불교에 수용되어서는 범천梵天과 함께 호법선신 역할을 맡게 되었다. 그리하여 항상 부처님의 설법 자리에 나타나 법회를 수호하고 사바세계 인간의 번뇌와 죄를 다스리는 역할을 담당한다. 제석천이 부처님 설법회상을 항상 떠나지 않는 것은 일찍이 부처님이 도리천忉利天에 올라가 어머니 마야부인을 위해 설법할 때 제석천이 사자좌獅子座를 설치하고 정성으로 장엄하여 부처님을 영접한 데서 비롯된다.

8   반복半腹; 산의 중턱. 산허리.

9   사왕천四王天; Skt. catur-maharāja-kāyikas. 사천왕중천四天王衆天·사천왕천四天王天·사대왕천四大王天. 육욕천六欲天의 하나. 천天은 신神, 또는 그들이 사는 곳이라는 뜻. 사천왕四天王과 그 권속들이 사는 곳. 곧, 수미산 중턱의 동쪽에 있는 지국천持國天, 남쪽에 있는 증장천增長天, 서쪽에 있는 광목천廣目天, 북쪽에 있는 다문천多聞天을 일컬음.『구사론』제11권에 따르면, 수미산의 하반부 4만 유선나는 4층으로 나뉘는데 각각의 층은 높이는 동일하다. 즉, 각각의 높이가 1만 유선나이다. 각 층에는 수미산 옆으로 돌출되어 나온 땅이 있는데 아래의 제1층급부터 제4층급까지 돌출되어 나온 땅의 너비는 각각은 1만 6천·8천·4천·2천 유선나이다. 이 4층 중 맨 아래의 제1층급에는 견수堅手라 불리는 약차藥叉(Skt. yakṣa, 야차夜叉)들이, 제2층급에는 지만持鬘이라 불리는 약차들이, 제3층급에는 항교恒憍라 불리는 약차들이 거주하는데 이들은 모두 4천왕천에 소속된 천중들이다. 제4층급은 지국천持國天·증장천增長天·광목천廣目天·다문천多聞天의 네 하늘의 천중들과 이 모든 4천왕천의 천중들을 이끄는 4천왕이 거주하는 하늘이다.

10 칠향해七香海; Skt. sapta-śītāḥ. 칠향수해七香水海. 향수해香水海·향해香海. 수미산을 둘러싸고 있는 여덟 바다 가운데 맨 바깥쪽의 바다만 짠물이고 나머지 일곱 바다는 민물이라고 하는데, 그 일곱 바다를 말함. 향수로 가득찬 일곱 바다. 불교의 우주관에 의하면 우주는 9산8해九山八海로 이루어져 있으며 그 중앙에 있는 수미산은 8산 8해가 둘러싸여 있다고 한다. 그 8산 8해 가운데 염수鹽水로 이루어진 제8해第八海를 제외한 나머지 일곱 바다는 모두 향수로 이루어져 있다고 한다.

11 칠금산七金山; Skt. sapta-haimāḥ. 금金·은銀·폐류리吠琉璃·파지가頗胝迦의 네 보석으로 된 수미산須彌山과 쇠로 된 철위산鐵圍山의 중간에 있는, 금金으로 된 일곱 개의 산. 수미산을 중심으로 그 주위를 일곱 겹으로 둘러 있는 높은 산. 모두 순금으로 이루어졌다고 함. Skt. Yugaṃdhara (번역 지쌍산持雙山, 음사音寫 유건타라산由乾陀羅山·유건달라산踰健達羅山), Skt. Īṣādhara (지축산持軸山, 이사타라산伊沙馱羅山·이사다라산伊沙陀羅山), Skt. Khadiraka (쌍목산雙木山, 쌍목수산雙木樹山, 걸지락가산朅地洛迦·카제라가산佉提羅迦山), Skt. Sudarśana (선견산善見山·담견산擔見山, 소달리사나산蘇達梨舍那山), Skt. Aśvakarṇa (마이산馬耳山, 알습박갈라산頞濕縛羯拏山·아사간나산阿沙干那山), Skt. Vinataka (장애산障礙山, 상비산象鼻山, 비나담가산毘那憺迦山·비나달가산毘那怛迦山), Skt. Nemiṃdhara (지지산持地山, 원산遠山, 니민달라산尼民達羅山·니민타라산尼民陀羅山).

第七金山의 外에	금산 중 제일 바깥인 제칠금산第七金山의 밖에
鹹海¹²가 有하야 그 外圍가	함해鹹海가 있고 그 바깥둘레가
鐵圍山이며 鹹海의 四方에	철위산鐵圍山이며 함해鹹海의 사방에
贍部洲 等 四大洲¹³가 有하니라	남섬부주南贍部洲 등 사대주四大洲가 있느니라
그리고 須彌山의 水上高가	그리고 수미산의 해발고도가
三百三十六萬里람과 四寶合成¹⁴이람의	336만리라 함과 네 가지 보배의 합성이라는
說이 有하니 『註維摩經¹⁵』一에	설이 있으니 『주유마경註維摩經』1에

12 함해鹹海; Skt. lavaṇa-sāgara. 8해八海 중 제일 바깥의 제8해는 짠물 바다[함해鹹海]인데 이 바다를 외해外海라고도 한다. 짠물 바다인 외해外海 즉 제8해에는 '인간도의 유정' 즉 인간이 거주하고 있는 동승신주東勝身洲(또는 동비제하)·남섬부주南贍部洲(또는 남염부제)·서우화주西牛貨洲(또는 서구다니)·북구로주北俱盧洲(또는 북울단월)의 네 개의 대륙이 있는데 이들을 통칭하여 4대주四大洲·4주四洲 또는 4천하四天下라 한다.

13 사대주四大洲; Skt. cātur-mahā-dvīpa. 사주四洲. 수미산의 사방 짠물 바다 가운데 있는 네 대륙. 남섬부주(염부제)·동승신주(불바제)·서우화주(구야니)·북구로주(울단월). 1) 동승신주東勝身洲. Skt. Pūrva-videha. 이곳에 있는 인간들은 신장이 뛰어나다고 하여 승신勝身이라 함. 2) 남섬부주南贍部洲. Skt. Jambudvīpa. 섬부贍部는 산스크리트어 jambu의 음사. 잠부jambu 나무가 많으며, 우리 인간들이 사는 곳이라 함. 여러 부처가 나타나는 곳은 네 대륙 가운데 이곳뿐이라 함. 3) 서우화주西牛貨洲. Skt. Avaragodānīya. 여기에서는 소를 화폐로 사용한다고 하여 우화牛貨라고 함. 4) 북구로주北俱盧洲. Skt. Uttarakuru. 구로俱盧는 산스크리트어 kuru의 음사로, 종족 이름. 네 대륙 가운데 가장 살기 좋은 곳이라 함.

14 사보합성四寶合成; 수미산이 금金·은銀·유리琉璃·파리頗梨의 네 가지 보석으로 되어 있다고 함.

15 주유마경註維摩經; 유마힐소설경주維摩詰所說經註·주유마註維摩·정명집해淨名集解. 10권. 중국 후진後秦의 승조僧肇가 지은《유마경》주석서.《유마경維摩經》을 번역한 이는 구마라습鳩摩羅什(344~413)이고, 승조는 그가《유마경》을 번역할 때 같이 있었던 제자이다. 승조는 이 책에서 구마라습의 설에 도생道生·도융道融·승예僧叡 등의 설을 추가하여 자신의 독특한 설을 내세웠다. 서문에《유마경》의 본뜻에 충실하였음을 밝히고 본문을《유마경》의 순서에 따라 충실하게 해석하였다. 인도불교의 해석과 직접적인 관련을 갖는 구마라습의 설과 중국인의 식견에 바탕을 둔 도생의 관점을 한꺼번에 수용했다는 점에서 사상사적으로도 매우 중요한 취급을 받는다. 또한 한역《유마경》에 대한 최초의 주석서이자 가장 기본적인 지침서로 후대에 지대한 영향을 끼쳤다. 이 책에 대한 주석서『관중소關中疏』7권 도액道液 지음.『기기記』5권 문습文襲 지음,『석징釋徵』2권 계진契眞 지음,『회요발몽초會要發曚鈔』5권 봉담鳳潭 지음. 지이의『현소玄疎』와『문소文疎』, 혜원의『의기義記』, 길장의『의소義疎』『약소略疎』등은 모두 이 책의 영향을 받아 저술된 것들이다.

「肇曰 須彌山은 곧
조 왈 수미산
帝釋天所住의 金剛山也요
제석천소주 금강산야
秦言 妙高니 處大海之中하야
진언 묘고 처대해지중
水의 上이 方高三百三十六萬里」랐고
수 상 방고삼백삼십육만리
『勝鬘寶窟[16]中本』에
승만보굴 중본
「須彌는 此言 妙高요
수미 차언 묘고
亦名 安明이오 亦言 善積인 바
역명 안명 역언 선적
林公의 須彌留는 此言
임공 수미류 차언
善高니 三百三十六萬里」랐고
선고 삼백삼십육만리
『西域記』一에「蘇迷盧山은
서역기 일 소미로산
唐言 妙高山이니
당언 묘고산
舊曰 須彌와 又曰 須順婁[17]는
구왈 수미 우왈 수후루
皆 訛略也요
개 와 략 야
四寶가 合成하야
사보 합성
在大海中」이랐고
재 대 해 중
『慧琳音義[18]』一에「或云
혜림음의 일 혹운

「조肇 이르기를 수미산은 곧

제석천이 머무는 금강산이요

중국말로 묘고妙高니 큰 바다 중에 있어

물위가 336만리」라 했고

『승만보굴중본勝鬘寶窟中本』에

「수미須彌는 (뜻으로) 묘고妙高라 하고,

또 안명安明, 선적善積이라고도 하는 바

임공林公의 수미류須彌留는 이른바

선고善高니 336만리」라 했고

『서역기西域記』1에「소미로산蘇迷盧山은

중국어로 묘고산妙高山이니

예전의 수미須彌와 수미루須彌婁는

모두 잘못 전해진 말이요

네 가지 보배(사보四寶)가 합성合成하여

큰 바다 가운데 있음」이라 했고

『혜림음의慧琳音義』1에「혹 말하기를

---

16   승만보굴勝鬘寶窟; 승만경보굴勝鬘經寶窟. 6권(상본上本·상말上末·중본中本·중말中末·하본下本·하말下末). 수隋의 길장吉藏 지음. 승만경을 풀이한 저술로, 중국에서 찬술된 이 경의 주석서 가운데 가장 상세함.

17   서역기 원본에는 '須彌婁'이고, 금타대화상 원고에는 '須[弓+頁]婁'로 되어 있어 彌의 약자略字로 쓴 듯하다. 대당서역기 해당부분을 인용한다. [蘇迷盧山 唐言妙高山. 舊曰須彌. 又曰須彌婁皆訛略也 . 四寶合成. 在大海中.]『大唐西域記』T2087_.51.0869a23-25

18   혜림음의慧琳音義; 1백 권. 대장음의大藏音義·일체경음의一切經音義. 혜림慧琳 (737~820년)이 정리한 불교사전. 혜림은 당나라 때의 승려. 소륵국疏勒國 사람으로, 속성俗姓은 배裵씨다. 경사京師 서명사西明

須彌山과 彌樓山은 皆
梵音의 聲轉不正也요
正云의 蘇迷嚧란
唐云 妙高山이니
四寶所成故로 曰妙요
出過衆山이라 曰高요
或云 妙光山이란 以 四色寶의
光明이 各異照世故로
名妙光也」랬나니라

수미산須彌山과 미루산彌樓山은 모두

산스크리트어의 소리를 본따되 바르지 않고,

바른 음인 수메루(소미로蘇迷嚧)란

중국어로 묘고산妙高山이니

네 가지 보배로 이루어진 까닭에 묘妙요,

모든 산 중 가장 높아 고高요,

혹은 묘광산妙光山이란 4종 색채의 보배

광명光明이 각각 달리 세상을 비추므로

묘광妙光이라 한다」라고 했느니라

寺에 주석했다. 처음에 불공삼장不空三藏을 섬겼다. 내외 학문에 정통했고, 특히 훈고訓詁에 뛰어나 각종 자서字書를 인용하여 불의佛意를 살펴 정리했고 시비를 상세하게 가린 책이 혜림음의이다.

⟨표106⟩ 수미산도(조감도)

33천=도리천
철위산(함해 4주(7산해(**수미산**)7해산)함해 4주)철위산
금륜
수륜
풍륜
허공륜

철위산
함해, 북구로주北俱盧洲 Uttara-kuru
지지산, 지변산
지지해, 지변해
상비산, 장애산
상비해, 장애해
마이산
마이해
선견산
선견해
담목산, 지수산
담목해, 지수해
지축산
지축해
지쌍산
해 **수미산** 해
지쌍산
지축해
지축산
담목해, 지수해
담목산, 지수산
선견해
선견산
마이해
마이산
상비해, 장애해
상비산, 장애산
지지해, 지변해
지지산, 지변산
함해, 남섬부주南瞻部洲, Jambudvīpa 염부제閻浮提,
철위산
금륜
수륜
풍륜
허공륜

좌측: 함해, 서우화주西牛貨洲 Avara-godānīya, 철위산
우측: 함해, 동승신주東勝身洲 Pūrva-videha, 철위산

▶ 요자나Yojana; 거리의 단위. 황제가 1일 행차할 수 있는 거리. 약 7~9마일, 약 11.3km~14.5km
3,360,000리 = 80,000유순×42 (1유순=42리)

⟨표107⟩ 수미산도(측면도)

		북8천		
	서8천	제석천	동8천	33천(도리천)
		남8천		
8만 유순 (336만리)				
(반복半腹) 수미 4층 측방 2천유순		4층급, 4대왕천		높이 1만유순
측방 4천유순		3층급, 항교恒憍천 (방일放逸천)		높이 1만유순
		2층급, 지만持鬘천 측방 8천유순		높이 1만유순
출수		1층급, 견수堅手천 측방 1만6천 유순		높이 1만유순
철위산, 함해, 7금산 7향해,		수미산,	7향해 7금산, 함해, 철위산	
		금륜		
		수륜		
		풍륜		
		허공륜		

第一節 須彌四層級
제1절 수미사층급

蘇迷嚧山에 四의 層級이 有하니
소미로산   사 층급 유

水際¹로부터 第一層을 盡하기까지
수제   제일층   진

十千踰繕那의 量이
십천유선나 양

有한지라 如是히 乃至 第四의 層을
유   여시 내지 제사 층

盡하기까지 亦然한바 此의
진   역연   차

四層級은 妙高山의 側傍에서
사층급 묘고산   측방

出하야 그 下半을 圍繞²하니 最初의
출   하반 위요   최초

層級은 出水³하기 十六千이오
층급 출수   십육천

第二·第三·第四의 層級은 그 次第와 如히
제이 제삼 제사 층급   차제 여

八千·四千·二千이라 그에 藥叉神⁴이 有하니
팔천 사천 이천   약차신   유

堅手라 名함은 初層級에 住하고
견수 명   초층급 주

제1절 수미사층급

소미로산蘇迷嚧山에 네 층이 있으니

물가(수제水際)로부터 제1층을 다하기까지

10,000 요자나(십천유선나十千踰繕那)의

거리가 되고, 이와같이 제4층을

다할 때까지 또한 그러한 바 이의

4층급四層級은 묘고산妙高山의 옆에서

나타나 그 아래쪽 반을 둘러싸니 최초

층급은 튀어나오기 16,000이오

제2,3,4층급은 각각 순서대로

8천,4천,2천이라 그에 약차신藥叉神이 있으니

견수堅手라 이름함은 초층급初層級에 머물고

---

1 수제水際; 물가. 바다, 강, 못 따위와 같이 물이 있는 곳의 가장자리.
2 위요圍繞; 1. 어떤 지역이나 현상을 둘러쌈. 2. 요잡繞匝. 부처의 둘레를 돌아다니는 일.
3 출수出水; 아래 구사론 원문에는 '출수出水'가 아니고, '출出'로 되어 있고, 앞에 從妙高山傍出(묘고산에서 곁으로 나옴)로 되어 있는 것으로 보아, 해발이 아니고 원반처럼 수미산을 둘러 있는 측방거리를 뜻하는 듯함. [論曰. 蘇迷盧山有四層級. 始從水際盡第一層. 相去十千踰繕那量. 如是乃至從第三層盡第四層亦十千量. 此四層級從妙高山傍出圍繞盡其下半. 最初層級出十六千. 第二第三第四層級. 如其次第. 八四二千.]『구사론』T1558_.00.0059b26-c2
4 야차夜叉; Skt. yakṣa. 약차藥叉·열차閱叉. 위덕威德·포악暴惡·용건勇健·귀인貴人·첩질귀捷疾鬼·사제귀祠祭鬼라 뜻번역. 1. 팔부중八部衆의 하나. 나찰과 함께, 수미산 중턱의 북쪽을 지키는 비사문천왕毘沙門天王의 권속으로 북방을 수호, 땅이나 공중에 살면서 여러 신神들과 불법佛法을 수호한다는 신神. 천야차天夜叉·지야차地夜叉·허공야차虛空夜叉의 3종이 있음. 천야차·허공야차는 날아다니지만 지야차는 날지 못함. 2. 사람을 괴롭히거나 해친다는 사나운 귀신.

持鬘이라 名함은 第二層級에
지만　　　　명　　　제이층급

住하고 恒憍라 名함은
주　　　항교　　명

第三層級에 住할새 此의 三은
제삼층급　　주　　차　삼

皆是 四大天王 所屬의 大衆이오
개시　사대천왕　소속　　대중

第四의 層級은 四大天王과
제사　　층급　　사대천왕

及其 諸 眷屬이 共居함이라
급기 제 권속　　공거

妙高山 四外의 層級에
묘고산　사외　　층급

四大王衆과 그 眷屬이 居함과 如히
사대왕중　　　　권속　　거　　　여

持雙 持軸 等의 七金山에도
지쌍　지축　등　　칠금산

天衆이 亦居하는지라 皆是
천중　　역거　　　　　개시

四大王所部의 封邑[5]이오
사대왕소부　　봉읍

地에 依하야 住함으로써
지　　의　　　주

四大王衆天이라 名하니
사대왕중천　　　명

欲界天 中에서
욕계천 중

此 天이 最廣하니라
차 천　　최광

此는 『俱舍論[6]』 十一과
차　　구사론　　십일

지만持鬘이라 이름함은 제이층급第二層級에

머물고 항교恒憍라 이름함은

제삼층급第三層級에 머무니 이의 셋은

모두 사대천왕四大天王에 속한 대중大衆이요

제4의 층급은 사대천왕四大天王 및

그 모든 권속眷屬이 함께 머묾이라

묘고산妙高山 네 개의 바깥 층급層級에

사대왕四大王과 그 권속이 머무는 것처럼

지쌍持雙 지축持軸 등의 7금산七金山에도

천중天衆이 역시 머무는지라 이들은 모두

사대왕四大王에 소속된 봉읍封邑이요

땅에 의거해 머묾으로써

4대왕중천四大王衆天이라 이름하니

욕계천欲界天 중에서

이 하늘이 제일 넓으니라

이는 『구사론俱舍論』 11과

---

5 봉읍封邑; 봉토封土. 제후諸侯를 봉하여 땅을 내줌.
6 구사론俱舍論; Skt. Abhidharmakośaśāstra. 정식 이름은 『아비달마구사론阿毘達磨俱舍論』이고 별칭으로 『대법장론』·『신역구사』라고도 한다. 소승불교 교리의 대성서인 『대비바사론大毘婆沙論』의 강요서綱要書. 30권. 인도의 세친보살世親菩薩의 저작이며, 당唐나라 현장玄奘이 번역했다. 이 논은 소승 여러 부파 중 설일체유부說一切有部의 아비달마 논서 가운데 가장 핵심적인 것이다. 내용은 계품界品·근품根品·세간품世間品·업품業品·수면품隨眠品·현성품賢聖品·지품智品·정품定品·파계품破戒品의 9품으로 나누어, 전팔품前八品은 유루有漏·무루無漏의 법을 밝히고 후일품後一品은 무아無我의 도리를 설명했다. 유부종有部宗의 교리를 비판한 법상종法相宗의 기본 교학서이다.

《正法念經⁷》二十二 乃至 二十四에 詳說하셨나니라

《정법념경正法念經》22~24에 상세히 설하셨느니라

7　정법념경正法念經; Skt. Saddharma-smṛty-upasthāna-sūtra. 정법염처경正法念處經. 70권. K-801, T-721. 동위東魏 (CE 538-541)의 구담반야유지瞿曇般若流支(Gautama Prajñāruci)가 538년에서 541년 사이에 업성鄴城에서 번역. 중생이 육도六道에 윤회하는 인과因果를 밝히고, 올바른 사유에 의해 거기에서 벗어날 것을 설한 경.

第二節 地獄
제 2 절 지옥

須彌山 下半의 傍係에
수 미 산 하 반 방 계

八寒地獄[1]과 八熱地獄[2]이
팔 한 지 옥   팔 열 지 옥

제2절 지옥

수미산須彌山 하반下半의 곁(방계傍係)에

8한지옥八寒地獄과 8열지옥八熱地獄이

[1] 팔한지옥八寒地獄; Skt. aṣṭauśītanarakāḥ. 팔한방지옥八寒冰地獄. 팔한내락가八寒㮈落迦. 심한 추위로 고통을 받는 여덟 지옥. 염부제閻浮提 밑의 5백 유순由旬되는 곳에 있다고 함. 1) 알부타지옥頞部陀地獄. Skt. arbuda의 음사. 포皰라고 번역. 심한 추위로 몸이 부르튼다는 지옥. 2) 니랄부타지옥尼剌部陀地獄. Skt. nirarbuda의 음사. 포열皰裂이라 번역. 심한 추위로 몸이 부르터서 터진다는 지옥. 3) 알찰타지옥頞哳吒地獄. Skt. aṭaṭa의 음사. 심한 추위의 고통을 감당하지 못하고 내는 소리에 의한 이름. 4) 확확파지옥臛臛婆地獄. 확확파臛臛婆는 Skt. hahava의 음사. 심한 추위로 혀가 굳어져 괴로워하는 소리에 의한 이름. 5) 호호파지옥虎虎婆地獄. Skt. huhuva의 음사. 심한 추위로 입을 열지 못하여 괴로워하는 소리에 의한 이름. 6) 올발라지옥嗢鉢羅地獄. Skt. utpala의 음사, 수련睡蓮을 말함. 심한 추위로 몸이 푸르게 변하고, 굽고 터져 수련의 푸른 꽃과 같이 된다는 지옥. 7) 발특마지옥鉢特摩地獄. 발특마鉢特摩는 Skt. padma의 음사, 홍련화紅蓮華라고 번역. 심한 추위로 몸이 얼어서 터져 붉은 연꽃같이 된다는 지옥. 8) 마하발특마지옥摩訶鉢特摩地獄. Skt. mahā-padma의 음사, 대홍련화大紅蓮華라고 번역. 심한 추위로 몸이 몹시 얼어서 터져 큰 붉은 연꽃같이 된다는 지옥.

[2] 팔열지옥八熱地獄; Skt. aṣṭa-uṣṇa-narakāḥ. 팔대지옥八大地獄. 뜨거운 열로 고통을 받는 여덟 지옥. 1) 등활지옥等活地獄. Skt. saṃjīva-naraka. 살생한 죄인이 죽어서 가게 된다는 지옥으로, 뜨거운 불길로 고통을 받다가 숨이 끊어지려면 찬 바람이 불어와 깨어나서 다시 고통을 받는다고 함. 2) 흑승지옥黑繩地獄. Skt. kāla-sūtra-naraka. 살생하고 도둑질한 죄인이 죽어서 가게 된다는 지옥으로, 뜨거운 쇠사슬에 묶여 톱으로 잘리는 고통을 받는다고 함. 3) 중합지옥衆合地獄. Skt. saṃghāta-naraka. 선합지옥線合地獄. 퇴압지옥堆壓地獄. 살생하고 도둑질하고 음란한 짓을 한 죄인이 죽어서 가게 된다는 지옥으로, 두 개의 떨어지는 바위 사이에 끼어 으깨어지는 고통을 받는다고 함. 4) 규환지옥叫喚地獄. Skt. raurava-naraka. 호규지옥號叫地獄. 호호지옥呼呼地獄. 살생하고 도둑질하고 음란한 짓을 하고 술을 마신 죄인이 죽어서 가게 된다는 지옥으로, 끓는 가마솥이나 불 속에서 고통을 받는다고 함. 5) 대규환지옥大叫喚地獄. Skt. mahāraurava-naraka. 대규지옥大叫地獄. 대호규지옥大號叫地獄. 대호지옥大呼地獄. 오계五戒를 깨뜨린 자, 곧 살생하고 도둑질하고 음란한 짓을 하고 술을 마시고 거짓말한 죄인이 죽어서 가게 된다는 지옥으로, 뜨거운 칼로 혀가 잘리는 고통을 받는다고 함. 6) 초열지옥焦熱地獄. Skt. tāpana-naraka. 염열지옥炎熱地獄. 소자지옥燒炙地獄. 오계五戒를 깨뜨리고 그릇된 견해를 일으킨 죄인이 죽어서 가게 된다는 지옥으로, 뜨거운 철판 위에 누워서 뜨거운 쇠방망이로 두들겨 맞는 고통을 받는다고 함. 7) 대초열지옥大焦熱地獄. Skt. pratāpana-naraka. 대열지옥大熱地獄. 오계五戒를 깨뜨리고 그릇된 견해를 일으키고 비구니를 범한 죄인이 죽어서 가게 된다는 지옥으로, 뜨거운 쇠로 된 방에서 살가죽이 타는 고통을 받는다고 함. 8) 아비지옥阿鼻地獄. Skt. avīci-naraka. 아비阿鼻旨. 아비지阿鼻脂. 아비지阿鼻至. 아비옥阿鼻獄. 무결대지옥無缺大地獄. 아비阿鼻는 Skt. avīci의 음사로, 고통의 '간격이 없다'는 뜻. 따라서 무간지옥無間地獄이라 함. 아버지를 죽인 자, 어머니를 죽인 자, 아라한을 죽인 자, 승가의 화합을 깨뜨린 자, 부처의 몸에 피를 나게 한 자 등, 지극히 무거운 죄를 지은 자가 죽어서 가게 된다는 지옥. 살가죽을 벗겨 불 속에 집어넣거나 쇠매[철응鐵鷹]가 눈을 파먹는 따위의 고통을 끊임없이 받는다고 함.

橫竪로 次第하였고	가로 세로(횡수橫竪)로 차례대로 펼쳐져 있고
八熱地獄에 各各 十六의	8열지옥八熱地獄에 각각 16의
遊增地獄³이 有하니	유증지옥遊增地獄이 있으니
一大地獄의 四門에	대지옥 하나(일대지옥一大地獄)의 4문四門에
各各 爊煨增과 屍糞增과	각각 당외증爊煨增과 시분증屍糞增과
봉인증과 烈河增의	봉인증鋒刃增과 열하증烈河增의
四處가 有할새	네 곳이 있으니
合하여 十六處요 八大地獄의	합하여 16곳이요 8대지옥八大地獄의
十六遊增을 都合하야 一百二十八의	16유증十六遊增을 모두 합하여 128의
遊增地獄이 有하니라	유증지옥遊增地獄이 있느니라
그리하야 八寒地獄이란	그리하야 8한지옥八寒地獄이란
一에 頞部陀는	첫째 알부타頞部陀(arbuda)는
皰⁴라 譯하니	포皰(물집, 여드름, 천연두)라 번역하니
極寒⁵이 逼身⁶할새	혹독한 추위(극한極寒)가 몸을 엄습(핍신逼身)하니
身上에 皰를 生함이요	몸에 포皰가 생김이요
二에 尼剌部陀는	둘째 니랄부타尼剌部陀(nirarbuda)는

---

3   유증지옥遊增地獄; 8열지옥의 각 지옥마다 사방에 네 문이 있고, 문 밖마다 4소지옥小地獄이 있어 이것을 합하여 16유증遊增지옥이라 한다. 8열지옥까지를 모두 합하면 136개의 지옥이 있다고 함.
4   포皰; (여드름 포) 1. 여드름. 2. 천연두天然痘. 3. 못(주로 손바닥이나 발바닥에 생기는 단단하게 굳은 살). 4. 굳은살. 5. (피부에 생겨난) 물집. 수포.
5   극한極寒/劇寒; 몹시 심하여서 견디기 어려운 추위.
6   핍신逼身; 몸을 핍박함.

皰鮑[7]라 譯하니 嚴寒[8]이	포포皰鮑라 번역하니 모진 추위(엄한嚴寒)가
逼身할새	몸을 엄습(핍신逼身)하니
身分皰裂[9]함이오	몸에 두창이 생기고 갈라짐이요
三에 頞吃陀와	셋째 알찰타頞吃陀(aṭaṭa)와
四에 臛臛婆와	넷째 확확바臛臛婆(hahava)와
五에 虎虎婆의 三은	다섯째 호호바虎虎婆(ahaha)의 셋은
逼寒되야 口中에서 如斯한	추위가 닥쳐서 입안에서 이와 유사한
異聲을 發함이오	이상한 소리를 내게 됨이요
六에 縕鉢羅는	여섯째 온발라縕鉢羅(utpala)는
靑蓮華라 譯하니	청련화靑蓮華라 번역하니
嚴寒이 逼迫하야	모진 추위(엄한嚴寒)가 닥치니
身分折裂함이 靑蓮華와 如함이오	몸이 갈라짐이 청련화靑蓮華와 같음이요
七에 鉢特摩는	일곱째 발특마鉢特摩(Padma)는
紅蓮華라 譯하니 身分折裂함이	홍련화紅蓮華라 번역하니 몸이 갈라짐이
紅蓮華와 如함이오	홍련화紅蓮華와 같음이요
八에 摩訶鉢特摩는	여덟째 마하발특마摩訶鉢特摩(Mahapadma)는
大紅蓮華라 譯하니 身分折裂함이	대홍련화大紅蓮華라 번역하니 몸이 갈라짐이
大紅蓮華와 如함이며	대홍련화大紅蓮華와 같음이며

---

7 皰鮑; (절인 물고기 포) 1. 절인 물고기. 2. 전복全鮑(전복과의 조개를 통틀어 이르는 말). 3. 혁공革工(가죽으로 섬세한 물건을 만드는 수공手工). 4. 갖바치(가죽신을 만드는 일을 직업으로 하던 사람).
8 엄한嚴寒; 매우 심한 추위.
9 포열皰裂; 물집이 잡히고 터짐.

八熱地獄이란	8열지옥八熱地獄(eight burning hells)이란
팔 열 지 옥	
一에 等活地獄은	첫째 등활지옥等活地獄(saṃjīva-naraka)은
일 등 활 지 옥	
有情衆生이 種種의	유정중생有情衆生이 가지가지로
유 정 중 생 종 종	
所刺磨禱에	찔리고 갈리어 고문당하고 죽음(소자마도
소 자 마 도	
遇[10]하되	所刺磨禱)을 만나되
우	
涼風이 暫吹하면	서늘한 바람(양풍涼風)이 잠시 불면
양 풍 잠 취	
蘇甦[11]하야 如前함이오	다시 살아나(소소蘇甦) 전과 같음이요
소 소 여 전	
二에 黑繩地獄은	둘째 흑승지옥黑繩地獄(kāla-sūtra-naraka)은
이 흑 승 지 옥	
먼저 黑繩으로써	먼저 검은 쇠사슬(흑승黑繩)로써
흑 승	
支體를 秤量[12]한 後에	팔다리와 몸을 묶은 후에
지 체 칭 량 후	
斬鋸[13]함일새요	톱으로 동강동강 썰기때문이요
참 거	
三에 衆合地獄은	셋째 중합지옥衆合地獄(saṃghāta-naraka)은
삼 중 합 지 옥	
衆多의 苦具가 俱來하야 逼身하되	많은 고문기구가 함께 다가와 몸을 핍박하되
중 다 고 구 구 래 핍 신	
衆合相害함일새요	함께 서로 해를 입힘인 까닭이요(두 개의
중 합 상 해	
	산이 무너지는 사이에 깔림)
四에 號叫地獄은	넷째 호규지옥號叫地獄(raurava-naraka)은
사 호 규 지 옥	
衆苦가 逼迫할새 奇異히	많은 고통이 핍박逼迫하니 기이奇異하게
중 고 핍 박 기 이	

10 우遇; (만날 우) 1. (우연히)만나다. 2. 조우遭遇하다. 3. 상봉相逢하다. 4. 대접待接하다, 예우禮遇하다. 5. (뜻을)얻다. 6. 합合치다, (뜻이)맞다. 7. 짝하다, 맞서다.
11 소소蘇甦; 되살아남.
12 칭량秤量/稱量; 1. 저울로 무게를 닮. 2. 사정이나 형편 따위를 헤아림.
13 참거斬鋸; 베고 톱질함.

悲號하고 怨叫의	슬픈 비명을 질러대고 원망의
聲을 發함일새요	부르짖음을 발發함인 까닭이요
五에 大叫地獄은 劇苦가	다섯째 대규지옥大叫地獄은 심한 고통이
逼迫할새 延하야	핍박逼迫하니 지속적으로
大哭聲을 發함일새요	큰 울음소리를 발發함인 까닭이요
六에 炎熱地獄은 火炎이	여섯째 염열지옥炎熱地獄은 화염火炎이
起身하야 周圍에 熾盛할새	몸에서 일어나 주위에 치성熾盛하므로
苦熱에 難堪함일새요	뜨거운 고통을 견디기 어려움이요
七에 大熱地獄은 呼吸이	일곱째 대열지옥大熱地獄은 호흡이
大熱로 化함일새요	대열大熱로 변화하는 까닭이요
八에 無間地獄[14]은 受苦할뿐이오	여덟째 무간지옥無間地獄은 고통을 받을 뿐이요
捨苦의 時間이 無함일새니라	고통이 멎는 시간이 없는 까닭이라

14 무간지옥無間地獄; Skt. Avici. 무간無間. 아비阿鼻·아비지阿鼻旨·아비지옥阿鼻地獄이라고도 함. 고통이 끊임없으므로 무간無間이라 함. 5역죄 곧 아버지를 죽인 자, 어머니를 죽인 자, 아라한을 죽인 자, 승가의 화합을 깨뜨린 자, 부처의 몸에 피를 나게 한 자 등, 지극히 무거운 죄를 지은 자가 죽어서 가게 된다는 지옥. 또 인과를 무시하고 절이나 탑을 무너뜨리거나 성중聖衆을 비방하거나, 공연히 시주 물건을 먹는 이는 이 지옥에 떨어진다고 한다. 이 괴로움을 받는 모양이 여러 경전에 기록되어 있다. 옥졸이 죄인을 붙들고 가죽을 벗기며, 그 벗겨낸 가죽으로 죄인의 몸을 묶어 불수레에 싣고, 훨훨 타는 불속에 죄인을 넣어 몸을 태우며, 야차들이 큰 쇠창을 달구어 죄인의 몸을 꿰거나, 입·코·배· 등을 꿰어 공중에 던진다고 한다. 또는 쇠매[철응鐵鷹]가 죄인의 눈을 파먹는 등 여러 가지 극심한 형벌을 받는다고 한다.

第三節 四洲地獄[1]
제 3 절 사주지옥

須彌山 四方의 鹹海에

四大洲[2]가 有하니

一에 南贍部洲

或 南閻浮提란 林이나 或은

菓로써 立名함이오

二에 東勝身洲 或

東弗婆提란

身形이 殊勝할새

勝身이라고도 名함이오

三에 西牛貨洲 或

西瞿陀尼란

牛를 貿易함일새요

제3절 사주지옥

수미산須彌山 사방의 함해鹹海에

4대주四大洲(catur-dvīpa)가 있으니

첫째 남섬부주南贍部洲(Jambudvīpa)

또는 남염부제南閻浮提란 숲이나 또는

과일로써 이름을 세움이요

둘째 동승신주東勝身洲 또는

동불바제東弗婆提(Pūrva-videha)란

몸의 형태가 수승殊勝한 까닭에

승신勝身(훌륭한 몸)이라고도 이름함이요

셋째 서우화주西牛貨洲 또는

서구타니西瞿陀尼(Apara-godānīya)란

소를 무역함인 까닭이요

---

1 사주지옥四洲地獄; 수미 4주洲에 지옥을 배대하는데, 동승신주·서우화주에는 변지옥邊地獄만 있고 정지옥正地獄은 없으며, 남섬부주에는 정지옥·변지옥이 다 있고, 북구로주에는 두 지옥이 다 없다고 함.
2 사주四洲; Skt. cātur-mahā-dvīpa. 사대주四大洲. 수미산의 사방 짠물 바다 가운데 있는 네 대륙. 남섬부주(염부제)·동승신주(불바제)·서우화주(구야니)·북구로주(울단월). 1) 동승신주東勝身洲. Skt. Pūrva-videha. 이곳에 있는 인간들은 신장이 뛰어나다고 하여 승신勝身이라 함. 2) 남섬부주南贍部洲. Skt. Jambudvīpa. 섬부瞻部는 산스크리트어 jambu의 음사. 잠부jambu 나무가 많으며, 우리 인간들이 사는 곳이라 함. 여러 부처가 나타나는 곳은 네 대륙 가운데 이곳뿐이라 함. 3) 서우화주西牛貨洲. Skt. Avara-godānīya. 여기에서는 소를 화폐로 사용한다고 하여 우화牛貨라고 함. 4) 북구로주北俱盧洲. Skt. Uttara-kuru. 구로俱盧는 산스크리트어 kuru의 음사로, 종족 이름. 네 대륙 가운데 가장 살기 좋은 곳이라 함.

四에 北瞿盧洲 或
北鬱單越이란 四洲中에
國土가 最勝할새
勝處라고도 譯名하는 바
此 四洲에 地獄을 按配하면
東勝身洲와 西牛貨洲엔 邊地獄[3]만 有하고
正地獄은 無하며
南贍部洲엔 正·邊의
兩地獄이 俱有하고
北瞿盧洲엔 兩地獄이 俱無하니라

넷째 북구로주北瞿盧洲 또는

북울단월北鬱單越(Uttarakuru)이란 4대주 중에

국토國土가 가장 수승한 까닭에

승처勝處(훌륭한 곳)라고도 뜻번역하는 바

이들 4대주에 지옥을 안배하면

동승신주와 서우화주엔 변邊지옥만 있고

정正지옥은 없으며

남섬부주엔 정正·변邊의

두 가지 지옥이 모두 있고

북구로주엔 두 지옥이 모두 없느니라

---

[3] 변지옥邊地獄; Skt. pratyeka-naraka. Pāli pacceka-niraya. 또는 고지옥孤地獄·독지옥獨地獄·고독지옥孤獨 地獄. 8한寒 8열熱지옥과 같이 일정한 장소가 있는 것이 아니고, 허공이나 산야山野 등에 따로 있어서, 일시 적으로 고苦를 받는 소지옥小地獄.

第四節 轉法輪의 輪王曼茶羅 四輪
제4절 전법륜의 윤왕만다라 사륜

轉法輪¹의 四輪과
轉輪王²의 四輪과
曼茶羅³의 四輪을 別示하면

전법륜轉法輪의 4륜四輪과
전륜왕轉輪王의 4륜四輪과
만다라曼茶羅의 4륜四輪을 각각 열거하면

---

1   전법륜轉法輪; Skt. dharmacakra-pravartana. Pāli dhamma-cakka-pavattana. 전륜轉輪. 불교에서 석가의 가르침을 널리 펴 중생을 제도하는 일. 부처님이 교법을 넓히는 것, 곧 부처님의 설법. 전륜왕이 윤보를 굴릴 때에 이르는 곳마다 적이 굴복하여 귀순하는 것같이 부처님의 설법은 모든 번뇌를 파하고 삿된 소견을 부수므로 전법륜이라 함. 바퀴를 굴려 수레를 전진시키는 것과 같이 석가가 법(가르침)의 바퀴를 돌리는 일, 즉 설법을 가리킨다. 바퀴는 인도 고대의 전투에서 사용되던 무기였으므로, 인도신화에서 윤보輪寶를 가지고 전세계를 지배하는 전륜성왕轉輪聖王에 비유한 것이다. 전차가 회전하여 적을 괴멸시키는 것과 같이, 석가가 설한 가르침이 일체중생 사이에서 회전하며 미혹을 깨뜨린다 하여, 이렇게 이름 붙였다. 그래서 석가가 깨달음을 얻은 후, 녹야원鹿野苑에서 처음 설법한 것을 초초전법륜이라고 한다.

2   전륜왕轉輪王; Skt. cakravartin. Pāli cakkavattī-raja. 작가라벌랄저알라사斫迦羅伐辣底遏羅闍 · 작가라발라저斫迦邏跋羅底 · 자가월라遮加越羅. 전륜성왕轉輪聖王 · 전륜성제轉輪聖帝 · 윤왕輪王. 수미산須彌山 둘레의 사천하四天下 곧 사주四洲의 세계를 통솔하는 대왕. 이 왕은 몸에 32상을 갖추었으며 즉위할 때에는 하늘로부터 윤보輪寶를 감득感得하는데, 이 윤보를 굴리면서 사방을 위엄으로 굴복시키므로 전륜왕이라 불린다. 또한 공중을 날아다니므로 비행황제라고도 불린다. 중겁增劫에 인수人壽 2만세 이상에 이르면, 이 왕이 세상에 나고, 감겁減劫에는 인수 무량세에서 8만세까지의 사이에 나타난다 함. 윤보에는 금 · 은 · 동 · 철의 네 종류가 있어 이들 윤보의 종류에 따라 왕의 이름이 나뉨. 금륜왕金輪王은 수미須彌 사주四洲를 다스리고, 은륜왕銀輪王은 동 · 남 · 서 삼주三洲를 다스리고, 동륜왕銅輪王은 동 · 남 이주二洲를 다스리고, 철륜왕鐵輪王은 남녘 염부제閻浮提 일주一洲를 다스린다고 함.

3   만다라曼茶羅; Skt. maṇḍala의 음사音寫. 또는 만달라曼怛羅, 만특라曼特羅, 만다라曼陀羅, 만나라曼拏羅, 만다라蔓陀囉, 만도라滿荼羅 등으로 음사音寫. 구역舊譯에서는 단壇 · 도량道場, 신역新譯에서는 취집聚集 또는 윤원구족輪圓具足이라 번역. 단壇은 평탄하다는 뜻. 본디는 인도의 옛 풍습으로 일정한 땅을 구획하여 평탄하게 단을 만들어, 여러 불 · 보살을 모시고 예배 · 공양하던 것이므로 단壇이라 번역. 여러 부처와 보살이 충만되어 있는 곳이라는 의미에서 취집聚集이라 하고, 윤원구족은 뜻번역으로, 낱낱 살(폭輻)이 속바퀴(곡轂)로 모여 둥근 수레바퀴(원륜圓輪)를 이루는 것과 같이, 모든 법을 다 원만하게 갖추어 결함이 없다는 뜻. 밀교에서는 주로 뒤의 뜻으로 쓴다. 여기에 두 가지 뜻이 있다. 넓은 뜻으로 만다라에는 만덕장엄萬德莊嚴 · 능생能生 · 적집積集의 세 가지 뜻이 있어 우주의 삼라만상이 모두 만다라 아닌 것이 없다는 것이고, 좁은 뜻으로 한 곳에 여러 불 · 보살을 줄지어 모신 것을 말한다. 여기에 금강계 만다라 · 태장계 만다라가 있다. 이것은 현도現圖 만다라로서 아사리阿闍梨 소전所傳의 만다라와 4종 만다라 등이 있으며, 또 극락 정토의 모양을 그린 정토 변상變相을 세속에서 정토 만다라라고 한다.

一에 金剛輪이란 일 금강륜	첫째 금강륜金剛輪이란
東方 阿閦佛[4]의 法輪이오 동방 아축불 법륜	동방東方 아축불阿閦佛의 법륜法輪이요
二에 寶輪이란 이 보륜	둘째 보륜寶輪이란
南方 寶生佛의 法輪이오 남방 보생불 법륜	남방南方 보생불寶生佛의 법륜法輪이요
三에 法輪이란 삼 법륜	셋째 법륜法輪이란
西方 阿彌陀佛의 法輪이오 서방 아미타불 법륜	서방 아미타불阿彌陀佛의 법륜法輪이요
四에 羯磨輪이란 사 갈마륜	넷째 갈마륜羯磨輪이란
北方 不空成就佛의 法輪이니 북방 불공성취불 법륜	북방 불공성취불不空成就佛의 법륜法輪이니
一에 金輪이란 金輪王[5]의 四洲, 일 금륜 금륜왕 사주	첫째 금륜金輪이란 금륜왕金輪王의 4주四洲,
二에 銀輪이란 銀輪王의 이 은륜 은륜왕	둘째 은륜銀輪이란 은륜왕銀輪王의
西·東·南 三洲, 서 동 남 삼주	서西·동東·남南 3주三洲,
三에 銅輪이란 銅輪王의 삼 동륜 동륜왕	셋째 동륜銅輪이란 동륜왕銅輪王의
東·南 二洲, 동 남 이주	동東·남南 2주二洲,
四에 鐵輪이란 鐵輪王의 사 철륜 철륜왕	넷째 철륜鐵輪이란 철륜왕鐵輪王의
南贍部 一洲 等을 領有한 標幟니 남섬부 일주 등 영유 표치	남섬부南贍部 한 주洲 등을 다스리는 표치標幟니
此는 轉輪王의 輪寶며 차 전륜왕 윤보	이들은 전륜왕轉輪王의 윤보輪寶며

4 아축불阿閦佛; 오불五佛의 하나. 오지여래의 하나. ▶오지여래五智如來; Skt. pañca-dhyāni-buddha. 일체 제불은 각각 5지智를 갖추었고, 밀교에서는 5지智에 5불佛을 배대하여 5지여래라 함. 곧 대일여래大日如來는 법계체성지法界體性智, 아축여래阿閦如來는 대원경지大圓鏡智, 보생여래寶生如來는 성소작지成所作智, 아미타여래阿彌陀如來는 묘관찰지妙觀察智, 불공성취여래不空成就如來는 평등성지平等性智.

5 금륜왕金輪王; 사륜왕의 하나. ▶사륜왕四輪王; 전륜왕의 4종. 금륜왕金輪王·은륜왕銀輪王·동륜왕銅輪王·철륜왕鐵輪王. 금륜왕은 사람의 목숨 8만 4천세 때 출현하여 4주洲를 통치. 은륜왕은 6만세 때 출현하여 3주를 통치. 동륜왕은 4만세 때 출현하여 2주를 통치. 철륜왕은 2만세 때 출현하여 남섬부주만을 통치한다 함.

一에 本尊이 黃色일새	첫째 본존本尊이 황색黃色이며
地輪曼茶羅에 住하니	지륜만다라地輪曼茶羅에 머무니
方形의 金輪이오	사각형(방형方形)의 금륜金輪이요
二에 本尊이 白色일새	둘째 본존本尊이 백색白色이며
水輪曼茶羅에 住하니	수륜만다라水輪曼茶羅에 머무니
圓形의 水輪이오	원형圓形의 수륜水輪이요
三에 本尊이 赤色일새	셋째 본존本尊이 적색赤色이며
火輪曼茶羅에 住하니	화륜만다라火輪曼茶羅에 머무니
三角形의 火輪이오	삼각형三角形의 화륜火輪이요
四에 本尊이 黑色일새	넷째 본존本尊이 흑색黑色이며
風輪曼茶羅에 住하니	풍륜만다라風輪曼茶羅에 머무니
半月形의 風輪이라	반월형半月形의 풍륜風輪이라
此는 四種의 曼茶羅니	이는 4종四種의 만다라曼茶羅니
輪圓具足[6]의 義니라	윤원구족輪圓具足의 뜻이니라

---

6   윤원구족輪圓具足; Skt. maṇḍala의 뜻번역. 낱낱 살(폭輻)이 속바퀴(곡轂)로 모여 둥근 수레바퀴(원륜圓輪)를 이루는 것과 같이, 모든 법을 다 원만하게 갖추어 모자람이 없다는 뜻.

〈표108〉 4륜四輪

사륜		방향	동東	남南	서西	북北
전법륜 轉法輪		법륜 法輪	금강륜 金剛輪	보륜 寶輪	법륜 法輪	갈마륜 羯磨輪
		불 佛	아촉불 阿閦佛	보생불 寶生佛	아미타불 阿彌陀佛	불공성취불 不空成就佛
전륜왕 轉輪王	윤보 輪寶	금륜 金輪		금륜—금륜왕 金輪 金輪王		
				사주 四洲		
		은륜 銀輪		은륜—은륜왕 銀輪 銀輪王		
				서·동·남 삼주 西 東 南 三洲		
		동륜 銅輪		동륜—동륜왕 銅輪 銅輪王		
				동·남 이주 東 南 二洲		
		철륜 鐵輪		철륜—철륜왕 鐵輪 鐵輪王		
				남섬부 일주 南贍部 一洲		
만다라 曼茶羅 (윤원구족) 輪圓具足		륜 輪	수륜 水輪	금륜 金輪	화륜 火輪	풍륜 風輪
		형 形	원형 圓形	방형 方形	삼각형 三角形	반월형 半月形
		색 色	백색본존 白色本尊	황색본존 黃色本尊	적색본존 赤色本尊	흑색본존 黑色本尊
		주 住	수륜만다라 水輪曼茶羅	지륜만다라 地輪曼茶羅	화륜만다라 火輪曼茶羅	풍륜만다라 風輪曼茶羅

제16장

만다라
曼茶羅

曼茶羅¹란 舊譯엔 壇²이라   만다라曼茶羅란 구역舊譯엔 단壇이라
만 다 라   구 역   단

又는 道場³이라 譯하니   또는 도량道場이라 번역하니
우   도 량   역

1   만다라曼茶羅; Skt. maṇḍala의 음사音寫. 또는 만달라曼怛羅, 만특라曼特羅, 만다라曼陀羅, 만나라曼拏羅, 만다라蔓陀囉, 만다라滿茶邏 등으로 음사音寫. 구역舊譯에서는 단壇·도량道場, 신역新譯에서는 취집聚集 또는 윤원구족輪圓具足이라 번역. 단壇은 평탄하다는 뜻. 본디는 인도의 옛 풍습으로 일정한 땅을 구획하여 평탄하게 단을 만들어, 여러 불·보살을 모시고 예배·공양하던 것이므로 단壇이라 번역. 여러 부처와 보살이 충만되어 있는 곳이라는 의미에서 취집聚集이라 하고, 윤원구족은 뜻번역으로, 낱낱 살(폭輻)이 속바퀴(곡轂)로 모여 둥근 수레바퀴(원륜圓輪)를 이루는 것과 같이, 모든 법을 다 원만하게 갖추어 결함이 없다는 뜻. 밀교에서는 주로 뒤의 뜻으로 쓴다. 여기에 두 가지 뜻이 있다. 넓은 뜻으로 만다라에는 만덕장엄萬德莊嚴·능생能生·적집積集의 세 가지 뜻이 있어 우주의 삼라만상이 모두 만다라 아닌 것이 없다는 것이고, 좁은 뜻으로 한 곳에 여러 불·보살을 줄지어 모신 것을 말한다. 여기에 금강계 만다라·태장계 만다라가 있다. 이것은 현도現圖 만다라로서 아사리阿闍梨 소전所傳의 만다라와 4종 만다라 등이 있으며, 또 극락 정토의 모양을 그린 정토 변상變相을 세속에서 정토 만다라라고 한다. 산스크리트어 "만달라(मण्डल Maṇḍala)"는 원래는 본질을 뜻하는 만달Maṇḍal과 소유를 뜻하는 라la가 결합되어 이루어진 낱말로, "본질의 것", "본질을 소유한 것", 또는 "본질을 담고 있는 것"이라는 의미를 가지고 있다. 이런 의미에서는, 불교의 본질은 보리菩提, 즉 깨달음이기 때문에 만다라는 부처의 깨달음의 경지境地를 상징화하여 신성神聖한 단壇이라는 물리적 입체적 형태로 표현한 것이라 할 수 있다. 중국·티베트 등의 불교 중 밀교에서는 대일여래大日如來를 중심으로 하여 여러 부처와 보살을 배치한 그림을 가리켜 만다라라고도 한다. 이러한 그림으로서의 만다라도, 다만 도형화하여 평면적으로 표현되었다는 점을 제외하고는, 부처의 깨달음의 경지를 상징화하여 표현했다는 점에서는 입체적인 단壇과 본질적인 의미가 동일하다. 이런 면에서, 만다라는 수행자가 명상을 통하여 우주의 에센스("불성")와 합일하고자 할 때 사용하는 깨달음의 안내도라는 의미가 있다. 《대일경大日經》을 중심으로 하는 태장계胎藏界만다라와, 《금강정경金剛頂經》을 중심으로 하는 금강계金剛界만다라로 나뉜다. 태장의 세계는 모태母胎 중에 모든 것이 갖추어져 있듯이, 만물을 내장內藏하는 진리 자체의 세계를 석가로 구현화한 것이고, 금강계는 석가의 인식은 경험계를 초월한 인식이지만 그같은 인식을 근거로 하여 경험세계를 대상으로 하는 실천체계도 포함하고 있는 것이다.

2   단壇; 1. 제사를 지내기 위하여 흙이나 돌로 쌓아 올린 터. 2. 강의, 행사, 의식 따위를 행하거나 관람하기 위하여 주변보다 높게 만들어 놓은 자리. 3. 높게 만든 자리. 일정한 땅을 구획하여 평탄하게 단을 만들어, 여러 불·보살을 모시고 공물供物이나 공구供具를 올려놓고 예배·공양하던 것.

3   도량道場; 1. Skt. bodhi-maṇḍa. 붓다가 깨달음을 이룬 곳, 곧 우루벨라Uruvelā 마을의 네란자라Nerañjarā 강변에 있는 붓다가야Buddha Gayā의 보리수菩提樹 아래를 말한다. 2. 불도佛道를 닦는 일정한 구역. 수행하는 곳. 3. 사찰. 4. 부처나 보살에게 예배·공양하거나 수계·참회 등을 행하는 의식, 나라나 개인의 안녕과 번영을 기원하거나 장수·명복 등을 비는 의식, 또는 그것을 행하는 곳. ▶道場; 리변理邊의 도량이고 사변事邊의 도장임. ["금강심론(영인본 포함) 2017.2.20. 석금타 저. 석청화 편저. 성륜불교문화재단 벽산문도회 발행"의 479 페이지는 "증보정음 관음문자. 1949.6.30. 벽산한인(석금타) 저. 석금일 발행"의 영인본 26페이지에 해당하는데, 이곳에서는 금타대화상이 저술한 '금강삼매송金剛三昧頌' 내용 중에 나오는 '道場'의 술어설명이 글자상 우측 밖에 '道場=리변理邊의 도량이고 사변事邊의 도장임.'이라고 적혀 있다. 이를 쉽게 말하면

此는 體⁴에 就⁵한 正意⁶요	이는 체體에 입각한 바른 뜻이요
新譯엔 輪圓具足⁷이라 又는	신역新譯엔 윤원구족輪圓具足이라 또는
聚集⁸이라 譯하니 此는 義에 就한	취집聚集이라 번역하니 이는 뜻에 따른
本義⁹라 곧	본래의 뜻(본의本義)이라 곧
方圓¹⁰의 土壇¹¹을 築¹²하고	사각형과 원(방원方圓)의 토단土壇을 쌓고
諸尊¹³을 此에 安置¹⁴하야	제존諸尊을 이에 안치安置하여
齋供¹⁵함은 此 曼茶羅의	재를 올림(재공齋供)은 이 만다라曼茶羅의
本體로써 壇中에	본체本體로써 단중壇中에
諸尊의 諸德을 聚集하야	제존諸尊의 제덕諸德을 모아(취집聚集)

道場이 '깨달음을 이룬 곳'이란 뜻이면 '도량'으로 읽고, '사찰, 수행처' 등의 뜻이면 '도장'으로 읽게 된다고 할 수 있다. 여기에서는 체體와 의義에 따른 것이니 곧 이변리邊으로 '도량'이라고 읽게 된다.]

4 체體; 1. 신체. 2. 사물 그 자체. 3. 본질. 본성. 본체. 4. 체득함. 5. 상태.
5 취就; (나아갈 취, 관대할 여) 1. 나아가다. 2. 이루다. 3. 좇다, 따르다. 4. 마치다, 끝내다. 5. (길을)떠나다. 6. (한바퀴)돌다. 7. 좋다, 아름답다. 8. 곧, 이에. 9. 만일萬一, 가령假令. 10. 잘, 능能히, 능能하게. a. 관대寬大하다 (여). b. 관대寬大한 모양 (여). c. 다급多急하게 재촉하지 않는 모양 (여).
6 정의正意; 바른 뜻. 또는 올바른 생각.
7 윤원구족輪圓具足; Skt. maṇḍala의 뜻번역. 낱낱 살(폭輻)이 속바퀴(곡轂)로 모여 둥근 수레바퀴(원륜圓輪)를 이루는 것과 같이, 모든 법을 다 원만하게 갖추어 모자람이 없다는 뜻.
8 취집聚集; 1. 거두어 모아들임. 수집. 2. 만다라의 뜻번역. 여러 부처와 보살이 충만되어 있는 곳.
9 본의本義; 1. 근본根本이 되는 취지趣旨. 2. 본디의 뜻.
10 방원方圓; 모진 것과 둥근 것을 아울러 이르는 말.
11 토단土壇; 흙으로 쌓아서 만든 단.
12 축축; 1. 돌이나 흙으로 단이 지도록 높이 쌓은 평평한 터. 2. 구두의 뒷부분에 높게 댄 것. 3. 쌓다. 4. 다지다 5. 짓다. 6. 날개를 치다.
13 제존諸尊; 모든 부처·보살·천天·명왕明王 등.
14 안치安置; 1. 안전하게 잘 둠. 2. 상像, 위패, 시신 따위를 잘 모셔 둠. 3. 〈역사〉조선 시대에, 먼 곳에 보내 다른 곳으로 옮기지 못하게 주거를 제한하던 일. 또는 그런 형벌.
15 재공齋供; 부처 앞에 공양함.

一大法門을 成하니	일대법문一大法門을 이룩하니
일 대 법 문　　성	
轂[16] · 輞[17] · 輻[18]의	바퀴통, 바퀴테, 바퀴살(곡轂 · 망輞 · 폭輻)의
곡　　망　　폭	
三이 具足[19]圓滿[20]하야	세 가지가 구족원만具足圓滿하여
삼　구 족　원 만	
車輪[21]을 成함과 如함이	수레바퀴를 이룩함과 같음이
거 륜　　성　　여	
곧 曼茶羅의 義으로서 常稱의	곧 만다라曼茶羅의 뜻으로서 보통 말하는
만 다 라　의　　　　상 칭	
曼茶羅란 此를	만다라曼茶羅란 이를
만 다 라　　차	
圖畵[22]한 바니	그림으로 표시한 것이니
도 화	
四種曼茶羅[23] 中 大曼茶羅[24]에	사종만다라四種曼茶羅 중 대만다라大曼茶羅에
사 종 만 다 라　 중 대 만 다 라	
該當한 大曼茶羅니라	해당該當한 대만다라大曼茶羅니라
해 당　　대 만 다 라	

16　곡轂; 1. 바퀴통. 2. 수레, 수레바퀴. 3. 곡식穀食. 4. 밀다, 추천推薦하다. 5. 묶다. 6. 통괄統括하다, 낱낱의 일을 한데 묶어서 잡다. 7. 모으다. 8. 맞붙다.

17　망輞; 바퀴의 테(죽 둘러서 친 줄이나 금 또는 장식).

18　폭輻; (바퀴살 복, 바퀴살 폭, 몰려들 부) 1. 바퀴살. a. 바퀴살(폭). b. 몰려들다(부). c. 다투어 모이다(부).

19　구족具足; '구족하다(빠짐없이 골고루 갖추어져 있다)'의 어근.

20　원만圓滿; '원만圓滿하다'의 어근. ▶원만圓滿하다; 1. 성격이 모난 데가 없이 부드럽고 너그럽다. 2. 일의 진행이 순조롭다. 3. 서로 사이가 좋다.

21　거륜車輪; 수레바퀴.

22　도화圖畵; 그림. 그리기.

23　사종만다라四種曼茶羅; 사만四曼. 만다라를 표현 형식에 따라 네 가지로 나눈 것. 1) 대만다라大曼茶羅. Skt. mahā-maṇḍala. 우주의 진리나 그 보편적인 모습을 부처와 보살로 묘사한 그림. 2) 삼매야만다라三昧耶曼茶羅. Skt. samaya-maṇḍala. 부처 · 보살 · 천天 · 명왕明王 등의 서원을 탑 · 연꽃 · 금강저金剛杵 · 칼 · 구슬 · 손 모양 등으로써 상징적으로 묘사한 그림. 동의어 비밀만다라祕密曼茶羅. 3) 법만다라法曼茶羅. Skt. dharma-maṇḍala. 부처와 보살, 그 가르침의 내용, 진리 등을 범자梵字로써 상징적으로 표현한 그림. 동의어 종자만다라種子曼茶羅. 4) 갈마만다라羯磨曼茶羅. karma-maṇḍala 우주의 운동, 부처와 보살의 활동을 상징적으로 묘사한 그림.

24　대만다라大曼茶羅; Skt. mahā-maṇḍala. mahā-maṇḍala의 번역. 사종만다라四種曼茶羅의 하나. 우주의 진리나 그 보편적인 모습을 부처와 보살로 묘사한 그림.

一에 大曼茶羅란 諸尊을
일 대만다라 제존

總集²⁵한 壇場²⁶과 及其 諸尊의
총집 단장 급기 제존

形體와 並其壇場의 全體 又는
형체 병기단장 전체 우

諸尊의 一一을 圖畵한 者니
제존 일일 도화 자

곧 曼茶羅의 總體²⁷일새
만다라 총체

大요 大란 五大의 義요
대 대 오대 의

또 廣大의 義라 他의
광대 의 타

三種도 五大所成이지만
삼종 오대소성

特히 總體인 廣大의 義邊을
특 총체 광대 의변

取하야 大라 名함이오
취 대 명

二에 三昧耶曼茶羅²⁸란
이 삼매야만다라

諸尊의 手에 執持²⁹한
제존 수 집지

器杖³⁰과 印契를
기장 인계

첫째 대만다라大曼茶羅란 제존諸尊을

모두 모신 단(단장壇場)과 그 제존諸尊의

형체形體와 아울러 그 단의 전체 또는

제존諸尊의 하나하나를 그린 것이니

곧 만다라曼茶羅의 총체總體인 까닭에

대大요 대大란 5대五大의 뜻이요

또 광대廣大의 뜻이라 아래에 언급할 다른

세 가지도 오대五大로 이루어졌지만

특히 총체總體인 광대廣大의 뜻을

취하여 대大라 이름함이요

둘째 삼매야만다라三昧耶曼茶羅란

제존諸尊의 손에 지닌

기물과 지팡이 등과 인계印契(mudra)를

---

25   총집總集; 1. 중국에서, 여러 사람의 작품을 모아 만든 시문집. 문선文選, 문원文苑, 송문감, 전당문, 전당시 따위가 유명하다. 2. 모두 모음.

26   단장壇場; 1. 제사祭祀 지내기 위爲하여 흙을 한 계단階段 높이 쌓아 올린 단. 제단祭壇. 대장大將을 배拜하기 위하여 흙을 쌓아 올린 곳. 특수特殊한 행사行事를 하는 곳. 2. 단을 마련하여 놓은 곳.

27   총체總體; 있는 것들을 모두 하나로 합친 전부 또는 전체. [유의어] 일반, 전체, 전부.

28   삼매야만다라三昧耶曼茶羅; 4종 만다라의 하나. 제존諸尊의 형상에 대신하여 그 본서本誓를 표시하는 탑·연화·검·윤륜, 또는 인계印契로써 나타내어 조립組立한 만다라를 말함.

29   집지執持; 쥐다. 지니다. 가지다.

30   기장器仗; 병기와 의장儀仗. 천자, 왕공 등 지위가 높은 사람이 행차할 때 위엄을 보이기 위해 격식을 갖추어 세우는 무기나 물건.

繪畫³¹한 者니 二에 三昧耶³²란
회화   자 이   삼매야

本誓³³의 義로서 諸尊의
본서   의   제존

本誓를 標幟³⁴하야 天魔³⁵는 勿論이오
본서   표치   천마   물론

諸尊의 自身도 此를
제존   자신   차

違越³⁶하기 不能한 誓約의
위월   불능   서약

標幟임으로써요
표치

三에 法曼茶羅란 諸尊의
삼   법만다라   제존

種子³⁷를 書畫한 眞言³⁸과
종자   서화   진언

一切經의 文字와
일체경   문자

義理임으로써요
의리

四에 羯磨曼茶羅³⁹란
사   갈마만다라

그린 것이니 삼매야三昧耶란

근본서원의 뜻으로서 제존諸尊의

근본서원을 드러내어 천마天魔는 물론이요

제존諸尊 스스로도 이를

어겨 넘어서지 못하는 서약誓約의

징표임으로써요

셋째 법만다라法曼茶羅란 제존諸尊의

종자種子를 쓰고 그린 진언眞言과

모든 경전(일체경一切經)의 문자와

뜻과 이치임으로써요

넷째 갈마만다라羯磨曼茶羅란

---

31 회화繪畫; 여러 가지 선이나 색채로 평면상에 형상을 그려 내는 조형 미술. [유의어] 그림, 후소.
32 삼매야三昧耶; Skt. samaya의 음사. 1. 가시假時라고 번역. 막연한 어느 때를 말함. 2. 모임. 집회. 3. 가르침의 근본 취지. 4. 부처와 중생은 본디 차별이 없다는 평등을 뜻함. 5. 부처·보살·천天·명왕明王 등의 서원.
33 본서本誓; 본원本願. 부처가 되기 이전, 즉 보살로서 수행할 때에 세운 서원誓願. 과거세에 세웠던 서원誓願.
34 표치標幟; 표지標識. 표시나 특징으로 어떤 사물을 다른 것과 구별하게 함.
35 천마天魔; 4마의 하나. 천자마天子魔. 또는 마천·마왕魔王. 욕계의 꼭대기에 있는 제6천의 주인으로 파순波旬이라는 이름으로 경에 등장함. 수행修行하는 사람을 보면 자기네 권속들을 없애고 궁전을 파괴할 것이라 생각하고, 마군을 이끌어 수행하는 이를 시끄럽게 하며 정도를 방해하므로 천마라 한다. 부처님이 보리수 아래 앉아 수도할 때에 천마가 와서 성도를 방해하려 하였으나, 부처님이 자정慈定에 들어 항복받았다 함. ⇒천자마天子魔. ▶자정慈定; 중생에 대해 자비심을 일으키는 선정禪定.
36 위월違越; 위반違反. 법률, 명령, 약속 따위를 지키지 않고 어김.
37 종자種子; 종種. Skt. bīja. 1. 어떤 현상을 일으키는 근원. 어떤 현상이 일어날 가능성. 2. 과거의 인식·행위·경험·학습 등에 의해 아뢰야식阿賴耶識에 새겨진 인상印象·잠재력. 아뢰야식에 저장된, 과거의 인식·행위·경험·학습 등의 잠복 상태. 아뢰야식에 저장되어 있으면서 인식 작용을 일으키는 원동력. 습기習氣와 같음. 3. 밀교에서, 상징적 의미를 가지는 하나하나의 범자梵字.
38 진언眞言; 1. Skt. Mantra의 번역. 밀주密呪·다라니陀羅尼와 같음. 2. 진실어眞實語. 3. 진언종의 준말.
39 갈마만다라羯磨曼茶羅; Skt. karma-maṇḍala. 4종 만다라의 하나. 작업륜원구족作業輪圓具足이라 번역. 줄

羯磨는 作業의 義로서	갈마羯磨는 작업作業의 뜻으로서
곧 鑄造⁴⁰의 形像이니 諸尊의	곧 주조鑄造의 형상形像이니 제존諸尊의
威儀와 作業을 泥塑⁴¹ 等으로	위의威儀와 작업作業을 진흙(니소泥塑) 등으로
鑄造함이니 此 四曼⁴² 中	주조鑄造함이니 이 4종 만다라 중
初의 一은 總體요 後의	첫째 대만다라는 총체總體요 나중의
三은 別德이라	삼매야, 법, 갈마 만다라의 셋은 각각의
	특징을 나타낸 것(별덕別德)이라
『秘藏記鈔⁴³』二에	『비장기초秘藏記鈔』2에
「此 四曼을 四의	「이 4만다라(사만四曼)를 네 가지
智印⁴⁴」이랐고	지혜의 상징(지인智印)」이라 했고
『諸部要目⁴⁵』에	『제부요목諸部要目』에

여서 갈만羯曼. 불·보살의 형상·위의威儀와 소작所作. 다른 3만다라는 자체自體의 쪽에서 이름하고, 이는 3종 만다라의 상相과 용用의 측면에서 이름한 것.

40 주조鑄造; 녹인 쇠붙이를 거푸집에 부어 물건을 만듦.
41 니소泥塑; 진흙으로 만든 인형人形. 니소인泥塑人(중국 고대에 부장품으로 쓰던, 진흙으로 빚어 만든 인형).
42 사만四曼; 4종 만다라.
43 비장기초秘藏記鈔; 일본의 융유隆瑜가 비장기秘藏記를 풀이한 책. ▶비장기秘藏記; 약본略本 1권卷, 광본廣本 2권卷. 대정장大正藏 제86책册에 있음. 일본 승려 공해空海가 당唐나라에 유학 가서 그 스승 혜과惠果 아사리阿闍梨의 구설口舌을 필기筆記한 것임. 저작년대는 미상. 내용은 밀교구결密敎口訣에 관한 것임. 약 100조목條目으로 되어 있고, 밀교사상密敎事相(행법行法), 교상敎相(교리敎理) 등에 관한 기록이다.
44 지인智印; 1. 부처와 보살이 나타내고 있는 여러 가지 손 모양, 곧 인계印契를 통틀어 일컬음. 그 손 모양은 부처와 보살의 지혜를 상징하므로 이와 같이 말함. 2. 만다라.
45 제부요목諸部要目; 『다라니문제부요목陀羅尼門諸部要目』의 약칭. 전全 1권卷. 당대唐代 불공역不空譯. 또는 다라니제부요목陀羅尼諸部要目. 대정장大正藏 제18책册에 있음. 이 경은《금강정경金剛頂經》,《대일경大日經》,《소실지경蘇悉地經》,《유희야경蕤呬耶經》,《소바호동자경蘇婆呼童子經》,《달리삼매야경怛唎三昧耶經》등의 요목要目에 근거해 해설을 가했다. 또는《불설회향륜경佛說廻向輪經》,《금강정유가호마의궤金剛頂瑜伽護摩儀軌》,《불설다라니집경佛說陀羅尼集經》13권卷(아지구다阿地瞿多 번역),《불설다라니집경佛說陀羅尼集經》권제卷第1-2(아지구다阿地瞿多 번역)과도 같다.

「一切의 印契⁴⁶는 一切의
　일체　인계　　　일체

法要니
법요

四智印으로
사지인

攝盡할새
섭진

大智印이란
대지인

五相⁴⁷으로
오상

成本尊의
성본존

瑜伽⁴⁸하고 三昧耶印이란
유가　　　삼매야인

以 二手로 和合하야
이 이수　화합

金剛縛을 發生한 成印이오
금강박　 발생　 성인

法智印이란 本尊의
법지인　　 본존

「일체의 손모습(인계印契)은 일체의

법의 요체(법요法要)니

4지혜인(사지인四智印; 4종 만다라)으로

모두를 거두어들이니

대만다라(대지인大智印)란

통달보리심, 수보리심, 성금강심,

증금강신, 불신원만의 5상五相으로

본존을 이루는(성본존成本尊) 행과

상응(유가瑜伽)하고 삼매야만다라

(삼매야인三昧耶印)란 두 손을 화합和合하여

금강의 견고함(금강박金剛縛)을 발생하는

인계를 이룸이요

법만다라(법지인法智印)란 본존本尊의

46　　인계印契; 1. Skt. mudrā. 부처나 보살의 깨달음 또는 서원을 나타낸 여러 가지 손 모양. 2. 만다라.
47　　오상성신법五相成身法; 오상성신관五相成身觀 achieving the body of Vairocana through the fivefold meditation. 오전성신五轉成身・오법성신五法成身이라고도 함. 현증보리現證菩提의 차제次第 (abhisambodhi-krama). 밀교에서 금강계법金剛界法에 의하여 5상相의 차례를 지나 범부의 몸 그대로 본존本尊의 몸이 되는 관법觀法. 이 관법은 지식의 개발을 주로 하는 점진적인 것. 곧 1) 통달보리심通達菩提心. 2) 수보리심修菩提心. 3) 성금강심成金剛心. 4) 증금강신證金剛身. 5) 불신원만佛身圓滿(증무상보리호금강견고신證無上菩提護金剛堅固身). 이것으로 즉신성불卽身成佛하는 이상이 실현되어 몸과 마음이 본존과 일체불이一體不二함을 얻는다 함. 곧 오지五智에 통달通達하고, 성불成佛 후에는 금강삼마지金剛三摩地로써 현재에 37존尊을 발생發生함.
48　　유가瑜伽; Skt. yoga. 상응相應이라 번역. 상순일치相順一致하는 뜻으로 일체의 경境・행行・과果 등을 말함. 경은 마음과 상응하고, 행은 이치와 상응하고, 과는 공덕과 상응하는 것이므로 이름한 것. 또 마음과 경이 상응 융합한 것을 말함. 이러므로 정력定力이 자재하게 됨.

種子인 法身의 三摩地⁴⁹인	씨앗(종자種子)인 법신法身의 삼마지三摩地인
一切契經⁵⁰의 文義요	모든 경전(일체계경一切契經)의 글뜻(문의文義)이요
羯磨印이란 以 二金剛拳⁵¹으로	갈마인羯磨印이란 양 금강권金剛拳으로
如執持器杖의	기장器杖(악지惡知와 악각惡覺을 물리치는
標幟니	기구)을 잡고 있는 징표이니
如身의 威儀形」이랐고	불보살의 위의를 나타내는 모습」이라 했고
『秘藏記本』에 「四種曼茶羅의	『비장기본秘藏記本』에 「4종 만다라曼茶羅의
一인 大曼茶羅는 五大也니	하나인 대만다라大曼茶羅는 5대五大니
謂 繪像形體	불보살상 모습이나 형체의 그림(회상형체
等也요	繪像形體) 등을 일컬음이요
二인 三昧耶曼茶羅는 諸尊의	둘째 삼매야만다라三昧耶曼茶羅는 제존諸尊의
所執持器杖의 印契요	잡고 있는 기장器杖의 인계印契요
三인 法曼茶羅는	셋째 법만다라曼茶羅는
種子也요	근본이 되는 글자(종자種子)요
四인 羯磨曼茶羅는	넷째 갈마만다라羯磨曼茶羅는
威儀也」랐으니	위의威儀를 나타낸다」라고 했으니

49　삼마지三摩地; Skt. samādhi. 정정이라 번역. 마음을 한 곳에 모아 산란치 않게 하는 정신 작용.

50　계경契經; Skt. sūtra. Pali sutta. 불교의 경전. 계契는 계합한다는 뜻. 경經은 관천貫穿·섭지攝持의 뜻. 경문은 위로는 진리에 계합하고, 아래로는 중생의 마음에 맞고 뜻에 계합하며, 의리를 꿰어 중생을 잡아 거둔다는 뜻으로 경이라 함.

51　금강권金剛拳; 6종 권拳의 하나. 인계印契의 이름. 엄지손가락을 손바닥에 넣고 다른 네 손가락을 싸쥐는 것. 금강계 대일여래의 오른손 인印. 양부兩部 중에는 금강계에 속하고, 이지理智 중에는 지를 표하여 금강같이 견고함을 가리킨 것이므로 이렇게 이름한다.

瑜伽師 맛당히 유 가 사	행해상응자(유가사瑜伽師)는 마땅히
參酌할지어다 참 작	참작參酌할지어다
그리고 理體의 리 체	그리고 진리의 본체(이체理體)인
胎藏界曼茶羅와 태 장 계 만 다 라	태장계만다라胎藏界曼茶羅와
智德의 金剛界曼茶羅와 지 덕 　 금 강 계 만 다 라	지혜공덕(지덕智德)의 금강계만다라金剛界
胎·金 兩部의 태 　금 양 부	曼茶羅와 태胎·금金 양부兩部의
二重曼茶羅와 世尊의 이 중 만 다 라 　　세 존	이중만다라二重曼茶羅와 세존世尊의
一切支分이 皆悉出現如來之身이라신 일 체 지 분 　개 실 출 현 여 래 지 신	일체 부분이 모두 다 여래의 몸이 출현하신
支分生曼茶羅⁵²와 지 분 생 만 다 라	지분생만다라支分生曼茶羅와
娑婆卽寂光土⁵³인 사 바 즉 적 광 토	사바娑婆세계가 곧 적광토寂光土인
淨土曼茶羅⁵⁴와 정 토 만 다 라	정토만다라淨土曼茶羅와
十法界⁵⁵의 십 법 계	오계悟界 4성인 경계와 미계迷界 6범부
	경계인 10법계의
十界曼茶羅 等의 境界를 십 계 만 다 라 등 　경 계	십계만다라十界曼茶羅 등의 경계境界를

---

52 지분생만다라支分生曼茶羅; 행자의 몸 위에 5불의 종자를 늘어놓고 스스로의 부분에서 모든 부처님을 유출流出하는 것. 또는 이마 위는 공(◊), 얼굴은 풍(▽), 가슴은 화(△), 배는 수(○), 배꼽 아래는 지(□)를 배대하여 모든 부처님(대일, 불공성취, 미타, 아축, 보생 여래)를 유출하는 것

53 娑婆卽寂光사바즉적광; 더러운 것이 가득한 사바세계가, 그대로 법신이 머무는 상적광토常寂光土란 말. 부처님이 증득하신 진리를 인격적으로 간주看做하여 법신이라 하고, 이에 대하여 상적광토를 세운 것. 이것은 요컨대, 부처님이 보는 세계, 실상 진여의 이치를 이렇게 이름한데 지나지 않는다. 그러므로 상적광토의 소재所在는 진여가 있는 곳이니, 구경究竟에는 우주 전체를 말하는 것인즉, 사바세계에서도 적광토가 있는 것이니, 이를 사바즉적광이라 함.

54 정토만다라淨土曼茶羅; 정토 변상變相 가운데 아미타불의 정토인 극락세계의 모양을 그린 만다라.

55 십법계十法界; 줄여서는 십계十界.《법화경法華經》에서는 지옥·아귀·축생·아수라·인간·천상(이상 6범六凡)·성문·연각·보살·불(이상 4성四聖)을 말함. 『이취석론理趣釋論』에서는 6범凡 중에서 아수라를 빼고, 4성聖 중의 불을 나누어 권불權佛·실불實佛로 하여 10법계라 함.

自證了別할지어다
자 증 요 별

뿐만 아니라 聖者의 法號나
　　　　　　성 자　　법 호

又는 經題와 어떠한 三昧 名이라도
우　　경 제　　　　　　삼 매 명

一聞에 便了하니라
일 문　　변 료

스스로 증명하고 구별하여 알지어다

뿐만 아니라 성자聖者의 명호나

또는 경의 제목과 어떠한 삼매명三昧名이라도

한 번 듣고 바로 문득 아느니라

⟨표109⟩ 만다라 曼茶羅

만다라 曼茶羅			=인계=지인 印契 智印 (일체 인계 = 일체 법요) 一切 印契 一切 法要	
Skt.			maṇḍala	
음사 音寫			만달라; 만특라; 만다라; 만나라; 만다라; 만다라 曼怛羅 曼特羅 曼陀羅 曼拏羅 蔓陀囉 滿茶邏	
구역 舊譯			단, 도량 壇 道場	체에 따른 정의 體 正意
			방원의 토단을 쌓고 제존을 여기에 안치하여 재공함 方圓 土壇 諸尊 安置 齋供	
신역 新譯			윤원구족, 취집 輪圓具足 聚集	의에 따른 본의 義 本義
			단중에 제존의 제덕을 취집하야 일대법문을 이루니, 낱낱 살(폭)이 壇中 諸尊 諸德 聚集 一大法門 幅 속바퀴(곡)와 바퀴테(망)를 연결하여 둥근 수레바퀴(원륜)를 이루는 것과 같이, 轂 輞 圓輪 모든 법을 다 원만하게 갖추어 결함이 없다는 뜻	
사종만다라= 四種 **사만**=4지인 四曼 四智印	총체 總體	1. **대만다라** 大 =**대**지인 大智印	제존을 총집한 단장과, 그 제존의 형체와 諸尊 總集 壇場 諸尊 形體 아울러 그 단장의 전체, 또는 제존의 壇場 全體 諸尊 하나하나를 그린 것	대; 오대, 광대, 만다라의 총체 大 五大 廣大 曼茶羅 總體
				총체인 광대의 뜻을 취함 總體 廣大 取
			오상으로 성본존의 유가함 五相 成本尊 瑜伽	
	별덕 別德	2. **삼매야**만다라= 三昧耶 삼매야인 三昧耶印	제존의 손에 지닌 기물과 인계를 그린 것 諸尊 器物 印契	삼매야; 본서 三昧耶 本誓
				제존의 본서를 표지하여 천마는 諸尊 本誓 標識 天魔 물론, 제존 자신도 이를 위반하기 諸尊 불가능한 서약의 표지임 誓約
			양손으로 화합하여 금강박을 발생한 성인 和合 金剛縛 發生 成印	
		3. **법만다라**= 法 **법**지인 法智印	제존의 종자를 쓴 진언과 일체경의 문자와 의리 諸尊 種子 眞言 一切經 文字 義理	종자 種子
			본존의 종자인 법신의 삼마지인 일체계경의 문의 本尊 種子 法身 三摩地 一切契經 文義	

사종만다라= 四 種 사만=4지인 四 曼　四智印	별덕 別德	4. 갈마만다라= 羯 磨 갈마인 羯 磨 印	제존의 위의와 작업을 니소 등으로 주조함 諸尊　威儀　作業　泥塑　　鑄造	갈마; 작업. 주조의 형상 羯磨　作業　鑄造　形像
			양 금강권으로써 기물을 지닌 것 같은 표지니 몸과 같은 위의형. 위의 金剛拳　　　　　　　　　　標識　　　　威儀形 威儀	
상칭의 만다라 常 稱			사종만다라 중 **대만다라**에 해당함 四種曼茶羅　大曼茶羅　該當	

〈표110〉 양계만다라

양부(양계) 兩部 兩界	금강계만다라 金剛界曼茶羅	태장계만다라 胎藏界曼茶羅
Skt.	Vajradhātu-maṇḍala	Garbhadhātu-maṇḍala
소의경 所依經	금강정경 金剛頂經	대일경 大日經
특징 特徵	구회만다라 九會曼陀羅	중대팔엽원 등 13원 中臺八葉院　　　院
인과 因果	과만다라 果曼茶羅	인만다라 因曼茶羅
동서 東西	서만다라 西曼茶羅	동만다라 東曼茶羅
이지 理智	지덕 智德 지만다라 智曼茶羅	이체 理體 이만다라 理曼茶羅
별명 別名	월륜만다라 月輪曼茶羅	연화만다라 蓮華曼茶羅
동의어 同義語	금강만다라 金剛曼茶羅	대비태장생만다라 大悲胎藏生曼茶羅 태장만다라 胎藏曼茶羅 대비만다라 大悲曼茶羅
양부 불이 兩部 不二	이중만다라 二重曼茶羅	

| 참고 문헌 |

- 『金剛心論』, 釋金陀 著, 釋淸華 編, 寶蓮閣, 1985.
- 『金剛心論』, 釋金陀 著, 釋淸華 編, 乙支出版公社, 1992.
- 『金剛心論(영인본 포함)』, 釋金陀 著, 釋淸華 編, 성륜불교문화재단·벽산문도회, 2017.
- 『圓通佛法의 要諦』(淸華禪師法語集 II), 聖輪佛書刊行會 編, 聖輪閣, 1993.
- 『正統禪의 香薰』(淸華禪師法語集 I), 聖輪佛書刊行會 編, 聖輪閣, 1999.
- 『韓國佛敎大辭典』(全七卷), 韓國佛敎大辭典編纂委員會 編, 寶蓮閣, 1982.
- 『淨土三部經』(再版), 釋淸華 譯, 韓振出版社, 1983.
- 『六祖壇經』, 釋淸華 譯, 광륜출판사, 2003.
- 『가장 행복한 공부』, 청화 스님, 시공사, 2003.
- 『청화 큰스님의 친필자료모음 I』, 광륜출판사, 2004.
- 『청화 큰스님의 친필자료모음 II』, 광륜출판사, 2004.
- 『마음의 고향』(순선안심탁마법문, 청화 큰스님 법어집), 도서출판 土房, 2002.
- 『실상염불선』, 광륜출판사, 청화 저, 김영동 편, 2013.
- The SAT Daizōkyō Text Database 新脩大藏經, http://21dzk.l.u-tokyo.ac.jp/SAT/ddb-sat2.php
- Digital Dictionary of Buddhism 電子佛辭典, http://www.buddhism-dict.net/ddb/
- NAVER 사전, http://dic.naver.com/
- Daum 사전, http://dic.daum.net/index.do
- 금강金剛 불교입문에서 성불까지, http://cafe.daum.net/vajra
- 금강金剛 불교입문에서 성불까지, http://cafe.naver.com/huineng
- Buddhistdoor 佛門網, https://www.buddhistdoor.net/dictionary
- 佛学大辞典(丁福保, 1922), https://zh.wikisource.org/wiki/%E4%BD%9B%E5%AD%B8%E5%A4%A7%E8%BE%AD%E5%85%B8

| 표 목록 |

번호	제목	페이지
1	수릉엄삼매도결首楞嚴三昧圖訣의 종체용宗體用	69
2	수릉엄삼매首楞嚴三昧	71
3	일상一相	90
4	일상삼매一相三昧	90
5	일행一行	91
6	일행삼매一行三昧	91
7	관념觀念(일상삼매一相三昧와 일행삼매一行三昧)에서 견증見證(실상삼매와 보현삼매)으로	92
8	관념觀念(가관념수假觀念修)에서 실증實證(견성증도見性證道)으로	93
9	삼매三昧	97
10	반야般若	120
11	바라밀波羅密	126
12	보살십지와 십바라밀	135
13	10바라밀十波羅蜜, 보살10지菩薩十地, 5인忍(14인忍)과 삼독三毒	136
14	십지十地의 폐립立廢	141
15	삼독육적三毒六賊	147
16	사제법四諦法(사성제四聖諦)	156
17	사제법; 3전 12상	157
18	사성제와 의학의 대비	157
19	사종사제四種四諦	158
20	팔정도八正道	201
21	12연기緣起	237

22	삼세양중인과와 유전연기 및 환멸연기	238
23	육취六趣(도途)	244
24	금강삼매金剛三昧	255
25	3종 차별의 금강삼매金剛三昧	256
26	금강삼매金剛三昧와 5안五眼	257
27	각 경전에 나타난 삼매	257
28	천태종의 4종삼매	258
29	선정禪定의 심천深淺에 따른 5륜삼매五輪三昧	258
30	108삼매百八三昧	259
31	대지사륜大地四輪	285
32	육대六大의 성상性相	298
33	물질物質의 분석分析(석공관析空觀)	299
34	석공관과 진공묘유관	302
35	사상四相	311
36	색신色身과 법신法身	312
37	범소유상凡所有相	313
38	금강계오부金剛界五部; 시각상전始覺上轉의 법문法門, 전식득지轉識得智	319
39	열반의 종류와 과지果智	320
40	5불좌 요약	326
41	육대우주법계六大宇宙法界	342
42	오지五智	343
43	불성佛性	350
44	5불성五佛性	354
45	삼취정계三聚淨戒	360

46	3신4토三身四土	370
47	법法·보報·응應 삼신三身	371
48	자성自性·수용受用·변화變化 삼신三身	372
49	법法·응應·화化 삼신三身	372
50	4토四土	373
51	법신法身의 체성體性	380
52	4종 5법신	387
53	법신法身의 유상有相과 무상無相	393
54	묘법연화경妙法蓮華經 28품; 본적本迹 2문二門, 3분三分, 2처二處 3회三會	411
55	십묘十妙	413
56	적문십묘迹門十妙	421
57	6종六種의 경묘境妙	431
58	본문십묘本門十妙	438
59	본문십묘本門十妙와 적문십묘迹門十妙	443
60	본문십묘本門十妙와 적문십묘迹門十妙와 십불이문十不二門	452
61	십무애十無礙	460
62	십무진장十無盡藏	471
63	십이부경十二部經	472
64	십력十力	477
65	십현문十玄門	487
66	십세도十世圖	488
67	현문무애십인玄門無礙十因	495
68	십무이十無二	502
69	십무의행十無依行	508

70	4종법계四種法界	519
71	십법계十法界	529
72	융삼세간십신融三世間十身	542
73	불구십신佛具十身	543
74	구경舊經(60화엄) 3처處에 나타난 불구십신의 명칭대비	544
75	법法, 응應, 화化 3신三身과 불구십신佛具十身	545
76	삼종세간三種世間＝삼세간三世間	546
77	이진여二眞如	557
78	진여의 분류	558
79	삼진여三眞如	566
80	유식唯識 삼성三性과 삼무성三無性 및 삼진여三眞如	567
81	7진여七眞如	567
82	인忍	581
83	삼인三忍과 사인四忍	588
84	오인五忍과 십삼관문十三觀門	600
85	십인十忍	605
86	각 경론經論의 보살승菩薩乘의 계위階位	619
87	52위位(＋4선근善根＝56위位)	620
88	해행발심解行發心	621
89	사선근위四善根位	629
90	십신十信	634
91	십주十住	639
92	십행十行	645
93	6무위六無爲(일진무위一眞無爲의 6종種 측면)	646

94	십지十地	651
95	십회향十廻向	656
96	인과因果의 범위에 따른 10회향	657
97	수도修道의 위차位次	658
98	삼계의 뜻과 4선근, 4선정의 단계	683
99	삼계三界	684
100	4선근四善根과 4선8정四禪八定	695
101	4선8정四禪八定	695
102	초선정에 입入한 증상證相	696
103	삼계내의 위치에 따른 식식의 유무(식소생지식所生之地)	696
104	사선정四禪定의 요소要素	697
105	보살10지菩薩十地와 5음멸진五陰滅盡	707
106	수미산도(조감도)	720
107	수미산도(측면도)	721
108	4륜四輪	735
109	만다라曼茶羅	748
110	양계만다라	749

| 주요 용어 찾아보기 |

【ㄱ】

가루라迦樓羅 324, 525
가명假名 428, 555, 646
가상假想 667
가상假相 278, 340, 358, 623, 672
가상嘉祥 591
가섭불迦葉佛 441
가야伽倻 406
가지加持 397, 398
가합假合 424
갈마羯磨 204, 254, 276, 314, 317, 743
갈마만다라羯磨曼茶羅 740, 742, 745
갈마부羯磨部 317
감견수용感見受用 367
감응感應 178, 433, 440, 682
감응묘感應妙 410, 414, 418, 446
강승개康僧鎧 583
개蓋 425, 593
개권현실開權顯實 406, 407
개발금강보장위開發金剛寶藏位 139
개시開示 276
개적현본開迹顯本 407
건상健相 62, 64, 65, 67, 68, 70
건행정健行定 51, 62, 65, 70, 102
겁겁 469, 523
견사혹見思惑 130
견혹見惑 43, 53, 127, 128, 129, 130, 153, 427, 464, 568, 609, 614, 647

결訣 56
결사結使 249
결정決定 497, 621
결택決擇 87
경境 113, 204, 414, 415, 416, 423, 424, 425, 426, 427, 428, 429, 430, 434, 440, 519, 535, 542, 576, 622, 662, 665, 672, 744
경계境界 57, 69, 118, 120, 152, 156, 173, 218, 227, 454, 513, 521, 555, 577, 602, 613, 622, 654, 687, 746
경계반야境界般若 116, 118, 120
경만輕慢 306
경묘境妙 410, 414, 416, 431, 446, 753
경중삼처經中三處 536
경흥憬興 563, 584
계界 75, 113, 115, 128, 145, 254, 276, 314, 492, 510, 511, 512, 513, 525, 550, 551, 572, 635, 662, 663
계경契經 470, 745
계속繫屬 568, 570
계합契合 68, 75, 130, 511, 528
고과苦果 154, 156, 175, 207, 208, 212, 231, 276, 304, 314, 427, 625
고독지옥孤獨地獄 731
고보苦報 151, 167, 170
고사姑捨 701
곡곡穀 732, 734, 738, 739, 740
곡향谷響 602
공空 56, 57, 64, 69, 85, 98, 99, 113, 116, 132, 133, 152, 153, 155, 173, 185, 186, 194, 279, 289, 293, 297, 303, 307, 334, 335, 337, 338, 339, 366, 375, 379, 388, 395, 396, 416, 428, 429, 451, 457, 463, 481, 490, 510, 512, 513, 517, 548, 552, 553, 554, 555, 560, 561, 566, 592, 601, 608, 609, 614, 624,

635, 639, 691, 714
공덕功德 134, 173, 189, 192, 363, 373, 374, 382, 383, 465, 480, 503, 504
공륜空輪 279, 280, 714
공적空寂 117, 466, 602
공한空閑 76
공화空華 425
과과果 151, 152, 154, 156, 167, 171, 173, 175, 206, 207, 209, 211, 212, 217, 218, 228, 229, 231, 232, 234, 236, 238, 240, 246, 289, 353, 414, 417, 426, 433, 440, 449, 456, 490, 493, 571, 572, 576, 593, 598, 653, 744
과거미래현재제불過去未來現在諸佛 77
과위果位 153, 175, 316, 348, 450
과지果智 314, 320, 752
관觀 52, 73, 85, 86, 88, 89, 94, 99, 132, 159, 178, 208, 212, 214, 217, 231, 235, 236, 238, 398, 446, 522, 524, 533, 624, 625, 688, 689, 690
관무량수경觀無量壽經 391, 583
관법觀法 190, 202, 210, 214, 216, 217, 237, 294, 427, 446, 517, 522, 524, 744
관심론觀心論 140, 142
관음보살觀音菩薩 44, 404
관정灌頂 83, 84, 323, 446, 514, 638, 711
관조觀照 14, 17, 117, 119, 120, 216, 217, 410, 414, 417, 440, 643
관조반야觀照般若 116, 117, 119, 120
관찰법인觀察法忍 578, 579
광명변조光明遍照 365
괴심愧心 467
교문敎門 396
구경究竟 64, 68, 70, 114, 122, 125, 172, 246, 249, 300, 327, 329, 433, 499, 598, 691, 746
구경舊經 481, 496, 532, 536, 544, 637, 754
구경각究竟覺 114, 528
구계九界 385, 436, 450, 528

구마라집鳩摩羅什 62, 80, 81, 82, 83, 248, 303, 355, 374, 586, 614, 625
구사론俱舍論 63, 75, 86, 251, 253, 281, 458, 510, 522, 626, 699, 714, 723
구사종俱舍宗 143, 203, 204, 288, 490, 624, 690
구산팔해九山八海 279, 280, 281, 285, 714, 715
구예垢穢 310, 467
구우區宇 622
구원久遠 82, 83, 433, 441, 632
구원실성久遠實成 407, 446
구족具足 205, 211, 225, 465, 568, 637, 693, 740
구차제정九次第定 14, 702
국토묘國土妙 440
권속묘眷屬妙 410, 414, 419, 446
권속반야眷屬般若 116, 119, 120
권실權實 450
권지權智 117, 120, 363, 381, 450, 565
규환叫喚 527
극미極微 287, 288, 293, 294, 301, 302, 643, 689, 690
극유진극隙遊塵 287, 288, 293, 298, 301, 302, 690
근본무명根本無明 424, 665, 666
근본지根本智 565
근성僅成 491
금강金剛 4, 28, 67, 292, 423, 503, 750
금강계金剛界 57, 69, 75, 99, 254, 257, 276, 277, 314, 324, 328, 423, 511, 590, 712, 738
금강계만다라金剛界曼茶羅 276, 315, 321, 322, 364, 455, 535, 711
금강권金剛拳 745
금강륜金剛輪 254, 733
금강륜삼매金剛輪三昧 247, 257, 278
금강반야바라밀경金剛般若波羅密經 303
금강보장金剛寶藏 139
금강부金剛部 316
금강삼매金剛三昧 43, 66, 70, 105, 246, 247, 248, 250, 252,

253, 255, 256, 257, 752

금강유정金剛喩定 246, 252

금강정金剛定 246, 252

금강정金剛頂 590

금강정경金剛頂經 32, 254, 276, 314, 328, 423, 711, 738, 743

금강좌金剛座 251

금광명경金光明經 390, 423, 584, 589, 604, 610, 615

금륜金輪 250, 252, 253, 257, 276, 277, 279, 280, 281, 283, 285, 714, 715, 733, 734

금진金塵 40, 288, 290, 291, 294, 295, 296, 689, 690

기류機類 127, 142, 181, 347, 385, 550, 568, 609, 642, 647

기반羈絆 494

기세계器世界 714

기신론起信論 73, 77, 490, 550, 553, 555

기장器仗 741

길상吉祥 322

【ㄴ】

낙변화천樂變化天 539, 663, 708

낙수樂受 692

남섬부주南贍部洲 169, 243, 333, 538, 708, 717, 730

내원해인耐怨害忍 129, 583

내증內證 75, 254, 257, 276, 314, 363, 397, 511

노사老死 202, 206, 207, 208, 415, 426, 522

노사나盧舍那 338, 365

녹야원鹿野苑 154, 155, 175, 176, 475, 732

능생能生 403, 413, 449, 732, 738

능소能所 305

능연能緣 379

능인적묵각能仁寂默覺 338, 365

능현能現 403

능화能化 397, 446, 498

【ㄷ】

다문장多聞藏 468

단壇 503, 711, 732, 738

단멸斷滅 154, 156, 175

단장壇場 741

단혹증리斷惑證理 124

담연湛然 404, 446

담적湛寂 632

당경唐經 479, 496

당상當相 75, 116, 250, 458, 511, 549, 577

대경大經 75, 511, 583

대력신大力神 218, 242

대만다라大曼茶羅 740, 741, 745

대무량수경大無量壽經 583

대반열반大般涅槃 254, 353

대반열반경大般涅槃經 59, 65, 71, 248

대범大梵 475

대범륜大梵輪 475

대승계大乘戒 355, 360

대승기신론大乘起信論 77, 516, 550, 554, 621

대승기신론소大乘起信論疏 455, 554

대승의장大乘義章 86, 116, 522, 577, 698

대승지관大乘止觀 758

대열반大涅槃 248, 353

대원경지大圓鏡智 48, 327, 328, 329, 332, 334, 340, 342, 346, 367, 376, 457, 490, 733

대인아大人我 701

대일大日 321, 339, 379, 458

대일경大日經 32, 75, 138, 139, 140, 254, 321, 328, 356, 359, 423, 455, 511, 535, 608, 614, 650, 738, 743

대일경소大日經疏 138, 139, 356, 650

대일여래大日如來 32, 48, 57, 69, 75, 99, 254, 257, 276, 277, 314, 321, 322, 323, 328, 329, 331, 423, 455, 458, 511, 535, 608, 638, 687, 733, 738

대적실삼매大寂室三昧 254
대지도론大智度論 63, 116, 248, 259, 496, 546, 614
대지사륜大地四輪 279, 285, 714, 752
대집지장십륜경大集地藏十輪經 507
덕상德相 383, 493, 568
도량道場 73, 79, 253, 435, 732, 738
도리道理 31, 60, 183, 187, 191, 346, 517, 562, 577
도무극度無極 112, 113, 122, 123, 127
도솔천兜率天 63, 252, 404, 537, 538, 663, 708, 709
도옥초度沃焦 365
도피안到彼岸 66, 112, 113, 115, 122, 123, 127, 129, 456
독각獨覺 427, 523, 533, 626, 627
돈초頓超 702, 706
동승신주東勝身洲 333, 717, 730
동체이명同體異名 364, 550, 665, 698
두두물물頭頭物物 482
등각等覺 66, 246, 252, 323, 584, 589, 608, 611, 612, 614, 630, 634, 638, 652, 654, 709
등류법신等流法身 385
등류신等流身 385
등명불燈明佛 441
등묘等妙 652

【ㅁ】

만다라曼茶羅 608, 711, 732, 734, 738, 739, 740, 741, 745, 748, 755
만덕萬德 317, 378, 386, 454, 613, 652, 654
만행萬行 73, 85, 409, 521, 539, 608, 635, 689
만화萬化 403, 413
말나식末那識 314, 327, 330, 346, 368, 376, 623
말후末後 249
말후심末後心 249
망網 740

망명網明보살 586
망법妄法 551, 552
망정妄情 358, 560, 561
망집妄執 42, 138, 385, 450, 528
멸진滅盡 631, 667, 699, 700, 701, 705
멸진정滅盡定 52, 105, 572, 631, 667, 694, 698, 699, 700, 702, 703, 704
명구문名句文 57, 100
명색名色 202, 204, 207, 208, 210, 211, 212, 224, 225, 231, 232, 233, 415, 426, 522
명수名數 647
명자冥資 398
명정明淨 636
명통冥通 636
명행족明行足 203, 464
명호名號 57, 69, 99, 469, 470
몽蒙 420
묘각妙覺 66, 246, 252, 534, 584, 589, 593, 598, 608, 610, 611, 612, 613, 615, 641, 652, 653, 654, 668, 673
묘과妙果 154, 156, 175
묘관찰지妙觀察智 48, 327, 328, 330, 332, 334, 340, 342, 346, 376, 457, 733
묘덕妙德 402, 403, 641
묘리妙理 289, 335, 346
묘심妙心 636
묘용妙用 310
묘원妙圓 631
묘종초妙宗鈔 391
무간지옥無間地獄 241, 663, 725, 729
무구無垢 81, 553, 554
무기법無記法 562
무기법진여無記法眞如 561, 562
무량수경無量壽經 254, 284, 323, 583, 585
무량수경기無量壽經記 584, 585
무루無漏 159, 198, 253, 281, 644, 723

무명無明 57, 131, 138, 142, 143, 151, 202, 203, 207, 208, 209, 210, 211, 212, 220, 221, 222, 223, 230, 231, 232, 233, 234, 235, 236, 286, 385, 415, 426, 449, 450, 515, 516, 522, 528, 551, 569
무명혹無明惑 130
무상無相 74, 84, 85, 89, 117, 132, 142, 188, 307, 310, 348, 375, 388, 393, 395, 396, 512, 513, 548, 560, 753
무상관無常觀 58, 625
무상관無相觀 132, 307, 375, 388, 396, 560
무상보리無上菩提 466, 521
무상정無想定 699, 704
무상진여無相眞如 560, 561
무색계無色界 63, 150, 169, 177, 243, 252, 296, 662, 665, 666, 672, 674, 693
무생無生 183, 548, 578, 583, 585, 586, 593, 598, 601, 648
무생법인無生法忍 578, 579, 583, 585, 586, 590
무생인無生忍 584, 585, 589, 590, 592, 593, 596, 598, 601
무생진여無生眞如 560, 561
무섭수진여無攝受眞如 568, 569, 574
무성無性 347, 548, 561
무성진여無性眞如 561
무소외無所畏 614, 649
무수겁無數劫 316, 469
무실無實 492
무심無心 109
무애無碍 247, 256, 453, 454, 493, 568
무여열반無餘涅槃 304, 315
무연無緣 398
무염족無厭足 506
무외無畏 649
무이無二 68, 75, 78, 131, 378, 497, 515
무정無情 277, 279, 283, 511, 662, 664
무정성無定性 491
무주無住 122, 586, 587
무주상보시無住相布施 309

무진無盡 186, 462, 465, 642
무진장無盡藏 462
무착無着 496, 537, 562, 563, 576
무한無限 493
문자반야文字般若 116, 117, 120
문수반야경文殊般若經 73, 74
미계迷界 276, 426, 490, 528, 550, 648, 662, 746
미란迷亂 506
미륵彌勒 512, 576, 708
미륵보살彌勒菩薩 708
미륵상생경彌勒上生經 710
미微 288, 293, 294, 301, 302, 643, 689, 690
미迷 129, 130, 131, 142, 145, 151, 167, 170, 207, 244, 286, 347, 429, 528, 540, 549, 552, 561, 566, 593, 615
미수未遂 441
미신迷信 630
미심未審 143
미오迷悟 429
미증유未曾有 14, 18, 250
미진微塵 287, 288, 643, 689, 690
미타彌陀 47, 86, 323, 459
미후獼猴 369, 373
밀교密敎 32, 75, 175, 276, 321, 327, 328, 337, 364, 384, 394, 396, 397, 423, 455, 458, 511, 535, 681

【ㅂ】

바라밀波羅密 66, 126, 456, 751
바라밀波羅蜜 112, 113, 122
박가범薄伽梵 711, 712
박격搏擊 280
박책迫迮 63
반야般若 66, 68, 114, 116, 117, 118, 119, 120, 612, 643
반야바라밀般若波羅蜜 70, 112, 127, 521, 533, 643

방편方便 14, 32, 112, 127, 216, 328, 329, 406, 423, 608, 622, 636
방편반야方便般若 116, 117, 120
번뇌煩惱 151, 152, 170, 172, 179, 183, 194, 198, 203, 206, 210, 211, 217, 220, 221, 222, 228, 233, 234, 246, 257, 276, 441
번뇌마煩惱魔 64
범망경梵網經 355, 356, 357, 423, 464
범부凡夫 168, 183, 307, 308, 309, 335, 368, 408, 662
범소유상凡所有相 304, 313, 752
범음梵音 338, 548
법계法界 73, 75, 76, 77, 84, 131, 142, 321, 329, 330, 348, 378, 455, 458, 468, 478, 489, 492, 498, 510, 511, 512, 513, 514, 515, 520, 527, 535, 548, 549, 550, 570, 572
법계삼관法界三觀 510, 517
법계신法界身 384, 385, 453
법계일상法界一相 73, 77
법계체성지法界體性智 48, 75, 316, 328, 329, 331, 335, 339, 342, 458, 511, 733
법공法空 56, 128, 182, 552, 554, 555, 569, 621, 693
법락法樂 94, 96, 107, 134, 363, 367, 681
법륜法輪 179, 254, 435, 733
법무별진여法無別眞如 568, 570, 574
법상法相 382, 471, 501, 623, 702, 706
법상종法相宗 116, 253, 281, 321, 328, 346, 347, 366, 372, 375, 455, 535, 537, 561, 563, 576, 584, 616, 624, 626, 699, 723
법성法性 84, 142, 346, 347, 348, 386, 389, 391, 434, 449, 492, 498, 513, 548, 549, 550, 572, 598
법신法身 65, 78, 248, 278, 306, 307, 308, 309, 310, 312, 321, 328, 352, 362, 366, 367, 368, 373, 380, 381, 383, 384, 389, 390, 393, 394, 395, 396, 399, 402, 408, 423, 434, 455, 457, 532, 534, 535, 540, 541, 550, 621, 637, 667, 688, 745, 752, 753
법신게法身偈 282
법신보살法身菩薩 402
법신사리法身舍利 539
법신여래法身如來 308, 364, 394

법우法雨 451
법위法位 390, 584, 585
법이法爾 132, 385
법인法忍 578
법화경法華經 68, 75, 81, 390, 404, 441, 446, 467, 520, 571, 584, 589, 604, 610, 616, 746
법화론法華論 362, 371
법화문구法華文句 83, 323, 638
법화현의法華玄義 84, 323, 404, 406, 410, 414, 439, 446, 447, 638
법화회法華會 441
변계소집성遍計所執性 560, 561, 566
변일체처遍一切處 365
변작變作 402
변재辯才 470
변행진여遍行眞如 568, 569, 574
변화법신變化法身 381, 382, 383, 385, 386
변화신變化身 321, 362, 366, 368, 382, 395, 455, 535
별교別敎 143, 182, 186, 203, 389, 450, 552, 571, 574, 615, 616
별종別種 489
보과報果 440
보리菩提 214, 249, 315, 325, 353, 398, 465, 467, 468, 499, 524, 593, 598, 613, 626, 627, 738
보리수菩提樹 79, 154, 251, 404, 435, 441, 537, 738
보리수원菩提樹垣 251
보리심菩提心 12, 16, 32, 328, 423, 432, 608
보부寶部 317
보살도菩薩道 70, 432, 612, 650
보살마하살菩薩摩訶薩 248
보살승菩薩乘 246, 450, 608, 619, 754
보살십지菩薩十地 14, 127, 254
보살영락경菩薩瓔珞經 381, 612, 649
보생寶生 48, 322
보신報身 321, 324, 327, 362, 363, 366, 367, 373, 382, 383, 395, 455, 456, 535

보신여래報身如來 327, 365
보요경普曜經 709
보원報怨 576
보체保體 491
보현경普賢境 88, 89
보현색신삼매普賢色身三昧 257, 277
보흡普洽 420
복인伏忍 584, 589, 591, 592, 596, 597, 598
본고적하本高迹下 404, 405
본과본과本果 432, 433
본구本具 433
본국토묘本國土妙 410, 433, 446
본문本門 83, 403, 405, 407, 409, 410, 438, 439, 440, 441
본서本誓 741, 742
본신本身 403, 413
본유本有 348, 362, 448, 540
본인本因 425, 432, 433
본적구고本迹俱高 404
본적구하本迹俱下 404
본적本迹 83, 403, 411, 430, 753
본지本地 83, 402, 403, 436, 440
본초本初 432
본하적고本下迹高 404
봉읍封邑 723
부다다타다部多多他多 548
부동도량不動道場 79
부사의계不思議界 84, 142, 348, 513, 548, 573
부사의不思議 494, 649
부증감진여不增減眞如 568, 570
부진불뇌不嗔不惱 577
부행독각部行獨覺 523, 533, 626, 627
북단월주北單越洲 333
분상문分相門 377
불佛 78, 214, 254, 276, 306, 308, 314, 316, 323, 327, 329, 331, 346, 356, 376, 395, 397, 402, 403, 404, 418, 433, 446,

453, 459, 494, 503, 541, 626, 627, 637, 708, 733
불가사의不可思議 63, 131, 173, 334, 378, 386, 409, 515, 649
불계佛界 397, 436, 450, 520
불공不空 552, 711
불공성취不空成就 324
불광佛光 633
불구십신佛具十身 532, 536, 543, 545, 637, 754
불덕佛德 64, 67, 70, 103, 383
불도佛道 79, 80, 435, 453, 524, 572, 738
불법계佛法界 73, 520
불변진여不變眞如 516, 551, 552, 553
불부佛部 48, 316, 318
불생불멸不生不滅 129, 346, 578, 584, 589, 655
불선법진여不善法眞如 561, 562
불설인왕반야바라밀경佛說仁王般若波羅蜜經 390, 584, 589, 604, 610
불성佛性 31, 33, 48, 57, 66, 67, 69, 70, 84, 105, 127, 142, 168, 187, 188, 199, 304, 337, 346, 347, 348, 349, 350, 355, 356, 360, 513, 548, 549, 568, 609, 647, 752
불성계佛性戒 355, 356, 357
불연不然 504
불이不二 396, 451
불조佛祖 60, 100
불지론佛地論 366, 372
불찰佛刹 453, 500
불타발타라佛馱跋陀羅 536, 612
불후不朽 14, 18, 316
비로자나毘盧遮那 276, 321, 364, 455, 535
비로자나불毘盧遮那佛 321, 455, 535, 563, 612
비민悲愍 317
비안립진여非安立眞如 555, 556
비인非人 525
비장기秘藏記 138
비장기초秘藏記鈔 743

【ㅅ】

사대四大 39, 40, 296, 334, 424, 687
사대주四大洲 63, 243, 671, 717, 730
사대해四大海 324
사륜왕四輪王 733
사만四曼 740, 743
사만성불四滿成佛 608, 668, 673
사명교행록四明教行錄 398
사명존자四明尊者 391
사무량심四無量心 246, 647, 648
사무색정四無色定 52, 665, 688
사무외四無畏 78, 308, 362, 382, 394, 550
사바娑婆 277, 388, 433, 690, 746
사바세계娑婆世界 277, 388, 475, 690
사바즉적광娑婆卽寂光 690
사법계事法界 510, 511, 516, 520
사법계四法界 510, 511, 520
사변四辯 435
사보합성四寶合成 717
사사무애법계事事無碍法界 484, 514, 516, 517, 518, 519
사사祠祀 507
사상事相 129, 375, 513, 514, 515, 516, 517, 551, 626
사상四相 291, 303, 305, 311, 752
사선四禪 52, 63, 246, 252, 664, 687, 688, 702
사선근四善根 118, 613, 622, 626, 628, 667, 672
사선정四禪定 254, 284, 687, 688, 690, 691, 697, 755
사선천四禪天 664, 671
사왕천四王天 145, 150, 203, 240, 315, 538, 662, 675, 716
사원斯圓 454
사유思惟 124, 195, 689
사익경思益經 586
사익범천소문경思益梵天所問經 586
사인四忍 586, 588, 754
사자분신獅子奮迅 288
사자좌師子座 321
사정四定 52, 688, 702
사제四諦 42, 43, 52, 73, 88, 99, 118, 119, 128, 143, 150, 152, 153, 154, 155, 159, 165, 166, 172, 184, 185, 187, 194, 195, 202, 203, 354, 374, 387, 414, 415, 426, 427, 522, 524, 533, 612, 613, 614, 622, 624, 667
사제관四諦觀 533, 624
사종만다라四種曼茶羅 740
사종법계四種法界 510, 515, 520
사주四洲 243, 279, 280, 333, 715, 717, 730, 732
사주지옥四洲地獄 730
사지四智 327, 329, 330, 331, 342, 346, 366, 367, 368, 376, 457, 540
사토四土 366, 433, 690
사혹事惑 129
사혹思惑 53, 129, 138
산심散心 94, 95, 108, 109
삼겁三劫 138
삼계三界 73, 150, 167, 169, 184, 426, 662, 663, 665, 668, 669, 670, 671, 674, 684, 755
삼도三塗 306
삼독三毒 127, 129, 136, 143, 151, 277, 286, 388, 469, 504, 592, 593, 677, 751
삼라만상森羅萬象 281, 287
삼론종三論宗 374, 591
삼마제三摩提 94
삼마지三摩地 94, 108, 398, 745
삼망집三妄執 138, 139
삼매三昧 64, 73, 94, 97, 106, 108, 177, 246, 248, 418, 454, 482, 540, 680, 751
삼매야만다라三昧耶曼茶羅 740, 741, 745
삼매야三昧耶 458, 459, 742
삼무성三無性 561, 566, 567, 754
삼법묘三法妙 410, 414, 417, 440
삼분三分 405

삼불성三佛性 347
삼세간三世間 535, 546, 754
삼세三世 178, 207, 210, 214, 218, 237, 240, 426, 484, 497
삼세양중인과三世兩重因果 207, 231, 234
삼승법三乘法 406, 526
삼승三乘 246, 377, 406, 478, 523, 576, 608, 615, 626
삼시三施 123
삼신三身 86, 327, 341, 362, 363, 364, 367, 368, 371, 372, 373, 394, 395, 396, 408, 456, 459, 540, 550, 753
삼십삼신三十三身 405
삼업三業 161, 196, 200, 338, 449, 505, 598
삼인불성三因佛性 353
삼인三忍 129, 583, 588, 754
삼장법수三藏法數 73, 131, 378, 515, 603
삼제三諦 414, 416, 429, 432
삼종세간三種世間 535, 546, 754
삼진여三眞如 561, 566, 567, 754
삼천대천세계三千大千世界 62, 251
삼취정계三聚淨戒 146, 355, 360, 752
삼품사선근三品四善根 626
삼현三賢 591
삼현십성三賢十聖 601, 604
삼현위三賢位 591
삼혹三惑 130, 389
상대相待 556
상락아정常樂我淨 65, 432, 667, 672, 688
상모相貌 76, 307, 608, 635
상섭相攝 440, 447
상유相由 491
상응常凝 632
상응相應 322, 397, 479, 490, 692, 744
상입相入 75, 457, 458, 481, 511
상전上轉 314, 332
상주常住 65, 83, 248, 390, 435, 590, 667, 688
상즉相卽 75, 447, 457, 458, 481, 511, 524, 552, 615

색계色界 63, 150, 169, 243, 246, 252, 475, 662, 663, 664, 665, 666, 671, 674, 689, 691, 693
색계십칠천色界十七天 664
색구경色究竟 288, 293, 294, 301, 302, 690
색법色法 204, 288, 289, 428, 482, 643, 689, 690
색신色身 306, 307, 308, 309, 312, 457, 752
색신여래色身如來 307, 308
색심色心 389, 448, 511
색온色蘊 204, 424, 603, 622, 687, 701, 705
색음色陰 622, 665, 700, 705
색즉시공공즉시색色卽是空空卽是色 513
생生 161, 202, 206, 207, 208, 211, 212, 219, 220, 227, 229, 231, 233, 234, 388, 415, 426, 427, 522, 523, 578, 590, 625, 709
생공生空 554, 555
생멸문生滅門 77, 515, 516, 550
생인生忍 578
서분序分 57, 60, 83, 405
서역기西域記 251, 718
서우화주西牛貨洲 333, 717, 730
석가불釋迦佛 321, 441, 455, 535
석공관析空觀 289, 293, 294, 299, 301, 302, 752
석제환인釋帝桓因 249
선권善權 418, 419
선근善根 213, 498, 504, 576, 608, 614, 620, 627, 754
선법善法 562
선법진여善法眞如 562
선악善惡 151, 164, 170, 172, 203, 210, 222, 223, 228, 426, 504
선정禪定 40, 47, 52, 66, 86, 114, 124, 127, 133, 150, 161, 163, 198, 246, 247, 252, 258, 278, 287, 348, 353, 382, 456, 474, 521, 522, 525, 533, 643, 662, 664, 665, 666, 671, 677, 682, 688, 693, 694, 698, 699, 700, 742, 752
설법說法 133, 179, 394, 397, 440, 451, 501
설법묘법說法妙 410, 414, 419, 446
섭선법계攝善法戒 146, 355, 360
섭율의계攝律儀戒 146

섭중생계攝衆生戒 146, 355, 360
성덕性德 448, 490, 540, 550
성리性理 425
성문聲聞 32, 75, 81, 117, 118, 125, 155, 160, 181, 214, 246, 254, 277, 284, 366, 397, 406, 408, 409, 427, 428, 458, 465, 511, 523, 583, 626
성불性佛 532, 540, 637
성상性相 14, 17, 56, 98, 132, 298, 378, 396, 752
성소작지成所作智 48, 322, 324, 327, 328, 331, 332, 334, 341, 342, 346, 368, 376, 457, 625, 733
성숙유정지成熟有情智 134
성실종成實宗 625
성유식론술기成唯識論述記 699
성주괴공成住壞空 469
세간世間 40, 153, 175, 537, 562, 624
세법世法 498
세제일법世第一法 118, 119, 120, 450, 626
세제일법위世第一法位 118, 613, 622, 623, 667
소각消却 665
소경小經 583
소연所緣 118, 120, 330, 379
소현所現 403, 528
소화所化 397, 446, 498
속지俗智 127, 130, 565, 568, 609, 647
수受 75, 202, 204, 205, 207, 208, 210, 211, 212, 223, 226, 229, 231, 232, 233, 234, 335, 359, 391, 415, 424, 426, 450, 458, 510, 522, 535, 666, 667, 688, 692, 698, 700, 704, 705
수垂 403
수기授記 409, 469, 470, 497, 512, 632
수능엄경首楞嚴經 249
수다라修多羅 470
수도修道 129, 130, 427, 464, 658, 755
수륜水輪 63, 251, 254, 279, 280, 281, 283, 714, 715, 734
수릉엄삼매경首楞嚴三昧經 62, 613
수릉엄삼매도首楞嚴三昧圖 14, 17, 57, 60, 69

수릉엄삼매首楞嚴三昧 14, 17, 57, 62, 64, 65, 69, 70, 71, 104, 751
수묘殊妙하다 664
수미산須彌山 63, 251, 280, 281, 525, 714, 715, 716, 719, 720, 721, 725, 730, 732
수보리須菩提 303
수분각隨分覺 528, 654
수순隨順 359, 497, 583, 601, 641
수습안인修習安忍 590, 591
수연隨緣 87, 516, 552
수연진여隨緣眞如 516, 551, 553
수용법락지受容法樂智 134
수용신受用身 321, 362, 366, 367, 384, 395, 455, 535
수적설垂迹說 407
수적垂跡 403
수적垂迹 402, 403, 407, 440
수적신垂迹身 407
수제水際 722
수직관정受職灌頂 638
수진水塵 288, 293, 294, 295, 296, 300, 301, 302, 690
수치修治 448
수혹修惑 43, 53, 127, 129, 130, 427, 464, 465, 568, 609, 647
숙인宿因 522
순인順忍 578, 584, 589, 592, 593, 596, 598, 601
순일純一 73, 78, 478
순일직심純一直心 78, 89
습과習果 440
습인習忍 590, 591, 592, 596, 597
승렬勝劣 468
승만경보굴勝鬘經寶窟 718
승만보굴勝鬘寶窟 591, 718
승용勝用 277
승응신勝應身 363, 364, 366, 367, 382, 455
승천왕반야경勝天王般若經 609, 615
시각始覺 314, 328, 499, 528

시방十方 327, 331, 346, 376, 420, 453, 480, 548, 633, 636, 641, 642, 644
시방삼세十方三世 478
시왕륜十王輪 475
시의時宜 324
시현示現 404, 453
식識 113, 133, 190, 202, 204, 205, 207, 208, 210, 211, 212, 223, 231, 232, 233, 240, 294, 327, 328, 329, 330, 335, 356, 358, 379, 391, 415, 424, 426, 522, 535, 555, 577, 613, 623, 665, 666, 667, 672, 679, 688, 696, 698, 700, 705, 755
신변神變 453
신인信忍 578, 583, 584, 589, 590, 592, 596, 597, 598, 623, 667, 672
신증身證 464, 572
신통묘神通妙 410, 414, 418, 446
신통神通 190, 420, 434, 440, 494
신해信解 462, 464, 597, 688, 693
실實 153, 450, 560
실상반야實相般若 116, 117, 120
실상實相 47, 67, 68, 88, 89, 113, 116, 117, 120, 131, 250, 253, 257, 276, 277, 278, 289, 300, 304, 335, 375, 377, 378, 392, 409, 425, 429, 451, 466, 492, 498, 515, 548, 549, 560, 564, 572, 577, 578, 667, 693
실색實色 278, 688, 693
실성實性 116, 120, 283, 284, 469, 517, 561, 563, 566, 583, 644, 654
실신 402, 413
실신實身 402
실제實際 84, 142, 348, 513, 548, 572
실증實證 42, 47, 93, 425, 751
실지實智 117, 120, 363, 381, 450, 534, 565
심계心界 384, 492
심념心念 77, 94, 96, 492, 497, 551, 555, 635
심법心法 50, 204, 211, 224, 428, 448, 449, 579, 698, 699
심상응행心相應行 160

심생멸문心生滅門 515, 551
심소心所 127, 143, 160, 203, 204, 205, 286, 499, 699, 700, 705
심소유법心所有法 765
심식心識 204, 665, 672, 679, 698, 704
심왕心王 160, 204, 205, 705
심진여문心眞如門 490, 515, 516, 551
십계十界 397, 436, 520, 746
십념왕생원十念往生願 583
십력十力 78, 133, 308, 362, 382, 394, 474, 477, 550, 753
십묘十妙 410, 413, 414, 446, 753
십무애十無礙 453, 460, 753
십무의행十無依行 503, 508, 753
십무진장十無盡藏 462, 471, 753
십바라밀十波羅密 112
십바라밀十波羅蜜 127
십법계十法界 75, 397, 511, 520, 529, 746, 754
십불이문十不二門 447, 452, 753
십사인十四忍 601
십삼인十三忍 601
십상十相 388
십선十善 474, 507, 524, 648
십세十世 484
십신十信 540, 611, 630, 634, 653, 754
십신十身 532, 542, 637
십악十惡 504, 525, 526, 648
십여十如 414, 425
십여시十如是 58, 414, 425, 571, 572
십위十位 609, 610, 653, 654, 701
십육행상十六行相 624
십이연기十二緣起 73, 202, 207, 210, 214, 217, 226, 237, 362, 415, 426, 428, 522, 631
십이인연十二因緣 202, 210, 214, 217, 237, 414, 415, 426, 522
십이인연지十二因緣支 426
십인十忍 601, 603, 605, 754
십종十種의 불륜佛輪 475, 477

십주十住 505, 540, 591, 608, 611, 612, 613, 614, 615, 635, 639, 653, 754
십지十地 134, 139, 141, 355, 364, 402, 540, 568, 571, 574, 609, 610, 612, 613, 614, 616, 617, 647, 651, 653, 654, 700, 751, 755
십지심十地心 647
십진여十眞如 568, 572, 574
십행十行 505, 540, 591, 611, 612, 613, 614, 615, 641, 645, 653, 754
십현문十玄門 478, 487, 489, 753
십회향十廻向 505, 540, 591, 611, 612, 613, 614, 615, 617, 652, 653, 654, 656, 755

【ㅇ】

아공我空 56, 128, 182, 528, 552, 554, 569, 693
아귀餓鬼 169, 191, 214, 218, 221, 234, 397, 426, 526, 627
아나阿拏 689
아뢰야식阿賴耶識 77, 151, 292, 314, 327, 328, 329, 330, 346, 367, 376, 490, 551, 563, 623, 635, 643, 742
아미타경阿彌陀經 404, 583
아미타阿彌陀 86, 323, 324, 464
아법이공我法二空 569, 574
아수라阿修羅 75, 218, 397, 458, 511, 525
아야교진여阿若憍陳如 154
아양승啞羊僧 694
아집我執 161, 314, 315, 457, 528, 563, 564, 568, 569, 570, 574
아촉阿閦 322
악법惡法 467, 562
악연惡緣 503, 504, 508
안립진여安立眞如 555, 556, 563, 564
안수고인安受苦忍 129, 578, 579, 583
안인安忍 576, 578, 586, 593, 599
안치安置 739

안한염정安閒恬靜 79
암마라식唵摩羅識 329
애愛 202, 206, 207, 208, 209, 211, 212, 227, 231, 232, 234, 235, 236, 415, 426, 522
야마천夜摩天 63, 252, 538, 662, 708
야차夜叉 525, 716, 722
약견제상비상若見諸相非相 304
양모진羊毛塵 287, 288, 293, 294, 301, 302, 690
양염陽炎 602
언망여절言亡慮絕 561
엄가嚴家 520
업業 107, 151, 161, 168, 170, 172, 173, 204, 206, 207, 208, 210, 211, 212, 217, 218, 219, 221, 222, 223, 228, 229, 231, 233, 234, 235, 236, 240, 250, 317, 448, 453
업력業力 279, 280, 429
업보業報 468, 539
업용業用 453, 493, 494
업인業因 145, 202, 240, 244, 315, 426, 522, 532, 533, 539
여금강삼매如金剛三昧 246, 247, 249
여래如來 80, 310, 349, 386, 450, 463, 464, 590, 641
여래가如來家 463
여래장심如來藏心 478, 490, 491
여래장如來藏 32, 67, 84, 142, 328, 348, 457, 490, 513, 548, 550
여래종如來種 636
여상麗狀 324
여상如常 84, 142, 348, 512, 548, 549, 556
여如 84, 142, 314, 348, 381, 383, 423, 425, 451, 463, 513, 548, 549, 565, 625
여여如如 84, 142, 348, 381, 383, 423, 425, 513, 548
여여상如如相 425
여여지如如智 381, 423, 430
연각緣覺 32, 75, 117, 118, 125, 155, 160, 181, 214, 246, 254, 277, 284, 366, 397, 406, 408, 427, 458, 465, 511, 523, 533, 626
연기緣起 49, 75, 127, 152, 159, 202, 203, 214, 237, 246, 363, 405, 408, 426, 428, 458, 479, 485, 490, 491, 493, 498, 503,

511, 514, 523, 533, 609, 614, 751
연려심緣慮心 95, 448, 623
연려緣慮 94, 95, 448, 623
연설演說 469, 499
연인불성緣因佛性 353
연화대蓮花臺 251
연화부蓮華部 315
열반涅槃 59, 123, 132, 152, 154, 156, 162, 171, 172, 173, 174, 175, 180, 188, 197, 209, 212, 231, 235, 238, 304, 307, 315, 353, 375, 388, 396, 441, 533, 537, 539, 560, 614, 667, 688
열반경涅槃經 59, 65, 67, 158, 180, 181, 248, 352, 374, 387, 388, 390, 468, 615, 616
열반안涅槃岸 47, 129, 163
열반지涅槃智 457, 625
열응신劣應身 364, 366, 368, 382, 385
염구染垢 316, 335
염기厭棄 579
염념상속念念相續 77
염리厭離 154, 156, 175
염법染法 330, 499, 553, 570
염부제閻浮提 63, 241, 243, 251, 333, 675, 725, 732
염심染心 289, 700, 701, 705, 706
염연恬然 578
영현映現 482
예참경禮懺經 384
오경悟境 127, 426, 611, 652
오계悟界 528, 746
오대五大 334, 687, 741
오도悟道 572, 583, 586
오륜구자명비석五輪九字明秘釋 384
오분법신五分法身 118, 120, 374, 386
오불성五佛性 353
오비구五比丘 154, 175
오사명五邪命 161, 196
오상성신관五相成身觀 744

오상성신법五相成身法 682, 744
오십육위五十六位 608
오안五眼 40, 254, 283
오역五逆 526
오온五蘊 73, 128, 150, 182, 202, 205, 277, 387, 388, 415, 424, 426, 427, 513, 522, 524, 569, 591, 602, 622, 624, 625
오욕五欲 467, 662
오위五位 118, 160, 204, 428, 505, 613, 622, 667, 700, 701
오음五陰 391, 602
오인五忍 584, 589, 595, 596, 600, 754
오종법신五種法身 374, 381, 385, 386
오지여래五智如來 48, 57, 69, 99, 336, 337, 733
오지五智 48, 328, 331, 342, 343, 398, 744, 752
외도선外道禪 693
요달了達 602, 623
요요了了 767
요인了因 352
요인불성了因佛性 352, 353
욕계欲界 150, 169, 243, 623, 662, 663, 666, 667, 671, 674, 689, 691, 708
욕계정천欲界頂天 622
용用 56, 77, 84, 98, 120, 340, 434, 446, 455, 457, 550, 743
우모진牛毛塵 287, 288, 293, 294, 301, 302, 690
원교圓敎 143, 182, 183, 187, 203, 389, 552, 572, 615, 616
원기圓機 418
원만圓滿 73, 85, 317, 409, 465, 568, 631, 689, 740
원묘圓妙 432
원성실성圓成實性 289, 335, 549, 566
원성圓成 561, 566, 635
원요願樂 154, 156
원융무애圓融無碍 462, 514
원융圓融 378, 432, 514, 644
위묘位妙 410, 414, 417, 446, 655
위역違逆 642
위요圍繞 722

유가瑜伽 479, 563, 576, 744
유가론瑜伽論 86, 385, 463, 522, 576, 714
유루有漏 109, 163, 198, 253, 281, 327, 331, 346, 376, 723
유리遊履 636
유마경維摩經 68, 75, 80, 81, 616, 717
유마힐소설경주維摩詰所說經註 717
유상有相 132, 306, 307, 375, 388, 393, 396, 560, 753
유선나踰繕那 279, 715
유순由旬 63, 241, 251, 279, 715, 725
유순인柔順忍 583, 585, 589, 601
유식론唯識論 366, 372, 555, 561, 563, 574, 576, 613, 615
유일唯一 490
유전流轉 153, 175, 176, 179, 426, 564, 565
유정有情 134, 254, 276, 277, 279, 280, 283, 312, 314, 511, 662, 664, 671
유증지옥遊增地獄 726
유통분流通分 83, 405
유행遊行 65, 321
유형有形 448, 663
육경六境 113, 129, 144, 202, 205, 414, 415, 424, 426, 522, 665, 666, 667
육근六根 113, 123, 144, 202, 205, 211, 225, 329, 415, 424, 426, 522, 665, 666
육대六大 298, 329, 334, 687, 752
육도六度 112, 521, 533, 643
육도六途 145, 167, 169, 202, 210, 214, 218, 219, 234, 237, 240, 315, 532
육도윤회六途輪廻 214, 426
육바라밀六波羅蜜 112, 165, 212, 213, 230, 521, 533, 643
육상六相 397, 399, 478
육식六識 113, 144, 160, 202, 205, 330, 415, 424, 426, 522, 623, 666
육안肉眼 253, 254, 283, 284, 307
육욕천六欲天 150, 243, 538, 662, 708, 716
육입처六入處 205

육적六賊 144
육처六處 205, 207, 208, 211, 212, 225, 231, 232, 233, 240, 243, 244, 426
육취六趣 145, 150, 167, 202, 240, 244, 315, 752
윤원구족輪圓具足 732, 734, 738, 739
윤회輪廻 145, 174, 207, 210, 212, 214, 219, 231, 234, 237
융삼세간십신融三世間十身 532, 534, 542, 637, 754
융통融通 447, 458, 492, 524
음욕淫欲 662, 676
음폐陰蔽 286
음향인音響忍 583, 585, 601
응신應身 321, 362, 364, 368, 382, 383, 395, 402, 407, 408, 455, 535, 541
응현應現 363, 364, 382, 420
응화應化 382, 402, 420
의결義訣 322, 324
의보依報 389, 390, 448, 449, 457
의언진여依言眞如 555, 556
의업意業 161, 204, 449, 505, 506, 508
의정依正 389, 449, 457, 459
이공二空 128, 132
이理 78, 142, 143, 203, 254, 283, 308, 318, 347, 364, 491, 513, 520, 550, 552, 560, 615, 626, 649, 654
이물利物 403, 454
이물화생利物化生 626, 627
이법계理法界 511, 516, 517
이법신理法身 379, 423
이불성理佛性 346, 347
이불성二佛性 346
이사理事 68, 70, 459, 513
이사무애관理事無礙觀 510, 517
이사무애법계理事無礙法界 513
이생利生 626, 627
이생성離生性 572
이성理性 391, 395, 514, 515, 549

이승二乘 131, 408, 450, 455
이신二身 395, 408
이언진여離言眞如 555, 556
이열怡悅 692
이익묘리益妙 420, 442
이인二忍 578
이제二諦 414, 416, 429
이지불이理智不二 364
이체理體 78, 116, 362, 381, 395, 451, 514, 549, 552, 615, 654
이치履治 636
인忍 118, 119, 120, 129, 136, 466, 576, 577, 580, 581, 583, 585, 586, 589, 590, 592, 593, 594, 598, 599, 613, 614, 623, 626, 627, 751, 754
인각독각麟角獨覺 627
인계印契 32, 328, 398, 514, 608, 711, 741, 743, 744, 745
인과因果 31, 153, 175, 176, 207, 211, 217, 231, 234, 254, 284, 350, 410, 446, 449, 459, 504, 583, 617, 646, 657, 693, 724, 755
인다라망因陀羅網 483
인법人法 396, 459
인수忍受 124
인연관因緣觀 202, 209, 210, 212, 214, 217, 218, 232, 236, 237, 238, 522, 591
인왕경仁王經 390, 584, 589, 596, 601, 604, 610
인왕반야경仁王般若經 610
인위因位 153, 175, 277, 316, 327, 652, 653, 654
인유因由 493
인출불성引出佛性 347, 348
인행因行 316, 363, 387
인허隣虛 289, 293, 301, 302, 690
일념一念 204, 210, 223, 232, 478, 485, 500, 631, 668
일대행상一大行相 86
일도광명一道光明 690
일도一道 406, 690
일불一佛 47, 73, 89, 403, 485

일상삼매一相三昧 47, 68, 70, 73, 80, 86, 87, 88, 89, 90, 92, 103, 751
일상一相 68, 70, 73, 75, 76, 77, 80, 81, 83, 84, 85, 89, 90, 103, 300, 409, 751
일승一乘 73, 84, 246, 376, 377, 406, 478, 615, 616, 690
일승법一乘法 406
일실상一實相 70, 85, 103, 355, 358, 360
일심一心 73, 77, 446, 471, 501, 510, 515, 550, 551, 603, 635, 699
일여一如 73, 451, 549, 603, 672
일진무위一眞無爲 644, 646, 754
일진법계一眞法界 14, 17, 57, 69, 75, 98, 131, 377, 378, 458, 510, 515
일진여一眞如 510, 512, 551
일체제법一切諸法 247, 256, 468, 478, 482, 499
일체제불一切諸佛 497
일행一行 68, 73, 85, 89, 91, 138, 356, 409, 608, 650, 689, 751
일행삼매一行三昧 33, 47, 73, 74, 76, 78, 79, 86, 87, 88, 89, 91, 92, 751
임운무공용任運無功用 132
입도入道 287, 298
입멸入滅 65, 441, 443, 452
입법계入法界 518, 519
입법계삼관入法界三觀 510, 517, 518

【ㅈ】

자각自覺 31, 520, 521, 641
자나遮那 455
자리이타自利利他 125, 127, 568, 608, 609, 635, 647
자성自性 37, 56, 57, 59, 69, 75, 99, 100, 122, 128, 132, 307, 311, 312, 334, 348, 349, 350, 372, 375, 383, 388, 396, 397, 457, 458, 491, 499, 510, 548, 552, 560, 753
자성신自性身 78, 308, 321, 362, 366, 367, 368, 379, 384,

395, 396, 455, 535
자성주불성自性住佛性 347
자성청정심自性淸淨心 548, 550
자수용신自受用身 367, 368, 379
자이自爾 385, 493
자자自恣 466, 587
자재自在 419, 454, 457, 497, 568, 569, 571, 574, 633
자증自證 397
자행화타自行化他 122, 446
작불作佛 404, 409
잠현속은暫現速隱 385
잡집론雜集論 562
장육丈六 364
재공齋供 739
재전在纏 318, 464, 554
재전진여在纏眞如 554
적광寂光 338, 391, 433, 679, 690
적광토寂光土 366, 433, 690, 746
적멸인寂滅忍 584, 589, 590, 592, 593, 596, 598
적멸寂滅 52, 59, 152, 173, 353, 395, 593, 598
적문십묘迹門十妙 410, 414, 416, 417, 418, 419, 420, 421, 440, 443, 446, 452, 753
적문迹門 83, 403, 405, 409, 410, 414, 421, 439, 440, 442
적이상조寂而常照 399
적체조용寂體照用 434
전詮 60, 100
전륜성왕轉輪聖王 64, 280, 291, 435, 475, 732
전륜왕轉輪王 732, 733
전법륜왕轉法輪王 324, 475
전법륜轉法輪 155, 475, 732
전의詮義 205, 211, 224
절대絶待 556
정정 63, 66, 73, 78, 86, 94, 96, 99, 102, 106, 107, 108, 118, 119, 120, 163, 200, 206, 211, 228, 246, 252, 308, 369, 373, 374, 386, 418, 494, 522, 525, 601, 664, 691, 700, 745

정각正覺 58, 253, 321, 353, 455, 535, 537, 538
정견正見 85, 152, 159, 160, 163, 194, 197, 199, 522
정광定光 632
정념正念 152, 159, 162, 197, 199, 462
정려靜慮 664
정만淨滿 338, 339, 365
정명소淨名疏 398
정명正命 152, 159, 161, 196, 199
정명精明 769
정범지淨梵地 678, 693
정법염처경正法念處經 724
정법正法 94, 95, 161, 196, 217
정법淨法 553, 570
정사유正思惟 152, 159, 160, 194, 195, 197, 199, 689
정수正受 94, 95, 106, 107, 482
정신正信 583, 597, 598, 630
정신淨信 462
정어正語 152, 159, 160, 194, 195, 199
정업正業 152, 159, 160, 196, 199
정인불성正因佛性 352, 353
정인正因 352, 353
정정正定 71, 73, 89, 94, 152, 159, 162, 198, 199
정정진正精進 152, 159, 162, 197, 199
정종분正宗分 83, 405
정토만다라淨土曼茶羅 746
정호精好 664
제際 251
제경諸經 406
제고고諸苦果 427
제구식第九識 328
제법諸法 75, 117, 120, 246, 248, 378, 389, 396, 428, 458, 463, 468, 478, 489, 491, 492, 493, 510, 514, 549, 560, 561, 569, 570, 574, 586, 587
제법공諸法空 184, 375, 389, 392, 428, 463
제법실상諸法實相 58, 81, 131, 377, 378, 428, 451, 515,

571, 644
제부요목諸部要目 743
제불경계섭진실경諸佛境界攝眞實經 711
제불세존諸佛世尊 497
제석천帝釋天 63, 251, 483, 525, 715
제업諸業 151, 170, 172
제존諸尊 739, 741, 742, 743, 745
제지齊旨 80
제행諸行 57, 100, 583
제행무상시생멸법諸行無常是生滅法 770
제행무상諸行無常 58, 59, 203, 676
조복調伏 94, 95, 503, 590
조응照應 478, 479
조작造作 132, 187, 192, 203, 448, 597
종宗 31, 56, 59, 60, 84, 98, 151, 152, 348, 397, 446, 458, 471, 491, 501, 615
종경록宗鏡錄 471, 501
종교終敎 615, 616
종자種子 151, 329, 330, 346, 458, 459, 592, 643, 648, 742, 745
주변함용관周遍含容觀 510, 517
주술呪術 506
준동蠢動 281
중도中道 84, 138, 142, 164, 307, 348, 362, 428, 513, 548, 631
중생衆生 14, 86, 96, 116, 181, 210, 213, 214, 215, 216, 218, 220, 240, 243, 244, 277, 278, 279, 283, 304, 306, 402, 405, 426, 532, 642, 662, 664
중생신衆生身 73, 78, 532, 637
중생인衆生忍 578, 579
중정中正 352, 631
중중무진重重無盡 75, 458, 483, 484, 511, 514
즉입卽入 478, 483, 484
증견證見 688
증궁證窮 493
증멸證滅 155, 427
증오證悟 47, 451, 572, 573, 576, 668, 673

지각知覺 448, 679
지덕智德 254, 257, 276, 314, 331, 746
지덕과불성至德果佛性 347, 348
지도론智度論 63, 85, 248, 250, 614, 616
지득과불성至得果佛性 347
지말무명枝末無明 424, 665
지묘智妙 410, 414, 416, 446
지법신智法身 328, 379, 423
지분생만다라支分生曼茶羅 746
지상보살地上菩薩 382
지상地上 140, 540, 612
지옥地獄 169, 214, 218, 221, 234, 242, 397, 426, 527, 627
지인智印 743
지장십륜경地藏十輪經 474, 507
지장십륜地藏十輪 474, 475, 476
지장指掌 603
지전地前 139, 140, 383, 540
지전보살地前菩薩 383, 455
직심直心 73, 78
진瞋 151, 170, 175, 504
진眞 131, 362, 367, 368, 371, 372, 378, 408, 429, 454, 515, 548, 549, 621
진경晉經 481, 496
진계塵界 643
진공眞空 152, 173, 375
진공묘유眞空妙有 289, 335
진공절상관眞空絶相觀 517
진사혹塵沙惑 130
진상眞常 377
진생眞生 551
진성眞性 310, 410, 414, 417, 440, 493, 494, 540, 549, 552, 593, 598, 624
진속이제眞俗二諦 416, 429
진속이지眞俗二智 130
진신眞身 78, 308, 321, 384, 395, 408, 455, 535

진실眞實 406, 429, 463, 468, 548, 549, 694
진심瞋心 129, 130, 170, 242, 286, 298
진언眞言 32, 323, 328, 638, 711, 742
진에瞋恚 579
진여眞如 73, 75, 78, 84, 89, 142, 304, 348, 352, 355, 376, 377, 381, 423, 434, 458, 492, 498, 510, 512, 513, 514, 548, 549, 550, 551, 552, 553, 554, 555, 556, 562, 569, 571, 572, 573, 574, 635
진여문眞如門 77, 515, 516, 519, 550
진여법성眞如法性 346, 395, 572, 601
진여성眞如性 548
진제眞諦 77, 155, 179, 303, 328, 329, 416, 429, 517, 551, 563, 608, 610, 624, 635
진지眞智 117, 118, 120, 127, 130, 160, 195, 196, 197, 198, 199, 434, 568, 589, 609, 614, 623, 647
진혹瞋惑 593
질다質多 623
질애質碍 663, 671
집기集起 150, 151, 170, 415, 427, 524, 623
집인集因 427

【ㅊ】

차안此岸 66, 123, 456
차제연기次第緣起 210, 214, 219, 237, 426
찬보贊輔 420
찬篡 60
찰나刹那 500
찰진刹塵 453
찰찰진진刹刹塵塵 398
참마懺摩 587
참회懺悔 192, 466, 587
창명彰名 698
천마天魔 742
천심淺深 139, 664
천태天台 323, 382, 446, 471, 501, 578, 638
철위산鐵圍山 63, 251, 333, 715, 716, 717
첨윤沾潤 450
체體 56, 59, 77, 98, 100, 109, 117, 120, 130, 131, 188, 189, 205, 211, 224, 254, 257, 276, 279, 292, 314, 346, 360, 378, 381, 414, 426, 434, 455, 457, 478, 480, 481, 515, 535, 542, 550, 554, 555, 571, 646, 648, 739
체관諦觀 533
체성體性 254, 276, 292, 314, 329, 334, 339, 374, 380, 449, 458, 492, 498, 512, 513, 514, 517, 549, 556, 572, 753
체용體用 60, 119, 301
체찰법인諦察法忍 129, 583, 655
체찰諦察 655
초지初地 363, 367, 382, 402, 455, 528, 540, 554, 568, 578, 584, 589, 590, 592, 648, 654
촉觸 113, 144, 145, 202, 205, 207, 208, 211, 212, 225, 226, 231, 232, 233, 334, 397, 415, 424, 425, 426, 463, 467, 520, 522, 622, 662, 665, 666
총상總相 376, 397, 399
최승진여最勝眞如 568, 569, 574
최승最勝 81, 568, 569, 574, 649
최파摧破 257, 277, 590
최후신最後身 709
축생畜生 169, 191, 214, 218, 234, 368, 397, 426, 526, 627
출세간出世間 40, 153, 175, 176, 429, 562
출전진여出纏眞如 554
취取 202, 205, 206, 207, 208, 209, 211, 212, 227, 228, 231, 232, 233, 234, 235, 236, 371, 372, 415, 426, 522
취就 493, 739
취집聚集 732, 738, 739
치구馳驅 206, 211, 227
치란痴亂 642
치심痴心 131, 286, 298
치심癡心 170, 286

치혹痴惑 469, 593, 598
치혹癡惑 469
칠금산七金山 716
칠진여七眞如 563, 565
칠향수해七香水海 716
칠향해七香海 716

【ㅌ】

타성일편打成一片 687
타수용신他受用身 367, 368, 382
탐심貪心 127, 129, 170, 286, 298
탐貪 52, 64, 127, 128, 129, 143, 151, 152, 170, 175, 277, 286, 354, 388, 427, 504, 592
탐현기探玄記 486, 556
탐혹貪惑 592, 598
태가台家 394, 403
태장계胎藏界 14, 18, 57, 69, 99, 254, 276, 314, 334, 423, 503, 738
태장계만다라胎藏界曼茶羅 276, 315, 321, 365, 455, 535, 608, 746
토모진兎毛塵 287, 288, 293, 294, 301, 302, 690
통도通途 394

【ㅍ】

파계破戒 185, 306, 465
팔상성도八相成道 404, 537
팔식八識 160, 204, 314, 327, 346, 376, 428, 623
팔열지옥八熱地獄 145, 150, 202, 240, 241, 315, 725
팔정도八正道 150, 152, 159, 160, 161, 162, 163, 164, 165, 174, 193, 194, 199, 200, 201, 216, 246, 362, 415, 427, 428, 524, 563, 631, 751

팔촉八觸 691
팔한지옥八寒地獄 145, 150, 202, 240, 241, 315, 725
편권偏權 451
평등성지平等性智 48, 317, 322, 324, 327, 328, 330, 332, 334, 339, 342, 346, 368, 376, 457, 733
평등성平等性 77, 84, 142, 348, 513, 548, 572
평등平等 78, 96, 429, 451, 642
포살布薩 466, 587
포苞 648
폭輻 732, 734, 738, 739, 740
표치標幟 459, 733, 742
풍륜風輪 63, 251, 279, 280, 281, 283, 714, 715, 734
피운견월격披雲見月格 623
필발라畢鉢羅 154
핍근逼近 506

【ㅎ】

한열기갈寒熱飢渴 124
함개상응函蓋相應 416
함령含靈 281
함해鹹海 715, 717, 730
해경십불解境十佛 532
해섭문該攝門 377
해심밀경海深密經 563
해오解悟 573, 668, 673
해인삼매海印三昧 454
해탈解脫 53, 78, 118, 119, 120, 172, 175, 176, 177, 178, 179, 308, 315, 352, 369, 373, 374, 386, 494, 601, 691, 693
해행解行 667
행行 75, 172, 173, 188, 202, 203, 204, 207, 208, 209, 210, 211, 212, 222, 231, 232, 233, 235, 236, 335, 383, 391, 415, 417, 424, 426, 440, 449, 456, 458, 462, 510, 520, 521, 522, 535, 536, 568, 576, 584, 589, 608, 614, 616, 625, 642, 666,

667, 672, 688, 700, 744
행경십불行境十佛 532
행묘行妙 410, 414, 417, 446
행법行法 503, 504, 508, 743
행불성行佛性 142, 346, 347, 550
행상行相 62, 86, 131, 623
행업行業 73, 203, 210, 222, 346, 409, 627, 689
행주좌와行住坐臥 73, 78, 338
허가虛假 492
허공법신虛空法身 381, 383, 385, 386
허망虛妄 304, 310
현겁천불賢劫千佛 252
현교顯敎 32, 175, 327, 379, 394, 396, 681
현문玄門 489
현문무애십인玄門無礙十因 489, 495, 753
현밀顯密 395, 687
현생現生 499, 631
현성現成 644
현성賢聖 614
현신現身 395, 398
현응음의玄應音義 65, 102
현일玄一 585
현행現行 643
현현顯現 349
형단形段 307
형질形質 448
혜慧 66, 78, 99, 107, 116, 117, 118, 119, 120, 159, 200, 204, 303, 308, 330, 369, 373, 374, 386, 417, 462, 499, 590, 601
혜림음의慧琳音義 718, 719
호념護念 96, 397
호융互融 513, 519
혹업惑業 152, 156, 171, 172, 207, 208, 209, 211, 212, 231, 232, 233, 234, 235, 236, 238, 625
혹업고惑業苦 207, 236
화도化導 364, 402, 408, 455

화법사교化法四敎 389, 616
화생化生 627
화신化身 86, 368, 373, 395, 402, 405, 434, 455, 532, 539, 541, 637
화엄경華嚴經 14, 81, 404, 423, 470, 486, 490, 500, 514, 532, 542, 603, 612, 615, 616
화엄대소초華嚴大疏鈔 556
화엄연의초華嚴演義鈔 459
화엄현담華嚴玄談 486, 489, 494
화용化用 454, 626, 627
화융和融 291, 481, 491, 492, 493, 514
환멸還滅 153, 175, 176
환몽幻夢 492
환상幻相 428
환심노려患心勞慮 698, 704
환화幻化 286, 602
회한심悔恨心 468
후득지後得智 565
희수喜受 648, 692